Histoire De Charles Xii Roi De Suede, Volume 2...

Jöran Andersson Nordberg

40 M. Sept. 58 - 2

HISTOIRE
DE
CHARLES XII.
ROI DE SUÉDE,
TRADUITE DU SUÉDOIS,
DE MONSIEUR
J. A. NORDBERG,

Docteur en Théologie, premier Pasteur des Eglises de
Ste Claire et de St Olaüs à Stockholm, ci-devant
Chapellain et Confesseur de Sa Majesté.

TOME SECOND.

A LA HATE,

CHEZ PIERRE DE HONDT,

M. DCC. XLVIII.

Avec Privilège des Etats de Hollande & de Westfrise.

Sacre du Roi Stanislas.

HISTOIRE

DE

CHARLES XII,

ROI DE SUEDE.

❊❊❊❊:❊❊

LIVRE SEPTIEME.

A Ville de Ravitz, que Charles XII. choisit pour y paf-   **1705.**
fer l'hiver, eft petite, mais affés regulièrement batie.
Elle n'étoit deffenduë que par un rempart, qui tomboit   **Janvier,**
en ruines, & qui étoit tellement délabré, qu'on pou-
voit aifément le franchir à cheval. La garde en étoit
confiée à quelques Bourgeois poftés auprès des Portes.
Tout le monde pouvoit entrer & fortir fans aucun obftacle, & pénétrer même jufqu'à l'endroit où le Roi mangeoit ordinairement. La

Tome II.   A   curiofité

1705.

Janvier.

curiofité y attiroit beaucoup de perfonnes des Villes voifines de la Silefie; & comme l'on avoit la liberté d'aller par-tout, un malheureux,
qui auroit eu quelque mauvaife intention, auroit facilement trouvé
moyen de faire fon coup, en fe gliffant dans la foule. On fit fur ce
fujet des repréfentations au Roi, & on le fupplia de permettre que
l'on fit venir quelques Compagnies d'Infanterie. Cette précaution fembloit d'autant plus néceffaire, que les Partis ennemis fe faifoient voir
fort fouvent dans le voifinage de la Ville; mais le Roi, fans s'en mettre en peine, le moins du monde, fortoit tous les jours à Cheval, ac-

*Danger au-
quel le Roi
s'expofe.*

compagné de très peu de perfonnes. D'abord après le nouvel an, Sa
Majefté fit une courfe à Wielun, du côté de Cracovie. Elle alla auffi
voir les Regimens dans leurs quartiers; &, à fon retour, comme Elle
alloit toujours à bride abbatuë, ceux de fa fuite démeurèrent en arrière, & le Roi arriva accompagné d'un feul Cavalier. Quelques
jours après, on apprit à quel danger ce Prince s'étoit expofé. Un
Gentilhomme Polonois, qui avoit été fait prifonnier par Smigelski,
& qui avoit trouvé occafion de s'évader, s'étant rendu à Ravitz, rapporta, qu'environ trois femaines auparavant, ce Partifan s'étoit pofté
avec deux cens Chevaux dans le bois tout proche de la Ville, dans le
deffein d'enlever le Roi; qu'il avoit vû ce Prince fortir à Cheval avec
trois autres perfonnes; mais, que n'étant allé qu'au petit pas, il avoit
crû qu'il s'étoit trompé & que Sa Majefté n'y étoit pas, & qu'auffi il
n'avoit pas voulu faire de bruit; qu'ayant appris enfuite, que le Roi
avoit paffé lui-même, il s'étoit reproché fa négligence, & s'étoit retiré bien mortifié d'avoir manqué fon coup.

*Repréfenta-
tion fur ce
fujet.*

C O M M E à ce rapport on ajoûta des circonftances qui ne laiffoient
au Roi aucun lieu de douter de la vérité du fait, on faifit cette occafion, pour faire de nouvelles inftances pour que ce Prince ne s'expofât pas d'avantage. Non-feulement les perfonnes qui l'approchoient
de plus près lui parlèrent fur ce fujet; mais auffi le Comte Schlippenbach, que la Cour de Berlin avoit chargé d'exécuter auprès du Roi
une Commiffion particulière, & qui étoit préfent lorfque le Polonois,
dont nous venons de parler, fit fon rapport. Le Miniftre fit voir
un Mémoire, dans lequel il difoit avoir ordre du Roi fon Maître de
repréfenter combien Sa Majefté Pruffienne étoit en peine de ce que
le Roi de Suede expofoit fi fouvent fa Perfonne; & qu'elle le prioit
de confidérer qu'il étoit facile de tomber entre les mains de l'Ennemi,
& que de fa vie dépendoit le bonheur d'une infinité de Perfonnes.
Charles XII. reçut fort bien ces repréfentations: il répondit, qu'il efpéroit que Dieu le garderoit des entreprifes de fes Ennemis, & qu'au
refte perfonne ne le prendroit jamais en vie. Cependant, on s'informa plus particulièrement de ceux qui fe rendoient au Quartier du Roi;
& l'on promit, fous main, une fomme de douze mille florins de Pologne à celui qui enleveroit Smigelski. Celui-ci en ayant eu vent fe
retira, prenant la route de Cracovie. Il tenta fortune d'un autre côté,
comme nous le dirons tantôt.   **A u**

Au commencement de Janvier, le Roi Staniſlas fit un voyage, par Poſnanie & Thorn, à Elbingen, où la Reine ſon Epouſe ſe rendit pareillement de Marienbourg. Dans un Village, à une lieue environ de Dantzig, ils rencontrèrent le Cardinal, qui fit tant que le Roi entra avec lui incognito dans la Ville, où ils eurent enſemble une longue Conférence. Le Cardinal lui parla le plus confidemment du monde, donnant toutes ſortes de bonnes paroles, quoique l'on fût perſuadé qu'il n'étoit point du tout ſincère, comme on eut lieu après de s'en convaincre en plus d'une occaſion. On crut que c'étoit une intrigue du Marquis de Bonac, afin de tirer la guerre en longueur, & d'entretenir les troubles en Pologne; parce que l'on s'imaginoit en France, que, dès que Charles XII. ſeroit venu à bout de terminer les Affaires en Pologne, il ne manqueroit point de fournir du ſecours à l'Empereur & à ſes Alliés: mais, comme l'on ſe trompoit, Charles, qui avoit de tout autres vuës, n'eut aucun égard aux démarches du Cardinal.

Le Roi Auguſte demeuroit toujours à Cracovie, après avoir diſtribué en quartiers, dans les Villages & les Bourgs voiſins de cette Ville, tout ce qu'il avoit pû raſſembler de Cavalerie. Pluſieurs Sénateurs s'y rendirent auſſi, avec un grand nombre de Gentilshommes, & l'on réſolut d'aſſembler au plûtôt un Conſeil du Sénat. Le Prince Lubomirski, Grand-Général de la Couronne, s'y rendit pareillement. Il demanda pardon au Roi Auguſte, dans les termes les plus humbles, d'avoir été à Warſovie pour jurer la Confédération, & féliciter le Roi Staniſlas ſur ſon Election. Pour juſtifier entièrement une démarche ſi ſingulière, il avoit fait publier, dès le mois de Novembre, un Ecrit (*), dans lequel il expoſoit au long les raiſons qui l'avoient porté à quitter les Confederez de Warſovie. Il eſt vrai, que lorſqu'Auguſte ſurprit cette Ville, il fit enlever dans un Couvent deux des Fils de Lubomirski. Son intention étoit ſans doute de ramener par-là le Pere à ſon Parti; auſſi ce dernier ſavoit-il parfaitement ſe prévaloir de cette raiſon: mais, que l'on examine ſans préjugé la conduite du Grand-Général, & l'on trouvera qu'il ne ſe ſeroit jamais rendu à Warſovie, s'il n'avoit eſpéré de monter ſur le Trone de Pologne. Voyant enſuite que ces idées de Royauté s'évanouïſſoient, loin de trouver mauvais qu'Auguſte eut fait enlever ſes Fils pour les envoyer en Saxe, il fut charmé de trouver un prétexte plauſible pour retourner auprès de ce Prince; ce que ſans cela il n'auroit jamais pû faire avec bienſéance, & ſans s'attirer un mépris général.

Le Roi Auguſte, après avoir donné ſes ordres au ſujet des Troupes, & après avoir recommandé ſes intérêts à la Nobleſſe qui étoit venuë le trouver, partit pour la Saxe, vers la fin du mois de Novem-

---

(*) Ce Manifeſte eſt imprimé dans un Livre intitulé *Memoires ſur les dernières Révolutions de Pologne*, imprimé a Rotterdam en 1710.

vembre (*a*), tant pour rétablir la perte qu'il avoit faite la Campagne
précédente, que pour lever des nouvelles Troupes, & mettre ordre
à la deffense de ses Etats Héréditaires, en cas que les Suédois voulussent y faire une irruption. En attendant, ses Partisans ne laissèrent
passer aucune occasion pour incommoder les Suédois dans leurs quartiers, de même que les Polonois qui s'étoient joints à eux. Peu avant
Noël, Smigelski enleva le Sr. Ivanski, Maréchal de la Siradie ; &
immédiatement après, il surprit un Détachement de soixante hommes
des Troupes de Gruzinski, dispersés du côté de Lencizci. Pour prévenir dans la suite de pareilles entreprises, le Général-Major Stromberg fit entrer quelques Troupes dans la Ville de Lasco, & ordonna
aux Regimens qui étoient sous ses ordres d'occuper d'autres quartiers
d'où ils pouvoient avec plus de facilité s'opposer aux courses de l'Ennemi. Il ne pût pas cependant s'empêcher d'envoyer de tems à autre de petits Détachemens, pour amener les vivres dont on avoit
besoin.

S M I G E L S K I, qui ne faisoit que chercher l'occasion de faire du mal
aux Suédois, crut l'avoir trouvée en attaquant le Lieutenant Pistol,
qui fut détaché à Clissova, Village à une lieue & demie de Petricou,
avec vingt-quatre fantassins, auxquels on avoit donné des chevaux.
Voici le fait. Smigelski, ayant été averti de la marche du Lieutenant
Suédois, accourut avec un gros de huit cens chevaux, la plûpart Polonois, ne doutant nullement qu'il ne le prît comme dans un filet avec
tout son monde ; mais le Lieutenant, qui avoit eu le bonheur de rassembler assés à tems ses vingt-quatre hommes, alla au devant de l'Ennemi
dans un champ labouré, où il soutint sa première décharge, qui, n'é-
tant faite que de loin, ne fit aucun mal. Ayant deffendu à ses gens de
tirer, à moins que ce ne fût à brule-pourpoint, & craignant qu'il ne
fût

_____

(*a*) D. F. dit page 449. que les Suédois tachoient d'enlever le Roi Auguste, & que
pour cet effet on avoit distribué sur la frontière de Pologne & en Silesie trente-six Officiers & vingt-quatre Soldats. Cela est absolument faux ; & voici deux Circonstances
qui méritent d'être rapportées. Lorsqu'en 1702. Charles XII. étoit à Cracovie, le
Cardinal Primat lui fit savoir sous main, qu'il avoit appris que le Roi Auguste étoit
dans le dessein de se rendre auprès de Sa Majesté Suédoise, dans l'espérance de pouvoir engager ce Prince à lui accorder une bonne paix. Charles fit repondre, que le
Roi Auguste seroit le très bien venu, qu'il auroit la liberté d'aller & de venir ; mais
qu'il ne lui accorderoit la paix qu'aux conditions énoncées. En 1704 au mois d'Octobre, le Roi de Suede arriva à Prag. Se promenant de bon matin à Cheval du côté
de la Vistule, il apperçut par hazard un certain Lang, son *Valet-de-Corps*, qui s'étoit
caché derrière de grosses pierres, & qui avoit avec lui un fusil. Le Roi lui ayant demandé ce qu'il faisoit-là, & ayant compris qu'il en vouloit au Roi Auguste, lui ordonna de se retirer sur le champ ; avec menace, que si jamais il iroit de cette maniere-là un seul coup sur le Roi Auguste, soit qu'il le tuât on non, il répondroit de sa
tête. On ne disconvient point, que les Suédois n'eussent des partis qui battoient la
Campagne, même dans la Silésie ; mais, loin d'avoir ordre d'enlever le Roi Auguste,
ce n'étoit qu'à ses Couriers que l'on en vouloit & aux recrues Saxones qui alloient à
Cracovie. On enleva aussi plusieurs Marchands Russiens, qui venoient de Breslaw.

fût enveloppé par le grand nombre des Ennemis, il se retira plus avant dans le Village, & vers la Maison du Seigneur du lieu. Smigelski, pour faire voir sa bravoure, ordonna à ses Polonois de suivre, & d'attaquer l'épée à la main ; mais les Suédois, qui occupoient déjà toutes les avenuës, les reçurent si vertement, qu'ils furent obligés de plier, trois fois de suite, sans que le Lieutenant eut encore perdu un seul homme. Pendant que les Polonois se retiroient, les Suédois eurent le tems de passer les dernières maisons du Village, auxquelles on avoit mis le feu, & de se poster dans la Maison même du Seigneur. L'Ennemi fit des efforts pour entrer par les portes & par les fenêtres; mais, il fut toujours repoussé avec grande perte. Il essaya de mettre le feu à la Maison, à l'aide de quelques bottes de paille attachées à de longues perches; mais, de ceux qui devoient exécuter ce projet, il n'en revint pas un seul. Cette entreprise ayant manqué, on s'avisa de charger de paille un traineau auquel on mit le feu, & que l'on poussa ensuite vers la Maison: mais comme il y avoit une fenêtre d'où l'on voioit cette invention, on tua ceux qui conduisoient cet Ouvrage, & le traineau s'arrêta à vingt pas de la Maison, où il fut consumé, sans avoir fait le moindre mal. La même chose se fit trois fois de suite, & toujours avec le même succès. Enfin, Smigelski, ayant fait des efforts incroïables depuis neuf heures du matin jusqu'à deux heures après midi, sans avoir eu le moindre avantage, obligea le Sieur Ivanski, dont nous avons parlé tantôt, & qu'il conduisoit prisonnier avec lui, d'écrire une Lettre en Latin, en François, & en Polonois, pour offrir au Lieutenant plusieurs bonnes conditions, s'il vouloit se rendre. Celui-ci répondit au porteur de la Lettre, qui étoit un Soldat Saxon, *qu'il n'entendoit d'autre Langue que le Suédois, & qu'en brave Suédois il se deffendroit aussi longtems qu'il lui resteroit un seul homme ; que si son Officier étoit honnête-homme, il auroit signé sa Lettre. En attendant,* continua-t-il, *vous pourrés compter mes gens, & dire à vôtre Commandant, que j'ai encore mes vingt-quatre hommes, & assés de poudre & de plomb pour le bien recevoir.* Smigelski fit de nouveaux efforts pendant deux heures de suite: l'attaque étoit plus vive qu'elle n'avoit été; mais, le Lieutenant se deffendit avec tant de bravoure, que le Partisan Polonois fut enfin obligé de se retirer, avec une dizaine de traineaux chargés de morts & de blessés, sans compter ceux qu'il ne put emporter. Il demeura la nuit aux environs du Village, donnant souvent l'allarme; mais, le Lieutenant ne quitta point son poste, où il se tint tranquille jusqu'à ce qu'il eut reçu le lendemain un renfort de cent hommes qu'on lui envoya de Petricou. Smigelski se retira entièrement & le Lieutenant sortit du Village, n'ayant que deux hommes de tués, & onze de blessés. Cette action acquit beaucoup d'honneur à l'Officier Suédois, qui avoit si bien sû soutenir les efforts d'un Ennemi qui étoit pour le moins trente-fois plus fort que lui; &, pour recompenser une valeur si peu commune, le Roi donna d'abord à ce Lieutenant la Charge de Major.

L'Ar-

Janvier.
Lybecker
déloge quel-
ques Trou-
pes Polonoi-
ses &
Saxonnes.

le 4.

le 9.

L'Armée de la Couronne, qui s'étoit debandée, prit ses quartiers d'hiver dans la Haute-Pologne, sans distinguer ni amis ni ennemis, & leva de tous côtés des contributions qu'on appelle communément des *Hybernes*. Czerminski, Castellan de Polanga, se mit en Garnison à Lowitz, résidence du Cardinal Primat, avec dix-huit Compagnies Polonoises, & quatre Compagnies des Dragons Allemands de Brandt. Ces Troupes faisoient beaucoup de mal, & incommodoient fort souvent les Suédois, qui, ne voulant plus les avoir si près, résolurent enfin de les déloger. Pour cet effet, le Lieutenant-Colonel Lybecker, du Regiment du Corps, eut ordre d'y marcher avec huit à neuf cens Chevaux. Il le fit avec tant de secret & de diligence, que dans trois nuits il fit plus de vingt lieues, dans l'espérance de surprendre l'Ennemi au lit; mais, comme le Capitaine Lilies* werd, à la tête d'un Parti de Valaques, avoit surpris les Polonois quatre jours auparavant, qu'il leur avoit tué quelque monde, & fait prisonniers cinq Towarczes, ils étoient mieux sur leurs gardes, sur-tout autour de Lowitz situé dans une plaine qui s'étend à plus d'une lieue. Outre cela, un Gentilhomme Polonois leur donna avis de l'approche des Suédois, ce qui fit que Czerminski monta d'abord à Cheval avec ses Troupes, & se rangea dans la plaine. Lybecker, en ayant été averti, fit halte, & engagea un Polonois à envoyer son Valet à Lowitz, sous prétexte d'acheter du sel. Le Valet, gagné par de l'argent, & assés bien instruit de ce qu'il devoit dire, tomba entre les mains de Czerminski, qui lui demanda s'il n'avoit point vû les Suédois. Ayant répondu qu'il les avoit rencontré dans un certain endroit, & qu'ils avoient rebroussé chemin, les Polonois rentrèrent dans Lowitz. En attendant, Lybecker, conduit par le Polonois dont nous venons de parler, s'étant écarté du grand chemin, traversa un bois, & fit un détour de huit lieues, desorte que le lendemain matin il se trouva de l'autre côté de la Ville, où l'on se croyoit en parfaite sûreté. A quelque distance de la place, il rencontra deux Towarczes, dont l'un fut fait prisonnier. L'autre, s'étant sauvé, donna l'allarme. Les Suédois le suivirent à bride abbatuë; mais, en entrant dans la Ville par une des portes, les Polonois s'enfuïoient déjà par l'autre. Cinquante hommes furent tués, & douze autres furent faits Prisonniers. On leur prit deux paires de timbales, avec tout le bagage, & les bestiaux, les grains, & les vivres, qu'ils avoient ramassés. On poursuivit les fuïards pendant une demie lieue; mais, comme il ne fut pas possible de les joindre, Lybecker retourna à la Ville, où il fit remettre en Liberté plusieurs Domestiques du Cardinal, que l'on avoit liés & garottés. Il s'y arrêta quelque tems, & rendit aux habitans les meubles & les bestiaux qu'on leur avoit enlevés. L'Ennemi, sans s'arrêter nulle part, marcha jusqu'à Warsovie, où ayant été renforcé par quelques Compagnies de nouvelles Troupes, il passa la Vistule, appréhendant toujours que les Suédois ne fussent à ses trousses.

Quoique les habitans de Lowitz fussent charmés d'être délivrés

des

des Polonois, ils ne voulurent pas néanmoins fournir à Monsieur de Lybecker des vivres & du fourage, sous prétexte que le Roi de Suede avoit exemté les Terres du Cardinal de toutes sortes de Contributions. Lybecker, en ayant fait rapport au Roi, eut ordre de se retirer; sur quoi le Cardinal écrivit au Comte Piper une Lettre conçuë en termes fort peu mesurés; disant, ,,qu'il avoit eu meilleure opinion des Suédois, & qu'il n'avoit pas crû que la crainte du retour ,,des Polonois les eût obligés de se retirer avec tant de précipitation, ,,& d'une manière si honteuse.,, La Réponse du Comte fut des plus sérieuses: ,,Qu'il avoit crû que son Eminence y auroit bien refléchi, ,,avant que d'écrire une Lettre si singulière. Qu'elle ne pouvoit qu'ê-,,tre convaincuë, que les Suédois ne craignoient nullement les Polo-,,nois; que l'Affaire même de Lowitz en étoit une forte preuve. ,,Que le Roi auroit volontiers laissé ses Troupes pour couvrir cette ,,place, si on leur avoit fourni de quoi subsister. Que sur le refus de ,,leur donner des vivres, Sa Majesté leur avoit ordonné de se retirer. ,,Que si d'ailleurs l'Armée de la Couronne incommodoit de nouveau ,,ses Terres & ses Vassaux, on n'enverroit pas un seul homme à leur ,,secours; & que les gens du Cardinal n'auroient qu'à s'en prendre à ,,eux-mêmes, comme ayant mérité cette punition par leur ingratitu-,,de & leur mauvaise disposition.,,

D E s Personnes bien instruites crurent, que le Cardinal ne cherchoit, en écrivant cette Lettre, qu'un prétexte de rompre avec les Suédois. On apprit dans le même tems, que cette Eminence avoit déclaré, qu'elle étoit résoluë de ne plus se mêler des Affaires, & d'observer une parfaite neutralité. Charles XII. lui écrivit cependant, de même qu'à Monsieur de Bronitz, Maréchal de la Confédération, ,,pour leur faire connoitre combien il souhaitoit que l'on renouât les ,,Négociations entamées à Warsovie. Sa Majesté les pria outre cela ,,de vouloir addresser des Lettres aux Palatinats, pour leur représen-,,ter au juste l'état où se trouvoit le Royaume de Pologne, & pour ,,les assurer que Sa Majesté Suédoise persistoit toujours dans le des-,,sein de vouloir les secourir de tout ce qui étoit en son pouvoir. ,,Que si néanmoins les Palatinats balançoient encore, le Roi de Sue-,,de ne changeroit rien absolument à la résolution prise; mais, qu'il ,,prendroit d'autres mesures pour parvenir au but qu'il se proposoit. ,,Qu'alors les Polonois n'auroient qu'à s'en prendre à eux-mêmes des ,,maux qu'ils souffriroient, &c.,, Le Cardinal laissa passer plusieurs Semaines, sans faire la moindre Réponse, & celle qu'il fit ne signifioit rien du tout, jusqu'à ce qu'enfin il se ravisa, comme nous le verrons ci-dessous.

L E s Saxons, qui avoient leurs quartiers près des montagnes de Hongrie & dans les environs, n'étoient pas moins inquiétés que les Suédois. Les Généraux Saxons voulant occuper un petit Païs appellé le Sipferland, qui appartenoit à un jeune Lubomirski, fils du Maréchal

de

1705.
———
Janvier.
Lettre du Cardinal.

Lettre de Charles XII, au Cardinal Primat.

Les Saxons délogés par le Starofte Lubomirski.

de la Couronne, que l'on nommoit autrement *Staroßa Spitski* ; celui-ci, qui étoit alors au service de l'Empereur, prit promtement son congé, & se rendit chés lui, pour y voir de plus près les nouveaux hôtes qui lui étoient tombés sur les bras. Ayant assemblé en diligence un Corps de trois mille Hongrois, il obligea les Saxons de se retirer. Non content de ce qu'il venoit de faire, il se declara publiquement Ennemi du Roi Auguste, & harcela ses Troupes en différentes rencontres. Enfin, il surprit les Saxons dans leurs quartiers près de Cracovie, où il fit prisonniers plusieurs Officiers, & leur enleva une paire de Timbales d'argent, avec quelques Chariots où il y avoit de l'argent & des munitions.

P O T O C K I, Palatin de Kiovie, commença aussi à faire des mouvemens en Russie & en Wolhynie, où il avoit déjà assemblé un Corps de Troupes de huit mille hommes. Une partie de ces Troupes voulut d'abord observer une parfaite neutralité, prétendant n'avoir en vûë que la deffense de la Liberté, sans se déclarer, ni pour Auguste, ni pour Stanislas. Elles le firent cependant, quelque tems après, en faveur du dernier ; ce qui releva fort le cœur aux amis de ce Prince, & empécha ceux qui lui étoient contraires de rien entreprendre contre ses intérêts, de peur que toute cette Armée ne leur tombât sur le corps.

N O U S avons dit, que l'on travailloit à Dresde à l'échange des prisonniers. Cette Affaire fut enfin terminée par Monsieur de Horn, qui fut échangé lui-même contre le Lieutenant Général Allard, qui avoit été au service de Russie, & que l'on avoit fait prisonnier à la Bataille de Narva. Cependant, avant que le Général Horn quittât Dresde, il se donna quelques mouvemens pour faire réussir un projet de paix, que l'on avoit dressé, & dont le Comte Sinsendorf, Ministre de l'Empereur étoit l'Auteur. Celui-ci en écrivit au Comte Piper, disant, que, pourvû que le Roi de Suede voulût ratifier certaines Conditions, il feroit tous ses efforts pour porter le Roi Auguste à renoncer de bon gré, & de son propre mouvement, à la Couronne de Pologne. Voici quelles étoient ces Conditions : Qu'Auguste conserveroit le Titre de Roi ; que le Roi Stanislas lui donneroit quelque Dédomagement ; que ce Prince s'engageroit aussi par écrit à ne jamais se déclarer en faveur de la France ; que les partisans qu'Auguste avoit en Pologne ne seroient point inquietés ou poursuivis ; & enfin, que l'on ne pousseroit pas plus loin la vengeance contre le Roi Auguste. Le Comte Piper y fit répondre par Monsieur de Hermelin, tant de bouche que par écrit :
,, Qu'il trouvoit que ce Projet étoit également avantageux pour la
,, Suede, & pour le Roi Auguste ; que bien les Conditions fussent telles,
,, que l'on pouvoit en faire la proposition, il ne vouloit pourtant pas
,, en parler au Roi son Maitre, avant qu'il fût exactement instruit, si
,, elles venoient de lui Comte Sinsendorf, ou s'il avoit eu ordre de
,, l'Empereur de les faire, ou si le Roi Auguste avoit souhaité qu'il
,, les fît. ,, On avoit quelque raison de croire, que ce Projet n'étoit

qu'une

qu'une invention pour detourner le Roi de Suede d'entrer en Saxe, ce que l'on craignoit extrémement dans ce tems-là, tant à Vienne qu'ailleurs. On ne savoit pas non plus si ces propositions ne se faisoient point peut-être dans la vûë de faire suspendre à Charles XII les préparatifs qu'il avoit ordonné de faire pour la continuation de la guerre. Le Comte Sinsendorff avoua dans la Réponse qu'il fit au Comte Piper, qu'il n'avoit point d'ordre sur ce sujet de l'Empereur même; mais, qu'un Seigneur de la Cour de Vienne, qui avoit des vûës fort justes, lui avoit fait naitre ces idées. On apprit ensuite sous main, que cette Cour souhaitoit fort de voir la guerre terminée en Pologne, afin de pouvoir par ce moïen-là detourner de l'Allemagne les nouveaux troubles dont elle étoit menacée, & de pouvoir obtenir du Roi Auguste ses Troupes Saxonnes. Le Comte Stratman, qui residoit auprès de ce Prince, en qualité de Ministre de l'Empereur, lui représenta, qu'il pouvoit finir la guerre avec honneur, s'il vouloit publier un Manifeste, dans lequel, après avoir reproché aux Etats de Pologne leur inconstance, leur infidelité, leur mauvaise-foi, & leur ingratitude, il renonceroit à une Couronne, qui lui avoit couté tant de peines, & qui n'avoit fait qu'épuiser les finances de ses Etats Hereditaires. Le Roi Auguste ne desapprouva pas entièrement ce Projet: le Général Horn, qui étoit parfaitement bien dans l'esprit de ce Prince, fit tout son possible pour l'y disposer; mais, malgré toutes les précautions que l'on avoit prises, pour tenir cette Affaire cachée pendant quelque tems, le Roi Auguste lui-même la découvrit au Prince de Furstemberg, Gouverneur de Saxe, qui, voïant qu'en ce cas son Ministere deviendroit inutile, mit tout en usage pour porter le Roi à ne point entrer dans ces vûës. Le même Prince de Furstemberg communiqua ce Projet au Velt-Maréchal Fleming, & celui-ci à Patkul, qui ne laissèrent passer aucune occasion d'insinuer à Auguste, qu'il lui seroit facile, avec le secours de ses Alliés, de se tirer avec plus d'avantage de la guerre contre les Suédois: & ainsi toutes ces négociations n'aboutirent à rien.

Le long sejour que faisoit Auguste dans ses Etats Hereditaires causa beaucoup de mécontentement à ses partisans en Pologne. L'Assemblée de Cracovie ne resolut rien, & les Deputés se dissipèrent, se plaignant hautement de ce que le Roi les abandonnoit dans un tems où sa présence étoit fort nécessaire, & qu'ils avoient plus besoin que jamais d'un promt & puissant secours. Le nombre de ceux qui s'étoient declarés en faveur du Roi Stanislas augmenta considérablement; & à la Diete de Skroda on resolut que la Noblesse leveroit, outre le Régiment de Cavallerie, qui devoit servir de Gardes à ce Prince, un Régiment d'Infanterie de douze cens hommes.

PENDANT ce tems-là, les Suédois & les Polonois étoient fort souvent aux prises. Voici les Rencontres les plus remarquables. Le Lieutenant Gripenwal, du Regiment de Calmar, fut detaché avec vingt chevaux & trente fantassins, pour aller chercher des vivres. Etant arrivé à

le 15.
Les Valaques battus par le L. Gripenwal.

à une lieuë & demie de Krepice en Siradie, il fut attaqué par un gros de quelques cens Valaques, qu'il reçut avec beaucoup de bravoure, & les mit en fuite après leur avoir tué dix-sept hommes, sans compter les blessés qu'ils emportèrent comme de coutume. Dans le même moment arrive le Capitaine Canifer avec ses Valaques. Il se mit aux trousses des autres, les poursuivit une lieue de chemin, & leur tua quelque monde. Parmi les prisonniers qu'il fit se trouvoit un certain Suinarski, Lieutenant de Pancernes, grand Partisan, & Ennemi juré du Roi Stanislas. Cet Officier fut fort étroitement gardé, parce que l'on apprit, qu'il avoit peu auparavant massacré le Quartier-Maitre Mandel, & un Lieutenant du Regiment de Wermlande, qui alloient à Ravitz accompagnés seulement de leurs Valets. Sa prison ne fut pas longue: ayant demandé la permission d'aller à l'Eglise pour faire ses devotions, la garde l'accompagna & ferma la porte après lui. Du côté de l'Autel où il étoit à genoux, & à quelque distance de lui, étoit une autre porte, qu'on avoit laissée ouverte: s'en étant apperçu, il sortit par-là, ferma la porte; &, avant que la garde pût sortir de l'autre côté, il s'étoit déjà sauvé sur un cheval qu'on avoit tenu prêt.

Les Polonois, forts de vingt-huit Drapeaux, & aïant avec eux deux cens Dragons Allemands, attaquèrent, quelques jours après, dans un endroit nommé Covale, en Cujavie, le Capitaine Elfberg, du Régiment de Kruse, Cavallerie, qui avoit été detaché avec cent chevaux pour lever des contributions. Le Capitaine Suédois, voïant l'Ennemi si superieur en nombre, & ne pouvant agir en rase campagne, se retira avec son monde dans le Cimetiere. Les Dragons ennemis, étant pourvûs d'échelles & de planches, tachérent d'escalader la muraille du Cimetiere, pendant qu'un grand nombre de Polonois, montez sur le toit de la Maison du Curé, laquelle étoit tout près de-là, tirérent sur les Suédois à coups de Carabines. Elfberg fit faire à une partie de son Monde une sortie sur les Dragons, & une autre partie de ses gens mit le feu aux Maisons voisines. Les Polonois l'éteignirent par deux fois; mais, à la fin, il gagna tellement le dessus, qu'ils furent obligés de descendre. Plusieurs, ne pouvant trouver de sortie, à cause de la fumée, perirent dans les flammes. Cela n'empécha pourtant pas que l'Ennemi ne retournât deux fois à l'assaut; mais, aïant toujours été repoussé avec beaucoup de valeur, il se vit enfin contraint de se retirer, avec perte de quarante hommes de morts, & pour le moins de huit fois autant de blessés. Le combat dura depuis sept heures du matin, jusqu'à quatre heures de l'après-dînée. Les Suédois n'eurent qu'un Caporal & un Cavalier de tuez: plusieurs, tant hommes que chevaux, étoient fort dangereusement blessés.

Dès que le Lieutenant-Général Nieroth, qui avoit son Quartier dans le Territoire de Gnesne, eut été averti de cette action, il détacha sur le champ le Major Charles Piper, avec trois cens cinquante Chevaux, & quelques Compagnies de Valaques & de Troupes de Sapieha

pieha qui étoient aux ordres du Capitaine Liliefwerd, pour talonner l'Ennemi. Chemin faifant Piper apprit que les Polonois étoient retournez à Lowitz, d'où on les avoit chaffés peu auparavant. Pour éviter de paffer la rivière qui étoit entre la Ville & les Suédois, il fit un grand détour, paffant par Sabota, qui eft à deux lieues de-là. Sur l'avis qu'il eut que l'Ennemi étoit averti de fa marche, il réfolut de faire tout fon poffible pour arriver le même foir à Lowitz. Liliefwerd prit le devant avec fes Valaques; mais, comme il faifoit déjà obfcur, il n'y eut jamais moïen de les engager à commencer l'attaque. Monfieur de Piper ne s'en mit pas beaucoup en peine: &, après les avoir devancé, il arriva fi à propos devant la Ville, qu'il y entra avec les gardes avancées que l'Ennemi retiroit. Au prémier coup que l'on tira, les Polonois fortirent en grande confufion par l'autre porte, & leur Commandant n'eut pas feulement le tems de faire feller pour lui un Cheval. Les Suédois les pourfuivirent vivement, & tuérent tout ce qui fe préfenta: & comme les Valaques de Liliefwerd étoient fort légérement montez, ils rendirent en cette occafion quelques bons fervices. L'Ennemi, aïant paffé un défilé, s'arrêta de l'autre côté, fonnant de la Trompette; mais, cette joie ne fut pas de longue durée: le Major Piper les atteignit, & les obligea de traverfer une eau, qu'ils devoient néceffairement paffer pour fe fauver. Un grand nombre de Polonois s'y noïérent; de forte qu'outre une centaine de morts que l'on trouva dans la Ville & auprès de la Porte, ils perdirent, de leur propre aveu, tant dans l'eau, que pendant la fuite, environ quatre cens hommes. On fit vingt-trois Prifonniers, & l'on prit quatre Drapeaux & une paire de Timbales. Depuis, l'Ennemi fut tellement faifi de peur, qu'il n'ôfa plus fe montrer dans ces Quartiers. Du côté des Suédois, il n'y eut qu'un Cavallier de tué: &, après que Piper fe fut repofé quelques jours à Lowitz, il retourna au Régiment.

MONSIEUR de Lubomirski, dont nous avons parlé, aïant eu une entrevûe avec le Lieutenant-Général Stromberg à Wielum, & après avoir laiffé fes Troupes dans les environs, fe rendit au Quartier du Roi à Ravitz, avec quinze cens Hongrois, & une Compagnie de Polonois, emmenant avec lui un Major, trois Capitaines, un Lieutenant, & onze Bas-Officiers, qu'il avoit fait Prifonniers fur les Saxons, & qu'il préfenta à Sa Majefté. Il en fut reçu fort gracieufement. C'étoit un homme de bonne mine, franc & honnête, & qui avoit fait voir en plus d'une occafion, qu'il avoit du courage. L'Expédition du Major Piper commença à infpirer au Cardinal Primat des fentimens plus favorables au fujet des Suédois; & il fembloit, qu'après la jonction de Lubomirski, il étoit un peu plus déterminé qu'il n'avoit été auparavant, que rien ne pouvoit le fixer. En attendant, comme le Palatin Potocki, qui avoit affemblé un bon nombre de Troupes, fouhaitoit que les Suédois marchaffent à Cracovie, pendant qu'il s'en approcheroit d'un autre côté, Monfieur de Stomberg eut ordre de s'y rendre

B 2

1705.

Février.

le 28.
Un Parti
Polonois dé-
fait par le
Major Pi-
per.

Mars.
Lubomirski
fe rend à
Ravitz,
le 1.

Stromberg
marche à
Cracovie.

1705.

Mars.

le 21.

dre avec quelques cens Chevaux & quatre Régimens d'Infanterie, qui étoient les deux de Smalande & ceux d'Oſtrogothie & de Weſtrogothie. A peine s'étoit-il mis en marche, que Smigelski, fort de trois mille Chevaux, tomba pendant la nuit ſur les Villages où étoient les Troupes de Lubomirski. Dans la prémiere attaque, il y eut un Colonel tué avec une vingtaine de Soldats ; mais, comme en attendant ils a-voient eu le tems de prendre les armes, l'Ennemi fut mis en fuite. La perte étoit égale de part & d'autre.

Les Saxons ſ'en reti-rent.

Lorsqu'on eut appris cette Nouvelle à Ravitz, Lubomirski ne voulut pas abſolument y demeurer d'avantage ; &, eſcorté par quelques cens Suédois, il retourna auprès de ſes gens, qui ſ'étoient approchés plus près des Quartiers du Général Stromberg. Ce Général ſ'étant mis marche, comme nous venons de le dire, apprit que les Saxons, n'aïant pas jugé à propos de l'attendre, ſ'étoient retirez avec précipitation de Cracovie, & de leurs Quartiers, en Ruſſie. Par bonheur que Potocki eut le même avis : il ſe mit à leurs trouſſes, & ſurprit près de Jareſlau deux cens hommes, qui furent tous paſſés au fil de l'épée. Il fit auſſi ſoixante Priſonniers ; & il auroit certainement fait de plus grands progrès, s'il n'avoit eu le malheur, en pourſuivant l'Ennemi, de faire une chute qui l'obligea de garder le lit pendant quelques ſe-maines.

Les Saxons étoient au nombre d'onze Régimens, qui ne faiſoient en tout que trois mille Chevaux. Ils ſe joignirent à l'Armée de la Couronne, marchérent du côté de Lublin, & prirent poſte entre la Viſtule & le Bug. Après s'être aſſurez de Breſcie, ils tirérent des environs tout ce dont ils avoient beſoin pour leur ſubſiſtance. On crut après qu'on leur avoit coupé la retraite en Saxe, que leur deſſein étoit de ſe joindre aux Ruſſiens, qui étoient en Lithuanie, & qui avoient pris leurs Quartiers, tant à Wilna & aux environs, qu'à Ty-choſin & Pultousk. Les Saxons firent bonne garde ſur les bords de la Viſtule : & comme ils s'attendoient, que les Suédois vinſſent les at-taquer de ce côté-là, ils firent paſſer de leur côté tous les bateaux & vittines qu'ils purent ramaſſer. Cette précaution n'empécha pas les Valaques Suédois de paſſer en d'autres endroits, & de faire ſouvent à l'Ennemi tout le mal qu'ils pouvoient imaginer. Monſieur de Strom-berg, après être arrivé à Cracovie, s'y poſta avec une partie de ſes Troupes, faiſant paſſer au reſte la Viſtule à Bochnia & Wieſnice, afin de s'approcher de Potocki, qui vouloit ſe joindre aux Suédois. Les Troupes de Monſieur de Stromberg furent miſes en Quartiers dans le Voiſinage de Cracovie ; & les Terres Roïales, avec celles des Eccléſiaſtiques, furent obligées de lui fournir des vivres, afin de ne point être à charge à la Nobleſſe. Cette conduite lui attira beaucoup d'amis : quantité de Gentilshommes ſe rendoient auprès de lui avec pluſieurs Compagnies de l'Armée de la Couronne, & entre autres le Prince de Zamoſc avec mille hommes, & tous ceux de la Maiſon de

Potoc-

Potocki avec leurs Troupes. Stromberg écrivit au Roi, pour savoir
de quelle manière il devoît agir à l'égard de ces derniers, parce que
Sa Majesté en avoit été trompée lors de son séjour à Lublin, il y avoit
deux ans passés. Quoique Charles XII. ne se fiât en aucune manière à
des gens si inconstans, il ne témoigna pourtant pas qu'il leur en voulût du mal; & cela, à cause du Roi Stanislas, qui espéroit de pouvoir,
par le moïen de ces nouveaux Partisans, en gagner d'autres, & parvenir enfin à unir tous les Membres de la République, quoiqu'il y en eut
beaucoup qui le haïssoient de tout leur cœur. Les manières aisées de
Monsieur de Stromberg lui conciliérent l'amitié des Polonois: il les ré-
galoit souvent, & vivoit avec eux en grande familiarité. Eux de leur
côté jurérent, qu'ils lui démeureroient toujours attachés; assurant,
qu'ils païoient avec joie les contributions qu'on leur avoit imposées,
& qu'ils étoient prêts à sacrifier leur vie & leurs biens pour le maintien de la Confédération de Warsovie. La présence de Potocki contribua plus que tout autre chose à inspirer aux Polonois ces sentimens:
il étoit leur compatriote, & avoit beaucoup d'autorité parmi eux; aussi
le respectoient-ils plus qu'aucun autre de son rang.

Le Roi Auguste, qui savoit parfaitement combien l'amitié de ce
Seigneur étoit avantageuse, fit tous les efforts possibles pour se l'attacher. Entre autres choses considérables, il lui fit offrir de l'élever à
la Dignité de Prince, & de lui assigner en cette qualité des Revenus,
que l'on prendroit en partie sur les Terres du Roi, & en partie sur les
Biens que l'on avoit confisqués à la Noblesse. Potocki, bien loin de
se laisser éblouïr, demeura ferme, & fit distribuer un Manifeste dans
lequel il publia les offres que le Roi lui avoit fait faire; ce qui augmenta encore la haine que la Noblesse portoit déjà à ce Prince.

Sur ces entrefaites, arrivérent de Saxe les Prisonniers Suédois que
l'on avoit échangés. On les escorta sur la frontière & jusqu'à Sorau,
où le Baron Charles Horn, Colonel du Régiment de Bremen, les reçut.
Ce même Officier reconduisoit les Prisonniers Saxons, que le Roi
avoit fait habiller de neuf depuis la tête jusqu'au pieds. La Reine de
Pologne, & Madame Roïale, Mere du Roi, arrivérent en même
tems de Prusse au Château de Ridzin. La Reine ayant fait savoir son
arrivée à Sa Majesté Suédoise par le Général-Major Sauerbre, ce Prince y envoya d'abord le Chambellan Klingenstierna pour la complimenter: il s'y rendit le lendemain, pour lui faire la prémiere visite. La
Reine vint recevoir le Roi dans l'Antichambre, & il la conduisit par
la main dans son appartement. La conversation dura plus d'une heure, après quoi le Roi retourna à Ravitz. La Reine de Pologne ne
rendit sa visite à Sa Majesté, qu'au bout d'environ quinze jours, comme l'on en étoit convenu. Le Roi Stanislas parut à Ravitz avec toute sa Cour, & fut logé dans les appartemens de Charles XII, que l'on
avoit meublés pour cet effet. Ce Prince alla en attendant loger dans
une maison sur la place, où logeoit le Général Wellingk. La Comtesse
Piper,

14

Avril.

le 30.

le 25.
Mort de
l'Empereur
Leopold.

Piper, qui étoit venue voir son Mari, avoit amené de Suede sa Sœur Madame Inga Törnflycht, laquelle étoit promise au Lieutenant-Général Horn. Les Nôces se firent au Quartier du Roi, avec beaucoup de magnificence, & en présence de toutes les Personnes Royales, qui assistérent à cette Fête jusques bien avant dans la nuit.

OUTRE ce que nous venons de rapporter, il ne se passa presque rien de fort remarquable, jusqu'à ce que l'on apprit de Vienne la mort de l'Empereur Leopold. Ce Prince avoit eu beaucoup d'amitié pour Charles XII, dont il faisoit souvent l'Eloge, le citant comme un exemple de vertu & de bravoure. Plein d'admiration pour ses grandes qualités & son esprit solide, il disoit souvent, que le monde seroit heureux, s'il étoit gouverné par des Princes qui aimassent la justice & la bonne-foi autant que le Roi de Suede. Aussi ce dernier fut-il fort sensible à la mort de l'Empereur: il se plaignit plus d'une fois d'avoir perdu en lui un Ami sur lequel il avoit toujours pû faire fond; & ordonna à la Chancellerie de bien exprimer ces sentimens dans la Lettre de Condoleance que l'on enverroit à Vienne. Il s'expliqua de la même maniere au Comte Sinsendorff, qui arriva quelques jours après à Ravitz, & qui assura Sa Majesté à son tour, que l'Empereur Joseph n'avoit pas pour elle moins d'estime que n'en avoit eu feu l'Empereur son Pere (*).

V. L'APP.
No. C.

May.

Lettre du
Roi Stanis-
las au Pa-
latinat de
Cracovie.

CEPENDANT, le Lieutenant-Général Stromberg avoit tant fait par sa bonne conduite, que la Noblesse du Palatinat de Cracovie résolut de quitter le Parti du Roi Auguste, & de se déclarer en faveur du Roi Stanislas. Ce Prince leur écrivit sur ce sujet une Lettre, qui étoit parfaitement belle, & dans laquelle il disoit entre autres choses „ qu'il „ entroit en campagne comme sans armes, & que son signal seroit *la* „ *Conservation de ses Concitoyens.* Comme nous sommes tous, continue- „ t-il, nez dans un même Païs, & élevez, malgré l'envie des étran- „ gers, dans les mêmes principes de Liberté; & que nous jouissons „ tous des mêmes Prérogatives; nous ne permettrons jamais, que l'on „ se nourisse du sang de nos freres. Nous nous avancerons avec un „ Cœur intrepide, prêts à sacrifier notre vie, & ce que nous avons de „ plus cher au monde, pour le salut de la Patrie & la deffense de nos „ Biens. „

L'Assem-
blée de Pro-
zowice re-
nonce à la
Confédéra-
tion de Sen-
domir.

PLUS de neuf-cens Gentishommes s'assemblérent à Prozowice, où ils convinrent unanimement de renoncer à la Confédération de Sendomir, d'acceder à celle de Warsovie, & de reconnoitre Stanislas pour

leur

(*) L'Auteur a inseré dans cet endroit une Lettre du Roi à l'Archevêque Benzelius, au sujet des nouvelles Hérésies en Allemagne & de la conservation de la pureté de la Doctrine, & une Relation de l'entrée publique que fit Monsieur de Rosenhane, Ambassadeur de Suede, à Berlin le 28. Avril. On a retranché ces Morceaux, qui ne faisoient qu'interrompre le fil de la Narration, & on les a placés dans l'Appendice de cette Histoire, où on les trouve No. CI. & No. CII. R. D. T.

leur Roi. Ils envoyérent enfuite des Deputez au Roi de Suede, pour
le prier de vouloir bien reprendre les Négociations que l'on avoit com-
mencées l'année précédente avec la République, & qui avoient été
interrompues par la prife de Warfovie. Après que le Roi leur eut
accordé cette demande, les Deputés fe rendirent à Ridzin, auprès du
Roi Staniflas, pour le reconnoître dans les formes & lui jurer fidelité.
De-là ils firent un voïage à Dantzig, où étoit le Cardinal Primat. Ils
écrivirent auffi aux Palatinats voifins, au Grand-Général & à l'Armée
de la Couronne, pour les porter à fuivre leur exemple. Ils leur repréfentérent la malheureufe fituation où fe trouvoit le Roïaume, qui ne
pouvoit être delivré de fes maux que par l'union. Que le Roi Augufte,
en fe retirant, les avoit abandonnez, & que fes Troupes ne ceffoient
de commettre toutes fortes de defordres, & d'impofer des contributions; ce qui étoit directement contraire aux Loix & à la Liberté
de la Nation Polonoife.

*le 3.
Incendie à
Ravitz.*

Les Divertiffemens à Ravitz furent troublez par un Incendie, le
feu ayant pris un matin à neuf heures à une maifon d'un Boulanger,
dans la même ruë où étoit le Quartier du Roi. Cette maifon étant déja
prefque confumée par les flammes, avant que l'on donnât l'allarme, il
ne fut pas poffible d'y apporter du fecours. Le feu s'étant mis à une
feconde maifon, le Roi y accourut; &, non content d'ordonner à fes
gens ce qu'ils avoient à faire dans cette occafion, il monta lui même,
non fans que ceux qui le regardoient fuffent faifis de frayeur, au
fecond étage avec un détachement aux Gardes, fans que, ni la chaleur, ni la fumée, l'empéchaffent de travailler comme le moindre foldat,
& de porter fon fecours par-tout où il étoit néceffaire. Cette maifon
fut entiérement ruinée; mais, on empêcha par-là les progrès des flammes de côté-là. De l'autre côté, le feu gagna deux maifons: mais, la
troifieme aïant été abatuë, on parvint enfin à l'éteindre; & la Ville
fut préfervée du malheur dont elle étoit menacée. On ne put pas alors
découvrir la caufe de cet Incendie; mais, l'année d'après, on apprit
que quelques Perfonnes, tourmentées par de continuels remords, avoient
avoué elles-mêmes, qu'aïant été fubornées, elles s'étoient portées
durant l'Incendie vis-à-vis de la maifon où étoit le Roi, pour le tuër à
coups de piftolet pendant le tumulte; qu'elles avoient été fur le point
de le faire; mais, que le bras leur avoit refufé de fe prêter à une Action
fi execrable.

*le 21.
Univer-
faux du
Cardinal.
V. L'App.
No. CIII.*

Les Deputez, que la Nobleffe du Palatinat de Cracovie avoit envoyés à Dantzig, firent tant auprès du Cardinal, qu'après quelque de-
lai, il fit enfin expedier en fon nom des Univerfaux, pour tenir le 15.
Juin une Diete générale à Warfovie le 1. de Juillet.

*Lettre du
Roi de Pruf-*

Comme le Cardinal, trompé par quelque mauvaife Relation, avoit
avancé dans ces Univerfaux, que le Roi de Pruffe avoit fait reconnoître, par une Ambaffade folemnelle, le Roi Staniflas, Sa Majefté
Pruffienne en écrivit au Cardinal, pour le defabufer. Elle lui difoit,
„ qu'Elle

*1705.
Mai.*

1705.

Mai.
se au Car-
dinal.

„ qu'Elle avoit été fort surprise de voir que son Eminence avançoit,
„ qu'Elle étoit entrée avec le Roi de Suede dans de nouveaux engage-
„ mens au sujet des Affaires de Pologne, & qu'Elle avoit reconnu
„ par une Ambassade solemnelle, pour Roi de Pologne, le Palatin de
„ Posnanie. Que le Cardinal avoit été fort mal informé; & que,
„ comme il importoit beaucoup qu'il fût desabusé, Sa Majesté avoit
„ été bien aise de lui dire, qu'Elle n'avoit jamais reconnu ce Pala-
„ tin en qualité de Roi, & qu'Elle n'avoit jamais ordonné à aucun de
„ ses Ministres de le faire. Qu'à l'égard du Traité conclu avec la Sue-
„ de en 1703. il n'avoit aucun rapport aux conjonctures présentes,
„ de la Pologne; & qu'il n'y étoit seulement pas parlé, ni du Détrône-
„ ment du Roi Auguste, ni de l'Elevation du Palatin de Posnanie.
„ Que si le monde demeuroit dans l'opinion qu'on lui inspiroit dans les
„ Universaux, cela ne pouvoit que tirer à conséquence; &, qu'ainsi
„ le Cardinal ne devoit pas prendre en mauvaise part, que l'on fît reve-
„ nir de cette pensée, tant les Polonois, que les autres Nations.
„ Qu'au surplus, Sa Majesté Prussienne se promettoit de la prudence
„ du Cardinal, qu'en d'autres occasions il n'avanceroit rien sur son
„ sujet, avant qu'il fût bien instruit de l'Affaire, & qu'il en eut com-
„ muniqué auparavant avec Sa Majesté.„ Cette Lettre étoit datée
de Berlin le ⁶⁄₁₆ Juin 1705.

Univer-
saux du
Maréchal
de la Con-
fédération
de Warso-
vie.
V. L'App.
No. CIV.

Potocki se
rend à
Ravitz.
le 25.

Le même jour que le Cardinal fit expedier ses Universaux, Monsieur de Bronitz, Maréchal de la Confédération de Warsovie, en envoïa aussi en son nom à tous les Palatinats, les exhortant à se rendre
à la Diete générale indiquée à Warsovie. Il les assura en même tems,
que le Roi de Suede y enverroit aussi ses Ambassadeurs, pour renouër
les Négociations de paix, qui avoient été interrompuës depuis l'année
précedente.

Après que Potocki eut reglé les choses, comme il le souhaitoit
lui-même, dans le Palatinat de Cracovie, il se rendit à Ravitz, pour
conferer avec les Ministres du Roi de Suede sur les moïens de mettre
en execution les résolutions prises; & comme il avoit sû gagner la confiance du Roi Stanislas, ce Prince fit tant, que Charles XII. approuva la plûpart de ses propositions. L'Argent, qu'il demanda pour ses
Troupes, devoit être payé par le Général Stromberg, qui eut ordre
de leur assigner certains Cantons, & de faire lever lui-même les contributions, afin de ne point exposer Potocki à la haine de la Noblesse.
La proposition qu'il fit, qu'on lui fournît quelques Régimens Suédois,
qu'il joindroit à ses Troupes, pour se poster à Sokal, d'où il pouvoit
tenir en échec les Palatinats de Russie & de Beltz avec les environs,
ne fut point approuvée. Le Roi de Suede souhaitoit au contraire, que
l'on employât pour cet effet les Troupes de Sapieha, ce qui n'étoit
nullement du gout du Grand-Thrésorier. Ces Troupes étoient en
Quartiers dans la Grande-Pologne, où elles étoient fort bien entrete-
nuës, sans rien faire; mais, Sapieha allegua, qu'il étoit nécessaire,
que

que ces Troupes fuiviſſent toujours le Roi, afin d'être plus près de la Lithuanie où elles pouvoient rendre de bons ſervices; qu'outre cela, ſes Lithuaniens étoient des gens bien exercés, & qu'ils pourroient aiſément être gâtés par ceux de Potocki, qui étoient de mauvais Soldats & fort mal diſciplinez. Charles, qui n'ignoroit point, que ce qui faiſoit parler ainſi le Grand-Thréſorier étoit, en partie la jalouſie qu'il avoit de l'autorité de Potocki, & en partie une haine ſecrete contre le Roi Staniſlas, qu'il avoit de la peine à cacher, réſolut enfin, que Sapieha agiroit ſéparément & ſans ſe joindre à Potocki, à moins que la néceſſité ne l'exigeât. Le Roi lui fit ſavoir même, qu'il pouvoit ſe poſter de maniere, qu'en cas de beſoin, il pût ſe retirer vers les Suédois, ce qui étoit préciſément lui accorder tout ce qu'il ſouhaitoit.

1705.
Mai.

LES Troupes de Czerminski, du Parti du Roi Auguſte, après avoir été chaſſées de Lowitz, prirent des Quartiers de l'autre côté de la Viſtule. On crût, qu'elles n'oſeroient plus ſe montrer de notre côté, & qu'elles ne demanderoient pas mieux, que de ſe tenir tranquilles; mais, elles ſûrent fort bien profiter d'une occaſion qui ſe préſenta pour nous faire du mal. Le Capitaine Lilieſwerd avoit été plus d'une fois aux priſes avec elles, & toujours avec le même ſuccès. Cet Officier étoit alors à Miſchalowice pour lever des contributions, n'aïant avec lui que ſes Valaques, dont il étoit fort aimé. Un jour en aïant détaché un bon nombre, il fut attaqué par un gros Parti ennemi, fort de quatre cens chevaux. Lilieſwerd, Officier d'une valeur peu commune, ſe deffendit on ne peut pas mieux, repouſſa l'Ennemi à différentes repriſes; mais, après qu'on lui eut tué une partie de ſon monde, le reſte prit la fuite à une trentaine d'Hommes près, qui demeurérent auprès de leur Capitaine, & qui, accablez par-là multitude, furent paſſez au fil de l'épée, auſſi bien que leur Chef.

le 16.
Défaite du Capitaine Lilieſwerd.

CEPENDANT, la Nobleſſe du Palatinat de Sendomir, convoquée par Monſieur de Morſtein, ſe déclara en faveur du Roi Staniſlas & de la Confédération de Warſovie. L'Aſſemblée d'Opatow fit la même choſe, auſſi bien que ceux d'Oſwéen, qui eſt une Principauté particuliere, & à leur requiſition le Lieutenant-Général Stromberg, leur envoïa le Colonel Clerck avec mille Hommes d'Infanterie, & le Capitaine Canifer avec quelques cens Chevaux, pour les mettre à couvert de toute inſulte. Comme l'on avoit réſolu unanimement de renoncer à la Confédération de Sendomir, & à tout ce qui s'étoit fait dans ce tems-là en faveur du Roi Auguſte, on députa le Maréchal de la Dietine & le Sieur Mycouski, Caſtellan de Sendomir, avec pluſieurs autres perſonnes de qualité au Roi Staniſlas, pour lui communiquer ce Réſultat. Ces Députez furent enlevez par Smigelski, qui avoit paſſé la Viſtule avec un gros Parti. La Nobleſſe fut d'abord un peu déconcertée; mais, comme elle reçut en même tems les Univerſaux du Cardinal, elle reprit courage, & non-obſtant qu'il y eût ſix mille Saxons & Po-

*Juin.
le* 1.
Le Palatinat de Sendomir ſe déclare en faveur de Staniſlas.

lonois

lonois dans son voisinage, elle s'assembla de nouveau à Opatow, &
confirma toutes les Résolutions qu'elle avoit prises. Elle choisit aussi
seize Députez qui devoient se rendre à la Diete générale de Warsovie.
Les Saxons crurent avoir beaucoup gagné d'avoir entre leurs mains le
Castellan de Sendomir & les autres Députez, qu'ils promenérent long-
tems d'un endroit à l'autre; mais, à la fin, ils s'apperçurent du mauvais
effet qu'avoit produit cet Enlévement, & que la Noblesse haïssoit le
Roi Auguste plus que jamais.

Ce Prince, qui ne voïoit que trop bien à quoi aboutiroient enfin
toutes ces Affaires, ordonna au Baron de Gersdorff, son Ministre à
la Haye, de demander du secours aux Etats Généraux des Provinces-
Unies. Le Général Flemming fit les mêmes instances auprès du Duc
de Marlborough; mais, comme l'on étoit par-tout fort attentif à ce qui
se traiteroit à Berlin, entre les Rois de Suede & de Prusse, Auguste n'eut
point de réponse satisfaisante, & il partit pour Carlsbad en Boheme,

afin d'y prendre les eaux. Cependant Patkul arriva à Berlin. Il y fit,
au nom du Czar, les plus belles promesses du monde, pour tâcher
d'engager cette Cour à se déclarer en faveur du Roi Auguste. Il demanda en même tems, que l'on permît à la Flotte Russienne, qui devoit être envoïée cette année-là dans la Mer Baltique, de pouvoir relacher dans les Ports appartenans à Sa Majesté Prussienne. Ce Prince
refusa constamment de voir Patkul, & lui fit dire par Monsieur d'Ilgen, qu'il ne pouvoit accorder ni l'une ni l'autre de ces demandes.
Aïant vû qu'il n'y avoit pas beaucoup à faire pour le Czar dans cette
Cour, il changea de langage, & proposa de porter Sa Majesté Czarienne à faire la paix avec la Suede, & de déterminer le Roi Auguste
à renoncer à la Couronne de Pologne. Il ajouta, que ce Roi commençoit enfin à lasser, & le Czar, & les Etats même de ses Païs Héréditaires; qu'il avoit tiré de Moscou de grandes sommes d'argent, qui
avoient été emploïées à toutes sortes de choses inutiles, pendant que
son Armée n'en avoit rien touché du tout. Patkul, non content d'a-
voir fait ces ouvertures, s'engagea à faire réüssir ce Projet, à condition néanmoins, qu'il fût assuré, d'avance, d'obtenir par-là son pardon du Roi de Suede. On en parla à Charles XII, qui ne repondit
autre chose si-non, qu'il étoit porté à faire la paix avec le Czar, pourvû qu'il s'expliquât sans détour sur la Satisfaction qu'il donneroit à la
Suede.

*le 12.
Lettre
d'Auguste
aux Séna-
teurs Polo-
nois.*

Pendant le séjour qu'Auguste fit à Carlsbad, il écrivit une Lettre
aux Sénateurs de la République de Pologne, dans laquelle il leur disoit: ,, Qu'il avoit reçu les Universaux du Cardinal, & qu'il espéroit
,, que la maniere d'agir malicieuse & pleine d'artifices de ce Primat,
,, sur lequel il n'avoit rien pû gagner depuis deux ans, n'auroit point
,, fait d'impression sur eux. Qu'à l'égard de ce qui s'étoit fait à War-
,, sovie, il n'y étoit point allé pour faire du mal, mais pour prévenir
,, sa propre ruïne. Qu'il lui auroit été facile de se saisir du Cardinal,

,, lors

„ lors de son séjour à Lowitz; mais, qu'il n'avoit pas voulu le faire.
„ Que Dieu seul connoissoit celui qui étoit cause des malheurs de la
„ Pologne, & que l'Auteur de tous ces Troubles n'échaperoit point à
„ sa juste vangeance. Qu'il ne croïoit pas que le Roi de Prusse en-
„ voïât du secours à Stanislas, parce que lui Auguste avoit été le
„ prémier à reconnoitre Sa Majesté Prussienne en qualité de Roi.
„ Que le Cardinal avoit fort mal fait de convoquer la Noblesse; que
„ lui Auguste étoit assez fort pour deffendre son Roïaume, & les Loix,
„ & la Liberté, de la Nation Polonoise. Qu'il espéroit de pouvoir,
„ avec l'aide de Dieu, renverser les projets de ses ennemis, & mon-
„ trer sa reconnoissance envers ceux qui lui étoient demeurez fide-
„ les. „ Il finissoit cette Lettre, „ en priant les Sénateurs de faire sa-
„ voir à la Noblesse, qu'il risqueroit plûtôt & ses biens & sa vie,
„ que d'abandonner le Roïaume & ceux qui s'étoient sacrifiés pour ses
„ intérêts. „

1705.

Juin.

AUGUSTE se donnoit aussi beaucoup de mouvemens auprès du
Pape, pour le porter à agir sérieusement dans cette Affaire. Le Pontife ordonna pour cet effet une Congrégation particuliere, qui se tint
le 26. Mai, & à laquelle assistérent les Cardinaux Carpegna, Mares-
cotti, Spada, Panciatici, & Paulucci. On y délibéra sur ce qu'il y auroit à faire avec le Cardinal Primat, dont on disoit, qu'il avoit reçu
du Roi de Suede trente mille Ecus, & que pour cette somme il s'é-
toit engagé de couronner le Roi Stanislas, avec les solemnitez requi-
ses, sous les auspices de Sa Majesté Suédoise. On ne fut pas d'a-
bord informé de la Résolution qui avoit été prise sur ce sujet; mais,
enfin, le Pape envoïa en Pologne un Nonce, qui étoit chargé d'un
Bref, dans lequel le Pontife exposoit son mécontentement à tout l'E-
tat Ecclésiastique, de ce que l'on procédoit avec tant de violence contre le Roi Auguste, & que l'on se disposoit même à couronner Stanislas. Il exhortoit tous les Ecclésiastiques à s'en désister; &, en cas
de refus, il menaçoit tous ceux qui s'en mêleroient, soit directement,
soit indirectement, de les excommunier, & de leur faire subir les Censu-
res Apostoliques.

*Bref du Pa-
pe.*
V. L'APP.
No. CV.

CE Bref ne fut point signifié aux Prélats de Pologne, le Nonce
aïant Ordre de ne s'en servir qu'à la derniere extrémité. Il en communiqua pourtant le contenu à différentes Personnes: &, quoi qu'il le
fît sous le sceau du secret, la chose ne laissa pas de devenir bientôt publique. Les Polonois furent fort irritez de ce que le Pape se mê-
loit de leur Gouvernement: ils soutenoient, qu'il n'y avoit aucun
Droit; & l'on publia là-dessus un Ecrit fort beau & fort solide, pour
refuter ses Prétentions & sa Puissance imaginaire.

*Lettre con-
tre la Puiss.
du Pape.*
V. L'APP.
No. CVI.

VERS le même tems parut un Manifeste du Czar, contenant
les Raisons de son Invasion en Pologne. Ce Manifeste étoit adressé aux
Sénateurs & à la Noblesse, & conçu en Termes extrémement emportez contre Charles XII, & le Roi Stanislas. On n'y parloit pas

le 13.
*Manifeste
du Czar.*
V. L'APP.
No. CVII.

mieux

mieux du Cardinal, & le Czar déclaroit, qu'il étoit réfolu de fecourir de toutes fes forces le Roi Augufte, fon Frere & fon Allié; qu'il le faifoit à la requifition de la République, & qu'il entroit en Pologne en propre Perfonne, & avec fa principale Armée. Il menaçoit ceux qui fe rendroient aux Dietines particulieres, ou à la Diete générale à Warfovie, de les traiter en Ennemis, & de mettre tout à feu & à fang fur leurs Terres. Il finiffoit par affurer les Polonois, qui fe joindroient à lui, qu'il les affifteroit de tout fon pouvoir, & qu'il n'étoit entré dans le Roïaume, que pour leur propre intérêt, fans qu'il exigeât d'eux autre chofe que les vivres dont il auroit befoin pour la fubfiftance de fes Troupes.

Il y eut aussi dans ce tems-là une petite Brouillerie entre les Suédois, & la Ville de Dantzig. Charles XII, aïant appris que le Magiftrat de cette Ville avoit en dépôt quelques effets appartenans à des Saxons, il lui fit dire, qu'il eut à les remettre entre les mains de fon Commiffaire. Ces effets n'étoient pas d'un grand prix, & le Roi s'en feroit fort peu mis en peine, s'il n'avoit voulu que le Magiftrat obfervât à la Lettre les engagemens qu'il avoit contractez un an auparavant, & en vertu defquels il avoit renoncé à toute communication avec les Saxons. Le Magiftrat fe difpofa d'abord à obéïr; mais, à l'inftigation de certaines gens, il commença à fe roidir & à chercher toutes fortes de mauvaifes excufes. Cependant, pour ne point s'expofer aux conféquences qui pourroient en refulter, il fongea enfin tout de bon à remettre ces effets à Monfieur de Cupercrona, Réfident de Suede, auquel le Roi en fit préfent. Cette Affaire n'étoit point encore entiérement terminée, qu'il arriva une nouvelle Difpute. Plufieurs Perfonnes du Parti contraire, & entre autres le Sieur Czewski Palatin de Marienbourg, & un Prince Radzivil, qui avoit époufé la Fille du Grand-Thréforier Prebendowski, s'étant retirez à Dantzig, y tramérent certaines Intrigues. Le Roi de Suede, fur l'Avis qu'il en eut, fit demander que ces Meffieurs fuffent mis fous une bonne garde; mais, le Magiftrat, fe confiant fur la Garantie qui lui avoit été promife par le Roi de Dannemarck & la République des Provinces-Unies, refufa abfolument de le faire, & fit partir fécrétement ces Meffieurs. Charles XII. exigea fatisfaction. Le Magiftrat allégua pour excufe, qu'il n'avoit point été informé de leur départ, & qu'il étoit contraire à fes anciens Privileges de rendre ceux qui cherchoient un afyle dans cette Ville. Lorfqu'enfin il apprit, que l'Envoïé Palmquift à la Haye avoit Ordre de ne plus rien dire au fujet de la Garantie, & que le Roi avoit menacé de trouver affez de moyens pour punir la Ville de Dantzig, il offrit

une fomme d'argent pour fe racheter; mais, Sa Majefté fit répondre par le Comte Piper, que, bien loin d'exiger quelque argent de la Ville, Elle ne vouloit autre chofe qu'obliger le Magiftrat à s'en tenir à fa Déclaration, que tous les Privileges du Monde n'étoient pas capables de renverfer. Ce Démélé fut enfin terminé à l'amiable, à quoi

le

le Général-Major Meyerfelt contribua beaucoup par ſes bons offices.

Nous ne devons pas paſſer ſous ſilence dans cet endroit, une Généroſité digne du Prince dont nous écrivons l'Hiſtoire. Une Princeſſe
Lubomirski, aïant des raiſons de quitter la Pologne, réſolut de paſſer
en Saxe pour aller jouïr du revenu du Marquiſat de Thuringe, que le
Roi lui avoit accordé ſa vie durant. Le Lieutenant-Colonel Hagen, Suédois, aïant été averti de ce voïage, ſe mit en embuſcade avec un Détachement de Dragons ſur la Frontière de Siléſie, &
ſe rendit Maitre de la Princeſſe & de tout ſon bagage. On ouvrit
ſes Coffres, & l'on y trouva quantité de Pierreries, & pour une ſomme
conſidérable en vaiſſelle & en argent comptant. Quand on rendit
compte à Charles XII. de cette capture, il écrivit de ſa propre main
à Mr. Hagen, l'Ordre ſuivant: *Comme je ne fais point la Guerre aux Da-*
mes, le Lieutenant-Colonel remettra auſſi-tôt ſa Priſonniere en Liberté, & lui
rendra tout ce qui lui appartient; & ſi, pour le reſte du Chemin, elle ne ſe
croit point aſſez en ſureté, le Lieutenant-Colonel l'eſcortera juſques ſur la
Frontiere de Saxe.

CEPENDANT, le tems approchoit où Charles avoit réſolu de quitter ſes Quartiers d'Hiver. Il viſitoit continuellement les Régimens, &
particuliérement ceux de Marſchalck & de Möller, Dragons, qui ne
faiſoient que d'arriver du Duché de Bremen. On détacha auſſi vers
Warſovie le Lieutenant-Général Nieroth, avec les Régimens de Smalande, d'Oſtrogothie, & de Kruſe, Cavallerie, auxquels devoit ſe joindre le Colonel Dahldorf avec les Régimens d'Uplande & de Dalécarlie, Infanterie; ce qui ne ſe fit pourtant, que trois ou quatre ſe-
maines après. Nieroth campa à Ujaſdow à un quart de lieue de la Ville.
Le Maréchal de la Confédération y arriva en toute ſûreté de Dantzig;
& l'on fit l'Ouverture de la Diete au jour marqué, avec les Cérémonies accoutumées. L'Aſſemblée fut d'abord fort peu nombreuſe;
mais, il arriva journellement des Députez, tant de la Grande, que
de la Petite-Pologne: & tous inſiſtérent, que l'on renouât les Négotiations de Paix avec les Suédois. Le Roi Staniſlas ſe prépara auſſi pour
ſon voyage de Warſovie; ce que firent en même tems les trois Ambaſſadeurs de Suede, les mêmes qui y avoient déjà été l'année
précédente.

LES Saxons, voïant que les Affaires alloient prendre un Train fort
peu favorable pour le Roi Auguſte, firent tout leur poſſible pour troubler une Fête qui devoit ſe donner à ſes dépens. Pour cet effet, ils
détachérent quantité de Partis, pour enlever les Députez qui ſe rendoient à l'Aſſemblée de Warſovie, & dans le deſſein de la diſſiper entierement. Le Général Nieroth fit tout ce qui étoit en ſon pouvoir
pour empécher l'Ennemi de paſſer la Viſtule, mais ſans beaucoup de
ſuccès. Les Polonois paſſoient en différents endroits; & un Gros de
plus de mille Chevaux, aïant paſſé à Otwotz, vint tomber ſur un petit Dé-

C 3 tachc-

1705.
Juin.

Juillet.

le 1.
Ouverture
de la Diete
à Warſovie.

Courſes des
Ennemis.

le 16.

tachement Suédois de vingt Hommes, qui fe deffendit avec beaucoup de courage, jufqu'à ce qu'il fut fecouru par un Capitaine de Cavallerie, qui avoit avec lui cent cinquante Chevaux du Régiment de Smalande. Les Ennemis furent contraints de prendre la fuite, après avoir eu trente Hommes de tuez. Les Suédois les pourfuivirent avec tant de vivacité, que, lorfqu'ils voulurent repaffer la Viftule, plus de deux cens Hommes s'y noïérent. Des quatre Prifonniers que l'on fit, deux étoient

le 11.

des Gentilshommes. Quelques jours après, le Référendaire Comentowski, Polanietski, & Smigelski, vinrent camper à Praag, vis-à-vis de Warfovie, avec foixante-fept Compagnies Polonoifes & quatre cens Saxons. Ils firent mine plufieurs fois de faire paffer du monde dans des chaloupes & fur des prames; mais, on les repouffa toujours. Toutes ces Courfes firent tant d'effet fur les Confédérez de Warfovie, qu'ils commencérent à fe diffiper, fous prétexte qu'ils n'étoient pas affez en fureté dans la Ville, & que l'on devoit attendre l'arrivée du Cardinal, auquel on avoit envoïé, pour le prier de fe mettre au plûtôt en chemin.

Paikel attaque les Suédois,

Le Lieutenant-Général Paikel (*a*), qui commandoit les Troupes Saxonnes, aïant appris après fon retour d'auprès du Czar, où le Roi Augufte l'avoit envoïé pour conférer fur les moïens de continuer la Guerre, que Monfieur de Nieroth n'avoit avec lui que trois Régimens de Cavallerie, & que fon Infanterie n'étoit point encore arrivée, perfuada aux Polonois & aux Lithuaniens de fe joindre aux Saxons, pour aller attaquer les Suédois, avant qu'ils puffent avoir le Secours qu'ils attendoient. Les eaux de la Viftule fe trouvant extrémement baffes à caufe de la grande fécherelfe, il n'étoit pas difficile à l'Ennemi de paffer ce fleuve à gué tant au-deffus qu'au deffous de la Ville. Nieroth, averti à tems, par fes efpions, des mouvemens de Paikel, envoïa deux Dé-tachemens, chacun de cent quatre-vingt Chevaux, pour l'obferver.

le 18.

Celui, qui étoit fous les Ordres du Lieutenant-Colonel Bonde, marcha à Cafum: l'autre, commandé par le Lieutenant-Colonel Stolhammar, devoit obferver l'Ennemi de l'autre côté de Warfovie. Monfieur de Bonde aïant appris pendant la nuit, que les Saxons étoient en pleine

le 19-20.

marche, à une lieue de-là, plus près de Warfovie, pour y tenter le paffage, laiffa, pour en être mieux informé, le refte de fon Monde en arrière avec trois Capitaines: &, fuivi feulement d'une vingtaine de chevaux, il marcha au grand galop, pour les aller reconnoitre de plus près. A fon arrivée, il trouva déjà cinq ou fix cens Hommes de

Le Lieutenant Colonel Bonde tué.

paffez. Cela ne l'empécha pas, de les attaquer d'abord l'épée à la
main ;

(*a*) Paikel étoit Livonien, & fujet de la Suede. Après avoir vendu les Terres qu'il avoit en Livonie, il entra au Service de quelque Puiffance Etrangère. Au commencement de la Guerre, il étoit avec les Saxons en Livonie, & au fiege de Riga. Peu après, il demanda fa démiffion, & fe retira fur fes Terres dans la Marche de Brandenbourg. En l'année 1705, Patkul lui perfuada de faire un Voïage auprès du Czar, & après de fe charger du Commandement des Troupes Saxonnes en Pologne.

main; mais, aïant été enveloppé par les Saxons, il fut tué fur la place avec presque tout fon Monde. Les Capitaines Witting, Elfberg, & Wrangel, aïant fû que leur Lieutenant-Colonel étoit aux prifes avec l'Ennemi, fe mirent en marche avec le refte du Détachement, pour aller à fon fecours. Cependant, l'Ennemi continua toujours à faire paffer fes Troupes: les Suédois les attaquérent avec beaucoup de bravoure; mais, ils ne purent rien faire contre un fi grand nombre. Witting, aïant eu fon Cheval tué fous lui, fut obligé de fe fauver à pied, Elfberg fut fait Prifonnier; mais Wrangel, s'étant fait jour l'épée à la main au travers de l'Ennemi, fe fauva avec quatre-vingt Chevaux. Paikel, enflé d'un fi heureux commencement, fit paffer la Viftule au refte de fon Armée, & fe rangea auffi-tôt en Ordre de Bataille (*a*). Nieroth, informé de fon approche, marcha à fa rencontre, le même jour, laiffant la Ville de Warfovie derriere lui à une demi-lieue; mais, comme la nuit furvint, il retourna fur fes pas, fe poftant de maniere, qu'il avoit la Ville à fa droite, & le Village de Racowitz à fa gauche. Le lendemain matin, il marcha à l'Ennemi. Ses Efcadrons étoient rangés à deux Hommes de hauteur, fur une feule ligne.

L e Capitaine Kafle, qui avoit efcorté, avec foixante fantaffins, les Députez de Cracovie, & qui ne faifoit que d'arriver, fut pofté à l'Aile droite, avec le Régiment de Smalande, fous les Ordres du Colonel Krufe. Burenfchöld commandoit la gauche, compofée du Régiment d'Oftrogothie; celui de Krufe étoit au Centre. Le tout enfemble ne faifoit que deux mille Hommes. Nieroth aïant fait dans cet Ordre environ un quart de lieue, on apperçut l'Ennemi qui s'approchoit. Les Saxons, commandez par le Lieutenant-Général Paikel, & les Généraux-Majors Schulembourg & St. Paul, étoient au Centre, au nombre de douze Régimens, qui faifoient en tout environ quatre mille Hommes, tant Cavallerie que Dragons. A l'Aile droite, il y avoit quarante Compagnies Polonoifes, commandées par Comentowski, Dönhof, & Polanietski. La gauche, compofée de cinquante Drapeaux, tant Polonois que Lithuaniens, avoit pour Chefs le Prince Jean Wiefnowicki, & un certain Rivatski. Les Saxons étoient rangés à trois Hommes de hauteur, & fur trois lignes: les Polonois l'étoient fur deux.

M o n s i e u r de Burenfchöld, aïant obfervé, que l'Ennemi tiroit à droite, pour enveloper la gauche des Suédois, en donna auffi-tôt connoiffance au Général Nieroth; mais, comme les Polonois, qui étoient à la gauche de l'Ennemi, en étendant leurs lignes, faifoient mine auffi d'enveloper la droite des Suédois, le Général fit répondre que chacun eut

(*a*) Il dépécha fur le champ un Courrier au Roi Augufte, avec une Lettre remplie de Rodomontades: difant, qu'il etoit enfin venu à bout de repouffer les Suédois, & de diffiper l'Affemblée de Warfovie; qu'il pourfuivoit les fuïards, & qu'il étoit continuellement à leurs trouffes. Le refte du contenu de cette Lettre couta la Tête à Paikel en 1707.

1705.
Juillet.

le 20.

le 21.
*Les Enne-
mis battus
par Mon-
fieur de Nie-
roth.*

eut à faire de fon mieux du côté où il étoit. Nieroth & Krufe aïant tiré à droite & Burenfchöld à gauche, il fe trouva de grands intervalles entre les Régimens Suédois. Paikel s'en étant apperçu, détacha aufli-tôt fix Efcadrons, qui tombérent en flanc fur le Régiment de Krufe, le mirent en defordre, & lui enlévérent trois Etendarts. Burenfchöld à la tête du Régiment d'Oftrogothie, étant venu aux mains avec les Saxons & les Polonois de l'Aile droite, & aïant foutenu leur prémiere décharge, les attaqua l'épée à la main, & les repoufla avec beaucoup de bravoure, tandis que l'Aile gauche de l'Ennemi, rebutée de la vigoureufe réfiftance des Suédois fous Meffieurs de Nieroth & Krufe, prit le parti de la fuite, & fut vivement pourfuivie à plus de deux lieues. Burenfchöld, en talonnant les Saxons, eut l'incommodité de fe voir harcelé par les Polonois, qui l'attaquoient par derrière. Il donna ordre à quelques Efcadrons de faire volte-face, & de donner la chaffe à l'Ennemi, qui à la fin trouva à propos de ne plus fe faire voir. Aïant pourfuivi les Saxons jufqu'au Village de Wola, il s'apperçut qu'ils commençoient à fe rallier auprès d'un autre Village nommé Odolani. Le Lieutenant-Colonel Sacken, qui avoit rallié quelques Efcadrons de Krufe, mit en fuite les Polonois, qui avoient mis ce Régiment en defordre; après quoi, il alla joindre Monfieur de Burenfchöld, prenant avec lui le Capitaine Kafle avec fes Fantaffins. Le Combat recommença: les Saxons furent de nouveau renverfés, & on les pourfuivit une demi-lieue loin. Ce fut dans cette derniere Déroute, que l'on fit le Général Paikel Prifonnier. Se voïant enveloppé, il jetta quantité de Lettres & de Papiers, qu'il avoit fur lui, & qui furent ramaffez par un Cavalier Suédois. Pendant que Burenfchöld couroit après les fuïards, deux Efcadrons des Gardes Saxonnes, & quelques Compagnies Polonoifes, vinrent pour le prendre en queue: mais, l'Infanterie Suédoife l'aïant vû, accourut en diligence, & arriva fi à propos, qu'elle régala l'Ennemi d'une décharge à brule-pourpoint: ce qui fit qu'il fe retira fort à la hâte.

Le Maréchal de la Confédération étoit le feul Polonois qui fe trouvât avec les Suédois à cette Action, dans laquelle il donna des preuves d'un grand courage. Aïant perfuadé à Monfieur de Burenfchöld de ceffer de pourfuivre l'Ennemi, à caufe des marais & des bois, celui-ci retourna du côté de Warfovie, après avoir envoïé quelqu'un à la découverte, pour favoir où Monfieur de Nieroth étoit refté avec l'Aile droite. Ce Général fut aufli de retour au bout de deux heures; il fe pofta le long de la Viftule, où à peine s'étoit-il repofé un quart d'heure, qu'il vit un Parti ennemi, qui, pendant le Combat, avoit paffé la Viftule à Praag, pour aller piller la Ville de Warfovie. Il monta aufli-tôt à Cheval, attaqua les Ennemis, & les obligea à repaffer la Riviere; ce qui fe fit avec tant de confufion, que plus de cinq cens Hommes s'y noïérent. Ce Combat dura depuis huit heures du matin jufqu'à deux heures après midi; les Saxons étant, pour le moins, cinq
fois

fois plus forts que les Suédois. Les prémiers perdirent dans cette action le Colonel Wiedeman, les Lieutenants-Colonels Winckelman &
Diere, le Major Qwaſt, & quelques Capitaines de Cavallerie. Parmi
les Priſonniers ſe trouvoient, outre le Général Paikel, un Capitaine,
ſix Lieutenants, quinze Maréchaux de Logis, & cent-quarante Maitres.
Du côté des Suédois, il y eut de tuez les Capitaines Lagerfelt, Bagge, &
Brummer; les Lieutenants Hack, Weſſing, Roxman, Dalgreen, Bar-
lou, & deux autres, avec deux Cornettes, & cent-quarante-quatre Maitres. Le nombre des bleſſés montoit à cent-quarante-huit Hommes,
la plûpart du Régiment d'Oſtrogothie, & entre autres les Capitaines
Behm, Ekehielm, & Brun, qui s'étoient beaucoup diſtingués dans cette occaſion. Le Géneral Paikel étoit Priſonnier de Monſieur de Burenſchöld, qui le traita fort honêtement, aïant été tous deux au ſervice de France dans leur jeuneſſe. Paikel en abordant Monſieur de
Burenſchöld, lui dit: „ J'avois crû, Monſieur, de vous voir aujourd'hui
„ dans ma Tente; mais, la Fortune ne l'a pas voulu. Lorſque je vous
„ ai vû marcher à moi avec vôtre petite troupe, je n'ai pû m'empê-
„ cher de regarder vôtre deſſein comme une temerité impardonnable,
„ quoique je connuſſe parfaitement vôtre bravoure. C'eſt la poltron-
„ nerie de mes Troupes, qui eſt cauſe que je ſuis tombé entre vos
„ mains. Si Monſieur de Bonde avoit eu la patience hier d'attendre
„ quelque renfort, il ſeroit encore en vie, & je ne ſerois point Pri-
„ ſonnier „

L ʀ s Confédérez, raſſurez par la défaite des Saxons, ſe retrouvé-
rent peu à peu à Warſovie. L'Ennemi, qui avoit eu un Renfort de
quelques mille Pruſſiens, menaça de revenir bien-tôt à la charge, pour
ſe vanger des Suédois; mais, ceux-ci ne s'en mirent point en peine:
& comme le Colonel Dahldorff étoit arrivé avec les deux Régimens
d'Infanterie dont on a parlé, ils ſe propoſérent de l'attendre tranquilement. Peu après, arrivérent le Roi Staniſlas, les Ambaſſadeurs de
Suede, & pluſieurs Seigneurs Polonois, qui reprirent courage, après
que Monſieur de Bronitz leur eut fait une Relation exacte du dernier
Combat.

P ᴀ ʀ les Papiers que Paikel avoit jettez, on apprit, que le Deſſein du
Czar étoit de marcher avec ſon Armée juſqu'à la Viſtule, pour s'y
fortifier, & pour harceler continuellement les Suédois par le moïen
de ſa Cavallerie, ſans riſquer une Bataille, à moins qu'il ne pût le faire avec avantage. Par ce moïen, on donneroit le tems aux Saxons
de reſpirer & de rentrer en Pologne, où, après s'être joints à l'Armée
de la Couronne, ils tomberoient de tous côtez ſur les Suédois. Ce Projet n'eut pas lieu, après que Paikel & Scheremetof eurent été battus,
l'un auprès de Warſovie, & l'autre en Courlande, comme nous le verrons bien-tôt. Le Czar, qui reçut ces deux Nouvelles preſque en même tems, ne jugea point à propos de ſuivre ſon prémier Plan, & rebrouſſa chemin auſſi-tôt.

Cʜᴀʀ-

*Les Confé-
dérez re-
tournent
à Warſovie.*

1705.

Juillet.
Charles
songe à en-
trer en
Saxe.

CHARLES XII. de son côté, voïant qu'il ne viendroit que fort difficilement à bout des Affaires de Pologne, tant que le Roi Auguste auroit sur pied une Armée si formidable, commença enfin à songer sérieusement à faire une Invasion en Saxe. Pour cet effet, il envoïa plusieurs Détachemens en Silésie, tant pour y reconnoitre les chemins, que pour sonder les endroits les plus propres pour passer l'Oder, & pour savoir combien on pourroit trouver de bateaux dans chaque endroit. Le Roi changea dans la suite de sentiment, esperant que l'on termineroit bien-tôt le Traité qui se négocioit à Berlin. Il se flattoit, que, si ce Traité étoit tel qu'il le souhaitoit, les Affaires de Pologne n'auroient plus besoin de sa présence; & qu'il pourroit alors rassembler toutes ses forces, pour marcher contre les Russiens.

le 29.
Le Roi part
de Ravitz.

REMPLI de cette idée, il partit de Ravitz, prenant le chemin de Warsovie avec la Cour & les Drabans. Ce prémier jour on fit une grande marche, en traversant les Villes de Sarna, Gercken, Jutrosin, Sclun, jusqu'à Crotoczin. Dans ce dernier endroit, le Roi reçut la prémiere Nouvelle de la Victoire remportée par Mr. de Nieroth. Le lendemain, l'Armée marcha jusqu'à Rascow, & campa hors de la Ville. Le jour suivant, elle traversa Kalisch; &, après s'être reposée un jour, elle se rendit par Dobra à Kavoitzin, d'où elle marcha à Unienow, & de-là à Wirhoffska, où elle se reposa encore un jour (a). Aïant ensuite pris à droite, elle passa devant Lencizi, traversa la Ville de Pionteck, où Charles eut avis de la Bataille que Lewenhaupt avoit gagnée en Courlande, & vint camper le lendemain à Lowitz, d'où il fit le jour suivant six lieues par Bolemo jusqu'à Blonie. Le Roi y établit son Quartier général, & fit cantonner l'Armée dans les environs. Sa Majesté y demeura pendant l'Automne & l'Hiver, & campa jusqu'après Noël dans sa Tente, en quoi les Officiers & autres furent obligés de suivre son Exemple. Le jour après que Charles fut arrivé à Blonie, il fit un tour à Warsovie, pour voir le Champ de Bataille où Nieroth avoit battu les Saxons. Il donna ensuite des Ordres pour jetter un Pont sur la Vistule, & retourna après au Quartier général.

le 30.
le 31.
Août.
le 2.
le 3.
le 5. le 6.
le 7.

le 8.

ENVIRON quinze jours après, les Ambassadeurs de Suede eurent
une

le 21.
Le Roi Sta-
nislas donne
Audience
aux Am-
bass. de
Suede.

(a) LE Roi y célébra, avec toute l'Armée, le quatrieme *Jour solemnel de Jeune &* *de Prieres.* Après le Sermon du soir, lorsque le Roi sortit de la Tente où l'on avoit prêché, il se présenta un Moine, de ceux que l'on nomme *Freres de la Merci.* Il harangua Sa Majesté en Latin, & la supplia d'accorder quelque grace à leur Couvent à Lowitz. Il allégua comme un Motif pressant, qu'après l'Action de Nieroth à Warsovie, les Peres avoient recueilli un Cavalier Suédois, qui étoit dangereusement blessé; qu'ils avoient pris de lui un soin extrême; qu'ils l'avoient fait rentrer dans le sein de l'Eglise Catholique-Romaine; qu'ils lui avoient donné la Communion avant de mourir; & qu'ils l'avoient fait enterrer fort honorablement. Ce beau Compliment fit monter le rouge au visage du Roi, qui, ne voulant pas répondre lui-même, ordonna à Hermelin de dire au Moine, *que si lui, ou ses Camarades, pervertissoient quelqu'un de ses Gens, & que cela parvint à sa connoissance, ils auroient lieu de s'en repentir tous tant qu'ils étoient.*

une Audience particulière du Roi Stanislas. Ils préfentérent une Lettre du Roi leur Maitre, par laquelle Sa Majefté Suédoife affuroit le
Roi de Pologne d'une étroite & inviolable Amitié. On y marquoit
auffi, que le But de cette Ambaffade étoit de recommencer les Négociations, & de mettre la derniere main au Traité d'Alliance qui devoit fe conclure entre les deux Couronnes. Les Conférences recom-
mencérent dans le Cloitre des Carmelites à Warfovie: & comme depuis l'Année paffée quelques Commiffaires avoient quitté la Conféderá-
tion, ou avoient été faits prifonniers, comme le Grand-Général & l'E-
vêque de Pofnanie, on choifit à leur place l'Evêque de Caminieck,
avec deux Sénateurs féculiers, favoir le Caftellan de Siradie & un
autre.

1705.

Août.

le 22.

LES Ambaffadeurs de Suede proposérent d'abord: 1, Que l'on
fixât un certain jour pour le Couronnement du Roi & de la Reine: 2,
Que l'on fit une plus étroite Alliance contre le Czar & le Roi Augufte: 3, Que l'on rétablît la Maifon de Sapieha dans tous fes Droits
& Prérogatives. Les Polonois, de leur côté, infiftérent: 1, Sur le
Renouvellement & la Garantie du Traité d'Oliva: 2, Qu'aucune
Province, Territoire, ou Ville, de la République de Pologne n'en pût
être démembrée: 3, Que l'on n'exigeât plus de Contributions: 4,
Que les Suédois rendiffent tous les Canons & le Train d'Artillerie
qu'ils avoient pris à la République pendant le Cours de cette Guerre.
On propofa encore plufieurs autres Articles, que l'on inféra enfuite
dans le Traité de Paix, comme nous le verrons plus bas.

Propofitions de part & d'autre.

LES Nonces & les Députez des Palatinats eurent auffi des Conférences particulieres. Ils convinrent unanimement de répondre au Pape
touchant fon Bref contre les Eccléfiaftiques, & de fe plaindre de la
Détention de l'Evêque de Pofnanie. La Réponfe au Pape fut envoïée à
Rome, & adreffée à la Reine de Pologne, afin qu'elle la remît elle-
même au Pontife.

DEUX Objets caufoient de grands Débats, & donnoient lieu à de
fréquentes Conférences entre les deux Rois, le Maréchal, & plufieurs
des Conféderez. Charles XII. vouloit que l'on hatât le Couronnement.
Stanislas, au contraire, & les Polonois, étoient d'opinion que l'on
chaffât avant l'Ennemi, qui fe fortifioit de jour à autre dans le voifinage, & qui felon toutes les apparences fe propofoit de diffiper l'Affemblée de Warfovie, & de renverfer tout ce qu'elle avoit fait. Charles promit de couvrir la Ville de Warfovie contre toute Infulte, &
qu'il ne s'en éloigneroit pas avant que Stanislas fût couronné. Il
fit voir en même tems, que, bien que l'on continuât les Négociations, on ne pourroit point conclure un Traité qui fût folide & ftable, tant qu'il n'y avoit point en Pologne de Roi couronné avec les
Formalitez ordinaires; & que la République ne ratifioit pas les Réfolutions que l'on prenoit. Le fecond Objet concernoit l'Endroit où le
Couronnement devoit fe faire. Comme les Loix & les Conftitutions du

Conférences à Warfovie.

Roïau-

Roïaume, auffi bien qu'une Coutume établie depuis longtems , demandoient que l'Election du Roi fe fît toujours à Warfovie, & le Couronnement à Cracovie, les Polonois, fcrupuleux fur ces Formalitez, vouloient abfolument que l'on s'en tint à l'Ufage ordinaire. Les Ambaffadeurs de Suede repréfentérent, que, pour éviter tous les embarras, le Couronnement pourroit fort bien fe faire à Warfovie; & qu'en fe réglant fur le tems & les conjonctures, on ne dérogeoit en aucune façon aux Loix & aux Coutumes du Roïaume. Les Députez fe rendirent enfin à ces Raifons; & l'on convint d'inférer dans les Lettres Circulaires, par lefquelles on notifioit le Couronnement, la Claufe fuivante; favoir, que, quoique cette Cérémonie fe célébrât à Warfovie, cela ne tireroit à aucune conféquence pour l'avenir, & qu'elle feroit fans préjudice des Loix & anciennes Coutumes du Roïaume de Pologne.

LE Roi de Suede, en partant de Ravitz, avoit laiffé fur la Frontière de Siléfie le Général Rehnfchöld avec un Corps de douze mille Hommes, pour empécher les Saxons d'entrer en Pologne, & pour avoir l'œil fur leurs Entreprifes. Ils jettérent un Pont fur l'Oder, & firent mine de le paffer: mais, quoi qu'ils fuffent au nombre de vingt-un mille Hommes, y compris fix mille Ruffiens, ils ne trouvérent point à propos de tenter le Paffage. Aïant demeuré quelque tems dans leurs Quartiers, le Païs fe trouva prefque entiérement épuifé, & les Soldats fouffrirent plus que fi l'on avoit hazardé une Bataille. Monfieur de Rehnfchöld, après avoir affemblé fes Troupes à Meferitz, marcha de-là à Bentzin, qui eft un endroit fort avantageufement fitué. Il fit cantonner les Régimens, & toute l'Armée pouvoit être raffemblée dans une heure de tems. Des marais, & de petites rivieres, la mettoient à couvert de toute Infulte; & les Soldats furent fi peu fatigués par des gardes, que, de quatre Régimens de Cavalerie, on ne détacha que cinquante Maitres, pour garder un défilé. Quant au fourage & aux vivres, Monfieur de Rehnfchöld les tiroit du Païs qu'il avoit derriere lui; & tous les jours les habitans de la Siléfie, & ceux du Territoire de Brandenbourg, lui apportoient ce dont on avoit befoin. L'Armée refta dans ces Quartiers jufques vers la fin du mois de Novembre.

LORSQU'ON eut pris à Warfovie tous les Arrangemens pour le Couronnement du Roi Staniflas, & que l'on fut convenu qu'il devoit fe faire le 24. Septembre, il fut queftion de choifir le Prélat qui devoit couronner le nouveau Roi. Le Cardinal, aïant eu vent du contenu du Bref que le Pape avoit envoïé en Pologne, prit toutes les précautions pour empécher qu'on ne le lui préfentât. Cependant, un certain Schembeck, Chanoine de Brunsberg, le fit afficher une nuit à la porte de la maifon où logeoit le Cardinal à Dantzig. Un Moine à Warfovie le remit en main propre au Suffragant de Chelm, qui le porta au Roi Staniflas, auquel il fit par-là beaucoup de peine. On

pro-

propofa l'Evêque de Caminiek; mais, les menaces du Pape lui avoient infpiré tant de crainte, qu'il n'y eut jamais moïen de le gagner. Si la peur tiroit celui-ci d'embarras avec quelque honneur, on ne fut pas fâché non plus qu'il refufât de fe charger de faire une Cérémonie pour laquelle on fouhaitoit une Perfonne d'une Dignité plus relevée. On jetta les yeux fur Zilinski Archevêque de Leopol, qui faifoit alors fon féjour dans quelque lieu écarté en Pruffe. On députa vers lui le Starofte Bobrowski, qui eut bien de la peine à le trouver dans un endroit entouré de bois & de marais, où il campoit fous des Tentes, accompagné de peu de perfonnes. Le Starofte, après lui avoir dit le fujet qui l'amenoit, ne négligea rien pour le déterminer à aller tirer fa Patrie de la mifere où elle étoit plongée, & que l'on efpéroit de voir bien-tôt finie par ce moïen-là. L'Archevêque fe rendit enfin aux Raifons qu'on lui allégua: & on envoïa un Détachement Suédois, pour l'efcorter à Warfovie. Son arrivée fit beaucoup de plaifir aux Confédérez, fur-tout parce que le Cardinal paroiffoit encore fort incertain du Parti qu'il prendroit. Le Général-Major Meyerfeldt, en partant de Dantzig, au mois d'Août, avec fes quatre Régimens de Dragons, avoit fait propofer au Cardinal de fe fervir de cette occafion, pour aller à Warfovie: mais, le Primat refufa cette offre, aïant peur de tomber entre les mains de l'Ennemi, qui s'approchoit, à ce que l'on difoit, avec une Armée formidable. Aïant appris depuis, que les Suédois campoient aux environs de Warfovie, que les chofes y prenoient un train affez favorable, & que l'on avoit réfolu de couronner le nouveau Roi, il témoigna être difpofé à faire cette Cérémonie. Staniflas le fouhaitoit beaucoup, dans l'idée où il étoit, que la Préfence du Primat contribueroit infiniment à faire valoir l'Autorité de la République. Il craignoit auffi, que le Cardinal, en cas que l'on fe fervît du Miniftere de quelque autre Prélat, ne changeât entiérement de fentimens. Pour cet effet, il lui écrivit, & pria en même tems le Roi de Suede, qu'il lui envoïât des Troupes, pour lui fervir d'efcorte. Charles XII, mécontent de la Conduite du Cardinal, & principalement de ce qu'il avoit refufé l'offre de Mr. de Meyerfeldt, répondit, qu'il ne pouvoit point expofer fes Troupes à faire une longue & fatigante marche jufqu'en Pruffe. A la fin, le Roi promit, qu'il pourvoiroit à fa füreté; mais, fur ces entrefaites, on reçut une Lettre du Cardinal, dans laquelle, en répondant aux Repréfentations des Confédérez, il prioit que l'on ne différât point le Couronnement jufqu'à fon arrivée. Il protefta en outre, que cela ne l'empêcheroit en aucune façon de demeurer attaché au nouveau Roi, auquel il rendroit tous les Services que l'on pourroit exiger de lui.

Ce fut vers ce tems-là, que le Confeiller-Privé de Printz, & le Comte de Schlippenbach, Miniftres de la Cour de Berlin, arrivérent au Quartier-général à Blonie. Il ne tranfpira rien de leur Commiffion, quoiqu'ils euffent de fréquentes Conférences avec les Miniftres du Roi. Ce-

Le 2. Deux Miniftres Pruffiens arrivent à Blonie.

Cependant, on croïoit affez généralement, que le Voïage de ces Meffieurs avoit pour objet les Négociations que les Ambaffadeurs de Suede avoient entamées à Berlin. Quoiqu'il en foit, à leur Départ on remarqua qu'ils étoient fort contens du féjour qu'ils avoient fait auprès de Sa Majefté.

Courfes de Smigelski dans la Warmie.

LA Pruffe Polonoife fouffroit extrémement des Courfes que faifoient les Partis ennemis. Le Colonel Ekeblad, qui étoit à Elbingen, s'en plaignit beaucoup, difant qu'il avoit de la peine à contenir les Soldats dans leur devoir, & qu'il lui étoit prefque impoffible de faire venir des vivres, & de faire lever des Contributions. Le Major Guftave Oxenftierna aïant été détaché avec trois cens Chevaux, vers la Warmie, pour y lever des Contributions, eut ordre d'établir fon Quartier à Heilsberg, fitué au milieu de la Province, & de n'envoïer dehors que de petits Partis, afin de pouvoir toujours avoir auprès de lui cent foixante Maitres. On ne fait pas fi cet ordre s'exécutoit à la lettre: tant y a, qu'un jour le Comte Oxenftierna étant à table avec fa femme, fut furpris par Smigelski, fuivi d'un gros de fix cens Hommes. Le Partifan courut d'abord au Chateau, où il fit prifonniers tous ceux qui y étoient. Un Lieutenant, trois Bas-Officiers, & vingt-quatre Cavaliers, aïant été obligés de rendre leurs armes, furent maffacrez de la manière du monde la plus inhumaine. La Comteffe Oxenftierna eut la permiffion de retourner à Elbingen; après quoi, l'Ennemi fe retira, emportant avec lui le Butin qu'il avoit fait.

Courfes de Comentowski.

COMENTOWSKI, Palatin de Mafovie, avoit fait paroitre au commencement affez de bonne volonté pour les Suédois: mais, comme il ne put s'empêcher depuis de remuër, le Lieutenant-Colonel Bonde eut ordre de bruler & de faccager fes Terres. S'étant enfuite déclaré pour le Roi Augufte, on lui donna le Commandement d'une partie de l'Armée de la Couronne, avec laquelle il tâchoit de faire aux Suédois tout le mal poffible. Aïant appris l'heureux Coup que Smigelski venoit de faire, il entra auffi en Warmie avec environ trois mille Chevaux, prenant des chemins detournez, & évitant avec grand foin les Gardes Brandenbourgeoifes. Après avoir levé dans cette Province des Sommes confidérables, il entra fur le Territoire de Marienbourg, pour y faire la même chofe. Le Magiftrat de cette Ville aïant demandé du fecours d'Elbingen, le Colonel Ekeblad y envoia une centaine de Fantaffins, que les Bourgeois, qui étoient au nombre de cinq cens, s'engagérent d'entretenir, moïennant qu'ils leur aidaffent à garder la Ville. Lorfque Comentowski, à fon approche, fit attaquer le Pont, les Bourgeois fe retirérent fort à la hâte, deforte que l'Ennemi paffa fans aucune difficulté. Les Suédois, qui étoient le plus à portée, firent un feu fort vif; mais, comme les Polonois étoient en fi grand nombre, vingt-huit des nôtres furent paffés au fil de l'Epée, & les autres prefque tous faits prifonniers.

CEPENDANT, le jour fixé pour le Couronnement du Roi Staniflas

appro-

approchoit. Comme le Roi Augufte avoit fait tranfporter en Saxe la
Couronne & les autres Marques de la Roïauté, qui fervent ordinairement au Couronnement des Rois de Pologne, Monfieur de Horn en
fit faire d'autres, qui étoient d'Or maffif (*a*). C'étoit le Roi, qui en
faifoit la Dépenfe, auffi bien que des autres chofes néceffaires pour
cette Solemnité. Les Sénateurs & les Nonces des Palatinats, aïant
dreffé les *Pacta Conventa*, le Roi Staniflas fe rendit, la veille de fon
Couronnement, à l'Eglife de Saint Jean, pour en jurer l'Obfervation
avec les Formalitez accoutumées. Sa Majefté partit du Palais de Bie-
linski, au Fauxbourg de Cracovie, où Elle logeoit. Les Caroffes des
Palatins & des Nonces commençoient la Marche, ceux des Evêques
& des Sénateurs fuivoient. Le Caroffe du Roi, dans lequel Sa Majefté fe trouvoit feule, étoit précédé de quantité de Nobleffe à cheval, & fuivi de fes Gardes du Corps, pareillement à cheval. Pendant que tout le monde fe rangeoit à la porte pour attendre l'Arrivée
du Roi, l'Archevêque de Léopol, revêtu de fes Habits pontificaux,
fe rendit au grand Autel, où le Roi le fuivit en traverfant l'Eglife, qui
étoit éclairée d'un double rang de flambeaux. L'Archevêque lui lut
les *Pacta Conventa*, & le Formulaire du Serment. Sa Majefté, l'aïant
prêté à genoux, fut reconduite au Palais dans le même ordre; avec
cette différence, que l'Archevêque, qui avoit ôté fes Habits Pontificaux, étoit au retour fur le devant du Caroffe de ce Prince, avec
l'Evêque de Caminieck.

L E jour fuivant, Leurs Majeftez fe rendirent *incognitô* au Chateau,
où on leur avoit préparé quelques Appartemens. Pendant que les Sénateurs, les Députez, & la Nobleffe, s'affembloient, on habilla le
Roi & la Reine. Le Roi étoit armé de toutes Piéces, & avoit, à la
Polonoife, un Manteau rouge, doublé de Martres zibelines, fur les
épaules. La Reine étoit comme une Fiancée, en Habit de Drap
d'Argent, avec les Cheveux épars. Sa Tête & fa Poitrine étoient
ornées de Bijoux, & fa Coiffure faite de façon que la Couronne y pouvoit aifément être attachée.

S U R les dix heures du matin, les Ambaffadeurs de Suede fe rendirent avec une nombreufe Suite au Chateau, où ils furent reçus d'une
maniere convenable à leur Rang. Ils trouvérent, dans la premiere
Cour, un Lieutenant-Colonel avec quelques Compagnies Suédoifes fous
les Armes, Tambours battans. Le Sieur Poninski, Maréchal de la
Cour, les reçut au bas du grand Efcalier à la defcente de leurs Caroffes. Le Comte Sapieha, Pifars ou Grand-Commiffaire de Lithuanie, les attendoit quelques dégrès plus haut, & les conduifit jufqu'à
la

(*a*) Le Traducteur Allemand de l'*Hiftoire de Charles XII. par Monfieur de* VOLTAIRE,
dit dans une Note au bas de la page 127. que la Couronne étoit de Fer blanc doré.
C'eft une Fauffeté manifefte. D. F. dit la même chofe page 510. & y ajoute pourtant
une Réfléxion affez judicieufe pour un Homme aveuglé par l'Efprit de Parti.

la Salle des Gardes, où Monſieur Poniatowski, Colonel des Gardes, vint au devant d'eux. A la Porte de l'Antichambre du Roi ſe troùva le Caſtellan de Siradie, Sénateur, avec quelques-uns des Confédérez, qui les complimentérent au nom du Roi & de la République ; &, dans l'Antichambre, le Grand-Thréſorier de Lithuanie, faiſant la Fonction de Grand-Maréchal, s'avança vers eux, & les mena dans les Cabinets de Leurs Majeſtez.

Voici de quelle maniere tout étoit diſpoſé dans l'Egliſe. A chaque Porte, il y avoit une Garde Suédoiſe, avec un Officier Polonois, pour reconnoître ceux qui entroient. Dans le Chœur, vis-à-vis du grand Autel, ſur une Eſtrade qui étoit à niveau de l'Autel, on voïoit ſous deux Dais deux Trônes entourez de Gardes du Corps. L'Eſtrade étoit couverte de Drap rouge, auſſi-bien que le Pavé du Chœur, & devant l'Autel on avoit mis un fort beau Tapis. Un des Côtez du Chœur étoit deſtiné pour les Généraux & les Officiers Suédois, & l'autre pour les Députez Polonois. Pour les Ambaſſadeurs de Suede, il y avoit, entre le prémier Banc & l'Autel, trois Fauteuils qui leur étoient préparez. Au-deſſus eſt une Fenêtre & une Chambre qui communique au Chateau, de laquelle les Rois de Pologne ont coutume d'entendre la Meſſe. Elle étoit deſtinée pour le Roi de Suede, qui voulut être Spectateur *incognito* de cette Cérémonie, avec le Comte Piper, le Prince de Wurtemberg, & quelques autres Seigneurs Suédois. De l'autre côté vis-à-vis, il y avoit un Balcon pour la Mere du Roi & les Dames les plus qualifiées. La Nobleſſe prit place dans les Bancs qu'il y avoit dans l'Egliſe ; &, quoique la Foule fût grande, il n'y eut cependant point de Deſordre.

La Marche ſe fit en traverſant les Appartemens du Roi où étoient les Gardes du Corps, & puis une longue Gallerie qui communiquoit du Chateau à l'Egliſe, & où l'on avoit rangé en double Haie quelques Compagnies de Soldats. Elle commença par la Nobleſſe & les Gentilshommes des Ambaſſadeurs de Suede : enſuite venoient les Nonces Polonois. Après eux marchoient de ſuite, Monſieur Garofski, Porte-Epée de Poſnanie, avec l'Epée ; le Caſtellan de Radziec avec la Pomme ; les Caſtellans de Liven & de Juniwladiſlaw avec les Sceptres ; le Caſtellan de Siradie & le Palatin de Wilna avec les Couronnes. Tout cela fut porté ſur des Carreaux de Drap d'Argent à Fleurs d'Or. Quant à l'Etendart ou la Banniere du Roïaume, qui doit être portée à côté de l'Epée, on ne s'en ſervit point dans cette occaſion. Ces Marques de la Roïauté étoient ſuivies du Thréſorier Sapieha, qui faiſoit la Fonction de Grand-Maréchal de la Couronne, portant le Bâton panché vers la terre, juſqu'après la Cérémonie, qu'il le releva. Les Ambaſſadeurs Wachſchlager & Palmberg marchoient devant Sa Majeſté. Le Roi étoit conduit par le Comte Sapieha, Staroſta Bobrowski, & par Monſieur de Potocki, Piſars ou Grand-Commiſſaire de Pologne, ſur leſquels il s'appuïoit, aïant de la peine à marcher, à cauſe de la peſanteur

santeur de son Armure. La Reine, qui parut ensuite, étoit menée par le Général Horn, prémier Ambassadeur de Suede. Les Dames, avec quelques Grands, & les principaux Officiers de la Cour, étoient les derniers.

DE's que les prémiers furent à l'Eglise, la Musique, placée sur deux Tribunes, commença, & augmenta toujours à mesure que le monde entra, desorte qu'elle se trouva à son plus haut point, lorsque Sa Majesté parut. Toute la Suite s'étant rangée, ceux, qui portoient les Marques de la Roïauté, les mirent entre les mains des Ecclésiastiques, qui les posérent sur l'Autel, à l'exception de l'Epée, que le Porte-Epée de Posnanie tenoit toujours. L'Archevêque consacra ensuite ces Marques de la Roïauté.

LE Roi fut reçu au bas du Trône par l'Evêque de Caminiek, & le Suffragant de Gnesne, en Habits Sacerdotaux, & par deux autres Prélats, qui lui adressérent un Discours fort court, l'exhortant à la Piété, & à toutes sortes de Vertus Chrétiennes & Roïales. Les deux prémiers menérent Sa Majesté à l'Autel, & la Reine passa dans la Sacristie. L'Archevêque étoit assis devant l'Autel, revetu de ses Habits Pontificaux. Le Roi l'aïant salué d'un air fort respectueux, l'Evêque de Caminiek s'approchant lui adressa les paroles suivantes : *Notre Me-re Sainte Eglise desire que ce vaillant Chevalier, élu Roi, soit couronné.* L'Archevêque demanda s'il en étoit digne, & s'il étoit dans le Dessein de remplir ses Devoirs? L'Evêque répondit: *Ouï, il en est digne, & il remplira ses Devoirs*; après quoi, l'Archevêque fit une Priere en actions de graces. Le Roi étoit assis entre l'Evêque & le Suffragant, tournant le Visage vers l'Archevêque, qui lui tint un Discours sur les Obligations de sa Fonction, & lui demanda si son intention étoit de les remplir? Le Roi aïant repondu que *Ouï*, il se mit à genoux, faisant, la tête decouverte, sa Confession de Foi & son Serment, en mettant les deux Mains sur l'Evangile, que l'Archevêque lui présenta. Il baisa ensuite l'Anneau de l'Archevêque, qui, après avoir ôté la Mitre, fit une Priere, après laquelle il se couvrit, & se mit à genoux avec les autres Ecclésiastiques, pendant que le Roi se prosterna les Bras étendus. On chanta les Litanies, & l'on récita plusieurs Prieres, après lesquelles l'Archevêque s'assit sur sa Chaire Episcopale, & le Roi se remit à genoux. On lui ôta alors le Manteau Roïal & les Brassards. L'Archevêque, avec le Pouce de la Main droite, lui oignit le dedans de la Main droite, le Coude, & le haut des Vertebres, prononçant à chaque fois quelques paroles, pour l'exhorter à être libéral & doux envers les pauvres, à deffendre le Roïaume, à conserver les Droits & Privileges de la Nation, & à supporter la Charge qu'on lui imposoit. Un Evêque essuïa le Roi avec du Pain frais & du Coton. Sa Majesté, s'étant ensuite un peu écartée, se confessa à un de ses Aumoniers ordinaires, ce que firent aussi l'Archevêque & les autres Ecclésiastiques. Après quoi, l'Archevêque commença la Messe, pen-

Tome II.   E   dant

dant que le Grand-Maréchal & quelques Seigneurs de la Cour conduifirent le Roi dans la Sacriftie, où il changea fon Habit Militaire en un
Habit Epifcopal tout blanc, qui doit être gardé jufqu'à fa Mort, parce
qu'on s'en fert alors pour l'enfevelir. On trouve que le Roi Jean fut auffi
enterré dans l'Habit qu'il avoit porté à fon Couronnement. On reconduifit
Sa Majefté à l'Autel, ou l'Archevêque lui mit la Couronne fur la Tête, en
récitant quelques Prieres & la Bénédiction. Cela fait, il lui donna l'E-
pée nue. Le Roi la rendit au Porte-Epée, qui, après l'avoir remis
dans le Fourreau, la mit de nouveau entre les mains de l'Archevêque,
qui la ceignit au côté du Roi. Sa Majefté l'aïant tirée de nouveau,
en frapa l'Air à différentes reprifes, pour marquer l'Ufage qu'il en
devoit faire, & la remit enfuite dans le Fourreau, après l'avoir paffée fur le Bras gauche. On lui mit le Sceptre dans la Main droite,
& la Pomme dans la gauche. Toutes ces Cérémonies étoient accom-
pagnées de Prieres & d'Exhortations convenables à chaque fujet.

Le Roi s'étant levé remit l'Epée au Porte-Epée; &, portant lui-même les Marques de la Roïauté, il monta fur le Trône, où il fut conduit par l'Archevêque, l'Evêque de Caminiek, & les principaux des
Sénateurs Séculiers. Il s'affit dans un des Fauteuils qu'il y avoit,
pendant que l'on fit une Priere, & que l'Archevêque lui adreffa un
Compliment fur fon Avénement au Trône. Les Eccléfiaftiques retournérent devant l'Autel : les Séculiers reftérent auprès du Roi. Après
une courte Priere, le Roi fut reconduit par deux Evêques & deux
Prélats à l'Autel, où il demanda à l'Archevêque de couronner la Reine. L'Archevêque aïant promis de le faire, le Roi fut reconduit au
Trône de la même maniere, pendant que l'Evêque de Caminiek, &
le Suffragant de Gnefne, allérent prendre la Reine dans la Sacriftie,
& l'amenérent devant l'Autel, où fe firent pour Elle à peu près les
mêmes Cérémonies qui s'étoient faites pour le Roi. La Reine fe profterna,
pendant qu'on lui donnoit la Bénédiction. On lui oignit la Main & le Dos
entre les Epaules, & on l'effuïa. On la reconduifit enfuite dans la Sacriftie, où on la revetit d'un Manteau de Drap d'Argent, doublé d'Her-
mine. Les Evêques la ramenérent alors devant l'Autel : on lui mit
la Couronne fur la Tête, & le Sceptre dans la Main. On fit des Prieres & des Exhortations comme auparavant. Elle fut enfuite conduite
à fon Trône, à la gauche du Roi. Sept Dames de la prémiere Qualité portérent la Queue, & les plus diftinguées fe rangérent tout à l'en-
tour. Quand l'Archevêque fut de retour devant l'Autel, on chanta le
Te Deum, au bruit d'une triple Salve du Canon, & de toute la Moufqueterie. On chanta l'Evangile, qu'un des Evêques porta au Trône
pour être baifé par Leurs Majeftez : après quoi, deux Evêques les ramenérent à l'Autel, prémiérement le Roi, & enfuite la Reine, pour
y faire leurs Offrandes, qu'Elles préfentérent à l'Archevêque. C'é-
toient deux Bourfes vertes, où il y avoit de l'Or, qui fut emploïé à des
ufages pieux. Elles baifèrent de nouveau l'Anneau de l'Archevêque

&

& quelques Reliques, & se placérent ensuite sur le Trône pendant la
Grand'Messe, à la fin de laquelle l'Archevêque & ensuite Leurs Majestez communiérent, pour cette fois-là, sous les deux Especes. L'Archevêque leur aïant donné la Bénédiction, aussi-bien qu'au Peuple, le
Grand-Maréchal de la Couronne fit retentir le *Vive Staniflas prémier,*
& Catherine, Roi & Reine de Pologne; ce qui fut repeté par toute l'Assemblée avec de grandes Acclamations.

TOUTES ces Cérémonies finies, on retourna au Chateau, dans le
même ordre que l'on avoit observé en allant. Le Général Horn conduisit la Reine jusqu'à son Appartement, où l'Evêque de Caminiek
fit une belle Harangue au nom des Sénateurs & de la Noblesse, souhaitant à Leurs Majestez un Regne heureux & rempli de toutes sortes
de Prospéritez. Le Roi répondoit ordinairement lui-même à ces Harangues; mais, dans cette occasion, le Trésorier Sapieha répondit de
la part de Leurs Majestez: après quoi, les Grands & la Noblesse furent admis à leur baiser les Mains. Le Roi & la Reine se retirérent
ensuite, pour mettre leurs Habits ordinaires, & pour aller à Table,
pendant que la Musique se fit entendre de trois différens Endroits dans
la Cour intérieure du Chateau. Dans la Salle où Leurs Majestez mangérent, il y avoit trois Tables, dont celle du milieu étoit quarrée &
élevée de quelques dégrés au dessus des autres. C'étoit celle du Roi
& de la Reine qui étoient au haut bout, aïant à leur droite Messieurs
de Horn & Palmberg: vis-à-vis étant Monsieur de Wachschlager.
Leurs Majestez furent servies par les principaux Officiers du Roïaume. La Table de la droite étoit pour les Sénateurs & les Nonces:
l'autre étoit pour les Dames & plusieurs Officiers & Seigneurs, tant
Suédois que Polonois. Pendant le Repas, il y eut une belle Musique.
Les Musiciens étoient placés au bout de la Salle, sur une Tribune que
l'on y avoit construite. A chaque Santé que le Roi but, on fit une
triple Décharge de l'Artillerie.

APRES que toutes les Solemnitez du Couronnement furent finies,
le nouveau Roi s'appliqua fortement à délivrer ses Partisans des grandes Incommoditez qu'ils souffroient de la part de quelques Troupes de
Polonois, qui pilloient amis & ennemis, sans aucune distinction.
Après la Prise de Marienbourg, les gens de Comentowski, auxquels
s'étoient joints quelques cens Saxons, avoient mis tout le païs à contribution, même de l'autre côté de la Vistule, & aux environs de Dirs-
chau, où ils avoient enlevé au Cardinal quantité de Chevaux & d'autres choses. Pour déloger ces hôtes, qui devenoient tous les jours plus
incommodes, le Roi donna ordre au Sr. Potocki, & au Staroste Sapieha, de marcher de ce côté-là. Ils étoient à la tête de trois mille Polonois, qui passérent la Vistule à Prag, & marchérent par Blonie
droit vers la Prusse, pendant que le Palatin Potocki, qui avoit pris
un autre chemin pour mieux envelopper l'Ennemi, devoit les joindre
dans un endroit dont on étoit convenu. Ce dernier portoit de la part

E 2   de

*le 28.
On donne
la chasse à
Comen-
towski.*

de Charles XII. des ordres au Général Rehnſchöld & au Colonel Ekeblad, par leſquels il leur étoit enjoint de détacher des Troupes pour
bien garder les chemins. Comentowski, qui ne manquoit point d'a-
mis, fut averti à tems de cette marche. Ne jugeant point à propos
d'attendre les Polonois, il prit le chemin de Dirſchau, & entra dans
la Grande-Pologne. Le Palatin Potocki, prenant la route de Cujavie,
le pourſuivit vivement; mais, on ne put jamais le rencontrer en corps,
& on fut obligé de ſe contenter de lui ôter le Butin qu'il avoit fait,
& de lui prendre quatre pieces de Campagne, avec ſoixante priſonniers qui furent envoïés au Roi Staniſlas. On remarqua dans ces occaſions, que tous les Saxons, que l'on put attraper, furent paſſez au
fil de l'épée ſans exception, au lieu que les Polonois ſe donnoient quartier réciproquement. Outre les priſonniers dont on vient de parler,
Potocki prit à ſon ſervice plus de deux cens Towarczes ennemis, qu'il
diſtribua parmi ſes Troupes. Comentowski fut pourſuivi juſques ſur
la Frontiere de Siléſie, & il perdit dans cette fuite pour le moins ſix
cens Hommes. Il ne laiſſa pourtant pas de continuer ſes Courſes,
comme nous le verrons un peu plus bas.

*Octobre.
Mort du
Cardinal
Primat, &
ſon Carac-
tere.*

Ce fut dans ce tems-là, que le Cardinal Primat, Michel Radzie-
cowski, mourut à Dantzig. Il fut attaqué d'abord d'une Fievre chaude, & depuis d'une eſpece d'Apopléxie, dont il expira dans la ſoixan-
te-huitieme année de ſon age (*a*). Pour donner une Idée de ſon Caractere, nous ferons voir, ſans la moindre Partialité, quelle fut la Conduite qu'il tint à l'égard du Roi de Suede. Il étoit grand, bien fait,
& de bonne mine. Les Qualitez de l'Eſprit n'étoient pas moins excel-
lentes que celles du Corps: & il joignoit à une grande douceur une
Eloquence peu commune. Fertile en reſſources & en expédiens, il
avoit un peu trop de retenue. Tout le monde lui rendoit la juſtice,
qu'il entendoit à fond ce qui concernoit le Bien & l'Utilité de la Patrie, & qu'il travailloit de toutes ſes forces à lui procurer tous les A-
vantages poſſibles. On l'accuſoit pourtant aſſez généralement d'être
trop grand Partiſan de la France. Il en donna les prémieres preuves,
lors de l'Election du Roi Auguſte, à laquelle il s'oppoſa de toutes manieres; alléguant, qu'il prévoïoit que ce Prince, qui tiroit des Revenus ſi conſidérables de ſes Païs héréditaires, & qui avoit une ſi nombreuſe Armée ſur pied, ſe rendroit formidable à la Liberté Polonoiſe.
On peut prouver, que le Cardinal étoit inſtruit du Deſſein d'Auguſte
de faire la Guerre à la Suede, & que ce Prince lui avoit promis cent
mille Ecus pour ſigner la Réſolution que ſes Partiſans avoient priſe,
ſur ce ſujet. On ne ſauroit dire préciſément, ſi le Primat toucha jamais

---

(*a*) L'Anonyme, qui a écrit en Allemand la *Vie du Roi Staniſlas*, parle fort amplement des Parens du Cardinal, de ſa Naiſſance, de ſa Fortune, de ſa Mort, & de
ſon Teſtament. On en trouve auſſi quelques Particularitez dans le Tome II. des *Campagnes de Charles XII*, par Grimarest, page 29.

mais cet Argent, & s'il figna la Réfolution, quoique, felon fon propre aveu, il eut de fortes Raifons pour le faire, tant parce qu'il efpéroit que par ce moïen les Limites de la Pologne feroient reculées, que
parce qu'il penfoit, qu'en occupant le Roi Augufte hors de la Pologne,
ce Prince ne feroit point en état d'attenter à la Liberté de la Nation.
Toutes les fois que les Armes Suédoifes furent victorieufes, comme
au Paffage de la Duna, à Cliffow, à Pultousk, & à Thorn, le Cardinal fe donna beaucoup de mouvemens, pour faire la Paix entre les
deux Rois. Il entra même fi avant dans les idées de Charles XII,
que l'on fe perfuada, qu'il lieroit entièrement les mains au Roi Augufte, qu'il l'obligeroit à de nouveaux Engagemens, & qu'il mettroit
des Bornes fi étroites à fa Puiffance, qu'il ne pourroit plus à l'avenir
faire le moindre mal aux Polonois. Mais, dès qu'il s'apperçut, que le
Roi de Suede demeuroit ferme dans la Réfolution de renverfer du Trône
fon Ennemi, dans l'idée où il étoit, que fans cela il n'auroit jamais de fûreté à attendre, il changea de langage, & fe rendit également fufpect aux
deux Partis. Il travailla fous main, tantôt pour le Prince de Conti, tantôt
pour d'autres; ce qui caufa une telle Confufion parmi la Nobleffe, que les
Affaires trainérent beaucoup plus en longueur qu'elles n'auroient fait
fans cela. Il perfifta toujours, & jufqu'à fa mort, dans le fentiment
de faire defcendre du Trône le Roi Augufte; mais, il vouloit en même tems qu'on lui laiffât la liberté d'y élever un autre Prince felon fa
fantaifie. Charles XII. aïant fait voir d'une manière démonftrative,
que le veritable Intérêt de la Pologne exigeoit, qu'elle eut pour Roi un
Seigneur né dans le Roïaume, le Cardinal y donna fon Approbation,
& exalta infiniment le Zele du Roi & fon Amitié pour fes Alliés. Comme
il remarquoit, que Sa Majefté étoit fort portée en faveur de Staniflas
Leczinski Palatin de Pofnanie, il ne fit aucune difficulté de le mettre
fur les rangs avec les autres Candidats; mais, aïant obfervé enfuite,
que Charles fe déclaroit ouvertement pour ce Palatin, il mit en ufage
toutes fortes d'Artifices pour lui donner l'exclufion. Une Conduite fi
finguliere parut infupportable au Roi de Suede, & donna lieu à une
froideur, dont Sa Majefté ne revint jamais, quoique le Cardinal eut
donné fon Approbation formelle, tant pour l'Élection, que pour le
Couronnement, de Staniflas. S'il l'avoit fait ou non de bon cœur, ce
n'eft pas à nous à en juger. Ce qui contribua beaucoup à fa Mort fut
l'Infolence d'un Détachement des Troupes de Comentowski, qui, étant
entré à Dantzig, paffa devant la Maifon du Cardinal avec un bruit
épouvantable, & s'étant arrêté fous fes fenêtres, lui cria les Injures les
plus atroces & les plus groffieres.

LORSQUE les Saxons & les Ruffiens, qui s'étoient joints aux Troupes de Wiesnowicki, poftées près de Pultousk & aux environs, eurent appris le Départ de l'Armée Polonoife fous les ordres de Potocki & de Sapieha, ils ne voulurent pas laiffer échaper l'occafion qui fe préfentoit
d'enlever le peu de monde qui étoit refté à Prag, & de ruiner enfuite le

E 3   Pont

Deffein de
Wiefnowis-
ki.

Pont des Suédois sur la Viſtule. Ils quittérent le Bug pendant la nuit, & marchérent au nombre de quelques mille Hommes en ſi grand ſilence, que perſonne ne put donner avis de leur approche. A la petite pointe du jour, les deux Attaques ſe firent en même tems; ſavoir, l'une ſur le Pont, & l'autre ſur les prémieres maiſons du Fauxbourg de Prag, du côté méridional, où étoit le Lieutenant-Colonel Liliegrip avec cent quarante Hommes des Gardes du Roi Staniſlas, qui étoient les ſeuls Fantaſſins que l'on eut à portée, les autres étant tous partis avec Mr. de Potocki. On condamna beaucoup Monſieur de Liliegrip, qui ſe croïoit parfaitement en ſureté, d'avoir négligé d'établir des Poſtes avancés. Les Ennemis le ſurprirent donc: & tout ſon monde fut, ou paſſé au fil de l'épée, ou fait priſonnier; & ce fut auſſi-là ſon ſort. Ils prirent ſix Drapeaux & quatre petites pieces de Campagne. L'Attaque du Pont fut beaucoup plus vive. D'abord, il n'y eut au bout du Pont, & près de la Barriere, que douze Hommes, qui reçurent l'Ennemi avec une Bravoure étonnante. Enſuite arriva de l'autre bout, du côté de Warſovie, le Piquet, qui ne conſiſtoit qu'en trente Hommes. Le Colonel Dahldorf, qui étoit dans l'intention de ſe rendre au Quartier général à Blonie, aïant entendu les coups de fuſil, monta auſſi-tôt à cheval, ſuivi d'une vintaine d'Hommes ſeulement. Ce petit Renfort fit tant que les Ruſſiens furent repouſſez, & contraints de ſe retirer dans les maiſons les plus proches, d'où il faiſoient feu continuellement ſur les Suédois. Monſieur Dahldorf, aïant été bleſſé à la tête d'un coup de feu, fut obligé de ſe faire emporter. Les Ennemis étoient en grand nombre, & poſtez fort avantageuſement. Les Suédois, au contraire, expoſez au feu de la Mouſqueterie & de l'Artillerie ennemie, ſouffroient beaucoup. Ils ſe battirent en deſeſpérez; &, malgré le Renfort de cent Hommes du Régiment d'Uplande qu'aména du Camp de Nieroth le Capitaine Bure, ils furent obligés de plier, après avoir perdu beaucoup de monde. L'Ennemi, devenu Maitre du Pont, ſe mit en devoir de le rompre, & de couper les cables avec leſquels les Bateaux étoient attachés; mais, cette joie ne fut pas de longue durée. Les Capitaines Anrep & Sevallin, à la tête de cent Dalécarliens, y marchérent, & attaquérent les Ennemis avec une Bravoure étonnante, malgré le feu horrible que l'on faiſoit de tous côtez (*a*): &, après les avoir chaſſés du Pont, ils les contraignirent de s'enfermer dans les maiſons voiſines.

LE Lieutenant-Colonel Siegroth, étant arrivé dans ce moment avec le Régiment de Dalécarlie, pouſſa ſi vivement les Ruſſes, qu'il les dé-

(*a*) CES Dalécarliens attaquérent l'Ennemi avec un courage ſurprenant. Un de leurs Bas-Officiers, aïant été fort dangereuſement bleſſé, faiſoit des Cris & des Lamentations horribles. Ses Camarades lui dirent pour le conſoler: *Si tu es venu ici comme un brave Homme, tais-toi, & meurs en brave Homme. Si ta Bleſſure n'eſt pas mortelle, on te guerira; mais, ne crie point comme une vieille Femme.*

délogea des maisons, & les obligea enfin de quitter entiérement le Fauxbourg, massacrant tout ce qui se présenta. Il rangea ensuite son Régiment, à environ cinq-cens pas de l'Armée ennemie: & comme le Lieutenant-Général Horn étoit venu à son secours avec quelques deux cens Chevaux qu'il avoit ramassez à Warsovie, il forma une espece d'Ordre de Bataille. Wiesnowicki fit la même chose; l'on étoit sur le point de commencer le Combat, lorsqu'à l'approche du Général Nieroth, qui jusques-là ne s'étoit point mêlé de cette Affaire, les Russes tournèrent le dos, & se mirent à courir à toute bride, prenant deux routes différentes. Le Major Piper fut envoïé avec trois cens chevaux à la poursuite d'une de ces Troupes, qu'il chassa dans un Marais, où plusieurs des Ennemis périrent. Près du Pont, & dans le Fauxbourg, on compta quarante Hommes de morts, avec onze prisonniers. Les Suédois perdirent dans cette rencontre cent Hommes, du nombre desquels étoient les Capitaines Anrep & Sevallin, avec deux Lieutenants. Parmi les blessés se trouvoient le Colonel Dahldorf, le Major Casimir Wrangel, le Capitaine Bure, & les Lieutenants Biörling & Möller, avec cinquante Soldats. Le Roi, aïant appris à Blonie ce qui se passoit, crut que toute l'Armée ennemie, dont depuis quelque tems on faisoit beaucoup de bruit, étoit en marche, & qu'elle n'avoit fait que détacher quelques Troupes vers la Vistule. Dans cette idée, il se mit en mouvement avec les Régimens qui étoient les plus à portée, & donna ordre aux autres de le suivre incessamment. A son arrivée à Warsovie, tout étoit déjà fini. Il s'arrêta quatre jours dans le voisinage de cette Ville; &, sur l'avis qu'il eut, que l'on ne voïoit point d'Armée, & que ces cinq mille chevaux sous le commandement de Wiesnowicki étoient les mêmes qui s'étoient arrêtez si long-tems sur le Bug, il ordonna à ses Troupes de retourner dans leurs Quartiers.

Le Roi Stanislas conféra, d'abord après son Couronnement, quelques-unes des grandes Charges qui étoient devenues vacantes. L'Archevêque de Lemberg fut fait Archevêque de Gnesne & Primat du Roïaume: l'Evêque de Caminiek obtint l'Eveché de Cracovie: & le Sieur Bronitz, Maréchal de la Confédération, fut déclaré Palatin de Posnanie. Le Roi Auguste vouloit profiter de la même occasion, pour se faire des Amis; mais, comme il étoit contraire aux Loix & aux Constitutions de la Pologne de distribuer ces Charges hors du Roïaume, il résolut de s'y rendre. Il partit de Dresde pour son Armée, qu'il fit avancer vers le Pont qu'il avoit à Schetlof à quelque distance de Crossen. De-là, il se rendit *incognitò* à Dantzig par le Chariot de Poste de Berlin, accompagné de deux personnes. A son arrivée, il alla descendre chés son Conseiller-privé Golz: il repartit le même soir pour Königsberg, où il se fit transporter par un petit Batiment. Il s'y tint d'abord caché; mais, se promenant ensuite sur le Pont, il fut reconnu, ce qui l'obligea de prendre aussi-tôt la route de Tychozin, pour aller joindre sa Cour & les Troupes qui y étoient. Quelques jours après,
le

1705.

Octobre.

le 18.

Charges conférées par le Roi Stanislas.

le 19.

le Czar y arriva pareillement, & ces Princes tinrent tous les jours des Conſeils de Guerre. Ce fut dans cet Endroit, qu'Auguſte déclara l'Evêque de Cujavie, Archevêque de Gneſne, & Primat du Roïaume.

Tout le monde attendoit avec impatience de voir le Traité conclu à Warſovie. On ſe perſuadoit, qu'après cela Charles XII, ſans attendre davantage, ſe mettroit en marche, pour aller chercher ſes Ennemis, afin de leur épargner la peine de venir vers lui. Ce qui donna lieu de juger ainſi fut le Voïage de la Reine de Pologne, qui ſe rendit à Stetin avec Madame Roïale Mere du Roi, & pluſieurs Dames de grande Diſtinction. Le Roi de Suede alla à Warſovie, pour prendre congé de Sa Majeſté, qui fut eſcortée juſqu'au Camp du Général Rehnſchöld, d'où le Colonel Hamilton, à la tête d'un Détachement de trois cens Chevaux, la conduiſit à Stetin.

La Reine de Pologne ſart pour Stettin.

le 27.

Courſes de Comentowski.

Vers le même tems, Comentowski, dont nous avons ſi ſouvent parlé, recommença à incommoder les Suédois. Sur l'Avis qu'il eut, que le Quartier-Maitre Treffenfeldt, du Régiment d'Oſtrogothie, Infanterie, étoit avec cinquante Hommes dans un Couvent à quelque diſtance de Czenſtochova, il y marcha à la pointe du jour, & l'attaqua : mais, l'Officier Suédois ſe deffendit avec tant de bravoure, que l'Ennemi, outre les bleſſés, perdit plus de cent Hommes, qui demeurérent ſur la place. Vers le midi, Comentowski, s'étant apperçu de la perte qu'il venoit de faire, fit offrir à Treffenfeldt la liberté de ſe retirer. Ce dernier aïant refuſé de le faire, Comentowski le fit prier de vouloir ſortir un moment pour qu'il pût lui parler. Il lui fit donner en même tems les aſſurances les plus fortes, qu'il ne lui arriveroit point de mal. Dès que Treffenfeldt fut ſorti hors du Couvent, on le tua roide mort; & les Polonois menacérent d'en faire autant à tous ceux qui auroient la hardieſſe de ſe faire voir. Le Lieutenant, qui y étoit, s'étant chargé du Commandement, réſolut de ſe deffendre juſqu'à la derniere extrémité. Il tint parole, & fit à l'Ennemi tout le mal imaginable. Comentowski, pour ſe vanger de cet Affront, s'aviſa enfin vers le ſoir de mettre le feu au Couvent. Les Suédois y reſtérent auſſi long-tems qu'il fut poſſible d'y tenir; mais, voïant enfin que le toit alloit tomber, ils ſortirent, ſe battant en deſespérez. Il n'y eut, de ces cinquante Hommes, que ſept qui eurent le bonheur de ſe ſauver à la faveur de l'obſcurité. Comentowski, admirant leur valeur, avoua, que ſans le feu qui les avoit obligés de ſortir, il n'en ſeroit jamais venu à bout avec toutes ſes forces.

Après cette Expédition, il s'approcha de Bochnia, où il enleva huit Hommes du Régiment de Jonkiöping, que le Colonel Clerck avoit détachés, pour eſcorter une certaine quantité de Beufs que l'on amenoit pour ce Régiment. Sur l'Avis que l'on en eut, on détacha pluſieurs Partis pour courir après: mais, comme l'Ennemi avoit de trop bons chevaux, il n'y eut pas moïen de l'atteindre. Peu après, le Staroſte Spitski, & quelques-uns des gens du Comte Corniac, tombérent

bérent fur un de fes Partis, qui fut fort mal mené, & pourſuivi juſqu'à la Viſtule. Un certain Rilski, Capitaine de Cavallerie, fut fait priſonnier dans cette rencontre, avec quinze Towarczes. Cette Campagne n'avoit point été avantageuſe pour Comentowski, lequel, en paſſant la Viſtule à Sendomir, pour ſe retirer en Pruſſe, n'avoit plus auprès de lui que ſix cens Hommes, aulieu qu'il étoit fort de plus de trois mille Hommes, lorſqu'il fit en Warmie l'Invaſion dont nous avons parlé ci-deſſus. Avec tout cela, il faiſoit beaucoup de bruit partout où il paſſoit, ſe vantant d'avoir éxécuté avec beaucoup de bonheur ſes Entrepriſes, & d'être ſur le point de retourner en Pruſſe avec des forces beaucoup plus conſidérables. Quelques Marchands de Moſcou, & de l'Ukraine, raſſurez par ces bruits, crurent pouvoir prendre cette route, pour conduire ſurement en Allemagne une grande quantité de Bœufs; mais, il ſe trompérent. Comentowski, n'étant plus en état de ſe deffendre, encore moins de donner du ſecours à d'autres, n'ôſa point ſe montrer, lorſque le Commiſſaire de Guerre Sedan enleva à ces Marchands, en deux differentes occaſions, plus de quinze cens Bœufs.

O n apprit vers la fin de ce mois, que le Grand-Thréſorier Prebendowski s'étoit arrêté juſques-là à Berlin, & qu'il y avoit travaillé de toutes ſes forces pour porter cette Cour à faire quelque-choſe en faveur du Roi Auguſte; mais, que ſes efforts aïant été inutiles, il en étoit parti, ſous pretexte qu'il étoit rappellé pour aſſiſter de la part d'Auguſte à l'Accommodement qui devoit ſe faire entre l'Empereur & le Pape. Lorſqu'il arriva en Saxe, on ne le reçut point comme il s'en étoit flatté: & comme il n'obtint pas l'Argent qui lui avoit été promis, il retourna à Berlin. Il y donna à connoitre à quelques perſonnes, qu'étant las de ſuivre le Parti du Roi Auguſte, il s'attacheroit volontiers au Roi Staniſlas, pourvû qu'il pût trouver auprès de lui ſûreté. Il n'y a point de doute, qu'elle ne lui eut été accordée, ſi l'on ne ſe fût autant défié de ce Seigneur, que de beaucoup d'autres, qui faiſoient de pareilles Propoſitions. Nous citerons pour Exemple Zaluski, Evêque de Warmie. Ce Prélat fit negotier, tant avant qu'après l'Election, un Accommodement avec le Roi de Suede, & ſe donna ſur ce ſujet de grands mouvemens. Pendant que l'on en délibéroit encore, le Roi Auguſte ſurprit la Ville de Warſovie. Zaluski fut un des prémiers qui vinrent trouver ce Prince; &, quelque tems après, il ſe rendit en Saxe, où il fut fort conſidéré. On découvrit néanmoins, qu'il entretenoit une Correſpondance illicite, tant avec la Cour de Berlin, qu'avec quelques Seigneurs Polonois qui étoient des Amis intimes du Roi Staniſlas. Auguſte, avant que de partir, le fit arrêter, & en donna avis à la Cour de Rome. Le Pape fit répondre peu après, que le Roi avoit bien fait de s'aſſurer de la perſonne de l'Evêque, qu'il ſeroit traduit en Juſtice, & qu'on le puniroit ſelon l'exigence du cas. Un certain Lubomirski s'adreſſa pareillement à Charles XII, demandant

dant fa Protection. Il promit de fe ranger du côté du Roi Staniflas avec cette partie de l'Armée de la Couronne, que le Grand-Général fon Frere avoit laiffée fous fon commandement. Le Roi Staniflas s'interpofa dans cette Affaire, & Charles y confentit; mais, il n'en arriva jamais rien. C'étoit, dans ce tems-là, la façon d'agir des Polonois, fur-lefquels il n'y avoit abfolument point de fond à faire. Ils promet-toient monts & merveilles, tant qu'on leur fourniffoit de l'Argent, ou qu'on leur accordoit ce qu'ils demandoient; mais, dès qu'ils croïoient trouver de meilleures Conditions dans l'autre Parti, ils retournoient vers celui qu'ils ne faifoient que de quitter.

Senatus-Confilium à Grodno.

PENDANT le féjour que le Roi Augufte & le Czar firent à Grodno, on y tint un grand *Senatus-Confilium*, auquel affiftérent plufieurs Séna-teurs, tant Eccléfiaftiques, que Séculiers. On y convint entre autres chofes, que l'on demeureroit fidele au Roi Augufte; que l'Armée de la Couronne feroit jointe à celle de Ruffie; &, enfin, que l'on païeroit les arrérages qui étoient dûs à l'Armée de Lithuanie. Pendant que l'on négocioit à Grodno une fi étroite Alliance entre le Roi Augufte & le Czar, celui-ci reçut de Mofcou la defagréable Nouvelle d'une Ré-volte dans la Province d'Aftracan, où un grand nombre de Mécontens, voulant profiter de fon abfence, mettoient tout à feu & à fang. Le Czar fe vit par-là obligé de fe rendre fans perte de tems dans fes E-tats, où il fit marcher en hâte un Détachement tiré de fon Armée, dont il laiffa le commandement au Roi Augufte. Ceux, qui comman-doient fous lui, étoient le Prince Menzicof, & le Velt-Maréchal Ogilvi.

Réfolution fur le fujet de Patkul, qui eft ar-rêté.

AVANT que le Roi Augufte & le Czar fe fuffent feparez, ils avoient pris enfemble une Réfolution fur le fujet de Patkul, qui s'étoit rendu également odieux aux Ruffiens, aux Polonois, & au Roi Augufte. Les prémiers le haïffoient, à caufe du grand Crédit qu'il s'étoit acquis auprès du Czar, qui ne confultoit que lui: auffi ne negligeoient-ils au-cune occafion pour lui faire connoitre leur mauvaife volonté, & le contre-carrer en tout; dè forte que plufieurs de fes Projets n'eu-rent pas lieu. Les Polonois lui vouloient du mal, parce qu'il avoit attiré en Lithuanie les Ruffiens, qui faifoient extrémement fouffrir cet-te Province. Enfin, le Roi Augufte ne pouvoit point lui pardonner le Reproche, qu'il lui avoit fait, d'avoir emploïé à des chofes inutiles les Sommes que le Czar lui avoit fait remettre pour le païement de fes Troupes, & dont elles n'avoient pas touché un fol. Les deux Prin-ces convinrent, que le Roi Augufte pourroit faire de Patkul tout ce qu'il jugeroit à propos. Celui-ci s'étoit bien propofé de ne plus retour-ner en Ruffie, & de ne pas faire un trop long féjour en Saxe, mais de fe retirer en Suiffe, où il avoit acheté des Terres fort confidérables. Cependant, voulant fe marier auparavant, il avoit jetté les yeux fur une Veuve qui étoit de la Famille de Rumor. Le même foir qu'il eut célébré fes Fiançailles, il fut arrêté, & conduit fous une bonne Efcor-te à Sonnenftein. Comme il étoit fort intrigant & fertile en Reffour-

ces,

ées, le Czar y perdit beaucoup : les Suédois, au contraire, furent charmez de son Emprisonnement.

Le Roi Auguste, aïant été obligé pendant tout le tems, de faire
venir de ses Etats Héréditaires les Convois pour l'Armée qu'il avoit sur
la frontiere de Siléfie, & voïant qu'il ne lui étoit pas possible de la faire entrer en Pologne à cause du Général Rehnschöld, qui gardoit tous
les Passages, résolut d'offrir à l'Angleterre, & à la Hollande, de prendre ses Troupes à leur solde, afin de ne point s'épuiser entiérement
par des Dépenses si considérables. Le Duc de Marlborough refusa d'a-
bord cette offre, à cause de la condition que l'on y attachoit, savoir,
qu'après que la Paix seroit rétablie entre la France & l'Angleterre,
on fourniroit du secours au Roi Auguste, pour l'aider à reconquerir
la Pologne. La Cour de Vienne avoit besoin de Troupes étrangeres,
pour les opposer aux Mécontens de Hongrie, qui, dans ce tems-là,
avoient par-tout le dessus. On en fit la Proposition ; & la chose sembloit prête à se faire : il n'en arriva pourtant rien, sans que l'on sache
pourquoi.

Novembre.
*Le Roi Au-
guste offre
ses Troupes
aux Puis-
sances Ma-
ritimes.*

Cependant Auguste, voulant égaler en Générosité le Roi de
Suede, donna la Liberté au Comte Oxenstierna, & à tous les Suédois,
que Smigelski avoit fait prisonniers en Warmie. Il y avoit déjà long-
tems, que le Colonel Ekeblad avoir songé aux moïens de vanger cette
Irruption, sans qu'il s'en présentât aucune occasion favorable. Mais,
au retour du Comte Oxenstierna, Ekeblad forma le dessein de surprendre deux Compagnies des Troupes de Smigelski, qui étoient à
à Braunsberg, & dont quelques Détachemens s'approchoient tous les
jours d'Elbingen. Pour le faire avec quelque succès, il falloit qu'il
passât par un endroit nommé Wormdit, à une lieue de Braunsberg, &
à deux lieues & demie d'Elbingen, & où il ne pouvoit marcher sans
toucher le Territoire de Prusse. Cette derniere circonstance pensa
faire échouër cette Entreprise ; mais, enfin, il résolut de risquer, &
d'attendre ce qui en arriveroit. Il détacha donc trois cens Hommes
sous les ordres du Comte Oxenstierna, & trois de ses meilleurs Canoniers, avec chacun un Chariot où il y avoit un Petard & trois Grenades bien remplies. Chaque Chariot étoit escorté par un Capitaine &
une centaine d'Hommes. Ils partirent sur le soir, & aïant traversé
Wormdit pendant la nuit, ils passérent une petite riviére, après quoi
ils se séparérent. Ils reglérent leurs montres, afin que chaque Détachement pût être dans un même instant devant une des Portes de
Braunsberg. Il y en avoit trois, dont l'une conduisoit à Heilsberg, l'autre à Wormdit, & la troisieme à Frauenbourg. A la petite pointe du
jour, on attacha les Petards à chaque Porte ; ce qui se fit avec tant
de justesse, que l'on n'entendit, pour ainsi dire, qu'un seul coup. Les
Polonois, plongés dans le sommeil, s'éveillérent en sursaut, montérent d'abord à cheval, & tachérent de se sauver ; mais, toutes les
rues étoient déjà occupées par les Suédois, qui les obligérent de retourner

*Ekeblad
surprend
deux Com-
pagnies Po-
lonoises à
Braunsberg.*

tourner fur leurs pas. Aïant quitté leurs Chevaux, ils coururent fe
cacher dans les Caves, & même fous le toit du Chateau. Les Suédois les firent fortir de leurs niches, & les conduifirent tous à Elbingen. Le Roi, aïant eu avis de cette Expédition, en parut fort content. Il donna ordre néanmoins que l'on remît en Liberté tous les
prifonniers que l'on avoit faits dans cette occafion, parce qu'ils étoient
Gentilshommes. Le Général Schlippenbach, au fervice de Pruffe, parut fort mécontent de ce que l'on avoit traverfé le Territoire du Roi
fon Maitre; mais, les Ambaffadeurs de Suede, qui étoient à Berlin,
firent enforte que la chofe n'eut point d'autres fuites.

Sur ces entrefaites, le Traité, qui devoit fe faire avec la Suede,
fe conclut enfin à Warfovie. On eut bien de la peine à convenir de
certains Articles, fur-tout de celui qui concernoit le libre Exercice de
la Religion pour les Evangéliques, qui fe plaignoient extrémement des
Duretez des Papiftes, & de la Contrainte dans laquelle ils vivoient. Les
Ambaffadeurs de Suede firent fur ce fujet toutes les Inftances poffibles, & le Traité fut ratifié des deux Rois. Il contenoit trente Arti-

*Traité en-
tre les Rois
de Suede &
de Pologne.*
V. L'App.
No. CVIII.

ticles, dont voici la Subftance: „ I. Il y aura une Paix perpétuelle & une
„ fincere Amitié entre les deux Rois, leurs Succeffeurs, & leurs
„ Roïaumes. II. La Paix d'Oliva fera confirmée en tous fes Points,
„ à l'exception de ce qui eft autrement ftatué, & plus amplement ex-
„ pliqué, ou le fera, ci-après, pour le Bien commun. III. Il y aura
„ une Amniftie générale; & l'on accordera trois Mois à ceux du Parti
„ contraire, pour y être admis. IV. Il ne fera fait, ni Treve, ni
„ Paix, ou autre Accord, avec le Roi Augufte, que d'un commun Con-
„ fentement, & fous cette Condition, qu'il renoncera à la Couronne
„ de Pologne, & donnera Satisfaction au Roi de Suede & à la Ré-
„ publique de Pologne, fur tous les Domages qui ont été caufez à l'oc-
„ cafion de cette Guerre. La Déclaration, publiée par le Roi Au-
„ gufte, fera regardée comme nulle & fans fondement; de même
„ que les Décrets, Statuts, & autres Actes, faits en fon Nom, du-
„ rant cette Guerre. V. Les Alliances préjudiciables à la Suede fe-
„ ront annullées, & la République de Pologne ne permettra point à
„ fes Rois d'en contracter à l'avenir des femblables. VI. On pourfui-
„ vra le Czar de Mofcovie conjointement, jufques à ce qu'il ait fatis-
„ fait aux torts & dommages qu'il a caufez. On ne fera avec lui, ni
„ Paix, ni Treve, que d'un commun Confentement. La maniere dont
„ les Armées devront fe joindre, & les Conditions fous lefquelles cet-
„ te Jonction fe fera, feront réglées par une Convention particuliere.
„ VII. Le Roi de Suede ne mettra bas les Armes, que lorfque le Re-
„ pos aura été rétabli en Pologne, & que le Roi Staniflas fe verra
„ paifible Poffeffeur de ce Roïaume. VIII. Les Places, que la Suede
„ pourra reprendre fur le Czar, feront reftituées à la Pologne, en
„ rembourfant les Fraix. IX. La Suede pourra tenir Garnifon, durant
„ cette Guerre, dans les Places qu'elle occupera ci-après en Pologne
„   &

„ & en Lithuanie.   X. Le Roi de Suede pourra conduire son Armée
„ par toute la Prusse, & autres Provinces de la République, & y
„ faire des Recrues, lorsqu'il sera nécessaire.   XI. On lui accordera
„ des Batimens pour le Transport de ses Troupes, & les Ports de
„ Mer lui seront ouverts.   XII. Si l'un ou l'autre des Roïaumes en-
„ tre en Guerre avec ses Voisins, il ne sera donné aucune Assistance
„ à ses Ennemis.   XIII. Le Roi & la République de Pologne s'enga-
„ geront de réprimer les Entreprises de leurs Habitans, qui ôseroient
„ dans la suite prendre les Armes contre la Suede.   Les Articles XIV,
„ XV, & XVI, regardoient les Prisonniers & Sujets fugitifs de part
„ & d'autre.   XVII. La Maison de Sapieha sera retablie dans ses pré-
„ mieres Dignitez, Honneurs, Charges, Biens, &c. XVIII. Le Roi
„ & la République de Pologne ratifient, & déclarent, qu'ils main-
„ tiendront la Paix & la Sureté dont les Protestans ont joüi, tant en
„ Pologne, qu'en Lithuanie, & qui ont été confirmées par les Con-
„ fédérations, *Pacta Conventa*, &c ; enforte que la Religion qu'ils pro-
„ fessent ne pourra leur apporter aucun Dommage, tandis qu'ils se
„ comporteront paisiblement.   On ne les empêchera point de s'assem-
„ bler pour leurs Exercices dans les Lieux accoutumez, & qui leur
„ ont été cédés, ni d'instruire & d'élever leurs Enfans dans la Reli-
„ gion de leurs Peres.   On confirme aux Villes de Prusse tous les
„ Droits & les Prérogatives, dont elles ont joüi pour le Spirituel & le
„ Temporel, avant & après la Paix d'Oliva, &c.   Les Articles XIX.
„ & XX. jusques au XXVI. contiennent divers Réglemens touchant le
„ Commerce & la Navigation réciproque, particuliérement de Riga.
„ XXVI. On deffendra toute Monnoie fausse, comme Sols de Wa-
„ lachie &c ; & quand la République sera battre de la nouvelle Mon-
„ noie, on fera ensorte qu'elle reponde au Prix & à la Valeur de cel-
„ le du Roïaume de Suede & de ses Provinces. XXVII. La Répu-
„ blique obligera ses Rois à l'Observation de ce Traité ; &, en cas de
„ Rupture, elle sera responsable des Domages. XXVIII. Si quelques
„ autres Roïaumes, Républiques, & Etats, veulent être compris dans
„ cette Alliance, ils y seront reçus d'un commun Consentement.
„ XXIX. On en demandera la Garantie aux Princes & Puissances qui
„ s'interessent à la Conservation des Roïaumes de Suede & de Polo-
„ gne.   XXX. Ce Traité sera ratifié & échangé de Part & d'autre
„ dans une Semaine, à compter du jour de la Signature. „ Ce Traité fut signé, de la Part de la Suede, par les trois Ambassadeurs, Horn,
Wachschlager, & Palmberg ; &, de la Part de la Pologne, par treize Commissaires tirez du Clergé, du Sénat, & de la Noblesse.   Il fut
ensuite ratifié par le Roi de Suede, le Roi Stanislas, & dix Commissaires Polonois, qui représentoient la République. D'abord après la Rati-   le 27.
fication, il fut annoncé au Peuple de Warsovie, au bruit des Trompettes & des Timbales.   Le même jour, on chanta le *Te Deum* dans
l'Eglise des Carmelites : & le soir, le Roi Stanislas, pour en témoigner

fa Joie, donna une fuperbe Fête. Huit jours après, les Ambaffadeurs de Suede prirent Congé du Roi de Pologne; & en même tems les Membres de cette Affemblée fe féparérent, à l'exception de quelques Députez, qui devoient refter auprès du Roi Staniflas, jufqu'à la prochaine Diete, pour l'affifter de leurs Confeils.

Les Polonois parurent d'abord fort contens de ce Traité. Ils admiroient fur-tout le Defintéreffement du Roi de Suede, qui ne faifoit la Guerre avec des Dépenfes fi confidérables, que dans la feule Vûë de rétablir leur Liberté, fans qu'il demandât de la Pologne, pour fe dédommager, un feul Pouce de Terre. Cette Joie ne fut pas de longue durée, & ils trouvérent beaucoup à redire à ce que l'on continuoit toujours à lever des Contributions. Le Roi leur fit repréfenter, que tout le Traité ne fignifioit rien, fi on ne fongeoit point à le maintenir, & à le mettre en éxécution; que, pour cet effet, on avoit befoin des Troupes Suédoifes; & qu'il falloit, que ces Troupes fuffent entretenues après le Traité, tout de même qu'elles l'avoient été avant qu'il fût conclu. Enfin, les Polonois aïant été obligés de convenir de la Solidité de ces Raifons, il fut réfolu, que le Roi de Suede donneroit fes ordres pour que les Contributions fuffent levées avec moins de Rigueur; & que l'on choifiroit quelques Polonois, qui feroient chargés conjointement avec les Suédois de veiller à ce que le tout fe fît avec Juftice & Exactitude. Le Roi, de fon côté, exécuta fidélement fa Promeffe; mais, les Polonois ne firent rien de ce dont on étoit convenu.

Comme il n'y avoit plus rien à faire à Warfovie, on commença à fonger aux Moïens de continuer la Guerre avec vigueur. Le Roi Staniflas étoit d'opinion, qu'il étoit de la derniere néceffité, que Charles XII. entrât en Saxe, afin de faire tarir la Source d'où venoient tous les Maux que la Pologne avoit foufferts jufques-là, & dont elle étoit encore menacée pour l'avenir. Le Roi de Suede croïoit au contraire, que, dès qu'il auroit tourné le dos, toutes les Forces ennemies tomberoient fur les Polonois. D'ailleurs, la fituation des Affaires en Livonie ne permettoit pas que l'on abandonnât cette Province à la difcrétion des Ruffiens. Le Roi Staniflas fit faire enfuite une nouvelle Propofition, favoir, qu'on lui laiffât quelques mille Hommes de Troupes Suédoifes, avec lefquels, après les avoir joints aux Gens de Sapieha & de Potocki, il marcheroit droit aux Cofaques, pendant que Charles attaqueroit les Ruffes. Le Roi de Suede repliqua, qu'il ne pouvoit plus partager fes Troupes, après en avoir laiffé une partie fi confidérable fous les ordres du Général Rehnfchöld, chargé d'avoir l'œil fur les Saxons. A la fin, il fut réfolu, que, lorfque le Roi fe mettroit en marche, Sapieha & Potocki cotoïeroient la grande Armée, dont ils ne s'éloigneroient qu'à une petite diftance, afin d'être prêts à tout Evénement. Les Troupes Polonoifes, dont nous parlons, étoient dans le Palatinat de Sendomir, où le Colonel Grufinski eut le bonheur de faire prifonnieres douze Compagnies de l'Armée de la Couronne.

ronne. Au bout de deux jours, tous ces Gens aïant prêté le Serment de Fidélité au Roi Staniſlas, on les laiſſa aller ſans Gardes. A peine ſe voïoient-ils en Liberté, qu'ils ſongeoient deja à s'évader ; ce qu'ils firent peu de jours après, à la faveur de l'obſcurité de la nuit.

LES Ruſſiens, qui étoient à Grodno, ſe doutoient deja que le Roi de Suede ne les laiſſeroit plus long-tems en repos. Mais, ce qui acheva de les confirmer dans leur ſoupçon fut l'Avis qu'ils eurent, que le Gé-néral Rehnſchöld avoit reçu ordre de ſe rendre dans la Haute-Pologne, & d'entrer en Quartiers d'hiver à Wroncke, Obornie, Caſimirs, & aux environs. Le Général choiſit pour lui le Chateau de Konarzewo, ſitué à deux lieues de Poſnanie, & appartenant au Caſtellan Radomicki. L'Armée étoit diſtribuée de maniere qu'on pouvoit la raſſembler en moins de vingt-quatre heures. Le Lieutenant-Général Stromberg, qui avoit demeuré juſqu'alors avec quelques Troupes à Cracovie, en de-campa, & marcha à Petricow, d'où il devoit venir joindre le Roi à Warſovie. Tous ces Préparatifs donnoient lieu à ceux qui étoient au-près de Sa Majeſté de ſe tenir prêts à marcher au prémier commande-ment.

COMME du côté de la Viſtule où étoit l'Armée, on commençoit à manquer de vivres & de fourage, le Général-Major Meyerfeldt déta-cha quelques Partis, pour aller en chercher de l'autre côté de la rivie-re. Le Général Rönne, qui étoit à Pultowsk, & qui ne ceſſoit d'en-voïer des gens pour reconnoitre les mouvemens des Suédois, aïant eu avis, que le Capitaine Colmar avoit ramaſſé à Ploſko quantité de vi-vres, & ſur-tout beaucoup de beſtiaux, donna ordre au Colonel Stoltz d'y marcher avec quinze cens Ruſſiens. Le Capitaine, qui n'avoit avec lui que ſoixante & dix Hommes, ſe retira au Chateau, ſitué ſur une hauteur près de la Viſtule, & en aſſez bon état de deffenſe. Les Attaques, que firent les Ruſſiens, leur coutérent plus de deux cens Hommes, ſans compter les bleſſés. Le Colonel ne pouvant digerer cette Perte, fit mettre le feu à un ſuperbe Couvent, qui joignoit le Chateau. Le feu aïant pris à la plus haute Tour, gagna le Chateau, de ſorte que le Capitaine Suédois ſe vit obligé de ſe rendre Priſonnier de Guerre avec le monde qui lui reſtoit. Onze Soldats de ce Déta-chement eurent le bonheur de ſe ſauver ; &, s'étant rendus au Quar-tier général, ils firent rapport de çe qui venoit d'arriver.

LE Roi Staniſlas, voïant que Charles XII. alloit ſe mettre en mar-che, fit expédier des Univerſaux à tous les Palatinats, „pour leur „donner Avis du Traité conclu avec la Suede, & les aſſurer, qu'au- „cun Païs dependant de la Couronne n'avoit été cédé, & que rien „n'avoit été accordé au préjudice de la Religion Catholique-Romai- „ne. „ Il proteſtoit en même tems, qu'en „acceptant la Couronne, „il n'avoit eu en vûë que le Bien de la Patrie, & le Maintien de la „Liberté ; qu'il faiſoit tous ſes efforts pour remplir ces Devoirs ; & „que ceux, qui avoient cherché à noircir ſes Actions, étoient eux-mê-

„mê-

1705.
Novembre.

Rehnſchöld entre en Quartur d'Hiver.

Decembre.

*le 3.
Le Capitai-ne Colmar fait priſon-nier.*

*Univerſaux du Roi ſta-niſlas.
le 10.*

„ mêmes honteux de voir que perſonne n'ajoutoit foi à leurs Calom-
„ nies. „   Il ajoutoit, „que la Liberté chancellante commençoit à
„ s'affermir, & que l'on verroit bien-tôt de quelle Alliance on tire-
„ roit les plus grands Avantages, ou de celle qu'il venoit de conclure
„ avec la Suede, ou de l'autre entre Auguſte & le Czar de Moſcovie. „
Enfin, il déclaroit, „que, bien loin de ſe procurer des Partiſans par
„ la Force, il recevroit en Pere ceux qui ſe rendroient à lui; que
„ l'on ne devoit point oublier le Terme de trois Mois fixé dans le
„ Traité, & avant l'expiration deſquels on devoit quitter entiérement
„ le Parti de l'Ennemi, ſur peine aux contrevenans d'avoir leurs Biens
„ confiſqués, &c. „   En finiſſant, il faiſoit ſavoir, „que le Tribunal de
„ Juſtice étoit ouvert à Petricow pour ceux qui auroient des Procès à
„ vuider, & que chacun eut à ſe conformer au Traité que l'on ve-
„ noit de publier, & que l'on avoit fait imprimer, pour qu'il fût en-
„ tre les mains de tout le Monde. „   Ces Univerſaux étoient datez de
Warſovie le ⅒. de Décembre 1705.

    La Viſtule charioit dans ce tems-là tant de Glaçons, que le Pont,
que les Suédois avoient conſtruit près de Warſovie, en fut rompu,
ſans qu'il y eut moïen de le réparer. A la fin, on s'aviſa d'envoïer
dans de petites Barques des Gens munis de cordes & de longues perches, pour arrêter les Glaçons, & pour les tirer tous d'un côté, pendant que d'autres y jettoient continuellement de l'eau; ce qui fit qu'en
peu de jours les Glaçons ſe trouvérent arrêtez, & pris de façon que
les Travailleurs marchoient deſſus ſans aucune crainte.   Le Pont fut

le 29.   jetté plus bas, où il n'y avoit point de Glace.   Le Roi donna après
cela les ordres du Départ, & il ſe mit en marche avec l'Armée, qui
étoit forte de vingt mille Hommes.   Les Chemins étoient fort mauvais, à cauſe du Degel, qui avoit continué quekques ſemaines de ſuite.   Cependant, le même jour que le Roi décampa, il recommença
à geler, & les Chemins devinrent meilleurs.   Charles, ſuivi de ſa Cour
& des Drabans, fit ce prémier jour quatre lieues juſqu'à Warſovie, où
il vint camper près de la Viſtule, dans le Camp de Nieroth, dont

le 30.   une partie du Détachement avoit déjà paſſé le Pont.   Le lendemain,
Sa Majeſté paſſa la Viſtule: elle traverſa Okuniow, & marcha à Mi-
chalof.   Tous les Régimens firent la même choſe, en marchant vers
le Pont de l'endroit où ils avoient campé; & cela avec tant
d'ordre, que la marche des uns ne retarda en aucune maniere celle
des autres.   Perſonne ne ſavoit encore au juſte de quel côté le Roi
tourneroit.   Quelques-uns croïoient, qu'il marcheroit contre Mazeppa,
Général ou Hittman des Coſaques, qui avoit pris ſes Quartiers dans les
environs de Lublin, avec toutes ſes Forces.   D'autres étoient d'opinion, que la Marche ſe feroit droit en Lithuanie, pour en chaſſer les
Ruſſiens, qui y étoient les maitres.

le 31.   Lorsque le Roi marcha le troiſieme jour à Staniſlaw, il dépendoit
encore de lui de tourner de quel côté il le jugeroit à propos, ſans que
                                                                    l'on

l'on pût découvrir fon veritable deffein. Cette incertitude fit que le
Comte Schlippenbach, Général du Roi de Pruffe, qui fuivoit l'Armée
depuis quelque tems, & qui fe propofoit de faire la Campagne fous le
Roi, en cas que l'on tournât du côté de la Lithuanie & des Frontieres
de Pruffe, prit congé de Sa Majefté, & s'en retourna chez lui.

1705.
Décembre.

Nous laifferons le Roi à Staniflaw, où il féjourna le jour du nouvel An, pour rapporter la Promotion qui fe fit pendant le Cours de l'Année 1705, & ce qui fe paffa, pendant la même Année, en Courlande,
& en Lithuanie. Après la Mort du Comte Jean-Gabriel Stenbock, Sénateur & Grand-Maréchal, cette derniere Charge fut conférée au
Comte Piper, Prémier-Miniftre, à condition qu'il fuivroit toujours le
Roi en Campagne. La Place de Préfident de la Chancellerie étant devenue vacante par la Mort du Comte Bénédict Oxenftierna, Sa Majefté
en difpofa en faveur du Comte Nicolas Gyllenftolpe. La Suede perdit la même Année le Comte Lilieroth, qui s'étoit rendu célèbre par
fon Ambaffade au Congrès de Ryswick. Monfieur de Coyet, Vice-
Préfident du Tribunal de Wifmar, fut fait Chancelier de la Cour,
après Monfieur de Snoilski, qui avoit à peine eu cette Charge pendant un An. Monfieur de Lilienftedt, Sécrétaire de la Revifion, remplaça Monfieur de Coyet. Le Sécrétaire Hermelin, qui étoit auprès
du Roi, fut fait Confeiller de la Chancellerie. Le Lieutenant-Colonel
Roos obtint, après le Colonel Gabriel Horn, tué près de Gemäurt-
Hof, le Régiment de la Nobleffe de Livonie. Le Comte Guftave Lejonhufwud fut fait Lieutenant-Colonel des Dragons de Wennerftedt,
qui étoient en Courlande. Il fuccéda dans cette Charge au Lieutenant-
Colonel Danckwardt, qui fut auffi tué près de Gemäurt-Hof.

Promotion
faite pen-
dant l'An-
née 1705.

Après que les Ruffiens, qui étoient du côté de la Lithuanie, eurent reçu, vers la fin de l'Année précédente, un Renfort de Troupes,
ils envoïérent de tous côtés de gros Détachemens, pour enlever les
Gardes que les Suédois avoient établies pour la fureté des Frontieres.
L'Ennemi furprit celles qu'on avoit laiffées aux environs de Sefwe-
gen, depuis que les Gens du Général-Major Schlippenbach avoient
quitté ces endroits. Il pénétra enfuite plus avant dans cette Province,
emmenant en efclavage quantité d'Habitans. Le Curé de Wirgin, près
d'Oden, eut le Knut deux jours de fuite; & comme on le conduifit
dans des endroits où il n'y avoit point de Médecin, fon mal devint in-
curable. La Cruauté, qu'exercérent les Ruffiens, provenoit du foupçon
où ils étoient, que ce Curé avoit donné Avis aux Suédois de leur Invafion.

Janvier.
Les Partis
Ruffiens
font beau-
coup de mal
en Lithua-
nie & en
Courlande.

Vers le même tems, les Ruffes effaïérent d'envoïer des Partis de la
Samogithie en Courlande, pour y faire des Courfes; mais, le Colonel
Cloot les en empécha. D'abord après l'Action de Jacobftad, ce Colonel
avoit été détaché avec quelques Troupes, vers la Frontiere, où il rui-
na de fond en comble le Chateau de Seelburg, afin qu'il ne fervit point de
Retraite à l'Ennemi. Le Comte Lewenhaupt aïant été obligé de faire un

Ruffiens
battus par
le Colonel
Cloot.

Voïage pour le rétabliſſement de ſa Santé, Monſieur de Cloot avoit eû le Commandement en Chef de toutes les Troupes, mais avec un Ordre exprès de ne point en venir à une Bataille. Quelques Semaines après, il marcha avec la Cavallerie & les Troupes de Sapieha à Scadowa, où il eſpéroit de pouvoir mieux ſubſiſter. Sur l'Avis qu'il eut, que cinq cens Ruſſes, & autant de Tartares, étoient ſortis pour tomber ſur les Suédois dans leurs Quartiers, il détacha deux cens Chevaux, qui eurent ordre de faire un détour pour prendre l'Ennemi en queue, pendant que Monſieur de Cloot les attaqueroit lui-même en front. Les Ruſſes, avertis de ce deſſein, auroient fort ſouhaité de s'en retourner; mais, s'étant égarez pendant l'obſcurité de la nuit, ils tombérent entre les mains des Suédois. Un Capitaine, & cinquante Hommes, furent tuez ſur la place, & l'on fit quelques priſonniers; mais,

le reſte ſe ſauva. Ceci arriva le Jour de Noël 1704. Le Jour du nouvel An, les Ruſſiens revinrent à la charge avec des forces plus conſidérables. Le Colonel Cloot réſolut de marcher au devant d'eux, ſurtout pour couvrir le Lieutenant Colonel Plater, que l'on avoit détaché de ce côté-là avec quatre cens Chevaux, pour amener des vivres. Le bruit de la Marche des Suédois étant venu juſqu'à l'Ennemi, celui-ci, non ſeulement rebrouſſa chemin, mais abandonna même Keidan, & alla joindre quelques Troupes, qui venoient de Kauno.

Le manque de vivres & de fourage aïant obligé Monſieur de Cloot de quitter Scadowa, il marcha à Clavan. Les Ennemis étoient au nombre de ſix mille Hommes & quatorze Compagnies Polonoiſes. Ils formérent auſſi-tôt le deſſein d'attaquer les Suédois; &, en effet, ils ſurprirent le Capitaine Prauda, poſté avec vingt-quatre Dragons près d'un endroit nommé Meldinen, où ſe ſeparent le chemin de Clavan & celui de Janitski, où étoit alors le Quartier général des Suédois. Le Capitaine ſe ſauva au travers d'un Bois, n'aïant perdu que ſept Hommes, qu'il croïoit égarez; mais, comme l'on apprit en même tems, que l'Ennemi prenoit la route de Labowi, où les Suédois avoient envoïé leur Bagage & les Malades, Cloot, ſans perdre de tems, ſe mit en marche pour s'y rendre. Aïant paſſé un Défilé, qui avoit environ huit cens pas de longueur, il ſe rangea en ordre de Bataille dans la Plaine, ce que fit auſſi l'Ennemi. Après qu'ils eurent été quelque tems à ſe regarder, ſans rien faire, le Colonel Suédois repaſſa le Défilé, & alla ſe poſter à l'entrée d'un Bois. L'Ennemi y détacha cinq cens Chevaux, que le Lieutenant-Colonel Schuman eut ordre d'attaquer. Il le fit l'épée à la main, & avec tant de bravoure, que les Ruſſiens furent obligés de plier, après avoir lâché quelques Salves de leur Mouſqueterie, qui ne fit aucun mal aux Suédois. L'Ennemi perdit beaucoup de monde dans cette Occaſion. Il prit enſuite le chemin de Liuco: & comme le bruit ſe répandit, que les Suédois alloient recevoir un Renfort de Janitski, il rebrouſſa chemin, & ne s'arrêta qu'à trois lieues de l'autre côté de Clavan.

Sur la Frontiere de Finlande, tout avoit été tranquile pendant quelque tems. Le Lieutenant-Général Maidel aïant appris, que l'Ennemi avoit amaffé dans l'Ile de Retufari quantité de vivres & de fourages, réfolut de s'en rendre maitre. Pour cet effet, il détacha le Colonel Charles Armfeldt & le Lieutenant-Colonel Delwig, avec trois cens Chevaux, & le Major Lejon à la tête de fept cens Fantaffins. Le guide, qui conduifoit ce Parti, s'egara pendant l'obfcurité de la nuit, & paffa au de-là de l'Ile fans l'appercevoir, tirant du côté de Capur. Les Ruffes, qui découvrirent par-là le Deffein des Suédois, eurent le tems de retirer leurs meilleures Marchandifes dans le Fort, & d'y jetter, auffi bien que dans le Palais du Czar, un Renfort de cinq cens Hommes difperfés dans l'Ile. Armfeldt s'étant trop avancé, pour retourner fans rien faire, ne fe rebuta pas de ce mauvais Succès: il marcha vers l'Ile, & attaqua fi vertement l'Ennemi, que plus de deux cens Hommes firent tuez fur la glace. La Garnifon du Fort, aïant fait une Sortie pour foutenir l'Infanterie, ne fut guere moins maltraitée; & on la pourfuivit l'épée dans les reins, jufqu'aux Chevaux de Frife, & à l'ouverture des glaces, que l'Ennemi avoit fait faire. On fit prifonniers un Lieutenant & dix Soldats: les Suédois ne perdirent pas un feul Homme, & n'eurent que cinq bleffés. Comme l'on ne pouvoit rien entreprendre contre le Fort, les Suédois retournérent à la Ville, qui fut abandonnée au Pillage, auffi bien que le Palais du Czar, qui étoit grand, & affez réguliérement bâti. On y trouva, outre une grande quantité d'eau-de-vie, de farine, & de fel, toutes fortes de Provifions, plus de trois milles Chariots de foin & d'avoine, & beaucoup de bons vins, qui fe trouvoient dans la Cave du Czar. Les Suédois emportérent tout ce qu'ils pûrent; & le refte fut mis en cendres. On brula, aux yeux même de l'Ennemi, la Ville, le Palais, & un grand nombre de Vaiffeaux & de Batimens Ruffiens. Pendant tout l'Hiver, les Suédois n'eurent plus rien à craindre de cé côté-là.

Dans la Province de Kexholm, les Ruffiens avoient fait une Irruption, menant avec eux un grand nombre de Païfans & d'autres Gens qui n'avoient point de domicile, pour ruiner entiérement cette Province. L'Ennemi attaqua, près de Sordewalla, une Garde avancée, de cinquante Chevaux, & de cent Fantaffins. Les Suédois fe deffendirent bien au commencement, & obligérent l'Avant-garde ennemie de plier: mais, accablez enfuite par la multitude, on les contraignit de fe retirer, avec perte d'une vingtaine d'Hommes. Avant qu'on eut affemblé les Troupes qui étoient en quartiers aux environs, les Ruffiens étoient déjà partis. Ils emmenérent avec eux plus de deux cens perfonnes, fans diftinction d'âge ou de fexe, & autant de beftiaux qu'ils pûrent trouver à la hâte.

A la fin de l'Année précédente, un Parti Lithuanien s'étoit pofté près de Polanga, d'où il enlevoit les Couriers qui portoient les Lettres entre Memel & Libau. Le Comte Lewenhaupt, voulant fe débaraf-

Janvier.
Expédition du Colonel Armfeldt dans l'Ile de Retufari, le 26.

Invafion dans la Province de Kexholm.

Parti Lithuanien mis en fuite.

G 2   fer

1705.
Janvier.

le 29.

*Février.
le 3.*

*Danck-
warth fait
une Sortie
sur l'Enne-
mi.*

*Mai.
Courses des
Russes en
Livonie.*

fer de ces voisins si incommodes, y détacha de Janitski le Major
Danckwarht à la tête de deux cens cinquante Hommes du Régiment
de la Nobleffe d'Efthonie, & de deux cens trente-fept Chevaux du Régiment de Nylande Cavallerie, avec ordre d'attaquer l'Ennemi. Les
Lithuaniens, avertis de l'approche du Major, se retirérent en hâte,
fans que les Suédois puffent les joindre; & les Poftes allerent & vinrent, dans la fuite, avec plus de régularité. Après que Danckwarth
eut levé à Polanga les Contributions, il reçut ordre de marcher à Kurf-
tiani, d'où le Comte Lewenhaupt étoit parti le 29. Janvier pour
aller à Kelmi, où le Major devoit pareillement se rendre avec son Détachement. En attendant, les Ruffes détachérent un Gros de deux
mille Chevaux, pour attaquer Danckwarth. Sur l'Avis qu'il en eut,
& qu'ils n'étoient éloignés que de deux lieues, il réfolut de les attendre de pied-ferme. Les aïant attendu quelques jours, ils arrivérent
enfin fous les ordres du Colonel Gogaron Morbirun. C'étoit le matin, entre quatre & cinq heures, & comme ils étoient dans la prémiere fureur, plus de quarante Hommes entrérent dans fa Ville, & commencérent à tirer. On les eut bien-tôt chaffés; mais, comme il faifoit ce matin-là un brouillard fort épais, Danckwarth ne voulut point
fortir, laiffant aux Ruffiens la Liberté de tirailler tant qu'ils vouloient.
A huit heures du matin, l'air étant devenu ferain, on vit l'Ennemi rangé en Ordre de Bataille fur deux lignes. Danckwarth rangea fes Troupes le mieux qu'il pût; commandant lui-même l'Aile gauche, & le Capitaine Budberg la droite. On laiffa auffi quelques Chevaux, pour couvrir le Bagage. Après que l'on eut donné le fignal, les Suédois firent
une Sortie; &, non-obftant une triple Décharge de la Moufqueterie
ennemie, ils contraignirent les Ruffes, l'épée dans les reins, d'abandonner le Champ de Bataille. Le Major, avec deux Capitaines, &
environ foixante & dix Maitres, pourfuivirent l'Aile droite des Ennemis plus d'une demi-lieue, pendant que Budberg étoit aux Prifes avec
l'Aile gauche compofée prefque entiérement de Dragons, qui fe deffendirent avec beaucoup de courage, mais qui furent auffi obligés enfin de
prendre la fuite. Plus de deux cens Hommes reftérent fur la place. On
fit prifonniers, un Lieutenant, & vingt-huit Soldats, qui vouloient fe
fauver dans les maifons les plus proches; &, pendant la pourfuite, on
tua à l'Ennemi beaucoup de monde. Les Ruffiens étoient au nombre de
feize cens Hommes, & ils avoient avec eux cinq Compagnies de Lithuaniens: ce qui leur fit croire, qu'ils prendroient les Suédois comme dans un filet; mais, ils furent loin de leur compte. Du côté des
Suédois, on ne perdit que le Capitaine Häftsko, avec quatre Cavaliers.
Parmi les bleffés étoient deux Lieutenants, un Cornette, trois Capo-
raux, & quarante-neuf Maitres.

A u commencement de l'Eté, lorfqu'il y eut affez d'Herbe pour les
Chevaux, les Ruffiens avoient fait des Courfes en Livonie, fans pourtant faire beaucoup de mal, à caufe qu'ils ne fe trouvoient qu'en petit
nom-

nombre de ce côté-là. Le Major Rofenkampf, en aïant furpris une partie près de Karkus, les diffipa, leur tua du monde, & fit quelques prifonniers. Dans l'Efthonie, l'Ennemi avoit envoïé un Détachement de deux cens quarante Chevaux, qui s'approcha jufqu'à cinq lieues de Reval, emmenant tout ce qui lui tomboit entre les mains. Les Suédois, pour empécher que l'Ennemi ne fît plus de pareilles Courfes, détachérent les Capitaines Virgin & Rehbinder, chacun avec foixante Maitres, pour aller à la pourfuite des Ruffiens. Sur l'Avis qu'ils eurent, que ces derniers étoient à Ober-Pahlen, où ils fe croïoient en parfaite fureté, ils réfolurent d'y marcher. Ils y arrivérent de grand matin, & tuérent beaucoup de monde à la prémière Attaque. Un grand nombre d'Ennemis fe retirérent dans les maifons d'où ils tiroient fans difcontinuer. Comme il n'y avoit point d'autre moïen pour les en faire fortir, qu'en y mettant le Feu, on le fit; & la plûpart perirent dans les flammes, à l'exception d'un Lieutenant & de treize Hommes que l'on fit prifonniers. On leur enleva auffi tout le Butin qu'ils avoient fait, & qui confiftoit en beftiaux, meubles, & autres chofes. Cette Expédition infpira à l'Ennemi tant de crainte, qu'il n'ôfa plus paroitre de quelques femaines; & tout fut tranquile de ce côté-là.

Sur ces entrefaites, la Flotte Suédoife, commandée par l'Amiral Anckarftierna, & deftinée pour la Mer d'Ingrie, étoit arrivée à la rade de Reval, où elle fut obligée de refter jufqu'à la fin du mois de Mai, à caufe des glaces. Cette Flotte confiftoit en vingt Vaiffeaux de Guerre, dont il y avoit dix de foixante-quatre à trente pieces de Canon: les autres étoient plus pétits, fans compter les Brulots, les Vaiffeaux de Tranfport, &c, dont il y avoit auffi une dixaine. Les Matelots montoient à deux mille trois cens quarante-cinq Hommes. Outre cela, il y avoit deffus quatre cens cinquante Hommes de Troupes de Débarquement. L'Amiral en reçut encore quatre cens à Reval. Delà, il alla à Biörckö, dans l'efpérance d'y recevoir auffi mille Hommes des Troupes qui étoient fous les ordres du Lieutenant-Général Maidel. Ce dernier refufa de lui en fournir, fous prétexte qu'il méditoit une Entreprife par terre. Anckarftierna en fut fort mécontent, & prétendoit qu'il auroit pû avoir plus de Troupes à Reval, s'il n'avoit compté fur la parole du Général. Quoiqu'il en foit, l'Amiral, après avoir fait ramaffer toutes les petites Barques que l'on put trouver à Biörckö, fit voile vers l'Ile de Retufari. A deux lieues de cette Ile, il apperçut la Flotte ennemie, qui regagna auffi-tôt le Fort de Cronflot. Ce Fort, ou Chateau, qui a quatre circuits, eft bâti de pierres fur des pilotis, & précifement fur une Pointe éloignée d'une demie-lieue de l'Ingrie. Sa profondeur eft de douze pieds. Il eft garni d'un Rempart hexagone, fur lequel on a planté de la groffe Artillerie, avec laquelle on peut tirer à fleur d'eau. Entre le Rempart & le Fort, la Mer forme une efpece de Foffe. L'Entrée eft entre le Fort

1705.

Mai.
En Efthonie.

Juin.

le 4.

G 3   &

& l'Ile de Retufari: elle eft garnie de quantité de Pilotis, derriere lefquels la Flotte eft à l'abri. Vis-à-vis du Fort de Cronflot il y a encore un autre Fort, où il y a pareillement beaucoup de Canon, fans
compter les Batteries que l'on a élevées dans l'Ile même, & qui
font toutes garnies d'Artillerie. Toute l'Ile n'étoit, pour ainfi
dire, qu'un feul Bois épais, à l'exception du côté de la Pointe occidentale, où les Suédois réfolurent de faire une Defcente, quoiqu'il fût
fort difficile d'y aborder, & que le Rivage fût extrêmement inégal &
pierreux. L'Amiral, aïant été lui-même reconnoitre la fituation des
chofes, trouva qu'il étoit fort difficile d'approcher d'un Ennemi fi bien
retranché. Cependant, il fit ranger fa Flotte en forme de Croiffant,
& jetta quelques Bombes dans la Flotte ennemie. Les Ruffiens en jettérent auffi; mais, le mal ne fut pas grand, ni d'un côté, ni de l'autre.
Le jour fuivant, on fit une Defcente du côté de l'Ingrie, où l'on avoit
vû quelque Cavalerie ennemie; mais, elle prit auffi-tôt la fuite. Après
que les Suédois eurent brulé les Magazins des Ruffiens, Anckarftierna
fe prépara à faire la Defcente dans l'Ile de Retufari, dont il vouloit
fe rendre Maitre, afin de foudroïer de-là le Fort & la Flotte ennemie. Le Capitaine de la Vallé aïant choifi un endroit commode, le
Contre-Amiral Sparre fut détaché avec quatre Vaiffeaux, pour aller
ruiner une Batterie fur laquelle il y avoit cinq piéces de Canon. A la
faveur de la fumée, l'Infanterie, qui étoit dans de petits Bateaux, devoit être débarquée, pendant que l'on détacheroit un autre Vaiffeau,
pour prendre l'Ennemi en queue. Anckarftierna s'approcha, avec le
refte de la Flotte, auffi près de celle des Ennemis qu'il lui fut poffible,
& la canona fans difcontinuer quatre heures de fuite. L'Infanterie, fous
les ordres du Lieutenant-Colonel Schlippenbach, étoit diftribuée dans
des Chaloupes & de petites Barques, dont le nombre n'étoit pourtant
pas fuffifant pour tranfporter le tout en même tems. L'Aile droite é-
toit commandée par le Capitaine Fleetwood, qui portoit une Banderolle bleue. La gauche étoit fous les Ordres du Capitaine Mentzer,
qui fe diftinguoit par une Banderolle jaune. Schlippenbach, qui commandoit le Corps de Bataille, portoit un Pavillon bleu & jaune. Les
Barques, aïant été rangées près du Vaiffeau de Monfieur de Sparre,
s'avancérent à force de rames, dans l'Ordre qui leur avoit été indiqué.
Le Capitaine Ungern, qui étoit à la tête de l'Aile droite avec foixante
Grenadiers, fut un des prémiers qui débarquérent. Il attaqua auffi-
tôt l'Ennemi, & fit ferme pendant un quart-d'heure; mais, comme
les plus gros Bateaux, dans chacun defquels il y avoit cent Hommes,
& qui prenoient cinq pieds d'eau, ne purent s'approcher du Rivage
qu'à la portée du Moufquet, les Ruffiens eurent le tems d'accourir
du Bois, & d'obliger ceux qui avoient debarqué de plier. Schlippenbach, pour donner du courage à Fleetwood, qui devoit fuivre le Capitaine Ungern, fauta dans l'eau; & ce ne fut qu'avec la derniere
peine, qu'il pût gagner le Rivage, avec ceux qui avoient fuivi fon
exem-

Juin.

Entreprife
d'Ankar-
ftierna
fur l'Ile de
Retufari.
le 5.

le 6.

le 7.

exemple. En attendant, l'Ennemi, qui voïoit que les Suédois ne recevoient point de Renfort, les pouſſoit vigoureuſement. Quelques
Grenadiers, voulant regagner leurs Barques, en renverſérent d'autres
qui étoient remplies de Soldats. La Confuſion devint générale, &
toute l'Entreprise échoua. Les Suédois perdirent ſoixante & dix-huit
Hommes, tant Matelots que Soldats, dont pluſieurs furent noïés: le
nombre des bleſſés ne montoit qu'à quarante Hommes.

Les Ruſſiens, pour ſe venger de l'Affaire d'Ober-Pahlen, dont
nous avons parlé tantôt, detachérent de nouveau environ mille Chevaux. Le Général-Major Schlippenbach, pour empêcher ces Courſes,
détacha de ſon côté le Lieutenant-Colonel Lieven, avec trois cens Maitres. Il lui ordonna de marcher du côté de Muſtilla, mais de ne point
s'arrêter trop long-tems dans un même endroit, afin de n'y point attirer l'Ennemi. Auſſi-tôt que les Ruſſes eurent avis de la Marche des
Suédois, ils tournérent du même côté; &, avant que Lieven en ſût
la moindre choſe, l'Avant-garde ennemie paroiſſoit déjà de l'autre côté d'un long Pont où étoit une Garde avancée des Suédois. Sur l'Avis
qu'en eut Monſieur de Lieven, qui étoit à Silmis, il détacha ſur le
champ les Capitaines Göbel & Rhebinder, pour aller deffendre le
Paſſage, juſqu'à ce qu'il arrivât lui-même avec le reſte des Troupes.
Quelque diligence que fiſſent ces deux Officiers, l'Ennemi avoit déjà
paſſé au nombre de trois cens Chevaux, après avoir obligé la Garde
avancée de ſe retirer à une demi-lieue de-là. Au bout d'une demi-
heure, le Lieutenant-Colonel arriva. Aïant examiné la ſituation des
Lieux, il prit là-deſſus ſes Arrangemens; ce qui obligea l'Ennemi de
repaſſer le Pont, dans l'idée, que ſi les Suédois prenoient le parti de
ſuivre, & de s'éloigner ſeulement à une petite diſtance du Pont, on
en auroit bon marché, comme on l'apprit par le moïen des Priſonniers. Lieven tint Conſeil de Guerre avec le Major Zöge, & les Capitaines de ſon Détachement: &, vû que l'Ennemi n'avoit en tout
que mille Chevaux, & que les Ordres du Général portoient, qu'ils
deffendroient le Païs contre les Courſes que faiſoient les Ruſſiens, l'on
convint que l'on paſſeroit le Pont pour les attaquer. Lieven traverſa
pendant la nuit le Pont, qui a trois quarts de lieues de longueur. Le
Capitaine Virgin eut ordre, avec quarante Dragons, de mettre pied
à terre, pour garder le Défilé. A peine Lieven eut-il le tems de ranger ſon monde, que l'Ennemi, marchant dans le plus bel Ordre & au
ſon des Trompettes & des Timbales, vint l'attaquer, détachant en même tems quelques Troupes pour aller prendre les Suédois en queue.
Le Combat commença un peu avant le lever du Soleil. Lieven commandoit l'Aile gauche, & le Major Zöge la droite. Les Suédois ſou-
tinrent le feu de l'Ennemi, ſans tirer: mais, profitant de la fumée, ils
s'avancérent l'épée à la main; &, au prémier choc, mirent les Ruſſiens en confuſion. On les pourſuivit plus de quatre lieues: &, quoiqu'ils fuſſent deux fois ſur le point de ſe rallier, & de ſe poſter aſſez

*Les Ruſ-
ſiens battus
par le
Lieutenant-
Colonel Lie-
ven.*

avan-

avantageusement, les Suédois les talonnoient si vivement, qu'ils ne purent que tirer quelques coups, après quoi on les contraignit de prendre de nouveau la fuite. Lieven, voïant qu'il étoit inutile de les poursuivre plus long-tems avec toutes ses Troupes, qui étoient fort fatiguées, détacha les deux Capitaines Bernard Guillaume, & Gustave-Magnus Rhebinder, pour les talonner encore un peu. Ils les suivirent jusqu'à l'autre côté d'Ubbakal : &, à la fin, les Russiens se dissipérent tellement, qu'à peine voïoit-on cinquante Chevaux ensemble. Ils perdirent, dans cette Occasion, près de trois cens Hommes, que l'on trouva sur les chemins & dans les champs. Les Païsans tuérent, dans les bois, deux cens trente Hommes, sans compter ceux qui eurent le même sort le jour suivant. On ne fit que peu de prisonniers, savoir, un Major, un Capitaine, & sept Soldats. Du côté des Suédois, il n'y eut qu'un seul Cavalier de tué, avec plusieurs Chevaux. Les Païsans firent un beau Butin, en dépouillant les morts. Ils prirent outre cela quantité d'Armes, & quatre cens Chevaux : & on leur laissa le tout.

*Juillet.
Anckar-
stierna for-
me une se-
conde En-
treprise con-
tre l'Ile de
Retusari.*

L E mauvais Succès, qu'avoit eu l'Entreprise sur l'Ile de Retusari, ne rebuta point l'Amiral Anckarstierna. Cet Officier tenta fortune une seconde fois ; mais, il eut le même sort que la prémiere. Aïant reçu de Reval un Renfort de mille Hommes, sous le Commandement du Colonel Magnus-Guillaume Nieroth, il en demanda encore un au Général Maidel, avec trente-six Pontons. Quoique l'un & l'autre lui fût refusé, il songea pourtant à faire une Descente, dans l'espérance de se rendre Maitre de l'Ile, & de ruiner ensuite la Flotte ennemie. Les Russiens avoient en attendant reçu un Secours de Troupes, & avoient élevé quelques nouveaux Ouvrages. Les Suédois, chargés de sonder les Endroits propres pour faire une Descente, crurent en avoir trouvé un du côté septentrional de l'Ile ; mais, ils s'étoient acquité de leur devoir fort négligemment. Anckarstierna, aïant laissé quelques Vaisseaux du côté méridional, pour observer les Galeres ennemies, & pour foudroïer l'Ile de ce côté-là, pendant que l'on feroit la Descente de l'autre, leva l'Ancre pendant la nuit, & fit voile vers

l'Endroit marqué. Les Troupes aïant été embarquées sur des Chaloupes & des Barques, on s'avança vers le Rivage. On en étoit encore à cinquante pas, lorsqu'il n'y eut plus d'eau qu'à la hauteur de deux pieds. Les Soldats sautérent dans l'eau avec beaucoup de courage ; mais, à peine avoient-ils fait six à sept pas qu'ils enfoncérent jusqu'au col. Ceux, qui pouvoient encore se servir de leurs Armes, firent feu sur l'Ennemi, qui tiroit sans discontinuer. Enfin, les Suédois furent obligés de se retirer avec perte de trois cens soixante Hommes, tant tuez que noïés, sans compter cent quatorze blessés. L'Ennemi perdit aussi beaucoup de monde, à cause du feu horrible que l'on faisoit des Vaisseaux, qui foudroïoient presque toute l'Ile. La Flotte y demeura jusqu'à l'arrière-saison, afin d'empécher les Ennemis de sortir ; mais, les Troupes furent renvoïées à Reval.　　　　　　　　　　　　　　　L E

Le Vaiſſeau *le Reval*, commandé par le Capitaine Lilie, avoit été détaché à deux lieues de Retuſari. Un jour qu'il faiſoit un grand calme, on vit venir ſept Galeres ennemies, à ſoixante rames chacune, & munies de trois pieces de Canon & de quatre à cinq cens Hommes de Debarquement. Aïant entouré le Vaiſſeau, elles firent un Feu horrible, pour le démâter; après quoi, on eut recours à la Mouſqueterie. Le Capitaine lâcha quelques Bordées, & cela avec tant de ſuccès, que les Ennemis furent obligés de s'éloigner à quelque diſtance. Enfin, le Vent s'étant levé, les Ruſſiens furent contraints de ſe retirer avec perte; emmenant une Galere, qui étoit extrémement maltraitée. Lilie, après un Combat de ſix heures, ne perdit qu'un ſeul Homme; & quoique l'Ennemi eut tiré plus de quatre cens Coups de Canon, le Vaiſſeau ne fut point endommagé du tout.

Le Czar, uniquement occupé du Deſſein de déloger les Suédois de toutes les Places de la Courlande, & de toute la Province, ſe mit fort peu en peine ſi ſes Troupes étoient maltraitées ailleurs ou non. Son Intention étoit, après avoir obligé Charles XII. à quitter la Pologne, de marcher au ſecours du Roi Auguſte. Il ſe donna ſur-tout beaucoup de peine cette année, pour parvenir à ſon but, & envoïa ſes meilleures Troupes, qui étoient mieux diſciplinées & mieux habillées qu'auparavant, contre le Comte Lewenhaupt, qui commandoit en Courlande. Les Ruſſiens, ſous les Ordres du Velt-Maréchal Scheremetof, étoient au nombre de vingt mille Hommes, ſavoir, quatorze mille Cavaliers & Dragons, quatre mille Fantaſſins, & deux mille Coſaques. Ils marchoient en grand ſilence, cotoïant toujours la Rivière de Dune. Leur Deſſein étoit, comme on l'apprit dans la ſuite, d'enlever le petit Corps de Suédois, de ſe rendre Maitres de la Courlande, & de bloquer après cela la Ville de Riga, en attendant l'Artillerie qui leur viendroit par le Struſer, afin de bombarder du moins cette Ville.

Le Comte Lewenhaupt n'avoit rien négligé pour être averti de bonne heure des Deſſeins de l'Ennemi. Au prémier Avis qu'il eut de l'Approche des Ruſſiens, il marqua pour Rendez-vous à toutes ſes Troupes le petit Bourg de Zagari en Samogithie. Il venoit alors de recevoir un Renfort de mille Hommes d'Infanterie, que le Général Frölich, Gouverneur de Riga, lui avoit envoïé ſous les Ordres du Colonel Stackelberg. Sachant que les Courlandois ne manqueroient point d'avertir l'Ennemi de ſon Départ pour l'Armée, il le fixa à un jour plus tard qu'il ne penſoit en effet de partir. Tous les Régimens étant arrivez à Zagari, à l'exception des Colonels Horn & Schreiterfelt, dont les Quartiers étoient plus éloignés, le Comte Lewenhaupt partit lui-même pour le Rendez-vous, d'où il ſe rendit au jour marqué à Gemauert-Hof. En attendant, le Général-Major Bauer, au Service de Ruſſie, aïant appris le tems vers lequel Lewenhaupt comptoit de partir, marcha à Mitau avec un Détachement de quatre mille Chevaux, pour enlever le Général Suédois & ſon Eſcorte. Se voïant trompé

Tome II. H dans

(marginal notes:)

1705.

Juillet.

Vaiſſeau de Guerre attaqué par ſept Galeres.

Le Czar forme le Deſſein de déloger les Suédois de la Courlande.

Meſures que prend le G. Lewenhaupt, pour s'y oppoſer.

le 11. le 12.

dans fon efpérance, il entra dans la Ville, où il commit de grandes
Cruautez, après quoi il fe retira. Le lendemain, à fept heures du
matin, le Colonel Horn arriva avec fa Cavallerie, & l'Infanterie tirée
de Libau. Prefque en même tems arriva un Palfrenier de Mitau, avec
la Nouvelle de ce qui s'y étoit paffé. Lewenhaupt, fans tarder un
moment, s'y rendit avec toute la Cavallerie, laiffant l'Infanterie à Gemauert-Hof fous le Commandement du Colonel Stackelberg. Le Général Suédois, efpérant qu'il trouveroit encore l'Ennemi dans la Ville, ou du moins en chemin pour s'en retourner, marcha en grande diligence, & arriva enfin à Mitau au lever du Soleil. Sur l'Avis qu'il eut,
que les Ruffiens étoient retournez dans leur Camp près de Mefoten à
quatre lieues de Mitau, il fit repofer fa Cavallerie jufqu'à cinq heures du foir, qu'il retourna à Gemauert-Hof, où le Colonel Schreiterfelt
étoit arrivé avec fon monde; de forte que toute l'Armée, qui montoit à fept mille Hommes, fe trouvoit raffemblée. Le lendemain, l'Armée fe repofa. Le jour fuivant, après le Service divin, on eut Nouvelle, que quelques Compagnies de Cofaques & de Calmoukes venoient
d'enlever quelques Fourageurs Suédois. Le Lieutenant-Colonel de
Brömfen fut detaché fur le champ, avec trois cens Chevaux, pour fe
rendre à une demi-lieue du Camp, fur le chemin de Mitau, afin d'obferver, des hauteurs qu'il y avoit, les Mouvemens que feroit l'Ennemi.
Au bout d'une heure ou deux, il envoïa Exprès fur Exprès, avec la Nouvelle que l'Armée ennemie s'approchoit, & qu'elle marchoit en trois
ou quatre Colonnes. Le Comte Lewenhaupt donna auffi-tôt ordre à
toute l'Armée de paffer le Ruiffeau qui coule proche de Gemauert-Hof,
& de fe ranger en Bataille de l'autre côté. En même tems, il accourut vers l'Endroit où étoit Brömfen, pour reconnoître lui-même l'Ennemi. Etant de retour, il rangea fon Armée fur deux Lignes, la premiere fort ferrée; & la feconde avec quelques intervalles. Il avoit à fa
droite, où commandoit le Colonel Wennerftedt, un grand Marais; &,
à la gauche, où étoit le Colonel Schreiterfelt, un Ruiffeau, que
l'on ne pouvoit paffer de front. Le Canon étoit entre les Bataillons & les Efcadrons des deux Lignes fur les deux Ailes: le Bagage étoit derrière. Comme le jour commençoit à baiffer, & qu'il
étoit déjà cinq heures du foir, on crut que l'Ennemi, qui marchoit
fort lentement, n'avoit point d'envie de fe battre ce jour-là. En attendant, le Comte Lewenhaupt fit faire la Priere, que l'on finit par
le Verfet d'un Cantique que toutes les Troupes entonnèrent. On
donna enfuite le Signal, *Avec l'Aide de Dieu, au Nom de Jefus.* Cependant, l'Ennemi parut, & fe rangea en Bataille. Le Colonel Stackelberg, & le Lieutenant-Colonel Löfcher de Hertzfeld, eurent ordre
d'avancer avec quatre Efcadrons de Cavallerie à quelques deux mille
pas du Front de l'Armée, pour obferver la Contenance de l'Ennemi,
& de fe retirer dès qu'ils le verroient approcher. Mais, un petit Bois,
qui étoit à leur gauche, les empéchant de voir le Mouvement de
l'Enne-

l'Ennemi, ils en furent presque enveloppez. Les Russiens les attaquérent d'abord avec beaucoup d'impétuosité; mais, les Suédois leur lâchérent une si belle Salve, qu'ils reculérent de quelques pas; ce qui donna le tems aux nôtres de se retirer au gros de l'Armée. Au même instant, le Comte Lewenhaupt fit avancer en bon ordre toute son Armée, & l'Artillerie commença à joüer de côté & d'autre. Remarquant, que l'Aile gauche de l'Ennemi n'étoit point couverte par la Cavallerie, à cause d'un Marais qu'il y avoit, il donna ordre aux Colonels Horn & Schreiterfelt, qui étoient à l'extrémité de l'Aile droite, de la prendre en flanc l'épée à la main, pendant qu'il attaqueroit luimême de front l'Infanterie & la Cavallerie de cette Aile. Cependant, notre Aile gauche, se trouvant pressée de tous côtez, fut poussée vivement, & le Desordre s'y mettoit. Le Comte s'en apperçut; mais, il ne put point y remédier, parce qu'il avoit trop à faire où il étoit. Tout y alloit pourtant à souhait. Horn, & Schreiterfelt, aïant pris l'Ennemi en flanc, passérent au fil de l'épée tout ce qui se présenta; de sorte qu'en une demi-heure environ, l'Infanterie ennemie fut entiérement taillée en piéces, à l'exception de deux ou trois cens Hommes, qui se sauvérent par la fuite. Cet Avantage donna le tems à notre gauche de se rallier; &, après s'être rangée en Ordre, elle attaqua l'Ennemi. Elle l'avoit déjà obligé de passer le Ruisseau, lorsque Lewenhaupt y arriva, ordonnant qu'elle eut à se joindre à la droite, avant que d'aller à la poursuite des Russiens. Sur ces entrefaites, une partie de la Cavallerie à droite, s'étant laissé emporter par une trop grande vivacité, passa le Ruisseau, & attaqua de nouveau l'Ennemi. Il n'y eut plus alors moïen de retenir l'Infanterie de cette même Aile, qui traversa le Ruisseau, aïant de l'eau jusqu'à la ceinture, pour aller soutenir la Cavallerie. Le Comte Lewenhaupt, qui craignoit que l'Ennemi ne prit en flanc cette Infanterie, rangea sa gauche sur une seule Ligne, & lui fit aussi passer le Ruisseau. Dès qu'elle fut de l'autre côté, l'Ennemi l'attaqua avec une furie horrible. Les Suédois firent des prodiges de valeur, jusqu'à ce qu'enfin Lewenhaupt parvint à mettre toute son Armée en front sur une même Ligne. Ce fut alors que les Russiens, perdant toute contenance, s'enfuirent en grand desordre, par bonheur pour les Suédois, qui manquoient de poudre, quoiqu'ils eussent eu, au commencement de la Bataille, trente Coups à tirer, sans compter ce qu'on enleva aux morts. Comme il faisoit déjà obscur, & qu'on ne pouvoit presque plus distinguer les Ennemis, on ne les troubla point dans leur Retraite. Ils firent cette nuit-là trois lieues, après avoir massacré d'une maniere barbare & inouïe les Prisonniers qu'ils avoient enlevez de Mitau. On distribua aux Troupes des Munitions: & comme on craignoit que les Russiens ne revinssent encore une fois à la charge, l'Armée resta toute la nuit sous les armes en Ordre de Bataille. Le lendemain, ou trouva treize Aubitz & Canons de fonte tout neufs, huit Drapeaux, & un Etendart, avec tous

les

les Chariots de Bagage, & les Tentes de l'Ennemi, fans compter ce que les Païfans avoient pillé & emporté pendant la nuit. Les Ruffiens perdirent dans cette Bataille près de fix mille Hommes, qui furent tuez fur la place, avec quarante Prifonniers, parmi lefquels étoit un Capitaine, auquel le Comte Lewenhaupt lui-même fauva la vie. Les Suédois eurent neuf cens Hommes de morts, & entre autres le Colonel Gabriel Horn, les Lieutenants-Colonels Danckwart & Kaulbars, le Comte Lindfchiöld, & le Baron Wrangel, tous les deux Majors, avec plufieurs Capitaines & Officiers fubalternes. Le nombre des bleffés montoit à près de mille Hommes. Cette Victoire valut au Comte Lewenhaupt la Charge de Lieutenant-Général, dont le Roi le gratifia immédiatement après qu'il eut appris la Nouvelle de cette Bataille (a).

LA Perte que firent les Ruffiens dérangea extrémement les Projets du Czar. Ce Prince fentit bien, que, pour agir avec avantage en Pologne, & pour reprendre fes Deffeins, il falloit qu'il eut le dos libre. Pour cet effet, il envoïa ordre à Scheremetof, qui s'étoit déjà éloigné de plus de dix-huit lieues des Frontieres de Courlande, d'y retourner. Il lui promit en même tems un promt Renfort, rappellant auprès de lui les Troupes qui étoient à Caun, à Wilna, & en d'autres Endroits, & qu'il s'étoit propofé d'envoïer en Pologne. Comme il lui importoit beaucoup de tenir fes Projets cachés, il ne fit marcher vers le Bug, que quelque peu de Régimens qui avoient ordre de racommoder les chemins, faifant courir le bruit, que toute l'Armée alloit fuivre. Il fe mit cependant en marche pour la Courlande, où il fe rendit avec tant de fecret, & par des Chemins fi détournez, que l'on ne put favoir au jufte où il alloit, ni à combien montoient fes Troupes. Les Ruffiens marchoient la nuit, & fe repofoient le jour, dans la vûe de furprendre tout d'un coup le Comte Lewenhaupt, & de l'empêcher de s'approcher de Riga. Le Général Suédois, étant continuellement fur fes gardes, ne fut pas long-tems fans s'appercevoir du Deffein du Czar: & comme il n'étoit nullement en état de faire tête à des Forces fi fupérieures, il paffa la Duna fort à fon aife, & marcha à Riga, où il laiffa une partie de fon Infanterie, & une autre à Dunamunde. Avec la Cavallerie, il fe pofta d'abord fous le Canon de la Ville: mais, après cela, il la diftribua le long de la Riviere; envoïant ordre au Colonel Baner, qui commandoit à Libau, d'embarquer fes Troupes fur les Vaiffeaux qui y étoient à la rade, & de les tranfporter à Dunamunde; ce qui fut exécuté fort heureufement. Les Garnifons de Mitau & de Bautfch eurent ordre d'y demeurer.

APRE`s ce que venoit de faire le Comte Lewenhaupt, la Ville de Riga fembloit être entiérement hors de danger. Cependant, le Czar

affem-

(a) D. F. rapporte cette Bataille d'une maniere fort avantageufe pour les Ruffiens.

affembla, fur la Frontiere de Courlande, fon Armée, qui étoit forte de quarante mille Hommes. Il détacha le Colonel Phlug avec deux mille Chevaux, pour aller inveftir Mitau. Le Général-Major Rönne fuivit immédiatement avec quatre mille Fantaffins. Enfin, le Czar s'y rendit en perfonne, avec autant de Cavallerie & d'Infanterie, après avoir envoïé quelques mille Hommes, pour former le Siége de Bautfch. Le refte marcha vers la Duna, & fe pofta derriere le Fort de Cobrun. Le Siége de Mitau fut pouffé avec vivacité. Le Colonel Knorring deffendit le Chateau avec beaucoup de bravoure, & fit faire fur l'Ennemi une vigoureufe Sortie. Les Ruffiens furent chaffés de leurs Tranchées, avec perte de cent foixante & dix Hommes de tuez, & de plus de deux cens de bleffés. Le lendemain, l'Ennemi demanda une Sufpenfion d'Armes, pour venir chercher fes morts, & pour les enterrer. Quelques jours après, il commença à tirer contre le Chateau avec cinq Mortiers, & neuf Piéces de groffe Artillerie. Cette Canonade dura depuis quatre heures du foir jufqu'à fix heures du matin: on jetta en même tems deux cens foixante Bombes, qui abbatirent quelques ouvrages, & ruinérent toutes les Maifons du Chateau. Cela n'auroit pourtant pas fait prendre à Monfieur de Knorring la Réfolution de fe rendre, fi les Troupes n'avoient été obligées, faute de quelque Endroit couvert, de coucher fur les Remparts. Comme d'ailleurs on craignoit pour le Magazin à poudre, qui étoit mal en ordre, expofé aux Bombes, & où le Feu avoit déja pris à trois differentes fois, le Colonel Knorring demanda à capituler; ce qui lui fut accordé aux Conditions fuivantes: ,, Que la Garnifon fortiroit le lendemain avec ,, tout les Honneurs de la Guerre, pour fe rendre à Riga par terre. ,, Qu'elle pourroit emporter douze Piéces de Canon, depuis dix-huit ,, jufqu'à trois livres de Balle, avec un Mortier, & treize Coups à ,, tirer pour chaque Canon. Que l'on fourniroit autant de Batimens ,, que l'on pourroit trouver; mais, qu'à l'égard des Chevaux, on ne ,, promettoit rien. Qu'il feroit permis aux Officiers & aux Soldats ,, d'emporter leurs Bagages & Ballots, mais non pas fans les avoir ,, fait vifiter auparavant. Qu'on leur fourniroit des Vivres pour huit ,, jours. Que les deux Bourgeois Ihnken & Kaller ne pouvoient point ,, être payés par le Magazin; parce que les Grains, qu'il y avoit dans ,, le Chateau, appartenoient au Païs, & non pas à la Garnifon Suédoife. ,, Que les Suédois emmeneroient leurs Soldats prifonniers, mais non ,, pas les Habitans de la Province. Que, conformément à l'ufage de ,, la Guerre, les Ruffiens occuperoient d'abord deux Baftions; & ,, qu'auffi-tôt qu'ils feroient entrez au Chateau, les Officiers Suédois ,, pourroient fe rendre dans la Ville pour y faire leurs Provifions. Que ,, bien que l'on ne fe mêlât point des Dettes des Officiers, on ne pou- ,, voit pourtant pas refufer aux Bourgeois ce qui leur étoit juftement ,, dû. Que tous les Officiers civils, Chirurgiens, & Vivandiers, for- ,, tiroient librement avec leurs Bagages, & que l'on laifferoit aux Sol-

H 3 ,, dats

1705.

Août.

le 20.

le 29.

le 30.

Septembre.
le 3.

Capitulation.

„ dats de la Garnifon leurs Uniformes. Qu'un Détachement de Dra-
„ gons du Général Rönne leur ferviroit d'Efcorte, & qu'ils ne fe-
„ roient que deux nuits en chemin entre Mitau & Riga. Que l'on
„ enfeigneroit aux Ruffes les Magazins à Poudre, les Mines, & au-
„ tres Endroits dangereux. „ Cette Capitulation fut fignée le 3 Septembre, par le Prince Nikita Repnin, Général d'Infanterie au Service de Sa Majefté Czarienne, Colonel, & Chevalier de l'Aigle blanc,
& par Monfieur de Knorring, Colonel du Régiment de Helfingie,
au Service de Sa Majefté le Roi de Suede.

Le Chateau de Bautfch rendu.

Peu de tems après, le Chateau de Bautfch fe rendit prefque aux
mêmes Conditions: & les Suédois fe plaignirent de ce qu'on leur avoit
tenu fort mal, dans ces deux Endroits, leur Capitulation. Le Czar
mit dans les deux Places des Garnifons confidérables, compofées prefque entiérement de Dragons, qui faifoient, avec les autres Troupes
qu'il laiffa dans la Province, environ vingt mille Hommes, fous le
Commandement du Lieutenant-Général Roofe, & du Général-Major

le 9.

Bauer. Le refte marcha avec le Czar en Lithuanie. L'Infanterie fut
mife en Quartiers aux environs de Grodno, & la Cavallerie dans la
Podlachie à Nur & Lomfa. On établit auffi des Gardes avancées fur
le Narew & le Bug. Quinze jours après, le Czar arriva lui-même à
Tychozin.

Lewen- haupt coupe les Convois à Dorpt.

Sur ces entrefaites, le Général Lewenhaupt reçut des Renforts de
Reval, de Pernau, & d'Ofel. On lui envoïa auffi de Finlande quelques Troupes qui étoient fort bien difciplinées, avec bon nombre de
Chevaux; de forte que fon Armée montoit alors à dix mille Hommes.
L'Argent ne lui manquoit point non plus; & il en reçut de Suede autant qu'il lui falloit pour l'Entretien de fon Armée, qui étoit extrémement fatiguée. Comme la Cavallerie fur-tout étoit en très mauvais état, il prit le parti de la diftribuer dans la Lettonie, pour qu'elle pût s'y refaire, afin de la mener enfuite avec plus de fuccès contre
l'Ennemi. Cependant, pour ne pas refter entiérement les bras croifés, il forma le Deffein de couper les Convois à la Ville de Dorpt, où
l'on manquoit de vivres. La Garnifon étoit peu confidérable: d'ailleurs, l'Ennemi n'avoit point de Troupes dans le voifinage. Lewenhaupt détacha les Majors Freudenfelt & Rofenkampf. Le prémier
s'approcha jufqu'à une demi-lieue de Dorpt, & enleva tout le Bétail, les
Chevaux, & les Provifions, que le Commandant Ruffien avoit ramaffées fur les Terres des environs. Le fecond prit, du côté de Ringen,
trois cens Traineaux chargés de Bleds, & deftinez pour Dorpt. Il
les conduifit à Riga, & la Garnifon s'en trouva très bien.

Deffein des Ruffiens dé- couvert.

Le Général, voulant favoir ce qui fe paffoit à Mitau, y envoïa fon
Valet-de-Chambre, qui étoit Courlandois, & d'une fidélité reconnue.
Ce Garçon, fe donnant pour Deferteur, fit fi bien, qu'il entra au Service du Général Bauer. Quelques femaines après, les Ruffiens tinrent
un grand Confeil de Guerre, dans lequel il fut réfolu d'envoïer le jour
fui-

suivant; quelques mille Hommes, qui devoient couper à la Cavallerie de Lewenhaupt toute Communication avec la Ville de Riga, & empécher l'Infanterie de marcher à son Secours. L'après-midi, le Général régala ses Officiers: on but jusques bien avant dans la nuit; & l'on ne fit plus aucun mistere de ce que l'on méditoit contre le Général Suédois. Le Valet-de-Chambre, qui avoit entendu ce Discours, prit son tems pour sortir de Mitau, & arriva le lendemain matin à Riga, où il rendit compte du Succès de son Voïage. Lewenhaupt donna d'abord ordre à la Cavallerie de se poster sous le Canon de la Ville, & fit avertir les Habitans du plat Païs d'être sur leurs gardes contre l'Ennemi qui approchoit. La nuit suivante, les Généraux Roose & Bauer arrivérent avec leur Détachement; mais, ils virent bien-tôt, par les Précautions que l'on avoit prises, que leur Dessein avoit été découvert.

Sur la Frontiere de Finlande, tout avoit été assez tranquile pendant quelque tems; mais, comme l'Ennemi commença vers l'arriere-saison à se montrer du côté de Nyen, le Lieutenant-Général Maidel y envoïa quelques Troupes, au travers des Bois. Aïant pénétré jusqu'à Petersbourg, elles furent surprises par un gros Détachement Russien, qui les attaqua sans leur donner le tems de se reconnoitre. La plus grande partie fut passée au fil de l'épée, & le reste revint fort mal en ordre. Quelques jours après, on détacha le Lieutenant-Colonel Brakel, avec trois cens Chevaux. Aïant rencontré une Troupe de Russiens, il les repoussa, & les obligea de prendre la fuite; mais, au bout de vingt quatre heures, ils revinrent avec un Renfort, & l'attaquérent près de l'Eglise de Rautus sur la Frontiere de la Province de Kexholm. Monsieur de Brakel les repoussa deux fois de suite, & les contraignit à prendre la fuite. Ils se rallièrent pourtant; &, aïant fait mettre pied à terre à quelques cens Dragons, ils donnérent ordre à ceux-ci de traverser le Bois, & d'attaquer les Suédois en queue, pendant qu'ils les attaqueroient eux-mêmes de front. Après un Combat opiniâtre, qui dura quelques heures de suite, Brakel se retira. Il étoit blessé aussi bien que la plûpart de ses Officiers, & quantité de Cavaliers avoient eu leurs Chevaux tuez sous eux. L'Ennemi ne les poursuivit point: & comme il se retira aussi, on jugea qu'il n'avoit pas beaucoup gagné à ce jeu-là. La principale chose, à la quelle le Général Maidel s'appliqua pendant l'Eté, fut de faire travailler aux Remparts de Wibourg, qu'il fit garnir d'un double Rang de Palissades.

Fin du Septieme Livre.

HISTOIRE

DE

CHARLES XII,

ROI DE SUEDE.

❦✿❧✿❦✿❧✿❦✿❧✿❦✿❧✿❦✿❧✿❦✿❧✿❦

LIVRE HUITIEME.

1706.

Janvier.

le 2.
Charles
marche en
Lithuanie.
le 4. le 5.

CHARLES XII, aprés s'être arrété le Jour du nouvel An à Staniſlow, en partit le lendemain, pour ſe rendre par Liew à Wengerod. Le froid devint alors fort rude; mais, il facilita extrémement la Marche des Troupes. On commença auſſi dès-lors à juger, que le Deſſein du Roi étoit de ſe rendre en Lithuanie; & l'on ſe confirma dans cette penſée, lorſque l'Armée, aprés avoir fait halte un jour, marcha à Korowice, & de-là à Krzimenca, qui eſt un Village ſur le Bug. Cette Riviere étoit aſſez priſe, pour que l'Armée eut ôſé s'expoſer à la paſſer avec l'Artillerie; mais, pour plus de ſûreté, le Roi y fit aporter quantité de paille, dont on couvrit la glace: on verſa enſuite de l'eau deſſus, laquelle, étant bien-tôt gelée, fut couverte d'une nouvelle couche de paille; ce que l'on continua deux nuits de ſuite. Tous les Marais même étoient ſi fortement gelez, qu'on les paſſa ſans la moindre difficulté; ce qui abregea extrémement le chemin.

le 7.

Le Roi, aprés avoir paſſé le Bug, continua ſa Marche, par Branzice, à Poplawie, où il ſe repoſa un jour. Dans cet endroit, le Roi Staniſlas fit connoitre, qu'il ſavoit de très bonne part, que Smigelski étoit réſolu de ſe déclarer pour lui, pourvû qu'on voulût lui accorder une Amniſtie pour le paſſé. Charles fit auſſi-tôt expédier des Lettres Patentes en faveur de ce Partiſan, l'aſſurant de ſa Protection & de ſa Bienveillance: mais, Smigelski n'en profita point, demeurant toujours attaché au Parti ennemi. Le 9. Janvier, l'Armée marcha par la Ville de Suras à Borofski, & de-là à Sabludowa, prémiere Ville de la Lithuanie. C'eſt ici où commencent les vaſtes Forêts qui ſéparent cette

le 8.

le 9.

Pro-

Province de la Pologne, & qui s'étendent jusqu'à l'Ukraine. On y
trouvoit quantité d'Elans & de Bœufs sauvages. Les Villages étoient
remplis de Provisions, que les Russiens avoient amassées pour avitail-
ler les Places dont ils s'étoient rendu maitres. Les Suédois s'en emparérent, après avoir surpris les Détachemens que l'Ennemi avoit envoïés, tant pour transporter ces Vivres, que pour faire dans les Forêts
des abbatis d'arbres.

O<small>N</small> apprit en même tems, que le Roi Auguste & le Czar avoient
fait construire à Tykozin & à Breste un grand nombre de Batimens,
pour transporter au Printems prochain, par le Narew & le Bug, sur
la Vistule, des Troupes & des Vivres, afin d'établir dans ces Quartiers-là le Théatre de la Guerre, en cas que les Suédois s'arrêtassent
pendant l'Hiver en Pologne. Ce Projet aïant été déconcerté par la
Marche du Roi, on se proposa de tomber sur le Général Rehnschöld,
pendant que les Russiens deffendroient les Places qu'ils avoient prises;
& qu'après cela les Saxons se joindroient avec toutes leurs Forces aux
Russes dans la Lithuanie.

L<small>A</small> Garnison de Tykozin étoit forte de plus de deux mille Hommes. Cette Place, qui est entourée de grands Marais, venoit d'être
mise en bon état de Deffense. Les Russiens avoient fait verser de
l'eau sur les Remparts, qui étoient devenus par-là comme un morceau
de glace: & ils se flattoient, que Charles XII. s'y arrêteroit quelque
tems pour la prendre. Ce Prince, loin de donner dans cette idée,
continua sa Marche, & laissa Tykozin à deux lieues, se contentant
d'envoïer de ce côté-là quelques Valaques, qui, aïant rencontré un
Capitaine Russien, que l'on avoit détaché avec quarante Chevaux, l'attaquérent, le tuérent avec une vingtaine d'Hommes, & conduisirent
les autres prisonniers à l'Armée. On prit aussi beaucoup de Saxons,
qui étoient dispersés dans les Villages voisins. Ceux-ci, confirmant ce
que les Russiens avoient dit, rapportérent, que le Czar étoit retourné
en Russie, & que le Roi Auguste étoit à Grodno. On sut en même
tems, que ce dernier avoit auprès de lui, ou dans les Villages les plus
proches de la Ville, six cens Chevaux qui étoient toujours prêts, &
auxquels on n'ôtoit jamais les selles, ni le jour, ni la nuit. Le Reste de la Cavallerie étoit à Lublin, & l'Infanterie Russienne à Grodno, sous les Ordres du Velt-Maréchal Ogilvi. La Cavallerie Russienne campoit dans
les Villages aux environs. Ces Nouvelles augmentérent l'envie qu'a-
voit le Roi d'en venir aux mains avec l'Ennemi, & firent qu'il hâta
encore plus sa Marche, qui devint extrémement fatigante pour le Soldat. L'Armée ne marchoit plus par Troupes séparées, comme cela
s'étoit pratiqué auparavant, mais en un seul Corps; de sorte que l'on
ne put point trouver assez de Maisons pour y loger toutes les Troupes,
& que l'on fut obligé, malgré le grand froid qu'il faisoit, de camper à
découvert. Les Chevaux ne souffrirent pas moins, à cause des glaces; &
ne s'en falloit pas beaucoup, qu'ils ne fussent entiérement sur les dents.

Toutes ces Incommoditez n'empéchérent pas Charles XII. de continuer fa Marche, & de fe rendre par Grodeck à Krimki. Les Valaques Suédois, qui avoient pris les devants, furprirent un Détachement de deux cens Saxons, parmi lefquels fe trouvoient quelques Drabans du Roi Augufte. Ils en firent prifonniers quelques-uns, & ils auroient pû les prendre tous, s'ils avoient attendu l'Arrivée d'un Détachement de Suédois. Ceux, qui eurent le bonheur de fe fauver, allérent porter à Grodno la Nouvelle de l'Arrivée du Roi de Suede, & que ce Prince étoit plus proche qu'ils ne le croïoient. Augufte, furpris d'une Marche fi précipitée, donna ordre aux Régimens, qui fe trouvoient difperfés dans les environs de Grodno, de s'affembler, & d'entrer dans cette Ville. Charles marcha en attendant à un petit Village nommé Michalowice: & comme il n'y avoit plus de Marais à paffer, & qu'il ne manquoit point de terrain à l'Armée pour s'étendre dans fa Marche, le Roi la fit défiler, avec le Bagage, fur différentes Colonnes. Pendant que les Suédois étoient dans ce Village, qui n'eft qu'à une petite lieue de Grodno, il y arriva pendant la nuit un gros Détachement de Dragons Ruffiens de quatre mille Hommes. Ils venoient du côté de Lomfa & de la Pruffe, où ils avoient été en Quartiers, & vouloient entrer dans la Ville, avec quantité de Chariots. Aïant donné dans l'obfcurité fur la Garde avancée des Suédois, ils la prirent d'abord pour être Saxons & Amis; mais, aïant été bien-tôt defabufez, ils fe fauvérent le mieux qu'ils purent, à quoi la nuit leur fut fort favorable. Ils laifférent cependant beaucoup de monde fur la place, & on leur prit tous les Chariots.

Le lendemain matin, le Roi fit un détour, pour paffer la Riviere de Niema, ou de Memel, à une demi-lieue au-deffus de Grodno, où les glaces étoient les plus fortes. Quoique le bord de cette Riviere fût fort haut & efcarpé, & que le Paffage parût extrémement penible, pour ne pas dire impoffible, à la Cavallerie, les Chevaux & les Hommes étant obligés de fe laiffer gliffer en bas, le Roi réfolut pourtant de le tenter dans un endroit qu'il choifit exprès. L'Artillerie & le Bagage prirent un autre Chemin, pour paffer plus commodément. On ne fut pas long-tems fans appercevoir l'Ennemi, dont les Dragons fe rangérent fur l'autre rive de la Niema, pour en difputer le Paffage aux Suédois. Charles, voïant cette manœuvre, & que l'on faifoit mettre pied à terre à quelques Dragons, pour occuper un chemin creux qu'il y avoit, pendant que les autres gardoient les hauteurs, ordonna à fon Régiment des Gardes de fe mettre en marche. Le Roi fe mit lui-même à la tête de ce Régiment, & paffa fur la glace, tenant à la main le Comte Sperling. En paffant devant le chemin creux, & en s'approchant du bord de la Riviere qu'occupoient les Ruffiens, ceux-ci firent une Décharge de leur Moufqueterie, qui ne fit point grand mal. Il n'y eut que trois Hommes de bleffés; parmi lefquels fe trouvoit le Sieur Rubfow, Lieutenant aux Gardes, qui fuivoit immédiate-

. ment

ment le Roi, & qui fut bleffé au genou. Sa Majefté marcha droit à l'Ennemi, pendant que la feconde Compagnie du Régiment prit à côté, allant à ce chemin creux dont nous avons parlé. Après la prémiere falve des Suédois, qui couta plus de vingt Hommes aux Ennemis, les
autres fe mirent à courir, pour regagner leurs Chevaux. Arrivant fur
la hauteur, où le Roi étoit déjà, on leur lâcha une feconde falve, dont
ils ne fe trouvérent pas mieux. Comme, fur ces entrefaites, plufieurs
Compagnies de Dragons venoient de paffer la Riviere, le Roi fe mit
à leur tête, & marcha à la pourfuite des Ruffiens, qui s'étoient déjà
retirez plus d'une demi-lieue. On trouva foixante & dix Hommes de
morts fur la place. Les Suédois n'eurent que huit Hommes de tuez,
& dix de bleffés. L'Ennemi fe pofta enfuite à quelque diftance de la
Ville, faifant mine de joindre fon Infanterie: mais, dès qu'il s'apperçut que le Roi rangeoit fes Troupes à mefure qu'elles venoient de
paffer la Niema, il rentra dans Grodno, conformément aux Ordres du
Czar, qui avoit ordonné à fes Troupes de ne point hazarder de Bataille contre les Suédois.

Au plus fort de ce bruit, les Drabans du Roi virent, à une petite
diftance, une Troupe de Ruffiens & de Païfans, qui amenoient de la
Campagne des Vivres & d'autres Provifions, qu'ils tranfportoient à
Grodno. Le Baron Friefendorff, aïant obtenu Permiffion de fon Lieutenant d'aller attaquer ce Convoi, prit avec lui dix Drabans & autant
de Valets. A peine les Ruffiens les eurent-ils apperçus, qu'ils ne fongérent qu'à fe fauver par la fuite. Cinquante Hommes furent tuez fur
la place; & de ceux qui s'étoient fauvez, on prit le lendemain quelques-uns dans les Villages voifins: les Chariots, avec les Provifions,
tombérent entre les mains des Suédois.

A l'Aproche de la nuit, le Roi fit entrer les Troupes dans les
Villages les plus proches, où elles étoient avec moins d'incommodité.
Le lendemain, il fit avancer l'Armée vers la Ville, dans le même Ordre qu'elle avoit été rangée la veille: fur quoi le Maréchal Ogilvi, qui
y étoit avec treize autres Généraux, réfolut de mettre le Feu aux Fauxbourgs, des deux côtez. La Cavallerie fut envoïée dehors; mais,
l'Infanterie, qui étoit forte pour le moins de quinze mille Hommes, y
demeura. Le Roi, accompagné de quelques Officiers, alla lui-même
pour reconnoitre la Place. Il s'arrêta pour cet effet fur une hauteur,
où il étoit fort expofé, l'Ennemi tirant un grand nombre de coups de
Canon fur lui & fur ceux de fa fuite, fans pourtant leur faire le moindre mal. La Place étoit en affez bon état de Deffenfe. On avoit élevé, du côté occidental, un Retranchement garni d'un Foffé fort large
& bien paliffadé. Le Terrain ne manquoit point, & toute la Garnifon
pouvoit s'étendre fort commodement. Outre cela, il y avoit une nombreufe Artillerie, tant fur le Rempart, qu'au Chateau, & en tous les
endroits où l'on pouvoit être attaqué.

Le Roi, jugeant à la contenance des Ruffiens, qu'ils étoient réfolus

1706.

Janvier.

qu'il tient bloquée.

le 17.

lus de ne se point laisser attirer en rase Campagne, & ne voulant pas exposer un seul Homme pour leur faire quitter leurs Avantages, résolut de tenir la Ville bloquée. Ce qui confirma Sa Majesté dans cette pensée fut l'Avis qu'on eut, que l'Ennemi manquoit de Vivres & de Chauffage. D'ailleurs, il y avoit dans la Ville si peu de Maisons, qu'à peine pouvoit-on y loger la quatrieme Partie de la Garnison, parmi laquelle il régnoit une grande Mortalité. Le Roi fit faire à l'Armée un Mouvement; & elle se posta entre Wilna & Grodno; de maniere qu'elle coupoit à l'Ennemi les Convois, & qu'elle empéchoit en même tems les Russiens, qui quittoient leurs Quartiers d'Hiver, de s'approcher de la Ville. Les Troupes Suédoises furent mises dans les Villages voisins, où il y avoit assez de Maisons pour les loger. Mais, comme l'on manquoit de Chauffage, les Soldats aimérent mieux abbattre les Maisons, pour s'en servir à faire du Feu, au hazard de passer la nuit à découvert & dans la neige, que de souffrir le froid excessif qu'il faisoit alors. Quant au Bagage, le Roi avoit ordonné qu'il suivît tout doucement: mais, comme celui, qui étoit chargé de cet ordre, ne s'en acquita point avec toute la ponctualité nécessaire, quelques Chariots, chargés de Soldats malades, aïant pris le même chemin que l'Armée avoit tenu le jour précédent, furent enlevez par les Gardes

le 18.

avancées de l'Ennemi, & conduits à Grodno. Le lendemain, le Roi marcha à Skalubowa, qui est à deux lieues de la Ville, & où les Troupes se reposérent quelques jours des fatigues qu'elles venoient d'essuïer.

Le Roi Auguste va à Warsovie.

JUSQUES-LA', le Roi Auguste n'avoit point encore quitté Grodno, soit qu'il craignît les Partis Suédois qui battoient la Campagne, soit qu'il eut envie de voir de quelle maniere Charles XII. attaqueroit la Ville; Attaque, qui n'auroit pû que ruiner absolument l'Infanterie Suédoise. Quoi qu'il en soit, il prit enfin le parti de partir avec sa Cavallerie Saxonne, & deux mille Dragons Russiens, pour se rendre à Warsovie. Voici quel étoit son Projet. Il donna ordre au Général Schulenbourg, qui commandoit ses Troupes Saxonnes, de marcher aussi-tôt au Général Rehnschöld, pour lui livrer Bataille, pendant qu'il viendroit lui-même attaquer en queue le Général Suédois. Qu'après que l'on auroit abimé les Suédois de ce côté-là, ce qui, à son compte, ne pourroit jamais manquer d'arriver, les Saxons iroient se joindre aux Russiens, pour attaquer Charles XII. en Lithuanie, afin de terminer ainsi la Guerre dans une seule Campagne. Qu'en attendant, le Velt-Maréchal Ogilvi se tiendroit tranquile à Grodno, se tirant d'embarras, pendant quelques Semaines, le mieux qu'il pourroit.

le 22.

LE Roi de Suede, après s'être reposé trois jours à Skalubowa, en décampa, marchant à la Ville de Holowaczi. Le Roi Stanislas, & les deux Sapiehas, n'approuvérent point ce Dessein, & tâchérent de persuader au Roi d'attaquer la Ville de Grodno. Ils alléguérent, que l'on ne pourroit jamais se flatter de gagner les Lithuaniens, tant que

les

les Ruffiens feroient dans cette Province; que les Ouvrages de Fortification à Grodno n'étoient point auffi confidérables, qu'on vouloit le faire accroire; qu'on n'avoit fait que les commencer l'Automne dernier; que le travail avoit été difcontinué peu après, & qu'on ne l'avoit repris que fur la Nouvelle de l'Approche des Suédois, & dans un tems où le froid exceffif ne permettoit point qu'on l'achevât; que ce que l'on difoit de ces Souterains que l'on y avoit pratiqués n'étoit qu'une Bagatelle fans aucune réalité. Toutes ces Raifons n'ébranlérent point Charles XII. Il perfifta dans fa Réfolution, & fit courir le bruit, qu'il marchoit vers Wilna, & qu'il iroit de-là droit en Ruffie.

UNE Nouvelle fi peu attendue mit l'Allarme parmi les Ruffiens. Le Velt-Maréchal Ogilvi donna ordre fur le champ aux Généraux Rofen & Bauer, qui commandoient en Courlande, de fe retirer avec leurs Troupes, & de tâcher de prevenir les Suédois. Les Lithuaniens devoient ruiner les Magazins à Wilna: après quoi, le Velt-Maréchal marcheroit avec toutes fes forces du côté où l'on auroit le plus de befoin de fon fecours, foit dans la Haute-Pologne, foit en Ruffie. Cette Allarme ne dura guere: & comme l'on apprit immédiatement après, que Charles avoit pris la route de Kamioncka, on révoqua les ordres envoïés en Courlande.

PENDANT le Séjour que ce Prince fit dans cet endroit, il publia un Manifefte fur fon Entrée en Lithuanie, qu'il adreffa aux Etats de ce Duché. „ Sa Majefté y expofoit de nouveau les Raifons qui l'a-
„ voient portée d'entrer à main armée en Pologne, afin de repouffer la
„ Guerre criante qui avoit été fufcitée contre Elle par le Roi Augufte,
„ & pour délivrer la République de l'Oppreffion où ce Prince vouloit
„ la réduire. Que le Ciel aïant beni fes Armes, la Pologne s'étoit en-
„ fin choifi un autre Roi, dans la Perfonne du Sérénifime Prince Sta-
„ niflas I, qui avoit été couronné avec toutes les Formalitez ordinai-
„ res. Que Sa Majefté aïant moins regardé fa jufte Satisfaction dans
„ cet Evénement, que l'Avantage d'avoir enfin obtenu le gage d'une
„ Alliance fincère & inviolable, Elle n'avoit fait aucune Difficulté de
„ rétablir l'ancienne Amitié par un Traité de Paix avec la Républi-
„ que, auffi glorieux & utile pour elle, qu'avantageux pour empé-
„ cher les mauvais Deffeins des Ruffiens & des Saxons, contre lef-
„ quels Elle déclaroit ne vouloir point finir la Guerré, qu'ils ne fuf-
„ fent chaffés de la Pologne, que le calme n'y fût entiérement reta-
„ bli, & le Gouvernement du Roi Staniflas affûré. Que revenue dans
„ ce Deffein en Lithuanie, Sa Majefté ne doutoit point que les Etats
„ & la Nobleffe de cette Province, accablez par l'Ennemi, qui les
„ avoit contraints jufqu'à préfent à demeurer dans l'Inaction, voïant
„ qu'Elle leur amenoit fes Troupes pour les fecourir, n'euffent, pour
„ fecouër le Joug des Etrangers, un Empreffement proportionné à la
„ Domination infupportable qu'ils avoient éprouvée jufqu'ici, & qu'ils
„ ne fuiviffent l'Exemple de la Pologne, en entrant, pendant que la

„ Con-

„ Conjoncture étoit si favorable, dans les Sentimens de ceux qui tra-
„ vailloient à délivrer la Patrie. Qu'ils voïoient déjà l'Etendart de la
„ Liberté; qu'elle leur étoit annoncée par la Marche du Sérénissime
„ Roi Stanislas, dont ils devoient d'autant plus souhaiter l'Affermisse-
„ ment sur le Trône, que ce Prince n'étoit point étranger, qu'il étoit
„ modéré, vaillant, qu'il connoissoit & aimoit les Loix de la Répu-
„ blique, & qu'il auroit soin de conserver & de deffendre cette Liber-
„ té dans laquelle il avoit été élevé. Sa Majesté continuoit ensuite de
„ les assurer de sa Protection & de ses bonnes Intentions; disant, qu'il
„ n'y avoit point de Raison légitime d'en douter, après les Marques de
„ Sincerité données à la Pologne, pour le Repos & le Salut de laquel-
„ le Elle avoit consacré ses Armes. On leur remettoit après cela de-
„ vant les yeux la Conduite du Roi Auguste, & les Projets qu'il avoit
„ formez, dès le commencement de son Regne, pour opprimer la
„ Liberté en Pologne, & sur-tout en Lithuanie. Que comme ce Prin-
„ ce; après avoir remarqué l'impossibilité d'y réüssir, s'étant vû déchu
„ de ses Espérances par les Armes de Sa Majesté, avoit attiré dans
„ les Provinces de la République un des plus mortels Ennemis du Nom
„ Polonois, on les exhortoit à faire une juste Comparaison entre la
„ Déclaration précise de Sa Majesté, confirmée dans le dernier Trai-
„ té, de protéger la République, & de n'en point souffrir le moindre
„ Démembrement, & les Vûes des Moscovites & des Nations Barba-
„ res dont la Lithuanie étoit inondée, & qui ne viendroient point au
„ secours du Roi Auguste, si celui-ci n'avoit fait des Offres considé-
„ rables au Complice fidele de sa Conjuration, pour la Récompense
„ de son inique Association. Que ceux, qui en voudroient encore
„ douter, pourroient tirer des Conjectures plus certaines touchant les
„ Intentions du Czar, s'ils voïoient les Lettres que l'on avoit écrites
„ l'Année passée en Moscovie, où ils trouveroient la Lithuanie parmi
„ les Titres & les Qualitez de ce Prince. Que Sa Majesté les exhor-
„ toit à ne point s'aveugler, quelques Prétextes specieux que donnas-
„ sent à leur Zele inconsidéré, & à leur Ambition, ceux dont le Roi
„ Auguste s'étoit servi pour attirer cette Peste sur les Frontieres de
„ Pologne. Que l'on ne pouvoit penser, que celui, qui avoit montré
„ plus d'une fois, que la Religion des Traités ne le touchoit point,
„ les observât plus scrupuleusement dans la suite. Que l'on ne pou-
„ voit s'assurer, que celui, qui avoit donné des Marques d'un Cœur
„ insatiable, qui avoit gouverné les Polonois & les Lithuaniens com-
„ me des Esclaves, qui profanoit le Culte des Choses sacrées, fût à
„ l'avenir plus modéré. Que, dès qu'il ne seroit plus retenu par la
„ Crainte des Armes de Sa Majesté Suédoise, il ôteroit le Masque de
„ Douceur & de Docilité qu'il portoit. Qu'alors, il traiteroit ses Par-
„ tisans même, & ses Fauteurs, avec d'autant plus de Dureté, qu'il
„ verroit bien, que ceux-ci, reconnoissant qu'ils s'étoient laissé trom-
„ per, le regarderoient de fort mauvais œil. Que jusqu'à présent les
„ Par-

„ Partifans du Roi Augufte n'avoient retiré d'autre Fruit de leur
„ Opiniatreté, que celui d'être en péril de fe perdre eux-mêmes, de
„ voir leur Patrie défolée, leurs Proches, leurs Amis, leurs Femmes,
„ leurs Enfans, trainez en Captivité, & obligés de plier fous le Joug
„ des Mofcovites. Que Sa Majefté Suédoife les prioit de prendre de
„ meilleurs Sentimens, & de fe réünir à ceux, qui, conjointement
„ avec le Roi Staniflas, avoient entrepris de recouvrer la Liberté op-
„ primée. Que l'on accordoit aux Partifans du Roi Augufte une Am-
„ niftie pour tout le paffé. Que l'on promettoit de les protéger & de
„ remplir exactement tous les Engagemens pris pour conduire les cho-
„ fes à l'Avantage & à l'Agrandiffement des deux Roïaumes. Que
„ ceux, qui méprifèroient ces Offres, étoient menacés de tous les Maux
„ que la Guerre attire; & que, pour plus grande Affurance de l'Exé-
„ cution des Promeffes que Sa Majefté vouloit bien faire dans cette
„ Occafion, Elle ordonnoit que l'on envoïât à tous les Palatinats du
„ Grand-Duché de Lithuanie cette Lettre fignée par Sa Majefté, &
„ munie du Sceau Roïal. „ Ce Manifefte étoit daté de Kamioncka le
29. Janvier 1706.

LE Velt-Maréchal Ogilvi ne négligea rien pour infpirer du Courage
aux Lithuaniens Partifans du Roi Augufte, & pour faire valoir les
Avantages que l'on tireroit des Projets qui avoient été concertez entre
ce Prince & le Czar. Quelle que fût la Contenance du Général Ruffien, il ne laiffoit pas d'être fort en peine de fa Garnifon, qui fe trouvoit dans une extreme Difete. Pour procurer à ces Troupes affamées,
& exténuées par les Maladies, quelques Rafraichiffemens, il fit fortir
de la Ville un gros Détachement de Dragons, pour enlever, aux Habitans des environs de Grodno, les Vivres & les Fourages que fes
Gens y pourroient trouver: ce qu'ils n'exécutérent néanmoins qu'a-
vec beaucoup de précaution, en laiffant toujours entre eux & les Suédois la Riviere de Niema qu'ils n'ôférent jamais paffer.

AU prémier Avis que le Roi en eut, il détacha le Général-Major
Meyerfeldt, & le Colonel Burenfchöld, avec deux mille Chevaux, pour
leur donner la Chaffe. Ce Parti aïant paffé en diligence la Niema par
la Ville de Luna, continua fa Marche vers la Ville d'Indura, où il y
avoit alors un Régiment Ruffien en Garnifon. Comme le terrain d'a-
lentour eft extrémement plat, on ne put éviter d'être découvert par
les Gardes avancées de l'Ennemi, qui quittérent auffi-tôt leur Poftes,
& fe retirérent dans la Ville, pour donner Avis de l'Approche des
Suédois. Elles y jettérent fi fort l'Allarme, que les Ruffes, aïant d'a-
bord monté à cheval, s'enfuirent à toute bride, laiffant derriere eux
un Capitaine, un Lieutenant, & foixante Hommes qui furent tuez
fur la place, fans compter cinquante autres que l'on fit Prifonniers.
L'obfcurité qui furvint obligea Meyerfeldt de s'arrêter à Indura. L'Ennemi, ne manqua point de revenir le même foir, avec tout ce qu'il
avoit pû raffembler de Troupes, faifant mine de vouloir l'attaquer;

mais,

mais, à peine le Général Suédois eut-il fait faire un Mouvement à fa Cavallerie, que toutes ces Troupes se retirérent vers Grodno, laiſſant à Indura les Vivres & les Fourages qu'ils avoient pris tant de peine à amaſſer.

Le même jour que cela ſe paſſa, il arriva une Affaire d'une toute autre Conſéquence. Les Troupes du Prince Wieſnowicki, qui avoient leurs Quartiers près de Cauno en Samogithie, réſolurent de ſurprendre Monſieur de Potocki, dont les Troupes cantonnoient à quelque diſtance de l'Armée Suédoiſe. Pour mieux faire réüſſir cette Entrepriſe, elle fut concertée avec Ogilvi, auquel Wieſnowicki écrivit, pour qu'il envoïât de ſon côté un Détachement de Ruſſiens à certain jour fixé pour l'Exécution. Cette Lettre fut interceptée, & apportée au Roi Staniſlas, qui détacha ſur le champ Monſieur de Potocki avec quelques mille Chevaux, pour tâcher de prévenir l'Ennemi. Le Palatin, voulant mettre ſes Troupes en Réputation auſſi bien que celles de Sapieha, fit tant de diligence, en marchant jour & nuit ſans diſcontinuer, qu'il ſurprit l'Ennemi à Olita ſur la Niema, où étoit le Général Lithuanien Zieniſgi, qui commandoit un Corps de trois mille Hommes, compoſé de ſes propres Troupes, avec des Ruſſiens & des Saxons. A l'approche de Potocki, l'Ennemi venoit de ſe ranger. Le Palatin, réſolu de l'attaquer auſſi-tôt, fit prendre les devants à ſes Dragons, qui devoient garder une hauteur où il falloit néceſſairement que l'on montât. L'Ennemi, voïant venir ces Dragons les prit pour des Suédois, à cauſe de leur Uniforme bleu, & s'enfuit à toute bride. Un ſi heureux commencement aïant donné du Courage aux Troupes de Potocki, elles coururent après les Lithuaniens, les joignirent, & les battirent à plate couture. Cinq cens Hommes furent tuez ſur la place, & l'on fit deux cens Priſonniers. Tout le Bagage, trois Paires de Timbales, ſept Drapeaux, & quelques Chameaux qui portoient la Caiſſe militaire où l'on trouva vingt mille Ecus en Argent comptant, tombérent entre les mains du Vainqueur. Le Général Zieniſgi eut toute la peine du monde à ſe ſauver. Il ſe tint caché dans un Village, d'où, déguiſé en Païſan, il ſe rendit en Courlande. Après cette Action, l'Ennemi ne ſongea plus à incommoder les Suédois dans leurs Quartiers.

On a dit ci-deſſus, que le Général Renhſchöld étoit entré dans ſes Quartiers d'Hiver, ſur l'Avis qu'il avoit eu que le Général Schulenbourg faiſoit cantonner les Troupes Saxonnes qui étoient ſous ſes Ordres. Le Général Suédois s'étoit tenu juſqu'alors fort tranquile: mais, à peine eut-il appris, que Schulenbourg aſſembloit ſes Troupes pour entrer en Pologne, qu'il décampa avec ſon Armée, marchant à Koſſian,

d'où au bout de quelques jours, il alla à Liſſa. Sur l'Avis qu'il eut, que l'Ennemi, après avoir diſtribué ſon Armée en différens Corps, avoit paſſé l'Oder, & qu'il étoit poſté à Slawa en Siléſie, il ſe rendit à

Frauſtadt, où il s'arrêta pendant la nuit, pour attendre le retour de

ceux

ceux qui devoient lui apporter des Nouvelles des Mouvemens de l'Ennemi. Le lendemain, Monfieur de Rehnfchöld s'avança vers la Frontiere, pour aller à fa rencontre. L'Ennemi en aïant été averti, choifit un pofte fort avantageux de l'autre côté de Slava, entre une Forêt & une Riviere, dans le deffein d'y attendre les Suédois. Rehnfchöld, pour lui faire quitter ces Avantages, prit le Parti de rebrouf-
fer chemin, de retourner à Frauftadt, & de marcher de-là à Schwetz.
Cette Retraite donna lieu à Schulembourg d'ajouter foi au Bruit que
l'on avoit eu foin de répandre, que le Général Suédois éviteroit à quelque prix que ce fût de livrer Bataille aux Saxons. Ces derniers s'avancérent le même jour jufqu'à Frauftadt. Rehnfchöld donna auffi-tôt
ordre à tous fes Régimens de s'affembler le lendemain matin à 5. heures à Schwetz, & de laiffer le Bagage dans leurs Quartiers. Le Régiment de la Nobleffe, & les Dragons de Buchwald, étant les plus
proches de l'Ennemi, furent les prémiers à décamper, ce qui le confirma dans l'idée où il étoit déjà, que les Suédois ne fongeoient qu'à
fe retirer. Un Parti Saxon, qui fut détaché pour harceler notre Arriere-Garde, enleva quelques Chariots de Bagage, & revint avec Avis,
que la Terreur, faifant reculer les Suédois, on n'avoit qu'à les talonner pour les diffiper entiérement. En attendant, le Général Rehnfchöld rangea fes Troupes: &, après avoir fait faire la Prière, il donna le fignal, *Avec l'Aide de Dieu.* Le Corps de Bataille étoit compofé des Régimens de Sudermannie & de Croneberg à droite, fous les
ordres du Général-Major Marderfelt, & du Colonel Liliehök, & du
Regiment de Weftmannie, à la gauche, commandé par le Général-Major Axel Sparre. A l'Aile droite étoient les Dragons du Corps, aïant
à la tête le Colonel Hamilton; un Bataillon du Régiment de Néricie
& de Wermlande, Infanterie, fous le Colonel Roos; & le Régiment
de Scanie Septentrionale, Cavallerie, commandé par le Colonel Guftave Horn, & le Lieutenant-Colonel Gyllenftierna. Suivoient encore
un Bataillon du Regiment de Néricie, aux ordres du Lieutenant-Colonel Cronman, & le Régiment de Craffou, Dragons. Les Dragons
de Buchwald formoient la Pointe de l'Aile gauche, où étoient un Bataillon du Régiment de la Bothnie Occidentale, commandé par le
Lieutenant-Colonel Fock; le Régiment de la Nobleffe, fous les ordres
du Général-Major Hummerhielm; le fecond Bataillon du Régiment de
la Bothnie Occidentale; & enfin le Régiment de Nylande, Cavallerie,
commandé par le Colonel Patkul. Les Dragons de Muller & de Marfchalck formoient le Corps de Referve. Ce fut dans cet Ordre, que
Rehnfchöld marcha à l'Ennemi, qui étoit fort de plus de vingt mille
Hommes. Son Infanterie étoit rangée fur deux Lignes, entre les Villages de Rörsdorf & de Jägersdorf, éloignés de Frauftadt d'un demi-
quart de lieue. Le front de cette Infanterie étoit couvert de trente
Piéces de Canon, & deux Haubitzes, avec quantité de Chevaux de
Frife heriffés de Pointes de Fer tranchantes. Il y avoit dix-neuf Ba-

taillons, faifant neuf mille quatre cens Hommes, tant Saxons, que François & Suiffes, commandez par le Général Schulembourg, les Généraux-Majors Droft & Zeidler, & les Colonels Sacken, Bofe, Reignitz, Braun, & Keifer. Les Ruffiens, au nombre de fix mille cent trente Hommes, faifoient dix Bataillons, qui étoient fous les ordres du Lieutenant-Général Wuftromirski, & des Généraux-Majors Goltz & Rentzel. La Cavallerie ennemie confiftoit en quarante-deux Efcadrons, faifant plus de quatre mille Hommes. L'Aile droite de cette Cavallerie étoit commandée par le Lieutenant-Général Plötz, le Général-Major Lutzelbourg, & les Colonels Kosbot & Ilou: la gauche étoit fous les ordres du Lieutenant-Général Dunewald, & des Colonels Eikftedt & Winckel. Toute la Cavallerie étoit fur les deux Ailes de l'Infanterie, pour prendre les Suédois en flanc. Dès que le Général ennemi eut apperçu les Suédois qui s'avançoient, il fit donner le Signal, qui étoient trois Coups de Canon, avec les mots, *Maffacrez tout.* Les deux prémiers Coups furent tirez à une égale diftance; mais, comme le dernier tarda trop, les Soldats Suédois, qui fe reffouvenoient que pareille chofe étoit arrivée à Cliffou, crurent que cela leur préfageoit la Victoire. Monfieur de Rehnfchöld, voïant qu'il n'avoit point affez de Terrain pour s'étendre, à proportion du Front que faifoit fon Armée, & qu'il n'y avoit point de Cavallerie fur la prémiere Ligne de l'Armée Ennemie, donna ordre à la plus grande partie de celle de fon Aile droite de paffer par Rörsdorf, pour prendre l'Ennemi en queue. En attendant, les deux Armées s'étoient approchées de fi près, que les Saxons commencérent à fe fervir de leur Artillerie & de leur Moufqueterie. Le Régiment de Néricie & de Wermlande, fous le Colonel Roos, en vint aux mains avec l'Aile gauche des Ennemis. Celui de la Bothnie Occidentale, commandé par le Lieutenant-Colonel Fock, attaqua l'Aile droite des Saxons. Le Corps d'Armée fuivit cet Exemple, & tous allérent au Combat avec beaucoup d'ardeur. L'Aile gauche des Ennemis, où étoient les Ruffiens, fut d'abord renverfée: on la mit en defordre; & comme la Cavallerie étoit entrée du côté de Rörsdorf, elle fit main baffe fur les Ruffiens, qui furent tous paffez au fil de l'Epée. La Cavallerie Saxonne de cette Aile fit auffi fort mal fon devoir: aïant pris la fuite, les Efcadrons que les Suédois avoient à leur droite la pourfuivirent. Les Régimens de Sudermannie & de Croneberg, Infanterie, commandez par le Général-Major Mardefelt & le Colonel Liliehök, renverférent tout ce qui fe préfenta devant eux: mais, le Régiment de Weftmannie, & celui de la Bothnie Occidentale, trouvérent plus de réfiftance, l'Ennemi s'étant rallié plufieurs fois. A la fin, néanmoins, il fut obligé de fe retirer au Village de Jägersdorf, après que l'Infanterie de la droite eut été envoïée pour foutenir Meffieurs Sparre & Fock. La Cavallerie Saxonne paffa près de Frauftadt, prenant la Route de Siléfie, du côté de Slava: & elle fut pourfuivie quelque tems par le Colonel Craffou qui

avoit

avoit auprès de lui quatre Efcadrons. Le refte de l'Infanterie ennemie, qui fut vivement talonnée par nôtre Aile gauche, tâcha auffi de gagner la Siléfie, en traverfant le Village de Pritz; mais, le Général Rehnfchöld, aïant détaché quelque Cavallerie pour lui couper la Retraite, elle fut obligée de mettre bas les Armes, & de fe rendre prifonniere. La Bataille commença environ à midi, & deux heures après tout étoit déjà fini. Les Suédois y eurent près de quatre cens Hommes de tuez, avec plufieurs Officiers, parmi lefquels fe trouvoient le Colonel Liliehök, le Baron Cronhielm, Lieutenant-Colonel, & le Major Snoilski. Outre les Colonels Buchwald & Patkul, & les Lieutenants-Colonels Creutz, Fock, & Wrangel, avec quelques autres Officiers, on y comptoit mille Hommes de bleffés. Monfieur Ornftedt, Major du Régiment des Dragons du Corps, fut fait prifonnier, en pourfuivant l'Ennemi avec trop de chaleur; mais, cinq jours après, on l'échangea contre le Baron Friefe, Major au Service de Saxe. L'Ennemi perdit dans cette occafion trois Colonels, fept Lieutenants-Colonels, cinq Majors, avec quantité d'autres Officiers, & fept mille Hommes tuez fur la place. Parmi les Prifonniers fe trouvoient le Lieutenant-Général Wuftromirski, le Général-Major Lutzelbourg, le Colonel Malleraque, trois Lieutenants-Colonels, quatre Majors, trente Capitaines, quatre Capitaines-Lieutenants, un Quartier-Maitre, foixante-dix Lieutenants, quarante-trois Enfeignes, un Cornette, avec fix mille neuf cens quatorze tant Bas-Officiers que Soldats Saxons, fix cens cinquante Grenadiers François, & trois cens quarante Ruffiens (*a*). On leur prit vingt-neuf Piéces de Canon, deux Haubitzes, quarante-quatre Mortiers pour jetter des Grenades & foixante-huit Drapeaux, avec toutes les Armes de l'Infanterie.

APRE's cette célébre Victoire, le Général Rehnfchöld eut foin de faire penfer les bleffés de part & d'autre, & enterrer les morts. Il s'éloigna enfuite de quelques lieues de Frauftadt, marchant vers Poffnanie, où il diftribua l'Armée tout autour, pour fe repofer de fes fatigues. Le Roi Augufte, à la tête de quelques mille Hommes, tant Saxons, que Mofcovites & Polonois, n'étoit éloigné, pendant la Bataille, que de quinze lieues de Frauftadt. Se flattant de l'efpérance, qu'il renfermeroit les Suédois entre lui & Schulembourg, pour les défaire plus aifément, il reçut la trifte Nouvelle, que fon Armée avoit été batuë à plate couture. On jugera, par la Commiffion dont il chargea le Général Flemming, combien il croîoit être fûr de fon fait. Celui-ci partit pour Berlin, le même jour que Schulembourg fe mit en marche, afin de demander au Roi de Pruffe, que l'on envoïât des Détachemens pour empêcher que les Fuïards Suédois n'entraffent fur

le

Contenance du R i Augufte.

1706.

Février.

(*a*) D. F dit page 540, que Monfieur de Rhenfchöld fit maffacrer d'une maniere inhumaine, fix heures après la Battaille, tous les Prifonniers Ruffiens. C'eft un Fait abfolument faux.

*Le Colonel
Kruſe dé-
taché.
le 8.*

le Territoire de Brandebourg. Quelques heures après que l'on eut fait
cette Propoſition, on eut Avis, que les Saxons avoient été entiérement défaits : & Monſieur de Flemming fut obligé de s'en retourner
ſans prendre congé de perſonne. Le Roi Auguſte retourna à Warſovie, & de-là à Cracovie, où il fit travailler en diligence aux Fortifications de la Ville.

SUR ces entrefaites, le Roi de Suede détacha le Colonel Charles-
Guſtave Kruſe, avec quatorze cens Chevaux, pour harceler les Ruſſiens aux environs de Grodno. L'Ordre de cet Officier portoit de marcher à Auguſtowa, pour ruiner le Magazin que l'Ennemi venoit d'y
établir ; &, ſi l'Occaſion s'en préſentoit, de faire ailleurs aux Ruſſiens tout le mal qu'il pourroit. Monſieur de Kruſe, aïant fait un détour, marcha d'abord à Indura, où le Général-Major Meyerfeldt avoit
nouvellement été ; mais, comme il n'y trouva perſonne, il alla droit
à Grodno. A une demi-lieue de cette Ville, il trouva un petit Parti ennemi, qui fut paſſé au fil de l'épée. Il paſſa enſuite à la vûe des
Ruſſiens, devant Grodno, & ſe rendit à Novivord, Ville ſituée entre
Grodno & Tykozin. Chemin faiſant, ſur l'Avis qu'il eut qu'un Détachement Ruſſien ſe tenoit dans un Bois, il le fit attaquer de maniere,
qu'il ne s'en ſauva pas un ſeul Homme. A quelque diſtance de-là, il
trouva un Capitaine, qui étoit Anglois, avec ſoixante-dix Ruſſiens,
qui firent mine d'abord de vouloir faire quelque réſiſtance. Ils changérent pourtant d'Avis, & acceptérent l'offre qu'on leur faiſoit de leur
laiſſer la vie, à l'exception de quelques-uns, qui, ne voulant point entendre parler de quartier, furent maſſacrez. Dans la Ville de Novivord, les Suédois ſurprirent un Lieutenant avec ſoixante Dragons,
dont deux eurent le bonheur de ſe ſauver : les autres furent tuez, &
l'Officier fait priſonnier. Monſieur de Kruſe paſſa la nuit dans cet endroit, où il apprit que deux mille trois cens Chevaux étoient à Broſo-
wa, autrement Dolgowietz, qui eſt le même Village où Charles XII.
avoit donné Audience, quatre ans auparavant, aux Ambaſſadeurs de
la République. Il marcha auſſi-tôt : mais, comme l'Ennemi avoit eu
Avis de ſon Approche, il s'étoit déjà retiré à Lipkie, où il y avoit un
Régiment Ruſſien, avec lequel il prit le chemin de Grodno, courant
à toute bride. Kruſe les pourſuivit, & les fit talonner par ſes Valaques,
qui tuérent cinquante ou ſoixante Hommes, & firent priſonnier un
Lieutenant. Le Colonel Suédois, ne voulant point aller plus loin,
& voïant que l'on étoit averti par-tout de ſon Expédition, tourna du
côté d'Auguſtowa. Pour s'y rendre, il falloit qu'il paſſât par une Forêt, large de huit lieues, & où le chemin étoit entiérement impraticable par les abatis que l'on y avoit faits ; deſorte qu'il fut obligé d'en
chercher un lui-même, en traverſant pluſieurs Rivieres & Marais. Au
milieu de cette Forêt, il y avoit un Couvent, & à quelque diſtance
de-là un petit Village, où ſe trouvoient deux Lieutenants avec ſoixante-dix Ruſſiens. Ces derniers furent tous paſſez au fil de l'épée ; mais,

les

les deux Officiers furent faits prisonniers. S'approchant d'Augustowa, le Colonel fit prendre les devants à cent Chevaux, qu'il détacha pour en occuper toutes les avenues. Le Major Ruffien, qui y avoit été avec quelques cens Hommes, s'étoit déjà retiré en Prusse, n'y laissant qu'un Enseigne & soixante-dix Dragons. L'Officier, qui étoit Ecossois, eut quartier; mais, les Dragons furent sabrez. Le Colonel s'y arrêta quelques jours; &, après avoir pris les rafraichissemens dont il avoit besoin, & mis le feu au reste, il s'en retourna par Liepuni & Merecz. Il fit, en quinze jours de tems, cinquante-deux lieues, & ramena cent trois Prisonniers, & six cens Chevaux.

1706.
Février.

CEPENDANT, Charles songea à procurer à son Armée des Quartiers de Cantonnement, où, après de si grandes fatigues, elle pût reprendre haleine & quelque repos. Le Roi partit de Camioncka, & marcha par Stutzi à Zaludeck, où il prit son Quartier dans le Couvent des Franciscains, & où il demeura près de deux mois. Pendant ce tems-là, Oginski fit prier le Roi Stanislas de vouloir lui accorder son pardon, & engager le Roi de Suede à faire la même chose. Stanislas, qui marchoit avec la seconde Colonne, commandée par le Lieutenant-Général Stromberg, étoit alors dangereusement malade, & les Médecins donnoient peu d'espérance de son Rétablissement. Il guérit cependant; &, dès qu'il se sentit un peu mieux, il fit informer le Roi de Suede de la Proposition d'Oginski, qu'il regardoit comme fort importante. Ce dernier aïant demandé qu'on lui accordât quelques Avantages, & entre autres celui de garder le Titre de *Sous-Général de la Lithuanie*, le Roi Stanislas y consentit, & porta les Sapiehas à déclarer à Oginski, qu'ils étoient prêts à se racommoder avec lui, & à lui rendre leur Amitié. Charles y donna aussi son Approbation: mais, comme il se souvenoit trop bien de ce qui étoit arrivé avec Smigelski, il ne voulut point faire remettre à Oginski la Lettre Patente, qui étoit toute dressée, avant que, sur la parole des deux Rois, il se fût rendu avec ses Troupes auprès du Roi Stanislas. La Précaution de Sa Majesté Suédoise ne fut point inutile: & l'on eut bientôt lieu de se convaincre, qu'Oginski n'avoit point songé sérieusement à quitter le Parti qu'il avoit embrassé.

le 10.

Oginski veut se joindre au Roi Stanislas.

CHARLES, voulant être instruit au juste de ses sentimens, jugea à propos de détacher les Troupes de Sapieha & de Potocki, afin de lui fournir occasion de se joindre à elles. Le Roi étoit même d'Opinion, qu'en envoïant ces Troupes, elles trouveroient mieux de quoi subsister; mais, elles refusérent constament de le faire, à moins qu'on ne les fît accompagner par un Détachement Suédois. Sa Majesté y aïant consenti, le Colonel Dukert fut envoïé à Wilna, avec mille Dragons. Les Polonois devoient aller à Caun, afin de mettre sous contribution le Territoire de cette Ville, avec le District de Troki. On fit partir avec ces derniers quelques Officiers Suédois, dont le Lieutenant-Colonel

On détache les Troupes de Potocki, & de Sapieha, de même que le Colonel Dukert.

nel

nel **Hagen** étoit le prémier , & que l'on chargea de veiller à ce que les Contributions fe levaffent & fe diftribuaffent felon le Réglement que l'on en avoit fait. Les Polonois paroiffoient d'abord fort contens de cette Difpofition, refufant d'aller à Wilna. Peu après , ils changérent de fentiment, & ne voulurent point marcher à Caun, pour ne point fe féparer des Suédois. Il fut donc réfolu, qu'ils marcheroient

enfemble. En arrivant à Olkowice , Dukert, aïant pris les devants comme à l'ordinaire , rencontra dans un Bois le Général Bauer avec quatre mille Dragons Ruffes, & trois mille Lithuaniens fous les ordres de Wiefnowicki, d'Oginski, de Saraneck, & de Zienisgi, qui avoient été quelques jours en embufcade pour furprendre les Polonois qu'ils favoient être en Marche. La Multitude d'Ennemis n'épouvanta point Monfieur de Dukert. Aïant exhorté fes Gens à faire leur devoir de la maniere acoutumée, il ferra fa Troupe autant qu'il lui fut poffible , s'avançant vers une petite Plaine qu'il y avoit dans le Bois, & où il pouvoit fe ranger. A peine commençoit-il à former une Ligne, que l'Ennemi vint l'attaquer, criant qu'il n'y avoit point de Quartier à efpérer : mais, il fut fi vertement reçu l'épée à la main, qu'il fe retira en confufion. Il revint une feconde fois à la charge avec plus de Troupes ; mais, cette tentative réuffit auffi peu que la prémiere. L'Ennemi fe préparant à une troifieme Attaque, Dukert fit mettre pied à terre à une partie de fes Dragons, qui attaquérent les Ruffes avec tant de vivacité, qu'ils furent obligés de prendre la Fuite , après avoir fait une feule Décharge de leur Moufqueterie. Les Ruffes perdirent dans cette Occafion un Colonel, deux Lieutenants-Colonels, & quatre Capitaines, fans compter un grand nombre de bleffés. Dukert eut trois de fes Capitaines, trois Lieutenans , & environ foixante Dragons bleffés : & il auroit certainement fait plus de mal à l'Ennemi, fi les Polonis avoient voulu participer au Danger, & paroître plûtôt. Etant arrivez vers le foir, ils fe mirent de compagnie à pourfuivre l'Ennemi, dont on ne vit que l'Arriere-Garde, le refte s'étant retiré à

Wolkomir, & même plus loin. Le lendemain, Dukert marcha à Wilna , où il trouva, outre les Bagages, que l'Ennemi n'avoit point eu le tems d'emporter, quantité de Chofes précieufes, que l'on avoit cachées jufques dans les Tombeaux, d'où les Suédois les retirérent. Comme il y avoit des Vivres & des Munitions en abondance, les Polonois & les Lithuaniens auroient fort fouhaité d'y refter; mais, fur les Plaintes que Dukert fit de leur mauvaife Conduite, & de leurs Exactions, le Roi ordonna qu'ils euffent à fe rendre dans les Quartiers qu'on leur avoit affignés aux environs de Caun. Ils eurent bien de la peine à s'y déterminer, avant qu'ils fuffent bien affurez contre l'Invafion des Ruffiens poftez en Courlande, mais, comme ceux-ci abandonnoient peu après cette Province, & qu'ils retournoient en Ruffie, ils prirent enfin le parti de revenir dans leurs Quartiers. Dukert demeura avec fon

Dé-

Détachement un mois entier à Wilna, pour y lever les Contributions (*a*): & comme les Ruſſes faiſoient courir le bruit, qu'ils iroient lui rendre une ſeconde Viſite, le Roi lui envoïa un Renfort de trois cens Chevaux, avec leſquels il retourna, emmenant avec lui une bonne Somme d'Argent, & le Butin qu'il avoit fait. Il conduiſit auſſi à l'Armée quatre jeunes Demoiſelles, Filles des deux Freres Oginski, qu'il avoit fait ſortir d'un Couvent, & qu'il fit élever comme ſes propres Enfans (*b*).

1706.
───
Février.

L'HEUREUX Progrès des Armes Suédoiſes inſpira à la Nobleſſe de Lithuanie d'autres Sentimens, que ceux qu'elle avoit eus juſqu'alors, & elle commença enfin ouvrir les yeux ſur le véritable Intérêt de la Patrie. Le Palatinat de Nowogrodeck envoïa des Députez au Roi, pour lui déclarer, qu'ils reconnoiſſoient le Roi Staniſlas, & qu'il y avoit déjà long-tems qu'ils avoient pris cette Réſolution; mais, que les mauvais traitemens des Ruſſiens & des Gens de Wieſnowicki, que l'on venoit, ou d'enfermer, ou de diſſiper, les avoient empêché de faire paroitre plûtôt leur bonne volonté: qu'ils avoient renoncé à l'Obéïſſance qu'ils devoient au Prince Radzivil, Chancelier de la Lithuanie, comme indigne de la Charge dont il étoit revétu; & qu'ils avoient envoïé dés Lettres circulaires à tous ceux qui ſervoient ſous Wieſnowicki, pour les faire revenir dans un certain terme, afin de ſe joindre au Grand-Général Sapieha, avec menace, en cas de refus, de les traiter en Ennemis de la République. Ces Députez, qui avoient été les prémiers à ſe conformer aux Univerſaux que le Roi avoit fait publier, furent reçus avec beaucoup de diſtinction, parce que l'on voïoit, qu'ils y alloient de bonne-foi. Quelques jours après, arrivérent d'autres Députez des Palatinats de Slopnim & de Wolkowice, qui firent la même Déclaration, & qui offrirent outre cela de monter à cheval, pour aller attaquer l'Ennemi, pourvû qu'on leur accordât un Secours de quelques Troupes Suédoiſes, qu'ils étoient prêts d'entretenir à leur dépends. Ils ſe plaignoient de ce que les Coſaques leur avoient cauſé tant de mal, & promettoient de raſſembler pour le moins ſix
mille

Mars.
Pluſieurs
Palatinats
de la Li-
thuanie ſe
déclarent
en faveur
du Roi
Staniſlas.
le 5.

le 9.

───

(*a*) QUELQUES Priſonniers Suédois, que les Ruſſiens avoient trainez avec eux pendant quelque tems, avoient laiſſé à Wilna un Ecrit, dans lequel ils ſe plaignoient des Cruautez inouïes que l'on exerçoit ſur eux. Lorſqu'ils entroient dans leurs Quartiers, on leur mettoient des Fers aux Mains, & on les attachoit à de gros Poteaux: &, quand il s'agiſſoit de marcher, on leur ôtoit leurs Habits; deſorte qu'ils étoient obligés d'aller preſque nuds, malgré le froid le plus rude. Ils prioient leur Compatriotes d'uſer envers les Priſonniers Ruſſes d'un pareil Traitement, afin de faire revenir cette Nation de la maniere dure dont elle traitoit ceux qui avoient le Malheur de tomber entre ſes mains.

(*b*) MONSIEUR de Dukert épouſa en 1708. une de ces Demoiſelles, nommée Théodore-Scholaſtique Oginski, qui fut faite Comteſſe en 1719, lorſque ſon Mari fut élevé à la Dignité de Comte. Elle mourut en 17.... à ..., & fut enterée à Altona.

1706.

Mars.

mille Hommes, tant Gentilshommes que Païſans, avec leſquels ils iroient attaquer l'Ennemi Ces Députez obtinrent ce qu'ils ſouhaitoient : & le Roi leur fit dire, qu'il avoit déjà détaché quelques Troupes pour aller à leur ſecours ; &, qu'en cas de beſoin, il leur en accorderoit d'avantage. Ceux du Diſtrict de Lida, qui fait partie du Palatinat de Wilna, ſe déclarérent auſſi en faveur du Roi Staniſlas, & firent offre de leurs Services. Pluſieurs autres ſuivirent ces Exemples, demandant qu'on les garantît contre les Violences des Ruſſiens & des Coſaques ; mais, des grandes Maiſons de la Lithuanie, aucune n'avoit encore reconnu le Roi Staniſlas, non-obſtant que le terme fixé dans le Traité de Warſovie fût déjà expiré.

Accident qui arrive Charles XII.

C E P E N D A N T le Roi de Suede avoit donné ordre de jetter un Pont ſur la Niema, à une lieue de ſon Quartier ; & à neuf lieues de Grodno, près du Village d'Orlowa, où le Comte Stenbock Lieutenant-Général avoit ſon Quartier, avec le Régiment de Dalécarlie. On lui confia la Direction du Pont, dont il ſe repoſa ſur le Lieutenant-Colonel Siegroth, & Monſieur de Falckenberg, qui ſuivoit l'Armée en qualité

le 8.

de Volontaire. Comme le Roi y alloit ſouvent, pour voir ſi l'ouvrage s'avançoit, il arriva un jour, qu'aïant mis pied à terre, & voulant paſſer par deſſus la glace, qui paroiſſoit bien forte dans cet endroit, elle fondit tout d'un coup ſous lui, deſorte qu'il enfonça juſqu'au col dans la Riviere. Il n'eſt pas difficile de juger combien les Spectateurs durent être effraïés de cet Accident. Le Danger étoit extrême : &, quoique le Roi ſe ſoutint avec les bras, la rapidité du courant auroit pu facilement l'entrainer ſous la glace. Dans cette extrémité, le Prince de Wurtemberg, le Lieutenant-Colonel Siegroth, & un jeune Comte Wachtmeiſter, qui ſe trouvoient les plus proches, s'étant jettez tout-à-plat ſur le ventre, s'avançerent chacun de ſon côté, juſqu'à ce que le Prince ſaiſit une main du Roi, qu'il tint elevée, pendant qu'il arriva plus de monde pour le retirer, à quoi l'on réuſſit fort heureuſement. A peine le Roi fut-il ſorti de ce Danger, qu'il remonta à cheval, quoique que l'eau découlât de tous côtez de ſes habits. En s'en retournant au Quartier général, il fit une chute fort dangereuſe ; & reſta quelques minutes ſans pouvoir reſpirer. Quelque dangereuſes que fuſſent ces Rencontres, elles n'eurent pourtant aucune mauvaiſe ſuite ; ce qui cauſa une grande joie à toute l'Armée (a).

Projet du Czar.

S U R ces Entrefaites on apprit, que le Czar avoit fait venir auprès de lui le Général Mazeppa, Hittman des Coſaques, qui le joignit avec quatorze mille Hommes. Ceux-ci ſe firent voir en pluſieurs endroits du

(a) L E 9. Mars fut célébré ſolemnellement, tant en Suede, qu'à l'Armée, en Actions de Graces de l'heureux Progrès des Armes Suédoiſes pendant les deux dernieres Campagnes. Il y eut ce Jour-là trois Sermons. Les Textes, ſur leſquels on prêcha, étoient, pour l'Office du Matin, *Pſeaume LIV.* ẏ. 6--9 ; pour celui du Milieu du Jour, *Daniel, Chap. II.* ẏ. 20. 21 ; & pour celui du Soir, *Pſeaume LXIV.* ẏ. 6--11.

du Voifinage; &, après avoir été renforcés de quelques mille Ruffes, ils prirent leurs Quartiers dans Minfk, Sluczk, Niefwiecz, Lakowiecz, & autres Villes des environs. Le Projet du Czar étoit d'incommoder les Suédois par des Courfes continuelles, & de leur couper les Convois. Les Cofaques, d'un côté, & de l'autre les Lithuaniens & les Ruffiens, qui étoient en Courlande & à Grodno, devoient nous harceller continuellement, jufqu'à ce que le Roi Augufte, après un heureux fuccès, retournât de la Haute-Pologne avec fon Armée Saxonne, pour achever le refte. Ce fut dans cette Vûe, que les Généraux Roos & Bauer eurent ordre d'abandonner les Villes de Mitau & de Bautsk; ce qu'ils exécutérent ponctuellement, après avoir fait fauter les Ouvrages de ces deux Villes. Ils emmenérent avec eux le Canon de Fonte; mais, les Grenades & les Bombes furent jettées dans la Riviere: après quoi, ils marchérent, fans s'arrêter, du côté de Birfen, vers Polotfch, laiffant la Courlande à la Difpofition des Suédois, qui y retournérent auffi-tôt.

QUOIQUE Charles XII. eut, au-de-là de la Niema ou Memel, fes Partis, il ne laiffa pourtant pas de détacher encore le Lieutenant-Colonel Trautvetter, & les Majors Spens & Treffenfchöld avec quelques cens Chevaux. Le Lieutenant-Colonel marcha d'abord à Mir, où il y avoit environ mille Cofaques, qu'il fit attaquer par les Valaques Suédois. Ils s'en acquittérent avec beaucoup de courage, & revinrent avec dix Prifonniers (*a*). De cet endroit, Trautvetter marcha à Niefwiecz, Ville appartenante au Prince Radziwil, Grand-Chancelier de la Lithuanie, & fortifiée par des Remparts & des Foffez. Il y avoit près de la Ville un Chateau, qui étoit en affez bon état de Deffense, & où le Commandant avoit refufé de faire entrer les Cofaques, dont il y avoit environ deux mille dans la Ville, fous les ordres de Michalowitz, un des premiers Officiers de Mazeppa. Le Lieutenant-Colonel regla fi bien fa Marche, qu'il arriva devant la Place de grand matin. Aïant trouvé, près de quelques granges, un endroit qui étoit mal gardé, il fit mettre pied à terre à trois cens Dragons, pour pénétrer parlà: après quoi, il forma trois Bataillons, efcalada le Rempart, & fe rendit maitre des Portes de la Ville. Il attaqua enfuite les Cofaques, qui, aïant eu le tems de fe ranger fur le Marché, firent feu fur les Suédois: mais, lorfqu'on eut ouvert les Portes à la Cavallerie, ils furent fi vivement preffez l'epée dans les reins, qu'ils fe jettérent dans les maifons voifines, après avoir eu trois cens Hommes de tuez avec leur Chef. Cinq cens Hommes eurent le bonheur de fe jetter dans le College des Jéfuites, d'où il n'y avoit pas moïen de les déloger, parce que l'on manquoit d'Artillerie. Dans le Chateau, on ne laiffa entrer
perfon-

Trautvetter détaché.

le 14.

(*a*) Ces Valaques étoient devenus fort braves. Le Roi s'en fit accompagner quelque fois, & la prefence de Sa Majefté leur infpiroit du Courage. Les Officiers Suédois ne négligeoient rien non plus pour les dreffer: & ils rendirent de très bons Services, à caufe de la connoiffance qu'ils avoient du Païs, dont ils parloient auffi la Langue.

perſonne, & on ne tira pas un feul coup ſur les Suédois, quoique ceux-
ci ne fiſſent aucune difficulté de maſſacrer les Ennemis ſur le bord du
Foſſé du Chateau, & ſous les yeux même du Commandant. Trauvet-
terfit offrir Quartier à ceux qui s'étoient retirez dans les Maiſons;
mais, comme ils refuſoient de l'accepter, & qu'ils ne ceſſoient point
de faire feu ſur les Suédois, il prit le parti le plus ſûr, qui étoit de
faire mettre le Feu aux Maiſons; deſorte que cinq à ſix cens Hommes
périrent dans les Flammes. Ceux, qui échapérent, ſe rendirent priſonniers: ils montoient en tout à cent quatre-vingts Hommes. Le
Butin, que l'on fit, conſiſtoit en quatre Piéces de Canon de Fonte,
quatre Drapeaux, & autant de Paires de Timbales, ſans compter le
Bagage, que l'on ſauva de l'Incendie. Comme le Lieutenant-Colonel
avoit reçu ordre d'aller auſſi déloger les deux mille Coſaques, poſtez
près de Lakowiecz, il ſe mit en chemin pour s'y rendre, après avoir
envoïé à l'Armée ſes Priſonniers & ſes Bleſſés, dont les derniers montoient en tout, y compris les Officiers, à cinquante Hommes. Cette
ſeconde Entrepriſe ne réüſſit point, parce que l'Ennemi après avoir
réduit en cendres une partie de la Ville, s'étoit retiré au Chateau, où
il n'y avoit pas moïen de le forcer ſans Artillerie, dont les Suédois
manquoient. Voïant donc, qu'il n'y avoit rien à faire, il retourna à
Nowogrodeck, faiſant bruler en chemin par ſes Partis toutes les Terres des Ennemis; après quoi, il ſe poſta avec tant d'avantage, que les
Coſaques n'ôſoient point l'approcher. Il y attendit l'Arrivée du Colonel Creutz, qui avoit ordre de ſe joindre à lui, pour aller enſemble à
une Expédition, dont nous parlerons tantôt.

PENDANT que cela ſe paſſoit, Smigelski, fameux Partiſan, ſurprit
le Comte Truchſes, Colonel, qui venoit de lever en Pruſſe un Régiment de Dragons pour le Roi Staniſlas. Comme ce Régiment devoit
ſervir ſous Potocki, ce fut ce Palatin, qui convint des Conditions avec
le Comte. A peine quatre cens Hommes furent-ils levez & habillés,
que Smigelski, pour les diſſiper, entra par la Pruſſe Roïale. Les
Brandebourgeois le priérent d'abord de vouloir s'en retourner; mais,
comme il refuſa de le faire, ils le firent ſortir par force, & lui tuérent
quelque monde. Repouſſé de ce côté-là, il prit le parti de paſſer par
deſſus le Friſch-haf, qui étoit couvert de glaces, & d'entrer ainſi dans
les Werders de Marienbourg, où il parut tout d'un coup. Truchſes,
averti aſſez à tems, commençoit à ſe retirer; mais, ce fut avec tant
de négligence & de lenteur, que Smigelski, après l'avoir joint, le fit
Priſonnier avec preſque tout ſon monde, dont il y eut une partie de
tuée, & dont il ne ſe ſauva que fort peu. Les Parens du Comte firent
de fortes inſtances, pour qu'on l'échangeât contre quelque Priſonnier
Polonois ou Saxon, dont on avoit bon nombre; mais, les deux Rois
ne voulurent jamais en entendre parler; attribuant ſon Malheur à ſa
Négligence, & à ſon Imprudence.

CHARLES XII, attentif aux Mouvemens des Ennemis, ne perdit

point

point de vûe les Ruffiens enfermez à Grodno. Ceux-ci recevoient de tems en tems quelques Convois, mais qui ne fuffifoient nullement à l'entretien d'une Armée fi confidérable. D'ailleurs, ils n'avoient plus aucune efpérance d'être fecourus, depuis que les Saxons avoient été battus en Pologne. Le Czar, qui paffa la plus grande partie de l'Hiver à Orfova fur la Frontiere de la Lithuanie, où il avoit affemblé un Corps d'Armée de dix mille Hommes tirez des Places voifines, feroit volontiers accouru au fecours de Grodno qui renfermoit la fleur de fon Armée; mais, il n'ôfa le faire. Les Maladies, qui régnoient dans la Place, emportoient les Soldats par pelotons: &, de l'aveu des Prifonniers, on jettoit prefque tous les jours cinquante morts dans la Riviere, afin de ne point faire remarquer la grande Perte que l'on faifoit. Les Caves étoient remplies de Corps morts, qui, à l'approche du Printems, cauférent une fi cruelle Puanteur, que la plûpart des Habitans de la Ville en moururent. Pour s'éloigner au plûtôt d'un Endroit fi funefte, Ogilvi fit jetter un Pont fur la Riviere, au-quel on travailloit avec beaucoup d'ardeur, afin de gagner quelques Marches fur les Suédois, avant que ceux-ci, informez de cette Retraite, puffent paffer les Marais qu'ils étoient obligés de traverfer pour atteindre l'Ennemi. Le Pont fut conftruit fur des vittines, attachées enfemble avec des chaines de fer, & remplies de plomb, au lieu de pierres. On jetta dans la Riviere quantité de Munitions; & on coula à fond, à quelque diftance de la Ville, quelques batimens, chargés de quatre-vingt Piéces de groffe Artillerie, de maniere cependant qu'on pouvoit les repecher. Après avoir envoïé à Tykozin les Malades, au nombre de quatre mille Hommes, Ogilvi se mit en Marche avec deux mille Chevaux & huit mille Fantaffins, qui étoient tout ce qui reftoit des trente mille Hommes qui avoient été à Grodno, & dont il y avoit encore beaucoup, qui étoient tellement exténuez de faim & de mifere, qu'ils pouvoient à peine fe foutenir.

Ogilvi fe retire.

L'Ennemi prit la Route de Breft ou de Breffici. Le Roi, en aïant été averti, on croïoit qu'il feroit facile à Sa Majefté, en marchant par certains chemins peu pratiqués, de l'atteindre: mais, par malheur, les glaces, que charioit la Niema, avoient rompû le Pont que les Suédois avoient jetté près d'Olowa; de forte que le Deffein du Roi n'eut point lieu. Les Ruffiens, profitant de ce contre-tems, fe firent joindre par la Garnifon de Tykozin, & cotoïérent la Riviere de Bug jufqu'en Volhynie. Ils ne s'arretérent qu'au de-là dù Nieper, à quelque diftance de Kiow. La plûpart des Officiers Allemands, qui fervoient alors dans les Troupes du Czar, quittérent le Service de ce Prince, fans fe mettre beaucoup en peine qu'on leur accordât, ou non, leur Congé.

Le Roi ne peut pas l'atteindre,

Les Suédois commençoient enfin à fe laffer de refter plus long-tems dans leurs Quartiers, où ils n'étoient nullement à leur aife. Les Vivres étoient rares, & il régnoit tant de Maladies dans l'Armée, que l'on

& décampe de Zalu-deck.

L 2

l'on ne se souvenoit point, que, depuis le commencement de la Guerre, il y eut eu à la fois un aussi grand nombre de Malades. La Marche pénible, que les Troupes venoient de faire au milieu de l'Hiver, n'y avoit pas peu contribué. On peut dire la même chose des Fatigues que souffrirent quelques Régimens, pendant le tems qu'ils campérent à Blonie: car, on remarqua, que ceux, qui avoient été à couvert durant la fin de l'Automne, avoient beaucoup moins de Malades, que ceux qui avoient campé en plein air; où les Soldats, pénétrez de mauvaises Exhalaisons, avoient amassé toutes sortes de Fluxions, dont on ne s'appercevoit, que lorsqu'ils commençoient à avoir quelque repos, & qu'ils venoient dans des endroits chauds. Il n'en mourut pourtant que fort peu. Si ces Raisons faisoient souhaiter aux Troupes de décamper bientôt, le Roi ne le souhaitoit pas moins, dans l'espérance de pouvoir encore atteindre les Russiens. Aussi, dès que le Pont, dont on a parlé, fut réparé, ce Prince se mit en Marche. Il alla, le

le 4. prémier jour, de Zaludeck, par Orlowa, où il passa le Niemen, &

le 5. ensuite le Scaras, à Derezini, & de-là le lendemain à Blezenice, où il demeura quelques jours. Comme l'on étoit obligé de traverser un terrain limoneux & tout dégélé par l'approche du Printems, on eut toutes les peines du monde à avancer. Les Chariots de Bagage s'embourboient si profondement, que l'on fut obligé de les décharger pour les retirer; &, à peine avoient-ils fait encore cent pas, qu'il falloit recommencer de nouveau. Cela fit, qu'on manqua presqu'entiérement de Vivres: & le Soldat affamé fut obligé d'attendre deux jours l'arrivée du Bagage, qu'on n'auroit même pas eu si-tôt, si le Roi ne

le 10. fut retourné lui-même pour donner ses ordres sur la maniere de le retirer. Après que l'Armée se fut un peu reposée, le Roi continua la Marche, par des chemins également mauvais. Il ne put faire qu'une lieue jusqu'à Jezernice, où il fut encore obligé de faire halte quelques

le 14. jours. De cet endroit, il se rendit à Rosanna, Ville appartenante aux Sapiehas, & où commencent les Marais qui s'étendent sur toute cette

le 16. Route. Après un jour de repos, on fit deux lieues jusqu'à un Village, nommé Alba.

EN cet endroit, le Roi reçut Avis, que quinze cens Dragons Russes se trouvoient postez près du Couvent de Bereza, pour y défendre le Passage, qui avoit quelques mille pas de longueur, mais si peu de largeur, qu'à peine quelques peu d'Hommes pouvoient y marcher de front. Tous les Ponts étoient ruinez, & le Bois rempli d'abbatis d'arbres, sur-tout du côté de Sielce, autre Passage, où l'Ennemi avoit fait élever cinq Redoutes, qu'il avoit eu grand soin de garnir de Troupes & d'Artillerie. Charles donna ordre sur le champ à deux Bataillons des Gardes de prendre les devants, avec quelques Compagnies de Valaques, & de marcher en grand silence, & à la faveur de la nuit, par de grands Bois & des Marais, pour y surprendre les Russes. Le Roi

le 17. suivit le lendemain de grand matin.; &, à son arrivée, il fit pointer. le

Ca-.

Canon contre l'Ennemi, qui élevoit une Redoute de l'autre côté du Paſſage. Il rencontra cependant les mêmes obſtacles qui avoient arrêté ſon Infanterie; mais, ſans balancer un moment, ſuivi du Prince de Wurtemberg, du Général-Major Meyerfeldt, & de quelques autres Officiers, il ſe jetta dans l'eau juſqu'aux coudes, faiſant ſonder en même tems la profondeur de l'eau avec de longues piques, pour ſavoir ſi l'on couroit riſque de ſe noïer. Rien n'auroit été plus facile, même à un très petit nombre d'Hommes, que d'arrêter dans cet endroit l'Armée formidable; mais les Ruſſes, voïant la fiere Contenance avec laquelle les Suédois venoient à eux, & que le Canon avoit renverſé dix ou douze Hommes, ne jugérent point à propos de s'arrêter d'avantage. Ils s'enfuirent à toute bride, prenant la route de Sielce, où ils répandirent tellement l'allarme, que leurs camarades qui y étoient ſe retirérent auſſi, malgré la réſolution qu'ils avoient priſe de ſe défendre. Ils coururent tous enſemble en grande confuſion à Pinsk. Le Roi ordonna aux Valaques, n'aïant point d'autre Cavallerie avec lui, de les pourſuivre. Ils le firent, & ramenérent pluſieurs Priſonniers.

1706.
Avril.

Lorsque le Roi eut ainſi franchi le Paſſage, il trouva entre les Bleſſés un Capitaine couché ſur la place, auquel le Canon avoit emporté le bras gauche, & qui étoit outre cela percé du même côté. Cet Officier, nommé Buſanville, étoit François de Nation. Le Roi s'arrêta auprès de lui, & lui fit différentes queſtions, auxquelles il répondit avec beaucoup de préſence d'eſprit. Il demanda à ſon tour ſi le Roi de Suede n'avoit pas été préſent à l'Action; ajoutant, qu'il mourroit content, pourvû qu'il pût avoir le bonheur de voir ce Prince. Le Roi s'étant fait connoitre lui-même, l'Officier leva ſa main droite, & profera ces paroles avec un grand air de ſatisfaction: „J'ai ſouhaité „ depuis pluſieurs Années d'entrer au Service de Vôtre Majeſté; mais, „ le Sort a voulu que je ſerviſſe contre un ſi brave Prince. La paro- „ le me manque. Dieu beniſſe Vôtre Majeſté, & donne à ſes Entre- „ priſes tout le Succès qu'Elle deſire. „ Il expira quelques heures après dans un Village, où on l'avoit tranſporté. Le lendemain, il fut enterre dans l'Egliſe d'un Cloitre voiſin, avec tous les Honneurs de la Guerre, & aux Dépens du Roi.

Le Roi trouve parmi les Bleſſés un Capitaine François.

Charles, après avoir laiſſé ſon Détachement à Bereza, & avoir donné ſes Ordres pour la réparation des Ponts ſur le Paſſage, retourna le même jour à Alba, d'où il partit le lendemain avec l'Armée pour Bereza. Il y demeura un jour. L'Armée décampa enſuite, & marcha juſqu'au Village de Sokolewice, & de-là à la Ville de Komsk, par des chemins impraticables, ruinez par l'Ennemi, & où perſonne ne ſe ſouvenoit d'avoir entendu dire, qu'aucun Roi de Pologne eut jamais pénétré, & encore moins une Armée entiere.

Charles continue ſa Marche. le 18. le 20, 21.

A un quart de lieue de Komsk, il y a une Fortereſſe nommée Zabirs, entourée de tous côtez de Marais, & appartenante au Prince Wieſnowicki. Elle n'a qu'un ſeul endroit par où l'on puiſſe y aborder: &

Un Parti Polonois fait priſonnier.

elle

L 3

elle eſt revetuë de quatre Baſtions, d'un bon Foſſé & de Paliſſades, avec plus de quarante Canons ſur le Rempart. Un Colonel Allemand, appellé Butzman, en étoit le Commandant, & ſous lui commandoit un certain Lemke. Le Roi, qui ne ſe mettoit point en peine de cet endroit, l'avoit déjà paſſé, le laiſſant à ſa gauche : mais, le Comte Sapieha, Tréſorier de la Couronne, l'Ajudant-général Vittinghof, le Lieutenant-Colonel Hammarhielm, le Capitaine Fock, & Charles Adlerfelt Gentilhomme de la Cour, avec quelques autres Officiers & leurs Valets, qui en tout montoient à ſeize Perſonnes, s'étant par hazard un peu égarez de la Route, rencontrérent trois Compagnies d'Infanterie des Troupes de Poczei, commandées par le Lieutenant-Colonel Keinert, & deſtinées pour Zabirs, où ils conduiſoient ſoixante-dix Chariots remplis de Vivres. Les Suédois les aïant cotoïés un bout de chemin, Fock s'approcha des Polonois, leur demandant s'ils vouloient ſe rendre ; avec menace, s'ils ne le faiſoient pas de bonne-grace, de faire venir le Régiment le plus proche, & qu'alors il n'y auroit point de Quartier à eſpérer. Les Polonois, ſans balancer long-tems, mirent bas les Armes, & ſe rendirent tous Priſonniers. Le Roi, étant ſurvenu alors, ne pût s'empêcher de rire de ce que ſi peu de Perſonnes avoient fait Priſonniers tant de Gens armez. Il ordonna auſſi-tôt, que l'on fît venir quelques Compagnies de Dragons, pour conduire le tout à Komsk. Aïant appris depuis, que les Soldats appartenoient à Poczei, il leur rendit la Liberté le même ſoir ; mais, pour les Officiers, on les retint priſonniers. On trouva, ſur le Lieutenant-Colonel, une Lettre de Poczei, au Commandant de Zabirs, dans laquelle il lui ordonnoit, en cas que les Suédois vinſſent devant la Place, de couler à fond le Canon, & de ſe retirer vers les Marais avec ſa Garniſon. Le Roi, ne voulant point lui envoïer cette Lettre, ni attaquer la Fortereſſe, y

laiſſa cent cinquante Hommes, pour la tenir bloquée. On continua enſuite la Marche vers le Village de Bruzalowice : & de-là Sa Majeſté ſe rendit à Pinsk, où elle s'arrêta un mois entier.

ON a dit un peu plus haut, que le Roi détacha un Parti ſous le Commandement du Baron Creutz. Ce Colonel ſe mit en marche vers la fin du mois de Mars, & alla à Slonim, pour y obſerver les Mouvemens de l'Ennemi ; mais, comme à ſon arrivée, Baranowitz, qui avoit fort incommodé les Habitans par ſes Courſes, ſe retira dans les Bois & les Marais, & qu'il n'y eut pas moïen de l'atteindre, Creutz marcha droit à Lakowiecz, où il y avoit deux mille Coſaques en Garniſon. Le Général Ruſſien Nieplii, voïant le Danger auquel ceux-ci étoient expoſez, raſſembla auſſi-tôt quatre mille Fantaſſins de la Garniſon de Minsk, & cinq mille Coſaques, qu'il tira de Slucz & d'autres endroits voiſins,

& marcha vers la Ville de Kletſch. Le Quartier-Maitre Soop étant tombé entre leurs mains, ſans que l'on ſâche bien comment, fut tué avec un Cavalier. La Ville de Kletſch, éloignée de trois lieues de Lakowiecz, eſt entourée d'un Marais fort bourbeux. Du côté de

Nes-

Neswiecz, il y avoit un Pont étroit, mais long d'environ cinq cens pas. Du côté de Lakoviecz, on trouvoit une Chauffée, où le Marais fe déchargeoit près d'un Moulin. Au de-là du Pont étoit une grande Plaine, où Nieplii alla camper, laiffant mille Cofaques près de la Ville pour garder le Paffage. Monfieur de Creutz, informé de toutes ces Circonftances, réfolut de marcher à l'Ennemi. Il partit la nuit avec environ mille Hommes tant Cavaliers que Dragons, après avoir laiffé derriere lui le Lieutenant-Colonel Trautvetter avec quatre cens Chevaux. A la pointe du jour, il arriva à Kletfch. Il attaqua auffi-tôt l'Ennemi, qui fit tous fes efforts pour fe bien deffendre; mais, comme les Suédois, malgré le feu violent & continuel, maffacroient tout ce qui fe préfentoit devant eux, il fut enfin obligé de plier & de fe retirer vers le Pont. Par malheur, ce Pont fe trouva alors embaraffé par des Chariots chargés de toutes fortes de Provifions, que l'on conduifoit à la Ville. Les Ennemis vivement pourfuivis fe renverférent dans les Marais, où ne pouvant, ni avancer, ni reculer, ils furent tous, ou maffacrez, ou foulez par les Chevaux. Parmi ceux, qui périrent de cette maniere, fe trouva un Courlandois, nommé Sack, Colonel au Service de Ruffie. En attendant, le Colonel Creutz fit mettre pied à terre à une centaine de Dragons, qui, après avoir débaraffé le Pont des Chariots dont il étoit couvert, marchérent à l'autre bout où ils prirent Pofte jufqu'à l arrivée du Colonel. Ce fut alors, que le Maffacre recommença. Les Cofaques furent auffi-tôt renverfés; mais les Ruffiens, voïant la mort devant leurs yeux, fe deffendirent avec beaucoup de bravoure. Aïant cependant été mis en Déroute, ils prirent la Fuite, après avoir jetté leurs Armes & leurs Habits, pour pouvoir mieux courir. On paffa au fil de l'épée tous ceux que l'on put joindre. Les Suédois & les Valaques les pourfuivirent une demi-lieue, & jufqu'à un Bois. Ils feroient même allez plus loin, fi Monfieur de Creutz, qui venoit de recevoir Avis, que les Cofaques dans Lakowiecz avoient fait ce jour-là trois forties, n'eut fait rappeller fon monde. En retournant, les Cavaliers s'apperçurent, que, parmi ceux qui étoient étendus fur la place, fe trouvoient quelques-uns qui contre-faifoient les morts; on les découvrit, & il n'en échapa point un feul Homme. On ne pût pas favoir au jufte la Perte de l'Ennemi; mais, le Bourguemaitre de la Ville, qui étoit Allemand, avoua, qu'en dix-huit foffes, il avoit fait jetter deux mille vingt-cinq Corps morts, auxquels fi l'on ajoute ceux qui étoient péris dans le Marais, & ceux que les Païfans avoient fait enterrer dans les Villages voifins, & dont le nombre montoit à plus de deux mille, fans compter fix cens autres que l'on avoit laiffés dans le Bois, on trouvera qu'il en périt en tout près de cinq mille. Du nombre des tuez étoit le Chef des Cofaques, nommé Apoftol Andrès, que Mazeppa y avoit envoïé à fa place. Le Général Nieplii, bleffé d'une Moufquetade, fe fauva avec le refte de fes Troupes, à Slucz; mais, comme le Commandant ne voulut point le laiffer entrer

trer dans la Ville, il fut obligé de camper aux environs, où il perdit
encore cent-cinquante Hommes qui moururent le lendemain. Cette
Victoire ne couta aux Suédois que quinze Hommes; & ils n'en eurent
que dix neuf de blessés. Un Colonel Cosaque, & soixante & dix Hommes furent faits prisonniers : & l'on prit encore quatre Piéces de Canon de Fonte, seize Drapeaux, & deux mille Chevaux.

Mai. APRE's cette Expédition, Creutz retourna le même jour, sans perte de tems, à Lakowicze, prenant lui-même les devants avec quelques
peu de Troupes. Les Assiégés, les voïant revenir, ne doutérent nullement, que les Suédois n'eussent été battus. Ils en témoignérent même leur joie par le bruit des Trompettes & des Timbales; mais, cette joie ne dura qu'une heure, & jusqu'à l'arrivée du reste du Détachement. Alors, on rangea devant leurs yeux les Prisonniers, & on
leur fit voir les Drapeaux & les Canons qu'on avoit enlevez à l'Ennemi. Les Allemands & les Lithuaniens perdirent aussi-tôt courage, &
proposérent de se rendre: mais, les Cosaques, accoutumez à se nourrir de Chair de Cheval, dont ils avoient déjà tué plus de cinq-cens,
& dont il leur restoit encore une bonne provision, ne voulurent absolument pas en entendre parler, & la Discorde s'étant ainsi mise parmi
le 2. eux, ils en vinrent aux mains les uns contre les autres. Munichausen,
Commandant de la Place, profita d'une de ces Rencontres, & fit ouvrir les Portes de la Ville aux Suédois, qui y firent prisonniers quinze
cens Cosaques, & environ trois cens Allemands & Lithuaniens. Monsieur de Creutz leur prit sept Pieces de Canon de Fonte, & quelques
Munitions, avec neuf Drapeaux & Etendarts. C'est-là tout le Butin
que l'on y fit. Il n'y avoit que fort peu de Grains; mais, toutes les
murailles étoient remplies de Chair de Cheval, que l'on faisoit sécher
au Soleil. Lorsque le Major Duderberg entra dans la Ville avec deux
cens Dragons, pour chercher les Cosaques, il jettérent tous leurs Armes, dont aussi bien ils ne pouvoient faire aucun usage. On les conduisit au Quartier des Valaques, où se voïant entourez par des Gardes qui avoient le Sabre nu à la main, ils poussérent des cris effroïa-
bles, s'embrassant, & prenant tendrement congé les uns des autres,
dans l'idée qu'on les massacreroit tous. Mais, lorsque Monsieur de
Creutz se fut approché d'eux pour les consoler, qu'il leur eut promis
la Vie, & qu'il leur eut fait distribuer du Tabac, de l'Eau-de-vie, &
quelque chose à manger, la tristesse se changea en une joie immodé-
rée. Ils se jettérent tous à terre, & l'appellérent leur Pere, leur
Conservateur, & leur Seigneur.

LE Roi Stanislas, qui suivoit le Roi de Suede, avec la Colonne
commandée par le Lieutenant-Général Stromberg, arriva aussi à Pinsk,
avec le reste de l'Armée. En passant près de Zabirs, Stanislas fit sommer le Commandant de se rendre. Celui-ci, non seulement refusa de le
faire, mais fit même tirer sur les Troupes du Roi. Charles, en aïant
été averti, détacha le Général-Major Meyerfeld pour réduire ce Com-
man-

mandant à la raison. Meyerfeldt, n'aïant reçu d'autre Réponse, que celle que l'on avoit faite au Roi Stanislas, envoïa chercher de l'Artillerie. Alors, le Commandant changea de langage, & envoïa deux Officiers, pour demander à capituler; ce qui lui fut refusé, avec menace, que s'il ne se déclaroit point au bout d'une heure, on le traiteroit avec la derniere rigueur. On lui fit savoir en même tems, que l'on ne considéroit Wiesnowicki, que comme un Rebelle aux Ordres du Roi & de la République de Pologne. Il se rendit donc à discrétion, & fit ouvrir les Portes aux Suédois qui entrérent dans la Place. Ce fut le Colonel Charles-Gabriel Horn, qui en prit possession avec son Régiment. La Garnison, qui étoit forte de huit cens Hommes, fut faite Prisonniere de Guerre. On trouva dans la Forteresse quarante-huit Piéces de Canon de Fonte, avec une grande quantité de Munitions de Guerre, & deux mille Sacs de Farine, que l'on distribua aux Régimens. Les Drapeaux furent déchirez; & l'on fit créver les Armes, & fondre les Canons. Seize Prisonniers Suédois recouvrérent la Liberté à cette occasion; & l'on reprit les Armes que Wiesnowicki avoit pris quatre ans auparavant, lorsque Hummerhielm fut défait à Dorfsnicki. Le Roi, étant arrivé lui-même sur ces entrefaites, ordonna que la Place fut rasée à fleur de terre, & que l'on réduisît en cendres toutes les Maisons avec les Magazins.

S<small>A</small> Majesté, qui n'avoit point eu de Nouvelles du Colonel Creutz, résolut de se rendre en personne auprès de lui. Elle se fit escorter par cinquante Dragons, & partit la nuit pour Lakowiecz. A son arrivée, elle trouva que la Place s'étoit déjà rendue. Elle la fit démolir, & ruiner entiérement; à l'exception du Chateau, qui appartenoit aux Sapieha. Le Roi se rendit ensuite à Kletsch, pour y voir le Champ de Bataille. Il avoua, que cette Action avoit été beaucoup plus considérable qu'on ne lui avoit dit: &, louant la bonne Conduite de Monsieur Creutz, il témoigna en être fort content. Aussi l'élevat-t-il peu après à la Charge de Général-Major de la Cavalerie. Trois jours après, Charles, aïant pris avec lui un Détachement des Troupes qui avoient été emploïées devant Lakowiecz, marcha à Neswiecz. Cette Forteresse étoit fort réguliere, & revetue de quatre Bastions & d'un bon Ravelin, avec des Fossez de Maçonnerie d'une grande profondeur. La Garnison consistoit en deux cens Hommes, parmi lesquels il n'y avoit que quatrevingt dix Soldats, sans compter quelques cens Bourgeois & Païsans. Le Lieutenant-Colonel Trautvetter, & l'Aide-de-Camp-général Rosenstierna, furent envoïés au Commandant, pour le sommer de rendre la Place. Il eurent ordre de lui dire, qu'on lui donnoit une heure de tems pour sortir avec la Garnison; & que son Maitre étant considéré comme Rebelle au Roi & à la République, il n'avoit point d'autres Conditions à attendre. Le Commandant, ne voulant point exposer sa Vie, remit la Forteresse aux Suédois. Les Munitions de Guerre furent toutes brulées avec les Drapeaux & les Armes, & l'on fondit

1706.
Mai.

le 3.

Charles marche à Lakowiecz. le 5.

le 7.

le 10.

Tome II. M vingt

vingt & une Piéces de Canon que l'on y trouva. Le Commandant,
avec les Officiers, & toute la Garnifon, eurent la Liberté de fe retirer. La Forterefle fut rafée, & l'on en fit fauter les Fortifications.
On permit aux Juifs & aux Païfans, qui y avoient tranfporté des Ef
fets, de les reprendre; après quoi, on mit le Feu à la Ville, que l'on
réduifit en Cendres, à l'exception des Eglifes & des Couvens.

*Détache
plufieurs
Partis.*

Le Roi détacha en même tems plufieurs Partis, qui ruinérent entiérement toute cette Contrée, brulant plus de cent Villes & Villages, qui formoient une Entendue très confidérable. On n'épargnoit
pas la moindre petite Maifon à la Campagne, dès que l'on favoit qu'elle appartenoit à Wiesnowicki, à Radzivil, ou à quelque autre des Partifans du Roi Augufte. L'Intention de Sa Majefté étoit de réduire par-
là les Mécontens à une telle Extrémité, qu'il ne leur fût pas poffible
d'entreprendre la moindre chofe contre les Suédois ou le Roi Staniflas.
La petite Nobleffe étoit fort contente de voir démolir les Forterefles,
dont la haute Nobleffe fe fervoit pour tenir l'autre en bride, & la faire
agir felon fa volonté. Les Seigneurs ne fouffroient abfolument point
de Contradiétions: & il fuffifoit de ne pas penfer comme eux, ou d'en
appeller à la Liberté Polonoife, pour fe trouver le lendemain dans le
Cachot le plus affreux. On ne fut pas long-tems fans s'appercevoir du
bon effet que produifit la Fermeté du Roi de Suede. Les Palatinats de
Nowogrodeck, de Breft, & de Minsk, avec quelques autres, tinrent
leurs Diétines, & déclarérent, qu'ils étoient prêts à monter à Cheval
pour le Roi Staniflas. La Nobleffe de Wolkowice s'étant affemblée à
Cheval, un Gentilhomme adrefla à la Compagnie un Difcours, qui
tendoit à l'engager à fe déclarer pour le Roi Augufte. A peine eut-il
ceffé de parler, qu'on le fabra; après quoi, les autres fe rendirent à
l'Eglife, où s'étant mis genoux, ils firent Serment, fur le Crucifix,
qu'ils maintiendroient & deffendroient le Roi Staniflas.

*Marche à
Slucz.*

Charles partit de Neswiecz pour fe rendre à Slucz, qui avoit déjà
ouvert les Portes aux Suédois. Cette Ville eft fortifiée de quatorze
Baftions, & deffendue par un Chateau. La Garnifon confiftoit en cinq
cens Hommes: & l'on comptoit dans la Ville plus de quinze mille Habitans, avec quarante Eglifes, tant Luthériennes & Réformées, que
Grecques & Catholiques-Romaines. On y trouva cinquante-fept Piéces de Canon de Fonte, vingt Canons de Fer, & deux Mortiers. Le
Roi n'entreprit rien contre la Ville, qui appartenoit à une Princeffe
de Neubourg, dont la Mere étoit une Princeffe Radzivil. La plus
groffe Artillerie fut laiffée pour la Deffenfe de la Place, & l'on ne fit
créver que quelques petites Piéces de Canon. On faifit toutes les Marchandifes de Ruffie, comme des cuirs, de l'huile de lin, de la cire, de
l'anis, & d'autres pareilles Denrées. Le Lieutenant-Colonel Roxman
eut ordre de prendre les devants, & de retourner à l'Armée avec les
Prifonniers, dont le nombre montoit à quatre mille Hommes, & dont
on fe trouvoit fort incommodé. Monfieur de Creutz fuivoit avec le

refte

reſte du Détachement. On regretta beaucoup un jeune Comte Oxen-
ſtierna, qui mourut, pendant cette Expédition, d'une fievre chaude.
Ce Seigneur, Arriere-Petit-Fils du Grand Chancelier Axel Oxenſtier-
na, & le dernier de cette Branche, étoit Couſin iſſu de germain de
Charles XII.

1706.

Mai.

Le Roi retourna à Pinsk, ſans aucune Eſcorte, & accompagné de
de peu de Perſonnes. Il fit, en moins de vingt & deux heures, trente lieues, à travers des Bois & des Marais, qui, en quelques endroits,
étoient d'une telle profondeur, qu'il fut obligé de faire plus d'un quart
de lieue dans une petite barque, tenant le Cheval qui nageoit à côté.
Tous ceux de ſa ſuite avoient des Chevaux de main, qu'ils menoient
en leſſe; mais, il n'y eut que le Prince de Wurtemberg, le Général-
Major Meyerfelt, & deux Valets, qui purent ſoutenir la fatigue, &
ſuivre le Roi. Sa Majeſté arriva à Pinsk le lendemain, ſecond jour de
Pentecôte à quatre heures après Midi.

Retourne à Pinsk. le 13.

le 14.

Quelques jours après ſon retour, le Roi monta au Clocher du
Collège des Jéſuites, pour voir les vaſtes Marais de la Poléſie, & pour
examiner la Situation de cettre Contrée. Sa Majeſté s'entretint pendant plus de deux heures avec le Prieur, qui l'inſtruiſit parfaitement de
tout ce qu'Elle ſouhaitoit de ſavoir; & ce fut alors, qu'Elle commença
à ne plus douter, que ceux, qui lui avoient conſeillé de prendre ce
Chemin pour entrer en Wolhynie, n'avoient eu aucune connoiſſance
de ces Provinces, & qu'ils l'avoient trompé (*a*). Cependant, les Troupes trouvoient amplement dans ces Cantons de quoi ſubſiſter. La plus
grande partie des Terres voiſines appartenoient à Wiesnowicki & à
Radzivil, qui, aïant vécu pendant toute la Guerre aux Dépens d'autrui, avoient fait chés eux des Amas conſidérables.

le 19.

Les vaſtes Marais, dont nous parlons, commencent dans le Palatinat de Breſt, dont la Poléſie eſt une partie, & s'étendent juſques dans
la Wolhynie, c'eſt-à-dire à plus de ſoixante lieues. Leur largeur n'eſt
que de ſeize lieues, & en quelques endroits un peu plus. Ils ſont coupez par pluſieurs Rivieres, dont celles de Jaſiolda, de Pina, de Slucz,
de Horin, de Stockud, & de Prepetz, ſont les plus conſidérables. Les
prémieres ſe jettent dans la Prepetz, qui, avec quantité d'autres, ſe
décharge dans le Boryſthene. Elles ſont pour la plûpart navigables,
excepté dans les endroits où les Moulins & les Chauſſées en empéchent
le Cours: & il n'y a rien de ſi facile, que de ſe rendre de Slucz, de
Pinsk, & de quelques autres Villes, par eau à Kiow, & de-là dans le
Pont Euxin ou la Mer Noire. Des bords de ces Rivieres s'étendent
les grands Marais, qui ſont larges ſouvent de pluſieurs lieues, & qui ſont
enco-

Deſcription des Marais de la Polé-ſie.

(*a*) Je pourrois rapporter fort au long cet Entretien; mais, j'aime mieux le paſſer
ſous ſilence. J'étois au Clocher, lorſque le Roi y monta avec le Prieur: & comme
il y avoit de la place préciſement pour trois Perſonnes, Sa Majeſté m'ordonna de demeurer; ce qui me fournit l'occaſion d'entendre la Converſation d'un bout à l'autre.

encore entre-coupés par d'autres petites Rivieres, qui forment des Terrains élevez comme des Iles. Ces eſpeces d'Iles ſont habitées, & l'on y voit de petits Bois fort agréables. On ne peut pourtant pas y aborder, qu'avec des Barques ; car, quoique le fond de ces Marais ſoit d'un ſable très ferme, il n'arrive preſque jamais, quelque grande que ſoit la Chaleur, qu'ils ſe deſſechent entiérement. A l'approche de l'Ennemi, les Habitans y trouvent une Retraite ſure pour eux, leurs Beſtiaux, & ce qu'ils poſſedent de plus précieux. Veut-on les pourſuivre, ils ſe retirent avec des Eſquifs ou Canots ſur d'autres Iles. D'ailleurs, ces Gens-là ſavent très bien ſe deffendre contre de petits Partis. Ils tirent avec beaucoup de juſteſſe, & ſont pourvûs d'Armes ; ce qui n'eſt permis en Pologne qu'à la ſeule Nobleſſe. Pendant le Séjour du Roi à Pinsk, & lorſque l'Armée traverſa depuis ces Marais, on détacha différens Partis, qui eurent beaucoup à faire pour joindre les Païſans, & pour faire ſur eux quelque Butin. Des Goujats, Vivandiers, & autres, qui ſortoient ſans Permiſſion, & dans l'eſpérance d'attraper quelque choſe, il en revint rarement quelqu'un. Dans ces Marais, on trouve des Elans, des Cerfs, & même des Ours & d'autres Bêtes ſauvages ; comme auſſi des Tortues, des Cignes, des Oies, des Canards, & d'autres Oiſeaux de Riviere, en grande quantité. Les Rivieres fourniſſent du Poiſſon en abondance ; mais, il a le gout du fond marécageux. Les Ecreviſſes ont des Pates d'une longueur monſtrueuſe ; & l'on en prend, en certains endroits, une ſi grande quantité, que les Habitans les ſechent, & en font une Farine dont ils mangent, auſſi bien que leurs Beſtiaux. Lorſqu'on nourrit des Poules d'une Pâte, faite de cette Farine, le blanc des Oeufs devient d'une couleur rouge tirant ſur le jaune. La Chaſſe, & la Pêche, ſont les ſeules Occupations des Habitans, & c'eſt dequoi ils vivent. On rapporte comme une choſe très vraie, que quelques Hollandois avoient offert, il y avoit déjà fort long-tems, d'acheter tout ce Terrain, & de deſſécher les Marais les plus proches de Pinsk. Ils avoient auſſi propoſé de nettoïer les Rivieres, & de les rendre parfaitement navigables ; afin d'envoïer des Batimens marchands en Ruſſie & en Turquie, pour y commercer. Le Prince Wiesnowicki, à qui les Terres de cette Contrée appartenoient, auroit eu trois cens mille florins ; mais, il aima mieux voir toute cette Etendue de Païs couverte d'Eau & de Joncs, dont on ne pouvoit faire aucun uſage, que de céder à des Etrangers des Avantages dont il auroit tiré lui-même le plus grand Profit.

Le Partiſan Baranowitz, dont on a parlé ci-deſſus, étoit poſté dans ce tems-là, avec trois cens Hommes, du côté de Breſt. La Terreur l'avoit porté à ſe retirer dans les Marais, où il ſe tenoit aſſez tranquile. Cependant, le voiſinage des Dragons du Général-Major Meyerfeldt, qui avoient leurs Quartiers autour de Horodecs, & qui étoient obligés de détacher des Partis, pour chercher leur Subſiſtance dans ces Marais, lui donna occaſion d'enlever le Quartier-Maitre du Régiment avec

cinq

cinq Dragons. Ce premier Succès l'aïant rendu plus hardi, il marcha à Cobrin, petite Ville éloignée de trois lieues, où il comptoit de furprendre un Capitaine qui y étoit avec cinquante Hommes. Quelques Dragons Suédois, l'aïant apperçu, allèrent à fa rencontre, armez de Carabines & de Piftolets, mais fans fe donner le tems de monter à cheval; & ils foutinrent fon Attaque avec tant de bravoure, que leurs Camarades eurent le tems d'accourir à leur fecours. Les Lithuaniens repouffez prirent la fuite, laiffant vingt Hommes de tuez fur la place, avec plufieurs Prifonniers. Depuis ce tems-là, Baranowitz n'ofa plus approcher les Suédois de près.

CE fut vers tems-là, que Potocki, s'adreffant à Charles XII, le pria d'intercéder en fa faveur auprès du Roi Staniflas, pour lui faire obtenir de ce Prince la Charge de Grand-Général de la Couronne, à la place du Prince Lubomirski, mort le 10. Avril dernier. Le Pizar Potocki, qui étoit proche Parent de l'autre, fit les mêmes inftances; alléguant, comme un Motif affez confidérable pour le mettre au-deffus de tous fes Concurrens, que, lorfque le Roi Augufte avoit furpris la Ville de Warfovie, il y avoit deux ans, il en avoit averti le Roi Staniflas. Charles répondit à ces Meffieurs, qu'il étoit très difpofé à leur rendre les Services qui pourroient dépendre de lui; mais, qu'étant étranger, il n'aimoit point à fe méler des Affaires qui ne regardoient que le Roi & les Etats du Roïaume de Pologne. Le Roi Staniflas, voulant fe conferver l'Amitié des deux Potocki, fe contenta de leur dire, qu'il ne fouhaitoit rien tant, que de pouvoir les fatisfaire également tous deux; mais, qu'ils conviendroient eux-mêmes, qu'il feroit mieux de ne point difpofer de cette Charge avant la prochaine Affemblée des Etats. Quelque tems après, on apprit, que le Roi Augufte avoit fait Siniawski Grand-Général de la Couronne, & que la Place de Sous-Général avoit été donnée à Revuski, Référendaire de la Couronne. Les Partifans de la Suede ne furent point fachés de cette Difpofition, par laquelle le Roi Augufte aliéna entièrement deux Maifons auffi puiffantes que celles de Lubomirski & de Potocki. Comme, depuis longues années, elles avoient été en poffeffion de cette Dignité, elles furent fort fenfibles à l'Exclufion qu'on leur donnoit. Animées par un même Efprit de Haine & de Vangeance, elles s'unirent pour attirer dans leurs Intérêts l'Armée de la Couronne; ce qui leur réüffit affez bien.

Les deux Potocki demandent la Charge de Grand-Général.

AUGUSTE étoit encore à Cracovie. Ce Prince, après avoir raffemblé fes Saxons, & les Polonois, avec les Ruffiens & les Cofaques qu'il avoit fait venir de Zamofc, fit mine d'abord de vouloir tenter quelque-chofe contre le Général Rehnfchöld. Le Lieutenant-Général Brand s'étoit déjà chargé du Commandement des Troupes Allemandes : mais, comme les Ruffiens & les Cofaques furent obligés dans ce tems-là de quitter la Lithuanie, & que le Czar, attentif à ne point dégarnir fes Frontieres, rappella fes Troupes qui étoient à Cracovie,

Augufte à Cracovie.

M 3   le le Projet du Roi Augufte n'eut pas lieu. En attendant, on continua avec beaucoup de vivacité les Travaux à Cracovie: &, pour mettre le Chateau en bon état de Deffenfe, on démolit les Maifons les plus proches ; & l'on conduifit autour du Chateau un bras de la Viftule. Quels que fuffent les Deffeins d'Augufte, le Public eut de la peine à fe perfuader, que tous ces Préparatifs ne fe fiffent que pour montrer quelque contenance.

APRE's la Bataille de Frauftad, Monfieur de Rehnfchöld envoïa en Suede la plus grande partie des Prifonniers & des Canons. Les Malades & les Bleffés furent envoïés à Pofnanie, où commandoit le Lieunant-Colonel Fock, qui avoit pour Garnifon le Régiment de la Bothnie Occidentale. La Ville étoit en affez bon état de Deffenfe, & pouvoit, en cas de néceffité, foutenir un Siége. Le Général, après avoir fait ces Difpofitions, fe mit en Marche avec fon Armée, & fe pofta de façon qu'il pouvoit empêcher que les Saxons n'entraffent en Pologne, & veiller en même tems fur les Mouvemens du Roi Augufte. Pour réparer la Perte qu'il avoit faite dans la Bataille, il propofa aux Prifonniers, qui n'étoient pas Saxons, de prendre Service parmi les Suédois. Deux mille cinq cens Hommes prirent auffi-tôt parti, & furent diftribuez dans différens Régimens. Parmi ces Soldats fe trouvoient fix cens François, que l'on avoit fait Prifonniers à la Bataille de Hochftedt, & que l'Empereur avoit cédés au Roi Augufte. Au bout de quelques Semaines, il en arriva d'autres de Saxe, & entre autres un certain Valadier avec fon Camarade, munis chacun d'un Congé abfolu de leurs Officiers, & prétendant tous les deux être fort mécontens du Service de Saxe. A peine Valadier eut-il été quelques jours à Pofnanie, qu'il fe fit des Amis, & qu'il commença à découvrir fes Deffeins à quelques Perfonnes, qu'il tâcha de gagner à force d'Argent. Il s'ouvrit entre autres à un Capitaine François, nommé Pertruit, auquel il prodigua toute fa Rhétorique en buvant Bouteille. Le Vin aïant fait fon effet ordinaire, ils convinrent de fe rendre chés l'Apoticaire pour y prendre du Thé. Pertruit, revenu un peu à lui-même, fe ravifa tout d'un coup; difant, que comme il avoit fait Serment au Roi de Suede, il vouloit auffi le fervir en Honnéte-Homme. Auffi-tôt, Valadier & fon Camarade fe jettérent fur lui, & l'auroient certainement maffacré, fi, par fes Cris, il n'avoit attiré la Garde pour les arrêter: mais, avant qu'il pût venir à bout de conter l'Affaire à l'Officier qui étoit de Garde, & au Comte Douglas, qui faifoit la Fonction d'Aide-de-Camp-général, les deux François s'étoient déjà fauvez. On les ratrapa cependant tous deux, hors de la Ville, l'un dans un Couvent de Dominicains, où le Prieur l'avoit caché dans un Coffre: l'autre fut ramené par un Païfan à qui en arrivant fur la Warta il avoit demandé le Chemin, & qui jugeant par fon Habit galonné, qu'il devoit être un Homme d'Importance, l'avoit arrété. Valadier avoua auffi-tôt, que le Colonel Kosbot l'avoit envoïé à Pofnanie, pour tâcher, à force

d'Ard'Argent & de Promeſſes, d'engager quelques Gens à enlever, ou à maſſacrer, le Colonel Görtz, qui venoit d'obtenir un Régiment compoſé de Priſonniers Allemands. Ils devoient enſuite éxécuter la même choſe ſur le Général Rehnſchöld, & ſur le Roi Staniſlas. On leur avoit pourtant ordonné de ne rien entreprendre, avant l'Arrivée d'un certain Lieutenant-Colonel, lequel devoit avoir la Direction de toute cette Affaire. Ces Traitres avoient reçu chacun deux cens Ducats; & on leur avoit promis une Récompenſe fort conſidérable, en cas que leur Entrepriſe eut le Succès dont on ſe flattoit. Le Général Rehnſchöld voulut d'abord attendre l'Arrivée du Lieutenant-Colonel: mais aïant conſidéré, que cette Affaire avoit déjà éclaté, il fit faire le Procès aux deux Priſonniers, qui eurent la Tête tranchée, & les Corps furent mis ſur des Roues. Ce ne fut pas Monſieur de Rehnſchöld ſeul, qui donna Avis de ce Complot au Roi Staniſlas. Ce Prince en eut auſſi des Nouvelles de Stetin, où il couroit un Bruit, que l'on en vouloit à ſa Perſonne. Pour cet effet, il refuſa de prendre à ſon Service les François qui venoient ſe préſenter: il donna même Congé à ceux de cette Nation, que l'on avoit déjà engagés.

Si le Roi Auguſte ſe tenoit tranquile dans la Petite-Pologne, deux de ſes Adhérans faiſoient dans la Haute-Pologne tout le mal dont ils pouvoient s'aviſer. L'un étoit Smigelski, qui, aïant reçu un Renfort de quelques cens Saxons, fit tout ſon poſſible, pour couper aux Suédois les Convois; ſans négliger pourtant de ſe faire païer de groſſes Contributions par-tout où il paſſoit, & ſur-tout des Partiſans du Roi Staniſlas. L'autre étoit Swinarski, le même qui s'étoit ſauvé l'année précédente d'entre les mains des Suédois, & auquel s'étoit jointe une Troupe de Vagabonds. Ce dernier ſurpaſſoit Smigelski en Cruauté envers les Amis du Roi Staniſlas. Aïant ſurpris le Colonel Rosveſieski, il lui fit lier bras & jambes, & le fit jetter dans un Chariot pour l'emmener. Il pilla enſuite la Maiſon, & emporta tout ce qu'il y trouva, après avoir fait fouëtter la Femme du Colonel d'une maniere inhumaine. Pour prendre ce Partiſan, le Général Rehnſchöld détacha le Lieutenant-Colonel Henri-Guillaume Wrangel avec quatre cens Chevaux, & le Colonel Skorſieufski, avec cent cinquante Polonois à cheval. Ce Détachement fit une Diligence extraordinaire, marchant nuit & jour: mais, comme Swinarski avoit toujours deux ou trois lieues d'avance, il n'y avoit pas moïen de l'atteindre. On l'obligea pourtant de paſſer la Warta à Wronki, où l'Avant-Garde des Suédois trouva un Lieutenant, qui s'étoit jetté dans un Chateau avec une trentaine d'Hommes, dont la plûpart furent ſabrez avec l'Officier: neuf Hommes ſeulement furent faits Priſonniers. Cependant, Swinarski avoit eu le tems de faire une bonne Traite: & comme l'on ignoroit abſolument ce qu'il étoit devenu, on détacha quelques Cavaliers vers Zarnikow, pour aller à la Découverte. Ils revinrent ſans avoir rien appris: après quoi, Monſieur de Wrangel ſe rendit à la Ville de Cron. Ce fut

dans

dans cet endroit qu'il eut Avis, que Swinarski avoit d'abord pris la Route de Cracovie, comme s'il avoit été dans l'intention de fortir de la Haute-Pologne ; mais que, retournant tout d'un coup fur fes pas, il avoit repaffé la Warta. Il fut encore, qu'il avoit tiré vers les Frontiéres de Brandebourg, qu'il avoit rompu le Pont après lui, & qu'il s'étoit enfin arrêté près d'un endroit nommé Schneidemühl, où il campoit dans une Prairie, entourée à moitié par la rivière de Kedun. Inftruit au jufte de la Situation des Lieux, Wrangel ordonna au Capitaine Strömfchöld de prendre les devants avec cent Chevaux, & d'y marcher par le Chemin le plus court. Le Lieutenant-Colonel fuivit par un autre Chemin, avec le refte du Détachement. A la petite pointe du jour, on furprit les Polonois plongés dans un profond fommeil: quatre cens furent tuez fur la place ; & quantité périrent dans la Riviere

le 26.

voifine. Swinarski, qui logeoit dans une Grange, fut éveillé par une Femme, dont il apprit ce qui fe paffoit. S'étant habillé fort à la hâte, il eut le bonheur de fe fauver avec fix autres ; ce qu'il n'auroit pû faire, s'il n'y avoit pas eu une fi grande diftance entre le Détachement de Wrangel & celui de Strömfchöld. Les Suédois firent dans cette occafion un Butin confidérable, & emportérent en une fois tout ce que Swinarski avoit amaffé pendant long-tems. Ce Partifan, ne fe croïant pas en fûreté en Pologne, où il s'étoit fait trop d'Ennemis, fe retira en Siléfie, pour entrer au Service de l'Empereur.

Charles quitte la Ville de Pinsk.

le 23.

Sur ces Entrefaites, le Roi de Suede fe prépara à quitter Pinsk. Avant que de décamper, il fit bruler le Fauxbourg de cette Ville, avec un Ouvrage extérieur, qui appartenoient l'un & l'autre au Prince Wiefnowicki. Il régla enfuite fa Marche à la droite de Pinsk, pour éviter les plus grands Marais, & vint camper dans un endroit nommé Duboy, qui étoit aux Jéfuites de Pinsk. Il marcha de-là à Dolski,

le 25.

par des Chemins affreux. L'Armée s'y repofa trois jours, & alla de-

le 28.

puis à Lubiszova. Cette Ville, qui étoit fous la Domination de Wiefno-

le 29. le 30.

le 31.

wicki, fut réduite en cendres, & entiérement ruinée. De-là, le Roi marcha à Horonize, enfuite à Serwiza, & puis à Nova-Ruda, où il demeura quelques jours. Là finiffoient les horribles Marais, au grand

Juin.

contentement de toute l'Armée, qui avoit extrémement fouffert pendant cette Marche. A fon approche en Wolhynie, elle trouvoit un Terrain plus fec, & de grands Bois: &, à mefure que l'on avançoit, le Païs devenoit plus beau, plus riant, & plus fertile. Dans les Bois, on trouve des Légumes, & différens Fruits fauvages, qui ne le cedent prefque point en bonté à ceux que l'on cultive dans les Jardins.

le 2.

Le Roi, étant décampé de Nova-Ruda, traverfa Triano, & fe ren-

le 3.

dit à la Ville de Holowka, d'où il marcha le lendemain, par Kafchulka, à Zokulow, où il y avoit une vieille Fortereffe, fur la Riviére de Stir. On y fit Prifonniers fix Polonois de l'Armée de la Couronne, que l'on avoit envoïés pour obfcrver la Marche des Suédois. Un Détachement de Ruffiens & de Cofaques y avoit été en Quartiers pendant l'Hiver,

&

& il n'y avoit que quinze jours qu'il en étoit décampé, après avoir rompu le Pont près de Roſcitza, où l'on voïoit auſſi les reſtes d'une vieille Forterefſe. Le Roi, aïant pris la même Route, fit réparer le Pont: &, après avoir paſſé la Riviere, il marcha vers le Village de Sceditza, qui eſt peu éloigné de la Ville de Luſſuc, où il y a un Siege Epiſcopal. Cette Ville avoit été autrefois bien batie ; mais, les Courſes continuelles des Coſaques, & des Tartares, l'avoient réduite dans un état fort triſte. Sa ſituation ſur la Riviere eſt des plus riantes (*a*).

On y laiſſa un Régiment d'Infanterie, avec quelques Détachemens, pour lever les Contributions que la Province étoit obligée de fournir. Le Lieutenant-Général Stenbock eut ordre de marcher pour le même effet, avec quelques Troupes, vers la Ville de Dubna, à ſix lieues de Luſſuc. Dans le prémier de ces deux endroits on trouva des Amas de Vivres ſi conſidérables, que l'Armée y auroit pû commodément ſubſiſter pendant ſix mois. Le Roi établit ſon Quartier général entre ces deux Villes, & alla loger dans le Chateau de Jareſlawice, faiſant camper les Régimens à quelques lieues aux environs, où ils demeurérent un mois entier, pour ſe repoſer, après des Marches ſi fatigantes, dans une Province où regnoit l'Abondance.

La plûpart de la Nobleſſe de cette Contrée ſe déclara pour le Roi Staniſlas ; & elle augmenta conſidérablement le nombre de ſes Partiſans. Cette Nobleſſe, voïant venir les Suédois, avec leur Artillerie & Bagage, regardoit ces Gens comme tombez des nues, ne pouvant s'imaginer qu'une Armée eût jamais traverſé de ſi horribles Marais. Inſtruite de quelle maniere on avoit traité les Lithuaniens qui étoient demeurez attachés au Roi Auguſte, & ſachant d'ailleurs que les Ruſſiens poſtez à Kiow ſe retiroïent, de crainte que les Suédois ne vinſſent à eux, elle prit le parti de renoncer à ſes anciennes Liaiſons, & de ſe ſoumettre au Roi Staniſlas. Le Prince Radzivil, Grand-Chancelier de la Lithuanie, étoit le plus allarmé de tous. Toutes ſes Terres en Lithuanie a- voient été réduites en cendres ; & il prévoïoit bien, que celles qui lui reſtoient encore alloient ſubir le même Sort, à moins qu'il ne ſe dé- clarât, comme les autres, en faveur de Staniſlas. Il le fit ; mais, ce ne fut qu'à la derniere Extrémité. Le Roi Staniſlas avoit ſon Quartier à une lieue de Jareſlawice, & il ſe forma auprès de lui une Cour également belle & nombreuſe. La Nobleſſe de Wolhynie, qui avoit été aſſemblée à Luſſuc, lui envoïa des Députez : les Palatinats voiſins imitérent cet Exemple. Jablonowski, Palatin de Ruſſie, s'y rendit pareillement, avec ſon Frere, qui étoit Porte-Enſeigne de la Couronne. Ces Meſſieurs, quoiqu'Oncles du Roi, étoient toujours demeu- rez attachés au Roi Auguſte. Parmi ceux qui vinrent faire leur Cour

à

1706.

Juin.
le 6.

le 9.

Staniſlas trouve de nouveaux Partiſans.

le 12.

le 14.
le 16.

(*a*) Dans cet endroit l'Auteur avoit inſeré une Lettre du Roi au Sénat, touchant le *Piétiſme* Cette Lettre, qui eſt une Preuve convaincante du Zele de Sa Majeſté pour la Religion, étoit datée de Luſſuc en Wolhynie, le 7. Juin 1706. R. D. T.

Tome II. N

1706.

Juin.

à ce Prince, fe trouvoient, Stadniki du Palatinat de Wolhynie, Comorouski du Palatinat Breft, le Prince Czartorinski, & Lubomirski Grand-Chambellan de la Couronne, avec fon Neveu le Quartier-Maitre-général de la Couronne, qui amena avec lui quarante Compagnies de l'Armée de la Couronne. La Mere des Princes Wiesnowicki, Parente du Roi Staniflas, fe rendit auffi après de lui, pour fe plaindre de l'Opiniatreté de fes Fils. Les Terres, qui appartenoient en propre à cette Princeffe, furent épargnées; mais, celles, dont les Fils devoient hériter, & entre autres celle de Wiesnowice, dont ils portoient le nom, furent réduites en cendres, & entiérement ruinées. Après tous les autres, arriva le Prince Radzivil. Sa Venue fut fort agréable au Roi Staniflas, fur-tout à caufe de fa Dignité de Grand-Chancelier, qui fournit au Roi le moïen de difpofer des Emplois vacans; les Loix du Roïaume portant, qu'en abfence des Grands-Officiers de la Pologne, il étoit permis à ceux de la Lithuanie de faire leurs Fonctions.

Meyerfelt détaché.

LE Général-Major Meyerfelt fut détaché en même tems avec quatre Régimens vers Breft, Paffage fitué fur les Confins de la Pologne & de la Lithuanie, parce que l'on avoit eu Avis, que Pociey s'y étoit pofté, avec un grand nombre de Polonois, qu'il avoit trouvé moïen de raffembler. Meyerfelt fit toute la Diligence poffible pour les furprendre; mais, à fon arrivée, il n'y trouva plus perfonne. Il fe pofta donc dans la Ville de Breft, & fit tant, que la plus grande partie de la Nobleffe de ce Palatinat fe déclara en faveur du Roi Staniflas. Quelques jours après, les Troupes de Sapieha vinrent le joindre. Elles montoient à quatre ou cinq mille Hommes, dont il fe fervit pour battre la Campagne. Elles lui amenérent un jour onze Compagnies Polonoifes, & un Régiment d'Infanterie, qu'elles avoient fait prifonniers, & qui entrérent enfuite tous enfemble au Service du Roi Staniflas.

Le Palatin Potocki attaqué.

SMIGELSKI, dont on a fi fouvent parlé, venoit de recevoir un Renfort confidérable, & il fe voïoit alors à la tête de trois mille Hommes, tant Saxons, que Polonois. Ne fe croïant pourtant pas affez fort pour attaquer les Suédois, il forma le Deffein de furprendre le Palatin Potocki, qui s'étoit rendu en Pruffe avec fes Troupes. A quelque diftance de Thorn, il enleva un petit Parti. Ce prémier Succès

le 18.

lui infpira la penfée d'enlever le Palatin même, qui avoit fon Quartier à Althufen, entre Graudentz & Strasbourg, & dont les Troupes étoient la plûpart détachées. A l'approche de Smigelski, Potocki fe retira en hâte au Château, avec le peu de monde qui lui reftoit. Le Partifan ordonna auffi-tôt à fes Dragons Allemands, de mettre pied à terre, & de monter à l'Affaut. L'Ennemi perdit plus de quarante Hommes, & entre autres le Lieutenant-Colonel Hoppe, & quelques autres Officiers. Smigelski retourna du côté de Thorn. Le Palatin, après avoir rappellé tous fes Détachemens, le pourfuivit; mais, malgré toute fa Diligence, il ne pût jamais l'atteindre, & il quitta entiérement la Pruffe.   LE

1706.
Juillet.
Auguste se rend en Lithuanie.

Le Roi Auguste se trouvoit toujours à Cracovie, où il eut des Avis précis de tout ce qui se passoit en Wolhynie. Il ne s'y crut pas en sureté, sur-tout lorsqu'il apprit que les Suédois s'approchoient d'un côté, pendant que le Velt-Maréchal Rehnschöld faisoit quelques Mouvemens qui donnoient lieu de croire qu'il en vouloit à Cracovie. Il jugea donc à propos de quitter cette Ville, & d'y laisser une Garnison suffisante pour deffendre la Place. Il prit la Route de Lithuanie, avec une Armée de quinze mille Hommes, faisant semblant de vouloir attaquer le Général Meyerfelt qui étoit posté à Brest, avec un Corps de quatre mille Hommes: mais, tout d'un coup, aïant pris du côté du Bug, il passa cette Riviere dans un endroit éloigné de deux lieues de Brest, & où l'eau étoit fort basse. Il se rendit ensuite, sans aucun obstacle, à Tyckozin & Nowogrodeck, distribuant ses Troupes dans les Environs de ces deux Villes. Son Dessein étoit, à ce que l'on prétendoit, d'y attirer le Roi de Suede; & il songeoit, en cas que ce Prince prît le parti de le suivre, de se joindre à l'Armée Russienne, dont on disoit merveilles, & que l'on faisoit montrer à cinquante mille Hommes.

Ces beaux Projets furent renversés tout d'un coup. Charles se proposoit bien autre chose que de se donner la peine inutile de courir après un Ennemi, qui avoit déjà tant de Chemin d'avance. Il tint cependant son Dessein si caché, que personne ne sut au juste de quel côté on tourneroit, quoique tous les Régimens eussent ordre de se tenir prêts à marcher. Le Roi fit dans ce tems-là une des plus grandes Promotions dont on ait jamais entendu parler, tant sous le Regne de son Pere, que sous le sien propre. Il créa plusieurs Sénateurs, Généraux, & autres Officiers, dont nous donnerons la Liste ci-après. On eut lieu de se convaincre par-là, que le Roi ne cherchoit point à changer l'ancienne Forme de Gouvernement, & qu'il étoit bien éloigné d'écouter les Avis de quelques Flateurs, qui vouloient qu'il n'eut plus de Conseillers, parce qu'ils sembloient géner en quelque façon sa Puissance souveraine. D'autres tirérent de cette Promotion une autre Conséquence; savoir, que le Roi, en élevant à la prémière Dignité ses anciens Généraux, pour les faire jouïr de quelque Repos, & en mettant à leurs Places des Personnes que l'Age ne rendoit point incapables de supporter la Fatigue, donnoit assez à connoître, qu'il ne songeoit nullement à mettre fin sitôt à la Guerre.

Le Capitaine Brakenhielm fut détaché de Jareslawice avec cent Chevaux & deux cens Valaques. Les Ordres portoient, de marcher vers Kiow, & de s'approcher le plus qu'il pourroit de la Frontiere de Russie, faisant semblant de former l'Avant-Garde d'une Armée qui suivoit. Cela se faisoit en vûe d'obliger le Czar de faire venir ses Troupes de ce côté-là, afin qu'il ne songeât point à inquiéter les Frontieres de la Suede. Brakenhielm eut le bonheur d'enlever, à quelques lieues de Kiow, un Poste avancé des Russiens de deux cens Hommes, dont la plûpart furent passés au fil de l'épée. On fit Prisonniers un Colonel,

Brakenhielm détaché.

nel,

nel, & quelques Officiers, avec une trentaine de Soldats. Peu après, il furprit une feconde fois les Ruffiens, & leur fit cent Prifonniers: le refte, rempli d'épouvante, s'enfuit dans la Ville. L'Ennemi, averti que Brakenhielm s'en retournoit, & informé d'ailleurs qu'il n'avoit avec lui que peu de monde, & que le Roi étoit décampé de Jareslawice, fe mit à le pourfuivre avec un Gros de trois mille Hommes. Il l'atteignit à Lublin, & l'attaqua avec beaucoup de vigueur. Brakenhielm repouffa les Ruffiens à trois différentes Reprifes, & les obligea enfin à fe retirer dans la Ville. Le Capitaine perdit beaucoup de monde dans cette occafion: il conferva pourtant tous fes Prifonniers, qu'il eut l'honneur, à fon retour, de préfenter au Roi.

le 7. le 9.
le 10.
Marches.
du Roi.

le 12.

le 14. le 16.
le 17.

le 18.

le 19.

CE Prince, étant décampé de Jareslawice, fit ce prémier jour quatre lieues jufqu'a Skurtzi: de-là, il alla à Zanzitzi, & le lendemain il traverfa la Ville de Locatz. Comme il n'y avoit point d'Ennemi à craindre, les Régimens prirent différentes Routes. Sa Majefté vint par Wlodzimir à Horodla, où Elle paffa avec peu de peine le Bug, qui, dans cet endroit, eft fort peu profond. Elle fe rendit enfuite à la Ville de Dubinka, qui appartient au Roi Staniflas, & où Elle fut jointe par quelques Régimens. Après cette Jonction, le Roi marcha à Chelm: de-là, au Village de Mogolize; & enfuite à Lenzna. Les Habitans de ces Cantons n'étoient plus fi farouches: ils étoient chés eux, & vendoient leurs Denrées aux Soldats, qui païoient tout Argent comptant. On continua la Marche de Lenzna à Nazutow, laiffant Lublin à la droite. Le lendemain, on paffa par les Villes de Markuzow, Kurow, & Confchewolla; & l'on fe rendit à Pollawie fur la Viftule. Cette Terre, une des plus belles des environs, appartenoit à Siniawski, Palatin de Beltz, que le Roi Augufte venoit d'élever à la Dignité de Grand-Général de la Couronne, à la place du feu Prince Lubomirski. Ce Titre fuffifoit feul, pour faire ruiner entiérement cet Endroit.

UNE Marche fi précipitée donna lieu à toutes fortes de Raifonnemens. Ceux, qui prétendoient, que le Roi vouloit entrer en Saxe, ne fe trompoient point. Le Comte Sinfendorf, Miniftre de l'Empereur, fe 'trouvoit juftement fur la Viftule pour la paffer, dans l'opinion où il étoit de trouver le Roi en Wolhynie, lorfqu'il rencontra l'Avant-Garde de l'Armée Suédoife. Aïant appris, que Sa Majefté n'étoit pas loin, & que l'on croïoit qu'Elle iroit à Warfovie, il prit les devants, pour y attendre fon Arrivée. Le Général Meyerfelt eut ordre en même-tems de quitter Breft: il le fit, & marcha prémiérement à Lukow, & de-là fe rendit fur la Viftule. Il eut le malheur de perdre dans cette Marche le Capitaine Dolck, avec foixante Dragons, qui, aïant ordre de fe rendre à Sielce, pour y lever des Contributions, fut attaqué par quelques mille Polonois des Troupes de Pociey, & tué avec une partie de fes Gens. Le Général, fur l'Avis qu'il en reçut, envoïa un plus gros Détachement, pour donner la Chaffe à l'Ennemi; mais, les Suédois,

ne

ne pouvant point l'atteindre, fe contentérent de mettre le Feu à la Ville de Sielce.

Lorsque les Ponts, que l'on avoit conftruits, tant à Pollavie, qu'à Cafimir, afin de faire défiler l'Armée en plufieurs Colonnes, furent achevez, le Roi continua fa Marche de la Viftule à la Ville de Swollin. Il fit ce jour-là quatre lieues, & autant le lendemain, jufqu'à Radom. Ce fut dans cet Endroit, que le Roi réfolut de faire une Courfe, qui auroit pû devenir une des plus fatales, & mettre fin tout d'un coup à toutes fes Entreprifes. Il s'agiffoit d'aller à Pionteck, à dix-huit lieues de Radom, où le Velt-Maréchal Rehnfchöld campoit avec fon Armée. Le Roi choifit, pour l'accompagner, le Prince Charles-Léopold de Meklenbourg, qui étoit venu à l'Armée en Wolhynie, le Prince Maximilien de Wurtemberg, le Général-Major Meyerfelt, l'Aide-de-Camp-général Canifer, & fa Garde ordinaire; favoir, un Capitaine du Régiment du Corps, un Capitaine aux Gardes, & un Caporal avec quatre Drabans. Il partit le foir à onze heures. Etant entré dans un Bois, qui étoit à deux lieues de Radom, il rencontra un Parti ennemi de trois cens Polonois, commandez par Jarufinski, qui le falua d'une bonne Décharge de fa Moufqueterie, des deux côtez du Chemin, où il étoit pofté. Canifer, qui étoit quelques pas devant le Roi, & qui entendoit très bien la Langue Polonoife, comprit d'abord que c'étoient des Ennemis: le Roi, au contraire, crut que c'étoient des Valaques, qui étoient à fon Service. Les Polonois de même ne reconnurent point les Suédois, qu'ils prenoient pour être de leurs Gens. L'Aide-de-Camp-général Canifer, leur aïant adreffé la Parole, reçut pour toute Réponfe une feconde Salve de Moufqueterie: après quoi, il n'y avoit rien à faire pour le Roi, & ceux de fa petite Troupe, que de prendre la Fuite. L'Obfcurité, auffi bien que les Arbres, les déroboient entiérement à la pourfuite des Ennemis, qui, craignant quelque Embufcade, ne voulurent pas les fuivre bien loin. Ceux de la fuite du Roi s'écartérent les uns des autres en fuïant: de forte que ce Prince, aïant fait une Chûte de fon Cheval, qui s'abatit dans une orniere, il ne fe trouva perfonne auprès de lui, qui pût lui donner du Secours. Cependant, comme il avoit tenu ferme la Bride en tombant, il eut affez de facilité pour pouvoir remonter. Le Prince de Meklenbourg tomba auffi de fon Cheval: mais, il ne fut pas auffi heureux que le Roi; car, fon Cheval aïant pris le mord aux dents, il fut obligé d'aller à pied, & de chercher les endroits du Bois les plus épais. Il n'y eut que le Prince de Wurtemberg & le Général-Major Meyerfelt, qui, aïant toujours tenu le droit Chemin, retournérent à Radom, dans la perfuafion que le Roi avoit pris les devants. Aïant appris à leur Arrivée, que le Roi n'y étoit pas, ils en furent extrémement allarmez. Le Comte Piper, qui en fut d'abord averti, détacha fur le champ le Colonel Burenfchöld, qui étoit le plus à portée, avec trois cens Chevaux, pour aller à la Découverte, & chercher ce Prince fur toute cette Route.

N 3

Quoi-

1706.

Juillet.

le 23.

le 24.

Voïage fingulier du Roi de Suede.

Quoique ce Détachement se fût disperfé de tous côtez, il ne pût pourtant rien découvrir. On rencontra seulement le Prince de Meklembourg, qui avoit trouvé un Bidet, sur lequel il étoit monté sans Selle & sans Bride. Le Roi, après avoir crré long-tems, retrouva enfin, au lever du Soleil, le Chemin de Radom, où il revint tout seul. Aïant appris, qu'un Détachement étoit sorti pour le chercher, il retourna aussi-tôt sur ses pas, accompagné du Comte Charles Wrangel, Capitaine-Lieutenant des Drabans. Après avoir joint Monsieur de Burenschöld, il se fit escorter par cinquante Chevaux, & continua son Voyage sans aucun accident. Le Velt-Maréchal Rhenschöld fut bien surpris de le voir, ne croïant pas qu'il eut déjà passé la Viftule. Le Roi ne s'y arrêta que deux jours, & témoigna être parfaitement content de l'état où se trouvoit son Armée. Il y laissa son Escorte de Radom, & en prit une autre, avec laquelle il revint à son Quartier, au grand contentement de toute l'Armée, qui craignoit extrémement pour lui, à cause des Bois par lesquels il devoit passer, & qui étoient remplis de petits Partis, & de Gens sans aveu. Tout le Monde étoit d'opinion, que si les Polonois, que le Roi avoit rencontrez la nuit dans le Bois, l'eussent attaqué en rase campagne, il seroit infailliblement tombé, mort ou vif, entre leurs Mains.

Le même jour, arriva le Capitaine Polonois Wentul, que l'on avoit détaché de Jareslawice, avec deux cens Valaques, pour aller jusqu'à Caminiek, Podolski, & la Frontiere de Moldavie, ruïner & saccager les Terres, qui, dans ces Contrées-là, appartenoient aux Partisans du Roi Auguste. Pendant cette Expédition, il demanda à l'Hospodar de la Moldavie, qu'on lui livrât un Potocki, qui étoit Strasnik, ou Grand-Maitre de Artillerie de la Couronne, & qui s'y étoit retiré avec Konigs-Polski. L'Hospodar les lui fit remettre; mais, il écrivit en même tems une Lettre au Roi, pour prier Sa Majesté d'ordonner à ses Détachemens de ne point inquiéter en aucune façon les Frontieres de l'Empire Turc. Le Roi fit répondre par le Comte Piper, qu'il étoit très disposé à le faire, pourvû que l'Hospodar lui-même n'y donnât pas lieu, en permettant à des Gens, qui étoient Ennemis déclarez de Sa Majesté, de se retirer en Moldavie, ou dans quelque autre Province de l'Empire Turc.

le 31.
Marches du
Roi.
Août.
le 1. le 2.
le 6.

CHARLES partit enfin de Radom avec l'Armée, & ce jour-là, qu'il faisoit une chaleur insupportable, il fit six mortelles lieues jusqu'à Novamiasta, en passant la Riviere de Pilsa. Le lendemain, il se rendit à Prava; & ensuite, par Jessou à Berezini distant de cinq lieues, où il demeura trois jours. L'Armée marcha après à Strikova, à une lieue de l'endroit où campoit Monsieur de Rehnschöld. Le voisinage des deux Camps donna occasion aux Officiers d'aller souvent voir leurs Amis.

LE Velt-Maréchal s'étant rendu au Quartier du Roi, on mit en Délibération, comme on l'apprit quelque tems après, si le Roi entreroit en Saxe, ou non. Personne ne doutoit plus de ce Projet, depuis

que

que ce Prince avoit pris la Route de la Haute-Pologne. Le Comte Piper, allarmé de cette Réfolution, fit tous fes Efforts, pour en diffuader Sa Majefté; & il lui remit un Ecrit, dans lequel il alléguoit les Raifons qui devoient l'engager à demeurer en Pologne. Ce Minif-tre prétendoit, que les Frontieres de la Suede feroient trop expofées, fi le Roi s'en éloignoit tant; & que fe feroit les abandonner à la Dif-crétion des Ruffiens. Il foutenoit, que l'on s'attireroit infailliblement le Reffentiment des Puiffances Maritimes, & celui de l'Empire: & vouloit, que l'on ménageât ces Puiffances, qui avoient laiffé faire le Roi, tant qu'il n'avoit point mis le pied en Allemagne; mais, qui étoient en état de s'oppofer à fes Deffeins, après avoir réduit bien bas la Puiffance de la France. A ces Raifons le Comte ajoutoit, que, fi le Roi vouloit abfolument porter fes Armes en Saxe, on pourroit en charger le Velt-Maréchal, ou quelqu'autre de fes Généraux; que cela tireroit beaucoup moins à conféquence; & qu'il étoit d'une Néceffité abfolue, qu'Elle demeurât Elle-même en Pologne, pour couvrir ce Roïau-me, afin de fournir au Roi Staniflas les Moïens de convoquer une Diéte, & de travailler à s'affurer tous les Membres de la République. On fe perfuada, que la véritable Raifon, qui portoit le Comte à faire au Roi ces Repréfentations, étoit, que, connoiffant mieux que perfon-ne le Caractere de ce Prince, il craignoit, qu'après être une fois en-tré en Allemagne, il ne changeât de Sentiment, & qu'il n'entreprît de pouffer plus loin, fans fonger à retourner en Pologne, où tout ce qu'il avoit fait jufqu'alors tomberoit abfolument

LES Raifons du Comte ne demeurérent point fans Replique. On y en oppofa d'autres; & l'on dit, qu'une Invafion en Saxe étoit le feul Moïen capable d'épuifer entiérement le Roi Augufte, & d'em-pécher ce Prince de continuer plus long-tems la Guerre. On allégua, que les Puiffances Maritimes & l'Empire, aïant affez à faire, tache-roient plûtôt de porter le Roi Augufte à fe défifter de la Couronne, afin de pouvoir après cela faire fortir Charles XII. de l'Allemagne: que ces Puiffances pourroient peut-être au commencement parler un peu haut; mais, qu'elles y fongeroient plus d'une fois, avant que de commencer quelque chofe: que, d'ailleurs, la France n'étoit point tellement affoiblie, qu'elle ne pût fe foutenir encore, fur-tout fi les Armes de la Suede lui donnoient le tems de refpirer. On fit voir de plus, que, ni le Velt-Maréchal, ni aucun autre des Généraux, ne pourroit s'acquiter d'une Affaire de cette Importance, avec autant de Vigueur, que le Roi, dont la Préfence infpireroit plus de Refpect & de Crainte. On ajouta enfin, qu'après que l'on auroit fini avec le Roi Augufte, rien n'empécheroit plus Sa Majefté de marcher contre le Czar, foit pour le chaffer de la Livonie, foit pour aller l'attaquer dans fon propre Païs.

Les Raifons du Comte réfutées.

CHARLES, après avoir pefé les Raifons pour & contre, fe déter-mina pour le dernier Parti; & déclara, qu'il marcheroit en Perfonne.

Marches du Roi.

en

1706.

Août.
le 11.
le 13.
le 15. le 16.
le 17. le 18.
le 21.

en Saxe. Il décampa au bout de quelques jours avec l'Armée, &
marcha à Lutomirs, le Comte Rehnschöld le cotoïant toujours avec
sa Colonne. Il se rendit ensuite par la Ville de Schadeck à Warta,
d'où, après s'être reposé un jour, il partit pour Blascowa. Aïant traversé Iwanowice, il vint à un Couvent, nommé Olobock, d'où il
marcha à Ostrowice, & de-là à la Ville de Solmerzice, située sur les
Frontieres de Siléfie, & qui appartient au Roi Stanislas. Charles demeura quelques jours dans cet Endroit; après quoi, il fit six lieues en
une seule Marche, par les Villes de Zdun, de Justrosin, de Gercka,
& de Sarna, jusqu'à Ravitz, qui est l'Endroit où Sa Majesté avoit eu
son Quartier d'Hiver deux Ans auparavant.

POUR ne point laisser la Pologne entiérement dégarnie de Troupes,
le Général Marderfelt eut ordre d'y rester avec un petit Corps d'Armée. Ce Corps étoit composé du Régiment de la Scanie Septentrionale, Cavallerie, commandé par le Colonel Gustave Horn, des Régimens de Crassou, de Marschalk, & de Muller, Dragons, & de celui
de Poméranie Infanterie, sous le Colonel Charles Horn, avec un Régiment Suisse, & un Bataillon de Grenadiers François. On laissa à Posnanie le Lieutenant-Colonel Fock, avec le Régiment de la Bothnie
Occidentale, Infanterie; & on lui ordonna de faire partir pour la Poméranie le reste des Prisonniers, avec l'Artillerie que l'on avoit prise à
la Bataille de Fraustadt. On lui enjoignit sur-tout d'établir à Posnanie
de bons Magazins. Le Général Marderfelt devoit agir de concert en
toutes choses avec le Palatin Potocki. Ce dernier avoit acquis l'Estime
des deux Rois par une Action fort généreuse. Le Roi Stanislas l'aïant
revêtu de la Dignité de Grand-Général de la Couronne, il refusa de l'accepter, aimant mieux la laisser à Siniawski, pour tacher de le porter
par-là à se déclarer contre le Roi Auguste. Pour lui, il se contenta
de la Charge de Sous-Général de la Couronne. Cette Action fut généralement approuvée; & on la regardoit comme une des plus fortes Preuves, que le Palatin pouvoit donner de son Zele pour la Patrie, dont il
préféroit l'Intérêt à sa propre Elevation. Quant au Corps d'Armée
qu'on laissa à Monsieur de Marderfelt, il y avoit des Personnes qui
croïoient, qu'il n'étoit point assez considérable pour s'opposer aux Entreprises que l'Ennemi pourroit former. Le Roi fut d'un autre Sentiment: & il promit, qu'en cas de besoin, il lui envoïeroit toujours assez de Troupes pour le renforcer. Nous verrons plus bas ce qui en
arriva.

CHARLES, étant entré en Siléfie, traversa la Ville de Herrnstadt,
& se rendit à Steinau. Il passa l'Oder à gué à la tête de ses Drabans,
suivis par toute la Cavallerie. L'Infanterie, l'Artillerie, & le Bagage,
passèrent à la faveur d'un Pont que l'on venoit de jetter sur cette Riviere: ce que fit aussi le Roi Stanislas, qui marchoit toujours avec la
Colonne, qui étoit sous les Ordres du Comte Stromberg. Dans l'Endroit où Roi passa, le Courant étoit si rapide, qu'il entraina les Chevaux

vaux plus de trois ou quatre cens pas, avant que l'on pût trouver affez de fond, pour paffer de l'autre côté (*a*). De Steinau, le Roi marcha à Lieben : & comme il fe hatoit de traverfer la Siléfie, afin de ne point donner lieu de dire qu'il eut été à charge à ce Païs, il fe rendit, le lendemain, à un Village proche de Kleinhayn, d'où il alla à un autre Village nommé Loisdorf, qui n'eft qu'à un quart de lieue de Leuenburg. Après avoir traverfé cette Ville, & paffé la Bober, il fe rendit à Krummelfe, Village fitué entre Griffenberg & Liebenthal, fur les Frontieres de la Saxe.

IL eft très vrai, que Charles ne fit point donner Avis, ni à la Cour de Vienne, ni nulle part ailleurs, de fa Marche en Siléfie. Auffi ne manqua-t-on point de jetter les hauts Cris, & d'exagérer le Danger où fe trouvoit expofée toute l'Allemagne. Les Miniftres du Roi Augufte à Vienne, à Ratisbonne, & ailleurs, firent beaucoup d'Inftances, pour porter l'Empereur, & les Etats de l'Empire, à s'intéreffer vigoureufement en faveur de l'Electorat de Saxe. Les Miniftres de Suede, de leur côté, ne cefférent point d'affurer par-tout, que le Roi leur Maitre, bien loin de vouloir faire la moindre Entreprife qui tendît au Defavantage de l'Empire, ne fongeoit au contraire, qu'à lui donner de nouvelles Preuves de fon Amitié, conformement aux Affurances qu'il lui avoit fait faire fur ce fujet. Quant à fon Entrée en Saxe, qu'il étoit naturel, qu'il remontât à la Source d'où étoit provenue une Guerre, que le Roi Augufte feroit durer éternellement, fi on le laiffoit agir comme il avoit fait jufqu'à préfent. Charles ordonna en même tems à fes Miniftres, & fur-tout à celui qui étoit à Vienne, de déclarer, en cas que l'on fe plaignît de ce que Sa Majefté avoit traverfé la Siléfie, fans en avoir donné Avis, qu'Elle n'avoit fait que fuivre l'Exemple du Roi Augufte ; que les Saxons avoient fait le même Chemin plus d'une fois, tant en allant qu'en venant ; qu'on leur avoit permis de marcher par la Siléfie, pour aller l'attaquer ; ou, du moins, qu'on ne s'étoit point mis en devoir de le leur deffendre. Que Sa Majefté ne commençoit point la Guerre, mais qu'Elle vouloit, par cette Diverfion, obliger fon Ennemi à lui donner une jufte Satisfaction.

MES-

1706.

——————
Août.

le 23.

le 24. le 25.

le 26.

Remarque.

(*a*) LE Rivage étoit bordé d'une infinité de Perfonnes ; qui jettérent de grands Cris, lorfque le Roi paffa. Ils l'entourérent de tous côtez fondant en larmes, & lui fouhaitant mille Bénédictions. Un bon Vieillard, entre autres, qui étoit Cordonnier de fon Métier, fendit la Preffe ; &, s'approchant du Roi, faifit la Bride de fon Cheval & l'un de fes Etriers. Sur la Demande que lui fit le Roi de ce qu'il fouhaitoit, il répondit : ,, Très gracieux Seigneur, Dieu eft avec vous, & il demeurera avec vous ; ,, mais, faites Attention à nos Pleurs. Ne fongez pas tant à vos propres Intérêts, ,, que vous ne vous fouveniés auffi de nous autres pauvres Gens : &, lorfque l'Occa-,, fion s'en préfentera, n'oubliez pas, que l'on nous opprime pour la Religion. ,, Le Roi repliqua, qu'il le feroit, & cela plus de dix fois de fuite. Mais, comme le Cordonnier, qui répétoit toujours fa Demande, ne voulut point s'en contenter, Sa Majefté fut obligée de l'affurer, en lui tendant la Main, qu'avec l'Aide de Dieu, il pourroit compter fur fa Parole.

Tome II.   O

Aoin.
Protesta-
tions des
Ministres
des Puissan-
ces Mari-
simes.

MESSIEURS Robinson & Cranenburg, Ministres d'Angleterre &
de Hollande, dépéchérent chacun un Domestique, chargés de Lettres
pour le Roi, dans lesquelles ces deux Ministres protestoient contre
l'Entrée de Sa Majesté en Saxe, qui ne pouvoit qu'avoir de mauvaises
Conséquences pour les Hauts-Alliés. Ils prioient en même tems le
Roi de se désister de cette Résolution. Le Comte Piper eut ordre de leur
répondre: ,, Que Sa Majesté auroit dû, il y avoit long-tems, entrer
,, dans cet Electorat, & qu'Elle étoit en Droit de le faire. Que si
,, Elle ne l'avoit pas fait plûtôt, c'étoit que les Affaires ne le lui avoient
,, point permis; & qu'Elle avoit voulu montrer la Complaisance qu'El-
,, le avoit pour ses Amis & Alliés. Que ces derniers n'avoient aucu-
,, ne Raison de demander, qu'on se désistât de cette Résolution, qui
,, ne pouvoit leur préjudicier en rien. Que Sa Majesté ne vouloit
,, que poursuivre son Ennemi, qui, pendant toute cette Guerre, ne
,, leur avoit été d'aucune Utilité, mais dont ils pourroient attendre
,, du Secours, si l'on venoit à bout de mettre fin à cette Guerre.
,, Que, d'ailleurs, Sa Majesté Suédoise étoit bien éloignée d'entre-
,, prendre quelque-chose au Préjudice de la Cause commune, ou de
,, faire naitre des Troubles dans l'Empire. ,, Après cette Déclaration, les Alliés s'appaisérent un peu. Il n'y eut pourtant pas moïen de
les faire revenir de l'Idée où ils étoient, que le Roi n'avoit pris cette
Résolution, que pour faire Plaisir à la France. Ils poussérent même
si loin leurs Soupçons, que, lorsque le Sécrétaire Duben obtint la Permission d'aller aux Eaux d'Aix, & après cela à Paris, ils crûrent que
c'étoit pour y former des Intrigues, & que le Comte Piper l'emploïoit dans des Correspondances secretes (a); ce qui n'étoit pourtant pas.

Faux Bruits
sur la Mar-
che du Roi.

TOUT se trouva en Saxe dans la plus grande Consternation. Mais,
rien n'allarma d'avantage les Habitans de cet Electorat, que le Bruit
qui courut, que le Roi de Suede étoit en Marche avec six à sept mille Suédois seulement, & plus de vingt mille Polonois, pour saccager
tout l'Electorat. Ce Bruit, quelque peu fondé qu'il fût, étoit si généralement crû, que le Ministere Saxon du Roi Auguste fit transporter
hors du Païs toutes les Archives & les Actes publics, & que chaque
Particulier sauva en diligence ses meilleurs Effets. La Fraïeur devint
encore plus grande, lorsque la Régence à Dresde fit publier une Ordonnance, dans laquelle elle disoit, que, dans cette Conjoncture, le
meilleur parti étoit de sauver ses Effets à l'arrivée de ces Troupes é-
trangeres; parce que l'on pouvoit alléguer plus d'un Exemple des
Cruautez que les Suédois avoient exercées en Pologne. On défendoit
en même tems à tous les Habitans, sous peine de la Vie, des Honneurs, & des Biens, d'assister l'Armée ennemie de quelque maniere que
ce fût. On revint cependant bien-tôt de cette Crainte excessive,

lors-

(a) Voïez les *Mémoires de* LAMBERTI, Tome IV, page 291.

lorſqu'on vit que les Lettres de la Baſſe-Luſace, par laquelle on avoit crû que les Suédois viendroient, ne parloient d'aucunes Hoſtilitez. On révoqua les Ordres que l'on avoit donnez de tranſporter ailleurs les Meubles les plus précieux du Roi Auguſte & de la Reine ſon Epouſe. La Convocation de ce qu'on appelle la Milice de Défenſe, & du Corps de Chaſſeurs, ne ſe fit plus avec la même vivacité. On renforça ſeulement, pour éviter toute Surpriſe, les Garniſons de Dresde, de Wittenberg, de Leipzic, & du Chateau de Pleiſſembourg. Les Troupes réglées eurent ordre de s'aſſembler ſur les Frontieres de la Baſſe-Luſace.

Le Roi Auguſte ſe tenoit toujours avec ſes Troupes à Novogrodeck en Lithuanie. Aïant appris la Marche de Charles XII, & que les Suédois avoient paſſé la Viſtule, tirant vers la Grande-Pologne, il ne douta plus un moment que ſes Etats Héréditaires n'allaſſent devenir le Théatre de la Guerre. Dans cette Situation facheuſe, il ne vit point d'autre Moïen, que de demander la Paix au Roi de Suede. Il nomma pour cet effet deux Commiſſaires, qui étoient le Baron d'Imhof, Préſident de la Chambre, & le Référendaire privé de Pfingſten. Les Inſtructions, dont il chargea ces Meſſieurs, étoient fort amples. Elles portoient entre autres, qu'en cas que le Roi de Suede demeurât ſur la Frontiere, & qu'il ne voulût pas hazarder d'entrer en Saxe, les Commiſſaires pourroient s'en prévaloir, & propoſer des Conditions plus avantageuſes pour leur Maitre; mais, qu'en cas que le Roi Staniſlas, avec le Velt-Maréchal Rehnſchöld, entraſſent dans le Païs, ils devoient auſſi-tôt aller trouver le Roi de Suede, & traiter de la Paix aux Conditions qu'il jugeroit à propos, même en renonçant entiérement à la Couronne de Pologne. Ils devoient faire la même choſe, ſi le Roi de Suede entroit d'abord lui-même dans l'Electorat.

La Lettre, que le Roi Auguſte écrivit ſur ce ſujet au Roi de Suede, étoit conçue en termes fort touchans. Ce Prince y diſoit, ,,qu'il ,, étoit extrémement fâché de ſe trouver engagé dans une Guerre éga- ,, lement ruineuſe pour lui & pour Sa Majeſté Suédoiſe, dont il deſi- ,, roit ardemment de recouvrer l'Amitié. Que cela ne dépendoit plus ,, que de Sa Majeſté; qu'Elle pouvoit lui preſcrire telles Conditions ,, qu'Elle vouloit; Qu'il eſpéroit cependant, qu'Elle feroit Réflexion ,, au malheureux Etat où il ſe trouvoit, & aux Liens du Sang qui les ,, uniſſoit; & qu'en cette Conſidération, Elle n'exigeroit rien de lui ,, qui fût contraire à la Gloire & à la Réputation que Sa Majeſté s'étoit ,, acquiſes. Il finiſſoit par donner les plus fortes Aſſurances, qu'il étoit ,, dans la ferme Réſolution de vivre toujours avec Sa Majeſté dans ,, une parfaite & ſincére Amitié, & comme il convenoit à un auſſi ,, proche Parent. ,,

Comme il n'y avoit que le Roi Auguſte, & ſes deux Commiſſaires, qui fuſſent inſtruits de ce qui étoit ſur le tapis, la Régence à Dresde fit publier l'Ordonnance dont nous avons parlé un peu plus haut. La Reine de Pologne, avec ſon Alteſſe Roïale, Mere du Roi, & le Prin-

1706.

Aoht.

Auguſte demande la Paix.

Lettre de ce Prince à Charles XII.

La Cour ſe retire de Dresde.

ce Electoral, fortirent de Saxe, avec plufieurs Familles nobles du Païs. La Reine fe retira chez fon Pere, le Margrave de Bareuth & de Culmbach: Son Alteffe Roïale avec le Prince Electoral fe rendirent à Magdebourg, à Hambourg, & à Rensbourg en Holftein. Les Meubles, avec les autres chofes les plus précieufes, furent transportez au Chateau de Königftein.

Pour délivrer les Peuples de la Terreur injufte qui les avoit faifis, le Roi de Suede fit publier une Déclaration en faveur des Habitans de l'Electorat de Saxe. Voici la teneur de cet Ecrit. ,, Nous Char-,, les &c. notifions, que comme nous avons cru devoir entrer en ,, Saxe avec notre Armée, pour tâcher d'étouffer entiérement la Guer-,, re tout-à-fait injufte, que ce Païs a fufcitée & qu'il a fomentée, Nous ,, aurions grande Raifon de le traiter de la même maniere que fon E-,, lecteur, le Roi Augufte, en a agi au commencement de cette ,, Guerre à l'égard de nos Provinces & de nos Frontieres. Mais, non-,, obftant tout cela, Nous avons bien voulu, pour des Raifons à nous ,, connues, oublier notre jufte Reffentiment, & fignifier par ces pré-,, fentes Lettres Patentes aux Etats & aux Habitans de l'Electorat de ,, Saxe, de quelque Qualité qu'ils foient, que tous ceux qui refteront ,, dans leurs Maifons & Habitations, fans en transporter ailleurs leurs ,, Effets, & qui contribueront volontairement & fans oppofition ce ,, qui pourroit être exigé d'eux pour l'Entretien & la Subfiftance de ,, nos Troupes, feront non-feulement pris en notre Garde & Protec-,, tion Roïale, mais même qu'ils jouïront pour leurs Perfonnes, Famil-,, les, Biens, Maifons, Terres, & Effets, d'une entiere Sureté. Qu'au-,, cun de nos Officiers, ni de nos Soldats, ne leur fera, foit à leurs ,, Perfonnes, ou à ce qui leur appartient, aucun Dommage, Violen-,, ce ou Peine, en quelque maniere que ce foit. Qu'au contraire, ,, ceux, qui fe mettront en devoir de fe deffendre, qui abandonneront ,, leurs Maifons & Habitations, & qui emporteront leurs Biens & leurs ,, Effets précieux, en les cachant, ou en les enterrant; que pareille-,, ment ceux, qui fe révolteront contre les Impots qui feront mis par ,, nos Commiffaires ou Officiers, ou qui ne voudront pas exécuter ce ,, qui leur pourroit être ordonné; tous, de quelque Etat ou Condition ,, qu'ils foient, feront non-feulement déchus de notre Grace, mais ,, encore traités comme Ennemis, fans aucune réferve, & avec la ,, derniere rigueur, en quelque Endroit qu'on les trouve, ou leurs ,, Biens & leurs Effets; & ils feront pourfuivis & punis par le Fer ,, & par le Feu &c. ,, Cette Piéce étoit datée du Quartier général de Krummeffe, le $\frac{26 \text{ Août}}{5. \text{ Sept}}$, & fignée par le Roi.

Cette Déclaration raffura les Efprits: & les Habitans, qui fe trouvoient encore chés eux, ne fongérent plus à fe retirer ailleurs. La Régence de Dresde, revenue de fes prémieres Idées, publia une feconde Ordonnance, dans laquelle elle enjoignit aux Habitans de demeurer dans leurs Maifons, de faire tranquillement leurs Affaires com-

me

me auparavant, & de fournir volontairement aux Troupes-Suédoiſes, qui étoient entrées dans le Païs, mais dont tout le monde vantoit le bon ordre, des Vivres & autres Choſes néceſſaires, afin que le Soldat, trouvant de quoi ſubſiſter ne ſe portât point à des Excés. Ce fut le $\frac{30\ Ao\hat{u}t}{9.\ Sept}$, que l'on publia cette ſeconde Ordonnance, qui étoit bien différente de la prémiere.

LE Roi Auguſte venoit de donner Avis à la Régence de Dreſde de la Négociation qu'on alloit mettre ſur le Tapis. Ce fut-là ce qui lui fit tenir un Langage ſi différent, & ce qui porta cette Régence à envoïer, conjointement avec le Conſeiller privé Imhof, un Trompette au Roi, pour lui demander des Paſſeports pour les Commiſſaires qui avoient ordre de l'aller trouver, pour traiter de la Paix. Sa Majeſté fit répondre, qu'Elle accorderoit les Paſſeports, pourvû qu'Elle ſût qui étoient les Commiſſaires que l'on avoit nommez. Au bout de quelques jours, ce Prince reçut une ſeconde Lettre de la Régence, dans laquelle on marquoit les Noms des Commiſſaires, & où l'on ſupplioit Sa Majeſté de ne point s'approcher d'avantage avec ſon Armée. Mais, il étoit deja trop tard: le Roi traverſoit la Ville de Greyffenberg, où la Quaitz, qui coule devant cette Ville, ſepare la Siléſie de la Saxe. Après avoir paſſé par Gultram & Marglitz, il ſe rendit à Schönberg, où la Chancellerie expédia les Paſſeports pour les Commiſſaires Saxons. De Schönberg, il marcha au Village de Markersdorf, laiſſant la Ville de Gorlitz à ſa droite: & le lendemain, après avoir traverſé Reichenbach, il vint au Village de Boſchitz, qui n'eſt qu'à une demi-lieue de la Ville de Bautzen.

PENDANT que le Roi étoit à Schönberg, on apprit, que le Général Schulembourg, après avoir renforcé les Garniſons de Dreſde & de Königſtein, avoit détaché le Général-Major Jordan avec deux Régimens Saxons, forts tous deux de ſix cens Hommes, pour obſerver l'Armée Suédoiſe, ou plûtôt pour tacher d'enlever le Roi, qu'on ſavoit être accoutumé de prendre ordinairement les devants avec quelque peu de Gardes. Sur cet Avis, Charles ordonna au Colonel Görtz (*a*), de ſortir avec deux cens cinquante

le 27. *Marches du Roi.*

le 29.

le 30.

Un Parti Saxon eſt défait.

(*a*) CE Colonel avoit eu auparavant un Régiment Ruſſien, de ces Troupes qui entrérent au Service du Roi Auguſte. Aian eu des Affaires avec un des Généraux Saxons, il eut le Dép'a ſir de ſe voir conduit par un Détachement Saxon à ſon Régiment, pour y être aux Arrêts, juſqu'à nouvel ordre. A ſon Arrivée, il ordonna au Piquet de ſon Régiment de deſarmer les Saxons, & de les bien garder, juſqu'à ce qu'il eut informé le Général en Chef de la maniere dont il avoit été attaqué en chemin. Les Ruſſiens ne firent aucune difficulté d'obéïr à leur Colonel; & comme ce dernier leur parloit en leur Langue, les Saxons n'y comprirent rien. Aïant ramaſſé en hâte ce qu'il avoit de plus précieux en Argent & en Bijoux, il partit. Tout le monde croïoit, qu'il étoit dans l'intention de ſe rendre auprès du Général Schulembourg; mais, à quelque diſtance de ſon Quartier, il prit un autre Chemin, pour ſe mettre en ſureté. On ne ſauroit dire s'il alla d'abord trouver les Suédois; mais, ce que l'on ſait.

O 3

1706.

Août.

le 24.

quante Chevaux & cinq cens Polonois, pour aller chercher l'Ennemi. Görtz, aïant pris le véritable chemin, le rencontra de l'autre côté de Bautzen, près d'un Village nommée Reihersdorf, où il étoit posté fort avantageusement, aïant devant lui une petite Riviere. Il avoit marché toute la nuit, & y étoit arrivé à la pointe du jour. Les Saxons vouloient auffi-tôt se ranger en Ordre de Bataille ; mais, Görtz ne leur en donna point le tems : &, aïant passé le Pont avec une cinquantaine de Chevaux, il les attaqua avec tant de vivacité, qu'il les mit en Desordre. Le Général Jordan fit tout ce qu'il pût pour les rallier. Görtz, qui n'étoit pas éloigné de cet Officier, qu'il reconnut au ton de la voix, le fuivit à la faveur du brouillard qu'il faisoit, jusqu'à ce qu'aïant trouvé le moment favorable, il le perça de sa propre main. Le reste du Détachement passa en attendant, & les Ennemis furent fort maltraités de tous côtez. Quatre-vingt-quatorze Hommes restérent sur la place : on fit trente-six Prisonniers ; & on prit trois Etendarts. Le reste fut entiérement diffipé, & une partie se retira vers les Frontieres de Boheme. Les Suédois n'eurent dans cette Occasion que deux Hommes de tuez, avec trois de blessés. Parmi ces derniers se trouvoit le Capitaine Ehrenpreus, du Régiment des Dragons du Corps. Il avoit été un des prémiers qui avoient passé le Pont, où il fut mortellement blessé, dont il mourut quelques jours après, fort regretté à cause de sa Bravoure & de son Expérience.

Les Ruffiens faccagent la Volhynie.

DES-QUE les Ruffiens apprirent, que le Roi marchoit vers la Silésie, ils entrérent dans la Volhynie, où ils mirent tout à feu & à sang, saccageant les Terres de ceux qui s'étoient déclarez pour le Roi Staniflas. Ceux, qui avoient souffert par les Suédois, tachérent de porter le Roi Augufte à user aussi de Représailles : mais, le Grand-Général Siniawski l'en detourna ; alléguant, qu'il ne convenoit point à un Roi de Pologne d'imiter l'Exemple de l'Ennemi, & de ruiner son propre Païs ; que l'on pouvoit en quelque façon excuser les Suédois ; mais, que pour lui, personne ne l'excuseroit ; & qu'il augmenteroit par-là la Haine qu'une partie de ses Sujets avoient déjà conçue contre lui.

SUR

---

fait très bien, c'eft qu'à la Bataille de Frauftadt, il se trouvoit auprès du Velt-Maréchal Rehnfchold. Il avoit les mêmes Armes que le Baron Görtz, Miniftre du Duc de Holftein, & prétendoit être de la même Famille, ce que ce dernier n'avoua jamais. Il savoit plufieurs Langues, comme l'Allemand, le François, l'Anglois, le Polonois, & le Ruffien. D'ai leurs, il ne manquoit, ni d'Efprit, ni de Vivacité, ni de Bravoure ; fachant bien son Métier. Ces Qualitez engagérent Charles XII. à le prendre à son Service, & même à le faire comprendre dans le Traité de Paix, comme on peut le voir par le XIV. Article du Traité d'Alt-Ranftadt. A la fin, il fut pourtant malheureux. Il fit une Capitulation avec le Roi de Suede pour lever un Régiment de Dragons de trois mille Hommes. Sur les Soldats & les Officiers il n'y eut rien à dire ; mais, à l'égard des Chevaux & de l'Uniforme, on trouvoit qu'il avoit cherché que son Intérêt particulier, & l'on caffa presque tout. On le mit aux Arrêts. Peu de jours après, il eut un Vomiffement de Sang, dont il mourut fubitement.

Sur ces Entrefaites, on apprit un Stratagême qui mérite d'être rapporté. Un Capitaine de Valaques, s'étant approché avec son Détachement d'une Ville qu'il devoit nécessairement passer, apprit d'un Païsan, que cet Endroit étoit rempli de Russiens au nombre de mille Hommes. Sur cet Avis, il laissa ses Gens en arriere, & persuada à un Suédois, qui l'accompagnoit, de se laisser lier bras & jambes: après quoi, il le conduisit ainsi garotté à la Garde Russe; disant, qu'il avoit été détaché par Pociei, & qu'il avoit heureusement trouvé quelques Suédois, qu'il avoit tous passés au fil de l'épée, à l'exception de celui-ci, qu'il emmeneroit à son Maitre. Les Russiens le crurent bonnement, le régalérent bien: &, après s'être fort réjoüis de la prétentendue Défaite des Suédois, ils le laissérent partir. Le Capitaine avoit, en attendant, observé la Situation de l'Endroit; & ce ne fut qu'après être bien instruit, qu'il partit. De retour vers le soir, il anima ses Troupes, & leur vanta les Avantages que l'on pourroit remporter sur les Russiens. Entre chien & loup, il s'approcha à bride abatue de la Ville, où, après être entré sans aucune difficulté, il trouva les Russiens dispersés & dans une entiere sécurité. Il passa au fil de l'épée tous ceux qui se présentérent; & tua plus de deux cens Hommes. Il ne perdit que très peu de ses Gens: &, après avoir traversé la Ville, il sortit par l'autre Porte, & continua sa Marche, sans que personne se mît en devoir de le poursuivre.

On a dit un peu plus haut, que l'on découvrit à Posnanie une Conspiration contre le Roi Stanislas, qui couta la Vie à deux François auxquels le Velt-Maréchal Rehnschöld fit couper la Tête. On apprit, que quelque tems après, tout le Complot. Le Lieutenant-Colonel Beauvernois, que le Général Schulembourg avoit chargé d'exécuter cette Affaire, en marqua toutes les Circonstances à la Reine de Pologne, Epouse du Roi Stanislas, qui étoit alors à Stetin. Cet Officier, en témoignant combien il avoit en horreur une Action si noire, pria la Reine de vouloir en avertir le Roi, afin que lui & les autres, à qui l'on en vouloit, pussent se précautionner contre certaines Personnes dont il marquoit les Noms. Parmi ces Personnes se trouvoit un certain Capitaine Wallrand, qui arriva à l'Armée Suédoise, avant qu'elle sortît de Pologne. On l'arrêta aussi-tôt; mais, il nia constamment d'avoir la moindre connoissance de ce Complot. Outre celui-ci, on apprit, que le Comte Lagnasco avoit chargé d'une pareille Commission deux Italiens, avec un Médecin Juif; mais, de ceux-ci, on n'eut jamais la moindre Nouvelle, peut-être parce qu'ils savoient que la Trame avoit été découverte. Le Lieutenant-Colonel Beauvernois, s'étant rendu dans la suite à Wismar, on l'arrêta, à cause du Soupçon où l'on étoit, qu'il ne cherchoit qu'à avoir un Accés libre, pour, après cela, mieux faire son Coup; mais, aux instances de la Reine, on le relacha enfin. Ce même Homme avoua aussi, que c'étoit lui, & un autre, qui avoient causé les deux Incendies à Ravitz; afin d'avoir occasion de tuër le Roi d'un Coup de

Pisto-

1706.

Août.
Stratagême d'un Capitaine.

Conspiration contre le Roi-Stanislas.

1706.

Septembre.
le 1.
Les Com-
miſſaires
Saxons ar-
rivent à
l'Armée.

Piſtolet ; mais, qu'ils n'en avoient jamais eu le Courage, & qu'ils en avoient toujours été retenus par une Force ſupérieure.

REVENONS à Charles XII. Ce Prince, après s'être repoſé un jour à Boſchitz, marcha par Bautzen, à Biſchofswerda. Ce fut dans cet Endroit, que les Commiſſaires du Roi Auguſte arrivérent à l'Armée. Comme la Négotiation ſe devoit traiter avec beaucoup de ſecret, à cauſe des Ruſſiens, entre les mains deſquels ſe trouvoit le Roi Auguſte, Charles ne leur donna point Audience. Ils ſe rendirent chés le Comte Piper, ſous prétexte que leur Voïage n'avoit pour but que de convenir des Contributions auxquelles le Païs ſeroit taxé. On tint le même Langage de part & d'autre, afin de dépaïſer les curieux, & de tenir tout caché juſqu'à la Publication de la Paix. Dans la prémiere Conférence, le Comte Piper, & le Sécrétaire d'Etat Hermelin, produiſirent leurs Pleins-Pouvoirs ; ce que firent auſſi Meſſieurs d'Imhof & de Pfingſten. Le Prémier-Miniſtre du Roi de Suede rappella enſuite en peu de mots ce qui s'étoit paſſé au commencement & pendant le Cours de cette Guerre : Que le Roi Auguſte, à force de Proteſtations & de belles Paroles, avoit trompé le Général Wellingk, que le Roi de Suede lui avoit envoïé, pour conclure une Alliance plus étroite : Qu'il s'étoit ligué, pendant ce tems-là, avec le Czar & le Roi de Dannemarck, contre le Roi de Suede, ſon proche Parent, & qui ne ſouhaitoit que la Paix : Qu'il avoit attaqué la Livonie ſans aucune raiſon, & que depuis, ſous prétexte d'Accommodement, il n'avoit cherché, à différentes repriſes, qu'à lui faire encore plus de mal. Le Comte aïant fait voir enſuite, qu'Auguſte n'avoit jamais tenu la Parole qu'il avoit donnée dans toutes ces Occaſions, finiſſoit par dire, qu'on ne devoit point être ſurpris de ce que le Roi ne ſe fioit point à toutes les Promeſſes que faiſoit ce Prince : & que Sa Majeſté délibéroit encore ſi Elle devoit entrer en quelque Négotiation de Paix, ou ſi ſes Intérêts n'exigeoient pas plûtôt, qu'il pourſuivît ſa juſte Cauſe, & qu'il prît lui-même toute la Satisfaction qu'il croïoit lui être dûe. Ce Diſcours allarma extrémement les Commiſſaires Saxons. Ils alleguérent en faveur de leur Roi toutes les Raiſons dont ils pûrent s'aviſer : qu'il avoit été ſéduit par de mauvais Conſeillers ; qu'il en avoit un ſincere Repentir ; &, enfin, qu'il avoit aſſez chérement païé ſa Légéreté. Ils priérent qu'on oubliât le paſſé, & proteſtérent de la maniere la plus ſolemnelle, que le Roi leur Maitre ne ſouhaitoit rien tant que de recouvrer l'Amitié de Sa Majeſté Suédoiſe.

LE lendemain au ſoir, ils s'aſſemblérent de nouveau au Quartier du Comte Piper. A cette ſeconde Conférence ſe trouvoit, du côté des Suédois, le Sécrétaire Cederhielm, & de l'autre, le Conſeiller Zech, chargés tous les deux de rédiger par écrit ce que l'on mettroit ſur le tapis. Les Plénipotentiaires Suédois produiſirent un Projet pour le Traité à faire. On en examina tous les Articles, & la Conférence dura juſques bien avant dans la nuit. La plus grande Difficulté regardoit la

Cou-

Couronne de Pologne , & le Détrônement d'Augufte. Les Commif- **1706.** faires Saxons croïoient, que le Roi de Suede ne penfoit point férieu- *Septembre.* fement à agir avec tant de rigueur à l'égard d'un Roi , fon proche Pa- rent. Ils repréfentérent fort au long, que le Roi de Suede pourroit obtenir quelque autre Satisfaction : qu'on lui donneroit de l'Argent comp- tant, ou quelque Morceau de Païs; que le Roi Staniflas feroit déclaré Succeffeur à la Couronne, après la Mort d'Augufte; qu'on lui affigne- roit en attendant une bonne Somme pour fa Subfiftance; qu'on lui ac- corderoit les Honneurs dûs à un Prince, élu Roi de Pologne, & dé- figné à fuccéder à cette Couronne ; enfin , qu'Augufte fourniroit au Roi de Suede du Secours contre la Ruffie, & qu'il l'aideroit à obtenir les Conditions les plus avantageufes. Les Commiffaires Saxons allérent encore plus loin: ils propoférent de partager le Roïaume de Pologne entre Augufte & Staniflas , & de donner à l'un la Pologne, & à l'au- tre la Lithuanie. Les Suédois refuférent nettement d'accepter toutes ces Propofitions, & ils déclarérent une fois pour toutes, qu'il étoit inutile de conférer & de négocier d'avantage, fi le Roi Augufte n'a- voit fait inférer dans l'Inftruction qu'il avoit donnée à fes Plénipotentiai- res, qu'il renonçoit entiérement à la Couronne de Pologne. Ils ajou- térent, que le Roi Augufte s'étoit réfigné à la bonne Volonté de Sa Majefté Suédoife ; que , fans cela, on exigeroit bien d'autres Condi- tions; que Sa Majefté pour toutes les Injuftices qu'on lui avoit faites, ne demandoit d'autre Satisfaction, que celle qu'Elle avoit exigée dès le Commencement , & dont Elle ne fe départiroit jamais, étant fi étroi- tement liée au Roi Staniflas, & à la République confédérée.

APRE´S que les Plénipotentiaires Saxons eurent enfin accepté le *Marches du* Projet qu'on avoit dreffé, le Roi partit de Bifchofswerda, & marcha *Roi.* à Radeberg, laiffant Stolpe à fa droite. Dans cet Endroit, le Géné- *le 3.* ral-Major Meyerfelt fut détaché avec quelques Régimens, pour mar- cher au de-là de Drefde, vers Pirna, autrement Sonnenftein. Le Roi *le 4* lui-même fe pofta dans les Vignes, à une demi-lieue de Meiffen, près de Weinbuhl. Ces Mouvemens donnoient lieu de croire, que l'on avoit quelque Deffein fur la Ville de Drefde, à quoi cependant le Roi ne penfoit point du tout , dans la Situation où étoient alors les Af- faires.

LE Baron Printz, Miniftre de Pruffe, arriva ce jour-là au Camp, *Le Roi de* pour féliciter le Roi fur fon Arrivée dans le Voifinage, & pour offrir *Pruffe offre* en même tems la Médiation de fon Maitre entre Sa Majefté Suédoife & *fa Média-* le Roi Augufte. Charles répondit à ce Miniftre , que cette Média- *tion.* tion ne lui étoit point defagréable, & qu'il l'accepteroit avec Reconnoif- fance , fi le Cas fe préfentoit que l'on en eût befoin.

LE lendemain, on continua la Marche, par la Ville de Meiffen, où *le 5.* l'on paffa l'Elbe. L'eau y étant fort baffe , la Cavallerie paffa à gué: l'Infanterie & le Bagage défilérent par-deffus le Pont; mais, l'Artillerie entra dans la Ville par-deffus cette Voute admirable que l'on a conftruit
Tome II. P en

en forme d'Arc au-deſſus du Foſſé. Le Magiſtrat & quelques-uns de la Bourgeoiſie voulurent détourner le Roi de cette Réſolution, tant à cauſe du Danger où l'on ſeroit expoſé en cas que la Voute ſe crévât ſous une Charge ſi péſante, que par rapport à la Perte que cela cauſe-roit à la Ville, qui ne ſeroit jamais en état de la réparer. Le Roi, dans la perſuaſion qu'il n'y avoit rien à craindre, pria le Magiſtrat de ne s'en point inquiéter, & l'Artillerie paſſa. Sa Majeſté fit enſuite une lieue, juſqu'au Village à Zheren, où il établit ſon Quartier général. Dès que les Suédois eurent paſſé l'Elbe, les Garniſons de Leipzic & de Wittemberg ſe retirérent; ce qui fit beaucoup de Plaiſir à ces deux Villes, où les Garniſons avoient fort incommodé l'Univerſité, auſſi bien que le Commerce. La Ville de Leipzic envoïa des Députez au Roi, pour le ſupplier de vouloir leur accorder ſa Protection, tant pour leur Commerce en général, qu'en particulier pour la Foire que l'on alloit bien-tôt tenir, & de ne leur point donner de Garniſon; afin que les Marchands étrangers, qui s'y rendent en foule de toutes les Villes d'Allemagne, puſſent y trouver la même Sureté & les mêmes Commo-ditez qu'à l'ordinaire. Le Roi leur accorda ces Demandes, & leur donna ſur ce ſujet une Déclaration qu'il fit publier à Taucha le 1o. Sep-tembre ſuivant.

DE Zheren Charles marcha à Grimm, après avoir traverſé Lomatz & Migel, & avoir paſſé la Riviere de Moldau. Aïant appris dans cet Endroit, que le Général Schulembourg s'étoit fait joindre par les Trou-pes de Saxe qui avoient été dans la Baſſe-Luſace, & que ces Troupes n'étoient guére éloignées, le Roi détacha le Colonel Görtz, avec neuf cens cinquante Chevaux & cinq cens Valaques, pour talonner l'Enne-mi. Sa Majeſté partit elle-même avec ce Détachement pendant la nuit. Les Valaques tombérent près de Weiſſenfels ſur l'Arriere-Gar-de des Saxons, qu'ils attaquérent le ſabre à la main. Il y eut vingt Hommes de tuez, & on fit priſonniers un Capitaine, un Lieutenant, & trente-quatre Soldats. Cette Eſcarmouche couta la Vie à *Andreas*, Colonel des Valaques, qui, attaquant lui ſeul une Troupe ennemie, fut tué, après avoir percé de ſa main cinq Saxons. Les Valaques per-dirent beaucoup par ſa Mort: & il fut fort regretté, tant à cauſe de ſa Bravoure, que parce qu'il étoit un des plus habiles Partiſans de l'Ar-mée. Charles, ſur l'Avis qu'il eut, que les Saxons & les Ruſſiens mar-choient du côté de Naumbourg & d'Erfurt, retourna ſur ſes pas; mais, il ordonna au Colonel Görtz de ne pas ceſſer de les pourſuivre. Celui-ci détacha auſſi-tôt le Capitaine Strömfelt, du Régiment du Corps, Dragons, avec un Gros de Valaques, pour pourſuivre l'Enne-mi; & il ne ſe paſſa point de jour, qu'on ne fit des Priſonniers. Le Colo-nel ſuivit à ſon aiſe, juſqu'à ce qu'aïant appris près d'Erfurt, que Schulembourg étoit poſté près d'Ilmenau avec quatre mille Hommes, il preſſa ſa Marche pour y arriver. Le Général Saxon étoit déjà parti avec la Cavallerie, une partie de l'Infanterie y étoit encore; & ce fut

celle-

celle-là qui paîa pour l'autre. Tous les Ruffiens furent paffez au fil de l'épée ; & l'on fit prifonniers trente Saxons: les autres gagnérent un Bois voifin. Schulembourg s'avança toujours, & marcha vers la Forêt de Thuringe, où il fit faire de grands abbatis, & élever des épaulemens. Les Dragons Suédois, aïant mis pied à terre, l'attaqué-rent avec beaucoup de Bravoure, & l'obligérent à quitter fes Avanta-ges. Schulembourg, de fon côté, ne ceffa point de faire des abbatis pour barricader le Chemin, & pour arrêter les nôtres. Görtz, ne ju-geant point à propos d'aller plus loin, voulut s'en retourner ; mais, comme fon Détachement marquoit beaucoup de bonne volonté, & qu'il fe propofoit abfolument de chaffer les Ennemis hors de la Saxe, il marcha vers un Bois, appellé le Frauenwald, qui n'a qu'une feule iffue, & ou les Saxons fe deffendirent avec un Courage étonnant. Aïant laiffé le Major Adlerberg derriere lui avec un certain nombre de Che-vaux, pour amufer l'Ennemi, avec ordre de le fuivre au bout de deux heures, il fit un détour, afin de tomber fur les Saxons par derriere. A peine avoit-il fait une partie du chemin, qu'il rencontra un Batail-lon François de trois cens cinquante Hommes, qui cherchérent à évi-ter fa Rencontre. Il les fit attaquer auffi-tôt; mais, ils fe deffendirent en defefpérez, jufqu'à ce que le Major Ornftedt & les Capitaines Schmidt & Maidel, aïant fait mettre pied à terre à leurs Dragons, & Monfieur de Strömfeld avec quelque Cavallerie, les eurent obligés à demander Quartier. Les Suédois, trompez par le bruit qu'ils en-tendoient dans le Bois, & par l'Echo, crurent que l'Ennemi alloit re-cevoir un Renfort. Dans cette idée, voulant finir l'Affaire avant l'Arrivée des autres, le Capitaine Törnflycht eut ordre de faire defcendre fon monde, pour entourer les François de trois côtez différens. Cent trente Hommes furent tuez fur la place, & l'on fit une trentaine de Prifonniers, parmi lefquels fe trouvoient un Major, & deux Capitai-nes, avec huit Lieutenants & Enfeignes. L'obfcurité de la nuit em-pecha Görtz d'aller plus loin. Le lendemain, il apprit que l'Infante-rie ennemie, après s'être féparée par Pelotons, prenoit la Route de la Franconie, du Böhmerwald, & de Bareuth. Ainfi, pendant qu'il raffembloit fes Troupes, il donna le tems à Schulembourg de fortir de la Saxe: après quoi, toutes les Hoftilitez ceffèrent dans cet Electorat.

PENDANT que le Roi étoit abfent, l'Armée, qui avoit ordre de décamper, partit de Grimm, & marcha par Neunhof à Taucha. Le Lieutenant-Colonel Gyllenkrok, Quartier-Maitre-général, fe rendit avec les autres Quartiers-Maitres, & cinquante Dragons, à Leipzic. On leur ouvrit fur le champ les Portes ; &, à leur arrivée, ils fe pof-térent fur le Marché, pendant que Gyllenkrok fit affembler les Ma-giftrats, pour conférer avec eux fur la Diftribution de l'Armée aux en-virons de la Ville. Comme il y avoit encore une Garnifon de deux cens Hommes de Milice du Païs dans le Chateau de Pleiffembourg, auxquels la Ville n'avoit rien à commander, Gyllenkrok les fomma de

1706.

Septembre.

le 9.
Leipzic ou-
vre les Por-
tes aux
Suédois.

P 2   fe

se rendre. Le Commandant, qui étoit venu lui-même à la Barriere, parler à Gyllenkrok, se retira sans lui répondre, & fit lever après lui les Ponts. L'Après-dinée, arriva à Leipzic un Courier dépéché par la Régence de Dresde, avec ordre au Magistrat de fournir au Roi de Suede ce dont il auroit besoin. Ce même Courier étoit aussi chargé d'un ordre, pour le Commandant, de remettre sur le champ le Chateau aux Suédois. Il le fit, & se rendit prisonnier avec tout son Monde.

*le 10.
Le Roi va
à Alt-
Ranstadt.*

LE lendemain, le Roi, de retour de son Expédition, se rendit à Leipzic & à Pleissembourg. Le Commandant fut remis en Liberté, & l'on permit aux Soldats de retourner chez eux. Charles partit ensuite pour Taucha où l'on établit d'abord le Quartier général. Il changea pourtant d'Avis; & choisit, pour y loger, une Terre qui appartient à la Famille de Friese, nommée Alt-Ranstadt, à une lieue & demie de Leipzic, où le Roi Gustave-Adolphe avoit eu son Quartier du tems de la Bataille de Lutzen. Le Général-Major Meyerfelt reçut ordre de s'approcher plus près de Dresde; & le Roi ordonna à Görtz, de ne point poursuivre d'avantage le Général Schulenbourg, afin de ne point entrer sur le Territoire de quelque autre Prince. Lorsque Sa Majesté se rendit de Taucha à Alt-Ranstadt, Elle traversa la Ville de Leipzic à la tête de ses Drabans: le Reste de l'Armée suivit, en faisant le tour de la Ville.

le 11.

LES Commissaires Saxons, qui étoient chargés de négotier la Paix, faisoient tous leurs Efforts, pour gagner du tems, & pour trainer la Négotiation en longueur, afin de voir s'il n'y avoit point de Secours à attendre de la part de quelque Puissance étrangere. On savoit, que la Russie ne négligeoit rien, pour y porter le Roi de Dannemarck: & Ismaïlof manda au Czar, dans une Lettre écrite le $\frac{14}{4}$ Septembre, qu'il avoit mis tout en œuvre pour déterminer à une Rupture Sa Majesté Danoise, dont les Troupes étoient en Norwegue à rien faire; qu'il lui avoit représenté, que le tems étoit venu de se vanger de la Suede; mais, qu'on lui avoit répondu, que, sans l'Angleterre & la Hollande, le Dannemarck ne remueroit point. On n'ignoroit point non plus, que le Ministere de la Cour de Vienne avoit fait proposer à Ratisbonne de déclarer le Roi de Suede Ennemi de l'Empire, & que les Etats de la Religion Catholique-Romaine y avoient donné leur Consentement. Un Seigneur de la Cour de Vienne, qui cherchoit à détourner cette Résolution, se servit d'une Comparaison assez singuliere: disant, que le Roi de Suede, avec son Armée, ressembloit à une Tache d'Huile, que l'on ne remarque pas d'abord beaucoup, mais qui gagne de plus en plus, & qui à la fin pénétre tellement, qu'on ne peut plus l'ôter; que les Suédois étoient déjà au milieu de l'Allemagne, & qu'ils pourroient aisément se joindre aux François, qui ne demanderoient pas mieux que de pénétrer dans le Cœur de l'Empire, pour lui porter un Coup dont il se souviendroit éternellement. Ce ne furent que les Mouvemens, que venoit de faire le Général Meyerfelt, qui obli-

obligérent les Commiſſaires Saxons à demander que l'on terminât au plûtôt la Négotiation. On convint des Articles, & la Paix fut enfin ſignée par les Plénipotentiaires de part & d'autre.

ON ne put pas cependant envoïer le Traité au Roi Auguſte, parce que, comme l'on y avoit ſpecifié la Renonciation de ce Prince à la Couronne de Pologne, le Roi Staniſlas avoit naturellement trop de part à ce Traité, pour qu'on ne le lui communiquât pas. Pour cet effet, on lui envoïa à Meiſſen le Sécrétaire Cederhielm, qui devoit le lui notifier. Le Roi Staniſlas aïant demandé, que l'on y inſerât quelques Articles touchant la Pologne, on en conféra avec les Miniſtres Saxons: &, lorſqu'on eut tout reglé, le Traité fut mis au net, & ſigné par les Députez de Sa Majeſté Polonoiſe, qui étoient le Comte Jablonowski, Palatin de Ruſſie, & le Comte Sapieha, Grand-Général de la Lithuanie. Voici la Subſtance de ce Traité. „ Il y aura une Paix perpé-
„ tuelle, & une Amitié ſincere, entre Charles XII, Roi de Suede,
„ les Rois ſes Succeſſeurs, ſes Etats & Provinces, comme auſſi entre
„ l'Allié de Sa Majeſté, Staniſlas I, Roi de Pologne, ſes Succeſſeurs,
„ Etats & Provinces, d'une Part; &, de l'autre, entre Frédéric Au-
„ guſte Roi, Duc Héréditaire de Saxe, & l'Electeur du Saint Empi-
„ re, ſes Héritiers & Succeſſeurs. En conſéquence de quoi, ils fe-
„ ront ceſſer toutes Hoſtilitez entre eux, & promettent de ne rien
„ faire pour s'entre-nuire, de ne donner aucun Secours l'un contre
„ l'autre, ni conclure avec d'autres aucun Traité contraire à celui-ci;
„ mais plûtôt de chercher, & de faire doreſnavant, tout ce qui peut
„ contribuer mutuellement à leur Honneur & à leur Avantage, & à
„ l'Entretien d'une bonne Intelligence & fidele Amitié. II. Il y aura
„ un Oubli éternel de tous les Dommages ſoufferts de Part & d'autre
„ à l'Occaſion de cette Guerre, ſans que l'on puiſſe s'en reſſentir, ni
„ demander aucune Satisfaction pour les Dépenſes de la Guerre, ou
„ autres Pertes faites à ſon occaſion. Il ne ſera point permis à aucun
„ Particulier d'intenter Action pour des Biens confiſqués pendant la
„ Guerre; ſauf néanmoins l'Article VI. de ce Traité. III. Et afin de
„ couper juſqu'à la Racine de cette funeſte Guerre, le Roi Auguſte,
„ pour l'amour de la Paix, renonce dès à préſent, pour jamais, à la
„ Couronne de Pologne, & à tous ſes Droits & Prétenſions ſur ce
„ Roïaume, le Grand-Duché de Lithuanie, & les Provinces qui en dé-
„ pendent. Il déclare de plus, & reconnoit ſolemnellement, en ver-
„ tu de cette Tranſaction, Staniſlas I. pour véritable & légitime Roi
„ de Pologne & Grand-Duc de Lithuanie; de maniere, qu'il ne pour-
„ ra jamais, ni pendant la Vie dudit Roi, ni après ſa Mort, former
„ aucune Prétenſion ſur lesdits Roïaume, Grand-Duché, & Provin-
„ ces en dependantes. On eſt convenu, que le Roi & Electeur de Saxe
„ pourra retenir pendant ſa Vie le Nom & les Honneurs de Roi,
„ ſans néanmoins ſe ſervir des Armes, ni du Titre, de Roi de Pologne.
„ IV. Le Roi & Electeur promet en outre de notifier cette Abdica-

P 3 „ tion

1706.
─────
*Septembre.
le* 14.
*Le Traité
eſt communiqué au
Roi Staniſlas.*

*Traité
d'Alt-
Ranſtadt.*
V. L'APP.
No. CIX.

„ tion aux Etats de la République de Pologne, par un Diplome en
„ bonne Forme, lequel fera remis entre les mains du Roi de Sue-
„ de, dans l'Efpace de fix Semaines, à compter du Jour de la Signa-
„ ture de ce Traité. Il abfout cependant & décharge dès à préfent,
„ & par cette Convention, tant lesdits Etats en général, que chaque
„ Habitant de Pologne & de Lithuanie en particulier, du Serment du Fi-
„ délité par lequel ils ont été jufqu'ici engagés envers lui, & leur
„ permet de paffer fous l'Obéïffance du Roi Staniflas. Il promet auffi,
„ de n'avoir plus avec eux aucune Brigue cachée ni déclarée; de ne
„ recevoir, aider, ni protéger, aucun d'entre eux, qui auroit déjà re-
„ fufé, ou qui pourroit à l'avenir malicieufement refufer, de fe fou-
„ mettre au nouveau Roi; & de ne rien tramer, ni entreprendre, avec
„ eux, ou avec d'autres, qui foit contraire à ce Traité, ou au Préjudice
„ du Roi Staniflas & de la République de Pologne. V. Il renonce de plus à
„ tous les Traités qu'il peut avoir avec d'autres Puiffances contre les
„ Rois & Roïaumes de Suede & de Pologne, & particuliérement à ceux
„ qu'il a faits avec le Czar de Mofcovie, contre lesdits Rois & Roïau-
„ mes, foit avant ou durant la Guerre. Il n'enverra plus aucun fe-
„ cours audit Czar de Mofcovie, & rappellera tous les Saxons, qui,
„ lui aïant été ci-devant fournis, font encore à fon fervice. VI. Il
„ caffe & annulle tous les Décrets & Status nommez vulgairement
„ *Lauda*, & fpécialement ceux qui ont été faits dans la Diete de
„ Warfovie, dans les Affemblées de Marienbourg, de Thorn, d'El-
„ bingen, de Javarow, de Sendomir, de Cracovie, de Breft, de Grod-
„ no, & autres, même dans la Diete de Lublin, entant qu'ils fe
„ trouvent contraires au préfent Traité; &, de plus, toutes les Conf-
„ titutions de Biens, Privations de Charges, Arrêts, & Sentences en
„ contumace, prononcés depuis le 7/ Février 1704. Il fera libre au
„ Roi de Pologne, d'ôter ou de conferver les Charges & Dignitez,
„ tant Eccléfiaftiques, que Séeulieres, à ceux que le Roi & Electeur
„ en a gratifiés depuis ledit Jour. VII. Seront delivrez audit Roi,
„ immédiatement après la Ratification de cette Paix, les Couronnes
„ de Pologne & autres Marques de la Roïauté, enfemble les Archives
„ du Roïaume, qui ont été tranfportées en Saxe, avec les Pierreries
„ & autres Ornemens de la Couronne. VIII. Seront en même tems re-
„ mis en Liberté, & menez d'une Maniere décente au Camp du Roi
„ de Suede, les Princes Jacques & Conftantin Sobieski, après avoir
„ promis par écrit de ne point s'offenfer, ni fe venger, de ce qu'ils
„ ont fouffert pendant leur Détention, & durant la Guerre. Le Roi
„ & Electeur promet de païer au Prince Jacques la Somme qu'il lui
„ doit par fon Obligation, & de la faire inceffamment liquider. IX.
„ Seront pareillement remis en Liberté tous les Polonois & Lithua-
„ niens, de quelque Qualité ou Condition qu'ils puiffent être, qui ont
„ été emmenez en Saxe, & qui par ordre du Roi & Electeur font
„ gardez Prifonniers là ou ailleurs. Ledit Roi & Electeur promet
„ auffi

„ aussi d'emploïer ses bons Offices auprès du Pape, pour obtenir au
„ plûtôt l'Elargissement de l'Evêque de Posnanie. X. Seront relachés
„ de même, sans Rançon, incontinent après la Ratification, tous les
„ Suédois, de quelque Qualité & Condition qu'ils puissent être, qui
„ ont été pris pendant cette Guerre, & qui sont au pouvoir dudit Roi
„ & Electeur, en quelque Lieu qu'ils se trouvent. Sa Majesté Suédoi-
„ se fera relacher en même tems, aussi sans Rançon, autant de Saxons,
„ & en outre tous les Généraux & autres Officiers de Guerre. Mais, à l'é-
„ gard des Soldats, il sera libre à Sa Majesté de les retenir, & les em-
„ ploïer dans ses Troupes, de même que ceux qui y ont ci-devant pris
„ parti. Ceux des Officiers de Part & d'autre, qui ont fait des Dettes
„ pendant leur Détention, ne seront remis en Liberté, qu'après les avoir
„ païées, ou avoir donné Caution. XI. Seront délivrez au Roi de Suede
„ tous les Deserteurs & Traitres qui se trouveront en Saxe, soit Sué-
„ dois, ou natifs des Provinces de la Domination Suédoise, & nom-
„ mément Jean-Reinhold Patkul, lequel en attendant sera étroite-
„ ment gardé. XII. Seront en outre remis au Pouvoir de sadite Ma-
„ jesté, comme Prisonniers de Guerre, tous les Soldats Moscovites
„ qui sont encore dans l'Electorat de Saxe. XIII. Toutes les Enseignes
„ Militaires, comme Drapeaux, Timbales, Canons, & autres de
„ cette Nature, qui ont été prises sur les Suédois, & pourroient ser-
„ vir des Trophées, seront rapportées & restituées sans aucune Excu-
„ se, ni Chicane. XIV. Comme le Colonel Görtz, que le Roi de Sue-
„ de a reçu en son Service, a été, pendant son Absence, & sans avoir
„ été entendu, noté d'une Sentence infamante, elle sera comme non
„ avenue, sans que son Honneur & sa Réputation en soient aucune-
„ ment altérées. XV. Comme la Distance des Lieux demande quelque
„ Tems, pour la Ratification de cette Paix, & aussi pour obtenir les
„ Garanties ci-dessous mentionnées, il sera permis au Roi de Suede
„ de mettre ses Troupes en Quartiers d'Hiver dans l'Electorat & les
„ Provinces qui y sont attachées, & d'y exiger de quoi les faire sub-
„ sister. Les Troupes Saxonnes, qui sont restées dans le Païs, y
„ auront néanmoins certains Bailliages pour leur Subsistance; & celles,
„ qui sont en Pologne, y auront des Quartiers éloignés de ceux des
„ Troupes Suédoises, dans lesquels elles vivront paisiblement & sans
„ faire de Dégât, jusqu'à ce qu'après la Sortie des Suédois de la Saxe,
„ elles y puissent retourner. XVI. On évacuera en même tems les
„ Villes & Chateaux de Cracovie & de Tykozin, avec toutes les au-
„ tres Places fortifiées où il y aura Garnison Saxonne, & on les re-
„ mettra avec tout le Canon & les Munitions de Guerre qui s'y trou-
„ vent présentement, à ceux que le Roi de Pologne aura nommez
„ pour les recevoir. XVII. Et comme, outre la Ville de Leipzic déjà
„ rendue avec son Chateau, celle de Wittemberg reçoit aussi Garnison
„ Suédoise jusqu'à l'Exécution de la Paix; il a été convenu, qu'im-
„ médiatement après, lesdites Places seront évacuées & remises dans
leur

,, leur prémier Etat, & l'Armée Suédoife fortira de la Saxe dans un
,, Jour fixé. XVIII. Les Hoftilitez cefferont en Saxe & dans les Ter-
,, res Electorales du Jour de la Signature du préfent Traité; mais en
,, Pologne & en Lithuanie, lorfque la Connoiffance de la Paix pourra par-
,, venir aux deux Armées; à quoi on a jugé que trois Semaines pour-
,, roient fuffire. XIX. On eft fpécialement convenu, que le Roi de
,, Suede & le Roi & Electeur, comme Membres de l'Empire, proté-
,, geront la Religion établie par la Paix de Weftphalie, & agiront auffi
,, de concert dans les autres Affaires de l'Empire; & afin que les Etats
,, & Habitans de Saxe & de la Luface foient d'autant plus affurez de
,, la Confervation de la Religion Evangélique chés eux, le Roi & E-
,, lecteur, aux Inftances du Roi de Suede comme Garant de ladite
,, Paix, promet pour lui, & fes Succeffeurs Electeurs de Saxe, de
,, n'introduire ni admettre jamais dans fes Etats aucun Changement
,, à l'égard de la Religion Evangélique, ni de permettre que les Ca-
,, tholiques y puffent jamais avoir aucune Eglife, Ecole, Académie,
,, College, ni Monaftere. XX. Si le Roi & Electeur venoit à être at-
,, taqué pour Raifon de ce Traité, foit par le Czar de Mofcovie, ou
,, par quelque autre, les Rois de Suede & de Pologne viendront à fon
,, Secours. Ils promettent auffi, que quand on viendra à faire la Paix
,, avec le Czar, ils auront foin de procurer audit Roi & Electeur une
,, jufte Satisfaction fur ce qu'il pourra avoir alors à prétendre. XXI.
,, Les Rois & Princes contractans promettent d'éxécuter & d'obferver
,, de bonne-foi le Contenu de ce Traité en tous fes Points, Claufes,
,, & Articles: mais, pour le rendre encore plus ferme & ftable, le
,, Roi & Electeur fe charge d'en demander la Garantie de Sa Ma-
,, jefté Britannique, & des Etats Généraux des Provinces-Unies, &
,, d'en fournir les Inftrumens en bonne Forme, s'il fe peut, dans l'ef-
,, pace de fix Mois, à compter du Jour de la Signature du préfent
,, Traité: & il fera permis au Roi de Suede de procurer, outre les-
,, dites Garanties, auffi celles d'autres Puiffances. XXII. Ce Traité,
,, dont on a figné deux Exemplaires, fera ratifié en la meilleure Forme
,, par chacune des Parties contractantes, dans fix Semaines après la
,, Signature; de maniere, cependant, que contre une feule Ratifica-
,, tion du Roi de Suede, & une autre de la Part du Roi de Pologne,
,, il en fera fourni deux de la Part du Roi & Electeur, lefquelles fe-
,, ront échangées, dans ledit Terme, au Jour & Lieu dont on con-
,, viendra. ,, L'Article féparé que l'on ajouta à ce Traité, portoit,
,, que comme le Roi & Electeur avoit promis par l'Art. XXI. de pro-
,, curer les Garanties qui y font mentionnées, & qu'il pourroit ce-
,, pendant arriver qu'il ne pût les obtenir toutes, ou, du moins, qu'il
,, ne pût les fournir dans le Tems fixé, on étoit convenu, que le
,, Traité n'en demeureroit pas moins dans toute fa Force & Vigueur,
,, fans que cela puiffe aucunement deroger à fa Validité. ,,

le 14. LE même Jour que l'on figna le Traité de Paix, le Roi de Suede,

qui

qui vouloit que ſes Troupes obſervaſſent une exacte Diſcipline, fit publier une Ordonnance, à laquelle les Officiers & les Soldats étoient obligés de ſe conformer en Saxe. Comme cette Piéce eſt trop intereſſan-
te, pour ne pas trouver place ici, nous l'inférons en entier. La voici:
„ CHARLES, &c. I. Aïant réſolu, que les Hauts & les Bas Officiers de
„ notre Armée, les Soldats & les Cavalliers, doivent réguliérement
„ toucher tous les Mois leur Païe, nous voulons & ordonnons, que
„ perſonne n'entreprenne d'exiger choſe quelconque dans ſon Quar-
„ tier, ſans païer d'abord ce qu'on lui fournit, excepté le Fourage,
„ qui n'eſt pas païé. Les Officiers doivent bien prendre garde, qu'au-
„ cun Village, ni aucun Habitant, ne ſoit plus chargé que l'autre. II.
„ Comme, de la Maniere ſusdite, tout ce que les Officiers & les Sol-
„ dats prennent de Vivres, & autres Choſes néceſſaires pour la Subſiſ-
„ tance, doit être païé Argent comptant, nous defendons à un cha-
„ cun de notre Milice d'inviter qui que ce ſoit chés lui, au Dépens
„ & au Préjudice de l'Hôte. III. Les Vivandiers, avec leurs Domeſti-
„ ques & leurs Chevaux, n'ont rien à exiger dans leurs Quartiers;
„ mais, ils païeront Argent comptant à leurs Hôtes tout ce qu'on
„ leur fournira, tant en Vivres, & autres Choſes, qu'en Fourage. IV.
„ Défendons à un chacun d'exiger, pour ſon Uſage particulier, des
„ Attelages ou des Voitures, chés les Gentilshommes, Prêtres, Bour-
„ geois, ou Païſans, ſans les payer d'abord: mais, en cas que ce ſoit
„ pour notre Service, l'Officier doit avoir ſoin que les Voitures ſoient
„ reſtituées aux Propriétaires dans le même Etat qu'on les aura priſes;
„ faute de quoi, il doit être reſponſable de tout le Domage & de tout
„ le Mal qui en peut réſulter. V. Lorſqu'un Officier ou Soldat ſera
„ détaché ou commandé quelque part, il ne doit point exiger à ſon re-
„ tour quelque Argent de ſon Hôte, pour avoir été abſent, & parce
„ que le Quartier a alors été exempt de païer la Contribution du Fou-
„ rage. VI. Il eſt encore très expreſſément défendu de forcer quel-
„ qu'un à vendre ou à troquer ſes Chevaux, bien moins encore de les
„ enlever, ou d'extorquer quoique ce ſoit uſant de Violence, ſans le
„ païer d'abord aux Propriétaires. VII. Il n'eſt permis à aucun Offi-
„ cier, ou Soldat, de choiſir un Quartier à ſon Gré, ou de le changer
„ contre un autre, ou bien, au lieu de Quartier, d'extorquer quelque cho-
„ ſe, ſous quelque Prétexte que ce ſoit, aux Païſans ou Propriétaires;
„ ſauf en ce cas aux Poſſeſſeurs de pouvoir arrêter les contrevenans &
„ de les conduire au Régiment le plus proche. VIII. Toutes Chaſſes,
„ tant au dedans qu'au dehors des Bois & des Parcs, ſont abſolument
„ défendues, de même que la Pêche avec des Filets ou autrement,
„ comme auſſi de cueillir les Fruits dans les Jardins ou les Vignes,
„ ſans païer d'abord ce que l'on prend de cette maniere. IX. Il eſt dé-
„ fendu ſur-tout de maltraiter ſon Hôte ou les Domeſtiques de la
„ Miaſon, de les battre, & de les injurier, de quelque maniere que ce
„ ſoit; bien moins encore de voler & piller dans les Chemins publics

1706.

Septembre.
Ordonnan-
ce du Roi
de Suede au
ſujet de la
Diſcipline
militaire.

,, & particuliers, dans les Rues, les Hotelleries, des Villes, & Vil-
,, lages, ou de faire quelque autre Violence que ce foit. X. Il eſt en-
,, core ſévérement défendu d'être prodigue du Fourage : ceux, que
,, l'on en convaincra, doivent reſtituer le Dommage, & on en ra-
,, battra la Valeur aux Officiers ſur les Gages qu'ils reçoivent tous les
,, Mois. XI. Les Officiers & Soldats doivent avoir un Soin tout particulier
,, du Feu dans leurs Quartiers, afin qu'il n'arrive point d'Incendie : tout le
,, Mal qui pourroit en reſulter ſera mis ſur leur Compte, & ils en répon-
,, dront. XII. Pour que nous aïons une parfaite Connoiſſance de la Con-
,, duite de nos Troupes dans leurs Quartiers, nous voulons & ordon-
,, nons expreſſément, que les Officiers, qui commandent nos Régimens,
,, ſe faſſent donner tous les Mois, ou à chaque Changement de Quar-
,, tiers, des Témoignages ſignés des Poſſeſſeurs ou Propriétaires, ou
,, de leurs Subſtituts, des Baillifs, & des Chefs des Villages, & qu'ils
,, les envoient ſans délai à notre Commiſſariat général de Guerre, afin
,, que nous ſoïons informez au juſte, ſi l'on a ponctuellement exécu-
,, té nos Ordres. Avec Défenſe expreſſe d'extorquer par force d'au-
,, tres Témoignages, qui ne ſeroient pas conformes à la Vérité. XIII.
,, Tous les Témoignages, Ordres, Reçus, & autres Ecrits de cette
,, Nature, que nos Troupes donneront aux Habitans de cet Electorat,
,, doivent être en Langue Allemande, afin qu'ils en comprennent le Sens
,, & le Contenu. XIV. Nous défendons en outre, ſous les Peines les
,, plus rigoureuſes, à toute notre Milice, d'arrêter & d'empécher le
,, libre Paſſage des Poſtes; notre Volonté étant, que les dites Poſtes,
,, les Voïageurs, & les Négocians, avec leurs Marchandiſes, qui ſont
,, ſur les Poſtes, Chariots, ou autres Voitures, doivent librement
,, paſſer & repaſſer. Il eſt bien moins permis à qui que ce ſoit de
,, viſiter les Poſtes, Caroſſes, Chariots, &c. Tous les Voïageurs,
,, tant ſur les Poſtes, que les autres qui ſont en Chemin, doivent s'at-
,, tendre à toute ſorte de Secours de la part de notre Armée, tant
,, pour leurs Perſonnes, que pour les Domeſtiques, Voituriers, Che-
,, vaux, Chariots, Argent, Marchandiſes, &c. Il ne ſera ſur-tout
,, permis à qui que ce ſoit, dans les Maiſons de Poſte des Villes ou
,, Villages, de prendre les Chevaux ſans être prémiérement convenu
,, du Prix; puiſque Nous avons pris ſous Notre Protection tous les
,, Maitres de Poſtes, avec leurs Voituriers, Chevaux, &c: & vou-
,, lons qu'ils ſoient exempts de tous Quartiers. XV. Nous ordonnons
,, encore que ſi quelqu'un agit contre les Points ci-deſſus énoncés, ou
,, bien contre les *Articles de la Guerre*, les Habitans du Païs aïent à
,, l'inſtant à en faire leur Rapport à l'Officier qui eſt à la tête du Ré-
,, giment: ou, ſi ce ſont des Partis, ils doivent s'en plaindre au Chef
,, qui commande; & s'ils croïent n'avoir pas obtenu la promte Juſtice
,, qui leur eſt due, ils pourront porter leurs Plaintes à notre Com-
,, miſſariat général, qui la leur fera rendre. Voulons enfin, que tous
,, ceux, qui ont quelque Commandement dans nos Troupes, ſuivent

,, non-

„ non-feulement exactement tout ce qui eft donné par la préfente ;
„ mais encore qu'ils aïent foin que leurs Soldats, & ceux qui font fous
„ leurs Ordres, obfervent ponctuellement ce que l'on vient de leur
„ prefcrire, fous peine d'encourir nôtre Difgrace ; les délinquans
„ n'aïant à attendre qu'une Punition prompte & exemplaire. En foi
„ de quoi, nous avons figné la préfente, &c. Donné dans notre
„ Quartier général à Alt-Ranftadt, le ⅔. Septembre 1706. „

1706.
Septembre.

LA Signature du Traité de Paix fut fuivie de la Publication d'une
Treve pour dix Semaines. L'Ordonnance, que le Roi de Suede fit
publier fur ce Sujet, portoit: „Que comme Sa Majefté trouvoit bon
„ de fufpendre toutes Hoftilitez dans l'Electorat de Saxe & des Païs
„ qui en dépendent, & de confentir à une Treve de dix Semaines, El-
„ le ordonnoit à tous & un chacun des Hauts & Bas Officiers de fon
„ Armée, & à tous ceux qui étoient fous le Commandement Militai-
„ re, comme auffi à tous fes Sujets, de s'abftenir, pendant ce Tems-
„ là, de toutes Hoftilitez contre le Païs Electoral de Saxe, fes Trou-
„ pes, & de ne leur faire en aucune maniere Tort ou Dommage ;
„ mais plûtôt de les traiter favorablement & amiablement: leur en-
„ joignant, toutefois, de n'avoir aucune Converfation ni Fréquentation
„ avec les Milices & Troupes de Saxe ; le tout, fous peine, envers
„ les Contrevenans, d'être punis avec févérité, comme Infracteurs
„ de fes Ordres, &c. „ La Régence à Dresde fit auffi publier cette
Treve au Nom du Roi Augufte: l'Ordonnance, qu'elle publia à cette
occafion, étoit fignée par Otto-Henri, Baron de Friefen.

le 15.
*Publication
d'une Treve.*

le 17.

APRÈS que tout ceci eut été réglé, le Sieur de Pfingften fe mit en
chemin, pour fe rendre en Pologne avec le Traité de Paix, afin d'en
rapporter la Ratification du Roi fon Maitre. Il étoit chargé en même
tems d'une Lettre, que Charles XII. écrivit de fa propre main au Roi
Augufte, & dans laquelle il témoignoit combien il avoit eu de Déplai-
fir d'être en Guerre avec ce Prince. Il y ajoutoit, que comme le
Traité de Paix venoit de mettre fin à la Mefintelligence qui avoit ré-
gné entr'eux, il ne négligeroit rien deformais pour lui donner des Preuves de fon Affection, & pour lui montrer qu'il favoit être auffi fidele
Ami, qu'il avoit été jufqu'à préfent fon Ennemi. Le Roi de Suede
donna auffi au Sieur Pfingften une Lettre pour le Général Mardefelt,
& le Roi Staniflas le chargea d'en porter au Palatin de Kiovie, par lefquelles on leur ordonnoit de s'abftenir de toutes Hoftilitez contre les
Saxons. Ce Miniftre ne devoit pourtant point les leur remettre, avant
que le Roi Augufte eut ratifié le Traité. On convint en même tems,
qu'il devoit régler fon Voïage de maniere, que dans le Terme de fix
Semaines ftipulé dans le Traité, il fut de retour ; faute de quoi Sa
Majefté Suédoife ne fe trouvoit plus dans l'Obligation de tenir fes
Engagemens.

L'ORDONNANCE, que le Roi avoit fait publier, au fujet du Maintien de la Difcipline parmi fes Troupes, produifit tout l'Effet que l'on

*Octobre.
Ordonnan-
ce pour le*

pou-

1706.

Novembre.

*Maintien
de la Difci-
pline parmi
les Polonois,
le 2.*

pouvoit en attendre. Les Soldats Suédois vivoient avec beaucoup de Régularité, & fans donner aucun lieu à des Plaintes. Les Polonois, au contraire, croïant que tout leur étoit permis, commettoient toutes fortes d'Excès & de Violences. Charles en fit parler au Roi Staniflas, après quoi il donna une Ordonnance par laquelle il défendoit fous de rigoureufes Peines à tous les Polonois, qui étoient dans fon Armée, ou qui retournoient en Pologne, de caufer aux Habitans le moindre Dommage, foit en enlevant leurs Chevaux & Beftiaux, ou en exigeant dans leurs Quartiers plus qu'il ne leur revenoit. Sa Majefté Suédoife enjoignoit en même tems aux Polonois de fe conformer en tout au Réglement qu'Elle venoit de publier pour fes propres Troupes; faute de qui, ils feroient punis de la Manière la plus rigoureufe, &c. Cette nouvelle Ordonnance étoit datée du $\frac{11}{22}$ Octobre 1706. & fignée par le Roi.

*le 10.
Augufte ra-
tifie le Trai-
té de Paix.*

TANDIS que cela fe paffoit en Saxe, le Roi Augufte partit de Lithuanie pour Lublin avec fes Troupes. Il y joignit le Secours de Mofcovites, que le Czar lui avoit envoïé fous les ordres du Général Menzicof, & qui confiftoit en quelques vingt mille Hommes, Cavallerie & Dragons (a). Après avoir paffé la Viftule à Cafimir, il marcha vers la Grande-Pologne, dans le Deffein de livrer Bataille au Général Marderfelt. Augufte s'étoit déjà avancé jufqu'à la Ville de Petricow, lorfque le Référendaire privé Pfingften y arriva avec le Traité de Paix figné à Alt-Ranftadt. Ce Prince, faifant de néceffité vertu, approuva le Traité: &, quoique l'on prétendit dans la fuite que le Sieur de Pfingften ne lui en avoit pas expliqué affez clairement tous les Articles, il eft certain néanmoins, que, foit pour gagner du Tems, foit parce qu'il n'avoit perfonne avec lui, à qui il voulût confier l'Expédition de la Ratification & des Actes qui y avoient rapport, il donna au Référendaire autant de blanc-fignez qu'il falloit pour ces Dépeches. Après quoi, il le fit partir fur le champ pour retourner en Saxe. Alors, Pfingften auroit dû, conformément à la Commiffion dont il étoit chargé, remettre au Général Marderfelt, & à Potocki, les Lettres dont il étoit Porteur; le Danger paroiffant d'autant plus évident, que les Ruffes, qui avançoient toujours, étoient informez au jufte de la Foibleffe des Troupes de Marderfelt, & qu'ils preffoient fans ceffe le Roi Augufte de les attaquer & de les diffiper. Il fe peut bien auffi, qu'il avoit été dans l'intention de le faire lui-même; mais, aïant fongé enfuite, qu'il pourroit trop tarder en chemin, il envoïa à fon Paffage par la Siléfie, les Lettres au Sieur Beye, Agent de Suede à Breflau, qui les fit partir auffi-tôt par un Courier, que Marderfelt ne reçut pourtant qu'après la malheureufe Battaille de Kalifch.

ON a dit ci-deffus de combien de Troupes étoit compofé le Corps d'Ar-

(a) D. F. dit page 559, que l'Armée Mofcovite confiftoit en trente-fix mille Hommes.

d'Armée que le Général Marderfelt avoit fous fes Ordres. Aïant été
pofté pendant quatre Semaines près de la Warta, où il avoit amaffé du
Palatinat de Siradie des Vivres pour un Mois & demi, il marcha le
16. Septembre à Wielun. Il fe rendit à cet Endroit fur les inftances
de Potocki, qui croïoit que le Bagage de fon Armée feroit-là en plus
grande Sureté, parce qu'il y avoit plufieurs grands Villages aux environs. Il détacha en même tems le Lieutenant-Colonel Gyllenftierna
avec deux cent cinquante Chevaux, & lui ordonna de fe rendre à Petricow, tant pour lever des Contributions, que pour avoir la Communication libre avec le Palatin de Kiovie. Le Major Oppenbufch étoit
pofté à Chenftacowa avec cent foixante Chevaux, afin d'avoir l'œil
fur les Partis que l'on détachoit de Cracovie. Les Valaques, que l'on
avoit envoïés à la Découverte, rapportérent, que l'Ennemi s'approchoit
avec une Armée très confidérable. Sur cet Avis, qui fut confirmé par
Potocki, on dépécha un Courier au Roi, pour lui porter cette Nouvelle. Un fecond Courier fuivit quinze jours après. Marderfelt, après
avoir fait revenir les deux Détachemens dont on a parlé, marcha de
Wielun à Brecefna, & de-là à Calinowa à une lieue de la Warta. Le
lendemain matin, on apprit par le Capitaine Brakenhielm, que l'A-
vant-Garde ennemie avoit été aux Prifes à Widawa avec les Polonois
de Potocki, le foir auparavant, & que le Combat avoit duré pendant
trois heures. Cependant, comme il n'arriva point de Fuïards, Marderfelt crut que l'Ennemi avoit été repouffé. Il affembla le Confeil de
Guerre, pour délibérer fur ce qu'il y avoit à faire. Le Général-Major.
Craffou étoit d'Avis, que l'on marchât au Secours de Potocki: le Colonel Marfchalck au contraire croïoit, que ce feroit trop expofer les
Affaires du Roi, fi, avec une Poignée de Troupes, on marchoit contre une Armée fi fupérieure en nombre; fur-tout, parce qu'il n'y avoit
point de fond à faire fur les Polonois. Le Colonel Muller fe rangea du
Sentiment de Monfieur de Craffou. Meffieurs Horn, tous les deux
Colonels, fuivirent l'Avis de Monfieur de Marfchalck. On convint
néanmoins à la fin, que l'Infanterie marcheroit par Kalifch à Pofnanie,
que le Bagage prendroit le même Chemin, & que la Cavallerie iroit à
Siradz, au fecours de Potocki. Lorfque Marderfelt arriva au petit
Carlupia, il apprit que Potocki n'étoit plus éloigné que d'une petite demi-lieue. Les deux Chefs, aïant conféré enfemble, réfolurent de marcher à Blaski, où ils fe poftérent d'abord derriere un Marais: mais,
fur les fortes inftances de Potocki, on fe rendit enfuite à Opatoweck.
Comme les Polonois avoient appris, que les Ruffiens n'avoient point
d'Infanterie, & que leurs Forces n'étoient pas auffi confidérables que
l'on avoit dit d'abord, ils témoignérent une forte envie d'en venir aux
mains avec l'Ennemi; affurant pofitivement, qu'ils feroient ferme, &
qu'ils étoient réfolus de faire leur devoir en braves gens. On ne doutoit nullement de la difpofition de Potocki, & l'on crut pouvoir fe fier
au Starofte Gruzinski, à Ragodzinski avec fes Lithuaniens, au Palatin

Frocki,

Frocki, & à quelques autres Chefs. Les autres, dont on n'avoit pas trop bonne Opinion, alléguérent, qu'ils étoient obligés de combattre jusqu'à la derniere goute de leur sang, à cause de leurs Femmes, & de leurs Enfans, qu'ils avoient avec eux, & dont, sans cela, la perte étoit inévitable.

le 11.

Sur ces Entrefaites arriva, auprès de Marderfelt, un Trompette Saxon, qui apporta une Lettre de Petricow de la part de Monsieur de Pflug, Grand-Maréchal du Roi Auguste, dans laquelle il le prioit de vouloir remettre en liberté un Valet-de-Chambre de ce Prince, que l'on venoit de faire prisonnier à Warsovie. On crut d'abord, que ce Trompette avoit été envoïé plûtôt pour servir d'Espion, que pour redemander le Prisonnier; mais, l'on vit bien-tôt, qu'il étoit chargé d'une toute autre Commission: car, dès que Potocki qui étoit présent se fut retiré, il remit une autre Lettre du même Monsieur de Pflug, qui marquoit au Général Suédois, que, comme l'on avoit publié en Saxe une Suspension d'Armes, le Roi Auguste s'abstiendroit de toutes Hostilitez; qu'il espéroit, que Marderfelt feroit de même, & qu'on lui auroit donné Avis de cette Treve. Cette Lettre jetta Marderfelt dans un grand Embarras. Il n'avoit reçu aucune Nouvelle du Roi son Maitre: & la Prudence ne permettoit point, qu'il se fiât à la Lettre d'un Ennemi, & à un Avis qui ne pouvoit qu'être suspect. D'ailleurs, les Polonois vouloient absolument la Bataille, & l'on auroit trop risqué en leur découvrant ce que marquoit Monsieur de Pflug. Après y avoir bien songé, il résolut enfin de décamper d'Opatoweck, & de marcher de l'autre côté de Kalisch. Il vouloit en même tems, que les Polonois s'aprochassent plus près de la Warta; mais, Potocki s'y opposa fortement. L'Armée passa donc la Prosna, & alla se poster dans un Endroit fort avantageusement situé, & où le Général de la Grande-Pologne vint la joindre. Le lendemain, un Polonois, nommé Morawitski, arriva auprès de Marderfelt avec une Lettre du Roi, par laquelle ce Prince lui marquoit qu'il feroit bien de se retirer. Cet Ordre vint trop tard, & la chose n'étoit plus possible. L'Armée se rangea en ordre de Bataille. Les Suédois étoient au Centre, & les Polonois sur les deux Ailes. On demeura tranquille ce jour-là; mais, le lendemain, Potocki voulut absolument que l'on allât attaquer l'Ennemi. Marderfelt, au contraire, étoit d'opinion, que l'on devoit se tenir sur la Défensive. Potocki, pour montrer qu'il y pensoit sérieusement, se mit seul en Marche avec ses Polonois; mais, il revint bientôt, sans avoir rien entrepris; ce qui lui attira des Reproches de la part du Général Suédois, qui ne pût s'empêcher de taxer ses Gens d'être des Fanfarons. Il lui déclara tout net, que, si les Polonois ne faisoient pas mieux leur Devoir, il s'en sépareroit entiérement. Pendant cette Dispute, il arriva un second Trompette avec deux Lettres de Monsieur de Pflug au Général Marderfelt. Dans la prémiere, qui étoit datée du 24/13. Septembre, le Maréchal marquoit, que le Roi Auguste

faisoit

le 13.

le 14.

le 15.

le 16.

le 17.

faifoit tous fes Efforts pour ne pas faire avancer fon Armée: il y prioit le Général de fe retirer avec fes Polonois; proteftant, que cet Avis ne fe donnoit que pour l'Utilité des deux Rois. Par la feconde Lettre écrite fix jours plus tard, on voïoit, que le Roi Augufte n'étoit plus éloigné que de deux lieues. Monfieur de Pflug prioit encore une fois Monfieur de Marderfelt, en cas qu'il n'eut point d'Ordre du Roi fon Maitre, d'ajouter foi aux Avis qu'il lui donnoit, que les Affaires entre les deux Rois étoient ajuftées; que s'il vouloit fe retirer, on lui laifferoit deux fois vint-quatre heures de tems; qu'il pouvoit fe retirer à Novamiafta, paffer la Warta, & marcher à Pofnanie, & que perfonne ne le pourfuivroit. Les deux Trompettes furent renvoïés avec le Valet-de-Chambre. Monfieur de Marderfelt leur donna une Lettre pour Monfieur de Pflug, dans laquelle il lui difoit, que la Prudence ne vouloit point que l'on fe fiât aux Confeils que donnoit l'Ennemi; & que, dans tout ce qui ne concernoit point le Service du Roi, il montreroit combien il étoit porté à obliger Monfieur le Maréchal. Le jour fuivant, on rangea de nouveau l'Armée en ordre de Bataille. Il ne fe paffa pourtant rien, jufqu'au lendemain matin, que l'on eut Avis que l'Avant-Garde ennemie approchoit.

Les Troupes Suédoifes, comme on vient de le dire, étoient rangées au Centre, fur deux Lignes, dont la première étoit compofée de quatorze Efcadrons & de quatre Bataillons: la feconde étoit de huit Efcadrons & de deux Bataillons. La Cavallerie & l'Infanterie fe trouvoient mélées enfemble. Les Polonois étoient à la droite, fous les Ordres de Potocki. Les Lithuaniens, avec quelques Compagnies Polonoifes, étoient commandées par Frocki & Sapieha, & formoient l'Aile gauche. Les Ennemis avoient donné la droite aux Ruffiens, rangés fur trois Lignes. Les Saxons, qui l'étoient fur deux, fe trouvoient à la gauche. Cinq Efcadrons formoient le Corps de Réferve. L'Armée de la Couronne, rangée fur deux Lignes, étoit poftée à quelque diftance de-là. Siniawski en commandoit la gauche, & Rewuski la droite. A chaque Aile il y avoit un petit Corps de Réferve. Smigelski, avec douze Compagnies Polonoifes & deux Régimens de Dragons, fe trouvoit à une demi-lieue de l'autre côté de Kofielnawicz. Les Calmoucks & les Cofaques s'arretérent à Tinnier au de-là de la Riviere, & tout près de Kalifch. Ce fut entre trois & quatre heures de l'après-diné que la Bataille commença. L'Ennemi en donna le Signal en tirant trois Coups de Canon, auxquels les Suédois répondirent auffi-tôt par deux Coups. A peine avoit-on fait une feule Décharge, que Potocki fe retira avec fes Polonois. Les Lithuaniens aïant fait la même chofe un quart d'heure après, les Suédois fe trouvérent feuls expofez aux Efforts de l'Ennemi. Trois Efcadrons du Régiment de Marfchalck furent renverfés; mais, aïant été foutenus à tems, ils repoufférent à leur tour les Saxons. Le Colonel Guftave Horn, à la tete du Régiment de Scanie, repouffa non-feulement les Ennemis, mais il les pour-

suivit

1706.

Octobre.

le 18.
le 19.

Bataille de Kalifch.

suivit même, quoiqu'il fût bleſſé de trois Mouſquetades. Les Ruſſiens furent renverſés ſur leur ſeconde Ligne, & on les obligea d'abandonner leur Canon. La Victoire ſembloit ſe déclarer pour les Suédois, qui, ſe voïant abandonnez les Polonois, firent des Efforts incroïables de valeur. Le Roi Auguſte commençoit à ſe retirer, regardant la Bataille comme perdue, & Menzicof faiſoit déjà tenir prêts des Chevaux de relais. Il n'y avoit que le Général Brandt, qui fît de la Réſiſtance, faiſant Feu ſur les Suédois, ſans diſcontinuer. Ceux-ci, voulant pourſuivre l'Ennemi qu'ils venoient de mettre en fuite, lui donnérent occaſion de les prendre en queue & en flanc; ce qui fut cauſe, que les Suédois, obligés de faire tête de tous côtez, furent enveloppez par la multitude. Le Général Craſſou ſe fit jour l'épée à la main, & gagna la Campagne. Quelque Infanterie de Charles Horn, à laquelle ſe joignirent ſoixante Chevaux, avec les Colonels Guſtave Horn, Muller, Marſchalk, & pluſieurs autres Officiers, qui étoient tous bleſſés, ſe deffendit avec tant de bravoure & de conduite, que l'Ennemi, n'ôſant l'attaquer avec ſa Mouſqueterie, ſe vit dans la néceſſité de faire venir le Canon, & de ſe ſervir de Mortiers que l'on portoit ſur des Chevaux, & dont il jettoit des Grénades. Dans cette Extrémité, Mardefelt fit battre la Chamade. On capitula, & l'Ennemi fut contraint de lui laiſſer ſon Bagage, ſes Chevaux, & tout ce qui lui appartenoit (a).

La grande Supériorité de l'Ennemi fut cauſe de la Perte de la Bataille, qui diminua ſi peu la Gloire que les Suédois s'étoient acquiſe, que le Roi Auguſte convint lui-même, qu'ils avoient combattu juſqu'à l'Extrémité, avec tant de Valeur, que la Victoire ſe ſeroit infailliblement déclarée pour eux, ſi les Polonois avoient mieux fait leur Devoir. La Perte montoit à deux mille cinq cens Hommes, dont ſept cens étoient demeurez ſur la place. Le reſte fut fait priſonnier avec le Général, & quatre Colonels. Le Roi Auguſte ſe fit remettre tous les Officiers, & les fit conduire par ſon Maréchal ſous bonne Eſcorte à ſon Quartier, où les Bleſſés furent penſez, & où on leur donna quelques Rafraichiſſemens. Les Soldats Suédois étoient entre les Mains des Ruſſiens; mais, au bout de quelques jours, on les relacha, ſur les inſtances du Roi Auguſte: les Ruſſiens ne gardérent que les Chirurgiens, & ceux qui ſavoient quelque métier. Les Officiers eurent la Permiſſion de ſe retirer où bon leur ſembloit, en s'engageant néanmoins par écrit à ne point aller en Saxe. La plûpart ſe rendirent en Poméranie, & les autres à Breſlau. Le Lieutenant-Colonel Thure Horn fut chargé de conduire les Soldats à Poſnanie.

Pfingsten
aſt de retour
avec la Ra-
tification.

Cependant, le Référendaire privé de Pfingſten arriva avec les Ratifications, qui furent auſſi-tôt échangées. Il remit en même tems à

Char-

(a) D. F. dit page 560, que le Corps d'Armée de Marderfelt fut forcé & défait dans ſes Retranchemens. Cela n'eſt pas. Les Suédois n'avoient point de Retranchemens. Mais les Polonois, après s'être retirez du Combat, s'enfermérent au milieu de leurs Chariots de Bagages: & ce fut-là, qu'on les obligea de ſe rendre Priſonniers.

Charles XII. une Lettre du Roi Augufte, dans laquelle ce Prince, après avoir fait paroitre combien il étoit fatisfait de la Paix que l'on venoit de conclure, affuroit Sa Majefté d'une parfaite Amitié. Charles, très fatisfait de cette Lettre, répondit dans les termes les plus obligeans. On n'avoit encore rien appris en Saxe de ce qui s'étoit paffé en Pologne: mais, fur ces entrefaites, arriva le Capitaine Bugenhagen, que le Général Marderfelt avoit dépéché pour porter au Roi la Nouvelle de la Défaite de Kalifch, avec une Relation exacte de tout ce qui s'étoit paffé dans cette occafion. Le Roi, examinant ces Circonftances, eut tout lieu de croire, que Pfingsten avoit négligé à deffein de remettre à Marderfelt & à Potocki les Lettres dont il étoit chargé. Il ne pouvoit foupçonner que de la Supercherie; & tout fembloit lui dire, qu'Augufte n'étoit nullement difpofé à s'en tenir au Traité qui venoit d'être conclu. Dans cette idée, il ordonna au Sécrétaire Cederhielm d'aller trouver les Commiffaires de Saxe, & de leur déclarer, ,, qu'en cas, que l'on eût commis cette Hoftilité à deffein, & ,, que l'on crût pouvoir tirer quelque Avantage de cette Victoire; ou ,, que l'on pût fe flatter d'être en état de terminer les Affaires l'épée à ,, la main, Sa Majefté faifoit favoir, qu'Elle étoit toute prête à rom- ,, pre, & à renvoïer le Traité de Paix; que, d'ailleurs, Elle deman- ,, doit une jufte Satisfaction du Dommage qu'Elle venoit de fouffrir. ,, On peut aifément s'imaginer quelle fut la Fraïeur des Commiffaires à cette Déclaration. Ils firent tous les Efforts poffibles, pour excufer ce qui venoit de fe paffer: mais, le Soupçon que Charles avoit conçu paroiffoit trop bien fondé pour qu'il pût être effacé d'abord de fon Efprit. Ce qui contribua le plus à le diffiper fut une Lettre que le Roi Augufte avoit écrite de fa propre main au Sieur de Pfingsten, & que ce dernier fit voir à Sa Majefté Suédoife. Ce Prince y témoignoit, qu'il étoit très mortifié de ce qui venoit de fe paffer; en proteftant, que c'étoit bien malgré lui, que le Combat s'étoit donné; que les Ruffiens & les Polonois l'y avoient obligé; qu'il avoit à deffein fait des Mouvevens, pour laiffer les Ruffiens feuls; que Marderfelt auroit pû les battre, s'il avoit voulu profiter de l'occafion; qu'il raffembleroit tous les Prifonniers Suédois, ou qu'il romproit avec les Ruffiens, en cas qu'ils vouluffent s'y oppofer; qu'il étoit prêt de donner au Roi de Suede une Satisfaction convenable, en cas qu'il ne fe contentât pas de cette Déclaration; enfin, qu'il fe rendroit inceffamment auprès de Sa Majefté, & dès qu'il pourroit de bonne-grace quitter les Polonois & les Ruffiens; qu'il les avoit déjà détournez du Siege de Pofnanie qu'ils méditoient; & qu'ils étoient difpofez à repaffer la Victule, pour entrer en Quartiers d'Hiver. Ces Affurances firent tout l'effet que l'on pouvoit fouhaiter. Charles, naturellement genereux, répondit à Pfingsten, qu'il ne demandoit d'autre Satisfaction, fi-non, qu'on lui rendît tous les Officiers & Soldats que l'on avoit fait prifonniers à Kalifch.

Malgré ce que l'on vient de dire, on n'étoit pas trop perfuadé de la Sincérité des Intentions du Roi Augufte. Plufieurs Circonftances concoururent à augmenter la Défiance, &, entre autres, les Nouvelles que l'on eut de Pologne, qu'Augufte nioit fortement, qu'il fût entré en Négotiation avec les Suédois, & qu'il y eût un Traité de fait entre les deux Rois. Lorfqu'on lui montroit des Lettres de Saxe, qui afluroient pofitivement que la Paix étoit conclue, il difoit en confidence aux Polonois, que ce n'étoit que pour amufer les Suédois jufqu'à ce qu'il fût en état d'agir ouvertement. Il publia des Univerfaux à Warfovie, pour inviter les Etats du Roïaume à tenir un grand Confeil, défendant en même tems, fous de rigoureufes Peines, de fe déclarer pour le Parti Suédois. Ses Miniftres écrivirent fur le même ton à plufieurs de leurs Amis ; & l'on intercepta quelques-unes de ces Lettres. On eut Avis d'ailleurs, que le Sieur Pfingften avoit fait un Voïage à Hale, où il avoit eu des Conférences fort fecretes avec les Miniftres de Brandenbourg, qui s'y étoient rendus pour le même effet. Outre cela, Augufte fe plaignit en Angleterre & en Hollande de ce qu'on l'abandonnoit, & de ce qu'on l'expofoit par-là à faire une Paix honteufe ; que les Puiffances Maritimes auroient dû, conformément à leurs Promeffes lorfqu'il fit entrer une partie de fes Troupes à leur Service, garantir fes Païs héréditaires contre l'Invafion des Suédois. Ajoutez à cela, que les Commiffaires Saxons firent difficulté de produire l'Acte par lequel Augufte renonçoit au Trône de Pologne, & qu'ils étoient obligés, en vertu des III. & IV. Articles du Traité, de remettre à Sa Majefté Suédoife, dans l'efpace de fix femaines après la Signature de ce Traité.

Toutes ces Circonftances, prifes enfemble, portérent enfin le Roi, à ne pas retarder d'avantage la Publication de la Paix ; d'autant plus, que l'on étoit convenu de Part & d'autre, que cette Publication fe feroit onze jours après la Ratification. On preffa fortement les Commiffaires Saxons : &, après qu'on les eut obligé de rendre l'Acte de Renonciation, pour être joint au Traité, la Publication de la Paix fe fit, & les Miniftres de Sa Majefté l'annoncérent dans toutes les Cours. Une Nouvelle fi importante caufa par-tout bien de la Surprife ; & l'on ne s'attendoit point à voir la Paix fi prochaine. Le Comte Sinfendorf fut le prémier qui en félicita le Roi. Il favoit trop bien que la Cour Impériale ne fouhaitoit rien tant que de voir la Paix rétablie, comme le feul Moïen de faire fortir Charles XII. des Terres de l'Empire.

Comme le Roi Staniflas étoit le plus intéreffé à cette Paix, il ne manqua pas d'envoïer au Roi de Suede une Ambaffade, pour le complimenter fur ce fujet. Monfieur de Landskoronski, Palatin de Cracovie, le Comte Sczuka, Vice-Chancelier de Pologne, le Grand-Chambellan Lubomirski, & le Prince Chartorinski, furent chargés de cette

cette Commiſſion. Le Vice-Chancelier porta la parole. Il remercia Sa Majeſté d'avoir, conformement à ſa Promeſſe, procuré la Tranquilité & la Paix au Roi Staniſlas & au Roïaume de Pologne ; que c'étoient-là les Témoignages les plus ſolides de ſon Amitié & de ſon Affection pour le Roi & la République, qui ne ceſſeroient jamais d'en conſerver une parfaite Reconnoiſſance. Le Sécrétaire d'Etat Hermelin, qui répondit de la part du Roi de Suede, à cette Harangue, aſſura, au nom de Sa Majeſté, qu'Elle ne négligeroit rien pour ſe montrer en tout fidele Ami & Allié de la République, dont la Gloire & la Sureté lui tenoient fortement à cœur. Quelques jours après, Charles envoïa au Roi Staniſlas, le Comte Otto Wellingk, Sénateur, & le Sécrétaire d'Etat Hermelin, pour féliciter ce Prince ſur l'Acquiſition complete de la Couronne, & ſur la Paix qui venoit d'être conclue. Monſieur de Hermelin prononça à cette occaſion un fort beau Diſcours en Latin, que l'on a inſéré parmi les Piéces qui ſe trouvent à la ſuite de cette Hiſtoire.

La Concluſion de la Paix fut notifiée en particulier aux Généraux Suédois, & aux Officiers commandans. Le Roi leur adreſſa un Reſcrit portant : „ Que comme la Paix avoit été conclue entre lui & le „ Roi Auguſte, Sa Majeſté avoit jugé à propos de leur en faire part, „ afin qu'ils euſſent à ſe régler là-deſſus dans l'occaſion : qu'Elle vouloit „ cependant qu'on levât les Contributions ſur le même pied que ci-de„ vant, & conformement aux Ordres qu'ils avoient reçus ſur ce ſujet : „ que l'on eut l'œuil ſur la Conduite des Troupes, ſans permettre „ que l'on commît la moindre Hoſtilité envers les Habitans, qu'on les „ maltraitât, ou que l'on exigeât d'eux que ce qui étoit marqué dans „ l'Ordonnance publiée le 14. Septembre dernier. „

Cependant, comme l'on apprit en Pologne par des Avis réïtérez, que la Paix venoit d'être publiée, le Roi Auguſte, qui ne pouvoit plus feindre comme il avoit fait juſqu'alors, ſongea à ſe retirer en Saxe. Avant ſont Départ, il fit rendre la Liberté au Palatin Potocki, au Comte Tarlo, & aux autres Seigneurs Polonois, avec leurs Femmes & leurs Enfans. Il ordonna pourtant ſous main à Smigelski de ſe mettre en embuſcade, pour les arrêter de nouveau, & pour les conduire enſuite au Czar. Nous verrons un peu plus bas ce qui ſe paſſa à cette occaſion. Aïant quité bruſquement Warſovie, il partit pour Görlitz, d'où il paſſa à Dresde. Après y avoir donné ſes Ordres à la Régence, & pourvû à la Défenſe de la Place, il ſe rendit à Leipzic, où il alla deſcendre chés le Baron d'Imhof. Le lendemain matin, il fit notifier par deux Gentilshommes ſon Arrivée au Roi de Suede, & partit luimême, quelques heures après, dans un Caroſſe attelé de ſix chevaux. Il voulut d'abord ſe rendre au Quartier-général. Mais, comme on lui dit, que le Roi paſſoit ordinairement toute la Matinée dans la Chancellerie auprès du Comte Piper, qui étoit logé à Gunthersdorf, à une demi-lieue d'Alt-Ranſtad, il partit pour cet endroit, dans l'eſpérance

R 2 d'y

1706.
Novembre.

V. l'App.
No. CX.

le 11.

V. l'App.
No. CXI.

le 16.
*La Paix
publiée à
l'Armée
Suédoiſe.*

*Le Roi Auguſte quitte
la Pologne.*

le 24.

Decembre.
le 7.

*Se rend auprès du Roi
de Suede.*

1706.

Decembre.

d'y trouver Sa Majefté. Il y arriva pendant que le Comte étoit à dîner; &, fans faire avertir, il monta tout droit. Il fit un Compliment très gracieux au Prémier-Miniftre, & à ceux de la Chancellerie qui fe trouvoient préfens : &, après avoir demandé des Nouvelles du Roi, il fe mit à difcourir avec eux fur différens Sujets. En attendant, le Sécrétaire Cederhielm alla à Quetz, à une demi-lieue de Gunthersdorf, où logeoit le Grand-Thréforier Sapieha, & où Charles XII. étoit alors avec le Roi Staniflas, pour avertir Sa Majefté de l'Arrivée du Roi Augufte. Cederhielm, aïant parlé au Roi en particulier, Sa Majefté monta auffi-tôt à cheval, fans que l'on fût la caufe d'un Départ fi fubit.

Entre vue de ces deux Princes.

A fon arrivée à Gunthersdorf, le Roi Augufte voulut aller à fa rencontre; mais, il ne vint que jufques dans le Veftibule, au haut de l'Efcalier, où les deux Rois s'étant rencontrez s'embrafférent avec tous les Témoignages d'une parfaite Reconciliation, & d'une fincere Amitié. Plufieurs de la fuite de ces deux Monarques ne purent retenir leurs larmes, en voïant la bonne Intelligence rétablie entre deux Princes, que les Liens du Sang uniffoient fi étroitement; & l'on fe promettoit un Bonheur parfait, en cas qu'ils vinffent à s'aimer autant qu'ils s'étoient haïs auparavant. Charles donna la droite à Augufte, & l'obligea de paffer le prémier dans la Salle, où ils marquérent de nouveau la Joie qu'ils avoient de fe voir (*a*). Quelque tems après, le Roi Augufte demanda à Monfieur de Hermelin les Noms de ceux qui accompagnoient le Roi de Suede. Le Sécrétaire d'Etat lui aïant nommé tous ces Meffieurs, & entre autres le Fils du Thréforier Sapieha, qui lui avoit déjà fait fa Révérence, Augufte répondit, mais un peu bas: ,, Je l'aime, quoiqu'il m'ait été contraire dès le commencement. Il ,, ne m'a pourtant jamais trompé comme fes autres Compatriotes. ,,

Apre's que les deux Rois eurent été enfemble environ une heure, ils montérent à Cheval, & fe rendirent à Alt-Ranftadt, le Roi de Suede donnant toujours la droite au Roi Augufte. Lorfqu'ils furent arrivez au Quartier-général, les Généraux, & les principaux Officiers Suédois, avec les Seigneurs de la Cour, eurent l'Honneur de faire leur Révérence au Roi Augufte. Ce Prince leur parla de la maniere

la

_____

(*a*) D F. rapporte, page 563, qu'après que les deux Rois fe furent embraffés, la Converfation étoit tombée fur les grandes Bottes : qu'alors Charles XII. avoit avoué, que, depuis fix Ans, il n'avoit point quitté les fiennes, excepté la nuit, & cela même pas toujours, fur-tout l'Ennemi fe trouvant dans le voifinage. Cet Auteur a voulu apparemment fe mocquer de Charles XII; ce qui ne lui convient pas. Il faudroit favoir, fi ce fut le Roi de Suede, qui entama ce Difcours, lorfqu'il vit la grande Propreté du Roi Augufte; ou fi ce dernier y donna lieu, en voïant les groffes Bottes de Charles XII. Il fe peut bien, que l'on en ait dit un mot en paffant ; mais, de croire que cela ait été un des principaux Objets de leur Converfation, c'eft ce que l'on ne perfuadera jamais. Si l'Auteur n'avoit autre chofe à dire, il auroit fort bien pû fupprimer une Circonftance fi peu effentielle, & qui ne mérite pas de trouver place dans l'Hiftoire.

la plus gracieufe; &, à mefure qu'on lui nommoit ces Meffieurs, il leur difoit quelque chofe d'obligeant fur leur Bravoure, & fur les occafions où ils s'étoient diftingués & dont il avoit entendu parler. Se trouvant incommodé à une Cuiffe, d'une Bleffure qu'un Cheval lui avoit faite pendant le Voïage, on préfenta des Chaifes. Il refufa pourtant de s'affeoir, & fe retira dans la Chambre du Roi de Suede, où il fe mit dans un Fauteuil, pour prendre quelques momens de repos. Charles étoit toujours avec lui, jufqu'à ce que l'Intendant Duben vint dire que l'on avoit fervi. Le Roi Augufte eut la droite; le Roi de Suede étoit affis à côté, à fa gauche : les autres places étoient occupées par le Comte de Pflug, Grand-Maréchal, les Comtes Piper, Rehnfchöld, & Poffe, à la droite, & à la gauche, par le Baron d'Imhof, les Comtes Wellingk & Stromberg, & plufieurs autres Seigneurs tant Saxons que Suédois. Dans une feconde Salle étoient encore deux autres Tables pour les Gentilshommes & Officiers des deux Rois.

APRE's le fouper, les deux Monarques fe retirérent dans la Chambre où couchoit ordinairement le Roi de Suede. Ils parlérent longtems enfemble, & la Converfation dura jufques bien avant dans la ïuit. Ce fut alors, qu'Augufte fit un ample Récit des Commencemens de la Guerre, & qu'il découvrit les Artifices dont on s'étoit fervi pour l'y difpofer. Il rapporta les Mefures que l'on avoit prifes pour agir de concert, & avoua qu'il s'étoit laiffé éblouïr par de fauffes Apparences, & des Avantages imaginaires; qu'il étoit très mortifié de tout ce qui étoit arrivé; & qu'il étoit prêt, pour regagner l'Amitié du Roi de Suede, de lui céder toutes fes Troupes, pour mettre fin à cette Guerre. C'est du Roi Charles même, que l'on tient ces Particularitez. Après cet Entretien, Augufte voulut retourner à Leipzic; mais, fur les Inftances du Roi de Suede, il paffa la nuit au Quartier-général. Le Roi, l'aïant laiffé dans fa Chambre, fe retira dans une autre, pour y prendre du repos. Le lendemain matin, à cinq heures, *le 8.* Augufte entra dans l'Appartement de Sa Majefté, où il demeura jufqu'à fept heures. Après la Priére, les deux Rois fe virent encore, & reftérent enfemble jufqu'à onze heures, qu'Augufte partit pour retourner à Leipzic.

CE Prince avoit de grandes Qualitez, un Efprit fupérieur, un Extérieur qui plaifoit, & des Manjeres prévenantes. Naturellement éloquent, il s'attiroit la Confiance de tout le monde. Le feul Roi de Suede ne s'en laiffa point impofer. Il ne connoiffoit que trop fon Inconftance, fa Diffimulation, fa Légéreté, & combien il fe mettoit peu en peine de tenir fa Parole, pour qu'il pût avoir pour lui une fincere Eftime. Quoi qu'il en foit, Charles fe rendit trois jours après à Leipzic, pour y voir Augufte. Ce fut dans la Maifon d'Apel, où ce Prince logeoit, que fe fit cette Entrevûe, qui dura plus d'une heure & demie: après quoi, le Roi de Suede retourna à Alt-Ranftadt. Augufte l'y vint trouver au bout de deux jours: il ne s'y arrêta pourtant

le 11.
Charles XII. va voir Augufte.
le 13.

pas

Décembre.

Les Princes
Sobieskire-
mis en Li-
berté :

pas long-tems, & retourna auffi-tôt à Leipzic, d'où il partit le lendé-
demain matin pour Dresde, afin d'y paffer les Fêtes de Noël.

AVANT fon prémier Voïage au Quartier-général, il avoit déjà donné ordre de mettre en Liberté les deux Princes Jaques & Conftantin
Sobieski, qu'il detenoit prifonniers au Chateau de Königftein (*a*). Le
Général-Major Ziegler, & le Chambellan Schönberg, les conduifirent
à Dresde, où ils furent logés au Chateau, & traités avec tous les E-
gards dûs à leur Naiffance. Lorfque Charles XII. en fut informé, il
ordonna au Général Meyerfeldt, & au Sécrétaire Cederhielm, d'y aller, pour les inviter de fe rendre à Alt-Ranftadt. Les deux Princes,
ravis de pouvoir quitter Dresde, fe mirent auffi-tôt en devoir de partir, & on leur rendit à leur Départ tous les Honneurs imaginables.
Pendant la route, le Prince Alexandre Sobieski, leur Frere, vint au
devant d'eux avec plufieurs Seigneurs Polonois. Comme ces Princes
s'aimoient tendrement, la Joie de fe voir réünis leur fit repandre des
Larmes. Le Prince Jaques voulut d'abord aller à Alt-Ranftadt, pour
faire fa Cour au Roi de Suede, qu'il appelloit fon Libérateur, & pour

leur Entre-
vue avec
Stanißas.

le remercier de la Bonté qu'il avoit eue de s'intéreffer en leur Faveur;
mais, le Roi Stanißas, qui les rencontra à une lieue de fon Quartier,
y mena toute la Compagnie. Il rendit aux Princes des Honneurs diftingués, ce que l'on ne vit point fans Surprife: &, en adreffant la parole au Prince Jaques, il lui dit, „que Dieu, par un effet de fa Provi-
„dence, l'aïant élevé fur le Trône de Pologne, fon plus grand Plaifir
„feroit de faire part à S. A. de tous les Honneurs & Avantages qu'il
„étoit en fon pouvoir de partager avec Elle.„ Le Prince repondit en
ces termes: „Je n'ai point de Prétenfion à la Couronne de Pologne,
„ni aucune Certitude d'y parvenir; mais, s'il avoit dépendu de moi
„d'en difpofer, je l'aurois mife fur la Tête de Vôtre Majefté, comme
„le plus digne de la porter. La grande Amitié, Sire, que vous avez
„toujours eue pour notre Maifon, fait que nous regardons le Choix,
„que l'on a fait de Votre Majefté, comme s'il étoit tombé fur un
„d'entre nous: & j'en fais de tout mon cœur mes Complimens à
„Votre Majefté, en lui fouhaitant toute forte de Bonheur & de
„Profpérité.„ Au bout de deux Jours, le Roi Stanißas aïant fait

le 17.
Charles va
au devant
d'eux.

favoir à Charles XII, que les Princes étoient dans l'intention de fe
rendre au Quartier-général, le Roi monta à cheval, fuivi de quelques
Officiers, & alla à Leipzic, pour pouffer enfuite jufqu'à Leisnig, où
le Roi de Pologne avoit fon Quartier. Après avoir fait une demi-
lieue,

(*a*) L'ANONYME, qui a publié la *Defcription de quelques Villes & Fortereffes de la*
Saxe, fe trompe, en difant que les deux Princes Polonois étoient détenus à Königftein
depuis 1704. Ils demeurèrent à Leipzic, au Chateau de Pleiffenbourg, jufqu'au 17.
Août 1705. qu'on les conduifit à Königftein, précifément dans le tems que les Sué-
dois s'approchoient des Frontrieres de la Silefie. Voïez les *Annales de Leipzic par* J. J.
VOGEL, page 981.

lieue, où environ, il rencontra le Roi Staniſlas & ſa Suite. Ils étoient
en Caroſſes, qu'ils quittérent dès qu'ils virent Sa Majeſté, & montérent tous à Cheval. Cette illuſtre Compagnie, aïant traverſé la Ville
de Leipzic, ſe rendit à Alt-Ranſtadt, où les deux Princes Sobieski firent leurs Remercimens au Roi de Suede de leur avoir procuré leur
Liberté. Ils furent complimentez là-deſſus par les Généraux Suédois,
qui étoient auprès de Sa Majeſté. Le Comte Piper, préſent à cette
Entrevue, s'entretint quelque tems avec les Princes: après quoi, il retourna, vers le midi, à ſon Quartier, accompagné de Monſieur d'Oberg, Envoïé de l'Electeur de Hanovre. Les deux Rois & les Princes dinérent enſemble. Le Roi Staniſlas étoit à la droite du Roi de
Suede, aïant à ſon côté les Princes Jaques & Conſtantin, & après
eux le Comte Jablonowski, Palatin de Ruſſie & de Lemberg, le Comte Sapieha Maréchal de Lithuanie, & encore un Comte Sapieha, Pizar du même Grand-Duché. A côté du Roi de Suede étoient aſſis le
Prince Aléxandre Sobieski, le Prince de Wurtemberg, le Grand-Thréſorier de Lithuanie, & le Comte Wellingk.

PENDANT que le Roi Auguſte, en rendant la Liberté aux Princes
Sobieski, & en ſe mettant en devoir d'exécuter les autres Articles du
Traité de Paix, faiſoit ſemblant de vouloir ſoigneuſement cultiver l'Amitié qu'il venoit de contracter avec le Roi de Suede, on intercepta
certaines Lettres, qui ne laiſſoient aucun lieu de douter de ſa Mauvaiſe-Foi. On voïoit clairement, qu'il n'agiſſoit que par Force & par
Contrainte, & qu'il formoit toutes ſortes de Projets pernicieux, pour
renverſer tout ce qui avoit été ſtipulé dans le Traité de Paix. Il fomentoit plus que jamais les Troubles qui déchiroient la Pologne, où il
avoit encore beaucoup de Partiſans, qu'il excitoit à élire un autre Roi
ſous les Auſpices & la Protection du Czar. Lorſqu'on demanda au
Prince Jaques Sobieski, s'il en avoit quelque Avis, il avoua franchement, que le Chambellan Schönberg lui avoit dit en confidence, qu'il
paroiſſoit impoſſible que le Roi Staniſlas pût ſe maintenir ſur le Trône; & que l'on travailloit en Pologne à une nouvelle Election. On
ne doutoit point, en cas que les Polonois en vinſſent-là, que les Amis
de la Maiſon de Sobieski ne propoſaſſent le Prince Jaques: mais, on
eut toute la peine du monde à ſe perſuader, que ce Prince voulût entrer dans ces Projets; juſqu'à ce que l'on ſut à n'en pouvoir douter,
qu'il avoit eu, à Leipzic, des Conférences ſecretes avec le Roi Auguſte. On remarqua même du changement dans la Conduite de ce
Prince, qui fit paroitre en différentes occaſions une Fierté à laquelle
on n'étoit point accoutumé. Le Roi Staniſlas propoſa là-deſſus à
Charles d'exiger de lui un Ecrit, par lequel il s'engageroit à ne prendre aucune part aux Deſſeins des Séditieux: mais, le Roi de Suede
n'approuva point cet Expédient; croïant, que l'on marqueroit par-là
que l'on ſe défioit trop de ce Prince, ce qui pourroit être d'une dangereuſe Conféquence.

*Nouveaux
Artifices du
Roi Auguſte.*

*Le Pr. J.
Sobieski y
eſt mêlé.*

Au-

*Vûes qu'a-
voit Au-
guste.*

AUGUSTE conduisoit toutes ces Choses avec beaucoup d'Artifice. Ses Vûes, en flattant le Prince Jaques, ne tendoient, qu'à faire servir son Nom comme un Appât pour attirer ses Partisans à une Assemblée générale. Les Séditieux, insistant sur une nouvelle Election, proposérent le Prince Jaques Sobieski, le Prince Wiesnowicki, & le Grand-Général Siniawski; mais, leur véritable Dessein étoit de rappeller le Roi Auguste, & de le rétablir sur le Trône, lorsqu'on seroit convenu d'élire un autre Roi. Szembeck & Siniawski faisoient tout au monde pour faire réüssir ce Projet. Le dernier adressa même des Lettres Patentes à tous les Palatinats, les exhortant à s'unir à lui, pour secouër le joug des Suédois; que ceux-ci étant occupez ailleurs, on devoit profiter de l'Occasion qui se présentoit pour deffendre l'Honneur & la Liberté de la Nation Polonoise. Il menaça ceux, qui s'y opposeroient, de les traiter comme Ennemis, & comme Traitres à la Patrie. Il négocia en même tems avec le Czar; & l'on convint, que, dès que les Troupes Russiennes seroient rentrées en Pologne, on convoqueroit une Assemblée à Warsovie, pour fixer le Jour de l'Election. Comme le Czar favorisoit les Mutins en toutes choses, il sembloit que l'Affaire alloit devenir sérieuse, & l'on ne doutoit plus que le Dessein que l'on avoit formé n'eut lieu, étant soutenu par les Forces de la Russie.

*Stanislas en
est allarmé.*

LE Roi Stanislas en étoit extrémement allarmé : & quoiqu'il dit, qu'il espéroit qu'ils ne viendroient point à bout de leur Projet, il crut cependant, que ce seroit pour lui un Affront & un grand Obstacle à la Tranquilité qu'il desiroit, qu'il dût disputer le Trône à un nouveau Compétiteur. Pour cet effet, il sollicita Charles XII. de faire marcher quelques Troupes en Pologne, afin de prévenir les Desordres, & de dissiper les Mal-intentionnez. Il proposa aussi de s'y rendre en personne, dans l'idée que sa Présence contribueroit beaucoup à affermir ceux qui lui étoient demeurez fideles, & à faire échouër les Entreprises de ses Ennemis.

*Smigelski se
déclare pour
Stanislas.*

MAIS, pendant que ces Affaires étoient dans leur Crise, un Accident, que l'on ne pouvoit jamais prévoir, en changea entiérement la face. Smigelski, un des plus fideles Partisans du Roi Auguste, & qui étoit en grande Considération parmi ceux qui étoient attachés à ce Prince, avoit entre ses mains, comme nous l'avons fait remarquer plus haut (*a*). un grand nombre de Polonois, que l'on avoit fait prisonniers à Kalisch, & parmi lesquels se trouvoient plusieurs Seigneurs de Distinction, comme le Palatin Potocki & le Comte Tarlo. Aïant résolu de les livrer au Czar, il partit pour se rendre auprès de lui: mais, en chemin, il alla voir le Prince Menzicof. Celui-ci voulut absolument, qu'il lui remît ces Prisonniers. Sur le Refus que lui en fit Smigelski, il le menaça de lui faire couper la Tête, s'il s'opposoit d'avantage à

ses

(*a*) Voïez ci-dessus page 131.

ſes Ordres: mais, par bonheur, Menzicof ne s'aviſa point d'envoïer des Troupes pour ſaiſir ſur le champ les Priſonniers. Smigelski, outré de Dépit, & ſentant que la Compaſſion, qu'il avoit eue du Sort de ſes Compatriotes, ſe réveilloit en lui, communiqua, à ſon retour, aux Priſonniers, ce qui s'étoit paſſé. Il propoſa en même tems à Potocki, Tarlo, & quelques autres, de joindre ſes Troupes à celles de Potocki; & il promit d'accompagner ces Meſſieurs en Saxe, à condition qu'ils lui donnaſſent les Aſſurances néceſſaires, qu'il obtiendroit du Roi de Suede une Amniſtie pour le paſſé. Les Seigneurs Polonois, charmez d'une Propoſition ſi avantageuſe, lui firent toutes les Promeſſes imaginables. Il deſarma auſſi-tôt les cent-cinquante Dragons Ruſſiens qui ſervoient d'Eſcorte, & les fit priſonniers: &, après avoit fait maſſacrer les autres, il ſe mit en marche. Chemin faiſant, il rencontra le Général Pflug avec deux Colonels & quelques autres Officiers, qui, ne ſachant rien de ce qui venoit de ſe paſſer, furent auſſi-tôt enveloppez & deſarmez. Il les conduiſit enſuite à Poſnanie, où il les remit entre les mains de la Garniſon.

Le Général Brandt ſuivit, peu après, l'Exemple de Smigelski, & entra, avec les Troupes qu'il avoit ſous ſes Ordres, au Service du Roi Staniſlas. On ne ſait pas, cependant, s'ils avoient agi de concert, ou ſi chacun avoit pris ce Parti en ſon particulier, & ſans en rien communiquer à l'autre. Quoiqu'il en ſoit, ils alléguérent pour Raiſon de leur Changement, qu'aïant ſervi la République, pendant que le Roi Auguſte avoit été ſur le Trône, ils n'auroient jamais quitté ce Prince, s'il n'avoit renoncé lui-même à la Couronne qu'il portoit; & s'il ne les avoit diſpenſez, par un Traité ſolemnel, du Serment de Fidélité qu'ils lui avoient prêté: qu'ainſi, perſonne ne trouveroit à redire, qu'en continuant toujours à ſervir la République, ils ſe rangeaſſent ſous les Ordres du Roi Staniſlas, qui occupoit actuellement le Trône de Pologne.

La Démarche, que venoient de faire ces deux Officiers, découragea ceux du Parti contraire. On avoit fondé ſur eux de grandes Eſpérances, que l'on voïoit évanouïes, depuis qu'une Partie des meilleures Troupes avoient ſuivi le Sort de leurs Chefs. Les Ruſſiens ne ſe crurent pas non plus en trop grande Sureté dans leurs Quartiers d'Hiver: & les deux plus fameux Partiſans s'étant déclarez contre eux, ils prévirent qu'on ne les laiſſeroit pas jouïr de beaucoup de repos. Le Jour deſtiné pour l'Election fut renvoïé à un autre Tems. On indiqua l'Aſſemblée prémiérement à Lublin, & depuis à Lemberg: les Choſes trainérent en longueur; & tout le Projet devint à rien. Les Seigneurs Polonois, que l'on venoit de remettre en Liberté, s'étant rendus en Saxe, le Roi Staniſlas jugea à propos de différer ſon Voïage en Pologne. Smigelski & Brandt, aïant ſuivi les autres, firent leur Soumiſſion au Roi Staniſlas; après quoi, il ſe rendirent à Alt-Ranſtadt auprès du Roi de Suede. Ils furent très bien reçus, & comme Gens qui pouvoient fournir de grands Eclairciſſemens de tous les Deſſeins de l'Ennemi. Smigelski en particulier fit voir un Ecrit, que le Roi Auguſte

gufte lui avoit remis en quittant la Pologne, & qui contenoit de quelle Maniere il devoit agir en fon abfence, pour faire aux Suédois tout
le Mal qu'il pourroit imaginer. Cette Piéce étoit une nouvelle Preuve
de la Légéreté d'Augufte : & l'on ne s'apperçut que trop, que l'on ne s'é-
toit nullement trompé, en croïant qu'il ne faifoit que chercher une Occafion pour rompre la Paix. Le Roi de Suede, pour lui faire fentir,
qu'il étoit en état de l'en punir, réfolut, au-lieu de remettre quelque-
chofe des Contributions que l'on avoit exigées jufqu'alors de la Saxe,
d'en impofer de plus fortes, par où ce Païs-là feroit tellement épuifé, qu'il ne pourroit fournir que peu ou point de Secours au Roi Augufte, en cas qu'il commençât de nouveaux Troubles.

PENDANT que tout cela fe paffoit, Charles ne négligea rien pour
augmenter fes Troupes. Les Levées fe faifoient avec un Succès incroïable, quoique fans bruit & fous main, tant en Siléfie, que dans
le Brandebourg, la Pruffe, & la Baffe-Saxe. Ce ne fut que dans les
Villes Impériales, que l'on fit battre la Caiffe publiquement. La Cour
de Vienne en témoigna quelque Mécontentement. Elle ne pouvoit
point encore digérer, qu'aïant deux Miniftres en Saxe, lors de la Conclufion de la Paix, ces Meffieurs n'en avoient rien pû découvrir, pas
même qu'il y eût une Négotiation fur le tapis, avant que l'Affaire
fût entiérement terminée, & qu'on la rendît publique. Malgré les
obftacles, que les Impériaux tachérent de fufciter, la grande Réputation des Armes Suédoifes fit que l'on eut du Monde en abondance.
D'ailleurs, le Roi accorda aux nouvelles Levées des Avantages confidérables. Un fimple Dragon eut jufqu'à foixante & dix *Ecus Albertus*,
fans compter le Logement & la Nourriture depuis le Jour de l'Engagement.

AVANT que de finir l'Hiftoire de cette Année 1706, nous donnerons la Lifte de la grande Promotion qui fe fit au Mois de Juin (*a*).
Le Roi créa huit Sénateurs, qu'il éleva en même tems à la Dignité de
Comte. Le Général Otto Wellingk fut fait Sénateur & Préfident de
la Cour de Juftice d'Abo en Finlande. Le Général Nicolas Gyllenftierna, qui étoit Gouverneur-Général de Bremen, fut élu Sénateur,
& obtint le Titre de Velt-Maréchal. Le Général Charles-Guftave
Rehnfchöld devint Sénateur & Velt-Maréchal. Le Général Charles-
Guftave Frölich eut, avec la Dignité de Sénateur, la Charge de Préfident de la Cour de Juftice de la Livonie. Le Lieutenant-Général
Nicolas Stromberg fut fait Sénateur, & Gouverneur-Général de Reval,
après le feu Comte Axel-Jules de la Gardie. Le Lieutenant-Général
Knut Poffe obtint la Charge de Sénateur, & celle de Gouverneur, ou
Stadbalter, de Stockholm, à la place du feu Comte Chriftophle Gyllenftierna. Le Lieutenant-Général Nieroth fut élu Sénateur, & Préfident de la Cour de Juftice de la Gothie. Le Lieutenant-Général Ar-
ved Horn fut fait Sénateur, Confeiller de la Chancellerie, & Chancellier.

(*a*) Voïez ci-deffus page 99.

1706.
Décembre.

ſier de l'Univerſité de Pernau en Livonie. Le Lieutenant-Général Maidel fut fait Général, de même que le Comte Magnus Stenbock, qui obtint en même tems le Gouvernement de la Scanie, vacant par la Promotion du Comte Rehnſchöld. On donna au Comte Adam-Louïs Lewenhaupt le Titre de Général, avec le Gouvernement de Riga, qu'avoit eu le Comte Frölich. Le Général-Major Marderfelt fut auſſi fait Général.

MONSIEUR Jaques Bure eut le Gouvernement de Fahlun, au lieu de celui d'Abo, qui fut donné au Vice-Préſident Palmberg. Le Colonel Clerck, fut fait Général-Major, & Gouverneur de la Bothnie Orientale. Le Colonel Jaques Burenſchöld obtint le Titre de Général-Major, avec la Charge de Gouverneur de la Gothie Orientale. Monſieur d'Adlerſten, Commiſſaire-Général de Guerre, fut fait Gouverneur de la Province de Blekingen, après Bernard Mörner, qui obtint ſa Démiſſion. Le Lieutenant-Général Lübecker eut le Gouvernement de Wibourg. Les Colonels Sparre, Creutz, Kruſe, Ungern, Skytte, Craſſou, Buchwald, Patkul, Roos, Stackelberg, Cloot, & Granatenhielm, furent faits Généraux-Majors. Le dernier eut ſa Démiſſion.

LE Lieutenant-Colonel Charles-Magnus Poſſe obtint le Régiment des Gardes, après le Comte Poſſe. Le Colonel Magnus Palmquiſt, fut fait Quartier-Maitre-général, & Directeur des Fortifications. Le Colonel Daldorf eut le Régiment de Smalande, Cavallerie; le Comte Sperling, Major aux Gardes, celui d'Oſtrogothie, Infanterie; l'Aide-de-Camp-général Buchwald, celui de Jönkiöping, Infanterie; l'Aide-de-Camp-général Vittinghof, celui de la Bothnie Orientale. L'Aide-de-Camp-général Roſenſtierna, celui d'Uplande, &, peu de tems après, celui d'Oſtrogothie, Cavallerie. L'Aide-de-Camp-général Hielm fut fait Colonel du Régiment de Stenbock, Dragons. L'Aide-de-Camp-général Hard obtint auſſi un Régiment de Dragons, qu'il quitta preſque auſſi-tôt, pour être Lieutenant des Drabans. Le Comte André Torſtenſon eut le Régiment de Wibourg, Infanterie. Le Comte Charles-Guſtave Sperling, & Monſieur de Haſtfer, eurent chacun un Régiment à Wiſmar. Celui de Scaraborg, Infanterie, fut donné au Comte Gaſpar Sperling. Le Lieutenant-Colonel Hillebord en obtint un, qui étoit à Riga. On donna au Lieutenant-Colonel Siegroth celui de la Dalekarlie, & celui de l'Artillerie, vacant par la Démiſſion de Granatenhielm, au Lieutenant-Colonel Bunou. Le Lieutenant-Colonel Fritski eut le Régiment d'Uplande après Roſenſtierna. Le Lieutenant-Colonel de Mullern, du Régiment de Nylande, obtint la Penſion de Colonel & ſa Démiſſion; & l'on donna à Monſieur de Ramſwerd, Ajudant des Drabans, le Régiment de Dragons qu'avoit eu Monſieur de Hard.

QUOIQUE nous aïons rapporté ce qui ſe paſſa de plus remarquable, pendant le Cours de cette Année, en Lithuanie & en Courlande, où les Suédois & les Ruſſiens furent ſouvent aux Priſes, nous avons renvoïé juſqu'ici à parler des Affaires de la Livonie & de la Finlande. Après que le Comte Lewenhaupt ſe fut chargé du Gouvernement de Riga, & qu'il eut pris les Meſures néceſſaires dans la Conjoncture

Mars.
Lewenhaupt ſe charge du Gouvernement de la Livonie.

pré-

préfente, il fit marcher en Courlande, dès que les Chemins devinrent praticables, les Troupes deftinées pour faire la Campagne, afin de prendre Poffeffion de nouveau de cette Province, fous la Conduite du Colonel Knorring. Le Général, après avoir obtenu la Permiffion du Roi, fe rendit, au mois d'Avril, à Stockholm, pour folliciter lui-même le Païement de ceux, qui, fur fon Crédit particulier, avoient fourni à fes Troupes des Vivres & des Habits. Ce Voïage ne fut que d'un peu plus de fix Semaines. A fon Retour, aïant emploïé tout l'Eté à mettre fon Armée en bon Etat, il jugea à propos, vers l'Arriere-Saifon, de pénétrer en Lithuanie, pour voir quelle feroit la Contenance

*Entre en
Lithuanie.*

du Prince Wiefnowicki, qui étoit aux environs de Keidan, de Caun, & de Wilna. Son Projet fut approuvé du Roi: & comme la plûpart des Palatinats de la Lithuanie fe déclarérent en faveur du Roi Staniflas, Sa Majefté crut, qu'il feroit néceffaire d'y envoïer les Troupes de Sapieha, pour fe joindre à celles de Monfieur Lewenhaupt. Pour cet effet, ce dernier eut ordre de leur faire fournir ce dont elles auroient befoin pour leur Subfiftance. Le Grand-Général Sapieha s'engagea d'abord à fuivre lui-même; mais, il changea depuis de Sentiment, & fe contenta de détacher douze Compagnies, fous les ordres du Comte Zaviffa, Starofte de Minski. Lewenhaupt, aïant reçu ce Renfort, fe mit auffi-tôt en Marche avec fon Armée, & fe rendit à Keidan. L'Ennemi, ne voulant point l'attendre, paffa la Riviere de Wilna, & marcha à Caun. De-là, pourfuivi par les Suédois, il fe retira dans la Ville même de Wilna, & après cela à Upolsk. Les notres le talonnérent tellement, qu'il n'eut point le tems de s'arrêter nulle part, encore moins d'établir un Camp. Wiesnowicki, piqué au vif, & voïant qu'il ne pouvoit rien faire par les Armes, forma le Deffein de tendre quelque Piége au Comte Lewenhaupt. Il engagea quelques-uns de fes Amis d'inviter le Général Suédois à dîner dans un Couvent, où il fe propofoit de mettre quelques Troupes en Embufcade, pour l'enlever à fon Arrivée, ou bien pendant le Repas. Cette Entreprife n'eut pas lieu. Monfieur de Lewenhaupt en fut averti affez à tems, pour qu'il pût prendre fes Précautions, & éluder un Projet dont l'Execution n'étoit pas fort difficile.

*Actions du
G. Maidel.
Février.*

Les Frontieres de Finlande ne furent pas beaucoup inquiétées pendant l'Hiver de cette Année-là. L'Ennemi n'y avoit que peu de Troupes, après que l'on en eut envoïé la plus grande Partie en Lithuanie. Un Parti Ruffien hazarda néanmoins de pénétrer de ce côté-là jufqu'à l'Ile de Biörcköen, où ils mirent le Feu à quelques Maifons. Ils enlevérent auffi plufieurs Païfans. Leur Retraite fe fit avec beaucoup de Précipitation: parce qu'ils venoient d'apprendre, que le Lieutenant-Colonel Delwig, & le Major de la Barre, avoient été détachés, le prémier avec huit cens Hommes, tant Infanterie que Cavallerie, & le fecond avec quatre cens Hommes, & que ces deux Officiers avoient pris des Routes différentes. Quoique le Parti ennemi, dont nous venons de parler, fût dans l'opinion que c'étoit à lui que l'on en vouloit, il n'en

étoit

étoit pourtant rien. Delwig marcha vers la Ville de Ladoga, & de la Barre à Olonitz. Comme ils ne trouvérent aucune Réfiftance, & que les Troupes Ruffiennes s'étoient retirées avec la plûpart des Habitans, dans les Places fortes, ou dans l'intérieur du Païs, ils ruinérent tous ces Cantons, & mirent le Feu à plufieurs Magazins remplis de Grains & de toutes fortes de Provifions, que l'Ennemi avoit ramaffées pendant l'Hiver, & qu'il fe propofoit de faire tranfporter dans les Forte-reffes de l'Ingrie, dès que la Saifon le permettroit. Ils enlevérent quantité des Beftiaux, dont les Troupes Suédoifes avoient grand befoin.

PEU de tems après, Maidel détacha, vers l'Ingrie, le Major Skoug, avec cinq cens Hommes, tant à pied qu'à cheval. Par-tout où il paffa, les Païfans s'étoient retirez, & il leur étoit deffendu de retourner à leurs Habitations, avant que les Glaces, qui couvroient la Riviere, fuffent rompues. Le Colonel Armfelt fit auffi une Courfe, & il eut le bonheur de fe rendre maitre à Soikina-hof d'une centaine de Chevaux, qui appartenoient à des Dragons Ruffiens, & que l'on tenoit-là à l'écurie. Dans toutes ces Occafions, on auroit pû faire plus que l'on ne faifoit, fi quelques Habitans de Narva, parmi lefquels étoit un certain Götte, n'avoient communiqué à l'Ennemi tous les Deffeins des Suédois La Trahifon fut enfin découverte, par quelques honnêtes Gens qui en donnérent Avis.

AU commencement du Mois de Juillet, Maidel crut avoir trouvé une Occafion favorable, pour faire quelque heureux Coup. Pour cet effet, il fe mit en Campagne avec un petit Corps d'Armée d'environ quatre mille Hommes, tant Cavallerie, qu'Infanterie. Après avoir laiffé quelques Troupes près de la Riviere, tant pour la couvrir, que pour affurer fon Retour, il fe mit en Marche avec le refte, faifant un grand Détour, & traverfant quantité de Marais, pour arriver à la Riviere de Newa, qu'il paffa près du Village de Walitula, à deux lieues au-deffus de Nyen. En attendant, il détacha un Parti, avec ordre de fe faire voir fur le Rivage, du côté de Nöteborg, pour tacher de donner le Change à l'Ennemi, auquel il importoit qu'il cachât fon véritable Deffein, afin de ne point s'attirer à dos toutes les Forces des Ruffiens. La chofe réüffit affez bien ; les Suédois pafférent fans obftacle ; mais, comme les Ruffiens vouloient enfin s'y oppofer, on en vint aux mains. L'Ennemi fut repouffé avec perte, & pourfuivi au travers des Bois & des Marais jufqu'à une Terre appellée Gudilef. Le lendemain, aïant repris courage, il fe fit voir de nouveau avec deux mille Chevaux ; mais, on l'eut bien-tôt obligé de prendre la fuite. Maidel retourna alors fur fes pas, à quoi on trouva beaucoup à redire. On crut qu'un certain Hamilton, Capitaine au Service de Ruffie, que l'on venoit de faire Prifonnier, & qui dans fes Difcours ne ceffoit point de vanter les Forces fupérieures des Ruffiens, & les ordres qui avoient été donnez à la Nobleffe de Novogrod de monter à cheval, avoit donné lieu au Général Suédois de prendre le parti de fe retirer. Quoiqu'il en foit, fi Maidel ne fit pas grand mal aux Ennemis, ils ne laifférent

1706.
Février.

Mars.

Juillet.
Il cherche
les Ruffiens
du côté de
la Neva.

S 3 point

point de faire une Perte confidérable d'une autre maniere. La Foudre étant tombée à Petersbourg fur une quantité de Poudre que l'on avoit mis fur les Remparts pour fécher, la moitié des Ouvrages de la Fortereffe fauta en l'air, avec trois cens Hommes. Il eſt fort apparent, que l'on auroit pû avec fuccès profiter de cet Accident; mais, Monfieur de Maidel ne fe crut point en état de rien entreprendre. La Flotte Ruffienne, quoique forte de trente-fix Vaiffeaux tous armez de Canon, & de foixante Brigantins, avec deux mille Hommes des Troupes, ne voulut point rifquer de fe mettre en Mer. La Flotte Suédoife de fon côté, après le mauvais Succès qu'elle avoit eu devant l'Ile de Retufari, ne jugea point à propos de tenter la même chofe une feconde fois, fur-tout après que les Ruffiens y eurent élevé quatre Forts, qu'ils avoient garni de plus de foixante Piéces de Canon, & où ils avoient mis bon nombre de Troupes. On fe contenta donc de tenir l'Ennemi bloqué, afin de l'empêcher d'inquiéter les Cotes de Suede. Les Vaiffeaux Suédois, qui croifoient dans ces environs, aïant rencontré une trentaine de Batimens Ruffiens, que l'on avoit fait partir de Retufari pour Narva, où ils devoient porter des Munitions & des Vivres, le Capitaine Lilia en coula deux à fond, & en prit un chargé de cent foixante Sacs de Farine. Les autres furent contraints de fe laiffer échouër fur les Côtes, près de Hariewalla, où ceux, que l'on ne put point couler à fonds, furent brulez. Une partie de l'Equipage eut le bonheur de fe fauver par la fuite: le refte fut paffé au fil de l'épée.

Le Czar, fachant que les Suédois n'avoient que peu de Troupes fur les Frontieres de Finlande, raffembla un Corps d'Armée, & fit toutes fortes de Préparatifs, dans le Deffein de fe rendre Maitre de Wibourg, & de mettre enfuite tout le Païs à feu & à fang. Il fe rendit devant la Place, avec treize mille Hommes d'Infanterie, & cinq mille Dragons, qui étoient commandez par les Généraux Braufe & Chambre. Un Gros de deux mille Cofaques fuivit, avec quelques mille Païfans, qu'il emploïoit à tranfporter par terre deux cens Chaloupes. Son Artillerie confiftoit en quinze Piéces de gros Canon, & deux Mortiers, avec quantité de Bombes. Cette Entreprife donna aux Suédois beaucoup d'Inquiétude. La Ville étoit en fort mauvais Etat. Depuis que la Suede avoit fait l'Acquifition de Nötebourg, de Nyen, & de Kexholm, on avoit négligé les Ouvrages de Wibourg; & ce n'étoit que depuis le Commencement de la Guerre, que l'on y avoit fait quelques petites Réparations. Le Chateau eſt fort avantageufement fitué, au milieu d'un Courant qui n'eſt jamais couvert de Glaces; mais, il eſt très peu fpacieux, & prefque fans Deffenfe. Il y avoit dans la Place environ mille Hommes de Garnifon, fans compter quelque peu de Bourgeois. Le Magazin étoit fort mal pourvû. Ou avoit fait à Reval des Provifions de Grains pour y être tranfportées; mais, on manqua abfolument de Vaiffeaux. D'ailleurs, on ne pouvoit attendre aucun fecours de Suede, parce que la Gelée commençoit déja à empêcher la Navigation. Outre cela, quoique l'on fût à Wibourg, à n'en

pou-

pouvoir douter, que l'Ennemi fe mettoit en devoir de venir affiéger
la Ville, on n'y prit abfolument aucunes Mefures pour s'y oppofer,
jufqu'à ce que l'on apprit qu'il s'étoit avancé jufqu'à Mäla. Ce même
jour-là, on détacha le Lieutenant-Colonel Weffman, avec quelques
cent Hommes, pour élever quelque Ouvrage près de Roiko ou de
Mattaroja, où l'on fe flattoit de pouvoir arrêter l'Ennemi: mais, les
Travailleurs furent obligés, après un Combat opiniâtre, de fe retirer, & d'abandonner aux Ruffiens trois Piéces de Campagne. Un Enfeigne, nommé Hök, fut fait prifonnier.

LE lendemain, le Czar arriva en Perfonne devant la Place. Il rangea fon Armée derriere une petite Hauteur, où le Canon des Remparts ne laiffa point de l'incommoder. On mit le Feu aux Maifons à
Revofaude, & à celles qui étoient le plus près de la Ville, de même
qu'à l'Eglife de Pantzerlax. Par bonheur, les Affiégés reçurent du
Pain, & quelques Munitions, qu'on leur envoïa de notre Flotte, qui
tenoit encore la Mer, pendant que celle des Ruffiens étoit déjà défar-
mée. L'Amiral Anckarftierna fit armer deux petits Batimens, fur chacun defquels il mit cent Hommes, avec quatre Piéces de Canon. Un
grand Brouillard fut caufe, qu'un de ces Batimens, fe trouvant au milieu de fix Vaiffeaux Ruffiens, fut pris. L'autre coula à fond quatre
de ces Vaiffeaux fur lefquels il y avoit quatre cens Hommes, &
donna la chaffe aux deux autres. Le lendemain, on détacha à Wibourg le Major Berends avec quatre-vingt-dix Chevaux, & le Sieur
Schulman avec une centaine de Fantaffins, pour aller reconnoitre
l'Ennemi, & pour favoir quels étoient fes Deffeins. Les Suédois obligérent les Poftes avancées de fe retirer avec perte de l'autre côté de
Kottohes: mais, comme les Ruffiens avoient pris tous les Avantages
du Terrain, le Détachement retourna fur fes pas. Comme le Czar
faifoit travailler à des Lignes, que l'on conduifoit depuis Revofaude
jufqu'à Tyko, les Affiégés fe mirent en devoir d'empêcher ce Travail.
Pour cet effet, ils firent une Sortie, avec trois cens Chevaux, & cent-
cinquante Fantaffins. La Cavallerie marcha droit vers les Ouvrages
de l'Ennemi, pendant que l'Infanterie fut tranfportée par eau à Revofaude. Les notres firent très bien leur Devoir: ils repoufférent même l'Ennemi; mais, fur le point d'être accablez par le grand nombre,
ils fe virent contraints de fe retirer.

APRÈS que les Ouvrages, que le Czar avoit fait conftruire, & qui
s'étendoient depuis Revofaude, au travers du Chemin de Pappula &
de celui de Nyen, jufqu'à Kottofe, furent achevez, il commença à
faire jouër fon Canon, & à jetter des Bombes, par où les Eglifes &
les Maifons furent un peu endommagées, & plufieurs Perfonnes tuées.
On eut néanmoins le bonheur, qu'il n'y eut que huit Maifons de réduites en cendres, quoique l'Ennemi eut jetté dans la Ville, pendant
le Siege, mille & quatre-vingt-dix-fept Bombes, fans compter une infinité de Boulets rouges. Pendant ce tems-là, les Affiégés détachérent
les Capitaines Danielfon & Duder, avec quelques Troupes, pour attaquer

taquer les Ennemis par derriere, & pour leur couper les Vivres, en quoi ils réüssirent très-bien.

CEPENDANT, le Général Maidel avoit envoïé des Lettres circulaires par toute la Province, pour avoir un Renfort de Troupes, & des Vivres. Pour hâter lui-même ce Secours, il sortit de la Ville, laissant le Commandement entre les mains du Colonel Aminhof. Le Czar, en aïant eu Avis, commença à craindre, que l'on ne coupât la Retraite à son Armée. Dans cette idée, il partit le prémier, & donna ordre à ses Troupes de le suivre. Ce qui le détermina à prendre cette Résolution étoit l'Impossibilité qu'il voïoit de faire transporter de Systerbeck la grosse Artillerie, faute des Chevaux de Relais. D'ailleurs, les Vivres étoient extrémement rares dans le Camp, & quantité de Soldats, extenuez par la Faim, & ne pouvant point suivre l'Armée, furent massacrez par les Suédois. Les Assiégés furent d'abord surpris de la Tranquillité qui régnoit dans le Camp ennemi ; mais, lorsqu'on apprit, par le moïen des Emissaires que l'on fit sortir, qu'il n'y avoit plus personne, on détacha autant de Troupes que l'on pût, pour marcher à la Poursuite des Russiens. On les talonna quelque tems, & on leur tua assez de Monde. En chemin, on trouva quantité de Chevaux, que l'on avoit été obligé de laisser, parce qu'ils ne pouvoient pas suivre, étant déjà trop fatigués. Dans le Camp, il y avoit encore beaucoup de Munitions, & les Affuts n'étoient qu'à moitié brulez; ce qui fit voir la Précipitation avec laquelle les Ennemis s'étoient retirez. Le Czar menaça de retourner au Printems prochain ; mais, ce Dessein n'eut pas lieu.

Fin du Huitieme Livre.

HISTOIRE

DE

CHARLES XII,

ROI DE SUEDE.

❊❊❊❊❊❊❊❊❊❊❊❊❊❊❊❊❊❊❊❊❊❊❊❊❊❊❊❊❊❊❊❊❊

LIVRE NEUVIEME.

LE Roi de Suede paſſa, avec beaucoup de tranquilité, les Fêtes de Noël, dans ſon Quartier-général, ou, après le nouvel An, on vit arriver ſucceſſivement quantité d'E-trangers, qui formérent à Alt-Ranſtadt une Cour des plus brillantes. Sans parler de ceux que la ſeule Curioſité de voir un des plus grands Monarques de l'Europe y atti-roit en foule, pluſieurs Princes & autres Seigneurs de la prémiére Diſ-tinction s'y rendirent, tant pour complimenter Sa Majeſté ſur l'heu-reux Succès de ſes Armes, que pour éxécuter auprès d'Elle quelques Commiſſions très importantes (a).

1707.
Janvier.

Com-

(a) On imprima, à Leipzic, une Liſte de toutes les Perſonnes, que le Voiſinage du Quartier-général y attiroit de tems à autre, & parmi leſquelles on trouve le Cardinal de Saxe-Zeitz; le Duc régnant de Saxe-Weiſſenfels; le Duc régnant de Saxe-Zeitz, avec ſon Frere le Prince Chriſtian; Auguſte, Duc de Saxe-Merſebourg; Frédéric, Duc de Saxe-Gotha; le Prince régnant, & le Prince Héréditaire, d'Anhalt-Zerbſt; le Duc Adminiſtrateur de Holſtein-Gottorp; le Prince de Schwartzbourg, &c. Les Mi-niſtres Etrangers étoient, les Comtes Wratiſlaw & Sintzendorf, de la Cour Impériale; Robinſon, de celle d'Angleterre; le Conſeiller-privé de Printz, de celle de Pruſſe; Monſieur de Cranenburg, Envoïé des Etats-Généraux des Provinces-Unies; le Com-te Boineburg, Miniſtre de l'Electeur de Maïence; le Conſeiller-privé d'Oberg, Mi-niſtre de l'Electeur de Hanovre; Monſieur de Steinberg, Grand-Maréchal & Miniſtre de Brunſweig-Wolffenbuttel; le Conſeiller-privé Chriſtel, de la Cour de Saxe-Weiſ-ſenfels; Meſſieurs de Boſe & d'Eberſtein, du Chapitre de la Cathédrale de Merſe-bourg; le Conſeiller-privé Brant, de la part de la Ducheſſe Douairiere de Merſebourg; les deux Conſeillers Rex & Bunau, de la part des Etats du même Duché; le Conſeiller-privé de Beuſt, de la Cour de Saxe-Zeitz; le Conſeiller Bartſch, de la Cour

Tome II.   T   de

COMME le Roi Augufte n'eut point de peine à s'appercevoir, que la Correspondance, qu'il entretenoit en Pologne, avoit été découverte, il fit tout fon poffible, pour détromper le Public, & pour lui perfuader, que tout ce que l'on difoit de fes Liaifons avec les Mécontens, n'étoit que des Bruits vagues, qui n'avoient pas la moindre Réalité. Dans cet Efprit, il ordonna au Baron de Gersdorf, fon Miniftre à la Haie, de notifier aux Etats-Généraux la Conclufion de la Paix, qu'il avoit effectivement fait publier le prémier Jour de l'An nouveau Stile dans toutes les Eglifes de Saxe. L'Ordre au Baron de Gersdorf étoit accompagné d'une Lettre, dont il devoit auffi faire ufage, & dans laquelle Augufte déclaroit ouvertement combien il étoit mécontent de cette Paix. Il lui enjoignit en même tems, que lorfqu'il demanderoit aux Etats-Généraux leur Garantie pour le Traité d'Alt-Ranftadt, de ne le faire que de bouche, & fans préfenter fur ce fujet aucun Mémoire. Il devoit cependant rendre Vifite à l'Envoïé de Suede, & lui faire toutes fortes de Démonftrations d'Amitié. Augufte, ne fe bornant point à cette feule Démarche, fit un Defaveu public de tous les Ecrits qui avoient paru en Pologne, & que l'on prétendoit y avoir été publiés par fon Ordre, pour faire douter que la Paix fût faite. Cette Piéce, datée de Leipzic le $\frac{5}{15}$. Janvier 1707. fut imprimée & répandue par-tout.

V. L'APP.
No. CXII.

MALGRÉ ce Defaveu, & les fréquentes Vifites qu'Augufte faifoit au Roi de Suede, ce dernier continua toujours à tenir pour fufpecte la Candeur d'un Prince dont il avoit tant de Raifons de fe défier. Les Articles, dont on étoit convenu dans le Traité de Paix, ne s'executoient

---

de Saxe-Gotha; le Confeiller-privé de Rheinbaben, Maréchal de la Cour de Saxe-Weimar, avec Monfieur de Rappold, Vice-Chancelier de la même Cour; le Comte Reventlau, de la Cour de Holftein-Gottorp; le Baron de Ketler, Lieutenant-Général & Miniftre du Landgrave de Heffe-Caffel; le Baron de Marderfeld, le Baron Görtz, le Confeiller Calitfch, de la Cour d'Anhalt; Monfieur de Marfchal, de la part de l'Ordre Teutonique; Monfieur de Schenck, Grand-Maitre du Prince de Schwartzbourg; fans compter plufieurs autres, comme Monfieur de Beffewal, Envoïé de France; Monfieur de Jeffen, Confeiller-privé du Roi de Dannemarck; Monfieur de Grundt, Miniftre de Meklenbourg-Schwerin; le Baron de Seckingen, Miniftre de l'Electeur Palatin; &c.

QUANT à Monfieur de Beffewal, les Miniftres des Alliés fe plaignirent de ce qu'étant envoïé de la part d'un Prince qui étoit, non-feulement leur Ennemi, mais auffi celui de l'Empire, il avoit ôfé fe rendre en Allemagne, où ils crurent qu'ils étoient en Droit d'exiger qu'il leur fût livré. Le Comte Piper eut ordre de répondre fur ce fujet, „que fi les Alliés avoient pû empêcher Monfieur de Beffewal, lorfqu'il étoit „en chemin, de fe rendre en Allemagne, ils auroient pû le faire, fans que Sa Ma-„jefté s'en fût mife en peine; mais, qu'y étant arrivé, il n'étoit pas jufte de rien en-„treprendre contre fa Perfonne; que l'on ne devoit point le confidérer comme Parti-„culier, ou comme fimple Voïageur, mais comme Miniftre, revêtu par le Roi fon „Maitre d'un Caractere public; qu'ainfi, fans avoir égard, que Leipzic & Alt-Ranf-„tadt fuffent fituez en Allemagne, on ne pouvoit regarder ces deux Endroits que „comme étant le Quartier-général de Sa Majefté Suédoife.„

toient point. D'ailleurs, Charles étoit bien instruit, qu'Auguste ne
cessoit point de fomenter, sous main, les nouveaux Troubles qu'il avoit
lui-même excitez en Pologne, avant son Départ. On avoit en main des
Piéces, qui ne pouvoient que produire un très mauvais Effet, &, entre autres, une Déclaration du Czar, dans laquelle ce Prince assuroit
la République, qu'il étoit très favorablement disposé à son Egard. On
savoit que le Grand-Général Siniawski avoit envoïé à Lublin des Commissaires, chargés d'y régler les Quartiers pour quelques mille Hommes de Troupes Russiennes, qui avoient ordre de s'y rendre ; & que
le Prince Menzicof avoit fait mettre à prix la Tête de Smigelski; promettant cinquante mille Ecus à celui qui pourroit lui livrer cet Officier
en vie, ou vingt mille Ecus à celui qui apporteroit sa Tête. Outre
cela, le Primat de la Création du Roi Auguste venoit de publier des
Universaux, par lesquels il invitoit la Noblesse de se rendre à Lemberg
le 28. du Mois de Janvier. Dans le fond, Charles XII. regardoit toutes ces Choses-là comme ne pouvant pas produire un grand Effet. Il
crut qu'elles tomberoient facilement d'elles-mêmes, sur-tout depuis que
les plus puissantes Maisons de Pologne quittoient, l'une après l'autre,
le Parti d'Auguste.

DES que le Comte Lewenhaupt fut informé au juste du Traité
d'Alt-Ranstadt, il fit publier par toute la Lithuanie un Manifeste, écrit
en Latin & en Polonois, pour exhorter ceux, qui s'étoient déclarez
en faveur du Roi Stanislas, à perseverer dans leurs bonnes Intentions,
& pour porter ceux du Parti opposé à suivre l'Exemple de leurs Compatriotes. Il y prioit les uns & les autres de s'unir ensemble, pour
attaquer les Russiens, en quoi il promettoit, qu'ils seroient secondez
par le Roi de Suede, aussi-tôt que Sa Majesté auroit terminé les Affaires en Saxe. Le Prince Janus Wiesnowicki demanda du tems pour
songer à ce qu'il auroit à faire ; mais, loin de s'en expliquer à qui que
ce fût, on s'apperçut seulement qu'il évitoit soigneusement de se trouver aux Assemblées & aux Conférences que les Seigneurs Lithuaniens
tenoient entre eux en differens Endroits. Cette Conduite donna beaucoup à penser au Comte Lewenhaupt. Il ne dissimula point ses Soupçons, & en écrivit au Roi, pour savoir les Intentions de Sa Majesté.
Suivant l'Ordre qu'il en reçut de mettre tout en œuvre pour porter le
Grand-Général Sapieha & le Prince Wiesnowicki à s'accommoder à
l'amiable, il proposa la chose au dernier, auquel il adressa sur ce sujet
une Lettre conçue dans les termes les plus honnêtes. Cette Lettre ne
tarda pas à produire un bon Effet, & l'on apprit, au bout de quelques jours, qu'il y avoit une Suspension d'Armes conclue entre les
Troupes de Wiesnowicki & celles de Sapieha. Lewenhaupt, qui s'é-
toit mis en chemin pour se rendre à Riga, où les Affaires du Gouvernement l'appelloient, y avoit donné Rendez-vous à Wiesnowicki dans
la Maison d'un Gentilhomme, à trois lieues de Mitau. On convint
des principaux Articles du Traité. Aussi-tôt que Sapieha en eut avis,

*Lewen-
haupt mé-
nage un
Accommo-
dement en-
tre Wiesno-
wicki &
Sapieha.*

T 2

il

1707.
___
Janvier.

Charles invité par Auguste à une Chasse de Sangliers.

Février. Il ne veut point entendre parler de faire la Paix avec le Czar.

Stanislas est reconnu par différentes Puissances.

il partit pour Riga , où il fut fuivi par Wiesnowicki. L'Accommodement fe fit , & ils s'engagérent tous deux à fe ranger, avec leurs Troupes, du côté du Roi Staniflas.

Environ ce Tems-là, le Roi Augufte invita le Roi de Suede à une Chaffe de Sangliers , qui devoit fe faire à Liebenwerda , où l'on venoit de meubler le Chateau, pour y recevoir Sa Majefté. Plufieurs Sénateurs & Généraux Suédois s'y rendirent. C'étoit auffi l'Intention du Roi. Il envoïa même d'avance un Chariot où étoient le Bagage & les Armes dont il vouloit fe fervir : mais, pendant le Voïage, aïant manqué le véritable Chemin , & aïant pris trop à côté, il fe trouva dans le Voifinage de Torgau. Comme la Reine-Electrice y faifoit fon Séjour , Charles, accompagné de peu de Perfonnes, s'y rendit, pour lui faire une Vifite. Après quoi, il alla voir les Régimens qui étoient en Quartier aux environs, & retourna , au bout de trois jours, à Alt-Ranftadt. On raifonna beaucoup fur ce qui pouvoit être caufe que le Roi eût changé fi fubitement d'Avis ; & l'on crut, qu'aïant eu certains Avis , par lefquels on le déconfeilloit d'aller à Liebenwerda, il en avoit exprès manqué le Chemin. La Chofe eft fort poffible ; mais, nous ne faurions en rien dire de pofitif.

Entre les Miniftres Etrangers, qui réfidoient auprès du Roi, il y en avoit plufieurs qui offrirent la Médiation de leurs Maitres, pour moïenner la Paix entre la Suede & la Ruffie. Ces Offres ne furent point acceptées. Charles répondit, ,,que ce n'étoit-là qu'un Artifice , ,, par lequel le Czar fe propofoit de fe donner la Réputation de cher- ,, cher la Paix, & de décrier Sa Majefté comme un Prince qui n'y ,, étoit nullement porté. Que fi le Czar y étoit fincérement difpofé , ,, il tacheroit, le Roi Augufte aïant renoncé à la Couronne, de reme- ,, dier aux Defordres en Pologne, & de porter les Mécontens à fe fou- ,, mettre au Roi Staniflas ; que, bien loin de-là, il y fomentoit les ,, Troubles, en foutenant ceux du Parti oppofé dans leur folle Entre- ,, prife de faire une nouvelle Election. Qu'ainfi, l'on ne devoit point ,, être furpris, que Sa Majefté renonçât à la Paix pour quelque tems , ,, & jufqu'à ce qu'Elle fe fût approchée de plus près avec fon Armée ; ,, qu'alors , Elle écouteroit les Propofitions que le Czar auroit à lui ,, faire (*a*). ,,

Cependant, plufieurs Puiffances reconnurent le Roi Staniflas en Qualité de Roi de Pologne. Le Roi de France fut le prémier à le féliciter fur fon Avénement au Trône ; ce que firent auffi, peu après, le

___

(*a*) Ce fut vers le milieu du Mois de Février, que l'on apprit, que le Lieutenant-Général Paikel, au Service de Saxe, avoit été décapité à Stockholm. La Cour de Juftice de Suede l'avoit condamné le 14. Novembre de l'Année précédente, à perdre l'Honneur & la Vie, & à avoir fes Biens confifqués. Cette Sentence ne fut exécutée que le 4. Février 1707; Voïez ci-deffus, pages 23 & 25.

le Roi de Pruſſe, l'Electeur de Hanovre, & le Duc de Wolffenbuttel. Les Lettres, que ces Princes lui adreſſérent à ce ſujet, ſe trouvent à la ſuite de cette Hiſtoire. Le prémier du Mois de Mars, le Comte Sintzendorf ſe rendit à la Chancellerie du Roi de Suede, pour notifier, que l'Empereur avoit pareillement reconnû le Roi Staniſlas, & qu'il venoit de remettre à ce Prince une Lettre de Sa Majeſté Impériale. Il demanda en même tems, que Sa Majeſté Suédoiſe voulût bien appuïer les Propoſitions qu'il avoit eu ordre de faire au nouveau Roi, & l'engager à renouveller les anciens Pactes, à ne point accorder de Protection aux Mécontens de Hongrie, comme l'Empereur s'engageoit à la même choſe, à l'égard de ceux de Pologne; &, enfin, à reconnoitre Charles III. en Qualité de Roi d'Eſpagne, parce que ces Monarques avoient toujours été Garants des Traités entre l'Empereur & la Pologne.

ON ignore juſqu'où Charles entra dans ces Vûes; mais, ce que l'on fait très bien, c'eſt que le Roi de Suede, en ſon particulier, étoit fort mécontent de la Cour Impériale, & qu'il ſe paſſoit, dans ce tems-là, certaines Choſes, qui auroient aiſément pû cauſer une Rupture ouverte. Sa Majeſté étoit extrêmement ſenſible au Démêlé qu'il y avoit eu à Breſlau, où les Impériaux avoient fait des Inſultes à la Maiſon où logeoient les Officiers Suédois, que l'on y avoit envoïés pour faire des Recrues. Ceux-ci n'auroient certainement pas manqué de ſe bien défendre, s'ils avoient pû ſoupçonner qu'on les attaquât; mais, ne s'attendant à rien de pareil, ils furent ſurpris pendant l'Obſcurité, & il y en eut pluſieurs de bleſſés & de tuez. Il eſt bien vrai, que quelques Particuliers au Service de l'Empereur avoient trouvé beaucoup à redire à ces Enrollemens; mais comme, ni l'Empereur lui-même, ni ſes Miniſtres, qui étoient, preſque tous les jours, au Quartier-général, n'en avoient jamais ouvert la bouche, la Cour de Suede ne pouvoit que prendre en très mauvaiſe Part un Procédé ſi étrange. Un autre Incident aigrit encore d'avantage l'Eſprit de Charles XII. C'étoit l'Affaire qu'eut le Baron de Stralenheim, Envoïé de Suede, avec le Comte Zobor, Chambellan de l'Empereur. Ces deux Meſſieurs s'étant trouvé enſemble dans une grande Compagnie, le Comte s'aviſa de dire, en parlant de Ragotski & des Mécontens de Hongrie, que ces Gens-là n'auroient jamais pû faire tant de Progrès, s'ils n'avoient entretenu avec Charles XII. une grande Intelligence; & que c'étoit ce Prince, auſſi-bien que la France, qui les ſoutenoient dans leur Révolte. Stralenheim pria d'abord Monſieur de Zobor de parler avec plus de Reſpect du Roi ſon Maitre, & de ne lui point imputer des Choſes, que perſonne n'étoit en état de prouver. Le Comte voulant ſoutenir ce qu'il venoit d'avancer, Stralenheim lui en donna devant toute la Compagnie un Démenti, dont il fut tellement piqué, qu'il ne ſongea plus à ménager ſes Expreſſions. S'étant ſervi envers l'Envoïé d'un Terme des plus injurieux, celui-ci lui repartit par un Soufflet des

*Mars.
Démélez
entre les
Cours de
Suede & de
Vienne.*

mieux appliqués. Là-deſſus, ils tirérent l'Epée ; & il eſt probable, qu'un d'eux ſeroit demeuré ſur le Carreau, ſi les Perſonnes, qui ſe trou-voient préſentes, ne les euſſent empéché d'en venir aux dernieres Violences (*a*). Le Rapport, que Stralenheim fit de ce qui venoit de ſe paſſer, fut cauſe que l'on ſongea ſérieuſement à demander à la Cour de Vienne les Moſcovites, qui, après s'être enfuïs de la Saxe, étoient entrez au Service de l'Empereur, & qui devoient être livrez au Roi de Suede, conformément au Traité d'Alt-Ranſtadt. Cette Affaire avoit déjà été miſe ſur le tapis ; mais, dans ces Circonſtances, le Comte Piper eut ordre, en l'abſence du Roi, de remettre ſur ce ſujet une Déclaration au Comte de Sintzendorff. Cette Piéce portoit en ſubſ-tance : ,,Que, ſur le Rapport, que le Prémier-Miniſtre avoit fait à Sa

*Déclara-
sion de Ch.
XII. tou-
chant les
Moscovites
qui s'é-
toient en-
fuis de la
Saxe.*

le 30.

V. l'App.
No. CXIV.

,, Majeſté, d'un Entretien qu'il avoit eu avec le Miniſtre de Sa Ma-
,, jeſté Impériale, au ſujet des Moſcovites en queſtion, Elle lui avoit
,, ordonné de déclarer, qu'Elle eſtimoit infiniment l'Amitié de l'Em-
,, pereur, & qu'Elle étoit très portée à lui faire toutes ſortes de Plai-
,, ſirs ; mais, qu'Elle eſpéroit que Sa Majeſté Impériale ne voudroit
,, point exiger d'Elle des Choſes qui fuſſent contraires à ſes Intérêts.
,, Que les Soldats Ruſſiens, dont il étoit queſtion, devoient néceſſai-
,, rement lui être livrez, en conformité du Traité conclu avec le Roi
,, Auguſte. Que ce Prince s'y étoit engagé. Que, quoique ces Trou-
,, pes ne fuſſent plus en ſon Pouvoir, mais en celui de l'Empereur,
,, dont ils avoient groſſi l'Armée, Sa Majeſté Suédoiſe conſervoit
,, néanmoins le Droit de les redemander. Que les Suédois n'auroient
,, pas ceſſé de les pourſuivre pendant leur Fuite, ſi la Suſpenſion
,, d'Armes, dont on étoit convenu préciſément dans ce tems-là, ne
,, les en eût empéchés. Qu'alors, aucun Prince de l'Empire, pas mê-
,, me les Généraux de l'Empereur, n'avoient voulu recevoir les Moſ-
,, covites, ou ſouffrir qu'ils s'arrétaſſent quelque part ; parce qu'ils ſa-
,, voient trop bien, qu'en le faiſant, c'auroit été ſe rendre coupables
,, d'avoir celé & protégé les Ennemis de Sa Majeſté Suédoiſe. Que,
,, dans la ſuite, l'Empereur les aïant raſſemblez, & leur aïant fait
,, fournir des Vivres, pour qu'ils ne crévaſſent point de Faim, il étoit
,, juſte qu'on livrât à Sa Majeſté Suédoiſe ces Gens-là, que l'on ne
,, devoit regarder que comme Deſerteurs. Que le tems approchoit de
,, ſe mettre en campagne ; mais, que Sa Majeſté ne feroit aucun Mou-
,, vement, avant qu'Elle eut obtenu la Satisfaction qu'Elle étoit en
,, Droit d'exiger ſur cet Article, par le Traité de Paix. Que ſi la
,, Choſe trainoit en longueur, Sa Majeſté ne vouloit point être reſ-
,,   pon-

(*a*) Cette Relation, qui vient de Monſieur de Stralenheim lui-même, mérite
ſans contredit plus de Créance, que ce que D. F., Auteur d'une *Hiſtoire de Charles XII.*
écrite en Allemand, rapporte page 570 : ſavoir, que Zobor n'avoit pas voulu boire à la
Santé du Roi de Suede ; diſant, qu'il ne buvoit jamais à la Santé du Grand-Turc, de
Ragotski, de Charles XII, & d'autres pareilles Gens.

„ ponſable des Suites qui pourroient en réſulter. Qu'il dépendoit du
„ Choix de Sa Majeſté Impériale, de renvoïer elle-même ces Trou-
„ pes, ou d'indiquer quelque Endroit où Sa Majeſté Suédoiſe pour-
„ roit les faire chercher par un Détachement de ſes Troupes, & de
„ fixer pour cela un certain Jour, &c. „ Nous verrons plus bas de
quelle maniere on termina l'Affaire de Breſlau, & celle du Comte
Zobor.

REVENONS au Roi Auguſte. Il y avoit déjà un Mois, qu'il avoit
déclaré au Sécrétaire Cederhielm, chargé de preſſer l'Accompliſſe-
ment des Articles de la Paix, qu'il étoit prêt à éxecuter ponctuellement tout ce dont on étoit convenu, & qu'il donneroit inceſſamment
ſur ce Sujet, au Roi de Suede, une Réponſe, dont il auroit lieu d'ê-
tre ſatisfait. On attendit envain pluſieurs Semaines. Lorſqu'on preſſa l'Article de Patkul, Auguſte demanda du Délai; diſant, qu'il avoit
raiſon de craindre, que le Czar, lorſqu'il apprendroit, que l'on avoit
remis ce Priſonnier entre les Mains des Suédois, ne cherchât à s'en
venger ſur les Troupes Saxonnes qui étoient reſtées en Pologne. Ce
n'étoit-là qu'une Défaite; car, on ſavoit aſſez, que les Ruſſiens & les
Saxons étoient fort bien enſemble. On n'ignoroit pas non plus, que
le Général Böhm, au Service de Ruſſie, avoit écrit au Commiſſaire
de Guerre de Saxe, pour le prier de ne point exiger trop de Contributions & de Vivres, & de s'éloigner d'avantage des Environs de
Cracovie, afin que les Troupes Ruſſiennes puſſent, lorſqu'elles y arriveroient, trouver de quoi ſubſiſter. Après quelque tems, Auguſte
ordonna enfin à ſes Troupes de quitter entiérement la Pologne, & de
prendre la Route de Siléſie, pour ſe rendre en Saxe. C'eſt que ce Prince étoit alors entré en Négotiation avec les Etats-Généraux des Provinces-Unies, qui lui avoient fait propoſer de prendre ce Corps de
Troupes à leur Solde. En attendant, quoiqu'il ſoit plus que vraiſem-
blable, qu'Auguſte n'auroit jamais riſqué de faire arrêter Patkul, pendant
qu'il ſe trouvoit lui-même auprès du Czar, & au milieu de l'Armée
Ruſſienne, ſi celui-ci n'y avoit donné ſon Conſentement, le Czar néanmoins s'en plaignit fortement à la Reine d'Angleterre & aux Etats-
Généraux des Provinces-Unies, comme d'un Attentat contre le Droit
des Gens. Il y ajouta même, qu'Auguſte lui avoit donné des Aſſû-
rances par écrit, & encore tout nouvellement, par le Général-Major Goltz, qu'il remettroit Patkul en Liberté, ou que du moins il lui
fourniroit l'Occaſion de s'évader (*a*). Quoiqu'il en ſoit, auſſi-tôt
qu'Au-

(*a*) PATKUL avoit, quelque tems auparavant, gagné le Commandant de König-
tein, auquel il avoit promis, pour ſa Liberté, deux mille Ducats. Il s'engagea, outre
cela, à lui procurer la Charge de Lieutenant-Général au Service du Czar, s'il vouloit
le ſuivre en Ruſſie. Ces Conditions aïant été acceptées, on en dreſſa un Ecrit dans les
Formes, que Patkul envoïa auſſi-tôt au Roi Auguſte, pour lui faire voir, qu'il n'avoit
dépendu que de lui-même de ſe mettre en Liberté; mais, qu'il aimoit mieux, ſe
fiant

1707.

Mars.

le 28.

le 29.
Lettre du
Roi August-
te au Roi
Stanislas.

qu'Augufte eut avis que fes Troupes s'étoient mifes en Marche, & qu'el-les étoient arrivées fur les Frontieres de Siléfie, il donna ordre au Com-mandant de la Fortereffe de Königftein de remettre le Prifonnier entre les Mains des Suédois. Ce fut le Général Meyerfeldt qui le reçut. Il le fit conduire à fon Régiment, où on le garda très étroitement.

LE lendemain, le Roi Augufte, pour montrer les Egards qu'il avoit pour la Volonté de Charles XII, reconnut le Roi Staniflas, par la Let-tre fuivante, qu'il lui écrivit (*a*).

,, MON-

fiant fur fon Innocence, fortir de Prifon d'une Maniere plus honnète, & par le Moïen du Roi Augufte, qui ne manqueroit pas de lui rendre Juftice. Le Commandant fut d'abord arrêté, & l'on en mit un autre à fa place. Peu après, un certain Philippi, Pafteur d'une des Eglifes de Dresde, prononça, à l'occafion du prémier Jour de Jeune, qui étoit le 8. Mars, un Sermon, dans lequel il cenfura la Conduite du Roi Augufte. Quelques Gentilshommes de la Cour en aïant fait Rapport à ce Prince, il leur permit, pour punir le Zele de ce Pafteur, de lui joüer quelque Piéce, fans cependant lui fai-re aucun Mal. Une nuit, que Philippi dormoit tranquillement, un Officier vint l'en-lever de chez lui, & le conduifit à Königftein, dans un Caroffe à fix Chevaux, en-touré d'un Détachement de Soldats. A fon arrivée, on lui fit traverfer divers Appar-temens, l'un defquels étoit tendu de noir, & où il remarqua, dans un Coin, un Mon-ceau de Sable. Il fut laiffé feul dans une Chambre voifine de cet Appartement lugubre. Comme, en partant de chez lui, il avoit dit un tendre Adieu à fa Femme & à fes En-fans, & qu'il n'eut plus lieu de douter, que fa derniere Heure ne fût venue, il fe pré-para tout de bon à la Mort; deforte que, lorfque, le lendemain matin, le nouveau Commandant vint lui demander, s'il ne vouloit point prendre quelque Nourriture, il le refufa. Il ne voulut pas même diner. Alors, le Commandant lui découvrit toute l'Affaire; qu'on ne l'avoit conduit à Königftein, que pour faire quelque Péni-tence, à caufe de fon Sermon; mais principalement pour préparer à la Mort l'Offi-cier qui l'avoit précédé dans le Commandement de la Fortereffe.

CET Officier fut éxécuté le lendemain, & l'on ramena Monfieur Philippi à Dresde.

(*a*) MONSIEUR DE VOLTAIRE, qui aura fans doute entendu parler de cette Lettre, la rapporte dans fon *Hiftoire de Charles XII.* page 123. de l'Edition de Bâle en ces Termes: ,, MONSIEUR ET FRERE, Comme je dois avoir des Egards pour ,, les Prieres du Roi de Suede, je ne puis m'empêcher de féliciter Vôtre Majefté fur ,, fon Avenement à la Couronne, quoique peut-être le Traité avantageux, que le Roi ,, de Suede vient de conclure pour Votre Majefté, m'eut dû difpenfer de ce Com-,, merce. Toutefois, je félicite Votre Majefté; priant Dieu, que vos Sujets vous ,, foient plus fideles, qu'ils ne me l'ont été. AUGUSTE ROI. ,, Cette Lettre, que Monfieur DE VOLTAIRE date *de Leipzic, le 8. Avril,* eft certainement de fa Com-pofition. Sa Date en eft une Preuve: Augufte n'étoit point dans ce tems-là à Leipzic; mais à Dresde. SI Monfieur NORDBERG avoit confulté la derniere Edition de l'Ouvrage de Mon-fieur de VOLTAIRE, qui s'eft faite à Amfterdam en 1739. en deux Volumes in 8°. il auroit vû, que cet Auteur rapporte la Lettre en queftion, à peu près dans les mêmes Termes que le fait Monfieur NORDBERG, après LAMBERTY. Toute la Diffé-rence qu'il y a, c'eft que celle de Monfieur de VOLTAIRE, qu'il dit être *copiée fide-lement fur l'Original que le Roi Staniflas garde encore,* eft plus Françoife que celle de Monfieur NORDBERG. Cette Lettre fe trouve auffi dans l'Ouvrage de Monfieur ADLERFELT, avec quelques petits Changemens: &, en confrontant les trois Copies, il eft affez difficile de déterminer laquelle eft la plus fidele. D'accufer Monfieur de VOLTAIRE d'avoir lui-même forgé la Lettre, telle qu'il l'avoit inférée dans l'Edition de fon Hiftoire, qui porte le Titre de Bâle, c'eft lui faire tort. LIMIERS l'avoit

rap-

„ Monsieur mon Frere,

„ La Raison, pourquoi nous n'avons pas répondu plûtôt à la Let-
„ tre que nous avons eu l'Honneur de recevoir de Votre Majesté, est,
„ que nous avons crû, qu'il n'étoit plus nécessaire présentement d'en-
„ trer dans un Commerce particulier de Lettres. Néanmoins, pour
„ faire Plaisir à Sa Majesté le Roi de Suede, & afin qu'il ne Nous soit
„ imputé, que Nous soïons difficiles à satisfaire à sa Demande, Nous
„ la félicitons par la présente sur son Avénement à la Couronne, & Nous
„ souhaitons en même tems, qu'Elle trouve dans sa Patrie des Sujets plus
„ fideles, que nous n'y avons quittés. Tout l'Univers nous rendra Justi-
„ ce, que, pour tous Nos Bienfaits & Soins infatigables, Nous n'avons
„ été païés que d'Ingratitude; & que la plûpart d'eux ne se sont appli-
„ qués qu'à former des Partis contre Nous, pour avancer Notre Rui-
„ ne. Nous souhaitons qu'Elle ne soit pas exposée à de pareils Re-
„ vers, la recommandant à la Protection Divine. Donné à Dresde,
„ ce 8. d'Avril 1707.

„ Monsieur mon Frere,

„ Votre bon Frere & Voisin,

„ Auguste Roi. „

Les Etats-Généraux des Provinces-Unies ne voulurent en aucune *Les E. G.*
façon se mêler des Affaires de Pologne, ni accéder à la Paix d'Alt- *ne prennent*
Ranstadt, pour en être Garants, conjointement avec l'Angleterre, *aucune*
ou pour reconnoitre le Roi Stanislas, comme avoient fait plusieurs *Part au*
Puissances, & comme le firent, peu de tems après, quelques autres *Traité*
Cours. Mais, à l'égard du Roi de Suede en particulier, Leurs Hau- *d'Alt-*
tes Puissances ne laissérent passer aucune occasion d'assurer Sa Majesté *Ranstad.*
de leur parfaite Estime & de leur Amitié inaltérable. Charles, sensible
à ces Sentimens, leur donna à son tour les mêmes Assurances (*a*).

De

rapportée avant lui, à peu de chose près, dans les mêmes Termes. D'ailleurs, de dire, que Monsieur de VOLTAIRE doit être l'Auteur de cette Lettre, parce qu'il la
date de Leipzic, & non pas de Dresde, la Conséquence ne paroit nullement concluan-
te. R. D. T.

(*a*) Après le Decès de Monsieur Rumpf, le Pere, qui avoit résidé à la Cour de
Suede, plus de trente Ans, avec beaucoup d'Applaudissement, les Etats-Généraux
nommérent Résident, à sa place, son Fils, Henri-Guillaume Rumpf, dont on con-
noissoit déjà l'Habileté & le Mérite. Le Roi Guillaume, pendant son Séjour dans les
Païs-Bas, l'employa toujours dans les Affaires secrettes: & ses Maitres l'envoïérent en
Suede en 1701, pour y faire la Fonction de son Pere, dont la Santé commençoit à
être fort mauvaise. Dans la Lettre, que les Etats-Généraux écrivirent au Roi, le 5.
Octobre 1706, ils notifiérent à Sa Majesté le Choix qu'ils avoient fait de Monsieur
Rumpf le Fils, comme très capable de succéder à son Pere, & de ménager l'ancienne

DE toutes les Ambaſſades, que le Roi de Suede reçut, pendant ſon Séjour en Saxe, celle du Duc de Marlborough, que la Reine d'Angleterre y envoïa, fut la plus remarquable. Ce Seigneur, après un Voïage des plus ſubits, & un grand Détour qu'il fut obligé de faire, arriva le 16. Avril à Hall, où Monſieur Robinſon, Miniſtre de la Grande-Bretagne s'étoit rendu, avec les Envoïés de l'Empereur & de Hollande, pour venir à ſa Rencontre. Ils l'accompagnérent aux Salines de Ketſchau, où on lui avoit préparé ſon Quartier, qui n'étoit guère éloigné d'Alt-Ranſtadt. Le Roi, averti de ſon Arrivée, y envoïa auſſi-tôt un Aide-de-Camp-général, pour lui faire ſavoir, que Sa Majeſté aïant des Empéchemens, Elle ne lui donneroit Audience, que le lendemain,

le 17.　quatrieme jour de Pàques. Le Duc arriva à Alt-Ranſtadt, à l'heure que le Roi ſortoit de l'Egliſe (a). Il fut reçu par Monſieur Duben,

Inten-

Amitié qui ſubſiſtoit entre les deux Puiſſances. Le Roi répondit à cette Lettre, à Alt-Ranſtadt le 2. Novembre. Le nouveau Réſident aïant écrit à Sa Majeſté ſur le même Sujet, & pour recommander ſa Perſonne, le Comte Piper eut ordre d'y faire Réponſe. Elle ne fut pourtant expédiée que quelques Mois après, parce que le Prémier-Miniſtre étoit accablé d'Affaires. Comme elle eſt egalement honorable au Pere & au Fils, & que d'ailleurs elle exprime bien les Sentimens d'Amitié que le Roi avoit pour la République, nous avons crû devoir l'inſérer dans l'Appendice de cette Hiſtoire, où on la trouve No. cxv.

(a) MONSIEUR DE VOLTAIRE, qui s'eſt donné la Liberté d'écrire tout ce qui ,, lui eſt venu à l'Eſprit, ,,dit que le Duc de Marlborough, en arrivant, s'adreſſa ,, ſécrétement, non pas au Comte Piper, mais au Baron Görtz, qui commençoit à ,, partager, avec Piper, la Confiance du Roi; qu'il dit à Görtz, que le Deſſein des Al- ,, liés étoit de propoſer au Roi de Suede d'être Médiateur entre eux & la France, ,, &c; & qu'il eut enſuite ſon Audience publique à Leipzic. ,, Tout cela n'a aucune Réalité.

LES Auteurs du Journal, qui s'imprime à Leipzic ſous le Titre d'*Acta Eruditorum* en Allemand, donnent, dans la VI Partie de ce Journal, page 493, l'Extrait d'une Piece, traduite de l'Anglois en François, & qui eſt intitulée, *La Conduite de S. A. le Prince & Duc de Marlbourough, Amſterdam, 1712, in 8°.* Dans cette Piéce il eſt dit, que le Duc n'avoit aucune Raiſon d'être fort content du Roi de Suede, qui lui parloit toujours en Allemand, & à l'aide d'un Interprete; &, qu'outre cela, le Roi n'avoit abſolument rien dit des Actions de Monſieur de Marlbourough, quoique celui-ci eut parlé en Termes magnifiques du Courage Héroïque de Charles XII. Quant au prémier Article, il ſe peut que le Roi, quoiqu'il eſtimât ſa propre Langue au-deſſus de toutes les autres, ait voulu, en parlant Allemand, faire Plaiſir à ce Seigneur Anglois, dans l'Idée, qu'aïant été pluſieurs Années de ſuite à l'Armée des Alliés en Allemagne, & s'étant trouvé tous les jours avec les Princes, des Généraux, & autres Officiers de cette Nation, il ne manqueroit point d'être au fait de cette Langue. Si le Duc avoit parlé en Angois ou en Allemand, & que le Roi ſe fût exprimé en François, on n'auroit pas manqué non plus de lui en faire un Crime; & l'on auroit allegué cela comme une Preuve, qu'il étoit dans les Intérêts de la France. A l'égard du ſecond Article, on répond, que telle étoit la Façon de penſer de Charles XII, qu'il regardoit toutes les Louänges, que l'on taiſoit des Perſonnes en leur Préſence, comme une vaine Flatterie. Il n'eſt donc pas ſuprenant, qu'il ne répondit point au Duc ſur le même Ton que celui-ci lui parla.

DANS une Note, que Meſſieurs les Journaliſtes ont miſe au bas de la Page, ils remarquent, que l'Auteur de la Piéce, dont ils font l'Extrait, doit avoir ignoré la

Con-

Intendant de la Cour, & par d'autres Officiers. Le Comte Piper le reçut à l'Anti-Chambre, & le conduifit dans l'Appartement du Roi, où étoient divers Sénateurs, Généraux, & autres Officiers. Le Duc fit, en Anglois, un Compliment fort court, qui fut interprété, par Monfieur Robinfon, en Suédois. Il portoit ce qui fuit. „J'ai l'Hon-
„neur de remettre à Votre Majefté une Lettre de Sa Majefté la Rei-
„ne de la Grande-Bretagne, ma très gracieufe Maitreffe, non pas de
„la Chancellerie, mais écrite de fa propre Main & de fon Cœur. El-
„le fe feroit un Plaifir fingulier de voir Votre Majefté, comme un Prin-
„ce, qui fait l'Admiration de toute l'Europe, s'il eut été permis à
„fon Sexe de faire un fi long Voïage. Cependant, je m'eftime heu-
„reux d'avoir l'Honneur d'affurer Votre Majefté de mes Refpects:
„& je compterois pour un grand Bonheur, fi mes Affaires me per-
„mettoient d'apprendre, fous le Commandement d'un auffi grand Gé-
„néral que Votre Majefté, ce que j'ignore dans le Métier de la
„Guerre. „

Le Comte Piper répondit, au Nom du Roi, en Suédois, & Monfieur Robinfon fervit encore d'Interprete. „La Lettre de la Reine de
„la Grande-Bretagne„ , difoit Sa Majefté par la bouche de fon Prémier-Miniftre, „& Votre Perfonne, me font fort agréables: & j'ai
„toujours eu les derniers Egards pour la Médiation de Sa Majefté
„Britannique & les Intérêts de la grande Alliance. C'eft auffi mal-
„gré moi, que j'ai été contraint de donner de l'Ombrage à quelques-
„uns de fes Membres: mais, Votre Alteffe ne peut que s'apperçe-
„voir,

Conduite, que le Comte Piper tint à l'égard du Duc de Marlborough, & le Mécontentement que le dernier fit paroitre à cette Occafion; deux Chofes, dont quantité de
Perfonnes à Leipzic avoient été Témoins oculaires. Lorfqu'on pofe en Fait, que
Monfieur de Marlborough eut Audience du Roi, non pas à Leipzic, mais à Alt-Ranftadt, Circonftance dont j'ai été moi-même Témoin oculaire, il s'enfuit, que perfonne ne pouvoit voir à Leipzic ce qui fe paffa à Alt-Ranftadt entre le Prémier-Miniftre & le Général Anglois; mais, fi ces deux Meffieurs fe trouvérent enfemble à
Leipzic, à quelque autre Occafion, & s'il fe paffa alors quelque-chofe entre eux, ou
fi tout ce qu'en difent les Journaliftes n'eft fondé que fur un Bruit vague & incertain,
c'eft ce que je ne fais pas.
Monfieur Adlerfeld, dans fon *Hiftoire Militaire de Charles XII, Tome III,*
pag 151, dans une Note au bas de la Page, raporte un Trait de Mylord-Duc, que
l'on ne fera pas fâché de trouver dans cet Endroit. C'eft un Témoin occulaire qui
parle: „J'étois„ , dit-il, „à Guntherdorf, lorfque Mylord-Duc y arriva pour diner
„chez le Comte Piper. Il y arriva, accompagné du Baron de Görtz, qui étoit avec
„lui dans le Caroffe. Le Comte Piper, piqué de ce que le Duc témoignoit tant de
„Confiance au Baron de Görtz, le fit attendre un peu devant fa Porte, avant que de
„fortir pour le recevoir. Le Duc, qui s'en choqua, prit fi bien fon tems, que,
„lorfqu'il vit paroitre le Comte à la Porte, il fit ouvrir du côté oppofé la Portiere de
„fon Caroffe, defcendit, & alla lacher de l'Eau contre la Muraile d'un Jardin, fitué
„vis-à-vis de la Maifon du Comte. Là, il le fit attendre un tems confidérable, après
„quoi, il fe tourna pour faluer le Comte, qui le mena enfuite dans fa Maifon, où
„l'on dina en Cérémonie.„ R. D. T.

V 2

1707.
Avril.

„ voir , que j'ai eu juſte Sujet de venir ici avec mes Troupes.　D'un
„ autre côté, vous pouvez aſſurer la Reine, ma Sœur, que mon Deſ-
„ ſein eſt d'en partir d'abord qu'on m'aura donné la Satisfaction que
„ j'ai demandée, mais .non pas plûtôt; ſans pourtant rien faire qui
„ puiſſe tourner au Préjudice de la Cauſe commune en général, ou de
„ la Religion Proteſtante en particulier. „

Le Duc parla enſuite en François : le Roi répondit toujours en Suédois.　La Converſation dura environ une Heure: après quoi, Sa Majeſté ſe rendit à la Salle où Elle dinoit ordinairement, & où le Duc la
ſuivit.　Il fut placé à Table, à la droite du Roi, le Comte Piper étant
à ſa gauche.　On ne parla point pendant le Repas. Il n'y eut que le Duc,
qui s'entretint avec le Comte Wellingk, auquel il parloit François, &
fort bas.　En ſortant de Table, le Duc accompagna le Roi dans ſon
Cabinet, où ils reſtérent enſemble près de deux Heures, avec le Comte Piper & Monſieur Robinſon.　Les Trompettes du Roi avoient déjà, comme cela ſe pratiquoit toujours, donné le Signal pour le Sermon du Soir : mais, comme le Duc étoit encore auprès de Sa Majeſté, le Service commença un peu plus tard qu'à l'ordinaire.　En ſortant de chés le Roi, il fut conduit juſqu'à ſon Caroſſe, par le Comte
Piper, le Sécrétaire d'Etat Hermelin, & quelques Officiers.　Au bout
de deux jours, il retourna au Quartier-général, pour prendre Congé
de Sa Majeſté. Il partit enſuite pour Leipzic; & de-là, le même Soir,
pour Berlin, où le Roi de Pruſſe l'avoit invité de ſe rendre (*a*)..

le 19.

PEN-

(*a*) Voïcɪ comme raiſonne Monſieur de Volταɪʀɛ dans ſon *Hiſtoire de Charles XII*,
page 136. d'Ed. de. Bâle.　Comme peu de Négotiations , dit-il, s'achevent ſans Argent , & qu'on voit quelque-fois des Miniſtres qui vendent la Haine ou la Faveur de
leur Maitre , on crut dans toute l'Europe, que le Duc de Marlborough n'avoit réuſſi
auprès du Roi de Suede, qu'en donnant à propos une groſſe Somme au Comte Piper.
Cet Auteur repete la même choſe, page 179. Celui, qui a traduit en Allemand l'Ouvrage de Monſieur de Volταɪʀɛ remarque dans une Note, que la Somme, que
le Comte Piper reçut, montoit à vingt-cinq mille Livres Sterling; en quoi il ne fait
que ſuivre Lᴀᴍʙᴇʀᴛʏ, qui fait la même choſe dans ſes *Mémoires*, Tom IV, page
435.　Comme les Gazettes Allemandes en avoient inſinué quelque-choſe, je pris occaſion de-là d'en parler au Comte Piper, en 1712, lorſqu'il tomba malade à Moſcou.
Ce Miniſtre, avant que de recevoir, par mes Mains, la Communion, me proteſta,
que cette Accuſation n'étoit qu'un ſimple Soupçon, & une Fauſſeté, que l'on avoit
inventée dans le Deſſein de nuire à ſa Réputation. Il m'avoua cependant, que le Duc
de Marlborough avoit fait Préſent, à la Comteſſe Piper, d'une Bague de Diamans de
la Valeur d'environ deux mille Ecus.　Ce que le Traducteur Allemand de l'*Hiſtoire* de
Volταɪʀɛ dit d'un Service de Vaiſſelle d'Argent, dont le Roi de France fit Préſent au Comte Piper, n'eſt qu'un Soupçon malicieux. On peut juger, par ce que je
viens de dire, quel Fond il y a à faire ſur les *Mémoires Politiques* de J. N. D. B. C.
de L. où il eſt dit, Tome I, page 5, que le Comte Piper vendit le Roi ſon Maitre,
pour de l'Argent Anglois.
Monsɪᴇᴜʀ ᴅᴇ Volταɪʀɛ, dans la derniere Edition de ſon *Hiſtoire*, Tome I.
page 201, juſtifie amplement le Comte Piper. Rapportons ſes propres Paroles. „ Pour
„ moi, qui ai remonté, autant qu'il m'a été poſſible, à la Source de ce Bruit, j'ai ſû
„ que Piper avoit reçu un Préſent médiocre de l'Empereur, par les Mains du Comte
„ de

1707.

Mai.
Nouvelles,
que l'on ap-
prend de
differens
Endroits.

PENDANT les Mois de Mai & de Juin (*a*), il ne se passa rien de fort remarquable, du moins il ne transpira rien dans le Public. Le Comte Sintzendorf rapporta, que l'Empereur avoit assigné pour Prison, au Comte Zobor, le Chateau de Gretz, en Stirie; & l'on sût, que les Moscovites, dont il a été si souvent parlé, s'étoient retirez par Pelotons en Pologne, après avoir traversé la Boheme. Les Nouvelles de Berlin firent mention d'une Lettre, remplie d'Invectives, que le Czar avoit écrite au Roi de Prusse, sur le sujet du Roi Auguste. De Lithuanie on apprit, qu'enfin Wiesnowicki s'étoit déclaré ouvertement pour le Roi Stanislas: & l'on eut Avis de Posnanie, que Smigelski avoit défait & mis en fuite un Parti Russien; mais, que les Ennemis, l'aïant attaqué à leur tour, avoient tué un grand nombre de Polonois. La Nouvelle, dont on parut le plus surpris, étoit celle que l'on reçut de Dresde, d'où l'on apprit, que le Baron d'Imhof, Président de la Chambre de Finances, & le Référendaire de Pfingsten, venoient d'être arrêtez, & conduits à la Forteresse de Königstein. Comme il courut un Bruit, que cela s'étoit fait à cause que ces deux Messieurs avoient outrepassé leurs Plein-Pouvoirs, lors de la Négociation de la Paix, Auguste fit déclarer, tant au Roi de Suede, qu'aux Ministres Etrangers, que ce n'étoit nullement cette Raison-là, qui l'avoit déterminé à les faire arrêter. Que le prémier avoit levé, pendant l'absence du Roi, quelques Millions en Argent comptant, dont il n'étoit point en état de rendre Compte: qu'il soutenoit, d'en avoir fourni la plus grande partie aux Troupes; mais, que l'on trouvoit qu'elles n'en avoient rien touché. Que comme d'ailleurs il avoit fait sortir de Saxe ses Meubles les plus précieux, & ce qu'il possédoit de meilleur, & que par-là il s'étoit rendu suspect de vouloir quitter le Païs, on avoit trouvé à propos de prévenir ce Dessein. Contre le dernier on allégua, qu'il avoit fait un mauvais Usage de quelques Blancs-Signez, que le Roi lui avoit remis; qu'il avoit pareillement transporté ailleurs tous ses Effets; & que l'on avoit découvert, qu'il entretenoit une Correspondance illicite dans les Païs étrangers.

TOUT le Monde étoit alors dans l'idée, que les Suédois quitteroient incessamment la Saxe. Comme le Roi Stanislas savoit très bien, que Charles ne souffroit aucun Retardement après avoir donné ses Ordres pour

„ de Wratislau, avec le Consentement du Roi son Maitre, & rien du Duc de Marl-
„ borough.,, Comme je n'ai point en main l'Edition de l'Histoire de Monsieur de
VOLTAIRE, dont Monsieur NORDBERG fait usage, je ne saurois dire si ce Passage
s'y trouve, ou non. R. D. T.

(*a*) CE fut le 26. Avril. V. S. que l'on célébra, tant à l'Armée, que par tout le
Roïaume de Suede, un Jour solemnel d'Actions de Graces, pour l'heureuse Conclu-
sion de la Paix. Il y eut, ce jour-là, trois Sermons. On prêcha sur les Textes suivans:
Pseaume XXVIII. v. 7. *Pseaume LXII. v.* 12. *Epître de S. Paul aux Romains, Ch.
XII. v.* 18,

1707.

Mai.

le 9.

le 20.

le 22.

pour marcher, ce Prince hâta le Départ de la Reine fon Epoufe, qui devoit fe rendre à Stettin. Il l'accompagna lui-même, pendant quelques lieues de chemin. Le Roi de Suede alla en attendant vifiter les Régimens les plus proches, dans leurs Quartiers, & les fit paffer en Revûe. Lorfqu'il fit celle du Régiment d'Oftrogothie, Cavallerie, qui étoit en Quartier à deux lieues de Leipzic, le Roi Augufte s'y rendit. Charmé de la Beauté de ce Régiment, & de l'Adreffe avec laquelle il faifoit toutes les Evolutions militaires, il en parut extrémement fatisfait. Les deux Rois dinérent enfemble chés le Colonel Rofenftierna, qui les régala dans fa Tente (*a*).

LES

le 29.

(*a*) Sur ces Entrefaites mourut, d'une Fievre pourprée, le Comte Charles Wrangel, Capitaine-Lieutenant des Drabans, & Général-Major de Cavallerie. Son Corps fut conduit au Village de Ketfchau, où on l'enterra dans l'Eglife, le 4. Juin, qui étoit le troifieme jour de Pentecôte. Monfieur Lampa, prémier Pafteur des Drabans, prononça l'Oraifon Funebre, à laquelle le Roi fe trouva préfent, avec plufieurs Princes étrangers, Sénateurs, & Généraux.

La Jour fuivant, on célébra, à Gunthersdorf, la Noce du Général Meyerfelt, qui époufoit une Demoifelle Törnflycht, Sœur de la Comteffe Piper. Le Roi de Suede, le Roi Staniflas, & les Princes étrangers, furent du Feftin. On remarqua, comme une chofe fort extraordinaire, & que l'on n'avoit vue depuis bien des Années, que le Roi de Suede ne fit point difficulté de danfer; mais, ce ne fut qu'une feule fois, & feulement avec la Mariée.

La même Jour que le Roi affifta aux Funérailles du Comte Wrangel, il alla, d'abord après le Service, accompagné de quelques peu de Perfonnes, faire un Tour du côté de Lutzen, pour voir la Place où Guftave-Adolphe perdit la vie. Comme une certaine Piece manufcrite indiquoit précifement cet Endroit-là, en donnant par le moïen d'un Triangle la Diftance qu'il y a de-là, jufqu'à une grande Pierre qui fe trouve fur le Chemin de Lutzen, le Roi defcendit de Cheval, pour en faire lui-même les Dimenfions: s'appuïant enfuite fur la Pierre, il déplora le Sort de ce grand Roi, qu'une Mort prematurée avoit enlevé à la Fleur de fon Age. Sa Majefté ne croïoit pas cependant, que la chofe fe fût paffée de la Maniere dont fon Manufcrit en parloit; car, difoit-Elle, *il eft impoffible, qu'un Prince ait pû commettre une Action fi indigne, envers un Roi, qui l'avoit comblé de Bienfaits.*

Voici l'Hiftoire de ce Manufcrit Un Vieillard de bonne mine vint un jour à Alt-Ranftadt, pour voir le Roi, pendant qu'il étoit à Table. Ne pouvant pénétrer dans la Salle, à caufe de la Foule, Adam Gierta, un des Drabans, le fit entrer. En fortant, le Vieillard s'informa exactement du Nom de Gierta, de ce qu'il étoit, & dans quel Endroit il étoit logé. Au bout de quelques jours, un Valet vint à fon Quartier, & remit à fon Domeftique un Paquet cacheté, en le priant de le rendre à fon Maitre: après quoi, l'Etranger donna des Eperons à fon Cheval, fans attendre aucune Réponfe. Gierta, après avoir ouvert le Paquet, y trouva un Manufcrit *in quarto*. Il étoit écrit en Vers Allemands, & rouloit fur les Actions de Guftave-Adolphe. Le Papier en étoit fort vieux & fort ufé, & devoit être manié avec beaucoup de Circonfpection; ce qui faifoit juger que la Piéce étoit ancienne, &, felon toutes les Apparences, le propre Original de l'Auteur. Gierta, l'aïant remis entre les mains de fon Frere, qui étoit dans ce tems-là Aide-Major des Drabans, ce dernier, après l'avoir lû, en fit une Copie, & donna l'Original au Roi, qui en fit ufage, lorfqu'il alla à Lutzen. Pour fatisfaire à la Curiofité du Lecteur, nous ferons un Extrait de cette Piéce. L'Auteur, après avoir parlé, en général, des Guerres que Guftave-Adolphe eut à foutenir contre le Dannemarck, la Ruffie, la Pologne, & en dernier lieu contre l'Empereur, vient enfin à ce Jour malheureux que le Roi fut tué. C'étoit le 6.

No-

1707.

Juin
Conférences
avec quel-
ques Minif-
tres Etran-
gers.

Les Conférences avec les Miniftres Etrangers devinrent, dans ce Tems-là, fort fréquentes, fans qu'il fût poffible d'en découvrir grand' chofe. Le Comte Lagnafco, Miniftre du Roi Augufte, follicita le Roi de Suede d'aider fon Maitre à devenir Roi de Naples. Le Comte de Sintzendorf fit tout fon poffible pour porter Charles XII. à fe défifter de fes Prétenfions, & à fe reconcilier avec l'Empereur. La Reine de la Grande-Bretagne écrivit auffi fur ce Sujet à Sa Majefté, lui offrant fes bons Offices, pour moïenner un Accommodement entre les deux Cours. Monfieur de Beffewal, Envoïé de France aïant propofé au Roi de faire la Paix avec le Czar, Charles répondit, que tant que le Czar, ne faifoit point de Propofitions par écrit, on ne pouvoit ajouter Foi à ce qu'il difoit; que l'on favoit, pour en avoir fouvent fait l'Expérience, que, pendant qu'il déclaroit telle chofe dans une Cour, il la defavouoit dans une autre; qu'outre cela, il venoit de déclarer Menzicof Prince Héréditaire de l'Ingrie, ce qui marquoit, qu'il ne fongeoit à rien moins qu'à la Paix. Quant à cette derniere Circonftance, le Miniftre François crut pouvoir dire, que l'Intention du Czar étoit de donner une certaine Somme d'Argent comme Equivalent pour cette Province : mais Charles repliqua, qu'il n'avoit jamais fongé à vendre fes Sujets, & qu'il le feroit encore moins dans un tems qu'il avoit une fi belle Armée fur pied. Monfieur de Jeffe, Miniftre de Dannemarck, infifta fur l'Accommodement des Différens avec le Holftein, qui fe négocioit à Hambourg. Monfieur de Printz, Envoïé du Roi de Pruffe, propofa une triple Alliance entre fa Cour, la Suede, & l'Electeur de Hanovre. Le Baron de Sickingen, Envoïé de l'Electeur Palatin, étoit chargé de traiter de l'Affaire de Deux-Ponts

Novembre. L'Ennemi, aïant voulu reconnoitre l'Armée Suédoife, donna fur les Régimens Finnois, & il y eut une Efcarmouche des plus vives, qui commença environ à huit heures & demi du matin. Les Impériaux furent pourfuivis jufques dans leur Camp, & les Finnois fe rendirent maitres de l'Artillerie, qui étoit à l'Aile droite. En aïant donné Avis au Roi, il ordonna à toute fon Armée de fe tenir prête: après quoi, il monta à cheval, accompagné de quatre Officiers dont deux furent envoïés vers les Finnois, pour leur dire de ne pas trop s'avancer. Le troifieme étoit l'Auteur de ce Manufcrit, à qui un Boulet de Canon emporta, peu après, une Jambe. Dans le moment que celui-ci tomba de Cheval, le Roi fut bleffé à la Tête, par un Coup de Feu, que lui lâcha celui qui étoit demeuré auprès de fa Perfonne, & qui étoit un grand Seigneur, que l'Auteur ne nomme pas, mais par lequel il entend apparemment le Prince François-Albrecht de Saxe-Lauenbourg, qui fe retira au même moment chés les Impériaux, & qui changea enfuite de Religion. La Bleffure du Roi n'étoit pas mortelle: & il eut affez de Force pour defcendre de fon Cheval, & pour fe coucher à terre. Alors, fon Meurtrier, s'étant approché, lui fit, avec fon Epée, neuf Bleffures. Le Roi pria Dieu de lui pardonner une Action fi noire. Il pria auffi pour la Reine fon Epoufe, la Princeffe fa Fille, & pour fon Armée & fes Généraux. Il prononça, après cela, quelques Paffages de l'Ecriture Sainte, & mourut environ à midi. Cette Piéce eft datée de Lutzen le 4 Juillet 1633, & fignée HANS DE HAS-SELDORF. A la fin de l'Ouvrage, on indique la Maniere de trouver éxactement l'Endroit où Guftave-Adolphe expira.

1707.

Juin.

Ponts, & d'offrir au Roi une Satisfaction convenable pour les Domma-ges que ce Duché avoit soufferts pendant plusieurs Années. Le Roi Auguste pressoit lui-même extrémement le Départ du Roi de Suede, qui lui fit savoir, qu'il quitteroit la Saxe, dès que les Puissances Mari-times auroient garanti le Traité d'Alt-Ranstadt. L'Angleterre, qui paroissoit y être disposée, mit sur le Compte des Etats-Généraux le Retardement que rencontroit cette Affaire, qui devoit auparavant être communiquée aux différentes Provinces dont cette République est composée. Le Roi Stanislas ne faisoit pas moins d'Instances, pour que Charles se rendît au plûtôt en Pologne, avant que le Païs fût en-tiérement ruiné par le Czar. Charles, au contraire, jugea qu'il étoit nécessaire, qu'il attendît, jusqu'à ce que l'on eût fait la Récolte, afin que l'Armée pût trouver de quoi subsister.

Confusion en Pologne.

La Confusion étoit grande en Pologne: & les Polonois s'apperçu-rent enfin, que la Desunion, qui régnoit parmi eux, les avoit précipi-tez dans de funestes Engagemens avec le Czar, dont ils auroient bien de la peine à se débarasser. Les Chefs de la Confédération, que les Mécontens avoient formée, étoient en partie gagnés à force d'Argent: d'autres, dont on avoit soin de nourir la Haine qu'ils portoient au Roi Stanislas, s'étoient laissé éblouïr par la vaine Espérance de voir tomber sur la Tête d'un d'entre eux la Couronne de Pologne. Séduits par de belles Promesses, ils avoient formé le Dessein d'en venir à une nou-velle Election: mais, ne recevant de tous côtez que de mauvaises Nouvelles, ils perdirent courage, & furent réduits à ne plus savoir où donner de la tête. D'un côté, ils savoient, que Stanislas avoit été re-connu par diverses Puissances, & que la Paix venoit d'être garantie: ils voïoient d'ailleurs, que leurs propres Compatriotes grossissoient tous les jours le Nombre des Partisans du Roi Stanislas, & que ceux-ci se faisoient païer des Contributions aussi fortes que le feroit l'Ennemi: ils n'ignoroient pas non plus, que le Roi de Suede avoit considérable-ment augmenté son Armée, & qu'il étoit sur le point de rentrer en Pologne. D'autre côté, ils apprenoient, que le Czar, mécontent du Roi Auguste, avoit jetté les yeux sur Ragotski, & qu'il lui avoit fait offrir la Couronne de Pologne. Avec cela, il se répandit un Bruit sourd, que le Czar avoit résolu de se retirer, aussi-tôt que le Roi de Suede sortiroit de Saxe. Dans cet Embarras, les Confédérez ne firent autre chose que de renvoïer leur Assemblée d'un Endroit à l'autre, sous prétexte, que les Députez des Palatinats s'y rendroient en trop petit Nombre, pour que l'on pût délibérer sur quoique ce fût, encore moins prendre des Résolutions sur aucune Affaire. C'étoit bien la vé-rité; mais, cela ne se faisoit, que parce qu'ils le vouloient bien, & qu'ils étoient sécrétement convenus entre eux d'en agir ainsi (*a*).

CE-

(a) Dans ce Tems-là, le Roi de Suede étoit fort incommodé d'une Fievre ca-tarrheuse, quoiqu'il ne voulût point l'avouër, encore moins garder le Lit. La Pâleur

de

CEPENDANT, la Pologne étoit expofée à toutes les Cruautez des Ruffiens. Du côté de Lemberg, où le Czar s'étoit arrêté quelque tems à Zolkieuw, il donna ordre de bruler les Terres de ceux qui tenoient pour le Roi Staniflas, & qui refufoient d'entrer dans la nouvelle Confédération, quoique d'ailleurs ils n'exerçaffent aucune Hoftilité. On commença d'abord à exécuter cet Ordre, en mettant le Feu à quelques petites Villes, très-bien bâties, & qui appartenoient au Prince Alexandre Sobieski, au Palatin de Ruffie, & au Starofte de Flumac. Les Généraux Ruffiens n'agiffoient pas autrement dans les Endroits où ils étoient poftez avec les Corps d'Armée qu'ils avoient fous leur Commandement. A Warfovie, le Prince Menzicof fit faire une exaĉte Recherche dans tous les plus beaux Palais de la Ville, pour en-

1707.

Juin.
Cruautez des Ruffiens en Pologne.

de fon Vifage, fon Abftinence du Manger, quoiqu'il continuât toujours à fe mettre à Table; &, plus que cela, la Remarque que l'on faifoit qu'il gardoit la Chambre plufieurs jours de fuite, firent affez connoitre, qu'il ne fe portoit pas bien. On crut, que cette Incommodité provenoit de ce que, pendant qu'il faifoit la Revûe de fes Troupes, il avoit toujours été expofé au Vent, qui étoit alors fort rude; & que le peu de Cheveux qu'il avoit auroit exigé qu'il eût pris des Précautions pour fe tenir la Tête plus chaude. On fe confirma dans cette Idée, lorfqu'on fe rapella, que le Roi, aïant fait un Tour à Leipzic, un jour qu'il faifoit beaucoup de Vent, il étoit revenu avec un gros Rhume. On lui confeilla donc de prendre la Perruque. Il y confentit, & l'on en commanda une fur le champ. Le matin, après qu'il fe fut habillé, & qu'il eut mis la Perruque pour la première fois, quelqu'un qui entra dans fon Appartement, ne fachant apparemment que dire, fe mit à parler de la Perruque du Roi, difant qu'elle lui alloit à merveille, & qu'il avoit l'Air d'un jeune Galant. La Perruque fut auffi-tôt jettée, & Sa Majefté n'en remit jamais. La même chofe étoit arrivée avec des Gands fourrez, dont la Reine fa Grand-Mere lui avoit fait Préfent, & qui étoient de Velours bleu, doublez de Martre-zibelline. Dans la Lettre, qui accompagnoit ce Préfent, elle prioit le Roi, parce que, pendant l'Hiver, il ne portoit jamais de Manchon, de vouloir fe fervir de ces Gands, qui ne l'empécheroient point, lorfqu'il feroit à Cheval, de tenir commodement la Bride. Le Roi en parut fort content, & ordonna qu'on les gardât; mais, dans le même moment un Indifcret s'étant avifé de dire, que l'on voïoit bien que Sa Majefté étoit devenue plus fenfible au Froid qu'Elle n'avoit été jufqu'alors, & que l'on pouvoit efpérer de voir bien-tôt la Guerre finie, les Gands furent mis à côté, & le Roi n'y fongea plus jamais. Nous rapporterons plus bas un Trait de la même Nature.

CES Particularitez, quelque peu effentielles qu'elles paroiffent, font néanmoins autant de Preuves de l'Egalité d'Humeur par laquelle Charles s'eft toujours diftingué On ne peut point en porter un Jugement defavantageux, lorfqu'on fait Attention, que le Roi n'aimoit point les Louanges, qu'il ne regardoit que comme une baffe Flatterie. Quand le Difcours tomboit fur quelqu'une de fes Aĉtions, & que l'on s'avifoit de le louër, il changeoit auffi-tôt de Propos, fans vouloir écouter ce que l'on difoit de lui. Quand il tiroit au Blanc avec le Piftolet, en quoi il étoit très habile, loin de vanter fon Adreffe, il difoit à ceux qui le louoient fur ce Sujet, que le Hazard s'en étoit mêlé; & fouvent même il manquoit exprès. Il penfoit de la même maniere dans les petites Chofes qui regardoient fon Oeconomie particuliere. Il vouloit bien que ceux, qui avoient la Liberté d'entrer dans fon Appartement, examinaffent les Meubles qu'il avoit, & qu'en cas de befoin ils s'en ferviffent : mais, ceux-là faifoient très fagement, qui favoient fe taire, fans louër ou critiquer ce qu'ils voïoient; car, il n'aimoit abfolument pas, que l'on fe mît en peine de ce qui pouvoit avoir rapport à ces chofes-là.

enlever ce qu'il y avoit de plus précieux; ce qu'il fit tranfporter enfuite, par Chariot, à Mofcou, fous prétexte que cela appartenoit aux
Ennemis du Czar. Il n'épargna pas même les Jardins, qu'il dépouilla de tous les Arbres étrangers, & des Statues & Pots a l leurs qui s'y
trouvoient, & qu'il fit conduire en Ruffie avec les Jardiniers qui en
avoient foin. Cette Conduite irrita extrémement les Seigneurs Polonois. Ils n'oférent pourtant pas faire paroitre leur Mécontentement,
de crainte que le Czar, fur-tout fi l'Affemblée de Lublin ne répondoit
point à fes Vûes, ne fe portât à ravager la Pologne entiere, en y mettant tout à feu & à fang. Les Dépouilles de Warfovie n'eurent pas

le tems de gagner la Ruffie; car, entre Grodno & Tykozin, le Palatin de Witepsk, à la tête d'un Parti Lithuanien, tomba fur l'Efcorte Ruffienne, qu'il défit; après quoi, il fe rendit Maitre des Chariots.
Un Colonel Ruffe, nommé Schultz, commit des Cruautez inouïes,
avec un Parti compofé de Ruffiens, de Cofaques, & de Calmuques,
qui firent des Courfes dans la Haute-Pologne, & jufques vers les Fron-

tieres de Siléfie. Le beau Chateau de Ridzin ou Reiffen, qui appar-

tenoit au Roi Staniflas, fut pillé, & puis réduit en cendres. Le lendemain, on mit le Feu aux Moulins-à-vent autour de Liffa: &, quoique cette Ville fe fût rachetée deux fois par de groffes Sommes d'Ar-

gent, elle eut pourtant le même Sort. La Ville de Ravitz ne fut pas

plus heureufe. Après que Schultz eut éxigé, des pauvres Habitans,
des Contributions exceffives, il menaça de mettre le Feu à l'Eglife Luthérienne. On n'épargna, ni Prieres, ni Argent, pour le détourner
de ce barbare Deffein; mais, à peine eut-il reçu la Somme dont on
étoit convenu, qu'il mit le Feu à la Maifon où Charles XII. avoit été
logé deux ans auparavant. La Ville fut réduite en cendres, & l'Eglife avec elle. Ce qu'il y avoit de plus affreux, c'eft que les Calmuques,
aïant enfermé dans une Maifon tous les Enfans qui tombérent entre
leurs mains, ils les y brulérent tous vifs. La Nouvelle d'une Violence fi horrible fut confirmée par ceux des Habitans qui eurent le Bonheur de fe fauver à Breflau. Ce Schultz, dont nous parlons, étoit lui-
même Luthérien: il étoit né à Thorn, & avoit fervi quelques années
dans l'Armée de Suede, en qualité d'Officier d'Artillerie. Après avoir
deferté les Suédois, il entra au Service du Czar, auquel il voulut montrer fa Fidélité, par des Cruautez plus que barbares. On apprit néanmoins, peu après, que le Czar, defapprouvant hautement des Actions
fi indignes, avoit fait conduire cet Incendiaire à Smolensko, où il lui
avoit fait mettre les Fers aux Piés & aux Mains.

TANDIS que cela fe paffoit, le Général Siednicki, Grand-Maitre
de l'Artillerie de Lithuanie, défit un gros Parti Ruffien, auquel il enleva un Convoi d'Argent affez confidérable, & qui étoit deftiné pour le
Czar: mais, avant que d'être en fureté, les Ruffes lui coupérent la
Marche, & l'obligérent à fe jetter dans Buchau, où il fut bien-tôt af-
fiégé par le Général Bawer, qui avoit fous fes ordres une bonne Armée,

mée, à laquelle Oginski avoit joint des Troupes. Les Ennemis donnérent deux Assauts consécutifs; mais, ils furent repoussez avec perte. Enfin, après avoir jetté une infinité de Boulets rouges dans la Place, ils réduisirent Siednicki à capituler, & on lui accorda la Liberté de se retirer avec ses Troupes. Malgré cette Permission, on le retint avec ses Gens, & on l'envoïa à Moscou en Prison. En fouillant ses Equipages, on y trouva, entre autres, l'Ordre qu'il avoit reçu de Wiesnowicki d'attaquer les Russiens. Surquoi le Czar fit publier, par toute la Pologne, des Universaux contre Wiesnowicki & ses Adhérans, qu'il déclara Ennemis de la République. Celui-ci, se voïant fort maltraité dans cet Ecrit, y répondit par des Lettres Circulaires, dans lesquelles il déploroit l'Etat misérable de sa Patrie, qui étoit en proie aux Amis & aux Ennemis; faisant connoitre, que, sans avoir songé à son Intérêt particulier, il ne s'étoit déterminé à quitter le Parti des Confédérez, que parce qu'il voïoit la Ruïne de la République inévitable, tant qu'elle resteroit ainsi exposée aux Troubles & aux Divisions.

Réponse de Wiesnowicki. V. L'APP. No. CXVI.

ON a dit en passant, que le Czar, aïant tourné ses Vûes sur Ragotski, lui avoit fait offrir la Couronne de Pologne. Voici la Vérité du Fait. Monsieur de Bessewal, Envoïé de France, produisit une Lettre de ce Prince, dans laquelle il confirmoit ce que l'on avoit appris d'ailleurs des Offres du Czar; ajoutant, qu'il lui avoit promis, en même tems, de le secourir & protéger contre les Adhérans de Charles XII & du Roi Stanislas. Ragotski souhaita donc de savoir, sur ce Sujet, les Intentions du Roi de Suede. Il proposa, en cas que Sa Majesté voulût y donner son Consentement, & pour rétablir la Tranquilité en Pologne, de se rendre dans ce Roïaume: qu'il accepteroit l'Offre du Czar, persuadé que celui-ci, dès que le Roi de Suede paroitroit dans le Voisinage, se retireroit en Lithuanie, où il avoit toute son Infanterie; & qu'alors il se demettroit de tout, & rendroit la Couronne au Roi Stanislas. Que si le Roi Suede n'approuvoit pas ce Projet, lui Ragotski aimeroit mieux demeurer où il étoit, pourvû que Sa Majesté s'engageât à le protéger contre le Czar. Après que l'Affaire eut été proposée au Roi, il ordonna à son Prémier-Ministre de dire à Monsieur de Bessewal, qu'il pouvoit répondre à Ragotski, que Sa Majesté Suédoise regardoit comme son Ennemi, sans en excepter personne, celui qui entroit dans une pareille Négotiation avec le Czar: que Ragotski pourroit facilement refuser l'Offre qu'on lui avoit faite; persuadé qu'il étoit, que le Czar ne tarderoit pas de se retirer: qu'ainsi il n'auroit absolument rien à craindre de sa part. Quelque précise que fût cette Réponse en supposant que les Démarches de Ragotski avoient été sinceres, on apprit, peu de jours après, par le moïen de Monsieur des Alleurs, Ministre de France en Hongrie, que ce Prince avoit des Entretiens secrets avec un Envoïé Russien. On conclut de-là, qu'il s'agissoit entre eux de l'Exécution du Projet dont on vient de parler.

le 30. La Couronne de Pologne offerte à Ragotski.

X 2

Mon-

Monſieur des Alleurs étoit d'Avis, que la Cour de Vienne avoit fait naitre ces Idées au Czar, afin que Ragotski, pendant qu'il travailleroit à ſe procurer la Couronne de Pologne, oubliât ſes Deſſeins ſur celle de Hongrie; & qu'outre cela, pluſieurs Seigneurs Polonois pouſſoient eux-mèmes à la roue. Le Roi de Suede trouva ce dernier Soupçon aſſez bien fondé, ſur-tout lorſqu'il ſe rappella ce qu'il avoit entendu dire il y avoit long-tems aux Sapieha, qui vouloient, lors de la derniere Election, que l'on propoſât Ragotski, comme un des Candidats à la Couronne, ſous ce prétexte chimérique, que, par ce Moïen-là, on pourroit voir les deux Couronnes de Pologne & de Hongrie unies enſemble ſur une même Tête. Le Comte Piper eut ordre de répondre, que Sa Majeſté ne ſe mettoit nullement en peine de tous ces Artifices, & que le Tems & l'Epée décideroient de l'Affaire.

Août.
le 3.
Le Prince
Guſtave-
Samuel ſe
rend auprès
du Roi.

Vers ce Tems-là, le Prince Guſtave-Samuel de Deux-Ponts, Fils du Duc Adolph de Stegebourg, arriva à Leipzic, d'où il envoïa à Alt-Ranſtadt, pour demander la Permiſſion de ſe rendre auprès du Roi, & de lui faire ſa Cour. On crut que le Roi ne feroit aucune Difficulté de recevoir ce Prince, qui étoit ſon proche Parent; mais, on ſe trompa. Sa Majeſté lui fit dire, que quoiqu'Elle eut beaucoup de Tendreſſe pour ſa Perſonne, Elle ne pouvoit cependant pas le voir, à cauſe de ſon Changement de Religion; que les Loix de ſon Roïaume s'y oppoſoient; & que, dans toute autre Occaſion, Elle tacheroit de lui faire Plaiſir. Le Comte Piper, voulant être Médiateur dans cette Affaire, fit tous ſes Efforts, pour porter le Roi à accorder au Prince ce qu'il ſouhaitoit: il allégua en ſa Faveur toutes les Raiſons dont il pût s'aviſer. Charles repliqua, que ſi un Prince Catholique-Romain venoit le voir, il ne feroit aucune Difficulté de le recevoir; mais, que la choſe étoit bien différente à l'égard du Prince Guſtave; que celui-ci étant né en Suede, & aïant été élevé dans la Religion Luthérienne, Sa Majeſté ne pouvoit avoir de Liaiſon avec lui, après ſon Changement. Le Prémier-Miniſtre penſoit, que ſi l'on accordoit au Prince la Permiſſion de ſe rendre à la Cour, on pourroit trouver une Occaſion favorable pour lui faire appercevoir la Faute qu'il avoit commiſe, & pour le faire revenir de ſon Erreur. Le Roi dit là-deſſus, que, quand même on pourroit faire revenir le Prince, tout Changement, qui ſe faiſoit par des Vûes d'Intérêt, étoit condamnable; que la Religion devoit être fondée ſur une Conviction intérieure: & que l'on devoit être bien perſuadé en ſe rangeant de quelque Communion, que la Doctrine, que l'on recevoit, étoit vraie & conforme à l'Ecriture Sainte. Après pluſieurs Diſcours de cette nature, le Roi ſe laiſſa enfin perſuader de donner Audience au Prince. Il le reçut avec Tendreſſe, & avec de grandes Démonſtrations d'Amitié; ce qui cauſa autant de Joie que de Surpriſe. Il ordonna même, à la Régence, à Deux-Ponts, de lui païer la Somme de trente mille Florins, pour ſervir de Dot à la Princeſſe ſon Epouſe. Aucune Princeſſe de la Maiſon Palatine n'avoit eu en

Ma-

Mariage une Somme auſſi conſidérable: &, quoique le Duché de Veldens, qui devoit fournir cette Somme, ne fût point entre les Mains de Sa Majeſté, Elle eut pourtant la Généroſité de la faire païer.

.. O n fit auſſi ſavoir au Baron de Sicking, Miniſtre de l'Electeur Palatin, que le Roi vouloit bien ſe contenter de la Somme de cent mille Ecus, en Argent courant, que S. A. Electorale avoit fait offrir, pour le dédommager de ce qu'avoit ſouffert le Duché de Deux-Ponts. A l'égard du Duché de Veldens, Sa Majeſté jugea à propos d'en laiſſer la Déciſion à des Arbitres que l'on nommeroit à cet effet. Charles choiſit le Roi de Pruſſe; laiſſant la Liberté à l'Electeur Palatin de prendre la Reine de la Grande-Bretagne, l'Electeur de Hanovre, ou tel autre Prince qu'il voudroit nommer lui-même. Toute cette Affaire fut renvoïée à la Chancellerie en Suede, avec Ordre de la terminer au plûtôt.

Réponſe du Roi touchant le Duché de Deux-Ponts.

L e Jour ſuivant, le Roi de Suede écrivit au Roi Staniſlas, pour lui dire, que, s'il étoit prêt, il pourroit, au bout de quelques jours, ſe mettre en Marche avec les cinq Régimens d'Infanterie qui avoient reçu Ordre de l'accompagner. Dans le moment que l'on dépêcha cette Lettre, arriva de Berlin un Courier, qui apporta le Traité que les Ambaſſadeurs Suédois venoient de conclure avec le Roi de Pruſſe. Le Roi, accablé d'Affaires, n'eut le tems de l'éxaminer, que huit jours après, qu'il le ſigna & le renvoïa pour être échangé. Ce Traité conſiſtoit en douze Articles, dont le prémier confirmoit les anciennes Conventions entre les deux Cours. Le ſecond regardoit la Maniere dont les Différens, qui ſubſiſtoient encore, devoient être terminez. Dans quelques-uns des ſuivans, on régloit tout ce qui concernoit le Secours mutuel que les deux Rois devoient ſe prêter, en cas que l'un des deux fût attaqué. Dans le ſeptieme Article, les deux Rois s'engageoient à maintenir la Religion Proteſtante, conformement aux Traités & Conventions; & à inſiſter, lorſque la Paix ſe feroit avec la France, ſur l'Abolition de la Clauſe du IV. Article du Traité de Ryswyk. Le huitieme Article regardoit les Théologiens Luthériens & Réformez, & leur Maniere de traiter entre eux la Controverſe. Le neuvieme avoit pour Objet le Maintien des Droits, Privileges, & Immunitez de l'Empire. Le dixieme concernoit les Miniſtres des deux Princes dans les Cours étrangeres. Dans l'onzieme, on convenoit d'inviter à ce Traité la Reine de la Grande-Bretagne & l'Electeur de Hanovre. Le dernier Article déterminoit le Tems dans lequel les Ratifications devoient ſe faire. Et, dans un Article ſéparé, on régloit l'Alternative entre les Duchés de Magdebourg & de Bremen, dans le *Directoire* du Cercle de la Baſſe-Saxe. Du côté des Suédois, le Baron de Roſenhane & Monſieur de Lejonſtedt ſignérent ce Traité. Les Miniſtres du Roi de Pruſſe, qui le ſignérent, furent le Comte Wartenberg, & Meſſieurs d'Ilgen & de Printz.

le 8. Traité avec le Roi de Pruſſe.

le 15. V. L'App. No. CXVII.

C o m m e les Troupes Suédoiſes commençoient à ſe mettre en Mouvement,

1707.

Août.

le 14. *le* 15.
le 16.
*Nouvelles
Propofitions
du Czar.*

vement, les Miniſtres Etrangers, dans l'idée que le Roi ne tarderoit gueres de quitter la Saxe, demandérent leur Audience de Congé, ce qui leur fut accordé. On fixa certains Jours, que le Roi ſe rendit à la Chancellerie, pour y parler à ces Meſſieurs. Monſieur de Beſſewal y alla comme les autres. Il fit voir une Lettre, qu'il venoit de recevoir du Miniſtre Ruſſien qui réſidoit à Warſovie, & que celui-ci lui envoïa par un Courier. Cette Lettre portoit, que le Czar étoit diſpoſé à faire la Paix avec le Roi de Suede, & qu'il propoſeroit les Conditions, auſſi-tôt que Sa Majeſté Suédoiſe auroit nommé un Endroit où l'on pourroit entamer les Négotiations, & qu'Elle auroit fait expédier des Paſſeports pour les Miniſtres que le Czar y enverroit. On apprit d'ailleurs du Courier, que le Prince Menzicof ſouhaitoit fortement la Paix, afin de pouvoir jouïr en repos des Honneurs & des Dignitez auxquelles il avoit été élevé par ſon Maitre. On prétendoit, que le Czar ne ſeroit nullement difficile; que cependant on n'obtiendroit point de lui qu'il congédieroit les Armées formidables qu'il avoit ſur pied, & qu'il ſe propoſoit d'emploïer en partie contre la Perſe; qu'il en laiſſeroit auſſi une Partie à Ragotski, pour le mettre en état de continuer la Guerre contre l'Empereur. La Réponſe du Roi de Suede fut, qu'il étoit fort porté pour la Paix; mais, qu'il croïoit ne devoir entrer en Négotiation, qu'après qu'il auroit quitté la Saxe, & qu'il ſe ſeroit avancé en Pologne; qu'alors, il ſeroit aſſez tems de faire expédier les Paſſeports que l'on demandoit pour les Miniſtres du Czar. Monſieur de Beſſewal ne fut point content de cette Réponſe: il ſe flattoit, que ſi la Paix ſe faiſoit entre la Suede & la Ruſſie, la France pourroit obtenir un Secours conſidérable, qui lui devenoit fort néceſſaire, dans la Situation où elle étoit réduite, par le Siege de Toulon, que le Prince Eugene preſſoit avec beaucoup de Vigueur. Le Comte Piper, ſans être prévenu, ni pour la France, ni pour la Ruſſie, vouloit auſſi la Paix. Il fit tous ſes Efforts, pour y déterminer ſon Maitre, en lui faiſant enviſager combien il lui ſeroit glorieux de mettre fin à cette Guerre, & de réduire ſes Ennemis, l'un après l'autre, à la Néceſſité d'accepter les Conditions qu'il plaiſoit au Vainqueur de leur impoſer. Voici ce que Charles y repliqua; Réponſe, que le Prémier-Miniſtre trouva très ſolide, & à laquelle il ne s'attendoit pas. *Ouï, Piper, ce ſont les propres Paroles du Roi, ſoïés perſuadé, que je conſidere tout cela; mais, je conſidere en même tems avec qui j'ai à faire. La Paix eſt une Choſe deſirable. Dieu nous faſſe la Grace de nous en donner une bonne. Mais, pouvez-vous me garantir que mes Ennemis obſerveront leur Parole auſſi religieuſement que je le fais? Le Czar donnera les Mains à toutes les Conditions que je lui propoſerai; mais, dès que j'aurai repaſſé la Mer avec mes Troupes, il lui ſera facile, avec l'Aide des Mécontens de Pologne, d'exciter de nouveaux Troubles contre le Roi Staniſlas, & de remettre ſur le Trône le Roi Auguſte, ou d'y placer Ragotski. Où ſeroit donc alors cette Gloire que nous promettoit la Paix?*

C E

Ce Discours faisoit assez connoitre, que le Roi regardoit, comme une Affaire faite, le Rétablissement de la bonne Intelligence entre lui & la Cour de Vienne. Le Comte Wratislau arriva fort-à-propos, & l'on commença aussi-tôt les Conférences. Quant aux Insultes faites aux Officiers Suédois à Breslau, le Roi se contenta de la Satisfaction qui leur avoit été donnée, pour les dédommager de la Perte qu'ils avoient faite. Le Comte Zobor, qui venoit d'etre livré aux Suédois, fut conduit à Stettin; mais, presque aussi-tôt, remis en Liberté, & renvoïé à Vienne. La plus grande Difficulté dans cette Négotiation rouloit sur les Troupes Moscovites, que l'Empereur n'avoit pas voulu rendre. Mais, après avoir fait la Lecture d'une Lettre que Sa Majesté Impériale avoit écrite sur ce sujet; & après avoir pesé les Offres qu'elle faisoit pour parvenir à un Accommodement (*a*), le Roi ordonna d'écrire à l'Empereur, pour le remercier des Propositions amiables faites par le Comte Wratislau. Que Sa Majesté Suédoise ne jugeoit point à propos d'accepter toutes ces Offres; mais, qu'elle insistoit principalement sur les Affaires de la Religion en Silésie; que les Violences des Prêtres Catholiques-Romains fussent réprimées; & que l'on rendît aux Luthériens-opprimez leurs Eglises & le libre Exercice de leur Religion, conformément au Traité de Westphalie. Que Sa Majesté souhaitoit sur ce Sujet une Réponse cathégorique, dans l'espace de quinze Jours, parce qu'Elle comptoit d'être vers ce tems-là sur les Frontieres de Silésie.

Cette Lettre fut remise au Comte Wratislau, le même jour que le Roi décampa d'Alt-Ranstadt (*b*), pour se rendre à Wolckowitz, petit Bourg à la droite de Leipzig. Ce Ministre signa aussi la Convention que l'on venoit de dresser, & reçut en même tems un Ecrit, qui contenoit les Promesses que faisoit le Roi de Suede à l'Empereur. Voici ce que ces deux Piéces portoient en substance, & en prémier lieu la Convention. ,, I. Le libre Exercice de la Religion, accordé
,, par la Paix d'Osnabrug, aux Princes, Comtes, Barons, & Nobles,
,, de Silésie, qui sont de la Confession d'Augsbourg, à leurs Sujets,
,, & aux Fauxbourgs, Villages, & Lieux qui en dépendent, leur sera
,, non-seulement conservé sans Trouble, ni Empéchement; mais aussi
,, on

1707.
———
Août.
Arrivée du Comte Wratislau.

le 22.
Convention entre le Roi de Suede & l'Empereur.
V. l'App.
No. CXVIII.

(*a*) ,, Le Comte Wratislau avoit offert au Roi de Suede, dans les Conférences, en
,, vertu du Plein-Pouvoir dont il étoit muni, pour l'Article des 1500. Russes, le pe-
,, tit Territoire nommé Hadeler-Land sur l'Elbe, proche du Duché de Breme; mais,
,, le Roi refusa d'abord par Générosité de l'accepter, étant content d'avoir obtenu, au
,, lieu de cela, comme Garant de la Paix de Westphalie, la Restitution des Eglises
,, Luthériennes en Silésie, Chose qu'il souhaitoit depuis long-tems. ,, Cette Remarque est tirée de l'*Histoire Militaire de Charles XII. par Monsieur* ADLERFELD, où elle
se trouve, Tome III, page 188. R. D. T.

(*b*) J. N. D. B. C. de L. dit dans ses *Mémoires Politiques*, Tome I, page 4, que les
Suédois restérent pendant dix-huit Mois en Saxe. C'est une Erreur si grossiere, qu'Elle
mérite à peine d'être relevée.

„ on redreſſera ce qui ſe trouvera avoir été innové contre le **Sens na-**
„ turel du Traité. II. Les Temples & Ecoles des Principautez de Lie-
„ gnitz, Brieg, Munſterberg, & Oels, comme auſſi de la Ville de
„ Breſlau & des autres Lieux qui ont été ôtez depuis la Paix de Weſt-
„ phalie, ſoit qu'on les ait appliqués aux Uſages de l'Egliſe Catholi-
„ que, ou qu'on les ait ſimplement fermez, ſeront rendus à ceux de
„ la Confeſſion d'Augsbourg, avec tous les Droits, Privileges, Ren-
„ tes, Fonds, & Biens qui y ſont attachés, & qui y appartiennent;
„ & cela, dans ſix Mois au plus tard, & même plûtôt. III. Il ſera
„ libre aux Egliſes, qui ont des Temples bâtis proche des Murs des
„ Villes de Schweinitz, de Jawer, & de Glogau, non-ſeulement d'y
„ entretenir autant de Prêtres qu'il en ſera beſoin pour le Service Di-
„ vin, mais auſſi de conſtruire, & avoir proche de ces Temples, des
„ Ecoles pour l'Education de la Jeuneſſe. IV. Dans les Lieux où l'Exer-
„ cice public de la Religion eſt interdit à ceux de la Confeſſion
„ d'Augsbourg, il ne ſera défendu à perſonne de vaquer au Culte Di-
„ vin paiſiblement & tranquilement, chacun en ſa Maiſon; pour ſoi
„ & ſes Enfans, ſes Domeſtiques, & les Etrangers qui y ſont logés,
„ non plus que d'envoïer ſes Enfans en des Ecoles étrangeres de la
„ même Religion, ou de prendre chés ſoi des Précepteurs particu-
„ liers pour les enſeigner. On ne contraindra non plus qui que ce ſoit
„ de la Confeſſion d'Augsbourg en Siléſie d'aſſiſter au Service Divin des
„ Catholiques, de fréquenter leurs Ecoles, d'embraſſer leur Religion,
„ ou de ſe ſervir des Curez Catholiques pour les Fonctions Eccléſiaſti-
„ ques, comme dans les Mariages, Batemes, Funérailles, Commu-
„ nion aux Sacremens, & autres ſemblables. Mais, il ſera libre à
„ un chacun de ſe tranſporter aux Lieux voiſins, où il y a Exercice
„ public de la Religion ſelon la Confeſſion d'Augsbourg, ſoit dedans
„ ou hors de la Siléſie, & d'y emploïer les Miniſtres du Lieu, confor-
„ mement à l'ancien Uſage. Et de même on n'empéchera point les
„ Prêtres de la Confeſſion d'Augsbourg, lorſqu'ils y ſeront appellez,
„ d'aller viſiter les Malades de leur Religion, qui demeurent dans la
„ Juriſdiction des Catholiques, ni d'aſſiſter les Priſonniers condamnez
„ à Mort, en communiquant avec eux, les conduiſant & les conſo-
„ lant. V. Les Nobles & autres de la Religion Catholique, qui de-
„ meurent dans les Paroiſſes de la Confeſſion d'Augsbourg, ou qui y
„ ont des Biens en fonds, ſeront obligés de païer au Miniſtre les Dix-
„ mes & autres Rentes affectées au Paſtorat. VI. On ne donnera
„ point aux Pupiles & Orphelins, qui ſont nez de Parens Evangéli-
„ ques, de quelque ſexe & Condition qu'ils ſoient, des Tuteurs ou
„ Curateurs de Religion différente: moins encore les obligera-t-on à
„ entrer dans des Couvens, pour y être inſtruits dans les Principes de
„ la Religion Catholique. Et comme la Tutelle & l'Education des
„ Enfans appartient de Droit naturel aux Meres, il leur ſera permis,
„ lorſqu'il n'y aura point de Tuteurs ou de Curateurs, légitimes ou
                                                              teſta-

„ teſtamentaires, d'en chercher d'autres qui ſoient de la Confeſſion
„ d'Augsbourg, & de ſe les adjoindre. VII. Lorſqu'il ſurviendra quel-
„ que Affaire pour Cauſe de Religion, il ne ſera donné aucun Mande-
„ ment d'Execution par aucun Préſident, ou par aucun Juge inférieur,
„ avant que celui, à qui le Procès ſera intenté, ait pû s'adreſſer à la
„ Régence ſuprême de Siléſie, pour y demander Juſtice. C'eſt pour-
„ quoi il ſera permis aux Etats de la Confeſſion d'Augsbourg de tenir
„ & entretenir, à leur Fraix, des Procureurs & Mandataires, à la
„ Cour Impériale. VIII. Les Cauſes Matrimoniales, & les autres con-
„ cernant la Religion, ou ne ſeront point portées au Conſiſtoire Ca-
„ tholique, ou y ſeront décidées par les Canons reçus dans la Religion
„ de la Confeſſion d'Augsbourg: &, à l'égard des Principautez dans
„ leſquelles il y avoit des Conſiſtoires de la Confeſſion d'Augsbourg,
„ du tems de la Paix de Weſtphalie, ils y ſeront rétablis ſelon l'ancien
„ Uſage, & décideront leſdites Cauſes, ſauf par-tout l'Appel au Sou-
„ verain. IX. En outre, aucune des Egliſes ou Ecoles, où l'Exercice
„ de la Religion de la Confeſſion d'Augsbourg a été maintenu juſqu'à
„ préſent, ne pourra être ſupprimée, ſoit qu'elle depende de la Colla-
„ tion de l'Empereur, ou d'autres Patrons Catholiques; mais, elles ſe-
„ ront conſervées & protégées avec leurs Paſteurs & Maitres d'Eco-
„ le. Quant au Droit de nommer les Prêtres & Miniſtres de la Con-
„ feſſion d'Augsbourg, pour le Service des Egliſes & des Ecoles, il
„ appartiendra ſain & entier aux Patrons deſdites Egliſes, ſans pou-
„ voir y être empéché par les Contradictions des Catholiques, qui
„ pouroient y avoir un Droit commun; &, en cas qu'ils tergiverſent,
„ & ne ſe déclarent pas dans le tems accoutumé, l'Univerſité pourra
„ appeller tels Prêtres ou Maitres d'Ecole qu'elle jugera convenables,
„ toutefois ſans préjudice du Droit du Patron. X. Les Nobles, ni les
„ Vaſſaux & Sujets, de la Confeſſion d'Augsbourg, ne ſeront point
„ exclus de Charges publiques, quand ils y ſeront propres: on ne les
„ moleſtera point, ni on ne les empéchera point de vendre leurs
„ Biens, & de ſe retirer en Païs étranger, quand cela ſera licite, ſe-
„ lon qu'il eſt plus amplement expliqué par la Paix de Weſtphalie. XI.
„ Sa Majeſté Impériale ne refuſera point de donner lieu, ſuivant le
„ Deſir de la Paix de Weſtphalie, aux Interceſſions amiables de Sa Ma-
„ jeſté Suédoiſe & des Princes & Etats de ſa Religion, pour obtenir
„ une plus grande Liberté d'Exercice dans ces mêmes Etats. XII. Pa-
„ reillement Sa Majeſté Impériale ordonnera, dans les Formes accoutu-
„ mées, non-ſeulement que ce qui a été ici convenu & arrété ſoit mis
„ à execution au tems marqué, mais auſſi que tous & chacun des Ar-
„ ticles ici compris ſoient obſervez & accomplis exactement & de bon-
„ ne-foi, en tout tems, attendu qu'il leur eſt attribué dès à préſent,
„ & pour toujours, une Force de Loi inaltérable par aucuns Mande-
„ mens ou Reſcrits contraires. Finalement, Sa Majeſté Impériale pro-
„ met, que le Miniſtre de Suede pourra veiller à l'Exécution d'iceux,

„ & pour cet Effet communiquer avec ceux qui agiront dans l'Affaire.

„ XIII. Comme Sa Majefté Suédoife a déclaré d'avoir extrémement à

„ cœur les Intéréts de la Séréniffime Maifon de Holftein-Gottorp, Sa

„ Majefté Impériale promet, qu'après une préalable Connoiffance du

„ Fait, & après en avoir été dûment requife de la Part de ladite

„ Maifon Ducale, Elle donnera dans quatre Mois la Confirmation de

„ la Convention de l'An 1647, par laquelle le Chapitre de Lubec pro-

„ mit de prendre fes Evêques & fes Coadjuteurs dans la dite Séréniffi-

„ me Maifon, jufqu'à la fixieme Génération inclufivement. XIV. De

„ plus, Sa Majefté Impériale déclare, qu'Elle eft favorablement dif-

„ pofée pour la Continuation du Droit de Primogeniture felon l'Ordre

„ introduit dans la Maifon de Holftein-Gottorp, par le Duc Jean-A-

„ dolphe, le 9. Janvier 1608, entant qu'il a été confirmé fucceffive-

„ ment par tous les Empereurs. Tellement que, non-feulement Sa

„ Majefté Impériale veut confirmer, dans la meilleure Forme ufitée à

„ la Cour Impériale, la Convention ci-deffus mentionnée, & cet Or-

„ dre fi fouvent affermi; mais auffi conferver dans toute fa Vigueur,

„ à la Séréniffime Maifon de Holftein-Gottorp, le Droit qui lui eft

„ acquis par-là, fans permettre qu'il foit jamais rien ftatué au contraire.

„ XV. Sa Majefté Impériale remet à Sa Majefté Suédoife tout Subfide

„ militaire ou pécuniaire, & tout autre Contingent à quoi Elle pourroit

„ être obligée envers Sa Majefté Impériale & l'Empire, à caufe de fes

„ Provinces en Allemagne, en vertu du Décret de Guerre contre la Fran-

„ ce, tant pour le paffé que pour le préfent, & durant tout le Cours

„ de ladite Guerre; fans que, pour ce Sujet, Sa Majefté Suédoife,

„ fes Succeffeurs, ou le Roïaume de Suede, & fes dites Provinces

„ Germaniques, puiffent être troublées, ni moleftées, en aucun

„ Tems, ni fous quelque Prétexte, que ce foit: tout autre Engage-

„ ment ou Obligation, dont fes Provinces font tenues, ou pourront

„ être tenues à l'avenir envers Sa Majefté Impériale & l'Empire, de-

„ meurant néanmoins en leur entier. XVI. Et afin de donner plus de

„ Force à ce qui a été ici convenu, & qu'il foit plus affuré, que tous

„ & chacun des Points y contenus feront faintement & inviolablement

„ obfervez, il demeure au Pouvoir de Sa Majefté Suédoife de nom-

„ mer & choifir tels Garans qu'il lui plaira. En Foi de toutes ces Cho-

„ fes, le Miniftre de Sa Majefté Impériale, inftruit & muni à cet Ef-

„ fet d'un Plein-Pouvoir, a figné de fa Main, & fellé de fon Cachet,

„ la préfente Convention; avec Promeffe, que, dans le Terme de

„ deux Semaines . à compter d'aujourd'hui, Sa Majefté Impériale la

„ ratifiera, & qu'il en livrera l'Acte en bonne Forme. Fait au Camp

„ Roïal d'Alt-Ranftadt, le 22. Août 1707. WENCESLAS COMTE

„ DE WRATISLAU. „

Promeffes
du Roi de
Suede.
V. L'APP.
No CXIX.

„ L'ECRIT, qui contenoit les Promeffes du Roi de Suede, étoit

conçu en ces Termes. „ NOUS CHARLES, &c. Savoir faifons, que

„ comme Sa Majefté Impériale, après avoir envoïé à Notre Camp fon

Con-

1707.
Acte.

„ Conseiller-Privé & Chancellier du Roïaume de Boheme, l'illustre
„ Jean-Wenceslas Comte de Wratislau, auroit fait composer par son
„ Ministre les Differends qui étoient survenus entre Nous, aux Con-
„ ditions amplement exprimées & comprises dans l'Acte ci-dessus passé
„ le 22. Août, lequel Nous a été remis par ledit Ministre, signé de
„ sa Main; & que Nous ne sommes pas moins disposez à entretenir
„ & affermir l'ancienne Alliance que Nous avons avec Sa Majesté
„ Impériale & l'Auguste Maison d'Autriche, & à prévenir toutes les
„ Occasions d'Inimitié qui pourroient arriver dans la suite, Nous avons
„ voulu déclarer & certifier, comme Nous déclarons & certifions sincére-
„ ment & de bonne-foi par les Articles suivans: I. Que Nous entretien-
„ drons fidélement & inviolablement la Paix d'Osnabrug, comme une Loi
„ commune & perpétuelle entre Nous, Sa Majesté Impériale, & l'Empi-
„ re Romain.   Que Nous conserverons sincérement l'Amitié avec Sa
„ Majesté Impériale; & que comme Nous avons reçu Satisfaction sur les
„ Différends derniérement arrivez entre Nous, de même Nous abolissons
„ toutes les Prétensions que Nous pouvions avoir à ce Sujet, voulant qu'el-
„ les demeurent ensevelies dans un perpétuel Oubli. II. Pareillement,
„ Nous promettons de faire sortir sans retardement hors des Païs Héré-
„ ditaires de Sa Majesté Impériale en Silésie toutes nos Troupes, tant In-
„ fanterie que Cavallerie, si-tôt que la Ratification des Choses promi-
„ ses Nous aura été délivrée, & que les Ordres pour l'Exécution au-
„ ront été publiés en bonne Forme.   Mais si, en attendant cette Ra-
„ tification & ces Ordres, Nous étions obligés de faire séjourner nos
„ Troupes en Silésie, on devra leur y fournir la Subsistance: & Nous
„ promettons, qu'au reste, elles y observeront une bonne Discipline,
„ & que Nous ne permettrons pas qu'elles y commettent aucune sorte
„ de Violence. III. Que si, contre Notre Attente, les Choses promi-
„ ses de la Part de Sa Majesté Impériale n'étoient pas accomplies
„ dans le Tems marqué; en ce cas, Nous Nous reservons la Faculté
„ de retourner avec nos Troupes en Silésie, & de les y tenir jusqu'à
„ l'entiere Exécution de la Convention, &c.„   Cette Piéce, datée
du Camp de Wolckowitz, le 22. Août 1707, étoit signée CHARLES,
& plus bas. PIPER.

*Les Suédois
sortent de
Saxe.*

le 23.

ON a dit, que le Roi partit, ce même Jour 22. Août, d'Alt-Ranstadt, & qu'il marcha à Wolkowitz. La Résolution du Roi étoit si peu
connue, que, ni la Cour, ni la Chancellerie, ni les Drabans, ne surent que Sa Majesté se mettroit en Marche, que la veille de son Départ. De Wolkowitz Elle s'avança, après avoir passé devant Neunhof,
jusqu'à Grimme, marchant sans aucun Bruit, & dans le meilleur Ordre. On n'entendit nulle part aucune Plainte: aussi le Roi avoit-il fait
publier, dans toute son Armée, une Ordonnance, dans laquelle il défendoit, sous peine de la Vie, à ses Troupes, d'emporter la moindre
Chose aux Gens où elles étoient en Quartier, à moins que ce ne fût de
leur bon Gré.   Quantité de Païsans, fachés de perdre des Hôtes, qui,

loin

1707.
Août.

le 24.
_Lettre de
Ragotski
au Comte
Rehnschöld._

loin de leur avoir été à charge, les avoient aidé dans leurs Travaux, les accompagnérent quelques Lieues de Chemin, prenant congé d'eux, & les-quittant, les Larmes aux yeux.

APRE´S être parti de Grimme, le Roi paſſa la Moldau, & ſe rendit à Miegel, où l'Armée ſéjourna le Dimanche. Le Velt-Maréchal Rehnſchöld reçut dans cet Endroit une Lettre de Ragotski, qui le remercioit, dans les Termes les plus obligeans, des Honneurs qu'il avoit faits à la Princeſſe ſon Epouſe, pendant ſon Séjour en Saxe, & des grandes Attentions qu'il avoit eues pour elle, en quoi il avoit ſurpaſſé tout le Monde. Il ſe rapportoit, d'ailleurs, à une Lettre, que ſon Miniſtre Rada écrivoit au Velt-Maréchal, & à laquelle il le prioit de vouloir faire Réponſe. Ce Miniſtre mandoit, ,, que le Prince ſon Maitre
,, avoit ſouvent imploré le Secours de Sa Majeſté Suédoiſe contre
,, l'Oppreſſion des Prêtres Catholiques, ſous laquelle les Proteſtans en
,, Hongrie gemiſſoient, & qui avoit obligé le Prince de ſe mettre à la
,, Tête des Bien-intentionnez, & d'expoſer ſa Vie & ſes Biens pour
,, le Maintien de la Liberté de Conſcience. Qu'il s'étoit principale-
,, ment adreſſé au Sécrétaire d'Etat Hermelin, dans l'Idée qu'il ne
,, manqueroit point d'inſtruire ſur ce Sujet le Roi ſon Maitre; mais
,, que, comme il voïoit que ce Miniſtre étoit entiérement attaché au
,, Parti de l'Empereur, & qu'il ne répondoit point à ſes Lettres, il
,, avoit cru devoir rechercher la Correſpondance du Velt-Maréchal.
,, Qu'il avoit ordre de dire, que le Prince Ragotski n'avoit pû ſe diſ-
,, penſer d'accepter l'Offre du Czar, & d'envoïer un Ambaſſadeur à
,, Warſovie, pour régler les Conditions auxquelles il étoit réſolu d'ac-
,, cepter la Couronne de Pologne. Qu'il avoit fait cette Démarche,
,, afin que le Czar ne ſe déclarât pas ſon Ennemi, dans un Tems où
,, ſes Troupes, Maitreſſes abſolues en Pologne, s'étoient approchées juſ-
,, qu'aux Frontieres de Hongrie. Que le Prince étoit d'Opinion, que
,, Sa Majeſté Suédoiſe ne pourroit prendre en mauvaiſe Part ce qu'il
,, venoit de faire; parce que Sa Majeſté n'avoit pas voulu juſqu'alors
,, le ſeconder dans ſes autres Entrepriſes, & qu'Elle pourroit dans la
,, ſuite en être empéchée par d'autres Accidens. Que lorſqu'il auroit
,, obtenu la Couronne de Pologne, il ne feroit point de difficulté d'en-
,, trer en Compoſition; qu'en attendant, il pourroit être Médiateur
,, entre les deux Partis, & porter avec plus de facilité le Czar à faire
,, la Paix. ,,

CES Artifices ne purent que déplaire ſouverainement au Roi de Suede, qui n'ignoroit point que Ragotski avoit envoïé le Sieur Berezini en Qualité d'Ambaſſadeur à Warſovie, où il avoit fait ſon Entrée avec beaucoup de Magnificence, & où il avoit eu Audience du Czar. Charles ordonna pour cet effet au Comte Rehnſchöld, de répondre en peu de Mots à Ragotski, pour le remercier de la Confiance qu'il avoit en lui, & de ſe rapporter pour le reſte à la Lettre que Mr. de Hermelin avoit ordre d'écrire au Sieur Rada. Elle portoit en ſubſtance:
,, Que

„ Que Sa Majefté Suédoife avoit vû, par la longue Lettre qu'il avoit
„ écrite au Comte Rehnſchöld, les Raiſons qui avoient engagé
„ le Prince Ragotski à former des Eſpérances fur la Couronne de Po-
„ logne, que Sa Majefté n'en étoit abſolument pas touchée, parce
„ qu'Elle ſe perſuadoit, qu'Elle étoit en état de deffendre la Pologne
„ contre qui que ce fût, de la même maniere qu'Elle avoit delivré ce
„ Roïaume d'un Joug étranger. Que Sa Majefté déclaroit ouverte-
„ ment, pour ſes Ennemis, ceux qui entroient dans ces Projets du
„ Czar, & qui entreprenoient quelque-choſe contre le Roi Staniſlas
„ & le Roïaume de Pologne. Que, d'ailleurs, le Prince Ragotski
„ devoit conſidérer, s'il étoit de ſon Intérêt de s'attirer le Reſſenti-
„ ment des deux Rois, dont il n'avoit jamais reçu le moindre Sujet de
„ Mécontentement. Que l'on ne ſavoit abſolument pas quelles étoient
„ les Vûes de Sa Majefté, qui étoit en pleine Marche pour ſe rendre
„ en Pologne. „ Cette Lettre fut envoïée au Comte Rehnſchöld,
par le Courier qu'il avoit lui-même dépéché au Roi.

On ne manqua pas de faire, à cette Occaſion, une Réfléxion qui
ſe préſente naturellement à l'Eſprit. C'eſt que Ragotski, quant à ſa
Perſonne, n'avoit pas tant en Vûe la Religion, & de procurer aux
Mécontens la Liberté de Conſcience, que de mettre ſur ſa Tête la
Couronne de Hongrie. Que, comme les Apparences de voir réüſſir
ce Projet, diminuoient de jour à autre, ſur-tout après les Avantages
que l'Empereur venoit de remporter ſur la France, la ſeule Ambition
portoit Ragotski à vouloir monter ſur le Trône de Pologne, auquel
néanmoins il ne pouvoit parvenir, qu'après avoir changé de Religion.
On ne fut pas long-tems ſans apprendre, que ce Prince avoit été entiérement déconcerté par la Convention que le Roi de Suede venoit de
conclure avec l'Empereur. Il s'étoit toujours imaginé, que le Roi Charles ne retourneroit pas en Pologne, & qu'il s'embarraſſeroit dans une
Guerre avec l'Empereur : & il ſe flattoit, qu'alors il pourroit, en profitant de cette Circonſtance, & du Secours que le Czar lui avoit fait
eſpérer, ſe rendre Maitre de la Pologne. Lorſqu'il vit qu'il s'étoit
trompé, il fut extrémement fâché d'avoir fait connoitre au Monde ce
qu'il penſoit, & quelles étoient ſes véritables Vûes, ſans en avoir retiré le moindre Avantage, ſans même ôſer eſpérer d'en tirer dans
la ſuite (*a*).

L E

___

(*a*) LE même Jour 25. Août, le Roi de Suede, ſur les Inſtances du Roi de Pruſſe, écrivit une Lettre au Canton de Berne, pour le prier d'appuïer les Prétenſions de
Sa Majeſté Pruſſienne ſur Neufchatel. Le Canton de Berne étoit Allié avec Neufchatel. Cette Souveraineté avoit été poſſedée par la Maiſon de Longueville, après l'Ex-
tinction de laquelle en 1694, la Ducheſſe de Nemours étoit en Diſpu'e ſur cette Suc-
ceſſion avec le Prince de Carignan. Après la Mort de Madame de Nemours, le Roi
de Pruſſe fit valoir ſes Droi's ſur Neufchatel, en conformité du Teſtament du Roi
Guillaume. La Lettre du Roi de Suede fit un bon Effet. Sa Majeſté Pruſſienne fut

Y 3   1e.

1707.

Août.

le 26.
le 27.
Charles rend visite à Auguste à Dresde.

Le Roi, continuant fa Route, marcha de Miegel à Grobitz, laiffant à côté Lomatz, & tirant à droite. Le lendemain, après avoir traverfé la Ville de Meiffen, il fe rendit à Weinbuhle. Il arriva ce Jour-là une Chofe qui donna lieu à une infinité de Raifonnemens, & que la Poftérité n'apprendra qu'avec Admiration. Après que Charles fut arrivé à Oberau, à une demi-lieue de Meiffen, où étoit fon Quartier-général, il dina fort à la hâte, après quoi il fortit à cheval, pour fe promener comme il avoit de coutume. Il étoit accompagné du Colonel Hard, Lieutenant des Drabans, du Duc Adminiftrateur de Holftein, du Général-Major Creutz, de l'Aide-de-Camp-général Linroth, du Sieur Boman Caporal des Drabans, du Capitaine Hammarhielm du Régiment des Gardes, & d'un *Valet du Corps*, nommé Lang. Le Roi, fans rien dire continua la Route qu'il avoit prife. Perfonne ne favoit fon Deffein jufqu'à ce que l'on vit la Ville de Dresde. Alors, s'adreffant à ceux de fa Suite, il leur dit: *Comme nous fommes fi près, allons-y*. Il étoit deux-heures & demie, lorfqu'ils arrivérent à la Barriere, où l'Officier, qui étoit de Garde, leur demanda leurs Noms. Hard ne fit aucune Difficulté de dire qui il étoit; le Duc de Holftein prit le Nom de Wrangel, & fe fit paffer pour Draban. Creutz dit auffi fon Nom, & fe donna pareillement pour Draban. Le Roi fit la même chofe, & fe nomma *Carl*. Linroth fe fit paffer pour Draban, & Boman pour ce qu'il étoit. Quant à Hammarhielm, on ne s'en mit pas beaucoup en peine, & encore moins de Lang. L'Officier leur donna un Caporal pour les conduire à la Grand-Garde, fur le Marché de la vieille Ville. De-là un autre Bas-Officier les conduifit à la Grand-Garde qui étoit dans la Ville neuve. Le Roi fe tenoit entre Meffieurs Creutz & Hard, pour ne pas être d'abord reconnu; mais, pendant que l'Officier de la Garde examinoit le Billet fur lequel leurs Noms étoient marqués, le Comte Flemming, dont la Maifon étoit fur la Place, apperçut d'une Fenêtre, où il fe tenoit, le Colonel Hard, qu'il connoiffoit. Soupçonnant auffi-tôt quelque-chofe, il defcendit fur le champ. Lorfqu'il apperçut le Roi, il parut tout troublé: il embraffa cependant fa Jambe, & fit une profonde Révérence; ce qui attira un Nombre infini de Spectateurs, qui accoururent de toutes parts. Là-deffus, Flemming monta à Cheval, & accompagna le Roi jufqu'à la Porte du Chateau. Les Suiffes, qui y étoient, voulurent avec leurs Pertuifanes lui barricader le Chemin; mais, aïant reçu ordre de Flemming de faire Place, ils le laifférent paffer. Il entra avec tous ceux de fa Suite dans la Cour, où il defcendit de Cheval. Etant monté au Chateau avec les principaux Officiers qui l'accompagnoient, il trouva la Porte de l'Appartement du Roi Augufte fermée. Ce Prince avoit pris Médecine ce Jour-là, à caufe d'une légere Indifpofition: &, lorfque Charles arriva,

il

reconnue, au Mois de Novembre fuivant, Souveraine de Neufchatel & de Valangin; & alors Elle écrivit au Roi, pour le remercier de fa Recommandation.

il étoit monté dans un Appartement qui étoit au-deſſus de celui qu'il occupoit, & d'où il s'amuſoit à regarder ſes Chevaux, auxquels on faiſoit faire le Manege. Dès qu'il fut averti de l'Arrivée de Charles XII, il deſcendit en Deshabillé, & la Porte de ſon Appartement s'ouvrit. Les deux Rois, après s'être embraſſés, s'entretinrent pendant une demie-heure. En attendant, comme pluſieurs Miniſtres & Cavaliers Saxons ſurvinrent, on pria ceux qui accompagnoient le Roi de Suede de vouloir auſſi entrer. Le Roi Auguſte ſe retira un moment, pour s'habiller en hâte; après quoi, il conduiſit Charles auprès de ſon Alteſſe Roïale, Madame l'Electrice Douairiere. Comme Elle étoit apparemment prévenue, Elle vint, juſques dans l'Antichambre, au devant du Roi, qui lui donna la main, & la remena dans ſon Appartement, où Auguſte n'entra point. Il reſta pendant ce tems-là auprès des Cavaliers Suédois, avec lesquels il s'entretint ſur différentes Choſes. La Viſite du Roi ne fut pas fort longue. Il ſortit accompagné de l'Electrice ſa Tante, dont il prit Congé, en lui baiſant la Main. Les deux Rois demeurérent encore un moment enſemble: puis, ils deſcendirent dans la Cour, où ils montérent à Cheval, pour faire le Tour du Rempart. Auguſte expliqua lui-même les Choſes les plus remarquables. Toutes les Gardes, devant lesquelles on paſſa, battirent au Champ, & préſentérent les Armes. Les Rues étoient tellement remplies de Monde, que les deux Rois furent ſouvent obligés de s'arrêter. Ils virent enſuite l'Arſenal & les Ecuries, avec le Manege. Enfin, Charles, aïant pris le même chemin par lequel il étoit entré, ſortit de Dresde, au bruit d'une triple Décharge du Canon des Remparts, & aux Acclamations du Peuple, qui ne ceſſoit de donner des Bénédictions aux deux Rois. Auguſte accompagna Charles XII. environ une demie-lieue hors de la Ville, & lui promit de ſe rendre le lendemain matin à ſon Quartier-général; mais, Sa Majeſté le pria fortement de ne point prendre cette Peine-là, parce qu'Elle ſeroit obligée de ſortir de grand matin, pour ordonner aux Régimens de ſe mettre en Marche (*a*).

ON entendit ſur cette Viſite extraordinaire des Raiſonnemens bien *Réflexion.* différens. Chacun en parloit ſelon ſes Idées, & ſelon qu'il aimoit le Roi, ou non. Il y en eut qui en prirent occaſion de louer l'Intrépidité du Roi, & de faire valoir la Confiance qu'il avoit au Roi Auguſte. Ils regardoient comme quelque-choſe de grand & d'admirable, que Charles eût ôſé, avec une Suite ſi peu nombreuſe, s'expoſer dans une Place forte, & ſe mettre, pour ainſi dire lui-même, entre les Mains d'un

(*a*) Sɪ je rapporte juſqu'aux moindres Circonſtances de cet Evénement, c'eſt afin que le Lecteur puiſſe confronter ce que j'en dis avec ce qu'en dit Monſieur de VOLTAIRE dans ſon *Hiſtoire de Charles XII, Tome I, page 109, d'Edition d'Amſterdam.* On peut juger par cet Echantillon, quel Fond il y a à faire ſur l'Ouvrage de cet Auteur.

1706.

Aoûs.

d'un Prince, qui, peu auparavant, avoit été son plus grand Ennemi. Le Roi Auguste ne trouva pas moins d'Admirateurs. On exalta beaucoup sa Générosité, & qu'étant Maitre de la Personne de Charles XII, il n'avoit rien voulu faire contre ce Roi, qui, se reposant sur l'Honneur & la Bonne-Foi, étoit venu le trouver dans sa Capitale (*a*).

le 28.
Marche du Roi.
le 29. le 30.

le 31.

REVENONS aux Marches du Roi. Sa Majesté après avoir traversé le lendemain, la Ville de Radeberg, se rendit à Bischoffswerda. Il fit ce Jour-là six grandes lieues d'Allemagne. Le Jour suivant, il alla à Bautzen, & de-là à Weisenberg, où le Ministre du lieu lui présenta une vieille Prophétie, dont il s'avisa de faire l'Application au Roi, mais que Sa Majesté ne voulut point accepter. La Marche se continua ensuite jusqu'à Reichenbach, où l'Armée séjourna un Jour. La Raison, pourquoi Charles fit tant de Diligence, étoit l'Avis qu'il avoit reçu du Roi Stanislas, qu'un Corps de seize mille Moscovites étoit en Marche, pour venir attaquer les Régimens Suédois qu'il avoit auprès de lui en Silésie. Cette Nouvelle n'avoit aucun fondement: & l'on apprit peu après, qu'il ne s'agissoit que d'un Détachement Russien, que l'on avoit envoïé en Silésie, pour escorter les Marchandises de Moscovie, qui étoient destinées pour Breslau, avec une grande quantité de Bœufs. Quelques Officiers Suédois, qui se tenoient alors à Breslau pour de certaines Affaires, mirent à profit cette Circonstance. Aïant sû le Chemin par où ce Convoi devoit venir, & qu'il arriveroit tel Jour, ils montérent à Cheval avec leurs Valets, pour aller à la rencontre des Russiens. Ils attaquérent le Convoi, & s'en rendirent Maitres, après avoir obligé l'Escorte à prendre la Fuite. Les Bœufs furent laissés-là; mais, les Chariots les plus richement chargés, & les mieux attelez, devinrent la Proie des Officiers.

Septembre.
le 1.
Les Jésui-
tes en veu-
lent à
Charles.

PENDANT que le Roi étoit à Reichenbach, le Sécrétaire Guillaume Höpken y arriva, de la part de Monsieur de Storre, Résident de Suede à Ratisbonne. Ce Ministre fit dire au Roi, qu'il avoit appris en confidence de l'Envoïé du Duc de Zell, que les Prêtres Catholiques, & principalement les Jésuites, méditoient contre lui de funestes Desseins, dont le But étoit de lui ôter la Vie. Que l'on savoit sur ce Sujet beaucoup de Particularitez; mais, que le Résident avoit dû s'engager par Serment à ne les point révéler, mais seulement d'en avertir le Roi en Termes généraux. Charles parut s'embarasser fort peu de cette Nouvelle, & se contenta de répondre à Höpken, d'un Air riant: ,, J'ai déjà appris, que les Jésuites me craignent. Pour moi, ,, je ne les crains nullement. Retournez à Ratisbonne; & remerciez ,, les deux Ministres de leur bonne Volonté. ,,

CE

(*a*) L'ANONYME, qui se désigne par les Lettres D. F., fait beaucoup de Raisonnemens sur ce Sujet. Il auroit dû se souvenir, que si le Roi de Suede eut été attaqué subitement d'une Apopléxie, les Officiers, qu'il avoit après de lui, en auroient été Témoins, & qu'ainsi la Saxe n'auroit rien souffert à cause de cet Accident.

Ce fut auffi de Reichenbach, que l'on écrivit à Monfieur de Sickingen, Miniftre de l'Electeur Palatin, pour lui dire, que le Roi confentoit, que l'Electeur de Maïence fût nommé Arbitre dans le Diffé-
rend pour le Duché de Veldens. Le Roi donna en même tems fon
Confentement à la Propofition, que l'on avoit faite, de païer la Somme
de cent mille Ecus dont on étoit convenu, dans l'efpace d'un An, &
en trois différens Termes, à Francfort. Quant à la Décifion, que
l'Empereur & les Electeurs avoient donnée à Ratisbonne, que le Haut-
Palatinat devoit être rendu à l'Electeur Palatin, Sa Majefté fit répondre, qu'Elle n'entroit point dans cette Affaire; qu'Elle ne voïoit pas
non plus que la chofe pût être réglée d'une maniere ftable, avant la
Conclufion de la Paix avec la France; que, cependant, Sa Majefté
ordonneroit à fa Chancellerie à Stockholm de faire fur ce Sujet un
Rapport circonftancié. Cette Réponfe caufa bien de la Surprife; car,
on favoit, que le Roi étoit parfaitement bien inftruit de toute cette
Affaire. Il paroiffoit même, qu'il parloit contre fes propres Intérêts,
entant que tout le Palatinat pourroit un jour revenir à la Maifon de
Deux-Ponts. Mais, comme Sa Majefté s'apperçut que l'Electeur de
Baviere en fouffriroit trop, & que l'on feroit par-là une Brèche confidérable au Traité de Weftphalie, qu'il fe propofoit de maintenir dans
toute fon Etendue, il ne voulut point entrer dans cette Affaire.

1707.
Septembre.
Lettre du
Roi fur les
Affaires du
Palatinat.

Le 2. Septembre, Charles décampa de Reichenbach, & fe rendit
par Görlitz à Lauban. Le même jour, le Comte Sintzendorf arriva de
Vienne, avec la Ratification du Traité conclu pour la Réparation des
Griefs de Religion, & un Refcript de l'Empereur fur le même Sujet,
addreffé à la Régence de Siléfie. Lorfque le Comte Wratiflau porta
le Traité à Vienne, il ne fut que fix Jours en Chemin. L'Empereur
le figna auffi-tôt: & Monfieur de Zintzendorf arriva, après un Voïage
de cinq Jours, au Quartier-général du Roi, avec la Ratification. Comme rien ne devoit porter Sa Majefté à s'arréter en Siléfie, Elle donna
fes Ordres pour la traverfer en toute Diligence. Les Commiffaires
Saxons, qui avoient fuivi l'Armée, avouérent, qu'il ne fe pouvoit
rien de plus beau que la Difcipline que l'on faifoit obferver à ces Troupes. Ils admirérent fur-tout, que, parmi tant de Gens, pas un feul
Homme n'avoit donné lieu aux Habitans de faire des Plaintes, ni par
rapport aux Relais, ni fur aucun autre Sujet. La même Difcipline fut
obfervée en Siléfie. Tous les Soldats, tant Cavaliers que Fantaffins,
portoient avec eux des Vivres pour trois Semaines; deforte qu'on ne
leur fournit que de la Biere, & du Fourage pour les Chevaux. C'eft
de quoi les Commiffaires Impériaux ne les laiffoient point manquer. Il
eft impoffible d'exprimer les Acclamations avec lefquelles le Roi fut
reçu des Habitans de la Siléfie, & les Vœux qu'ils firent pour lui. On
les vit fe jetter à genoux dans les Rues & fur les grands Chemins, pour
remercier Dieu du Rétabliffement du libre Exercice de leur Religion,
dont ils étoient entiérement affurez, depuis que l'Empereur avoit fait

le 2.
Ratification
du Traité
entre l'Em-
pereur & le
Roi de Sue-
de.
V. L'App.
No. cxx.

publier

1707.
Septembre.

publier par-tout le Païs, que les Eglifes Luthériennes, qui jufqu'alors avoient été fermées, ou dont les Propriétaires avoient été privez, feroient inceffamment, en vertu du Traité conclu avec le Roi de Suede, ouvertes, & rendues à ceux de la Confeffion d'Augsbourg. Le Roi, ne pouvant faire autre chofe pour ce Peuple, qui accouroit en foule de toutes Parts pour le voir, ordonna à fes Chapellains, lorfqu'ils feroient la Prière, matin & foir, de chanter des Hymnes traduits de l'Allemand, & dont on avoit confervé la Mélodie, afin que ces pauvres Gens puffent chanter avec eux, quoique dans une Langue différente ; ce qu'ils firent en fondant en larmes.

le 4. le 5.
le 7.

APRÈS avoir paffé la Quaitz, Charles continua fa Marche, par Naumbourg, à Bunflau. De-là, il fe rendit par Hayn à Luben. Aïant traverfé Steinau, il alla à Rantzau, où l'on prépara les Ponts fur lefquels l'Armée paffa l'Oder, environ près de Hernftadt. Ici, un Colonel Polonois, nommé Gorceuski, vint joindre le Roi, auquel il préfenta une trentaine de Prifonniers, tant Ruffes, que Calmouques. Cet Officier aïant rencontré de l'autre côté de Ravitz, un Détachement de trois cens Hommes, les avoit tous fait fabrer, à l'exception de ceux-ci, qui n'avoient d'autres armes qu'une Pique garnie de Fer au bout. Il arriva auffi auprès du Roi plufieurs Seigneurs Polonois, qui lui firent des Complimens fur fon Retour en Pologne. Ils firent voir à Sa Majefté des Lettres écrites de Warfovie, & d'autres différens Endroits, dans lefquelles on témoignoit une grande Impatience de revoir les Suédois. Ces Lettres ajoutoient, que, quoique les Provinces fuffent prefque entièrement épuifées, & que les Ruffiens euffent laiffé par-tout des Veftiges de leur Cruauté, on efpéroit néanmoins de pouvoir fournir à l'Armée Suédoife la Subfiftance néceffaire : que du moins elle auroit fuffifamment du Pain & de la Biere ; qu'on pourroit même livrer une certaine quantité de Bœufs, dont les Ruffiens n'avoient pas eu le tems de fe rendre Maitres. On apprit encore, que le Czar avoit donné, quelques jours auparavant, un grand Repas, auquel il avoit fait inviter quantité de Seigneurs Polonois, les Miniftres Etrangers, & les principaux Officiers de fon Armée ; que, la nuit fuivante, il étoit parti pour Petersbourg, après avoir ordonné à Menzicof de fuivre avec les Troupes. Ces Avis fe trouvérent dans la fuite affez bien fondez. Le Roi, après avoir laiffé Hernftadt à fa droite, entra enfin en Pologne, & traverfa divers Endroits, comme Ravitz, Sarna, & Gercha. On

le 9.

étoit furpris, vû la maniere terrible dont toute cette Contrée avoit été défolée, de trouver, dans les Villages voifins, du fourage & des grains. Cela fit efpérer, que plus l'Armée s'avanceroit, & moins elle auroit de peine à fubfifter. Pour cet effet, & afin de ne point priver de leurs Provifions les Habitans de ces Cantons, qui avoient déjà tant fouffert,

le 11.

le Roi fe remit auffi-tôt en Marche, pour fe rendre à Pogorcelli.

le 12.
Stralenheim envoïé en Siléfie.

DANS cet Endroit, le Duc Adminiftrateur partit de l'Armée, pour retourner en Holftein. Le Comte Sintzendorf retourna en Siléfie, ac-

com-

compagné de Monſieur de Stralenheim, Envoié de Suede. Ce dernier étoit chargé de veiller à l'Exécution du Traité conclu avec l'Empereur. Ses Inſtructions portoient, de s'informer exactement de toutes les Egliſes que l'on avoit ôtées à ceux de la Confeſſion d'Augsbourg; de faire enſorte, qu'elles leur fuſſent rendues, avec les Biens qui y avoient été attachés, & les Ornemens qui y appartenoient. Il devoit de plus examiner, ſi l'on avoit enlevé par force, aux Proteſtans, des Enfans, pour les élever dans quelque Cloitre; qu'en ce Cas-là, il ſe les feroit livrer. On lui enjoignit en même tems, en cas que les Papiſtes offriſſent de faire bâtir, pour ceux de la Confeſſion d'Augsbourg, des Egliſes neuves, ou de donner une Somme d'Argent en équivalent de celles dont ils devoient faire Reſtitution, de le refuſer tout court, afin de ne pas donner aux Catholiques-Romains la moindre Occaſion de s'écarter du Sens littéral de la Convention. Les Jéſuites à Liegnitz avoient déjà tenté de le faire, en offrant une Somme conſidérable pour l'Egliſe de Saint Jean, & le ſuperbe College qu'ils y avoient, mais dont ils furent contraints de déloger.

Autant que les Proteſtans en Siléſie faiſoient paroitre de Joie d'avoir recouvré leur ancienne Liberté & leurs Privileges, autant la Cour de Rome en fut-elle mortifiée. Le Pape en écrivit à l'Empereur dans les Termes les plus forts. Il lui diſoit: ,, Qu'il n'avoit jamais pû croi-
,, re que le Bruit, qui s'étoit répandu, que l'Empereur étoit prêt à
,, conſentir à la Demande du Roi de Suede, & d'ordonner que l'on
,, rendît aux Luthériens les Egliſes en Siléſie, fût vrai. Qu'il agiroit
,, contre ſon Devoir, & qu'il s'expoſeroit à la Vangeance divine, ſi,
,, en rappellant à Sa Majeſté Impériale ce qu'Elle devoit à ſa propre
,, Réputation, & plus encore au Salut de ſon Ame, il ne tachoit
,, de la détourner d'une Réſolution ſi dangereuſe; Réſolution, que
,, nulle Vûe d'Intérêt, quelque grande qu'elle fût, n'étoit capable de
,, rendre, ni juſte, ni excuſable, devant Dieu, & devant les Hommes.
,, Que ceux, qui avoient conſeillé Sa Majeſté dans cette Affaire, l'avoient
,, trompée. Qu'Elle ne parviendroit point, par ce Moïen-là, à la Tranqui-
,, lité dont Elle ſe flattoit; & qu'Elle n'en tireroit aucun Avantage. Que
,, cela ne ſerviroit qu'à augmenter, au Préjudice de l'Empire, la Haine que
,, l'Ennemi portoit à la Religion Catholique. Que Dieu ne beniroit point
,, des Entrepriſes que l'on commençoit par des Choſes qui tendoient
,, à diminuer ſon vrai Culte, &c. ,, Ce Bref étoit daté de Rome, le
10. Septembre 1707 (*a*). Il ne fit pas plus d'Effet, que ne fit la Bul-
le

(*a*) Voici ce que le même Pape écrivit en 1711. à l'Empereur Charles VI. Cet Extrait ſe trouve dans les *Acta Eruditorum Lipſ.* Mois de Mai 1727, page 199. ,, Ma-
,, jeſtati tuæ per præſentes denuntiamus, ac ſimul traditâ Nobis ab omnipotente Deo
,, Autoritate declaramus, prænarratas dicti Tractatus Alt-Ranſtadienſis Pactiones, cæ-
,, teraque in eo contenta quæ Catholicæ Fidei, Divino Cultui, Animarum Saluti,
,, Eccleſiæque Autoritati, Juriſdictioni, Libertati, ac Juribus, quibuſcunque quomodo

1707.

Septembre.

le qu'Innocent X publia contre le Traité de Weſtphalie. D'ailleurs, les Exhortations paternelles arrivérent un peu trop tard. Le Traité étoit déjà ſigné : on avoit même commencé à le mettre en Exécution ; & l'Empereur Joſeph ſavoit trop bien ſes Intérêts, pour ne pas obſerver religieuſement ſes Promeſſes (*a*).

Réponſe du Roi aux Réformez.

Ce qui paroiſſoit le plus ſurprenant, c'eſt que quantité de Gens, tant en Angleterre, qu'en Hollande, trouvoient beaucoup à redire à cette Convention, parce que l'on n'y nommoit que ceux de la Conſeſſion d'Augsbourg, ſans rien dire des Réformez. Lorſqu'on en fit Rapport au Roi, Sa Majeſté ordonna de déclarer : ,, Que, pendant les ,, Négotiations, Elle avoit auſſi nommé les Réformez, en demandant ,, pour eux la même Liberté, qui venoit d'être accordée à ceux de ,, la Conſeſſion d'Augsbourg : mais, que les Impériaux s'y étoient for- ,, tement oppoſez ; alléguant, qu'ils ne vouloient, ni ne pouvoient, nul- ,, lement s'écarter du Sens littéral du Traité de Weſtphalie, dans le- ,, quel, quant aux Articles qui regardoient la Siléſie, il n'étoit parlé ,, que de ceux de la Conſeſſion d'Augsbourg ſeuls. Que l'on ne prou- ,, veroit jamais par aucune Convention, que les Réformez euſſent eu ,, en Siléſie le libre Exercice de leur Religion. Que, lorſque les Ducs ,, avoient tenté à diverſes Repriſes de l'y introduire, les Impériaux n'a- ,, voient jamais voulu y conſentir ; & que certaines Puiſſances de la Com- ,, munion Luthérienne s'y étoient même oppoſez de tout leur Pouvoir.
,, Que

,, libet officiunt . . . . . cum omnibus & ſingulis inde ſecutis, & quandocunque ſe- ,, cuturis, ipſo Jure nulla, irrita, invalida, injuſta, reprobata, inania, Viribuſque ,, & Effectu penitus ac omnino vacua ab ipſo initio fuiſſe, & eſſe, ac perpetuo fore, ,, neminemque ad illorum, ſeu cujuſſibet illorum, etiamſi pluries ratificata ac Juramento ,, confirmata ſint, Obſervantiam teneri, &c. ,, C'eſt-à-dire, ,, Faiſons ſavoir à Votre Ma- ,, jeſté par la préſente, & declarons, en vertu de l'Autorité dont Dieu nous a revêtus, ,, que ledit Traité d'Alt - Ranſtadt, avec tout ce qui y eſt contenu, & qui en façon ,, quelconque eſt contraire à la Religion Catholique, au Culte de Dieu, au Salut des ,, Ames, à l'Autorité de l'Egliſe, ſa Juriſdiction, Liberté, & Droits . . . . avec tout ,, ce qui en réſulte, ou peut à l'avenir en réſulter, eſt par lui - même nul, & de nul- ,, le Valeur, vain, injuſte, condamnable, ſans Force & ſans Effet, comme il l'a été ,, dès le Commencement, qu'il l'eſt encore, & qu'il le ſera toujours ; de maniere ,, que perſonne n'eſt tenu à l'obſerver, ni en entier, ni en aucune de ſes Clauſes, ,, quoiqu'il ait été plus d'une fois ratifié, & confirmé par Serment. ,,

(*a*) On conta, dans ce tems-là, comme une Vérité dont il n'y avoit pas lieu de douter, que, lorſque le Nonce du Pape à Vienne, en préſentant cette Lettre à l'Empereur, lui fit des Reproches d'avoir accordé aux Herétiques de ſi grands Avantages, au Préjudice du Siege de Rome, l'Empereur lui donna la Réponſe ſuivante. *J'ai eu Raiſon de faire ce que j'ai fait, afin d'éviter de plus grands Embarras : & je crois que, ſi le Roi de Suede avoit eu le Pape ſi près, il l'auroit obligé à ſe faire Luthérien.* Ce Bon-Mot de l'Empereur Joſeph eſt rapporté d'une Maniere différente par d'autres Auteurs. *Vous êtes bien - heureux*, répondit l'Empereur au Nonce en riant, *que le Roi de Suede ne m'ait pas propoſé de me faire Luthérien ; car, je ne ſais pas ce que j'aurois fait.* Voiez ADLERFELT, *Hiſtoire Militaire de Charles XII*, Tome III, page 204 ; & VOLTAIRE, Tome I, page 206. R. D. T.

„ Que, pour ces Raifons, Sa Majefté Suédoife, n'avoit pas voulu in-
„ fifter plus fortement fur cette Affaire, qui auroit pû faire naitre
„ de grandes Conteftations, & beaucoup de Deplaifir. „ Cependant,
le Roi ordonna à Stralenheim d'avoir foin des Intérêts des Réformez,
& de tacher de leur procurer les Avantages auxquels ils avoient Droit
de prétendre en vertu du Traité de Weftphalie, entant qu'il y eft
dit, qu'ils doivent jouïr des mêmes Prérogatives que les Luthériens.

*L'Affaire
de la Reli-
gion glo-
rieufe au
Roi de Sue-
de.*

LORSQUE le Roi commença à parler des Griefs de Religion, la
France forma de grandes Efpérances, dans l'idée que les Chofes chan-
geroient bien-tôt de Face, fi l'Empereur entroit en Guerre avec la
Suede. Dans cette Prévention, la Cour de Verfailles fit infinuer
fous main au Pape, & à plufieurs Princes Catholiques, que, comme
on étoit menacé d'une Guerre de Religion, il étoit néceffaire que l'on
fecourût efficacement la France, qui étoit le plus folide Appuï de la
Religion Romaine. On fe mit auffi-tôt en devoir de porter l'Empereur à faire la Paix avec la France, afin de s'oppofer enfuite, avec
des Forces réünies, aux Entreprifes des Proteftans. L'Angleterre &
la Hollande n'approuvoient par la Propofition du Roi pour le Rétabliffement de la Liberté de Religion en Siléfie. Ils difoient, que la Caufe commune, dont l'Objet étoit le Maintien de la Liberté de l'Europe, en fouffriroit; que l'on donneroit mal-à-propos l'Allarme aux Papiftes; que l'on ne pouvoit efpérer aucune Sûreté pour les Proteftans,
tant que la France confervoit en entier fes Forces; que l'on devoit de
toute néceffité affoiblir cette Puiffance, afin de la mettre hors d'état de
foutenir le Siege de Rome. On fe trompoit beaucoup dans ces Raifonnemens. Charles ne fongea jamais d'en venir à l'Extrémité, mais
feulement de porter l'Empereur à rétablir les Chofes conformement
au Traité de Weftphalie. Dès que l'Empereur eut accordé cet Article, les Efpérances de la France s'évanouïrent, & les Alliés furent
obligés de loüer la Conduite du Roi, parce qu'il avoit fi bien fu profiter
des Conjonctures favorables, pour délivrer les Proteftans de l'Oppreffion, fans caufer le moindre Préjudice aux Affaires des Puiffances Alliées. Lorfqu'on fut en Angleterre & en Hollande, que le Roi s'intéreffoit auffi en faveur des Eglifes Réformées, on combla ce Prince
de Loüanges & de Bénédictions. Le Roi de Pruffe, fur-tout, exalta
en Termes magnifiques le Zele de Sa Majefté, & la remercia beaucoup de fa bonne Volonté. En un mot, jamais Victoire n'avoit été
auffi glorieufe à Charles XII, que l'étoit cet Ouvrage, par lequel on
comptoit d'avoir plus gagné que par toutes les Batailles enfemble. Les
Proteftans regardérent ce Prince comme leur Protecteur: & la Réputation, que les Suédois s'étoient acquife, pendant la longue Guerre en
Allemagne, d'être les Chefs & les Défenfeurs de la Doctrine Evangélique, fut de nouveau confirmée à la Couronne de Suede.

IL

1707.
Septembre.
*Mauvaise
Conduite
des Troupes
Polonoises.*

Il est tems maintenant de revenir aux Affaires de Pologne. Le Comte Rehnschöld, à la tête d'un Corps de six mille Hommes, avoit eu Ordre de passer la Warta à Lencizi, & de tâcher, en faisant un Détour, de couper aux Russiens, commandez par le Général-Major Henschi, la Communication avec Warsovie. La Chose auroit réussi, si ce dernier n'en avoit été averti assez à tems, pour se retirer à Lowitz, où il fut joint par le Général Vohorski. Ils marchérent après cela ensemble à Blonie, pour renforcer le Général Rönne, qui y étoit. Le Comte Rehnschöld demeura sur la Warta, où les Troupes Polonoises n'auroient rien eu à craindre, si elles s'étoient tenues dans les Environs ; mais, comme elles commettoient toutes sortes de Desordres, tant dans leurs propres Quartiers, que dans ceux qu'occupoient les Suédois, le Velt-Maréchal se vit dans la nécessité d'employer des Menaces, & même la Force, pour les contraindre à s'éloigner de lui. Elles marchérent donc vers la Prusse, où elles auroient trouvé suffisamment de quoi subsister, si, avec une bonne Oeconomie, elles avoient eu assez de Courage pour faire de la Résistance. Messieurs Lubomirski & Potocki se rendirent, avec les autres Chefs de ces Troupes, à Dantzic, où, ne songeant qu'à se procurer toutes sortes de Plaisirs, ils mangérent les grosses Sommes que le Païs avoit été obligé de fournir, pendant que les Soldats courroient la Campagne, & ne vivoient que de Pillage. Une Conduite si peu réglée fut cause que les Ennemis, qui étoient continuellement à l'Affut, en surprirent & sabrérent une bonne partie. Un Colonel des Cosaques, aïant fait prisonnier un Gentilhomme Polonois avec quelques-uns de ses Sujets, il les traita avec beaucoup de Dureté, & un Mépris auquel tout autre auroit été extrêmement sensible. „Vous autres Polonois,„ leur disoit-il, „vous „ avez été autrefois des Soldats; mais, présentement, vous n'avez „ pas plus de Courage qu'une vieille Femme, & ne savez point vous „ deffendre. Vous meritez à juste Titre, que nous vous maltrai- „ tions, nous, dont ci-devant vous n'avez parlé qu'avec Mé- „ pris. Et si vous ne devenez pas meilleurs, nous vous tirerons „ encore la Peau par-dessus les Oreilles, & vous écorcherons tous „ vifs. „

La Pologne étoit dans une Situation des plus tristes. On ne pouvoit regarder ce beau Roïaume, en proie à l'Ami comme à l'Ennemi, sans en sentir naitre de la Compassion. La grande Desunion qui y régnoit achevoit de le ruïner totalement, & mettoit le Comble aux Horreurs que les Troupes étrangeres, dont il avoit été inondé, y avoient commises. Le Roi Auguste y avoit encore des Partisans, aussi bien que le Roi Stanislas: d'autres insistoient sur une nouvelle Election; d'autres encore, sans être d'aucun Parti, ne cherchoient que leur Profit, & à pécher en Eau trouble. Ces derniers étoient les plus dangereux. Ne vivant que de Rapine & de Pillage, ils exerçoient les plus
énor-

énormes Cruautèz, fous prétexte de porter les Rebelles à rentrer dans leur Devoir, ou à fe déclarer pour un des Rois, qu'ils ne reconnoiffoient pourtant pas eux-mêmes. Parmi ceux, qui faifoient Profeffion ouverte de haïr le Roi Staniflas, Ribinski étoit le plus outré. Non feulement il fit à fes Concitoïens tout le Mal imaginable, mais il ne laiffa même paffer aucune Occafion de les inquiéter, emploïant également la Force & la Rufe. Ses Partis, qui battoient fans ceffe la Campagne, avoient ordre, en cas qu'ils rencontraffent quelques Gens de Lubomirski, ou de Potocki, qu'ils ne croïoient pas pouvoir attaquer avec avantage, de leur faire accroire que leur Chef leur avoit ordonné de les fuivre; que Ribinski venoit de fe déclarer pour le Roi Staniflas, & qu'il cherchoit à fe renforcer par de nouvelles Troupes, afin de rendre de plus grands Services à ce Prince, qu'il fe propofoit d'aller trouver avec une bonne Armée. Après avoir échapé, par de pareils Menfonges aux Périls dont ils étoient menacés, ils mettoient à profit, pour fabrer leurs nouveaux Camarades, la première Occafion qui fe préfentoit d'aller avec eux en Courfe; après quoi, il alloient rejoindre leur Chef. En d'autres Endroits, lorfque les Gens de Ribinski étoient fupérieurs à ceux de Lubomirski & de Potocki, ils favoient fi bien prendre leurs Mefures, que les derniers ne manquoient jamais de tomber entre leurs mains. Ce fut de cette manière-là, qu'ils obligérent quelques Compagnies des Troupes de Potocki de fe jetter dans Putzig, où Ribinski lui-même alla les affiéger. Il les réduifit bien-tôt, tant par Promeffes que par Menaces, d'entrer à fon Service. Les Officiers néanmoins furent affez honnêtes-gens, pour fe procurer des Barques, avec lefquelles ils fe rendirent à Dantzic.

Si Ribinski remporta des Avantages fur les Polonois, il n'en fut *Ribinski eft* pas de même à l'égard des Suédois, qui le maltraitérent, en plus d'u- *battu.* ne Rencontre. Après avoir tenté en vain de piller les environs de Dantzic, il fe mit en devoir de faire une Invafion dans les Werders de Marienbourg. Etant fur le point de paffer la Viftule à Dirfchau, où il avoit ramaffé plufieurs Prames, le Lieutenant-Colonel Jäger vint à lui pour le combattre. Cet Officier, que le Colonel Ekeblad avoit détaché d'Elbingen, n'avoit avec lui que cinq cens Hommes, & deux Piéces de Campagne. Ribinski, fe repofant fur fa Supériorité, commença l'attaque avec beaucoup de Vigueur; mais, les Suédois le reçurent fi vertement, qu'il fut repouffé jufqu'à trois fois. Après avoir perdu beaucoup de Monde, il fut enfin obligé de prendre la Fuite, & de fe retirer par Stargard à Thorn.

Le Roi Charles, étant décampé de Pogorcelli, marcha à Jaroczin, *le 14.* où il s'arrêta un jour. Il paffa enfuite la Warta, & fe rendit à Pisdri, *Danger où* Endroit remarquable, à caufe du Danger que le Roi y courut de per- *fe trouve* dre la Vie. Hors de la Ville, le long de la Riviere, il y avoit un fen- *Charles* tier, &, à gauche, une Montagne de Sable fort efcarpée. Comme le *XII.* Roi fe promenoit dans cet Endroit, accompagné de fa Garde ordinai-

re,

re, il lui vint à l'efprit de monter, avec fon Cheval, jufqu'au haut de cette Montagne. La Chofe parut d'abord facile; mais, le Cheval renverfa le Roi du haut en bas dans la Riviere. Par bonheur, fes Gardes étoient à portée de le fecourir. Dans le moment qu'il fit cette Chute, Segerskiöld, Caporal des Drabans, fauta après, prenant fi bien fon tems, qu'il le faifit par l'Habit, & le retira de l'Eau.

APRE's s'être repofé un jour, le Roi fe rendit à Slupza, petite Ville, entourée d'une Muraille. Comme l'on favoit, que Sa Majefté s'y arréteroit quelques Semaines, & qu'il n'y avoit pas affez de Maifons pour loger tout le Monde, on abbatit une partie de la Muraille, dont on emploïa les Briques pour conftruire des Hutes pour les Soldats. On trouve dans la Haute-Pologne quantité de Villes, où l'on ne voit préfentement que quelques miférables Maifons de Bois, au lieu qu'autrefois ces Places étoient entourées de Murailles, & de Tours, avec de belles Maifons de Brique, dont il y a encore par-tout de grands Monceaux. Lorfqu'on demande aux Habitans pourquoi de Villes, autrefois fi floriffantes, font dans un fi trifte Etat, ils répondent, que cela eft arrivé pendant la précédente Guerre avec la Suede; & que, depuis ce Tems-là, elles ont toujours été de même. Il fe peut que cela foit vrai en partie: mais, un Moine fort vieux, & Témoin de cette Guerre, en allégua une autre Raifon; favoir, que ces Villes, qui appartiennent à la Couronne, & que l'on donne ordinairement avec les Starofties à quelques Seigneurs, font très mal entretenues, & périffent à caufe des mauvais Traitemens que les Habitans ont à effuïer de la part de la Nobleffe, qui, ne pouvant fouffrir qu'un Roturier foit à fon aife, cherche à s'attirer le Commerce, & à ôter aux Bourgeois les Moïens de gagner quelque chofe. Qu'au contraire les Villes de la Dépendance des Nobles, & principalement celles qui font fur les Frontieres de Siléfie, quoiqu'elles n'aïent que de petits Remparts de terre, font très bien baties & fourmillent d'Habitans, comme on l'avoit vû, lorfque les Ruffiens y avoient mis le Feu.

L'ARMÉE Suédoife fut diftribuée de façon, qu'elle s'étendit depuis Pofnanie jufques devant Slupza. Elle occupoit un Terrain d'environ dix lieues en longueur, & de trois à quatre lieues en largeur. Quelque petit que fût ce Circuit, il devoit néanmoins fournir la Subfiftance aux Troupes pour quelque tems. La chofe paroit prefque incroïable, fur-tout lorfque l'on confidere, que l'Armée étoit forte de foixante mille Hommes, fans compter une grande quantité de Chevaux & de Bêtes à cornes, & que tous ces Cantons avoient été faccagés & brulez par les Ennemis. La plus grande Difficulté, que l'on rencontra, fut, que les Ruffiens avoient ruïné abfolument tous les Moulins; ce qui fit craindre, que le Pain ne manquât entiérement. Le Roi ordonna que l'on fe fervît des Moulins à Bras que l'on trouveroit chés les Païfans, en attendant que l'on pût en faire avoir un à chaque Régiment. Les Soldats Suédois, tant Cavaliers que Fantaffins, ne firent aucune

Diffi-

Difficulté de battre le Grain, & de le moudre. Ils faifoient eux-mêmes leur Pain; mais, c'eft de quoi les Soldats, levez en Allemagne, ne vouloient point entendre parler, jufqu'à ce qu'enfin la Difette les réduifit à la néceffité de travailler. Ces Moulins à Bras étoient de Pierre, & d'une Grandeur médiocre. Il ne falloit qu'un Chariot pour les tranfporter d'un Endroit à l'autre. On s'en fervoit fans beaucoup de peine: & l'on pouvoit facilement moudre huit à dix Sacs de Seigle par jour. On en avoit auffi quelques-uns, qui étoient de Fer; mais, ceux-ci ne valoient pas les autres, & s'ufoient beaucoup plûtôt.

QUOIQUE les Troupes Suédoifes fuffent auffi proches les unes des autres qu'il étoit poffible, & que même, pendant la Marche, les Régimens fe fuffent toujours cotoïés, quoiqu'on leur eut fait prendre des Routes différentes, les Ennemis ne voulurent pourtant jamais croire, que toute l'Armée de Charles XII fe trouvât en Pologne. Ils s'imaginérent au contraire, que ce n'étoit qu'un gros Détachement, qui avoit fuivi le Roi Staniflas, ou quelque autre Corps fous le Commandement d'un des Généraux Suédois. Le Lieutenant-Général Rönne fe confirma dans cette Idée, malgré ce que lui dirent quelques Prifonniers Suédois, qui étoient du Régiment de Meyerfeldt, & dont il apprit que le Roi fe trouvoit en Pologne avec toute fon Armée. Comme il leur demanda, fi, depuis quinze Jours, ou trois Semaines, ils avoient vû le Roi, & qu'ils répondirent que non, parce que Monfieur de Meyerfeldt avoit pris une autre Route que celle du Roi, il ne voulut point y ajouter foi. Cela étoit pourtant ainfi: car, Monfieur de Meyerfeldt avoit fuivi le Comte Rehnfchöld; & celui-ci, en partant de Kalifch, l'y laiffa avec un Détachement de trois mille Hommes. Dans l'Idée, que le Roi pafferoit l'Hiver en Siléfie, l'Ennemi avoit réfolu de mettre fa Cavallerie en Quartiers autour de Warfovie, & de faire venir fon Infanterie de la Wolhynie, afin d'attaquer les Suédois à mefure qu'ils s'avanceroient en Pologne, en commençant par ceux qui y étoient déjà arrivez. On fe propofa en même tems de transférer le Confeil de Lublin à Brezice, afin d'y procéder à l'Election d'un nouveau Roi. Ces beaux Projets n'eurent point de fuite; car, dès que l'on fut à n'en pouvoir douter, que Charles étoit lui-même en Pologne, à la tête de toute fon Armée, les Chofes changérent entiérement de Face. Le Czar partit pour Wilna. L'Infanterie eut ordre de fe rendre en Lithuanie: le Prince Menziçof, & les Généraux qui étoient avec la Cavallerie aux environs de Warfovie, fe retirérent en diligence, & pafférent trois Ponts, qu'ils brulérent après eux. Lorfque les Valaques Suédoïé, que l'on avoit envoïé à la Découverte, furent de retour, ils rapportérent, que les Ennemis avoient entiérement difparu, & que les Habitans de Warfovie proteftoient que les Ruffiens jufqu'au jour de leur Départ, avoient ignoré que l'Armée Suédoife fût en Pologne, quoiqu'elle eut été plus de huit jours dins leur Voifinage.

Les Généraux du Roi de Suede repréfentérent plus d'une fois à leur Maitre combien il feroit aifé d'enlever la Cavallerie Ruffienne, qui étoit à Lowitz & à Blonie ; mais, Sa Majefté fut d'avis, qu'il fuffifoit d'y détacher quelques Valaques, pour les harceler. On en chargea le Colonel Urbanowitz. Celui-ci rencontra, près de Lowitz, un Détachement Ruffien, qu'il défit fans beaucoup de peine, & dont il fabra la plus grande partie. Leurs Camarades, en aïant eu Avis, accoururent de tous côtez, & obligérent Urbanowitz, dont les Troupes étoient fort inférieures en nombre, de fe retirer dans une Maifon de Gentilhomme, que les Ennemis inveftirent auffi-tôt. Pour fe tirer de ce mauvais Pas, le Colonel fit partir de grand matin, à cheval, un Homme de Confiance, qu'il avoit inftruit de la maniere dont il devoit fe comporter. Celui-ci, faifant femblant de chercher quelque Détour pour éviter les Ruffiens, ne manqua pas d'être pris. Sur la queftion qu'on lui fit, où il devoit aller, il répondit, qu'il étoit envoïé vers un Détachement Suédois, fort de mille Hommes, & qui n'étoit éloigné que d'une lieue. A peine les Ruffiens eurent-ils appris cette Nouvelle, qu'il fe retirérent avec précipitation, laiffant à Urbanowitz la Liberté de fortir de fa Retraite. L'Homme, dont il s'étoit fervi, ne manqua point de s'échaper vers le foir, & de revenir auprès de fon Chef, dont il fut amplement récompenfé. Les Ennemis marchérent à Thorn, où ils exigérent des Contributions ; après quoi, ils pafférent le Pont, auquel ils mirent le Feu, & s'éloignérent entiérement. On confeilloit au Roi d'envoïer une Garnifon dans la Ville de Thorn ; mais, Sa Majefté ne voulut point y confentir. Urbanowitz y fut envoïé avec mille Valaques. Il eut le bonheur de rencontrer deux cens, tant Ruffiens, que Cofaques, dont cent-feptante furent fabrez : le refte, il le ramena avec un Capitaine.

Le dernier de Septembre fe fit enfin l'Execution du fameux Patkul. Il avoit d'abord été confié à la Garde du Régiment de Meyerfeldt ; mais, on le transféra enfuite à celui de Hielm, Dragons, en Garnifon à Cafimir. Deux jours avant l'Exécution, l'Auditeur de ce Régiment alla lui annoncer la Mort, & le Chapellain Hagen, qui favoit parfaitement la Langue Allemande, fut envoïé pour le confoler, & pour l'affifter dans les derniers Momens de fa Vie. Lorfqu'il s'apperçut, qu'il n'y avoit point de Grace à efpérer, comme il s'en étoit flatté, il répandit amérement des Larmes, & fe plaignit fortement du Roi Augufte, qu'il regardoit comme la prémiere Caufe de tous fes Malheurs ; ce qu'il répéta plus d'une fois, étant arrivé au lieu où il devoit être exécuté, & aïant vû les Inftrumens de fon Supplice. On lui lut à haute Voix fa Sentence, qui rouloit fur différens Points d'Accufation : I. Qu'il avoit excité des Troubles en Livonie contre le feu Roi Charles XI. II. Qu'il avoit Commis le Crime de Leze-Majefté dans un de fes Ecrits. III. Qu'à la faveur d'un Sauf-Conduit du Roi, il s'étoit échapé, & étoit forti du Païs. IV. Que par fes Confeils & fes Actions

il

il avoit allumé cette Guerre contre le Roi Charles XII. V. Qu'il avoit servi chés les Ennemis en Qualité de Général, & qu'il avoit porté les Armes contre sa Patrie, à la quelle sa Sentence le déclara Traitre. Il fut roué vif, & son Corps mis en cinq Quartiers, pour être exposé sur le grand Chemin de Casimir à Warsovie. Les Ordres relatifs à cette Exécution étoient de la propre Main du Roi. On les tint si secrets, que personne, ni de la Cour, ni de la Chancellerie, ni de l'Armée, n'en sut la moindre chose, avant que l'on apprît que Patkul étoit mort (a).

Jus-

(a) JEAN-REINHOLD PATKUL naquit à Stockholm, dans la Prison où son Pere étoit détenu, pour avoir, dans la précédente Guerre de Pologne, rendu par Trahison aux Polonois la Ville de Wolmar. La Mere de Patkul, attachée au Sort de son Mari, lui tenoit Compagnie dans la Prison. Ils firent étudier leur Fils, qui profita beaucoup, & acquit des Lumieres bien au-dessus du commun. Il avoit naturellement de l'Esprit & de la Vivacité, avec beaucoup de Pénétration : mais, il étoit prompt à se mettre en Colere, téméraire, & malicieux. Lorsqu'il fut arrêté pour la prémiere fois, à Stockholm, du tems de Charles XI, il défendit sa Cause devant la *Commission*, avec tant d'Habileté & de Hardiesse, que le Comte Jean Stenbock, ne pût s'empêcher de dire au Roi : *Sire, avec le Capitaine Patkul, il n'y a point de milieu à tenir ; ou faites-lui trancher la Tête au plûtôt ; ou faites-le Colonel, & donnez-lui un Régiment Suédois.* Avant que de mourir, il pria Monsieur Hagen, qui l'assista, de mettre par écrit tout ce qu'il lui avoit dit pendant ces derniers Jours, & de rendre au Roi de Suede cette Piéce, qui étoit sa derniere Confession, dont il espéroit que Sa Majesté ne revoqueroit point en doute la Sincérité, parce qu'elle venoit d'un Homme prêt à comparoître devant le Juge souverain de toutes Choses. Il y disoit entre autres, qu'un de ses Compatriotes, que l'on avoit depuis comblé d'Honneurs en Suede, & qui y passoit pour un Homme d'une très grande Fidélité, mais qui étoit déjà mort (*), avoit été le prémier à l'exciter à se mettre à la Tête des Mécontens en Livonie, & de porter des Plaintes en leur Nom, touchant la Réduction des Biens aliénez de la Couronne. Qu'ils s'étoient ensuite brouillés ensemble, à cause d'une Dame qu'ils aimoient tous les deux ; & que, depuis ce Tems-là, ce Seigneur l'avoit toujours persécuté, & avoit été son Ennemi le plus funeste dans l'Affaire de la Livonie. Que bien qu'en 1700. la Noblesse & le Magistrat de la Ville de Riga l'eussent publiquement déclaré Calomniateur, il y avoit néanmoins, parmi ces Gens-là, plusieurs Personnes coupables de ce dont il les avoit accusées. Que le Roi Auguste lui avoit promis positivement, pendant sa Prison, & après que la Paix eut été conclue à Alt-Ranstadt, qu'il ne seroit jamais livré aux Suédois ; & qu'il avoit même été, pendant ce Tems-là, en Commerce de Lettres avec ce Prince sur deux Points des plus importans. L'un étoit, comment on pourroit attirer les Moscovites en Saxe, pour y tomber sur le Corps aux Suédois, pendant que, distribuez dans les Quartiers d'Hiver, ils ne s'y attendroient point. Que comme la plûpart des Soldats Suédois avoient porté leurs Armes dans les Villes, pour y être racommodées, on ordonneroit sécrètement aux Ouvriers de les démonter, afin de trainer plus long-tems, & jusqu'à ce qu'on eut surpris les Suédois. Cette derniere Circonstance parut à Charles XII assez vraisemblable. Il avoit lui-même donné ordre que l'on examinât les Armes, & qu'on les fît racommoder. D'ailleurs, il se souvenoit, que le Roi Auguste lui avoit envoyé, au Mois de Février, un certain Monsieur de Zeck, pour lui faire dire, qu'il craignoit que les Russiens ne fissent une Irruption

en

(*) C'EST apparemment du Comte Hastfer, qu'il vouloit parler. On renvoïe le Lecteur au VIII Tome de l'*Histoire de Charles XII*, par Monsieur DE LIMIERS, où l'on trouve diverses Circonstances curieuses sur le Sujet de Patkul. R. D. T.

1707.

Septembre.

Emeute à Dantzic.

JUSQUES-LA' le Roi n'avoit été instruit que fort imparfaitement d'une Affaire qui s'étoit passée quelques Mois auparavant à Dantzic, & dont il lui importoit d'avoir Satisfaction. On avoit envoïé dans cette Ville des Enrolleurs Suédois, qui y faisoient des Recrues avec beaucoup de Succès. Comme il arriva que quelques Soldats de la Garnison desertérent, le Commandaut Goltz s'imagina, que les Suédois les avoient débauchés. Pour les ravoir, il envoïa au Stoltzenberg, où les Enrolleurs logeoient, un Détachement, auquel il donna ordre de les prendre par force. Le Capitaine Riedesel, & un autre Officier Suédois, répondirent d'abord avec beaucoup d'Honnêteté, qu'ils ne savoient rien de ces Deserteurs; que, du moins, il n'étoit venu chés eux personne qui portoit l'Uniforme de la Ville: mais, comme les Gens du Commandant persistérent à vouloir visiter la Maison, & que les Suédois s'y opposérent, il y eut une rude Escarmouche. Les deux Officiers Suédois furent tuez; &, du côté des Dantzicois, il en demeura quelques-uns sur la place. Le Magistrat, sachant de quelle Conséquence étoit une pareille Affaire, ne négligea rien pour l'assoupir. Le Sieur Goltz en prit l'Epouvante, & s'évada sécrétement, & sans Congé.

en Saxe. On ne veut point décider, si le Roi Auguste tachoit, pour ce Message, d'ôter au Roi de Suede tout Soupçon comme s'il s'entendoit avec le Czar, ou s'il se proposoit par-là d'obliger les Suédois à quitter leurs Quartiers d'Hiver. Charles s'en mocqua, & répondit à Monsieur de Zeck, qu'il eut à faire des Complimens à son Maitre, & de lui dire, que, lorsque les Russiens arriveroient, il feroit aussi-tôt entrer, dans le Cœur de la Saxe, ses Troupes qui étoient en Quartiers dans la Lusace & de l'autre côté de l'Elbe, afin que les Moscovites pussent prendre ces Quartiers-là. Monsieur de Zeck parut très confus, en recevant cette Réponse, à laquelle on ne remarqua que trop, qu'il ne s'attendoit pas.

L'AUTRE Point, sur lequel Patkul avoit été en Correspondance avec Auguste; rouloit sur la Chasse de Sangliers, à laquelle le Roi de Suede avoit été invité au Mois de Février. Patkul disoit avoir reçu un Billet en Allemand, où il avoit trouvé un Vers, dont le Sens étoit, *Que pensez-vous lorsqu'on dira, qu'Auguste gagne plus par une Chasse, que Charles n'a fait après sans de Batailles?* Pour la Réponse qu'il y avoit faite, il ne jugeoit pas à propos de la dire. Quoiqu'il en soit de cette Chasse, dont Charles ne parla jamais, tout le Monde avoit été ravi que le Roi ne s'y fût pas trouvé. Au reste, Patkul avoua au Ministre qui le consoloit, qu'il avoit fait sécrétement des Voïages à différentes Cours, qu'il avoit taché d'animer contre la Suede; qu'on l'avoit emploié, avant la Guerre, à fabriquer l'Alliance entre le Dannemarck, le Roi Auguste, & le Czar; qu'il avoit été fort avant dans les Bonnes-Graces du Czar, qui lui avoit confié ses plus grands Secrets; & que son Sentiment avoit presque toujours fait la Décision dans les Affaires étrangeres. Comme toutes ces Choses mondaines ne lui servirent de rien, il se prépara à la Mort avec des Sentimens vraiment Chrétiens. Son Confesseur remarqua néanmoins plus d'une fois combien les Idées de sa Grandeur passée le troubloient dans ses Pensées sur la Mort; de sorte que, au milieu de ses Soupirs & de ses Prieres, il ne put s'empêcher de se rappeller des choses tout-à-fait opposées à sa Dévotion. L'Exécution fut longue & cruelle. Ce fut la Faute de l'Exécuteur, qui étoit Polonois, Homme sans Expérience, & que la Vûe du Prisonnier, qu'il devoit mettre à Mort, troubla tellement, qu'il ne savoit par où commencer, l'appellant toujours *Monseigneur.* Au lieu d'une Roue neuve, & garnie de Fer, il en avoit une vieille, qui n'étoit point garnie; desorte qu'il fut obligé de lui donner plus de Coups qu'il n'auroit fait sans cela. Enfin, la Maniere dont il le tourmenta, avant que de le tourner, & de lui couper la Tête, fut impardonnable.

gé. Il entra enfuite au Service du Czar. Le Réfident Kypercrona eut Ordre de faire fur ce Sujet de férieufes Repréfentations au Magiftrat, & de demander que ceux, qui étoient coupables de ce Meurtre, fuffent livrez à Sa Majefté Suédoife. Le Roi Staniflas écrivit auffi, fous main, au Magiftrat, pour le porter à donner au Roi la Satisfaction qu'il exigeoit. On remit donc, aux Suédois, un Officier avec fix Soldats qui furent envoïés à Elbingen. Le Magiftrat adreffa en même tems une Lettre au Roi, pour le prier de ne point imputer à la Ville ce qui s'étoit paffé; que le Commandant feul en étoit la Caufe; & qu'il en avoit donné l'Ordre fans qu'ils en fuffent rien. Les Prifonniers furent remis en Liberté au bout de quatre Mois.

PENDANT ces Entrefaites, Charles partit pour Pofnanie, où les Recrues, auxquelles on avoit fait prendre la Route par la Poméranie, venoient d'arriver. Elle confiftoient en neuf mille Hommes, tous Gens d'Elite. On les diftribua dans les Régimens Nationnaux, dont plufieurs furent confidérablement augmentez. A voir ces belles Troupes, on ne s'apperçevoit pas que la Suede fût auffi épuifée de jeunes Gens, qu'on vouloit le faire accroire. Il eft vrai, néanmoins, que, dans ce tems-là, en Suede, on fut obligé de païer en Engagement, pour un Homme, le double de ce que l'on donnoit ordinairement. Il arriva auffi de Poméranie quantité de Poudre, de Plomb, de Boulets de Canon, & d'autres Munitions. On laiffa à Pofnanie quelques Troupes pour renforcer la Garnifon de cette Place, & le Roi nomma les Régimens qui devoient refter dans la Haute-Pologne, pour couvrir cette Province. L'Armée fe trouvant entiérement complete, montoit à quarante-trois mille fix cens cinquante Combattans, comme on le peut voir par la Lifte que nous en donnons au bas de la Page (*a*).

VERS

1707.
Septembre.

Octobre.
Recrues pour l'Armée Suédoife.

(*a*) CAVALLERIE.		INFANTERIE.		DRAGONS.	
Les Drabans.	150. Hom.	Gardes,	3000.	Dragons du Corps.	1500.
Régt. du Corps.	1500.	Uplande.	1200.	Scanie, Régt. levé.	1250.
Smalande.	1000.	Weftro-Gothie.	1100.	Hielm.	1250.
Oftrogothie.	1000.	Oftro-Gothie.	1200.	Meyerfelt.	1500.
Scanie Méridionale.	1000.	Weftmannie.	1100.	Taube.	1250.
Scanie Septentr.	1000.	Croneberg.	1200.	Craffou.	1250.
Régt. de la Nobleffe.	800.	Jonkiöping.	1100.	Muller	1250.
Nylande.	1000.	Nericie & Wermlande.	1100	Marfchalk.	1250.
Tremänningar.	1000.	Dalecarlie.	1200.	Dukert.	1250.
		Bothnie Occidentale.	1200.	Albedihl.	1500.
	8450.	Sudermanie.	1200.	Gyllenftierna.	1500.
		Pomeranie.	1800.	François.	1250.
		Calmar.	1200.		
		Allemands Régt. levé.	1200.		16000.
			19100		

LES Régimens d'Albedihl & de Gyllenftierna, Dragons, n'avoient fait qu'un feul Régiment, que le Colonel Görtz leva, & dont il fut fait Colonel. Il étoit de trois mille Hommes;

mes;

1707.
Octobre.
*Propositions
de Mazep-
pa au Roi
Stanislas.*

VERS ce Tems-là, arriva, auprès du Roi Stanislas, un Envoïé de Mazeppa, Général ou *Hetteman* des Cosaques de l'Ukraine. Dans la Lettre, que ce Chef écrivit au Roi, il disoit, que comme tout le Monde voïoit la Poltronnerie des Moscovites, qui, au lieu d'attendre de pied ferme les Suédois, comme ils s'en étoient vantez, fuïoient de tous côtez, il venoit offrir à Sa Majesté Polonoise de se déclarer pour Elle, à condition que le Roi de Suede lui accordât sa Protection, & qu'il le secourût dans son Dessein. Que les six à sept mille Moscovites, qui étoient dans l'Ukraine, seroient facilement détruits, & qu'il en feroit un Pont pour les Suédois: ce sont les propres Expressions de Mazeppa. Que l'on ne devoit point douter de sa Sincérité; & qu'il étoit assez connu, que les Cosaques entre eux ne souhaitoient rien tant, que de pouvoir se soustraire à la Domination du Czar, qu'ils regardoient comme un Joug insupportable: qu'à la vérité, ils se l'étoient imposé eux-mêmes; mais, que cela s'étoit fait dans un Tems, où on les avoit ébloüis par des Promesses, qu'ils conserveroient leur Liberté, & qu'on leur accorderoit de grands Avantages, dont néanmoins ils ne jouïssoient pas. Le Roi de Suede comprit fort bien, qu'un bon Nombre de ces Gens-là pourroit rendre de grands Services, lorsqu'il s'agissoit de poursuivre un Ennemi qui fuïoit; mais, il savoit aussi, que dans une Bataille rangée, on ne pouvoit absolument pas compter sur eux, comme les Suédois en avoient plus d'une fois fait l'Expérience. Pour cet effet, comme il étoit très persuadé, qu'en cas qu'on pût obliger les Russiens à faire ferme & à livrer Bataille, il le réduiroit bientôt à quitter entiérement la Pologne, il ne voulut point que Mazeppa pût se vanter d'avoir contribué en rien à délivrer ce Roïaume de la Tirannie des Ennemis; chose, dont il vouloit se réserver à lui seul toute la Gloire. Il crut donc, qu'il suffisoit que ce Chef aidàt à poursuivre les Moscovites dans leur propre Païs: & ce fut dans ce Sens-là, que Stanislas répondit à la Lettre de Mazeppa. Il le remercia de ses Offres, & l'assura, que l'on en garderoit religieusement le Secret, comme il se flattoit que Mazeppa le feroit de son côté. Qu'au reste, on entretiendroit avec lui un Commerce de Lettres, & qu'on lui feroit savoir, quand il seroit tems qu'il rompît ouvertement, & qu'il se déclarât contre le Czar.

L'ESTHONIE se trouvoit alors comme en proie aux Moscovites. Ils y commettoient les Cruautez les plus horribles, portant par-tout le Feu & la Désolation, & emmenant avec eux quantité d'Habitans & de Bestiaux. Ils étoient néanmoins dans une continuelle Crainte des
· Sué-

mes; &, après la Mort de Görtz, il fut partagé en deux. Un grand Nombre des Soldats de ce Régiment, & sur-tout ceux qui étoient de la Prusse, désertérent pendant que l'Armée marcha à Grodno, en cotoïant les Frontieres de Prusse.
C e Colonel Görtz n'étoit point de l'illustre Famille des Barons de Görtz, mais d'une Naissance obscure. R. D. T.

1707.

Octobre.

Suédois, & ne s'arrêtoient nulle part, pour ne point donner à ceux-ci le tems de s'approcher. Quoi que le Général-Major Schlippenbach fût à portée, & n'eut presque point agi pendant tout l'Eté, il laissa agir ainsi les Russiens, sous prétexte, qu'il ne pouvoit pas partager ses Troupes, pour les envoïer contre l'Ennemi. Le Comte Stromberg, Gouverneur-Général de la Ville de Reval, n'en fit pas de même. Non-seulement il détacha dix-huit cens Hommes, tant Cavallerie, qu'Infanterie, pour aller à leur Poursuite, mais il suivit en propre personne, pour être mieux au fait de la Situation du Païs. Monsieur de Schlippenbach fut laissé à Reval. Heureusement, les Russiens ne furent pas assez forts, pour ôser rien tenter contre cette Place. Le Bruit, qui se répandit de l'Expédition de Monsieur de Stromberg, les dissipa en partie: les autres se tinrent tranquiles, ou se retirérent entiérement; ce qui ne se fit pourtant pas avec tant de diligence, que les Suédois n'eussent le tems de reprendre quelque-chose de ce qu'on leur enlevoit.

Les Russiens, après avoir traversé Thorn, & avoir mis le Feu au Pont, se croïoient assez bien en sureté de la part des Suédois. Ils entrérent donc en Quartiers d'Hiver. La Cavallerie s'étendit depuis Pultausk, jusques à Johans-bourg sur la Frontiere de Prusse. On mit quelques Troupes dans Brest & Tykozin; mais, l'Infanterie eut ordre de marcher en Lithuanie, où quelques Régimens s'arrêtérent autour de Grodno & de Wilna. D'autres se rendirent sur les Frontieres de Russie, où le Czar faisoit fortifier Kopitsch & Bykou, & où il faisoit élever des Ouvrages pour empêcher les Suédois de pénétrer de ce Côté-là.

Les Russiens battus par les Troupes de Wiesnowicki.

WIESNOWICKI ne manqua point de faire à l'Ennemi tout le Mal possible, en quoi il réüssit assez souvent. Lorsque les Généraux Repnin & Bauer faisoient mine de l'attaquer, il s'approchoit des Suédois en Courlande; mais, quand les Généraux Russiens s'en retournérent sans avoir rien pû faire contre Monsieur de Lewenhaupt, il se mit à les talonner. Un de ses Adhérans, nommé Sapski, surprit dans Poniewice un Gros de deux mille six cens Moscovites, qu'il mit en Desordre, & dont il tua un grand Nombre. Il fit dans cette Occasion quarante-cinq Prisonniers. Un autre Détachement de Wiesnowicki enleva les Postes que l'Ennemi avoit sur la Vilia, & défit totalement deux Compagnies des Troupes d'Oginski, après quoi il alla attaquer les Russiens à Caun. Il en sabra une bonne partie; & ceux, qui échapérent au Fer, se noïérent la plûpart dans le Niemen. Le Capitaine Zyrwinski battit pareillement un Détachement Moscovite près de Kiernou: il fit prisonniers deux Officiers & vingt-cinq Soldats. Depuis, il s'approcha de Wilna, jusqu'à la Distance de trois lieues, surprit dans leurs Quartiers plusieurs Partis Russiens, & enleva douze Chevaux qui appartenoient au Czar, avec plusieurs Prisonniers. La Perte de ces Chevaux aigrit tellement le Czar, qu'il ordonna aussi-tôt, que tous les

Gens

Gens de Wiesnowicki, que l'on feroit Prisonniers, feroient pendus sans miséricorde; au lieu que les Gens de Sapieha, aussi-bien que les Suédois, feroient traités avec beaucoup d'Humanité. Wiesnowicki & ses Adhérans, loin de se laisser intimider par cet Ordre, firent repondre, qu'ils ne s'amuseroient plus à prendre aucun Russien; & qu'ils en détruiroient tout autant qu'il en tomberoit entre leurs mains, sans s'arréter à la maniere de les faire mourir, soit par la Corde, ou par le Fer. Le Colonel Baranowitz, aïant été détaché sur ces Entrefaites, rencontra proche de Simno, à quelque distance de Caun, toutes les Troupes du Thrésorier Poccey, qui consistoient en trente-six Compagnies, sous les Ordres du Général-Major Domarauski & de trois Colonels. Les aïant envelopé de maniere qu'il leur fut impossible de reculer, il les attaqua avec une Vigueur extraordinaire. Le Carnage fut grand; ce qui obligea Domarauski à demander quartier, & à se rendre prisonnier avec vingt & trois Compagnies. Après que Baranowitz eut ainsi ruiné tout d'un coup les Troupes d'Oginski & de Poccey, il marcha vers Grodno. S'étant approché de cette Ville à la distance de deux lieues, il rencontra un autre Détachement ennemi de cinq cens Hommes, qu'il défit totalement. Monsieur de Crispin, Echanson de la Lithuanie, sortit aussi à son tour. Il surprit quelques mille Tartares & Calmouques, que le Général Bauer avoit distribuez à Illuxten. Les prémiers furent battus & mis en Fuite: mais, les Calmouques se retirérent dans une Maison de Jésuites, où il auroit été aisé de les détruire tous, si l'on avoit voulu y mettre le Feu; ce que Monsieur de Grispin ne jugea point à propos de faire: & comme les Jésuites intercédérent en faveur de leurs Hôtes, il les y laissa en repos, & se retira.

Vers ce Tems-là, les Princes Wiesnowicki & Lubomirski (a) se battirent en Duël, sans que l'on ait jamais bien sû quels Démélez ils avoient ensemble. On crut, qu'ils se haïssoient depuis long-tems. D'autres, au contraire, prétendirent, que, jaloux l'un de l'autre, à cause de la Bravoure que les Lithuaniens avoient fait paroitre, ils avoient pris là-dessus Querelle. Quoiqu'il en soit, à peine s'étoient-ils dit quelques peu de Paroles, qu'ils mirent le Sabre à la Main. Wiesnowicki donna à Lubomirski un si rude Coup sur le Bras droit, qu'il lui fit tomber le Sabre de la Main en jettant les hauts Cris. On fit aussitôt venir un Chirurgien pour penser le Blessé. Comme la Chose se passa proche du Quartier-général du Roi, & que l'on regardoit cet Endroit-là comme faisant partie de l'Enceinte de sa Maison, les Combattans furent arrétez, Wiesnowicki dans le Quartier de Potocki, & Lubomirski dans celui de Poniatouski. Le Palatin Jablonowski, le Comte Tarlo, & plusieurs autres Seigneurs, furent commis pour prendre des Informations sur le Fait. En attendant, Wiesnowicki écrivit au

Roi

(a) On le nommoit Obosni Lubomirski.

Roi de Suede, pour lui demander Pardon; le suppliant, en même tems, de vouloir intercéder en sa faveur auprès du Roi Stanislas.

Un Détachement de Valaques aïant été envoïé à Warsovie, ils y enlevérent, avec d'autres Personnes, la Femme du Général Siniawski, laquelle y avoit été malade pendant quelque tems, & que l'on accusoit d'y avoir tramé différentes Intrigues. Cette Dame avoit de l'Esprit infiniment. On la connoissoit déjà de Réputation; & l'on savoit, que non-seulement elle avoit entretenu, au commencement de la Guerre, le Prince Ragotski pendant qu'il étoit errant & fugitif, mais même que depuis elle avoit eu soin de lui faire tenir de l'Argent & des Armes, que le Ministre de France faisoit venir de Dantzic, ou de quelques autres Endroits. Elle produisit une Lettre, écrite de la propre Main de Ragotski, & par laquelle on vit, qu'elle lui avoit fortement déconseillé d'aspirer à la Couronne de Pologne qu'il ambitionnoit extrémement. Elle allégua, pour excuser l'Entêtement de son Mari, & la Conduite de l'Armée de la Couronne, qu'il n'y avoit que peu de Mois, & pendant que les Suédois étoient encore en Saxe, que le Roi Auguste avoit écrit à Monsieur de Siniawski, pour l'assurer, que l'Année prochaine, & dès que les Suédois se seroient éloignés, il retourneroit en Pologne avec une Armée de trente mille Hommes; qu'en attendant, Siniawski devoit se soutenir le mieux qu'il pourroit. Elle pria en confidence le Roi Stanislas de ne jamais ajouter Foi aux Promesses de son Mari: parce qu'elle lui avoit entendu dire plus d'une fois, qu'il ne se rangeroit jamais sous l'Obéïssance de ce Prince; que son Dessein étoit, dès que les Suédois auroient passé la Vistule, d'entrer dans la Grande-Pologne, pour y former une nouvelle Confédération. Madame Siniawski fut mise en Liberté au bout de quelques Jours.

Le Czar, persuadé que le Roi de Suede demeureroit tout l'Hiver dans la Haute-Pologne, ordonna à ses Troupes de s'approcher de la Courlande. Il mit aussi une nombreuse Garnison à Caun, afin d'empécher Wiesnowicki de se montrer en Campagne, avant qu'Oginski eut eu le tems de ramasser de nouvelles Troupes, à la place de celles qu'il venoit de perdre. Non content de cela, il fit venir, des deux côtez de la Duna, quantité de Troupes, pour couper absolument tous les Convois. Le Comte Lewenhaupt en ressentit de grandes Incommoditez. Ce Général étoit posté d'abord dans un Endroit fort avantageux, où il se proposoit d'attendre les Russiens, qui marchoient à lui, sous la Conduite des Généraux Repnin & Bauer. Après qu'ils se furent retirez, sans avoir ôsé l'entamer, il distribua ses Troupes sur la Frontiere, où elles étoient assez mal à leur aise, & où l'Ami & l'Ennemi les incommodoient également. Comme les Gens de Wiesnowicki enlevoient ce que les Russiens n'attrapoient point, les Suédois furent obligés d'être bons œconomes, afin de ne pas s'exposer à périr entiérement. Ce fut du côté de Dorpt, que Monsieur de Lewenhaupt eut d'avantage à souffrir: & l'Ennemi ne lui donna point de Re-

pos,

1707.

Octobre.

le 29.
Madame
Siniawski
enlevée.

pos, avant que le Général Suédois l'eut renvoïé de la belle manière.
Le Lieutenant-Colonel Bröms aïant été détaché, avec quelques cens
Chevaux, du côté de Dorpt, rencontra, près de Terrefer, un Parti
ennemi de cinq cens Chevaux. Il l'attaqua auſſi-tôt, le mit en Fuite, & le pourſuivit juſqu'à la diſtance de trois quarts de lieues de la
Ville. Pendant cette Retraite, les Ruſſiens perdirent beaucoup de Monde. Les Suédois ne firent pourtant qu'onze Priſonniers, qu'ils rammé-
rent avec une quarantaine de Chevaux.

Novembre.
Lettre des
Cantons
Suiſſes au
Roi, pré-
ſentée par le
Marquis de
Rochegude.
le 1.

APRE'S que le Roi ſe fut arrêté près de ſept Semaines à Slupza,
tant pour avoir l'œil ſur l'Affaire de Siléſie, & pour voir de quelle maniere on éxécutoit la Convention d'Alt-Ranſtadt, que pour laiſſer paſſer la Saiſon des Pluïes, il ſe prépara enfin à partir, & à profiter de
la Gelée, qui rendoit les Chemins moins impraticables qu'ils n'avoient
été juſqu'alors. Près de ſon Départ, il donna Audience au Marquis
de Rochegude, qui vint le trouver, chargé d'une Lettre de Recommandation du Canton de Berne. La Commiſſion de ce Gentilhomme
étoit de ſupplier Sa Majeſté de vouloir emploïer ſon Crédit auprès du
Roi de France, pour faire rendre la Liberté aux Proteſtans qui ſouffroient depuis tant d'Années ſur les Galeres & dans les Cachots, pour
la ſeule Cauſe de Religion. La grande Réputation, que le Roi s'étoit
acquiſe, par la Maniere généreuſe dont il s'étoit intéreſſé en faveur
des Luthériens en Siléſie, fournit occaſion aux Cantons Suiſſes Evangéliques de s'adreſſer à lui dans cette Affaire. Sa Majeſté étoit très
diſpoſée à leur accorder leur Demande. Elle ne jugea pourtant pas à
propos d'en parler au Roi de France, ſans l'avoir fait ſonder, & ſans
qu'Elle fût aſſurée auparavant, que ſon Interceſſion produiroit un bon
Effet. D'ailleurs, Elle cherchoit conſtamment à éviter, autant qu'il
étoit poſſible, de ſe mêler des Affaires d'autrui. Senſible autant qu'on
pouvoit l'être aux Malheurs de ces pauvres Gens, Elle s'expliqua avec
bonté ſur ce Sujet, comme l'on peut s'en convaincre par la Réponſe
qu'Elle fit donner à Monſieur de Rochegude au Mois de Décembre
ſuivant. Cette Réponſe, qui s'adreſſoit aux Cantons Suiſſes, portoit:
„ Que Sa Majeſté avoit appris, par les Lettres que le Marquis de Ro-
„ chegude avoit apportées de leur Part, le déplorable Etat où ſe trou-
„ voient en France pluſieurs de la Confeſſion d'Augsbourg, qui avoient
„ été condamnez aux Galeres & mis dans des Cachots, & l'indigne
„ Traitement qu'ils y ſouffroient, pour avoir perſévéré conſtamment
„ dans la Profeſſion de la Religion Evangélique. Qu'Elle voïoit par
„ les mêmes Lettres, qu'ils croïoient, que ſon Interceſſion auprès du
„ Roi de France pourroit être d'un grand Soulagement à leurs Maux.
„ Que Sa Majeſté ne pouvoit, que leur applaudir de leur Zele, & que
„ loüer extrémement la Tendreſſe & la Pieté qui les intéreſſoient pour
„ eux. Qu'Elle ſouhaiteroit de tout ſon cœur pouvoir trouver, pour les
„ ſecourir, des Voies & des Ouvertures proportionnées à la juſte Com-
„ paſſion dont Elle ſe ſentoit touchée de leurs Maux, & à l'Eſtime qu'El-
„ le

„ le avoit pour leur Vertu & leur Innocence. Mais que, de tous
„ les Moïens qui s'étoient préfentez à fon Efprit, dans l'Etat préfent
„ des Chofes, Elle n'en avoit point trouvé de plus propres, que d'or-
„ donner à fon Envoïé à Paris de folliciter fortement cette Affaire à
„ la Cour de France, & de ne rien négliger pour obtenir leur Grace
„ & leur Délivrance. Que Sa Majefté affuroit les Cantons refpectifs,
„ que l'heureux Succès de cette Interceffion feroit pour Elle un vé-
„ ritable Sujet de Joie. Que, de quelque Maniere que l'Affaire tour-
„ nât, elle efpéroit au moins qu'ils verroient par-là fes bonnes Inten-
„ tions, & combien Elle avoit à cœur de favorifer la Religion, & de
„ leur faire Plaifir, &c.„ Cette Lettre étoit datée de Wienitz le 9.
Décembre 1707.. & fignée par le Roi. Monfieur de Cronftröm, fon
Envoïé à Paris, eut ordre de faire tout fon poffible, pour procurer à
ces pauvres Gens une entiere Liberté, ou du moins quelque Soulagement dans leurs Maux. Que, cependant, avant que d'en parler, il
devoit bien s'informer fi ces Gens-là n'étoient accufez d'aucun autre
Crime, que de celui de perféverer conftamment dans la Profeffion de
leur Religion. Qu'il devoit auparavant fonder les Intentions de la Cour
de France, & propofer la Chofe d'une maniere indirecte, en repréfen-
tant, que, quoiqué les Cantons Suiffes en euffent fupplié Sa Majefté Suédoife, Elle ne vouloit néanmoins rien demander, qui pût faire de la Peine
au Roi Très-Chrétien ; que fi ce Prince vouloit bien avoir des Egards
pour l'Interceffion de Sa Majefté, Elle regarderoit cette Condefcendan-
ce comme une Preuve toute particuliere de l'Amitié & de l'Affection
de la Cour de France.

PENDANT ce Tems-là, la Pruffe Polonoife étoit expofée aux Courfes de Ribinski, dont les Adhérans commettoient toutes fortes de Defordres & de Cruautez. Ils firent une Irruption, lorfqu'on s'y attendoit le moins, dans la Staroftie de Chriftbourg, qu'ils ruïnérent de fond
en comble. Le Colonel Ekeblad détacha de nouveau, d'Elbingen, le
Lieutenant-Colonel Jäger, pour leur donner la Chaffe. Cet Officier
fit tout fon poffible, pour leur dérober fa Marche ; mais, aïant été découvert, les Polonois fe retirérent en grande Diligence. Ils furent
pourfuivis avec beaucoup de Vivacité, fans néanmoins qu'on leur fît
d'autre Mal, que de leur enlever quelque peu de Prifonniers. Monfieur d'Ekeblad mit auffi quelques Troupes à Meve & à Marienbourg.
Par cet Expédient, il éloigna Ribinski de ces deux Villes, où il n'ôfa
plus fe montrer.

PLUSIEURS Régimens de l'Armée du Roi s'étoient déjà mis en
Marche, pour fe rendre fur la Viftule. Enfin, Charles décampa lui-
même de Slupza, & fit le prémier jour trois lieues jufqu'à Cleschova.
Le lendemain, il alla à Petricow, & le jour fuivant, il vint, après
avoir paffé devant Radziewice, à Breft en Cujavie, où ceux de la
Chancellerie furent mis en Quartier. Le Roi prit fon Quartier-général
à Wienitz, Maifon de Gentilhomme, à une lieue de Breft. Il ne fe

*Marches du
Roi.*
*le 2. le 4.
le 5.*

Bb 2   paffa

paffa pas un jour qu'il n'allât, pour le moins une fois, d'un de ces Endroits à l'autre.

LES Troupes, qui étoient autour de Wladiſlau, jettérent dans cet
Endroit-là un Pont ſur la Viſtule. Afin d'avoir des Matériaux pour
conſtruire ce Pont, on abbatit les meilleures Maiſons & les plus à
portée. Pendant le Travail, les Ruſſiens ſe montrérent de tems à autre ſur le Rivage oppoſé: ils firent même Feu ſur les nôtres, qui y
répondirent de même, mais ſans que l'on ſe cauſât aucun Mal. Au
milieu de la Riviere, il y avoit une petite Ile, où les Suédois alloient
fort ſouvent. Le Roi s'y rendit auſſi, non ſans s'expoſer beaucoup,
à cauſe du Feu que l'Ennemi faiſoit. D'abord, Sa Majeſté s'en mit
fort peu en peine; mais, à la fin, Elle y fit tranſporter trois ou quatre petites Piéces de Campagne, dont une ſeule Décharge diſſipa entiérement les Ruſſiens. Dès que le Pont fut achevé, le Roi paſſa la
Viſtule, à la tête de trois cens Hommes du Régiment des Gardes,
dans le Deſſein de prendre Poſte du Côté oppoſé, pour donner le tems
à toute ſon Armée de le joindre. Mais, comme les Gens du Païs lui firent remarquer, que la Riviere ſe déborde toutes les Années, préciſément dans ce Tems-là, ce qui ne dure pourtant que peu de jours, il
n'y reſta qu'une nuit, & revint avec ſon Détachement. En effet,
les Eaux montérent ſi ſubitement, que les Glaçons commençoient déjà à endommager le Pont. Quelque peu conſidérable que fût le Détachement qui paſſa la Viſtule, il ne laiſſa pas d'inſpirer à l'Ennemi tant
de Crainte, que, non-ſeulement les Partis les plus proches s'enfuirent
au travers des Bois & des Chemins détournez, mais auſſi que le Général Rönne, en moins de ſix heures de tems, décampa de Pultausk
avec ſes Troupes, & celles qui étoient ſur le Narew, pour ſe rendre
en Lithuanie. Ce Général s'imaginoit, que les Suédois n'avoient quitté les Environs de Slupza, que pour étendre leurs Quartiers d'Hiver
juſqu'à la Viſtule, où ils trouveroient plus facilement de quoi ſubſiſter; mais, lorſqu'il apprit qu'ils ſe mettoient en devoir de paſſer cette Riviere, il précipita ſa Retraite autant qu'il pût. Le Roi détacha
quelques Valaques, avec ordre de le pourſuivre. Ils revinrent au
bout de quelques jours, avec pluſieurs Priſonniers.

IL y avoit déjà du tems, que le Roi Staniſlas avoit envoïé un Seigneur Polonois à la Cour Ottomanne, pour y notifier ſon Avénement à
la Couronne, & pour renouveller l'Amitié entre la Pologne & la Porte. Cette Ambaſſade fut très bien reçue à Conſtantinople. Le Grand-
Seigneur renvoïa avec le Miniſtre Polonois un Aga, qui ſe rendit d'a-
bord auprès du Roi Staniſlas, dans ſon Quartier de Swiente, à deux
lieues de Wienitz. Au bout de quelques jours, il alla à Breſt, pour
voir le Comte Piper, auquel il dit entre autres, que comme ſa Cour
avoit de coutume de charger quelque Seraskier des Ambaſſades moins
ſolemnelles, le Séraskier de Siliſtrie, comme le plus proche de la Frontiere de Pologne, avoit eu ordre de Sa Hauteſſe d'écrire au Roi de
Sue-

Suede; & que lui Aga venoit pour remettre au Roi cette Lettre, dont il donna une Copie au Comte. Elle portoit, que la Renommée des grandes Actions de Sa Majesté étant parvenue au Grand-Seigneur son Maitre, il lui avoit ordonné de lui offrir son Amitié, & de lui témoigner qu'il prenoit beaucoup de Part au Succès de ses Armes. Le Roi de Suede refusa d'abord de recevoir cet Ambassadeur, & de lui donner Audience, parce qu'il n'étoit point à considérer comme un Ministre Public, mais comme un Particulier, envoié de la Part d'un autre Particulier. Mais, sur les Instances du Roi Stanislas, qui représenta combien l'Amitié de la Porte lui étoit nécessaire dans la Conjoncture présente, Charles se laissa persuader, & il lui donna Audience, au Quartier du Comte Piper. Il fit à Sa Majesté un Compliment assez bien tourné: &, après avoir vanté l'Estime & l'Amitié, que le Sultan son Maitre avoit pour Elle, il lui remit la Lettre du Seraskier. Le Chambellan Klingenstierna, qui en avoit eu une Copie, l'interpréta en Suédois. Le Sécrétaire d'Etat Hermelin répondit en Latin, au Nom du Roi: un des Officiers de l'Aga interpréta cette Réponse en Turc. Tout cela se fit sans aucun Appareil, & sans la moindre Cérémonie; le Roi se tenant debout, comme de coutume, avec le Chapeau sous le Bras. Après l'Audience, Sa Majesté retourna à son Quartier-général. L'Aga fut traité à diner par le Comte Piper; & on lui prépara une Maison dans la Ville, où il fut servi par la Livrée du Roi, & défraïé jusqu'à son Départ.

1707.
Novembre.
V. L'APP.
No. CXXI.

COMME ce Ministre se trouvoit à portée de la Chancellerie, il tacha de profiter de cette Circonstance, & il le fit avec beaucoup d'Habileté. D'abord, il rechercha l'Entretien des Ministres Suédois, comme un Amusement capable de lui faire passer agréablement quelques Heures de Tems: mais, on ne fut pas long-tems sans appercevoir, qu'il vouloit parler d'Affaire, & qu'il devoit être chargé de quelque Commission particuliere; cherchant néanmoins toutes sortes de Détours, afin qu'il ne parût point que les prémieres Propositions vinssent de la Part de la Porte Ottomane. Un jour, il demanda, avec une espece d'Etonnement, pourquoi les Suédois ne faisoient point de Commerce en Turquie, à l'éxemple de l'Angleterre & de la Hollande, qui en retiroient un Profit considérable? On lui répondit, que l'Eloignement des Lieux sembloit s'opposer à un pareil Commerce, outre que les Corsaires de Barbarie rendoient la Navigation fort perilleuse. À cela, il repliqua, qu'un bon Vent abrégeoit beaucoup le Chemin, & que les Suédois pourroient obtenir du Sultan son Maitre des Passeports avec lesquels il n'auroient rien à craindre de la part de ceux de Tunis, d'Alger, & de Tripolis. Au bout de deux jours, il présenta un Mémoire ou Spécification de toutes les Marchandises que les François, les Anglois, les Hollandois, les Espagnols, les Vénitiens, & les Génois, apportent à Constantinople, & de celles que ces différentes

Décembre.
Proposition
de ce Minis-
tre au Roi
de Suede.

le 10.

le 12.

Na-

Nations viennent y chercher (*a*). Cette Piéce aïant été traduite en Suédois par Monsieur Klingenstierna, on la fit voir au Roi, qui parut si satisfait de cette Proposition, qu'il envoïa ordre à Stockholm d'examiner de quelle Maniere on pourroit établir ce Commerce sur un bon pié. Lorsqu'on rapporta au Ministre Turc, que le Roi avoit approuvé son Projet, & qu'il en avoit écrit en Suede, il en parut charmé; disant, que cela lui étoit d'autant plus agréable, que le Sultan son Maitre avoit fait racheter, & mettre en Liberté, au de-là de cent Suédois, qui avoient été pris par les Russiens & vendus en Turquie. Il ajouta, que Sa Hautesse vouloit par-là témoigner sa Reconnoissance envers le Roi de Suede, de la Bonté qu'il avoit eue de rendre la Liberté aux Turcs qui étoient prisonniers à Lemberg, lorsque Sa Majesté se rendit Maitresse de cette Ville (*b*). Après plusieurs Conférences de cette nature, il commença à parler d'une Amitié plus étroite, & demanda, si l'on pouvoit compter que le Roi de Suede n'abandonneroit jamais le Roi Stanislas, & si Sa Majesté auroit pour agréable que le Grand-Seigneur fournît aussi du Secours à ce Prince contre ses Ennemis. Ajoutant, que le Sultan avoit fait avec la Pologne une Paix éternelle, qu'il observeroit religieusement; qu'il ne vouloit pourtant pas rompre ouvertement avec le Czar; & que, pour cela, les Troupes que le Grand-Seigneur fourniroit au Roi Stanislas ne seroient censées être que des Troupes Auxiliaires. Ces Discours n'étoient rien moins que hazardez; car, le Sultan avoit déjà, par une autre Voie, fait offrir au Roi Stanislas toutes les Troupes Tartares, avec un bon nombre de Turcs, dont le Roi de Pologne devoit lui-même avoir le Commandement.

CHARLES voïoit trop bien l'Importance de ces Propositions, pour ne pas y donner les Mains. Il ordonna au Comte Piper d'écrire en son Nom particulier au Seraskier, pour lui témoigner combien Sa Majesté étoit sensible aux Marques d'Amitié du Grand-Seigneur. Dans cet-

(*a*) MARCHANDISES, que l'on apporte à Constantinople : Toutes sortes de Draps, de fins, de moïens, & de gros. Des Tabis; des Ecarlattes; des Draps de Berri; une sorte de Drap fort mince; des Serges; des Satins; des Etoffes à Fleurs d'Or; des Moires d'Or; de l'Etain, du Salamoniac; du Cuivre jaune; toutes sortes de Verreries & de Cristaux taillés. On y débite outre cela quantité d'autres Marchandises, que l'on ne peut point spécifier. En retour, on a toutes sortes de Soies, du Cotton, de la Laine fine, des Tapis de Turquie, des Toiles de Cotton unies & croisées, des Moirès, des Etoffes de Soie d'Egipte, des Camelots, des Echarpes, des Mouchoirs de Soie, du Poil de Chevre de différentes Sortes, des Cuirs, des Maroquins, du Chagrin, de la Cire, du Ris, du Tabac, du Caffé, de la Cochenille, de l'Indigo, des Peaux de Tigres & de Léopards, du Poisson sec, du Caviar. Avec cela, il se fait à Constantinople quelque Commerce en Pierres fines, Diamans, Perles, &c.

(*b*) MR. DE VOLTAIRE dit dans son *Histoire de Charles XII*, que l'Ambassadeur présenta à Charles cent Soldats Suédois rachetez par le Grand-Seigneur. Il se trompe.

cette Lettre, le Prémier-Minirtre, en parlant des Repréſentations de l'Aga, & de la Réponſe qui y avoit été faite, ſe rapporta à la Déclaration que le Roi avoit fait donner par écrit à l'Aga. Cette Piéce portoit en ſubſtance: 1. Que l'Amitié que le Grand-Seigneur avoit fait offrir à Sa Majeſté lui étoit fort agréable, & qu'Elle auroit toujours pour lui les mêmes Sentimens. 2. Que l'on remercioit beaucoup des Ouvertures au ſujet du Commerce, dont on délibéreroit ultérieurement, & dont on pourroit bien profiter, pourvû que l'on n'eut rien à craindre des Corſaires. 3. Que Sa Majeſté Suédoiſe enverroit un Miniſtre à Conſtantinople; & qu'Elle ſe flattoit, qu'on lui accorderoit les mêmes Honneurs que l'on accordoit aux Miniſtres des autres Puiſſances de l'Europe. 4. Qu'à l'égard du Roi Staniſlas, comme Sa Majeſté Suédoiſe s'étoit engagée à deffendre ce Prince, & ſon Roïaume, contre tous ſes Ennemis, Elle ne pourroit qu'avoir pour agréable tout ce que le Grand-Seigneur feroit en faveur de Sa Majeſté Polonoiſe.

L'Aga reçut du Roi un Préſent de ſix-cens Ducats. Outre cela, les Généraux Suédois lui firent Préſent de quantité d'Armes & de pluſieurs autres Choſes précieuſes. Le Roi Staniſlas le régala de différentes Piéces d'Argenterie d'un Travail exquis, & lui donna auſſi pluſieurs beaux Chevaux. A ſon Audience de Congé, il fit prier le Roi de lui permettre qu'il pût lui parler plus long-tems qu'il ne l'avoit fait la prémiere fois, à quoi Sa Majeſté voulut bien conſentir. Elle lui fit diverſes Queſtions ſur la Perſonne du Grand-Seigneur, & ſur l'Etat de la Cour Ottomanne. Le Diſcours s'anima, ce qui fit un ſingulier Plaiſir à l'Aga, charmé de voir le Roi en ſi bonne Humeur, & de trouver en lui une Affabilité à laquelle on n'eſt point accoutumé à la Cour du Sultan. Entre autres choſes que l'Aga dit au Roi, il ſe plaignit de ce qu'il ne pouvoit point avoir un Plaiſir qui mettroit le Comble à ſa Satisfaction; qu'il avoit été un Mois entier au milieu de la fameuſe Armée Suédoiſe, ſans en avoir vû un ſeul Régiment. Le Roi lui repliqua, qu'en effet c'étoit-là quelque-choſe de ſingulier, & qu'à ſon Retour en Turquie il pourroit rapporter ce Trait comme une Choſe fort extraordinaire. Enfin, l'Envoïé Turc promit comme une Preuve de l'Autorité que le Grand-Seigneur a ſur les Corſaires de Barbarie, qu'il obligeroit les Algériens à rendre un Batiment Suédois de Gothembourg, qu'ils avoient pris, il y avoit environ un An (*a*).

TANDIS que tout cela ſe paſſoit, les Commiſſaires Impériaux ſe mettoient en devoir d'éxécuter de bonne-foi la Convention d'Alt-Ranſtadt.

(*a*) ENVIRON ce tems-là, on choiſit à Stockholm, parmi les Priſonniers Saxons qui étoient entrez au Service de Suede, trois mille Hommes, dont on compoſa quelques Régimens, que l'on envoïa en Finlande, pour être mis en Quartier autour de Wibourg. Ces Troupes ſouffrirent beaucoup pendant le Tranſport qui ſe faiſoit dans une Saiſon fort rude. Les Vaiſſeaux, accueillis d'une furieuſe Tempête, furent diſſipez & obligés de chercher le prémier Port qui s'offroit. Ils ſe rejoignirent pourtant peu après, ſans avoir été fort endommagés.

tadt. . Après avoir dreſſé une Spécification de toutes les Egliſes, avec leurs Biens, Ornemens, & autres Choſes, qui avoient été ôtées aux Luthériens depuis le Traité de Weſtphalie, on rendit tout cela, en très peu de jours, à ceux de cette Religion dans les Principautez de Wolau, Brieg, & Liegnitz, au grand Contentement des pauvres Habitans. Il n'en fut pas de même à l'égard de Munſterberg. On prétendit, que ce n'étoit que par Abus, que l'on avoit nommé cet Endroit-là dans la Convention. Mais, comme Stralenheim avoit des Ordres précis de ne céder abſolument rien de ce qui avoit été ſtipulé, il inſiſta fortement pour que le tout fût accompli à la Lettre. Comme ce Miniſtre demanda auſſi les mêmes Avantages pour les Principautez en Siléſie, qui n'étoient point nommées expreſſément dans la Convention, la Cour Impériale en parut fort allarmée. Elle s'imagina d'abord, que le Roi de Suede ne cherchoit par-là qu'un nouveau Prétexte de Brouillerie. Quelques Perſonnes mal-intentionnées fomentérent adroitement ces Soupçons; mais, lorſque l'Empereur fut informé au juſte des Sentimens de Sa Majeſté, & qu'Elle ne cherchoit point à lui faire le moindre Déplaiſir, il en fit paroître beaucoup de Contentement, & déclara, qu'il pourroit de ſon propre Mouvement accorder plus que ce à quoi il étoit tenu en vertu du Traité.

Exercice de Pieté des Enfans en Siléſie.

DANS pluſieurs Villes de la Siléſie, où les Egliſes Luthériennes étoient encore fermées, il arriva dans ce tems-là une Choſe des plus ſingulieres, & qui cauſa au Peuple autant d'Admiration que de Surpriſe. Un certain Nombre d'Enfans, de cinq juſqu'à quatorze Ans, s'aſſemblérent réguliérement tous les jours, deux & ſouvent trois fois, dans certains Lieux marqués, pour faire la Priere. Ce fut à Beuthen, Ville de la Siléſie, ſur l'Oder, où l'on obſerva pour la prémiere fois une pareille Aſſemblée, le ¼ Décembre, Jour des Innocens, ſelon le nouveau Stile. Ces Enfans ne ſe trouvérent d'abord enſemble qu'en petit Nombre; mais, en moins de quatre ou cinq jours, on en comptoit plus de deux cens. La choſe devint en peu de tems générale par toute la Province, & particuliérement à Liegnitz, Breſlau, Glogau, Frauſtadt, & juſqu'à Groſſen, de même que dans la Haute-Siléſie auprès de Mines. Voici la Maniere, dont ſe faiſoient ces Aſſemblées. Après s'être rendus, ſans aucun Bruit, dans les Lieux deſtinez à cet Exercice de Piété, ils ſe rangeoient en Cercle, autour d'un d'entre eux, qui ſe tenoit au centre, & qu'ils avoient eux-mêmes choiſi pour faire la Fonction de Lecteur. Celui-ci commençoit par entonner différens Hymnes que toute l'Aſſemblée chantoit avec lui. Après cela, ils ſe mettoient à genoux pour entendre faire la Lecture d'un Chapitre de l'Ecriture Sainte. On liſoit auſſi un des Pſeaumes, & puis une longue & belle Priere pour l'Empereur en particulier, & pour tous ceux de la Religion Evangélique en général (*a*). Après l'Oraiſon Dominicale,

ils

(*b*) MONSIEUR NEUMAN a publié ſur ce Sujet un Traité en Allemand, qui mérite

ils chantoient encore un Hymne: le Lecteur donnoit la Bénédiction ; & l'Exercice finiſſoit par un autre Hymne.   Ils ſe retiroient enſuite chés eux, pour vaquer à leurs Affaires. Ils marquoient, dans tous ces Exercices, tant de Piété, & une Ferveur ſi grande, que le Peuple, qui accouroit de toutes Parts, pour voir ces Aſſemblées, fondoit en Larmes.   Pluſieurs Officiers de diſtinction, qui n'y alloient que pour ſe moquer de la Choſe, furent obligés d'avouër, qu'ils en avoient été ex- trémement pénétrez, & qu'ils n'avoient pû s'empécher de répandre des Larmes, en voïant un Zele ſi ardent, & en écoutant des Prieres remplies d'Onction, & infiniment au-deſſus de la Portée d'un Age ſi tendre.   On emploïa toutes ſortes de Moïens, pour diſſiper ces Aſ- ſemblées; mais, ni les Deffenſes du Souverain, ni les Traitemens ri- goureux des Parens, ni les Exhortations des Miniſtres, ni même l'Em- priſonnement de pluſieurs d'entre eux, ne furent capables de rallentir leur Dévotion (*a*).

LES Valaques, que le Roi de Suede détacha pour faire des Cour- ſes de l'autre côté de la Viſtule, remportoient toujours quelques Avan- tages ſur les Ennemis, & s'approchérent juſqu'au Narew, & même juſ- qu'au Bug.   A Neuſtadt en Pruſſe, ils ſurprirent trois cens tant Polo- nois que Valaques, que l'on venoit de lever pour le Régiment de Dra- gons du Lieutenant-Général Rönne.   Ils furent tous faits Priſonniers; mais, comme les Valaques, à l'exemple des Polonois, n'étoient pas fort rigides envers leurs Compatriotes, la plûpart de ces Gens-là trouvé- rent moïen de s'évader. Le Capitaine Bobronicki défit à Brock un Dé- tachement Ruſſien de ſoixante Chevaux. Il fit priſonniers ſix Maré- chaux de Logis, qu'il envoïa au Quartier-général.   Immédiatement après, il rencontra un Parti Polonois de cent-cinquante Chevaux, dont il en ramena douze. Il alla enſuite à Wurcſova , à quatre lieues de Pultauſk , où il engagea une Eſcarmouche avec l'Arriere-Garde enne- mie. Il tua une trentaine de Ruſſiens, & fit quelques Priſonniers. Le Capitaine Gregoras, après avoir paſſé le Bug avec ſon Détachement, ſe rendit à Prag, où il enleva les Gardes ennemies. On détacha cinq cens Hommes de l'Armée de la Couronne, pour lui donner la Chaſſe. Ceux-ci furent ſurpris à Murſk par le Colonel Urbanowitz, qui en tua plus de cent-cinquante.   Le Chef de ces Troupes fut fait priſon- nier, avec quelques autres Officiers , & on leur enleva trois Etendarts & une Paire de Timbales.

1707:
Décembre.

Courſes des Valaques Suédois.
le 13.

le 26.
le 29.

le 30.

EN-

rite d'être lû. Il y a inſéré toutes les Prieres que faiſoient ces Enfans dans leurs Aſ- ſemblées.

(*a*) MONSIEUR NORDBERG ne dit pas, que ces Enfans imitoient, dans leurs Aſ- ſemblées, ce qu'ils avoient vû faire aux Régimens Suédois, pendant leur Marche par la Siléſie. Voïez ADLERFELT, *Hiſtoire Militaire de Charles XII*, Tome II, page 210. R. D. T.

Decembre.

Les Suédois passent la Vistule.
le 20.

ENFIN, les Ordres aïant été donnez de décamper, l'Armée se mit en mouvement pour passer la Vistule. Quelques Régimens la passérent sur le Pont qui avoit été racommodé : d'autres, se servant de Prames, passérent en deux Endroits différens. De ces derniers, plusieurs eurent beaucoup à souffrir ; parce que les Prames donnérent sur le Sable. On fut obligé d'attendre pendant trois jours avant que l'Eau fût assez haute pour les dégager. Toutes les Troupes auroient pû commodément défiler sur le Pont ; mais, quelques Faiseurs de Projet aïant fait accroire au Roi, que l'Armée seroit plûtôt transportée de l'autre côté de la Riviere, si l'on en faisoit passer une partie sur des Prames, Sa Majesté y avoit donné les mains. En attendant, les Pluies firent monter la Riviere, & les Glaces qu'elle charioit rompirent de nouveau le Pont, sans espérance qu'il pût être rétabli. Comme la Gelée devint plus forte, la Vistule fut entiérement couverte de Glaces. Le deuxième jour de Noël, le Roi, accompagné de quelques Officiers, alla lui-même essaïer si l'on pourroit sans danger s'y exposer. Quoiqu'elle lui parût assez forte, il jugea néanmoins à propos d'user de Précautions. Pour cet effet, comme la Gelée continuoit toujours, il fit jetter, sur la Glace, de la Paille, & puis de l'Eau, sur laquelle on jetta encore de la Paille & de la Neige à plusieurs reprises : ce qui faisoit une espece de Pont, large de trente pieds, sur lequel on fit passer, non seulement la Cavallerie, mais aussi toute l'Artillerie, sans qu'il arrivât aucun Malheur ; n'y aïant eu que quelques Dragons de Meyerfeldt, qui, voulant prendre à côté en arrivant à l'autre Bord, enfoncérent sous la Glace, sans qu'il s'en noïât un seul. Le Roi, étant parti de Breft, alla à Wladislau, où il passa la Vistule. Il marcha ensuite à un Village appellé Gurka Wieliki, & fit ce jour-là trois lieues. Le lendemain, pour faire place aux Régiments qui suivoient, il se rendit à Borsceve. Le même jour, qui étoit le dernier de l'An, le Roi Staniflas passa près de Biescova & Thorn. Une partie de ses Troupes, après avoir passé le Bug, se partagea en deux Détachemens, dont l'un marcha à Prag, où il enleva quelques Valaques des Gens du Palatin de Lublin. L'autre marcha à Karczow à trois lieues de-là, où il attaqua un Gros des mêmes Valaques. Une cinquantaine furent faits Prisonniers : les autres furent sabrez, ou périrent par les Flammes, dans les Maisons où ils s'étoient sauvez.

le 26.

le 30.
le 31.

Janvier.

QUOIQUE le Roi de Suede se trouvât, avec la plus grande Partie de son Armée, de l'autre côté de la Vistule, il n'y avoit pourtant personne qui pût découvrir au juste quels étoient les Desseins de Sa Majesté, & où Elle se proposoit de marcher. Plusieurs jugèoient, que, comme l'on apprenoit par le moïen des Prisonniers Russiens, que le Czar étoit attendu incessamment de retour de Moscou, où il étoit allé faire un Voïage, le Roi demeureroit sur la Vistule, pour voir s'il n'y auroit pas moïen de contraindre les Russiens à livrer Bataille. On se confirma dans cette idée, lorsqu'on vit qu'il y avoit, dans tous ces

Can-

Cantons, de bonnes Provifions de Fourage & de Vivres, dont on avoit commencé à manquer de l'autre côté de la Viftule. On fut bien-tôt détrompé. Le Roi continua fa Marche, malgré de Dégel, qui rendoit les Chemins prefque impraticables. Alors, les Spéculatifs commencèrent à changer de Langage. Ils fuppoférent, que le Roi ne faifoit tant de Diligence, que pour s'approcher du Comte Lewenhaupt & du Prince Wiesnowicki, contre lefquels on prétendoit que toute l'Armée Ruffienne étoit en Marche. Mais, on fe trompa encore cette fois, comme nous le verrons dans la fuite de cette Hiftoire.

L E Jour de l'An, Charles fe mit en Marche, d'abord après le Service Divin, qui fe fit ce Jour-là plus matin qu'à l'ordinaire. Il fe rendit à Drobin, où il s'arrêta deux jours, pour attendre le refte de l'Armée. De-là, il alla par Radzion à Cziechanova. Le Général Lewenhaupt, attentif à ce qui fe faifoit dans fon Voifinage, ordonna aux Lieutenants-Colonels Kaulbars & Bröms de joindre enfemble leurs Détachemens, pour attaquer un Corps de Troupes Ruffiennes pofté près de Dorpt, d'où l'Ennemi fit fortir plufieurs Partis, qui ruïnérent quelques Paroiffes aux environs.

L E S Suédois attaquérent les Ruffiens pendant la nuit, & leur tuérent beaucoup de Monde, avant qu'ils euffent eu le tems de fe reconnoitre, & de fe mettre en deffenfe. Les Suédois, voïant la grande Supériorité des Ruffiens, & craignant d'en être accablez, firent une bonne Retraite, fans que l'Ennemi ôfât les pourfuivre. On apprit quelques jours après, qu'un Gros de cinq mille Hommes, tant Cofaques, que Tartares & Calmouques, aïant été détaché de l'Armée Ruffienne, avoit attaqué le Prince Wiesnowicki dans fon Quartier à Janitski. Un Détachement Suédois de fix cens Chevaux, qui étoit à une lieue de-là, rendit en cette Occafion de grands Services. L'Ennemi fut repouffé, & pourfuivi pendant cinq lieues de chemin. Plus de mille Hommes reftérent fur la place, & l'on fit au de-là de cent Prifonniers. Tout le monde loua la Conduite & la Bravoure du Prince Wiesnowicki, qui conduifit fes Troupes avec toute la Valeur imaginable. L'Ennemi effaïa plus d'une fois de fe rallier, & de rengager le Combat; mais, dès qu'il vit, que les Lithuaniens, à l'exemple des Suédois, ferroient leurs Rangs, & combattoient par Efcadrons, le Sabre à la main, il jugea à propos de fe retirer entiérement.

L E Roi, aïant féjourné deux jours à Cziechanova, marcha à la Ville de Przasnick, où il avoit eu fon Quartier quatre Ans auparavant. Cette fois-ci, il ne voulut point loger dans le Couvent où il avoit été logé la prémiere fois; Chofe dont on parut fort furpris. L'Armée eut ordre de prendre trois Routes différentes, qui aboutiffoient pourtant toutes à la Ville de Kolno, où le Roi indiqua le Rendez-vous général. Charles prit la Route du milieu comme la moins praticable au travers des Bois & des Marais. On prétendoit, que jamais Armée n'avoit paffé par-là; & que les Habitans, qui favent fe fervir fort adroitement

Cc 2   de

*1708.
Janvier.*

*le 1.
Marches du
Roi.
le 4.*

le 5.

*le 7.
Entre dans
la Mafovie.*

1708.
Janvier.
le 10.
le 11.
le 13.
le 14

de leurs Fufils, avoient non-feulement tenu les Ruffiens éloignés de ces
Cantons, mais qu'ils leur avoient même caufé beaucoup de Mal, pendant tout l'Eté paffé. Après que le Roi fe fut arrêté deux jours à
Przasnick, il fe rendit à Olfefska, qui eft le prémier Village de la
Mafovie. Tous les Habitans s'étoient retirez, avec leurs meilleurs Effets, dans un Marais, dont l'Armée Suédoife fut obligée de traverfer
un bout d'une demi-lieue; ce qui ne fe fit qu'avec une Peine incroïable. On fit néanmoins ce jour-là trois lieues. Le lendemain, Sa Majefté vint à Brodovolinski, où l'on ne trouva que quelques vieilles Femmes, tous les Hommes s'étant retirez dans les Marais, où ils travailloient à s'oppofer au Paffage de l'Armée. Le Roi avoit appris à Przasnick, qu'après avoir traverfé deux jours de fuite de grands Marais, il
trouveroit un Pont qui faciliteroit beaucoup la Marche. Lorfqu'il arriva dans cet Endroit, il vit que les Païfans, non-feulement avoient
détruit entiérement le Pont, mais qu'à un quart-de-lieue de-là, ils
avoient fermé le Paffage avec de gros Arbres, qu'ils avoient abatus, &
dont ils avoient fait des Barricades & des Epaulemens, derriere lefquels ils étoient à l'Affut avec leurs Carabines. Quelques Gentilshommes, s'étant un peu trop avancés, furent fi bien faluez d'une Décharge
que firent les Païfans, qu'il y en eut plufieurs de bleffés: d'autres perdirent leurs Chevaux. A une demi-lieue de-là, on fit prendre les devants aux Quartiers-Maitres; mais, avant qu'ils fuffent arrivez auprès
de l'Abbatis, ils eurent tant de Coups de Fufil à effuïer, qu'ils fe virent dans la néceffité de s'en retourner. Des Valaques, dont ils étoient
accompagnés, il y en eut fept de tuez, avec un Fourrier du Régiment
des Gardes. Cette Circonftance obligea le Roi de demeurer, avec la
Cour & les Drabans, pendant toute la nuit dans le Bois, où l'on fit
plus d'une vingtaine de Feux, & où les Trompettes & les Timbales
fe firent entendre jufqu'au matin.

LE lendemain, le Marais fe trouvant couvert de Glace, les Gardes & les *Enfpänner* eurent ordre de prendre les devants, pour réparer le Pont, ce qui fe fit avec une Diligence extraordinaire. La Cavallerie paffa la prémiere, & enfuite l'Infanterie. Les Païfans tirérent quelques Coups, & tuérent deux Valaques. Un des Heiduces du
Roi eut les deux bras emportez, & le Page Klingenftierna perdit fon
Cheval. De l'autre côté du Marais, le Roi rencontra un Païfan Pruf-
fien, qui avoit été voir une de fes Filles mariée en Mafovie. D'abord
cet Homme parut fort confterné; mais, après qu'on l'eut fait approcher du Feu, & qu'on lui eut donné à déjeuner, il enfeigna au Roi
un Chemin détourné, qui le conduifit à un Défilé, que quelque Infanterie des Troupes de Sa Majefté avoit occupé pendant la nuit. De cet
Endroit, on vit les Païfans rangés à l'Entrée d'un Bois; &, autant
que l'on en pût juger, ils devoient être en grand Nombre. La Cavallerie eut ordre de fe tenir prête: le Roi étoit à la tête, allant & venant, & s'éloigna même un peu trop de fes Troupes. Sur ces Entrefaites,

faites, le Chef des Païfans s'avança. C'étoit un Homme de bonne Mine. Il avoit par-deffus fes Habits une Chemife blanche, & portoit
des Culottes blanches, avec des Bas de la même Couleur. Il étoit armé
de deux Carabines, dont il portoit une fur le Dos, & l'autre dans la
Main. S'étant approché à une Diftance raifonnable pour être entendu, il dit, que jamais Armée n'avoit traverfé ce Païs-là, & que l'on
empêcheroit auffi les Suédois de le traverfer. On lui répondit, que
les Suédois ne demandoient autre chofe que le Paffage; qu'on ne feroit aucun Mal aux Habitans; mais, qu'ils devoient bien confidérer
leurs Forces, & qui étoit celui à qui ils s'oppofoient. Après avoir ré-
pliqué plufieurs chofes, il demanda enfin, fi le Roi de Suede ne feroit
pas d'humeur de leur donner une certaine Somme d'Argent, & de
leur envoïer quelques Officiers pour fervir d'Otages jufqu'à l'entier
Païement de cette Somme? Le Roi demanda lui-même combien ils
vouloient? Mais, dans le même moment, un Chaffeur du Comte Rehnfchöld, qui s'étoit gliffé tout près de cet Homme, lui lâcha un Coup,
& le tua roide mort (*a*). Cette Avanture fit de la Peine au Roi. Ce
Chef de Païfans lui paroiffoit un Homme de Cœur; & il auroit bien
fouhaité de s'entretenir plus long-tems avec lui, pour favoir ce que lui
& fes Adhérans étoient en intention de faire.

LA-DESSUS on donna Ordre de marcher. Les Païfans, jugeant
bien qu'on leur préparoit quelque-chofe de finiftre, fe débandérent & fe
retirérent dans les Marais, où il étoit impoffible de les fuivre, à moins
que les Glaces n'euffent été affez fortes pour que l'on eut pû paffer deffus fans rifque. On apprit dans la fuite, que le Nombre de ces Païs-
fans montoit à fix mille Hommes: & il eft certain, que s'ils euffent
continué à fe tenir derriere les Abbatis où ils fe tenoient d'abord, ils
auroient fait mordre la pouffiere à bien de braves Gens, & nous auroient fait un Mal infini. Le Roi arriva ce jour-là à un Village nommé Lipnicki, & fit deux lieues & demie. De-là, après avoir paffé la
Pisga, il marcha à la Ville de Kolno, où finiffoit le Bois noir & épaïs
que l'on avoit traverfé jufques-là. Dans cet Endroit, Charles fit publier, que par-tout où les Quartiers-Maitres de fon Armée trouveroient
quelque Païfan armé, il feroit auffi-tôt pendu au prémier arbre fur le
grand Chemin, afin de fervir d'Exemple à fes Compatriotes. On prit
pendant la Marche plufieurs de ces Snaphans, que l'on vit la Corde au
col, & la Carabine fur le dos, prêts à être pendus. Quand on en avoit
un certain nombre, on les obligeoit de faire eux-mêmes leur Exécution: ils fe pendoient les uns les autres, & le dernier devenoit fon
propre Bourreau. Leurs Maifons & leurs Retraites furent réduites en
cendres. L'Aide-de-Camp-général Canifer fit préfenter au Roi quelques

(*a*) LE LONG, dans fon *Hiftoire de Charles XII*, écrite en Hollandois, dit, Tome
IV, page 252, que le Chaffeur fut pendu fur le champ. Il fe trompe: on ne fit rien à
cet Homme-là.

ques Prisonniers Russes & Calmouques, avec deux Etendarts qu'il leur avoit enlevez. Cet Officier, auquel on avoit fait prendre les devants, venoit de battre, près de Lomsa, à quatre lieues de Kolno, un Détachement ennemi de quatre cens Hommes. On apprit de ces Prisonniers, que leur Général savoit bien que les Suédois avoient passé la Vistule; mais, qu'il ne croïoit nullement, que ce fût toute l'Armée, mais seulement un gros Détachement, auquel le Roi de Suede avoit

le 18. le 20. fait prendre cette Route-là. Sa Majesté, étant décampée de Kolno, marcha à un Village, nommé Grobova, & de-là à la Ville de Won-

le 22. sos, où Elle s'arrêta un jour. Elle passa ensuite la Riviere de Bibra, & traversa deux grands Marais, sur un Pont qui avoit plus d'un quart de lieue de long. Elle arriva le soir, après avoir fait ce jour-là cinq lieues, à une Maison de Gentilhomme, nommé Kramkova. Si le Pont, dont je viens de parler, avoit été plus praticable qu'il n'étoit, on auroit aisément pû surprendre & défaire totalement un Corps de six mille Moscovites, posté aux environs de là: mais, comme il falloit à tout moment faire de nouvelles Réparations, ce qui retarda beaucoup notre Marche, les Ennemis, sur la prémiere Nouvelle de notre Approche, eurent assez de tems pour s'enfuir. On en défit pourtant quelques-uns, peu de jours après. Le Roi continua sa Marche,

24. & se rendit à la Ville de Koroschin, où l'on vit de loin quelques Par-

le 26. tis ennemis. De-là, il alla à un Village nommé Novawola.

Sur ces Entrefaites, il apprit qu'un Corps de dix mille Moscovites se trouvoit à Grodno, & que le Czar y étoit en personne. On eut aussi Avis, que ce Prince avoit donné ordre aux huit Régimens, postez à Wilna, de venir en diligence le joindre; & qu'il avoit été résolu, dans un Conseil de Guerre tenu à Dzienzol, que le Czar marcheroit lui-même contre les Suédois. Pour lui en épargner la peine,

le 28. Charles prit huit cens Chevaux de ses Régimens du Corps, tant Cavallerie, que Dragons, avec lesquels il marcha droit à Grodno. La Cour, avec les Drabans & le Régiment des Gardes, furent laissés à Novawola. A son Arrivée, il trouva, auprès du Pont sur le Niemen, un Détachement de deux mille Dragons Russes, qu'il attaqua sur le champ, avec tant de vigueur, qu'ils furent renversés & poursuivis jusques sous les Murailles de la Ville. Les Fuïards, qui y entrérent, répandirent par-tout l'Allarme & la Confusion. Le Czar, croïant avoir toute l'Armée Suédoise sur les bras, se retira avec précipitation, sortant de la Ville par la Porte opposée à celle par laquelle le Roi de Suede entra. Les Ennemis eurent dans cette Occasion quelques cens Hommes de tuez: & l'on fit prisonniers un Lieutenant avec cinquante Soldats. On se saisit aussi de quantité de Chariots chargés, devant lesquels il n'y avoit point de Chevaux. Le Roi, avec le Prince de Wurtemberg & le Comte Rehnschöld, alla loger dans une Maison de Jésuites: les Troupes furent distribuées dans la Ville; & on laissa à la Porte une Garde de trente Hommes. Le Czar, averti vers le soir, par les bons Peres

ché

chés lefquels le Roi étoit logé, du petit Nombre des Suédois, réfolut
de les furprendre la nuit fuivante dans la Ville, & de les en déloger;
mais, cette Tentative ne réüffit point. Les Ruffiens, au nombre de
trois mille Hommes revinrent à la faveur de l'obfcurité à Grodno: ils
attaquérent la Garde avancée avec beaucoup de Fureur, mais en très
bon ordre. Celle-ci foutint vaillamment les Efforts redoublez de l'Ennemi; mais, à la fin, elle fut obligée de céder à la grande Supériorité
des Ruffiens, & de fe retirer fur le Marché. A la prémiere Décharge de la Moufqueterie, le Roi monta à cheval avec ceux de fa fuite;
&, en fort peu de tems, toutes fes Troupes fe trouvérent fous les Armes. Le Prince de Wurtemberg, & le Velt-Maréchal Rehnfchöld,
qui ne furent pas fi-tôt prêts, coururent rifque d'être faits prifonniers.
S'étant égarez dans l'obfcurité de la nuit, ils joignirent les Mofcovites, penfant que ce fuffent des Suédois. Ils reconnnrent auffi-tôt leur
Erreur au Langage des Ennemis, & étant convenus de fe joindre au
Gros jufqu'à ce que l'on en viendroit aux mains, ils faifirent le moment
de retourner auprès des Suédois, fans avoir été reconnus par les Mofcovites. Cette Efcarmouche fut affez rude, quoiqu'elle ne durât que
peu de tems. Les Ruffiens laifférent fur le Marché, & dans les Rues, cinquante-fix Hommes de morts: ils eurent auffi quantité de bleffés. Les
Suédois ne perdirent, dans cette Occafion, qu'onze Hommes; & ils
n'en eurent que quarante-trois de bleffés. Les Valaques, aïant eu ordre de pourfuivre les Ennemis, en tuérent bon nombre, & rammenérent plufieurs Prifonniers. La Ville de Grodno fut prife le Jour de
Saint Charles, dont le Roi portoit le Nom.

LES Mofcovites, honteux d'avoir été obligés de laiffer la Place aux
Suédois, ne purent point diffimuler le Chagrin qu'ils en avoient. Le
Czar fit auffi-tôt arrêter le Brigadier Muhlenfeld, qui avoit veillé à la
Garde du Pont, & dont le Crime étoit de ne l'avoir point rompu avant
que de fe retirer. On le mit entre les mains du Confeil de Guerre;
mais, avant que fon Affaire fût jugée, il trouva moïen de fe fauver
par la fuite, fans quoi il auroit perdu la Tête. En s'échappant de fa
Prifon, il prit avec lui quatorze Hautbois du Prince Menzicof. Chemin faifant, ils furent furpris par un Détachement des Troupes de
Crifpin. Trois de ces Hautbois perdirent la vie dans cette rencontre:
les autres entrérent au Service du Prince Wiesnowicki. Monfieur de
Muhlenfeld s'arrêta quelques Semaines dans l'Armée Suédoife; mais, à
la prémiere Occafion, le Roi lui permit de fe retirer, pour chercher
ailleurs où fe mettre en fûreté.

APRES l'Expédition dont nous venons de parler, le Roi envoïa
ordre au refte de l'Armée, qui étoit encore à Novawola, de fe hâter
pour le joindre. Elle marcha donc, le prémier jour, jufqu'au Village
de Dobrinitza, & de-là, après avoir paffé le Niemen, à Grodno, où
le Roi la joignit avec fa Suite, pour fe rendre à Cafimirova, qui eft
une Maifon de Gentilhomme, à trois lieues & demie de Grodno.

Le

Janvier
le 31.
Février.

le 1.
le 3.

le 5.

le 6. *le* 7.

le 10. *le* 11.
le 12.

Le lendemain, Charles alla à Hobinski: & comme l'on eut **Avis** de plusieurs Endroits, que les Russiens étoient dans l'intention de ne s'arréter nulle part, & de mettre tout à feu & à sang, afin d'ôter aux Suédois le Moïen de subsister, il jugea nécessaire de talonner l'Ennemi autant qu'il seroit possible. Pour cet effet, il décampa aussi-tôt, & marcha à Sembora. De-là, aïant pris à droite, il passa devant Holowaz, & vint camper à Wasiliski, d'où, après avoir traversé la Ville de Miuta, il se rendit au Village de Kulbacki. Il passa le lendemain par Lida & Dubrava, & fit deux lieues & demie jusqu'à Klebansi. De-là, il alla par Tracheli à Lipnitza. Comme les Troupes avoient besoin de prendre du Repos, il s'y arrêta trois jours. Le froid étoit assez piquant: cependant, les Marais n'étoient pas tellement couverts de Glaces, qu'il n'y eut des Endroits où la Cavallerie & le Bagage avoient bien de la peine à passer. Les Chevaux souffroient beaucoup, à cause des Chemins raboteux: ils perdoient même les fers dans les Marais. Lorque tout cela fut racommodé, le Roi se rendit à la Ville de Sobotnicki. De-là, il alla, par Trabi, à Holsianna, & enfin par Krewo à la Ville de Smorgonie, où il établit son Quartier-général, & y fit halte quelque tems.

PENDANT cette derniere Marche, les Cosaques ennemis poussérent l'Insolence jusqu'à venir en plein jour, & avec des Cris épouvantables, tomber sur le Bagage du Régiment des Gardes, & les Chariots où étoient les Malades. On ne leur donna pourtant pas le tems de faire grand Mal. Ils blessérent d'abord quelques Soldats; mais, dès que les Suédois se furent approchés, & que l'Arriere-Garde se fut avancée de quatre ou cinq cens pas pour les regaler d'une bonne Décharge de la Mousqueterie, ils furent obligés de s'enfuir dans le Bois, avec perte de trois Hommes, dont deux étoient morts: le troisieme eut le bras emporté. Les Valaques Suédois, qui talonnoient sans cesse l'Ennemi, furent plus heureux. Ils surprirent, près de Holsianna, un Parti Russe de quelques cens Chevaux, dont la plûpart furent taillés en piéces: ils firent prisonniers deux Capitaines avec cinquante Dragons, & prirent cent-cinquante Chevaux. En même tems, le Staroste Crispin arriva à Smorgonie avec trente Compagnies des Troupes de Wiesnowicki. Comme le Czar avoit ordonné à toutes ses Troupes de s'éloigner de ces Environs, les Lithuaniens crurent pouvoir rendre de bons Services, en suivant l'Armée Suédoise, pour aider les Suédois à chasser les Moscovites des Frontieres de la Lithuanie. Le Staroste, en arrivant à Wilna, manqua d'y surprendre Oginski: & il trouva le Lit, dans lequel il avoit couché la nuit, encore tout chaud. Pendant sa Marche, il surprit un Détachement de six cens Calmouques, qu'il fit tous sabrer, sans donner quartier à un seul. Le Roi reçut avec bonté cet Officier, qui nous fut dans la suite fort utile, étant continuellement à la Chasse des Calmouques & des Tartares, sur lesquels il remportoit toujours quelque Avantage.

LE

Le Czar, après sa Retraite de Grodno, s'étoit transporté à Wilna, d'où il alla, par Osmiana à Danilowitz, Place située entre Minsk & Polocz : il s'y arréta, pour voir de quel Côté les Suédois marcheroient. Les Mesures étoient déjà prises : il avoit envoïé ordre aux Généraux Repnin & Bauer de marcher, avec la Cavallerie & l'Infanterie, à Polocz, pour s'opposer au Roi, en cas qu'il prît cette Route-là. Mais, comme il craignoit en même tems, que Charles ne marchât du côté de Smolensko, il donna ordre au Velt-Maréchal Scheremetof de rassembler dans cet Endroit toute son Infanterie. Les Ministres du Czar, qui étoient restez à Minsk avec quelques Régimens, en décampérent : & s'étant fait joindre par les Troupes qu'on avoit laissées à Caun & à Keidan, ils se rendirent à Mohilow, où l'on prétendoit qu'ils formeroient des Lignes, derriere lesquelles ils attendroient les Suédois. La Veille de son Départ, le Czar fit publier à Son de Trompe, que tous les Habitans, sous peine de Confiscation, eussent à lui remettre leurs Provisions de Vivres & de Grains. Aussi-tôt, le Magistrat lui rendit les Clefs des Magazins de la Ville, qu'il alla voir lui-même, accompagné du Staroste Smudski ; après quoi, il les fit sceller avec son propre Cachet. Aïant fait porter dans un certain Endroit tous les Amas de Grains que les Bourgeois lui avoient livrez, il les fit mettre en Monçeaux, avec ordre de les bruler, ou de les jetter dans la Riviere. Le même Sort étoit destiné aux Magazins publics : mais, comme les Moscovites furent obligés de se retirer avec grande Précipitation de Mohilow, on oublia entiérement ces Ordres ; ce qui fut un grand Bonheur pour les Suédois, comme nous le dirons bien-tôt (*a*).

La Ville de Smorgonie, où le Roi avoit son Quartier, n'est pas autrement fort remarquable, si ce n'est parce que l'on y enseigne à danser aux Ours. Elle étoit alors fort deserte ; & l'on n'y voïoit que peu ou point d'Hommes. Les Maisons étoient passables, sur-tout celles des Juifs, qui y païent assez chér, comme dans le reste de la Pologne, la Liberté d'avoir dans leurs Maisons des Fenêtres & des Cheminées avec des Tuïaux ; ce qui n'est permis qu'à la seule Noblesse. Les Magazins étoient presque vuides, & les Vivres s'y vendoient fort
cher ;

1708.
Février.

le 4.

Etat de l'Armée à Smorgonie.

(*a*) Les Armes Suédoises étoient dans ce Tems-là tellement respectées en Lithuanie & en Pologne, que les Ennemis se retiroient par-tout à notre Approche, avec grande Précipitation. Pendant que le Roi étoit aux environs de Slupcza, le Régiment du Corps eut ordre, lorsqu'on approcheroit de la Frontiere de Prusse, de laisser à Elbingen, entre les mains du Colonel Ekeblad, les Cuirasses, avec une quantité d'autre Bagage qu'il trainoit avec lui, afin de ne point être embarassé pendant la Marche, que le Roi prevoïoit bien devoir être des plus pénibles. A son Arrivée à Wienicz, Sa Majesté voulut que tout ce Bagage du Régiment du Corps lui fût renvoïé. On détacha pour cet effet le Capitaine Siegbrandt avec une centaine de Soldats : cette petite Troupe avoit plus de soixante-dix lieues à faire ; & l'on croïoit généralement, qu'elle ne manqueroit pas d'être enlevée par les Ennemis. Elle eut pourtant le Bonheur de faire ce Chemin-là deux fois, à aller & venir, sans que les Russiens osassent l'attaquer.

cher; car, bien que l'on trouvât, dans quelques Lieux voifins, des Provifions auxquelles les Ruffiens n'avoient point touché, parce qu'elles
appartenoient à leurs Adhérans, ces Amas n'étoient pourtant pas affez
confidérables, pour que l'Armée pût en fubfifter pendant quelques Semaines. Ainfi, comme il n'y avoit rien à craindre de la Part des Ennemis, les Régimens furent diftribuez à une très grande Diftance du
Quartier-général. Outre cela, l'Infanterie & l'Artillerie firent de fi
petites Journées, qu'elles n'arrivérent que vers la fin du Mois de Février. On en mit une partie en Quartier dans le voifinage de Wilna,
d'où l'on tira quantité de Viande, de Pain, de Bierre, d'Eau-de-Vie,
& d'autres Provifions, que l'on ne trouvoit point dans les Maifons des
Gentilshommes.

Le Roi Staniflas arriva avec les derniers Régimens. Il étoit accompagné des Palatins de Wilna & de Ruffie, du Comte Sapieha, du Prince Wiesnowicki, du Caftellan de Lencicze, & de plufieurs autres
Seigneurs. A Geranovi, à douze lieues de Smorgonie, il fe repofa quelques jours, après quoi il fe rendit auprès du Roi de Suede. Les deux
Princes eurent enfemble une longue Conférence, à laquelle aucun des
Miniftres ou Officiers Généraux n'affifta: & ce fut apparemment alors,
qu'ils convinrent des Mefures à prendre pour pouffer avec vigueur les
Opérations de la Guerre pendant cette Campagne.

Les Affaires en Pologne avoient en peu de tems pris différentes Fa-
ces. Expofée à tous les Maux qu'entrainent la Difcorde & les Troubles
domeftiques, elle fe trouvoit fans Guide, fans Confeil, en proie aux divers
Partis, felon qu'ils avoient le deffus ou le deffous. Le Primât Czembeck,
& le Vice-Chancellier de la Couronne, avoient quitté la Pologne, &
s'étoient retirez à Tropau en Siléfie, d'où ils mandérent aux Sénateurs,
qu'ils ne feroient point de retour avant que le Bien public l'exigeât.
Monfieur de Lubomirski, Quartier-Maitre de la Couronne, qui, pendant quelque tems, avoit fait paroitre beaucoup de Zéle pour le Roi
Stanifles, venoit de changer de Parti, & de fe ranger, avec fes Troupes, fous les Ordres du Général Siniawski. Aïant été enlevé près de
Thorn, par un Détachement des Troupes de Smigelski, il fut obligé
de fe déclarer de nouveau pour le Roi Stanifles; mais, comme cette
Déclaration ne fut que forcée, elle ne dura pas long-tems. Siniawski
lui-même faifoit mine de tems à autre de vouloir, avec toute l'Armée
de la Couronne, s'engager dans le Parti de Stanifles. Le Marquis de
Bonac, Envoïé de France, fe donnoit pour cela toutes les Peines imaginables; mais, au moment que les chofes paroiffoient le mieux difpo-
fées pour une entiere Reconciliation, le Général publia des Univerfaux directement oppofez aux Intérêts du Roi Stanifles, dont il déclara Rebelles tous les Adhérans, & en particulier Potocki, Palatin de
Kiovie. Ribinski, après avoir renforcé fes Troupes jufqu'au nombre
de douze mille Hommes, fit, dans toutes les Provinces, des Ravages horribles; exigeant, par-tout où il paffoit, de fortes Contributions, pour s'enrichir

richir aux Dépens de ses Compatriotes. En un mot, on ne pouvoit lire, sans en être touché, les Relations de ce qui se passoit à Lemberg, à Lublin, à Thorn, à Warsovie, & en d'autres Endroits, où les différens Partis commettoient des Desordres affreux. Les Polonois, cette Nation autrefois si célebre, ne sembloit plus être la même. Il ne dépendoit que d'elle d'être heureuse; mais, tel étoit son Aveuglement, qu'elle ne travailloit qu'à sa propre Destruction. Pendant qu'ils se vantoient sans cesse d'être un Peuple libre, la plus grande Partie croupissoit dans un honteux Esclavage. N'aïant en vûe que leurs Intérêts particuliers, & de se procurer des Adhérans pour se détruire les uns les autres, ils ne songeoient à rien moins qu'à maintenir leur Liberté; ce qui étoit néanmoins le seul Moïen capable de rétablir le Calme & la Tranquilité.

L'Armée Suédoise étoit mieux en Lithuanie, qu'elle ne l'avoit été en Pologne, sur-tout après que les Habitans, qui s'étoient enfuis, furent revenus chés eux. En effet, on ne faisoit du Mal à personne; & si ces Gens-là se plaignoient de quelque-chose, c'étoit parce que l'on s'appliquoit à déterrer leurs Magazins souterrains, où l'on trouva quelques mille Sacs de Seigle. Cependant, comme on leur en laissoit suffisamment, tant pour se nourrir, que pour ensemencer leurs Terres, & que l'on ne touchoit point aux Meubles & aux Habits qu'ils cachoient dans les mêmes Souterrains, ils commencérent enfin à se tranquiliser. Ils nous rendirent même de bons Services, en rapportant tout ce qu'ils apprenoient de l'Ennemi, de ses Desseins, de ses Forces, & des Détachemens qu'il faisoit sortir.

Dans un Village, nommé Rakow, quatre-vingt Valaques Suédois furent surpris par un Détachement Russien de mille Chevaux. Une quarantaine de Valaques périrent dans cette Occasion : les autres se sauvérent le mieux qu'ils purent. Le Staroste Crispin, averti de ce qui venoit de se passer, marcha aussi-tôt avec ses Gens & un Parti de Valaques, à la poursuite des Russiens, qu'il talonna si vivement, qu'il les joignit à quelque distance de Minsk. Ils se rangérent en Ordre de Bataille. Le Combat fut sanglant, & les Moscovites, après avoir laissé quatre cens Hommes de Morts sur la Place, prirent la Fuite. Monsieur de Crispin les poursuivit treize lieues de chemin de l'autre côté de Minsk; mais, il ne lui fut pas possible de les atteindre. En attendant, le Général Pflug alla se poster entre lui & la Ville, avec un Corps de deux mille Chevaux, dans le Dessein de lui couper la Retraite; mais, comme le Chef des Lithuaniens connoissoit trop bien le Païs, il fit un grand Détour, marchant jour & nuit, & vint tout d'un coup fondre par derriere sur les Moscovites, dont l'Arriere-Garde fut mise en Déroute. Il fit prisonniers quarante Soldats. Les Gentilshommes & les Païsans des environs ne les épargnérent pas non plus: & bien de Russes disparurent, sans que l'on sût où ils étoient restez. Après que le Général Pflug eut obtenu un Renfort de Troupes,

pes, Monſieur de Criſpin ſe retira, & l'on détacha à là place un milliers de Dragons, de ceux qui étoient le plus à portée, avec ordre de
s'oppoſer aux Ruſſes, en cas qu'ils fuſſent dans l'intention de s'approcher d'avantage des Quartiers de l'Armée Suédoiſe.

le 10.
    Le Staroſte, & le Colonel Urbanowitz, s'étant rendus à huit lieues
de l'autre côté de Slucz, y ſurprirent vingt-ſix Compagnies des Troupes d'Oginski, dont ils firent priſonniers ſept cens Hommes, & enlevérent vingt Etendarts & ſix Paires de Timbales. Le reſte de ces
Troupes fut entiérement diſſipé; ce qui affoiblit beaucoup Oginski, &
le mit hors d'état de ſe montrer ſi-tôt en campagne. On détacha auſſi
le Lieutenant Colonel Skytte du Régiment d'Oſtrogothie, Cavallerie: il
le 11.
pénétra juſqu'à Borriſſaw, à vingt-ſix lieues de Smorgonie. Après avoir
cherché long-tems l'Ennemi, il rencontra enfin un Détachement Moſcovite, qu'il défit, & dont deux cens Hommes demeurérent ſur la
place.

    Sur ces Entrefaites, arrivérent au Quartier-général quatre Voïa-
geurs, qui venoient de Moſcou, & dont l'un, natif de Hambourg, ſe faiſoit paſſer pour Marchand. Aïant été reconnu par un Priſonnier Ruſ-
ſe, pour être Capitaine de Marine au Service du Czar, on l'arrêta
ſur le champ avec ſes Compagnons. Il ſe tira pourtant d'Affaire, en diſant, que, venant du côté de l'Ennemi, il n'avoit ôſé déclarer qui il
étoit; qu'il étoit parti ſans congé; & qu'il renonçoit entiérement au Service du Czar. Au bout de quelques jours, on le remit en Liberté. Ce
fut de lui entre autres, que l'on apprit, que le Czar avoit raſſemblé
toute ſon Armée entre Smolensko & Polocz, où il s'étoit retranché
dans un Endroit fort avantageux, pour y attendre les Suédois.

le 11.
    Le Roi Staniſlas, après avoir été dans ſon Quartier, pour regler
différentes Affaires, alla faire un tour à Wilna. Le Baron Wrangel,
qui y commandoit pour le Roi de Suede, alla au devant de lui, accompagné du Colonel Dukert & de pluſieurs Officiers de diſtinction.
A la Porte de la Ville, le Magiſtrat lui en préſenta les Clefs, & le
harangua; après quoi, ce Prince alla deſcendre à l'Hôtel du Général
le 12.
Sapieha. Le lendemain, il donna Audience à quantité de Seigneurs
Polonois, qui s'étoient rendus auprès de lui. Etant allé avec une nombreuſe Suite à la Chapelle du Chateau, pour faire ſes Dévotions, l'E-
vêque le reçut avec beaucoup de Solemnité & de Magnificence.

le 17.
Charles ar-
rive à Ra-
deſſcowice.
le 18.
    Le Roi de Suede, s'étant arrêté près de cinq Semaines à Smorgo-
nie, en décampa à la mi-Mars. Il alla le prémier jour, par la Ville
de Marckow, à Lebadow. Le lendemain, après avoir traverſé Mo-
ledeſna & Krasnitza, il arriva à la Ville de Radoſſcowice, où il établit
ſon Quartier-général, & où il demeura près de trois Mois. Les Régimens furent diſtribuez en partie juſqu'aux environs de Boriſſau: d'autres eurent leurs Quartiers autour de Dolhinow, plus près de Polocz.
Il y avoit dans cet Endroit un Corps de huit mille Ruſſes, ſous les
ordres de trois de leurs Généraux; mais, auſſi-tôt que le Colonel
                                                              Hielm

Hièlm se fut approché avec son seul Régiment, ils lui cédérent la Place, & se retirérent.

Le Général Lewenhaupt, aïant obtenu Permission de se rendre auprès de lui, vint trouver Sa Majesté à Radossowice. Il prit son Chemin par Wilna, où il arriva le même jour que le Roi Stanislas en partit. Il fit sa Cour à ce Prince, qui le reçut avec beaucoup de distinction. A son Arrivée au Quartier-général, il fut aussi-tôt admis à l'Audience du Roi, avec lequel il fut long-tems en Conférence. Il fit rapport à Sa Majesté de tout ce qui s'étoit passé pendant qu'il avoit été chargé du Commandement des Troupes en Courlande & en Livonie. Il fit aussi part au Roi de l'Etat de ces Troupes, & des Mesures qu'il avoit prises pour pourvoir à la Sûrete de la Ville de Riga, dont il étoit Gouverneur. Le Roi approuva fort toutes ces Choses, & témoigna, plus d'une fois, combien il étoit satisfait de la Conduite du Général. Comme celui-ci n'avoit fait ce Voïage, que pour proposer divers Arrangemens utiles au Service du Roi, il pouvoit raisonnablement se flatter, qu'il auroit sur ce sujet une Résolution favorable, d'autant que tous ceux, qui pouvoient y contribuer par leur Crédit, & qui étoient obligés de le faire, sembloient être de ses Amis. Il ne fut pas long-tems sans s'appercevoir du contraire. On prétend que, par le Refus qu'il fit de se mêler dans une Querelle particuliere, laquelle ne le regardoit absolument en rien, il s'étoit attiré la Haine de certaines Personnes, qui le contrecarrérent en tout, & qui furent par leurs Artifices faire echouër tous ses Projets. Comme la Chose est encore aujourd'hui assez connue, j'ai crû devoir en parler. On s'imagine, que ce n'étoit d'abord que la Jalousie qui faisoit agir ses Ennemis, & que ceux-ci ne se proposoient au commencement, que de donner quelque Atteinte à la grande Réputation que le Comte s'étoit acquise, & de diminuer son Crédit. Quoiqu'il en soit, les Conséquences de ce Procédé ne laisférent pas d'être des plus tristes; & l'on peut dire avec toute vérité, que ce fut la malheureuse Journée de Liesna, qui attira sur la Suede tous les Malheurs qu'elle a eu à essuïer depuis. Monsieur de Lewenhaupt, aïant demeuré six Semaines auprès du Roi, partit fort satisfait de l'Accueil gracieux que Sa Majesté lui avoit fait, & de la Bonté qu'Elle avoit eue de l'assurer de sa Protection & de sa Bienveillance. A son arrivée à Riga, il se disposa aussi-tôt à se mettre en Marche avec ses Troupes, pour aller joindre le Roi, selon les Ordres qu'il en avoit reçus.

L'Armée Suédoise étoit assez bien dans ses nouveaux Quartiers, où l'on trouvoit abondamment des Vivres & du Fourage. D'abord, les Soldats eurent bien de la Peine à découvrir les Magasins pratiqués sous terre, dans lesquels les Habitans réservoient leurs Grains; mais, en peu de jours, ils furent si bien au fait, qu'ils n'en manquérent presque aucun. Ils sortoient de grand matin, & avant le lever du Soleil: par-tout où ils trouvoient, soit dans les Bois, ou dans les Champs,

quel-

1708.

Avril.

quelque Endroit où ils ne remarquoient point de Rosée, ils étoient sûrs d'avoir découvert un pareil Magazin; car, les Exhalaisons & la Chaleur du Bled empéchoient la Rosée de s'attacher à ces Endroits-là. Pour des Vins & des Epiceries, plusieurs Marchands de Konigsberg en apportérent en abondance; mais, on fut obligé de les païer largement. Les Valaques Suédois, postez le long de la Riviere de Berezina, pour empécher l'Ennemi de passer de notre Côté, firent très bien leur Devoir: &, quoiqu'il tantât souvent ce Passage, on ne lui donna pourtant pas le tems de s'établir nulle part, & on le contraignit de s'en retourner avec perte. Comme le Général Sapieha se préparoit à entrer en Pologne avec toute l'Armée Lithuanienne, forte de seize mille Hommes, on se persuada, qu'avec le Secours des Troupes Suédoises, il feroit très en état de faire changer de Sentiment aux Malintentionnez, & de les réduire sous l'Obéïssance; mais, peu après, on apprit, qu'il étoit dans le Dessein de se démettre de sa Charge de Grand-Général, en faveur de son Neveu, Jean Sapieha, Staroste de Bobrouski, dont nous aurons occasion de parler dans la suite.

Le Roi Stanislas étoit tous les jours en Conférence avec le Roi de Suede. Ces deux Monarques concertoient ensemble les Opérations de la Campagne qu'on alloit commencer, & l'on croïoit généralement que Stanislas retourneroit en Pologne, aussi-tôt que les Suédois seroient prêts à se mettre en Marche. La principale Raison, qui arrêtoit Charles XII. dans ses Quartiers, étoit la Crainte où il étoit qu'il ne manquât de Fourage. Il ne vouloit commencer la Campagne, que lorsqu'il y auroit assez d'Herbe pour faire subsister les Chevaux; afin que, quand même les Russiens mettroient par-tout le Feu, & ruineroient le Païs jusqu'a Moscou, comme ils menaçoient de le faire, il pût trouver moïen de passer avec sa Cavallerie. Cependant, on ne savoit point encore si les Russiens ne voudroient point se résoudre à faire ferme quelque part, tout comme l'on ignoroit quel Chemin prendroit le Roi de Suede.

Mort du Prince Mazerani.

PENDANT le Séjour de Sa Majesté à Radosscowice, le Prince Mazerani, Italien, y mourut. Il étoit arrivé à l'Armée vers la fin de l'Année 1705: & comme il étoit disposé à changer de Religion, s'étant déjà fait instruire ailleurs, & aïant assez bien appris l'Allemand, il fut admis à faire sa Confession de Foi dans le Consistoire de la Chapelle Roïale. Le Roi lui fit donner de l'Argent pour se mettre en Equipage, & le gratifia d'une Pension. Il suivit depuis l'Armée, en qualité de Volontaire, & fut logé, tantôt au Quartier-général, ou auprès de quelque Régiment, selon que l'Occasion s'en présenta. Sa Majesté ne voulut pourtant pas lui donner de l'Emploi; & l'on ne sait point pourquoi. Les Chapelains du Régiment d'Uplande furent ses Héritiers: & le Colonel Fritski, du même Régiment, le fit enterrer, par ordre du Roi, d'une maniere très honorable.

Un Prince Lubomirski

CE fut encore ici, que le Prince Jean-Albert Lubomirski, résolu d'emd'embraſſer la Religion Luthérienne, vint trouver le Roi. Les Parens de ce Prince l'avoient mis, à l'age de quinze Ans, dans un Couvent de Franciſcains. Depuis, le Pape Innocent XII. l'envoïa en qualité de Miſſionnaire à la Chine, où il diſoit avoir baptiſé ſix mille Païens, pendant les douze Ans qu'il y avoit demeuré. À ſon Retour à Rome en 1706, aïant fait Rapport, à Clement XI qui tenoit alors le Siége, de ſes Travaux, il ſe flatta qu'on le comprendroit, comme cela ſe pratique ordinairement, dans la première Promotion qui ſe feroit: mais, en attendant que quelque Place, qui pût lui convenir, devint vacante, il eut la Permiſſion de faire un Voïage en Pologne, pour y voir ſes Parens & ſes Amis. En chemin, aïant trouvé dans quelque Bibliotheque le Livre de Chemnitius ſur le Concile de Trente, il ſe mit à le lire. À meſure qu'il avançoit dans ſa Lecture, il ſentit naitre en lui des Doutes ſur ſa Religion, ſans qu'il oſât s'en découvrir à perſonne. Enfin, aïant eu le Bonheur de trouver à acheter ce même Livre, il ſe mit de nouveau à le lire avec une Application que rien ne fut capable d'interrompre. Ses Doutes ſe diſſipérent: il fut convaincu de ſes Erreurs; & il ſe réſolut d'y renoncer entiérement. Les Seigneurs Polonois, qui étoient auprès du Roi, prétendoient qu'il n'étoit point de la Maiſon de Lubomirski: mais, Sa Majeſté l'aïant demandé au Roi Staniſlas, on fut obligé de lui rendre juſtice; & l'on prouva pleinement, qu'il appartenoit en effet à cette illuſtre Famille dont il portoit le Nom. Il fit ſon Abjuration, & ſa Confeſſion, en plein Conſiſtoire, & prononça à cette occaſion un très beau Diſcours en Latin, qu'il donna enſuite par écrit. Afin que ſon Changement ne lui attirât point de mauvaiſes Affaires, le Roi lui fit donner un Paſſeport pour ſe rendre en Suede. Il le gratifia en même tems d'une Penſion annuelle, dont il a jouï juſqu'à ſa Mort, qui arriva en 1732 (*a*).

L'ARMÉE Ruſſienne étoit diſtribuée en différens Endroits. Un des Régimens des Gardes du Czar, de trois mille Chevaux, étoit à Polotsk, avec un Corps de quatre mille Fantaſſins, & un pareil Nombre de Calmouques & de Coſaques. Scheremetof ſe tenoit à Witepsk avec neuf mille Hommes d'Infanterie, & Menzicof à Mohilow, avec toute la Cavallerie. Le Général Allard, poſté à Kopisk, avoit ſous ſes Ordres un autre Corps d'Infanterie de ſeize mille Hommes: le Général Repnin à Zothrei en avoit encore un autre, dont on ne ſavoit pas au juſte le Nombre. On prétendoit, que Scheremetof avoit ordre, en cas de beſoin, d'aſſembler toutes ces Troupes, pour livrer au Roi de Suede une Bataille déciſive; mais, ce n'étoit-là qu'un ſimple Bruit ſans le moindre fondement. Le Czar tint à Mohilow un Conſeil de Guerre, dont le Réſultat fut, que les Troupes demeureroient où elles étoient,

juſqu'à

(*a*) ENVIRON le même Tems, la Reine Anne reconnut Staniſlas en Qualité de Roi de Pologne. La Lettre, qu'Elle lui écrivit, pour le féliciter ſur ſon Avénement au Trone, eſt datée du 18. Avril 1708. Elle ſe trouve dans l'APP. No. CXII.

1708.
Avril.
embraſſe la
Religion
Lutbérienne.

le 15.

Diſſeins du
Czar.

juſqu'à ce que l'on ſût au juſte ſi le Roi de Suede étoit dans le deſſein
de ſe rendre à Smolensko; qu'en ce cas-là, on pouvoit être ſûr, que le
Comte Lewenhaupt auroit ordre de prendre la même Route; qu'on
ſe régleroit là-deſſus; & qu'on prendroit des Meſures convenables.
Que ſi, au contraire, le Roi de Suede tournoit du côté de Mohilow, les
Ruſſiens, détachés pour garder les Rivieres & les Marais, tacheroient
de lui en diſputer le Paſſage, le mieux qu'ils pourroient; après quoi,
ils ſe retireroient ailleurs, pour attirer les Suédois. Que plus ceux-ci
s'éloignéroient du Comte Lewenhaupt, & plus le Czar trouveroit de
facilité à accabler ce Général, contre lequel il marcheroit avec toutes
ſes Forces. Que ſi ce Projet réüſſiſſoit, le Roi de Suede ſe trouveroit
fort affoibli: que s'il ne réüſſiſſoit point, les Ruſſiens auroient toujours
le Dos libre, & ſeroient à portée de repaſſer leurs Frontieres, & de
s'éloigner autant qu'ils le jugeroient à propos. Le Roi de Suede ſavoit
trop bien en quels Endroits les Ruſſiens étoient poſtez, pour qu'il ne fît
pas tout ſon poſſible pour faciliter au Comte Lewenhaupt les Moïens de
le joindre avec ſon Armée, dont la Conſervation lui importoit tant. Il
ſe perſuadoit, qu'après cette Jonction, les Suédois ſeroient en état,
non ſeulement de livrer une Bataille déciſive, mais auſſi de continuer
leur Marche en Vainqueurs, quelques Efforts que pût faire l'Ennemi
pour s'y oppoſer, en portant par-tout le Feu & la Déſolation. Les
Projets ſembloient des deux Côtez aſſez bien fondez. L'Evénement en
décida: & ſ'il ne fut point favorable à Charles XII, on n'aura pas lieu
d'en être ſurpris, après que l'on aura lû avec attention tout ce que
nous dirons ſur ce ſujet dans le Cours de cet Ouvrage.

A L'EGARD du Conſeil de Guerre que le Czar tint à Mohilow, on
apprit, que pluſieurs de ſes Généraux s'y étoient trouvez, & entre autres, Galetzin, Menzikof, Goltz, Allard, Delden, Rönne, & Pflug,
avec deux Oginski. Pour enlever le troiſieme, qui étoit Palatin de
Witepsk, & que l'on ſoupçonnoit d'avoir quitté le Parti Ruſſien, on
détacha trois cens Calmouques. Aïant eu le Malheur de tomber entre
les mains d'Urbanowitz, qui étoit à la Tête de quelques Compagnies
des Troupes du Roi Staniſlas, ils furent défaits & mis en Fuite, après
avoir laiſſé quelques morts ſur la place.

LE Roi de Suede, pendant ſon Séjour à Radoſſcowice, alloit ſouvent d'un Régiment à l'autre, pour les former à une nouvelle Maniere d'Exercice, qu'il avoit lui-même inventée & perfectionnée: c'étoit-là
ſa principale Occupation. Les Ruſſiens, poſtez ſur la Berezina, de-
ſertoient en foule. Il en arriva en un ſeul jour, juſqu'à ſeize, la plûpart Allemands. Ils alléguoient, pour prétexte de leur Deſertion, que
comme les Ruſſiens prévoïoient que leur Armée ſeroit battue, en cas
que l'on en vînt à une Bataille, ils avoient menacé, après le prémier
mauvais Succès, de détruire tous les Allemands; parce qu'on ſoupçonnoit qu'ils étoient d'Intelligence avec les Suédois. Le Roi voïoit bien,
que la Poltronnerie étoit la véritable Cauſe de leur Deſertion. Ainſi,

après

après leur avoir fait diverses Questions, il les renvoïa. Il fit la même chose à l'égard de quelques Ruſſiens, qui prétextoient d'autres Raiſons. La plûpart de ces Gens-là entrérent au Service de la Nobleſſe de Lithuanie. Il n'y eut que deux Juifs, qui ſe diſoient Eſpions du Général Allard, que le Roi retint, pour lui ſervir de Guides, en cas de beſoin.

1708.

Mai.

le 18.

En Pologne, la même Deſunion régnoit encore. A peine la Nobleſſe du Palatinat de Sendomir s'étoit-elle aſſemblée à Opatow, qu'elle ſe ſépara bruſquement, parce que le Maréchal de la Confédération, & le Palatin de Maſovie, s'y étoient rendus avec une trop grande Suite, & accompagnés de Gens armez. A Warſovie, on venoit d'indiquer une Conférence entre les Commiſſaires du Roi Staniſlas, & ceux du Général Siniawski. Le Roi de Pologne aïant nommé, pour y aſſiſter de ſa Part, l'Evêque & le Palatin de Culm, ces Meſſieurs étoient attendus à tout moment. Siniawski, ne voulant pas paroitre lui-même, avoit remis ſes Intérêts entre les mains des Palatins de Maſovie & de Lublin. Quoiqu'il ne fût pas poſſible de prévoir quel ſeroit le Succès de ces Conférences, on ne s'en promettoit rien de bon, depuis que l'on avoit appris que le Czar avoit fait toucher à Siniawski de grandes Sommes d'Argent, afin de l'empêcher de ſe reconcilier avec le Roi Staniſlas, & de ſe joindre à lui. D'ailleurs, les Commiſſaires de Siniawski donnérent bientôt une Preuve de leur peu de Diſpoſition à porter les Choſes à un Accommodement, par les Plaintes qu'ils firent de ce qu'on ne leur avoit envoïé qu'un Paſſeport du Palatin Potocki, avec lequel ils ne ſe croïoient point en ſûreté: ils inſiſtoient à ce qu'on leur en fît tenir un autre, qui fût ſigné par les Rois de Pologne & de Suede eux-mêmes.

Troubles en Pologne.

Sur ces Entrefaites, on eut Avis de Stockholm, que l'on travailloit à Carlscrona, conformément aux Ordres du Roi, à l'Equipement de la Flotte. Elle devoit conſiſter en douze Vaiſſeaux de Guerre de ſoixante-huit Piéces de Canon, huit de cinquante-quatre, neuf de quarante, & ſept de trente-deux Piéces, ſans compter ſix Galiotes à Bombes, & cinq Brulots. Quelque preſſans que fuſſent les Ordres du Roi ſur ce Sujet, l'Equipement ne ſe fit qu'avec une Négligence & une Lenteur impardonnables; & cela, par des Raiſons, qui n'ont jamais été bien connues. L'Eſcadre commandée par l'Amiral Ankarſtierna arriva à Reval, où elle fut obligée de s'arrêter long-tems à cauſe des Vents contraires. La Flotte Ruſſienne, profitant de cette Circonſtance, faiſoit continuellement des Courſes ſur les Côtes de la Finlande, où elle enleva quantité de Bâtimens chargés de Vivres, & qui alloient, comme cela ſe pratique encore tous les Ans, à Stockholm. Les Moſcovites, au nombre de deux mille Hommes, firent une Deſcente dans la Nylande, où, après avoir commis pluſieurs Hoſtilitez, ils ſe préſentérent devant Borgo. Les Bourgeois de cette Ville eurent aſſez de Courage pour aller au devant de l'Ennemi. Sans ſe laiſſer intimider par la Perte qu'ils

Equipement de la Flotte Suédoiſe.

le 12. Les Ruſſes devant Borgo.

1708.
Mai.

qu'ils firent de quelques-uns des leurs, qui furent tués sur la place, &
escarmouchérent vivement pendant toute une Journée. Ils auroient
même fait davantage, s'ils avoient été soutenus par quelques Troupes réglées, ou si du moins ils avoient eu un Chef expérimenté. Comme ils se retiroient vers la Ville, faisant mine de vouloir attendre-là
l'Ennemi pour s'opposer à son Passage, les Moscovites n'ôsérent les suivre : mais, ceux-ci étant retournez au bout de deux jours avec un
Renfort considérable, les Habitans furent obligés d'abandonner la Pla-

le 14.

ce, & de se sauver. Borgo, après avoir été pillée, fut réduite en
cendres. On tua tous les Gens agés : les jeunes furent embarqués sur
les Vaisseaux, & transportez en Russie, avec quantité de Bestiaux &
d'autres Choses. Les Russiens firent dans cette Occasion un Butin considérable. Des Nouvelles si facheuses furent suivies bientôt par d'autres non moins desagréables : c'étoient celles de la Mort du Comte Po-
lus (a), & du Comte Otto Wellingk (b), qui moururent tous deux
à Stockholm. Environ le même tems, mourut à Jakin, dans la Haute-Pologne, le Général Marderfelt, Officier d'un Mérite distingu-
é (c).

le 20.

CEPENDANT, le Roi fit jetter un Pont sur la Riviere de Berezina.
Son Dessein n'étoit point de la passer ; mais seulement de voir quelle
seroit la Contenance des Russiens. Ils ne s'opposérent pas à ce Travail,

(a) IL étoit Sénateur & Conseiller d'Etat.

(b) Sénateur & Président de la Cour de Justice d'Abo en Finlande.

(c) IL se passa au Quartier-général une Chose, qui, à cause de sa Singularité, mérite de trouver ici une Place. Un Drabant, nommé Lindbohm, aïant descendu la
Garde, retourna le soir chés lui, pour se mettre au Lit de bonne heure. Il étoit alors
tout seul. Son Valet, qui étoit Polonois, s'étant apperçu que son Maitre avoit une
Bourse d'Or bien garnie, saisit cette Occasion pour la voler. Au milieu de la Nuit, &
pendant que Lindbohm dormoit d'un profond Sommeil, cet Assassin prit un Pistolet
chargé de deux Balles, & qui étoit pendu au Chevet du Lit de son Maitre, le lui appliqua droit sur la Tête, tira son Coup, & enleva en même tems les Culottes, où étoit
la Bourse, de dessous l'Oreiller de Lindbohm. Celui-ci, s'étant éveillé en sursaut,
sauta du Lit pour aller trouver deux de ses Camarades, couchés dans une autre Chambre, séparée de la sienne par une Cour qu'il traversa. Comme ils avoient aussi été
éveillés par le Coup de Pistolet, ils se demandérent les uns aux autres ce que c'étoit ?
Aïant allumé de la Chandelle, ils virent que le Sang ruisseloit de la Tête de Lindbohm.
Ils examinérent sa Blessure, & trouvérent les deux Balles toutes applaties sur le Crâ-
ne, qui n'étoit point lesé du tout. L'aïant reconduit dans sa Chambre, ils trouvérent
les Culottes devant la Porte, & la Bourse enlevée. Comme le Valet ne paroissoit
point, les Soupçons tombérent aussi-tôt sur lui. Il fut attrapé le lendemain, & exécuté sans beaucoup des Formalitez. Lindbohm fut peu de jours après en état de monter la Garde comme à l'ordinaire. Il a vécu depuis environ trente Ans, sans ressentir aucune Incommodité de sa Blessure.

QUOIQUE l'Histoire meurtriere du Sr. Lindbohm eut mieux figuré dans quelque
Recueil d'Opérations de Chirurgie, que dans l'Histoire d'un grand Prince, j'ai crû
néanmoins, qu'en qualité de fidele Traducteur, il ne m'étoit pas permis de l'omettre
entiérement. Je l'ai tirée du Texte, pour la placer au bas de la page. R. D. T.

vail, auquel Sa Majesté étoit Elle-même présente. Elle alla aussi faire un Tour à divers Régimens, pour les visiter dans leurs Quartiers, & pour examiner l'Etat où ils se trouvoient. Par les Discours que le Roi tint aux Officiers, on s'apperçut que l'Armée ne tarderoit guére à décamper (*a*). En effet, d'abord après la Pentecôte, les Régimens les plus éloignés commencérent à se mettre en Mouvement. Le Roi Stanislas, qui s'étoit arrêté quelques jours à Radoscovice, prit congé de Sa Majesté Suédoise, pour retourner à l'Armée Lithuanienne, avec laquelle il devoit se rendre en Pologne. Le 6. Juin, Charles décampa avec la Cour, la Chancellerie, & les Drabans, marchant au Village de Brodeck. Il fit trois lieues ce jour-là. Il continua ensuite la Marche par Minsk, où il campa hors de la Ville, pour la prémière fois, depuis que l'Armée étoit sortie de Saxe. Le lendemain, il alla à Tretzenice: de-là il se rendit à Smilovice; & puis à Ihumain, où il fit halte un jour. Il marcha après, à Jurgevice: le jour suivant, il arriva à la Ville de Berezina, située sur la Riviere qui porte le même Nom, & où il y avoit un Détachement Russien de six cens Chevaux. Le Roi, qui avoit pris les devants, accompagné des Quartier-Maitres de l'Armée, du Prince de Wurtemberg, & de sa Garde ordinaire, rencontra un Parti ennemi fort de deux cens Hommes, que l'on avoit détachés pour nous reconnoitre. Le Colonel Gyllenkrok attaqua sur le champ les Russiens, & les obligea de repasser la Riviere à la nage. Il en périt environ une quarantaine, dont plusieurs furent tuez, à Coups de Carabine: les autres, emportez par le Courant, se noïerent. Les Chevaux, qui retournoient à terre de nôtre côté, furent pris par les Suédois.

LE même Jour, on commença à jetter un Pont sur la Riviere, sans que les Russiens, qui s'étoient approchés pour observer ce Travail, fissent la moindre Mine de vouloir s'y opposer. Pendant que le Roi, qui avoit ordonné à sa Garde de demeurer à une certaine Distance, se promenoit à cheval le long de l'Eau, avec le seul Prince de Wurtemberg, ce dernier eut le malheur d'être blessé. Une Balle l'atteignit au-dessus de la Hanche, & sortit de l'autre côté. La Blessure ne fut point du tout dangereuse; &, en peu de jours le Prince se trouva si bien, qu'il remonta à cheval. Le Roi passa la Riviere à Brodziece, & alla au Village de Pahauste, pendant que l'Ennemi se retiroit sans bruit & à la faveur de l'obscurité. Sa Majesté se rendit ensuite à Priborcki. Comme les Chemins, jusqu'à la Drusa & à la Ville de Bialanice, étoient partout coupez de Marais, extrêmement difficiles à passer, l'Armée ne pouvoit faire que quelques lieues par jour. Elle marcha d'abord à Koronice, de-là à Sablotzibi, & après cela à Mosnice, où le Roi s'arrêta deux jours

le 2.
le 6.
le 8.
le 9. le 10.
le 11. le 13.
le 15.
le 18.
le 20.
le 21. le 22.
le 23.

(a) Ici l'Auteur avoit inseré un long Narré des Troubles qu'un Théologien nommé Krumholtz excita à Hambourg. Comme c'est un Hors-d'Oeuvre par rapport à l'Histoi-de Charles XII, je l'ai renvoié à l'Appendics, où il se trouve No. cxiii. R. D. T.

Jours, pour faire jetter un Pont fur la Riviere. On apperçut de loin un gros Détachement ennemi. Sur l'Avis de notre Approche, il fe retira pendant la nuit. Le Colonel Hielm, pofté avec fes Dragons à quelque diftance de-là, les fit talonner par quelques Troupes, qui ramenérent quatre cens Bœufs, & une trentaine de Prifonniers. On apprit en même tems, que les Ruffiens, pour deffendre ce Paffage, avoient fait des Travaux immenfes, & s'étoient retranchés jufqu'aux dents; que l'on n'avoit pû croire qu'ils abandonneroient avec tant de précipitation un Pofte auffi avantageux; mais, qu'apparemment, les Généraux craignoient, qu'on ne leur coupât la Retraite vers le Nieper. Les Valaques Suédois ramenérent quarante-huit Deferteurs ennemis, dont on fût, que dix-huit Officiers Ruffiens, & cinquante Soldats, étoient defertez, en un feul jour, de Witepsk. Le Roi, aïant laiffé la Ville de

Bialanice à fa gauche, marcha à Alexovice, d'où il fe rendit à Wofelau, & enfin à Holofzin, petite Ville fur la Riviere de Wabis.

A NOTRE Approche, les Mofcovites fe retirérent au de-là de la Riviere, fur le Pont qu'ils rompirent après eux. Le même jour, ils reçurent un Renfort confidérable d'Infanterie & de Cavalerie; ce qui continua quelques jours de fuite, après quoi ils commencérent à travailler de toutes leurs forces. Le Pofte, qu'ils occupoient, étoit auffi avantageux qu'on pouvoit le fouhaiter, pour nous arrêter tout court. Rien ne leur étoit plus facile, que d'empêcher notre Paffage. Ils avoient derriere eux un grand Bois, & devant eux la Riviere, avec un Marais, qui la bordoit de côté & d'autre. A quelques cens Pas de-là, étoit leur Retranchement, dont le Parapet avoit dix Pieds d'Epaiffeur : il étoit long d'environ un Quart-de-Lieue. Ce Parapet étoit défendu par un profond Foffé, & garni d'une bonne Artillerie. Outre cela, ils avoient élevé, entre le Retranchement & la Riviere, plufieurs Batteries, dont ils faifoient un Feu horrible fur les Suédois, auxquels ils ne firent pourtant aucun Mal, tirant prefque toujours en l'Air. Les Forces, que les Mofcovites avoient raffemblées, étoient très confidérables. Le Général Rönne commandoit l'Aile droite, compofée de fix Régimens de Dragons & de quatre Régimens d'Infanterie, foutenus en feconde Ligne de neuf Régimens d'Infanterie & de cinq de Cavalerie, fous les Ordres du Général Pflug. L'Aile gauche, commandée par le Velt-Maréchal-Lieutenant Goltz, étoit de dix Régimens de Dragons, & de quatre mille Calmouques, foutenus par le Général Repnin avec neuf Régimens d'Infanterie, & par le Prince de Heffe-Darmftadt avec trois Régimens de Dragons. Outre ces Troupes, plufieurs autres Régimens Mofcovites étoient en Chemin, pour joindre l'Armée; & le Prince Menzicof quitta le Camp la veille du Combat, pour aller leur faire hâter leur Marche. Tous les foirs, les Ennemis jettérent trois Fufées, ce qui étoit apparemment le Signal, qu'ils étoient prêts à bien recevoir les Suédois, en cas qu'ils cuffent envie de les attaquer: mais, le Roi ne fit pas tirer un feul Coup de Canon, & défendit aux fiens

d'end'engager la moindre Action, n'aïant encore avec lui que quelques Régimens, & voulant attendre, si-non toutes ses Troupes, du moins la plus grande Partie, avec la grosse Artillerie, qui, à cause des mauvais Chemins, ne pouvoit marcher que fort lentement. Cependant, le Roi alloit tous les jours reconnoître lui-même les Passages des deux côtez de la Ville. Les Ennemis détachérent de tems en tems quelques Calmouques, qui passérent la Riviere à gué, pour tenter l'Escarmouche, avec nos Valaques. Après avoir tiré quelques Coups de Pistolet, ils se retirérent par le même Chemin qu'ils étoient venus.

A u bout de trois Jours, le Roi résolut d'attaquer les Ennemis. Pour cet effet, il fit élever, vers le soir, & à la faveur d'un grand Brouillard, au bas de la Riviere, une Batterie, où il fit transporter, pendant la nuit, huit Piéces de Canon. Tout cela se faisoit avec beaucoup de Diligence, & avec aussi peu de Bruit qu'il étoit possible. La Batterie étoit disposée de façon que l'on découvroit de-là le Camp des Ennemis, dont la gauche commençoit vis-à-vis de ce Poste. Entre cette Aile & la droite, ils avoient laissé un Espace d'environ trois cens Pas sans Rétranchement, le croïant inaccessible, à cause d'un Marais fort profond qui occupoit tout cet Espace. A la pointe du jour, le Roi se mit à la tete de son Régiment des Gardes, & marcha à l'Endroit où il avoit résolu de passer la Riviere. Il étoit suivi des Régimens d'Infanterie de Dalecarlie, de Westmannie, d'Uplande, & d'Ostrogothie. Au lever du Soleil, notre Artillerie commença à tirer avec tant de succès, que les Bataillons les plus proches des Ennemis furent obligés de se déplacer. Le Canon des Russiens répondit au nôtre; mais, ce ne fut que foiblement, & ils quittérent bientôt leurs Batteries.

Le Roi, impatient d'en venir aux mains avec l'Ennemi, ne pût gagner sur lui d'attendre ses Pontons, quelques Instances qu'on fit pour l'y porter. On avoit beau lui representer, que le Passage se feroit beaucoup plus commodément: comme il vit les Mouvemens que faisoient les Russiens, il se jetta le prémier dans la Riviere, aïant de l'Eau jusqu'à la Poitrine. Les Soldats, le Manteau sur les Epaules, & les Armes sur la Tète, imitérent courageusement l'Exemple de leur Maitre, & arrivérent sans aucun Obstacle, à l'autre Bord. Jusques-là, tout alloit assez bien: mais, le Marais, qui bordoit la Riviere, donna beaucoup plus de Peine à traverser: & on ne put le faire sans quelque Desordre; parce que les Soldats, trop serrez, enfonçoient à chaque Pas. Cependant, malgré ces Difficultez, le Roi se hâta de passer, afin d'occuper le Terrain d'entre les deux Ailes des Russiens. Elles étoient déjà séparées par le Bois qui débordoit le Marais de l'autre côté; mais, par ce Mouvement, Sa Ma esté empécha que la droite ne pût donner aucun Secours à la gauche où se fit l'Attaque. Les Moscovites de cette Aile, se voïant separez de la droite, furent contraints de quitter leur Retranchement, & de prendre Poste devant le Bois. Le Roi, sans différer, les attaqua à quatre heures & demie du matin, avec le seul Régiment

1708.
Juin.

Juillet.
le 3.
Bataille de Holofzin.

le 4.

giment des Gardes-à-Pied. Il envoïa ordre en même tems aux autres Régimens d'entrer en Action chacun de fon côté, à mefure qu'ils paffoient la Riviere. Les Ruffiens firent de leur Moufqueterie un Feu continuel, & tellement fuivi, qu'il dura plus d'une Heure & demie, fans interruption. Bien de Perfonnes avouoient, que, dans toutes les Batailles où elles s'étoient trouvées, il ne s'étoit rien vû de pareil: &, en vérité, fi chaque centieme Balle feulement eut tué fon Homme, il ne fe feroit pas fauvé beaucoup de Suédois. Cependant, malgré tout l'Avantage que les Ruffiens pouvoit tirer du Bois, & du Canon qu'ils avoient placé à l'Entrée, ils furent obligés de fe tenir toujours ferrez le long du Bois, n'ôfant fe commettre à la Plaine. Ce fut alors, qu'ils nous firent le plus grand Mal, en tirant fans ceffe derriere les Arbres. Le Roi, après avoir traverfé le Marais, monta à cheval, tant pour être mieux à fon Aife, fon Habit fe trouvant extrémement péfant, à caufe de l'Eau dont il étoit pénétré, & de la Boue qui s'y étoit attachée, que pour fe porter avec plus de facilité par-tout où fa Préfence étoit néceffaire: mais, aïant rencontré le Capitaine Eric Gyllenftierna bleffé, il lui donna fon Cheval, & continua à commander à pié fon Régiment des Gardes, à la tête duquel il étoit dès le commencement de l'Action, toujours au milieu du plus grand Feu.

DURANT le prémier Choc, quelques Troupes de l'Aile droite des Ennemis fortant du Bois tachérent de prendre les Suédois par derriere, afin de les acculer dans le Marais; mais, elles furent fi vigoureufement repouffées par le Régiment d'Oftrogothie qui venoit de paffer, qu'elles fe virent dans la néceffité de fe retirer, à quoi le Canon de notre Batterie ne contribua pas peu. Le Roi, pour contenir cette Aile droite, ordonna à un Bataillon de fe pofter dans l'efpace du Terrain qui pouvoit donner à l'Ennemi la facilité d'incommoder notre Cavallerie à fon Paffage au travers du Marais. Avec les autres Troupes, il pourfuivit les Mofcovites, qui s'enfuirent en Defordre dans les Bois & dans les Marais. On les preffa fi vivement, l'Épée dans les Reins, que des Régimens entiers demandérent Quartier les Armes fous les Bras. Mais, il n'y avoit pas moïen de retenir le Soldat Suédois; on ne pouvoit même l'empécher de s'écarter trop loin à la pourfuite: deforte que, lorfque le Roi, voïant l'Impoffibilité de joindre l'Ennemi, ordonna à fes Troupes de revenir, il ne fut prefque pas poffible de remettre les Bataillons dans leurs Rangs.

PENDANT que l'Infanterie étoit ainfi aux mains avec les Ruffiens, la Cavallerie ne demeura point les Bras croifés. Dès que nos Bataillons furent de l'autre côté, le Velt-Maréchal Rehnfchöld paffa la Riviere avec toute la Diligence poffible, pour s'oppofer à la Cavallerie ennemie, qui s'avançoit au Galop, pour nous attaquer en queue. Les Ruffiens, voïant nôtre Contenance, s'arrétérent auffi-tôt, & occupérent le Terrain qui étoit entre leur Retranchement & la Riviere, & où, heureufement pour les Suédois, ils étoient tellement ferrez, qu'ils

ne

ſe pouvoient les prendre en flanc. Les prémiers, qui paſſérent le Marais, furent deux Compagnies des Dragons du Corps, ſuivis par les Drabans & par deux Compagnies du Régiment des Gardes-à-Cheval, avec un pareil Nombre de Nylandois. Avec ces Troupes, le Velt-Maréchal attaqua l'Ennemi, & le chargea ſi vigoureuſement, qu'il fut obligé de plier juſqu'à ſept fois, abandonnant chaque fois quelque Terrain, depuis vingt juſqu'à quinze cens Pas. Les Drabans, qui n'étoient alors qu'au nombre de cent-vingt-cinq Hommes, combatirent ſeuls contre cinq Eſcadrons ennemis, qu'ils renverſérent l'un après l'autre: après quoi, ils s'enfoncérent tellement au milieu des Ennemis, qu'ils auroient été accablez par le grand Nombre, ſi on ne les avoit pas ſecouru à tems. On gagna enfin la Plaine. Le Régiment des Gardes-à-Cheval, celui des Dragons du Corps, & deux Compagnies du Régiment de Smalande, après avoir paſſé le Marais, ſe rangérent en ordre, & attaquérent les Moſcovites avec tant de Bravoure, que ſouvent deux Eſcadrons Suédois étoient aux mains avec dix à douze Eſcadrons ennemis. On les culbuta l'un après l'autre: mais, comme ils étoient continuellement remplacés par des Troupes fraiches, ils faiſoient mine de vouloir de nouveau revenir à la Charge, ce qui ne leur réüſſit pas, les nôtres ne leur donnant pas le tems de ſe reconnoître.

Le Roi, après avoir battu & diſperſé l'Infanterie ennemie, ſe mit à la tête des Régimens de Smalande, d'Oſtrogothie, & de Nylande, qu'il trouva dans l'Endroit où commençoit le Retranchement des Ennemis, afin de joindre le Velt-Maréchal Rehnſchöld, & de pourſuivre la Cavallerie Moſcovite. Elle venoit d'être miſe en Déroute, & on la pouſſa juſqu'à une lieue & demie du Camp. Elle fit ſa Retraite en grand Déſordre, ſe ſauvant comme elle put dans le plus épais des Bois; les Cavaliers abandonnant même leurs Chevaux, pour paſſer les Marais avec plus de facilité. Le Roi, voïant qu'il étoit inutile de pourſuivre les Ennemis, & que même il étoit impoſſible de le faire, à cauſe des Chemins que l'Eau rendoit preſque impraticables, fit revenir ſes Troupes, pour s'en retourner. Cependant, quelques Eſcadrons de l'Aile droite des Ennemis, qui s'étoient tenus éloignés du Combat, ſe remettoient vis-à-vis de Holofzin, dans le Deſſein de piller le Bagage que les Suédois y avoient laiſſé avant la Bataille: mais, voïant que nos Régimens, de retour de la Pourſuite, ſe poſtoient du côté de la Ville, ils ſe retirérent par le Bois, prenant la Route de Kopis. Au retour du Roi, ils avoient déjà entiérement diſparu.

Ce qui ſur-tout rend cette Journée remarquable, c'eſt la grande Inégalité des Combattans: car, du petit Corps des Suédois, il n'y eut que la moindre Partie ſeulement, qui entra en Action. La Perte, que nous fimes, étoit ſi peu conſidérable, qu'elle ne pouvoit être miſe en Parallele avec ce que les Suédois avoient hazardé. Nous n'eumes en tout que deux cens ſoixante-cinq Hommes tuez, du nombre deſquels étoient le Général-Major Otto Wrangel, Capitaine-Lieutenant des

Dra-

1708.

Juillet.

Drabans; le Sr. Wattrang Quartier-Maitre du même Corps, l'Aide-de-Camp-général Hierta, les Freres Jean & Charles Ankarhielm, tous deux Capitaines des Gardes-à-Pied, avec un Capitaine de Cavalerie, sept Drabans, un Quartier-Maitre d'un Régiment, cinq Lieutenants, & quatre Enseignes. Nous eumes mille & vingt-huit Blessés, parmi lesquels étoient Monsieur Charles Magnus Posse, Colonel des Gardes, Charles Ulfsparre, Lieutenant-Colonel du Régiment de Dalécarlie, le Lieutenant-Colonel Wrangel, le Major Stiernhöök du Régiment des Gardes, Ornstedt Major des Dragons du Corps, Griesbach Major du Régiment de Dalécarlie, avec trente-trois Drabans, vingt Capitaines, tant d'Infanterie, que de Cavalerie. Des prémiers, le Capitaine aux Gardes Modee eut quatre Mousquetades: on le comptoit d'abord parmi les Morts; mais, il guérit ensuite. Outre cela, il y avoit de Blessés dix-huit Lieutenants, & vingt-sept tant Cornettes, qu'Enseignes. On ne sait point jusqu'où alla la Perte des Moscovites, leurs Morts étant dispersés dans la Campagne, les Bois, & les Marais. On ne fit prisonniers, qu'un Major avec quelques vingt Soldats. Selon leur propre Aveu, le Général de Schwerin avoit été tué d'un Coup de Canon. Parmi leurs Blessés étoient les Généraux Delden, Ivanowitz, Tzchamber, & le Colonel Roop. Un Grand nombre de Soldats Russes de l'Aile gauche désertérent pendant le Combat. Après s'être tenus cachés dans les Bois, ils gagnérent la Lithuanie où ils se croïoient en sûreté. Ceux de l'Aile droite passérent le Nieper à Mohilow. Le Roi se proposoit d'aller à leur Poursuite; mais, comme les Chemins etoient devenus impraticables par les grosses Pluïes, & qu'il ne vouloit pas trop fatiguer sa Cavalerie, il y renonça. Les Suédois prirent douze Piéces de Campagne, & vingt-quatre Mortiers à Grenades. Ils eurent aussi quantité de Munitions de Guerre & de Bouche, avec trois Paires de Timbales, quatorze Etendarts, & nombre de Chevaux (*a*).

le 16.
Charles va
Mohilow.

LE Roi, après s'être arrêté un jour à Holofzin, se remit en Marche avec son Armée. Il alla d'abord à Nisjice, Village distant d'une lieue & demie de Holofzin. Ce fut tout ce qu'il put faire avec la Caval-

---

(*a*) LE LONG, qui a écrit en Hollandois l'*Histoire de Charles XII*, suit, en rapportant cette Bataille, la Relation des Russiens, qu'il prouve néanmoins être très apocryphe. Quant au Régiment de Wrangel, dont il y est parlé, & que l'on prétend avoir été entiérement ruiné, il n'exista jamais. Il n'y eut même pas dans toute l'Armée un Chef de ce Nom-là, à l'exception d'Otto Wrangel, Capitaine-Lieutenant des Drabans, qui fut tué, de même que les Sieurs Palbitski & Horn, Vice-Caporaux, & les Drabans Dam, Palmbach, Ramse, Nordeman, & Mörling, qui moururent peu de jours après la Bataille. Que les Suédois aïent tiré avec des Balles empoisonnées, c'est une Calomnie des plus atroces: mais, ce qu'il y a de certain, c'est qu'après la Bataille nous trouvames, dans les Chariots de Munitions des Russiens, quantité de petits Sacs de Toile, remplis d'un Arsenic extrémement fort, dans lequel on avoit mis des Balles; sans parler des Balles de Mousquet fendues en deux, & lardées de Soie de Cochon. Plusieurs Personnes, qui sont encore en vie, ont vû les Balles, & les ont examinées aussi bien que moi. Tout cela me fait croire, que la Relation, dont le Long s'est servi, n'est point de celui dont elle porte le Nom.

1708.
Juillet.
le 18.

tillerie & l'Artillerie, par des Chemins affreux. Etant arrivé le lendemain à Mohilow fur le Nieper, il trouva que les Moſcovites s'en étoient retirez, après avoir rompu les Ponts qu'ils y avoient fait conſtruire. Comme il y avoit dans cet Endroit de bonnes Proviſions de toutes ſortes de Vivres, le Roi y ſéjourna quatre Semaines, tant pour faire les Amas néceſſaires pour la Subſiſtance de l'Armée pendant la Marche, que pour donner aux Bleſſés le tems de ſe rétablir; ſans parler d'une autre Raiſon beaucoup plus importante, qui étoit d'attendre que le Général Lewenhaupt ſe fût approché davantage. Cependant, le Roi ignoroit encore le Sort qu'avoit eu celui qui fut envoïé à ce Général, pour lui porter l'Ordre de hâter ſa Marche.

*Le Baron
Ziltman ſe
rend auprès
du Roi.*

Sur ces Entrefaites arriva un Courier dépéché par le Baron Ziltman, Conſeiller-privé de Régence du Roi de Pruſſe. Ce Cavalier écrivit au Roi, pour le prier de permettre qu'il pût ſe rendre auprès de lui, pour s'acquiter des Commiſſions dont il étoit chargé de la part de Sa Majeſté Pruſſienne, qui l'envoïoit en qualité de ſon Aide-de-Camp-général. On lui donna pour Réponſe, que, comme le Roi étoit continuellement en mouvement, à cauſe des Opérations de la Guerre, il n'avoit pas le tems d'écouter aucun Miniſtre étranger, quelque envie qu'il eut de le faire. Que Sa Majeſté eſpéroit, que le Roi de Pruſſe ne le trouveroit pas mauvais; ſur-tout lorſqu'il ſauroit, que, pour la même Raiſon, aucun Miniſtre Etranger n'avoit été admis depuis long-tems. Au bout de quelques jours, Monſieur de Ziltman renvoïa ſon Courier, & demanda la Permiſſion de pouvoir ſuivre l'Armée, en qualité de Volontaire; ce qui lui étant accordé, il ſe rendit à Mohilow, où ſa bonne Conduite lui gagna l'Eſtime de toutes les Perſonnes de la Cour. Il étoit preſque toujours auprès du Velt-Maréchal Rehnſchöld, dont il étoit un peu Parent.

le 17.

*Situation
des Affaires
en Pologne.*

Avant que de parler du Départ de Charles XII. de Mohilow, voïons ce qui ſe paſſoit dans ce Tems-là, en Pologne. Le Roi Staniſlas, après avoir quitté l'Armée Suédoiſe, s'étoit rendu d'abord à Grodno, où les Palatins Potocki & Jablonowski, avec le Prince Wiesnowicki, vinrent le trouver, pour délibérer enſemble ſur différentes Affaires importantes, & particuliérement ſur la Maniere dont on devoit s'y prendre pour gagner le Général Siniawski. La Choſe paroiſſoit impoſſible, après les Tentatives que l'on avoit faites: &, en effet, il n'y eut rien à faire avec ce Général, depuis que le Czar lui eut mis en tête de ſe faire Roi lui-même, & promis, entre autres choſes, de lui fournir, pour cet effet, un Secours de vingt mille Moſcovites, avec une groſſe Somme d'Argent, pour païer l'Armée de la Couronne. Staniſlas, aïant appris que cette Armée étoit aſſez diſpoſée à ſe déclarer pour lui, ne fit propoſer à Siniawski qu'une ſeule Condition; ſavoir, que s'il vouloit ſincérement être de ſes Amis, tout le reſte ſeroit enſeveli dans un Oubli éternel. Siniawski, au lieu d'accepter cette Condition, en propoſa, tant pour lui que pour ſes Adhérans, pluſieurs autres, qui étoient toutes déraiſonnasonnables, & auxquelles le Roi Staniſlas n'auroit jamais pû donner les mains, ſans s'expoſer à dépendre du Caprice d'un de ſes Sujets, qui prétendoit lui preſcrire des Loix. Ainſi, l'Ambition démeſurée d'un ſeul Particulier, colorée du beau Nom de Zéle & d'Amour pour la Liberté de la Patrie, devint un Obſtacle invincible au Rétabliſſement du Repos & de la Tranquilité de tout un Roïaume. Au commencement du Mois de Juillet, Siniawski aſſembla l'Armée de la Couronne à Nisk, d'où il détacha vingt Compagnies, ſous le Commandement du Colonel Ruſſiski, avec ordre de ſe rendre à Brezice, pour y joindre le Comte Poccey, Thréſorier de la Lithuanie. Le Roi Staniſlas ſe rendit en attendant à Marienbourg, & puis à Stargardt, où la Reine de Pologne ſon Epouſe vint le trouver de Stetin. La Ville de Dantzic y envoïa des Députez, pour les complimenter. Leurs Majeſtez retournérent enſemble à Marienbourg, où l'on convoqua l'Aſſemblée de la Nobleſſe de ce Palatinat. Pendant ce tems-là, le Roi, qui ne vouloit géner en rien la Liberté des Etats, faiſoit différens Voïages en Pruſſe, s'amuſant avec le Lieutenant-Général Ridderhielm, qui étoit venu de Wiſmar, pour faire paſſer en Revûe les Troupes Suédoiſes, qui étoient dans cette Province. D'abord, l'Aſſemblée de Marienbourg paroiſſoit être entiérement dans les Intérêts du Roi Staniſlas, la plûpart des Membres inſiſtant à ce que l'on reconnût ſolemnellement ce Prince, les Villes de Dantzig & de Marienbourg offrant même de leur propre Mouvement de lui faire un Don gratuit de cent mille Ecus: mais, dans la ſuite, quelques Eſprits turbulents firent naitre tant de Chicanes & de Difficultez, que l'on conſuma le Tems en toutes ſortes de Diſputes frivoles, ſans que l'on prît aucune Réſolution importante.

La Pologne, durant ce Tems-là, étoit accablée des plus horribles Fleaux. Outre celui de la Deſunion qui déſoloit toutes les Provinces, la Peſte, ou une Maladie contagieuſe, y régnoit avec violence. Elle s'étoit d'abord fait ſentir du côté de Lemberg & de Cracovie, d'où elle ſe répandit à Warſovie. Il en mourut près de ſeize mille Perſonnes dans cette Capitale, en peu de Semaines. A entendre les Médecins, que l'on avoit fait venir de Siléſie, pour examiner la Nature de ce Mal, & pour y appliquer les Remedes convenables, ce n'étoit point ce que l'on appelle proprement la Peſte, & qui ſuppoſe toujours que l'Air eſt infecté, ce qui n'étoit pas. Ils prétendoient au contraire, que ce Mal n'étoit qu'une Suite de la Famine qui régnoit, & que le Pain étoit le meilleur & le ſeul Remede, que l'on devoit emploïer. Cette Déclaration ne plaiſoit point aux Polonois: ils répondoient, que bien que la Famine, dont on étoit affligé, obligeât pluſieurs milliers de Perſonnes de ſe réfugier ailleurs, pour trouver de quoi ſubſiſter, on pouvoit cependant prouver, que très peu de Perſonnes étoient mortes de Faim, dans le tems que ce Mal enlevoit une Infinité de Monde; qu'il pouvoit provenir des mauvais Alimens & d'une Nourriture, à laquelle l'Homme n'eſt point accoutumé, mais dont il fait uſage lorſqu'il eſt preſſépreffé par une Faim extraordinaire; qu'alors, les Riches étoient auffi ſujets à ce Mal que les Pauvres. Tant que ce Mal dura, on garda fort exactement les Frontieres de Siléſie, de Pruſſe, de Dantzig, & de Marienbourg, afin d'empêcher la Contagion de ſe répandre davantage.

Le Roi de Suede, pendant ſon Séjour à Mohilow, eut Avis, que la plus grande Partie des Troupes Moſcovites avoient pris la Route de Smolensko. Il apprit auffi d'un Deſerteur Ruſſien, qu'elles s'étoient poſtées à douze lieues de Mohilow, dans un Endroit nommé Hoky, où le Czar étoit venu les joindre. Ce Prince avoit fait placer autour de ſa Tente douze Piéces de Canon, & faiſoit travailler nuit & jour à un Retranchement défendu par un Foſſé très profond. Le Roi ne comprénoit point à quel deſſein le Czar fatiguoit ſes Troupes par des Travaux continuels; car, ſans compter, que les Ouvrages, qu'il avoit fait élever en tant de différens Endroits, ne lui avoient été d'aucune Utilité, ceux de Hoky ne pouvoient lui donner non plus aucun Avantage ſur les Suédois, qui, aïant le Chemin libre à droite & à gauche, n'avoient nullement beſoin de s'engager dans ce Défilé. Cependant, Sa Majeſté fit conſtruire deux Ponts pour paſſer le Nieper en deux Endroits différens. Comme l'on étoit entièrement Maitre de cette Riviere, on auroit pû la paſſer également ſur pluſieurs Ponts. On amaſſa tous les Vivres que l'Ennemi n'avoit point eu le tems d'emporter ou de gâter. Outre cela, les Habitans au de-là du Nieper, & particuliérement ceux du Diſtrict de Miciſlaw, en apportérent de bonnes Proviſions. La Nobleſſe aux environs envoïa des Députez au Roi, offrant de fournir des Vivres pour l'Armée Suédoiſe, & de faire marcher quelques mille Païſans, pour donner la Chaſſe aux Partis Moſcovites, comme ils l'avoient déja fait auparavant avec quelque ſuccès.

Tout étoit aſſez tranquile dans le Camp Suédois: il n'y eut que les Coſaques, qui de nuit traverſérent la Riviere à la nage, pour voler des Chevaux que l'on avoit mis à l'Herbe le long du Rivage. La choſe leur réüſſit diverſes fois: mais, les Suédois, en aïant été avertis, ſe mirent une nuit en Embuſcade; &, lorſque les Calmouques furent à portée du Fuſil, ils leur lachérent ſi à propos une bonne Décharge, qu'ils furent obligés de ſe retirer avec perte, ſans jamais ſonger à revenir. Au deſſous de Kopis, un Détachement Ruſſien paſſa le Nieper, pour ſurprendre l'Aide-de-Camp-général Canifer, qui étoit à un vieux Chateau nommé Smolani, avec ſoixante Valaques. Une vingtaine de ſes Gens eurent le bonheur de ſe ſauver. Ce fut d'eux qu'on apprit, qu'un Deſerteur Polonois avoit été l'Auteur de ce Projet, & qu'il avoit ſervi de Guide aux Moſcovites. Canifer fut envoïé à l'Extrémité de la Sibérie, vers les Frontieres de la Chine.

Après que l'on eut diſtribué aux Régimens des Vivres pour quelques Semaines, le Roi décampa de Mohilow, lorſqu'on s'y attendoit le moins. Il paſſa la Riviere ſur le Pont qu'il avoit fait conſtruire, n'aïant

Ff 2   avec

1708.
Août.
le 8. le 10.

avec lui que quelques Régimens d'Infanterie. L'Ennemi faifoit même
de vouloir leur difputer ce Paffage; mais, les Valaques l'eurent bientôt diffipé. Le prémier jour, Sa Majefté ne fit qu'une demi-lieue.
Toute l'Armée fe trouvant enfemble, elle marcha à Oniskivice, &
de-là à un Village nommé Stolcki. Ce Païs étoit le plus beau du monde: le Bled, qui étoit parvenu à fa Maturité, offroit une Moiffon abon-
dante; de forte que l'on pouvoit fe promettre de ne point manquer
de Pain. On croïoit néanmoins, que le Roi ne s'y arrêteroit pas
long-tems: il y demeura cependant fix jours. Durant ce tems-là, les
Valaques Suédois furprirent un Détachement Ruffien de cent-cinquante Hommes, qu'ils défirent, remmenant avec eux un Bas-Officier &

le 15.　fix Dragons. Leur Capitaine, qui étoit Allemand, aïant été menacé,
à fon retour, d'être mis aux Arrêts pour être jugé par le Confeil de

le 16.　Guerre, il s'échappa, & vint le même jour au Camp Suédois. Le lendemain, les Mofcovites, au nombre de deux mille Hommes, vinrent
attaquer les Dragons de Gyllenftierna. Ceux, qui fe trouvoient le
plus à portée du Piquet, y accoururent à pied, pour amufer l'Ennemi en attendant que les autres montaffent à Cheval. La Moitié du
Régiment fut bientôt prête, & chargea les Ruffiens avec beaucoup de
Vigueur. Le refte ne tarda pas non plus d'arriver; mais, au moment que le Colonel fe mettoit en devoir d'attaquer les Ruffiens dans
toutes les formes, ils nous tournérent le Dos, & s'enfuirent. Les
Suédois eurent dans cette Rencontre onze Hommes de tuez & fept
de bleffés. Les Ruffiens perdirent au de-là de trente Hommes étendus fur la place. On fit prifonnier un Colonel de Cofaques, auquel on
avoit tué fon Cheval pendant le Combat.

le 17.　Sa Majefté, aïant décampé de Stolcki, fit deux lieues jufqu'à
Wifocki, fur la petite Riviere de Propia, où l'on eut Avis, qu'une
partie de la Cavallerie ennemie s'étoit poftée aux environs de la Ville
de Czaufi, & que le Général Goltz, avec le refte, fe trouvoit à quatre lieues de-là, dans un Endroit nommé Rofna, d'où le Général
Ifland avoit été détaché avec fept Régimens, pour paffer la Soffa, &
pour prendre le Chemin de l'Ukraine. Sur cet Avis, on détacha de
nouveau les Valaques, qui battirent un Parti de cent-foixante Dragons
Mofcovites, & le mirent en fuite. Ils firent prifonniers le Major,
qui commandoit ce Parti, & qui étoit un Gentilhomme Francois, nommé Ducal, avec douze Dragons qu'ils préfentérent au Roi à fon Arrivée à Dracowska, où il vint camper. Comme l'on apprit de ces Gens,
& d'un Ordre écrit que le Major avoit fur lui, que l'Ennemi étoit dans l'intention de paffer la Soffa, & que ce Parti avoit été détaché pour jetter un
Pont fur cette Riviere, l'Armée eut ordre de marcher vers le Village

le 20.　de Labanowka. Dans cet Endroit, nos Valaques en vinrent aux mains
avec fix Efcadrons ennemis, qu'ils mirent en fuite. Ils fabrérent bon
nombre de Mofcovites, & firent une trentaine de Prifonniers. Les
Fuïards furent pourfuivis jufqu'à un Défilé, où le Combat recommen-

ça de nouveau, & dura jusqu'à l'Approche des Suédois, que l'Ennemi ne jugea point à propos d'attendre. Le Général Rönne, à la tête de quatre Régimens de Dragons, se retira avec tant de Précipitation, qu'il abandonna la plus grande partie de son Bagage, & quantité d'Hommes & de Chevaux qui ne pouvoient le suivre. Lorsque notre Avant-Garde arriva, la Noblesse & les Païsans des Environs avoient déjà pillé au de-là de cinquante Chariots, qui demeurérent à leur discrétion. Les Valaques en prirent dix-huit, avec beaucoup de Tentes, de Chevaux, & de Chameaux. Quelques Carosses, remplis de Femmes Allemandes, tombérent aussi entre leurs mains. Après avoir dépouillé ces Femmes, ils les laissérent aller, parce qu'ils avoient vû, que le jour auparavant le Roi en avoit fait relacher une vingtaine d'autres, que l'on avoit fait prisonnieres. Le Général Goltz avoit pris la même Route; mais, aïant sû ce qui venoit de se passer, il retourna à Criczow, où il passa la Riviere. Le Czar la passa à Micislaw avec l'Infanterie.

Le Roi continua sa Marche vers Seroka, située de ce côté-ci de la Sossa. Il campa à une petite distance de la Ville. Les Valaques, qui avoient pris les devants, donnérent la Chasse aux Partis ennemis, qu'ils obligeoient de se retirer au de-là de la Riviere avec tant de Précipitation, qu'ils oublioient de rompre les Ponts après eux. Au bout de quelques heures, les Moscovites aïant repris courage, trois cens Dragons à pié repassérent la Riviere, pour surprendre les Valaques qui s'étoient débandez aux environs de la Ville: mais, au même instant, arrivérent cinquante Hommes du Régiment des Gardes, que le Roi avoit détachés à Seroka, on ne sait point pourquoi. Ils reçurent l'Ennemi avec beaucoup de Bravoure, & firent Feu si à propos qu'une cinquantaine de Russes demeurérent sur la place. Nous n'eumes dans cette Escarmouche que huit Hommes de tuez, & quatre de blessés. De l'autre côté de la Riviere, les Russiens avoient travaillé long-tems à faire des Abbatis, & à se retrancher dans un Marais; mais, tout ce Travail leur devint inutile par la Résolution que prit le Roi de ne point passer la Riviere.

Laissant les Moscovites dans le Poste qu'ils occupoient, il tira à gauche, vers le Village de Sori. Le lendemain, il marcha à Kobolin; & deux jours après, à Bodswinofska. A environ un quart de lieue de ce Village, un Corps de deux mille Dragons Russiens se présenta tout d'un coup devant le Colonel Charles Ornstedt, qui étoit à la tête de son Régiment de Scanie, Cavallerie. Ce Chef n'eut pas plûtôt apperçu l'Ennemi, qu'il s'avança sur le champ avec deux Escadrons de son Régiment, pour l'attaquer: mais, comme il n'avoit aucune envie de se battre, & qu'il se retiroit toujours vers le Bois, Ornstedt ne put rien faire. Il le poursuivit pourtant, & lui tua du monde. Un peu au de-là, le Général Goltz s'étoit posté près d'un Défilé, qu'il avoit fait garnir de quelques Piéces de Campagne: mais, comme notre Arti-

*le 21.
Escarmouches entre les Suédois & les Moscovites.*

*le 23.
le 24. le 26.*

tillerie devoit abfolument paffer par-là ; le Colonel Bunau fit avancer quelques Piéces de Canon, avec lefquelles aïant commencé à battre cet Endroit, l'Ennemi perdit contenance, & fe retira, après avoir eu beaucoup d'Hommes & de Chevaux de tuez. Le Roi, s'étant repofé deux jours, marcha à la Ville de Malatitze, & fit ce jour-là deux lieues. Il vint camper avec fon Armée dans une grande & belle Prairie, le long laquelle régnoit un Marais, large d'environ mille Pas. L'Ennemi étoit pofté vis-à-vis, avec dix Régiments d'Infantérie & de Grenadiers, & trois Régimens de Cavallerie. A l'extrémité du Camp Suédois, à la droite, le Marais formoit un Coude. Dans cet Endroit, éloigné d'une lieue & demie du Quartier-général, étoit pofté le Général Roos avec fa Colonne. Il y avoit été deux jours, lorfque les Mofcovites formérent le Projet de paffer le Marais pour le furprendre ; mais, comme il en fut averti par un Defèrteur, il fe prépara à bien recevoir l'Ennemi, qui n'entreprit pourtant rien ce jour-là.

Le Roi, informé de la Situation des Lieux, & combien il feroit facile à l'Ennemi de pourfuivre fon Deffein, envoïa ordre à Roos de décamper le lendemain matin, & de venir joindre le gros de l'Armée avec les cinq Régimens qu'il avoit fous fes Ordres. Ces Régimens étoient, celui d'Oftrogothie, Cavallerie, commandé par le Colonel Rofenftierna; celui de Néricie & de Wermlande, Infantérie, dont Monfieur de Roos étoit lui-même le Chef; avec ceux de Jönkiöping, de Weftrogothie, & de la Bothnie Occidentale, commandez par Meffieurs Buchwald, Sperling, & Fock. Ces Troupes décampérent de fi bonne heure, que Buchwald fe trouva déjà à fept heures du matin

au Pofte qui lui avoit été affigné. Pendant que les Soldats ôtoient leurs Habits, pour être plus à leur aife en dreffant les Tentes & les Baraques, les Mofcovites pafférent le Marais en grande diligence, & avec fi peu de bruit, que nous n'en fumes rien que dans le moment que l'on nous attaqua. D'ailleurs, un gros Brouillard nous déroboit la Connoiffance de leur Approche. A peine nôtre Garde avancée eut-elle le tems de donner l'Allarme, que les Ruffiens attaquérent le Régiment de Buchwald, avec toute la Fureur poffible, & avec un Feu fi vif, que les notres tombérent par pelotons. Buchwald rangea fon Monde le mieux qu'il pût; &, quoi qu'environné d'Ennemis de toutes Parts, il reçut les Mofcovites avec tant d'Intrépidité, qu'il donna le tems au Comte Sperling de s'avancer à fon Secours, avec le Régiment de Weftrogothie. Alors, les Ruffiens commencérent un peu à plier; mais, recevant continuellement de nouveaux Renforts, & les Colonels Buchwald & Sperling, de même que plufieurs autres Officiers, aïant été bleffés, la Victoire fembloit vouloir fe déclarer en faveur de l'Ennemi. Le Colonel Rofenftierna, à la tête de fon Régiment de Cavallerie, voulant prendre les Mofcovites en flanc, fut tué au prémier Choc. Les Dragons ennemis, que l'on n'avoit pas apperçu plûtôt

tôt à caufe du Brouillard, attaquèrent les Oftrogoths par derriere:
déja même trois Compagnies avoient été mifes en defordre, lorfque
le Lieutenant-Colonel Skytte, avec les Compagnies qui reftoient, fit
un Mouvement, & chargea les Ennemis fi à propos l'Epée à la main,
qu'il les renverfa & les pourfuivit, faifant main baffe fur tous ceux
qu'il put joindre. Etant retourné pour aller au Secours des deux Régimens d'Infanterie, le Colonel Torftenfon, qui avoit fon Pofte à une
demi-lieue plus loin, accourut avec fon Régiment de Nylande, Cavallerie; &, aïant rencontré les Dragons Ruffiens qui fuïoient, il les
pourfuivit de nouveau, & les pouffa dans un Marais, où la plûpart
abandonnèrent leurs Chevaux pour fe fauver. Le Lieutenant-Colonel
Skytte, aïant fait mettre pied à terre à une partie de fes Gens, retira du Marais trois cens cinquante de ces Chevaux, pendant que l'on
canardoit les Fuïards, dont on tua un grand Nombre.

CEPENDANT, le Roi étoit arrivé fur le Champ de Bataille. Aïant
entendu donner l'Allarme, il étoit monté à Cheval dès la prémiere Décharge de la Moufqueterie, ordonnant aux Régimens qui formoient la
prémiere Ligne, & qui étoient poftez le long du Marais, de ne point
bouger de-là, parce qu'il fembloit, qu'en cas que les Suédois s'éloignaf-
fent de cet Endroit pour aller au Secours de leurs Camarades, l'Ennemi étoit dans le deffein de traverfer une Chauffée qu'il y avoit, pour
venir nous prendre par derriere, ou du moins pour ruiner notre Camp,
& piller le Bagage. Auffi-tôt que le Roi fut arrivé, & qu'il vit que
les Mofcovites reculoient vers le Marais, il ordonna au Colonel Hielm
de marcher avec fes Dragons entre le Marais & les Ennemis, pour
les attaquer de ce côté là. Les Mofcovites furent repouffez: ils fe remirent, cependant, & formèrent un Bataillon quarré. Mais, le Colonel Siegroth, arrivé du Camp avec le Régiment de Dalécarlie, les
chargea brufquement de l'autre côté, & fit faire un Feu continuel
de fa Moufqueterie. Alors, fe voïant attaqués par trois Endroits, ils
commencèrent à fe débander, pour paffer le Marais, au travers des
Moufquetades qu'on ne ceffa de leur tirer, tant qu'ils furent à portée.
Quelques-uns gagnèrent le Bois voifin, & d'autres coururent par la Plaine: un grand nombre d'eux enfoncèrent dans la Boue jufqu'aux Epaules, & y furent tuez à Coups de Carabine, après que le Brouillard fe
fut diffipé. Un Soldat Suédois eut le Courage de pourfuivre dans le
Marais un Officier Mofcovite, qui nous avoit enlevé un Drapeau. Il
tua l'Officier, & rapporta le Drapeau; ce qui lui valut une Récompenfe de cent Ecus, que le Roi lui fit donner. L'Armée ennemie,
qui étoit de l'autre côté, ne fit pas mine de venir au Secours de fes
Gens. On fût dans la fuite, que les Mofcovites ne s'étoient portez à
cette Entreprife, que fur les Avis qu'ils avoient reçus, que le Roi de Suede, au lieu de camper avec toûte fon Armée dans un Endroit, avoit
difperfé fes Régimens, pour la Commodité des Vivres & du Fourage.
Cependant, les Suédois étoient poftez de maniere, qu'ils pouvoient

fe

1708.

Août.

se raſſembler au prémier Ordre, & aller au Secours les uns des autres, dés que les Circonſtances l'exigeroient. On mit en Monçeaux, dans le Champ de Bataille, juſqu'à neuf cens Corps morts des Moſcovites, parmi leſquels il ſe trouva pluſieurs Officiers de marque, à en juger par leurs Habits. Il y en avoit quantité dans le Marais, que l'on ne ſe donna pas la peine, ni de compter, ni de retirer, ſans parler de ceux qui avoient été tuez par la Cavallerie, dans la Pourſuite. Cet Avantage ne nous couta qu'environ trois cens Hommes, dont la plûpart furent tuez au commencement de l'Action. Le Nombre des Bleſſés montoit juſqu'à huit cens Hommes (a). Après que tout fut fini, le Roi envoïa deux de ſes Aides-de-Camp aux Régiments qui avoient eu part à cette Action, pour leur témoigner combien Sa Majeſté étoit ſatisfaite de leur Bravoure, & de la Valeur qu'ils avoient fait paroitre dans cette Journée (b).

Réflexion.

QUELQUE peu conſidérable que fût la Perte des Suédois, en comparaiſon de celle de l'Ennemi, quelque glorieuſe même que fût cette Action, ſoit que l'on conſidere la grande Supériorité de l'Ennemi, & l'Avantage qu'il remporta au commencement du Combat ſur une Troupe ſans Armes, & n'aïant pour toute Défenſe que les Inſtrumens dont on ſe ſert pour dreſſer des Tentes ; ſoit que l'on aïe égard au petit Nombre des Suédois qui mirent en fuite un Ennemi ſi ſupérieur : quelque glorieux, dis-je, que fût tout cela pour les Armes du Roi, on ne peut cependant pas diſconvenir, que la Perte de Charles XII ne ſurpaſſât de beaucoup celle du Czar. Ce Prince, qui avoit derriere lui ſes vaſtes Etats, étoit à portée de faire tant de nouvelles Levées qu'il vouloit ; pendant que le Roi de Suede, éloigné de ſes Frontieres, & au milieu du Païs ennemi, où il ne pouvoit apprendre ce qui ſe paſſoit ailleurs, n'avoit aucune Reſſource, & étoit hors d'état de recevoir de long-tems le moindre Renfort, quelque Diligence que l'on eut fait en Suede de lui en envoïer un, qui étoit déjà tout prêt à partir.

Le Général Lybecker reçoit ordre de faire une Invaſion du côté de Peterſbourg.

CEPENDANT Charles, pour attirer l'Ennemi d'un autre Côté, & pour l'empêcher, autant qu'il ſeroit poſſible, d'inquiéter notre Marche, avoit

(a) LA Relation des Moſcovites, que LE LONG a inſérée dans le Tome IV. de ſon *Hiſtoire de Charles XII*, écrite en Hollandois, fait mention d'un Régiment de Cuiraſſiers, commandé par le Baron d'Elſendorf. Un pareil Régiment ne fut jamais dans l'Armée Suédoiſe. Que les Régimens d'Infanterie, que le Général Roos avoit ſous ſes Ordres, fuſſent les meilleurs de l'Armée du Roi & les plus complets; & que le Régiment d'Oſtrogothie fût le plus beau, & le plus fort, de toute ſa Cavallerie; cela eſt vrai. Cependant, pas un de ces Régimens ne ſe trouva à la Journée de Holofzin, où les Ruſſiens furent battus. Il ſuffit qu'ils conviennent eux-mêmes, qu'ils ont eu, dans l'Affaire de Malatitze, environ mille Hommes de bleſſés.

(b) DANS la *Vie de Charles XII*, publiée à Gripſwald, par le Profeſſeur WESTPHAL, il eſt dit page 142, que ce Combat dura deux Jours. C'eſt ſans doute une Faute d'Impreſſion: il ne dura que deux Heures.

avoit ordonné, il y avoit déjà du tems, au Général-Major Lybec-ker, qui commandoit en Finlande, de faire une Invafion en Ingrie. Il devoit fur-tout s'attacher à la Ville de Petersbourg, dont on favoit que la Confervation tenoit plus à cœur au Czar, que celle de toute la Mofcovie. Après que les différents Régiments eurent été rendus com-plets, toutes nos Forces de Finlande s'affemblérent, au nombre de qua-torze mille Hommes, tant Cavallerie, qu'Infanterie & Dragons, au Mois d'Août, à quelques lieues de Wibourg. Aïant reçu des Vivres pour quelques Jours, avec l'Artillerie de Campagne, & un certain nombre de Pontons, l'Armée fe mit en Marche fur deux Colonnes, prenant la Route de la Nieva, où elle fit halte un Jour. Le foir, l'In-fanterie eut ordre de fe tenir prête pour le lendemain matin, & de fe pourvoir de quantité de Fafcines, les Chemins étant devenus prefque impraticables, à caufe des Pluïes continuelles. Pour donner le Change à l'Ennemi, qui étoit pofté vis-à-vis, avec un Corps d'Armée de huit mille Hommes, tant Cavallerie qu'Infanterie, les Suédois laifférent leurs Tentes debout, afin de faire croire qu'ils y campoient encore effec-tivement. Lybecker, avec la Cavallerie, remonta la Riviere, faifant mine de vouloir choifir un Endroit où il pourroit tenter le Paffage. Ce-pendant, le véritable Endroit, où l'on avoit réfolu de faire ce Trajet, étoit plus près de Petersbourg, & à peu de diftance d'un Fort, nommé Tuffina, où l'on tranfporta les Pontons. Trois Frégattes Ruf-fiennes, & quelques Galeres, aïant été détachées de Petersbourg, re-montérent la Riviere, & vinrent mouiller près de l'Endroit où étoient nos Pontons. Chaque Frégatte avoit quatre-cens Hommes de Troupes de Débarquement. Le Lieutenant-Colonel Krufenftierna, & le Major Schulman, pafférent les prémiers, avec quatre cens Hommes du Ré-giment d'Abo, à la faveur de notre Artillerie, qui confiftoit en dix Piéces de Canon, & qui étoit commandée par le Lieutenant Ahlgreen. Les Frégattes Mofcovites faifoient un Feu continuel, tant de leur Ca-non, que de leur Moufqueterie; mais, les Suédois y répondirent fi bien, & jettérent des Grenades avec tant de Succès, qu'ils arrivérent heureufement à l'autre Bord, où ils montérent fur les Dunes. L'En-nemi, qui jufqu'alors s'étoit tenu en Ordre de Bataille, commença à reculer, laiffant aux Suédois affez de Terrain pour fe ranger. Les Pon-tons étant de retour, le Lieutenant-Colonel Stiernftrale paffa auffi avec quatre cens Hommes de fon Bataillon, qui abordérent au même Endroit où les prémiers étoient defcendus. Durant ce Trajet, le Lieutenant Ahlgreen fçut fi bien pointer fon Canon contre une des Frégattes, qu'il l'eut coulé à fond, fi elle ne s'étoit retirée bien loin, pour aller mouiller fous le Canon d'un Fort qu'il y avoit. Les derniers, qui paf-férent, furent le Lieutenant-Colonel Tunderfelt, & le Major Skog, tous deux du Régiment de Haftfehr, avec un pareil Détachement de quatre cens Hommes. Leur Trajet fe fit fort heureufement. Les

1708.

Août.

le 30.

douze cent Suédois aiant pris Poste, comme nous venons de le dire, se rangèrent en Ordre de Bataille.

PENDANT que les notres se disposoient à faire ce Trajet, les Moscovites ne faisoient aucun Mouvement pour s'y opposer; parce qu'ils croïoient, qu'il ne valoit pas la peine d'attaquer quatre ou huit cens Hommes; se flattant, que, lorsque le troisieme Transport seroit arrivé, on pourroit avec plus d'Honneur terminer l'Affaire tout d'un coup. Pour cet effet, pendant que les Pontons retournoient la troisiéme fois à l'autre bord, les Moscovites plantérent quelques Piéces de Canon sur le Rivage, vis-à-vis de l'Endroit où les notres s'embarquoient. La Riviere n'étoit pas fort large en cet Endroit, ni hors de la portée de la Mousqueterie. Le Dessein des Ennemis étoit d'empêcher par le Feu continuel, tant de leur Batterie, que de leurs Vaisseaux, que les Suédois ne transportassent un plus grand Nombre de Troupes que celles qui se trouvoient déjà de l'autre Côté, & sur lesquelles on se flattoit de remporter aisément la Victoire. Il est très certain, que si les Moscovites eussent d'abord attaqué les quatre cens Hommes du prémier Transport, ils auroient pû facilement se rendre Maitres des Pontons, & obliger par-là les Suédois à s'en retourner à Wibourg.

LES Russes commencérent l'Attaque, en jettant une infinité de Grenades. Les Cosaques vinrent à nous avec des Cris épouvantables; mais, les notres les reçurent avec une Contenance si fiere, que l'Ennemi en fut déconcerté. Après quoi, les Suédois l'attaquérent à leur tour avec tant de Valeur, qu'ils le renversérent, & le mirent en Déroute. Durant le Combat, le Lieutenant Winter, & l'Enseigne Bradke, à la tête de deux cens Grenadiers Saxons, du Bataillon du Lieutenant-Colonel Straelborn, passérent la Riviere sur une partie des Pontons: sur les autres suivoient le Capitaine Stierncrantz, & le Lieutenant Schutz, qui avoient sous leurs ordres un pareil Nombre de Soldats du même Bataillon. Après avoir souffert extrémement par le Feu des Ennemis, qui les canonoient sans cesse, ils gagnérent pourtant l'autre Bord, où étant descendus à terre, ils coururent au Secours de leurs braves Camarades. Leur Arrivée décida de la Victoire: & l'Ennemi, quoique cinq fois plus fort que les Suédois, fut obligé de prendre la Fuite. Les Russiens perdirent dans cette Occasion neuf cens Hommes tuez sur la place; parmi lesquels se trouvoient les Généraux Schönbourg & Monisteriof, avec plusieurs Officiers, sans compter ceux que les Cosaques avoient emportez, aussi bien que les blessés. La Victoire couta aux Suédois deux Officiers, & deux à trois cens Hommes, tant morts que blessés. Du nombre des derniers étoient les Lieutenants-Colonels Krusenstierna & Stiernstrale, le Major Skog, & les Capitaines Wilbrand, Knorring, & Hastfehr. Les Suédois, Maitres du Champ de Bataille, s'y postérent, pour donner le tems à leur Infanterie de passer la Nieva, avec l'Artillerie & le Bagage. Le Trajet dura

dura jusques dans la nuit. Monfieur de Lybecker, avec la Cavallerie,
ne put fuivre que deux Jours après.

LES Mofcovites, aïant reçu un Renfort de Petersbourg, firent
mine de vouloir de nouveau en venir aux mains. Pour cet effet, comme le Capitaine Ingénieur Glandsberg avoit été bleffé au Paffage de la
Riviere, on ordonna au Lieutenant Schutz de travailler auffi-tôt à un
Retranchement avec des Coupures, & un Parapet. Il le fit le mieux
qu'il put; ce que l'Ennemi voïant, il n'ôfa nous attaquer & fe retira,
pendant que nos Troupes continuoient encore à traverfer la Nieva.
Cependant, les Suédois fouffroient extrémement par la Difette des Vivres. Les Officiers & les Soldats furent obligés de fe contenter de
Chair de Cheval, & n'eurent d'autre Boiffon, que l'Eau de la Riviere. Le lendemain, on détacha le Colonel Schommer, avec quelques
Grenadiers de fon Régiment & les trois Bataillons Saxons, pour aller
attaquer un petit Fort, fitué à peu de diftance du Champ de Bataille,
& dans lequel il y avoit quatre cens Mofcovites. Ce Fort, qui n'avoit
que quatre Baftions irréguliers, tiroit fa principale Deffenfe de fon
Voifinage de la Riviere. L'Attaque commença à la petite Pointe du
Jour. On fut furpris, en jettant les Fafcines pour combler le Foffé,
ce qui ne pût fe faire fans quelque Bruit, de ne voir ni n'entendre
perfonne. Enfin, les Suédois, aïant efcaladé le Fort, trouvérent
que les Ruffiens l'avoient abandonné pendant la nuit, & s'étoient retirez fur leur Flotille, qui mouilloit là-devant. Les Ouvrages furent
rafez fur le champ, & l'on perça les Foffez, pour faire écouler l'Eau.
On y prit quatre Canons de Bronze avec leurs Affuts, que les Ruffiens n'avoient pû enlever. Sur l'Avis que l'on eut, que l'Ennemi avoit
un Magazin confidérable à Dudershof, fous la Garde d'un Lieutenant-
Colonel avec quatre cens Hommes, on y détacha le Colonel Haftfehr,
avec quelques Compagnies de fon Régiment de Dragons, pour s'en
rendre Maitre. S'étant approché de cet Endroit, il vit le Magazin en
Feu, & que les Ruffiens venoient droit à lui pour l'attaquer. Il les reçut fi vertement l'Epée à la main, qu'il en obligea une partie de fe jetter dans les Flammes où ils périrent; & les autres furent tous paffez
au Fil de l'Epée.

LES Mofcovites avoient aux environs un autre Fort nommé Ingris-
Amund, contre lequel le Général réfolut de marcher lui-même avec un
Détachement de trois mille Hommes, commandé par les Colonels Haftfehr & Schommer. D'abord, il marcha le long de la Nieva: mais, fe
trouvant fort incommodé du Feu que faifoient les Ruffes de leurs
Vaiffeaux, il pénétra dans le Bois, pour effaïer s'il pourroit paffer par-
là; mais, comme ce Païs eft entrecoupé de Défilez & de Marais prefque impraticables, il y perdit plufieurs Chevaux & quelques Hommes,
qui y périrent. Enfin, après beaucoup de Recherches & de Tentatives, il trouva un meilleur Chemin pour la Cavallerie. Il n'arriva
pourtant devant le Fort, que le foir entre les neuf & dix heures, au

lieu

lieu que, fi les Chemins avoient été plus praticables, il auroit pû y être à deux heures après midi. La Cavallerie en vint d'abord aux mains avec les Poftes avancés des Ennemis, qui fe retirérent dans le Fort, après avoir rompu le Pont. Mais, au même inftant que les Mofcovites commençoient à faire Feu de leur Artillerie, la Confufion fe mit parmi notre Cavallerie, fans que l'on ait jamais fû qui pouvoit y avoir donné occafion. Au lieu de reculer en bon ordre, pour fe mettre à l'abri du Canon, elle tourna brufquement, & courut à bride abbatue, fans tenir de Route affurée. Les plus proches du Fort entrainérent tout l'Efcadron, qui, n'écoutant plus, ni Ordre, ni Commandement, croïoit avoir à fes Trouffes l'Ennemi victorieux. Toute cette Troupe, faifie d'une Terreur panique, vint fondre fur l'Infanterie, la renverfa, & la mit tellement en Defordre, qu'il n'y eut plus moïen de la rallier, & qu'elle fut entrainée dans la Déroute générale. La Cavallerie, & l'Infanterie, s'étant fauvées pêle-mêle dans le Bois, ne purent éviter, à caufe de l'obfcurité, d'enfoncer dans les Marais, où il périt un grand nombre d'Hommes & de Chevaux. Quelques-uns fe noïérent d'abord: d'autres, ne pouvant fe tirer de la Boue, y crévérent de Faim, où furent tuez le lendemain par les Ennemis; & d'autres encore s'égarérent dans les Bois, & ne revinrent qu'au bout de trois Jours. Les Suédois, revenus à eux-mêmes, fe confolérent de leur Malheur; parce que l'Ennemi ne pourroit pas fe vanter d'avoir remporté fur eux aucun Avantage, & qu'il n'avoit échapé, que par un pur Hazard, à l'Attaque dont il étoit menacé.

Le Général-Major Lybecker, aïant raffemblé les Débris de fon Armée, réfolut de pénétrer plus avant dans l'Ingrie. Différens Partis ennemis fe firent voir de loin; mais, il fut impoffible de les joindre. Ils mettoient le Feu par-tout où ils paffoient: les Cofaques fur-tout faifoient des Ravages horribles, & fuivoient toujours les Suédois, qui tournoient tantôt à droite, tantôt à gauche, pour trouver des Vivres & du Fourage. Entre autres Terres auxquelles ils mirent le Feu, celles de Skoritz, de Pulkala, & de Hatzina, eurent ce Sort; & les grandes Provifions de Grains & de Farine, qu'il y avoit, furent réduites en Cendres. Ces continuelles Marches & Contremarches fatiguérent extrémement l'Armée, qui, d'ailleurs, fouffroit beaucoup par la Difette de Vivres. Souvent, en huit ou dix jours, les Officiers, & encore moins les Soldats, n'avoient pas un feul Morceau de Pain pour mettre fous la dent.

Aïant formé le Deffein de fe rendre Maitre de Capuria, Lybecker y marcha avec quelques mille Hommes. A fon Arrivée, il trouva le Brigadier Frafer pofté fort avantageufement aux environs, avec deux Régiments de Cavallerie, & quatre d'Infanterie. Sans donner le tems à l'Ennemi de fe reconnoitre, les Suédois, qui s'étoient déjà rangés en marchant, vinrent tomber fur lui avec tant d'Impétuofité, qu'il fut renverfé après une demi-heure de Combat, & contraint de

pren-

prendre la Fuite. Cette Victoire ne nous couta qu'environ cinquante
Hommes, tant tuez que bleſſés. On enleva à l'Ennemi ſa Caiſſe de
Campagne, ſans compter quelques Dromadaires, Anes, & Chevaux
de bât, richement chargés, avec grand nombre de beaux Chevaux,
qui furent diſtribuez entre les Officiers. Les Suédois auroient pû faire
davantage dans cette Occaſion, ſi notre Cavallerie, en pourſuivant
l'Ennemi avec trop de Chaleur, ne ſe fût entiérement oubliée. En
pouſſant toujours ſa Pointe, elle ne remarqua pas, que l'Infanterie Moſcovite ſe mettoit à couvert dans les Foſſez & les Ravines qui bor-
doient le Chemin des deux Côtez, d'où elle faiſoit un Feu ſi vif ſur
les nôtres, que nous perdimes alors plus de Soldats que pendant le
Combat.

On trouva, dans le Bagage de l'Ennemi, une Lettre, écrite en
Langue Moſcovite, par l'Amiral-Général Apraxin, qui faiſoit ſavoir,
qu'il étoit ravi que les Suédois n'euſſent rien tenté contre Petersbourg; qu'il eſpéroit de ſe voir, en moins de vingt-quatre heures, à
la tête d'une Armée de quarante mille Hommes, pour couper la Retraite aux Suédois. Quelque fauſſe que fût cette Nouvelle, les notres
la crurent ſans balancer: & comme on ſe perſuadoit, que notre petite Armée n'étoit nullement en état de tenir tête à des Forces ſi ſupérieures, il fut réſolu de marcher du côté de la Mer, vers Retuſari ou
Cronſlot, où l'Amiral Anckarſtierna mouilloit avec ſon Eſcadre. L'Armée aïant traverſé, avec des Peines infinies, un Païs entrecoupé de
Bois & de Défilez fort difficiles à paſſer, ſe rendit enfin à Kolkampe,
à quelques lieues de Narva, d'où l'on envoïa à l'Amiral, pour le prier
de vouloir embarquer toutes ces Troupes. On eut pour Réponſe,
qu'il le feroit très volontiers: mais, qu'il n'avoit de Vivres qu'autant
qu'il en falloit pour ſes Equipages; qu'il étoit incertain ſi le Vent le
favoriſeroit, & de quelle maniere on pourroit faire cet Embarquement; qu'ainſi, il étoit d'Opinion, que le Général feroit mieux de
retourner par terre, & de ſe faire jour l'Epée à la main, en cas que l'Ennemi voulût s'oppoſer à ſa Retraite. Monſieur de Lybecker aïant in-
ſiſté de nouveau, l'Amiral promit de le recevoir avec ſes Troupes.
Surquoi le Général donna ordre de tuër tous les Chevaux, & de bruler tous les Chariots de Bagage & de Munitions. On ne le fit qu'avec
de grands Regrets; mais, le Général voulut être obéï, quoi qu'il s'attirât par-là le Blame de tout le Monde. Les Régiments furent embarqués & tranſportez aux Vaiſſeaux par le moïen des Pontons, Barques, & Chaloupes, que l'on put ramaſſer. Au bout de deux jours,
il ſe leva une Tempête, qui empécha qu'aucune Chaloupe ne pût aborder d'avantage. Les Bataillons Saxons de Schulenberg & de Boje,
faiſant enſemble huit cens Hommes d'Infanterie, ne pouvant point être
embarqués comme les autres, furent obligés de demeurer ſur le Rivage, où ils ſe retranchérent le mieux qu'ils pûrent avec des Abbatis, &
des Chevaux de friſe, devant leſquels ils mirent les Chevaux que l'on

Gg 3   avoit

1708.
Septembre.

avoit maſſacrez. Le ſurlendemain, l'Ennemi vint les attaquer de tous côtez. Le Major Schulenberg, qui commandoit ces Troupes, fit tout ce que l'on peut attendre d'un brave Officier, & ſe deffendit avec une Valeur étonnante, neuf heures de ſuite. D'abord, la Victoire ſembloit vouloir ſe déclarer pour lui; mais, accablé enfin par le grand Nombre, le Maſſacre devint horrible, & la plûpart des Saxons furent paſſez au fil de l'Epée. Schulenberg, aïant été fait Priſonnier avec quelques autres Officiers, on les envoïa à Moſcou. Le Capitaine Infenſtierna, malade d'une Fievre chaude, fut maſſacré après le Combat. Les Officiers Moſcovites lui donnérent neuf Coups d'Epée, & jettérent après cela ſon Corps dans la Riviere. L'Eſcadre de l'Amiral Anckarſtierna mit enſuite à la voile, & alla relacher à Biörköö, où l'Armée fut débarquée. Les Régimens retournérent dans leurs Provinces: d'autres prirent la Route de Wibourg (a).

le 2.
Marches du Roi.

APRE's le Combat de Malatitze, dont il a été parlé, le Roi ne s'y arrêta qu'un Jour. Il décampa le 2. Septembre; &, aïant traverſé le Marais, à l'aide de la Chauſſée qu'il y avoit, il ſe rendit à Wallonicki. Auſſi-tôt que l'Ennemi entendit le bruit de nos Tambours, & qu'il vit nos Mouvemens, il décampa auſſi, ne laiſſant derriere lui qu'un Gros de deux mille Coſaques, qui nous cotoïoient toujours, pour nous obſerver, & pour nous harceler pendant la Marche. Nous eumes tous les jours des Eſcarmouches à eſſuïer; mais, il ne s'y paſſa rien de fort remarquable. L'Armée alla enſuite camper à Betzwodice, où l'on eut

le 4.

Avis, que le Czar avoit quitté ſon Camp retranché de Dobra, & qu'il ſe faiſoit ſuivre par ſeize mille Hommes de ſes Troupes; de ſorte que,

le 5.

lorſque le Roi y arriva, il n'y trouva plus que deux ou trois Régimens de Dragons, qui prirent pareillement le parti de ſe retirer à notre Approche. La Marche ſe continua à Palkou, & de-là à Milikowa. Dans

le 8.

cet Endroit, ſept mille Hommes des Ennemis, tant Dragons, que Calmouques & Coſaques, attaquérent le Bagage de notre Aîle gauche; mais, ils furent repouſſez ſi vivement par les Dragons d'Albedil & de Hielm, qu'il en périt ſept cent-cinquante dans un Marais où ils les culbutérent. On leur prit quelques centaines de Chevaux; & l'on ne fit quartier qu'à un Lieutenant-Colonel, un Major, & deux Capitaines. Les notres y perdirent un Cornette, & vingt-deux Soldats, outre environ cinquante bleſſés.

le 10.
Combat où le Roi fut en grand Danger.

PENDANT la Marche de Milikowa à Rajowka, il ſe paſſa une Action très vive, où le Roi courut grand Riſque de ſa Perſonne. Le Village de Rajowka n'eſt éloigné des Frontieres de Moſcovie & de Smolensko,

(a). J'AI retranché dans cet Endroit la Deſcription que fait l'Auteur d'un Albe, qui fleuriſſoit dans ce tems-là en Suede. Quoique ce fût la prémiere Plante de ce Genre qui ait porté des Fleurs en Suede, je ne vois point quel Rapport cela peut avoir à Charles XII. C'eſt abuſer de la Patience du Lecteur, que de couper continuellement le Fil de la Narration, pour rapporter des Choſes ſouvent très peu eſſentielles. R. D. P.

lansko, que d'une demi-lieue. Le Roi aïant apperçu quelques Troupes ennemies qui étoient sur sa gauche, y détacha un certain nombre de Valaques, pour leur donner la Chasse, dans l'idée que c'étoient des Calmouques, envoïés pour nous harceler. Il fut bientôt détrompé, & au retour des Valaques, il apprit, que c'étoit des Troupes réglées, qui avoient été détachés par le Général Bauer, posté lui-même un peu au de-là, auprès d'un Moulin, où il y avoit un Défilé à passer. Sur cet Avis, le Roi s'étant mis à la tête du Régiment d'Ostrogothie, Cavallerie, courut à l'Ennemi plus d'un quart de lieue, & l'attaqua avec une Vigueur extraordinaire. Les autres Régimens de Cavallerie, ne sachant point l'intention du Roi, marchoient leur Train ordinaire, tandis que l'Infanterie étoit trop en arriere, pour que l'on pût compter sur elle. Cependant, Charles renversa d'abord tout ce qui se rencontra devant lui; mais, aïant été plus d'une fois environné de toutes parts, il fut obligé de se faire jour au travers des Ennemis l'Epée à la main. Transporté au milieu d'un Escadron Russien, commandé par un Officier Allemand, le Bonheur voulut qu'on ne pût le reconnoître à son Habillement, à cause de la Poussiére, qui formoit autour de lui, comme un gros Nuage. Il suivit cette Troupe jusqu'à ce qu'il eut joint ses Gens, dont il fut reconnu, & qui le dégagérent fort heureusement. Il faisoit des Prodiges de Valeur, repoussant l'Ennemi en différents Endroits; mais, selon toutes les Apparences, il auroit été accablé du grand Nombre, & il ne se seroit pas sauvé un seul Homme des siens, si les Drabans & les Régimens de Cavallerie, qui étoient le plus à portée, sur le prémier Avis qu'ils eurent de ce Combat, ne fussent accouru au galop, pour le secourir. En arrivant, ils virent le Roi combattre à pied, son Cheval aïant été tué sous lui. Les Aide-de-Camp-généraux Hard & Rosenstierna aïant eu ordre de faire avancer de nouvelles Troupes, le prémier fut tué à côté de Sa Majesté (a): le second fut dangereusement blessé un moment après, & mourut au bout de quelques jours. Dès qu'il fut tombé, le Roi prit son Cheval pour continuer le Combat. Profitant de l'Avantage que lui donnoit le Renfort qu'il venoit de recevoir, & secondé du reste de ses Troupes, il obligea les Moscovites d'abandonner le Champ de Bataille, & les poursuivit l'espace d'une demi-lieue, faisant faire main basse sur tous ceux que l'on put joindre de l'Arriere-Garde. Les Russes eurent quelques cens Hommes de tuez.

Le lendemain, le Roi décampa avec l'Armée, & fit une lieue jusqu'à Tartschin, cotoïant toujours les Frontieres de Russie. Tout le monde étoit dans l'Opinion, qu'il marcheroit droit à Smolensko, dont il n'étoit plus éloigné que de quelque peu de lieues. L'Ennemi se le per-

le 11.

———

(a) Le Professeur Westphal parle page 142. du Chambellan *Axel Hiord*, c'est-à-dire *Hard*. C'est une Faute : le Chambellan de ce Nom étoit mort depuis quatre Ans. Celui, qui fut tué dans cette Occasion, se nommoit *Thure Hard*.

1708.

Septembre.

perſuadoit fermement: &, pour nous ôter tout Moïen de ſubſiſter, il ruina ſon propre Païs, & mit le Feu aux Villages qui étoient ſur nôtre Route; de ſorte que tous les ſoirs on avoit le triſte Spectacle de voir en Feu dix ou douze Bourgs ou Villages à la ronde. Juſques-là, la Diſette ne s'étoit point fait ſentir dans notre Armée; & tant que durérent les Magazins ſouterains des Païſans, nous avions aſſez de Pain: mais, ſi le Czar continuoit à déſoler ainſi ſes Provinces juſqu'à Moſcou, comme il menaçoit de le faire, le Roi voïoit bien, qu'il ſouffriroit trop à aller plus en avant, & que les Moſcovites ne s'expoſeroient jamais au Hazard d'une Bataille; pendant que les Suédois, accablez de Fatigues, de Faim, & de Miſère, ne manqueroient pas de périr.

L E Lecteur ſe rappellera ce que nous avons dit plus haut touchant les Offres de Mazeppa de ſe déclarer contre le Czar (*a*). Juſqu'alors, le Roi de Suede n'avoit pas jugé à propos d'entrer dans ces Vûes, tant parce qu'il vouloit éviter juſqu'au Soupçon d'avoir eu quelque part à la Révolte des Coſaques, que parce qu'il avoit appris à connoitre ces Meſſieurs, ſur leſquels il ſavoit qu'il n'y avoit point de fond à faire, dès qu'il s'agiſſoit de quelque Affaire ſérieuſe. Cependant, ce Prince commença peu à peu à changer de langage; faiſant connoitre, qu'il étoit aſſez diſpoſé d'accepter les Offres de Mazeppa, & de marcher

Sentiment du Comte Piper ſur la Marche en Ukraine.

avec ſon Armée en Ukraine. Le Comte Piper ne ſavoit que trop, que le Roi n'étoit nullement l'Auteur de ce Projet; mais, comme il connoiſſoit parfaitement l'Humeur de Sa Majeſté, il fit tout ſon poſſible pour l'en diſſuader. Il lui conſeilla ,,de demeurer où il étoit, pour at-
,, tendre l'Arrivée du Comte Lewenhaupt; ou de retourner ſur ſes
,, Pas, pour aller au devant de lui l'eſpace de quelques lieues. Que,
,, lorſqu'il auroit joint ce Général, non ſeulement ſon Armée ſeroit
,, conſidérablement renforcée, mais qu'il recevroit en même tems des
,, Vivres en abondance; qu'il pourroit alors ſuivre le Czar, ſans crain-
,, dre de ſe trop expoſer dans un Païs déſolé & ruiné. Que ſi, au
,, contraire, il dirigeoit ſa Marche vers l'Ukraine, le Comte couroit
,, riſque d'être accablé par toutes les Forces ennemies. Que s'il étoit
,, battu, on perdroit ſans reſſource les Troupes & le Convoi qu'il
,, amenoit, & dont on avoit un extrême Beſoin. Qu'en ce cas, l'En-
,, nemi, au lieu de fuir devant les Suédois, comme il avoit fait juſ-
,, ques-là, agiroit avec des Efforts redoublez. Qu'il étoit également
,, à craindre, qu'un heureux Succès ne lui enflât le Courage, ou que
,, le Deſeſpoir ne le portât à tout entreprendre pour deffendre ſes
,, Frontieres. Que d'ailleurs perſonne ne pouvoit garantir, que le
,, Soldat Suédois, qui juſqu'alors avoit combattu avec joie, ne s'en-
,, nuïât enfin de tout, & de la Vie même, lorſqu'il verroit qu'on le
,, conduiſoit dans un Païs d'où il n'avoit aucune Eſpérance de ſortir ja-
,, mais

(*a*) Voïez ci-deſſus page 190.

» mais. Que la Conclusion de tout cela seroit la Ruïne totale d'une
» Armée si florissante, avec laquelle le Roi avoit fait des Actions
» si éclatantes; & que cette Perte seroit irréparable, tant pour le Roi
» lui-même, que pour tout le Roïaume de Suede. »

QUELQUE solides & bien fondées que fussent ces Représentations,
le Sentiment contraire prévalut auprès du Roi. Ceux, qui avoient
fait naitre à Sa Majesté l'Idée de marcher en Ukraine, ne manquérent
point de Raisons spécieuses pour appuïer leur Opinion. Ils alléguérent,
que, dans ce Païs-là, Elle trouveroit aussi-tôt un Renfort de vingt
mille Cosaques, qui n'attendoient que le moment de son Arrivée, pour
secouër le Joug des Moscovites. Que ces Gens-là, aïant une grande
Connoissance de toutes ces Provinces, on pourroit les emploïer avec
beaucoup de Succès. Que comme ils étoient accoutumez d'être continuellement à Cheval, on pourroit s'en servir pour les envoïer aux
Trousses des Moscovites, afin de les empêcher de ruïner les Païs que
l'on avoit à traverser. Que si le Roi gagnoit une Bataille, les Cosaques
feroient merveille en poursuivant les Ennemis, & en les exterminant
tous. Que l'Ukraine étoit un Païs extrémement fertile, d'où l'on pouvoit aisément pénétrer en Moscovie, & entretenir en même tems la
Correspondance avec la Pologne. Quant au Comte Lewenhaupt, on
disoit, qu'étant un Officier de grande Réputation, & se trouvant à la
tête d'une belle Armée, les Ennemis y songeroient deux fois avant que
de l'attaquer.

CHARLES, bien éloigné de penser, que c'étoit la Jalousie contre le
Comte Lewenhaupt, qui faisoit parler ce Gens-là, gouta ces Raisons,
& il fut résolu de marcher en Ukraine. Ainsi s'évanouït l'Espérance
qu'avoit ce Général de pouvoir, en peu de jours, conduire son Armée à celle du Roi. Sa Majesté marcha d'abord à Biestrice; & fit
ce jour-là quatre lieues. Le lendemain, elle alla camper à trois lieues
de-là, dans un Endroit nommé Wolofnicka. Comme il étoit nécessaire de prévenir l'Ennemi, le Roi ordonna au Général-Major Lagercrona de prendre les devants vers l'Ukraine, avec un gros Détachement
d'Infanterie & de Cavallerie, & quelques Piéces de Canon, pour prendre Poste dans la Ville de Staradub. Il devoit aussi occuper toutes les
Avenues, se rendre Maitre des Chemins, & dresser un Magazin pour
la Subsistance de l'Armée. Mais, comme dès-lors la Fortune commençoit à se déclarer contre nous, l'Expédition de Lagercrona n'eut pas
le Succès que l'on en attendoit. Aïant passé la prémiere Riviere, il
se laissa persuader, par un Païsan qui devoit lui servir de Guide, de
prendre, l'espace de quelques lieues, une autre Route, que celle qu'on
lui avoit expressément ordonné de tenir. Il eut ensuite beaucoup de
peine à regagner le véritable Chemin. L'Ennemi, sur l'Avis qu'il eut
de sa Marche, sentit d'abord quel étoit le Dessein du Roi, & fit tout
son possible pour gagner les devants. Néanmoins, il n'en seroit point
venu à bout, si Lagercrona n'avoit fait une nouvelle Faute plus grande

1708.
_____
Septembre.

que la prémiere. Les Suédois, étant arrivez le soir à six heures devant
Staradub, auroient pû auffi-tôt entrer dans la Ville. Tous les Colonels
étoient de cet Avis: le Colonel Charles Ornstedt y infista même fortement; mais, Monfieur de Lagercrona aima mieux camper hors de la
Ville, dans une Prairie voisine. Quatre ou cinq heures après, les
Moscovites arrivérent d'un autre côté, & occupérent la Ville sur le
champ. Environ à minuit, ils tirérent trois Coups de Canon, qui étoit
le Signal dont ils étoient convenus pour marquer qu'ils étoient Maitres
de la Place. Ils mirent dans Staradub une bonne Garnison, & jettérent des Troupes dans toutes les Places fortes. Le Deffein du Roi,
d'empécher les Moscovites de pénétrer dans l'Ukraine, échoua de cette maniere; car, Staradub étoit la Clef de cette Province, & le seul
Endroit par où les Russes pouvoient y entrer. Outre cela, nous perdimes d'excellens Quartiers d'Hiver, où l'Armée auroit trouvé abondamment de quoi subfister; tous les Villages étant remplis de Fourage, & les Villes se trouvant pourvûes de tout ce que l'on pouvoit
defirer.

le 17. le 19.
*Marches du
Roi.*

le 20.

le 21.

le 23.

le 25.

CEPENDANT, le Roi continua sa Marche vers Harbatka: de-là, il
se rendit à la Ville de Kruissow, qu'il traversa. Après avoir passé la
Sosla, il entra d'abord dans une vaste Forêt: &, aïant fait trois lieues,
il y campa pendant la nuit. Le lendemain, il arriva à Buda, prémiere Ville de la Sévérie & du Païs des Cofaques: de-là, il marcha à
Kaftixowitz, d'où, aïant passé la petite Riviére de Biefitz, il se rendit à Niewna, faisant ce jour-là huit lieues. Il passa ensuite une autre
Riviere nommée Iput, ou Obit, & vint camper à Korzenisa, où il
s'arrêta pendant quinze Jours. L'Armée eut infiniment à souffrir, sur-
tout dans la Forêt dont nous avons parlé, & qui étoit de plus de dix-
huit lieues. Les derniers Régimens n'avoient pas besoin de Guides;
car, les Chevaux qui étoient crevez, les Habillemens, les Armes, &
quantité d'autres chofes, que l'on avoit été obligé de jetter, afin de
faciliter le Transport du Bagage, montroient affez quel Chemin le
Roi avoit pris. A mefure que l'Armée pénétroit en Ukraine, elle découvroit un excellent Païs & fort fertile. Il y avoit de beaux & grands
Villages, dans l'un desquels on mit jusqu'à quatre Régimens de Cavallerie, qui y étoient très à leur aise. On y trouvoit auffi de bonnes
Provisions de Bled & de Fourage, & affez de Bétail, pour que l'on eut
pû y demeurer l'espace de quelques Mois, fans craindre la Difette.

*Bataille de
Liesna.*

PENDANT le Séjour du Roi à Korzenisa, nous eumes Avis de ce
qui s'étoit paffé à la Journée de Liesha, entre l'Armée du Comte Lewenhaupt & celle des Moscovites. Pour donner une jufte Idée de
cette Bataille, il fera néceffaire de rapporter tout ce que fit ce Général, après fon Départ de Radofscowice, où il s'étoit rendu pour faire
fa Cour au Roi. De retour à Riga, où il arriva en moins de fept
jours, il s'appliqua auffi-tôt à faire fes Préparatifs, afin de pouvoir fe
mettre en Marche dès qu'il en recevroit l'Ordre. Cet Ordre lui fut expédié

pédié le 26. May. Dans la Lettre que le Roi lui écrivit fur ce fujet, il étoit dit, qu'il devoit décamper au commencement de Juin, qu'il devoit prendre la Route de la Lithuanie, & s'arrêter fur la Berezina, où Sa Majefté lui feroit favoir fes Intentions ultérieures. Cette Lettre n'arriva à Riga, que le 26. Juin, c'eft-à-dire un Mois après qu'elle avoit été écrite : alors, le Roi étoit lui-même depuis onze Jours fur la Berezina. Monfieur de Lewenhaupt fit auffi-tôt favoir à Sa Majefté le Sort qu'avoit eu fa Lettre, & qu'il lui feroit difficile de fe mettre d'abord en Marche, avec toutes les Troupes qu'il n'avoit point encore pû raffembler. Cependant, comme fon propre Régiment, celui de Knorring, & celui du Comte de la Gardie, fe trouvoient prêts, il fe mit en mouvement à la fin de Juin, & prit les devans jufqu'à Dolthinof, où il arriva vers le milieu d'Août, & où les autres Régimens ne fe rendirent que vers la fin du même Mois. En attendant, il faifoit venir, de Wilna, des Habillemens, des Bas, des Peaux, des Roues garnies de Fer, & quantité d'autres chofes, dont il favoit que l'Armée du Roi avoit grand befoin. Toutes fes Troupes fe trouvant raffemblées, il décampa le 1. Septembre, prenant la Route de Czercia. Comme l'Armée marchoit fur différentes Colonnes, les Régimens ne purent fe joindre que le 15. Quatre jours après, ils arrivérent tous à Szklow. Par ce que nous venons de dire, il eft évident, que fi le Roi n'avoit pas craint la Difette, & qu'il eut voulu s'arrêter tout au plus cinq Jours à Tartfchin, les deux Armées auroient pû s'y joindre fort commodément. Ce furent les Marches forcées qu'il fit depuis le 15. jufqu'au 25. Septembre, qui donnérent au Czar la Facilité d'exécuter une Entreprife qu'il méditoit depuis long-tems. Difons pourtant en faveur de Charles XII, que ce Prince ne pouvoit jamais s'imaginer, que l'Ordre, qu'il avoit fait expédier au Comte Lewenhaupt, avant fon Départ de Tartfchin, de précipiter fa Marche autant qu'il feroit poffible, eut été retenu quatre Jours, par ceux qui étoient chargés de le lui faire tenir.

Le Paffage du Nieper occupa le Général deux jours de fuite. Il fe rendit, après avoir paffé cette Riviere, à Affine & Heribanow, d'où il alla camper à Mofwedowe. Quelques Troupes ennemies fe firent voir, & s'approchérent, au nombre de deux mille Chevaux, pour attaquer fon Arriere-Garde, qui étoit forte de trois cens Chevaux & d'autant de Fantaffins ; mais, lorfque les Suédois firent volte face pour les bien recevoir, ils fe retirérent avec précipitation. Etant arrivé à Bialitz, qui eft un Paffage extrêmement difficile, & où les Partis ennemis fe faifoient voir de tous côtez, il donna ordre de faire prendre les devans au Bagage, avec des Troupes fuffifantes pour le couvrir. Il fuivit lui-même avec les Régimens. On tint le même Ordre le jour fuivant ; & comme l'on apprit, que toute la Cavallerie ennemie étoit préfente, Monfieur de Lewenhaupt fit auffi ranger la fienne fur deux Lignes. L'Infanterie fut rangée dans une Vallée, qui en déroboit la

le 1.

le 15. le 19.

le 21. le 22.

le 25.

le 26.

Hh 2　　　　　　　　　　Vûe

1708.

Septembre.

Vûe à l'Ennemi, pour la faire entrer ensuite, quand le Combat s'engageroit, dans les Ouvertures que la Cavallerie laisseroit entre ses Escadrons. Cette Manœuvre déconcerta les Russiens. Mais, notre Général, sans leur donner le tems de se reconnoitre, prit la droite, & le Général-Major Stackelberg la gauche; &, aïant marché en même tems pour attaquer l'Ennemi, celui-ci tourna d'abord le Dos, & se retira. On le poursuivit environ une demi-lieue. Le Lieutenant-Colonel Zöge, qui avoit pris les devans avec quelques Escadrons, & qui talonnoit vivement son Arriere-Garde, en tua plusieurs, & ramena huit Prisonniers. On apprit par leur moïen, que cette Cavallerie étoit commandée par le Prince Menzicof & le Général Pflug, & que le Czar suivoit avec toute l'Armée. Cet Avis fit résoudre le Comte Lewenhaupt à poursuivre sa Marche, au travers des Défilez & des Marais, & à

le 28. demeurer cette nuit-là sous les Armes, en rase Campagne. Le lendemain, l'Ennemi attaqua de nouveau l'Arriere-Garde Suédoise, qui le reçut avec beaucoup de Valeur, faisant Feu sur lui, tant de la Mousqueterie, que de deux Piéces de Canon, placées auprès d'un Défilé par où la Marche se faisoit. Les Moscovites aïant été obligés de se retirer, on eut soin de mettre le Bagage en sûreté. La Cavallerie & l'Infanterie suivirent, & arrivérent à Liesna à quatre heures du soir. Aussi-tôt, les Troupes qui formoient l'Avant-Garde eurent ordre de réparer les Ponts sur le Marais voisin du Camp; &, afin de rendre la Route de Propoisk plus commode & plus aisée à faire, on détacha une partie de ces Troupes, pour rétablir les Chemins dans le Bois, où l'Ennemi avoit fait de grands Abbatis.

Sur l'Avis qu'eut le Général, que quelques Troupes de l'Ennemi s'étoient déjà avancées jusqu'à Propoisk, & que quelques autres Détachemens venoient de passer un Défilé peu distant du Camp, il détacha,

le 29. à la petite pointe du jour, le Quartier-Maitre-général Brask, avec sept cens Hommes, tant Cavallerie, qu'Infanterie, pour prendre les devants. Il fut suivi par le Régiment d'Abolehn, Infanterie, & les Dragons de Carélie & de Schreiterfeld, avec la Moitié du Bagage, & un Détachement pour le couvrir. Ensuite marchoient le Régiment d'Abolehn, Cavallerie, celui du Lieutenant-Colonel Skog, Dragons, & le Lieutenant-Colonel Leyon avec un Bataillon de Nylande. Ils étoient suivis par l'autre Moitié du Bagage. Les autres Régimens furent rangés à l'Entrée du Bois, pour observer les Mouvemens de l'Ennemi, & pour l'empécher de pénétrer par-là. Cependant, les Moscovites, aïant trouvé moïen de faire défiler toutes leurs Forces vers cet Endroit-là, ils se rangérent en Ordre de Bataille dans le Bois même, où il y avoit assez de Terrain entre les Arbres. Le Général Suédois, s'étant mis à la Tête de son propre Régiment d'Infanterie, & de deux Bataillons de Helsinguie & d'Abolehn, les conduisit lui-même vers le Bois, où l'Ennemi venoit de planter son Artillerie. Il ordonna en même tems aux autres Régimens de seconder les prémiers. Là-dessus,

deſſus, étant monté à Cheval, il vint trouver la Cavallerie, qui, auſſi-bien que l'Infanterie, attaqua l'Ennemi avec tant de Succès, qu'il fut chaſſé du Bois, avec Perte de quatre Piéces de Canon, que les Suédois lui enlevérent. Mais, comme les Moſcovites, infiniment ſupérieurs en Nombre, faiſoient continuellement avancer de nouvelles Troupes, pendant que les notres n'étoient point ſecondées comme le Général l'avoit ordonné, il arriva, que les Suédois, pendant l'Abſence de Lewenhaupt, furent ramenez ſur la Plaine; ce qui donna à l'Ennemi la Facilité de s'emparer de nouveau du Bois, & d'y planter ſon Artillerie. Lewenhaupt fit auſſi avancer la ſienne, & ordonna au Colonel Wrangel d'attaquer l'Ennemi une ſeconde fois avec toute l'Infanterie, pour le faire ſortir du Bois. Auſſi-tôt que les notres commencérent à y pénétrer, les Moſcovites en ſortirent, & s'avancérent dans la Plaine, rangés ſur quatre Lignes. Les Suédois les attaquérent avec beaucoup de Vigueur, & les menérent battant juſques dans le Bois, où étant ſoutenus par leur Artillerie, il ne fut pas poſſible à notre Infanterie de les pouſſer au de-là.

Dans ce Combat, qui dura depuis Midi juſqu'au Soir, les Suédois chargérent trois fois les Moſcovites. Prémiérement, lorſque l'Infanterie ennemie, voulant pourſuivre les Régimens Suédois, qui furent ramenez hors du Bois dans la Plaine, à l'inſçû du Général & contre ſes Ordres, fut renverſée par notre Cavallerie; qui l'obligea à s'enfuir avec précipitation dans le Bois. Au deuxieme Choc, l'Infanterie Suédoiſe renverſa celle des Moſcovites, dans la Plaine, & la pourſuivit aſſez loin dans le Bois, où le Feu continuel de l'Ennemi obligea les notres de ſe retirer. La Cavallerie Suédoiſe repouſſa cette fois-là, avec le même Succès, celle des Ruſſiens, quoique quelques Eſcadrons, qui s'étoient trop avancés dans le Bois, euſſent aſſez à ſouffrir de l'Infanterie ennemie. Dans la troiſieme Action, l'Ennemi fit ſes plus grands Efforts. Aïant fait avancer ſon Infanterie rangée ſur quatre Lignes, avec la Cavallerie ſur les Ailes, il ſe rendit maitre du Paſſage vers Propoisk. Cet Avantage ne fut pas de longue Durée; car, dès que nos Régimens, qui avoient pris les devants, furent revenus, & qu'ils eurent joint les autres Troupes, ils l'attaquérent avec tant de Bravoure, qu'il fut obligé d'abandonner le Paſſage, & de prendre la Fuite. On lui prit dans cette Déroute dix-ſept Etendarts, & deux Paires de Timbales. Nos Canons, chargés à cartouches, firent un ſi terrible Ravage parmi un Régiment habillé de verd, & qui s'approchoit plus que les autres, qu'il n'en échapa que fort peu (*a*).

APRE'S

(*a*) La Relation de cette Bataille, que le Long a inſéré dans le Tome IV. de ſon *Hiſtoire de Charles XII.* page 332-340, eſt preſque entiérement fauſſe. On y trouve quantité de Choſes contradictoires, & qui ne ſe ſont jamais paſſées.

Mr. de Palmquiſt, Envoié de Suede à la Haye, rapporte dans ſes Dépeches au Roi & à la Chancellerie du 4/15. Décembre 1708, que, lorſqu'on reçut en Hollande la

Hh 3　　Nou-

APRÈS le Combat, le Comte rangea toute son Armée sur le Champ
de Bataille, & attendit de Pied-ferme jusqu'à l'entrée de la nuit, pour
voir si l'Ennemi auroit envie de revenir à la charge. Mais, celui-ci
commença aussi-tôt à se retirer avec la gauche de son Armée, & ensuite avec toute son Infanterie, en pénétrant plus avant dans le Bois,
où il fit allumer plusieurs Feux. Quelques heures après, Lewenhaupt
donna ordre aux Régimens de défiler l'un après l'autre, pour gagner
le Passage; ce qui se fit en très bon ordre, & à la Vûe de la droite
de l'Ennemi, sans qu'elle ôsât nous inquiéter en aucune façon. Comme quelques-uns des Chariots vinrent pendant la nuit à s'embourber
dans un Marais, & qu'ils barrérent le Chemin à l'Artillerie dont on
s'étoit servi dans le Combat, on se vit dans la nécessité d'enfoncer les
Canons, qui n'étoient que de Fer. A quelque Distance de Propoisk,
les Régimens Suédois joignirent le gros du Bagage. Comme l'Ennemi avoit réduit cette Ville en cendres, & que l'on n'y trouvoit point de
Bois pour construire un Pont, le Général résolut de prendre plus à côté, & de ne se charger d'autre Bagage, que de ce qu'il y avoit de
meilleur & de plus commode à être transporté. Le Reste fut brulé &
détruit, avec tous les Chariots: les Chevaux de Bagage furent distribuez à l'Infanterie. Un Gros de Cosaques s'étant fait voir à quelque
Distance de la Ville, on les dissipa dans un instant. Les Suédois défilérent ensuite par le Bois, cotoïant toujours la Sossa jusqu'au Village
de Glewsna, à quatre lieues de Propoisk, où cinq cens Chevaux passérent encore ce même soir cette Riviere à la nage. Les autres Troupes suivirent le lendemain de la même maniere.

LE Comte Lewenhaupt continua commodément son Chemin par le
grand Bois dont il a été fait mention: il traversa aussi, sans aucun
Obstacle, les Rivieres de Biesitz & d'Iput. Etant entré dans les Plaines de Severie, il y fit reposer ses Troupes. Lorsqu'il en décampa
pour aller joindre le Roi, le Général Island s'approcha avec trois mille Chevaux, cotoïant toujours la gauche des Suédois, dans le Dessein
d'enlever quelque Régiment, soit de l'Armée du Roi, soit de celle de
Lewenhaupt. Le Général-Major Creutz, détaché pour couvrir la
Marche des Suédois, aïant fait prendre les devants au Colonel Hamilton avec mille Chevaux, ce dernier trouva le Général Russien de l'autre côté d'une Chaussée, dont il avoit fait rompre le Pont, après avoir
laissé de notre côté quatre Escadrons de Dragons, auxquels il avoit
fait mettre pied à terre, pour nous disputer le Passage, derriere une
Haye où ils se tenoient. Deux Compagnies de Dragons Suédois attaquérent les Moscovites, & les obligérent de regagner le Gros de leur
Trou-

—————

Nouvelle de cette Bataille, les Etats-Généraux avoient fait complimenter sur ce Sujet
l'Ambassadeur de Russie. Monsieur de Palmquist fit là-dessus des Reproches au Con-
seiller-Pensionnaire, comme d'une Démarche contraire à l'Amitié qui subsistoit entre
la Suede & les Provinces-Unies.

Troupes. Les nôtres, foutenus par de nouveau Renforts, combattirent avec tant de Valeur, qu'Ifland fut contraint d'abandonner fon Pofte, avec Perte de quelques cens Hommes. Lewenhaupt arriva le même Soir à Trokanova, où il trouva un Détachement Suédois que l'on avoit envoïé au devant de lui. Aïant fait favoir fon Arrivée au Roi, Sa Majefté l'en félicita par une Lettre écrite de fa propre Main. Elle alla même au devant de lui jufqu'à Nakowitz, & le reçut avec toute la Bonté imaginable, & de grandes Marques d'Eftime & de Confidération, écoutant avec beaucoup d'Attention le Rapport qu'il faifoit de tout ce qui s'étoit paffé pendant la Marche, & la fanglante Journée de Liefna.

Les Troupes ennemies, avec lefquelles Monfieur de Lewenhaupt eut à combattre, montoient effectivement à quarante mille Hommes, tous Gens d'Elite, & les meilleurs de l'Armée du Czar. Les Suédois, au contraire, n'étoient, à leur Départ de Riga, que dix mille neuf cens quatorze Hommes, dont fix mille, qui étoient préfens, foutinrent tout l'Effort des Ennemis pendant l'efpace de tant d'heures. Le Général, à fon Arrivée auprès du Roi, avoit encore auprès de lui paffé les fix mille Hommes, auxquels, fi l'on en ajoute quinze cens, qui, s'étant égarez la nuit près de Propoïsk, traverférent la Lithuanie, & retournérent à Riga, on trouvera que la Perte des Suédois montoit en tout à environ trois mille Hommes, dont la plûpart demeurérent fur le Champ de Bataille. Plufieurs, cependant, pour avoir pris trop de Liqueurs fortes, lorfque les Tonneaux furent enfoncez pendant la Retraite, tombérent entre les Mains de l'Ennemi. Quelque peu confidérable que fût nôtre Perte, en comparaifon de celle des Mofcovites, qui, felon leur propre Aveu, montoit bien au de-là du triple, on ne peut difconvenir, que, dans cette Occafion, rien ne devoit nous toucher davantage, que la Ruine de notre Bagage, & la Perte de ce grand Convoi, fur lequel nous fondions toutes nos Efpérances, & qui nous étoit devenu d'autant plus néceffaire, que le Nombre de nos Troupes fe trouvoit confidérablement augmenté. Le Czar, au contraire, ne manquoit de rien; fes vaftes Etats lui fourniffant tout ce dont il avoit befoin pour continuer la Guerre avec vigueur.

Après que les Troupes de Monfieur de Lewenhaupt eurent été diftribuées dans les autres Régimens, le Roi décampa de Wolofnicka, & marcha à Bolhorft, d'où il alla à Backou & enfuite à Mofinski. De-là, il fe rendit à Sienkova, puis à Kartuttina, paffant à côté de la Ville de Staradub, d'où un Parti de Cofaques fortit pour nous attaquer, mais fans nous faire grand Mal. Sa Majefté vint enfuite camper au Village de Bansnorofka, où il y avoit une Maifon de Gentilhomme, & où Elle fe repofa trois Jours. Elle continua enfuite la Marche à Matzowauta, & de-là à Latinowka. Après avoir paffé à côté de Nowogorod Sevierski, Elle vint camper à Horki, où Elle fit Halte pendant quelques Jours. Lorfque l'Armée paffa devant la Ville
de

1708.
Octobre.
le 11.

le 12.
Lewenhaupt arrive auprès du Roi.
le 13.

Réflexion.

Marches du Roi.
le 11. le 13.
le 14. le 16.
le 18.

le 19.

le 22.
le 24. le 25.

1708.

Octobre.

de Nowogorod, le Commandant de la Place fit mettre le Feu aux Fauxbourgs; Précaution fort inutile, puis que personne ne fongeoit feulement à l'attaquer. Un Détachement de Mofcovites & de Cofaques s'étant fait voir dans la Plaine, le Roi ordonna à fes Valaques de les attaquer, ce qu'ils firent en préfence de Sa Majefté, efcarmouchant avec l'Ennemi plus d'une groffe heure.

Mazeppa arrive auprès du Roi de Suede.

Sur ces Entrefaites, Mazeppa, Général ou *Hettman* des Cofaques, arriva auprès du Roi. Toutes fes Troupes l'avoient fuivi au de-là de la Defna, dans l'idée qu'il iroit attaquer les Suédois: mais, lorfqu'il leur déclara fes véritables Intentions, la plûpart des Colonels fe retirérent avec leurs Gens, & il ne garda auprès de lui qu'environ fept mille Hommes.

Les Motifs, qui portérent Mazeppa à fe révolter contre le Czar, font rapportez de la maniere fuivante. (*a*). Ce Chef aïant vû que le Czar, au mépris des Conventions & des Privileges, enrolloit la Nobleffe Ruffienne, pour fervir de fimples Soldats ou Matelots, qu'il impofoit fur leurs Terres de groffes Contributions, qu'il diminuoit les Immunitez des Cofaques & Tartares du Don, qu'il vouloit forcer fes Sujets à s'habiller autrement qu'ils n'avoient toujours fait, que même il avoit introduit des Nouveautez dans la Religion, commença à craindre, qu'enfin on n'en vint à lui & à fes Cofaques; & que le Czar, lorfqu'il auroit les Mains libres, n'empiétât auffi fur leur Libertez & leurs Privileges. Pour prévenir de pareilles Entreprifes, & pour être informé au jufte des Sentimens du Czar, il avoit mis en œuvre la Rufe & la Diffimulation. S'étant rendu à Mofcou, il avoit gagné, à force de Préfens, la Confiance de Menzicof, & trouvé par ce moïen la Facilité d'entretenir fouvent le Czar, & de difcourir avec lui familiérement. Entre autres Chofes, il lui repréfenta, qu'il feroit aifé de faire des Cofaques des Troupes réglées, & de les emploïer comme Fantaffins & Dragons. Il exalta beaucoup les nouveaux Exercices que le Czar avoit introduits, & la Maniere dont fes Troupes étoient habillées. Et, pour fe rendre tout-à-fait agréable à ce Prince, il s'habilla à l'Allemande, & tacha de perfuader au Czar d'ordonner à tous les Cofaques de faire la même chofe à l'avenir. Le Czar, trompé par cet Artifice, approuva fort les Idées de Mazeppa, dont il fe propofa de faire ufage dès que le Tems & l'Occafion le permettroient. Cependant, pour Preuve de fon Affection, il l'honora de l'Ordre de St. André. A fon Retour, Mazeppa découvrit, aux principaux d'entre les Cofaques, les Intentions du Czar. Il leur en repréfenta les Conféquences; &, en les flattant de l'Efpérance de faire de l'Ukraine une Principauté libre & indépendante, il tacha de les porter à fe déclarer pour

le

(*a*) Voïez l'Ouvrage, que Monfieur de STRALENBERG a publié en Allemand, fous le Titre de *Defcription de la Partie Septentrionale & Orientale de l'Europe & de l'Afie*, page 252.

le Roi de Suede. Trois d'entre les Colonels firent tous leurs Efforts pour le détourner de ce Projet, & en donnérent Avis au Czar ; mais, comme ils manquoient de Preuves suffisantes, il fit trancher la Tête à deux de ces Officiers, & relegua le troisieme en Sibérie.

MAZEPPA étoit Gentilhomme Polonois, & avoit en sa Jeunesse servi le Roi Jean-Casimir, en qualité de Page de la Chambre. Les Troubles de Pologne aïant obligé le Grand-Général de la Couronne à mettre en sureté ses Meubles & ses Effets les plus précieux, il chargea de cette Commission le jeune Mazeppa, qui eut le Malheur de tomber, avec son Convoi, entre les Mains des Zaporoviens. Aïant été conduit en Ukraine, il sut si bien s'insinuer dans l'Esprit du *Hettman*, que ce dernier l'emploïa comme son Sécrétaire, & son Aide-de-Camp. Il devint à la fin son principal & son seul Conseiller. Au bout de quelques Années, son Maitre étant tombé en Disgrace auprès du Czar, & aïant été relegué en Sibérie, les Cosaques choisirent tous d'une voix Mazeppa pour leur *Hettman.* Il avoit beaucoup de Courage & de Valeur ; &, quoiqu'il fût déjà agé d'environ soixante & dix Ans, ses Yeux conservoient encore tout leur Feu & toute leur Vivacité. Il parloit fort agréablement, & avec beaucoup d'Esprit & de Jugement. Il étoit tous les jours avec le Roi, tantôt seul, tantôt avec le Comte Piper : & ils parloient ensemble en Latin ; Langue, que Mazeppa possédoit assez bien. Quant à leurs Conférences sur les Affaires publiques, il n'en transpira rien du tout (*a*).

LE dernier d'Octobre, le Roi décampa de Horki, & marcha à Igna-tofka. Un Corps de quatre mille Moscovites s'étant approché de la Desna pour nous en disputer le Passage, les Ennemis commencérent aussi-tôt à élever au de-là de cette Riviere un Batterie de huit Piéces de Canon. Le Roi en eut d'abord Avis ; mais, sans tacher de s'op-poser

---

(*a*) COMME l'Hiver étoit déjà assez rude, & que Mazeppa voïoit le Roi, habillé fort légérement, sortir tous les jours à Cheval, ou se tenir, des Heures entieres, à l'Air, la Tête découverte, il prit occasion d'en parler à Sa Majesté ; disant, qu'Elle faisoit fort mal de ne point avoir soin de sa Santé, en se tenant plus chaudement. *Vous vous fiez, Sire,* continua-t-il, *sur votre Jeunesse. Je sens parfaitement bien, que la Jeunesse a du Feu ; mais, en vérité, il se passe avec l'Age. Autrefois, je savois assez bien souffrir le Froid ; mais, présentement, je suis bien aise d'avoir cette Pelisse. Votre Majesté doit considérer, qu'Elle a soutenu une longue Guerre, dont sans doute son Roiaume & ses Sujets ont beaucoup souffert ; que cette Guerre pourra durer encore plusieurs Années ; & qu'ainsi il est nécessaire qu'Elle ait Soin de conserver sa Santé, afin qu'Elle puisse, lorsque Dieu lui aura rendu la Paix, vivre longues Années en bonne Santé, pour travailler au Bonheur de ses Etats.* Le Roi, voïant que ce Discours provenoit d'un bon Cœur, prit plaisir à l'écouter, & se contenta de répondre, qu'il n'étoit point accoutumé aux Fourrures, & qu'il ne s'en étoit jamais servi. Cependant, lorsque le lendemain Mazeppa lui présenta quelques Martres Zibellines, & quelques Peaux de Renards noirs, d'un grand Prix, il ordonna qu'on lui en doublât un Sur-tout. La prémiere-fois qu'il le mit, un Babillard demanda comment Sa Majesté avoit pû, dans une seule Nuit, prendre tant d'Embonpoint, qu'on avoit de la Peine à le reconnoitre ? Il n'en fallut pas davantage, pour mettre bas le Sur-tout, & ne le reprendre jamais.

poser à ce Travail , il se rendit au Village de Mesin , situé à un quart-
de-lieue de l'Ouvrage dont on vient de parler , & qui étoit à notre
gauche.　Comme le Terrain en deça de la Desna étoit beaucoup plus
élevé que celui de l'opposite , le Roi y fit conduire douze Piéces de
Canon pour battre le Camp des Ennemis de la Hauteur qui étoit fort
escarpée.　On ne commença cependant pas à tirer , avant que l'on
eut achevé deux Radeaux , que l'on construisit en grande diligence ,
& auxquels on emploïa le Bois de quelques Maisons que l'on venoit
d'abbattre.　On les conduisit ensuite au Bord de l'Eau , à la faveur du

Canon , qui empêcha l'Ennemi de s'approcher du Rivage pour nous
attaquer.　A sept Heures du Soir , le Géneral-Major Stackelberg , le même qui avoit suivi le Comte Lewenhaupt , eut ordre de passer avec les
Régimens de Westmannie & de Dalécarlie , & cinq cens Hommes du
Régiment d'Abolehn , Infanterie , pour aller attaquer l'Ouvrage des
Ennemis.　Le prémier Transport se fit à force de Rames ; mais , ensuite , on attacha à l'autre côté des cables , par le moïen desquels on
pouvoit faire passer & repasser les Radeaux.　Cette Invention facilitoit
beaucoup le Transport.　Dès que Stackelberg eut passé avec les Finnois , il s'avança aussi-tôt vers l'Ennemi , sans attendre que les autres
Troupes fussent arrivées.　Il se forma par-là un Intervalle entre lui &
le Régiment de Westmannie , qui suivoit sous les Ordres du Major
Starenflycht.　Les Moscovites , qui étoient à la gauche , profitérent de
cette Circonstance , & attaquérent les Westmanlandois , qui n'étoient
pas encore tous débarqués.　Ceux , qui avoient mis pied à terre , se
deffendoient avec beaucoup de Valeur ; mais , accablez enfin par le
grand Nombre , ils furent obligés de plier.　Le Roi ne pouvoit distinguer , à cause de l'Obscurité , ni Ami , ni Ennemi , jusqu'à ce que le
Drabant Silfwersparre (*a*) , qui avoit été de l'autre Côté , lui désigna
les Endroits où se tenoient les Ennemis.　Alors , Sa Majesté donna ordre de faire jouër le Canon ; ce qui se fit avec tant de Succès , que
les Moscovites , cessant aussi-tôt de faire Feu de leur Mousqueterie ,
jettérent des Cris épouvantables.　Le reste du Régiment de Westmannie & le Régiment de Dalécarlie passérent sans obstacle.　A leur Arrivée , ils trouvérent la Terre jonchée de Corps morts & de blessés , &
l'Ennemi en fuite.　Après s'être joints avec Monsieur de Stackelberg ,
ils demeurérent toute la nuit sur le Champ de Bataille.　Le lendemain
matin , on vit que l'Ennemi avoit perdu au de-là de mille Hommes
tuez sur la place , & qu'il avoit lui-même ruiné sa Batterie.　Notre
Perte ne montoit qu'à environ deux ou trois cens Hommes.

Le Roi , après avoir passé la Desna , continua la marche à Kieplow-
ka , d'où il se rendit à Luknova , & ensuite à Otiusa , où il fit Halte

deux

(*a*) SILFWERSPARRE avoit été aux Arrêts , pendant quelques Mois , pour
avoir favorisé un de ses Camarades , qui s'étoit sauvé , après s'être battu un Duël. En
considération du Service qu'il rendit en cette Occasion , il fut remis en Liberté.

deux Jours. Pourſuivant ſa Route, il paſſa la Sem, & alla à Horoditza, laiſſant à côté la Ville de Baturin, Réſidence de Mazeppa, où
les Ruſſiens venoient de laiſſer de triſtes Veſtiges de leur affreuſe
Cruauté. Après avoir abandonné cette Place au Pillage, & en avoir
maſſacré tous les Habitans, qui n'étoient rien moins qu'en état de Déffenſe, ils y avoient mis le Feu. A en juger par les Ruines, & les Murailles que le Feu n'avoit pû conſumer, cette Ville devoit avoir été
très bien bâtie, & devoit avoir ſurpaſſé toutes les autres Villes de
l'Ukraine en beaux Palais. Celui de Mazeppa, ſur-tout, paroiſſoit
avoir été fort magnifique. De Horoditza Sa Majeſté marcha à Holin-
ki, de-là à Demitrocka, & enfin à la Ville de Romna, où Elle s'arrêta au de-là d'un Mois. On détacha différens Partis, pour battre la
Campagne ; mais, il ne ſe paſſa rien dans ces Courſes qui mérite d'être
rapporté.

Le Czar convoqua, en attendant, tous les Colonels & Officiers des
Coſaques, pour procéder à l'Election d'un nouveau *Hettman*. On
commença d'abord par dépoſer Mazeppa, ce qui ſe fit avec des Cérémonies fort ſingulieres. On dreſſa un Echaffaut, ſur lequel on conduiſit ſa Statue toute habillée, revetue du Cordon bleu de St. André.
Le Prince Menzicof, & le Comte Golofkin, Grand-Chancelier, parurent enſuite, & déchirérent publiquement la Patente par laquelle le
Czar avoit déclaré Mazeppa Membre de cet Ordre. Le Bourreau mit
à la Statue une Corde autour du Cou, & la traina dans un Endroit où
la Potence étoit dreſſée. On lut devant le Peuple un long Ecrit, dans
lequel le Czar faiſoit l'Enumération de tous les Bienfaits dont il avoit
honoré Mazeppa, qu'il déclaroit Traitre à la Patrie, & Rebelle. Le Bourreau, après avoir rompu le Sabre du Général devant la Statue, la pen-
dit. Cette Exécution finie, la Place de *Hettman* fut déclarée vacante, & l'on invita les Coſaques à procéder à l'Election d'un autre Général, conformément à leurs anciens Privileges, que le Czar avoit con-
firmez. La Choſe ſe fit ſur le champ : & comme on étoit prévenu
d'avance ſur la Perſonne que le Czar ſouhaitoit de voir revetue de
cette Dignité, on élut pour *Hettman* un certain Jwan Eliewitz Sko-
ropatski.

On crut d'abord, que le Roi prendroit ſes Quartiers d'Hiver à
Romna, ou que du moins il y paſſeroit les Fêtes de Noël. Dans cette Idée, chacun faiſoit ſes petites Proviſions. Mais, comme l'Ennemi ne ceſſoit d'inquiéter nos Quartiers, quoiqu'il ne nous fît pas beaucoup de Mal ; & comme il avoit mis le Feu à la Ville de Hadjatz, où étoit
le Colonel Dahldorf avec trois Régimens Suédois ; Sa Majeſté décampa de Romna, & marcha le prémier jour à un Village, que l'on trouva entiérement deſert. D'abord à ſon Arrivée, le Roi ſe mit à la tête de quelques Régimens, pour ſe rendre à Hadjatz, dans l'Opinion
qu'il y trouveroit encore l'Ennemi ; mais, il s'en étoit éloigné peu
d'heures auparavant, & avoit pris la Route de Wipreck, où s'étant

I i 2   fait

fait joindre par quelques cens Païfans, il faifoit mine de vouloir fe deffendre jufqu'à l'extrémité. Nous verrons un peu plus bas ce qui fe paffa à cet égard peu après le nouvel An. Les autres Régimens, auffi-bien que la Cour, la Chancellerie, & les Drabans, après avoir paffé à côté de Hadjatz (*a*), vinrent camper au Village de Krafnalucki.

Il faifoit ce jour-là un Froid fi horrible, que l'on ne fe fouvenoit pas d'en avoir jamais fenti un pareil. Un grand Nombre de nos Soldats y perdirent l'Ufage de leurs Pieds ou de leurs Mains. Les Fantaffins couroient à toutes Jambes, & les Cavaliers mettoient auffi pied à terre: mais, à peine ces pauvres Gens s'arrêtoient-ils un moment pour reprendre Haleine, qu'ils fentoient leurs Membres engourdis. C'étoit un trifte Spectacle à voir. Cependant, quelque exceffive que fût la Rigueur de l'Hiver, il falloit continuer la Marche. Le Roi venoit d'établir fon Quartier-général dans le même Village de Krafnalucki; mais, il n'y fit point de Séjour, allant continuellement d'un Régiment à l'autre, & vifitant fes Troupes qui étoient à Hadjatz & aux environs de Wipreck. Le Comte Piper eut prefque tous les jours des Nouvelles de Sa Majefté; & ce fut de lui qu'on apprit, qu'Elle jouïffoit d'une bonne Santé, non-obftant fes Courfes continuelles dans une Saifon des plus rudes.

En finiffant l'Hiftoire de la Campagne de 1708, nous ajouterons une Lifte de la Promotion qui fe fit pendant le Cours de cette Annéelà. Le Baron Hugues-Jean Hamilton, Colonel du Régiment du Corps, Dragons, fut fait Général-Major de la Cavalerie. Le Colonel Charles-Guftave Hard, Lieutenant des Drabans, obtint, par un Brévet du Roi, le Commandement de ce Corps. Monfieur Jean Gierta, qui étoit Adjutant du même Corps, en obtint la prémiere Lieutenance, & un Brévet de Colonel; & l'on donna à Monfieur de Hammerhielm, Lieutenant-Colonel du Régiment de Helfinguie, la feconde Lieutenance des Drabans, avec un Brévet de Colonel.

Retournons maintenant fur nos Pas, pour voir ce qui paffa, pendant la même Année 1708, en Siléfie, à l'égard de la Reftitution des Eglifes aux Proteftans. De toutes les Victoires de Charles XII, c'eft fans contredit-là la plus belle: &, quoique ce foit de tous fes magnifiques Trophées le feul qui nous refte aujourd'hui, il ne laiffera pourtant jamais périr la Mémoire de ce grand Prince. La Conduite, que l'Empereur Jofeph tint dans cette Affaire, n'eft pas moins digne de Louanges: & il n'eft point à douter, que fon Nom ne foit éternellement en Bénédiction à tous les Proteftans. On a remarqué plus haut (*b*), que l'Empereur avoit fait efpérer, qu'il feroit plus que ce à quoi il

étoit

_____

(*a*) Le Profeffeur Westphal fe trompe, lorfqu'il dit, page 161, que le Roi n'arriva à Hadjatz, qu'à la fin du Mois de Janvier.

(*b*) Voïez ci-deffus page 100.

étoit tenu en vertu du Traité. Lorsque cette Affaire fut entamée avec vigueur, on vit avec joie l'Effet des Promeſſes de Sa Majeſté Impériale. Vers la Fin de l'Année 1707, Monſieur de Stralenheim préſenta aux Commiſſaires de la Cour de Vienne une Déduction, dans laquelle le Droit des Proteſtans étoit parfaitement bien établi. Il demandoit: 1. Que l'on dreſſât pour les Prêtres Catholiques un nouvelle *Taxa Stole*, qui fût juſte & équitable: 2. Que toutes les Affaires Conſiſtoriales des Luthériens fuſſent portées en prémiere Inſtance aux Conſiſtoires de ceux de cette Religion à Liegnitz, Wolau, & Breslau: 3. Que les Luthériens de Siléſie partageaſſent avec les Catholiques-Romains, ſoit Princes, Comtes, Barons, Nobles, ou Gens de Lettres, les Charges & Emplois du Païs; que, dans les Villes où les Bourgeois étoient de la Religion Luthérienne, le Magiſtrat le fût de même; & que, là où les Bourgeois étoient des deux Religions, le Magiſtrat fût auſſi compoſé de Luthériens & des Catholiques: 4. Que l'Evêque de Breslau ſignât les Ordres que la Régence expédioit aux Lieux ſubalternes: 5. Que, ſous les Mots de *libre Exercice de Religion* fuſſent compriſes les différentes Manieres de cet Exercice, telles qu'elles étoient en Uſage dans les principales Villes de la Religion Evangélique: 6. Que les Etats, tant de la Haute que de la Baſſe-Siléſie, obtinſſent, par un Décret émané de l'Empereur, la Permiſſion de communiquer, ſur toutes leurs Affaires, avec le Commiſſaire de Sa Majeſté Suédoiſe. En dernier lieu, le Baron de Stralenheim diſoit, que le Roi ſon Maitre intercédoit, non ſeulement pour les Principautez qui avoient été nommées expreſſément dans le Traité, mais qu'il interpoſoit auſſi ſes bons Offices en faveur de tous ceux généralement qui profeſſoient la Confeſſion d'Augsbourg.

Au Commencement de l'Année ſuivante, les Commiſſaires Impériaux délivrérent à Monſieur de Stralenheim leur Réponſe, qui portoit: 1. Que, lorſque les Prêtres Luthériens, païeroient, aux Prêtres Catholiques, ce qui leur revenoit ſelon la *Taxa Stole* nouvellement établie, perſonne ne les empêcheroit dans leur Culte, & ne les generoit dans aucune Affaire qui pût avoir rapport à la Religion: 2. Que ceux de la Confeſſion d'Augsbourg dépendroient des Conſiſtoires Catholiques; mais, qu'on les jugeroit conformement à ce qui étoit d'Uſage parmi ceux de cette Confeſſion: 3. Que l'Empereur ne vouloit point ſe laiſſer lier les Mains à l'égard des Charges & Emplois; que c'étoit une Affaire Politique, qui n'avoit aucun rapport à la Religion, & dont il n'étoit fait aucune Mention dans le Traité de Weſtphalie; & que d'ailleurs il n'en avoit jamais été queſtion auparavant: 4. Que le Sens des Paroles *le libre Exercice de Religion* avoit été déterminé dans le prémier Article de la Convention: 5. Qu'à l'égard du ſixieme Article de la Déduction de Monſieur de Stralenheim, on n'avoit point de Réponſe à donner: 6. Que la Convention prouvoit ſuffiſamment de quel Poids avoit été l'Interceſſion de Sa Majeſté Suédoiſe; & que ceux de la Religion.

ligion Evangélique avoient obtenu beaucoup plus qu'ils n'avoient Droit de prétendre par le Traité de Paix.

LES Conférences furent continuées comme auparavant, & les Bourgeois Luthériens de Breslau produifirent leurs Griefs, confiftant en quinze Articles. La Reftitution des Eglifes fe fit affez promptement. Les Prêtres Catholiques-Romains eurent, pour la Retroceffion, chacun cent Florins. Les Moines furent renvoïés aux Couvents de leur Ordre: on refufa cependant, en rendant les *Eglifes Matrices*, de rendre auffi les *Eglifes fubordonnées* lorfqu'elles étoient fituées fur un autre Territoire. Ceux, qui avoient le Droit de Patronage, appellérent auffi-tôt des Miniftres Luthériens. Ils eurent leurs Brévets de l'Empereur-même, & furent obligés d'en païer, pour le moins, deux cens Florins à la Chancellerie de Boheme.

COMME l'Empereur paroiffoit fi bien difpofé en faveur des Proteftans, les Etats des Principautez tant de la Haute que de Baffe Siléfie, qui n'avoient point été nommées expreffément dans la Convention d'Alt-Ranftadt, préfentérent à Sa Majefté Impériale un Mémoire, pour le fupplier de vouloir rappeller ceux qui avoient été exilez pour Caufe de Religion, & d'ordonner qu'on leur rendît les Biens qu'on leur avoit ôtez. Ils demandérent en même tems la Reftitution de quelques Eglifes; alléguant, que plufieurs d'entre eux avoient plus de dix lieues à faire, pour fe rendre à une Eglife de leur Communion.

LE Baron de Stralenheim de fon côté ne manqua point de repliquer à la Réponfe des Commiffaires Impériaux dont nous venons de parler. Il s'attacha fur-tout à prouver, que le Roi fon Maitre n'exigeoit rien au de-là de ce qui avoit été ftipulé dans le Traité de Weftphalie, & la Convention d'Alt-Ranftadt. Que Sa Majefté Suédoife n'avoit jamais fongé à empiéter fur les Droits de l'Empereur: mais, que c'étoit une grande Réforme, que de vouloir exclure de tous les Emplois publics ceux de la Confeffion d'Augsbourg; & que l'on ne voïoit pas, pourquoi il falloit abfolument que l'on fût de la Religion Catholique-Romaine, pour pouvoir exercer quelque Charge importante. A ces Repréfentations Monfieur de Stralenheim en ajouta d'autres en faveur des Réformez; infiftant, qu'on leur rendît auffi leurs Eglifes, parce qu'ils étoient également compris dans le Traité de Weftphalie.

CEPENDANT, comme le Roi de Suede s'éloignoit tous les jours davantage des Frontieres de la Siléfie, on ne remarqua plus la même Ardeur pour la Conclufion de cette Affaire, que la Cour de Vienne avoit fait paroitre, tant que Charles XII. étoit dans le Voifinage des Etats Héréditaires de l'Empereur. Sur quoi Stralenheim repréfenta

aux Commiffaires Impériaux, qu'il étoit de la derniere Importance, que l'on éxécutât au plûtôt la Convention d'Alt-Ranftadt: que l'on rendît, conformement au prémier Paragraphe de cette Convention, l'Eglife de St. Jean de Liegnitz, avec fon Chapitre; que l'on reftituât

pa-

pareillement l'Eglife paroiffiale & l'Ecole de Goldberg, auffi bien que
l'Eglife Polonoife de Brieg, & les Eglifes de la Principauté de
Munfterberg. Il demanda en outre, que les *Eglifes fubordonnées* ne fuffent point féparées des *Eglifes Meres*; & fit voir, qu'il étoit impoffible, vû la grande Différence entre les deux Religions, que les Confiftoires Luthériens fuffent fous la Direction d'un Préfident Catholique-
Romain.

1708.
―――
Février.

LES Commiffaires Impériaux répondirent à leur tour, que St. Jean
de Liegnitz étoit un Chateau, & non pas une Eglife paroiffiale; qu'à
l'égard du Chapitre, on pourroit en convenir avec les Etats, pour en
fonder une Académie; que, pour l'Eglife de Goldberg, on avoit donné
un équivalent; & que, lors de la Conclufion du Traité de Weftphalie,
l'Eglife Polonoife de Brieg n'avoit été qu'un Endroit où l'on enterroit
des Morts. Par rapport à Munfterberg, ils difoient, que c'avoit toujours été une Principauté héréditaire, & que l'on y avoit déja rendu
fept Eglifes aux Luthériens. Ils prétendoient auffi, qu'il avoit été dé-
cidé, dans le Traité de Weftphalie, & la Convention d'Alt-Ranftadt,
quelles des *Eglifes fubordonnées* devoient être rendues ou non; qu'il
falloit abfolument que la Charge de Préfident fût exercée par un Catholique-Romain, par ce qu'il étoit dit expreffément dans la Convention, qu'à l'égard des Confiftoires, les Chofes demeuroient fur l'ancien Pied.

le 23.

LES Jéfuites avoient bien de la Peine à fe réfoudre à quitter l'Eglife de Liegnitz, dont l'Empereur Léopold leur avoit fait préfent, &
où ils avoient fait bâtir un fuperbe College. Ils offrirent à Monfieur
de Stralenheim une Somme confidérable, s'il vouloit les y laiffer en repos.
Sur le Refus que leur fit ce Miniftre de leur accorder cette Demande,
ils députérent deux d'entre eux vers le Roi de Suede, pour lui demander cette Grace à lui-même; mais, ils n'obtinrent de Sa Majefté d'autre Réponfe, que celle qui leur avoit été donnée par fon Envoïé.
Après beaucoup de Conteftations, l'Empereur réfolut enfin de fonder
à Liegnitz, fous le Nom de St. Jofeph, une Académie, dans laquelle on
enfeigneroit aux Enfans de la Nobleffe de Siléfie les Sciences & les
Exercices. Il emploïa à cet Etabliffement les Terres, Capitaux, &
Rentes, du Chapitre de St. Jean. Les Etats des deux Religions y don-
nérent leur Confentement, auffi bien que le Baron de Stralenheim.
L'Affaire de Munfterberg fut auffi applanie, & les Habitans de cette
Principauté fe contentérent des Eglifes qu'on leur avoit rendues.
Quant aux Réformez, après que l'Envoïé de Suede leur eut fraïé le
Chemin, ils pourfuivirent eux-mêmes leur Sollicitation, & préfenté-
rent fur ce fujet à l'Empereur un long Mémoire, dreffé par ordre du
Roi de Pruffe. Les Miniftres d'Angleterre & de Hollande à Vienne ap-
puïérent cette Demande, par leurs Recommandations.

CEPENDANT, les Commiffaires de l'Empereur, croïant avoir entiérement éxécuté la Convention d'Alt-Ranftadt, fe féparérent jufqu'au

Octobre.

Octobre.

qu'au Mois d'Octobre. Monſieur de Stralenheim s'en plaignit fortement ; diſant, que beaucoup d'Articles avoient été laiſſés en arriere,
& qu'il s'en falloit bien que cette Exécution n'eut été accomplie. Enfin, quelque tems après, l'Empereur promit d'envoïer le Comte Sintzendorf à Breslau, pour y terminer avec le Baron de Stralenheim tous
les Articles ſur leſquels on n'avoit pû convenir juſqu'alors. Il ordonna en même tems a ſes Commiſſaires de lui renvoïer tous ceux de la
Confeſſion d'Augsbourg, qui s'adreſſeroient à eux pour obtenir la Permiſſion de bâtir de nouvelles Egliſes de leur Communion. Cette Lettre n'étoit point du Gout du Siége de Rome, & tout le Clergé Catholique la deſapprouva hautement. Il fut pourtant bien autrement pic-
qué, lorſqu'il apprit, que, ſur l'Interceſſion du Roi de Suede, l'Empereur venoit de permettre aux Luthériens de bâtir ſix nouvelles Egliſes, ſavoir une à Sagan, une à Freyſtadt, une à Hirſchberg, une à
Landshut, une à Militſch, & une à Teſchen. Les Réformez n'obtinrent
rien, malgré leurs fortes Sollicitations : & l'Empereur n'eut aucun E-
gard à toutes les Démarches que firent ſur ce Sujet les Députez des
États Proteſtans à la Diete de l'Empire.

CETTE importante Affaire ſe termina enfin au Commencement de
l'Année 1709. L'Empereur, après avoir approuvé le *Recès d'Execution*, le fit publier ; & Monſieur de Stralenheim le ſigna au Nom du
Roi. Le Reſcript, que Sa Majeſté Impériale adreſſa à cette occaſion

V. L'APP.
No. CXXIV.

*Situation
des Affai-
res en Po-
logne.*

Août.

à la Régence de Siléſie, ſe trouve, avec les autres Piéces relatives,
dans l'Appendice de cette Hiſtoire, où nous renvoïons les Lecteurs.

RESTE encore à rapporter ce qui ſe paſſa pendant ce Tems-là en
Pologne. Le Roi Staniſlas, s'étant rendu au Mois de Juillet à Marienbourg, fit divers Voïages aux environs, accompagné de quelques
Seigneurs Polonois, ſes meilleurs Amis. L'Armée de la Lithuanie,
commandée par le Grand-Général Sapieha, ſe tenoit dans le Voiſinage
de Breceſt. Au Mois d'Août, Sa Majeſté Polonoiſe ſe rendit *incognitò* à
Dantzic, où Elle s'arrêta quelques Jours. Le Magiſtrat de cette Ville, voulant lui païer les Arrérages qui lui étoient dûs, & s'étant engagé à lui avancer une Somme d'Argent pour la Campagne prochaine, fit faire de groſſes Levées. L'Evêque de Culm, & le Grand Chancellier Jablonowski, étoient chargés de cette Affaire. Le prémier Article ne ſouffrit point de Difficultez, mais l'autre en rencontra pluſieurs : & comme les Bourgeois prétextoient, qu'ils n'étoient point
en état de fournir les Sommes qu'on leur demandoit, cette Affaire
traina quelques Mois avant qu'elle fût terminée. Environ le même
tems, on eut Avis à Thorn, qu'une Partie de l'Armée de la Couronne, attachée aux Confédérez, s'étoit fait voir du côté de Lenciczæ.
Un Major, nommé Brandt, y fut détaché avec quelques Troupes de
celles du Roi Staniſlas, & eut le Bonheur de tuër à l'Ennemi quatorze
Hommes, & de ramener une cinquantaine de Priſonniers. S'étant
joint enſuite avec le Détachement du Colonel Grumkou, ils marchérent

rent enſemble à Bromberg, où aïant été ſurpris par les Polonois, ils furent obligés de prendre la Fuite, & de laiſſer pluſieurs Morts & Bleſſés ſur la place. On ne ſût jamais bien juſqu'où montoit la Perte de Part & d'autre. Peu après, un Parti Polonois, s'étant approché des Quartiers des Suédois, marcha à un Village où étoient quelques Dragons du Régiment de Marſchalck. Comme ceux-ci ne ſe défioient de rien, pluſieurs d'entr'eux furent enlevez. Pour venger ces Inſultes, le Général-Major Smigelski paſſa la Viſtule à la tête d'un Corps de ſix mille Hommes, pour aller attaquer Ribinski, ſur lequel il remporta un Avantage conſidérable. Les Gens de Ribinski, ſe trouvant en aſſez grand Nombre, ſe deffendirent d'abord avec beaucoup de Courage; mais, déconcertez par l'Arrivée imprévue de Smigelski, ils prirent auſſi-tôt la Fuite, & furent pourſuivis avec vivacité. Pluſieurs furent tuez, d'autres tombérent entre les Mains du Vainqueur; deſorte que Ribinski perdit dans cette Occaſion la Supériorité dont il s'étoit tant vanté.

STANISLAS ne négligea rien pour ramener à ſon Devoir l'Armée de la Couronne. Il lui adreſſa des Lettres Circulaires auſſi-bien qu'aux Palatinats, „& l'exhorta dans les Termes les plus forts à ſe dépouil-
„ ler de toute Animoſité, & à ſe joindre à ſes Troupes, afin que la
„ République ſe trouvât en état de s'oppoſer avec des Forces réünies
„ aux Entrepriſes de la Ruſſie, & qu'elle pût mettre à profit les Con-
„ jonctures préſentes, pour reprendre les Provinces qui lui avoient
„ été enlevées contre toute Juſtice & Equité. Il leur repréſenta, à tous
„ généralement, combien la République ſe trouvoit ſoulagée, depuis
„ que les Ruſſiens avoient été chaſſés de la Pologne, & quel Compte
„ ils auroient à rendre devant Dieu & devant les Hommes, s'ils pouſ-
„ ſoient leur Entêtement juſqu'à négliger l'Occaſion qui ſe préſentoit
„ d'étendre les Limites de la Pologne, & de lui procurer une Paix
„ avantageuſe. „ On s'attendoit, que des Repréſentations auſſi ſolides
ne manqueroient point de faire quelque Impreſſion ſur les Eſprits. On
ſe promettoit auſſi beaucoup des Conférences que l'Evêque de Lucko
continuoit d'avoir à Lublin avec le Maréchal de la Confédération, &
avec pluſieurs autres Seigneurs du Parti oppoſé; mais, malgré toutes ces belles Apparences, l'Année ſe paſſa, ſans que l'on eut rien
gagné.

LES Régimens Suédois, qui étoient dans la Pruſſe, eurent ordre de ſe mettre en Marche. On conſtruiſit près de Graudentz un Pont, qui devoit ſervir au Paſſage de la Cavallerie Suédoiſe, que l'on attendoit de la Poméranie & du Duché de Breme. Le Roi Staniſlas, pour conférer ſur ce Sujet avec le Général-Major Craſſou, & pour concerter avec lui les Opérations de la Campagne, ſe rendit à Naſſenhuben, où ce Général avoit ſon Quartier. Au bout de quelques jours, Monſieur de Craſſou eut une ſeconde Conférence avec Sa Majeſté Polonoiſe, à qui il alla rendre ſes Reſpects. A ſon Retour, il donna ordre

Septembre.

le 9.

le 16.

1708.

Septembre.

le 16. ordre aux Troupes de se mettre en Marche. Il décampa lui-même avec son Régiment. La Cavallerie, qui étoit venue de Poméranie, & le Régiment François, commandé par le Colonel Zulich, le suivirent, pour se rendre en diligence à Graudentz, où ils devoient passer la Vistule. Le Bagage du Roi Stanislas prit la Route de Tykozin; mais, comme la Peste continuoit à faire de grands Ravages en Pologne, Monsieur de Crassou ne voulut pas risquer d'aller plus loin. S'étant arrêté dix Jours entre Stablow & Derschau, il rebroussa chemin, & retourna dans les Werders occuper ses anciens Quartiers.

Octobre.

le 6. Au Commencement d'Octobre, il résolut enfin d'entrer en Pologne. Pour cet effet, il marcha à Mewe, où il demeura un Jour. De-là il

le 8. se rendit à Strasbourg, où toutes ses Troupes devoient passer en Revue, avant que d'aller à Brecest. Lorsque le Régiment du Colonel

le 9. Muller passa le Pont dont il a été parlé, il se rompit en deux Endroits, desorte qu'il n'y eut que six Compagnies qui parvinrent à l'autre Bord.

le 10. Le lendemain le Pont aïant été rétabli, le Comte Tarlo suivit à la tête du Régiment des Gardes-à-pié du Roi de Pologne. Les Troupes du Général Crassou passérent au même Endroit: le jour suivant arrivérent

le 11. la Cavallerie Polonoise, les Dragons de Zulich, & le Régiment de Poméranie, avec l'Artillerie, qui passa la derniere. Toutes ces Troupes étoient parfaitement belles, & formoient une Armée des plus lestes. Le Roi Stanislas fut obligé de s'arréter à Marienbourg quelques jours de plus qu'il n'avoit pensé, à cause d'une Indisposition qui étoit

le 17. & 18. survenue à la Reine son Epouse. S'étant rendu à Elbingen, la Reine, avec Madame Roïale, prirent la Route de Dantzic, d'où Elles comptoient de se mettre en Voïage pour Stettin, dès que la Santé de Sa Majesté le permettroit.

Avant que le Roi Stanislas partît de Marienbourg, le Ministre de Prusse lui notifia le Mariage du Roi son Maitre avec la Princesse Sophie-Dorothée de Brunswig-Hanover. Sur quoi Monsieur d'Unruh, Chambellan & Grand-Veneur de Sa Majesté Polonoise, fut envoïé à Berlin, pour complimenter sur ce sujet Sa Majesté Prussienne. Stanislas, s'étant mis en Chemin, arriva le 27. Octobre à Tykozin, où on le re-

le 27. çut avec tous les Egards dûs à son Rang. Le Palatin Willenski, qui s'y étoit rendu exprès à cette Occasion, s'empressa sur-tout à lui témoigner tous les Honneurs imaginables. On crut d'abord, que le Dessein du Roi étoit de joindre ses Troupes à l'Armée de Suede en U-kraine, si tant étoit qu'on pût venir à bout de gagner l'Armée de la Couronne, dequoi le Ministre de France, qui y travailloit fortement, donnoit de bonnes Espérances. D'autres étoient d'Opinion, que, quand même cette Jonction n'auroit pas lieu, les Troupes du Roi Stanislas en-treroient en Quartiers d'Hiver dans le Voisinage d'Osmiani & de Minski, afin d'empêcher les Courses des Moscovites, qui commençoient

Novembre. à se faire voir de ce Côté-là. Ces Projets n'eurent pas lieu; & l'on

le 12. jugea à propos, dans la suite, de faire passer la Narew à Monsieur de

Cras-

Craffou, pofté près de Romanowa, à cinq lieues de Pultowsk. Le Roi Staniflas décampa auffi de Tykozin; &, après s'être joint avec le Général Suédois, ils paffèrent enfemble le Bug, & tirèrent du côté de Lublin, où les Troupes Lithuaniennes furent mifes en Quartiers, & où elles fe propofoient de demeurer le plus long-tems qu'elles pourroient.

1708.
Novembre.
le 17.

Au bout de quelques Semaines, le Comte Potocki, Palatin de Kiowie, entra fubitement avec fes Troupes dans Warmie, pour y demeurer pendant l'Hiver. Le Colonel Ekeblad, Commandant d'Elbingen, jugeant qu'il étoit contre fon Devoir de les y fouffrir, parce que les Revenus de cet Evéché devoient fervir à l'Entretien de fa Garnifon, détacha le Lieutenant-Colonel Jäger avec fept cens Hommes, pour aller délivrer le Païs de ces Hôtes fi incommodes. Cet Officier eut ordre d'emploïer la Force, s'il étoit néceffaire. Les Polonois furent defarmez, & on les obligea de fe retirer au de-là de la Frontiere. Piqués au vif de ce Traitement, ils menacérent de s'en vanger. Par cette Raifon, Monfieur de Jäger demeura en Warmie, afin d'être à portée, en cas qu'ils euffent envie de rien entreprendre. Ils n'ôférent le faire, & ne fongérent pas à y retourner.

le 20.

Fin du Neuvieme Livre.

HISTOIRE
DE
CHARLES XII,
ROI DE SUEDE.

✿✿✿✿✿✿✿✿✿✿✿✿✿✿✿✿✿✿✿✿✿✿✿✿✿✿✿✿✿✿✿✿✿✿✿

LIVRE DIXIEME.

1709.

Janvier.

Charles fait attaquer Wipreck.

L E Roi de Suede, au lieu de demeurer dans son Quartier-général, s'arrêta, comme nous l'avons fait remarquer, tantôt à Hadjatz, tantôt auprès des Régimens campez aux environs de Wipreck. Le Froid exceſſif, qui avoit, pour ainſi dire, fait tomber les Armes des mains aux Parties belligérantes, commença, au bout de trois Semaines, à diminuer conſidérablement. Charles, ne voulant point perdre de tems, réſolut d'attaquer Wipreck, où il y avoit ſeize cens Moſcovites, & quelques cens Païſans Coſaques, qui s'y étoient jettez. Cette Place n'étoit point fortifiée; mais, ſa Situation avantageuſe, ſur une Hauteur fort eſcarpée, la rendoit plus forte que ſes Ouvrages, qui ne conſiſtoient qu'en un Rempart de Terre, avec des Paliſſades plantées du côté où le Terrain étoit moins élevé. Les Aſſiégés prirent toutes les Meſures néceſſaires pour ſe bien deffendre. Ils élevérent des Epaulemens, emploïant pour cet effet des Gabions faits de Paille entrelaſſée. Ils jettérent auſſi quantité d'Eau ſur les Remparts, que la Gelée rendoit ſi gliſſans, qu'il étoit impoſſible d'y prendre pied.

Le Général-Major Stakelberg aïant écrit au Commandant, pour le ſommer de ſe rendre, & pour l'exhorter à ne point faire une Réſiſtance inutile, eut pour Réponſe, que la Garniſon étoit réſolue de ſe deffendre juſqu'à l'Extrémité. Après que l'on eut fait les Diſpoſitions néceſſaires pour donner l'Aſſaut, & que l'Artillerie ſe trouva prête, le Roi ſe rendit lui-même devant la Place, pour régler la maniere dont elle devoit être attaquée. Cependant, comme l'Entrepriſe d'emporter la Ville d'Emblée paroiſſoit également dangereuſe & incertaine, ſur-tout

le 7.

tout les Troupes deſtinées à donner l'Aſſaut n'étant point ſoutenues par aucun Corps de Réſerve, on ſomma de nouveau le Commandant. Sur le Refus qu'il fit de ſe rendre, la Réſolution du Roi fut éxécutée. Environ à deux Heures après midi on commença l'Attaque à Coups de Canon, pendant que les Troupes ſe rangeoient pour monter à l'Aſſaut de trois Côtez différens. Le Comte Jaques Sperling étoit d'un Côté, avec ſix cens Fantaſſins : de l'autre ſe trouvoit le Colonel Fritſchi, avec un pareil Nombre de Soldats ; au milieu marchoit le Colonel Al- bedil, à la tête de ſix cens Dragons Allemands. Ce dernier devoit attaquer la Porte de la Ville. Comme il ne put voir les Fuſées qui de- voient ſervir de Signal, il alla à l'Aſſaut beaucoup trop tôt, mais avec tant de Vigueur, que la Porte fut preſque ouverte, quelques Peines que les Aſſiégés ſe fuſſent données pour la bien barricader, en l'ap- puſant de Terre, de Fumier, & de quantité de Sacs remplis de Grains. Ces Efforts ſe rallentirent tout d'un coup, & les Dragons, ſe trouvant trop incommodez du Feu des Ennemis, ſe retirèrent, ſans qu'il fût poſſible de les rallier, & de les obliger à retourner à la charge. Le Capitaine Edouard Gyllenſtolpe perdit la Vie dans cette Attaque. Tout cela étoit déjà fait, avant que Fritſchi pût arriver à l'endroit qui lui avoit été aſſigné. Sa Marche ſe faiſoit fort lentement, à cauſe des grandes Echelles que les Soldats avoient à traîner avec eux. Les Ennemis, n'étant plus occupez par Albedil, ſe portérent du côté d'où Fritſchi venoit, & auquel, poſtez derrière leurs Gabions, ils tuérent & bleſſérent beaucoup de Monde. Le Colonel Fritſchi, & le Lieute- nant-Colonel Adolph Mörner, aïant été tuez avant que d'arriver au Rempart, le Comte Gaſpard Sperling prit le Commandement à leur place. Il s'avança avec beaucoup de Courage ; mais, il eut bientôt le même Sort, auſſi-bien que pluſieurs autres Officiers ; le Commandant de la Place aïant ordonné à ſes Gens de tirer ſur ceux-là préférable- ment aux Soldats. Les nôtres étant enfin venus à bout de planter quelques Echelles, les Soldats y montérent ; mais, il furent preſque auſſi-tôt repouſſez. Les Aſſiégés ſe deffendirent en deſeſpérez, jettant ſur les Suédois, de groſſes Poutres, de l'Eau bouillante, & quantité d'autres Choſes, qui pouvoient leur faire du Mal. Ceux-ci ne laiſſérent pourtant pas de pénétrer juſqu'au haut du Rempart, tuant tout ce qui ſe préſentoit devant eux. Ils trouvérent même une Invention aſſez ſinguliere, pour détourner les Poutres qu'on leur lançoit, & de rom- pre avec les Mains les Piques des Ennemis. Mais, tous ces Efforts n'aboutirent à rien. Ceux, qui étoient aux Priſes avec les Ruſſiens ſur le Rempart, furent paſſez au fil de l'Epée, & la grande Inégalité des Combattans obligea enfin les nôtres à ſe déſiſter de leur Entrepri- ſe. Notre Artillerie ne ſervit preſque de rien ; car, la Glace, dont le Rempart étoit couvert, étoit tellement épaiſſe, que les Boulets ne faiſoient que blanchir, ſans faire d'autre Mal, que d'écraſer, en retom- bant, les malheureux Bleſſés qui ſe trouvoient dans le Foſſé. On fit

bien,

bien avancer le Régiment de la Nobleſſe de Livonie, Cavallerie, pour faire Feu de leurs Carabines: mais, quelque Mal que l'on pût faire aux Aſſiégés, cela ne décida de rien. L'Attaque du Comte Jaques Sperling ne réüſſit pas mieux. Avant que d'arriver au Rempart, cet Officier fut dangereuſement bleſſé d'un Coup de Feu, dont il mourut peu de jours après. Son Lieutenant-Colonel Liliegrèn n'eut pas un Sort plus favorable.

Le Commandant ſe rend à Diſcrétion.

Comme il commençoit déjà à faire nuit, le Roi ne voulut rien entreprendre d'avantage. Il envoïa pourtant, au Nom du Velt-Maréchal Rehnſchöld, propoſer au Commandant de la Place, de faire ceſſer les Hoſtilitez, juſqu'à ce que l'on eut emporté les Morts & les Bleſſés. Il lui fit dire en même tems, que l'on faiſoit venir de nouvelles Troupes, & que le lendemain matin on attaqueroit la Place une ſeconde fois. Le Commandant ne fit aucune Difficulté de nous laiſſer emporter nos Gens: &, aïant délibéré avec lui-même ſur la Reddition de la Ville, il envoïa au bout de deux heures un Officier, pour nous dire, qu'il vouloit bien ſe rendre à Diſcrétion, pourvû qu'on lui laiſſât ſes Bagages, auſſi-bien qu'à la Garniſon. Cette Demande lui aïant été accordée, les Portes de la Ville furent livrées aux Suédois, le même ſoir.

le 8.

Le lendemain matin, on prit Poſſeſſion de la Place, où l'on ne trouva pas grand'choſe. Les Ruſſiens, au nombre de treize cens Fantaſſins & cent Dragons, avec quatre cens Coſaques, furent faits Priſonniers de Guerre, de même que le Commandant, qui étoit Ecoſſois, deux Lieutenants-Colonels, deux Majors, & trente autres Officiers. On y prit quatre Piéces de Canon, quelque peu de Munitions, & les Armes que la Garniſon rendit. Les Suédois eurent dans cette Occaſion quatre cens Hommes de tuez, & ſept cens de bleſſés. Ils regrettoient ſur-tout quelques braves Officiers (*a*), qui, après avoir ſuivi le Roi pendant toute la Guerre, perdirent la Vie devant une miſérable Bicoque. Le même ſoir, le Major Wildemeyer eut ordre de mettre le Feu à la Place, & de la réduire en Cendres. Les Femmes Coſaques furent chaſſées ſur le champ; mais, les Hommes n'obtinrent leur Liberté, que quelques jours après, & ſur l'Interceſſion de Mazeppa.

le 8.

Dukert attaque les Ruſſiens avec ſuccès.

le 9.

Sur ces Entrefaites, Charles aïant eu Avis, que ſept Régimens Ruſſiens n'étoient éloignés de nous que de deux ou trois lieuës, ſans que l'on pût rien pénétrer de leurs Deſſeins, détacha vers le ſoir le Colonel Dukert avec deux mille Chevaux, pour les aller reconnoître. Cet Officier, après avoir marché toute la nuit, ſurprit à la pointe du jour les Moſcovites dans trois ou quatre Villages, où quelques cens Hommes

mes

(*a*) Le Profeſſeur WESTPHAL dit page 163, que le Colonel Taube ſe trouvoit parmi les Morts. Il ſe trompe. Il n'y avoit dans l'Armée aucun Colonel de ce Nom-là, à l'exception de Monſieur Guſtave-Adam Taube, qui fut élevé dans la ſuite à la Dignité de Comte & de Sénateur. Il étoit *Ober-Stathalter* à Stockholm, lorſqu'il mourut en 1732.

mes furent paffez au fil de l'Epée: comme l'Ennemi fe vit attaqué en tant de différens Endroits à la fois, il s'imagina que toute l'Armée Suédoife étoit dans le Voifinage. Pour ne pas en être accablé, il s'éloigna avec grande Précipitation. Dukert ramena avec lui quelques Prifonniers, & environ mille Chevaux, outre une bonne partie du Bagage des Ennemis.

TANDIS que le Roi de Suede étoit aux environs de Wiprek, le Czar fe tenoit à Lebedin, d'où il détacha vers le Nieper les Généraux Goltz & Pflug, avec feize Régimens. Ces Troupes devoient s'oppofer au Paffage du Roi Staniflas, que l'on difoit être en Marche avec les Régimens Suédois qui étoient fous les Ordres du Général-Major Craffou. Elles devoient auffi fervir à raffurer les Mécontens en Pologne, qui craignoient que le Roi Staniflas, en s'approchant de Lublin, ne trouvât moïen de gagner les Polonois, fur-tout fi l'on apprenoit que les Suédois avoient remporté quelques Avantages fur les Mofcovites. On intercepta même une Lettre, que Siniawski avoit écrite au Czar, & dans laquelle il difoit, que fi on ne le fecouroit pas bientôt, il ne lui refteroit d'autre Expédient que de fe foumettre au Roi Staniflas. Les deux Généraux Ruffiens continuérent leur Marche en grande diligence vers Kiow, dans la crainte où ils étoient, que le Roi de Suede ne leur coupât le Chemin; ce qui auroit été très facile, fi l'on avoit voulu en charger le Général Creutz, pofté à Lockowice avec quelques mille Hommes.

LES Seigneurs, qui étoient tous les jours autour du Roi de Suede, aïant compris par les Difcours qu'il leur tenoit, quelles étoient fes Vûes, ne négligeoient rien pour détourner Sa Majefté du Deffein d'entrer en Ruffie. Le Comte Piper lui repréfenta, que l'Etat, où l'Armée fe trouvoit, ne permettoit pas de tenter une Entreprife, dont les Difficultez paroiffoient infurmontables, tant que l'on n'avoit point de Renfort à efpérer. Que Sa Majefté feroit beaucoup mieux de marcher vers le Nieper: que la Situation des Chofes le vouloit ainfi; & que fon Intérêt le demandoit. Que, par-là, on auroit la Communication libre avec la Pologne, d'où l'on n'avoit reçu depuis long-tems aucune Nouvelle. Que Sa Majefté feroit-là plus à portée de recevoir les nouvelles Levées pour compléter fes Régimens. Que la Cavallerie légere des Polonois lui étoit abfolument néceffaire pour donner la Chaffe aux Partis qui battoient la Campagne, & pour s'en fervir à la Pourfuite des Ennemis, à quoi l'on ne pouvoit point emploïer la Cavallerie Suédoife, à caufe de fes grands Chevaux. Ce Projet fut entiérement rejetté. Le Roi allégua, qu'en marchant vers le Nieper, il donneroit lieu de penfer, qu'il avoit Peur des Mofcovites; que cette Retraite infpireroit à l'Ennemi plus de Hardieffe, & lui enfleroit le Courage. Qu'ainfi, il n'y avoit rien de meilleur à faire, après que l'on auroit chaffé les Mofcovites de l'Ukraine, que de prendre Pofte à

Pulta-

Pultawa, où l'on pourroit paſſer l'Eté, en attendant que l'on ſe déterminât au Parti que l'on auroit à prendre.

Janvier.
Eſt ſoutenu
par Mazep-
pa.

MAZEPPA, étant entiérement dans les Idées du Comte Piper, décon-
ſeilla fortement au Roi de s'attacher à la Ville de Pultawa, que l'on
ne pouvoit attaquer, à moins qu'on ne voulût s'attirer à dos toute
la Nation des Zaporoviens, qui vivoient enſemble dans une ſi grande
Union, & une ſi parfaite Intelligence, qu'ils ne ſouffroient pas qu'on
fît le moindre Mal à aucun d'entre eux; ſe réüniſſant à la prémiere
Allarme, & tranſportant ailleurs leurs Effets les plus précieux, au
moindre Danger dont ils étoient menacés.

Charles
marche à
Zincowa.

CES Raiſons ne firent point changer de Sentiment au Roi. Il donna ordre à ceux de ſa Maiſon de demeurer avec le Bagage à Hadjatz,
où il laiſſa quelques Régimens pour le couvrir: après quoi, il marcha
avec ſes Drabans à Zincowa, où il s'arrêta un peu plus de quinze
Jours. Les Ruſſiens, dans la crainte que le Roi ne fît entrer ſes Troupes dans les Villes les plus proches, & voiſines de Pultawa, aſſemblérent beaucoup de Monde à Actirki, à Oleſna, & à Calentaia, Places
ſituées en deça de leurs Frontieres. Ils jettérent auſſi quelques mille
Hommes, tant Cavallerie qu'Infanterie, dans la Ville même de Pultawa, & mirent Garniſon dans Hronie, Opoſna, Kotilwa, & d'autres
Villes de l'Ukraine. Ces Voiſins ne pouvoient que nous incommoder
beaucoup; &, pour en être débaraſſé, il n'y avoit rien autre choſe
à faire, que de les attaquer les uns après les autres, pour les déloger.
Ce fut ce que le Roi entreprit de faire.

le 19.
Hamilton
& Dukert
délogent les
Ennemis.
le 20.

D'ABORD, il détacha le Général-Major Hamilton avec un Parti de
quelques cens Chevaux, pour chaſſer les Coſaques des Villages les plus
proches. L'Entrepriſe n'étoit pas difficile; car, à peine l'Ennemi eut-
il vû les nôtres, qu'il prit la Fuite, accablant les Suédois des Injures
les plus groſſieres. Le lendemain, le Colonel Dukert, à la tête de
quinze cens Chevaux, marcha à Hronie, où il y avoit trois Régimens
de Dragons Ruſſiens. Aïant enlevé, à une demi-lieue de la Ville,
quelques-unes des Gardes avancées de l'Ennemi, il talonna les autres
avec tant de Vivacité, qu'il entra dans la Place avant le jour. Les
Moſcovites furent non ſeulement délogés, mais on les pourſuivit aſſez
loin, & juſqu'à un Bois voiſin où ils ſe réfugiérent. Le Colonel Dukert, retournant ſur ſes Pas, compta plus de deux cens Hommes, qui
avoient été tuez ſur la place. Il fit douze Priſonniers, & prit une Paire de Timbales, deux Étendarts, & tout le Bagage. La Perte des
Moſcovites auroit certainement été plus grande, ſi Monſieur de Dukert avoit voulu attendre juſqu'au jour pour les attaquer; mais, comme l'Obſcurité l'empéchoit de bien diſtinguer ſes Gens d'avec les Ennemis, il ne pût faire d'avantage. Nous ne perdimes dans cette Occaſion, que deux Dragons. Les Ruſſes ne firent aucune Réſiſtance,
des Eſcadrons entiers ſe jettant en bas de leurs Chevaux, pour traverſer

fer plus facilement la Neige qui étoit fort profonde, & pour gagner les Bois. On délivra en même tems quelques Prifonniers Suédois, que l'Ennemi nous avoit enlevez. La Ville & les Fauxbourgs furent reduits en Cendres, afin de prévenir que l'Ennemi n'y jettât de nouveau quelques Troupes.

PENDANT le Séjour du Roi à Zincowa, le Lieutenant-Colonel Wrangel, qui commandoit en Chef le Régiment de Dragons de Scanie, périt, en fortant avec fon Ecuïer, deux Valets, & un Guide, pour reconnoitre une petite Ville peu éloignée de fon Quartier, & où l'Ennemi avoit Garnifon. En arrivant près de la Place, furpris de n'y voir ni n'entendre perfonne, il s'avança toujours jufqu'à ce qu'on lui lâcha une Décharge à brule-pourpoint. Il fut tué d'un Coup de Fauconneau : un de fes Valets eut le même Sort ; & l'Ecuïer eut le Bras emporté. Son Régiment étant devenu vacant, les Amis du Prince de Wurtemberg le demandérent au Roi pour ce jeune Prince. Sa Majefté, qui l'eftimoit infiniment, crut que cette Charge étoit au-deffous lui, & promit de lui en donner une meilleure, dès que l'Occafion s'en préfenteroit. Le Prince, en aïant été averti, le demanda lui-même ; mais, il n'eut point d'autre Réponfe. Cependant, le Ròi ordonna que l'on dreffât auffi-tôt pour lui la Patente de Colonel, & il la figna le même jour. Il la garda pourtant trois Semaines, & ne la lui donna qu'à Kura fur la Frontiere de Ruffie, où ce Prince fe rendit avec Sa Majefté, comme nous le dirons bientôt.

PEU de jours après, on eut Avis, que le Général Ruffien Schaumbourg affembloit aux environs d'Opofna un grand Nombre de Troupes, dans le Deffein d'aller attaquer le Colonel Guftave Horn, qui avoit fes Quartiers autour de la Ville de Sorofin, qu'il tenoit comme bloquée. Dès que le Roi en fut inftruit, il réfolut d'y aller lui-même à la tête de fix Régimens de Cavalerie. Il y arriva le 28. Janvier entre onze heures & midi. Deux heures auparavant, le Prince Menzicof, & le Général Rönne, y étoient auffi arrivez, pour délibérer avec Schaumbourg fur l'Entreprife en queftion, qui devoit s'exécuter le lendemain. Les Troupes Mofcovites confiftoient en fix Régimens de Dragons, fix cens Grenadiers à Cheval, & deux mille tant Cofaques que Tartares. A la prémiere Approche, le Roi détacha les Valaques pour les attaquer, ce qu'ils firent avec tant de Vivacité, que les Gardes avancées, fuivies de quelques cens Cofaques, furent obligées de s'en-fuir au travers du Village de Sajesniza, pour fe réfugier dans le Faux-bourg d'Opofna. Les Ennemis, s'étant rangés en Ordre de Bataille, s'avancérent contre les Valaques. Le Colonel Taube, qui commandoit l'Avant-Garde, étant accouru à leur Secours, les Mofcovites fe reti-rérent & gagnérent le Fauxbourg, où ils fe ralliérent de nouveau. Le Roi rangea auffi-tôt fon Monde, pour les attaquer dans les formes, croïant qu'ils ne manqueroient pas de faire ferme ; mais, ce n'étoit nullement leur Idée : au contraire, ils s'enfuirent au travers des Fauxbourgs, qui

Le Lieute-nant-Colo-nel Wran-gel tué ; le Prince de Wurtem-berg obtient fon Régi-ment.

Le Roi dé-fait un Par-ti Mofcovi-te à Opof-na.
le 28.

étoient fort étendus, & furent pourſuivis par Monſieur de Taube juſqu'au Village de Melin, de l'autre côté d'Opoſna, où aïant trouvé
une Plaine, ils s'y rangérent en Ordre de Bataille. Le Colonel Taube,
quoiqu'il n'eut auprès de lui que ſon ſeul Régiment, ſe poſta vis-à-vis
de l'Ennemi. Ils demeurérent quelque tems en préſence l'un de l'autre, & juſqu'à ce que le Roi arriva avec le Reſte des Troupes qui
avoient fait un Détour pour s'y rendre. A peine les nôtres eurent-ils
commencé à former une Ligne, que l'Ennemi ſe diſpoſoit à prendre
la Fuite: mais, les Colonels Taube & Dukert accoururent à toute bride avec quelques Eſcadrons du Régiment de Smalande, qui attaquérent
les Moſcovites, les renverſérent, & les mirent en Déroute. Les autres
Régimens Suédois étant ſurvenus au grand galop, on pourſuivit les
Fuïards l'Epée dans les Reins. Dans le Village de Pitni ſe trouvoient
quatre Eſcadrons ennemis, ſur leſquels on fit main baſſe. D'un autre
côté, nos Valaques talonnoient vivement les Coſaques, dont ils tuérent plus de trois cens, auprès d'un Défilé. Après que l'on eut pourſuivi l'Ennemi au-de-là d'une lieue, le Roi fit revenir ſes Troupes,
pour leur faire prendre quelque Repos, aïant été à cheval depuis minuit qu'elles étoient parties de Zincowa, & aïant eu à faire une Marche des plus rudes. Sa Majeſté retourna à Opoſna, où les Valaques,
qui étoient de vrais Furets, firent un Butin aſſez conſidérable. Le Repas, que Schaumbourg & ſes Officiers avoient fait préparer, pour bien
régaler leurs Hôtes, & pour paſſer agréablement la Journée enſemble,
ſe trouva tout prêt pour les nôtres, qui célébrérent avec beaucoup de
joie le Jour de St. Charles, dont Sa Majeſté portoit le Nom. La Perte des Ennemis montoit au-de-là de cinq cens Hommes tuez ſur la
place, ſans compter les Coſaques. Les Priſonniers, parmi leſquels ſe
trouvoient un Capitaine & trois Officiers ſubalternes, étoient au nombre de cinquante. On enleva à l'Ennemi une Piece de Canon, une
Paire de Timbales, & cinq Etendarts Coſaques. On remarqua alors,
que, dès que les Ruſſiens commençoient à lâcher pied, on faiſoit partir les Etendarts avec les Dragons qui étoient le mieux montez. Pluſieurs Priſonniers Suédois recouvrérent la Liberté dans cette Occaſion.
Dès que l'Ennemi ſe fut retiré, ils deſarmérent leurs Gardes, & ſe
ſaiſirent des Domeſtiques du Général Rönne, & de tous ſes Papiers
qu'ils remirent au Roi. Sa Majeſté examina Elle-même tous ces Papiers, dont Elle tira de grands Eclairciſſemens ſur les Deſſeins que méditoient les Ennemis.

CHARLES, de retour à Zincowa, ordonna aux Drabans de marcher à Coſmin, après quoi il alla ſe mettre à la tête du Régiment des
Gardes-à-pied, pour ſe rendre à Kotilwa, où l'on diſoit qu'un Parti
ennemi avoit trouvé moïen de ſe mettre à couvert. A ſon Arrivée,
il n'y trouva que quatre cens Dragons Moſcovites, qui ſe retirérent en
grande diligence. Cette Retraite leur couta pourtant une vingtaine
d'Hommes qu'on leur tua.

L2

LE Roi, en partant d'Opofna, y laiffa le Capitaine Taube avec cinquante Dragons, & quelques Valets, pour garder les Bleffés & les Prifonniers Ruffes enlevez dans le dernier Combat. Cet Officier avoit Ordre d'y demeurer jufqu'à ce que le Colonel Ranck fût arrivé de Zincowa avec les deux Régimens qu'il avoit fous fon Commandement. Pour lui faire hâter fa Marche, Sa Majefté lui envoïa un Courier; mais, celui-ci aïant manqué le Chemin, & n'étant arrivé que fort tard, Ranck ne pût fe rendre à Opofna le même jour, comme l'Ordre du Roi le portoit. Les Mofcovites, aïant été avertis du Départ du Roi, & du petit Nombre de Troupes qui fe trouvoit à Opofna, raffemblérent auffi-tôt leurs Fuïards, & y firent défiler deux mille Dragons. Les Suédois, ne fe trouvant pas affez forts pour deffendre la Place, & encore moins de fortir en rafe Campagne, fe poftérent dans une Maifon près du Marché, où ils fe deffendirent avec tant de Bravoure, que l'Ennemi ne pût les approcher, qu'après qu'il eut mis le Feu aux Maifons voifines, & qu'il eut abbatu une Cloifon par où il pénétra, tuant tout ce qui fe préfenta devant lui. Le Capitaine fut fait Prifonnier, avec quelques-uns de fes Gens. Quinze autres eurent le bonheur de fe fauver: tout le refte fut paffé au fil de l'Epée; & les Mofcovites ramenérent leurs Prifonniers. Le Roi fut fort piqué de cette Affaire: & ce qui lui faifoit le plus de Peine, c'eft qu'en marchant à Kotilwa, il s'étoit trouvé fi près de ce Détachement ennemi, qu'il auroit pû le défaire très-facilement, s'il en avoit eu le moindre Avis. Quand Monfieur de Ranck arriva le lendemain à Opofna, il trouva la Ville entiérement deferte: il y prit néanmoins quantité de Provifions, que l'Ennemi, inftruit de fon Approche, n'avoit pas eu le tems d'emporter ou de gâter.

LES Mofcovites aïant été obligés de fe retirer au-de-là de leurs Frontieres, les Suédois n'en avoient plus rien à craindre de ce côté-là. Quant aux Calmouques & Cofaques qui fe faifoient voir de tems à autre, nos Valaques leur donnoient toujours la Chaffe avec avantage. Près de Cofmin, à une lieue de Kotilwa, ils attaquérent deux jours de fuite les Suédois, pendant que ceux-ci fe rendoient aux Villages des environs, ou qu'ils fortoient pour abbreuver leurs Chevaux. Nous n'eumes pourtant dans ces petites Efcarmouches que fept ou huit Soldats de bleffés; mais, afin que les nôtres n'euffent plus rien à craindre de pareil, le Général-Major Krufe, qui y commandoit, deffendit à fes Gens, fous peine d'être rigoureufement punis, de fortir d'avantage pour fe promener; ordonnant en même tems, que, quand on abbreuveroit les Chevaux, deux ou trois Compagnies marchaffent enfemble, avec un Officier à la tête. On foupçonnoit les Habitans de cet Endroit, qui s'étoient enfuïs dans le Bois voifin, de s'entendre avec les Calmouques. Pour les en punir, les Suédois, en fortant de la Ville, y mirent le Feu, brulant de même tous les Villages des environs.

LE

Février.

Le Roi paſ-
ſe la Fron-
tiere de Ruſ-
ſie avec une
Partie de ſes
Troupes.

LE Roi, non content d'avoir délogé les Moſcovites de l'Ukraine, réſolut de ne point leur donner de Repos, & de les pouſſer avec tou- te la Vigueur poſſible. Pour cet effet, il ſe mit en Marche avec les Drabans, les Enſpanners, les Valaques, & les Régimens de Cavalle- rie d'Oſtrogothie, de Smalande, de Carélie, de Scanie, de la Nobleſſe de Livonie ; & les Dragons de Schreiterfelt, de Taube, & de Dukert, aux- quels il joignit deux Régimens d'Infanterie, ſavoir celui des Gardes, & celui de Dalécarlie, avec un Détachement de l'Artillerie. Son Deſ- ſein étoit de ſe rendre Maitre de la Ville d'Aĉtircki, où l'Ennemi avoit

le 9.

aſſemblé un Corps d'Armée compoſé d'Infanterie & de Dragons. En paſſant par Kura, qui eſt le prémier Village au-de-là de la Frontiere de Ruſſie, il y rencontra un Détachement d'environ mille Dragons en- nemis, avec quelques cens Coſaques. Nos Valaques furent envoïés pour les attaquer ; mais, comme les Moſcovites marchoient en bon Or- dre, ils ne pûrent les entamer. A leur retour, le Roi leur ordonna d'y marcher une ſeconde fois, mais de bien ſerrer leurs Rangs ; afin que le Colonel Taube pût les ſuivre avec un Eſcadron, ſans être dé- couvert par l'Ennemi. Ce Projet réüſſit à ſouhait. Les Valaques, en s'avançant contre les Ruſſes, s'ouvrirent tout d'un coup, pour laiſſer paſſer la Cavallerie de Taube. L'Ennemi fut auſſi-tôt mis en Déroute, & pourſuivi juſques ſous les Remparts d'Aĉtircki. Comme les Fuïards avoient à traverſer un Bois, où la Neige étoit fort profonde, un grand nombre d'eux furent paſſés au fil de l'Epée ; &, dans la Plaine, les Valaques les talonnoient ſi vivement, qu'ils tuérent cent-cinquante Hommes, & fi- rent huit Priſonniers. Les Suédois ne perdirent qu'un Officier, nom- mé Lupul, Capitaine de Valaques. Emporté au milieu des Ennemis, ſon trop de Courage lui couta la Vie.

LES Fuïards Moſcovites étant arrivez devant Aĉtircki, on les fit entrer dans la Ville ; après quoi, l'Ennemi, qui craignoit d'être aſſié- gé, fit mettre le Feu aux Fauxbourgs, afin d'empécher les Suédois

le 10.

d'y prendre Poſte. Le Roi, s'étant fait voir devant la Place avec quelques Troupes, retourna le même jour à Kura. Le lendemain, il y envoïa un autre Détachement, pour reconnoitre la Situation des Lieux, & pour obſerver de quelle maniere on pourroit attaquer cette Place, qui étoit aſſez bien fortifiée, & où il y avoit une Garniſon forte de trois mille Hommes. Comme les Fauxbourgs étoient entiere- ment réduits en Cendres, & que la Saiſon ne permettoit pas d'entre- prendre un Siege, le Roi s'en déſiſta ; ſe contentant de faire mettre le Feu aux Fourages & aux Grains que l'Ennemi avoit amaſſez. Il dé- tâcha en même tems pluſieurs Partis pour bruler tous les Villages des environs. Le Général-Major Hamilton ſortit pour le même effet, avec quatre Régimens de Cavallerie, brulant & ſaccageant toutes les Villes, & tous les Villages, qui étoient à ſa droite, ſur les Confins de l'Ukraine.

le 11.

LE Roi prit lui-même le Chemin de Kraſnakut, où le Général

Schaum-

Schaumbourg s'étoit posté avec sept Régimens de Dragons. A une lieue de la Ville, on surprit la Garde avancée, forte de trente Hommes, dont quelques-uns furent tuez, d'autres faits Prisonniers. Il n'y eut que trois Soldats qui eurent le Bonheur de se sauver, & qui coururent à la Ville, pour donner Avis de l'Approche des Suédois. Le Roi, qui les avoit vivement talonnez avec ses Drabans, y arriva presque dans le même moment. Les Moscovites, n'aïant pas le tems de monter à cheval, se sauvérent à pied, traversant la Ville & le Fauxbourg. Les nôtres les poursuivirent l'Epée dans les Reins, tuant tout ce qui se présentoit. Les Dragons de Taube & de Dukert étant survenus avec les Smalandois & les Valaques, les Russes se ralliérent, & se rangérent dans une Plaine. Le Major Dukert courut à eux à la tête de cent Chevaux; mais, voïant la grande Supériorité de l'Ennemi, il se retira à la faveur d'une Chaussée qui étoit tout proche. En attendant, une partie de nos Troupes chassa les Ennemis à la droite, dans un Marais, où la Glace étant venue à se rompre, il en périt plus de quatre cens. Un certain Hertzig, qui appartenoit à Mazeppa, tua lui seul au-de-là de trente Hommes. L'Ennemi aïant rassemblé toutes ses Troupes, dans une Prairie, se rangea sur deux Lignes, tandis que le Roi se postoit vis-à-vis sur une Hauteur, où il mit ses Troupes en Ordre de Bataille, à mesure qu'elles arrivoient, & d'où l'on découvrit toutes les Forces ennemies, qui montoient au de-là de trente Escadrons.

LE Roi aïant fait Halte un moment, pour faire reprendre Haleine à ses Gens, qui avoient poursuivi l'Ennemi l'espace d'une bonne Lieue, & voïant que le Soir approchoit, donna ordre par-tout de marcher. L'Ennemi n'avoit jusqu'alors fait aucun Mouvement; mais, à peine eut-il apperçu que les nôtres s'avançoient au petit trot, qu'il sortit de la Plaine, & traversa un petit Bois, prenant la Route de Horodna, qui n'étoit qu'à une demi-lieue de-là. Une partie des Moscovites tournérent à gauche & montérent sur une Hauteur: les autres prirent à droite, où il y avoit un Marais & un Bois, qu'ils eurent bien de la peine à traverser. Le Roi, à la tête des Drabans & des Dragons de Taube, poursuivit ceux qui occupoient la Hauteur, & les poussa l'Epée à la main jusqu'au Fauxbourg. Les Chemins étoient jonchés de Corps morts: & comme dans le Fauxbourg la Confusion & la Presse augmentérent, le Carnage devint plus grand. Il y avoit pourtant, parmi les Ennemis, beaucoup de Soldats, qui, se jettant à terre, contrefaisoient les morts, en attendant le moment de pouvoir se sauver sans être remarqués. D'autres, se jettant en bas de leurs Chevaux, & sautant par dessus les Haies, brisérent leurs Armes, & demandérent Quartier à genoux. Les Chevaux, abandonnez au hazard, causoient beaucoup de Desordre, & empechérent les Suédois de poursuivre les Fuïards qui couroient toujours sans s'arrêter un moment.

JUS-

1709.

Février.

*s'avance
trop avec
ses Dra-
bans.*

JUSQUES-LA', les Suédois avoient remporté de grands Avantages sur l'Ennemi; mais, la Suite ne répondit point à un si heureux Commencement. Les Drabans, ne voulant pas attendre l'Arrivée des autres Régimens, leur trop grande Ardeur à poursuivre les Fuïards les emporta tellement, qu'aïant entrainé avec eux le Roi, ils passérent devant la Ville de Horodna, & descendirent de la Hauteur, pour en gagner une autre, après avoir traversé une Chaussée, où il y avoit un Moulin. Dans cet Endroit, les nôtres apperçurent un nouveau Corps de Troupes ennemies, qui marchoit à leur droite, & qui s'avançoit à grands pas vers la Chaussée que les Suédois venoient de passer. Il consistoit en six Régimens de Dragons, & en deux Bataillons des Gardes du Czar, auxquels on avoit pareillement donné des Chevaux. Ces Troupes étoient commandées par le Général Rönne, qui ne faisoit que d'arriver à Horodna. S'étant posté à la droite de la Ville, il fit occuper les Endroits les plus avantageux auprès de la Chaussée. Il mit une partie de ses Gens derriere des Cloisons, d'où il nous faisoient beaucoup de Mal: d'autres furent placés auprès d'un Marais, & derriere des Haies. Les Drabans, après être descendus de la Hauteur avec bien de la peine, marchérent contre les prémiers, dont il eurent à soutenir un Feu de plus vifs. La grande Quantité de Grenades, que l'Ennemî leur jetta, ne fut point capable de rallentir leur Courage, & ne les empécha pas d'attaquer les Moscovites avec une Bravoure, dont on a fort peu d'Exemples. Quelques-uns d'entre eux, ne pouvant faire avancer leurs Chevaux qui étoient déjà sur les dents, en discendirent, & s'enfoncérent au milieu des Ennemis, le Pistolet & l'Epée à la main. Le Colonel Jean Gierta, qui étoit à leur tête en qualité de Lieutenant, eut deux Coups de Feu au-dessous du Genou droit : d'autres encore furent blessés; & il y en eut dix de tuez, tous Officiers d'un Mérite infini (*a*).

DURANT ce Combat, le Roi étoit allé joindre les Dragons de Taube, avec lesquels il marcha contre l'Ennemi. Ils l'attaquérent d'abord avec beaucoup de Vigueur: mais, aïant eu à essuier, de la part de l'Infanterie Moscovite, un Feu extrémement vif, ils refusérent de retourner à la Charge. Le Roi leur ordonna de mettre pied à terre; mais, comme la plûpart s'étoient déjà débandez, qu'il restoit à peine vingt Hommes auprès de chaque Cornette, & que d'ailleurs ils voïoient plusieurs Escadrons ennemis s'avancer vers eux, ils n'écoutérent plus de Commandement. Aïant tourné le dos, ils entrainérent le Roi avec eux, & regagnérent la Hauteur. Alors, les Drabans, se voïant abandonnez, songérent aussi à la Retraite, & suivirent Sa Majesté sur la Hauteur, où Elle rassembla son Monde, pendant que les Ennemis se rangeoient sur la Chaussée. Le Roi ne sentit que trop, que

tout

(*a*) Ces Drabans se nommoient Pels, Posse, Taube, Cronmarck, Lagermark, Hummer, Hard, Essen, Chemnitz, & Sittman.

tout ce Defordre ne provenoit, que de la Maniere inconfidérée dont on avoit pourfuivi les Mofcovites. D'ailleurs, ces derniers avoient à nous oppofer des Troupes fraiches, pendant que les nôtres demeuroient en arriere, & que le peu qui s'avançoient étoient tellement fatiguées, qu'elles ne pouvoient faire que très peu de chofe. Dans ces Circonftances, il ne reftoit au Roi d'autre Parti à prendre, que de fe battre, en cas que les Mofcovites vouluffent l'attaquer, ou d'attendre tranquillement, jufqu'à ce qu'il eut reçu un Renfort de Troupes.

Le Colonel Dukert, avec une Partie de fon Régiment de Dragons, aïant tourné à droite, pourfuivit l'Ennemi jufqu'à la Ville de Horodna; mais, ne voïant, ni le Roi, ni aucun de fa Suite, & n'apprenant rien de ceux qui étoient montez fur la Hauteur, & qui étoient déjà de l'autre côté de la Ville, il retourna fur fes pas. Les Mofcovites, poftez auprès du Marais, derriere des Haies & des Brouffailles, lui aïant lâché une Décharge de leur Moufqueterie, il ordonna à fes deux Efcadrons de fe ranger, pour attaquer les Ennemis. Ceux-ci, craignant d'être enveloppez, commencérent à fe débander & à prendre la Fuite; mais, dès que Dukert les eut paffé, & qu'il fut arrivé dans la Plaine, ils fe ralliérent de nouveau, & fe mirent à couvert derriere les Brouffailles. Sur ces Entrefaites, arriva une Troupe de Valets, qui appartenoient à des Drabans & à d'autres Officiers, & qui conduifoient quelques Chevaux de main. Voïant que Monfieur de Dukert avoit paffé par-là, ils prirent la même Route, pour joindre leurs Maitres, dans l'idée qu'il n'y auroit point d'Ennemi de ce Côté-là: mais, à peine fe furent-ils avancés jufqu'au Marais, que les Mofcovites firent Feu fur eux. Ils ne leur firent pas grand Mal; mais, cette Décharge les mit tellement en Defordre, qu'ils prirent la Fuite. Un Détachement de Valaques, qui les fuivoit, s'enfuit auffi à toute bride. L'Ennemi, profitant de cette Circonftance, reprit Courage, & pourfuivit les Fuïards, tirant fur eux fans difcontinuer. Deux Compagnies du Régiment de Smaland, qui eurent le Malheur de les rencontrer, furent entrainées comme par un Torrent auquel rien ne pouvoit réfifter. La même Difgrace arriva aux Dragons de Dukert. Le Colonel, & les autres Officiers, eurent beau repréfenter à leurs Gens, qu'il n'y avoit pas le moindre Danger, rien ne fut capable de les arrêter: & quelques Efforts que l'on fît, il n'y eut jamais moïen de les rallier; au lieu que, s'ils avoient feulement laiffé paffer les Valets, ils auroient pû tomber fur les Mofcovites, dont, felon toutes les Apparences, il ne fe feroit pas fauvé un feul Homme.

Dans cette Confufion générale, il étoit à craindre que les Dragons ne fe renverfaffent fur notre Infanterie, quoiqu'elle fût une demi-lieue en arriere; mais, par bonheur, le Général-Major Krufe fe rencontra fur leur Chemin avec fon Régiment, & celui de la Nobleffe de Livonie. Il étoit pofté au même Endroit où le Roi avoit formé la prémiere Attaque. Après avoir fait aux Fuïards une Réprimande des plus fe-

feveres, il leur ordonna de fe ranger à la droite & à la gauche de fon Régiment ; ce qu'ils firent fur le champ, avec Promeffe de réparer la Faute paffée par une meilleure Contenance. Quelques Perfonnes de la fuite du Roi étant furvenues, on apprit d'elles, qu'on ne favoit pas où étoit Sa Majefté, dont on n'avoit eu aucune Nouvelle. En moins de rien, ce Bruit s'étant répandu par-tout, on entendit de tous côtez: *Allons, hâtons-nous d'aller chercher nôtre Roi.* Au prémier Mouvement que fit le Général Krufe, les Mofcovites fe retirérent au travers de la Plaine.

L E U R Retraite reffembloit parfaitement à une Fuite: & les Suédois fe vangérent amplement de la Perte qu'ils venoient de faire. Le Gé- néral, aïant enfuite tourné à gauche, marcha en grande diligence vers la Hauteur où fe trouvoit le Roi. Comme il faifoit déjà fi obfcur, que Sa Majefté ne pouvoit plus diftinguer fes Troupes de celles des Ennemis, il crut que le Détachement de Krufe étoit un Parti ennemi; &, dans cette Idée, il réfolut de l'attaquer. Les Mofcovites, au contraire, aïant compris que c'étoient des Suédois, fe retirérent fans atten- dre davantage; ce qui facilita à Monfieur Krufe le Moïen de faire fa- voir fon Arrivée au Roi. Cependant, avant qu'il pût joindre Sa Ma- jefté, l'Ennemi étoit déjà bien loin; marchant cette nuit-là jufqu'à la Ville de Bohudencva, qui eft à deux lieues de Horodna. Le Roi, ne pouvant le pourfuivre à caufe de l'obfcurité, fe contenta de faire dé- filer quelques Troupes vers la Chauffée, pour y prendre Pofte. L'In- fanterie & l'Artillerie eurent ordre de s'arrêter à Krafnakut. Sa Ma- jefté entra avec le refte des Troupes à Horodna, pour y paffer la nuit. Après une exacte Recherche, on trouva, que l'Ennemi avoit perdu dans cette Occafion environ mille deux cens Hommes, tuez fur la place, outre trente Prifonniers, une Paire de Timballes, & trois Eten- darts qu'on lui avoit enlevez. Nous n'eumes, outre les Drabans, que cent-trente Hommes de tuez, dont la plûpart étoient des Smalan- dois, quoique ce Régiment n'en fût pas venu aux mains avec l'En- nemi.

I L eft très certain, que cette Journée auroit pû devenir fort glo- rieufe pour les Suédois, fi l'on avoit agi avec un peu plus de Pruden- ce. Le Roi, avec une Poignée de Monde, aïant mis en Fuite les fept Régimens Mofcovites poftez à Krafnakut. Les fix autres, poftez à Horodna, auroient pû être coupez entiérement, fi la Cavallerie Sué- doife s'étoit tenue enfemble, & qu'elle eût pris une même Route. Les Mofcovites ne demandoient pas mieux que de fe retirer, & la feule Néceffité les avoir obligés à faire quelque Réfiftance. La Foibleffe des Suédois, & le Defordre où ils fe trouvérent, étoient tels, que l'Ennemi, après avoir eu le tems de refpirer, fut fur le point de leur ar- racher la Victoire. Le Roi lui-même couroit quand Rifque d'être cou- pé, en traverfant avec fes Drabans la Chauffée pour monter fur la Hauteur voifine. Et, pour tout dire en un mot, fi les Ennemis

avoient

avoient eu affez de Courage pour attaquer le Détachement du Régiment de Taube, je ne fais point ce que ce Prince feroit devenu avec
fon Monde. Lorfque les Mofcovites fe rangérent dans la Plaine, où
ils demeurérent affez long-tems, on jugea auffitôt qu'ils devoient avoir
quelque part un bon Corps de Réferve. Deux Officiers Allemands,
que l'on venoit de faire prifonniers, confirmérent la même chofe, étant
obligés néanmoins d'avouër, que fi le Roi avoit eu auprès de lui toutes fes Troupes, & que s'il avoit pû attaquer les Mofcovites fur le
champ, & fans leur donner le tems de fe reconnoitre, il auroit in-
faïlliblement remporté une Victoire complete. L'Ennemi, jugeant par
la Contenance que tenoit Sa Majefté, qu'Elle ne devoit avoir avec Elle
que fort peu de Troupes, faifoit bonne Mine, fur-tout étant fi avantageufement pofté, qu'il lui étoit facile, après avoir raffemblé toutes fes
Forces, de fe retirer quand bon lui fembleroit. Le Roi convint de tout
cela le lendemain; avouant, que rien n'étoit plus néceffaire, que d'u-
fer à l'avenir de plus de Prudence.

CHARLES avoit formé le Deffein de pénétrer plus avant dans la *Le Roi re-*
Ruffie; mais, le Dégel étant furvenu, il fut obligé de changer d'A- *tourne en*
vis, dans la crainte où il étoit, que les Rivieres de Merla & de *Ukraine.*
Worskla venant à fe groffir, il ne lui fût plus poffible de retourner fi-
tôt en Ukraine. Les Mofcovites, allarmez de notre Approche, craignoient que le Roi ne s'avançât jufqu'à Woronitz fur la Mer Noire, où
la Flotte du Czar fe trouvoit alors. Comme cette Place n'étoit pas
en état de Deffenfe, il n'auroit point été difficile de s'en rendre Maître, fi la Saifon avoit voulu nous favorifer. Le Roi, aïant tourné à
droite, donna ordre de bruler les Villes de Krafnakut & de Horodna,
avec tous les Villages des environs. Dans la prémiere de ces deux
Villes, on trouva une bonne Provifion de Poudre & de Boulets de
Canon, que les Suédois emportérent avec eux. Quelques milliers de
Moufquets & de Piftolets furent brifés. Les Femmes des Habitans de
Horodna furent emmenées prifonnieres avec leurs Enfans, en Punition
de l'Infolence qu'avoient eue leurs Maris de faire Feu fur les nôtres, *le 12.*
d'un petit Fort, où il s'étoient jettez à l'Approche de nos Troupes. Le
Roi fit ce jour-là une lieue & demie jufqu'à Morofka, d'où l'on ren- *le 13.*
voia les Femmes & les Enfans avec tout leur Bagage. Le lendemain,
on continua la Marche jufqu'à Kolomak, fitué fur la Frontiere de Tartarie, & où commence le grand Defert, qui a plus de trente Lieues
d'Etendue. De Kolomak jufqu'à la Doniecz, qui fe décharge dans le
Don, & qui fépare l'Europe de l'Afie, il n'y a que huit lieues (*a*).

LE

(*a*) MR. ADLERFELD, en parlant de l'Arrivée de Charles XII. à Kolomack, rapporte un Trait que le Lecteur ne fera pas fâché de retrouver dans cet Endroit. Je ci-
te fes Propres paroles, telles qu'on les trouve dans fon *Hiftoire Militaire de Charles*
XII, Tome III. page 420. ,,Kolomack étant fitué fur la Frontiere de Tartarie, le
,, vieux Mazeppa, qui étoit de cette Expédition avec fes Cofaques, voulut faire

LE Tems aïant changé tout d'un coup, les Neiges se fondirent, & les Eaux de la Merla grossirent en moins de douze heures à un tel point, que le Régiment des Gardes, qui partit le dernier de Morofka, eut bien de la peine à traverser les Marais & la Riviere, dont la Ville est entourée. Pour faciliter notre Transport, on se vit dans la nécessité de bruler quantité de Chariots de Bagage. Les Plaines du côté de Kolomack étoient toutes inondées, & ressembloient à des Lacs. Les moindres petites Rivieres se débordoient avec tant de Rapidité, qu'il falloit mettre en usage toutes sortes de Moïens, pour venir à bout de les passer. Les Soldats étoient continuellement dans l'Eau, & souffroient infiniment pendant cette Marche. Comme le Tems sembloit vouloir se remettre à la Gelée, le Roi s'arrêta trois jours à Kolomack, où les Troupes se reposérent un peu de leurs Fatigues.

le 15. LE Général-Major Kruse, aïant eu ordre de se rendre, avec quelques Régimens à Kalantaja, courut grand Risque, en repassant la Merla, dont les Eaux grossirent en moins de rien avec tant de Véhémencé, que la Glace & les Chaussées s'en trouvérent couvertes; de maniere que, lorsque la Cavallerie se mit en devoir de passer cette Riviere, dans les endroits les plus praticables, les Glaces se rompirent sous elle. Des Troupes entieres s'enfoncérent sous l'Eau: il n'y eut pourtant que neuf Cavaliers, & quelques Goujats, qui se noïérent. Trois Compagnies de Dalékarliens essaïérent de passer dans un autre Endroit; mais, les Glaces étant venues à se rompre, elles furent obligées de s'en retourner, & ne regagnérent le Rivage, qu'avec de Peines infinies.

le 16. LE Roi, aïant pris la Route de Roskeluka, n'eut pas moins de Peines à essuïer. Il y avoit aux environs une espece de Chaussée, sur laquelle les Habitans traversoient ordinairement la Merla; mais, cette Riviere s'étant débordée plus d'un quart de lieue, il n'en restoit presque plus de vestige. Au-dessous de l'Endroit où la Merla se jette dans la Worskla, & à peu de distance de Budissin, se trouvoit un Pont, que le Roi auroit pû passer. En ce cas-là, il auroit évité la Merla; mais, il auroit fait un Détour de deux Lieues. Ainsi, comme son Dessein étoit de se rendre droit à Oposna, d'où il avoit chassé les Moscovites, il aima mieux tenter ce Passage, quelque dangereux qu'il fût, que de se trop éloigner de son Chemin. L'obscurité de la nuit rendoit cette Marche une des plus pénibles & des plus affreuses. Les Drabans furent les prémiers qui traversérent la Merla: la Cavallerie suivit; les Chevaux appuïant la Tête sur la Croupe de ceux qui marchoient devant. Ceux qui s'éloignérent tant soit peu de leur Rang, ou qui manquérent la Chauf-

„ la Cour au Roi, auprès duquel il étoit à Cheval, en le félicitant sur les Progrès de
„ ses Armes, & en lui disant en Latin, que l'on n'étoit plus qu'à huit Lieues de l'Asie.
„ Sa Majesté, qui connoissoit parfaitement la Carte, lui répondit en souriant: *Sed non*
„ *conveniunt Geographi*; ce qui fit un peu rougir ce bon Vieillard. „ R. D. T.

Chauffée, périrent dans l'Eau. Nous perdîmes dans la preſſe quantité
de Chariots & de Beſtiaux. On n'entendoit de tous Côtez que des
Cris & des Lamentations, juſqu'à ce que le Roi donna ordre, que
ceux, qui n'avoient point paſſé, euſſent à demeurer la nuit de l'autre
Côté. A la pointe du jour, on fit marcher l'Artillerie, dont le Tranſport nous couta des Peines infinies, les Chevaux n'aïant point de Force dans l'Eau. D'ailleurs, après le Paſſage de la Cavallerie, le Fond
étoit devenu ſi mauvais & ſi marécageux, que l'on ne pouvoit preſque
pas faire un ſeul Pas aſſuré. Ce Paſſage nous occupa plus d'un Jour
& demi. Le Régiment des Gardes aïant eu ordre de ne paſſer,
qu'après que les autres ſeroient arrivez à l'autre Bord, afin d'empêcher
que les Ennemis ne vinſſent nous attaquer, fut obligé de demeurer en
pleine Campagne. Le Roi donna ordre enſuite à ce Régiment de faire le Détour dont nous avons parlé, & de paſſer à Budiſſin le Pont
ſur la Worskla. En arrivant, on trouva que la Garniſon du Pultawa
l'avoit entiérement ruiné. On ſe mit auſſi-tôt en devoir de le rétablir;
mais, en attendant, les pauvres Soldats étoient expoſez à toutes les Injures de l'Air.

Le Roi, qui avoit la même Riviere à traverſer, y rencontra de
plus grandes Difficultez que celles qu'il venoit de ſurmonter. La Worskla eſt remplie de petites Iles, dont on voïoit à peine la Superficie, &
entre ces Iles le Terrain étoit d'une Profondeur extraordinaire. Pluſieurs Régimens furent obligés d'y demeurer quatre Jours, avant que
de pouvoir paſſer. Le Roi traverſa cette Riviere à la nage, & fut
ſuivi par pluſieurs Officiers. A ſon Arrivée à Opoſna, il ordonna que
l'on tranſportât, de l'Endroit où ſe faiſoit le Trajet, les Matériaux
néceſſaires, pour conſtruire des Ponts entre les Iles. L'Artillerie les
paſſa la prémiere, avec le gros Bagage; enſuite de quoi les Troupes les
traverſérent avec le même Succès.

Telle fut la Fin de l'Expédition que le Roi entreprit en Ruſſie,
au milieu de Hiver. Toutes les Villes, à ſept Lieues à la ronde, furent réduites en Cendres, avec les Villages des environs. On enleva
quelques milliers de Bêtes-à-cornes & d'autres Bétail, ſans parler des
grands Amas de Vivres qui tombérent entre nos mains. Nous en perdîmes quantité au Paſſage des deux Rivieres; mais, la plus grande
Partie fut conſervée. Toutefois, les Officiers & les Soldats, qui avoient
fait cette Campagne, rendoient Graces au Ciel d'en être échapez en
vie, & ſans que leur Santé ſe reſſentît beaucoup des Fatigues qu'ils
avoient eu à eſſuïer. Rien ne pouvoit entretenir en bonne Humeur
ces pauvres Gens, que la Tendreſſe & le Zele qu'ils avoient pour leur
Roi, qui s'expoſoit autant que le moindre Soldat, partageant avec lui
ſes Peines & ſes Travaux.

Pendant l'Abſence du Roi, le Général-Major Hamilton, que Sa
Majeſté avoit détaché de Kura avec quatre Régimens de Cavallerie,
bruloit & ſaccageoit tous les Endroits qui étoient ſur ſon Chemin. La

1709.

Février,

le 18.

le 19.

Expédition
du Géné-
ral-Major
Hamilton.

ſeufeule Ville d'Olefna ôfa lui réfifter. Cette Place étoit fortifiée, comme le font la plûpart des Villes en Ruffie, avec un petit Boulevard⁾ de Terre, & des Paliffades. Dans l'Enceinte même, il y avoit une autre efpece de Forterefſe, garnie de groſſes Paliſſades, & féparée de la Ville proprement ainfi appellée. Sur le Refus que firent les Habitans d'ouvrir les Portes à Monfieur Hamilton, il donna ordre à fes Dragons de mettre pied à terre, pendant que la Cavallerie inveſtiroit la Place en différens Endroits. Les Dragons, s'étant avancés juſqu'aux Paliſſades, en chaſſérent les Ennemis: après quoi, ils briférent les Portes, & entrérent dans la Ville, menant la Garnifon comme une Troupe de Moutons. Les Suédois, poſtez de l'autre côté, eurent le même Avantage. Une Partie de la Garnifon s'enfuit dans cette efpece de Forterefſe: d'autres fe jettérent dans une haute Tour, faifant mine de vouloir fe deffendre juſqu'à l'Extrémité ; mais, comme ils manquoient de Jugement & de Conrage, la Réfiſtance ne fut par longue. Nous ne perdîmes, à l'Attaque de la Forterefſe, qu'un feul Dragon : fix autres furent bleſſez. Le Feu aïant été mis à la Tour, ceux, qui étoient dedans, périrent dans les Flammes. La Ville même fut réduite en Cendres. Quatre cens Hommes, parmi leſquels il y avoit feptante Dragons, furent paſſez au fil de l'Epée avec le Waivode du Lieu. Les Femmes & les Enfans eurent la Liberté de fe retirer, fans qu'on leur fît le moindre Mal. Monfieur Hamilton marcha enfuite à Cotilva. Quoique cette Ville fût fituée en Ukraine, néanmoins, afin que l'Ennemi ne s'y poſtât point, il en brula les Fauxbourgs, avec tous les Amas de Fourage qui s'y trouvoient, & fit ruiner toutes les Paliſſades. Le Général-Major Krufe, de retour de fon Expédition, dont il a été parlé plus haut, brula pareillement la Ville de Kalentaja, fituée du même Côté, mais au-de-là de la Frontiere de Ruſſie.

Le Velt-Maréchal Scheremetof, qui crut avoir trouvé une Occafion favorable pour inquiéter les Suédois dans leurs Quartiers, fe mit en Marche avec feize mille Hommes, parmi leſquels il y avoit quelques Régimens d'Infanterie auxquels on avoit donné des Traineaux. Son Deffein étoit d'enlever Monfieur d'Albedil, poſté à Radziowka, avec fon Régiment de Dragons. Comme le Fourage commençoit à devenir rare à Hadjatz, on avoit envoïé à Radziowka tous les Chevaux d'Artillerie & de Bagage, avec le Train de deux Régimens. Celui du Régiment de Sudermannie y fut pareillement tranfporté, avec les Equipages des Officiers, & quantité de Beſtiaux, fous l'Efcorte de quarante Hommes, commandez par le Capitaine Diedron, le Lieutenant Preus, & l'Enſeigne Stiernſtolpe. Ceux-ci occupoient le Fauxbourg, & Albedil la Ville, dont les Fortifications étoient en très mauvais Etat. Scheremetof, parfaitement inſtruit de la Situation des Lieux, y envoïa fon Fils, le Colonel Scheremetof, & le Brigadier Böhm, avec un Détachement de fix mille Hommes. Le 6. Février, à la Pointe du Jour, Diedron apperçut les Ennemis, qui s'avançoient vers la
Place.

Place. Aïant réfolu de fe deffendre jufqu'à l'Extrémité, il alla fe pofter fur une petite Hauteur, éloignée de la Ville d'environ une centaine de Pas. Albedil, informé de l'Approche des Mofcovites, fortit auffi-tôt avec fes Dragons, pour aller au Secours du Capitaine Diedron, qui étoit déjà aux Prifes avec l'Ennemi, & qui fe deffendoit avec beaucoup de Bravoure. Cependant, comme la Cavallerie ennemie pouffoit toujours fa Pointe, & que l'Infanterie occupoit prefque toutes les Avenues, Monfieur d'Albedil fe vit dans la Néceffité de prendre Pofte, avec trois Compagnies de fon Régiment, auprès d'un Pont qui conduifoit à un Moulin. Aïant mis pied à terre, il ordonna à fes Dragons d'en faire de même. Ceux-ci, au lieu d'obéïr, fe retirérent, abandonnant leur Colonel, qui fut fait Prifonnier. Le Major Kruger, avec les autres Compagnies, s'étant fait jour au travers des Ennemis, alla occuper le Defilé de Mlin, pour s'affurer du Chemin de Lutenka, où le Régiment de Weftmannie avoit fes Quartiers. Diedron foutint feul pendant deux heures les Efforts de l'Infanterie ennemie, qui montoit au-de-là de deux mille Hommes: mais, comme il n'avoit plus ni Poudre ni Plomb, il fut obligé de fonger à fa Retraite. Voulant regagner la Ville, il fut tué avec fon Lieutenant. L'Enfeigne fut fait Prifonnier avec dix-neuf Hommes. Les Goujats & les Valets, étant montez à Cheval pour fe fauver à toute bride, la plûpart d'entr'eux tombérent entre les Mains des Païfans, qui les maffacrérent. Plus de deux cens Hommes furent paffez au fil de l'Epée. L'Ennemi fe faifit de quelques cens Chevaux, & de tout le Bagage des Régimens.

Le Général-Major Axel Sparre étoit pofté avec fix Régimens à Lutenka, à une demi-lieue de Radziowka. Aïant appris ce qui venoit de fe paffer dans le dernier de ces deux Endroits, il y détacha auffi-tôt quelques Compagnies de Dragons, qui, après avoir rencontré en chemin nos Fuïards, marchérent enfemble à Radziowka. A leur Arrivée, ils trouvérent que l'Ennemi s'étoit retiré en grande diligence. Ils le pourfuivirent bien avant dans la Nuit, fans pouvoir l'atteindre. Le même Jour, le Velt-Maréchal Scheremetof fit attaquer nos Quartiers aux environs de Comifna, où le Comte André Torftenfon étoit pofté avec trois Régimens. Tous nos Détachemens fe rallièrent au plus vîte, à l'exception de celui du Lieutenant Zöge, qui occupoit avec vingt-quatre Hommes le Village d'Oftapuka. Cet Officier, qui s'étoit arrêté plus long-tems qu'il n'auroit dû le faire, fut attaqué par un gros Parti de douze cens Hommes. Quelque grande que fût la Supériorité de l'Ennemi, il ne put pourtant pas entamer les nôtres, qui fe deffendirent en defefpérez. Aïant plus d'une fois repouffé les Mofcovites, ceux-ci fongeoient enfin à fe retirer, quand Zöge, étant monté à cheval avec ceux de fa Troupe, fe mit en devoir de les pourfuivre. Alors, les Ruffes l'entourérent de tous côtez. Il fe fit jour l'Epée à la main; mais, accablé du grand Nombre, il fut tué fur la

Mm 3   place.

1709.

Février.

Les Mofcovites attaquent le Quartier de Torftenfon.

place. Il ne fe fauva de fon Détachement que deux Hommes. Torſtenſon fit tout fon poſſible pour lui donner du Secours; mais, il arriva trop tard. Il ne laiſſa pourtant pas de pourſuivre l'Ennemi l'eſpace d'une Lieue. Dès que les Moſcovites apperçurent notre Détachement, ils s'éloignérent à toute bride, & nous ne fimes que cinq Priſonniers.

Le Général Ruſſien, ne ſe bornant point à ces Attaques, ſongea auſſi à enlever le Général-Major Creutz, poſté avec quatre Régimens à Lockowice. Cet Endroit étoit le plus éloigné de tous nos Quartiers, & l'on y avoit tranſporté les principales Richeſſes de Mazeppa, avec toutes les Dames Coſaques qui avoient ſuivi notre Armée depuis Prelucki. Comme l'Eſpérance d'un riche Butin attiroit les Moſcovites de ce côté-là, Monſieur de Creutz prit toutes les Précautions imaginables pour n'avoir rien à craindre. Sentant même combien il étoit néceſſaire que l'on conſervât à Mazeppa ſon Bien, & que l'on ne perdît point les Dames, qui ſervoient pour ainſi dire d'Otages de la Fidélité de leurs Maris, il réſolut de s'approcher plus près du Roi. Lorſque les Ruſſes arrivérent à Lockowice, Creutz en étoit déjà décampé. Il paſſa le Kovol à Comutels, & le Pſiol à Zawihtzin. L'Ennemi ne manqua point de le harceler pendant la Marche, & de lui diſputer le Paſſage de ces deux Rivieres: mais, il en fut reçu ſi vertement, qu'il ſe vit obligé de ſe retirer avec perte. Le Trajet de la Riviere de Pſiol, qui s'étoit débordée plus d'un quart de lieue, fut extrémement pénible. Aïant enfin gagné quelques petites Iles, le Suédois ſe trouva hors d'Inſulte de la part des Ennemis; mais, il ne put parvenir à l'autre Bord, qu'au bout de pluſieurs Jours. La Cavallerie paſſa ſi heureuſement à la Nage, qu'il n'y eut que quatre Hommes de noïés. Quant au Bagage, les Cavalliers en tranſportérent une partie: on conſtruiſit auſſi de petits Radeaux, que l'on tiroit d'un Bord à l'autre, par le moïen d'une Corde, & ſur leſquels on tranſporta quelques Chariots dont on avoit abſolument beſoin; & les autres furent brulez. Monſieur de Creutz alla enſuite prendre Poſte à Reſchitelucka, où il fut joint par le Comte Torſtenſon, qui étoit parti quelques jours auparavant de Comiſna. L'Ennemi, occupant la Ville d'Oltwa, prit ſes Quartiers de l'autre côté de la Riviere. Le Lieutenant-Colonel Creutz étant ſorti pour obſerver la Situation des Lieux, un Boulet de Canon lui emporta la Jambe. Il mourut quelque tems après de ſa Bleſſure.

Le Roi, après avoir raſſemblé ſon Armée entre les deux Rivieres de Pſiol & de Worskla, établit ſon Quartier-général à Budizin, à une lieue d'Opoſna. Tant que dura le Débordement des Eaux, qui ne s'écoulent d'ordinaire qu'au Mois de Juin, nous n'eumes rien à craindre de la part des Ennemis: tout le Plat-Païs étoit inondé, & les Villages n'avoient entre eux aucune Communication. Cependant, comme le Froid recommença au Mois de Mars, & que les Rivieres furent priſes en peu de nuits, les Ennemis ſe firent voir de nouveau en différens

ferens

férens Endroits: mais, les nôtres firent par-tout bonne Garde, & ne leur donnérent pas le Tems de rien entreprendre. Le Froid obligea aussi quantité de Païsans de sortir des Bois & des Marais, où ils s'étoient réfugiés avec leurs Meubles les plus précieux; non pas, comme ils prétendoient, à cause de l'Approche de l'Armée Suédoise, mais parce que les Russiens les avoient menacés du Fer & du Feu, en cas qu'ils restassent dans leurs Maisons. La Présence de Mazeppa ne contribua pas peu à leur Retour. Il leur parla avec beaucoup de Douceur, les priant de s'informer auprès de leurs Amis, & des Personnes de leur Connoissance, de la Maniere dont les Suédois vivoient dans leurs Quartiers, où ils n'avoient jamais donné aucun Sujet de Plainte à personne; qu'au contraire, les Gens du Logis étoient païés pour le moindre Service qu'ils rendoient à leurs Hôtes. Outre cela, ce Chef fit voir aux Habitans, combien il seroit facile aux Suédois de les déterrer dans le Bois, & de leur enlever par force tout ce qu'ils y avoient transporté, à quoi cependant les nôtres ne songeoient nullement. 1709. Mars.

Ces Représentations ne furent pas capables de faire revenir tous les Habitans. Si quelques-uns sortoient de leurs Taniéres, ce n'étoit que pour nous voler des Chevaux, en quoi ils étoient fort adroits. D'autres étoient continuellement à l'Affut, pour massacrer les Soldats qui s'écartoient tant soit peu de leurs Quartiers. On en attrapa plusieurs, qui furent condamnez à mort (a).

Vers le même Tems, le Roi donna Ordre de faire sortir de Hadjatz la Garnison qui y étoit, & de rendre aux Officiers de sa Maison, à ceux de la Chancellerie, & aux Drabans, leur Bagage, dont ils avoient été obligés de se passer pendant neuf Semaines. Ce n'étoit pas sans raison, que les nôtres regardoient cette Restitution comme un Butin qu'ils venoient de faire; car, si l'Ennemi, après avoir enlevé le Colonel Albedil à Radziowka, avoit poussé sa Pointe, & fût allé à Hadjatz, il lui auroit été facile de se rendre Maitre du Bagage. Les Suédois avoient bien fait tout leur possible, pour mettre cette Place hors d'Insulte; mais, ils n'étoient nullement en état de soutenir un Siege; sur-tout le Débordement de la Riviere de Psiol les empêchant de recevoir aucun Secours. D'ailleurs, les Soldats ne voulant point se donner la Peine de remuer beaucoup la Terre, que la Gelée rendoit extrêmement dure, les Charognes, dont il y avoit quantité dans la Ville & aux environs, infectoient l'Air par leur Puanteur. On craignoit-

(a) Pour faire voir combien le Roi aimoit la Justice, & ne vouloit pas que Personne fût condamné sans avoir été convaincu, nous insérerons un Billet qu'il écrivit de sa propre Main au Colonel Hielm. „ Monsieur le Colonel, je viens de recevoir vôtre Lettre. Il vaut mieux que les Régimens soient mis en Quartier dans le Village, „ que vous jugez le plus commode. Je suis bien aise, qu'on ait attrapé les Païsans „ qui ont enlevé un Suédois. *Après qu'on les aura convaincu de leur Crime*, on les punira selon l'Exigence du Cas, en les faisant mourir. „ Etoit signé CHARLES, & plus bas Budiz, ce Vendredi.

Mars.

gnoit même avec raison, que le Mal n'augmentât, à mesure que la Chaleur deviendroit plus grande.

MALGRÉ cette Incommodité, dès que les Suédois furent partis de
Hadjatz, après avoir brulé tous les Ouvrages de Défense qui y étoient,
les Moscovites y mirent Garnison, aussi-bien que dans le Couvent de
Monastetice, situé sur le Psiol. Ils firent aussi défiler des Troupes
vers Radziowka, ou Albedil avoit été posté. Si la prémiere fois le
Général-Major Sparre avoit manqué son Coup, il fut dans la suite plus
heureux. Aïant détaché le Major Starenflycht avec quelques cens
Hommes, cet Officier sut si bien prendre ses Mesures, qu'après avoir
surpris les Moscovites, il les mit en Fuite, leur enleva beaucoup de
Butin, & ruina la Ville de fond en comble.

*Silfwerhielm
se rend
Maitre de
Starizan-
darova.*
le 3.

L'ARMÉE Suédoise s'étendoit depuis Lutencka, jusqu'à Starizan-
darowa, dont le Lieutenant-Colonel Silfwerhielm eut l'Avantage de
se rendre Maitre. Etant arrivé devant la Place avec un Détachement
de six cens Chevaux, il y trouva au-de-là de six mille Cosaques. Ceux,
qui occupoient le Fauxbourg, furent si bien surpris, qu'ils ne purent
nous échapper. Au commencement, le Carnage fut grand, jusqu'à
ce que les Cosaques, après avoir brisé leurs Armes, eussent demandé
Quartier à genoux. Au même moment, Silfwerhielm apperçut une
vieille Femme, qui entroit dans la Ville par une petite Porte dérobée.
Aussi-tôt, il donna ordre à une trentaine de ses Gens de la suivre, &
d'ouvrir la Porte même de la Ville. Les Cosaques les attaquérent :
mais, pendant que les uns travailloient à ouvrir la Porte, les autres
firent Feu sur l'Ennemi avec tant de Succès, qu'il n'ôsa s'approcher
d'avantage. Silfwerhielm, entrant dans la Place, tua au-de-là de
trente Hommes; ce qui inspira aux autres tant de Crainte, qu'ils se
cachérent dans les petites Rues détournées. Après que notre Détachement se fut rangé sur le Marché, le Commandant envoïa quelques
Cavalliers pour faire signe aux Cosaques de s'approcher, & pour leur
dire, qu'ils n'avoient rien à craindre. Quelques-uns étant venus trouver Monsieur de Silfwerhielm, il leur dit, que les Suédois, bien loin
d'être venus comme Ennemis, ne demandoient autre chose que de
pouvoir loger chés eux. Que les Bourgeois n'avoient qu'à rester tranquillement dans leurs Maisons; & que les Païsans pouvoient s'en retourner dans leurs Villages, d'où ils auroient la Liberté de transporter
en Ville leurs Denrées, qu'on leur païeroit Argent comptant. Sur le
Rapport que firent les Cosaques à leurs Camarades, ils vinrent tous
remercier le Commandant de sa Bonté; promettant de faire ce
qui leur avoit été ordonné : & ils observérent religieusement leur
Parole.

*La Ville de
Pultawa
entourée
d'Ennemis.*

PAR les Mouvemens que les Suédois venoient de faire, la Ville de Pultawa se trouvoit entourée de tous Côtez de nos Troupes. La Garnison
de cette Place consistoit en trois mille Moscovites, & quelques mille
Cosaques. L'Ennemi faisoit souvent des Efforts pour passer le Defilé
de

de Nifi-Mlin, afin de jetter dans la Ville un Renfort de Troupes; mais, nos Partis l'en empêchoient toujours. Un Détachement de deux cens Hommes, forti de Pultava, pour attaquer nos Quartiers, fut coupé à une demi-lieue de la Ville par le Capitaine Roback, quoiqu'il n'eut avec lui que trente Maitres. L'Ennemi, aïant été contraint de fe battre, fit ferme un moment; mais, après avoir eu environ quinze Hommes de tuez, il s'enfuit à toute bride pour regagner la Ville.

COMME nous aurons fouvent Occafion dans la fuite de parler des Cofaques Zaporoviens, il ne fera pas hors de propos de faire connoître cette Nation. Elle habite les Iles du Nieper ou du Boriffhene, à cinquante lieues au-deffus de Kiow. Le Nom des Zaporoviens fe dérive du mot *Porobi*, qui fignifie, dans le Langage du Païs, une Chûte d'Eau, dont on compte au-de-là de treize dans cette Riviere. Quant à leur Origine, ils la doivent à des Païfans fugitifs de la Wolhynie, de la Ruffie, & de différentes autres Provinces voifines, auxquels fe font joints toutes fortes de Gens fans Aveu, qui forment une Nation de plufieurs Milliers d'Hommes. Ils fe nourriffent de Chaffe & de Pêche, vivent de Brigandage, & vont en Courfe contre leurs Voifins. Au commencement, ils étoient continuellement aux Prifes avec les Turcs & les Tartares, qu'ils attaquoient tant par Mer que par Terre, & auxquels ils faifoient beaucoup de Mal dans la Mer Noire. Etienne, Roi de Pologne, qui régna depuis l'An 1576 jufqu'à l'An 1587, fut le prémier qui contraĉta avec eux de l'Amitié. Il les diftribua en Régimens & leur donna un *Hettman* ou Général, qui réfidoit à Tritimerow, Forterefle fituée entre Kiow & Circaffe. Depuis ce Tems-là, ils rendirent aux Polonois de grands Services contre les Turcs, pour une Récompenfe fort modique, puifqu'ils n'avoient qu'un Ducat par Tête, avec une Peliffe. Leurs continuelles Courfes fur les Terres de la Domination Ottomanne aïant donné lieu dans la fuite à de fanglantes Guerres entre les Polonois & les Turcs, les prémiers furent obligés, pour avoir la Paix avec leurs Voifins, de conftruire une Forterefle à Kudack, fur la Riviere de Samara. Les Zaporoviens, piqués au vif de cette Démarche, au lieu d'inquiéter davantage les Turcs, tombérent fur la Pologne, où ils firent une Irruption, mettant tout à Feu & à Sang, & commettant toutes fortes de Cruautez. Par malheur pour ce Roïaume, les Païfans des Provinces voifines, fur-tout ceux de l'Ukraine, qui demeurent à l'Extrémité de la Wolhynie & de la Podolie, s'affociérent aux Zaporoviens. Les Habitans de ces Contrées avoient été depuis fort long-tems de la Communion Grecque: mais, la Nobleffe voulant les forcer à embraffer la Religion Catholique-Romaine, & les traitant d'ailleurs en Efclaves, comme l'étoient dans ce tems-là tous les Païfans Polonois, ils abandonnérent leurs Demeures, pour ne faire qu'une Nation avec les Zaporoviens, qui vivoient dans une entiere Indépendance. Pendant le Regne d'Uladiflas, le Feu de la Sédition étoit comme caché fous les Cendres, & les Zaporoviens fe

tenoient affez tranquilles ; foit qu'ils n'ofaffent rien entreprendre contre les Polonois, qui venoient de remporter de grands Avantages fur
les Turcs & les Tartares ; foit qu'ils euffent la Malice d'attendre, pour
exécuter leur Deffein, jufqu'à ce que les Polonois accablez par leurs
Ennemis fuffent hors d'état de leur faire Réfiftance. Jean-Cafimir
étant monté fur le Trone en 1648, on vit, l'Année d'après, le Feu de
la Guerre fe répandre par toute la Pologne, qui fut réduite à deux
doigts de fa Perte. Les Zaporoviens & les Cofaques avoient alors pour
Chef un Gentilhomme Polonois, nommé Bogdan Chmelinski. Un
de fes Voifins, plus puiffant que lui, lui aïant enlevé une Terre affez
confidérable, cette Injuftice l'anima à un tel Point, que, pour s'en vanger,
il fortifia fes Sujets dans la Réfolution de fe révolter contre la Pologne.
Il en vint aifément à bout, ces Gens-là y étant déterminez de longue-
main. D'abord, les Troubles furent affoupis à différentes Reprifes :
le Roi de Pologne engagea méme Iflan Geray, Sultan des Tartares, à
mettre en ufage toutes fortes de Moïens pour les tenir en bride ; mais, les
Cofaques aïant fû gagner leurs Ennemis, le Mal augmenta. S'étant
joint aux Tartares, ils entrérent à Main armée en Pologne, où ils
battirent par-tout avec un égal Succès les Troupes Polonoifes, mettant toutes les Provinces à Feu & à Sang. La Guerre, que Charles-
Guftave, Roi de Suede, faifoit alors au Roi de Pologne, ne contribua pas peu aux Avantages que remportoient les Cofaques & les Zaporoviens, avec lefquels ce Prince fe propofoit de contracter une Alliance. Pour cet effet, il donna Ordre au Lieutenant-Colonel Törn-
fchöld de fe rendre auprès de Chmelinski, pour l'affurer que Sa Majefté Suédoife feroit enforte que fes Cofaques devinffent une Nation libre & indépendante. Comme les Suédois quittérent la Pologne peu
de tems après, & que Chmelinski vint à mourir fur ces Entrefaites,
ce Projet n'eut pas lieu. Cependant, après avoir choifi pour *Hettman*
un certain Wihoufski, ils pourfuivirent feuls leur Deffein, & fecouérent
enfin le Joug de la Pologne, en fe mettant en 1666. fous la Protection du
Czar. Maitres de Czernicow, de la Severie, & de toute l'Ukraine,
des deux côtez du Borifthene, ils chafférent de ces Païs-là toute la
Nobleffe. Lorfque la Paix fe fit entre la Pologne & la Mofcovie, les
Cofaques refuférent de rendre les Provinces qu'ils occupoient, & qui
devoient appartenir au Czar felon le Traité qu'il venoit de conclure.
Ce Refus donna lieu à une nouvelle Révolte. Aïant pris les Armes
contre les Mofcovites, la Paix ne fe fit, qu'à Condition qu'on laifferoit aux Cofaques les Provinces dont ils étoient en Poffeffion ; à l'exception, néanmoins, de Czernicow, de Kiow, de Pereflau, & de Ni-
fin, qui furent rendus au Czar.

APRE's cette Expédition, les Zaporoviens retournérent dans leurs
Iles. Ils ont un *Hettman* particulier, qu'ils nomment *Kofchewoi*, &
qu'ils peuvent démettre de fa Charge toutes les fois que bon leur fem-
ble. Ils reconnoiffent pourtant, en Qualité de prémier Chef, le *Hett-*
man

man des Cosaques, dont ils prétendent être considérez, non comme Sujets, mais comme Amis & Confédérez. Leurs Troupes ne sont pas toujours également nombreuses: souvent elles montent à plus de trente mille Hommes, qui accourent, tant de l'Ukraine, que des Provinces voisines; car, comme les Zaporoviens ont la Réputation d'être les plus vaillans de tous les Cosaques, dès qu'ils forment quelque Entreprise, ou qu'ils se mettent en Campagne, les Habitans du Païs aux environs viennent se joindre à eux. Ils ne souffrent point de Femmes chés eux. Celles, qu'ils enlevent aux Polonois, ou aux Peuples voisins, sont vendues aux Turcs & aux Tartares. Si quelqu'un d'entre eux engrosse sa Prisonnière, ou son Esclave, il est noïé sur le champ. Les jeunes Cosaques, qui viennent trouver les Zaporoviens, ont la Permission de se nourrir de Chasse & de Pêche, tant que la Saison le permet. A l'approche de l'Hiver, ils sont obligés de se retirer chés eux, où ils peuvent se marier s'ils veulent. Ceux, qui ne se marient point, passent ordinairement l'Hiver dans la Débauche; les Cosaques entretenant dans les Villes quantité de Femmes publiques. Dès le Printems, ils s'en retournent auprès des Zaporoviens. Les Femmes mariées sont tenues en Ukraine dans une grande Dépendance.

. Les Zaporoviens observent constamment de laisser, pendant l'Hiver, dans leurs Iles, un Corps de quatre mille Hommes. La plus grande de ces Iles étoit assez bien fortifiée. Il y avoit trente Maisons, toutes si spacieuses, que l'on pouvoit loger dans chacune quatre ou cinq cens Personnes. Leur principal Commerce se fait à Pultawa, qu'ils regardent comme la Ville la plus riche, & où ils débitent la plûpart de leurs Marchandises, qui consistent en Poisson, en Sel, & en Pelleteries. Ils prennent en échange des Vivres, du Tabac, de l'Eau-de-Vie, de la Poudre, du Plomb, du Fer, & généralement tout ce dont ils ont besoin. Un grand Nombre d'entre eux s'y arrêtent durant l'Hiver, pour nourrir leurs Chevaux. Ils n'ensemencent point de Terres, & n'ont pas chés eux assez d'Herbe pour pouvoir la faucher.

: Mazeppa, qui connoissoit parfaitement l'Humeur des Zaporoviens, déconseilla toujours au Roi de Suede de s'avancer avec son Armée sur le Territoire de Pultawa, de peur d'irriter une Nation si jalouse de sa Liberté. Cependant, il écrivit à ces Peuples, pour leur dire, que, voulant délivrer l'Ukraine de la Domination des Moscovites, il s'étoit déclaré pour les Suédois. D'abord, les Zaporoviens lui firent savoir, qu'ils étoient résolus d'y contribuer de tout leur Pouvoir, & qu'ils vouloient rester unis aux Intérêts de Mazeppa: mais, soit que le Czar en fût averti, ou qu'il soupçonnât quelque chose de pareil, il leur fit bientôt changer de Sentiment, moïennant une Somme de soixante mille Florins; & ils promirent de demeurer entièrement neutres. La Lettre, qu'ils écrivirent sur ce sujet à Mazeppa, étoit très significative. Ils ne lui donnoient plus les Titres qu'il prenoit ordinai-

le 7.

N n 2   rement:

rement: ils lui marquoient, qu'ils faifoient Partie de l'Armée du **Czar**; & menaçoient de former une Confédération générale , pour délivrer l'Ukraine de l'Opprefion des Troupes Etrangeres. Ils demandoient fur-tout quel étoit le Deffein du Roi de Suede, en s'approchant de leurs Frontieres, & s'il avoit Envie de ruiner abfolument toutes leurs Vil-les , comme il avoit commencé de le faire? Mazeppa renvoïa , avec le Porteur de cette Lettre, quelques Perfonnes des plus qualifiées de fa Suite, pour tâcher de faire revenir les Zaporoviens, & d'entrer avec eux en Négociation. Il leur écrivit aufi une longue Lettre , dans la-quelle il leur repréfentoit ,, combien le Joug , fous lequel les Cofaques

,, gémifoient, étoit infupportable: que les Zaporoviens en particulier
,, étoient menacés d'un Danger extrême; & qu'il avoit lui-même en-
,, tendu dire au Czar plus d'une fois, qu'il feroit tout fon poffible
,, pour exterminer entiérement cette Nation, qui n'étoit qu'un Amas
,, de Voleurs, & qu'une Canaille qu'il ne falloit pas fouffrir: qu'il n'é-
,, toit que trop connu, que les Mofcovites avoient eux-mêmes attiré
,, le Roi de Suede en Ukraine: que ne pouvant nulle part lui faire
,, Réfiftance, ils s'étoient jettez dans ces Provinces: que Sa Majefté
,, Suédoife pourfuivoit fes Ennemis; mais, qu'Elle n'avoit aucun mau-
,, vais Deffein, ni contre les Zaporoviens, ni contre les autres Habi-
,, tans de ces Contrées: qu'ils devoient fe réjouïr de l'Arrivée de ce
,, Prince, & mettre à profit l'Occafion qui fe préfentoit de fecouër
,, le Joug des Mofcovites, en devenant un Peuple libre & heureux à
,, jamais. ,,

Q U O I Q U E l'Argent du Czar eut appaifé en quelque façon les Za-poroviens, Mazeppa étoit perfuadé, que, dans le fond, ils n'en haïf-foient pas moins les Mofcovites. Aufi lui envoïérent - ils d'abord des Députez, pour lui déclarer, qu'ils prenoient le même Parti que lui; & que, comme ils avoient appris, que le Czar avoit enlevé les foixante mille Florins, qu'il leur avoit fait diftribuer, à un Cofaque de Hlukou, ils ne regardoient nullement cet Argent comme un Préfent, mais com-me un Butin qu'il avoit enlevé par force à un des Freres, pour le don-ner à un autre. La Réponfe du Cham des Tartares, auquel ils avoient écrit fur le même Sujet, ne contribua pas peu à leur faire prendre cette Réfolution: fur-tout, le Cham leur aïant dit, que, quelque Parti qu'ils prifent, il étoit prêt à fe joindre à eux; qu'il fouhaitoit cependant, qu'ils demeuraffent attachés à Mazeppa. Cette Lettre lui fut envoïée par un Colonel, efcorté par un Détachement de quatre-vingt Hommes. Dans celle qu'ils lui écrivirent, ils lui donnérent tous fes Titres, & ne firent aucune mention de leur Soumiffion au Czar. Leur *Hettman*, nommé Conftantin Horodenski, écrivit aufi au Roi, pour affurer Sa Majefté, qu'il venoit de fe déclarer pour Elle, & pour la fupplier de lui accorder fa Protection. Il ajouta, qu'il étoit prêt avec fes Gens de fe facrifier pour le Rétabliffement de la Liberté, & qu'il faifoit les Vœux les plus finceres pour l'heureux Progrès des juftes Armes de

Sa

Sa Majesté. Le Colonel, avec ceux de sa Suite, admis à baiser la Main du Roi, furent régalez à la Table des Gentilshommes de la Cour, pendant plusieurs jours. Ils s'en donnérent au cœur joie, & jusqu'à l'Excès. Lorsqu'il fut question de s'en retourner, le Velt-Maréchal Rehnschöld fit avec eux un Accord, le matin qui précéda leur Audience de Congé; savoir, que dix d'entre eux ne s'enivreroient point avant le Diner. Il leur dit, que leur propre Honneur le demandoit, & que le Roi n'aimoit point à voir des Gens qui avoient trop bû. Ils eurent bien de la peine à tenir leur Parole; &, après l'Audience, le Velt-Maréchal les régala magnifiquement. Le Roi leur fit de beaux Présens, & leur donna une Lettre qui étoit adressée à leur *Hettman*, & à toute l'Armée Zaporovienne. Mazeppa envoïa aussi un de ses Gens au Cham des Tartares, auquel le Comte Piper écrivit pareillement, pour lui dire, que Mazeppa & les Zaporoviens venoient de se mettre sous la Protection de Sa Majesté, & que l'on ne doutoit point qu'il ne profitât à son tour de l'Occasion d'agir contre leur Ennemi commun.

PENDANT que les Députez étoient encore dans notre Camp, les Zaporoviens se mirent en Marche, & s'avancérent à Kobilack, où ils prirent leurs Quartiers. En passant la Worskla, ils n'étoient qu'au nombre de deux mille Hommes. Ils commencérent aussi-tôt leurs Hostilitez contre les Moscovites, en attaquant un Détachement de soixante Chevaux, dont ils sabrérent quarante, & firent les autres Prisonniers. Le lendemain, ils attaquérent le Brigadier Campbel, qui étoit posté à Zarozincka, avec trois Régimens de Dragons. A peine se sauva-t-il quelques cens Hommes de ces Troupes, avec leur Commandant. Les Moscovites eurent plus de mille Hommes, tant tuez que noïés, sans compter cent-cinquante Prisonniers. Un si heureux Commencement donna une Idée fort avantageuse de la Bravoure des Zaporoviens, dont le Nombre augmenta en peu de jours jusqu'à quinze mille Hommes. Ils se rendirent Maitres des Villes situées le long des Rivieres d'Orel, & de Worskla, jusqu'au Nieper, laissant par-tout de bonnes Garnisons. Les Habitans, qui se tenoient cachés dans les Marais & les Bois, retournérent dans leurs Habitations, & apportérent aux Suédois toutes sortes de Provisions, qu'ils alloient souvent chercher plus loin; desorte que, pendant quelque tems, il ne manquoit dans nos Quartiers rien de ce qui étoit nécessaire pour notre Subsistance.

LE *Hettman* Horodenski aïant résolu de se rendre auprès de Mazeppa, celui-ci alla au devant de lui jusqu'à Dikanka, à une demi-lieue de Budizin, d'où il fit partir quelques Colonels, qui avoient ordre de l'escorter une lieue de chemin, avec un Détachement de deux mille Hommes. A son Arrivée à Dikanka, il fut reçu, à l'Entrée de la Maison où étoit Mazeppa, par les principaux Cosaques, devant lesquels Horodenski, en Signe d'Estime & d'Amitié, fit baisser la Queue de Cheval & le *Bonschat.*

1709.

Mars.

Les Zaporoviens attaquent les Moscovites.

le 16.

le 17.

Mazeppa reçoit la Visite de Horodenski.

le 26.

N n 3

chuc qu'on portoit devant lui. Mazeppa fe tenoit debout dans fa Chambre devant une Table, fur laquelle étoient pofées les Marques ordinaires de fa Dignité. Après une profonde Révérence, & après avoir baiffé le *Bonfchuc*, Horodenski parla en ces Termes: ,, Nous ,, vous remercions, l'Armée Zaparovienne & moi, de ce qu'en Qualité ,, de Général de l'Ukraine, vous avez bien voulu prendre à cœur, en Hom- ,, me bien intentionné, la Situation où notre Patrie fe trouve réduite; & ,, de ce que vous avez commencé à la délivrer de l'Efclavage des Mofco- ,, vites. Comme nous fommes perfuadez, que c'eft dans cette Vûe- ,, là, & nullement pour vôtre propre Intérêt, ou pour quelque Def- ,, fein particulier, que Vous avez imploré la Protection du Roi de ,, Suede, nous fommes réfolus de vous feconder fidélement, en expo- ,, fant avec vous notre Vie & notre Sang, & en vous obéïffant en ,, tout ce que vous pourrez avoir Droit de nous ordonner, pour par- ,, venir au But defiré. Nous vous fupplions de vouloir prendre fur ,, vous ce Fardeau, dont nous ferons tout notre poffible pour vous ,, aider à fupporter la Charge. Nous vous remercions pareillement ,, de ce que vous avez bien voulu nous informer du Deffein & de la ,, Bienveillance du Roi de Suede. Nous fommes venus dans le Def- ,, fein de demander la Protection de Sa Majefté; & nous efpérons ,, d'en obtenir par votre Moïen la Confirmation, comme vous nous ,, l'avez promis. Aïant d'ailleurs pour But de faire Caufe commune ,, avec vous, & étant prêts à vous jurer Obéïffance & Fidélité, nous ,, defirons auffi, que vous vous engagiés par Serment à agir en tout ,, de Concert avec nous, & à nous prêter votre Affiftance pour la ,, Deffenfe de la Patrie. ,,

MAZEPPA répondit à ce Difcours, ,, en remerciant les Zaporo- ,, viens de la Confiance qu'ils mettoient en lui. Il exalta leur Zele ,, pour le Bien de la Patrie; & protefta, qu'en fe jettant entre les Bras ,, du Roi de Suede, il n'avoit agi, ni par Légéreté, ni par aucun ,, Motif d'Intérêt particulier, mais que l'Amour de la Patrie l'y avoit ,, déterminé. Qu'il étoit fort âgé, fans Femme & fans Enfans, & ,, qu'il auroit pû fe retirer en Pologne, ou ailleurs, pour y finir tran- ,, quillement le peu de Tems qu'il avoit à vivre; mais, qu'aïant gou- ,, verné l'Ukraine jufques-là avec tout le Soin & toute la Fidélité dont ,, il avoit été capable, fon Honneur & de fa Tendreffe ne permet- ,, toient point qu'il demeurât les Bras croifés, & qu'il abandonnât le ,, Païs à la Difcrétion d'un injufte Oppreffeur. Qu'il n'étoit que trop ,, connu, que le Deffein du Czar étoit de tranfplanter ailleurs les Za- ,, poroviens, de détruire entiérement leurs Habitations, & de les for- ,, cer à devenir fes Dragons. Que fi les Zaporoviens confervoient ,, encore leur Liberté, c'étoit à lui Mazeppa, qu'ils en étoient rede- ,, vables. Que Menzicof s'étoit avancé avec une Armée formidable, ,, pour l'enlever avec tous fes Colonels, & les principaux de fes Gens. ,, Que fi ce Projet avoit réüffi, ils auroient infailliblement été conduits,

,, liés

,, liés & garottez, en Sibérie. Mais que, par une Direction particu-
,, liere de la Providence, le Roi de Suede étoit entré dans le Païs en
,, même tems ; & que ce Prince avoit fait efpérer aux Bien-intention-
,, nez de les délivrer bientôt de l'Oppreffion. Qu'ainfi, Mazeppa avoit
,, été obligé de chercher un Azile auprès du Roi de Suede ; & qu'il
,, efpéroit que Dieu, qui les avoit délivréz de ce Danger, les aideroit auffi
,, à fe tirer de l'Oppreffion, & à fecouër le Joug honteux & infupporta-
,, ble dont ils étoient accablez. Qu'il étoit prêt à s'unir aux Zaporo-
,, viens, afin de concourir avec eux au même But ; & qu'il s'y enga-
,, geroit par Serment, pourvû qu'eux, de leur côté, lui juraffent une
,, Amitié fincere & inaltérable, comme ils venoient de le promet-
,, tre. ,,

Tous les Zaporoviens étoient témoins de ces Difcours, & il n'é-
toit pas permis à Horodenski de parler en particulier Mazeppa, à
moins que quelques-uns de ces Gens ne fuffent préfens. Ils prétendoient, que rien n'avoit tant contribué à faire fubfifter leur petite So-
ciété dans l'Indépendance, que la Maxime, qu'ils obfervoient conftamment, de veiller fans relâche fur toutes les Actions de leurs Chefs,
auxquels ils ne permettoient point de délibérer fur la moindre Chofe,
qu'en préfence de toute la Communauté, afin que rien ne fe fît à fon
Préjudice. Que fi leurs Entreprifes avoient un heureux Succès, ils y
avoient tous une Part égale. Que fi, au contraire, elles ne réüffif-
foient pas, on ne pouvoit en imputer la Faute à perfonne ; parce qu'ils
avoient tous pleine Liberté de dire leur Sentiment.

Ce même Horodenski avoit été démis trois fois de fa Charge ; mais,
les Zaporoviens ne trouvant pas, dans ceux qu'ils avoient mis en fa
Place, la même Capacité, le contraignoient toujours au bout de quelques Mois, de fe charger de nouveau du Commandement. Le Czar,
qui ne l'aimoit point, leur écrivit, pour les obliger à le dépofer encore une fois, & à choifir un autre Chef, qui fût plus dévoué aux Mofcovites ; mais, Horodenski fut fi bien faire, que l'Emiffaire du Czar
ne pût venir à bout de lui faire ôter fa Charge. Cependant, comme
il craignoit qu'une feconde Tentative ne réüffit mieux, il fe hâta de
fe mettre en Campagne, & de commencer les Hoftilitez.

Quelque Réputation que les Zaporoviens fe fuffent acquis par *Conduite*
leur Bravoure & leur Intrépidité, tant auprès des Habitans du Païs, *des Zaporo-*
que parmi les Suédois, il n'y avoit pourtant perfonne qui pût vivre *viens.*
avec eux. S'ils rendoient de bons Services à la Guerre, ils n'étoient pas
moins infupportables par leur Humeur farouche, & par leur extrême
Groffiéreté, dont on vit un Exemple le prémier Jour de leur Arrivée.
Après l'Entrevue entre Mazeppa & Horodenski, les Zaporoviens furent tous invitez à diner : les principaux d'entre eux furent admis à la
Table de Mazeppa, & les autres fe régalérent à leur Façon. Durant
le Repas tout fe paffa avec beaucoup d'Ordre : ils témoignérent à Mazeppa des Honneurs extraordinaires, & exaltérent en Termes magnifiques

fiques leur *Zele* & leur Attachement pour fa Perfonne; proteftant, qu'ils étoient prêts à facrifier pour lui jufqu'à la derniere Goute de leur Sang. Après s'être bien enivrez, & de retour dans leurs Quartiers, ils commencérent à enlever les Meubles, chacun s'appropriant ce qui lui convenoit le plus. L'Intendant de la Maifon, qui étoit à un Gentil-homme des Environs, s'étant mis en devoir de les en empécher, on en vint aux groffes Paroles. Cet Homme, qui n'avoit pas moins bû que le refte de la Compagnie, leur fit des Reproches injurieux, demandant entre autres, s'ils étoient venus piller cette Maifon-là, comme ils avoient coutume de faire par-tout où ils paffoient? Les *Zaporoviens*, infultez par un Homme de fi baffe Condition, devinrent furieux: le Bruit augmenta, & ils coururent porter leurs Plaintes à *Horodenski*. Celui-ci, prenant la Chofe fur le haut Ton, s'imagina qu'on avoit voulu lui faire un Affront, & que *Mazeppa* avoit incité l'Intendant à injurier les *Zaporoviens*. Dans cette Idée, il donna Ordre à fes Gens de monter auffi-tôt à Cheval, pour s'en retourner fans prendre Congé. Dès que *Mazeppa* fut informé de la Chofe, il envoïa quelques-uns de fes principaux Officiers à *Horodenski*, pour lui dire, qu'il étoit extré-mement fâché du Defordre qui venoit d'arriver, & lui protefter, qu'il n'y avoit aucune Part: que, pour leur faire voir fon Innocence, il étoit prêt à leur remettre l'Intendant, pour être puni comme ils l'enten-doient. Cette Honnéteté appaifa un peu les *Zaporoviens*: mais, l'Hom-me leur aïant été remis, ils le maltraitérent fort à Coups de Pieds, fe le jettant les uns autres; & ce Jeu dura jufqu'à ce qu'un de ces Bru-taux, qui le haïffoit de longue-main, lui plongea le Couteau dans le Ventre, & qu'il mourut entre leurs mains.

LE lendemain, *Horodenski* eut Audience du Roi, & il fut ad-mis, avec cinquante Perfonnes de fa Suite, à baifer la Main de Sa Majefté. Son Difcours ne roula que fur la Reconnoiffance qu'a-voient les *Zaporoviens* de ce que Sa Majefté avoit promis de les pro-téger, auffi-bien que les autres Habitans de l'*Ukraine*, contre leur Ennemi commun. Monfieur *de Hermelin*, Sécrétaire d'Etat, répon-dit en Latin au Nom du Roi; & cette Réponfe fut interprétée en Langue Efclavonne par le Commiffaire *Soldan*. Il affura les *Zaporo-viens* de la Bienveillance de Sa Majefté, & leur repréfenta quels Avantages ils avoient à efpérer, s'ils vouloient foigneufement mettre à profit les Circonftances favorables qui s'offroient pour établir fur un Pied folide & ftable leur ancienne Liberté. Il loua beaucoup la Bra-voure qu'ils avoient fait voir dans l'Action de *Zarozincka*: & comme *Horodenski* préfenta au Roi les cent-quinze *Mofcovites* qu'il avoit fait Prifonniers dans cette Occafion, Sa Majefté l'en remercia, avec Promeffe qu'Elle l'en récompenferoit amp'ement. *Horodenski* don-na Avis en même tems, qu'il avoit envoïé en Préfent au *Cham* des *Tartares* une centaine de *Mofcovites*, comme les Prémices de la Campagne; & qu'il ne doutoit point, qu'un fi beau Commencement

ment n'animât les Tartares à faire dans peu Caufe commune avec lui.

LE Roi fit bien régaler le Commun des Zaporoviens, durant plufieurs Jours. Ceux, qui s'étoient trouvez à l'Affaire de Zarozincka eurent dix mille Florins, pour être partagés entre eux. Horodenski, & fes Officiers, eurent auffi pour eux en particulier une bonne Somme; ce que le Roi fut obligé de déclarer par une Lettre Patente, dont on fit publiquement la Lecture: Précaution néceffaire, pour prévenir les Chicanes du Commun, qui prétendoit que cet Argent fût mis en Maffe, pour être partagé également parmi toutes les Troupes, comme cela fe pratiquoit d'ordinaire quand ils faifoient quelque Butin. Mazeppa fit Préfent aux Troupes de cinquante mille Florins, & diftribua parmi les Officiers des Sommes confidérables. Enfuite, les Cofaques & les Zaporoviens firent leur Traité, par lequel ils promirent de fe fecourir mutuellement, & d'agir d'un commun Accord. Le Traité fut mis par écrit: & comme Mazeppa étoit obligé de garder la Chambre, à caufe d'une Incommodité, qui lui étoit furvenue, il préta chés lui le Serment accoutumé, en baifant le Crucifix & l'Evangile, auprès du quel étoient placées quantité de Reliques. Horodenski, & les Zaporoviens, firent le Serment avec beaucoup de Solemnité dans l'Eglife, devant le grand Autel.

OUTRE le Traité, dont nous venons de parler, les Zaporoviens dreffèrent un Ecrit, confiftant en quatre Articles, dont Mazeppa demanda au Roi de Suede la Confirmation. Elle lui fut expédiée fur le champ. „Sa Majefté y promettoit à Mazeppa, & à Horodenski, de
„ les prendre en fa Protection avec toutes leurs Troupes: qu'Elle ne
„ feroit, avec le Czar, ni Paix, ni Treve, à moins qu'ils n'y fuffent
„ compris; & cela, fous Condition que l'Ukraine, & le Païs des Za-
„ poroviens, feroient entiérement exempts de la Domination Mofco-
„ vite, & qu'ils jouïroient à jamais des Privileges dont ils avoient été
„ en Poffeffion depuis des tems immémoriaux. Qu'autant que la Si-
„ tuation des Lieux, & la Raifon de Guerre, le permettoient, on au-
„ roit foin de régler les Opérations de maniere, que les Armées, foit
„ pendant la Marche, ou dans les Quartiers qui leur feroient affignés,
„ ne fe portaffent aucun Empéchement ou Préjudice. Que comme les
„ Habitans de la Campagne avoient abandonné leurs Demeures, &
„ qu'ils avoient exercé dans les Lieux de leur Retraite beaucoup
„ d'Hoftilitez contre les Suédois, ils s'étoient attiré eux-mêmes le
„ Reffentiment de Sa Majefté, qui les en avoit fait punir felon l'Exi-
„ gence du Cas. Que fi, à l'avenir, ils retournoient dans leurs Ha-
„ bitations, qu'ils y vécuffent tranquillement, & qu'ils fourniffent aux
„ Soldats ce dont ils avoient befoin pour leur Subfiftance, Sa Majefté
„ ordonneroit à fes Troupes d'obferver par-tout une exacte Difcipli-
„ ne. Qu'en cas de Plainte, Sa Majefté feroit faire le Procès aux
„ Coupables, & rendroit bonne Juftice. Que les Zaporoviens aïant

Déclaration du Roi de Suede.

,, grande Envie d'en venir aux mains avec l'Ennemi, Sa Majesté for-
,, tiroit au plûtôt possible de l'Ukraine, pour entrer en Campagne.
,, Que comme les Opérations dépendoient en grande partie du Tems,
,, & des Desseins de l'Ennemi, il n'étoit pas possible, ni de fixer un cer-
,, tain Tems pour commencer les Opérations, ni même d'indiquer
,, l'Endroit où l'on se porteroit d'abord. Que, cependant, Sa Ma-
,, jesté étoit dans l'Intention de seconder efficacement, & dès que la
,, Situation des Affaires le permettroit, leurs louables Desseins. ,, Cette Déclaration, après avoir été traduite dans leur Langue, fut lûe publiquement. Les Zaporoviens, pour faire voir combien ils en étoient
contens, poussérent de grands Cris de Joie, battant l'Air avec leurs
Sabres & leurs Epées. Ils se mirent ensuite en Marche, pour aller
rejoindre leurs Troupes.

CHEMIN faisant, ils donnérent une Preuve de leur Habileté à se
servir des Armes-à-Feu. En passant devant Pultawa, dont ils s'approchérent de fort près, les Moscovites, qui les avoient apperçus, montérent en grand Nombre sur les Remparts, & leur tirérent quelques Volées de Coups de Canon. Aussi-tôt, Horodenski fit
faire Halte en présence de l'Ennemi, & ordonna à une centaine de
ses Gens de s'avancer. Ceux-ci, s'étant approchés à la distance de
cinq cens Pas, tirérent sur les Moscovites avec tant de Justesse, que,
quarante d'entre eux tombérent roides morts. En même tems, un
des Zaporoviens aïant apperçu dans une Tour un Officier Moscovite
avec un Habit galonné, il lui lacha, à la même Distance, un Coup de
Carabine, qui le renversa mort sur la place. Selon l'Aveu de Horodenski, il y avoit, parmi ses Gens, au-de-là de six cens Hommes,
qui savoient tirer à cette Distance, & qui portoient la Justesse si loin,
qu'ils ne manquoient jamais le But.

Le Colonel Sandul part pour la Pologne.

LE Roi n'aïant eu pendant tout l'Hiver aucune Communication
avec la Pologne, Horodenski promit d'y faire tenir des Lettres, par
la Voie de la Walachie. Le Colonel Sandul, qui étoit natif de cette
Province-là, & qui avoit servi le Roi quelques Années avec beaucoup
d'Attachement, aïant obtenu Permission d'aller voir ses Parens, on le
chargea de quantité de Dépêches ; & il partit escorté de quelques Cosaques. Entre autres Lettres, il y en avoit une du Comte Piper au
Seraskier de la Silistrie, dans laquelle il lui recommandoit le Colonel
Sandul. Mazeppa lui écrivit pareillement, pour l'informer de la Situation des Affaires en Ukraine, & pour lui donner Avis des Mesures
que l'on venoit de prendre pour attaquer les Moscovites avec succès.
C'étoit le même Seraskier, qui, dix-huit Mois auparavant, avoit envoïé au Roi l'Aga dont nous avons parlé ailleurs (*a*). Sa Majesté connoissoit les bonnes Intentions de cet Homme, & savoit, qu'il ne tenoit pas à lui, que les Turcs ne déclarassent la Guerre aux Moscovites. Il avoit même dit ouvertement, qu'il falloit que la Cour Ottomanne

(*b*) Voïez ci-dessus page 196.

manne fût entiérement aveuglée, ou que l'on eut trouvé moïen de gagner le Grand-Vizir à force d'Argent, fi l'on ne profitoit pas de l'Occafion qui fe préfentoit de reprendre fur les Mofcovites les Provinces qu'ils avoient enlevées aux Turcs.

AUX environs de Pultawa, & même par-tout dans l'Ukraine, il y avoit un grand Nombre de Finnois & de Livoniens, que les Cofaques avoient enlevez dans ces Païs-là, ou que les Ruffiens leur avoient vendus. On y trouva auffi quantité de Femmes & d'Enfans. Les Hommes furent tous repris. De jeunes Garçons, Efclaves depuis leur Enfance, & féparez de leurs Parens, ne quittérent leurs Maitres que les Larmes aux Yeux. Ils s'en confolérent pourtant; difant, que le Service Divin, qu'ils voïoient dans ce Païs-là, ne reffembloit nullement à celui auquel ils fe fouvenoient d'avoir affifté dans leur Païs. D'autres, d'un Age plus mûr, & qui avoient été baptifés une feconde fois, demandéreut la Permiffion de refter; alléguant, que leur Sort actuel étoit beaucoup meilleur, que celui auquel ils devoient s'attendre en retournant chez eux, où leurs Seigneurs les avoient traités avec une extrême Dureté, & comme des Bêtes brutes. D'autres vinrent eux-mêmes fe préfenter, pour entrer au Service. La plûpart de ceux-ci avoient toujours demeuré enfemble, & parloient fort bien leur Langue maternelle. Plufieurs entrérent dans les Régimens Finnois, ou dans celui de la Nobleffe de Livonie. D'autres furent emploïés comme Valets d'Artillerie, & eurent pour Camarades des Finnois & des Efthoniens. D'autres encore fe mirent au Service de quelques Généraux, ou d'autres Officiers. Les Femmes accoururent en foule: comme elles ne pouvoient pas fuivre l'Armée, & qu'elles ne favoient aucun Moïen pour retourner dans leur Païs, elles fupplérent le Roi de permettre qu'elles profitaffent de l'Occafion de s'en retourner, lorfque Sa Majefté quitteroit ce Païs-là. On apprit d'elles, qu'un grand Nombre de leurs Compatriotes, & de Compagnons de leurs Malheurs, avoient été envoïés ailleurs par leurs Maitres, & qu'ils étoient tenus tellement à l'écart, que l'on auroit bien de la peine à les déterrer.

JUSQUES-LA', les Troupes Suédoifes avoient été affez tranquillement dans leurs Quartiers. De tems en tems, les Calmouques enlevoient quelques Soldats qui fortoient feuls. Enhardis par ces bons Succès, ils attaquérent plufieurs de nos Détachemens, & même des Troupes de Fourageurs. Auprès de Zinkova, ils enlevérent onze Dragons du Régiment de Scanie. Les deux Capitaines Reuterftierna & Gyllenanckar eurent le même Sort, à quelque diftance de Lutenka. Il n'étoit pas bien poffible d'empécher ces Courfes, l'Ennemi aïant le Dos libre, depuis que l'on avoit tiré de Hadjatz, & de Zenkova, les Garnifons Suédoifes.

A RESCHITELOFKA, où étoit le Général-Major Creutz, on fe faifit de quatre Incendiaires, que le Velt-Maréchal Scheremetof avoit envoïés

1709.

Mars,

Courfes des Calmouques.

le 23,

Avril,

HISTOIRE

292

1709.
Avril.

voïés pour mettre le Feu à nos Quartiers des environs. Ces Malheureux, en avouänt leur Crime, dirent, qu'ils attendoient à tout moment quelques Complices, qui étoient chargés de la même Commiſſion, & qui devoient leur apporter certains Feux d'Artifice, qu'ils avoient préparez enſemble. Leur Procés fut bien-tôt fait: deux d'entre eux furent enfermez dans une Maiſon, à laquelle ils venoient de mettre le Feu, & où ils périrent au milieu des Flammes. Aux deux autres, on coupa le Né & les Oreilles, après quoi on les renvoïa, pour reporter à Scheremetof quel avoit été le Succès de leur Entrepriſe.

Sur l'Avis qu'eut Monſieur de Creutz, que l'Ennemi, poſté à Oſtapia, faiſoit jetter des Ponts ſur le Pſiol, il y envoïa le Capitaine Twilling, avec un Détachement de cinquante Chevaux, pour obſerver les Mouvemens des Ruſſiens. Cet Officier, aïant fait une lieue de chemin, ſans appercevoir d'Ennemis, fut tout d'un coup entouré par une Troupe de ſept cens Dragons Moſcovites, qui l'attaquérent avec beaucoup de Vigueur. Twilling ſe défendit en brave Homme, ſe fit jour à différentes Repriſes l'Epée à la main, & tua beaucoup de Monde à l'Ennemi. Le Combat aïant duré au-de-là de deux Heures, il ne luï reſta plus que neuf Hommes, avec leſquels il fut obligé de ſe rendre Priſonnier.

Les Ruſſiens propoſent un Cartel, pour l'Echange des Priſonniers.

Il y avoit déjà du tems, que les Moſcovites négocioient avec nous un Cartel pour l'Echange des Priſonniers. Voici ce qui y donna lieu. Peu de jours après la Priſe de Wipreck, arriva au Quartier-général un Trompette Ruſſien, qui ramena quelques Priſonniers Suédois, parmi leſquels ſe trouvoit l'Adjutant-Général Lode, que l'on ſouhaitoit d'échanger contre un Officier Ruſſien du même Caractere, nommé Schultz. Ce dernier étant en chemin pour ſe rendre auprès du Roi Auguſte, auquel il devoit porter quelques Dépêches, avoit été enlevé à Prelucka. Comme il ne vouloit plus rentrer au Service du Czar, & qu'il avoit obtenu la Permiſſion de ſuivre notre Armée, le Roi renvoïa à ſa place un Lieutenant-Colonel, qui avoit été fait Priſonnier à Wiprek. Un Capitaine Suédois nommé Oxe, qui avoit été enlevé par les Coſaques, fut auſſi renvoïé pour être échangé. S'étant malheureuſement donné parmi les Ennemis le Titre de Major, & les Moſcovites voulant abſolument qu'on leur rendît un Officier du même Caractere, le Roi jugea à propos de leur remettre entre les mains ce Capitaine, afin de ſervir d'Exemple à d'autres, qui pourroient dans la ſuite faire la même Choſe.

Cette Affaire aïant fait naitre un Commerce de Lettres entre les deux Armées, les Ruſſiens propoſérent un Echange général de tous les Priſonniers. Au Mois de Février, ils envoïérent leur Auditeur-Général Ehrenros, au Roi de Suede, pour lui préſenter ſur ce ſujet une Lettre de la part du Comte Golofkin, Grand Chancellier. Ce Miniſtre mandoit à Sa Majeſté, „que le Czar ſouhaitoit que l'on convint au „plûtôt d'un Cartel pour l'Echange des Priſonniers de quelque Rang „&

„ & de quelque Caractere qn'ils fuffent; mais que, préalablement, on
„ rendît la Liberté au Réfident Chilkou, détenu Prifonnier à Stock-
„ holm, en faveur de ce que le Czar avoit relaché, il y avoit un An,
„ le Sr. Knipercrona Réfident de Suede. „   Le Comte Piper répondit
à cette Lettre, „ qu'à l'égard des Prifonniers qui étoient à Stockholm,
„ Sa Majefté avoit donné ordre au Sénat, il y avoit long-tems, d'é-
„ changer tous les Officiers contre d'autres du même Caractere; mais,
„ qu'Elle n'avoit point eu de Nouvelles de cette Affaire, à caufe de
„ l'Eloignement des Lieux.   Que l'on ne devoit nullement être fur-
„ pris de ce que Sa Majefté paroiffoit fi peu difpofée à entrer dans une
„ pareille Négociation, après ce qui étoit arrivé au Capitaine Col-
„ mar, que l'on avoit envoïé au Czar, pour lui faire certaines Pro-
„ pofitions, & qui, malgré la Bonne-Foi, & contre la Parole même
„ du Czar, avoit été fait Prifonnier de Guerre, & l'étoit encore ac-
„ tuellement.   Que, cependant, Sa Majefté Suédoife confentoit à
„ échanger d'abord tous les Soldats, & enfuite les Officiers.   Que,
„ dès que le Czar enverroit au Roi les Prifonniers Suédois qui fe trou-
„ voient dans fon Armée, Sa Majefté rendroit auffi-tôt un égal Nom-
„ bre de Soldats Ruffiens. „

TELLE étoit la Réponfe que l'on avoit donnée à Ehrenros. A fon
Départ, le Roi le fit prier de négocier de quelque Particulier dans l'Armée Ruffienne une Somme d'Argent, pour être diftribuée aux Prifonniers Suédois. Il fe chargea de cette Commiffion, moïennant une Déclaration du Comte Piper, par laquelle le Miniftre s'engageoit à rem-
bourfer, dans quel Lieu l'on le fouhaiteroit, les Sommes que l'on auroit diftribuées aux Prifonniers, & dont on produiroit des Reçus.

EHRENROS, après avoir été à Woronitz rendre Compte au Czar
du Succès de fon Voïage, retourna une feconde fois à notre Camp,
chargé d'une Lettre du Comte Golofkin. Cette Lettre portoit, „ que
„ le Czar étoit très fatisfait de la Réponfe de Sa Majefté Suédoife,
„ mais fouhaitoit, qu'il fe fît un Echange général de tous les Prifon-
„ niers.   Que l'on rendroit, contre un Général, un certain Nombre
„ de bas Officiers ou des Soldats; & cela, à proportion des Appoin-
„ temens que tiroient ordinairement les Généraux Ruffiens.   Que fi
„ l'on n'acceptoit pas cette Propofition, Ehrenros avoit ordre d'offrir
„ en Echange d'un Général quatre cens Soldats, ou trente jufqu'à
„ quarante Officiers.   Qu'il feroit néceffaire que l'on envoïât de nou-
„ veaux Ordres à Stockholm, concernant le Réfident Chilkou, pour
„ être relâché contre Knipercrona.   Que le Czar feroit raffembler tous
„ les Prifonniers Suédois, & qu'il les enverroit au Camp.   Que fi le
„ Roi vouloit en attendant remettre en Liberté quelques Mofcovites,
„ on renverroit fur le champ un pareil Nombre de Suédois.   Qu'il
„ étoit facile de lever entiérement les Obftacles que rencontroit cette
„ Affaire: que les Ruffiens agiffoient de Bonne-Foi, & qu'ils fe pro-
„ mettoient la même Chofe de la Part des Suédois. Que le Czar n'a-

le 2.

„ voix

„ voit pas voulu permettre que l'on négociât de l'Argent pour être
„ diſtribué aux Priſonniers; mais, qu'il avanceroit lui-même une cer-
„ taine Somme, pourvû qu'on eut ſoin de le rembourſer, conforme-
„ ment à la Déclaration du Comte. „   Cette Lettre finiſſoit par des
Propoſitions de Paix. Le Comte diſoit, „qu'en cas que Sa Majeſté
„ Suédoiſe fût portée à entrer en quelque Accommodement, on pour-
„ roit d'abord convenir du Tems, & après cela du Lieu, où ſe ren-
„ droient les Plénipotentiaires qu'on nommeroit de Part & d'autre. Que
„ l'on poſeroit pour Fondement, que le Czar garderoit les Villes &
„ Provinces qu'il avoit enlevées aux Suédois, pendant cette Guerre.
„ Qu'on lui rendroit la Carélie, ancienne Dépendance de l'Empire
„ Moſcovite. Et, enfin, qu'aucune des deux Parties ne ſe méleroit
„ davantage des Affaires de Pologne, ou y commettroit quelque Vio-
„ lence; mais, qu'on laiſſeroit à la République une entiere Liberté.
„ Que tout le Reſte ſeroit aiſément réglé, & la Paix rétablie. „
L e Comte Piper eut Ordre de dire à Monſieur de Golofkin, „que
„ Sa Majeſté Suédoiſe apprenoit volontiers que le Czar étoit porté
„ pour un Echange de Priſonniers: qu'Elle vouloit bien y conſentir,
„ pourvû que l'on commençât d'abord par échanger les Soldats (*a*):
„ que comme l'Affaire trainoit trop long-tems, on avoit quelque ſujet
„ de douter que le Czar le ſouhaitât ſincérement. Qu'à l'égard du
„ Réſident Chilkou, Sa Majeſté n'avoit rien à ajouter à ce qu'Elle avoit
„ fait dire par Ehrenros: que c'étoit à juſte Titre, qu'on avoit fait
„ Chilkou Priſonnier de Guerre, & qu'il avoit été envoïé en Suede,
„ dans le tems que le Czar étoit déjà en Marche pour ſe rendre de-
„ vant Narva; au lieu que Knipercrona avoit été pluſieurs Années
„ avant la Guerre Réſident de Suede à Moſcou; & que l'on auroit
„ dû lui fixer un certain Terme pour ſe retirer. Que Sa Majeſté n'a-
„ voit jamais ſongé à rien moins, qu'à prier le Czar d'avancer de l'Ar-
„ gent aux Priſonniers Suédois; mais, qu'Elle avoit chargé l'Auditeur
„ Ehrenros de négocier auprès de quelque Particulier une certaine
„ Somme: que puiſque la Choſe avoit tourné autrement, le Roi étoit
„ prêt à faire rembourſer ces Deniers où l'on voudroit, & dès qu'on
„ produiroit les Reçus des Priſonniers. Que, par rapport aux Senti-
„ mens pacifiques du Czar, Sa Majeſté Suédoiſe ne refuſoit pas une
„ Paix avantageuſe, & une Satisfaction raiſonnable pour le Tort qu'El-
„ le avoit ſouffert; mais, que tout Homme impartial jugeroit aiſé-
„ ment, que les Conditions, que l'on venoit de propoſer, étoient plûtôt
                                                                „ capa-

(*a*) L e Roi vouloit que l'on échangeât d'abord les Soldats, parce que les Soldats
Suédois valoient mieux que ceux des Ruſſiens. D'ailleurs, Sa Majeſté ſavoit, que le
Czar étoit embaraſſé où trouver de bons Officiers, & qu'il avoit plus de Confiance en
ceux de ſa Nation qui étoient Priſonniers, qu'en des Officiers Etrangers qui étoient
entrez à ſon Service. Elle n'ignoroit pas non plus, qu'il ſe mettroit fort peu en peine
des Soldats, dès qu'on lui auroit rendu les Officiers.

„ capables d'allumer davantage le Feu de la Guerre, que de contribuer à
„ l'éteindre. „ Ehenros, après avoir eu cette Dépeche, fut reconduit jufqu'aux Poftes avancés des Mofcovites dans un lieu vis-à-vis d'Opofna.

CEPENDANT, les Ruffiens ne négligeoient rien pour ramener les
Zaporoviens. Pour en venir à bout, ils emploïérent tour à tour des
Menaces, des Promeffes, & des Violences. Le Lieutenant-Général
Rönne eut ordre d'occuper, avec quelques Régimens, le Païs fitué entre l'Orel & la Worskla. Il mit le Feu aux Villes de Majatka & de
Nevorofa, dont les Habitans, fans diftinction d'Age ou de Sexe, furent
paffez au fil de l'Epée; après quoi, il adreffa aux Zaporoviens un Ecrit,
dans lequel il leur reprochoit „de s'être attachés à Mazeppa, qu'il
„ qualifioit de Traitre & de Voleur. Il leur faifoit envifager les Maux,
„ dont ils étoient menacés, en s'oppofant plus long-tems au Czar. Il
„ les exhortoit à implorer fa Clémence; ajoutant, qu'ils devoient ju-
„ ger par les Villes, qui venoient d'être réduites en Cendres, fi les
„ Suédois étoient capables de les protéger. „ Il finiffoit en leur difant, „qu'ils étoient entrez en Alliance avec des Païens (a), pour aider
„ à faire la Guerre aux vrais Chrétiens. „ Cette Lettre ne fit aucune
Impreffion fur les Zaporoviens. Loin de fe laiffer intimider, ils occupérent la Ville de Novazianzara, avec les autres Places fituées le long
de la Worskla jufqu'à Petewolofna fur le Nieper, bien réfolus de deffendre ces Poftes jufqu'à l'Extrémité.

COMME le Général-Major Krufe étoit le plus à portée de les fecourir, le Roi lui ordonna de s'y porter dès qu'il en feroit befoin.
L'Ennemi faifant mine de les attaquer, Krufe détacha à deux différentes Reprifes quelques cens Chevaux qui eurent ordre d'aller à leur Se-
cours· mais, on ne fut pas long-tems, fans s'appercevoir, que les Mofcovites n'avoient aucune Envie de paffer la Riviere, & qu'ils ne
cherchoient qu'à inquiéter ceux qui étoient poftez de l'autre côté.
Rien n'étoit plus néceffaire que d'écarter l'Ennemi du Territoire
de Pultawa, d'où les Zaporoviens attendoient le Renfort le plus confidérable. Auffi infiftérent-ils fortement à ce que le Roi délogeât les Mofcovites de cette Ville; alléguant, qu'en ce cas-là Horodenski ne manqueroit pas d'être dans peu à la tête d'une Arméeconfidérable; parce que tous
ces Cantons étoient extrémement peuplez, & qu'il auroit le Paffage libre entre fon Armée & les Endroits où demeuroient les Zaporoviens.
Ces Raifons furent goutées, fur-tout à caufe de l'Inquiétude que ces
Gens-là faifoient paroitre par rapport à la Supériorité de l'Armée ennemie. Pour leur infpirer du Courage & de la Confiance, le Roi fe
rendit lui-même devant Pultawa, qu'il fit inveftir par quelques Troupes. Il donna Ordre en même tems, que l'on jettât à Sokolka un Pont
fur la Worskla.

VIS-

___

(a) CETTE Lettre fait très peu d'Honneur au Général Rönne, qui étoit lui-même Luthérien.

1709.
_____
Avril.
Action a-
vec les Mof-
covites.

le 12.

VIS-A-VIS de Sokolka se trouvoit le Lieutenant-Général Rönne avec un Corps de sept mille Hommes, tant Dragons que Fantassins à Cheval. Il campoit dans un Endroit qui etoit presque entouré de la Worskla, & qui n'avoit qu'une Issue fort peu spacieuse, où il avoit posté un Détachement de trois mille Chevaux. Pour attaquer ces Troupes, le General-Major Kruse fit assembler son Monde, près de Novazianzara, & passa la Riviere à l'entrée de la Nuit. Il avoit avec lui deux mille sept-cens-trente Chevaux, cinq-cens Cosaques, & trois mille Zaporoviens à pied, commandez par Horodenski. Une partie de ces derniers eurent ordre de veiller à la Garde du Pont, pendant que les autres traversoient la Riviere à la nage, pour tomber sur le Camp ennemi. Monsieur de Kruse, aïant marché toute la Nuit, à cause d'un Détour de plus de deux Lieues qu'il fut obligé de faire, se trouva à la pointe du jour, au-delà de Kobilac & de Bielki, où l'Ennemi avoit quelques Gardes avancées. Heureusement pour nous, il faisoit ce matin-là un grand Brouillard, dont le Général sut si bien profiter, qu'il se posta entre les Gardes avancées & le Camp ennemi. Les Cosaques attaquérent aussi-tôt les Fourageurs Russiens, dont plusieurs furent passez au fil de l'Epée, ou faits Prisonniers. L'Occasion étoit belle, si les Cosaques avoient sû en profiter: mais, soit qu'ils n'eussent pas grande Envie de se battre, ou qu'ils ne voulussent pas autant de Mal aux Moscovites qu'on le disoit, il est certain, qu'ils ne firent pas grand'chose, & que même plusieurs d'entre eux desertérent immédiatement après. Cependant, la Garde avancée des Russiens prit la Fuite, coura t à bride abbatue. Comme elle prit le même Chemin d'où venoient les Fantassins de Horodenski, qui avoient passé à la nage, Monsieur de Kruse détacha le Colonel Hielm avec dix-huit Escadrons, pour aller à leur Secours. Par-là, il y eut de grands Intervalles dans les Lignes, & les Troupes ne se trouvoient pas à portée de s'avancer aussi promptement que cela avoit été réglé d'abord. Pour y remédier, le Colonel Nicolas Gyllenstierna eut ordre de se poster avec cinq-cens Chevaux à l'entrée du Camp ennemi, afin de donner aux autres Troupes le tems de suivre. Ce Mouvement causa tant de Consternation parmi les Moscovites, que le Général Rönne fit rassembler sur le Champ les Chefs de Régimens pour délibérer sur le Parti qu'il y avoit à prendre. Il leur demanda, lequel ils aimoient mieux, ou de se rendre Prisonniers, ou se faire jour l'Epée à la main? Comme le Général étoit de ce dernier Avis, les Officiers y consentirent tous. On en vint aux mains, & le Combat fut fort opiniâtre. Les Moscovites se battirent en desespérez pour se faire jour, & les nôtres mirent tout en œuvre pour les en empêcher: mais, comme Monsieur de Gyllenstierna ne put soutenir long-tems les Efforts d'un Ennemi si supérieur, & qu'il ne fut point secouru assez promptement par le Régiment de Carélie, qui étoit le plus à portée, les Russiens trouvérent moïen de s'échaper par petites Troupes, courant à bride abbatue, & en grand Desordre. Le Major-Rehbinder, à

la

la tête de deux cens Chevaux du Régiment de la Noblesse de Livonie, auxquels se joignirent quelques autres Escadrons, poursuivit l'Ennemi avec beaucoup de Vivacité, & lui tua quelque Monde: mais, comme il ne faisoit aucune Résistance, se sauvant au grand Galop, on ne put lui causer beaucoup de Mal. On apprit cependant par des Deserteurs, qu'il avoit eu dans cette Action, au-de-là de mille blessés, outre quatre cens Hommes tuez sur la place. Notre Perte ne montoit en tout qu'à deux cens quatre-vingt-dix Hommes, parmi lesquels il y avoit sept Capitaines de Cavallerie, presque tous du Régiment de Gyllenstierna. Son Lieutenant-Colonel, nommé Isendorf, entraîné par les Fuïards, fut fait Prisonnier.

APRÈS que les Zaporoviens eurent pillé & brulé le Camp ennemi, le Général-Major Kruse retourna au Pont. Il ne lui étoit pas possible de pourfuivre davantage les Fuïards, à cause des Chevaux, qui étoient presque sur les dents, aïant fait ce jour-là au de-là d'onze Lieues. D'ailleurs, le Général Hein étoit en Marche, dans le Dessein de se rendre Maître du Pont, où Horodenski, quoiqu'il eût promis de le deffendre, n'avoit laissé qu'une centaine de ses Gens; ce qui auroit pû être d'une grande Conséquence, si l'Ennemi avoit eu le tems d'y mettre le Feu. Il n'arriva pourtant que le lendemain, & après que les nôtres se furent retirez. Voïant son Camp entiérement ruïné, il se contenta de faire enterrer ses Morts; après quoi, il s'éloigna à la distance de cinq Lieues.

1709.
Avril.

le 14.

LE Roi, informé de tout ce qui s'étoit passé dans cette Occasion, en parut très mécontent. Il étoit sur-tout fâché de ce qu'une Entreprise si bien concertée n'avoit pas été mieux conduite, dans le tems qu'il y avoit toutes les Apparences du Monde, que pas un des Ennemis n'auroit pû s'échapper. Il rendoit cependant Justice à Monsieur de Gyllenstierna, dont la Perte qu'il avoit faite donnoit assez à connoitre qu'il avoit fait son Devoir. Au bout de huit jours, Sa Majesté fit païer à ce Régiment les Arrérages qui lui étoient dûs. Il n'en fut pas de même à l'égard des Régimens qui s'étoient trouvez à cette Affaire: & il est certain, qu'en toute autre Occasion, on les auroit punis avec plus de Sévérité, tant parce qu'ils n'avoient pas secouru Monsieur de Gyllenstierna, que parce qu'ils avoient donné le Loisir à l'Ennemi de défiler à la distance d'une centaine de Pas, & d'enlever l'Artillerie & le Bagage, sans s'y opposer en aucune façon. Ils prétendoient bien d'en être venus aux Mains avec les Moscovites; mais, comme ils n'avoient pas perdu un seul Homme ou un seul Cheval, on jugea, que le Bruit qui s'étoit répandu, que les Commandans avoient deffendu aux Troupes & aux Officiers subalternes de s'avancer, n'étoit pas trop mal fondé. Les Zaporoviens n'avoient pas mieux fait leur Devoir, sur-tout leur Cavallerie, qui borna tous ses Efforts à mettre le Feu au Camp ennemi. Leur Infanterie, indignée de ce que ces Gens-

Mécontentement du Roi.

là s'étoient ſi mal comportez pour la prémiere fois qu'ils avoient ſuivi les Suédois, les accabla de Menaces & d'Injures.

Sur ces Entrefaites, le Velt-Maréchal Scheremetof, qui étoit poſté au-de-là du Pſiol, aïant appris que les Zaporoviens avoient marché à Sokolki, détacha deux mille cinq cens Hommes, pour paſſer la Riviere, & pour les attaquer dans leurs Quartiers. En même tems, le Général-Major Creutz fit ſortir de Reſchitelofka un Parti, qui ſurprit les Ruſſiens pendant qu'ils mettoient le Feu à la Ville. Les Ennemis prirent auſſi-tôt la Fuite, ſans avoir cauſé beaucoup de Mal. Scheremetof, voïant qu'il n'y avoit à rien gagner de ce Côté-là, fit embarquer à Kiow deux à trois mille Hommes, qui deſcendirent le Nieper juſqu'à la Ville de Kellebarda, où l'Eau eſt ordinairement ſi peu profonde, que pendant l'Eté on paſſe la Riviere en Chariots. D'abord, les Ruſſes penſérent y prendre Poſte; mais, au bout de quelques jours, ils marchérent à Perewoloſna, ſitué à deux lieues plus bas, à l'Embouchure de la Worskla.

Il y avoit dans le Chateau, qui étoit fortifié à la maniere du Païs, une Garniſon de ſix cens Coſaques. Ils ne manquoient de rien, & auroient aiſément pû ſe deffendre juſqu'à ce qu'on leur eut envoïé du Secours; mais, ſe croïant ſupérieurs aux Ruſſiens, ſur leſquels ils avoient ci-devant remporté quelques Avantages, dans un tems que ceux-ci n'entendoient rien au Métier la Guerre, ils prirent le Parti d'aller au devant d'eux pour les attaquer. S'étant engagés trop à la légere, les Moſcovites, qui étoient non ſeulement en plus grand Nombre, mais même beaucoup mieux diſciplinez, battirent les Coſaques & les diſſipérent; après quoi, ils ſe rendirent Maitres du Chateau & de la Ville, où ils ne trouvérent plus aucune Réſiſtance. Aïant paſſé au fil de l'Épée les Femmes & les Enfans, la Place fut réduite en Cendres. Cette Perte n'étoit pas peu conſidérable; car, outre le grand Commerce qu'y faiſoient les Polonois & les Tartares, les Revenus de la Douane étoient deſtinez à l'Entretien des Troupes Zaporoviennes. D'ailleurs, il n'y avoit point d'Endroit où l'on pût paſſer le Nieper avec autant de Commodité qu'à Perewoloſna: &, pour cet effet, on y entretenoit toujours tant de petits Vaiſſeaux & de Barques, que l'on y pouvoit transporter à la fois au-de-là de trois mille Hommes. Auſſi les Ruſſiens gardérent-ils avec un Soin extrême la Rive oppoſée, afin d'empêcher qu'on ne ſe ſervît davantage de ce Trajet. Ils réſolurent enſuite de deſcendre encore le Nieper, pour ruiner les Habitations des Zaporoviens; mais, aïant fait quelques lieues de chemin, ils changérent d'Avis, & s'en retournérent.

D'abord, l'Affaire de Perewoloſna découragea tellement les Coſaques, qu'ils abandonnérent toutes les Places ſur la Worskla où ils avoient mis des Troupes, ſous prétexte qu'ils n'étoient pas aſſez forts pour deffendre tous les Paſſages où l'Ennemi menaçoit de traverſer la Riviere. Cependant, s'étant raſſemblez à Novozianzara, ils repouſſé-

rent

rent les Moscovites à deux différentes Reprises: & comme le Roi leur fit dire en même tems, qu'il leur enverroit du Secours, dès qu'ils lui feroient savoir qu'ils en auroient besoin, ils reprirent Courage tout de nouveau.

POUR tenir la Ville de Pultawa bloquée, le Roi y avoit envoïé des Troupes, qui étoient postées en trois Endroits différens. Un de ces Détachemens, composé de deux cens Fantassins, occupoit, à peu de distance de la Riviere, une Cense garnie tout autour de Palissades. Une nuit, les Moscovites résolurent d'attaquer les nôtres, tant du côté de la Ville, que du côté de la Worskla, qu'ils devoient passer, par le moïen de quelques petites Barques. Comme le Capitaine Oller, du Régiment des Gardes, qui commandoit ce Détachement, avoit eu vent de ce Dessein, il prit toutes les Précautions possibles, pour faire échouër l'Entreprise. Pour cet effet, il mit une petite Garde avancée dans une Grange, avec Ordre, dès que l'Ennemi s'approcheroit, d'y mettre le Feu, & de se retirer dans la Cense. Soixante Mousquetaires furent mis en Embuscade derriere une Haie le long de la Riviere. L'Ennemi, en arrivant, crut pouvoir, à la faveur de la Grange, se glisser jusqu'aux Palissades, sans être remarqué: mais, les Flammes aïant gagné tout d'un coup la Grange, les nôtres eurent l'Avantage de pouvoir faire Feu sur l'Ennemi, qu'ils voïoient distinctement devant eux. Cette premiere Décharge, faite à brule-pourpoint, mit les Russiens en Confusion: ils jetterent les hauts Cris, se disant des Valaques Suédois. Cependant, s'étant approchés près des Palissades, ils tirérent sur nous, & nous blessérent neuf Hommes; mais, les Suédois leur aïant lâché une seconde Décharge de leur Mousqueterie, ils furent obligés de se retirer avec Perte, emportant, selon leur Coutume, les Morts & les Blessés. Ceux, qui devoient nous attaquer du côté de la Riviere, ne furent pas plus heureux. Voulant mettre pied à terre, les Soldats, qui étoient en Embuscade, firent Feu avec tant de Succès, que les Moscovites, qui ne s'attendoient point à une pareille Reception, ne songérent qu'à s'éloigner au plus vite. Cette Entreprise leur coûta beaucoup de Monde. Aussi ne firent-ils jamais plus de Sortie sur les Suédois. Un Couvent, dont on avoit confié la Garde aux Valaques, fut brulé pendant la nuit.

DURANT ce Tems-là, les Moscovites continuoient toujours leurs Tentatives auprès des Zaporoviens, pour nous les débaucher. Horodenski envoïa au Roi deux Lettres, écrites par le Général Rönne & le Prince Menzicof aux Zaporoviens de Zietz. Ces Lettres portoient en substance, ,,que les Zaporoviens eussent à élire un autre *Hetman* à ,, la place de Horodenski, & à envoïer au Czar le nouveau Général, ,, avec quelques-uns de leurs principaux Officiers, pour servir d'Ota- ,, ges. Que s'ils obéïssoient de bonne-grace, ils seroient bien traités, ,, & auroient une ample Récompense: mais, que s'ils agissoient au ,, contraire, ils devoient s'attendre à être entiérement exterminez dès

,, que

,, que les Suédois seroient sortis de l'Ukraine; à quoi il y avoit gran-
,, de Apparence, parce que le Roi de Suede avoit écrit au Czar,
,, pour lui demander la Paix. ,,   Cette Piéce étoit datée du 6. Avril.
La Lettre de Menzicof, écrite cinq jours plus tard, s'adressoit à toute la Nation des Cosaques, ,, à laquelle il reprochoit de s'être déclarée
,, au grand Préjudice de l'Eglise Grecque, en faveur du Roi de Suede
,, & de Mazeppa, dont l'un étoit Hérétique, & l'autre Traitre. Il
,, exhortoit les Cosaques à se soumettre au Czar, qui étoit prêt à leur
,, faire Grace, & qui ne voïoit qu'avec peine qu'ils se fussent laissés
,, séduire. ,,   La Personne du Roi n'étoit nullement ménagée dans cet
Ecrit, où on le qualifioit de Scélérat & d'Impie, sans parler d'autres
Expressions plus injurieuses, dont un Honnête-Homme ne se sert jamais, & moins encore en parlant d'une Tête couronnée.

    L E Roi païa tout cela d'un Mépris digne de son grand Cœur. Il
n'auroit pas même songé à relever ces Ecrits, s'il n'avoit cru, qu'il
étoit nécessaire de faire voir aux Zaporoviens les Faussetez, qui é-
toient contenues dans ces Lettres, afin de leur mettre l'Esprit en repos
sur ce Sujet. ,, Sa Majesté les remercioit de l'Offre qu'ils avoient faite
,, de lui envoïer mille Fantassins, pour être emploïés au Siege de Pul-
,, tawa. Elle les prioit de ne point ajouter Foi à Menzicof, qui, bien
,, qu'il fût Prince, n'avoit point de Honte de débiter toutes sortes de
,, Mensonges & de Faussetez. Qu'Elle n'avoit jamais demandé la
,, Paix au Czar; mais que, tout au contraire, ce Prince avoit fait
,, faire, par ses Emissaires, des Propositions d'Accommodement, qui
,, avoient été entiérement rejettées. Qu'ils devoient être fermement
,, persuadez, que, dès que l'on viendroit à un Traité, Sa Majesté pren-
,, droit à cœur leurs Intérêts autant que les siens propres, & qu'Elle
,, n'entreroit en aucun Accommodement, à moins qu'ils n'y fussent
,, compris comme un Peuple libre & indépendant. Qu'on assureroit
,, pareillement leur Repos & leur Sureté pour l'avenir, quand même
,, les Suédois sortiroient de l'Ukraine. Qu'il ne s'agissoit point dans
,, cette Guerre d'aucune Différence de Religion: qu'ils comprendroient
,, bien eux-mêmes, que tout ce que Menzicof en disoit n'étoit qu'un
,, Artifice des plus grossiers: que, ni les Catholiques, ni les Grecs,
,, ne prouveroient jamais, que Sa Majesté se fût mise en peine de
,, l'Exercice de leur Culte, ou qu'il eut tenté d'y faire aucun Change-
,, ment: qu'Elle n'y avoit jamais songé; & qu'Elle laisseroit chacun
,, là-dessus, comme sur toute autre chose, dans une pleine & entiere
,, Liberté. Que s'il y avoit, à cet Egard, quelque Changement à
,, appréhender, ce ne pouvoit être que de la Part du Czar, depuis
,, qu'il avoit donné la Permission aux Catholiques-Romains de bâtir des
,, Eglises en Russie, & depuis qu'il avoit eu ses Ambassadeurs à Ro-
,, me. Qu'avec le tems, on verroit le Fruit de ses Négociations: que
,, si elles regardoient l'Introduction du Papisme, les Zaporoviens
,, avoient raison de craindre, qu'ils ne fussent sujets à la même Con-
                                                        ,, trainte. ,,

,, trainte, en cas qu'ils demeuraſſent ſous la Domination des Moſco-
,, vites. Qu'au reſte, ce n'étoit pas la prémiere fois, que Menzicof
,, s'étoit mêlé d'écrire des Lettres ſuppoſées, qu'il débitoit pour très
,, authentiques; qu'il avoit voulu faire accroire aux Coſaques, pour les
,, flatter ſur les bonnes Diſpoſitions de leurs Compatriotes, tantôt
,, que les Colonels Zaporoviens ſe plaignoient des Traitemens qu'ils
,, avoient à eſſuïer de la Part des Suédois; tantôt que les Suédois écri-
,, voient toutes ſortes de Duretez ſur le ſujet des Zaporoviens: qu'il
,, avoit même fait faire publiquement la Lecture de ces Lettres, rem-
,, plies de Fauſſetez. Qu'outre celà, il venoit tout nouvellement de
,, faire voir juſqu'où il étoit capable de pouſſer ſa Malice. Que dans
,, le tems que le Czar avoit envoïé au Camp Suédois le nommé Eh-
,, renros, pour faire les Propoſitions de Paix dont on venoit de parler;
,, Menzicof avoit apoſté un Allemand, qui, aïant rencontré Ehren-
,, ros, lui avoit dit, qu'il avoit été envoïé de la Part du Roi Auguſte,
,, pour porter la Nouvelle au Czar, que le Roi de Pologne venoit de
,, rentrer dans ce Roïaume, avec une Armée des plus conſidérables.
,, Qu'il n'y avoit néanmoins rien de ſi faux; mais, que Menzicof s'étoit
,, imaginé d'obliger Sa Majeſté par ce Stratageme, ou de quitter ſur
,, le champ l'Ukraine pour retourner en Pologne, ou de ſouſcrire aux
,, Conditions de Paix que le Czar venoit de propoſer. ,,

Si les Inventions de Menzicof ne réüſſiſſoient pas toutes, du moins
ne laiſſoit-il pas de nous embarraſſer; & il ſe paſſa dans notre Camp une
Scene, à laquelle on ne s'attendoit pas. On a pû voir, dans le Cours
de cet Ouvrage, de quelle Liberté jouïſſoient les Valaques qui étoient
au Service du Roi. Cette Liberté dégénéra en Libertinage: & il ſembloit, que tout fût permis à ces Gens-là. On leur donnoit toujours
les meilleurs Quartiers, & leurs Appointemens étoient plus que ſuffi-
ſans pour leur Entretien; tellement même, qu'ils vendoient ſouvent
aux Suédois des Vivres, & autres Choſes, qu'ils avoient en abondance. D'ailleurs, dans les Batailles, ils ſavoient ſi bien prendre leur
Tems, qu'ils emportoient toujours le meilleur Bûtin, pendant que les
Suédois étoient aux Mains avec l'Ennemi. Le Roi avoit en eux une
Confiance toute particuliere: il étoit ſouvent à leur Tête, & les accompagnoit dans leurs Courſes. Tout nouvellement, on venoit de leur
païer les Appointemens pour une Année entiere, ce qui faiſoit, que
chacun d'eux avoit la Bourſe bien garnie. Malgré ces Avantages,
trente-huit de ceux que l'on nommoit *Towarczes*, accompagnés de
ſoixante *Pokolkes*, ou Valets, deſertérent dans une ſeule Nuit & ſe
rendirent à l'Ennemi. L'Auteur de ce Complot étoit un des *Towarczes*,
qui avoit ramené Ehrenros au Camp Ruſſien; où il s'engagea, moïennant une Somme d'Argent, de débaucher, à ſon Retour, une Partie de
ſes Camarades. La Choſe n'étoit pas fort difficile, en l'abſence du
Colonel Sandul, qui étoit parti pour la Valachie. D'abord, le *Tow-*
arcze fit accroire à ſes Compagnons, que le Colonel avoit deſerté.

Avril.

Un Capitaine , nommé Pantelli , les confirma dans cette Idée. Ce dernier , aïant été fufpendu , à caufe de fa Defobéïffance , & parce qu'il avoit manqué de Refpect à fon Colonel. faifit cette Occafion pour fe venger, en fomentant la mauvaife Humeur de ceux qu'il connoiffoit enclins à fe révolter. Un autre Capitaine, nommé Gabrilas , étoit auffi du Complot. Celui-ci avoit été fait Prifonnier l'Année précédente, en Lithuanie, par les Mofcovites. Comme il retourna auffi-tôt à l'Armée Suédoife, il fit accroire, qu'il s'étoit fauvé par la Fuite des Mains de l'Ennemi ; mais, le Roi Staniflas aïant eu de fes Nouvelles , par le moïen d'une Dame de Qualité, en écrivit au Roi de Suede, pour l'avertir de ne point fe fier à cet Homme ; qu'il étoit gagné par Menzicof, auquel il avoit promis, ou de tuër le Roi pendant quelque Courfe que Sa Majefté feroit avec les Valaques, comme cela arrivoit fort fouvent, ou du moins de revenir bientôt accompagné d'un bon Nombre de fes Compatriotes. Le Roi, incapable de foupçonner la Fidélité de perfonne, à moins qu'il n'eut de bonnes Preuves en main, eut de la peine à ajouter Foi à ce Rapport. Il ne le négligeoit pourtant pas entiérement, étant toujours fur fes gardes, mais de façon à ne rien donner à penfer fur ce Sujet. Ces Deferteurs convinrent enfemble, que quelques-uns d'entre eux fe rendroient, pendant la nuit, à un certain Endroit, où les autres viendroient les joindre, dès qu'ils entendroient tirer quelques Coups de Piftolet. Environ à minuit, on entendit ces Coups au Quartier-général: mais, comme au même moment tout devint tranquille, on ne s'en mit point en peine, jufqu'à l'Arrivée de quelques Valaques, qui accoururent au grand Galop, pour donner Avis, qu'une Partie de leurs Camarades avoit deferté, & qu'ils avoient voulu enlever leurs Etendarts, en quoi ils n'avoient pas réüffi, parce que les Cornettes s'y étoient oppofez en fe défendant avec beaucoup de Courage. Avant que les Valaques euffent eu le tems de monter à Cheval, les Fuïards étoient déjà bien loin. D'ailleurs, il n'y avoit point d'autre Cavallerie à portée, que les Drabans & les *Enfpanners*, qui auroient perdu leurs Peines, s'ils avoient voulu courir à leur Pourfuite.

le 21.

Le lendemain, le Roi ordonna que l'on fît d'exactes Recherches fur tout ce qui s'étoit paffé. Toute la Trame fut decouverte. Ces Gens parlérent avec beaucoup d'Infolence, voulant qu'on ftipulât certaines Conditions, qu'on leur refufa tout court. Ils prétendoient, entre autres, qu'on les reconnût pour braves Gens, & qu'on ne leur dît point d'Injures, comme faifoient fouvent les Soldats & Cavaliers Suédois, mais non les Officiers. Cet Article leur fut accordé; & on promit de leur donner Satisfaction, en cas que cela arrivât davantage. Outre cela, ils exigeoient, qu'on leur païât la Solde, non tous les Ans, comme cela s'étoit toujours pratiqué, mais tous les trois Mois; que les Ecus en efpece leur fuffent comptez fur le pied qu'ils étoient généralement reçus en Ukraine; que les Appointemens de ceux qui avoient été tuez fuffent païés à leurs Camarades, pour être partagés entre eux; qu'on

leur

leur donnât leur Congé, quand ils jugeroient à propos de le demander, parce qu'ils ne pourroient plus faire de Campagne, sur-tout depuis que leur Colonel les avoit quittés. Ils insinuoient aussi, quoiqu'indirectement, que le Colonel Rosokofski, qui commandoit en l'absence de Sandul, étant lui-même Polonois, favorisoit en toute Occasion
ceux de sa Nation, qui étoient parmi eux, & auxquels il faisoit distribuer de plus grandes Portions qu'aux autres. Le Roi, aïant appris
toutes ces Choses, les fit assembler dans un certain Endroit, pour leur
parler lui-même. Il leur demanda, s'ils n'avoient point de Honte de
vouloir lui prescrire des Loix, pendant qu'ils jouïssoient à son Service
d'Avantages si considérables? Qu'on les avoit toujours païé ponctuellement: que loin qu'on les eut exposez plus que les autres Troupes,
Sa Majesté leur avoit souvent fait l'Honneur de se mettre à leur Tête, & de partager avec eux les Peines & les Dangers; que, lorsqu'ils
avoient mérité quelque Punition, ils n'y avoient jamais été condamnez
par un Conseil de Guerre composé d'Officiers Suédois, mais qu'on avoit
laissé ce Soin-là au Colonel Sandul, qui étoit un Officier de beaucoup de
Mérite & de Capacité: Que Sa Majesté leur accorderoit tout ce qui
étoit juste & raisonnable; mais, que s'ils avoient Envie de deserter
comme d'infames Coquins, pendant l'Absence de leur Colonel, cela
dependoit deux. Qu'Elle ne leur donneroit point de Congé avant le
Retour de Sandul; & que c'étoit avec lui, que la Capitulation étoit
faite, & non pas avec eux.

CETTE Harangue, où ils n'étoient rien moins que flattez, les fit
rentrer dans leur Devoir. Revenus à eux-mêmes, ils se repentirent
de leur Conduite, & promirent de continuer à servir en honnêtes
Gens. Ceux, qui s'étoient rendus auprès des Moscovites, tachérent
de nous faire tout le Mal dont ils étoient capables: ce qui ne leur coutoit pas beaucoup de Peine; parce qu'ils étoient parfaitement au fait
de nos Affaires, après tant d'Années de Service. Rosokofski étoit
continuellement à leurs Trousses, & il eut le Bonheur d'en attraper
plusieurs, que leurs propres Compatriotes condamnérent à être pendus. Les Suédois étoient bien aises d'être quittes de ces Traîtres, qui
auroient pû causer parmi eux de grands Malheurs.

LES Moscovites débauchérent aussi quelques Cosaques des Troupes
de Mazeppa. On promit à chaque Soldat dix Ecus, & aux Officiers
un Présent considérable. Ebloui par ces Promesses, un Colonel deserta avec quatre-vingts Hommes. Mazeppa étoit tellement persuadé de
la Fidélité de cet Officier, que, selon son propre Aveu, il auroit juré,
que si tous les autres le quittoient, celui-ci demeureroit ferme jusqu'au
dernier moment de sa Vie; ajoutant, qu'il ne savoit plus à qui il pourroit se fier à l'avenir.

NOUS avons remarqué un peu plus haut, que le Colonel Sandul,
en partant pour la Valachie, fut chargé d'une Lettre, que le Comte
Piper écrivit au Seraskier de la Silistrie. Ce dernier y répondit aussi-
tôt;

*Rentrent
dans leur
Devoir.*

*Quelques
Cosaques
desertent.*

*Lettre du
Seraskier de
Bender au
Comte Pi-
per.*

tôt; & l'on peut voir par fa Réponfe, qu'il s'agiffoit déjà dès-lors d'en-voïer à Conftantinople un Miniftre, chargé d'y veiller aux Intérêts du Roi. Le Seraskier difoit, ,, qu'il avoit fait partir le Courier qui de-
,, voit porter les Lettres au Roi de Pologne, & qu'il le faifoit accom-
,, pagner par un de fes Domeftiques. Qu'il avoit auffi fait favoir à la
,, Cour Ottomanne les Difpofitions où étoit le Roi de Suede de con-
,, tracter Amitié avec la Porte; & qu'il avoit jugé à propos de retenir
,, Sandul jufqu'à ce qu'il eut reçu Réponfe de Conftantinople. Que
,, celui-ci, aïant craint que les Chemins ne devinffent moins fûrs,
,, avoit preffé fon Départ: qu'après cela, la Réponfe étoit venue, &
,, que la Porte reconnoiffoit le Roi de Suede pour fon Ami, & rece-
,, voit l'Offre qu'il faifoit d'envoïer un Miniftre à Conftantinople.
,, Qu'il avoit eu Ordre de faire favoir au Roi les Intentions de la Cour
,, Ottomane, & de prier Sa Majefté de faire partir au plûtôt ce Mi-
,, niftre. Qu'il efpéroit, que l'Amitié entre ces deux Puiffances fe-
,, roit des plus avantageufes, & que le Roi de Suede profiteroit des
,, Circonftances favorables. Qu'à l'égard du Secours que l'on deman-
,, doit aux Tartares, il n'avoit eu aucun Ordre fur ce Sujet. Qu'il
,, confeilloit cependant en Ami, qu'avant toute chofe, on fît partir
,, un Miniftre, que l'on chargeroit de négocier un Traité d'Amitié
,, & d'Alliance; avec Promeffe, que le Roi de Suede ne feroit point
,, la Paix avec les Mofcovites, fans le Confentement de la Porte Ot-
,, tomane. Qu'il falloit que ce Traité fût confirmé par Serment: que
,, par-là l'on gagneroit le Cham des Tartares; &, qu'après cela, on
,, pourroit avec d'autant plus de fuccès demander du Secours au
,, Grand Seigneur, pendant que le Miniftre travailleroit auffi de fon
,, côté. Que s'il arrivoit que la Paix fe fît avant le Départ du Minif-
,, tre, il étoit de la Bienféance d'en donner Avis à la Porte, parce
,, qu'une pareille Démarche augmenteroit beaucoup l'Amitié du
,, Grand-Seigneur. Que le Courier étoit de retour de Pologne, &
,, qu'il lui avoit fait prendre le Chemin de l'Ukraine. Qu'il venoit
,, auffi de recevoir la dernière Lettre que le Comte lui avoit écrite:
,, qu'il en avoit fait rapport à fa Cour, dont il attendoit Réponfe; &
,, que, dès qu'elle feroit arrivée, il dépêcheroit les deux Cofaques.
,, Qu'il fe flattoit, que ce Traité feroit bientôt négocié, & qu'il don-
,, neroit autant de Joie aux Amis des deux Parties contractantes, qu'il
,, infpireroit de Trifteffe à leurs Ennemis. ,, Cette Lettre, écrite en Latin, étoit datée de Bender, le 23. du Mois de *Rebiulabir*, l'An de l'Hegire 1121.

Scheremetof
fait mine
de vouloir
attaquer le
Général
Creutz.
le 22.

Jusques-là, le Général Creutz s'étoit tenu à Refchitelofka, avec fept Régimens de Cavallerie; mais, aïant eu Ordre de s'approcher davantage de la Worskla, il fe mit en Mouvement, lorfque le Velt-Maréchal Scheremetof marcha à lui avec une Armée de vingt-mille Hommes. Creutz rangea auffi-tôt fes Troupes en Ordre de Bataille. Scheremetof rangea de même fa Cavallerie; mais, il fit défiler l'Infanterie

terie vers un petit Bois, avec Ordre, en cas que les Suédois enga-
geaffent le Combat, de les attaquer en flanc & en queue. Creutz ne
comprit que trop le Deffein de l'Ennemi. Il fe contenta donc de fe tenir tranquille, pour voir ce que l'Ennemi avoit envie de faire. Ils reftérent ainfi en préfence l'un de l'autre près de douze Heures. Durant
ce Tems-là, Creutz fit fortir fon Bagage du Village voifin, & lui fit
traverfer un Défilé qu'il avoit derriere lui. Scheremetof, voïant que
les nôtres demeuroient immobiles, & qu'ils n'avoient aucune Envie
de donner dans le Piege qui leur étoit tendu, fongea enfin à fe retirer. Il craignoit, qu'il ne vint un Renfort aux Suédois: en quoi il ne
fe trompoit pas; car, Monfieur de Creutz aïant fait favoir au Roi ce
qui fe paffoit, ce Prince y accourut auffi-tôt avec quelques Régimens.
Aïant appris en chemin, que les Mofcovites s'étoient retirez, il fe
mit à la tête d'un Détachement de deux cens Chevaux, & fit une
Courfe à Oltwa, où il furprit plufieurs Partis ennemis, auxquels il enleva quelques Prifonniers, dont on apprit que Scheremetof, après avoir
vû fon Deffein échoué, avoit repaffé le Pfiol, & qu'il marchoit à Ko-
rol. Creutz paffa le Défilé, & fe rendit fans aucun obftacle à l'Endroit qu'on lui avoit affigné; mais, immédiatement après fon Départ,
un Détachement Ruffien arriva à Refchitelofka, qui fut brulée &
faccagée (a).

LE Roi étoit toujours à Budizin, Place ouverte de tous côtez. Sa
Majefté ne vouloit pas feulement que l'on mît des Gardes aux Portes.
Le Comte Piper, & quelques autres Seigneurs, lui repréfentérent plus
d'une fois, que, bien qu'on n'eut rien à craindre pendant le Jour, il
n'en étoit pas de même pendant la Nuit: que les Portes ne fe fermoient jamais; & que c'étoit trop s'expofer, fur-tout n'y aïant dans la
Vil-

(a) Aù commencement d'Avril, une Inondation des plus violentes affligea la Ville
de Riga. Le Matin, on paffa la Duna, qui étoit couverte de Glace, avec de groffes Charges de Lin, de Chanvre, & d'autres pareilles Marchandifes. Le Soir à huit
Heures, les Glaces fe rompirent tout d'un coup, & les Eaux fe débordérent avec tant
de Rapidité, qui perfonne ne fe fouvenoit d'avoir jamais rien vû de pareil. Les Glâ-
çons furent jettez jufques à la Ville, & contre un des Baftions. L'Eau, aïant paffé
par-deffus la Chauffée, inonda le Fauxbourg, & les Maifons voifines des Portes, & de
la Cathédrale, où l'on ne put faire de Service, parce qu'il y avoit au-de-là de cinq
Pieds d'Eau. Le Marché fut auffi inondé. Les Portes de la Ville furent tenues fermées, & on ne laiffa entrer ni fortir perfonne. A *Jurgens-Hof* la plûpart des Maifons
furent emportées, de même que la plus grande partie des Ponts qu'il y avoit dans la
Ville, & une partie de la Citadelle, & d'un Ouvrage nouvellement conftruit. Les
Marchands perdirent confidérablement, l'Eau aïant pénétré dans les Magazins où ils
avoient leurs Marchandifes. La Bullera ne faifoit pas moins de Ravages. Les Glâ-
çons bouchérent l'Endroit par où cette Riviere fe décharge, & tous les Environs furent inondez. L'Eau, aïant repris fon Cours ordinaire, emporta plufieurs Maifons.
On n'entendoit de tous Côtez, que des Cris & des Heurlemens de la part de ces Miférables, qui voïoient la Mort devant leurs Yeux, fans pouvoir l'éviter. Il périt au-de-
là de quinze Vaiffeaux: d'autres furent jettez contre Terre , & brifés par les Glaçons.

Ville que les feuls Drabans. Charles fe contenta de répondre, qu'il n'avoit befoin de Gardes, que pour empêcher que les Païfans ne vinffent voler des Chevaux; & que, pour cet effet, le meilleur Moïen étoit, que chacun gardât la Maifon où il logeoit: que fi l'on attrapoit quelqu'un de ces Voleurs, fon Procès étoit déjà tout fait. On en prit en effet une douzaine, qui furent pendus le lendemain hors de la Ville; &, depuis ce tems-là, il n'en revint point d'autres.

LES Habitans de Budizin font dans l'Habitude d'avoir des Magazins fous Terre, de la même maniere que les Lithuaniens, excepté que les prémiers les ont dans la Ville même, & les autres dans quelque Champ, ou quelque petit Bois, peu éloigné de la Maifon. Ils y cachent non feulement leur Blé, mais auffi des Vivres, & leurs Meubles & leurs Habits les plus précieux. Ces Magazins à Budizin étoient extrémement profonds; &, avant que d'y parvenir, il falloit paffer par une Allée longue de dix à douze Pieds. Ils étoient remplis d'Exhalaifons venimenfes. Ceux qui, à l'Ouverture de ces Souterrains, s'y faifoient defcendre par le moïen d'une Corde, étoient étouffez à moitié chemin; & cela, avec tant de Violence, qu'ils perdoient auffi-tôt la Parole. Plufieurs de nos Gens périrent de cette Façon-là; mais, les autres fçurent mieux prendre leurs Précautions. Ils tenoient ces Magazins ouverts pendant quelque tems, afin de laiffer diffiper les Exhalaifons; ou bien ils y jettoient une Botte de Paille, à laquelle ils mettoient le Feu, afin que la Fumée chaffât les Vapeurs qui fortoient de la Terre. Pour être entiérement fûrs de leur Fait, avant que d'y defcendre, ils y jettoient une Torche allumée: fi celle-ci s'éteignoit, il n'étoit pas encore tems d'y entrer; mais, fi elle reftoit allumée, le Danger étoit paffé.

APRÈS avoir féjourné environ dix Semaines dans cette Ville, le Roi fe mit en Marche, pour fe rendre à Zucki, Village à deux lieues de Budizin. Les Vivres commençoient à devenir rares; mais, quoique les Habitans n'apportaffent plus de grandes Provifions, perfonne ne pouvoit fe plaindre de ce que l'on en manquoit entiérement. Quant au Fourage, nous en avions en abondance. L'Herbe étoit déjà affez grande pour être fauchée, & chaque Cavalier & Dragon en avoit pour fa part trois ou quatre Sacs par jour (a). Cependant, la Tranchée aïant été ouverte devant Pukawa, on y attacha le Mineur. Le Travail fut pouffé avec beaucoup de Vigueur: mais, foit Trahifon, foit Imprudence, un jour que les Travailleurs n'y étoient pas, l'Ennemi trouva moïen d'éventer les Mines, & d'emporter la Poudre que l'on y avoit tranfportée; ce qui fe fit avec tant de Secret, que perfonne n'en fut rien avant que tout fût ruiné.

COMME le Terrain de l'autre côté de la Ville étoit fort marécageux,

(a) PENDANT le Séjour du Roi à Zucki, le Colonel Hammarhielm y mourut d'une Fievre chaude. Il étoit Lieutenant des Drabans.

geux, les Moſcovites ſe firent une eſpece de Pont de Faſcines , après
quoi ils dreſſérent quelques Batteries. Le Roi, voulant leur diſputer
ce Paſſage, fit élever deux petites Redoutes. Il ordonna auſſi, que
l'on plantât, ſur une Hauteur voiſine, quatre Piéces de Campagne:
mais, malgré ces Précautions, la Négligence des nôtres fut ſi grande,
que le Brigadier Gollowin trouva moïen de paſſer durant la nuit entre les Redoutes & la Hauteur, & d'entrer dans la Ville, avec un
Détachement de mille Hommes, afin de relever ceux de la Garniſon,
qui n'étoient plus en état de rendre Service. Le Roi étoit encore à
Zucki, lorſqu'il apprit cette Nouvelle. Il jugea auſſi-tôt, que, la Garniſon n'aïant pas beſoin d'être renforcée, l'Ennemi ne pouvoit avoir
d'autre Deſſein, que de renvoïer une partie des vieilles Troupes. Pour
leur couper le Chemin, il en détacha quelques-unes, tant du Régiment
des Gardes, que des Régimens de Weſtmannie & de Calmar, auxquelles
il ordonna de ſe poſter dans un Endroit où il jugeoit que Gollowin
devoit paſſer. La Choſe arriva comme il l'avoit prévûe. Au bout de
quatre Jours, Gollowin ſortit de la Place avec autant de Soldats qu'il
y en avoit conduits; mais, les nôtres les reçurent ſi vertement, qu'il
n'y en eut que fort peu qui échappérent par la Fuite. Plus de trois
cens Hommes reſtérent ſur la place. Le Brigadier fut fait Priſonnier,
avec un Major, un Capitaine, & un Lieutenant, ſans compter quantité de Soldats qui eurent le même Sort.

EN attendant, on pouſſa vigoureuſement la Tranchée. Ces Travaux nous coutoient beaucoup de Monde, ſur-tout des Ingénieurs; &
il ne ſe paſſoit guere de Jour, que nous n'en euſſions quelques-uns de
tuez ou de bleſſés. A la fin, le Roi fut obligé d'employer, en Qualité
d'Ingénieurs, des Officiers d'Infanterie & de Cavallerie, qui, pendant
leur Jeuneſſe, s'étoient appliqués au Génie. Le Roi les dirigeoit lui-
même : & comme il poſſédoit cette Science à fond, il s'en entretenoit
ſouvent avec eux. L'Ennemi fit enfin une Sortie, pour tâcher de ruiner nos Approches; mais, les Suédois le reçurent avec tant de Bravoure, qu'il fut contraint de regagner la Ville, après avoir perdu
beaucoup de Monde. Outre cela, nos Partis étoient continuellement
aux Mains avec ceux de l'Ennemi. Comme il faiſoit ſouvent ſortir
des Détachemens de cent juſqu'à deux cens Hommes, pour laiſſer paî-
tre leurs Chevaux à la vûe de nos Poſtes, le Roi y envoïa quelques
vingt ou trente Soldats, pour leur donner la Chaſſe, ce qu'ils firent
toutes les fois avec beaucoup de Succès (a).

CEPENDANT, les Vivres devenoient extrémement rares. On n'entendoit

1709.
――――
Mai.
le 13.

le 16.
La Garni-
ſon de Pul-
tawa ren-
forcée.

Eſcarmou-
ches aux en-
virons de
Pultawa.

(a) LE Profeſſeur WESTPHAL dit page 168, que le Roi fit donner l'Aſſaut à la Place; mais, que les Suédois furent repouſſez à différentes Repriſes, avec une Perte conſidérable. Cela eſt faux. Il ne fut pas ſeulement queſtion de monter à l'Aſſaut quoiqu'en diſe cet Auteur, qui repete la même Choſe en trois ou quatre Endroits de ſon
Hiſtoire.

Qq 2

tendoit de tous côtez que des Plaintes & des Murmures : &, ce que l'on n'avoit jamais ouï auparavant, les Soldats Suédois ne souhaitoient rien tant que d'en venir à une Action décisive, pour avoir, ou la Mort, ou du Pain. D'ailleurs, plusieurs Circonstances concouroient à nous annoncer quelque grand Malheur, & tout sembloit se préparer à cette Journée si fatale pour la Suede.

Juin.
Les Russes
reprennent
leurs Pri-
sonniers.
le 15

Le Général-Major Kruse étoit posté à Staraschanzara, à deux lieues de Pultawa. Il avoit sous ses Ordres, outre son propre Régiment, ceux de Scanie, de Carélie, & de Livonie, tous Cavallerie. Aïant eu Avis, que l'Ennemi se faisoit voir à une demi-lieue de-là, & qu'il se disposoit à passer la Worskla, il y accourut aussi-tôt avec ses Troupes, laissant néanmoins une Garde suffisante pour veiller aux Prisonniers Russes, que le Roi lui avoit confiés, & qui montoient à environ treize cens Hommes. Pendant que Monsieur de Kruse étoit encore en Marche, pour aller chercher l'Ennemi, le Lieutenant-Général Heinski passa la Worskla, dans un autre Endroit, avec un Corps de douze mille Hommes, & se rendit droit à Staraschanzara, où il enleva les Prisonniers, après avoir fait tuër les Gardes. Un Valet, qui eut le Bonheur de se sauver, porta cette mauvaise Nouvelle au Général Kruse. Celui-ci retourna aussi-tôt sur ses pas, pour courir après les Moscovites ; mais, Heinski étant déjà bien loin, il ne lui fut pas possible de l'atteindre.

Deux Jours après, les Russes firent quelques Mouvemens aux environs de Pultawa. Le Roi venoit de passer la nuit dans le Camp devant la Place, afin d'éviter les Complimens, que l'on se préparoit à lui faire à l'Occasion du Jour de sa Naissance. A la prémiere Allarme, il monta à Cheval accompagné d'un Détachement de Dragons. Il

attaqua l'Ennemi, & le repoussa avec Perte. Tout le Monde se réjouïssoit de cet Avantage ; mais, au moment qu'on parloit du Respect qu'imprimoient les Armes Suédoises, il arriva un Malheur que les Suédois déplorent encore aujourd'hui. Le Roi, marchant à la tête de son Détachement pour retourner au Camp, fut blessé d'un Coup de Feu, qui lui perça le Pied gauche, en entrant par le Talon, & sortant près du gros Orteil (*a*). Comme la plûpart des Os du Pied étoient fracassez, il ressentit les Douleurs les plus cruelles : il n'en fit pourtant rien remarquer, continuant tranquilement son Chemin. Sa Fermeté & son Intrépidité furent si grandes, qu'après qu'on lui eut coupé la Botte, il tenoit lui-même sa Jambe, pendant que le Chirurgien Rolfes lui faisoit de profondes Incisions pour ôter les Esquilles. Quelque douloureuse que fût cette Opération, il la regarda faire avec beaucoup de Tranquilité, & sans qu'aucun des Spectateurs fût obligé de l'assister en rien.

Le

(*b*) L'Auteur du Livre Allemand, intitulé *Les Troubles de Pologne*, prétend page 926. que le Roi fut blessé la Veille de la Bataille de Pultawa. Il se trompe.

LE même Jour, il y eut Allarme à Zucki, où étoit le Quartier-général. Les Moſcovites s'avancérent en Ordre de Bataille, en faiſant Mine de vouloir attaquer. Mais, dès que les Suédois ſe furent mis en Devoir de les charger, ils tournérent le Dos, & s'enfuirent à toute bridé. Ces Tentatives n'aboutiſſoient qu'à nous harceler, & à fatiguer nos Troupes.

1709.
Juin.

VERS le Soir, les Comtes Piper & Rehnſchöd, accompagnés de quelques Officiers-généraux, allérent rendre leurs Reſpects au Roi. La Conſternation où Sa Majeſté les apperçut lui fit de la Peine. Pour leur inſpirer du Courage, Elle leur parla longtems, & les conſola, en diſant, que ſa Bleſſure n'étoit rien moins que dangereuſe, & qu'Elle eſpéroit, après que la Plaie auroit été bien nettoïée, d'être en peu de jours en état de remonter à Cheval. Ce Diſcours ne fut point capable de tranquiliſer les Eſprits: on ne prévoïoit que trop la Fraïeur que cette Nouvelle cauſeroit dans l'Armée, en un Tems où la Situation des Affaires exigeoit plus que jamais la Préſence du Roi, qui étoit ſeul capable de remédier à bien de Maux dont nous étions menacés.

QUELQUE affligeantes que fuſſent ces Réfléxions, rien n'eſt comparable à la Douleur que nous reſſentimes, lorſqu'on apprit au bout de cinq Jours, que la Bleſſure du Roi étoit devenue des plus dangereuſes, par la Gangrene qui s'y étoit miſe, & dont on voïoit déjà même des Marques au-deſſus du Genouil. Les Médecins & les Chirurgiens ne donnoient à ce Prince que vingt-quatre Heures de Vie. Comme il avoit naturellement du Dégout pour tout ce qui s'appelle Médecine, il n'y avoit pas moïen de le porter à prendre quelque-choſe pour exciter la Suëur. Après beaucoup d'Inſtances, il ſe laiſſa enfin perſuader; & les Remedes qu'on lui donna agirent ſi bien, qu'il fut bientôt hors de Danger.

DÈS que l'Ennemi ſut que le Roi étoit obligé de garder le Lit, il tacha de mettre à profit cette Circonſtance. Comme il ſe perſuadoit, qu'en l'Abſence de Sa Majeſté, on n'agiroit point avec la même Vigilance, & avec autant d'Activité, que lorſque le Roi avoit lui-même l'Oeil à tout, il devint plus hardi & plus entreprenant. Aïant paſſé la Worskla, pendant la Nuit, il vint camper avec toute ſon Armée du côté où étoient les Suédois. Les deux Camps étoient ſi près l'un de l'autre, que l'on entendoit diſtinctement le Bruit du Tambour de Part & d'autre. Les Moſcovites commencérent auſſi-tôt à ſe retrancher, & élever des Redoutes, qu'ils garnirent d'une bonne Artillerie. La Nuit d'après, ils élevérent, à quatre cens Pas de-là, ſept autres Redoutes, mettant dans chacune quatre cens Soldats, avec douze Piéces de Canon. En même tems, nos Valaques paſſérent la Riviere à la nage, pour mettre le Feu au Camp que l'Ennemi venoit de quitter. Toutes les Baraques & les Maiſons voiſines furent réduites en Cendres.

*Les Moſcovites s'approchent davantage.
le 21.*

LE 23 au matin, les Moſcovites firent encore une fauſſe Allarme. Pluſieurs Régimens s'avancérent en Ordre de Bataille; mais, à peine les.

*le 23.
Fauſſe Allarme.*

les Suédois se faisoient-ils voir, que l'Ennemi rentroit dans ses Lignes. Comme il ne cessoit point de nous braver, on se persuada, qu'il étoit dans l'Intention de nous livrer Bataille. Dans cette Idée, on fit avancer, à une demi-lieue de Pultawa, toute l'Armée Suédoise, qui fut rangée en Ordre de Bataille. On s'attendoit, que les Russiens sortiroient en rase Campagne; mais, comme ils s'étoient retranchés jusqu'aux Dents, pour ne pas être surpris (*a*), ils ne firent aucun Mouvement. Nos Troupes, après avoir été près de quatre Heures sous les Armes, rentrérent dans le Camp.

ENFIN, il fut résolu d'en venir à une Action décisive. Deux Raisons également importantes y déterminérent le Roi; savoir, prémiérement, la Disette de Vivres, & après cela les Mouvemens continuels que faisoit dans le Voisinage l'Ennemi, qui étoit pour le moins trois fois plus fort que nous, & qui ne cessoit de nous harceler nuit & jour, seulement pour fatiguer nos Troupes. L'Artillerie eut ordre de marcher vers un Défilé à une lieue du Camp, & l'on ordonna à quelques Régimens de rester auprès d'elle. Le lendemain au soir, on y fit aussi défiler tout le Bagage. Les Cosaques ennemis se firent voir ce jour-là en grand Nombre, faisant beaucoup de Bruit & tiraillant à la distance de trois à quatre cens Pas; mais, les nôtres leur donnérent aussi-tôt la Chasse. Vers le soir, le Roi fit appeller tous ses Généraux (*b*): & ce fut alors, qu'il ordonna que l'on attaqueroit le lendemain dans ses Retranchemens l'Armée Moscovite, l'Epée à la main. Quant aux Dispositions, & à l'Ordre de Bataille, Sa Majesté en laissa le Soin au Velt-Maréchal Rehnschöld & aux autres Généraux, qui connoissoient la Situation des Lieux aussi-bien que les Ouvrages de l'Ennemi, & auxquels il ordonna d'agir selon que les Circonstances l'exigeroient. Cette Journée auroit eu, avec l'Aide de Dieu, un heureux Succès, si le Roi avoit été lui-même en Etat d'éxécuter son Entreprise.

ENVIRON à minuit, les Suédois se mirent en Mouvement, marchant par Régimens, & sur différentes Colonnes. Au lever du Soleil, on apperçut la Cavallerie ennemie en Bataille derriere les Redoutes, dont les Moscovites faisoient un Feu horrible, mais sans effet, parce que nous en étions encore trop éloignés. Au bout de deux Heu-

---

(*a*) CE sont les propres Paroles des Russiens, telles qu'on les trouve dans la Relation de la Bataille de Pultawa, qui a été insérée dans la *Renommée de l'Europe*, page 454.

(*b*) MR. DE VOLTAIRE dit, que le Roi fit venir la nuit le Velt-Maréchal Rehnschöld. Il se trompe. Tous les Généraux étoient en même tems auprès du Roi, non pour tenir Conseil de Guerre, mais pour recevoir les Ordres de Sa Majesté. Le même Auteur, en nommant les Généraux Suédois, fait mention d'un Général Field. Il n'y eut jamais dans notre Armée un Général, ni aucun autre Officier, de ce Nom-là. D'ailleurs, nous n'avions point non plus alors aucun Général qui s'appellât Horn.

Heures, le Velt-Maréchal donna Ordre à l'Infanterie d'attaquer les Redoutes, qui nous incommodoient beaucoup, & d'en déloger les Ennemis. Le Général-Major Axel Sparre devoit se rendre Maitre des
trois Redoutes qui étoient à la droite de l'Ennemi, pendant que le Général-Major Charles-Gustave Roos attaqueroit les quatre autres sur la
gauche. Le prémier éxécuta parfaitement bien son Entreprise. Les
Soldats allérent à la Charge avec beaucoup d'Intrépidité, & entrérent
dans les Redoutes, faisant Main basse sur tout ce qui se présentoit. Il
n'y eut que fort peu de Moscovites, qui eurent le Bonheur de se sauver, après avoir sauté par-dessus le Rempart (*a*).

On prétend que les Suédois, après s'être rendu Maitres de ces Redoutes, firent une grande Faute, en ne s'y arrêtant pas quelque peu
de tems; que l'on auroit pû tourner le Canon, qui y étoit, contre
l'Infanterie Russienne; que, d'ailleurs, on auroit dû envoïer un Renfort
au Général Roos, qui ne put venir à bout d'emporter les Redoutes
sur la gauche. Mais, telle fut l'Ardeur des nôtres, que l'on ne songea seulement pas à ces Avantages. Aïant délogé les Moscovites de
ces trois Redoutes, ils les poursuivirent l'Epée dans les Reins : &, en
même tems, la Cavallerie Suédoise chargea celle des Ennemis, la renversa, & la poursuivit environ une demi-lieue, malgré le Feu horrible que faisoient les Moscovites de leurs Retranchemens. Ils tiroient
à Cartouches, & nous jettoient une infinité de Bombes & de Grenades; ce qui nous couta beaucoup de Soldats & de Chevaux.

A cette Attaque, le Capitaine Muhl, des Dragons du Corps, se distin-
gua beaucoup à la tête de son Escadron. Il se trouva plusieurs fois au
milieu des Ennemis. Comme la Poussiere & la Fumée empêchoient
qu'on ne pût distinguer l'Uniforme bleue de la verte, on n'apperçut
que tard six Russes, qui s'étoient rangés parmi les Dragons Suédois :
deux étoient dans le prémier Rang, & les quatre autres suivoient. Ces
derniers aïant été reconnus, furent tuez sur le champ. Les deux prémiers voïant le Sort de leurs Camarades, essaïérent de se sauver.
L'un de ces Malheureux, en donnant des Eperons à son Cheval, leva le Sabre, & auroit fendu la Tête au Capitaine, si celui-ci, sur les
Cris de ses Gens, n'eut esquivé le Coup. Au même instant, il lui enfonça l'Epée dans le Corps, & le fit tomber roide mort. L'autre, voulant tenter la même chose, fut tué d'un Coup de Pistolet.

Tandis que tout cela se passoit, le Roi, qui se faisoit porter sur
un Brancard, s'arrêta à une bonne Distance derriere l'Armée (*b*). Il
n'a-

(*a*) Mr. de Voltaire rapporte, que le Roi conduisoit la Marche, porté sur un
Brancard à la tête de son Infanterie; que les Suédois croioent *Victoire*; & que le Roi
ne doutoit pas, que la Victoire ne fût gagnée. Tout cela est faux.

(*b*) Mr. de Voltaire se trompe, en disant que le Roi fit ce qu'il put pour monter à
Cheval à la tête de ses Troupes.

n'avoit, auprès de lui, que sa Garde ordinaire ; savoir, douze Drabans, & vingt-quatre Soldats-aux-Gardes. Les Cosaques Russiens,
s'avancérent avec de Cris horribles, & tirérent de loin quelques Coups
de Pistolet. Mais, Sa Majesté aïant donné ordre au Baron Rälamb, Caporal des Drabans, de faire venir l'Escadron du Capitaine Muhl, ils
s'éloignérent à toute bride. Après cela, le Roi fit tourner à gauche,
& prit la même Route que la Cavallerie avoit prise, traversant les Intervalles entre le Retranchement & les Redoutes des Ennemis, non
sans courir grand Risque d'être tué. Le Feu des Moscovites continuant
toujours avec Violence, un des Chevaux du Brancard fut emporté ; &,
en même tems, trois Drabans, & quelques Soldats, furent tuez à côté
du Roi (a).

LORSQUE l'Infanterie des Moscovites, qui n'étoit pas encore sortie de
ses Retranchemens, s'apperçut du Desordre où étoit la Cavallerie, elle
songea aussi à la Retraite. Les Chariots de Bagage furent attelez, &
l'on se disposoit déjà à partir, parce que l'on craignoit que les Suédois,
après avoir repoussé la Cavallerie, ne vinssent fondre sur l'Infanterie,
par derriere, où il n'y avoit point de Retranchement, mais une grande Plaine (b). Ici les Suédois firent une seconde Faute. Au lieu de
poursuivre la Cavallerie ennemie encore un demi-quart de lieue, où ils
auroient pû l'acculer dans un Marais, ou la contraindre à mettre bas
les Armes, ils s'arrétérent tout court. Ce fut-là ce qui acheva nôtre
Perte. Dès que le Czar eut remarqué, que les Suédois s'étoient éloignés
une demi-lieue du Reste de leurs Troupes, que l'on n'attaquoit plus sa
Cavallerie, & que personne ne secouroit le Général Roos, il sortit
des Retranchemens avec son Infanterie. Le Général-Major Schlippenbach, qui n'avoit que peu de Troupes auprès de lui, fut le prémier renversé & fait Prisonnier. Après quoi, les Russes attaquérent
le Général Roos. Celui-ci avoit déjà perdu beaucoup de Monde à
l'Attaque des Redoutes (c). Cependant, il se deffendit avec beaucoup de Bravoure. Les Colonels Torstenson & Siegroth firent des
Pro-

(a) Mr. DE VOLTAIRE avance, que le Roi, porté sur des Piques par quatre Grenadiers, couvert de Sang, & tout froissé de sa Chûte, pouvant à peine parler, s'écrioit,
Suédois, Suédois ! Cela n'est pas ainsi. J'étois moi-même présent, lorsque les Soldats-
aux-Gardes, après avoir dételé l'autre Cheval, mirent le Brancard, dans lequel le Roi
étoit, sur leurs Epaules.

(b) Ce sont les propres Expressions du Czar. Quelques jours après la Bataille, il
s'entretint sur ce Sujet avec les Géneraux Lewenhaupt, Creutz, & Kruse. Ce dernier
mit ensuite par écrit tout ce qu'il avoit entendu dire au Czar dans cette Conversation.
Le Manuscrit de Monsieur de Kruse se trouve entre mes mains.

(c) LE Professeur WESTPHAL prétend page 173, que le Général Roos, qui commandoit les Troupes qui devoient tenir Pultawa bloquée, tomba entre les mains de
l'Ennemi avec toutes ces Troupes. Il se trompe. Tout ce qu'il avance sur le Sujet
de ce Général n'a aucune Réalité.

Prodiges de Valeur; mais, accablez par le grand Nombre, la plûpart des Officiers furent, ou tuez, ou fait Prisonniers.

Les Moscovites marchérent ensuite sur deux Lignes contre ce Corps qui étoit allé à la Poursuite de leur Cavallerie. Le Roi venoit d'y arriver; mais, dans un état à faire pitié, son Brancard aïant été mis en Pieces, & puis rattaché à l'aide de quelques Cordes. Dès que Sa Majesté eut apperçu l'Ennemi qui s'avançoit, Elle ordonna à ses Troupes de former une seule Ligne; mais, les Moscovites ne leur donnérent pas le tems de se ranger, & les attaquérent tout à la fois en queue, & en flanc.

La Confusion aïant commencé à s'en méler, le Colonel Gierta, Lieutenant des Drabans, pria instamment le Roi de se faire transpor-ter en quelque Lieu de Sureté; mais, quelque pressantes que fussent ces Représentations, tant que ce Prince vit ses Troupes au milieu du Feu des Ennemis, il ne voulut point bouger de l'Endroit où il étoit. Enfin, l'Ordre fut donné de faire la Retraite. Elle devint extrême-ment difficile, parce que l'Ennemi innondoit, pour ainsi dire, toute la Plaine. Cependant, elle se fit en si bon Ordre, que les Moscovites n'ôférent nous poursuivre avec quelque Vigueur, ni attaquer aucunes de nos Troupes, quand elles étoient tant soit peu nombreu-ses. Ce fut alors, que le Roi monta à Cheval. Il passa tranquille-ment avec sa petite Troupe au milieu des Ennemis, mais non sans risquer encore de perdre la Vie, son Cheval aïant été tué sous lui (a). A la moindre Attaque, ce Prince auroit été perdu; mais, le Co-lonel Gierta le sauva. Quoiqu'il fût lui même dangereusement blessé, il se fit descendre de son Cheval, pour le donner au Roi; après quoi, il se traina vers une Haie, pour y attendre la Mort (b). Heureusement, un des Palfreniers du Roi passa avec le Cheval de Sa Majesté, connu sous le Nom de *Brand-Klipparen* (c). Gier-ta

Défaite des Suédois.

Le Roi est sauvé.

(a) Ce que Mr. de Voltaire dit du Valet-de Chambre du Roi, nommé Frédé-ric, est entiérement faux. Il n'est pas vrai non plus, que le Roi se mit dans le Ca-rosse du Comte Piper, que le Carosse se rompit, que le Roi s'égara pendant la Nuit dans un Bois, qu'il se coucha quelques Heures au pied d'un Arbre, &c.

(b) Dans les Lettres de Noblesse, que le Roi accorda à Monsieur de Gierta au Mois de Janvier 1710, il est parlé de cette belle Action. Voici le glorieux Témoignage que lui rend Sa Majesté: *Outre ces fideles Services, & ces Marques d'un grand Courage, il Nous a donné, dans la Bataille de Pultawa, une Preuve des plus fortes de sa Fidélité & de son Attachement pour Notre Personne. Notre Cheval aïant été tué sous Nous, il Nous donna aussi-tôt celui sur lequel il étoit monté, quoique, dans cette Occasion, il ne lui fût pas possible d'en avoir un autre, ou de trouver quelque autre Moïen de se sauver. Telle fut sa Tendresse pour Nous, qu'il sacrifia sa Vie pour Notre Conservation. Déjà les Ennemis l'en-vironnoient de toutes Parts, & il alloit tomber entre leurs Mains, lorsque la Providence lui fournit un Moïen de se retirer du Danger où il étoit, après avoir suivi quelque tems à pied l'Infanterie Moscovite, &c.*

(c) Ce Cheval fut nommé *Brand-Klipparen*, ou le *Cheval d'Incendie*, parce que

Char-

1709.

Juin.

ta monta deſſus, & rejoignit le Roi dans l'Endroit où étoit le Bagage (a).

Tel fut le Succès de cette Journée, dont les Suites ont été ſi fatales à la Suede. Cependant, à ne conſidérer que les Circonſtances mêmes de cette Action, on conviendra, qu'elle ne fait point aux Ruſſiens
autant d'Honneur qu'on le prétend. Leur Armée étoit infiniment plus
nombreuſe que la nôtre. Elle avoit de bons Retranchemens, & une
Artillerie des plus conſidérables. D'ailleurs, ſes Provinces lui fourniſ-
ſoient des Vivres en abondance. L'Armée Suédoiſe, au contraire,
étoit fort affoiblie par des Fatigues & des Eſcarmouches continuelles,
& par ce rude Hiver qui nous enleva tant de Monde. Elle manquoit
de tout: nous ne pûmes ſeulement pas nous ſervir de notre Artillerie, faute de Munitions. Ajoutons à cela, que neuf Régimens
entiers furent emploïés ailleurs, tant pour tenir Pultawa bloquée,
que pour reſter auprès de Mazeppa, & pour garder le Bagage;
ſans parler des différens Détachemens qu'on avoit été obligé de
faire, le long de la Worskla, & dont il y avoit un à Novaſchanzara ſous les Ordres du Général Meyerfeldt, & deux autres à Beliki & à Kobilack, commandez par les Lieutenants-Colonels Funck &
Silfwerhielm. Le plus grand Malheur vint de ce que le Roi ne ſe
trouva pas en état de commander lui-même, & d'être préſent par-
tout à ſon ordinaire. Par ſon Activité, & ſa Préſence d'Eſprit, il auroit remédié, à toutes les Fautes que l'on fit dans cette Occaſion.
Peut-être même cette Poignée de Monde, que nous avions, auroit-el-
le remporté la Victoire.

Quoiqu'il en soit, cette formidable Armée, qui venoit de
mettre les Suédois en Déroute, n'eut point le Courage de les pourſuivre, ou de s'oppoſer à leur Retraite. Lorſqu'ils furent arrivez auprès du Détachement de Mazeppa, à un Quart-de-Lieue du Champ de
Bataille, ils ſe rangérent de nouveau, & demeurérent pendant quatre
Heures ſous les Armes, ſans que l'Ennemi ôſât ſe montrer. Le Reſte de l'Armée marcha enſuite en fort bon Ordre, avec l'Artillerie &
le Bagage, à Novaſchanzara, où elle fit Halte, juſqu'au lendemain
matin,

le 28.

le 29.

Charles XI, le faiſoit toujours tenir ſellé, pour monter deſſus en Cas d'Incendie. Ce
Prince l'avoit eu dans la Guerre avec le Dannemarck, & s'en étoit ſervi depuis 1679.
Au Commencement de cette Guerre, Charles XII le prit avec lui en Campagne. Il le
montoit ordinairement les Jours de Bataille. En 1713, les Turcs l'enlevérent à l'Affaire de Bender. Le Roi le racheta. En 1715. il fut pris & racheté une ſeconde fois
à Stralſund. Il mourut enfin en 1718. à Lund, en Scanie, âgé de quarante-deux
Ans.

(a) Mr. de Voltaire, en parlant du Paſſage du Boriſthene, rapporte que trois
cens *Cavaliers de la Garde du Roi*, paſſérent le Fleuve à la nage. Il ſe trompe. Les
Drabans ne furent jamais plus forts que de cent-cinquante Hommes; &, à la Bataille
de Pultawa, ils n'étoient pas forts ſeulement de cent Hommes.

matin, qu'elle fe rendit à Beliki. Elle paffa la nuit dans cet Endroit, & continua enfuite fa Marche vers Kobilack. Là, les Cofaques ennemis fe firent voir. Ils tombérent fur notre Arriere-Garde;
mais, on les repouffa avec beaucoup de Vigueur. Ils fuivirent depuis
à une certaine Diftance, jufqu'à ce que l'Armée arriva au Borifthene.

DURANT le Combat, le Comte Piper demeura toujours auprès des
Troupes (*a*). Voïant enfin que tout étoit perdu, il tourna à droite,
pour fe rendre au Bagage. Il étoit accompagné des Majors Spens &
Bähr, du Sécrétaire Duben, du Capitaine Törnflycht, du Fifcal Lampa, & de quelques autres Perfonnes, parmi lefquelles je me trouvois
moi-même. Après que nous eumes traverfé un petit Vallon couvert
de Brouffailles, & que nous fumes arrivez dans la Plaine, les Tartares
& les Calmouques fe firent voir de tous côtez. Comme il n'étoit pas
poffible de paffer outre, & que le Comte ne vouloit point tomber
entre les Mains de ces Gens-là, il réfolut d'aller droit à Pultawa, pour
fe rendre Prifonnier.

VERS le foir, nous fumes conduits au Camp Ruffien, où le Velt-
Maréchal Scheremetof reçut le Comte Piper avec beaucoup de Politeffes & d'Honnêtetez. Le Général Mofcovite lui parla de la Situation
préfente des Affaires. Tout ce qu'il difoit fur ce Sujet étoit très raifonnable. On prépara pour le Comte une magnifique Tente à la Turque. Il
demeura auprès du Velt-Maréchal une Nuit & un Jour, & fut traité avec tous les Honneurs imaginables. Le lendemain, le Czar ordonna que les principaux Prifonniers Suédois fuffent diftribuez parmi les
Généraux Ruffiens. Le Prince Maximilien-Emanuel de Wurtemberg
fut laiffé auprès du Prince Menzicof. Le Comte fut transféré auprès
du Comte Gabriel-Jwanowitz Golofkin, Prémier-Miniftre. Le Comte
Rehnfchöld demeura auprès du Velt-Maréchal Scheremetof. Les autres Officiers reftérent chacun auprès de quelque Officier Ruffe du même Rang. Les Bas-Officiers & les Soldats, tant ceux qui avoient été
faits Prifonniers à Pultawa, que ceux qui le devinrent peu après, fuivirent l'Armée Ruffienne environ huit Jours; après quoi, ils furent envoïés en Ruffie (*b*). Quant aux Cofaques de Mazeppa, tout ceux,
que l'Ennemi put attraper, furent expofez à de Tourmens horribles.
On leur rompit les Bras & les Jambes, & les Corps de ces Malheureux
furent

(*a*) LE Profeffeur WESTHAL dit fort mal-à-propos, page 177, que le Comte Piper
mit le Feu aux Archives. Le Comte fe tenoit auprès du Gros de l'Armée, & les Archives étoient au Bagage, où il ne parvint pas.

(*b*) S. F., qui a écrit en Allemand la *Vie de Charles XII*, affure, Tom. VIII, pag.
169, que le Czar fit diftribuer aux Prifonniers Suédois la Somme de quinze mille
Ducats. Cela n'eft pas croïable.

1709.

Juin.

furent mis tout en vie fur la Roue : d'autres furent empalez ou pendus. On appelloit cela punir les Rebelles (*a*).

Quelques jours après la Bataille, le Czar donna à fes Officiers-Généraux un grand Repas, auquel il fit inviter auffi les Sénateurs, Généraux, & Colonels, Suédois. On dina fous des Tentes que l'on avoit dreffé exprès, & qui avoient au-de-là de cinquante Aulnes de long. Après que l'on fe fut levé de Table, le Czar arriva. Il parla à plufieurs de nos Officiers ; &, aïant bû à la Santé du Roi de Suede, il fe retira (*b*).

(*a*) L'Anonime, dont nous venons de parler dans la Remarque précédente, dit que le Czar fit Grace aux Cofaques. Il fe trompe.

(*c*) S.F. rapporte, page 170, que le Czar fit, pendant le Repas, beaucoup de Politeffe au Comte Piper, & qu'il fe réjouïffoit fort de le voir. Il fe peut bien que cette derniere Circonftance foit vraie ; mais, ce que je fais parfaitement bien, c'eft que le Czar n'adreffa feulement pas la Parole au Comte.

Fin du Dixieme Livre.

HISTOIRE

DE

CHARLES XII,

ROI DE SUEDE.

❧❧❧❧❧❧❧❧❧❧❧❧❧❧❧❧❧❧❧❧❧❧❧❧❧❧❧❧❧❧❧❧❧❧

LIVRE ONZIEME.

AUSSI-TOT que le Roi fut arrivé sur le Bord du Boriſthene, tous les Généraux vinrent le trouver, pour le ſupplier de mettre ſa Perſonne en Sureté, & de paſſer ſans
délai cette Riviere. Ils lui repréſentérent, que le Terrain, où les Troupes ſe raſſembloient, étoit extrémement
bas, & environné de tous côtez de Hauteurs, dont les
Moſcovites, qui ne manqueroient pas de nous ſuivre, ſe ſerviroient
avec avantage. Ils ajoutérent même, que, pour peu que l'Ennemi
amenât d'Artillerie, il lui ſeroit facile de tuër tout ce qui ſe préſenteroit dans le Vallon où l'Armée campoit. Le Roi n'étoit pas de ce Sen-
timent-là. Il croïoit au contraire, „que ſi l'Ennemi avoit pris la Ré-
„ſolution de nous ſuivre, il auroit déjà paru. C'étoit auſſi l'Avis de
„quelques-uns des Officiers-Généraux. Je ſuis perſuadé„, continua
Sa Majeſté, „que, quand même les Ruſſiens viendroient nous atta-
„quer, mes Troupes, en me voïant le prémier à Cheval, ne ſongeront
„plus au Malheur précédent. Elles iront à la Charge avec la même
„Intrépidité, qu'elles ont conſtamment fait paroitre dans toutes les
„Occaſions où j'ai été à leur Tête. Elles remporteront même la Vic-
„toire. Combien l'Hiſtoire ne nous fournit-elle pas d'Exemples d'Ar-
„mées, qui, venant d'être miſes en Déroute, & d'abandonner le
„Champ de Bataille, ont remporté, peu de jours après, des Victoi-
„res éclatantes ſur un Ennemi triomphant? Nous eſpérons tout de
„la Providence.„
PENDANT que le Roi parloit, le Comte Lewenhaupt ſe tenoit à
genoux devant le Lit ſur lequel ce Prince étoit cou ché. Aïant pris la

1709.

Juin.

le 3º.
Charles ar-
rive au Bo-
riſthene.

Pa--

Parole, il dit, ,,que, quelques beaux que fussent les **Sentimens de Sa**
,, Majesté, il sembloit néanmoins absolument impossible de les met-
,, tre à exécution. Que la Blessure de Sa Majesté ne lui permettroit
,, pas de demeurer long-tems à Cheval, à cause de la Chaleur excessi-
,, ve qu'il faisoit: que si Elle avoit été en état de supporter le Cheval,
,, Elle ne se seroit pas fait porter sur un Brancard, à la Journée de Pul-
,, tawa. Que cette seule Circonstance avoit répandu tant de Conster-
,, nation parmi les Soldats, qu'ils croïoient fermement, que Sa Majesté
,, n'avoit plus que quelque peu de jours à vivre; & que, dans cette
,, Idée, ils ne songeoient qu'à leur propre Sureté, & de quelle Manie-
,, re ils se tireroient d'un Danger si présent à leurs Yeux. Que, dans
,, cette Confusion, l'on ne pouvoit s'attendre qu'il fissent de grands Ef-
,, forts. Que si Sa Majesté mettoit d'abord sa Personne en Sureté; avec
,, autant de Monde qu'il faudroit pour faciliter son Passage, elle retrou-
,, veroit après cela aisément une Armée, avec laquelle Elle regagne-
,, roit ce qu'Elle venoit de perdre. Que si, au contraire, Elle s'ex-
,, posoit au Danger d'être tuée, ou fait prisonniere, non seulement les
,, Débris de son Armée seroient entiérement perdus, mais son Roïau-
,, me même se trouveroit sans ressource, & comme abandonné à la
,, Discrétion du Vainqueur. Que s'il y avoit moïen de rétablir l'Or-
,, dre parmi les Troupes, il sacrifieroit volontiers sa Vie, & jusqu'à
,, la derniere Goute de son Sang, pour le Service de Sa Majesté;
,, mais que, dans l'Etat où l'on étoit réduit, il seroit également inutile
,, & téméraire de vouloir livrer Bataille. Qu'ainsi, il étoit d'Avis de
,, décamper dès la pointe du jour, pour remonter le Boristhene; de
,, chercher à passer quelque part cette Riviere, & d'entrer ensuite dans
,, la Tartarie. ,,

Le Roi eut bien de la Peine à se déterminer. A la fin, il résolut
de suivre l'Avis de son Général. Mazeppa passa le prémier, avec ses
Officiers, & les Dames Cosaques. Le Trajet ne se fit que lentement,
parce que le Boristhene étoit large, en cet Endroit, d'une Portée de
Canon. A l'entrée de la nuit, le Roi traversa cette Riviere, suivi
des Officiers de sa Maison (*a*). Comme il n'y avoit point assez de Bateaux,

(*a*) L'Auteur Anonime de l'*Histoire de Troubles de Pologne*, écrite en Allemand,
rapporte page 931, que l'on abbattit une vieille Mosquée, dont le Bois fut emploïé à
construire pour le Roi un Batiment de Transport. Il est absurde de penser que les
Turcs eussent une Mosquée sur le Territoire de Russie; & il n'y avoit dans cet Endroit, ni Eglise, ni aucun autre Batiment qui y ressemblât. Le Roi passa le Boristhene dans une Barque. D. F., Auteur de la *Vie du Roi Auguste*, n'est pas mieux instruit
sur ce Sujet, non plus que S. F., qui dit la même Chose dans le Tome VIII de son
Histoire de Charles XII. Le dernier ajoute, que le Roi fit des Reproches à Mazeppa, & qu'il le traita de *Séducteur.* Cette Circonstance est aussi peu vraie, que lorsqu'il
dit, que le Roi se mit dans le Chariot de Bagage de Meyerfeldt, que l'on attela de
douze Chevaux, & que l'on courut à toute bride. Charles se mit dans une Caleche,
qui étoit à Monsieur de Meyerfeldt. Il avoit à son côté, le Colonel Hard, qui étoit
aussi blessé.

teaux, on ramaffa des Poutres, des Planches, des Couvertures de Chariots, pour faire des efpeces de Radeaux, fur lefquels on tranfporta quelques Voitures dont on avoit abfolument befoin. Les Cofaques nous rendirent de bons Services. Plufieurs d'entre eux fe jettérent fur leurs Bidets, animant de la Voix grand nombre de Chevaux, qu'ils encourageoient par-là à les fuivre. Quelques-uns furent affez hardis pour traverfer la Riviere à la nage: d'autres, tenant leurs Chevaux par la Bride, les faifoient nager à côté des Barques ou des Radeaux. Quelle trifte Situation pour une Armée toujours accoutumée à vaincre!

1709
Juillet.

AU-DE-LA' du Borifthene, il ne s'offrit à la vûe qu'un vafte Defert. Il n'y avoit aucune Habitation, pas même le moindre Veftige d'Hommes qui y euffent jamais paffé. Le Jour, il faifoit une Chaleur infupportable, & la Nuit nous n'avions pas moins à fouffrir d'un Froid des plus pénétrans. Les Troupes furent partagées en deux Colonnes, dont l'une fuivoit le Roi, & l'autre avoit Mazeppa pour Chef. Ce dernier n'ignoroit aucun Paffage de ce Defert, l'aïant fouvent traverfé avec les Cofaques, dans la derniere Guerre de Ruffie contre les Turcs & les Tartares, où il battoit fans ceffe la Campagne jufques fous Oczacow. Vers le foir, les Hommes & les Chevaux fe rafraîchirent, en buvant d'une Eau trouble & bourbeufe. On laiffa paitre les Chevaux: après quoi, on donna le Signal, & l'on continua enfuite la Marche comme auparavant, jufqu'à minuit, que l'on fit Halte.

Le Roi traverfe le Defert.

AVANT que le Roi paffât le Borifthene, les Cofaques Ruffiens fe firent voir fur les Hauteurs voifines du Camp; mais, comme ce n'étoit qu'un Parti qui battoit la Campagne, on ne s'en inquiéta pas beaucoup. A peine Sa Majefté fe fut-elle mife en Marche, que Menzicof parut avec des Troupes réglées. Il n'étoit plus tems pour Monfieur de Lewenhaupt de fonger à fe retirer au-de-là du Borifthene. Les Généraux, les Colonels, en un mot tous nos Officiers, fe donnérent des Peines infinies pour ranger les Troupes en Ordre de Bataille; mais, il ne leur fut pas poffible de fe faire obéïr: les Soldats n'écoutoient plus, ni Menaces, ni bonnes Paroles. Menzicof ne tarda guere d'envoïer un Tambour, pour fommer le Général Suédois de fe rendre Prifonnier, avec les Troupes qui étoient fous fes Ordres. Il lui fit dire en même tems, que, s'il ne fe rendoit pas d'abord, il lui feroit voir ce qu'il étoit en état de faire avec fon Artillerie. Le Comte Lewenhaupt affembla auffi-tôt les principaux de fon Armée, pour délibérer avec eux fur le Parti qu'il y avoit à prendre. Ceux, qui compofoient ce Confeil, étoient les Généraux-Majors, Creutz, Hamilton, Krufe, Schlippenbach, & Stackelberg, avec plufieurs Colonels, & entre autres Meffieurs Duckert & Taube. Ils furent tous d'Opinion, que, bien qu'il pût y avoir dans chaque Régiment quelques Soldats qui feroient leur Devoir, le Nombre en étoit cependant fi peu confidérable, qu'on n'ôferoit rien entreprendre; que l'on hazarderoit trop à livrer Bataille; & qu'ainfi il ne reftoit d'autre Parti à prendre, que de

Menzicof pourfuit l'Armée Suédoife.

dépu-

1709.
—————
Juillet.
Lewen-
haupt se
rend par
Capitula-
tion.

députer vers l'Ennemi quelques Officiers, pour demander à capituler à des Conditions raisonnables.

MENZICOF y confentit. La Capitulation fut dreffée : &, après quelques Allées & Venues, on convint enfin des Articles fuivans (*a*). „ I. Que les Troupes, qui étoient fous les Ordres du Comte Lewen-„ haupt, tant Généraux, qu'Officiers & Soldats, fe rendoient Prifon-„ niers de Guerre au Czar. II. Que les Soldats, Cavaliers, & Dra-„ gons, mettroient bas les Armes, & demeureroient Prifonniers, juf-„ qu'à ce que l'on eût pourvû à leur Rançon ou à leur Echange. Qu'ils „ retiendroient leurs Uniformes, mais point d'Armes, ni de Muni-„ tions ; & que tous les Chevaux, à l'exception de ceux des Offi-„ ciers, feroient remis au Czar. III. Qu'on laifferoit aux Géné-„ raux & aux Officiers leurs Bagages ; & que leurs Perfonnes „ feroient relachées fans Rançon, ni Echange, dès que la Paix feroit „ faite entre Sa Majefté Czarienne & le Roi de Suede : qu'en atten-„ dant, ils feroient traités avec Honneur, & qu'il leur feroit permis „ d'aller pour quelque tems chés eux fur leur Parole. IV. Que l'on re-„ mettroit au Czar l'Artillerie Suédoife, avec toutes les Munitions, „ auffi-bien que les Drapeaux, Etendarts, Trompettes, Timbales, „ & Haut-Bois ; comme auffi la Caiffe Militaire du Roi de Suede , „ dans l'état où elle fe trouvoit. V. Que les Zaporoviens, & autres „ Rebelles, qui fe trouvoient parmi les Troupes Suédoifes, feroient „ d'abord livrez à Sa Majefté Czarienne. „ Menzicof figna ces Arti-cles fans balancer. Ceux, qui ont été préfens à cette Affaire, ne favent que trop comment la plûpart de ces Conditions furent éxé-cutées.

CEPENDANT, le Roi continuoit fa Marche au travers du Defert. Le fecond Jour, on fit rencontre d'une Eau claire, qui nous invita à faire Halte environ à Midi. Le Paturage étoit excellent en cet En-droit ; mais, quant aux Vivres, la plus grande partie de notre Monde en manquoit. Quelques-uns appaiférent leur Faim en mangeant des Amandes amères, ou d'une efpece de Cerifes qui croiffoient fur de petits Arbriffeaux. Ceux, qui avoient quelques autres petites Provi-fions, les confervoient pour eux-mêmes ; la Néceffité, & l'Incertitu-de où l'on étoit fur la Longueur du Chemin, rendant tout le Monde œconome. Le Jour fuivant, on vit des Brebis fauvages, & une efpe-ce de Perdrix, dont on prit plufieurs, feulement avec les mains, par-ce que l'Herbe étoit fi haute, qu'elle les empéchoit de partir. Pour les Brebis, les Cofaques fe mirent à leur pourfuite, & en tuérent quelques-unes. Mais, quand il fut queftion d'en appréter la Chair, on ne trouva pas un feul Morceau de Bois qui pût fervir à faire du Feu.

———

(*a*) LE Seigneur Po'onois, qui à publié des *Remarques fur l'Hiftoire de Charles XII par Mr de Voltaire*, imprimées à la Haye en 1741, parie un peu autrement de cette Ca-pitulation. Voïez ce Livre, pages 45. & fuiv. R. D. T.

Feu. Cependant, la Néceſſité nous enſeigna un Moïen, qui fut de ſe ſervir de Fumier de Cheval, que l'on ſécha au Soleil, & que l'on fit enſuite bruler avec quelques Herbes ſeches & des Roſeaux, que l'on ramaſſa dans des Bourbiers. Enfin, on vint à bout de rendre la Chair mangeable.

APRÈS avoir marché encore deux Jours, le Roi arriva au Bogh. A une bonne lieue au-de-là de ce Fleuve eſt la Ville d'Oczacow, Frontiere de l'Empire des Turcs. Le Roi y envoïa le Général-Major Poniatouski (*a*), pour notifier au Pacha, Commandant de la Place, l'Arrivée de Sa Majeſté, & pour préparer tout pour ſon Paſſage. Il avoit ordre en même tems de demander des Vivres, que l'on païeroit Argent comptant. Comme Poniatouski étoit chargé d'appuïer ſes Propoſitions par un Préſent conſidérable en Ducats, on s'attendoit à une prompte Aſſiſtance; mais le Pacha, qui étoit naturellement dur & intraitable, ſe trouva fort embaraſſé comment recevoir ces Etrangers. Il répondit, que, ſans un Ordre exprès du Grand-Seigneur, il ne pouvoit accorder le Paſſage au Roi; mais, qu'il envoïeroit auſſi-tôt quelqu'un par Eau à Conſtantinople, pour ſavoir l'Intention de Sa Hauteſſe. Ce Compliment ne fut point du Gout des Suédois. Il n'y avoit pas un Moment à perdre: &, en effet, s'ils avoient été obligés d'attendre le Retour du Courier, ils ſeroient infailliblement tombez entre les Mains de l'Ennemi.

MONSIEUR de Poniatouski, qui n'ignoroit pas combien chaque Inſtant étoit précieux, courut en donner Avis au Roi, & repaſſa la Riviere dans l'Endroit où ſon Bateau l'attendoit. Pendant qu'il parloit au au Pacha, les Habitans ſavoient déjà de quoi il étoit queſtion. Comme les Turcs ſont fort avides d'Argent, pluſieurs Marchands ſe préparérent à venir nous vendre leurs Denrées. Il arriva bientôt une Barque, qui fut ſuivie de pluſieurs autres, remplies de toutes ſortes de Vivres & Rafraichiſſemens. Les Suédois eurent pourtant aſſez de Peine pour trafiquer avec les Turcs, dont il n'entendoient point la Langue. En montrant avec le Doigt ce qu'ils avoient envie d'acheter, ils préſentoient en même leurs Bourſes, où les Turcs prenoient autant de Piéces d'Argent qu'ils jugeoient à propos. Ils ſçurent parfaitement bien ſe prévaloir de l'Etat où nous étions. Cependant, comme il s'agiſſoit d'un Beſoin des plus preſſans, on ne regarda pas de ſi près à la juſte Valeur des Choſes.

SUR ces Entrefaites, le Pacha fit partir une Barque pour le Service du Roi. Le Turc, qui venoit pour l'offrir à Sa Majeſté, lui dit qu'il

1709.
Juillet.

le 5.
Poniatouski
envoïé à
Oczacow.

Arrivée de
pluſieurs
Marchands
Turcs.

Dureté du
Pacha
d'Oczacow.

(*a*) Mr. de Poniatouski, Gentilhomme Polonois, & Colonel des Drabans du Roi Staniſlas. Il ſuivoit depuis quelques Années Charles XII, dont il étoit fort conſidéré. Mr. DE VOLTAIRE dit, que le Général Poniatouski *étoit Colonel de la Garde Suédoiſe du Roi Staniſlas; & que, dans la Bataille de Pultawa, il devint Général par néceſſité.* Le même Auteur lui donne le Titre de Comte.

qu'il avoit Ordre de ne passer qu'Elle, avec quelques Domestiques. Le Chambellan Klingenstierna, qui, outre la Langue Moscovite, savoit assez bien le Turc & le Persan, interpréta au Roi ce triste Compliment. La Consternation devint générale. On forma mille Soupçons différens. Comme on savoit que Mazeppa, dans la derniere Guerre, avoit commis de grandes Cruautez à Oczacow, dont il s'étoit rendu Maitre, on s'imagina que le Pacha, qui n'ignoroit pas que ce Général se trouvoit auprès du Roi, cherchoit à se vanger de lui. D'autres furent d'Avis que le Turc n'affectoit tous ces Délais, que pour avoir une bonne Récompense du Czar, entre les Mains duquel il cherchoit à faire tomber les Suédois. Quoi qu'il en soit, il ne resta à nos Gens d'autre Ressource, que d'engager les Marchands par de grandes Promesses, à les passer. Comme on les connoissoit d'Humeur à ne pas refuser de gagner de l'Argent, on se flattoit que la Proposition seroit aussi-tôt acceptée. Cependant, ils firent de grandes Difficultez, disant qu'ils n'osoient transporter personne, sans un Ordre exprès de la part du Pacha. On comprit bien qu'ils vouloient nous extorquer plus d'Argent; mais, comme la Nécessité ne connoit point de Loi, & que dans un Danger pressant on se saisit des Moïens les plus prompts pour se tirer du Péril, les Suédois commencérent à agir plus sérieusement. Ils se saisirent des Bateaux, & s'embarquérent sans façon. Ils se mirent eux-mêmes à ramer, parce que les Turcs refusoient de le faire. En débarquant, chacun païa le Trajet selon qu'il en étoit convenu. Le Maitre de la Barque, qui étoit destinée pour le Roi, rencontra un de ces Bateaux, dans lequel il y avoit quelques Officiers de la Chancellerie avec plusieurs Drabans. Il fit un Bruit horrible, criant comme un Furieux aux Suédois de retourner à Terre. Voïant qu'on n'écoutoit point ses Menaces, il donna Ordre à ses Gens de se mettre en état de tirer; mais, les Suédois lui aïant montré leurs Carabines & leurs Epées, le Turc s'appaisa, & ne s'opposa plus à leur Trajet. A la fin, les Turcs devinrent raisonnables. Ils passérent & repassérent avec beaucoup de promptitude, & transportérent un grand Nombre de Personnes.

Quant à Mazeppa, on eut grand soin de le mettre en Sureté avec ses Officiers & les Dames Cosaques. Pour les Zaporoviens, ils ne furent nullement embarassés où trouver des Bateaux. Après avoir remonté le Fleuve environ une demi-lieue, ils découvrirent un Banc de Sable qui n'étoit couvert d'Eau qu'à la Hauteur d'un Pied. Ce fut dans cet Endroit qu'ils firent le Trajet, de la Maniere suivante. En chassant les Chevaux dans l'Eau, ils les tenoient par la Queue, & nageoient après, jusqu'à ce qu'ils fussent arrivez au Banc de Sable, qui étoit presque au milieu du Fleuve. Là, après s'être un peu reposez, ils recommençoient à nouveaux frais. Leur Trajet fut des plus heureux: &, de tous ceux qui se servirent de cet Expédient, il ne périt pas un seul Homme.

le 9.　Cependant, on apperçut de loin dans la Plaine les Cosaques & Cal-

Calmouques ennemis, qui venoient à nous au grand Galop. Comme la plûpart des Suédois avoient déjà passé, & qu'il y avoit encore assez de Bateaux pour transporter le Reste, le Roi se fit embarquer. Son Trajet se fit fort heureusement; mais, ceux qui restérent sur le Rivage ne pûrent point le suivre. On ne sait pas au juste ce qui les empêcha de se sauver. On vit seulement au bout d'une heure ou deux, qu'ils eurent le Malheur de tomber entre les Mains des Moscovites. Le Sort de ces pauvres Gens causa au Roi une extrême Douleur.

1709.
Juillet.
L'Ennemi arrive au Bogh.

CHARLES, se trouvant au-de-là du Bogh, ne fit plus, les jours suivans, que de fort petites Marches. Le Pacha d'Oczacow ne lui fit pas la moindre Honnêteté, quoiqu'il n'ignorât pas que ce Prince étoit blessé, & qu'il manquoit de tout. Pour Surcroit d'Embarras, les Cosaques faisoient les mécontens, sans que l'on sût au juste pourquoi. On prétendoit, que c'étoit à cause de la Paie, & parce qu'on ne leur donnoit que d'une sorte de petite Monnoie de Saxe, qu'ils n'aimoient pas à recevoir. Cependant, les Commissaires n'en avoient point d'autre que celle-là, dont, en passant le Boristhene, ils avoient emporté un Tonneau entier. D'autres soupçonnérent, que les Cosaques méditoient quelque Trahison, & qu'ils en vouloient à la Personne du Roi, ou à celle de leur *Hettman.* Sans rien décider sur ce Sujet, il n'y a pas lieu de douter, qu'une Perfidie si noire ne les eut rendus agréables au Czar, & ne leur eut procuré leur Pardon. Comme le Roi ne se fioit pas trop à ces Gens-là, dès qu'il apprit ce qui se passoit, il ordonna à tous les Suédois de se pourvoir d'Armes, & d'être continuellement sur leurs Gardes, afin d'être prêts à tout Evénement. Mazeppa, au Nom du Roi, porta les mêmes Ordres aux Cosaques. Ceux-ci conçurent à leur tour des Soupçons contre les Turcs. Oubliant le Sujet de leur Mécontentement, ils s'attachérent plus que jamais aux Suédois, auxquels ils témoignérent dans la suite beaucoup de Confiance & de bonne Volonté. Mazeppa disoit sans façon, que la Maniere de vivre libre & indépendante de ces Gens-là leur avoit fait prendre de mauvaises Habitudes: que le moindre Prétexte de quelque Besoin, réel ou imaginaire, suffisoit pour assembler de grosses Troupes, qui couroient la Campagne, pour enlever des Chevaux, ou tout ce qui étoit à leur Bienséance: qu'ils vivoient de la même Façon, & chés eux, & en Campagne: qu'ils ne se mettoient pas en peine des Ordres les plus sévères: qu'ils sortoient sans Permission, & qu'ils ne songeoient qu'à s'enrichir par le Pillage. Outre cela, Mazeppa croïoit, que leur Mécontentement ne provenoit, que de ce qu'ils n'avoient plus occasion de faire des Courses, & d'enlever ce qui étoit à leur Fantaisie, comme ils avoient toujours eu de coutume.

Marches du Roi.
le 10.
le 12.
Mécontentement des Cosaques.

APRE's toutes ces Traverses, & tant de différens Embarras, il étoit tems que le Roi songeât aux Moiens de rétablir ses Affaires. Il résolut donc d'envoïer quelqu'un à Bender, & de-là à Constantinople. Il y avoit long-tems, que l'on connoissoit à la Cour Ottomanne le Nom

de

de Charles XII, & que l'on étoit inftruit de l'heureux Progrès de fes Armes, & de la grande Réputation qu'il s'étoit acquife. Dès l'An 1701, la Porte avoit félicité ce Prince fur la Victoire de Narva. En 1707, le Seraskier de Bender, chargé de lui envoïer une Ambaffade, renouvella les Sentimens de fa Cour; &, depuis ce Tems-là, il entretenoit avec le Comte Piper un Commerce de Lettres. Toutes ces Circonftances déterminérent le Roi à faire notifier au Grand-Seigneur fon Arrivée en Turquie. La Situation de fes Affaires l'exigeoit, & le Defterdar Muftapha Aga, que le Cham des Tartares avoit envoïé au devant du Roi, le confeilloit fortement. On chargea de cette Commiffion un Dantzicois, nommé Neugebauer, qui fe trouvoit à la Suite

du Roi (*a*). Il étoit Homme de Lettres, & parloit différentes Langues. Il avoit été autrefois Gouverneur du jeune Czarowitz; mais, aïant vû, que, malgré toutes fes Peines, il ne viendroit jamais à bout de former ce Prince, & qu'il n'obtiendroit point fon Congé, il s'étoit retiré fans Permiffion du Service de Ruffie, & avoit fuivi l'Armée Suédoife, dans l'efpérance de fe faire connoître au Roi, dont il fe flattoit d'obtenir quelque Emploi. L'Inftruction qu'on lui donna portoit, qu'il fe rendroit d'abord à Bender, Réfidence de Juffuf Pacha, Seraskier de la Beffarabie; qu'il demanderoit Audience au Pacha, & qu'il lui déclareroit, que comme la Porte s'étoit fervie de fon Miniftere, pour faire connoître, à deux différentes Reprifes, combien elle étoit portée à conclure avec le Roi de Suede un Traité de Commerce qui fût également avantageux aux Sujets des deux Monarques, & à contracter avec Sa Majefté Suédoife une Alliance défenfive, pour s'oppofer aux Deffeins pernicieux d'un Voifin inquiet & remuant, Sa Majefté avoit chargé Neugebauer de faire favoir, qu'Elle étoit difpofée à entrer en Négotiation fur ces deux Chefs avec la Cour Ottomanne. Neugebauer avoit des Ordres exprès de ne parler d'abord que du Commerce, &, quelques favorables que puffent être les Difpofitions du Pacha, de ne pas faire mention, foit à Bender ou à Conftantinople, du Traité d'Alliance, à moins que les Turcs ne fiffent eux-mêmes cette Ouverture, & qu'il ne remarquât qu'ils étoient férieufement portez à fe liguer contre la Ruffie. Que, même en ce Cas-là, il ne s'expliqueroit qu'en Termes généraux, & comme d'une Affaire qui dépendoit uniquement du Roi.

LE même Jour, le Sécrétaire Klinkouftröm fut envoïé au Cham des Tartares. Lorfqu'il vint trouver le Roi peu de jours avant la Bataille

---

(*a*) L'ANONIME, qui a écrit en Allemand l'*Hiftoire de la Vie & de la Mort de Charles XII*, dit page 162, que Neugebauer étoit Confeiller de la Chancellerie. Il fe trompe. Mr. DE VOLTAIRE rapporte, Tome I, page 278, que Neugebauer partit pour Conftantinople, en Qualité d'Envoïé Extraordinaire, & que Mr. de Poniatouski l'accompagna. Cela n'eft pas. Mr. de Neugebauer n'eut point de Caractere repréfentatif, qu'au Mois de Septembre fuivant.

taille de Pultawa, il étoit accompagné d'un certain Boli Pacha, que
le Cham envoïoit au Comte Piper, pour lui porter une Lettre. Elle
portoit en subftance, „qu'auffi-tôt que le Cham avoit appris que Sa
„ Majefté Suédoife étoit entrée en Ukraine, & que les Mofcovites
„ ne faifoient que fe retirer devant Elle, il avoit cru devoir profiter
„ de cette Occafion, pour joindre fes Troupes à celles du Roi de
„ Suede, afin d'attaquer enfemble l'Armée Ruffienne; que la Démar-
„ che des Cofaques, en fecouant le Joug de la Domination Mofcovi-
„ te, avoit achevé de le déterminer. Qu'il avoit communiqué fes Vûes
„ à la Porte : que plufieurs des principaux Officiers avoient approuvé
„ fon Deffein, & fait valoir fes Raifons. Qu'il avoit allégué, qu'il étoit
„ de l'Intérêt du Grand-Seigneur de ne pas laiffer échaper cette Occa-
„ fion; qu'il n'étoit pas néceffaire d'affembler pour cet effet une nom-
„ breufe Armée, & qu'il fuffifoit de faire marcher les Troupes qui
„ étoient le plus à portée. Que le Grand-Seigneur, fur l'Avis de fon
„ Vizir & du Mufti, avoit rejetté cette Propofition, fous prétexte,
„ que l'on ne pouvoit rompre le Traité de Carlowitz, tant que le
„ Czar n'y donnoit point d'Atteinte. Que, là-deffus, le Cham avoit fait
„ dire, qu'avec la Permiffion de Sa Hauteffe, il marcheroit feul avec
„ fes Troupes contre les Mofcovites; & qu'il étoit perfuadé, qu'en
„ fe joignant aux Suédois & aux Cofaques, il feroit aifé de chaffer en-
„ tiérement les Ruffes de l'Ukraine. Que, malgré ces Repréfenta-
„ tions, le Grand-Seigneur avoit perfifté dans fon Refus, &c. „ Comme le Comte Piper fut fait Prifonnier immédiatement après avoir reçu
cette Lettre, Monfieur de Mullern, Sécrétaire d'Etat (*a*), eut ordre d'y
faire Réponfe, & de la faire partir avec Klinkouftröm. Elle contenoit
des Complimens de la part du Roi. On y parloit du Sort qu'avoit eu
le Prémier-Miniftre; &, après avoir indiqué ce que Klinkouftröm avoit
ordre de dire de bouche, le Sécrétaire d'Etat faifoit mention eu peu
de mots de la Bataille de Pultawa, dont il promettoit d'envoïer une
Relation circonftanciée; perfuadé qu'il étoit, que l'Ennemi ne manqueroit pas de faire fonner fort haut les Avantages qu'il prétendoit
avoir remportez en cette Journée. Il finiffoit par demander, qu'en
cas que le Comte Lewenhaupt, comme Sa Majefté Suédoife le croïoit,
fût entré dans la Crimée, avec les Troupes qu'on avoit laiffé fous fes
Ordres en paffant le Borifthene, le Cham voulût bien, comme Ami, ne
pas prendre en mauvaife Part une Démarche que la feule Néceffité
l'avoit

(*a*) Mr. DE VOLTAIRE trouvera ici une Remarque qui le regarde. Si, en parlant
des Souliers de Mr. de Mullern, il s'étoit fouvenu de ce qu'il dit dans fon Difcours
fur l'Hiftoire de Charles XII, *qu'on eft perfuadé que l'Hiftoire d'un Prince n'eft pas tout
ce qu'il a fait, mais ce qu'il a fait de digne d'être tranfmis à la Poftérité*, il n'auroit certainement pas fait mention de ce Trait.
    IL feroit à fouhaiter, que Mr. Nordberg fe fût auffi toujours fouvenu de cette Maxi-
me. R. D. T.

1709.
Juillet.

l'avoit obligé de faire. Il le prioit de plus de vouloir ordonner à les Gens, & particuliérement à ceux qui se tenoient aux environs où les Suédois arriveroient, de leur fournir des Vivres & du Fourage que l'on païeroit Argent comptant, & de leur permettre de continuer sans aucun Empéchement leur Marche vers Bender, où Sa Majesté comptoit de s'arréter quelque tems, & jusqu'à ce qu'Elle eût pris ses Mesures, conformement au Tems & à la Situation présente de ses Affaires.

Le Seras-kier envoie au Roi un Aga.

AVANT que Neugebauer fût arrivé à Bender, le Seraskier avoit déjà été informé, que le Roi se trouvoit sur les Terres de la Domination Ottomanne. Aussi-tôt, il eut soin de procurer à Sa Majesté toutes les Commoditez qu'il put imaginer. On trouva sur la Route quantité de Marchands, qui avoient eu Ordre d'apporter toutes sortes de Denrées. C'étoit une espece de Marché, où l'on pouvoit se pourvoir de tout, & qui nous suivoit sans jamais s'écarter. Un Maréchal Capiziler Chihaja Mustapha Aga vint de la Part du Seraskier offrir à Sa Majesté plusieurs Tentes & Chevaux. Cet Emissaire fut renvoïé le lendemain, chargé d'une Lettre pour le Pacha, dans laquelle Monsieur de Mullern le remercioit, de la Part du Roi, de ses Attentions & de ses Politesses, dont Sa Majesté se souviendroit toujours avec Reconnoissance. Il ajoutoit, que comme l'on avoit appris de l'Aga de quelle Maniere le Pacha d'Oczacow avoit dépeint la Conduite que les Suédois avoient tenue au Passage du Bogh, on se croïoit obligé d'avertir, que ce qu'il en avoit dit ne s'accordoit point avec la Vérité. Quelque tems après, on sut que le Seraskier, bien instruit de tout ce qui s'étoit passé en cette Occasion, en avoit fait Rapport à Constantinople; & que le Grand-Seigneur, mécontent de la Conduite du Gouverneur d'Oczacow, lui avoit envoïé un Cordon, Présent dont on régale d'ordinaire ceux qui ont le Malheur de déplaire à leur Maitre.

Le Roi apprend la Mort de la Duchesse de Holstein.

JUSQUES-LA', le Roi avoit ignoré la Mort de la Duchesse de Holstein, sa Sœur, qui étoit décédée à Stockholm le 11. de Décembre 1708 (*a*). L'Eloignement de l'Armée, & les grands Détours que les Couriers étoient obligés de faire, furent cause que l'on n'en avoit rien appris avant l'Arrivée de Klinkoustrôm. Celui-ci en parla sécrétement au Comte Piper, & à quelques autres Personnes. On étoit fort embarassé comment apprendre cette Nouvelle au Roi. Si l'on risquoit beaucoup à en parler dans l'état où étoit Sa Majesté, on ne s'exposoit pas moins en tenant la Chose trop long-tems cachée. Le Hazard voulut que le Roi en fût informé. Les Mots de *feu la Duchesse*, lachés dans le Discours sans que l'on y pensât, frappèrent Sa Majesté: après quoi, il n'y eut plus moïen de dissimuler (*b*). Rien n'est comparable à la Dou-

(*a*) S. F. se trompe, lorsqu'il dit, Tome VIII, page 552, que la Duchesse meurut le 21. Octobre.

(*b*) S. F. prétend, Tome VIII, page 184, que le Roi Stanislas envoïa à Charles XII.

Douleur que reffentit Charles XII, en apprenant cette Nouvelle. On avoit cru, que fa Vie Militaire l'avoit rendu infenfible, & qu'il ne regarderoit la Mort de fes Proches qu'avec Indifférence. Les bons Principes, difoit-on, que l'on a eu foin de lui infpirer dans fa Jeuneffe, fortifiés enfuite par fes propres Réfléxions, l'ont rendu entiérement Maitre de fes Paffions. En effet, ceux, qui étoient tous les jours autour de ce Prince, ne remarquerent jamais en lui, ni Colere, ni Envie, ni Joie, ni Trifteffe. Toujours d'une Humeur égale, rien ne fut capable d'y apporter la moindre Altération, pas même fa Bleffure, ni la Perte de la Bataille de Pultawa. Il n'en fut pas de même dans cette Occafion. Il perdoit une Sœur, qu'il aimoit tendrement. Ses Regards, fes Geftes, fon Difcours, marquérent l'Excès de fa Trifteffe, qui dura affez long-tems. Auffi tout le Monde s'étudioit-il à ne pas proférer la moindre Parole qui eût pû renouveller fa jufte Douleur.

1709.
Juillet.

CEPENDANT, Charles continuoit fa Marche, tantôt en traverfant le Defert, tantôt en cotoïant la Mer Noire. Tandis qu'il attendoit des Nouvelles de Neugebauer, il arriva un Muftapha Aga que le Cham des Tartares lui envoïoit. Il préfenta à Sa Majefté une Lettre, & lui offrit, au Nom de fon Maitre, un Chariot Tartare attelé de quatre Chevaux, & une Tente à la Turque d'une grande Magnificence. L'Aga accompagna ce Préfent d'un Compliment affez bien tourné; & affura, que le Cham ne négligeroit rien, pour convaincre Sa Majefté de fon Zele, & pour lui faire voir combien il étoit porté à lui rendre tous les Services qui dépendoient de lui.

Le Cham des Tartares envoie un Aga. le 17.

LE Jour fuivant, on reçut un Courier de Bender, avec des Dépêches de Monfieur de Neugebauer, qui mandoit au Rôi, que non feulement le Seraskier l'avoit très bien reçu, mais qu'il lui avoit même témoigné beaucoup de Confiance dans les Entretiens qu'ils avoient eus enfemble. Qu'il l'avoit inftruit des Coutumes & des Manieres ufitées à la Cour Ottomanne: qu'il lui avoit indiqué les principaux Seigneurs auxquels il devoit s'ouvrir préférablement à d'autres; & qu'il avoit promis d'appuïer fes Propofitions par des Lettres qu'il écriroit à fes Amis. Qu'entre autres chofes, le Seraskier lui avoit dit, qu'il feroit néceffaire que les Lettres de Créance pour l'Empereur fuffent plus ornées, & que Sa Majefté ne feroit pas mal d'écrire Elle-même une Lettre au Grand-Vizir Ali Pacha; parce qu'il dépendoit principalement de lui de propofer les Chofes, & que même il pouvoit contribuer plus qu'aucun autre à les faire réuffir. Le Roi fit répondre, qu'à l'égard des Lettres de Créance, on favoit parfaitement bien de quelle Maniere l'ancien Ufage vouloit qu'elles fuffent conçues; mais, que Sa Majefté ne doutoit pas, qu'en faifant à la Cour Ottomanne des Repréfenta-

le 18. Neugebauer rend Compte de fon Arrivée à Bender.

XII, un Courier, pour lui notifier la Mort de la Ducheffe fa Sœur; que le Courier prit fon Chemin par Bender; & qu'il rencontra le Roi à fon Paffage du Bogh.

sentations convenables sur ce Sujet, elle ne se contentât pour cette fois de l'Excuse qu'on allégueroit; savoir, que, dans l'Etat où l'on se trouvoit, la Chancellerie ne pouvoit rien produire de meilleur. Que Sa Majesté étoit cependant dans l'Intention, dès qu'Elle seroit dans une Situation plus tranquille, d'envoïer d'autres Lettres de Créance, qui seroient, & plus relevées, & plus ornées. Quant au Grand-Vizir, Neugebauer devoit déclarer, qu'il n'avoit jamais été en usage à la Cour de Suede, que le Roi écrivît lui-même aux Ministres des Princes Etrangers; que cela se faisoit toujours de Ministre à Ministre; & que les Maitres approuvoient & ratifioient ce dont les Ministres convenoient ensemble. Que, néanmoins, le Roi n'y regarderoit pas de si près; & que, dans l'Occasion, il tacheroit de concilier ses Intérêts avec sa Dignité.

Sur ces Entrefaites, on eut Avis de Constantinople, que le Ministre qui y résidoit de la Part du Czar, avoit demandé à la Porte, que Mazeppa, & son Neveu Woinarouswki, fussent livrez à Sa Majesté Czarienne; parce qu'ils étoient tous deux des Rebelles, qu'ils s'étoient déclarez pour le Roi de Suede, & qu'ils avoient pris les Armes contre l'Empire Moscovite. A ces Raisons le Ministre avoit ajouté, que le Czar promettoit, en cas que la Porte lui rendît Justice sur ce Sujet, d'en user de même à son égard en pareille Occasion. Le Grand-Seigneur refusa sans hésiter cette Demande, & fit déclarer en même tems, qu'il étoit résolu de laisser jouïr paisiblement le Roi de Suede, aussi bien que Mazeppa, & ceux de leur Suite, de la Sureté qu'ils étoient venus chercher sur les Terres son Empire, après le malheureux Succès de la derniere Bataille. Le Czar, qui ne se laissoit pas aisément rebuter, fit faire, au Mois d'Août suivant, une seconde Tentative, qui ne réüssit pas mieux que la prémiere, quoiqu'il envoïât à Constantinople un Ambassadeur Extraordinaire chargé de Lettres & de Présens. En recevant ces Nouvelles, le Roi apprit, que le Grand-Seigneur avoit ordonné au Séraskier de Bender de proposer à Sa Majesté de demeurer, si bon lui sembloit, dans le Voisinage de cette Ville; qu'on lui fourniroit tout ce dont Elle auroit besoin; & que, pour plus grande Sureté, Mazeppa seroit logé dans la Place, qui étoit assez bien fortifiée.

Quand le Roi fut arrivé près de Bender, on eut soin de régler la Marche, afin qu'elle se fît en bon Ordre. Sa Majesté étoit dans une Litiere. Aux deux Côtez marchoient les Drabans. Les Officiers de la Chancellerie, ceux de sa Maison, tous à Cheval, précédoient le Roi, ou suivoient sa Litiere. Les Valaques avec les Cosaques & les Zaporoviens fermoient la Marche. A une demi-lieue de la Ville, le Chihaja du Seraskier vint au devant du Roi. Il étoit accompagné d'un grand Nombre de Turcs, tous magnifiquement habillés. La Marche commençoit par ses Valets-de-Pied, qui portoient de longues Robbes blanches, & des Hauts-de-Chausse d'Ecarlate. Ils avoient autour du

Corps

Corps des Ceintures faites d'Argent doré , & larges d'environ trois
Doigts, auxquelles pendoient leurs Couteaux. Ils portoient dans leurs
Baudriers des Sabres dont la Garde étoit ornée de Pierres de différentes
Couleurs. Ils avoient sur la Tête des Turbans rouges ou verts. Les
Spahis, ou les Gens-à-Cheval, étoient aussi vétus de blanc. Ils por-
toient des Turbans & de beaux Sabres à côté. mais point de Bau-
driers. Les Janissaires étoient tous de grands Hommes, bien faits,
& de bonne Mine. Ils portoient des Habits d'Ecarlate, & de petits
Bonnets de la même Couleur, & étoient armez de Sabres & de Fusils.
Dès que le Chiaja apperçut le Roi, il s'approcha, & reçut Sa Majesté
avec de grandes Démonstrations de Respect , & avec tous les Honneurs imaginables. Après quelques Complimens, il lui dit, qu'il avoit
Ordre de conduire Sa Majesté dans un Camp qu'on lui avoit préparé
auprès du Niester. Là-dessus, il prit les devants avec ses Gens, jusqu'à
ce que l'on fut arrivé au lieu marqué, où l'on avoit dressé pour le
Roi deux Tentes des plus superbes, dont l'une servoit de Salle à manger, & l'autre de Chambre à coucher. Et , afin que l'Humidité du Terrain ne causât point d'Incommodité , on avoit eu la Précaution de
couvrir la Terre de Sable, à la hauteur d'environ un Pied. Pendant
que les Drabans portérent le Roi dans sa Tente , les Turcs se tinrent
tous les Armes, & firent retentir leur Musique guerriere. Ensuite ,
on apporta toutes sortes de Rafraichissemens, en différents Plats, dont
quelques-uns étoient destinez pour le Roi seul, & d'autres pour les Généraux & les Officiers qui l'accompagnoient. A quelque Distance de
la Tente du Roi, on en avoit dressé plusieurs autres pour ses Domestiques. On n'avoit rien oublié, ni Cuisine, ni Chambre de Provisions. Enfin, le Séraskier vint lui-même rendre ses Respects au Roi.
Il étoit accompagné d'une Suite fort nombreuse, & fut reçu par quelques Officiers qui allérent audevant de lui. Lorsqu'il entra dans la
Tente où étoit le Roi, on fit une Décharge de l'Artillerie de la Forteresse. Le Séraskier félicita Sa Majesté , au nom du Grand-Seigneur, sur son Arrivée: &, après avoir touché un mot de l'Evénement
de la Bataille de Pultawa, il s'étendit sur la Satisfaction qu'il ressen-
toit, de ce que Sa Majesté avoit pris la Résolution de se confier à la
Porte Ottomanne. Il lui fit de grandes Protestations d'Amitié de la
Part de l'Empereur son Maitre; & promit en son particulier, qu'il
mettroit tout en usage pour rendre Service à Sa Majesté. Aïant pris
Congé du Roi, il donna Ordre aux Janissaires, qui étoient venus avec
le Chiaja, de se rendre avec un Aga dans un Endroit marqué , afin
d'y rester pour la Garde du Camp. Outre cela, on y laissa un certain
Nombre de Gens, pour le Service de la Cuisine & des Officiers de
Bouche.

À-PEINE le Roi eut-il campé dans cet Endroit une quinzaine de
Jours, que le Séraskier retourna auprès de Sa Majesté, pour la sup-
plier de trouver bon que l'on changeât la Situation du Camp, & qu'on

Proposition du Séras-kier pour changer le Camp.

le transportât au-de-là du Niester, où étoit la Ville de Bender. Il prétendoit, qu'en cas que les Russiens fissent quelque Irruption, on seroit plus à portée d'envoïer du Secours; au lieu que, dans la Situation présente, cela ne pouvoit pas se faire si aisément, parce qu'il n'y avoit point de Pont sur le Niester. Le Roi le remercia de ses Soins & de son Attention: mais, il ne voulut absolument pas que le Camp fût changé; disant qu'il n'y avoit rien à craindre dans l'Endroit où il étoit. Sans doute que la Chose en seroit demeuré-là, si le Séraskier n'avoit supplié instamment le Roi de ne point l'exposer à encourir la Disgrace du Grand-Seigneur. ,,Car,, ,dit-il, ,,j'ai Ordre de ,, traiter Votre Majésté de la même Maniere que je traiterois l'Empe- ,, reur mon Maitre, s'il se trouvoit présent. Si, durant le Tems que ,, Vous êtes auprès de moi, Sire, il se commettoit la moindre Hosti- ,, lité, ma Tête en répondroit.,, Le Roi se laissa persuader, & le Camp fut transporté. Ce Changement fut à tous égards fort avantageux. Les Turcs n'avoient plus besoin de passer l'Eau pour apporter leurs Denrées, & le Voisinage de la Ville nous fournit bien des Commoditez.

La première Attention du Roi fut de rétablir sur l'ancien Pied l'Ordre dans le Service Divin. Il ordonna les Heures pour la Priere, tant pour le Matin, que pour le Soir. Tous les Vendredis matin, il y avoit un Sermon. Les Dimanches, & les Jours de Fête, on préchoit deux fois. Outre cela, on régla la Maison du Roi. On servit tous les Jours deux Tables, l'une pour le Roi, & une seconde pour les Officiers & Gentilshommes qui avoient Bouche en Cour. Une Maniere de vivre, où il y avoit tant d'Ordre & de Régularité, ne pouvoit que faire Impression sur les Turcs, dont l'Estime pour les Suédois augmenta tous les jours. Ils témoignérent sur-tout pour Charles la Vénération la plus profonde, & un Attachement extraordinaire; disant, qu'ils voudroient bien porter sur leurs Mains un Prince qui avoit fait de si grandes Actions, & qui vivoit au milieu d'eux avec autant de Piété que d'Ordre & de Tranquilité. La Conduite, que les Suédois tenoient envers le Roi, ne contribua pas peu à leur acquérir l'Amitié des Turcs. Il sembloit, que, dans les Circonstances présentes, chacun pouvoit être son propre Maitre. Mais, tel étoit l'Attachement des Suédois pour leur Prince, quoique malheureux, qu'ils recevoient ses Ordres avec la même Soumission & le même Respect, que pendant qu'il étoit accompagné de la Fortune la plus brillante. Un Mot de sa part suffisoit, pour rendre tous ses Gens, tant grands que petits, également empressez à lui obéïr & à se sacrifier pour son Service (*a*).

SA

(*a*) Je me rappelle ici une Circonstance, qui mérite d'être rapportée. Je n'aurois pourtant pas songé à en faire mention, si je ne savois en conscience que la Chose est exactement vraie. J'en appelle au Témoignage du Docteur Aurivilius, Sur-Intendant

des

SA MAJESTÉ commença enfin à s'expliquer un peu plus clairement fur les Conjonctures préfentes, & à fonger férieufement aux Moïens qu'Elle mettroit en ufage, pour rétablir fes Affaires, qui étoient extrémement délabrées. Il étoit de l'Intérêt du Roi de retourner au plûtôt dans fes Etats; mais, comment faire ce Voïage? Il s'offroit de tous côtez de grandes Difficultez. Lorfque la Queftion fut mife en Délibération, il déclara, qu'il ne fentoit que trop combien fa Préfence étoit néceffaire en Suede. Que pour fa Perfonne, cela ne l'embarraffoit point: qu'il fe mettroit en Chemin avec quelques Officiers, & qu'il ne communiqueroit fon Deffein qu'à fort peu de Perfonnes; mais, que ce feroit trop hazarder, que de laiffer le Refte de fes Gens en Turquie, fans aucun Appui, & fans que l'on fût informé au jufte des Intentions de la Cour Ottomanne. Que l'on ignoroit quel Fond il y avoit à faire fur cette Cour: qu'en cas que le Grand-Seigneur ne fût pas bien difpofé, les Suédois feroient trifte Figure parmi les Turcs, qui pourroient bien s'avifer de les faire tous Efclaves. De fe faire accompagner, par tous fes Gens, cela paroiffoit au Roi, & bien plus dangereux, & plus impraticable. Quant à la Route, on n'en pouvoit rien déterminer non plus. Devoit-il fe rendre à Belgrade, & traverfer la Hongrie & l'Allemagne; ou étoit-il plus fûr pour lui de paffer par la Valachie & la Tranfylvanie? S'il tournoit à gauche, il ne pouvoit manquer de tomber entre les Mains des Impériaux ou des Gens de Ragotski: prenoit-il

des Eglifes de Carlftad. Voici le Fait. En 1708, pendant que le Roi s'arrêta en Smorgonie, il arriva, au Mois de Février, au Quartier-général, un jeune Homme, qui étoit parti de Suede à la Fin de l'Année précedente. On fçut bientôt, que cet Homme prétendoit avoir le Don de Prophétie. Il n'ôfa pourtant jamais fe préfenter fous ce Titre-là devant le Roi, qui n'aimoit pas ces fortes de Chofes, comme il s'en étoit déclaré fort fouvent, tant en Livonie qu'en Saxe & en Pologne. La Curiofité fit que je cherchai une Occafion pour m'entretenir en particulier avec ce Voïageur. Son Nom m'étoit connu, & je me fouvenois que nous avions fait nos Etudes enfemble dans l'Univerfité d'Upfal. Dans la Converfation, à laquelle Monfieur Aurivilius étoit préfent, il donna à entendre, qu'il avoit des Chofes de la derniere Importance à révéler au Roi. Il fe plaignit fortement de ce qu'on ne lui accordoit pas la Permiffion de le faire. Nous le priames de nous en dire quelque-chofe. Il ne le voulut pas d'abord; mais, après beaucoup d'Inftances, il lacha les Paroles fuivantes: "Il arrivera ici „ un grand Malheur. Le Roi livrera Bataille aux Mofcovites: il la perdra. De tous „ ceux, qui ne feront pas tuez fur la Place, la plûpart feront faits Prifonniers. Enfin, „ toute l'Armée périra. Le Roi en échapera en vie. Il fe retirera en Turquie; mais, „ avec fi peu de Monde, qu'il n'y aura, outre lui, que trois ou quatre Perfonnes à „ fa Table. „ Comme au refte il ne nous parloit que d'une Clé, qu'il croïoit poffé der, & avec laquelle il prétendoit *ouvrir ce que les Trônes, les Prophéties, & la Nature, ont de plus caché,* nous crumes que cet Homme pourroit bien ne pas avoir la Tête trop faine. Ni mon Collegue, ni moi, ne fimes aucun Cas de cette Révélation; fur-tout après l'heureux Succès de la Bataille de Holofzin, où les Ruffiens furent battus à platte Couture. Mais, que cette Prophétie, ou comme on voudra l'appeller, ait eû fon Accompliffement l'Année d'après, c'eft une Vérité inconteftable, & qui eft confirmée par toutes les Circonftances que nous avons rapportées. Au refte, on laiffe à chacun à faire fes Réfléxions fur ce Sujet.

Tt 2

il à droite, il étoit dans la Néceſſité de traverſer une bonne Partie de
la Pologne, où tout le Monde n'étoit pas de ſes Amis. D'ailleurs, ſa
Plaie étoit encore ouverte (*a*). On venoit d'y faire de nouvelles In-
ciſions, pour en tirer des Os cariés. Il n'étoit pas par conſéquent en
état de monter à Cheval, encore moins d'entreprendre un Voïage où
il y avoit tant à riſquer, & dont le Succès exigeoit une grande Diligence. Il fut donc jugé à propos de renvoïer la Déciſion de cette Affaire à un autre tems.

Il eſt très probable, que le Roi avoit des Vûes, qu'il ne vouloit
point encore communiquer à perſonne. Il prévoïoit aſſez, que la mal-
heureuſe Journée de Pultawa ne manqueroit pas d'inſpirer à ſes Ennemis le Deſſein de ſe liguer enſemble, pour chercher à l'accabler. Comme il connoiſſoit mieux que perſonne l'Etat de ſon Roïaume, il ſentoit auſſi, qu'il ne lui ſeroit pas poſſible d'y réſiſter ſeul, & qu'il ne
viendroit pas à bout, quelques Mouvemens qu'il pût ſe donner après
ſon Retour, de faire reprendre à ſes Armes la Supériorité qu'elles
avoient eue juſqu'alors. De-là on peut conjecturer, qu'il comptoit ſurement d'être ſecouru par la Porte Ottomanne; & qu'il ſe flattoit,
qu'avec une bonne Armée qu'on lui fourniroit, il lui ſeroit facile de
faire une puiſſante Diverſion contre l'Ennemi le plus proche & le plus
formidable, pendant que ſes Troupes qui étoient en Suede s'oppoſe-
roient ailleurs aux Efforts des autres Puiſſances qui prendroient les Armes contre lui.

Ce fut certainement dans cette Idée-là, qu'il réſolut d'envoïer en
Suede des Ordres, d'augmenter au plûtôt les Troupes de Terre, &
d'armer la Flotte, afin que tout fût prêt pour agir au Commencement
de l'Année prochaine. Le Général-Major Meyerfeldt fut choiſi pour porter ſes Ordres. Dès qu'il eut obtenu, par le Crédit du Cham des Tartares,
un Paſſeport du Grand-Seigneur, il ſe mit en Chemin, & les Turcs le
défraïérent juſqu'aux Frontieres de leur Empire. Il n'arriva à Stockholm que vers la Fin du Mois d'Octobre. Jamais Homme ne reçut plus
de Viſites. Une Foule incroïable de Monde accourut à ſon Logis,
pour ſavoir des Nouvelles du Roi, & pour être informé au juſte ſi ce
Prince étoit encore en vie ou non. Parmi d'autres fauſſes Nouvelles
qui ſe débitoient par-tout, on avoit divulgué en Suede, que Charles
étoit mort; & que celui, que les Suédois faiſoient paſſer pour tel en
Turquie, n'étoit rien moins que le Roi; mais, que la Néceſſité leur
avoit fourni cette Idée, afin de ſe tirer d'Embarras avec Honneur.

Le

(*a*) S. F., dans ſon *Hiſtoire de Charles XII*, dit, Tom. VIII, pag. 19?, que le
Roi, par le Conſeil du Séraskier, ſe ſervit d'un Chirurgien Turc, qui acheva de le
guérir. Il ſe trompe. L'Anonime, qui a écrit en Allemand les *Jugemens du Public
ſur les Affaires préſentes*, rapporte dans ſa ſeizieme *Penſée*, pag. 1230, un Extrait d'u-
ne prétendue Lettre de Pologne, où il eſt dit que le Roi marchoit avec des Bequilles,
& qu'il s'étoit fait couper la Jambe. Fauſſeté manifeſte.

L E Sécrétaire Cederhielm, que les Moſcovites avoient laiſſé partir ſur ſa Parole, étoit arrivé à Stockholm dès le Mois d'Août. On avoit appris de lui, que le Roi étoit ſauvé des Mains de l'Ennemi, & qu'il avoit heureuſement paſſé le Boriſthene: mais, ſa Relation n'avoit pas été capable de diſſiper la Crainte & l'Allarme générale. Tout le Monde vouloit ſavoir comment le Roi ſe portoit, de quelle Maniere on l'avoit reçu en Turquie, ce qu'il y faiſoit, & s'il ſeroit bientôt de retour ? Meyerfeldt répondit à ces Queſtions le mieux qu'il lui étoit poſſible. S'il y eut des Perſonnes qui ajoutérent foi à ce qu'il diſoit, d'autres n'en voulurent rien croire. Cependant, lorſqu'on ſut, qu'il avoit des Lettres pour la Reine Douäiriere & pour la Princeſſe Ulricke-Eleonor, écrites de la propre Main du Roi, la Joie devint des plus grandes. La Lettre, qui s'adreſſoit à la Princeſſe, fut rendue publique. Elle portoit en ſubſtance, „ que Sa Majeſté prioit tendrement „ Son Alteſſe Roïale de ne point s'allarmer, ni de ſa Bleſſure, ni de „ la Perte de la Bataille: que ſa Bleſſure n'étoit qu'une *légere Faveur* „ *de la Fortune*, & qu'elle n'étoit nullement dangereuſe. Que Sa Majeſté ſeroit bientôt hors d'Affaire: qu'Elle eſpéroit, avec l'Aide de „ Dieu, de réparer la Perte qu'elle venoit de faire; & qu'Elle ſe flattoit d'être bientôt en état de ſe rendre en Pomeranie, & même, ſi „ le Tems & les Circonſtances le permettoient, à Stockholm. „

Seconde Ambaſſade du Cham des Tartares.

A V A N T que Neugebauer pût arriver à Conſtantinople, le Cham des Tartares avoit prévenu ſes Amis ſur ſon Sujet. Il ſut même ſi bien diſpoſer les Eſprits, qu'il y avoit lieu d'eſpérer, que les Propoſitions de Neugebauer ſeroient écoutées favorablement. Le Cham, en ſon particulier, ſouhaitoit paſſionément de voir la Porte rompre avec le Czar; & il ne demandoit pas mieux que de pouvoir venger les Injures & les Injuſtices, que ſes Gens avoient été obligés de ſouffrir en plus d'une Rencontre de la Part des Moſcovites. Il en écrivit au Roi, pour l'aſſurer de nouveau, qu'il agiroit fortement pour le Service de Sa Majeſté. Un certain Chidir Boli Pacha, qui vint trouver le Roi de ſa Part, réïtera de bouche les mêmes Aſſurances. Il expoſa en même tems les Moïens dont le Cham croïoit que le Roi devoit faire uſage, & les Démarches que ſon Miniſtre devoit faire à Conſtantinople dès qu'il y ſeroit arrivé. Il ajouta, que ſon Maitre lui avoit déjà fraïé le Chemin, qu'il continueroit toujours d'agir de ſon côté, & qu'il ſe flattoit que les Choſes réüſſiroient à ſouhait, quoiqu'elles pourroient fort bien trainer un peu.

V. L'APP. No. CXXVI.

Réponſe du Roi.

C O M M E le Roi ne ſavoit pas quels Progrès Neugebauer avoit fait dans ſa Négotiation, & que Sa Majeſté ne jugeoit pas à propos de donner lieu de croire qu'Elle s'attendît à quelque Secours contre les Ruſſiens, pour des Raiſons que l'on verra bientôt, il n'y avoit point d'autre Parti à prendre, que de répondre au Cham en Termes généraux. La Réponſe ſe fit d'abord, en le remerciant de ſes Attentions, & en le priant d'être perſuadé que Sa Majeſté étoit très diſpoſée à lui don-

V. L'APP. No. CXXVII.

ner.

ner des Marques de son Amitié dans toutes les Occasions qui pourroient se présenter. Qu'Elle entretiendroit toujours avec lui une bonne Intelligence, & qu'Elle recevroit ses Lettres avec plaisir.

IL est aisé de voir, que, quoique le Roi fût très persuadé que rien ne contribueroit davantage au Rétablissement de ses Affaires, que le Secours de la Porte, il demeuroit néanmoins ferme dans la Résolution, qu'il avoit prise dès le commencement, de ne point faire d'Ouverture sur ce Sujet, avant qu'il fût instruit au juste des Intentions du Grand-Seigneur. Deux Raisons également solides le portérent à tenir cette Conduite. S'il en faisoit la première Proposition, il pouvoit en résulter des Suites dangereuses ; car, si la Porte venoit à rompre avec la Russie, & que le Succès ne repondît pas à l'Attente des Turcs, le Roi, qui étoit entre leurs Mains, couroit risque d'avoir de nouveaux Embarras, beaucoup plus grands que ceux où il se trouvoit actuellement. D'ailleurs, en montrant tant de Retenue, il pouvoit convaincre le Monde, que rien n'étoit plus mal fondé que le Reproche que lui faisoit le Czar de rejetter absolument toutes les Propositions de Paix pendant qu'il ne dépendoit que de lui de l'obtenir, & de travailler de toutes ses Forces à porter les Turcs, Ennemis jurez du Nom Chrétien, à prendre les Armes. Il est vrai, que le Czar lui avoit offert la Paix ; mais, il y avoit attaché des Conditions si dures, qu'elles n'auroient jamais pû l'être davantage, quand même les Russiens auroient été Maitres de la Moitié de la Suede. Il n'est donc pas surprenant, que le Roi rejettât ces Propositions, & qu'il pensât que ceux qui savoient juger sainement des Choses ne desapprouveroient pas qu'il cherchât à se fortifier du Secours de l'Empire Ottoman, contre un Ennemi dont les Armées étoient composées d'un si grand Nombre de Païens & de Barbares, & qui mettoit en usage des Moïens & des Artifices indignes d'un Prince Chrétien. A la Bataille de Holofzin, on vit de quoi il étoit capable. Combien n'y trouva-t-on pas de Caisses remplies de Balles de Mousquet préparées de différentes Façons ? Au travers de quelques-unes, on avoit passé en croix de la Soie de Porc : dans d'autres, on avoit mis des Grains de Blé, ou de petits Fragmens de Verre ; sans parler d'autres pareilles Inventions, dont jusqu'alors on n'avoit point entendu parler en Europe. Avec tout cela, Charles gardoit encore des Ménagemens.

Lettre de Créance de Neugebauer. V. L'APP. NUM. CXXVIII.

NEUGEBAUER arriva enfin à Constantinople, où il reçut peu après les nouvelles Lettres de Créance qu'on lui avoit fait espérer. Le Roi y notifioit au Grand-Seigneur son Arrivée en Turquie, & le remercioit de l'Amitié & des Attentions qu'on avoit eues pour lui, depuis qu'il se trouvoit sur les Terres de l'Empire Ottoman. Sa Majesté y donnoit aussi au Séraskier de Bender les Louanges qu'il méritoit. Elle témoignoit être très contente de la Réception qu'on lui avoit faite, & du Soin qu'on prenoit pour lui procurer, moïennant de l'Argent comptant, & à un juste Prix, tout ce dont Elle avoit besoin. Elle finissoit par des Assurances d'une Reconnoissance parfaite. NEU-

NEUGEBAUER fut traité à Conſtantinople avec les mêmes Cérémonies que l'on obſerve à l'égard des Miniſtres Plénipotentiaires. Dix
ou douze Jours après ſon Arrivée, on alla avec un nombreux Cortege
à ſon Logis, pour le conduire à l'Audience du Grand-Vizir. Quantité de Chevaux ſuperbement enharnachés ornoient la Marche. Le
Grand-Seigneur, curieux de voir la Cérémonie, la regarda d'une Maiſon voiſine, où il ſe tint *incognitò.* Lorſque Neugebauer fut en préſence du Vizir, ils ſe placérent tous deux, le prémier ſur une Chaiſe, &
l'autre ſur un Sofa. Les Officiers de leur Suite aïant auſſi pris Place,
le Vizir demanda à Neugebauer ce qu'il avoit à propoſer? Auſſi-tôt
celui ſe leva, &, le Chapeau ſur la Tête, il prononça en Latin le
Diſcours ſuivant. ,,Le Séréniſſime & Très-Puiſſant Prince CHARLES
,, XII, Roi de Suede, mon très gracieux Maitre, m'a envoïé à la Su-
,, blime Porte, pour remercier le Séréniſſime & Très-Puiſſant Empe-
,, reur des Ottomans de l'Amitié & de la Conſidération avec laquelle
,, Sa Majeſté a été reçue dans les Etats de Sa Majeſté Impériale. Elle
,, m'a ordonné, en même tems, de ſaluer de ſa Part le Très-Illuſtre
,, & Très-Excellent Seigneur Grand-Vizir, le prémier & le plus célé-
,, bre Miniſtre de la Sublime Porte. Et comme Elle ne doute point,
,, que la Sublime Porte ne continue à Sa Majeſté ſon Amitié, Elle
,, recommande fortement à Vôtre Excellence, & ma Perſonne, & les
,, Affaires dont je ſuis chargé. ,,

LE Grand-Vizir répondit, que non ſeulement le Roi, mais auſſi
tous ceux qui l'accompagnoient, étoient les très bien-venus: Qu'il eſ-
peroit, que l'on n'auroit rien négligé pour recevoir Sa Majeſté ſur les
Terres de la Domination du Grand-Seigneur, conformement aux Ordres de Sa Hauteſſe; & que l'on n'auroit pas manqué de lui rendre les
Honneurs qui lui étoient dûs. Il s'informa enſuite de la Bleſſure du
Roi, ſi elle étoit dangereuſe ou non. Il dit, qu'il avoit eu Avis de
différens Endroits, que l'Ennemi étoit continuellement aux Affuts,
pour tacher de ſurprendre le Roi; à quoi il ajouta, qu'auſſi long-tems
que Sa Majeſté demeureroit en Turquie, elle n'avoit rien à craindre
non plus que ceux de ſa Suite. Il pria enfin Neugebauer de lui remettre ſes Lettres de Créance, ſous prétexte que cela ſe pratiquoit
toujours, & que comme il n'étoit point revetu d'aucun Caractere re-
préſentatif, il ne ſeroit point admis à l'Audience du Grand-Seigneur.
Neugebauer avoit des Ordres exprès de demander Audience au Sultan
même, & de ne point remettre au Vizir ſes Lettres, qu'en préſence
du Grand-Seigneur. Il s'excuſa donc le mieux qu'il put. Le Réſultat
fut, qu'il donneroit une Copie de ces Lettres, & qu'il demanderoit au
Roi d'être revetu d'un Caractere public. Le Vizir promit de ſon côté, qu'il appuïeroit ſes Négotiations autant qu'il lui ſeroit poſſible.

APRÈS cette Audience, Neugebauer commença à faire connoiſſance avec les Perſonnes que le Séraskier lui avoit indiquées. Il s'ouvrit plus ou moins, ſelon que les Eſprits étoient diſpoſez. Il leur parla

1709.
Août.
Son Au-
dience au-
près du
Grand-Vi-
zir.
le 29.

la du Traité de Commerce, que la Porte avoit fait propoſer. Il en expoſa les Avantages; & leur fit comprendre, que les Sujets du Grand-Seigneur pourroient tirer de la prémiere Main des Marchandiſes qu'ils prenoient d'ordinaire d'autres Nations qui étoient elles-mêmes obligées de les venir chercher en Suede. Il vanta la Bonté du Fer & du Cuivre de Suede, & s'étendit beaucoup ſur la Commodité qu'auroient les Turcs de ſe défaire avec Profit de leurs Marchandiſes.

Tous ceux, à qui Neugebauer parla de cette Affaire, approuvérent ce Projet, & trouvérent qu'il ſeroit très avantageux qu'on le mît en éxécution. Avec cela, ils prétendoient néanmoins, qu'il étoit abſolument néceſſaire, qu'avant toute choſe, on contraꞔtât des Engagemens plus étroits. Neugebauer, qui n'étoit pas entiérement perſuadé de leur Sincérité, & qui n'ôſoit pas s'écarter de ce qui lui avoit été preſcrit dans ſon Inſtruction, ſe contenta de répondre en Termes généraux, ,, qu'il croïoit
,, que le Roi de Suede ne s'y oppoſeroit point. Que Sa Majeſté avoit eu
,, à ſoutenir à la fois deux Guerres des plus ſanglantes, l'une contre le
,, Roi Auguſte, & l'autre contre le Czar. Que le prémier avoit été contraint
,, de faire la Paix aux Conditions qu'il avoit plu à Charles XII de lui impo-
,, ſer. Que l'autre venoit de gagner une Bataille; mais que, pour cela, la
,, Guerre n'étoit pas encore finie. Qu'à la vérité, il ne dépéndoit que de
,, Sa Majeſté Suédoiſe de faire la Paix avec la Ruſſie; mais, qu'on laiſ-
,, ſoit à la Cour Ottomanne à juger ſi elle y trouveroit ſon Intérêt. ,,

Ces Inſinuations, que Neugebauer faiſoit comme de lui-même, produiſirent un bon Effet. Pluſieurs Circonſtances concoururent à le convaincre, que les Turcs y penſoient très ſérieuſement. Ils lui découvrirent même quelques Secrets importans concernant la Situation de la Cour, & la Maniere d'agir du Grand-Vizir, dont ils étoient extrémement mécontens. Neugebauer ſut profiter en habile Homme de ces Ouvertures. Il crut, qu'il pouvoit s'expliquer un peu plus librement. Il inſinua donc fort adroitement, ,, que ſi on laiſſoit jouïr la Ruſſie des
,, Avantages dont elle étoit en Poſſeſſion, ſon Voiſinage ne pouvoit
,, qu'être fort dangereux pour la Porte; que le Czar avoit fait conſtrui-
,, re du côté d'Aſof trois Forteresſes; qu'il s'étoit rendu Maitre de
,, tout le Païs aux environs; & qu'il ne prétendoit pas moins que de ſe
,, faire appeller *Empereur des Grecs*. Que l'on ne pouvoit plus douter,
,, qu'il n'eut formé le Deſſein de ſoumettre l'Ukraine; & que s'il en ve-
,, noit à bout, il étoit à craindre, qu'il ne tentât la même choſe à l'é-
,, gard de la Valachie, de la Moldavie, & de toutes les Provinces
,, voiſines. Qu'il étoit en état de donner aux Turcs bien des Affaires,
,, ſur-tout s'il arrivoit que le Grand-Seigneur eut quelque autre Guer-
,, re ſur les Bras, particuliérement contre les Perſans toujours jaloux
,, de la Puiſſance de l'Empire Ottoman. Que ſi le Grand-Seigneur
,, étoit ſincérement porté à ſe liguer avec le Roi de Suede, on avoit
,, la meilleure Occaſion du Monde d'entreprendre quelque choſe con-
,, tre la Ruſſie. Que le Czar ſeroit contraint de partager ſes Forces; que
,, le

„ le Roi se trouveroit dégagé; qu'il lui seroit facile, pendant que les
„ Turcs agiroient d'un côté, d'entrer avec ses Troupes en Pologne, de
„ joindre l'Armée Polonoise, & de faire une puissante Diversion. „

Le Grand-Vizir étoit bien instruit de ce qui se passoit. Il n'ignoroit pas non plus, que les Turcs parloient souvent entre eux de l'Occasion qui se présentoit de rompre avec la Russie. Mais, comme Neugebauer, dans tous les Entretiens, qu'il eut avec lui, ne toucha jamais
cette Corde, le Vizir évita aussi de lui en parler. Cela n'empêcha
pourtant pas, qu'il ne lui fît de grands Complimens, & qu'il ne lui
témoignât toutes sortes d'Egards & de Politesses.

Sur ces Entrefaites, il se répandit un Bruit, que Charles XII
avoit fait demander à Constantinople une Escorte pour traverser la Pologne. Rien n'étoit plus faux que cette Nouvelle. Cependant, lorsqu'elle fut venue aux Oreilles des Amis du Cham des Tartares, ils en
informérent ce Prince. Il en parut fort mécontent. Aïant fait appeller le Sécrétaire Klinkouström, il lui dit, „qu'à juger de la Manie-
„ re dont le Roi de Suede s'étoit expliqué envers lui, une pareille
„ Démarche ne s'accordoit nullement avec le Projet qu'il méditoit,
„ & sur lequel il avoit crû pouvoir compter. Que s'il ne s'agissoit que
„ d'une Escorte, & que si tout ce que l'on pouvoit faire pour les In-
„ térêts de Sa Majesté se bornoit à cela, il étoit prêt lui-même de se
„ mettre à la tête de ses Troupes, & de conduire le Roi en Pologne,
„ afin de lui faire voir que rien n'égaloit le Zele qu'il avoit pour son
„ Service. „ Dès que le Roi fut instruit de la Chose, il ordonna à
Klinkouström de déclarer, „qu'il étoit vrai, que Sa Majesté se propo-
„ soit, aussi-tôt que sa Santé le permettroit, de s'en retourner dans ses
„ Etats; mais, qu'il n'avoit seulement pas songé à demander une Es-
„ corte. Que le Grand-Seigneur l'avoit fait sonder par le Séraskier
„ de Bender, pour savoir s'il en souhaitoit une; qu'en ce Cas-là, il y en
„ auroit une à son Service. Que Sa Majesté avoit fait répondre,
„ qu'Elle remercioit la Porte de cette Offre; qu'elle l'accepteroit, si à
„ son Départ Elle en avoit besoin, & si cela pouvoit se faire sans cau-
„ ser de l'Embarras. Qu'à l'égard des Offres du Cham, Sa Majesté
„ les recevoit avec beaucoup de Reconnoissance; qu'Elle ne deman-
„ deroit pourtant pas qu'il prît lui-même la Peine de l'escorter; mais,
„ qu'il suffiroit d'envoïer pour cet Effet quelqu'un de ses Officiers gé-
„ néraux. „

Charles, informé de ce qui s'étoit passé à Constantinople, résolut
de revétir Monsieur de Neugebauer d'un Caractere public. C'étoit le
seul Moïen, pour avoir Audience du Grand-Seigneur, & pour négocier
avec succès. Jusques-là, il n'avoit pû rien faire. La Cour ignoroit
de quelles Propositions il étoit chargé, & toutes ses Insinuations n'a-
voient abouti, qu'à lui procurer la Confiance de quelque peu de Particuliers, qui, avec la meilleure Volonté du Monde, n'étoient pas en
état de porter les Choses au Point où le Roi les souhaitoit. Neugebauer

Tome II. Vv

Marginal notes: 1709. Aoùt. — Déclaration du Cham. — Neugebauer est fait Envoïé extraordinaire. le 12. — V. l'App. No. CXXIX.

bauer fut donc fait Envoïé extraordinaire, & on lui expédia, en cette Qualité, des Lettres de Créance. Il les préfenta au Grand-Seigneur dans une Audience qu'il eut immédiatement après. L'Empereur Turc répondit auffi-tôt au Roi. Sa Lettre étoit écrite en Latin, & portoit en fubftance, „que Neugebauer, après avoir été revêtu du Caractere „ d'Envoïé extraordinaire, avoit été conduit à la Cour par le „ Grand-Vizir Ali Pacha, & qu'il avoit remis à Sa Hautefle les Lettres „ dont il avoit été chargé. Que le Vizir, felon l'Ufage ordinaire, „ avoit inftruit Sa Hautefle du Contenu de ces Lettres, & qu'il avoit „ fait Rapport de ce que l'Envoïé avoit propofé de bouche. Qu'Elle „ avoit appris avec beaucoup de Satisfaction la fincere Eftime que le „ Roi avoit pour la Porte. Que comme elle étoit très difpofée à con- „ tracter avec Sa Majefté une bonne Amitié, Elle avoit donné Ordre „ au Séraskier de Bender d'en délibérer avec Elle. Que l'on rédige- „ roit par écrit les Conditions dont on feroit convenu: que Sa Hau- „ tefle y feroit appofer fon grand Seau; & que l'Envoïé de Suede „ figneroit cette Convention, &c. (a). „

CEPEN-

(a) CETTE Réponfe fait voir, que la Lettre, dont parle Mr. DE VOLTAIRE, & qu'il prétend que Neugebauer remit au Grand-Seigneur, n'a jamais été écrite, ou que du moins elle n'a pas été rendue au Sultan; parce que, dans fa Réponfe au Roi, il n'y a pas un feul Mot qui y ait le moindre Rapport (*).

(*) COMME il eft fouvent parlé, dans cette *Hiftoire*, de la Maniere de compter les An- nées, ufitée parmi les Turcs, j'ai cru devoir donner fur ce Sujet quelques Eclaircif- femens. LES Turcs ne connoiffent que les Mois Lunaires. Leur Année eft de douze Mois, & de trois cens cinquante-quatre Jours. De-là il s'enfuit, qu'au bout de quelques An- nées, un de leurs Mois ne répond point à celui des nôtres auquel il fe rapportoit au- paravant. Le Jour du nouvel An, chés les Turcs, ne fe rapporte pas, tous les Ans, au même Jour de nos Mois. Pour rendre la Chofe fenfible, je mettrai ici la Table Chronologique, que le Prince Cantimir a inférée dans la Préface de fon *Hiftoire de l'Origine de la Grandeur & de la Décadence de l'Empire Ottoman*, publiée à Londres en Anglois.

HÉGIRE 700.	ERE CHRÉTIENNE 1300.
Mois Lunaires.	*Mois Solaires.*
30. Muharrem. le 1. répond au	Septembre le 16.
29. Safur.	Octobre le 16.
30. Rehiul Ewel.	Novembre le 14.
29. Rehiul Achir.	Décembre le 14.
30. Jemaziul Ewel.	Janvier le 13. l'An 1301.
29. Jemaziul Achir.	Février le 11.
30. Rejeb.	Mars le 12.
29. Shaban.	Avril le 11.
30. Ramazan.	Mai le 10.
29. Schewal.	Juin le 9.
30. Zilcaade.	Juillet le 8.
29. Zilhyre.	Août. le 7.

PAR

CEPENDANT, le Grand-Vizir envoïa au Roi un Aga, chargé de lui rendre une Lettre, & de lui préfenter, de la Part de ce Miniftre, un Poignard garni de Diamans. Cet Emiffaire fut complimenté par un des Gentilshommes du Roi, qui le conduifit auprès de Monfieur de Mullern. Celui-ci le préfenta à Sa Majefté. Le Vizir lui mandoit, „ que Mr. de Neugebauer étoit fort confidéré à la Cour Ottomanne: „ que le Grand-Seigneur avoit pour Sa Majefté Suédoife beaucoup „ d'Amitié & de bonne Volonté, à quoi le Vizir contribuoit tout ce „ qui étoit en fon Pouvoir, & qu'il continueroit toujours à en agir de „ même. „ Cette Lettre, qui fembloit promettre au Roi un bon Suc- cès dans fa Négotiation, caufa tant de Satisfaction à Sa Majefté, qu'Elle fit au Vizir une des plus gracieufes Réponfe, & qui étoit écri- te de fa propre Main. Monfieur de Mullern y ajouta auffi une Lettre, pour remercier Ali Pacha du Préfent qu'il avoit fait à Sa Ma- jefté.

VERS ce Tems-là, Mazeppa mourut à Bender. Depuis fon Arri- vée en Turquie, il n'avoit prefque pas quitté le Lit un feul Jour. Quoi- qu'il fût déja fort âgé (*a*), les Fatigues, qu'il avoit été obligé d'ef- fuier en dernier lieu, le mirent au Tombeau. Le Chagrin de fe voir abandonné par la Fortune, dans le tems même qu'il fe flattoit de déli- vrer l'Ukraine de la Domination Ruffienne, ne laiffa pas d'y contri- buer beaucoup. On l'enterra d'abord à une petite diftance du Camp, avec

marginalia:
1709.
Septembre.
V. L'APP.
No. CXXXI.
Préfent du Vizir au Roi.

V. L'APP.
No. CXXXII.

Mort de Mazeppa, le 22.

PAR cette Table, il eft aifé de voir, que, pendant l'Année de l'Hegire 701. le 1. du Mois de *Muharem* tombe fur le 5. Septembre, &c: pendant l'Année 702. le 1. du même Mois fe rapporte au 25. Août; & ainfi du refte. Mr. Reftelius, qui vient de publier en Suédois une *Defcription Hiftorique & Politique du Roïaume d'Alger*, fait la même Remarque. „ En 1739. „, dit-il, „, le Jour du nouvel An des Turcs tomboit „ fur le 30 Mars, felon notre Maniere de compter. En 1740, c'étoit le 18, Mars. „ En 1741, ce fera le 8. Mars; & en 1742, le 25. Février, &c. „

C'EST Mr. DE VOLTAIRE, qui m'a donné Occafion de faire cette Remarque. *Ach- mat*, dit-il, *fit fentir alors à Charles la Différence qu'il mettoit entre un Empereur des Turcs, & un Roi d'une Partie de la Scandinavie, Chrétien, vaincu, & fugitif. Il ne lui fit Réponfe, que fix Mois après.* Mr. DE VOLTAIRE rapporte cette Réponfe; mais, elle paroit manifeftement fuppofée Prémiérement, elle reffemble en rien à celle qui m'a été fournie par le Sr. AMIRA, Interprete du Roi. C'eft lui, qui a traduit la Lettre du Grand-Seigneur de Turc en Latin; & il mérite certainement plus de Créan- ce qu'aucun autre. En fecond lieu, il y a une grande Différence dans les Dattes. Mr. DE VOLTAIRE dit le Mois de *Schewal*; & AMIRA marque le Mois de *Zileaada*, qui répondoit en 1709. précifément à nôtre Mois de Septembre. Ce fut durant ce Mois-là, que Neugebauer devint Envoïé extraordinaire, qu'il obtint Audience du Sul- tan, & que ce Prince répondit à la Lettre de Charles XII.

(*a*) MAZEPPA n'avoit pas encore quatre-vingts Ans, quand il mourut. L'Anonime, qui a écrit en Allemand la *Vie de Charles XII*, dit pag. 161, qu'il en avoit quatre- vint-quatre. S. F. & LIMIERS difent fort mal-à-propos, qu'il mourut le 3. No- vembre.

avec les Cérémonies ordinaires, & felon l'Ufage de l'Eglife Grecque;
mais, peu de tems après, fes Gens conduifirent le Corps à Jaffi, pour
y être inhumé en Pompe (*a*).

NON-OBSTANT toutes les Promeffes de la Cour Ottomanne, &
toutes fes Démonftrations extérieures d'Amitié, il n'étoit pas difficile
de voir, qu'elle ne prendroit pas fi-tôt une Réfolution vigoureufe. Le
Grand-Vizir ne haïffoit pas l'Argent Ruffien; & ce fut, comme nous
le verrons bientôt, le plus grand Obftacle que Neugebauer eut à rencontrer en fon Chemin. Tant de Lenteur n'accommodoit pas le Roi
de Suede, accoutumé à prendre fes Réfolutions fur le champ, & à
ne pas changer de Sentiment, à moins qu'il n'y fût obligé par des
Raifons extrémement preffantes. Trois Mois s'étoient écoulez, fans
que la Cour Ottomanne fe fût donné aucun Mouvement, quoique fon
Intérêt exigeât plus que jamais qu'elle prît des Mefures pour s'oppofer à la trop grande Puiffance d'un Voifin inquiet & entreprenant. La
principale Direction des Affaires étoit entre les Mains de Gens que
l'on ne pouvoit remuer qu'à force d'Argent. Le Grand-Seigneur,
continuellement enfermé dans fon Serail, favoit à peine ce qui fe paffoit à une demi-lieue de fa Capitale. La Saifon étoit déjà fort avancée. Si l'on ne commençoit pas à agir avant l'Hiver, on donnoit au
Czar le Tems de faire une Ligue des plus formidables, avec le Dannemarck, le Roi Augufte, & quelques autres Princes, qui ne s'étoient
pas encore déclarez ouvertement contre la Suede, mais dont on n'a-
voit rien de bon à fe promettre.

LE Séraskier de Bender n'étoit pas encore gagné par la Ruffie: du
moins on s'en flattoit; parce qu'il ne paroiffoit point de Changement
dans fa Conduite, & qu'il vantoit fans ceffe fon Zele pour le Service
du Roi. A fon Retour de Conftantinople, où il avoit fait un Voïage
de quelques Jours, il infinua, qu'il n'y avoit point encore de Réfolution

---

(*a*) LES Trompettes & le Timbalier du Roi marchoient à Cheval devant le Convoi,
faifant entendre une Mufique lugubre, qui dura jufqu'à l'Endroit où le Corps devoit être inhumé. Immediatement devant le Chariot fur lequel le Cercueil étoit pofé, & qui étoit trainé par fix Chevaux blancs, marchoit un des princpaux Officiers Cofaques, tenant en main le Bâton de Commandement, garni de Perles & de
Diamans. Le Cercueil étoit couvert de Velours rouge, & orné de Galons d'Or fort
larges. Aux deux Côtez marchoit un certain Nombre de Cofaques, portant des
Cuiraffes & des Sabres nûs. Une Troupe de Femmes fuivoit à pied, jettant des
Cris & des Hurlemens, comme cela fe pratique d'ordinaire parmi les Cofaques. On
voïoit après cela le Général Orlich, le nouveau Heitman, & Woinarowski, Neveu de Mazeppa. Ils étoient tous deux à Cheval, auffi bien qu'une trentaine d'Officiers Suédois, qui fermoient la Marche. Les Troupes Cofaques marchoient à côté
du Convoi, par Compagnies, tenant leurs Drapeaux baiffés, de même que leurs Armes. L'Eglife, où l'on porta le Corps, étoit hors de la Ville. On y dit folemnellement la Meffe: &, dans le moment que l'on defcendit le Cercueil dans le Tombeau, les Cofaques firent une Décharge générale de leur Moufqueterie.

tion prife, & qu'il étoit fort incertain, fi le Grand-Seigneur fe déclareroit contre la Ruffie, ou s'il fe contenteroit d'être Spectateur de ce
qui fe paffoit chés fes Voifins. Pour favoir les Intentions de la Cour,
Charles réfolut de s'adreffer directement au Grand-Seigneur. Il communiqua cette Idée au Séraskier, qu'il pria de lui indiquer un Courier
auquel on pût fe fier. Charles difoit dans fa Lettre, ,, qu'aïant réfolu
,, de quitter la Turquie, pour fe rendre en Pologne, il prioit qu'on
,, lui fournît des Troupes pour l'efcorter. Que c'étoit le Chemin le
,, plus court, & que Sa Majefté efpéroit d'y trouver le Roi Staniflas,
,, & les Troupes qu'Elle y avoit laiffées. Qu'Elle fe flattoit auffi, que
,, les Polonois bien intentionnez feroient Caufe commune, pour fe dé-
,, livrer de l'Oppreffion du Roi Augufte & du Czar. Qu'en cas que
,, Sa Hauteffe penfât férieufement à éxécuter le Projet, dont le Grand-
,, Vizir & quelques autres Perfonnes de fa Cour avoient entretenu
,, l'Envoïé de Suede, il feroit néceffaire que l'on expédiât auffi-tôt des
,, Univerfaux, tant pour déclarer la bonne Volonté de la Porte en-
,, vers la République & le Roi Staniflas, que pour encourager les Po-
,, lonois à chaffer les Mofcovites hors du Roïaume; ce qui étoit le feul
,, Moïen d'obtenir une Paix durable. Que les Turcs & les Tartares, qui
,, accompagneroient Sa Majefté, pourroient demeurer pendant deux
,, ou trois Mois en Quartiers d'Hiver, fur la Frontiere de Pologne.
,, Que fi les Mofcovites ne fe retiroient pas, on marcheroit d'abord à
,, eux, & à leurs Adhérans; &, qu'après cela, on continueroit la
,, Guerre, felon que les Circonftances le demanderoient. Qu'en at-
,, tendant on pourroit détacher le refte des Tartares & des Zaporo-
,, viens, pour faire une Irruption du côté de Kiow & d'Azof, afin
,, d'attirer l'Ennemi de ce côté-là. ,,

Lettre de Charles XII au Gr. Seigneur.

LE Cham des Tartares avoit dreffé un Projet, qui reffembloit parfaitement à celui du Roi. Son Frere fut envoïé à Bender, pour le
communiquer à Sa Majefté. Comme il fit notifier au Roi fon Arrivée, Sa Majefté envoïa au devant de lui quelques Officiers; &, à fon
Entrée dans la Ville, le Séraskier, pour lui faire Honneur, le reçut
au Bruit de l'Artillerie de la Fortereffe. Une Reception fi honorable charma le Prince Tartare, autant que l'Entretien qu'il eut avec
le Roi. Content autant qu'on pouvoit l'être, il s'en retourna au bout
de trois Jours.

Le Frere du Cham vient trouver le Roi.

SUR ces Entrefaites, le Général Poniatouski partit pour Conftantinople, avec la Permiffion du Roi. Après avoir vû ce qu'il y a de remarquable dans cette Capitale, il fut admis à l'Audience du Grand-Vizir. Sa Qualité d'Etranger, & d'Officier à la Suite du Roi de Suede, lui procura l'Occafion de voir le Prémier-Miniftre de la Porte,
dont il fut reçu avec beaucoup de Politeffe. Ils eurent enfemble de
longs & fréquens Entretiens, dont il ne tranfpira rien. Au bout d'onze Jours, Monfieur de Poniatouski fut de retour. Il rapporta quelques

Octobre. le 9. Poniatouski fe rend à Conftantinople.

Dé-

1709. Novembre.

1709.
Octobre.
le 23.

*Nouveaux
Ordres à
Neuge-
bauer.*
le 13. le 15.

*Incertitudes
de la Cour
Ottomanne.*

Dépêches de Neugebauer, & assura le Roi, que le Grand-Vizir l'avoit chargé de dire à Sa Majesté, que le Grand-Seigneur avoit résolu de la faire reconduire, avec une Escorte suffisante, jusques sur les Frontieres de ses Etats (*a*).

COMME le Frere du Cham des Tartares étoit convenu avec le Séraskier de Bender, qu'ils tiendroient tous deux le même Langage dans les Lettres qu'ils écriroient à leurs Amis à Constantinople, on dépêcha en peu de jours deux Couriers à Monsieur de Neugebauer, pour lui porter de nouveaux Ordres, afin qu'il insistât sur une Réponse cathégorique de la part de la Cour Ottomanne. L'Auditeur Perman y fut aussi envoïé. Comme il avoit quelque Connoissance des Affaires du Commerce, le Roi voulut qu'il apprît la Langue Turque, & qu'il fît auprès de Neugebauer la Fonction de Sécrétaire.

LE Prétexte le plus spécieux, que la Cour Ottomanne alléguoit, pour ne pas rompre avec la Russie, étoit la Crainte qu'elle avoit, que l'Empereur, ou la République de Venise, ne commençassent la Guerre. Que les Forces de la Porte venant à être partagees contre trois Ennemis des plus puissans, il ne lui seroit pas possible de faire Tête de tous Côtez avec un Succès égal; & qu'ainsi elle pourroit bientôt se voir réduite à faire avec un d'entre eux, ou peut-être avec tous ensemble, une Paix également honteuse & préjudiciable. Ce Raisonnement ne laissoit pas d'avoir au prémier abord quelque-chose d'éblouïssant; mais, pour peu que l'on examine les Conjonctures d'alors, on trouvera, que rien n'étoit plus foible & plus mal fondé que les prétendues Appréhensions des Turcs. L'Empereur avoit garanti le Traité d'Alt-Ranstadt, conclu en 1706. entre la Suede, le Roi Auguste, & le Roi Stanislas. En vertu de ce Traité, il étoit obligé d'assister le Roi de Suede & le Roi Stanislas contre Auguste & ses Alliés. Quoique des Raisons d'Etat empêchent souvent les Garans d'agir conformement à leur Devoir & à leur Inclination, l'Empereur ne devoit rien trouver à redire au Projet que l'on avoit formé, tant pour obliger le Roi Auguste de demeurer tranquile, que pour affermir le Roi Stanislas sur le Trône de Pologne. Il devoit, au contraire, être bien aise, que le Théatre de la Guerre fût transporté hors de la Pologne, & que le Roi de Suede

---

(*a*) L'AUTEUR *des Remarques d'un Seigneur Polonois sur l'Histoire de Charles XII par Mr. de Voltaire* rapporte fort au long le Voïage de Mr. de Ponitatouski à Constantinople. Il dit, que ce Seigneur en demanda au Roi la Permission pour six Semaines, qu'il s'offrit de porter en même tems l'Expédition au Sieur Neugebauer, afin d'avoir Occasion de voir la Cérémonie de l'Audience. Qu'outre ce'a, il fut chargé d'une Lettre de Complimens de la part du Roi pour le Grand-Vizir; ce qui lui procura l'Occasion de voir ce Prémier-Ministre, &c. Voïez ces *Remarques*, pag. 57--63. R. D. T.

de trouvât moïen, n'importe avec le Secours de quelle Puiſſance, de porter ſes Armes dans les Etats même du Czar. D'ailleurs, la France, & le Prince Ragotski, donnoient tant d'Occupation à l'Empereur, qu'il n'auroit pas été en Etat d'entreprendre une nouvelle Guerre, quelque bien intentionné qu'il auroit pu être pour le Czar, ou le Roi Auguſte. Quant aux Vénitiens, on avoit raiſon de croire, qu'ils ne demanderoient pas mieux, que de demeurer en Repos, afin de jouïr tranquillement des Conquêtes qu'ils avoient faites pendant la derniere Guerre. Outre cela, il eſt fort rare, dans ce Siecle, qu'une République commence une Guerre offenſive : & les Vénitiens ſont trop bons Politiques, pour rien entreprendre à la légere.

DURANT ces Négotiations, les Ennemis de la Suede ne négligeoient rien, pour venir à bout des Entrepriſes qu'ils méditoient contre nous, & qui ne tendoient pas à moins qu'à la Ruine totale du Roïaume. Le Roi de Dannemarck, de retour de ſon Voïage d'Italie, s'étoit abouché à Dreſde avec le Roi Auguſte, & à Berlin avec le Roi de Pruſſe. D'abord qu'il fut arrivé dans ſes Etats, il commença à faire de grands Préparatifs de Guerre, afin de faire une Invaſion en Scanie. Il s'attendoit à n'y trouver aucune Réſiſtance, ou que du moins on ne pourroit lui oppoſer que des Troupes levées à la hâte, & fort peu agueries ; au lieu que, depuis pluſieurs Années, il n'avoit point eu de Guerre ſur les Bras, & que ſon Armée étoit compoſée de vieilles Troupes, bien exercées, & bien diſciplinées. Pour faire voir, qu'il ſe croïoit bien ſûr de ſon Fait, il prit pour Deviſe ces Mots, *A préſent, ou jamais*, qu'il fit mettre ſur tous ſes Chariots de Bagage & de Munitions. Le Czar avoit trouvé Moïen, tant par ſon Argent, que par de grandes Promeſſes, de ſe concilier l'Amitié de l'Hoſpodar de Valachie, avec lequel il entretenoit une étroite Liaiſon. Ce fut lui, qui facilita aux Moſcovites l'Occaſion de ſurprendre à Czarnowitz, Endroit éloigné de trois lieues des Frontieres de Ruſſie, un Parti Suédois, qui y étoit poſté ſous les Ordres du Colonel Gyllenkrok, Quartier-Maitre-général (*a*).

IL ne ſera pas hors de propos de rapporter exactement ce qui ſe paſſa dans cette Occaſion, ne fut-ce que pour faire voir combien ſe trompent ceux qui croïent, que le Roi vouloit ſacrifier ces Troupes à deſſein, afin d'obliger la Porte à rompre avec la Ruſſie. Ce bruit ſe répandit déja dès-lors ; &, quelque mal-fondé qu'il ſoit, il ne laiſſe pas de trouver encore aujourd'hui de la Croïance dans l'Eſprit de bien des Perſonnes. Les Moſcovites avoient déja fait une Invaſion ſur les Terres de l'Empire Ottoman, en pourſuivant le Roi aprés la Bataille de
Pul-

_____

(*a*) L'ANONYME Allemand, qui a écrit la *Vie du Czar Pierre Alexiewitz*, rapporte, Tom. II, pag. 563, que les Troupes, qui étoient ſous les Ordres de Gyllenkrok, s'étoient ſauvées à Pultawa d'entre les Mains des Ruſſiens. Ou il a été mal inſtruit, ou il a voulu juſtifier la mauvaiſe Conduite du Brigadier Kropotow.

Pultawa, jufqu'au Bug, où ils avoient tué ou enlevé ceux de fa Suite, qui n'avoient pas eu le tems de fe fauver. Après cette Action, il n'étoit donc pas néceffaire que le Roi recherchât une feconde fois la même Chofe. Pourra-t-on s'imaginer, que ce Prince ait voulu facrifier de gaieté de cœur le peu d'Officiers & de Soldats qui lui reftoient? Etoit-il de fon Intérêt de perdre ce petit Nombre de braves Gens, & de fe voir feul? Non, affurément; & s'il avoit dépendu de lui, au lieu d'en diminuer le Nombre, il auroit fait tout au monde pour l'augmenter. D'ailleurs, fi le Deffein de Sa Majefté avoit été tel qu'on dit, n'auroit-il pas fuffi qu'Elle eut laiffé à Czarnowitz le prémier Détachement qui y alla? Elle n'auroit nullement eu befoin de faire prendre aux Zaporoviens le même Chemin. Voici le Fait, qui prouvera fuffifamment combien le Roi étoit éloigné d'avoir la Penfée qu'on lui attribue.

ENVIRON fix Semaines après l'Arrivée de Charles XII à Bender, la Caiffe fe trouva prefque épuifée, à caufe des Dépenfes exceffives qu'il failloit faire pour fournir à la Subfiftance de tous ceux de la Suite du Roi: & l'on fe vit dans la Néceffité de fonger à faire des Emprunts. Comme le Roi ne fouhaitoit rien tant que de quitter au plûtôt la Turquie, foit que la Porte voulût lui fournir des Troupes ou non, on propofa à Sa Majefté de détacher une Partie des Soldats, & tous les Officiers qui étoient bleffés, vers la Frontière de Pologne, où ils vivroient à meilleur Marché, & où ils attendroient l'Arrivée du Roi. Dès que le Séraskier de Bender fut informé de la Chofe, il fit tout fon poffible pour en détourner le Roi, avec Affurance, qu'il agiroit à la Cour Ottomanne, pour obtenir que tous ceux, qui accompagnoient Sa Majefté, fuffent entretenus aux Dépens du Grand-Seigneur. Charles, ne voulant pas lui avoir de nouvelles Obligations, perfifta dans la Réfolution qu'il avoit prife. On donna à Gyllenkrock, lorfqu'il fe mit en Marche, un Aga, qui devoit fervir de Commiffaire de Guerre pour le tems que les Suédois demeurcroient fur les Terres de l'Empire Ottoman. On marcha d'abord à Jaffi, & de-là à Soczova, Ville habitée par des Grecs & des Arméniens, & fituée à cinq lieues de la Frontière de Pologne, & à une lieue de celle de Hongrie. Dans cet Endroit, quelques-uns de nos Officiers, fe retirant à la fourdine, & fans prendre Congé de perfonne, entrérent en Hongrie. Peu après Gyllenkrock eut Ordre de s'approcher le plus qu'il pouvoit d'une Ville appellée Sniatin, fituée en Pologne, mais fur les Frontieres de Turquie. Cette Place appartenoit au Général Potocki. Gyllenkrok devoit y pratiquer des Intelligences, afin de favoir où étoit le Comte Potocki, & dans quel Endroit fe tenoit le Général-Major Craffou avec les Troupes Suédoifes qui étoient fous fes Ordres. Gyllenkrok, aïant été lui-même pour reconnoitre tous ces Environs, ne trouva point d'Endroit plus propre pour y prendre Pofte, que Czarnowitz, éloigné d'environ une lieue de Sniatin, & d'un petit bout de chemin du Niefter. Peu de jours

après,

après, l'Aide-de-Camp-général Gyllenclou arriva au même Endroit, avec neuf cens Zaporoviens; desorte que tout le Détachement ensemble n'étoit composé que de treize à quatorze cens Hommes, parmi lesquels il n'y avoit que cent-soixante Suédois qui eussent des Armes. Gyllenkrok reçut quelques jours plus tard un Billet écrit de la propre Main du Roi, & conçu en ces Termes: ,, Je commence à pouvoir ,, supporter les Fatigues d'aller à Cheval: Dieu en soit loué. Faites ,, ensorte d'avoir de bonnes Provisions de Vivres, & faites faire aux ,, Soldats des Bottines de Peau de Beuf. J'espere de vous joindre ,, dans peu. Que tout soit prêt pour faire une bonne Marche. ,, Le Colonel envoïa au Roi un Capitaine, pour lui dire, que de grandes Difficultez s'opposoient au Dessein de Sa Majesté d'entrer en Pologne: que la Chose paroissoit même entiérement impraticable; parce que l'on savoit de bonne part, que le Général Russien Wolkonski avoit fait occuper tous les Passages sur le Nieper, & que le Roi Auguste étoit rentré de nouveau en Pologne à la tête de quelques Régimens de Troupes Saxonnes. Ces Circonstances furent confirmées au Roi par le Capitaine Breant, qui venoit d'arriver de Suede.

AVANT que l'on pût avoir de nouveaux Ordres de Bender, six cens Cosaques Russiens vinrent le 24. Septembre, en plein midi, nous attaquer à Czarnowitz. Comme ce Bourg étoit ouvert de tous côtez, & qu'il auroit été inutile de vouloir le deffendre avec cent-soixante Hommes, contre un Ennemi si supérieur, on songea de bonne-heure à la Retraite. Nos Soldats firent pourtant si bien, qu'à la prémiere Allarme, les Cosaques furent mis en Déroute, & contraints de prendre la Fuite. Le Major Silfwersparre, du Régiment de Sudermannie, sortit avec une vintaine d'Officiers à Cheval, pour aller reconnoitre l'Ennemi, dont l'Avant-garde, qui consistoit en deux cens Hommes de Troupes réglées, n'étoit pas fort éloignée. Sur le Rapport que fit Silfwersparre, que le Détachement Russien étoit en pleine Marche, Gyllenkrok résolut de se retirer à une lieue de-là, où il avoit détaché un Lieutenant pour garder quelques Barques & des Radeaux qu'il y avoit dans le Dessein de passer la Riviere dans cet Endroit. Le Brigadier Kropotow ne lui en donna point le Tems. Après avoir fait mettre pied à terre à deux mille Grenadiers, dont il forma quatre Bataillons, il envoïa au Colonel Suédois un Trompette, pour lui offrir une Capitulation. Gyllenkrok, réduit à l'Extrémité, y consentit, aux Conditions suivantes: I. Que lui, & tous ses Officiers, tant de Cavallerie, que d'Infanterie, les Prêtres, Commissaires, Chirurgiens, Ecrivains, Musiciens, de quelque Nom ou de quelque Qualité, qu'ils fussent, garderoient leurs Epées, & tout ce qui leur appartenoit; qu'on leur rendroit même leurs Chevaux. II. Que les Soldats ne seroient pas desarmez, & qu'on les conduiroit, en l'Etat où ils se trouvoient, auprès de Sa Majesté Czarienne. III. Qu'il seroit permis au Colonel, aussi-bien qu'aux autres Officiers Suédois, de se retirer chés eux sur

V. L'APP.
NUM.
CLXXIII.

leur Parole, pour travailler à leur Echange contre des Officiers Ruſſiens. Que les Soldats joüiroient du même Avantage, ſi cela convenoit au Roi de Suede. Que ſi le Colonel & les Officiers n'étoient
pas échangés, ils ſeroient tenus de retourner en Ruſſie, pour y être
Priſonniers de Guerre. IV. Que les Zaporoviens ne ſeroient pas traités autrement que les Suédois. Ces Articles furent redigés par écrit,
& ſignez de Part & d'autre. Kropotow, à la Maniere Ruſſienne, fit
le Signe de la Croix, & jura ſolemnellement, que tout ſeroit fidélement éxécuté, à l'exception du dernier Article, contre lequel il pro-

*La Capitu-
lation eſt
violée.*

teſtoit. A peine la Capitulation venoit-elle d'être ſignée, que le Brigadier Ruſſien fit enfermer de tous côtez les Suédois, qu'il obligea de
mettre bas leurs Armes avec les Garde-Cartouches. Les Epées leur
furent laiſſées; après quoi, on marcha à Horodenka. Trois jours
après, Kropotow fit appeller le matin, dans ſa Chancellerie, le Colonel
Gyllenkrok, l'Aide-de-Camp-général Gyllenklou, le Major Silfwer-
ſparre, & le Miniſtre Odhen. Là, en préſence des Colonels Moſcovites Stockhof, Kock, Zowarof, & d'un Sécrétaire Ruſſie, il propoſa, qu'il étoit abſolument néceſſaire que la Capitulation, qui s'étoit conclue fort à la hâte, fut entiérement changée. Gyllenkrok eut beau
reclamer l'Equité, la Juſtice, & le Droit de Guerre, le Brigadier ne
s'en mit pas en peine. Il falut abſolument que l'on fît les Changemens qu'il propoſoit. Dans le ſecond Article, on diſoit ſimplement,
que l'on laiſſeroit aux Soldats leurs Epées. Dans le troiſieme Article,
on ajouta ces Paroles: *Que les Officiers Suédois ſupplieroient Sa Majeſté
Czarienne de leur accorder un Terme, au bout duquel ils ſeroient obligés
d'être de retour, en cas qu'ils ne fuſſent point échangés.* Quant au quatrieme Article, on l'effaça entiérement, quoiqu'il n'y eut en tout que
neuf Zaporoviens de pris. Gyllenkrok fut obligé de ſigner cette nouvelle Capitulation, qui étoit datée du 29. Septembre.

On l'envoïa auſſi-tôt au Czar: en attendant ſa Réponſe, on continua la Marche à Budziato. Dans cet Endroit, le Brigadier fit aſſembler, le 3. Novembre, les Officiers & les Soldats Suédois, pour leur ſignifier, qu'il avoit Ordre du Czar de les obliger à rendre leurs Epées,
parce que le Roi de Suede avoit violé la Capitulation de Wipreck.
Gyllenkrok répondit, que ſe trouvant, auſſi bien que les autres Suédois, à la Diſcrétion du Czar, il dépendoit de lui de tenir, ou de violer, la Capitulation: qu'à l'égard de l'Affaire de Wipreck, on ne prouveroit jamais, qu'il y eut eu une Capitulation dreſſée; mais, que le
Colonel Ecoſſois, qui y avoit commandé, s'étoit rendu à Diſcrétion
avec toute la Garniſon. Quelques bonnes que fuſſent les Raiſons de
Gyllenkrok, elles ne ſervirent de rien; &, ſoit que ce fût l'Ordre du
Czar, ou bien une Invention de Kropotow, on obligea les Suédois de
rendre leurs Epées.

*Manifeſte
du Roi Au-
guſte.*

Cependant, le Roi Auguſte ſe mit en état de remonter ſur le
Trône de Pologne. Il n'apprit pas plûtôt, que le Roi de Suede avoit
per-

perdu la Bataille de Pultawa, qu'il fit compofer un Manifefte, qui fut envoïé dans toutes les Cours. Comme cette Piéce eft des plus intéreffantes, mais beaucoup trop longue pour être inférée dans cet Endroit, nous avons crû devoir la renvoïer dans l'Appendice de cette Hiftoire, où on la trouvera en entier.

1709.
Octobre.
V. L'APP.
NUM.
CXXXIV.

LES Sénateurs affemblez à Thorn expédiérent le 2. Octobre fuivant des Univerfaux, qu'ils adrefférent à tous les Palatinats du Roïaume. Ils y firent paroitre beaucoup de Joie de l'heureux Retour du Roi Augufte, & s'obligérent à maintenir ce Prince fur le Trône de Pologne. Les Louanges n'y manquoient point. Ils difoient d'Augufte, qu'il les avoit gouvernez avec une Tendreffe extraordinaire, & que, malgré fa longue Abfence, il ne s'étoit jamais écarté en rien des Loix fondamentales de fon Roïaume. Cet Ecrit finiffoit par des Souhaits, que le Cardinal-Primat voulût au plûtôt retourner en Pologne, afin d'affifter le Roi de fes Confeils.

CHARLES étoit fimple Spectateur de toutes ces Chofes : quelque Envie qu'il eut d'agir, il fe voïoit réduit dans une Situation où à peine il ofoit efpérer que l'on tentât aucune chofe en fa faveur. Le Séraskier de Bender montroit toujours beaucoup de Zéle. Il avertit la Cour de l'Invafion que les Mofcovites avoient faite en Valachie : il l'informa de ce qui s'étoit paffé à Czarnowitz ; & ne diffimula nullement, qu'il étoit d'Opinion, que le Hofpodar de cette Province, non feulement vivoit en trop bonne Intelligence avec les Ruffes, mais qu'il avoit même favorifé fous main leur Invafion. Les Amis du Séraskier confirmérent ces Soupçons ; & la Chofe alla fi loin, que le Hofpodar, avec quelques-uns des principaux Valaques, furent arrêtez & conduits Prifonniers à Bender. Au Mois de Novembre, il fut dépofé. On mit à fa Place Mauro Cordato, prémier Interprete du Grand-Seigneur. Un Emiffaire du Roi Augufte, Arménien de Nation, ne fut pas mieux traité. Cet Homme étoit adreffé au Grand-Vizir, qu'il devoit tacher de gagner en faveur du Czar. Charles, qui en avoit eu le Vent, pria le Séraskier de le faire arrêter dès qu'il arriveroit à Bender. Juffuf Pacha y confentit ; &, en faifant fon Rapport à la Cour, il y joignit les Lettres dont cet Emiffaire étoit chargé. Au bout de deux Mois, le Séraskier eut Ordre de Conftantinople de le faire conduire jufques fur les Frontieres, & de lui déclarer, que comme la Porte ne reconnoiffoit point d'autre Roi de Pologne que Staniflas, & qu'Elle n'avoit rien à négotier avec l'Electeur de Saxe, on ne fouffriroit pas qu'un Emiffaire de ce dernier mît le Pied fur les Terres de la Domination Ottomanne

Un Emiffaire du Roi Augufte arreté à Bender.

ON eut Raifon de dire, que ce n'étoient-là que des vains Complimens, & qui ne coutoient pas grand'chofe. L'Irréfolution & l'Incertitude continuoient toujours. Le Grand-Vizir tenoit le même Langage qu'il avoit tenu dès le Commencement. *On conduira le Roi de Suede,* difoit-il, *avec une Efcorte fuffifante, en Pologne, ou jufques fur les Fron-*

Irréfolution de la Cour Ottomanne.

tieres de ses Etats, s'il le veut. Mais, quand Neugebauer insistoit sur un Tems fixe, ni le Grand-Vizir, ni le Chancellier, ne répondoient qu'en Termes vagues, que la Chose se feroit bien-tôt; que l'on devoit attendre encore quelque Tems; ou bien, que certaines Raisons en empêchoient l'Exécution.

Les Turcs construisent pour le Roi une Maison.

DANS l'Incertitude où étoit le Roi s'il resteroit encore quelque tems en Turquie ou non, il ne voulut point changer de Quartier. Il étoit toujours campé, quoique le Froid fût assez rude, sur-tout pendant la Nuit. Comme le Roi étoit parfaitement rétabli de sa Blessure, le Froid ne l'incommodoit en rien. Ceux, qui avoient accompagné ce Prince en Pologne, étoient accoutumez à le voir camper tout l'Hiver au milieu de la Neige & des Glaces; mais, pour les Turcs, ils ne pouvoient point cacher la Surprise que leur causoit cette Maniere de vivre. Dans l'espérance d'engager Sa Majesté à se loger plus commodément, ils entreprirent de construire une Maison, à une petite Distance du Camp, dans un Endroit entouré de Meuriers, & d'autres Arbres fruitiers. En peu de jours, cette Maison fut achevée; après

Novembre.

quoi, ils vinrent l'offrir au Roi. Charles, charmé de cette Politesse, fit distribuer aux Turcs une Somme d'Argent considérable, & alla occuper cette Maison, qui étoit fort commode. Il y passa, non seulement cet Hiver-là, mais il y demeura depuis au-delà de deux Ans. Les Turcs remarquérent comme quelque-chose de particulier, qu'au lieu que le Niester se déborde ordinairement tous les Ans, il ne sortit pas de son Lit, ni la prémiere, ni la seconde Année, que le Roi demeura dans son Voisinage.

*le 9.
Celsing nommé secret. d'Ambassade à Constantinople.*

CEPENDANT, Neugebauer écrivit au Roi, pour l'informer de l'Arrivée de Perman, & pour prier Sa Majesté de vouloir lui envoïer encore un Sécrétaire; parce que les Affaires augmentoient tous les jours, & qu'il étoit très important pour le Service du Roi, qu'elles fussent expédiées avec promtitude. Il supplia en même tems Sa Majesté de lui accorder un Chapelain, sur le même Pied que cela se pratiquoit à l'égard de divers autres Ministres Suédois dans les Cours étrangeres. Le Roi aïant approuvé les Représentations de Neugebauer, l'Auditeur Celsing fut nommé en Qualité de Sécrétaire d'Ambassade. En même tems, on ordonna aux deux Prédicateurs Enman & Agrel de se rendre à Constantinople. Ils partirent tous ensemble, accompagnés du Sr. Ehrenschiöld, Vice-Caporal des Drabans, qui devoit se rendre à Stockholm pour y porter certains Ordres dont il étoit chargé.

Brouillerie entre le Grand-Vizir & l'Envoïé de Suede.

AVANT que ceux-ci fussent arrivez à Constantinople, Neugebauer s'étoit brouillé avec le Grand-Vizir. Cette Affaire ne laissa pas d'avoir des Suites très desagréables. L'Ambassadeur de Russie, Tolstoi, avoit à son Service sept Laquais Suédois. Ces Gens se plaignirent à Neugebauer des mauvais Traitemens que leur Maitre leur faisoit essuïer, & le priérent de s'intéresser pour eux, afin qu'ils pussent se retirer. Sur le Rapport que l'Envoïé en fit au Roi, ce Prince répondit, ,,qu'il ver-

,, roit

,, roit avec plaifir, que l'on pût dégager ces Gens de bonne-grace;
,, mais que, comme il fe pouvoit que l'Ambaffadeur refufât de les laif-
,, fer aller, on devoit agir dans cette Affaire avec toute la Circonfpec-
,, tion & la Prudence poffibles, afin qu'il n'en arrivât point de Bruit,
,, ou que l'on ne donnât point de Sujet de Plainte à la Cour Otto-
,, manne. ,, Quand l'Ambaffadeur apprit, que fes Domeftiques s'é-
toient plaints de fes Duretez, il menaça de les vendre aux Turcs comme Efclaves. Pour éviter ce Malheur, cinq d'entre eux fe réfugiérent
dans la Maifon de Monfieur de Neugebauer. L'Ambaffadeur Mofcovite engagea auffi-tôt le Grand-Vizir à faire dire à l'Envoïé de Suede,
par l'Aga qui étoit toujours auprès de ce dernier, qu'il eut à rendre
fur le champ les Laquais de Monfieur de Tolftoi. Neugebauer repliqua, que, bien loin de le faire, il étoit obligé de leur accorder fa
Protection; qu'ils étoient Sujets du Roi fon Maitre, & qu'ils étoient
venus le trouver d'eux-mêmes, fans qu'on les eut pris par force dans
l'Hôtel de l'Ambaffadeur, ou qu'on les eut attirez par aucun autre
Moïen. Il ajouta, que l'Ambaffadeur ne les avoit pas amenez avec
lui de Ruffie, mais qu'il les avoit forcés d'entrer à fon Service, ou
qu'il les avoit achetez de quelques Marchands Grecs pour très peu
d'Argent. Que ce feroit une Affaire de Confcience d'abandonner ces
Miférables, avant qu'il fût l'Intention du Roi fon Maitre, qui étoit
le feul dont il recevoit des Ordres. Le Grand-Vizir ne fut nullement
content de cette Réponfe; & l'on difoit ouvertement, que Tolftoi
lui avoit fait un Préfent confidérable, tant en Pelleteries, qu'en Argent comptant. Cependant, il fit dire fort poliment à Neugebauer,
par le Dragoman Scherletto, qu'il le prioit de rendre les Laquais, &
qu'il l'affuroit, qu'en moins de trois ou quatre Semaines on les remettroit en Liberté. Sans vouloir décider, fi l'Envoïé de Suede n'auroit
pas mieux fait d'accepter l'Offre du Grand-Vizir, que de refufer fé-
chement cette Propofition, difons feulement, que Neugebauer, rempli de Défiance, lâcha dans la prémiere Chaleur certaines Expreffions,
qu'il auroit mieux valu qu'il n'eut jamais dites. Le Grand-Vizir
attira dans fon Parti le Reis Effendi; de forte que, lorfque Perman vint lui parler fur ce Sujet, il fit dire, que fi l'Envoïé de Suede
ne rendoit pas d'abord les Domeftiques de Monfieur de Tolftoi, il les
feroit prendre de Force, & feroit arrêter l'Envoïé même. Celui-ci,
pour ne pas demeurer en refte, fit répondre, qu'il attendroit les Turcs
de pied ferme: que ceux, qui ôferoient infulter fa Maifon, le trouveroient prêt à fe bien deffendre, tant qu'il lui refteroit un feul Homme;
& que même il facrifieroit fa Vie pour le Maintien de l'Honneur du
Roi fon Maitre. La Fermeté de Monfieur de Neugebauer fit ceffer
un peu le Bruit. Il recommença néanmoins plus fort que jamais, jufqu'à ce qu'enfin, fur les Repréfentations du Dragoman, & par la Médiation de plufieurs autres Perfonnes, Monfieur de Neugebauer fe détermina à remettre les Laquais entre les Mains du Grand-Vizir, qui

lui

lui fit donner fa Parole, qu'il leur rendroit la Liberté. Ces Miférables
aïant été menacés d'être faits Efclaves, quatre d'entre eux fe firent Ma-
hométans; & le cinquieme fut rendu à l'Ambaffadeur Mofcovite. Cependant, on renforça de vint Janiffaires la Garde ordinaire de l'Envoïé,
avec Deffenfe expreffe de ne laiffer entrer ou fortir perfonne de fon
Hôtel. Lorfque Neugebauer fit demander ce que cela fignifioit, le
Kiaja du Grand-Vizir lui répondit, que c'étoit à caufe des Laquais
qu'il n'avoit pas rendu. Trois jours après, on ôta les Janiffaires,
fous prétexte qu'on n'avoit nullement voulu arréter l'Envoïé, mais
que, comme le Bruit s'étoit repandu que l'Ambaffadeur Mofcovite emploïeroit la Force pour tirer fes Domeftiques de la Maifon de Monfieur
de Neugebauer, on avoit jugé à propos de lui donner une Sauve-Gar-
de pour fon Hôtel.

LE Grand-Seigneur ne favoit rien de tout ce qui s'étoit paffé: &
comme le Vizir craignoit que cette Affaire n'eut pour lui de mauvaifes
Suites, il s'étudia à faire toutes fortes de Politeffes à Neugebauer,
& à témoigner beaucoup de bonne Volonté pour le Service du Roi.
Sa Majefté, s'étant laiffé prévenir par la Relation de fon Envoïé, ne jugea de l'Affaire que fur le Rapport qui lui en avoit été fait. On eut
beau lui repréfenter, que les Conjonctures ne permettoient pas que
l'on fe brouillât ouvertement avec un Miniftre auffi puiffant que l'étoit
le Grand-Vizir, le Roi perfifta toujours dans fa Réfolution d'ordonner
à Neugebauer de préfenter fur ce Sujet un Mémoire au Grand-Seigneur lui-même, afin de demander une Satisfaction éclatante. En lui
envoïant cet Ordre, Charles lui écrivit, qu'il eut à déclarer en même
tems, que Sa Majefté favoit de bonne Part, que le Grand-Vizir étoit
Partifan déclaré de la Ruffie, & qu'il travailloit de toutes fes Forces à
la Prolongation du Traité de Carlowits, non-obftant qu'il eut exhorté
Sa Majefté par le Cham des Tartares, avant la Bataille de Pultawa, &
dans le tems que le Czar faifoit faire des Propofitions de Paix, à ne
point fe fier à ce Prince, & à continuer la Guerre. Qu'il lui avoit
même fait affurer, qu'il fourniroit à Sa Majefté un puiffant Secours
contre leur Ennemi commun. Le Grand-Vizir, qui ne manquoit pas
d'Amis, fit fi bien obferver Monfieur de Neugebauer, que celui-ci ne
put faire un feul Pas, fans rencontrer l'autre dans fon Chemin. Enfin, la Mefintelligence alla fi loin, que le Vizir travailla ouvertement à
la Cour contre les Intérêts du Roi de Suede, dont les Affaires fouffrirent par-là de grands Préjudices.

*Les Mofco-
vites en-
voïent des
Efpions au
Camp du
Roi de Sue-
de.*

TANDIS que cela fe paffoit à Conftantinople, il arriva à Bender
une Scene non moins defagréable. Un Détachement de Cofaques
Ruffiens avoit pris Pofte dans un Endroit nommé Jaorlich, Ville de
Pologne, à cinq lieues de Bender. Ces Gens tachoient entre autres de
nous débaucher nos Cofaques, & les Valaques qui étoient au Service
du Roi. Pour cet effet, ils leur écrivirent différentes Lettres; & le
Prince Galetzin, Gouverneur de Kiovie, fit publier, dans la même Vûe,
des

des Univerfaux, dans lefquels il promettoit à tous ceux d'entre nos Gens, qui viendroient le trouver, une Amniftie générale pour le paffé. Quant à leurs Officiers, il leur faifoit efpérer des Emplois plus confidérables. Ces Offres, quoi qu'elles ne fiffent pas grande Impreffion fur les Efprits, ne laifférent pas de tenter quelques-uns, & de les engager à deferter, & entre autres un certain Colonel André. Un des Emiffaires de l'Ennemi fut affez fot pour aller trouver nos Cofaques, dans l'Idée que fa Rhétorique produiroit un meilleur Effet que n'avoient fait les Lettres dont il avoit été chargé. Il fut découvert, & pendu fans autre forme de Procès. Le Roi aïant détaché quelques Suédois avec un certain Nombre de Cofaques & de Zaporoviens, ils eurent le Bonheur d'enlever le Parti ennemi, & de faire prifonnier le Gouverneur de Jaorlich, qui étoit Beau-Frere du Colonel André. Lorfque le Séraskier, auquel on avoit caché cette Expédition, eut appris ce qui venoit de fe paffer, il parut tout confterné, dans la Crainte qu'on ne lui fît quelque mauvaife Affaire à la Cour, parce qu'il n'avoit point informé le Grand-Seigneur d'aucune de ces Circonftances. Il fe donna toutes les Peines du Monde, pour que le Gouverneur fût remis en Liberté, & que l'on affoupît cette Affaire. Le Roi lui répondit, qu'il prenoit toute l'Affaire fur lui, & qu'il efpéroit que le Grand-Seigneur avoit trop de Droiture, pour approuver que les Ennemis, au milieu du Camp Suédois, & fur les Terres de la Domination de Sa Hauteffe, entrepriffent pareille chofe contre les Cofaques, qui étoient au Service de Sa Majefté depuis longtems, & qu'Elle ne traitoit pas autrement qu'elle faifoit fes propres Sujets. Qu'Elle donneroit Ordre à fon Envoïé, en cas qu'il entendît parler de cette Affaire, de foutenir la Caufe du Séraskier avec la même Chaleur, que s'il s'agiffoit de la Perfonne même de Sa Majefté. L'Affaire fut affoupie, & l'on n'en entendit plus parler.

AINSI finit l'Année, fans que le Roi eut rien obtenu de la Porte. Monfieur de Colyer, Ambaffadeur des Etats-Généraux aïant eu Ordre de déclarer, que fes Maitres étoient difpofez à faire reconduire le Roi par Mer dans fes Etats, ou dans tel autre Endroit de la Chrétienté qu'il fouhaiteroit, le Dragoman Savari fut dépéché à Sa Majefté, pour lui porter cette Nouvelle. Monfieur de Neugebauer fit partir quelques jours après le Sécrétaire Perman, pour notifier au Roi dans toutes les Formes, que les Etats-Généraux offroient d'équiper une Efcadre, qu'ils enverroient dans la Mediterrannée, pour y embarquer Sa Majefté, avec tous ceux qui l'accompagnoient. Le Roi ordonna à Neugebauer, d'aller trouver l'Ambaffadeur de Hollande, & de lui dire au Nom de Sa Majefté, „qu'Elle remercioit les Etats-Généraux de „ l'Offre qu'ils venoient de lui faire, qu'Elle étoit très fenfible à cet- „ te Marque de leur Amitié; & qu'Elle en conferveroit toujours le „ Souvenir avec une parfaite Reconnoiffance. Que comme la Porte „ Ottomanne lui avoit fait propofer de prendre un Chemin plus court,

„ Sa

1709.
Novembre.

le 30.

Decembre.
Les Etats
Généraux
offrent de
faire recon-
duire le Roi
dans fes
Etats.
le 10.

le 15.

,, Sa Majefté pourroit bien fe réfoudre à profiter des Expédiens qu'on
,, lui avoit indiqués.   Que, cependant, Elle ne s'étoit point encore
,, déterminée, & qu'Elle ne prendroit point de Réfolution avant que
,, fes Négociations avec la Cour Ottomanne ne fuffent entiérement
,, terminées.   Que Sa Majefté concerteroit là-deffus fes Mefures, &
,, qu'Elle détermineroit fon Voïage, felon que les Conjonctures le per-
,, mettroient, & felon qu'elle jugeroit qu'il pourroit fe faire avec
,, moins de Fraix & d'Embarras. ,,

*Juillet.
Entreprifes
du Czar
après la Ba-
taille de
Pultawa.*

IL eft tems que nous retournions fur nos Pas, pour voir ce qui fe
paffa en Ruffie depuis la Bataille de Pultawa, & ce que fit le Czar
après cette fameufe Journée.

PENDANT la Retraite du Roi de Suede vers le Nieper, le Baron
de Sittman, Confeiller Privé du Roi de Pruffe, vint trouver Sa Majefté à Nova Schanzara, pour lui offrir de nouveau la Médiation du Roi
fon Maitre, fur le même Pied qu'il l'avoit fait au Mois de Juillet 1708.
Les Mouvemens étoient trop grands, pour que Charles pût entrer en
aucune Négociation fur ce Sujet.   D'ailleurs, le Comte Piper ne fe
trouvoit point; & c'étoit le feul Miniftre capable de donner de bons
Confeils.   Dans cette Situation, le Roi jugea à propos, comme le Capitaine Bennet devoit reconduire au Camp Ruffien l'Aide-de-Camp-
général Stajanof (*a*), d'y envoïer en même tems le Général-Major
Meyerfeldt, pour s'informer fi le Comte Piper étoit Prifonnier, & s'il
vivoit encore, & en ce Cas-là de demander au Czar qu'il fût permis
au Miniftre Suédois de fe rendre auprès du Roi fon Maitre, qui promettoit fur fa Parole, qu'il le renverroit au bout de quatre Heures (*b*).
Le Capitaine Bennet fut très bien reçu du Czar; mais, quand à Meyerfeldt, non feulement il lui refufa tout net fa Demande, mais il trouva
même à propos de lui faire demander fon Epée, & de le faire Prifonnier de Guerre, avec tous fes Domeftiques, fous prétexte qu'il ne s'é-
toit point fait annoncer comme il auroit dû le faire, & que le Roi de
Suede avoit agi de même à l'égard des Généraux Mofcovites après la
Bataille de Narva (*c*).

MEYER-

(*a*) STAJANOF arriva au Camp Suédois peu de jours avant la Bataille. Il efcortoit
avec un Détachement de vingt Hommes, l'Aide-de-Camp-général Rofenftierna, &
quelques autres Officiers Suédois, qui furent échangés contre des Officiers Mofcovites.

(*b*) S. F., qui a écrit en Allemand l'*Hiftoire de Charles XII*, pretend, Tome VIII,
pag. 159, que Meyerfeldt fut envoïé au Czar, pour le prier qu'il fût permis au Roi
de Suede de retourner fans aucun Empêchement en Pologne.   Quelle Abfurdité!

(*c*) L'AUTEUR de l'*Hiftoire des Troubles de Pologne* exalte en Termes recherchés la
Générofité du Czar, qui ne voulut pas, dit-il, faire arréter Monfieur de Meyerfeldt,
quoiqu'il eut pû le faire en toute Juftice, parce que Charles XII avoit plus d'une
fois fait arréter les Emiffaires du Czar & du Roi Augufte.   Cet Auteur ne mérite aucune Créance.

S. F.,

MEYERFELDT avoit ordre de dire au Comte Piper, qu'en cas que le Czar ne lui permît point d'aller trouver le Roi, il devoit fonder le Miniſtere Ruſſien, pour ſavoir quelles Apparences il y avoit que l'on pût entrer en Négociation ſur les deux Articles qui avoient été mis ſur le Tapis, & qui avoient pour objet le Cartel pour l'Echange des Priſonniers, & les Propoſitions d'une Paix raiſonnable. Dès que Meyerfeldt eut obtenu la Permiſſion de parler au Comte Piper, celui-ci entra en Conférence avec le Grand-Chancelier Gollofkin. Cependant, comme il ne ſavoit pas quelle Route le Roi avoit priſe, & quelle étoit au juſte l'Intention de ſon Maitre, il ne chercha qu'à gagner du Tems. Dans cette Vûe, il donna les mains au Projet de Gollofkin, qui vouloit que le Sécrétaire Cederhielm fût envoïé en Suede, pour porter au Sénat les Propoſitions que le Czar avoit réſolu de faire. Cederhielm partit en effet le 15. Juillet, après avoir donné un Ecrit ſigné de ſa Main, qu'il ſeroit de retour en trois Mois, ou tout au plus en quatre, avec la Réponſe du Sénat.

IL étoit chargé d'un Projet, ſelon lequel le Czar vouloit que les Priſonniers fuſſent échangés proviſionellement, & juſques à ce que l'on fût convenu d'un Cartel ſur le même Pied. Un Veſt-Maréchal ſeroit échangé contre deux Généraux, ou quatre Majors-Généraux. On donneroit pour un Commiſſaire-Général de Guerre, qui en Ruſſie roule avec les Lieutenants-Généraux, un Major-Général, un Colonel, & un Lieutenant-Colonel. Les autres Officiers d'un même Rang ſeroient échangés les uns contre les autres. Que s'il en reſtoit quelques-uns de Part ou d'autre, on conviendroit d'une certaine Somme pour leur Ranſon, & que l'on pourroit même ſur ce Pied-là dreſſer le Cartel.

IL n'eſt pas difficile de voir à quoi tendoient les Vûes du Czar, en faiſant ces Propoſitions. Les Généraux Moſcovites, qui étoient Priſonniers de Guerre à Stockholm, n'étoient pas à beaucoup près en auſſi grand nombre, que ceux du Roi de Suede, qui ſe trouvoient actuellement entre les Mains du Czar. Ce Prince ne cherchoit donc qu'à nous duper. Après qu'on lui auroit eu rendu ſes Généraux, il ſe feroit fort peu mis en peine du reſte des nôtres, ni des Officiers, & encore moins de nos Soldats, à l'Echange deſquels il n'avoit ſeulement pas ſongé. Ce fut dans cette Idée-là, qu'il permit, avant que de quitter Pultawa, aux Colonels Taube & Dukert, de faire, ſur leur Parole, un Voïage en Suede. Ces deux Officiers partirent auſſi-tôt; & comme ils trouvérent moïen de renvoïer à leur place deux Colonels Moſcovites, ils furent diſpenſez de retourner en Ruſſie.

PEU

S. F., dans l'Endroit cité ci-deſſus, veut faire accroire, que Meyerfeldt fut arrété, parce qu'aïant été fait Priſonnier à Kaliſch en 1706, & aïant été relaché, à condition qu'on renverroit à ſa place un Général Ruſſen, il n'avoit pas tenu ſa Parole. C'eſt une Erreur. C'étoit le Général *Mardirfeldt*, & non pas *Meyerfeldt*, qui ſe trouva à l'Affaire de Kaliſch.

1709.
Juillet.

le 15.

Cartel pour l'Echange des Priſonniers.

Juillet.

L'Armée Ruffienne décampe de Pultawa.

le 17.

PEU de jours après, le Czar tint un grand Confeil de Guerre, afin de délibérer fur la Maniere dont fon Armée devoit être partagée, pour éxécuter les Deffeins qu'il méditoit. Quarante mille Hommes eurent Ordre de fe rendre en Livonie, fous le Commandement du Prince Menzicof & du Velt-Maréchal Scheremetof. Les Lieutenants-Généraux Gallizin & Bauer furent envoïés en Pologne à la tête de trente mille Hommes de Cavallerie. Les Généraux Repnin & Allard devoient garder les Frontieres de Ruffie, avec un Corps d'Armée de feize mille Hommes. Après ces Arrangemens, l'Armée ennemie décampa de Pultawa le 17. Juillet. Le Corps de Troupes, commandé par Menzicof, prit la Route de Pologne, pour pénétrer enfuite en Lithuanie & en Courlande, d'où le Czar comptoit de paffer en Livonie & en Efthonie. Ces Provinces alloient devenir le Théatre de la Guerre. Tout étoit déjà concerté entre le Czar, le Roi Auguste, & le Dannemarck. Auguste, voulant profiter des Conjonctures, fixoit fes Vûes fur la Couronne de Pologne. Le Roi de Dannemarck, qui aimoit à pécher en Eau trouble, n'attendoit, pour faire une Invafion en Scanie, que le Tems que la Suede feroit aux Prifes avec fes autres Ennemis. Le Czar ne fe trompoit point, en fe perfuadant, qu'il auroit les Mains libres du côté où il fe propofoit d'agir. En effet, dans la Situation où la Suede étoit réduite, il ne lui étoit pas poffible de faire paffer la Mer à un Corps de Troupes qui fût affez fort pour s'oppofer aux vaftes Deffeins d'un Prince fi entreprenant.

Propofitions préliminaires du Czar.

CEPENDANT, le Général-Major Meyerfeldt venoit d'être mis en Liberté, à condition que le Général-Major Butterlin, qui étoit Prifonnier de Guerre en Suede, feroit renvoïé en Echange. Comme cet Echange ne pouvoit fe faire fans l'Agrément du Roi, Meyerfeldt fut obligé d'aller trouver Sa Majefté. Le Czar le chargea de quelques Propofitions préliminaires de Paix. Ce Projet portoit en fubftance, „ que fi le Roi de Suede, dans l'Etat où il étoit réduit, vouloit donner „ les Mains à un Cartel pour l'Echange des Prifonniers, ce qu'il avoit „ jufques-là conftamment refufé, & qu'en outre il confentît, pour „ prévenir toute Effufion de Sang, à céder au Czar la Livonie, „ l'Efthonie, 'Ingrie, Kexholm, & une Partie de la Finlande, & au „ Roi de Dannemarck, la Scanie, le Halland, & le Blekingue, on „ conviendroit aifément des autres Articles du Traité; bien entendu, „ néanmoins, que le Roi de Suede ne troubleroit aucunement le Roi „ Augufte en Pologne. „

le 25.

ON peut facilement juger de quels yeux Charles XII regarda ce Projet, & quelle Réponfe il pouvoit y faire. En attendant, le Czar fit conduire le Comte Piper à Kiow, où il fut remis entre les mains du Prince Galetzin, Gouverneur de la Place, qui le fit garder fort étroitement dans la Citadelle. Le Czar, aïant pris la même Route, fuivit avec fa Chancellerie la Colonne qui étoit fous les Ordres du Général Rönne.

DEs

DES QUE Meyerfeldt fut arrivé à Bender, il informa le Roi de tout ce qui s'étoit passé. Il lui rendit compte, tant des Propositions dont le Czar l'avoit chargé, & de bouche, & par écrit, que des Conférences qu'il avoit eues en particulier avec le Comte Piper, qui s'étoit ouvert à lui sur tout ce qu'il avoit cru utile au Service de son Maitre. Charles fit aussi-tôt écrire une Lettre au Comte Piper, & le Sieur de Kochen, de la Chancellerie, lui fut dépéché à Kiow. Il étoit dit dans cette Lettre, ,, que le Comte ne pouvoit pas ignorer les Raisons, qui ,, jusques-là avoient empêché Sa Majesté de donner les Mains à un ,, Cartel pour l'Echange des Prisonniers, & aux Propositions de Paix ,, qui lui avoient été faites. Que le Czar lui aïant fait renouveller ces ,, Propositions par le Général-Major Meyerfeldt, Elle se trouvoit obligée ,, de dire, qu'Elle n'avoit pas voulu y consentir, parce que le Czar n'avoit ,, jamais tenu, ni Capitulation, ni aucun Accord. Que, cependant, afin d'ô- ,, ter au Czar tout Prétexte de se plaindre, Elle envoïoit au Comte un Plein- ,, pouvoir, pour entrer en Négociation par rapport à l'Echange des Pri- ,, sonniers, conformement au Mémoire que Sa Majesté joignoit à sa ,, Lettre. Qu'à l'égard du Traité de Paix, Elle étoit disposée à y don- ,, ner les Mains, pourvû que l'on nommât pour cet effet des Commis- ,, saires, & que l'on fixât un certain Endroit où les Négociations s'en- ,, tameroient. Qu'en attendant, le Comte devoit déclarer, que Sa Ma- ,, jesté n'accepteroit jamais des Propositions aussi déraisonnables, que ,, celles que le Czar venoit de lui faire. Qu'au reste, Sa Majesté étoit ,, fort surprise, que le Czar eut fait arréter Monsieur de Meyerfeldt, ,, qui avoit été envoïé de bonne-foi au Comte Piper, & qu'on lui eut ,, extorqué un Ecrit pour l'obliger à renvoïer un Officier Russien à sa ,, Place, sous prétexte que le Général Weide avoit été fait Prisonnier ,, à Narva, contre la Parole donnée. Que c'étoit-là une Calomnie des ,, plus noires. Qu'à la Journée de Narva, il n'avoit pas été question ,, de capituler, mais de se rendre à la Discrétion du Vainqueur. Que, ,, lorsque les Moscovites eurent mis bas les Armes, Sa Majesté Sué- ,, doise permit, par pure Générosité, à la plûpart d'entre eux de se ,, retirer où ils vouloient. Qu'en dernier lieu, le Comte devoit faire ,, des Représentations sur la Maniere dont les Prisonniers Suédois é- ,, toient traités. Que Sa Majesté savoit de bonne Part, que les Offi- ,, ciers n'étoient pas trop bien, & que les Soldats étoient dispersés en ,, plusieurs Endroits, où on leur faisoit souffrir la Faim & la Misere, ,, pour les obliger, par toutes sortes de mauvais Traitements, à en- ,, trer au Service du Czar. ,,

APRE'S que le Sr. de Kochen fut arrivé à Kiow, & qu'il eut notifié à la Chancellerie Russienne, qu'il étoit chargé de Lettres pour le Comte Piper, le Czar donna ordre au Vice-Chancellier Schaffirof, qui parloit Allemand, d'ouvrir ces Dépêches, & de lui faire rapport de leur Contenu; après quoi, on fit venir de la Citadelle le Comte Piper, auquel on remit ces Papiers. A peine avoit-il eu le tems d'en faire la Lecture,

1709.

Juillet.

Août.
Lettre de
Charles
XII. au
Comte Pi-
per.
le 7.

le 26.

Y y 2

que

que Schaffirof commença à vomir les Injures les plus atroces contre la Perſonne du Roi de Suede. Rien ne fut capable de le modérer, pas-même la Préſence de ſon Maitre. Si le Czar avoit été en bonne Humeur, Schaffirof auroit mal paſſé ſon Tems; car, la Vérité nous oblige de rendre Juſtice à ce Prince, qu'il ne parloit jamais du Roi, qu'avec de grands Egards, & en Termes qui marquoient l'Eſtime toute particuliere qu'il avoit pour ſa Perſonne. Mais comme, dans cette Occaſion, la Lettre du Roi l'avoit rendu de mauvaiſe Humeur, & qu'il entroit & ſortoit, il ne prit pas garde à ce que Schaffirof diſoit. La Concluſion de ſon Diſcours fut, que le Czar feroit pendre le Sécrétaire d'Etat Mullern, qui avoit dreſſé cette Lettre; à quoi le Comte Piper ſe contenta de répondre, que l'on avoit en Suede une Maxime, qui étoit de ne pas ôter la Peau à l'Ours, avant qu'on l'eut entre les Mains. Le Czar donna au Comte une Lettre qu'il devoit faire partir avec le Sr. de Kochen, auquel on permit de s'en retourner.

Mort du Prince de Wurtemberg. L E Czar n'avoit point encore quitté Kiow, lorſque le Prince Maximilien-Emanuel de Wurtemberg y arriva. Il venoit d'être mis en Liberté, & il ſe propoſoit de retourner chés la Princeſſe ſa Mere. Pendant la Route, il tomba malade d'une Fievre maligne, & il ſe trouva ſi mal, qu'il fut obligé de ſe faire porter dans un Brancard. Le Général Rönne s'étant mis en Marche pour la Pologne, le Prince continua ſon Voïage avec lui, comme lui étant particuliérement recommandé du Czar, qui avoit ordonné qu'on l'eſcortât juſques ſur les Frontieres d'Allemagne. A cinquante lieues de Kiow, le Prince fut obligé de s'arréter à Dubno, Ville de la Wolhynie. Son Mal augmentoit de jour en jour; &, enfin, il mourut vers la fin du Mois de Septembre, âgé de vingt Ans & de quelques Mois. Son Corps fut tranſporté en Pologne, & de-là à Pitſchen, petite Ville en Siléſie, ſous l'eſcorte d'un Détachement Moſcovite. Après beaucoup d'Allées & de Venues, il fut remis à des Commiſſaires de l'Empereur, qui le firent enterrer avec toutes ſortes d'Honneurs, au Mois d'Avril de l'Année ſuivante. C'étoit un Prince d'un Mérite infini, & d'une Sageſſe bien au-deſſus de ſon Age. Charles XII, qui ne prodiguoit pas ſon Eſtime, l'aimoit, & l'eſtimoit, au-de-là de l'Expreſſion; & ſa Mort prématurée le toucha vivement (*a*).

Marches du Général Goltz en Pologne. DURANT toute l'Année, le Lieutenant-Velt-Maréchal Goltz, qui commandoit les Troupes Ruſſiennes qu'on avoit laiſſées en Pologne, n'avoit fait que marcher d'un Endroit à l'autre, tant pour garder les Avenues

&

(*a*) L E Prince Maximilien-Emanuel étoit Fils de Frédéric-Charles Duc de Wurtemberg, & d'Eleonor-Julie, Princeſſe de la Maiſon d'Anſpach. Voïez les *Remarques Hiſtoriques de Strimeſius:* le Journal Allemand connu ſous le Titre de *Renommée de l'Europe*, part. xc. & xcij: les *Lettres Hiſtoriques*, Tom. XXXVI; pag. 185.
Nous avons en François les *Mémoires de Maximilien-Emanuel Duc de Wurtemberg*, par Mr. F. P. imprimez à Amſterdam, en 1740, en un Volume grand in douze. R. D. T.

& pour empécher les Suédois de pénétrer plus avant, qu'afin de tenir en bride les Polonois qui s'étoient déclarez pour le Roi de Suede. Auffi-tôt que Siniawski fut inftruit de ce qui s'étoit paffé à Pultawa, il réfolut de joindre l'Armée de la Couronne aux Troupes du Général Goltz. Il fe propofoit de paffer enfuite la Viftulé, pour aller chercher le Roi Staniflas, dont le Corps d'Armée avoit joint le Général Craffou, qui commandoit quelques Régimens Suédois.

Au Mois de Décembre de l'Année précédente, le Roi de Suede avoit envoïé, au Colonel Ekeblad à Elbingen, quelques Dépêches, parmi lefquelles il y avoit un Ordre au Lieutenant-Général Ridderhielm, Gouverneur de Wifmar, de marcher au Secours du Roi Staniflas, avec huit Régimens d'Infanterie, auxquels devoient fe joindre deux Bataillons du Régiment d'Ekeblad, & neuf cens Dragons. Ce Renfort étoit fort néceffaire, parce que le Général Craffou n'avoit fous fes Ordres que de la Cavallerie. Au Mois de Mai, l'Infanterie décampa prefque en même tems d'Elbingen & de Wifmar. Comme Monfieur de Ridderhielm étoit tombé malade, le Colonel Schultz, comme le plus ancien, prit le Commandement de ce Corps d'Armée. A fon Arrivée à Sendomir, il reçut la Nouvelle de la Bataille de Pultawa; ce qui ne l'empécha pourtant pas de continuer fa Marche à Cracovie, où fe fit la Jonction de fes Troupes avec celles qui y étoient fous les Ordres du Roi Staniflas & du Général Craffou. Celui-ci avoit fait voir en plus d'une Occafion, qu'il ne cherchoit point à éviter, ni les Polonois, ni les Mofcovites, & qu'il ne fe mettoit nullement en peine de leur Jonction. Cependant, aïant remarqué, que les principaux d'entre les Seigneurs Polonois, qui jufques-là avoient conftamment fuivi le Roi Staniflas, commençoient à le quitter, & à fe déclarer pour les Confédérez de Sendomir; & qu'outre cela, il venoit d'apprendre, que le Comte Denhof avoit folemnellement invité le Roi Augufte à rentrer en Pologne, où les Mofcovites accoureroient à fon Secours; il jugea à propos de quitter le Palatinat de Cracovie, où il avoit été pofté quelque tems, pour marcher du côté de Kalifch. Il vint donc camper auprès de Wielow, à peu de diftance de l'Endroit où campoient les Saxons, qui ne faifoient que d'arriver. Tout le Monde étoit furpris de fon Inaction. On auroit voulu, qu'il eut attaqué le Roi Augufte, qui n'avoit pas à beaucoup près autant de Troupes que lui. Cependant, des Perfonnes de Mérite approuvérent les Vues de Monfieur de Craffou, qui prétendoit, que, quand même il auroit eu le Bonheur de battre le Roi Augufte, il ne feroit pas venu à bout de fe maintenir long-tems en Pologne, fur-tout depuis que les Généraux Henske & Beck s'étoient joints à l'Armée de la Couronne, avec douze Régimens des Troupes Mofcovites. Que, pour ces Raifons, il avoit jugé à propos de conferver fes Troupes pour une meilleure Occafion, & jufqu'à ce qu'il fût à portée de remporter quelque Avantage confidérable.

Ce-

CEPENDANT, comme Augufte ne comprenoit rien aux Deffeins de Monfieur de Craffou, il foupçonna enfin, qu'il pourroit bien méditer une Invafion en Saxe. En effet, tout le Monde difoit, qu'il avoit eu Ordre de marcher vers la Luface, pour y prendre Pofte, & pour mettre tous les Environs à Feu & à Sang. La Chofe alla même fi loin, que l'Empereur fit déclarer au Baron de Stralenheim, Envoïé de Suede à Vienne, qu'en cas que les Suédois retournaffent en Saxe, Sa Majefté Impériale ne regarderoit pas autrement cette Irruption, que fi l'on attaquoit fes Païs héréditaires. En Saxe, tous les Habitans, de quelque Condition qu'ils fuffent, eurent Ordre de fe tenir prets à la prémiere Allarme, & de fe pourvoir d'Armes ou d'autres Inftrumens propres à repouffer l'Ennemi. Toutes ces Précautions étoient inutiles. Un pareil Projet n'étoit feulement pas venu dans l'Efprit à Craffou. Au lieu d'entrer en Saxe, il s'approcha d'avantage de la Poméranie, & il ne s'arréta que jufqu'à ce qu'il fût arrivé fur la Warta, qu'il paffa fur le Pont que les Saxons y avoient fait conftruire.

COMME il devoit de toute Néceffité traverfer le Territoire du Roi de Pruffe, il fit prier ce Prince de vouloir lui permettre ce Paffage. Il offrit de faire vifiter exactement tous les Soldats, afin qu'on pût laiffer en arriere ceux que l'on trouveroit infectez des Maladies qui régnoient en Pologne. Que, d'ailleurs, il auroit Soin, que pas un feul Homme n'entrât dans aucun Village; qu'on païeroit Argent comptant tout ce dont on auroit befoin pour la Subfiftance; & qu'il donneroit autant d'Otages qu'on voudroit. La Cour de Berlin rejetta toutes ces Propofitions. Le Roi fit répondre, qu'il feroit marcher des Troupes vers la Frontiere, & qu'il leur ordonneroit de repouffer de force les Suédois, en cas qu'ils entrepriffent de paffer malgré les Deffenfes qui leur en avoient été faites. Après ce Refus, il ne reftoit à Craffou d'autre Parti à prendre, que de continuer fon Chemin, fans fe mettre en peine de ce qui pourroit en arriver. S'étant rendu à Driefen, Lieu peu éloigné de la Frontiere de Poméranie, il traverfa les Terres du Roi de Pruffe, en fi bon Ordre, & avec tant de Diligence, que les Habitans n'eurent pas le moindre Sujet de Plainte. Après quoi, il envoïa à Sa Majefté Pruffienne deux Colonels, pour faire des Excufes fur la Néceffité où l'on avoit été d'agir contre fa Volonté; mais, comme ce Prince s'étoit mis en Chemin pour fe rendre à Marienwerder, nos Officiers ne pûrent pas avoir l'Honneur de lui faire leur Cour.

DE tous ceux qui s'étoient déclarez pour le Roi Stanislas, le feul Comte Potocki lui demeura attaché. Il avoit fous fes Ordres deux à trois mille Hommes de Troupes Polonoifes. Le Colonel Zulich étoit auffi demeuré en Pologne avec fon Régiment de Dragons, qui étoit compofé de François, mais à la Solde du Roi de Suede. Potocki publia un Manifefte, pour protefter contre le Retour du Roi Augufte, que l'on ne pouvoit regarder, difoit-il, que comme une Irruption qu'il faifoit les Armes à la Main: que ce Prince violoit le Traité le plus fo-

lem-

lemnel, & qu'il ne cherchoit qu'à opprimer la Pologne. Que tous ceux, qui avoient à cœur la Confervation de la Liberté de la Patrie, & qui fe faifoient une Affaire de garder religieufement la Parole donnée, voudroient bien fe joindre à lui, pour le mettre en état d'entrer en Saxe. Qu'il y agiroit tout autrement que n'avoit fait le Roi de Suede, non pas pour vanger l'Injuftice qu'on lui avoit fait fouffrir en fon particulier, mais afin de faire voir à l'Univers entier ce qu'Augufte s'attiroit par fa Mauvaife-Foi & par fon Ambition, qui plongeoient de nouveau la Pologne dans un Abime de Maux. Tous les Efforts de Potocki fe bornérent à de vaines Menaces. Hors d'état de rien entreprendre de confidérable en Pologne, il réfolut d'aller trouver le Roi de Suede à Bender. Dès que le Général Goltz en fut inftruit, il détacha le Brigadier Weisbach avec quinze cens Dragons, & fix cens Grenadiers, pour lui couper le Chemin, & pour l'empêcher de paffer la Warta. Les Gens de Potocki, & les Dragons de Zulich, firent fi bien leur Devoir, qu'après avoir traverfé la Riviere ils attaquérent les Mofcovites, les repouffé-rent, & les pourfuivirent l'Epée dans les Reins. Pour peu que Potocki eut pouffé fa Pointe, il lui auroit été facile de défaire entiérement le Détachement ennemi. Au Paffage de la Viftule, les Ruffes revin-rent à la Charge; mais, avec auffi peu de Succès que la prémiere fois. Potocki & Zulich continuérent enfuite leur Marche à Wiznica, à cinq lieues de Cracovie. De-là, ils prirent la Route de la Hongrie. A fon Arrivée à Mongatfch, le Général de la Couronne dépécha fon Sécré-taire, pour aller à Bender rendre Compte au Roi de la Marche que fon Maitre venoit de faire. Cette Nouvelle fit beaucoup de Plaifir à Sa Majefté. Elle écrivit à Potocki une Lettre des plus gracieufes, de mê-me qu'au Starofte Grudzinski, Régimentaire général, qui fuivoit ce Corps de Troupes. Ce dernier étoit un Homme d'un grand Mérite, & d'une Bravoure peu commune. Il s'étoit acquis l'Eftime de Char-les XII, dont il étoit fort confidéré. ,,Le Roi les félicitoit du Bon-,, heur qu'ils avoient eu de repouffer les Mofcovites: il louoit leur Ze-,, le & leur Attachement pour la Perfonne du Roi Staniflas, qui ne ,, manqueroit pas de leur en tenir Compte. Il finiffoit en les affurant, ,, qu'il fe fouviendroit toujours d'eux avec toute forte de Recon-,, noiffance. ,,

Le Czar étoit parti de Kiow dès le Mois de Juillet. Après avoir paffé par Lublin, il fe rendit à Sielke, où il fut magnifiquement réga-lé par Siniawski, Grand-Général de la Couronne. Il partit enfuite pour Warfovie, & après cela pour Thorn, où il s'aboucha avec le Roi Augufte. Ces deux Monarques eurent plufieurs Conférences en-femble. Augufte, qui n'en étoit pas fort content, partit le prémier, & le plûtôt qu'il lui fut poffible. Les Sénateurs affemblez à Thorn de-mandérent entre autres, que les Troupes Mofcovites fuffent obligées de fortir fans délai de la Pologne, & que le Czar remît en Liberté le Prince Wiefnowitski, & quelques autres Seigneurs Polonois, qu'il avoit

fait

1709.
Octobre.

Il marche à Bender.

Le Czar s'abouche avec le Roi Augufte & le Roi de Pruffe.

Octobre.

fait arrêter.   Quelques juftes que fuffent ces Demandes ; & quelques
Mouvemens que fe donnât Augufte qui vouloit fe ménager l'Amitié
des Polonois, le Czar ne voulut abfolument pas en entendre parler.
Il fe rendit enfin à Marienwerder, où il demeura quelques jours avec
le Roi de Pruffe.   Celui-ci lui aïant offert fa Mediation, il la rejetta
tout net.   On prétend même, qu'il reprocha à Sa Majefté Pruffienne,
qu'Elle avoit entiérement abandonné fes Alliés, & qu'Elle n'avoit pas
veillé à leurs Intérêts, dans le tems qu'Elle auroit pû le faire d'une
Maniere avantageufe pour Elle-même; à quoi il ajouta, qu'il lui feroit
facile encore de changer.   Le Roi de Pruffe ne manqua pas d'alléguer
plufieurs Raifons, pour faire voir, qu'il ne pouvoit, ni ne vouloit,
rompre avec la Suede, & que les Conjonctures ne le lui permettoient pas.   Sans décider fi c étoient-là les veritables Idées du Roi de
Pruffe ou non, contentons-nous de dire, que la Rehabilitation du
Lieutenant-Général Rentzel fut la Suite de l'Entrevue de ces deux
Princes.   Cet Officier étoit né en Pruffe.   Pendant qu'il avoit été au
Service du Roi, il avoit commis quelque Crime pour lequel il avoit
été pendu en Effigie.   Comme il entra enfuite au Service de Ruffie,
le Czar fit tant par fes Inftances, qu'il fut rétabli dans fes anciens Titres & Honneurs.

Les Ruffes
entrent en
Livonie.

CEPENDANT, les Mofcovites s'avançoient du côté de la Livonie, qui
alloit devenir le Théatre d'une Guerre des plus fanglantes.   Déjà les
Cofaques & les Calmouques battoient la Campagne, où ils commettoient des Cruautez inouïes, faifant fouffrir, à ceux qui eurent le Malheur de tomber entre leurs Mains, les Tourmens les plus affreux.   Ils
eurent même l'Infolence de s'approcher jufques fous le Canon de Riga, pour piller & pour voler.   D'abord, les Païfans ne s'en mirent
pas beaucoup en peine: ils convinrent même entre eux de faire Main
baffe fur tout ce qui fe préfenteroit, & qui portoit le Nom de Ruffe ;
afin du moins de faire fentir à l'Ennemi, qu'ils vouloient vendre leurs
Vies auffi chérement qu'il leur étoit poffible.   Mais, ces Efforts ne
furent point foutenus ; & quelques Avantages qu'ils remportaffent au
commencement, ils manquoient de bons Conducteurs, & de Gens
capables de les tenir en ordre.   Le Lieutenant-Colonel Lorentzen (*a*),
aïant trouvé moïen de ramaffer quelques Efcadrons, accourut au Secours des Païfans.   Il fit tout ce que l'on peut exiger d'un brave Homme: mais, comme il perdit beaucoup de Monde, & qu'il n'y avoit point
de Renfort de Troupes réglées à efpérer, il fut obligé d'abandonner
fon Entreprife, & de fe jetter dans la Ville de Riga, après avoir fait
à l'Ennemi tout le Mal qu'il avoit pû imaginer.

                                                                          LE

(*a*) LE SR. LE LONG, dans fon *Hiftoire de Charles XII*, Tom. IV, pag. 747, parle de ce Lorentzen, comme d'un Officier au Service de Ruffie.   Il ajoute, que le
Comte Stromberg, étant allé reconnoître les Ennemis, fut pourfuivi par cet Officier
jufques aux Portes de Riga.

LE Général Bauer entra dans le Païs avec quelques Troupes, dans l'Idée, que, comme il y avoit en Courlande une Armée si considéra-ble, personne n'ôseroit lui faire Résistance. Cet Officier, né en Li-vonie, parloit parfaitement le Langage du Païs. Il avoit même été autrefois Caporal dans le Régiment de la Noblesse de cette Province: mais, aïant commis quelque Crime, il avoit été obligé de s'enfuir. Il emploïa toute sa Rhétorique pour gagner les Païsans, auxquels il par-loit sans cesse de Liberté & d'autres Avantages considérables qu'on leur accorderoit. Ces Discours firent si peu d'Impression sur les Habitans de la Campagne, qu'ils massacrérent tous les Moscovites qu'ils pûrent attraper, & que le Général même courut grand Risque d'être tué: ce qui l'obligea de s'en retourner au plûtôt; en avouant, que les Païsans de la Livonie étoient beaucoup plus zélez pour les Intérêts de la Sue-de, qu'il ne l'avoit crû.

LE Comte Stromberg, Gouverneur-Général de la Livonie, venoit d'arriver à Riga. Son prémier Soin fut de mettre cette Ville hors d'In-sulte, & d'empêcher que les Moscovites ne pussent l'emporter d'Em-blée, comme ils s'en flattoient. Pour cet Effet, il ordonna à ceux, qui demeuroient dans les Fauxbourgs, de transporter dans la Place leurs Effets, avec les Grains & les Vivres qu'ils avoient: après quoi, les Fauxbourgs furent réduits en Cendres, à l'exception d'une Eglise, qu'on laissa comme elle étoit. La Garnison fut renforcée par les Trou-pes du Général-Major Clot, qui s'étoit retiré de Mitau, sur le Bruit de l'Approche des Moscovites. On démolit aussi le Fort de Kobrun, afin que l'Ennemi ne pût incommoder la Ville de ce Côté-là. On éxamina tous les Ouvrages de la Place, & l'on fit toutes les Réparations néces-saires. Les Avenues furent gardées avec beaucoup d'Exactitude: on établit des Patrouilles; & l'on ordonna à tous les Officiers & Soldats sans exception de se tenir prêts au prémier Signal.

APRES avoir pris ces Précautions, Monsieur de Stromberg fit pu-blier un Manifeste, dans lequel il disoit: ,,Qu'il savoit de bonne Part,
,, que les Généraux Russiens avoient fait distribuer des Universaux,
,, pour engager les Habitans de la Livonie à abandonner leurs Demeu-
,, res, & à renoncer à l'Obéïssance qu'ils devoient à leur légitime Prin-
,, ce. Qu'ils n'avoient épargné, ni Promesses, ni rien qui fût capable
,, d'ébranler ces Gens-là, pour venir à bout de leur Entreprise. Que
,, bien qu'on fût persuadé, que tous les Habitans de cette Province
,, demeureroient attachés à leur Souverain, on avoit néanmoins jugé à
,, propos de les avertir de ne point se fier aux Promesses artificieuses
,, d'un Ennemi également cruel & rusé. Que l'on n'avoit qu'à se rap-
,, peller tout ce qui s'étoit passé depuis le Commencement de cette
,, Guerre, & les Maux que l'on avoit soufferts de la Part des Mosco-
,, vites, qui, non contens d'avoir porté par-tout le Feu & la Désola-
,, tion, avoient emmené avec eux tant de milliers de Personnes, qui
,, gémissoient dans un Esclavage des plus insupportables. Qu'il étoit de-

„ fendu, fous les Peines les plus rigoureufes, de fe mettre fous la
„ Protection de l'Ennemi, fous quelque Prétexte que ce fût; ou de
„ lui apporter des Vivres & des Provifions, de quelque Nom, ou
„ de quelque Qualité, qu'elles puffent être. Que les Habitans euf-
„ fent à fe joindre aux Troupes du Roi, pour marcher au devant de
„ l'Ennemi, ou à fe jetter dans les Villes les plus prochdes, où ils
„ devoient apporter des Provifions avec eux, & aider à deffendre
„ ces Places. „ Cette Piéce étoit datée de la Citadelle de Riga, le 22.
Octobre 1709.

PEU de tems après parut une Réponfe à ce Manifefte. Elle venoit de Scheremetof, & les Expreffions n'y étoient nullement ménagées. „ Le Gouverneur de Riga „ , difoit-il, „ a non feulement atta-
„ qué d'une Maniere outrée les Généraux Ruffiens, mais il n'a pas
„ même ménagé la Perfonne du Czar. Qu'il féroit fort mal aux Sué-
„ dois de parler avec tant d'Arrogance, après avoir éprouvé ce que
„ pouvoient les Armes victorieufes de Sa Majefté Czarienne. Qu'Elle
„ avoit promis de délivrer la Livonie & l'Efthonie de l'Efclavage où
„ les Suédois tenoient ces Provinces. Qu'Elle tiendroit religieufement
„ fa Parole; & qu'Elle fe flattoit, que tout Homme raifonnable approu-
„ veroit ce Deffein. Que le Roi de Suede ne vouloit point entendre
„ parler de Paix: qu'il avoit violé le Serment qui le lioit à fes Sujets:
„ que, loin de les défendre, il avoit abandonné les Frontieres de fes
„ États, pour courir ailleurs; ce qui marquoit affez fon Humeur féro-
„ ce. Que les Habitans de ces Provinces loueroient à jamais la Bon-
„ té du Czar, & le remercieroient de les avoir tirez de l'Oppreffion.
„ Que tout ce que le Comte Stromberg avoit dit des Cruautez des
„ Mofcovites étoit abfolument faux. Que l'on n'avoit qu'à demander
„ à ceux, qui avoient été conduits à Mofcou, de quelle Maniere on
„ les traitoit; & que l'on entendroit d'eux, qu'ils n'avoient aucune
„ Envie de retourner dans leurs Païs. Que les Officiers & les Sol-
„ dats, que l'on venoit de faire Prifonniers de Guerre à Pultawa,
„ feroient obligés d'avouër, que le Czar leur faifoit plus de Bien
„ qu'ils ne méritoient. Que Monfieur de Stromberg n'auroit pas mal
„ fait d'indiquer où étoient poftées les Troupes Suédoifes, auxquelles
„ la Nobleffe du Païs devoit fe joindre. Qu'une autre fois, il devoit
„ écrire plus modeftement, & qu'on lui répondroit fur le même
„ Ton. „

UNE Partie de l'Armée Ruffienne entra en Quartiers d'Hiver en
Courlande. Ni la Nobleffe, ni les Habitans de la Campagne, ne furent exemts de cette Charge. Le Refte, après avoir defcendu la
Dune, marcha à Riga, pour inveftir cette Place, & pour la tenir
bloquée.

APRE's avoir pris tous ces Arrangemens, le Czar partit pour Dorpt,
d'où il fe rendit à Petersbourg, & de-là à Mofcou, où il vouloit faire
fon Entrée, & recevoir les Honneurs du Triomphe. Il donna Ordre

dre par-tout, que les Prisonniers Suédois, qui avoient été disperfés en plusieurs Endroits, fussent conduits à certain Jour marqué à Moscou. Ceux, qui étoient les plus éloignés de cette Capitale, furent obligés de voïager nuit & jour, sans qu'on leur donnât un moment de Repos, excepté pour prendre un peu de Nourriture. Le Comte Piper, entre autres, que l'on amenoit de Kiow, eut beaucoup à souffrir pendant la Route. A cinq lieues de Moscou, il tomba malade, de sorte qu'il fut obligé de se mettre au Lit, & d'envoïer en Ville son Chirurgien, pour lui chercher quelques Remedes, dont il se trouva si bien, qu'il continua son Voïage sans beaucoup d'Incommodité. A son Arrivée, on le logea dans un des Fauxbourgs. Le lendemain matin, un Méde-cin Hollandois vint le trouver, pour lui dire, que comme le Czar avoit appris qu'il ne se portoit pas bien, il lui avoit ordonné de rendre Vi-fite au Comte, & de lui offrir ses Services. Le Comte lui répondit en Termes fort respectueux, qu'il regardoit comme une Grace toute par-ticuliere la Bonté qu'avoit Sa Majesté Czarienne de se souvenir de son Prisonnier. Qu'à la vérité, il avoit eu une Attaque de Pleuresie; qu'il avoit même craché du Sang; mais, que cela s'étoit passé, & qu'il se trouvoit entiérement rétabli de son Indisposition. Il remercia ensuite le Médecin de sa Peine, & le congédia. Comme cet Homme s'atten-doit à un Présent, il alla sur le champ trouver le Czar, auquel il fit ac-croire mille Faussetez sur le Sujet du Comte. Il dit, qu'il s'étoit ouver-tement mocqué de lui; qu'il avoit prié le Czar de ne pas se mettre en peine de sa Santé; qu'il lui avoit demandé quand cette sotte Entrée se feroit, & qu'il lui avoit fait plusieurs autres Questions encore plus choquantes. Le Czar, qui ne vouloit déjà pas beaucoup de Bien à ce Prémier-Ministre, se mit dans une furieuse Colere; & c'étoit justement ce que cherchoit ce misérable Médecin. Peu d'heures après, un Général Allemand, qui vint rendre Visite aux Comtes Renschöld & Lewenhaupt, dit en présence de tout le Monde, que le Czar avoit ré-solu de faire rouër le lendemain le Comte Piper. Celui-ci, en aïant été averti, écrivit sur ce Sujet une Lettre au Comte Gollofkin, dans laquelle il fit un Détail de tout ce qui s'étoit passé. La Fourberie du Médecin fut ainsi découverte, & personne n'en parla plus.

APRE's que les Prisonniers furent arrivez, le Czar les passa lui-mê-me en Revue: il rangea aussi les Trophées, & régla l'Ordre de la Mar-che. Les Ecclésiastiques furent les seuls qui ne parurent pas à ce Triomphe. Ils se trouvoient comme les autres Prisonniers au Ren-dez-vous général; mais on leur ordonna de s'en retourner chés eux, & de ne pas quitter leur Logis. Deux jours après, le Czar fit son

Entrée dans Moscou. La Marche se fit depuis le Fauxbourg de *Stre-litzi*, en traversant la Ville, jusqu'à la *Slabode Allemande*, ce qui fait un grand Quart-de-Lieue de Chemin. Quelques Trompettes & Timbaliers commençoient la Marche. Ils étoient suivis du vieux Prince Michel Galet-zin, Lieutenant-Général, & Colonel des Gardes-à-Cheval, & du Ré-

giment

giment de Simanowski. Enfuite venoit le Régiment des Gardes Simanowski à Cheval, fuivi des Piéces d'Artillerie prifes fur les Suédois
à Liezna, & des Etendarts & Drapeaux gagnés à la même Bataille,
avec tous les Officiers Suédois faits prifonniers à la même Occafion.
Suivoit une Compagnie des Gardes Preobrazinski, puis tous les Soldats que l'on avoit fait prifonniers, tant à Pultawa, qu'auprès du Nieper, avec leur Officiers à la tête. Après qu'ils eurent défilé, on vit
paroitre les Officiers d'Artillerie des Suédois, leurs Canoniers, & les
Piéces prifes à Pultawa, avec les Etendarts, les Drapeaux, les Timbales, & les Caiffes, qu'on leur avoit enlevées. Ces Dépouilles é-
toient fuivies d'un Grand Nombre d'Officiers Suédois, depuis les Majors jufqu'aux Colonels inclufivement. Derriere le Brancard du Roi(*a*),
qui étoit tout brifé, marchoient les Officiers de la Maifon de ce Prince, avec ceux de la Chancellerie, parmi lefquels fe trouvoit le Sécrétaire Cederhielm, qui ne faifoit que d'arriver de Stockholm (*b*). Enfuite venoient les Généraux-Majors Hamilton, Stackelberg, Roos, Crufe,
Creutz, & Schlippenbach, le Général Lewenhaupt, le Velt-Maréchal
Rehnfchöld (*c*), & le Comte Piper, Prémier-Miniftre. Le Czar fuivoit à Cheval. A quelques Pas de lui, on voïoit à la droite le Prince Menzicof, & à la gauche le Prince Dolgeruckoi, Général-Major,
& Lieutenant-Colonel des Gardes.

ON avoit dreffé trois Arcs de Triomphe (*d*), Le Marché, la Place
devant le Chateau, & les Rues, étoient ornez de quantité de Tableaux
& de Peintures. On avoit dreffé en plufieurs Endroits de grandes
Boutiques, où l'on fit Halte, & où tout le Monde indifféremment fut
régalé de Vin & d'Eau-de-Vie, que le Czar faifoit diftribuer *gratis*.
Le Soir, il y eut des Illuminations par toute la Ville. Ceux, que
l'on

(*a*) MR. DE VOLTAIRE dit, que l'on vit paroitre, fur un Char fait exprès, le Brancard de Charles XII. Il fe trompe: le Brancard étoit porté par deux Chevaux.

(*b*) Voïez ci-deffus page 353.

(*c*) L'ANONIME Allemand, qui a écrit l'*Hiftoire de Charles XII*, imprimée à Nurem-
berg en 1712, rapporte pag. 147, que le Czar avoit une Eftime toute particuliere pour
le Comte Rehnfchöld, &, qu'à fon Entrée, il le fit porter dans un Fauteuil. Cet Auteur a été mal informé. Tous les Prifonniers marchérent à pied. L'Auteur de l'*Hiftoire de Frédéric-Augufte* dit pag. 602, que le Comte Rehnfchöld fut porté par le
Brancard du Roi. Le même affure, que le Bouffon du Czar précédoit le Comte Piper, qui avoit autour de lui quantité de Bouffons de toute Efpece. Rien de plus faux.
Derriere le Comte marchoit un Nareskin, Capitaine au Régiment de Preobrazinski,
aïant à la Main une Epée nue. Il étoit fuivi de plufieurs Officiers de Diftinction, qui
étoient tous à Cheval.

(*d*) S. F., Auteur de l'*Hiftoire de Charles XII*, en Allemand, rapporte, Tom. VIII,
pag. 196, que l'on avoit dreffé dans Mofcou 30. Arcs Triomphaux. Il y a un Zero de
trop.
MR. DE VOLTAIRE dit, que l'Entrée fe fit fous fept Arcs de Triomphe. R. D. T.

l'on nomme communément à Moſcou *Vieux Allémands*, & qui ſont originaires de la Livonie, ſe diſtinguérent par des Inſcriptions groſſieres & inſultantes; en quoi ils ſurpaſſérent les Ruſſes, quoi qu'ils fuſſent du même Païs, & de la même Religion, que les Suédois. Quant au Brancard du Roi, que l'on avoit rattaché avec des Cordes, quelques-uns des Généraux Allemands du Czar dirent ouvertement, ,, qu'il n'auroit ,, pas dû être porté en Triomphe; que c'étoit le Monument le plus glo,, rieux de Charles XII; & que ſi le Czar s'étoit trouvé dans le même ,, Etat où étoit réduit le Roi de Suede, les Suédois n'auroient certai,, nement pas trouvé, après la Bataille, ſon Brancard mis en Pié,, ces. ,,

Les Miniſtres Ruſſiens, à Copenhague, à Berlin, & à la Haie, célébrérent ce Jour avec de grandes Démonſtrations de Joie. On ne voïoit par-tout qu'Inſcriptions injurieuſes à la Perſonne de Charles XII. Il n'y eut que la Cour de Vienne, qui ne voulut rien permettre de pareil. En France, le Roi deffendit, à tous les Libraires & Imprimeurs du Roïaume, de rien publier ſur le Sujet de la Bataille de Pultawa, qui fût inſultant à la Perſonne & à l'Honneur du Roi de Suede.

Fin du Onzieme Livre.

HIS-

HISTOIRE
DE
CHARLES XII,
ROI DE SUEDE.

✦✦✦✦✦✦✦✦✦✦✦✦✦✦✦✦✦✦✦✦✦✦✦✦✦✦✦✦✦✦✦✦

LIVRE DOUZIEME.

PENDANT que le Roi de Dannemarck faisoit ses Préparatifs contre la Suede, le Sénat travailloit sérieusement à la Deffense du Roïaume, & à mettre sur pied une nouvelle Armée. Déjà dès le Mois d'Octobre de l'Année précédente, Frédéric avoit fait publier à Copenhague un Manifeste, qui fut répandu dans toutes les Cours de l'Europe. Les Raisons, qu'il allegue dans cet Ecrit, sont qualifiées de *justes* & de *puissantes.* Il fait d'abord de grandes Plaintes de l'Animosité extraordinaire du Roi de Suede, & de son Ambition demesurée, qui le portoient à chercher continuellement des Prétextes pour s'aggrandir aux Dépens de ses Voisins, en foulant aux pieds l'Equité, la Bonne-Foi des Traités, & tout ce qu'il y a de plus sacré & de plus inviolable. Voici les quatre Articles sur lesquels Sa Majesté Danoise insiste davantage. I. Elle allegue une Lettre du Roi de Suede aux Etats-Généraux des Provinces-Unies, du 15. Mai 1706, touchant l'Affaire d'Eutin, dans laquelle se trouve cette Expression, *que la Lenteur & la Connivence de ceux, qui devoient travailler à la Conservation de la Paix de Travendal, avoient tellement enflé le Cœur à la Partie opposée, qu'elle avoit eu la Hardiesse de s'emparer du Siége Episcopal* (a). Non seulement

---

(a) *Non diffitemur, Nos quoque ad istam Litem, quæ studio quæsita apparebat, eò magis Curam intendisse semper, quòd per Domûs Holsaticæ Violationem nostrum peti Latus, non obscurè intelligeremus, & proinde graviter tulisse Connniventiâ aut Cunctatione eorum, quorum nobiscum interest Pacem Travendalensem conservare inconcussam,* adversæ Parti eousque crevisse

lement cette Expreſſion eſt appellée indigne, choquante, & inſupportable; mais, on prétend même, que tout le Contenu de la Lettre eſt faux. II. Le Roi de Dannemarck produit une Piéce en Vers Latins, compoſée par *Magnus Rönnow*, & imprimée à Stockholm en 1706. L'Auteur donne au Roi de Suede, dans le Titre de ſon Ouvrage, la Qualité d'*Empereur de la Grande Scandinavie* (*a*). III. Le Monarque Danois ſe plaint de la Mauvaiſe-Foi de la Suede, qui, au mépris des Traités, fraudoit les Droits de la Douänne établie dans le Sund au Profit des Danois. IV. Le dernier Article contient des Plaintes des Duretez & des Violences commiſes par les Suédois contre les Habitans de certaines Provinces conquiſes ſur le Dannemarck (*b*).

LE Lecteur jugera de la Validité de ces Motifs. Ils paroiſſoient à tout le Monde ſi frivoles, que l'on croïoit faire Injure à la Sincérité du Roi de Dannemarck de ſoupçonner ſeulement, qu'il fût capable d'entreprendre une Guerre dont il n'avoit point d'autres Raiſons à alléguer; Guerre, qu'il qualifioit néanmoins de *juſte* & de *néceſſaire*. On ne fut pas long-tems, ſans s'appercevoir, que l'on avoit fait, de la Cour de Dannemarck, un Jugement trop favorable. Le Manifeſte ne demeura pas ſans Réponſe; & cette Réponſe eſt auſſi ſolide, que bien tournée (*c*). On y juſtifie, que, bien loin que la Nation Suédoiſe, & ſon Roi, euſſent eu des Vûés ambitieuſes d'Aggrandiſſement, ils étoient au contraire toujours demeurez dans les Bornes de la Modération, & s'en étoient tenus à la Foi des Traités. On y prouve, que l'Auteur du Manifeſte a cité à faux la Lettre du Roi de Suede aux Etats-Généraux, & on l'accuſe d'Ignorance dans l'Interprétation qu'il y donne. Quant à l'Ouvrage de Rönnow, on dit, que perſonne ne s'étoit encore aviſé de faire un Procès à un Poëte, pour ſes Productions, hors du Reſſort du Parnaſſe; & que, de vouloir juger, par des Panégiriques, des Harangues, & des Dédicaces, des Intentions des Souverains, ou d'en faire un Prétexte de Guerre, cela màrquoit une grande Diſette de bonnes Raiſons. Enfin, on fait voir, que la Suede n'a point violé les Traités ſur le Commerce, & que les Peuples de Suede étoient gouvernez ſuivant l'Equité & les Loix du Roïaume; ajoutant, que ce n'étoit point au Roi de Dannemarck à s'en déclarer le

---

viſſe Spiritus, *occupatâ Epiſcopali Sede, non modo Jura Domûs Gottorpienſis in dubium vocare, ſed etiam Pacem ſolennem, totque potentiſſimorum Principum & Statuum. Auctoritate confirmatam, tentare atque ſubjicere ſuſtinuerit.*

(*a*) HERCULES GENUINUS CAROLUS DUODECIMUS MAGNA SCANDINAVIA IMPERATOR.

(*b*) Voyez les *Mémoires de* LAMBERTY, Tom. V, pag. 434.

(*c*) CETTE Réponſe ſe trouve en entier dans les *Mémoires de* LAMBERTY, Tom. VI, pag. 245.

Janvier.
Descente en Scanie.

le Tuteur en Titre d'Office, moins encore à la Requifition de Gens inquiets & de peu de Confidération.

CEPENDANT, la Defcente fe fit en Scanie. On prétend même, qu'elle précéda la Déclaration de Guerre. L'Armée du Roi de Dannemarck étoit compofée de vieilles Troupes, bien difciplinées, & bien vétues. Comme le Peuple ne préfageoit rien de bon de cette Expédition, on tâcha de le faire revenir de ces Idées, en lui préfentant l'Appareil impofant d'une Dévotion affectée. On indiqua un Jour de Jeune & de Prieres, qui fut célébré avec beaucoup de Solemnité, dans tous les Etats de Sa Majefté Danoife (*a*).

Soupçons contre le France.

L'ENTREPRISE de ce Monarque donna lieu à une infinité de Raifonnemens. Bien de Perfonnes étoient dans l'Opinion, que la France n'avoit rien négligé pour le porter à cette Rupture: non pas que la Cour de Verfailles fût ennemie du Roi de Suede, mais afin de divifer entre eux les Alliés. Elle fe flattoit, que, dès que la Guerre auroit commencé entre la Suede & le Dannemarck, & que cette derniere Puiffance auroit tranfporté fes Troupes en Scanie, le Général-Major Craffou tomberoit fur le Jutland & fur le Holftein Roïal. Que ces Mouvemens donneroient lieu aux Princes voifins de rappeler les trente mille Hommes, qui fervoient dans l'Armée des Alliés. Qu'une Diminution fi confidérable mettroit la France en état de tenir tête à fes Ennemis, ou de les obliger à lui accorder une Paix honorable; après quoi, on s'emploïeroit en faveur de la Suede. Nous ne déciderons pas fi ces Soupçons étoient bien ou mal fondez.

CE que nous favons très-bien, c'eft que le Roi de Suede fe donna de grands Mouvemens, pour engager les Puiffances Maritimes, qui avoient garanti la Paix de Travendal, à porter le Roi de Dannemarck à fe défifter de fon Deffein contre la Suede. Sa Majefté en écrivit Elle-même de Bender, & fes Miniftres dans les Cours étrangeres eurent Ordre de faire fur ce Sujet de fortes Repréfentations. Le Sénat réïtera ces Inftances. Il écrivit dans les mêmes Termes, tant à la Reine d'Angleterre qu'aux Etats-Généraux des Provinces-Unies; & comme les Danois empêchoient le Paffage des Couriers, le Sr. Jackfon, Agent d'Angleterre, entreprit de fe rendre à Londres, pour rapporter à la Reine l'Etat où fe trouvoit la Suede.

V. L'APP. No. CXXXV.

Repréfentation des Puiffances Maritimes.

ON prétend, que les Puiffances Maritimes exhortérent férieufement le Roi de Dannemarck à fe défifter de fon Entreprife: on dit même, qu'elles lui firent déclarer, qu'elles feroient bien fachées d'être réduites à la Néceffité de faire des Démarches qui ne plairoient pas à Sa Majefté Danoife. Qu'étant fi étroitement alliées avec le Roi de Suede, elles ne souffriroient pas que fes Etats fuffent envahis par qui ce fût. L'Evénement fit voir, que ce n'étoient-là que de fimples Paroles, qui ne

(*a*) ON prêcha fur les Textes fuivans; Deut. XXX. ℣ 5; Pfeaume XX. ℣. 5-10; Pfeaume LXXIX, ℣. 6. 7.

ne furent fuivies d'aucune Réalité. Le Dannemarck le favoit affez, & ne fongea qu'à pouffer fa Pointe.

IL fembloit que la Suede, dans la Situation où elle fe trouvoit, ne devoit rien avoir à craindre du Dannemarck. Les deux Rois étoient unis par les Liens du Sang. Tout le Monde favoit, que Charles XII, dans le Traité de Travendal, ne s'étoit réfervé aucun Avantage, & qu'il n'avoit rien demandé pour les Fraix de la Guerre (a). Les Garants de cette Paix pouvoient donc, en toute Juftice, fecourir la Suede contre un Prince, qui l'attaquoit fans aucune Raifon, & dans un Tems que fon Roi fe trouvoit fi fort éloigné de fes Etats. D'ailleurs, il étoit de l'Intérêt, tant des Garants, que du Roi de Dannemarck même, que l'on confervât une efpece d'Équilibre entre la Suede & la Ruffie, qui commençoit à devenir trop formidable. Les Suédois étoient obligés de s'oppofer prémiérement au Roi de Dannemarck, comme à l'Ennemi le plus prochain, & le plus dangereux; &, pendant ce Tems-là, le Czar ne trouvoit aucune Réfiftance, ni en Livonie, ni dans les autres Provinces où il étoit entré à Main armée. Autrefois, lorfque les Danois cherchérent à fe rendre Maitres de la Livonie par le Secours des Mofcovites, ils ne voulurent feulement pas, qu'il fût permis à un Ruffien, de quelque Condition qu'il pût être, d'y pofféder des Biens ou des Charges (b). Cent quarante Ans après, on penfoit tout différemment: &, non feulement le Dannemarck, mais auffi quelques autres Puiffances, ne demandoient pas mieux que de voir le Czar Maitre abfolu de ces Provinces; fans fonger, qu'après cela, rien ne lui feroit plus facile que d'attirer dans fes Ports une Partie du Commerce de la Baltique, Projet dont fes Prédéceffeurs n'avoient jamais pû venir à bout (c). Ne voïoit-on pas, que le Czar pouvoit avec le tems faire aux Puiffances Maritimes un Tort confidérable; & qu'un jour il fe trouveroit en état de porter, par fes propres Vaiffeaux, tant en Angleterre qu'en Hollande, non feulement les Marchandifes que l'on tire d'ordinaire de Ruffie, mais auffi celles que l'on va chercher en Turquie, en Perfe, dans la Chine, & dans les Indes Orientales, qu'il pouvoit faire venir par un Chemin beaucoup plus court, & à moins de Fraix, que les Anglois ou les Hollandois, & qu'il tireroit de la prémiere Main? Les Puiffances Maritimes, quelques formidables qu'elles foient, ne pourront jamais l'en empécher; car, tant que la Livonie demeurera fous la Domination de la Ruffie, celle-ci donnera toujours la Loi aux autres Nations, fans qu'elle foit obligée de hazarder fes Flottes, ou d'en

venir

(a) Voïez les *Mémoires de* LAMBERTI, Tom. IX, pag. 308.

(b) Voïez l'*Introduction à l'Hiftoire de Suede par* PUFFENDORF.

(c) Voïez la Lettre que le Roi Sigifmond écrivit en 1559. à la Reine Elizabeth. Elle fe trouve dans les *Mémoires de* LAMBERTY, Tom. VIII, pag. 243.

venir à une Guerre ouverte. Elle n'a qu'à fermer ſes Magazins, & à deffendre pour quelque tems la Sortie de ſes Denrées. A quoi l'Angleterre & la Hollande ſeroient-elles réduites ; elles, qui peuvent auſſi peu ſe paſſer de la Ruſſie & de la Livonie, qu'elles peuvent ſe ſoutenir pendant quelques Années ſans Commerce & ſans Navigation ? Quoiqu'il en ſoit, on avoit conçu une ſi forte Jalouſie contre la Suede, & particuliérement contre le Roi, que ces Repréſentations ne furent point écoutées.

CEPENDANT, le Roi Auguſte étoit rentré en Pologne. Pluſieurs Palatinats l'avoient félicité ſur ſon heureux Retour, & ſur ce qu'il étoit remonté ſur le Trône. Sa prémiere Démarche fut de faire changer l'Empreinte de la Monnoie, d'y faire mettre les Armes de Pologne & de Saxe, & de reprendre les Titres auxquels il avoit renoncé. Le Pape, pour affermir ſon Autorité en Pologne, releva les Polonois du Serment de Fidélité qu'ils avoient fait au Roi Staniſlas (*a*). Charles XII s'addreſſa à l'Empereur, à la Reine d'Angleterre, au Roi de Pruſſe, aux Etats-Généraux des Provinces-Unies, & à l'Electeur de Hanovre, qui s'étoient chargés de la Garantie du Traité d'Alt-Ranſtadt. Il repréſenta avec autant de Force que de Vérité, que, quelques Proteſtations qu'Auguſte pût faire contre ſon Abdication, à laquelle il prétendoit avoir été forcé (*b*), on devoit néanmoins avoir Egard à la juſte Cauſe de Sa Majeſté Suédoiſe, & aux Déclarations qu'Elle faiſoit ſur ce Sujet. Qu'Auguſte, dans la Vûe de ſe rendre Maitre abſolu en Pologne, avoit cherché à faire la Conquête de la Livonie. Qu'il avoit attaqué la Suede. Que le Détronement d'Auguſte étoit le ſeul Moïen capable de garantir Sa Majeſté Suédoiſe de nouvelles Inſultes & de conſerver la Liberté en Pologne. Que cette Satisfaction étoit dûe aux deux Nations. Qu'à cette Condition la Paix avoit été conclue, & que ce Traité avoit été ſolemnellement garanti, tant de Bouche, que par Ecrit.

A CES Repréſentations on en ajoûta de nouvelles. Mais, quelques Inſtances que l'on pût faire, on ne gagna rien. L'Empereur alléguoit, pour s'excuſer, qu'il avoit ſur les Bras une Guerre des plus onéreuſes, & qu'il n'étoit pas plus avancé qu'il ne l'avoit été lorſqu'il ſe chargea de la Garantie de la Paix d'Alt-Ranſtat. La Reine de la Grande-Bretagne prétendoit, qu'Elle n'avoit point garanti ce Traité par aucun Ecrit. Elle avoit cependant déclaré Elle-même, que *la Parole, qu'elle donnoit,*

de

___

(*a*) MR. DE VOLTAIRE, quoique Catholique-Romain, ſe mocque hautement de cette Abſolution, & du Droit chimérique du Pape de ſe méler du Temporel des Rois.

(*b*) ON peut conſulter ſur ce Sujet un Livre imprimé à Rotterdam, en 1710, ſous le Titre de *Mémoires ſur les dernieres Révolutions de Pologne, où l'on juſtifie le Retour du Roi Auguſte.* Le Sr. Prebendofski, Fils du Grand-Thréſorier, eſt Auteur de cet Ouvrage.

de vouloir se charger de la Garantie, valoit autant que l'Engagement le plus solemnel (a). Le Roi de Prusse disoit simplement, qu'il n'avoit aucune Envie de se mêler dans cette Querelle; & qu'il vouloit demeurer en Repos. Les Etats-Généraux prétendoient, que, dans ces Conjonctures, il étoit de leur Intérêt de ne pas se séparer de leurs Alliés. L'Electeur de Hanovre, non content de répondre, qu'il avoit autre chose en tête, cherchoit à se prévaloir du Différent auquel ses Ministres avoient donné lieu, en contestant à la Régence de Bremen la Préséance dans l'Assemblée, qui s'étoit tenue dans le Cercle de la Basse-Saxe pour les Affaires de la Guerre.

Voici les Causes sécretes, qui faisoient agir ces Princes. Le Séjour, que Charles XII faisoit en Turquie, ne leur plaisoit point. Ils n'ignoroient pas, que rien n'est plus incertain que les Résolutions du Ministere Ottoman, & que souvent les Choses changent de Face du jour au lendemain: mais, ils craignoient toujours, que le Roi de Suede ne vint enfin à bout de se mettre à la Tête d'une Armée formidable, composée de Turcs & de Tartares; & ils se représentoient ce Monarque comme capable de tout entreprendre, pour se vanger de ses Ennemis. Ce fut dans cette Idée, que les Ambassadeurs de France & d'Angleterre, qui résidoient à Constantinople, offrirent, au Nom de leurs Cours, à Sa Majesté Suédoise des Vaisseaux de leurs Nations, pour la transporter dans ses Etats, ou par-tout où elle jugeroit à propos de débarquer. Neugebauer en aïant fait Rapport, le Roi lui ordonna de leur répondre sur le même Ton qu'on avoit répondu à l'Ambassadeur de Hollande dans le même Cas. En attendant, on fabriqua à Ratisbonne un Plan, qui sembloit être fait exprès pour obliger le Roi de Suede de se désister de ses Négotiations à la Porte.

Les Ministres de Dannemarck, de Saxe, de Prusse, & de Russie, surent engager l'Empereur, la Reine de la Grande-Bretagne, avec l'Electeur de Hanovre, & les Etats-Généraux, à conclure un Traité, pour prévenir que les Etats, possédez en Allemagne par les deux Monarques du Nord, ne devinssent le Théatre de la Guerre; parce qu'il étoit à craindre, disoient-ils, que l'Empire & les Alliés n'en souffrissent. On se chargeoit de garantir à la Suede ses Provinces en Allemagne, & au Dannemarck, le Holstein, le Duché de Sleswig, & le Jutland; à condition que les Troupes Suédoises, qui étoient en Poméranie, n'eussent point la Liberté de retourner en Pologne, & que Charles XII ne pourroit les emploïer ailleurs pour deffendre ses Etats contre les Ennemis dont il étoit injustement attaqué.

D'abord, on gouta ce Projet, & il sembloit que la Suede y trouveroit son Avantage pour ses Etats situez dans l'Empire. Mais, d'autres

---

(a) Mr. de Medow, Envoïé d'Angleterre à Vienne, dit expressément, dans un Mémoire qu'il présenta le 30. Octobre 1708, *que la Reine de la Grande-Bretagne s'étoit chargée de la Garantie du Traité d'Alt-Ranstadt, à la Priere de Sa Majesté Impériale.*

1710.

Janvier.

tres difoient, qu'ils ne pouvoient pas comprendre, que des Puiffances amies du Roi de Suede vouluffent tellement lier les Mains à Sa Majefté, qu'il ne lui fût pas libre d'emploïer fes Troupes par-tout où Elle jugeroit à propos pour fa Défenfé, à quoi Elle étoit néanmoins autorifée par le Droit de la Guerre. On avoit de la Peine à digérer, qu'on accordât au Roi de Dannemarck, qui étoit le prémier Auteur de la Guerre dont provenoient tous nos Malheurs, les mêmes Avantages, & la même Sureté, qu'à la Suede. Nous verrons plus bas comment Charles XII s'expliqua fur ce Sujet.

On convoque les Etats-Généraux de Suede.

La Suede, abandonnée de fes Alliés, fe trouvoit dans des Embarras inexprimables, dont on lui laiffoit le Soin de fe tirer comme elle l'entendroit. Le Roi de Dannemarck, & le Czar, faifoient tous les jours de nouveaux Progrès. Dans ces Conjonctures, le Sénat, chargé de la Régence, réfolut de convoquer, au Nom du Roi, pour le 30. du Mois de Mars fuivant, les Etats-Généraux, afin de délibérer enfemble fur ce qui étoit du Bien & de l'Intérêt du Roïaume, fur les Mefures à prendre pour deffendre la Patrie des Maux dont elle étoit menacée, & pour réfifter à l'Ennemi (*a*). Rien n'étoit plus néceffaire, que cette Réfolution, qui fut également prompte & vigoureufe. On travailla avec une Ardeur extraordinaire à la Deffenfe de l'Etat: & plus les Chofes paroiffoient defefpérées, plus les Suédois firent d'Efforts en faveur de leur Roi & de leur Patrie. Tandis que les Familles fourniffoient les Sommes néceffaires, pour lever des Troupes, & pour former des Magazins, la Jeuneffe du Païs venoit en foule fe faire enroller. Les Païfans quittoient la Charue, pour devenir Soldats (*b*). Les Invalides, qu'on avoit renvoïés quelques Années auparavant de Pologne, femblérent avoir recouvré leurs Forces & leur Vigueur. Au feul Nom de Stenbock, leur ancienne Valeur fe ranima. Sous la Conduite d'un auffi habile Général, on fe tenoit affuré de remporter la Victoire. Tout le Monde vouloit y avoir Part, & fe fignaler contre les Danois.

Ces Voifins importuns avoient débarqué en Scanie au Mois de Novembre de l'Année précédente. Le Roi, accompagné de l'Ambaffadeur de Ruffie, & des Miniftres de Pruffe & de Pologne, fe logea à Helfingbourg, où il reçut le Serment de Fidélité des Habitans, tant de la Ville que des Environs. Trois Jours après, la Reine vint lui rendre

(*a*) Lamberty dit dans fes *Mémoires*, Tom. VI, pag. 288, que les Miniftres Etrangers y furent invitez. Il fe trompe.

(*b*) Mr. de Voltaire affure hardiment dans fon *Hiftoire de Charles XII*, Tom. I, pag. 307, que la Guerre avoit couté à la Suede, pendant neuf Années au-de là de deux cens cinquante mille Soldats, & qu'il ne lui reftoit pas huit mille Hommes d'anciennes Troupes: après quoi, il entre en Détail fur la Maniere dont les Milices font levées & entretenues en Suede; qu'il faut avoir un certain Bien, comme dix ou douze mille Francs, pour être obligé d'équiper un Soldat, &c. Mr. de Voltaire fait-là un Galimatias, qui ne fignifie rien.

dre Viſite, de même que le Prince Charles. Le Prévôt des Egliſes, & le Bourguemaitre du Lieu, furent privez de leurs Emplois (*a*). Un certain Paulin, qui avoit été autrefois Juge de la Campagne, & que l'on avoit caſſé à cauſe de ſes Malverſations, fut établi Prémier-Juge en Scanie.

Déclaration du Roi de Dannemarck aux Habitans de la Scanie.

L<small>E</small> Roi de Dannemarck fit répandre dans toute la Province une Déclaration, qui portoit en ſubſtance: ,, Que Sa Majeſté Danoiſe, ,, aïant été obligée de prendre les Armes, pour les Raiſons alléguées ,, dans ſon Manifeſte du 28. Octobre, Elle vouloit bien déclarer, que ,, ſon Deſſein n'étoit pas de traiter en Ennemis les Habitans de la Sca- ,, nie. Qu'au contraire, Elle vouloit les deffendre, les confirmer ,, dans leurs Privileges, & leur rendre les Libertez, dont ils avoient ,, joüi pendant qu'ils avoient été ſous la Domination des Rois de Dan- ,, nemarck, ſes Prédéceſſeurs, mais leſquelles leur avoient été enlevées ,, par les Suédois, au mépris des Traités conclus entre eux & Sa Ma- ,, jeſté Danoiſe. Que la Suede avoit ſi ſouvent contrevenu aux Trai- ,, tés, que cette Couronne avoit perdu tout ſon Droit ſur ces Provin- ,, ces; que Sa Majeſté Danoiſe pouvoit à juſte Titre s'en mettre en ,, Poſſeſſion, comme d'un Bien qui lui revenoit par Héritage; & ,, qu'Elle vouloit prendre à cœur l'Intérêt des Habitans de la Scanie, ,, qu'Elle regardoit comme ſes Sujets. Que, pour ces Cauſes, Elle ,, enjoignoit à tous les Habitans, tant Eccléſiaſtiques, que Séculiers, ,, de ne point abandonner leurs Demeures, mais de continuer à reſter ,, chés eux, en ſe confiant en la Clémence de Sa Majeſté, qui leur don- ,, neroit des Marques de ſa Bienveillance. Qu'Elle les déchargeroit ,, d'une Partie des Contributions qu'ils étoient obligés de païer; & ,, qu'Elle aſſuroit ceux qui voudroient apporter des Vivres à ſon Ar- ,, mée, que, non ſeulement ils y ſeroient favorablement reçus, mais ,, qu'on leur païeroit leurs Marchandiſes en Argent comptant, ſuivant ,, le Cours du Païs, &c. ,,

Mouvemens des Danois.

L'A<small>RMÉE</small> Danoiſe campoit ſur le Bord de la Mer. Les Soldats avoient de l'Eau, & marchoient dans la Boue, juſqu'à mi-jambe. D'ail- leurs, comme ils manquoient de Vivres, & que le Fourage n'étoit pas plus abondant, les Maladies enlevoient tous les jours beaucoup d'Hom- mes & de Chevaux. Enfin, il fut réſolu de mettre les Troupes en Quartiers d'Hiver aux environs. Un gros Détachement fut envoïé à Lund, pour enlever les Grains que l'on y avoit amaſſez: on arrêta deux Echevins de la Ville, & quinze cens Hommes y entrèrent en Garniſon. Quatre mille Hommes marchérent à Malmoe, pour tenir

cette

(*a*) L<small>E</small> Prévôt ſe nommoit Troïlius. Il devoit prêcher le Dimanche ſuivant; mais, comme il ne vouloit pas faire la Priere, que le Roi de Dannemarck avoit ordonné que l'on fît dans toutes les Egliſes de Scanie pour l'heureux Progrès de ſes Armes, il partit de Helſingbourg. Son Chapelain fut mis à ſa Place. La Place de Bourguemaitre fut donnée à un Danois.

cette Place bloquée. D'un autre côté, le Colonel Bilow se retrancha à Wegeholm avec quatre Compagnies d'Infanterie. Sept Compagnies se logérent à Engelholm. Un Corps de sept mille Hommes des meilleures Troupes fut détaché pour s'emparer des Magasins des Suédois. Cette Entreprise réüssit aux Danois; mais, elle leur couta assez cher. On en vint aux Mains près de Fielkinge, entre Christianstad & Sölf-witzbourg: le Combat, qui commença vers le soir, fut assez opiniâtre. Après cela, comme les Danois ne trouvoient plus de Résistance, ils marchérent droit à Carlshamn où ils exigérent des Habitans de grosses Contributions, & y prirent quantité de Provisions. De-là, ils se rendirent à Christianstad, où ils s'arrétérent environ trois Semaines.

Février.
Mouve-
mens de
l'Armée
Suédoise
sous le Com-
te Stenbock.
LE Comte Stenbock se tenoit durant ce Tems-là à Wexiö, où il assembla une Armée de douze à quatorze mille Hommes, avec laquelle il se mit en Marche le dernier de Janvier. Après cinq Jours de Marche, il arriva à Asby, où étoit le Rendez-vous général. Cet Endroit n'est éloigné de Christianstad, que de trois Lieues. On résolut aussi-tôt de marcher droit à l'Ennemi, & de l'attaquer par-tout où on le trouveroit. Dès que les Danois, qui ne manquoient pas d'Espions, en furent avertis, ils ne se donnérent pas le Tems de lever les Contributions auxquelles les Bourgeois de Christianstad avoient été taxés. Aïant emmené avec eux quelques-uns des principaux Marchands, qui devoient servir d'Otages, ils se rendirent en grande diligence à Helsingbourg. Ils laissérent derriere eux trois mille Sacs de Grains, avec une grande Quantité de Sel, de Viande, & d'autres Provisions de Bouche.

Quelques jours après, les nôtres eurent Avis, que plusieurs Généraux Danois étoient sortis avec un Détachement de cinq cens Chevaux, dans le Dessein d'aller reconnoitre l'Armée Suédoise. Aussi-tôt, le Général Stenbock détacha le Lieutenant-Colonel Bennet (*a*), avec trois cens Hommes, pour tâcher de les enlever; ce qui ne réüssit point, parce que les Ennemis s'étoient déjà retirez au-de-là du Pont de Sandby.

En retournant au Camp, il fit un Tour à Querlöf. Entre cet Endroit & Arraslöf, il rencontra de bon matin une vingtaine de Chariots chargés de Pain, qu'il fit conduire à l'Armée Suédoise, avec les Garçons Boulangers, & un Commissaire, qui se trouvoient auprès de ces Chariots. Le même Jour, Monsieur de Stenbock décampa d'Asby. L'Armée se mit en Marche à l'Entrée de la Nuit. Rien n'est égal à l'Intrépidité avec laquelle ces nouvelles Milices alloient au-devant de l'Ennemi. Se confiant en la Bonté divine & en leur juste Cause, ces Soldats, dont la plûpart n'avoient peut-être jamais manié des Ar-

---

(*a*) MR. de Bennet étoit parti de Bender avec le Général Meyerfeldt. Le Sénat le fit Lieutenant-Colonel. Charles XII, informé du Mérite de cet Officier, lui envoïa, peu après la Bataille de Helsingbourg, le Brévet de Colonel.

Armes, demandoient qu'on les menât au plûtôt au Combat (*a*). Quel Plaisir pour Monsieur de Stenbock de se trouver à la tête d'une pareille Armée! Lorsqu'elle décampa le 17. de Wankif, elle marcha sur deux Colonnes. Toute l'Infanterie, & deux Régimens de Cavallerie, démeu-rérent auprès du Comte Stenbock. Le Lieutenant-Géneral Buren-schöld (*b*), Gouverneur de la Gothie Orientale, conduisoit le Reste de la Cavallerie, avec l'Artillerie & le Bagage. Le lendemain, il eut Or-dre de marcher droit à Hassleby, où étoit la Cavallerie ennemie. Comme le Pont de Foresta, sur lequel l'Artillerie & le Bagage devoient défiler, avoit été rompu, il fut obligé de s'y arréter trop long-tems, ce qui fit échouër le Dessein que l'on avoit formé d'attaquer les Da-nois. Le Comte Stenbock, étant arrivé au même Lieu, ordonna à l'In-fanterie de passer à la file sur quelques Poutres qu'il fit jetter sur la petite Riviere qu'il avoit devant lui. Ses deux Régimens de Cavalle-rie, aïant passé à gué, coururent à la Poursuite de l'Ennemi, qui se re-tira en bon Ordre à Getinge. Sur l'Avis qu'on eut, qu'un Parti Da-nois étoit posté à quelque Distance de-là, le Comte Stenbock y mar-cha à la tête du Régiment de Lenck, commandé par le Lieutenant-Colonel Bennet. A son Arrivée, il trouva l'Ennemi dans la Plaine: mais, lorsque Bennet s'avança avec deux Compagnies, pour les atta-quer, il retournérent en grande hâte à Näs, où ils se postérent sur le Cimetiere. Il y avoit à Bosarp un Régiment de Cuirassiers Danois, commandé par le Colonel Legard. Celui-ci, voïant que Bennet pour-suivoit l'Ennemi l'Epée dans les Reins, fit mine de venir au Secours des siens, & de tomber sur les Suédois par derriere. Bennet, s'en étant apperçu, & aïant fait volte Face, obligea les Cuirassiers de pren-dre la Fuite. On leur tua quarante Hommes, & nous fimes trente Pri-sonniers. Le Jour suivant, nos Troupes demeurérent à Erichsholm, à Näs, & à Ask, pour s'y reposer. Le 20. Monsieur de Stenbock eut Avis, que toute l'Armée Danoise campoit à Harje. Il y marcha sur cinq Colonnes; mais, l'Ennemi en étoit décampé la Nuit d'aupara-vant, aïant pris la Route de Keslinge, d'Annelöf, & de Hessing-bourg. Le Comte, s'étant mis à la tete de la Cavallerie, se rendit à Dagstorp, dans le Dessein de couper l'Armée Danoise entre Annelöf, Bro, & le Défilé de Möringe. La Chose étoit très praticable; mais, elle ne réüssit point, à cause des Terrasses dont on se sert dans ce Païs-là au lieu de Hayes, & qui étoient tellement gelées, qu'on ne put point les abbattre. D'ailleurs, les Instrumens propres à cela se trou-

1710.
Février.
le 17.

le 18.

le 19.
le 20.

(*a*) Mr. de Voltaire dit que la Haine nationale des Suédois contre les Danois est extrême, & que Stenbock profita de cette Disposition des Esprits. C'est-là trop avancer.

(*b*) Le Baron Jaques Burenschöld, qui n'étoit que Major-Général, avoit eu du Sé-nat un Brévet de Lieutenant-Général, en attendant la Confirmation du Roi.

trouvoient auprès de l'Infanterie, qui étoit demeurée en arriere. Ainfi, avant que la Cavallerie eut eu le tems d'arriver aux Lieux marqués, les Danois avoient déjà gagné le Pont où ils avoient planté de l'Artillerie, dont ils faifoient grand Feu, mais fans aucun Avantage confidérable. Comme la Nuit approchoit, Stenbock jugea à propos de fe défifter de fon Deffein, & réfolut de laiffer à fes Troupes quelques Jours de Repos, & jufqu'a ce qu'il eut reçu l'Artillerie qu'il attendoit de Malmoe. Ne fachant pas au jufte fi l'Ennemi s'étoit retiré ou non, il détacha le Lieutenant-Colonel Bennet, pour aller à la Découverte. Celui-ci, étant arrivé à Ronneberga, vit devant lui quantité de Feux; ce qui lui donna lieu de croire, que l'Ennemi campoit dans cet Endroit: & comme il entendoit diftinêtement le Bruit des Tambours, il fe confirma dans fon Idée. S'étant avancé un peu plus près, il rencontra un Païfan, dont il apprit que l'Ennemi venoit de quitter l'Endroit où étoient tous ces Feux. Bennet y courut auffi-tôt. Il n'y trouva qu'une Trentaine de Tambours, que les Danois avoient laiffé en arriere, & qui furent faits Prifonniers. Aïant fû de ces Gens-là, que l'Arriere-Garde ennemie n'étoit pas fort éloignée, il alla à fa Pourfuite. Il joignit une Compagnie d'Infanterie Danoife, qui, après avoir mis bas les Armes, fe rendit Prifonniere de Guerre, avec les Officiers dont elle étoit commandée. Un Efcadron de cette Arriere-Garde fe fauva par la Fuite. Enfin, après une Marche des plus pénibles, l'Armée Suédoife arriva à Fleninge, qui n'eft qu'à trois quarts-de-lieues de Helfingbourg. Le 28, elle marcha fur cinq Colonnes à Pilshult. Les Danois étoient à un demi-quart-de-lieue de là. Ils étoient poftez fort avantageufement, & occupoient les Hauteurs de Fäladz-marck, aïant devant eux de grands Marais, qui s'étendoient à la droite & à la gauche. Pour être informé au jufte de leur Pofition, Stenbock détacha le Sr. Bennet, avec mille Chevaux. Chemin faifant, il rencontra un Homme, qui ramenoit du Camp ennemi un grand Nombre de Chariots, qu'il y avoit conduits, chargés de toutes fortes de Provifions. Bennet lui parla; & comme nos Cavaliers, qui marchoient devant, avoient des Manteaux blancs, l'Homme les prit pour Danois. Dans cette Idée, il s'expliqua fort naturellement; mais, s'étant enfin apperçu qu'il parloit à un Officier Suédois, il fit fon Marché; &, pour ne point être pendu, il donna tous les Eclairciffemens qu'on lui demandoit, & indiqua à Bennet un Chemin par lequel il pourroit s'avancer, avec fon Détachement, jufqu'au Camp ennemi, fans être découvert. Le Lieutenant-Colonel fuivit ces Inftruêtions, & enleva les quatre Poftes avancés des Danois, qui n'eurent pas le tems de donner l'Allarme. Un peu plus loin, il trouva l'Ecuier Kefcou, qui avoit avec lui douze Chariots avec lefquels il devoit aller chercher du Fourage. Bennet, aïant appris de lui, qu'on avoit détaché quelques Troupes, pour aller au Fourage, laiffa les Prifonniers derriere, & s'avança à la tête de quelques Cavalliers. Il rencontra le Quartier-Maitre du Régiment de Rosh-

Rotshstein, accompagné de quelques Fouriers. A peine les Danois l'eurent-ils apperçu, qu'ils s'en retournérent à toute Bride. Un de ces Gens-là fut tué: les autres se sauvérent au Camp, où ils portérent la Nouvelle de notre Approche; &, en moins de rien, l'Allarme devint générale.

Sur le Midi, le Comte Stenbock fit un petit Mouvement à gauche, en observant néanmoins de marcher droit à l'Ennemi, qui faisoit un Feu horrible de son Artillerie. Environ à une Heure, le Lieutenant-Général Burenschöld, qui commandoit notre Aile gauche, traversa le Marais sur lequel les Danois appuïoient leur Droite. Il avoit sous ses Ordres le Général-Major Gyllenstierna, & les Colonels Cronberg, Hierta, & Roxendorf. Ces Officiers, attaquérent la Cavallerie Danoise, l'Epée à la Main, & sans tirer un seul Coup. L'Ennemi les reçut avec beaucoup de Bravoure, & les repoussa; mais, ils se ralliérent aussi-tôt, étant soutenus par de nouvelles Troupes, qui étoient commandées par les Généraux-Majors Lejonhufwud (a) & Duker, auxquels se joignit le Lieutenant-Colonel Bennet, avec le Corps de Réserve. Au même moment, l'Infanterie Suédoise attaqua avec une Intrépidité extraordinaire celle des Ennemis, qui étoit postée sur une Hauteur, où elle s'étoit retranchée avec des Chevaux de Frise. Le Colonel Hamilton (b), qui se trouvoit avec son Régiment & celui de von der Noth à l'extrémité de l'Aile gauche, essuïa tout le Feu de l'Ennemi; ce qui ne l'empécha pourtant pas de s'avancer avec fermeté. Les Généraux-Majors Taube & Palmquist ne firent pas paroitre moins de Courage. Le Colonel Schommer, à la tête de son Régiment Allemand (c), renversa tout ce qui se présenta devant lui. A la droite, la Victoire demeura en suspens, & le Général-Major Sparfelt commençoit déjà à plier, lorsque le Comte Aschenberg (d), & le Lieutenant-Général Meyerfeldt, accoururent à son Secours. En moins de rien, la Cavallerie & l'Infanterie ennemies furent rompues, & mises en Fuite; de sorte qu'elles se retirérent en Confusion à Helsingbourg, où étoient leurs grands Retranchemens. Le Combat ne dura qu'environ une Heure. Bennet poursuivit les Danois l'Epée dans les Reins, & les poussa jusques aux Palissades. Comme il ne pouvoit s'avancer au-delà, il se posta à quelque Distance du Retranchement, entre deux Marais, pour laisser prendre Haleine à ses Troupes. Les Prisonniers

dont

(a) Il n'étoit que Colonel; mais, il faisoit, dans cette Occasion-là, la Fonction de Général-Major.

(b) Le Colonel Hamilton servoit ce Jour-là comme Général-Major.

(c) Ce Régiment avoit été formé des Troupes Saxonnes, que le Roi de Suede avoit fait Prisonnieres en Pologne.

(d) Il étoit Général-Major.

dont il avoit bon Nombre, étoient auprès de lui. Sur l'Avis qu'en eut le Lieutenant-Général Rantzou, il ramaffa au bord de la Mer un certain Nombre de Troupes, avec lefquelles il marcha vers Bennet. Il l'attaqua avec autant de Bravoure que de Capacité; mais, à la prémiere Décharge des Suédois, les Cavaliers Danois tournérent bride, & s'enfuirent au grand Galop. Monfieur de Rantzou, abandonné des fiens, courut Rifque d'être fait Prifonnier.

BENNET, aïant rejoint notre Armée, le Comte Stenbock raffembla toutes fes Troupes, avec lefquelles il demeura fur le Champ de Bataille. Les Danois y avoient laiffé au-de-là de quatre mille Morts (*a*), & trois mille Prifonniers, parmi lefquels fe trouvoient plus de quatre-vingt-dix Officiers. Ils eurent environ quatre mille Hommes de bleffés, qu'ils tranfportérent à Helfingbourg. On leur prit vingt-neuf Piéces de Canon, avec deux *Haubitzes*, plufieurs Paires de Timbales, & un grand Nombre de Drapeaux & d'Etendarts. Le Camp ennemi, & une partie de fon Bagage, furent abandonnez au Pillage. Les Suédois perdirent en tout huit cens fept Hommes, & en eurent deux mille quatre-vingt-huit bleffés. Ils n'eurent point d'autres Prifonniers, que le Lieutenant-Général Burenfchöld, & l'Aide-de-Camp-général Bilftein, qui furent bien-tôt après remis en Liberté. Trois Jours avant la Bataille, le Roi de Dannemark étoit retourné à Copenhague, après avoir donné le Commandement de fon Armée au Lieutenant-Général Rantzou, parce que le Comte Reventlau, qui la commandoit auparavant, étoit tombé malade d'une Fievre chaude, & s'étoit fait tranfporter en Dannemarck. Les Débris de l'Armée ennemie fe retirérent à Helfingbourg, comme nous venons de le dire. Ces Troupes fe trouvant extrémement ferrées dans ce Pofte, rien n'auroit été plus facile que de les abimer entiérement; mais, comme on vouloit épargner la Ville & les Habitans, on laiffa aux Danois le Tems de fe retirer en deça de la Mer. Le Roi y envoïa inceffamment autant de Batimens de Tranfport qu'on en put trouver, avec quelques Frégattes & Galiotes, auxquelles fe joignirent plufieurs Vaiffeaux Hollandois. L'Embarquement fe fit avec beaucoup de Précipitation: les Troupes furent tranfportées fur la Flotte, qui mouilloit dans le Détroit. Le Comte Stenbock crut ne pas devoir s'y oppofer, charmé de voir ces Hôtes dans la Néceffité de quitter d'eux-mêmes la Suede. Cette Victoire, & l'Evacuation de la Scanie, dérangérent autant les grands Projets que le Roi de Dannemarck avoient formez, qu'elles donnérent de Joie aux Suédois.

LE

___

(*a*) MR. DE VOLTAIRE affure dans fon *Hiftoire de Charles XII*, Tome I, pag. 311, que deux Régimens de Païfans, armez à la hâte, taillérent en Piéces le Régiment des Gardes du Roi de Dannemarck, dont il ne refta que dix Hommes. C'eft une Louange outrée.

Le prémier Soin du Général fut de faire penfer les Malades & les Bleffés, dont on avoit été obligé de laiffer un certain nombre en arrie- re. Les grandes Marches, & les continuelles Fatigues, & la derniere Bataille, étoient caufe, que quantité de Soldats s'étoient difperfés. Pour qu'ils ne périffent point faute de Soins & de Remedes, & qu'ils puffent rejoindre leurs Régimens, Mr. de Stenbock ordonna à tous les Chefs, tant de l'Infanterie & de la Cavallerie, que de l'Artillerie & du Corps des Ingénieurs, de faire d'exactes Recherches fur ce fujet dans les Diftricts où ils cantonnoient avec leurs Troupes. Que par-tout où l'on trouve- roit des Gens malades ou bleffés, on devoit, non feulement leur four- nir les Chofes néceffaires, mais auffi faire en forte qu'ils puffent être tranfportez commodément auprès de leurs Régimens. Dans l'Ordon- nance, que le Général fit publier, étoient fpécifiés les Endroits où les Régimens étoient en Quartier.

On ne fut pas long-tems à apprendre, que le Roi de Dannemarck faifoit de nouveau de grands Mouvemens, dans le Deffein de faire une feconde Defcente en Scanie. S'il n'exécuta pas ce Projet, il fit néanmoins des Préparatifs pour mettre fes Troupes en meilleur Etat qu'elles n'avoient été. Il remonta fa Cavallerie, compléta les anciens Corps, & en forma de nouveaux. Outre cela, il fit venir de Norwe- gue quelques Régimens de Miliciens. Il fit même une grande Refor- me parmi les Généraux & Officiers qui s'étoient trouvez à la Bataille de Helfingbourg. On ôta le Commandement de l'Armée au Général Reventlau. Le Lieutenant-Général Rantzou, & les Généraux-Majors Brockdorf & Rotftein furent licenciés. Quoique le Roi de Danne- marck eut trois différentes Efcadres en Mer, elles ne fe crurent pas affez fortes pour attaquer notre Flotte, compofée de douze Vaiffeaux de Guerre, & de trois Frégattes, qui croifoient jufqu'au Kögerbucht à quatre lieues de Copenhague. Les Danois publiérent, qu'ils équi- poient une Flotte des plus confidérables, dont le Commandement fe- roit donné à l'Amiral Gyllenlew: mais, comme l'Argent commen- çoit à manquer, l'Equipement ne fe fit point; & les grands Prépara- tifs, dont on parloit, n'eurent pas lieu.

Le Succès de la Bataille de Helfingbourg détermina plus que toute autre chofe le Sénat à convoquer les Etats-Généraux du Roïaume. On procéda dans les Provinces à l'Election des Députez, qui fe rendirent à Stockholm vers le Jour marqué. Il n'y eut pas un feul des Mem- bres, qui ne fût prêt à facrifier, pour la Deffenfe de la Patrie, fa Vie & fes Biens. Le même Efprit régnoit par-tout. Delivrez du Danger le plus preffant, ils s'exhortoient mutuellement à ne point négliger de donner leur Attention aux Provinces éloignées. Perfuadez d'ailleurs, que rien ne contribue davantage au Bien d'un Roïaume, que l'U- nion & la bonne Intelligence, ils s'engagérent réciproquement à ne point s'écarter de cette Vérité dans leurs Délibérations.

Les Députez étant arrivez, & aïant produit leurs Pleinpouvoirs,

Bbb 2   on

1710.
—
Mars.
Soin du Comte Sten- bock de fou- lager les Malades.

le 10.

Nouveaux Mouve- mens du Roi de Dan- nemarck.

L'Affem- blée des Etats.

Avril.

1710.
Avril.
le 2.
le 4.
le 5.

V. L'App.
No. CXXXVI.

on élut, en Qualité de Maréchal, le Baron Clerck, Gouverneur de Nyköping. Après que les autres Ordres eurent choisi leurs Orateurs, les Etats firent complimenter la Reine Douäiriere, la Princesse Roïale, & le Duc de Holstein. Le Jour suivant, après le Sermon ordinaire, on fit l'Ouverture de l'Assemblée; mais, les Délibérations ne commencérent qu'après les Fêtes de Pâques. On avoit mis sur le Tapis différentes Propositions, auxquelles les Esprits devoient être préparez. Le Sénat s'assembloit tous les Jours, & travailloit avec une Application extraordinaire aux Affaires qui passoient par ses Mains. Les Etats n'étoient pas moins assidus, & souvent leurs Assemblées duroient jusques bien avant dans la Nuit. Rarement ils se séparoient sans avoir pris quelque Résolution, ou du moins sans avoir bien digéré les Matieres, pour en venir à une bonne Conclusion. Comme le Baron Clerck étoit un Homme fort âgé, il ne fut pas en état de supporter long-tems le Fardeau dont il avoit été chargé. Etant tombé malade, on donna au Baron Gustave Cronhielm, Gouverneur de Westeras, le Baton de Maréchal. Ce Seigneur s'acquita de cette Commission d'une maniere qui lui attira l'Estime & l'Affection de toute l'Assemblée.

Juin.
le 8.
Résultat de
l'Assemblée.

Les Etats se séparérent au Mois de Juin. Le Résultat de cette Assemblée portoit: Que l'Eloignement du Roi étoit le plus grand Malheur dont la Suede étoit affligée, & que l'on ne pouvoit songer sans une Peine extrême aux Dangers auxquels Sa Majesté se trouvoit exposée à une si grande Distance de ses Etats. Que ses fideles Sujets étoient prêts à tout hazarder pour leur Prince, & qu'ils vouloient sacrifier pour la Deffense du Roïaume ce qui leur étoit le plus cher dans le Monde. Que, bien que cette longue Guerre leur eut été fort onéreuse, ils se chargeoient néanmoins de païer le Double des Contributions ordinaires: qu'outre cela, ils fourniroient certaines Sommes extraordinaires, & qu'ils feroient tous leurs Efforts pour s'opposer vigoureusement aux Ennemis de la Patrie. Qu'ils s'engageoient à pourvoir au Remboursement de ceux qui avanceroient de l'Argent à Sa Majesté durant la Guerre, & que ces Sommes seroient restituées dès que la Paix seroit rétablie. Que comme Dieu avoit beni les justes Armes de Sa Majesté, qui avoient remporté une Victoire éclatante sur les Danois, la Noblesse, aussi bien que les autres Ordres, étoient convenus, sans excepter leurs Personnes, de fournir les Recrues nécessaires pour rendre complets tous les anciens Régimens tant d'Infanterie que de Cavallerie, selon la Maniere dont cela se pratiquoit dans les différentes Provinces du Roïaume.

Les Suédois
s'emparent
de plusieurs
Vaisseaux
Danois.

Avant que les Députez partissent de la Capitale, ils reçurent de Carls-Crona des Nouvelles dont ils eurent lieu d'être fort contens. L'Amiral de Prou aïant mis en Mer le 12. Mai, avec une Escadre de seize Vaisseaux de Guerre, auxquels il avoit joint quatre Frégattes, un Brigantin, & un Brulot, se trouva le 15. suivant à la Hauteur de Jasmund. Il détacha aussi-tôt les Capitaines Ulric & Printz, commandans

les

les Vaiſſeaux le *Wachtmeiſter* & le *Phenix*, pour aller croiſer entre Rugen & Moën. Aïant apperçu deux Frégattes Danoiſes avec un autre
petit Batiment, ils leur donnérent la Chaſſe: mais, comme les Ennemis étoient trop éloignés, & qu'il ne faiſoit preſque point de Vent, ils
ne purent pas les atteindre. Immédiatement après, ils découvrirent
pluſieurs Voiles. Un Maitre de Navire de Lubeck leur donna Avis,
que c'étoient des Vaiſſeaux Marchands Danois. Le Capitaine Printz,
en aïant fait rapport à l'Amiral, eut Ordre de les ſuivre. Le lendemain, le Capitaine Ulric aïant arboré Pavillon Danois, y fit voile.
Comme ſon Capitaine en ſecond ſavoit la Langue Danoiſe, & qu'il
portoit un Uniforme pareil à ceux des Officiers de cette Nation, il
l'envoïa à bord d'une de ſes Galiotes. Notre Officier demanda aux Gens de
l'Equipage s'ils étoient bons Danois, d'où ils venoient,& où alloient? Aïant
eu pour Réponſe, qu'ils devoient joindre la Flotte du Roi de Dannemarck, il fit Signe à ſes Gens de s'approcher, & ſe rendit Maitre de
ce Batiment, ſans aucune Réſiſtance. Le Capitaine Printz, aïant rencontré quelques heures après douze autres Vaiſſeaux Marchands avec
une Galiote armée, il les attaqua. Sur l'Approche de ſix Frégattes
Danoiſes, il fit couler à fond trois de ces Vaiſſeaux marchands: trois
autres ſe ſauvérent; mais ſix tombérent entre nos mains. Ils furent
conduits à Carls-Crona.

Les Nouvelles, que l'on reçut de la Poméranie, ne furent point
auſſi favorables. Quantité de Polonois, de Saxons, & de Moſcovites,
s'étant aſſemblez ſur la Frontiere, menaçoient de faire une Invaſion
dans ce Duché. La Régence, pour ſignaler ſon Zele & ſa Fidélité,
publia ſur ce Sujet des Lettres Patentes; où, après avoir reclamé l'Aſſiſtance des Princes de l'Empire qui avoient à cœur la Neutralité en
Allemagne, elle faiſoit voir, que l'on n'avoit rien fait en Poméranie
qui pût donner lieu de croire qu'on méditât aucunes Hoſtilitez; qu'il
n'étoit point venu de Tranſport de Suede; & que les Troupes, qui ſe
trouvoient dans cette Province, n'avoient point été renforcées. Que,
pour ſe mettre en état de Deffenſe, la Régence jugeoit à propos d'ordonner au Nom du Roi, tant à la Nobleſſe, qu'aux Officiers des Bail-
lages & aux Bourgeois, de mettre ſous les Armes autant d'Hommes
qu'ils étoient obligés de fournir ſelon le Réglement ordinaire. Que la
Nobleſſe en particulier fourniroit un certain Nombre de Chevaux; &
que, conformement au Réſultat de l'Année 1627, un Gentilhomme devoit être accompagné pour le moins de dix Chevaux. Que les Magiſtrats des Villes euſſent à faire prendre les Armes aux Bourgeois, afin
qu'on pût s'en ſervir pour la Deffenſe des Places: qu'on les chargeoit
pareillement d'avoir ſoin de former des Magazins, & d'amaſſer toutes
ſortes de Vivres. Que les Bailllifs devoient armer les Chaſſeurs, la Ma-
réchauſſée, & d'autres pareilles Gens, pour être prêts au prémier Commandement. Les Ennemis n'entreprirent rien cette Année-là contre
la Poméranie, ſoit que leurs Troupes ne fuſſent pas en état d'agir; ou

1710.
Juin.

Juillet.
Lettres Pa-
tentes de la
Régence de
Poméranie.
le 3.

*La Peste
fait de
grands Ra-
vages à
Stockholm.*

qu'ils euffent changé d'Idée à l'égard de l'Invafion qu'ils méditoient.
Il fe peut bien auffi, qu'ils fe fuffent défifté de leur Entreprife, pour
ne pas violer la Neutralité que la Régence de la Poméranie avoit acceptée, fçavoir entant que cela dépendoit d'elle.

La Guerre n'étoit pas le feul Fleau, qui ravageoit les Provinces de
Suede. A peine les Etats fe furent-ils féparez, que la Pefte commença à fe manifefter à Stockholm. On favoit depuis un An, qu'il régnoit une Maladie contagieufe au-de-là de la Mer, tant en Pologne &
en Courlande, que dans la Pruffe & en Poméranie. On avoit même eu
Avis, que la Pefte fe faifoit fentir en Livonie, & qu'elle avoit emporté beaucoup de Monde à Riga, où la Garnifon, & les Mofcovites,
qui tenoient cette Ville bloquée, en fouffroient également. Mais,
comme le Commerce étoit prefque entiérement rompu avec ces Provinces, on croïoit en Suede, que la Contagion ne fe répandroit point au-
de-là. Cependant, vers le Mois de Juin, quantité de Perfonnes fe
trouvérent attaquées d'une Efpece de Fievre maligne, qui régnoit fur-
tout dans les Fauxbourgs de la Capitale. Le *College des Médecins* eut
Ordre de faire d'exactes Recherches fur la Nature de cette Maladie,
& d'en faire Rapport au Sénat. D'abord, on ne découvrit rien d'extraordinaire: ceux, que le Mal avoit emportez, étoient la plûpart
de pauvres Gens, morts de Faim & de Mifere. Peu après, les Maladies augmentérent, & on n'eut plus lieu de douter, que ce ne fût la
Pefte, & qu'elle n'eut été portée à Stockholm par les Réfugiés de Livonie, qui avoient diffimulé le Mal dont ils étoient attaqués, crainte
que, dans le malheureux Etat où ils étoient, on ne les renvoïât.
D'ailleurs, leurs Habits & leurs Meubles en étant infectez, la Contagion étoit inévitable, fur-tout dans une Saifon où la Chaleur rendoit la
Tranfpiration plus fenfible. Au Mois d'Août, il mourut quantité de
Monde, tant dans la Ville, que dans les Fauxbourgs: & comme le
Mal fe répandoit par-tout, la Cour réfolut de quitter la Capitale, & de
fe retirer à Sahlberg; ce qu'elle fit au Mois de Septembre. Les Sénateurs fe tranfportérent à Arboga. Les Officiers de la Cour de Juftice, & les Membres des différens Confeils, fe retirérent à Wefteras,
pour y vaquer à leurs Fonctions. Le Lieutenant-Général Burenfchöld (*a*), & le Magiftrat de Stockholm, publiérent deux Ordonnances fur les Précautions à prendre pour prévenir les Progrès de la
Con-

(*a*) Il faifoit, par Ordre du Sénat, la Fonction d'*Ober Stadthalter*, à la place du
Comte Poffe, qui étoit malade. Il dreffa, dans ce Tems-là, un Réglement concernant la Police, qui fut envoïé à Bender pour être préfenté au Roi. Sa Majefté, après
l'avoir examiné & approuvé, le renvoïa figné de fa Main, avec Ordre au Magiftrat
de Stockholm de tenir la Main à l'Exécution de cette Ordonnance fi falutaire. Cette
Circonftance eft tirée d'une Lettre que Monfieur de Burenfchöld m'écrivit le 12. Mai
1732.

Contagion (*a*). Le Sénat s'appliqua auffi à prendre des Arrangemens, pour empêcher que le Mal ne fût porté dans les Villes où la Cour & les Confeils s'étoient refugiés (*b*). Quelque Soin qu'on eut de tenir la main à l'Exécution de ces Ordonnances, elles ne produifirent pas l'Effet que l'on en attendoit. La Pefte ravagea également la Capitale & les Provinces. A la Campagne, on voïoit quantité de Maifons où il ne reftoit perfonne en Vie. Selon les Lettres, qui furent remifes au Magiftrat, il mourut à Stockholm, depuis le 15. Août 1710. jufqu'au prémier Février 1711. que le Mal ceffa, au-de-là de trente mille Perfonnes.

Dans cette trifte Situation, le Sénat n'oublia point la Deffenfe du Roïaume. On établit un Committé, compofé d'un certain Nombre de Perfonnes, qu'on chargea de régler tout ce qui y avoit rapport. On réfolut de lever quelques nouveaux Régimens. En un mot, on prit des Arrangemens fi folides & fi bien concertez, que le Roi en témoigna beaucoup de Satisfaction; difant, dans la Lettre qu'il écrivit fur ce Sujet au Sénat & au Committé, ,, qu'il vouloit les laiffer Mai-,, tres d'agir felon qu'ils jugeroient que les Circonftances l'exige-,, roient ; que, cependant, ils devoient avoir égard à l'Etat où étoient ,, réduits les Habitans de la Suede; que Sa Majefté ne vouloit pas ,, qu'on les furchargeât tout d'un coup, mais que l'on ménageât leurs ,, Forces, pour en faire ufage felon que le Tems & les Conjonctures ,, le demanderoient. ,,

Les Danois faifoient de nouveau de grands Mouvemens. Ils menaçoient de retourner en Scanie avec une Armée confidérable. On ne parloit pas de moins, que de faire paffer la Mer à vingt-quatre mille Fantaffins, douze mille Chevaux, & fix mille Mofcovites. Les Danois s'affemblérent au Mois de Septembre à quelque diftance de Copenhague, où l'on avoit formé un Camp. Au commencement d'Octobre, ils marchérent à Humlebäck: tout étoit prêt pour faire la Defcente. Le Comte Stenbock, aïant joint fon Armée dès le Mois de Juin, attendoit l'Ennemi, à la tête de vingt mille Hommes. Ce fut en vain; car, les Troupes Danoifes, au lieu d'être tranfportées en Scanie, furent mifes en Quartiers d'Hiver. Dès que notre Général en eut eu Avis, il ne garda auprès de lui que la moitié de fes Troupes, laiffant aux autres la Liberté de s'en retourner chés elles, pour fe remettre des Fatigues de la Campagne.

Les Flottes, qui étoient en Mer, n'avoient rien fait de confidérable pendant tout l'Eté. Celle des Danois s'étoit fait voir fous l'Ile de Born-

———

(*a*) Ces Ordonnances font du 20. Septembre, & du 5. Novembre.

(*b*) Les Réglemens, que le Sénat fit publier à cette Occafion, font du 24. Octobre, & du 8. Novembre.

1710.

Septembre.

Bornholm; mais, au commencement d'Août, elle fut obligée de s'en retourner, afin de chercher des Rafraichissemens. Vers le milieu de Septembre, elle mit en Mer une seconde fois, pour aller à Dantzig prendre six mille Moscovites, que le Czar donnoit au Roi de Dannemarck. Mais, comme ces Troupes n'y étoient point arrivées, elle fut obligée de s'en retourner. Elle eut à essuïer une Tempête des plus violentes, qui la mit en Desordre. Là-dessus, le Comte Wachtmeister sortit vers la fin de Septembre avec vingt & un Vaisseaux de Ligne (*a*), sans compter les Frégattes & les Brigantins. Il trouva la Flotte Danoise dans le Kögerbucht. Aussi-tôt, il resolut de l'attaquer. Les Batimens de Transport, qui avoient été destinez à embarquer les Troupes Moscovites dont nous avons parlé, allérent mouiller entre Köge & l'Ile d'Amach. On commença à se canonner de Part & d'autre : & le Feu aïant pris à un des plus grands Vaisseaux de la Flotte Danoise, appellé le *Dannebrog*, sur lequel se trouvoient les Commissaires de Guerre & la Caisse de la Marine, il sauta en l'air avec plus de huit cens Hommes d'Equipage. Ce Commencement donna à l'Ennemi autant de Fraïeur, qu'il inspira de Courage aux Suédois: mais, dans le tems que ceux-ci se préparoient à faire de plus grands Efforts, il s'éleva une Tempête si violente, qu'il ne fut pas possible à aucun de nos Vaisseaux de donner toute sa Bordée à l'Ennemi. Nos deux Vaisseaux, *les trois Couronnes* & *la Princesse Ulrique*, commandez par l'Amiral Ruth, & le Contre-Amiral Lewen, qui avoient l'Arriere-Garde, échouérent sur les Côtes de Drakö & d'Amach. Les deux Flottes demeurérent en présence l'une de l'autre, pendant que les Suédois obligérent quatorze Batimens de Transport de se laisser échouër. Le Capitaine Siöstierna en brula un, & le Contre-Amiral Lewen se rendit Maitre d'un autre. Le lendemain, les Suédois aïant tiré de leurs deux Vaisseaux échouez tout ce qu'ils purent, ils y mirent le Feu. En même tems, ils apperçurent plusieurs Vaisseaux qui venoient de la Baltique, & qui dirigeoient leur Course vers la Flotte Danoise. Le Comte Wachmeister aïant détaché quelques Vaisseaux de Guerre pour leur donner la Chasse, nous nous rendimes Maitres de vingt-quatre de ces Batimens, sans que l'Ennemi ôsat s'y opposer. Les Equipages furent transportez à bord de notre Flotte, après quoi, on mit le Feu à ces Vaisseaux. Le 26, la Flotte Suédoise mit à la Voile, & le 9. Octobre suivant elle mouilla l'Ancre à Carls-Crona, sans qu'elle entendît plus parler des Danois.

TELLE étoit la Situation des Affaires en Suede, où il ne se passa, le reste de l'Année, rien de fort remarquable. Le Roi avoit fait une grande Promotion d'Officiers tant Civils que Militaires. Quelque éloigné

le 21.
Combat naval entre les Flottes Suédois & Danoise.
le 24.

le 25.

Grande Promotion en Suede.

(*a*) IL y en avoit un de 96, un de 94, trois de 84, deux de 86, deux de 76, un de 71, deux de 70, trois de 64, deux de 62, trois de 56, & un de cinquante-quatre Piéces de Canon.

gné qu'il fût de ses Etats, il songea à remplir toutes les Charges vacantes, par des Personnes de Mérite & de Probité. En rétablissant l'Ordre, & en rendant aux Emplois leur ancien Lustre, il vouloit récompenser la Vertu. Le Comte Horn fut fait Président du Conseil de la Chancellerie, à la place du Comte Gyllenstolpe, mort depuis peu. La Charge de Chancellier, & de Procureur-Général, vacante par le Décès du Baron Cojet, fut donné au Baron Cronhielm, Gouverneur de la Westmannie. Le Conseiller Lejonstedt, & le Baron de Frisendorf, Envoïés de Suede à Berlin & à Hanovre, devinrent Conseillers de la Chancellerie: &, afin que les Affaires fussent expédiées avec plus de Promtitude, le Sr. Schmedeman, Directeur-général de la Poste, obtint le même Caractere. Ces trois Conseillers devoient faire la Fonction de Secrétaires d'Etat pour le trois Départemens. Le Baron Cronhielm ne garda pas long-tems sa Charge de Chancellier. Aïant été fait Sénateur, Conseiller, & Président du *Committé établi pour la Revision des Loix*, il fut élevé à la Dignité de Comte. Monsieur de Mullern devint Chancellier à sa place; & la Charge de Secrétaire d'Etat, qu'avoit ce dernier, fut donnée au Conseiller Feif.

APRE's que le Comte Gyllenstierna eut été nommé Président du Conseil de Guerre, on donna au Comte Maurice Wellingh, devenu Sénateur, le Gouvernement général des Duchés de Bremen & de Verden, avec le Commandement en Chef de l'Armée de la Poméranie. Sa Charge de Gouverneur de Wismar tomba en Partage au Lieutenant-Général Fersen. Monsieur de Faltzbourg, qu'on venoit de faire Général-Major, obtint le Gouvernement de Halland. Monsieur de Sparfelt eut celui d'Elfsbourg, & le Conseiller Snack celui de l'Ile de Gotlande. A ce dernier succéda, en Qualité de Conseiller de Finances, le Sr. Walrave, dont la Charge de Commissaire au Bureau d'Etat fut donnée au Sr. Danckward.

LE Comte Stenbock, élevé à la Dignité de Sénateur, fut chargé du Commandement en Chef de l'Armée en Scanie. Le Gouvernement de cette Province, vacant par la Promotion de ce Général, fut donné à Monsieur de Burenschöld, qui obtint en même tems le Brévet de Lieutenant-Général. On disposa du Gouvernement de la Gothie Occidentale en faveur de Monsieur de Lillienstedt, à la place duquel le Sr. Balthazar Tessin fut fait Vice-Président du Tribunal de Wismar. Le Général Jaques Spens, qu'on venoit de créer Comte, fut élevé à la Dignité de Sénateur & Président du Conseil des Mines. Le Baron Clerck, Gouverneur de Nykiöping, qui avoit été Maréchal de la derniere Diete, fut aussi fait Sénateur, & Président de la Cour de Justice de la Gothie. Le Vice-Président Franck lui succéda en Qualité de Gouverneur de Sudermannie, & la Place de celui-ci fut donnée à Monsieur de Flemming. Monsieur Gustave Faltzbourg alla à Wismar remplir la Charge de Président du Tribunal, devenue vacante par la Mort du Baron Rosenhane. Le Gouvernement de Cronoberg,

qu'avoit le prémier, tomba en Partage au Chambellan Axel Baner.

LES Généraux Majors, Meyerfelt, Sparre, & Skytte, furent faits
Lieutenants-Généraux d'Infanterie. Le prémier devoit aller comman-
der à Stettin: on lui donna un Régiment de Milices de Poméranie.
Les Généraux-Majors Lybecker, & Daldorf, eurent des Brévets de
Lieutenants-Généraux de Cavallerie. Les Colonels Tiefenhaufen, Lie-
wen, Patkul, Hamilton, Ekeblad, Marschalk, Palmquist, Aschen-
berg, Gyllenstierna, Schultz, Stackelberg, & Schommer, devinrent
tous Généraux-Majors. Sa Majesté disposa aussi de plusieurs Régimens.
Le Lieutenant-Colonel Ribbing eut celui d'Uplande, Monsieur de
Cronberg celui de la Bothnie Occidentale, & Bennet celui de Lenck.
Deux Régimens de Milices de Poméranie furent donnez à Messieurs
Wrangel & Wangelin. Le Major Lagerberg devint Lieutenant-Colonel du Régiment de Scarabourg.

SI le Roi de Suede travailloit avec tant d'Application au Bien de
son Roïaume, on doit dire, que ses Sujets faisoient de leur côté des
Efforts incroïables, & qu'ils n'épargnoient, ni leurs Vies, ni leurs
Biens, pour le Service de Sa Majesté. Quelque facheufes que fussent
les Circonstances dans lesquelles ils se trouvoient, rien n'étoit capable
de rallentir leur Zele; & la Préfence de leur Prince leur auroit fait
oublier entiérement tous les Maux dont ils étoient affligés.

CHARLES se tenoit toujours à Bender. Le Grand-Vizir ne l'aimoit point, & le contrecarroit en tout, mais toujours en protestant
à Neugebauer, que les Affaires ne manqueroient pas de prendre le
Tour que le Roi souhaitoit. On ne fut pas long-tems à s'appercevoir
des Intrigues & des Artifices de ce Ministre. Peu de Jours après le
nouvel An, Tolstoi, Ambassadeur de Russie, eut son Audience publique du Grand-Seigneur, avec une Pompe & une Magnificence extraordinaires (a). Il fut résolu, que le Traité de Carlowitz seroit prolon-
gé. Entre autres Chofes que l'on accorda au Czar, il fut stipulé, que
le Roi de Suede seroit remis entre les Mains d'un Général Russien,
qui le conduiroit par la Moscovie jusques sur les Frontieres de Livonie, avec une Escorte de cent Suédois & de deux cens Turcs. L'Ambassadeur s'engagea de demeurer en Otage à Constantinople jusqu'à ce
qu'on eut des Nouvelles que Charles étoit arrivé sur les Frontieres de
ses Etats.

UNE Résolution si singuliere causa de grandes Allarmes, même
parmi les Turcs, dont quelques-uns des plus considérables s'étoient dé-
cla-

(a) LE Prince CANTIMIR, Hospodar de Moldavie, dit dans son *Histoire de l'Empire Ottoman*, publiée en 1734, en Anglois, que le Roi Stanislas étoit en Turquie, &
qu'il travailloit de toutes ses Forces, aussi bien que les Suédois & les François, à détourner la Porte de la Résolution de prolonger la Paix de Carlowitz. Il se trompe
très fort: le Roi Stanislas ne se rendit en Turquie, qu'en 1713.

claret pour Charles XII. Mais, quelle fut leur Surprife & leur Indignation, lorfqu'au Mois de Mars ce Traité fut rendu public! On ne douta plus, que le Grand-Vizir n'eut été gagné à force d'Argent, & que non feulement il eut détourné le Grand-Seigneur de prêter l'Oreille aux Propofitions du Roi de Suede, mais qu'il fe propofoit même de faire tomber Charles XII entre les Mains du Czar. La Chofe n'étoit pas difficile. Les Troupes Mofcovites inondoient de toutes Parts la Livonie; & quand même Tolftoi auroit été facrifié, la Capture, que le Czar faifoit, en valoit bien la Peine. Quoiqu'il en foit, comme l'on n'avoit point en mains de quoi convaincre le Grand-Vizir, on fut obligé de fe taire, & d'attendre une Occafion favorable pour mettre au jour les mauvaifes Intentions de ce Miniftre.

L o r s q u'i l fit notifier au Roi la Réfolution qui venoit d'être prife, Sa Majefté fe contenta de dire à l'Aga qu'il lui avoit dépéché, qu'Elle fe fioit à la Promeffe du Grand-Seigneur, & qu'Elle efpéroit qu'il changeroit de Sentiment, dès qu'on l'auroit inftruit au jufte de la Situation des Affaires. Charles ne fe trompoit point. Le Boftandski Bacha, & le Seliftar, étoient de fes Amis, ou, plûtôt, ils haïffoient le Grand-Vizir. Aimez de leur Maître, & étant convenus du Langage qu'ils tiendroient, ils en parlérent au Grand-Seigneur. Il lui repréfentérent le mauvais Effet que cette Affaire produiroit auprès des Princes Chrétiens, qui ne manqueroient pas de faire un terrible Bruit, fi l'on remettoit le Roi de Suede entre les Mains de fon plus grand Ennemi. Ce Difcours ne laiffa pas de faire Impreffion fur l'Efprit du Sultan; & il promit, que cela ne fe feroit jamais. On prétend même, qu'il fit fignifier fur le champ à l'Ambaffadeur de Ruffie, que ce Projet n'auroit pas lieu; & qu'il vouloit que cet Article fût, ou entiérement raïé, ou confidéré comme n'étant d'aucune Valeur.

A-p e i n e cette Difficulté eut-elle été levée, qu'il s'en préfenta une nouvelle, non moins embaraffante. Le Reis Effendi, ou Grand-Chancellier, fe plaignit à Monfieur de Neugebauer de ce qu'on ne recevoit point de Réponfe de Suede touchant le Traité de Commerce. Il ajouta, que cette Lenteur feroit caufe, que l'on interromproit abfolument toutes les Négociations. On n'a qu'à fe rappeller ce que nous avons dit plus haut fur les Infinuations des Ennemis du Roi, & l'on verra aifément d'où venoit ce nouveau Coup, qui étoit capable de renverfer entiérement tous les Projets de ce Prince. Quelle Néceffité y avoit-il de précipiter la Conclufion d'un Traité de Commerce, pendant qu'on avoit des Chofes plus importantes à négocier, & qu'on travailloit à prendre des Mefures pour s'oppofer en commun aux Entreprifes de la Ruffie? Suppofé que la Cour Ottomanne eut une fi forte Envie de conclure ce Traité, il n'étoit nullement befoin pour cela, qu'on eut Réponfe de Suede. Le Grand-Seigneur n'avoit qu'à dire quelles Marchandifes il fouhaitoit, & à donner aux Vaiffeaux marchands Suédois des Paffeports, pour les garantir contre les Corfaires

qui

qui font fous la Protection de la Porte, & le Traité auroit été conclu.
Le Roi, étant lui-même fur les Lieux, pouvoit d'abord terminer cette
Négociation.   D'ailleurs, il avoit offert plus d'une fois de faire venir
des Marchandifes de Suede, dès que la Saifon le permettroit, & qu'on
pourroit le faire fans Danger.

C E P E N D A N T, le Grand-Seigneur, pour fe montrer favorable au
Roi de Suede, lui envoïa un Préfent de vingt-cinq Chevaux Arabes,
Turcs, & Egyptiens, dont l'un étoit très richement enharnaché. Le
Capichi Bacha, qui les préfenta au Roi, avoit Ordre de lui remettre
aufli des Préfens du Grand-Vizir, qui lui envoïoit en fon Nom cinq
Chevaux, avec quelques Sabres & autres Armes d'un grand Prix.   On
ne favoit que penfer de cette Politefle, fur-tout après les Plaintes que
le Roi avoit portées deux Mois auparavant contre ce Miniftre.   A la
vérité, le Mémoire, que Neugebauer avoit eu Ordre de préfenter au
Grand-Seigneur, avoit été fupprimé, contre l'Intention de Sa Majefté: il eft néanmoins fort probable, que le Vizir en avoit eu vent, &
qu'il cherchoit, par ce Moïen, à cacher fa mauvaife Volonté, & à
fe concilier les bonnes Graces du Roi de Suede.   Qu'il connoiffoit peu
le Caractere de ce Prince! Sa Majefté reçut fans difficulté le Préfent
du Grand-Seigneur. Elle lui écrivit pour l'en remercier, & païa largement le Bacha qui l'avoit apporté. Il n'en fut pas de même de ce-

lui du Vizir: non feulement Elle le refufa, mais, en le renvoïant,
Mullern eut Ordre de lui faire favoir, que la Franchife, dont Sa Majefté faifoit Profeffion, ne lui permettoit point de recevoir de fa Part
aucun Préfent, avant qu'il lui eut donné Satisfaction fur ce qui étoit
arrivé à Neugebauer, fon Miniftre à Conftantinople.

L E Séraskier de Bender fut charmé de cette Action. Il admira
cette Grandeur d'Ame, & une Sincérité fi rare. Lorfque la Chofe fut
fue à Conftantinople, on en parla beaucoup; & quelques-uns des principaux Officiers Turcs prirent de-là Occafion d'exalter le Courage & la
Valeur de Charles XII, qu'ils fouhaitoient de voir heureux, & à la tête d'une bonne Armée. *De quoi ce Prince n'eft-il pas capable*, difoient-ils;
*lui, qui, dans la Situation où il fe trouve, a le Coeur affez grand, pour
s'oppofer à un Miniftre tout-puiffant?* Le Roi ne pouvoit pas agir autre-

ment qu'il faifoit: il avoit envoïé à Neugebauer une Lettre, qu'il avoit
lui-même dreffée en Suédois, avec Ordre de la faire traduire en Turc
par un Homme affidé, & de la tenir prête pour être remife au Grand-
Seigneur en Mains propres. Cette Lettre portoit: ,, Que comme le

,, Grand-Vizir, & le Reis Effendi, avoient promis au Nom de Sa Hau-
,, teffe, tant au Général Poniatouwski, qu'à l'Envoïé Neugebauer,
,, que Sa Majefté Suédoife feroit en peu de tems reconduite vers les
,, Frontieres de fes Etats, avec une Armée compofée de Turcs & de
,, Tartares, Elle n'avoit pas voulu tarder plus long-tems à en remer-
,, cier le Grand-Seigneur. Qu'Elle étoit fort fenfible à cette Marque
,, de fon Amitié; & qu'Elle ne négligeroit rien, pour lui en témoi-
                                                              ,, gner

„ gner ſa parfaite Reconnoiſſance. Qu'aïant appris, qu'on n'avoit
„ point fait de Réponſe aux Propoſitions dont ſon Envoié extraordi-
„ naire étoit chargé, Sa Majeſté penſoit, que Sa Hauteſſe n'étoit pas
„ bien informée, ni de la Nature & de l'Utilité de ces Propoſitions,
„ ni de la mauvaiſe Volonté du Grand-Vizir envers le Sieur Neuge-
„ bauer, auquel il avoit fait une Affaire touchant quelques-uns des Su-
„ jets de Sa Majeſté qui s'étoient réfugiés auprès de lui. Que, pour
„ ces Raiſons, Sa Majeſté avoit ordonné au Sieur Neugebauer de
„ joindre à cette Lettre une Relation circonſtanciée de tout ce qui s'é-
„ toit paſſé dans cette Occaſion, & de remettre ces Piéces en Mains
„ propres. Qu'Elle ne doutoit point, vû l'Importance de la Choſe,
„ que Sa Hauteſſe n'en délibérât ſérieuſement, & qu'enſuite elle ne
„ prît une Réſolution telle qu'elle convenoit au Bien & à l'Avantage
„ des Sujets des deux Empires, &c. „

Février.
le 5.
Poniatouski
& Groth-
ſen envoïés
à Conſtan-
tinople.

SUR ces Entrefaites, le Général Poniatouski, & le Baron de Grot-
huſen, furent envoïés à Conſtantinople. A peine le Reis Effendi eut-
il appris leur Arrivée, qu'il fit faire un Compliment à Poniatouski, &
qu'il lui fit dire, qu'il ſeroit bien aiſe de le voir. Celui-ci, voulant
profiter de la bonne Volonté de ce Miniſtre, alla lui rendre Viſite. En
diſcourant de choſe & d'autre, le Reis Effendi demanda, s'il étoit
chargé de quelque Commiſſion particuliere? Que s'il étoit de ſes Amis,
il le prioit de lui dire franchement dequoi il étoit queſtion. Poniatouski répondit d'abord, qu'il n'avoit entrepris ce Voïage, que pour
revoir les Patrons & les Amis qu'il avoit à Conſtantinople: mais, enfin,
il lui dit avec un Air miſtérieux, que le Roi ſon Maitre l'avoit chargé de remercier le Grand-Seigneur de ſes Offres; & qu'il devoit prier
Sa Hauteſſe de donner Ordre que la Choſe pût s'exécuter vers le Printems prochain. Quoique cette Réponſe ne fût nullement du Gout du
Reis Effendi, il ne laiſſa pas de garder bonne Contenance. Il repliqua ſimplement, que les Souhaits du Roi de Suede ſeroient bientôt accomplis, & que l'on ne manqueroit pas de le faire reconduire juſques
ſur les Frontieres de ſes Etats.

A-PEINE Poniatouski étoit-il parti de Bender, qu'il y arriva un
Gentilhomme Polonois, nommé Bonkowski. Il annonça une Ambaſſade ſolemnelle dont il ſeroit ſuivi, & remit au Séraskier une Lettre
de la Part du Palatin de Beltz. Il en avoit une autre, que le Roi Auguſte avoit écrite au Grand-Seigneur. Celle-ci fut envoïée à Conſtantinople par un Exprès, que le Séraskier dépécha à cette occaſion. On
ne ſavoit que penſer de cet Emiſſaire, qui paroiſſoit être chargé de
tout autre choſe que de ce qu'il diſoit: & comme on prétendoit, que
cette Lettre du Roi Auguſte ne lui avoit été donnée que pour la forme, on veilla attentivement à toutes les Démarches qu'il faiſoit. Quoiqu'il en ſoit, au bout de quelques Semaines, il obtint la Permiſſion de
ſe rendre à Conſtantinople. Dès qu'il fut arrivé, il y noua des Intrigues, & l'on vit bientôt dequoi il étoit capable. Ce fut lui, qui in-

venta

1710.

Février.

venta l'infigne Fauffeté qui fe débitoit alors, que Charles XII avoit offert à la Cour Ottomanne de faire tomber entre fes Mains quelques-unes des Provinces de la Pologne. Non content de débiter cette Nouvelle, il montroit une Lettre, qu'il fuppofoit avoir été écrite par le
Roi-même au Grand Vizir, & dont il donnoit des Extraits à tout le
Monde (*a*). Cette Piéce, dont la Malice & la Fauffeté fautent aux
Yeux, ne mérite point la Peine d'être réfutée. Jamais on n'a trouvé
le moindre Veftige de rien de pareil dans aucun Acte ou autre Do-
cument public. Une feule Remarque détruit l'Autenticité de la Lettre
en queftion. Le Czar y eft nommé Empereur de Mofcovie. Or, tout
le Monde fait, que Charles ne donna jamais ce Titre-là à Pierre I.

TANDIS que le Roi de Suede attendoit avec impatience quelle
Réfolution prendroit la Cour Ottomanne, le Miniftre du Cham, qui réfidoit à Conftantinople, fe donnoit beaucoup de Mouvemens, pour
engager la Porte à donner les Mains au Projet de fon Maitre. Voïant
enfin, que le Miniftere Turc ne cherchoit qu'à faire naitre tous les
jours de nouveaux Incidens, & à trainer les Chofes en longueur, il informa fon Maitre de toutes ces Circonftances, & du peu d'Apparence

le 15.
Offre des
Tartares.

qu'il y avoit pour le Roi de Suede de réüffir dans fes Deffeins. Sur
cet Avis, le Grand-Tréforier Muftapha Aga dépécha à Bender le prémier Interprete du Cham, avec une Lettre pour le Roi, dans laquelle
il lui déclaroit, qu'en cas que la Porte Ottomanne refufât de fe déclarer contre la Ruffie, les principaux Seigneurs de la Crimée avoient
réfolu de marcher avec toutes leurs Troupes au Secours de Sa Majefté. Cette Offre n'étoit pas à méprifer; & le Roi apprenoit avec
plaifir, que le Cham continuoit à être de fes Amis. Cependant, c'auroit été trop rifquer, que de fe mettre en Chemin avec un Corps de
Tartares feuls. Auffi Sa Majefté étoit-elle trop prudente, pour donner les Mains à cette Propofition.

le 19.
Dépêches de
Stralen-
heim.

SUR ces Entrefaites, arriva un Courier de Monfieur de Stralenheim,
Envoïé à Vienne, dont les Dépêches caufèrent au Roi beaucoup de
Satisfaction. Ce Miniftre rendoit Compte du Succès de fes Négocia-
tions en Siléfie, & de la Maniere généreufe dont l'Empereur avoit re-

V. L'APP.
NUM.
CXXXVII.

médié aux Griefs des Proteftans de ce Païs-là. Il y ajoutoit une Lettre
de

(*a*) Voici l'Extrait de cette Lettre fuppofée du Roi de Suede au Grand-Vizir.
,, Cum pervenerim hûc ad excelfam Portam, mea fincera Amicitia & bona Corref-
,, pondentia erit perpetua. Licet Cæfar Mofcoviæ modo expendidit & tradidit Mu-
,, nera plus quàm mille Crumenas Pecuniæ intereffatis in veftris Amicis hujus Imperii,
,, tamen non effe magnas Divitias puto; fed mea Intentio eft, ut annualiter huic Æra-
,, rio publico de Regno Polonorum magnum Vectigal amplificem, nec non multas
,, Regiones & Populos Polonos appropriem, & faciam effe Subditos huic Imperio,
,, ûnde quolibet Anno poffint Portæ Ottomanicæ folvere Tributum; ideo cogitabam
,, Excelfæ Portæ hoc maximum Servitium preftare. ,,

de Remercimens, que les Miniſtres des Princes Evangéliques à Ratisbonne avoient écrite à Sa Majeſté, en Reconnoiſſance de la Bonté *Février.*
qu'Elle avoit eue de s'intéreſſer avec tant de Zele pour le Rétabliſſement des Proteſtans en Siléſie. L'Empereur, pour lui donner une
Preuve de ſon Amitié, avoit déclaré, qu'en cas que Sa Majeſté Suédoiſe fût dans l'Intention, en s'en retournant de Turquie, de prendre la Route par les Païs Héréditaires de la Maiſon d'Autriche, non
ſeulement Elle trouveroit un Paſſage ſûr & commode par ces Etats, &
par ceux de l'Empire, mais qu'on lui rendroit auſſi tous les Honneurs
dûs à ſa Dignité. La Joie, que l'on reſſentit de ces bonnes Nouvel- *Mauvais*
les, ne fut pas de longue Durée. Un autre Courier, dépéché par le *Tour de Ra-*
Général Potocki, apprit au Roi, que le Prince Ragotski avoit obligé *gotski.*
ce Général, & le Colonel Zulich, malgré eux, de lui laiſſer leur Troupes, qui s'étoient trouvées à une Bataille, que ce Chef des Mécontens
avoit livrée aux Impériaux. Nous avons dit plus haut (a), que ces
deux Officiers, après avoir quitté la Pologne, s'étoient retirez en Hongrie, où la Néceſſité les obligea d'aller trouver Ragotski, chés lequel
ils demeurérent quelques Semaines. Ce fut-là le Prétexte, dont il ſe
ſervit, pour les forcer à combattre contre les Troupes de l'Empereur.
Cette Démarche fit une Peine extrême à Sa Majeſté. Elle fit écrire
ſur le Champ à Potocki & à Zulich, & leur ordonna de déclarer à Ragotski, qu'Elle étoit fort mécontente de ſa Façon d'agir, qui pourroit donner lieu à de grandes Brouilleries, ſur-tout dans les Circonſtances préſentes (b). Pour prévenir toute facheuſe Conféquence, Elle ordonna pareillement à Stralenheim, & au Sécrétaire Stiernhök, de déclarer, en cas
que la Cour Impériale fît des Plaintes ſur ce Sujet, que Sa Majeſté
Suédoiſe n'y avoit aucune Part, & qu'Elle deſavouoit tout ce qui s'é-
toit paſſé. A ces Ordres on joignit une Relation exacte de la Maniere dont Ragotski s'y étoit pris, pour contraindre les Troupes Suédoiſes & Polonoiſes à ſe trouver au Combat qui s'étoit livré.

CEPENDANT, le Grand-Vizir avoit imaginé un autre Expédient, *Propoſitions*
pour faire reconduire Charles XII. Il lui propoſa de faire ce Voïage *du Grand-*
par Mer. Que la Porte feroit équiper neuf Vaiſſeaux de Guerre, qui *Vizir.*
ſeroient envoïés au Pont-Euxin, où le Roi pouvoit s'embarquer avec
tous ſes Gens, à quelque Diſtance de Bender. Cette Propoſition ſe
fit au Nom du Grand-Seigneur; & Poniatouski & Neugebauer eurent *le 18.*
Ordre de ſavoir ſur ce Sujet l'Intention de Sa Majeſté. Charles ſentit
aſſez, que le Grand-Vizir n'étoit pas ſeul Auteur de ce Projet, & qu'il

y

(a) Voïez ci-deſſus page 358.

(b) MR. DE VOLTAIRE raiſonne fort mal, en diſant, que le Roi de Suede, qui,
dans ſes Proſpéritez avoit outragé l'Empereur Allemand, auroit cru trop riſquer ſa Liberté, en paſſant ſur les Terres de l'Empire. On défie Mr. de Voltaire de prouver ce
qu'il avance dans cet Endroit.

1710.

Février.

y avoit d'autres Perſonnes , qui mettoient en œuvre toutes ſortes d'In-trigues , pour détourner la Porte de la Réſolution de le conduire par Terre, en traverſant la Pologne. Aïant refuſé de pareilles Offres , qui lui avoient été faites par les Ambaſſadeurs de Hollande, de Fran-ce , & d'Angleterre, il jugea à propos de ne point les accepter de la Part de la Cour Ottomanne. Dans la Réponſe qu'il fit au Grand-Sei-gneur, il le remercia de ſa bonne Volonté ; & lui dit, qu'il aimeroit mieux que Sa Hauteſſe s'en tint à la Promeſſe, qu'Elle lui avoit faite, de le faire reconduire avec une bonne Eſcorte chés lui par la Pologne. Que cela l'accommoderoit beaucoup mieux , que de ſe confier à un Elément auquel il n'étoit pas accoutumé (*a*).

Mars.
le 10.
Offre de
l'Ambaſſa-
deur de
France.

LE Marquis des Alleurs étoit dans ce Temps-là à Bender. Ce Mi-niſtre avoit été quelque tems en Hongrie auprès de Ragotski , & il venoit d'être nommé Ambaſſadeur de France à Conſtantinople. Com-me il avoit en plus d'une Occaſion fait paroitre ſon Zele pour le Ser-vice du Roi de Suede, Charles en faiſoit beaucoup de Cas. Dans une Conférence qu'il eut avec ce Prince, il inſinua, qu'il ſavoit de bonne Part, que le Czar n'étoit pas éloigné de faire la Paix avec la Suede, ſous la Médiation de la France. Il avoua pourtant, avec beaucoup de Franchiſe, qu'il n'avoit pas reçu Ordre d'en faire une Déclaration dans les Formes, mais ſeulement d'en parler d'une maniere indirecte, & comme de lui-même. Il offrit en même tems, en cas que le Roi voulût ſe confier à la Cour de France, d'en écrire ſur le champ, afin que l'on pût entrer auſſi-tôt en Négociation. Monſieur de Mullern eut Ordre de porter la Réponſe du Roi à Monſieur des Alleurs, & de lui dire, que Sa Majeſté étoit toujours diſpoſée à faire la Paix avec le Czar ; mais que, quand on ſe rappelloit les injuſtes & les énormes Demandes qu'il avoit faites, dans le tems même que le Roi avoit remporté Victoire ſur Victoire, on avoit tout lieu de croire, qu'il feroit, dans les Circonſ-tances préſentes, des Prétenſions plus extravagantes encore : que rien n'étoit plus ſuſpect, que le Penchant qu'il faiſoit paroitre pour la Paix ; & qu'il ne ſe propoſoit autre choſe, que d'amuſer ſes Ennemis , ou de former tant de Difficultez, qu'on ne viendroit à bout de rien, pendant qu'il ravageroit, ſans trouver aucune Réſiſtance, les Provinces où il avoit porté ſes Armes. Qu'ainſi, Sa Majeſté laiſſoit à Monſieur l'Am-baſſadeur le Soin d'en écrire à ſa Cour , qui pourroit, ſi Elle le jugeoit à propos, offrir ſa Médiation au Czar ; mais, que Sa Majeſté très-Chrétienne-ne ſeroit pas long-tems ſans ſe convaincre, que les Idées du Roi de Suede étoient très juſtes & très bien fondées. Que les Conjonc-tures pourroient changer ; que le Czar ſe trouveroit peut-être dans des Circonſtances qui l'obligeroient à faire des Propoſitions plus raiſonna-

bles

(*a*) MR. DE VOLTAIRE dit , que ce fut Numan Couprougly, qui fit cette Propoſi-tion. Il ſe trompe. Ali Pacha étoit encore Grand-Vizir. Il ne fut dépoſé qu'au Mois de Juin ſuivant, que Couprougly lui ſuccéda.

bles que n'étoient celles qu'il avoit déjà faites, ou que l'on devoit attendre de sa Part dans la Situation présente des Affaires.

LES Offres du Cham des Tartares n'avoient pas déplû à Charles XII. Pour savoir au juste quelles étoient les Idées de ce Prince, il jugea à propos d'envoïer en Crimée le Major Lagerberg, qui fut muni d'une Lettre de Créance dans toutes les Formes. Ses Instructions portoient, qu'il devoit faire, tant au Cham lui-même, qu'aux principaux Officiers de sa Cour, des Représentations sur les Conjonctures présentes; que, des Discours qu'ils lui tiendroient, il prendroit occasion d'insister sur la Nécessité qu'il y auroit, qu'on formât à la Cour Ottomanne un Parti qui fût assez puissant pour tenir Tête au Grand-Vizir & à ses Créatures. Qu'outre cela, il devoit leur faire connoitre, que le Roi comptoit beaucoup sur eux, & qu'il espéroit qu'ils feroient une puissante Diversion, dès que la Porte en viendroit à une Rupture avec la Russie.

PENDANT que Lagerberg prenoit la Route de la Crimée, le Lieutenant-Colonel Funck se préparoit pour son Voïage de Constantinople. Le Roi venoit de le nommer Commissaire-Général de Guerre, & le chargea d'aller négocier à la Cour Ottomanne une Somme de quatre cens mille Ecus. Monsieur de Funck s'acquita de cette Commission avec beaucoup de Dextérité. Le Reis Effendi, & le Grand-Trésorier, lui rendirent dans cette Occasion de bons Services.

A-PEINE Lagerberg avoit-il fait une Journée, qu'il rencontra, dans un Village, nommé Hankilla, le Scherin Schantimir, qui est en Crimée le prémier Seigneur après le Cham. Aïant appris par un de ses Officiers, en qui il avoit une Confiance toute particuliere, ce qui faisoit l'Objet du Voïage de cet Officier, il lui fit dire, qu'il ne devoit pas prendre en mauvaise Part, qu'il ne pût s'entretenir avec lui; que, quelque Envie qu'il eut de le faire, il ne l'ôsoit pas, à cause des Turcs qui veilloient sur toutes ses Actions, & particuliérement à cause du Bey de cet Endroit, dont il étoit obsédé. Que, cependant, il vouloit bien l'assurer, que, non seulement lui, mais aussi tous ses Compagnons, s'étoient absolument déclarez en faveur du Roi de Suede; que la Gloire, que ce Prince s'étoit acquise par sa Valeur & par ses Actions héroïques, devoit naturellement porter tout le Monde à lui préter du Secours dans la Situation où il se trouvoit. Que pour lui, il ne souhaitoit rien tant, que de voir la Porte rompre au plûtôt avec la Russie; qu'alors les Tartares feroient voir, qu'ils ne considéroient pas autrement les Ennemis de Sa Majesté Suédoise, que comme leurs propres Ennemis, auxquels d'ailleurs on devoit rogner les Ailes, afin de les empêcher de porter leur Vol trop haut.

A trois Journées au-de-là d'Oczacow, Lagerberg rencontra le Cham lui-même, qui étoit sur le point de se mettre en Route, avec une Suite composée d'environ sept cens Chevaux. Lagerberg le suivit; & étant arrivé à l'Endroit destiné pour camper, il lui fit demander Audience

Mars.
le 30.

dience par Muſtapha Aga. Le Cham ſe fit excuſer ce Jour-là: il promit cependant, qu'il lui parleroit le Jour ſuivant, dès qu'il ſeroit arrivé dans le Lieu où il vouloit faire Halte. Lagerberg fut conduit à
l'Audience par le Muſtapha Aga, & le Maréchal du Prince. Le prémier montoit un Cheval, que le Cham lui avoit fait amener: les deux
autres étoient à pied. A l'Entrée de la Tente, Lagerberg fut reçu
par le Vizir, qui vint au devant de lui. Après avoir aſſuré le Cham
de l'Amitié & de l'Affection du Roi de Suede, Lagerberg le remercia, au Nom de Sa Majeſté, des Préſens qu'il lui avoit envoïés, & lui
remit ſes Lettres de Créance. Il fit enſuite des Excuſes ſur ce qu'il
n'apportoit point de Préſent pour le Prince: que cela n'avoit pû ſe
faire, parce que, dans l'Endroit où le Roi ſe trouvoit, il n'avoit rien
pû avoir qui fût digne de lui être préſenté. Le Cham s'informa beaucoup de la Santé du Roi, & ne s'expliqua d'abord qu'en Termes généraux; après quoi, il ordonna à ſes Officiers de ſe retirer, & de le laiſſer ſeul avec Lagerberg. Alors, celui-ci lui expoſa le Sujet de ſon
Voïage, & lui fit les Propoſitions dont il étoit chargé. Le Cham l'é-
couta avec beaucoup de Satisfaction: &, après lui avoir fait pluſieurs
Queſtions, il lui conta les Démélez qu'il venoit d'avoir avec les Turcs;
& lui promit, qu'au bout de quelques Jours il auroit Réponſe ſur ſes
Propoſitions.

Avril.
le 3.

Mustapha Aga lui porta cette Réponſe, & le pria de ſe rendre
lui-même à Bender, pour en informer le Roi, à moins qu'il n'aimât
mieux y envoïer un Courier. Que le Cham viendroit au plus tard le
10. Avril à Bender, pour faire ſa Cour au Roi. Lagerberg prit le
Parti de dépêcher un Courier, pour porter à Sa Majeſté le Réſultat
des Conférences qu'il venoit d'avoir. Il demeura lui-même auprès du
Cham, juſqu'à ce qu'il fût arrivé à une Lieue de Bender. Alors, le
Prince Tartare le pria de prendre les devants, & de dire au Roi, qu'il
ſuivroit auſſi-tôt que ſes Affaires le permettroient. Qu'il expliqueroit

Déclaration
du Cham.

lui-même ſes Sentimens à Sa Majeſté: ,,Qu'au moindre Signe de Rup-
,, ture entre la Porte & la Ruſſie, tous les Tartares de ſa Domina-
,, tion ſeroient à Cheval en moins de quinze Jours; & qu'ils marche-
,, roient auſſi-tôt contre les Moſcovites. Qu'il doutoit cependant, que
,, le Roi pût ſe fier aux Turcs; que, non ſeulement la Cour étoit ſu-
,, jette à de continuelles Révolutions, mais que toute la Nation, &
,, particuliérement les grands Seigneurs, étoient tellement avides
,, d'Argent, que, quand même on auroit déclaré la Guerre, & que
,, l'on ſeroit aſſuré de remporter des Avantages ſur l'Ennemi, celui,
,, qui commanderoit l'Armée en Abſence du Grand-Seigneur, ſeroit
,, capable de renverſer les meilleures Réſolutions, pourvû qu'il y trou-
,, vât ſon Intérêt particulier. Pour moi,, ,continua-t-il, ,,rien ne me ſe-
,, roit plus facile, que de faire monter mes Gens à Cheval, & de faire
,, la Campagne ſans attendre les Turcs; mais, je m'attirerois par-là
,, infailliblement leur Haine: leur Jalouſie contre moi eſt déjà aſſez
,, forte.

,, forte. Aïons donc encore quelque peu de Patience. Travaillons fous

,, main à la Cour à difpofer les Efprits en notre Faveur : je me flatte,

,, que nous en viendrons à bout, & que les Chofes prendront le Train

,, que nous fouhaitons. ,,

QUELQUES Jours après, Muftapha Aga vint trouver le Roi, qui ordonna qu'on le conduifît auprès de Monfieur de Mullern. Un certain Juif, nommé Marc, qui fervoit d'Interprete, foit qu'il le fit par Malice, ou qu'il n'eût pas bien compris l'Intention du Roi, alla dire à Monfieur de Mullern, que Sa Majefté vouloit qu'il demandât au Miniftre Tartare ce qu'il avoit à propofer ; & qu'il vint enfuite lui en rendre Compte. Muftapha Aga s'en excufa ; difant, qu'il avoit Ordre de parler au Roi même. Dàns l'inftant Sa Majefté entra dans la Chancellerie ; mais, voïant que le Juif y étoit, & fachant que cet Homme étoit fufpect au Cham, il s'en retourna, & Muftapha Aga partit fans avoir eu d'Audience. Lagerberg s'étant rendu auprès de lui, pour conférer avec lui & le Diallagaffi, ils le conduifirent auprès du Cham, auquel il fit des Excufes du *qui pro quo*, qui étoit arrivé par la Faute de l'Interprete. ,,Je fuis bien aife,, ,re-pondit le Cham, ,,que la Chofe fe foit paffée ainfi ; car, je me défie ,, extrémement de cet Homme-là. Les Ennemis du Roi,, ,continua-t-il, ,,font mes Ennemis ; & je n'ai point d'autre Intérêt, que celui de ,, votre Maitre. Demain, Scherin Schantimir, & Muftaphà Aga, ,, iront trouver le Roi. J'efpere, qu'il voudra bien leur dire nette-,, ment ce qu'il fouhaite que la Porte faffe pour lui ; quelles font les ,, Promeffes que les Turcs lui ont faites ; & quelles Propofitions Sa ,, Majefté juge à propos que je faffe au Grand-Seigneur. Informé au ,, jufte de toutes ces Circonftances, j'écrirai auffi-tôt à Sa Hauteffe, ,, & je ferai partir ma Lettre par une Voie fure : après quoi, je me ,, rendrai à Bender, fi le Roi le veut. ,,

LES deux Officiers Tartares ne manquérent point de fe rendre le le Jour fuivant auprès de Charles XII, qui leur donna Audience dans l'Appartement du Sécrétaire d'Etat. Après beaucoup de Complimens & d'Affurances d'Amitié, Schantimir dit qu'il avoit Ordre de propo-fer à Sa Majefté, que comme il étoit de l'Intérêt du Grand-Seigneur, auffi-bien que du Cham, que la Pologne demeurât dans l'Etat où elle avoit été ; que toutes les Charges de ce Roïaume fuffent confervées fur l'ancien Pied ; & qu'on obligeàt les Mofcovites à fortir de ce Païs-là ; le Cham avoit réfolu de concourir avec Sa Majefté dans les Me-fures à prendre, pour venir à bout de ces Deffeins. ,,Le Roi repliqua : ,, Que cette Ouverture lui étoit affez agréable ; mais que, comme il y ,, avoit en Pologne deux différens Partis, il devoit favoir avant toute ,, chofe pour lequel le Cham fe déclaroit. Qu'un de ces Partis étoit ,, pour le Roi Staniflas, leur légitime Roi ; & que l'autre prenoit en ,, main la Caufe du Roi Augufte, quoique celui-ci eut renoncé, par ,, un Traité des plus folemnels, à la Couronne de Pologne. Les deux

„ Emiſſaires répondirent, que le Cham ſe déclaroit pour ceux qui
„ étoient Amis de Sa Majeſté Suédoiſe, & Ennemis des Moſcovites.
„ Je ne ſais,, dit Charles, „ ſi le Cham eſt en Etat d'entreprendre
„ pareille Choſe ſeul, & ſans le Concours de la Porte. Il ſera néceſ-
„ ſaire, que la Cour Ottomanne lui prête ſon Secours, parce qu'il eſt
„ de ſon Intérêt, comme vous venez de le dire, que la Pologne ſoit
„ conſervée, & que le Czar de Moſcovie ne devienne pas trop for-
„ midable. Schantimir croïoit, qu'il n'y avoit plus lieu de douter,
„ que le Grand-Seigneur ne fût dans des Diſpoſitions favorables, par-
„ ce que la Commiſſion, dont le Cham avoit été chargé, venoit di-
„ rectement de Sa Hauteſſe, & qu'elle avoit donné ſes Ordres ſur ce
„ Sujet, en préſence même du Grand-Vizir. Charles inſiſtant toujours ſur
„ la Néceſſité de lever une puiſſante Armée, dit que c'étoit le ſeul Moïen
„ de faire ſortir les Moſcovites de la Pologne. Que toutes les Ambaſ-
„ ſades du Monde ne les y obligeroient pas; & que, pour en venir
„ à bout, il falloit leur montrer les Dents. Je me ſuis expliqué ſur ce
„ Sujet,, pourſuivit-il, „ au Séraskier de Bender, qui en a écrit en
„ Cour. Les mêmes Repréſentations ont été faites de ma Part aux
„ Miniſtres de la Porte; mais, les Intrigues du Grand-Vizir ſont cau-
„ ſe, que je n'en ai point encore eu Réponſe. J'eſpere cependant,
„ que le Grand-Seigneur exécutera ce qu'il m'a promis de ſon propre
„ Mouvement, & qu'il me fera eſcorter juſques ſur les Frontieres de
„ mes Etats, avec un Nombre ſuffiſant de Troupes, avec leſquelles
„ je traverſerai la Pologne. J'ai attendu, à mon grand Préjudice,
„ l'Exécution de cette Promeſſe. Non ſeulement mon Attente a été
„ vaine, mais j'ai même eu le Déplaiſir d'apprendre, que, durant ce
„ Tems-là, la Paix a été prolongée avec la Ruſſie. C'eſt ſûremenz
„ une Invention du Grand-Vizir, qui n'aura rendu, ni mes Lettres,
„ ni celles du Séraskier, & qui cherchera toujours à faire naitre de
„ nouveaux Obſtacles. Il ſeroit donc à ſouhaiter, que le Cham vou-
„ lût informer le Grand-Seigneur de toutes ces Circonſtances, afin
„ que Sa Hauteſſe puiſſe me procurer, comme elle s'y eſt engagée,
„ une Satisfaction convenable pour mes Gens, qui m'ont été enlevez
„ par les Moſcovites ſur les Terres même de la Domination Ottoman-
„ ne. Outre cela, je demande Satisfaction pour les Valets Suédois,
„ que le Grand-Vizir à fait tirer par force de la Maiſon de mon En-
„ voïé à Conſtantinople. J'eſpere, que le Grand-Seigneur ne me re-
„ fuſera pas mes juſtes Prétenſions. Et, en lui demandant une Eſcor-
„ te ſuffiſante pour me reconduire chés moi, mon Intention n'eſt pas
„ de l'engager à rompre ouvertement avec la Ruſſie; à moins qu'il
„ ne trouve lui-même, qu'il ſoit de ſon Intérêt de rétablir
„ la Pologne dans ſon ancienne Liberté.,, Tel fut le Diſcours de
Charles XII. Il finit, en priant les Officiers Tartares de faire enſorte que le Grand-Seigneur fût bien-tôt inſtruit de toutes ces Choſes, & qu'on obtint, le plûtôt poſſible, une Réponſe cathégorique:

que: après quoi, il vouloit délibérer avec le Cham sur les Moïens d'exécuter la Résolution qui seroit prise. Les deux Emissaires aïant promis qu'ils feroient tout leur possible, le Roi les congédia.

Sur ces Entrefaites, Potocki écrivit à Charles, pour le prier de vouloir lui procurer le Passage pour ses Troupes à travers de la Transsylvanie & de la Valachie, & de permettre qu'il pût se rendre auprès de Sa Majesté. Le Séjour de Hongrie ne plaisoit point à ce Général: & comme il ne pouvoit pas retourner en Pologne, il aimoit mieux aller trouver le Roi, que de se voir exposé de nouveau à se mêler dans la Querelle de Ragotski. Le Roi en fit écrire sur le champ au Baron de Kirchbaum, qui commandoit pour l'Empereur en Transsylvanie. Non seulement Sa Majesté lui demanda le Passage pour ces Troupes, mais Elle le pria aussi de vouloir leur prêter toute l'Assistance dont elles auroient besoin. Le Séraskier de Bender se chargea d'en parler à l'Hospodar de Valachie, qui y consentit, aussi bien que Monsieur de Kirchbaum. Le Brigadier Kropotow entreprit d'y faire des Oppositions: il en écrivit à Jusuf Bacha; mais, toutes ses Démarches furent inutiles (*a*).

Tandis que cela se passoit à Bender, Neugebauer réüssit enfin à faire présenter au Grand-Seigneur le Mémoire que le Roi lui avoit ordonné de rendre au Sultan en Mains propres. L'Affaire avoit trainé quelque tems, moins par la Faute de Neugebauer, qu'à cause des Représentations que lui firent les autres Ministres Etrangers. Au commencement de la Querelle, l'Envoïé de Suede, animé contre le Grand-Vizir, ne demanda pas mieux que de se vanger: mais, aïant réfléchi aux Insinuations qu'on lui faisoit, il s'appaisa. „On lui allégua plu-
„sieurs

Potocki traverse la Transsylvanie.

le 5.

le 8. Le Mémoire du Roi de Suede contre le Grand-Vizir est présenté au Sultan.

(*a*) Voici la Réponse, que le Séraskier de Bender fit au Brigadier Moscovite. „J'ai „reçu la Lettre, que vous venez de m'envoïer par un Courier. Vous dites, que le „Palatin Potocki est arrivé en Valachie, que l'Hospodar de cette Province auroit „dû le chasser, & qu'il vous auroit été facile de vous opposer à son Passage; mais, „que vous n'avez pas voulu le faire, parce que le Traité de Paix entre le Czar & „la Porte Ottomanne venoit d'être renouvellé. Je veux bien croire, que vous au- „riés pû vous y opposer, & que vous l'auriés fait volontiers, parce que le Palatin est de „vos Ennemis. Cependant, vous avez pris le meilleur Parti, & vous vous êtes pré- „venu fort à propos, que la Porte est Amie & de la Russie & de la Pologne. Com- „me Potocki est Polonois, il est Ami de la Porte, & par conséquent nous n'avons „aucune Raison de nous opposer à son Passage, ni l'Hospodar de la Valachie de le „faire sortir de la Province. Le Palatin s'y est rendu de son propre Mouvement, „& s'est mis sous la Protection du Roi de Suede, qui lui a fait savoir, que comme „il étoit lui-même Etranger en Turquie, il ne pouvoit pas lui assigner un Endroit „pour y demeurer. J'en ai écrit à ma Cour, dont les Ordres sont des Loix pour „moi: & vous savez vous-même, Monsieur, que nous n'osons pas nous écarter le „moins du monde de ce qui nous a été prescrit; car, nous ignorons ce dont les „deux Monarques sont convenus entre eux. Voilà tout ce que j'ai à vous dire. J'ai „fait savoir à la Porte ce que vous ne marquez. En attendant, je suivrai ponctuelle- „ment les Ordres que j'en ai reçu ci-devant. „

„ fieurs Exemples, pour prouver, que la même Chofe étoit fouvent
„ arrivée aux Miniftres Etrangers à Conftantinople ; que, cependant,
„ pas un n'avoit eu la Hardieffe de porter des Plaintes contre le princi-
„ pal Miniftre de cette Cour, qui poffédoit lui feul toute la Puiffance,
„ pendant que le Grand-Seigneur n'en avoit que le Nom. On con-
„ feilla à Neugebauer, au lieu de demander Satisfaction, de traiter
„ cette Affaire avec Mépris. Qu'il devoit fonger, que la Perfonne
„ du Roi étoit entre les Mains des Turcs. Que fi l'Affaire réuffiffoit,
„ on pourroit fe vanter de quelque-chofe d'extraordinaire ; mais, qu'el-
„ le pouvoit auffi-bien ne pas réuffir, & qu'alors celui qui auroit dref-
„ fé & figné le Mémoire feroit le prémier expofé à la Rage des
„ Turcs, dont la Fureur pourroit même aller plus loin qu'on ne pen-
„ foit.,, D'ailleurs, Neugebauer connoiffoit l'Humeur altiere & ti-
rannique du Grand-Vizir : il favoit une partie de fes Intrigues & de
fes Artifices ; & comme les Conjonctures étoient fort délicates, il ne
vouloit point donner lieu à des Conféquences qui pouvoient devenir
des plus facheufes. Dans cette Idée, il repréfenta au Roi les Raifons qu'il avoit de ne pas faire Ufage de ce Mémoire ; & plus Sa Majefté preffoit cette Affaire, plus Neugebauer faifoit d'Inftances, pour
qu'on le déchargeât d'une Commiffion fi defagréable. La Chofe étoit
en ces Termes, lorfque Poniatouski arriva à Conftantinople. Il apporta à l'Envoïé de nouveaux Ordres fur ce Sujet ; & comme celui-ci
ne favoit à qui fe confier pour faire traduire le Mémoire en Langue
Turque, Poniatouski fe chargea de trouver quelqu'un dont la Fidélité
lui étoit connue.

La plus grande Difficulté étoit de trouver une Perfonne, qui voulût
préfenter cette Piéce au Grand-Seigneur. C'étoit hazarder fa Vie, que
de porter des Plaintes contre le Grand-Vizir. L'extrême Néceffité,
& le Déni de Juftice, font les feuls Cas, pour lefquels il eft permis
aux pauves Gens de préfenter des Placets au Grand-Seigneur. Un
Valet Livonien, que Neugebauer avoit racheté d'entre les Mains des
Turcs, fut chargé de cette dangereufe Commiffion. Comme il ne
comprenoit rien aux Conféquences de cette Affaire, il fit tout ce
qu'on voulut. On l'habilla à la Turque, & on l'inftruifit de la Maniere dont il devoit s'y prendre pour fe faire remarquer. Le Sécrétaire
Perman, & le Sr. Cronhiort, habillés pareillement à la Turque, le
conduifirent dans un Endroit où le Sultan devoit paffer ; après quoi, ils
fe tinrent à une certaine Diftance, d'où ils pouvoient voir ce qui arriveroit. C'étoit un Vendredi, Jour ordinaire auquel le Grand-Seigneur
va à la Mofquée. Le Valet s'étant mis à genoux devant la Porte, faifit, pour préfenter le Placet, le Moment que le Sultan fortoit de la
Mofquée. Le Grand-Seigneur prit lui-même le Papier, & ordonna
que celui qui le lui avoit rendu fût conduit au Serail. Lorfque le Sultan commença à en faire la Lecture, un de fes principaux Officiers,
qui étoit entiérement dévoué au Grand-Vizir, fe mit derriere lui,

pour

pour regarder par-deffus l'Epaule ce que contenoit ce Mémoire. Cette
Curiofité lui réüffit fi mal, qu'il fut conduit fur le champ en Prifon. Le
Grand-Seigneur, aïant fait venir le Valet en fa Préfence, lui demanda qui il étoit, & de qui il tenoit ce Mémoire, à quoi aïant répondu,
on lui permit de s'en retourner auprès de fon Maitre.

1710.
Avril.

JUSQUES-LA' tout alloit bien : on étoit fort aife de voir le Valet de
retour, & l'on attendoit avec un extrême Impatience quel feroit l'Effet de cette Réfolution hardie. On eut plufieurs bonnes Nouvelles:
les Turcs mêmes, quoiqu'ils ignoraffent ce qui venoit de fe paffer,
rapportérent différentes Circonftances dont on eut lieu de conjecturer
quelque heureux Changement. Le Grand-Seigneur étant allé diner,
quelques jours après, chés le Vizir, ne laiffa pas de lui faire bon Vifage. On fut, d'ailleurs, que le Bacha Numan Kouperly confeilloit
fortement au Sultan d'accomplir fa Promeffe de faire reconduire Charles XII chés lui par la Pologne; & que cette Propofition avoit fait
l'Objet des Délibérations du grand Divan, qui s'étoit affemblé fur ce
Sujet à différentes Reprifes. Le Peuple commençoit à crier, pour
avoir la Guerre avec la Ruffie. Les Chofes allérent fi loin, que l'on
craignit une Révolte. On débita même, qu'on avoit été obligé d'envoïer dans la Mer Noire dix-fept Galeres & huit Vaiffeaux de Guerre, pour obferver les Mouvemens que les Mofcovites faifoient de ce
Côté-là, où le Czar avoit donné Ordre qu'on conftruifît quelques Fortereffes. Enfin, on s'attendoit à tout moment à une Révolution favorable dans le Miniftere. Le Colonel Grothufen, qui retourna deux
jours après à Bender, apporta au Roi un Détail de tout ce qui s'étoit
paffé. Sa Majefté, charmée de ce Récit, fe confirma dans l'Opinion
où Elle étoit, que le Grand-Seigneur, informé au jufte de la Situation
des Affaires, étoit trop éclairé pour fuivre aveuglément les Confeils de
fon Miniftre.

le 10.

CE qui contribua plus que toute autre chofe à relever nos Affaires,
& à nous attirer la Confidération des principaux Officiers Turcs, étoit
le Succès de la Bataille de Helfingbourg. Les Miniftres Etrangers,
qui réfidoient à Conftantinople en eurent la prémiere Nouvelle. En
moins de rien, elle fut divulguée par-tout: & quantité Perfonnes de Diftinction en félicitérent le Roi. Le Grand-Seigneur lui-même prit plaifir à s'informer exactement de toutes les Circonftances de cette Action.
Il remarqua à cette Occafion, qu'il falloit, à juger du Nombre des
Morts & des Bleffés, que l'on eut combattu de Part & d'autre avec
beaucoup de Bravoure & d'Opiniatreté ; parce que, difoit-il, les Païs
Septentrionaux ne font pas tellement peuplez, que l'on puiffe mettre en
Campagne des Armées auffi formidables que nous fommes en état de
le faire. La Joie ne fut pas moins grande à Bender, lorfque le Roi y
reçut la Lettre que le Sénat lui avoit écrite à cette Occafion (*a*): &
tout

le 17.
On apprend
en Turquie
la Nouvelle
de la Ba-
taille de
Helfing-
bourg.

(*a*) La Lettre du Sénat étoit du 8. Mars. Le Roi apprit la Nouvelle de la Bataille

tout le Monde sembloit avoir eu Part à cette Victoire. Ce qui donna le plus de Satisfaction à Charles XII, c'étoit l'Idée qu'il se formoit, que le Roi de Dannemarck pourroit bien, après cette Perte, songer à faire la Paix ; & qu'ainsi les Puissances, qui avoient garanti la Neutralité, n'auroient plus aucune Raison d'empécher que l'on ne fît transporter de Suede en Poméranie un bon Corps de Troupes, qui entreroit ensuite en Pologne, pour aller au devant de Sa Majesté jusques sur les Frontieres de l'Empire Ottoman.

*le 26.
Charles
veut faire la
Paix avec
le Roi de
Danne-
marck.*

DANS cet Esprit, le Roi ordonna à ses Ministres, tant en Angleterre qu'en Hollande, de déclarer, en cas que le Roi de Dannemarck fît quelques Ouvertures de Paix, & qu'il se déterminât à donner à la Suede une Satisfaction convenable pour le Tort qu'elle avoit souffert par son injuste Rupture, que Sa Majesté Suédoise étoit prête à y donner les Mains, sous la Médiation des Puissances Maritimes, auxquelles Elle vouloit bien remettre entierement le Soin de ses Intérêts par rapport à cette Affaire. En même tems, Charles envoïa un Pleinpouvoir au Sénat, pour traiter de la Paix avec le Dannemarck, à Condition néanmoins qu'elle se fît d'une maniere sûre & honorable pour le Roi, & sous la Médiation de l'Angleterre & de la Hollande.

ON voit clairement, que le Roi souhaitoit la Paix, & qu'il avoit une Confiance toute particuliere aux Puissances Maritimes, quoique, bien loin de satisfaire à leur Guarantie, elles eussent approuvé la Neutralité, par où elles renversoient tous les Projets que Charles avoit formez. Il est certain, que s'il avoit été secouru de ce Côté-là, & si d'autres n'avoient travaillé contre lui à la Cour Ottomanne, sous prétexte qu'il n'étoit pas juste d'attirer les Turcs dans les Etats des Princes Chrétiens, il auroit pû encore cet Eté-là sortir de la Turquie. Avouons, qu'il falloit que ce Prince possédât une Fermeté & une Constance extraordinaires, pour vaincre tant de différens Obstacles. Esclave de sa Parole, il vouloit que la même Qualité se trouvât ches tous les autres Souverains. Mais, qu'il étoit loin de son Compte !

*Mesintelli-
gence entre
Poniatows-
ki & Neu-
gebauer.*

PARMI tous les Desagrémens qu'il eut à essuïer, la Mesintelligence, qui régnoit entre Poniatouski & Neugebauer, n'étoit pas un des moindres. Ces deux Messieurs, au lieu de travailler de concert à faire réussir ses Desseins, avoient de la Peine à se souffrir. L'Origine de cette Haine provenoit de ce que Poniatowski, qui avoit le Titre de Général, affectoit, en certaines Occasions, de prendre le Pas devant Neugebauer, ce que celui-ci, revétu qu'il étoit d'un Caractere représentatif, ne pouvoit pas digérer. Chacun négocioit donc en son particulier. Poniatowski voïoit en secret les Ministres Turcs, & ne communiquoit à l'autre rien de ce qui se passoit dans ces Conférences. Neugebauer, de son côté, en agissoit de même. A la fin, ils en vinrent

le de Helsingbourg au Mois d'Avril, & non pas au Mois de Juillet, comme le dit Mr. DE VOLTAIRE.

rent tous deux à des Plaintes, qui furent portées devant le Roi. Poniatowski prétendoit, que Neugebauer n'avoit point la Capacité requise; qu'il étoit timide; qu'il n'agiſſoit pas aſſez; & que, manquant de bons Avis, ſes Relations n'étoient point exactes, ni telles qu'elles devoient être, pour que l'on pût y faire fond. Neugebauer marquoit, que les Turcs s'aviſoient de lui faire des Queſtions auxquelles il n'avoit pas été accoutumé, & dont il devoit conclure que Poniatowski ne cherchoit qu'à le décréditer en le faiſant paſſer pour un Homme de baſſe Naiſſance, qui n'avoit jamais été au Service du Roi, & qui par néceſſité étoit devenu ſon Envoïé. Les Choſes allérent ſi loin, que Neugebauer dit ouvertement, qu'il avoit lieu de croire, que Potocki, auſſi-bien que Poniatowski, n'agiſſoient pas pour les Intérêts du Roi, comme ils devoient le faire; que l'Amour qu'ils avoient pour leur Patrie, & d'autres Vûes particulieres, les portoient à ne pas appuïer le Projet que le Roi avoit formé de traverſer la Pologne avec une Eſcorte compoſée de Turcs & de Tartares. Il ſe plaignit amérement de ce que le prémier de ces deux Généraux ne lui avoit jamais rendu Viſite, quoiqu'il ſe fût arrété à Conſtantinople au-de-là de deux Mois. Quoiqu'il en ſoit de ces Plaintes & de ces Inſinuations, il eſt certain, que les Affaires du Roi en ſouffrirent conſidérablement. „ Il eſt difficile à „ comprendre„, diſoient certains Politiques, „ qu'un Prince auſſi é- „ clairé que le Roi de Suede puiſſe croire bonnement qu'un Polo- „ nois veuille entrer ſincérement dans ſes Vûes, & aider à faire „ réüſſir un Projet, qui, quelques Précautions que l'on puiſſe prendre, „ ne pourra jamais s'exécuter, ſans que la Pologne en reſſente de „ grandes Incommoditez. „

CEPENDANT, on ſe donna beaucoup de Mouvemens, pour ſavoir ſi le Grand-Vizir étoit informé, ou non, du Mémoire qui avoit été préſenté contre lui; mais, toutes les Recherches, que l'on pût faire à cet égard, furent inutiles. On débitoit, que le Sultan, en reprochant au Grand-Vizir ſon Avarice, s'étoit emporté juſqu'à lui donner un Soufflet. D'autres contrediſoient ce Fait, & prétendoient, qu'il n'étoit divulgué par certaines Perſonnes, que parce qu'elles ſouhaitoient que cela arrivât. Ce qu'il y a de certain, c'eſt que ce Miniſtre ſavoit très bien qu'il n'avoit pas beaucoup d'Amis, & que les Suédois, qui le haïſſoient, ne manqueroient pas de mettre tout en œuvre pour le perdre. Pour cet effet, lorſqu'il apprit que le Cham des Tartares étoit arrivé à Bender, & qu'il s'y tenoit tous les jours des Conférences auxquelles le Séraskier, qu'il ſavoit être Partiſan déclaré du Roi de Suede, aſſiſtoit réguliérement, il refuſa de voir d'avantage Poniatowski & Neugebauer: &, pour ne pas être obligé de parler à ces Meſſieurs, il faiſoit dire, tantôt qu'il étoit malade, tantôt qu'il n'y étoit pas, ou qu'il avoit des Affaires; de ſorte que, malgré toutes leurs Inſtances, ils furent quelques Mois ſans pouvoir obtenir Audience. Le Reis Effendi ſuivit cet Exemple, & devint pareillement inviſible. A la fin, le Sacrisdi

Bacha, ou Grand-Veneur, vint trouver Neugebauer, auquel il demanda un Entretien secret. Après lui avoir fait Confidence de plusieurs
Choses qui s'étoient passées à la Cour, & auxquelles il avoit lui-même eu beaucoup de Part, il lui dit, que tout se préparoit à un prochain
Changement, & pria Neugebauer d'écrire sur le champ au Roi, pour
l'avertir de bien prendre garde qu'on ne lui donnât point de Poison.
Que le Grand-Vizir, étant capable de tout entreprendre, & ne voïant
pas d'autre Moïen pour se sauver, tenteroit infailliblement cette Voïe-
là, à quelque Prix que ce fût. Qu'il s'étoit servi plus d'une fois de
cet Expédient-là, & qu'il avoit fait dépécher de la même Maniere
plusieurs Bachas, qui s'étoient opposez à sa Volonté.

ENFIN, le Tems approcha, que le Regne de ce Ministre alloit finir.
Le Grand-Seigneur aïant ordonné au Cham des Tartares de se rendre
à Constantinople, celui-ci ne négligea rien pour rendre le Vizir odieux
à son Maitre. Il emploïa pour cet Effet le Crédit de ses Amis. L'A-
ga des Janissaires, qui étoit tous les Jours autour du Sultan, parla contre le Ministre avec beaucoup de Liberté. Il lui représenta, ,, que
,, rien ne devoit l'empécher de rompre avec le Czar; que ce Prince,
,, sous Prétexte qu'il vivoit avec la Porte en Paix & en bonne Amitié,
,, faisoit construire des Forteresses sur les Terres de la Domination
,, Ottomanne. Qu'il n'étoit pas difficile de voir, qu'il ne cherchoit
,, qu'à s'aggrandir aux Dépens de ses Voisins. Que Sa Hautesse de-
,, voit tenir ce qu'elle avoit promis au Roi de Suède. Qu'il étoit de
,, son Intérêt de le faire, & qu'Elle auroit lieu de s'en convaincre avec
,, le tems. Que le Grand-Vizir faisoit fort mal de s'y opposer: qu'il
,, n'étoit rien moins que guerrier: qu'il avoit reçu des Sommes consi-
,, dérables de l'Ambassadeur Moscovite: qu'on disoit même, que lui,
,, le Muphti, & leurs Créatures, coutoient déja à la Russie au-de-là de
,, deux Millions d'Ecus. Qu'on savoit d'ailleurs, que le Ministre du
,, Czar négocioit encore chés les Grecs de grosses Sommes, qui étoient
,, destinées au même Usage. Qu'un des Domestiques de Tolstoy avoit
,, poussé l'Insolence jusqu'à blesser un Janissaire à la Joue d'un grand
,, Coup de Couteau; ce qui prouvoit assez combien les Moscovites de-
,, venoient insupportables. ,,

CES Discours produisirent l'Effet que l'on s'en promettoit. Le Sultan commença à ouvrir les Yeux, & Ali Bacha fut déposé, au grand
Contentement de tout le Monde. On n'a jamais pû savoir au juste ce
que cet Homme devint dans la suite. Quelques-uns disent, qu'il fut
étranglé peu de tems après avoir été déposé. D'autres prétendent,
qu'on lui laissa la Vie, & qu'il vécut ensuite dans l'Obscurité. Quant
aux Biens immenses qu'il possédoit, il en fut dépouillé, & ils servirent
à augmenter le Trésor du Grand-Seigneur: Sort ordinaire des Richesses amassées par les Ministres Turcs, que l'on tire souvent des Emplois les plus vils, pour les élever aux prémieres Dignitez de l'Etat,
d'où ils retombent peu après dans le Néant.

QUEL-

QUELQUE Joie que caufât cet Evénement aux Amis de Charles XII, elle n'étoit pourtant pas comparable à celle qu'ils reffentirent en apprenant que Numan Kouperly étoit devenu Grand-Vizir. Ce nouveau Miniftre, dont le Nom étoit fort connu par tout l'Empire Ottoman, étoit un Homme d'un grand Mérite, & d'une Probité finguliere. Iffu d'une Famille illuftre, qui avoit fourni des Vizirs à l'Empire depuis un Siécle & demi, il n'étoit pas moins diftingué par fa Naiffance & par les grands Services de fes Ancêtres, que par fes propres Vertus. Il étoit poli, affable, defintéreffé, & aimoit la Juftice au-deffus de tout. Il avoit la Réputation d'être bon Guerrier, & il poffédoit la Confiance des Officiers & des Soldats, dont il étoit aimé & refpecté. Dès qu'il fut fait Grand-Vizir, les Affaires du Roi de Suede changérent entiérement de Face. Il étoit Ami de ce Prince, & lui avoit rendu de bons Services (a). Aïant l'Autorité en Main, il s'emploïa plus que jamais en fa Faveur. D'abord, il fit dépofer le Moufti Ebozado. Quelques autres des principaux Officiers, qui n'aimoient pas Charles XII, furent relegués, ou éloignés de la Cour. Le Roi, aïant appris l'Elévation de Kouperly, ordonna à Monfieur de Mullern de lui écrire fur ce Sujet, & de l'en féliciter au Nom de Sa Majefté.

CE fut dans ce Tems-là, que Potocki arriva de Bender à Conftantinople. Il avoit fait ce Voïage par Mer. Comme le Grand-Vizir le connoiffoit déjà de Réputation, il lui donna auffi-tôt Audience; après quoi, il lui en procura une de la Part du Sultan même. Ce Palatin ne parla d'abord que de fes Affaires particulieres: il vanta fon Zele & fon Attachement pour le Roi Staniflas, & fe plaignit fortement du Czar & du Roi Augufte, qui, par leur Invafion en Pologne, l'avoient mis dans la Néceffité de fe retirer fur les Terres de la Domination Ottomanne. De-là il prit Occafion de repréfenter l'Etat de la Pologne: ajoutant, que rien ne lui feroit plus avantageux, que d'avoir la Paix. Il infinua, que, pour y parvenir, on ne pourroit jamais imaginer un meilleur Expédient, que de fournir au Roi de Suede le Secours auquel ce Prince s'attendoit. Il finit en difant, qu'il félicitoit fa Patrie de ce que par ce Moïen-là elle pouvoit être délivrée de l'Oppreffion. Monfieur de Potocki s'exprima avec tant d'Eloquence, & en Termes fi refpectueux, que le Sultan en fut charmé. Non feulement il lui promit pour fes Troupes toute la Sureté qu'il demandoit; mais, il s'expliqua même d'une Maniere très favorable à l'Egard du Roi de Suede (b).

CET-

(a) MR. DE VOLTAIRE fe trompe, en difant, que Numan Kouperly ne vouloit point entendre parler de la Guerre contre les Mofcovites.

(b) Voici ce qui fe paffa, deux ou trois Mois après, avec ces Troupes. Dès que le Roi apprit qu'elles étoient arrivées à Jaffi, il y envoïa l'Aide-de-Camp-général Dougal, auquel il ordonna de païer aux Troupes Suédoifes & à l'Infanterie Cofaque, qui avoient fuivi les Polonois, trois Mois de Solde qui leur étoient dûs. Il fut chargé

en

CETTE Reception donna du Crédit à Potocki. Il forma des Liaisons avec les principaux Ministres & Officiers de la Cour. Tout le Monde parloit de la Guerre contre la Russie, & le Grand-Vizir eut Ordre de faire les Préparatifs nécessaires pour cette Expédition (*a*). D'abord, tout fut en Mouvement. Le Vizir fit dire à Tolstoy, Ambassadeur de Russie, ,,que la Porte n'étoit nullement dans l'Intention ,, de rompre avec le Czar; mais que, comme on avoit appris que les ,, Mos-

en même tems de prier le Hospodar de vouloir permettre que ces Troupes, qui campoient hors de la Ville, pussent entrer dans la Place, & qu'on leur donnât les Rafraichissemens nécessaires, selon ce que le Séraskier de Bender l'avoit fait espérer au Roi. Le Hospodar répondit, que, comme les Sauterelles avoient causé tant de Dommage aux Bleds, qu'à peine il en restoit assez pour nourrir les Habitans de la Province, il ne pouvoit rien faire fournir aux Troupes, quand même la Cour le lui ordonneroit. Qu'il étoit fort disposé à rendre Service au Roi de Suede; mais, qu'il ne permettroit pas que les Troupes entrassent dans Jassi, & qu'il tâcheroit d'en faire loger quelques-unes à Moldaw, sur les Frontieres de la Valaquie. Dougal, en ayant fait Rapport au Roi, reçut de nouveaux Ordres sur ce Sujet. Il devoit reïtérer ses Instances auprès du Hospodar; mais, en cas que celui-ci persistât dans son Refus, le Régimentaire Grudzinski, qui commandoit en l'Absence de Potocki, auroit à entrer dans la Ville, & à y prendre des Quartiers pour les Troupes, auxquelles le Sultan avoit permis de demeurer dans ses Etats, sous sa Protection, & sous celle du Roi de Suede. Le Hospodar, informé de cet Ordre, demanda une Liste de toutes les Troupes, & promit qu'une Partie en seroit mise à Jassi, & que le Reste seroit distribué aux Environs, tant sur les Frontieres de la Valaquie, qu'en d'autres Provinces. Ce Compliment ne plût point à Grudzinski, qui répondit, qu'il ne permettroit pas que ses Compagnies fussent séparées, & que l'on en envoïât quelques unes vers le Danube, & d'autres vers les Frontrieres de la Transylvanie; que, pour maintenir parmi elles l'Ordre & la Discipline, il seroit nécessaire qu'on leur assignât pour le moins des Quartiers autour de la Ville. Pendant ce Discours, il fit mine de tirer son Sabre, soit qu'il le fit sans y penser, ou que ce fût par un Mouvement de Colere. Mais, à peine le Hospodar s'en fut-il apperçu, qu'il dit avec un Air insultant, ,,Si le Starofte est Homme de Guerre, & s'il s'est trou- ,, vé à tant de Batailles, il doit savoir, que j'ai été élevé à la Cour du Grand-Sei- ,, gneur. J'ai été emploïé dans des Affaires de la derniere Importance. Je cultive les ,, Sciences: & , en Fait de Grandeur d'Ame, je ne lui cede rien. ,, Dougal chercha à appaiser les Esprits; mais, voïant qu'il falloit changer de Langage, il dit nettement au Hospodar, qu'il n'étoit venu traiter avec lui, que comme avec un Serviteur & Vassal du Grand-Seigneur. *Voulez-vous*, continua-t-il, *recevoir les Troupes, ou non? Si vous y consentez, tant mieux: si non, la Chose se fera malgré vos Oppositions, & vous en serez responsable devant le Grand-Seigneur; car, par vos Promesses, vous avez engagé le Roi de Suede à mettre en vous de la Confiance.* Le Hospodar, qui ne s'attendoit point à ce Compliment, changea de Couleur, & demanda cinq Jours de Tems pour songer à ce qu'il auroit à faire. Mais, Grudzinski sortit sur le champ; &, après avoir rangé ses Troupes, il les fit défiler vers la Ville. Le Hospodar envoïa au devant de lui un Officier, qui le reçut avec beaucoup de Politesse, & qui le conduisit dans la Place. Cette Affaire, qui avoit déjà traîné dix-sept Jours, fut faite dans un Moment.

(*a*) LE LONG, Auteur d'une *Histoire de Charles XII* en Hollandois, & l'Anonime qui a écrit en Allemand l'*Histoire de la Vie de Charles XII*, rapportent une Lettre, qu'ils prétendent avoir été écrite au Roi de Suede par le Grand-Seigneur. Cette Piéce paroit supposée. On n'y remarque, ni le Tour, ni le Stile, ordinaire aux Turcs. D'ailleurs, il s'y trouve certains Passages contraires au grand Attachement que les Musulmans ont pour leur Religion.

,, Mofcovites étoient entrez en Pologne, qu'ils y commettoient tou-
,, tes fortes de Defordres & de Cruautez, & qu'ils pouffoient même
,, l'Infolence jufqu'à obliger les Habitans d'abandonner leur Païs, le
,, Grand-Seigneur fe croïoit obligé de ne pas fouffrir que cela fe fît
,, davantage. Que l'on ne favoit pas ce que le Czar pourroit tenter,
,, après qu'il feroit venu à bout de maltraiter les Amis & les Voifins de
,, la Porte. Que, pour ces Raifons, le Sultan avoit réfolu de faire
,, conduire le Roi de Suede par la Pologne, avec une Armée de qua-
,, rante mille Hommes. Que le Czar feroit bien de rappeller fes Trou-
,, pes; parce qu'on ne pourroit pas empécher le Roi de Suede, qu'on
,, laifferoit Maitre abfolu de l'Armée dont il feroit accompagné, de
,, chercher fes Ennemis par-tout où il les trouveroit. ,,

1710.
Juin.

LE Czar, aïant appris cette Nouvelle, écrivit d'abord au Grand-
Seigneur une longue Lettre, dans laquelle il lui difoit: ,,Qu'il avoit
,, appris avec Satisfaction, que la Paix avec la Porte avoit été pro-
,, longée & confirmée. Qu'il s'étoit flatté, que Sa Hauteffe auroit
,, cherché à écarter tout ce qui pouvoit donner lieu à de nouvelles
,, Brouilleries, & fur-tout qu'Elle auroit chaffé de fes Etats le Roi de
,, Suede, & les Cofaques Rebelles, qui s'y étoient réfugiés. Que, dans
,, cette Idée, il avoit offert au Roi de Suede de le laiffer paffer au
,, travers de la Ruffie, avec une Efcorte de cinq cens Hommes; &
,, qu'il s'étoit même défifté de ce qu'il avoit demandé à l'égard des
,, Cofaques. Que, bien loin que l'on eut eu égard à ces Propofi-
,, tions, il apprenoit avec autant d'Indignation que d'Horreur, que,
,, non feulement le Roi de Suede fe tenoit encore en Turquie, mais
,, que l'on affembloit à Bender une Armée formidable, compofée de
,, Turcs & de Tartares. Que le Cham de cette Nation étoit venu
,, trouver le Roi de Suede, & qu'il avoit tous les jours des Conféren-
,, ces, tant avec lui & le Bacha de Siliftrie, qu'avec d'autres Officiers
,, de la Porte. Que Charles divulguoit par-tout, que la Porte romproit,
,, pour l'Amour de lui, avec la Ruffie; que les Cofaques, qui avoient
,, élu un nouveau Hettman, faifoient des Courfes fur les Terres de la
,, Domination Mofcovite; & que le Cham permettoit aux Tartares,
,, qu'il avoit fous fes Ordres, de les accompagner. Que s'il avoit lieu
,, d'être furpris de ces Nouvelles, il l'étoit bien plus de la Promeffe
,, que le Grand-Vizir Kouperly avoit faite au Roi de Suede, qu'il le
,, feroit conduire en Pologne avec une Armée de quarante mille Hom-
,, mes; & de la Déclaration qu'il avoit fait faire à Tolftoy, que les
,, Mofcovites euffent à fortir de ce Roïaume. Que Sa Hauteffe de-
,, voit favoir, que le Roi de Suede ne cherchoit qu'à allumer la Guerre
,, de tous Côtez: que fi cela n'étoit pas, rien ne l'empécheroit de pren-
,, dre fon Chemin par la Hongrie & l'Allemagne, où il n'avoit point
,, d'Ennemi à craindre. Que fi le Sultan vouloit abfolument qu'il tra-
,, verfât la Pologne, cela pourroit fe faire également avec un Corps
,, de cinq cens jufqu'à trois mille Hommes, parmi lefquels on ne de-

1427.
Lettre du
Czar au
Grand-
Seigneur.
V. L'APP.
NO.CXXXIX.

,, voit

,, voit pourtant pas mêler des Tartares. Qu'en ce Cas-là , le Czar s'en-
,, gageoit à laisser par-tout librement passer le Roi de Suede. Que si
,, le Grand-Seigneur refusoit d'accepter cette Proposition, & qu'il per-
,, sistât dans la Résolution de donner au Roi de Suede une Armée si
,, nombreuse, Sa Majesté Czarienne prendroit cette Démarche pour
,, une Rupture ouverte. Qu'Elle ne vouloit point être responsable de
,, l'Effusion de Sang qui pourroit s'en suivre : qu'elle fourniroit au Roi
,, Auguste, son Allié, les trente mille Hommes qu'Elle s'étoit engagée
,, à lui envoïer ; & qu'elle lui donneroit de plus puissans Secours, s'il
,, le falloit. Qu'enfin, Elle laissoit à considérer au Grand-Seigneur,
,, s'il étoit de son Intérêt, ou non, de suivre les Conseils turbulens du
,, Roi de Suede. ,,

On raisonna différemment sur le Contenu de cette Lettre, & l'on
se confirma davantage dans l'Idée, que le Czar ne cherchoit qu'à se
rendre Maitre de la Personne du Roi de Suede. Fier de ses nouvelles
Conquêtes, Pierre sembloit mépriser la Puissance de la Porte Ottomanne, à laquelle il vouloit prescrire des Loix sur le Retour de Charles XII.
Il est certain, que, sans les grands Progrès qu'il venoit de faire en Livonie, il n'auroit jamais tenu un pareil Langage, ni ôsé menacer comme il faisoit. Disons pourtant, que la Porte ne daigna point y faire
la moindre Attention, & qu'elle ne continua pas moins ses Préparatifs
de Guerre (*a*).

Au moment que les Choses paroissoient le plus favorablement dispo-
sées pour le Roi de Suede, un Accident imprévu renversa toutes ses
Espérances, & changea une seconde fois la Face des Affaires. Pour
subvenir aux Fraix de la Guerre, le Grand-Seigneur résolut de faire de

Le Grand-   nouvelles Impositions sur le Peuple. ,, Si cette Expédition ,, ,disoit-il,
Vizir, brou-   ,, n'est pas suivie d'un heureux Succès, le Peuple, qui crie présente-
illé avec le
Sultan, se   ,, ment
démet de sa
Dignité.

(*a*) On débitoit dans ce Tems-là mille Nouvelles extravagantes sur le Sujet de Charles XII. Il est difficile de comprendre qu'un Homme de Bon-Sens ait été capable de
fabriquer des Choses aussi absurdes que celles qui se trouvent dans une Lettre de Vienne du 4. Septembre 1710, & dont voici un Extrait. ,, Je ne dois pas oublier, Mon-
,, sieur, de vous dire, qu'il vient d'arriver ici de Turquie une trentaine d'Esclaves
,, Chrétiens, qui disent tous d'une Voix, que le Roi de Suede, qui demeure tou-
,, jours à Bender, a conclu un Mariage avec une Princesse Turque, & que cette
,, Princesse s'est déjà fait baptiser. Parmi ces Esclaves, il y en a huit, qui prétendent
,, avoir été présens à Constantinople à la Cérémonie du Baptême. Ce Mariage à cau-
,, sé par-tout l'Empire Turc une Joie extraordinaire. Tous les Esclaves Chrétiens,
,, dont beaucoup ont porté des Chaines pendant trente ou quarante Ans, ont été mis
,, en Liberté dans un seul Jour ; desorte que plus de cinquante mille Armes sortent
,, de l'Esclavage. La Rupture entre la Porte & le Czar de Moscovie est une Chose
,, faite. Ces Esclaves rapportent de Charles XII tant de Choses singulieres, & avec
,, des Circonstances si surprenantes, qu'on n'ôse presque pas y ajouter Foi. Le Grand-
,, Seigneur, disent ils, est lui-même dans l'Idée de se faire baptiser. La Chose paroit
,, ridicule : mais, comme à Dieu rien n'est impossible, il pourra aussi convertir les
,, Païens. ,,

1710.
Juillet.

„ ment pour avoir la Guerre, pourroit bien alors, animé par quelques
„ Efprits turbulens, fe porter à une Rébellion ouverte. „ Le Grand-
Vizir étoit d'un Sentiment contraire. Il prouva, qu'il n'étoit pas néceffaire qu'on établît des Impofitions extraordinaires, & que le Tréfor
étoit fi bien pourvû, qu'on ne devoit pas craindre qu'il s'épuifât,
quand même la Guerre dureroit plufieurs Années de fuite. Que s'il y
avoit quelque Révolte à appréhender, ce feroit en chargeant le Peuple
de nouvelles Impofitions, dans un Tems où il favoit qu'il y avoit de
l'Argent affez dans l'Epargne, & qu'on laiffoit néanmoins attendre les
Janiffaires après le Païement qui leur étoit dû. A ces Raifons le Vizir
ajouta, qu'il feroit bien enforte, que la Guerre finît en une feule Campagne, ou que du moins les Chofes s'acheminaffent à la Paix: que
lorfqu'on feroit arrivé à ce Point-là, & que l'on auroit pourvû à tout
ce qu'exigeoient la Gloire & la Sureté de la Porte Ottomanne, il feroit tems de faire de nouvelles Impofitions: que le Peuple, dans ces
Circonftances, ne refuferoit pas de païer. Quelque Eftime que le
Grand-Seigneur eut pour fon Vizir, la Liberté, avec laquelle celui-ci
s'oppofoit à fes Sentimens, ne lui plaifoit pas. Les continuelles Re-

*Août,
le 7.*

montrances fur le peu de Soin que le Sultan prenoit du Gouvernement, attirérent enfin au Miniftre la Haine de fon Maitre, qui ne vouloit
pas être contredit. Pour s'en débaraffer, il infifta tous les Jours fur la
Néceffité d'établir de nouvelles Impofitions; & il revint fi fouvent à la
Charge, que Numan Kouperly, fatigué de cet Entêtement, lui demanda la Permiffion de fe démettre de fa Dignité, & de s'en retourner dans
le Pofte qu'il avoit eu auparavant. Il fe rendit auffi-tôt à Porto-picco-
lo, où il s'embarqua fur une Galere qui le tranfporta à Negrepont (a).

APRE's la Démiffion de Numan Kouperly, le Sceau fut donné à
Mehemet Baltadfchi, Bacha de Syrie. Il étoit natif de Florence, &
fe nommoit Julio Mariani. Son Pere, qui étoit Marchand de Soie,
avoit laiffé ce Fils, encore Enfant, en Turquie, ou, après s'être fait
Mahométan, il paffa par différentes Charges jufqu'à celle de Grand-
Vizir. (b). Comme il avoit un grand Voïage à faire depuis la Syrie
jufqu'à

*Mehemet
Baltadfchi
eft mis à fa
Place.*

(a) L'AUTEUR des *Remarques d'un Seigneur Polonois fur l'Hiftoire de Charles XII par
Mr. de Voltaire*, dit, pag. 79, que l'Aga des Janiffaires fut celui qui occafiona la Dé-
pofition du Grand-Vizir, & que ce fut le Sultan qui redemanda le Sceau à Numan
Kouperly, dont on avoit fait un Portrait defavantageux. R. D. T.

(b) MR. DE BELLERIVE, qui a écrit le *Voïage d'Efpagne à Bender*, affure, pag. 46,
que Mehemet Baltadfchi avoit été Cordonnier quatre Jours avant que d'avoir été fait
Grand-Vizir. Il rapporte au même Endroit un Entretien entre le Sultan & fon Vizir,
qui ne vouloit point fe charger du Commandement de l'Armée. Voïez les *Remarques du
Sr. DE LA MOTRAIE fur l'Hiftoire de Charles XII par Mr. DE VOLTAIRE.*
L'AUTEUR des *Remarques d'un Seigneur Polonois, &c.* rapporte autrement l'Hiftoire
de Mehemet Baltadfchi, qui avoit été Valet du Prince Sultan Achmet, pour couper le
Bois, &c. R. D. T.

1710.

Août.

jufqu'à Conftantinople, Soliman Bacha fut établi Caïmakan, pour faire en attendant la Fonction de Vizir. Les Négociations furent fufpendues pour quelque tems, quoique l'on ne changeât rien à la Réfolution que l'on avoit prife de faire la Guerre à la Ruffie.

Le Roi, voïant qu'il n'y avoit point de Tems à perdre, ordonna à Poniatowski & Neugebauer de s'adreffer, pendant la Vacance du Viziriat, au Grand-Seigneur lui-même, pour le faire fouvenir de l'Exécution de fes Promeffes. Cette Commiffion n'étoit pas fort de leur Gout:

le 26.
Lettre du
Roi de Sue-
de au Sul-
tan.

cependant, il falloit obéïr. On dreffa une Lettre en Langue Turque, & le Baron Cronhiort fe chargea de la rendre au Sultan. La Chofe fe fit à peu près de la même Maniere que la prémiere fois. Dès que le Grand-Seigneur fortit de l'Eglife, Cronhiort lui préfenta la Lettre. Le Sultan, qui comprit d'abord ce dont il étoit queftion, fit à l'Officier Suédois une Mine fort gracieufe; mais, auffi-tôt, quantité de Turcs l'entourérent pour l'emmener en Prifon. Au bout de quelques Heures, il fut relaché, & l'on n'eut point de Réponfe à la Lettre.

Septembre.
le 16.

L'Inaction continua jufqu'à l'Arrivée du nouveau Grand-Vizir (*a*). Après s'être repofé quelques Jours des Fatigues de fon Voïage, & après avoir prêté le Serment de Fidélité dans le Divan, il donna Audience à tous les Miniftres des Princes Chrétiens, excepté à celui de Mofcovie, qui s'étoit mis en tête de difputer le Pas à l'Ambaffadeur de France. La plûpart de ces Meffieurs firent des Infinuations au préjudice du Roi de Suede. Ils repréfentérent, ,,qu'il étoit de l'Intérêt ,, de la Porte Ottomanne de ne pas déclarer la Guerre à la Ruffie, & ,, qu'une pareille Démarche donneroit infailliblement lieu à d'étranges ,, Brouilleries. ,, Le Sieur Thalman, Réfident de l'Empereur, déclara, ,,que Sa Majefté Impériale étoit prête à donner au Roi de Suede ,, un Paffage fûr & commode par fes Etats Héréditaires, & de lui faire ,, re rendre par-tout les Honneurs dûs à fa Dignité, s'il vouloit prendre ,, dre cette Voie-là pour s'en retourner. Mais que, fi la Porte perfiftoit à vouloir reconduire ce Prince avec une Armée auffi formidable, comme le Bruit en couroit, cela ne pourroit que donner lieu ,, à de grandes Brouilleries en Pologne: qu'en ce Cas-là, l'Empereur ,, feroit obligé, en Qualité d'Allié du Roi Augufte, de prendre Part ,, à la Querelle. ,, Le Vizir ne répondit à toutes ces Repréfentations, qu'en Termes généraux: qu'il ne manqueroit pas d'en faire Rapport au Sultan: que cette Affaire ne preffoit pas tant: que comme l'Hiver approchoit, le Roi de Suede ne pourroit pas fe mettre en Route fi-tôt: &, qu'en attendant, on pourroit avifer aux Moïens de fournir à Sa Majefté Suédoife l'Efcorte qui lui avoit été promife.

Octobre.
Lettre du
Cham à
Charles
XII.
V. l'App.
Num. CXL.

Sur ces Entrefaites, le Cham des Tartares arriva à Conftantinople, où il ne fut pas long-tems fans avoir démêlé les Sentimens de la Cour.
Dès

(*a*) S. F., qui a écrit en Allemand la *Vie de Charles XII,* dit, Tom. IX, que Mehemet n'arriva que le 10. Octobre. Il fe trompe.

Dès qu'il fut un peu au Fait, il envoïa son Interprete à Charles XII, pour lui faire savoir, que les Choses paroissoient être sur un bon Pié, & que Sa Majesté ne laisseroit pas d'obtenir de la Porte tout ce qu'Elle souhaitoit. La Lettre, que le Cham lui écrivit à cette Occasion, & que nous avons inférée parmi les *Piéces Justificatives*, semble avoir été écrite dans la Ville où le Cham faisoit ordinairement sa Résidence. Il se peut qu'il ne l'ait pas voulu faire partir, avant qu'il eut examiné sur les Lieux la Situation des Affaires. Quoiqu'il en soit, quelques Jours après la Réception de cette Lettre, le Séraskier Jussuf Bacha fit savoir au Roi, par le Capiziler Aga, qui demeuroit auprès de Sa Majesté, qu'il avoit eu des Nouvelles de Constantinople, qu'on lui avoit ôté le Gouvernement de Bender, & qu'on venoit de lui donner celui de Trébisonde, qui n'étoit pas à beaucoup près aussi considérable que le prémier. Que le Cham des Tartares lui avoit joué ce Tour-là; & que ce Prince étoit grand Ami du nouveau Vizir, avec lequel il avoit formé une étroite Liaison, dans le tems qu'ils avoient été tous deux exilez dans un même Lieu. La Haine du Cham venoit de ce que le Séraskier de Bender avoit travaillé sous main à sa Déposition, en quoi il avoit parfaitement réussi. D'ailleurs, ce même Bacha avoit été cause que les Tartares avoient perdu une Partie de leurs anciennes Libertez, & qu'ils se trouvoient réduits à dépendre entiérement du Grand-Seigneur (*a*).

Le Cham des Tartares, durant le Séjour qu'il fit à Constantinople, demeuroit dans un vieux Chateau, à trois Lieues de cette Capitale. Il eut de fréquentes Conférences avec le Grand-Vizir; & il fut enfin résolu, qu'on assembleroit le Divan, pour délibérer sur les Affaires du Roi de Suede. Le Grand-Seigneur fit dire au Cham de s'y trouver (*b*). Toutes ces Démarches ne plaisoient point à l'Ambassadeur de Russie, auquel l'étroite Liaison, qu'il y avoit entre le Cham & le Grand-Vizir, étoit devenue suspecte. Il ne perdit pourtant pas toute Espérance; &, se fiant sur l'Expédient qu'il avoit si souvent emploïé, il se flattoit, qu'il ne lui seroit pas impossible de faire changer ces Résolutions, en distribuant à propos une bonne Somme d'Argent. Pour sonder les Intentions de la Cour, il présenta une Lettre du Czar, écrite le même Jour que le Cham étoit arrivé à Constantinople. Cette Lettre étoit

dans

1710.
Octobre.

le 24.
Le Gouvernement de Bender ôté à Jussuf Bacha.

Novembre.
Le Divan est assemblé.

(*a*) Dans les Mémoires, qui m'ont été fournis par le Sr. Amira, il est dit, que le Séraskier Jussuf Bacha fut mis en Prison, où il demeura près de six Mois; &, qu'après cela, il se rendit dans son nouveau Gouvernement, qui est appellé Seehrezul dans ces Mémoires. A son Départ, il écrivit au Roi de Suede, pour lui dire Adieu, & pour redemander le Capiziler Aga, qui étoit resté tout le tems auprès de Sa Majesté. Cette Lettre se trouve en entier dans l'Appendice de cette Histoire No. cxli.

(*b*) Mr. de Voltaire auroit bien fait de ne pas dire, que le Cham des Tartares étoit gagné par les Présens & par les Intrigues du Roi de Suede. Rien n'est plus faux que cette Imputation.

Tome II. F f f

1710.

Novembre.

dans le même Gout que celle dont j'ai donné le Précis. Le Czar s'y plaignoit amérement du long Séjour, que le Roi de Suede faisoit en Turquie, où il ne cherchoit qu'à allumer le Feu de la Guerre. Il demandoit en finissant, que la Porte voulût lui donner une Réponse cathégorique, afin qu'il pût prendre là-dessus ses Mesures.

Audience publique du Cham.
le 10.

L'AUDIENCE publique, que le Grand-Seigneur donna au Cham, se fit avec une grande Pompe, & avec beaucoup de Magnificence. Le Sultan le reçut avec des Distinctions toutes particulieres, à cause de l'Union héréditaire, qui a été faite entre les deux Maisons, & par laquelle on est convenu, qu'en Cas que la Maison Impériale, aujourd'hui regnante, vint à s'éteindre, celle du Prince Tartare seroit la plus proche du Trône. On ne fut pas long-tems sans remarquer un Effet sensible de l'Amitié qui régnoit entre Deblet Ghirey, & Mehmet Baltadschi. Dès le Lendemain de cette Cérémonie, on païa aux Janissaires, & généralement à toutes les Troupes, les Arrérages qui leur étoient dûs, pour les derniers six Mois. Huit Jours après, le Grand-Vizir, le Cham, & quelques-uns des principaux Officiers de la Cour, eurent Ordre du Grand-Seigneur de tenir entre eux un Conseil secret. Le Retour du Roi de Suede, & la Guerre contre la Moscovie, étoient les deux Articles qui furent mis en Délibération. Tous les Membres de ce Conseil convinrent, que non seulement on avoit la meilleure Occasion du Monde de faire la Guerre au Czar, mais même que la Nécessité y obligeoit la Porte, & qu'il falloit qu'elle fût continuellement sur ses Gardes contre un Ennemi, qui ne cherchoit qu'à étendre sa Domination & à se rendre Maitre de la Moldavie, de la Valaquie, & de la Tartarie; & qui pourroit même, avec le tems, faire trembler la Ville de Constantinople (*a*).

le 18.
Le Sultan tient Conseil.

Vastes Desseins du Czar.

CES Appréhensions n'étoient rien moins que mal-fondées. On avoit en main certaines Piéces, qui ne marquoient que trop tous les vastes Desseins du Czar. Un Ministre Etranger, qui résidoit à Moscou, avoit dressé, à la Requisition de Pierre I, la Maniere dont Sa Majesté Czarienne devoit ménager la Porte. Comme cette Piéce est des plus intéressantes (*b*), nous avons crû que le Lecteur ne seroit pas fâché d'en trouver

---

(*a*) ON a dit plus haut, que le Czar affectoit de prendre le Titre d'*Empereur*. Ce Prince avoit à Vienne un Ministre, nommé Urbich, qui étoit natif de Cobourg en Saxe, & qui faisoit Profession de la Religion Luthérienne. Lorsque son Chapellain faisoit la Priere après le Sermon, il donnoit au Czar le Titre de *Majesté Impériale*: & en parlant de la Famille de ce Prince, il la nommoit la *Maison Impériale*. Cela se pratiquoit toujours, & en présence de Quantité de Monde, qui assistoit au Service Divin dans cette Chapelle. Ce n'étoit pas tout. Le Ministre Russien écrivit à l'Electeur de Maïence une Lettre touchant l'Affaire de la Neutralité; &, dans cette Lettre, qui fut portée à la Dictature à Ratisbonne, il appelle le Czar l'*Empereur mon Maitre*.

(*b*) IL paroit que cette Piéce a été dressée quelques Années avant la Bataille de Pultawa. En 1710, les Suédois la trouvérent, parmi d'autres Papiers, dans un Vaisseau,

dont

ver ici un Extrait. „ I. Dans les Conjonctures préfentes „ , dit l'Auteur , „ il fera néceffaire qu'on ménage la Porte Ottomanne. On n'a „ qu'à promettre aux Turcs tout ce qu'ils fouhaitent, fauf à en traï„ ner l'Exécution en Longueur , plûtôt que de fe les attirer à dos, ou de „ leur donner le moindre Ombrage, auffi long-tems que durera la Guer„ re contre la Suede. L'Occafion fe préfentera dans la fuite d'elle-mê„ me de travailler à la Gloire de Sa Majefté Czarienne, & de recu„ ler les Bornes de fon Empire de ce Côté-là. II. Durant la Guerre „ avec la Suede, rien n'empêchera qu'on ne puiffe fe rendre Maitre „ abfolu de l'Ukraine, & du Païs des Zaporoviens, tout le long du „ Nieper, des deux Côtez de ce Fleuve, jufqu'à la Mer Noire. Par„ là, on fe fraïera le Chemin à d'autres Conquêtes plus importantes. „ Les anciens Habitans de ces Provinces doivent, ou être entiére„ ment exterminez, ou être tranfportez en d'autres Provinces éloi„ gnées, afin qu'on foit fûr de la Poffeffion de ce Païs-là. On choifira „ enfuite les Endroits le plus avantageufement fituez, pour y conftrui„ re un certain Nombre de Forterefles, dans lefquelles on mettra en „ Garnifon des Troupes étrangeres, compofées d'Allemands & de Sué„ dois, qui feront entrez au Service du Czar. On fera, dans ces Places, „ de grands Amas de Munitions & de Vivres, afin que rien ne man„ que, quand la grande Armée fera arrivée aux Environs. C'eft de„ là, qu'elle doit tirer tout ce dont elle aura befoin. Il fe préfente „ d'ailleurs une Occafion favorable, dans la Situation où fe trouve la „ Pologne, de s'affurer, fous le Titre de *Protection*, des Places fron„ tieres de ce Roïaume, qui pourront être utiles aux Vûes que Sa Ma„ jefté Czarienne fe propofe. III. Quand une fois les Tartares, qui „ habitent le long du Nieper & de la Mer Noire, auront perdu le „ Boulevard qui les couvre de ce Côté-là, on pourra aifément les fub„ juguer, & fe rendre Maitre de la Crimée. Ce Païs eft enclavé au „ milieu des Provinces de la Domination Mofcovite, & fort à la Bien„ féance de Sa Majefté Czarienne, qui ne doit rien négliger pour faire „ cette Conquête, qui n'eft rien moins que difficile. On n'a qu'à ob„ ferver, qu'on peut, en moins de dix-huit Heures, faire une Def„ cente du Côté de *Taganrok*. Après cela, on fe poftera entre Pro„ cop & Kirtz, pour couper la Communication entre ces deux En„ droits. Si, en même tems, on fait une Attaque de l'autre Côté,

„ on

dont ils fe rendirent Maitres. On l'envoïa auffi-tôt à Charles XII à Bender. Voici ce que l'on en dit dans une Relation écrite à Breflau le 28. Février 1711, & dreffée fur le Rapport du Lieutenant-Colonel Bucholtz, qui étoit parti de Bender le 31 Décembre 1710. „ Pour faire comprendre pourquoi le Roi de Suede traite les Turcs „ avec tant de Hauteur, il faut qu'on fâche, qu'il leur a mis devant les Yeux leur „ Ruine prochaine, en leur faifant voir des Lettres & autres Piéces, qu'il a intercep„ tées, dont ils ont été tellement effraïés, qu'ils ont fur le champ pris la Réfolution „ de déclarer la Guerre à la Ruffie. „

„ on pourra se rendre Maitre de tout ce Païs-là en très peu de tems,
„ & avant qu'on puisse avoir à Constantinople la Nouvelle de cette
„ Invasion. IV. Pour tenir les Turcs en Échec, & pour se rendre
„ Maitre de la Mer Noire, il sera nécessaire qu'on occupe le Port, qui
„ est à trente-cinq Werstes de celui de Taganrok, plus près de la Tar-
„ tarie. Ce dernier n'est nullement commode pour de grands Vais-
„ seaux, au lieu que l'autre est aussi avantageusement situé qu'il se
„ puisse. Les plus grands Vaisseaux peuvent y mouiller ; & on pour-
„ ra, sans beaucoup de Peine, venir à bout de le fortifier. Lorsqu'on
„ entreprendra cette Expédition, on doit d'abord songer à s'établir à
„ Temrok & à Taman. Ces deux Places, situées vis-à-vis de la Cri-
„ mée, sont de la derniere Importance; &, par leur Moïen, on se
„ formera un Etablissement solide sur la Mer Noire, sans parler d'au-
„ tres Avantages non moins considérables. Quelques Oppositions que
„ la Porte Ottomanne puisse faire, pour empécher ces deux Eta-
„ blissemens, elle ne pourra jamais en venir à bout, ni résister aux
„ Forces de l'Empire Moscovite, sur le Pié qu'elles sont présentement
„ établies. Nos Vaisseaux sont mieux construits que ne le sont ceux
„ des Turcs: la Marine du Czar est de beaucoup supérieure à celle du
„ Grand-Seigneur; & rien n'empéchera la Flotte Russienne, comme
„ on l'a fait voir, d'aller mouiller devant Constantinople. Alors, la
„ Porte accordera volontiers au Czar ce qu'il demandera : on pourra mê-
„ me obliger le Grand-Seigneur à lui céder l'autre Bout, situé du
„ côté d'Astracan, & qui est de la derniere Importance pour Sa Majesté
„ Czarienne. Après que l'on se sera mis en Possession de toutes ces
„ Provinces, on jugera, selon les Conjonctures, s'il est Tems ou non
„ que l'on fasse valoir les Prétensions du Prince de Melite sur la Min-
„ grélie & la Georgie. S'il y a Apparence de réüssir, on attaquera
„ aussi-tôt ces deux Provinces: si-non, on pourra faire la Paix, pour
„ avoir le Tems de se bien établir dans les nouvelles Conquétes, en
„ saisissant néanmoins la prémiere Occasion qui se présentera pour
„ subjuguer les Païs qui sont à la Convenance de Sa Majesté Czarienne.
„ De cette Maniere-là, le Czar pourra se mettre seul en Possession de
„ tout le Commerce que les autres Nations font en Perse, à la Chine,
„ aux Indes, & même au Levant. Il se fortifiera en faisant avec tous
„ ses Voisins de bonnes Alliances, & des Traités avantageux. La Na-
„ vigation, par le Don & le Wolga jusques dans la Mer Baltique, est
„ tout ce que l'on peut souhaiter de plus commode. Non seulement
„ il peut débiter ses Marchandises à un meilleur Prix qu'aucune autre
„ Nation, mais il lui sera aussi très facile de donner à cet égard la Loi
„ à toute l'Europe; ce qui ne manquera pas d'attirer en Russie des
„ Richesses immenses. Pour venir à bout d'un Dessein aussi glorieux
„ que profitable, on doit, avant toutes Choses, se faire une Etude
„ particuliere de flatter en tout la Vanité de la Porte Ottomanne. On
„ ne doit épargner, ni Présens, ni Démonstrations d'Amitié, afin de
                                                              „ ne

„ ne pas donner lieu à quelques Soupçons, jufqu'à ce que le Tems foit
„ venu qu'on puiſſe agir tout d'un Coup. Si, dans les Conjonctures
„ préſentes, la Porte venoit à s'appercevoir de quelque-choſe, elle
„ pourroit bien mettre à profit la Situation où la Ruſſie ſe trouve du-
„ rant la Guerre avec la Suede, & renverſer une Partie de ces Projets:
„ du moins, il ne lui ſeroit pas difficile d'en rendre l'Exécution moins
„ aiſée. Il eſt ſur-tout à craindre, ſi les Turcs & les Tartares vien-
„ nent à faire dès à préſent quelque Mouvement, que le Czar ne réüſ-
„ fira jamais à ſubjuguer ces Nations, ni même les Coſaques. En ce
„ Cas-là, il ne pourra pas non plus ſe rendre Maitre des Ports ſur la
„ Mer Noire, dont il a abſolument beſoin pour l'Exécution de ſon
„ Projet. „

DES que le Grand-Seigneur fut informé des Propoſitions du Cham
des Tartares, & du Réſultat de la Conférence ſecrete dont nous venons de parler, il ordonna qu'on aſſemblât le grand Divan, auquel aſ-
ſiſteroient le Moufti, le Seliétar Ali Bacha, Soliman Bacha, l'Aga des
Janiſſaires, le Tobſi Bacha, le Gebichi Bacha, le Deſterdar, & le
Reis Effendi, avec une vingtaine tant d'Effendis que de Kadis, & autres Gens de Loi. Après que le Vizir eut fait Rapport à ce Conſeil de
ce qui s'étoit paſſé dans la Conférence qu'il avoit eue avec le Cham &
quelques-uns des principaux Officiers, & de la-Réſolution qui venoit
d'être priſe, il demanda à la Compagnie quel étoit ſon Sentiment ſur
ce Sujet. Les Délibérations ne furent pas longues, & le Divan conclut, qu'il falloit que le Roi de Suede fût reconduit ſurement dans ſes
Etats, comme le Grand-Seigneur le lui avoit promis, & qu'on déclarât inceſſamment la Guerre au Czar de Moſcovie, dont le Voiſinage
devenoit de jour à autre plus dangereux (a). Le Sultan, aïant approuvé ce Réſultat, ordonna qu'on le publiât dès le Lendemain dans toutes les Moſquées de Conſtantinople; ce qui ſe fit de la Maniere accoutumée.

LE Manifeſte, que la Cour Ottomanne fit publier à cette Occaſion,
étoit conçu en ces Termes. „ Nous SULTAN ACHMET, &c. Savoir
„ faiſons, que, depuis que la Paix a été conclue entre notre ſublime
„ Empire & le Czar de Moſcovie, nous avons, de notre côté, reli-
„ gieuſement obſervé tout ce à quoi Nous Nous'étions engagés. Le
„ Czar, au contraire, a toujours agi contre cette ſainte Paix, en for-
„ mant des Entrepriſes, qui ne prouvent que trop les mauvais Deſſeins
qu'il

(a) MR. DE VOLTAIRE dit dans ſon *Hiſtoire de Charles XII,* Tome I, pag. 320,
que le Cham obtint que le Rendez-vous général des Troupes ſeroit à Bender même,
ſous les Yeux de Charles XII, afin de lui marquer mieux, que c'étoit pour lui qu'on
faiſoit la Guerre. Mr de Voltaire ſe trompe: il ne fut jamais queſtion de rien de pareil. Il le reconnoit lui-même immédiatement après, lorſqu'il dit que cet Ordre fut
changé. La Raiſon, qu'il allegue de ce Changement, n'eſt pas mieux fondée que tout
ce qu'il avance ſur ce Sujet. Voïez les *Remarques du Sr.* DE LA MOTRAIE.

„ qu'il médite contre notre Empire, & les Païs des Musulmans. Non
„ seulement il a fait construire du côté de Caminiek, sur les Frontie-
„ res de la Crimée, auprès de la Mer Noire, & ailleurs, au Mépris
„ de la Parole donnée, de grandes Forteresses ; mais, il a aussi enva-
„ hi les Païs des environs, jusques sous le Canon de nos Forts. Lors-
„ que, après la Bataille de Pultawa, le Roi de Suede se réfugia sur
„ les Terres de notre Domination, les Moscovites passèrent nos Fron-
„ tieres, le poursuivirent au-de-là de quarante-huit Lieues, & lui en-
„ levèrent près d'Oczacow trois cens Hommes de ses Troupes. Trois
„ Mois après, le Czar envoïa un Corps de huit mille Hommes dans la
„ Moldavie, qui attaquérent à Czarnowitz les Suédois, dont la plû-
„ part étoient, ou malades, ou sans Armes. Durant la présente An-
„ née, le seizieme Jour du Mois de *Mucharem* (a), les Troupes Rus-
„ siennes, qui sont en Garnison dans les Forteresses en Crimée, ont
„ détaché un Parti, qui a fait des Courses sur le Plat-Païs, où les Mos-
„ covites ont tué vingt Musulmans, pillé leurs Biens, & enlevé quan-
„ tité de Chevaux. De plus, le Czar a fait marcher ses Troupes en
„ Pologne, où, tant par Tromperie que par Menaces, il a mis dans
„ sa Dépendance plusieurs des principaux Polonois. Après s'être ren-
„ du Maitre de leurs Forteresses, il y a mis Garnison, aussi-bien qu'à
„ Caminiek, & dans les autres Places situées sur nos Frontieres. Preu-
„ ve manifeste, qu'il ne songe qu'à endormir les Polonois par de vaines
„ Démonstrations d'Amitié, afin de se fraïer le Chemin à notre Em-
„ pire. A ces Causes, nous avons fait assembler tous nos Vizirs,
„ grands Officiers, Conseillers, & Gens de Loi, qui, après de mures
„ Délibérations, nous ont conseillé tous d'une Voix de déclarer la
„ Guerre aux infideles Moscovites, afin de nous opposer à tems à
„ leurs pernicieux Desseins. En conséquence dequoi, nous avons or-
„ donné à notre Grand-Vizir Mehmet Bacha, dont la Gloire soit ac-
„ compagnée de toute sorte de Bonheur, de marcher avec toute no-
„ tre Armée de Terre contre ces Infideles, & de mettre en Mer no-
„ tre Flotte Impériale, pour se rendre du côté d'Asof. Nous lui avons
„ enjoint, en outre, de faire ensorte que tout se trouve prêt pour le
„ Commencement du Printems prochain, afin que l'on puisse aussi-tôt
„ entrer en Campagne. „

CETTE Déclaration fut envoïée au Czar. Elle étoit accompagnée
d'un Ecrit, qui contenoit les Prétensions du Grand-Seigneur, & les
Conditions auxquelles il vouloit faire la Paix. Cette Piéce fut communiquée par le Prince Menzicof au Baron de Leuwolde, Plénipotentiai-
re du Czar, & son Commissaire général en Livonie. Ce dernier la rendit publique: & voici quelles étoient ces Conditions: „ I. Que le Czar
„ rendroit Asof avec ses Dépendances, après qu'il auroit fait démo-
„ lir, à ses propres Fraix & Dépens, les nouvelles Forteresses qu'il y
„ avoit

(a) C'est-à-dire le 12. de Juin 1710.

„ avoit fait conſtruire, auſſi bien que celles qu'il avoit fait bâtir ſur „ la Mer Noire. II. Qu'il renonceroit à ſon Alliance avec Frédéric- „ Auguſte, Electeur de Saxe, & qu'il reconnoitroit Staniſlas pour Roi „ de Pologne. III. Qu'il rendroit au Roi de Suede la Livonie ; qu'il „ feroit démolir la Ville de Petersbourg ; & qu'il rendroit générale- „ ment toutes les Conquêtes qu'il avoit faites durant cette Guerre. IV. „ Qu'il feroit une Alliance défenſive avec le Roi de Suede & le Roi „ Staniſlas contre l'Electeur de Saxe, en cas que celui-ci ne rendît point „ à Staniſlas la Couronne de Pologne qu'il lui avoit cédée. V. Que „ le Czar rétabliroit les Coſaques dans leur ancienne Liberté, & qu'il „ leur rendroit leurs Privileges. VI. Qu'il reſtitueroit au Roi de Sue- „ de les Trophées & autres Choſes priſes à Pultawa, ou qu'il en païe- „ roit la Valeur en Argent comptant. VII. Qu'il retireroit ſa Flotte „ de Woronitz, & qu'il en feroit ſortir la Garniſon, afin qu'il ne pût „ rien entreprendre ſur la Mer Noire. „

A-peine la Guerre eut-elle été déclarée, qu'on vit arriver à Conſtan- tinople pluſieurs Changemens dans les grands Emplois. Quelques-uns des principaux Officiers, que leur grand Attachement aux Intérêts du Czar avoit rendu ſuſpects, furent dépoſez, & l'on en mit à leur pla- ce d'autres ſur la Fidélité deſquels on croïoit pouvoir compter. Parmi ceux, qui furent dépouillés de leurs Charges, ſe trouvoit Juſſuf Ba- cha, Séraskier de Bender. On l'accuſoit d'avoir accepté du Czar une Somme d'Argent. Les Suédois lui rendoient pourtant la Juſtice, qu'il étoit honnête Homme, & qu'il n'avoit jamais rien fait qui fût contrai- re aux Intérêts de Charles XII. Mauro Cordato, Hoſpodar ou Prince de Valachie, eut le même Sort. A-peine avoit-il gouverné cette Pro- vince un An, qu'il fut obligé de la céder à Démétrius Cantimir, qui lui ſuccéda dans cè Poſte. Ce dernier étoit un peu Parent du Cham des Tartares.

Les Préparatifs de Guerre faiſoient l'Objet des Soins du Grand Vi- zir. Le nouvel Amiral Atei Mehmet Bacha, qui avoit ſuccédé à Gia- rum Hadzia, eut Ordre de faire préparer, outre les petits Batimens, deux cens quatre-vingt tant Fregattes, que Galleres & Vaiſſeaux de Guerre ; ſur leſquels on comptoit juſqu'à trente-cinq mille Hommes d'Equipage. Le Tobſi Bacha fit tenir prêt un Train conſidérable d'Ar- tillerie, qu'il devoit commander avec un Corps de quatorze mille Hommes. La grande Armée devoit être compoſée de cent cinquante mille Hommes, auxquels ſe joindroit l'Armée Tartare, dont on fai- ſoit monter le Nombre à environ deux cens mille Hommes.

Tous ces Arrangemens aïant été pris, le Cham des Tartares écrivit au Roi, pour lui notifier que les Choſes étoient enfin parvenues au Point qu'il les avoit ſouhaitées. Le Lendemain, ce Prince eut ſon Audience de Congé du Grand-Seigneur, qui lui fit des Préſens très magnifiques. Au ſortir de Conſtantinople, le Grand-Vizir l'accompagna, avec une Sui- te des plus belles, juſqu'à une certaine Diſtance de cette Capitale, où ils

1710.

Novembre.
Il part de
Constanti-
nople pour se
rendre à
Bender.

ils se dirent Adieu. Après un Voïage de quelques Jours, le Cham arriva à Bender, où il fit son Entrée en Cérémonie, aux Acclamations d'un Peuple infini, qui étoit allé au devant de lui. Dès le Jour suivant, il alla voir le Roi, avec lequel il demeura au-de-là de quatre Heures. Dans cette longue Conférence, il avoit proposé à Sa Majesté, comme il le dit lui-même dans la suite au Lieutenant-Colonel Lagerberg, d'ouvrir la Campagne par le Siege de Taganrock, Place des plus importantes, tant à cause de la Facilité avec laquelle on pourroit y débarquer, que pour avoir un Port commode où l'on pourroit transporter tout ce qui seroit nécessaire pour la Subsistance de l'Armée. Qu'ensuite, l'Armée Turque iroit faire le Siege de Kamienka & de Samara; qu'en cinq ou six Jours tout au plus, les deux Armées pourroient se joindre, & que tant que les deux derniers Endroits seroient assiégés, il étoit impossible qu'on pût jetter du Secours dans Taganrock. Que lorsqu'on auroit pris cette Place, on pourroit aisément se rendre Maitre d'Asof. Pendant que les Turcs agiroient de ce Côté-là, le Cham vouloit pénétrer en Russie à la tête de ses Cosaques; que cela obligeroit infailliblement le Czar de sortir de Pologne, & qu'alors on jugeroit quel Fond on pourroit faire sur les Polonois. Le Prince Tartare étoit d'Opinion, que si les Turcs marchoient à Kiow, ou vers les Frontieres de Pologne, les Moscovites ne manqueroient pas de faire mine de vouloir livrer Bataille: mais, qu'ils se retireroient aussi-tôt, pour attirer les Turcs en Pologne, afin de les rendre odieux aux Habitans de ce Roïaume; ce que l'on éviteroit, si l'on suivoit le prémier Projet. Telles furent les Idées du Cham. Après s'être reposé quelques Jours à Bender, il continua son Chemin, pour retourner en Crimée.

L'Ambas-
sadeur de
Russie en-
voïé aux
sept Tours.

Dès que l'Ambassadeur de Russie eut appris par la Voix publique la Résolution qui venoit d'être prise, il présenta un Mémoire, dans lequel il se plaignit fortement de cette Rupture. Il se donna tous les Mouvemens imaginables: mais, quelques Représentations qu'il pût faire, ses Raisons ne firent que blanchir. Aïant eu Ordre de se rendre auprès du Grand-Seigneur, à peine étoit-il sorti du Fauxbourg ou logent ordinairement les Ministres des Princes Chrétiens, pour entrer

le 29

dans la Ville, qu'on l'arréta avec une trentaine de Personnes qui l'accompagnoient, & qu'on le conduisit aux sept Tours. Afin, néanmoins, de garantir sa Maison des Insultes du Peuple, qui profite souvent de ces Occasions-là pour piller, on y envoïa un Aga avec cent-cinquante Hommes de la Garde du Grand-Vizir, pour dresser un Inventaire de tout ce qui s'y trouvoit. Quelques-uns des Ministres étrangers tentérent de le faire sortir de Prison: ils offrirent même d'en être Caution; mais, leurs Mouvemens furent inutiles.

Le Sieur Bonkouwski (*a*), chargé des Affaires du Roi Auguste,

ne

(*a*) Voïez ci-dessus page 389.

ne fut exemt du même Sort, que par ce que le Général Poniatouski, qui avoit beaucoup d'Amis parmi les Principaux Officiers Turcs, intercéda en fa Faveur. Auffi-tôt, l'Ordre, qu'on avoit expédié pour l'arrêter, fut révoqué. Neugebauer s'intéreffa auffi pour ce Gentilhomme; & cela, parce qu'il lui avoit écrit pour implorer la Protection du Roi de Suede, qu'il n'avoit pourtant pas méritée par fa Conduite. Le Sieur Ribinski, autre Miniftre du Roi Augufte, ne faifoit que d'arriver à Bender. Le Grand-Vizir écrivit fur fon Sujet au Séraskier Mehmet Pacha, ,,que la Porte Ottomanne avoit fait la Paix avec la République de Pologne, du tems qu'Augufte avoit été fur le Trône; ,, mais, que ce Prince aïant dans la fuite renoncé à la Couronne, & ,, s'étant engagé par Serment à ne jamais la redemander, la Porte ne ,, pouvoit entrer en aucune Négociation avec Augufte, entant que ,, Roi de Pologne; qu'Elle ne le confidéroit que comme Electeur de ,, Saxe; que, cependant, Elle vouloit vivre avec la République en ,, bonne Intelligence, & obferver religieufement la Paix de Carlowitz. ,, Que, pour ces Raifons, on ne pouvoit admettre le Sieur Ribinski, ,, à qui le Séraskier diroit, qu'il n'avoit qu'à s'en retourner d'où il étoit ,, venu.,, Cet Ordre fut éxécuté ponctuellement: &, au Départ de Ribinski, le Séraskier le chargea d'une Lettre pour le Général Siniauwski, dans laquelle il répétoit les Raifons dont le Vizir s'étoit fervi, en lui ordonnant de renvoïer le Miniftre Polonois du Roi Augufte.

Lettre du Grand-Vizir au Séraskier de Bender. V. L'APP. No. CXLIII.

COMME les Affaires de Charles XII à la Cour Ottomanne fembloient avoir changé de Face d'une maniere avantageufe, & qu'il avoit lieu de fe flatter que la Fortune lui feroit favorable de ce Côté-là, il commença à fonger férieufement à l'Affaire de la Neutralité, fur laquelle il ne s'étoit point encore expliqué. Quoique nous aïons dit quelquechofe en paffant de cette Convention fi finguliere (a), nous avons cru devoir renvoïer, jufqu'à cet Endroit, le Détail de tout ce qui fe paffa là-deffus.

V. L'APP. No. CXLIV.

Affaire de la Neutralité.

LES Puiffances, qui firent la prémiere Ouverture ce cette Neutralité, peuvent bien avoir été dans de bonnes Intentions: mais, certaines Circonftances donnent lieu de croire, que ce Projet avoit été fabriqué par les Miniftres des Princes avec lefquels le Roi de Suede étoit en Guerre, & que ces Meffieurs n'avoient eu d'autre But, que de procurer à leurs Maitres la Facilité d'agir, fans trouver nulle part de la Réfiftance. Le Roi de Dannemarck venoit de faire une Defcente en Scanie, & le Roi Augufte étoit rentré en Pologne pour fe placer de nouveau fur le Trône, moïennant le Secours du Czar de Mofcovie. Si les Danois venoient à être battus, il étoit à craindre, que le Général Craffou ne tombât fur le Holftein, & fur le Jutland. Son Armée pouvoit même être renforcée par de nouvelles Troupes, qu'on tranfporteroit

(a) On en a parlé pagg. 381, 382.

teroit de Suede en Poméranie, ou qu'on leveroit dans les Provinces en Allemagne : &, par ce Moïen-là, il auroit été bientôt en état de pénétrer en Saxe; ce qui n'auroit pas manqué de déranger extrémement les Projets des Princes ligués contre Charles XII. Il restoit encore un autre Expédient à Crassou. C'étoit de rentrer en Pologne, où le Roi Stanislas conservoit beaucoup d'Amis & de Partisans. La plûpart des Grands de ce Roïaume étoient mécontens de la Maniere d'agir des Moscovites, & ne souhaitoient que de voir la Porte rompre avec le Czar. Crassou auroit pû tailler bien de la Besogne aux Ennemis de son Maitre : les Polonois, divisés entre eux, se seroient réünis, pour chasser un Ami, qui étoit beaucoup plus à craindre, que s'il avoit été Ennemi déclaré; & une nouvelle Révolution auroit pû mettre fin à cette Guerre d'une Maniere toute différente de celle dont on se flattoit de la terminer. Il étoit donc de l'Intérêt de ces Puissances d'empécher que Crassou ne pût sortir de la Poméranie. En lui liant les mains, on prévoïoit, que les Troupes, qu'il avoit sous ses Ordres, fondroient insensiblement, sans qu'elles eussent rendu le moindre Service à leur Maitre. Pour en venir à bout, on ne pouvoit jamais imaginer un Prétexte plus spécieux, que celui de pourvoir à la Tranquilité générale de l'Empire d'Allemagne. Sans faire aucune Mention des Inconvéniens qui résultoient de ce Projet, on ne parloit, que de garantir contre toute Invasion les Provinces que la Suede possédoit en Allemagne. Les Troupes de Crassou devoient entrer au Service des Hauts Alliés, le Roi de Suede toucheroit des Subsides considérables, & le Roi de France n'auroit pas le tems de respirer; mais, le contraire arriveroit infailliblement, si on laissoit à Crassou la Liberté d'agir, soit en Allemagne, ou en Pologne.

L'EMPEREUR, quelque Ami qu'il fût du Roi de Suede, ne fit point de Difficulté de consentir à une Convention si contraire aux Intéréts de Charles XII. Encore tout nouvellement, Sa Majesté Impériale avoit dit à Stralenheim, qu'Elle se fioit plus à une seule Parole de Charles, qu'à dix Lettres de certains autres Princes, quelque autentiques qu'elles pussent être. La Cour de Vienne ne manquoit point de Raisons pour colorer la Démarche qu'elle venoit de faire. On n'est pas sûr, disoit-on, des Intentions du Roi de Suede. Ce Prince pourroit bien, en cas qu'il remportât, par le Moïen des Turcs, quelques Avantages sur ses Ennemis, se liguer avec la France, au Préjudice de la Cause commune. Il semble d'ailleurs, qu'il ne soit pas de l'Intérêt de la Maison d'Autriche de permettre, que le Roi de Suede se rende Maitre des Affaires en Pologne: & ce Voisinage pourroit avec le tems devenir dangereux pour les Etats Héréditaires. Si le Roi de Suede, ajoutoit-on, réüssit dans ses Négociations à la Porte, & que celle-ci vienne à déclarer la Guerre, l'Empereur s'attirera infailliblement la Haine de toutes ces Puissances qui ont proposé l'Acte de Neutralité. Les Insinuations du Clergé Romain étoient une autre Raison

qu'on

qu'on alléguoit. L'Empereur Joſeph étoit naturellement porté à la Tolérance: il avoit beaucoup d'Eſprit & de Lumieres, & ſavoit réprimer à propos le Zele indiſcret des Prêtres & des Moines. Cependant, en cette Occaſion-là, il ne pouvoit s'empécher de prêter l'Oreille à leurs Repréſentations, dont le Refrein ordinaire étoit, qu'on devoit abaiſſer la trop grande Puiſſance de Charles XII; que ce Prince étoit capable de tout entreprendre; que le Changement, qui venoit d'arriver en Siléſie, marquoit ſuffiſamment, qu'il ne cherchoit qu'à porter à l'Egliſe Romaine les Coups les plus rudes; & qu'il ne manqueroit pas d'éxecuter ce Projet, ſi on luï donnoit le Tems de reprendre ſon ancienne Supériorité.

Aprés que l'on eut examiné à la Cour de Vienne les Raiſons dont je viens de parler, auxquelles on en ajouta d'autres moins importantes, le Cardinal de Lamberg, en Qualité de principal Commiſſaire de l'Empereur à la Diette de Ratisbonne, fit la Déclaration ſuivante aux Conſeillers & Ambaſſadeurs des Electeurs, Princes, & Etats, de l'Empire. „Sa Majeſté Impériale,, ,diſoit-il, „eſpere, que vous vous ſou-
„ viendrez de ce qu'Elle vous a fait connoître par ſon Décret de Com-
„ miſſon du ۰۰. Décembre de l'Année derniere, touchant la Garantie
„ requiſe par les Puiſſances du Nord alliées contre la Couronne de
„ Suede, à l'égard des Entrepriſes des Troupes Suédoiſes, qui ſont
„ préſentement en Poméranie. Sa Majeſté Impériale a été informée
„ depuis, que les Etats-Généraux des Provinces-Unies ont réſolu de
„ renouveller leurs précédens Offices, afin que ces Troupes ne retour-
„ nent point en Pologne, & ne commettent aucune Hoſtilité contre
„ l'Empire, ou contre le Schleswig & le Jutland, en cas qu'elles ne
„ puiſſent pas ſortir de la Poméranie, ſans paſſer ſur les Terres de
„ l'Empire. D'ailleurs, Leurs Hautes Puiſſances ont fait remontrer,
„ que ſi, non-obſtant leurs Offices & Propoſitions amiables, ces Trou-
„ pes rentroient en Pologne, ou venoient à commettre des Hoſtilitez
„ contre les Païs de l'Empire & les deux autres Provinces, elles ſe-
„ roient obligées, conjointement avec Leurs Majeſtez Impériale &
„ Britannique, & les Electeurs & Princes qui ſe ſont déclarez là-deſ-
„ ſus, où qui ſe déclareront à l'avenir, de prendre des Meſures con-
„ tre la Suede, avec les autres Puiſſances alliées, pour empécher ces
„ Troupes de retourner en Pologne, ou de commettre des Hoſtilitez
„ contre les Provinces de l'Empire, qui appartiennent au Danne-
„ marck, & à la Saxe, & contre le Schleswig & le Jutland, & pour
„ les porter à l'Obſervation de la Neutralité; avec Aſſurance néan-
„ moins, que, du côté de ceux du Parti contraire, il ne ſera entre-
„ pris aucune Hoſtilité contre les Provinces Suédoiſes ſituées en Al-
„ lemagne. Sa Majeſté Impériale, aprés avoir murement conſidéré
„ cette Réſolution des Etats-Généraux, s'eſt étroitement engagée
„ avec les Puiſſances Maritimes pour la maintenir, afin de conſerver
„ le Repos de l'Empire. Elle ſe perſuade, que le Roi de Suede lui-
„ mê-

1710.

Novembre.

„ même y trouvera son Avantage, & celui de ses Etats en Allemagne.
„ Mais, comme Sa Majesté Impériale ne voit pas, en cas que le con-
„ traire arrivât, de quelle Maniere la Tranquilité peut être maintenue
„ dans l'Empire, ni comment on pourroit empécher la Diversion que
„ l'Ennemi attend des Troubles qui regnent dans le Nord, Elle a trou-
„ vé bon d'en faire Part à la Diéte, afin qu'elle y fasse Réflexion, &
„ qu'elle avise aux Moïens que l'Empire pourroit mettre en œuvre
„ pour y parvenir. „   Cet Ecrit étoit daté de Ratisbonne, le $\frac{1}{7}$. Janvier 1710.

Acte de
Neutralité.
V L'App.
No. CXLV.

APRES plusieurs Conférences tenues à la Haie sur cette Matiere entre les Ministres des Puissances Maritimes, & celui de l'Empereur, on
dressa, le 20. Mars l'Acte de la Neutralité. Cette Convention, y étoit-
il dit, n'a pour But que de conserver le Repos & la Tranquilité dans
l'Empire, & d'empécher que le Feu de la Guerre, qui s'est allumé
dans le Nord, ne porte aucun Préjudice aux Puissances alliées contre
la France. Les Troupes Suédoises, qui sont dans la Poméranie, ne
retourneront point en Pologne, & elles ne commettront aucune Hos-
tilité, ni dans l'Empire, ni contre le Schleswig & le Jutland. Les
Troupes Danoises, qui se trouvent dans ces deux Provinces, observeront la même Chose à l'égard des Etats du Roi de Suede situez en Allemagne ; & l'on ne donnera point le Passage sur les Terres de l'Empire aux Troupes que le Czar s'est engagé de fournir au Roi de Dannemarck. L'Empereur, la Reine de la Grande-Bretagne, & les Etats-
Généraux, donnent en commun la Garentie de cette Neutralité, à laquelle ils invitent tous les Princes de l'Empire.

La Regence
de Suede
l'accepte.

LE 25. Mars, cet Acte fut envoïé à Stockholm par un Courier,
qui n'y arriva que le 11. Avril. Les Etats de Suede étoient alors assemblez. Le Sénat, quoiqu'accablé d'Affaires, ne laissa pas de mettre aussi-tôt cette Matiere en Délibération. Il étoit assez embarassé sur
le Parti qu'il prendroit. On étoit surpris de voir, que, non seulement
les Puissances amies de la Suede, avoient consenti aux Propositions
qui leur avoient été faites par les Princes avec lesquels Charles XII
étoit en Guerre ; mais, qu'elles menaçoient même, en cas que la
Suede n'acceptât pas la Convention qu'elles avoient dressée, de prendre avec ses Ennemis déclarez des Mesures pour l'obliger à observer
la Neutralité. Quand, d'un autre côté, on considéroit l'Absence du
Roi, l'Incertitude devenoit plus grande. On n'avoit point eu de Nouvelles de Sa Majesté, & il s'étoit répandu sur son Sujet différens
Bruits, dont on ne savoit auquel ajouter Foi. Tantôt on publioit, que
Charles étoit dangereusement malade, tantôt qu'il étoit mort: une autre fois, qu'aïant rencontré à la Cour Ottomanne des Difficultez in-
surmontables, il s'en étoit lassé; qu'il étoit parti de Bender, & qu'il
tomberoit peut-être entre les Mains de ses Ennemis. Une autre Circonstance augmentoit l'Inquiétude où l'on étoit: c'est que la Suede
n'avoit, dans ces tristes Conjonctures, aucun Ami dont elle pût espérer.

rer des Conseils defintéreffés, ou la moindre Affiftance. Ceux, qui s'intéreffoient le plus dans l'Affaire de la Neutralité, étoient trop étroitement liés avec le Czar, & l'on avoit en mains des Piéces, qui prouvoient fuffifamment ces dangereufes Liaifons (a). Telle étant la Situation des Chofes, il n'y avoit rien à faire pour le Sénat, que d'accepter la Convention qui venoit d'être faite. Le Courier fut renvoïé au bout de trois Jours, avec Ordre à Mr. de Palmquift, Envoïé de Suede à la Haie, d'accepter la Neutralité. On y ajouta pourtant certaines Claufes & des Limitations, qui ne pouvoient qu'incommoder les Ennemis de la Suede, & particuliérement le Roi de Dannemarck, au lieu qu'elles confervoient à Charles XII la Liberté de rejetter la Neutralité à la moindre Contravention de la Part des Puiffances, ou de l'obferver felon qu'il y trouveroit fon Intérêt, ou de ne la point obferver, quand une fois il feroit forti d'Embarras, & qu'il fe trouveroit à portée de prendre telles Mefures qu'il jugeroit à propos pour la Sureté & la Deffenfe de fes Etats.

Des qu'on eut appris cette Nouvelle à la Haie, le Comte de Werthem, & le Baron de Gersdorf, Miniftres du Roi Augufte, acceptérent, au Nom de leur Maitre, la Neutralité. L'Ambaffadeur de Ruffie le fit pareillement; &, en dernier lieu, le Miniftre de Dannemarck, quoique fon Maitre refufât conftamment de figner la Convention fur le Pied que les Alliés y avoient confenti, & qu'elle avoit été approuvée par la Régence de Suede. Peu de tems après, arrivérent les Déclarations du Roi de Pruffe & de l'Electeur de Hanovre, avec celles du Duc Adminiftrateur de Holftein, & de la Régence de la Poméranie.

Armée pour l'éxécution de la Neutralité.

Quand cela fut fait, on dreffa, le 24. Juin, un Etat de l'Armée qui devoit être mife fur pied pour le Maintien de cette Neutralité. Selon ce Projet, l'Empereur fourniroit deux Régimens de Cavalerie chacun de mille Chevaux. Les Puiffances Maritimes devoient donner enfemble douze Bataillons, de fept cens Hommes chacun. Le Roi de Pruffe & les Electeurs de Maïence & de Hanovre donneroient chacun cinq cens Chevaux, & deux mille cent Hommes d'Infanterie. A ces Troupes, l'Evêque de Munfter, les Ducs de Wolfembuttel & de Meklenbourg, & le Landgrave de Heffe, joindroient chacun fept cens Fantaffins : de forte que toute l'Armée monteroit à trois mille cinq cens Chevaux, & dix-fept mille cinq cens Fantaffins.

Les Miniftres de Saxe, de Dannemarck, & de Ruffie, faifant tous les jours de nouvelles Repréfentations, ceux de l'Empereur, & des Puif-

_____

(a) L'Amiral Watrang prit un Yacht, où l'on trouva quantité de Papiers de Conféquence, & entre autres beaucoup de Lettres qui concernoient l'Affaire de la Neutralité, qui étoient écrites par ceux qui pouffoient le plus cette Affaire. On découvrit par-là toutes les Négociations fecrettes avec le Czar.

Lettre du Roi de Prusse au Velt Maréchal Gyllenstierna.

Puissances Maritimes, eurent assez à faire pour y répondre. Nous n'entrerons point dans tout ce Détail, qui nous meneroit trop loin (a). Il suffit de dire, que tout cela n'avoit pour Objet, que d'empêcher que les Troupes Suédoises, qui étoient en Poméranie, ne fissent aucun Mouvement.

Le Roi de Prusse écrivit sur ce Sujet au Velt-Maréchal Gyllenstierna une Lettre, dont je crois devoir donner le Précis. Sa Majesté y disoit, „ qu'Elle avoit eu Avis de différens Endroits, que les Troupes „ Suédoises, qui étoient sous les Ordres de Crassou, cherchoient à pé- „ nétrer en Pologne, sous prétexte que les Moscovites & les Polonois, „ qui se tenoient sur la Frontiere, méditoient de faire une Irruption „ en Poméranie, non-obstant la Déclaration que le Roi Auguste avoit „ fait faire à la Haie de vouloir observer religieusement la Convention „ pour la Neutralité de l'Empire. Que, pour cette Raison, Sa Ma- „ jesté Prussienne avoit jugé à propos de faire savoir au Velt-Maré- „ chal, que les trois Puissances Alliées contre le Roi de Suede n'a- „ voient jamais songé à rien de pareil. Que comme il commandoit en „ Chef les Troupes Suédoises en Allemagne, il jugeroit mieux que „ personne à quoi il s'exposoit, si, par quelque Marche précipitée en „ Pologne, il donnoit lieu à de facheuses Conséquences. Qu'il ne pou- „ voit pas ignorer ce qui avoit été résolu contre une pareille Mar- „ che, tant à Ratisbonne, qu'à la Haie; & que l'Empereur, aussi- „ bien que l'Empire, qui étoient en Guerre avec la France, pren- „ droient fort mal cette Entreprise. Que par rapport à Sa Majesté „ Prussienne, elle ne pouvoit regarder cette Marche que comme fort „ dangereuse. Qu'au moindre Mouvement que feroient les Suédois, „ les Troupes Moscovites & Polonoises qui se trouvoient dans le Voi- „ sinage, marcheroient au devant d'eux sur le Territoire de Prusse, „ entre la Pologne & la Poméranie Antérieure; & qu'ainsi les Etats „ de Sa Majesté Prussienne deviendroient le Théatre de la Guerre. „ Que personne ne trouveroit à redire à ce que Sa Majesté cherchoit „ à détourner ce Malheur de ses Provinces. Qu'ainsi, Elle exhortoit le „ Velt-Maréchal à bien songer à ce qu'il avoit à faire, & à ne point „ permettre que les Troupes se missent en Marche. Qu'on ne pou- „ voit, ni ne devoit, le lui permettre: qu'on seroit obligé, confor- „ mement au Résultat de la Diete de Ratisbonne, de prendre avec le „ Dannemarck, la Pologne, & le Czar, des Mesures pour s'y oppo- „ ser; & qu'on se réservoit la Compensation des Fraix qu'on seroit „ obligé de faire. „ Cette Lettre étoit écrite à Charlottebourg, le 1/7. Juillet 1710.

Réponse du Comte.

Le Comte Gyllenstierna y répondit aussitôt: disant, „ qu'il voïoit „ avec Surprise, que Sa Majesté Prussienne le soupçonnoit d'une Cho- „ se,

(a) La plûpart des Mémoires, & autres Piéces, relatives à cette Affaire, se trou- vent dans le sixieme Volume des *Mémoires de* Lamberty. R. D. T.

„ fe, qui ne lui étoit feulement pas venue dans l'Efprit.   Que le Roi
„ fon Maitre, & le Sénat, ne lui aïant point envoïé d'Ordre fur
„ ce Sujet, il étoit bien éloigné de faire de lui-même la moindre Dé-
„ marche qui pût altérer le Repos & la Tranquilité de l'Empire, ou
„ qui fût contraire à la Neutralité.   Que les Mouvemens, qu'il avoit
„ faits, ne pouvoient donner de l'Ombrage à perfonne; qu'il étoit
„ permis, felon les Loix divines & humaines, de fe mettre en Def-
„ fenfe contre fes Ennemis; & qu'il n'avoit raffemblé fes Troupes,
„ qu'afin qu'elles fuffent à portée, en cas que l'on en eut befoin. „

A LA prémiere Nouvelle, que Charles XII eut de la Neutralité, il
ordonna à fes Miniftres, tant à Vienne & à Ratisbonne, qu'en Angleterre, en Hollande, en Pruffe, & à Hanovre, de déclarer, que Sa
Majefté ne l'approuvoit point.   Qu'il étoit contraire au Droit de la
Nature & des Gens, que ceux, qui étoient obligés par des Conventions folemnelles à lui prêter du Secours contre fes Ennemis, vouluffent au lieu de cela lui lier les Mains, & lui prefcrire des Loix. Elle
enjoignit en même tems à fes Miniftres, de faire fouvenir fes Alliés,
qu'Elle avoit toujours été favorablement difpofée pour eux, & que,
pour s'en convaincre, ils n'avoient qu'à fe rappeller le Tems qu'Elle
avoit été en Saxe à la tête d'une Armée victorieufe.   Qu'Elle ne fongeoit à rien moins qu'à caufer des Troubles dans l'Empire, ou à les
empêcher de continuer la Guerre avec la France; que fi l'on avoit in-
finué quelque chofe de pareil, ce n'étoient que des Artifices, que fes
Ennemis mettoient en œuvre pour la décrier.   Ce fut fur le même Ton,
que le Roi s'expliqua en écrivant fur ce Sujet au Sénat. Il approuvoit,
difoit-il, le Zele & l'Attachement que la Régence faifoit paroitre
pour fon Service & pour la Confervation du Roïaume: mais, il ne pouvoit que trouver fort mauvais, qu'elle eut confenti à la Neutralité, &
à ce que fes Troupes entraffent à la folde des Alliés. Que fi l'on avoit
entamé quelque Négociation fur cette matiere, on devoit la rompre
fur le champ.

CETTE derniere Circonftance ne laiffa pas de déranger beaucoup les
Idées de ces Puiffances qui avoient formé le Plan de la Neutralité;
fur-tout, lorfqu'on apprit que les Affaires du Roi de Suede à la Porte
avoient entierement changé de Face.   Les Troupes Suédoifes, qui é-
toient en Poméranie, montoient à plus d'onze mille Hommes: & comme cette Armée donnoit de l'Ombrage au Roi de Dannemarck & à
Augufte, ils redemandérent leurs Troupes qui fervoient dans l'Armée
des Alliés contre la France.   L'Angleterre & la Hollande s'y oppoférent fortement, fous prétexte qu'on en avoit plus befoin que jamais.
Les Princes de l'Empire, voifins de la France, étoient dans de grandes Appréhenfions, qu'ils ne fuffent attaqués par cette Puiffance. Comme ils devoient être continuellement fur leurs Gardes, ils refuférent
de fournir d'avantage de Troupes à l'Armée des Alliés, & de donner
leur

1710.

Novembre.

Mémoire
du Ministre
de Russie à
Vienne.

leur Contingent pour celle qu'on mettroit sur pié pour le Maintien de
la Neutralité.

LE Sieur Urbich, Ministre de Russie à Vienne, causa un Bruit
épouvantable par un Mémoire qu'il présenta, & dans lequel il avançoit
des Choses indignes de son Caractere. ,,Le Czar,, ,disoit-il, ,,est trop
,, bien instruit des Desseins du Roi de Suede. Ce Prince s'est engagé
,, à réduire l'Ukraine sous la Puissance de la Porte; &, dès que Sta-
,, nislas sera remonté sur le Trône, la Pologne deviendra tributaire des
,, Turcs. La Cour Ottomanne, de son côté, s'est engagée à donner
,, au Roi de Suede une Escorte considérable pour le reconduire. Une
,, Armée formidable, doit entrer en Saxe par la Silésie, où Charles a
,, beaucoup de Partisans, qui ne manqueront pas de s'attacher à lui.
,, D'ailleurs, les Mécontens en Hongrie sont dans ses Intérêts.,,   La
Conclusion de ce beau Mémoire étoit, que le Czar, avec ses Alliés, insistoit pour que l'on assemblât sans délai l'Armée de la Neutralité.

LES Etats tant de la Haute que de la Basse Silésie ne laissérent pàs
sans Replique le Mémoire du Ministre Moscovite. Ils publiérent un
Manifeste, dans lequel ils se justifioient amplement des fausses Insinuations qu'on avoit avancées contre eux, & se déclaroient fideles Sujets
& Serviteurs de Sa Majesté Impériale. Cette Démarche fut suivie
d'une infinité d'autres Déclarations, qu'il seroit trop long de rapporter.

Déclaration
de Charles
XII contre
la Neutra-
lité.
V. L'APP.
No. CXLVI.

ENFIN, arriva la Déclaration de Charles XII, par laquelle il protestoit dans toutes les Formes contre la Neutralité. Cette Piéce, qui fut
répandue dans toutes les Cours de l'Europe, portoit en substance:
,,Que, lorsque Sa Majesté Suédoise avoit appris, que l'Empereur, la
,, Reine de la Grande-Bretagne, les Etats-Généraux des Provinces-
,, Unies, & plusieurs Princes de l'Empire avoient conclu un Traité
,, pour la Conservation de la Tranquillité en Allemagne, Elle s'étoit
,, imaginée qu'une pareille Convention n'auroit pour Objet que d'em-
,, pécher que ses Etats ne fussent envahis. Qu'Elle n'auroit jamais dû
,, s'attendre à rien autre chose de la Part de ces Puissances, avec les-
,, quelles elle étoit liée d'Amitié, & qui s'étoient engagées avec Elle
,, à se secourir mutuellement, en cas qu'Elles fussent attaquées. Qu'en
,, vertu de ces Conventions, Elle étoit en Droit d'exiger du Secours.
,, Mais que, depuis qu'elle avoit appris, qu'on appuïoit les Projets
,, de ses Ennemis, qu'on leur laissoit la Liberté d'agir contre ses Etats
,, comme ils vouloient, & qu'Elle n'avoit rien à esperer de la part
,, de ses Amis, Elle avoit jugé à propos de faire déclarer ouverte-
,, ment, qu'Elle ne prétendoit nullement s'en tenir à une Résolution
,, qui avoit été prise sans son Aveu, & avec tant de Partialité. Que
,, Sa Majesté protestoit contre tout ce qui s'étoit fait; & qu'Elle fai-
,, soit savoir, que, se confiant en Dieu & en sa juste Cause, Elle vou-

,, loit

,, loit fe réferver la Liberté d'emploïer contre fes Ennemis tous les
,, Moïens de Deffenfe que Dieu lui avoit mis en Main. Que fi, con-
,, tre toute Attente, quelqu'un fe dépouilloit des Sentimens d'Amitié,
,, au Point de vouloir l'empécher de pourfuivre fes Ennemis, Elle ne
,, pouvoit le regarder que comme un injufte Agreffeur. ,, L'Ecrit,
dont nous parlons, étoit daté de Bender, le 30. Novembre 1710 (a).

MALGRÉ cette Proteftation, on continua toujours à parler d'affembler l'Armée de la Neutralité. La Cavallerie Impériale fe tiendroit en
Siléfie; les Troupes Pruffiennes occuperoient la nouvelle Marche; celles de Maïence & de Caffel s'affembleroient à Erfurt; celles du Cercle
dè la Baffe-Saxe feroient mifes fur leurs Frontieres; & l'Infanterie Hol-
landoife prendroit Pofte dans le Comté de Zutphen & dans l'Overyf-
fel: enfin, tout devoit être prêt à marcher au prémier Commandement. Les Etats-Généraux des Provinces-Unies étoient les plus em-
baraffés; car, il ne fe paffoit guere de Jour, fans que les Miniftres
de Ruffie, de Dannemarck, & de Saxe, n'euffent quelques nouvelles
Propofitions à faire. Quand on vint à calculer les Fraix auquels monteroit cet Armement, & à confidérer l'Utilité que l'on en retireroit,
aucune de ces Puiffances ne voulut être la première à faire marcher
fes Troupes. La grande Ardeur fe rallentit; &, quelques Mouvemens
que l'on eut fait d'abord pour la Neutralité, on fe refroidit infenfi-
blement fur ce Sujet. La Réputation, que Charles XII s'étoit acquife, de ne jamais contrevenir à fes Promeffes, y contribua autant
que toute autre Confidération. On étoit affuré, qu'il n'entreprendroit
rien contre l'Empire. Sa Parole fuffifoit: c'étoit le meilleur Garant que
l'on pouvoit fouhaiter.

CE Prince, venant à confidérer combien, dans les Conjonctures où
il fe trouvoit, l'Amitié de Cham des Tartares lui étoit néceffaire, ne
négligea rien pour fe la conferver. Pour cet Effet, le Lieutenant-
Colonel Lagerberg eut Ordre de fe rendre en Crimée. Il y avoit déjà
été, & Dewlet Gerey le connoiffoit. Après que fon Inftruction eut
été expédiée le 10. Décembre, il partit. A une Journée de Bender, il
rencontra à Hankifla le jeune Sultan, fils du Cham. Ce Prince lui fit
mille Proteftations de l'Amitié que fon Pere avoit pour Charles XII, &
lui dit que fon Chancelier venoit d'arriver de Conftantinople avec la

Nou-

(a) ON laiffe à juger à tout Lecteur impartial, s'il y a dans cette Proteftation, &
dans la Déclaration dont nous venons de parler, *des Termes offenfans & remplis d'Ai-*
greur, comme le prétend l'Anonime qui a écrit en Allemand la *Recherche des juftes*
Caufes. Il fied fort mal à cet Auteur de taxer Charles XII de Roideur & d'Enté-
tement.

LE SR. SEITS, dans fon *Hiftoire de la Guerre de Poméranie,* dit, pag. 27, que l'Injuftice & la Partialité dont le Roi fe plaint fa Proteftation, ne font que des Prétextes fpécieux pour colorer les Deffeins qu'il méditoit. L'Auteur auroit mieux fait
de s'exprimer autrement, ou de s'en tenir à ce qu'il dit immédiatement après, *qu'il*
laiffoit aux Politiques à décider la Chofe.

Nouvelle, que toutes les Mesures étoient prises pour attaquer la Russie avec vigueur, & que le Murça du Cham se rendroit en peu de Jours auprès de Sa Majesté, pour recevoir ses Ordres; après quoi, il se mettroit aussi-tôt en Campagne avec ses Troupes. Le 26. suivant, Lagerberg arriva à Bacciseray. Dans l'Audience qu'il eut du Cham, il lui remit la Lettre que le Roi avoit écrite au Prince Tartare, & dans laquelle Sa Majesté l'assuroit de son Amitié, & le prioit de souffrir à sa Cour l'Officier qu'Elle lui envoïoit, & qui devoit résider auprès de lui en Qualité de Ministre.

„ Le Cham, charmé des Attentions du Roi de Suede, promit, qu'il
„ dépécheroit aussi-tôt un Courier, qui porteroit à Sa Majesté la
„ Réponse à sa Lettre. Il pria en même tems Lagerberg de mander au
„ Roi, qu'il étoit d'Avis qu'on devoit aussitôt commencer les Opéra-
„ tions de Guerre; que cela étoit d'autant plus nécessaire, que l'En-
„ nemi ne manqueroit pas de mettre en usage toutes sortes de Moïens
„ pour faire changer la Résolution qui venoit d'être prise; que, pour
„ y parvenir, il prodigueroit l'Argent parmi les Officiers de la Cour
„ Ottomanne; que s'il venoit à bout de gagner ces Gens-là, la Bon-
„ ne-Volonté du Grand-Seigneur ne seroit plus rien, & les Desseins
„ de Sa Majesté se trouveroient entièrement renversés. Qu'en atten-
„ dant, il enverroit Ordre à ses Tartares d'entrer à la fois en diffé-
„ rens Endroits en Moscovie, de façon néanmoins, qu'au prémier
„ Avis, il fussent à portée de se rassembler en un seul Corps, soit
„ qu'on voulût les faire agir séparemment, ou qu'on trouvât à propos
„ de les joindre à l'Armée Turque. „

Telle étoit la Situation des Affaires en Turquie, à la fin de cette Année. Laissons Charles à Bender; & voïons ce qui se passa, pendant le Cours de la même Année, en Esthonie, en Carélie, & dans la Livonie, où le Czar étoit entré avec une Armée des plus formidables.

Le prémier Exploit des Moscovites fut la Prise d'Elbingen, Ville de la Prusse Polonoise. Les Suédois s'y étoient maintenus jusqu'alors, & le Lieutenant-Colonel Jäger y commandoit. Pour enlever la Garnison, le Général-Major Nostitz investit la Place avec quelques mille Hommes de Troupes Russiennes. D'abord, l'Ennemi sembloit n'avoir aucune Envie de nous attaquer, se contentant de tenir la Ville étroitement bloquée, afin de lui couper les Convois: mais, peu après, il

changea d'Idée. Aïant fait toutes les Dispositions nécessaires pour un Assaut, il fit en un seul Jour sept Attaques différentes, savoir cinq véritables & deux fausses. Les Moscovites furent repoussez avec une Perte considérable: il n'y eut que leur Général, qui eut le Bonheur de se rendre Maitre du Fauxbourg, où il se logea avec un Détachement de cinq cens Fantassins. Le Lendemain, le Brigadier Balck, fit une

Attaque du côté de la Ville neuve. Les Fossez étoient remplis d'Eau, & couverts de Glace: de sorte que l'Ennemi les passa avec beaucoup

de.

de Facilité. Il escalada les Murailles, malgré le Feu continuel de la Garnison, qui fit une Résistance des plus vigoureuses. Quoique le Combat fût très opiniâtre, les Assiégeans commençoient à plier; mais, au moment qu'ils vouloient sonner la Retraite, quelques Bourgeois se mirent en tête de quitter le Fauxbourg, pour entrer dans la Ville. Il est incertain quelles étoient les Vûes de ces Gens-là. A peine eut-on ouvert la Porte, pour les laisser entrer, que les Moscovites saisirent cette Occasion pour pénétrer en même-tems dans la Place. Les Suédois leur disputérent long-tems le Passage du Pont; mais, ils furent enfin obligés de céder; & de se rendre Prisonniers de Guerre, au nombre d'environ huit cens. D'abord après la Prise de la Ville, les Moscovites y commirent toutes sortes d'Horreurs & de Cruautez: les Maisons furent pillées, on viola Femmes & Filles; & les Russes couroient par les Rues comme des furieux. Le Général eut beau vouloir y mettre Ordre, on n'écouta son Commandement, qu'après qu'il eut fait pendre quelques-uns de ses Soldats. Quand tout fut tranquille, il exigea du Magistrat une Contribution de cinquante mille Florins. Les Bourgeois furent taxés à deux cens mille.

La Prise d'Elbingen donna beaucoup à penser au Roi de Prusse: & ce Prince commença enfin à comprendre, que les Troubles du Nord pourroient facilement s'étendre plus loin qu'il n'avoit d'abord pensé. Il auroit fort bien fait d'y avoir songé plûtôt; & de montrer, qu'il étoit réellement autant Ami de la Suede, qu'il souhaitoit de le paroitre. Rien ne l'allarma tant, que de voir l'Armée Moscovite devenir de jour à autre plus formidable dans son Voisinage. Il n'ignoroit pas ce qui y donnoit lieu, & que les Russes avoient intercepté une Lettre qu'il avoit écrite à l'Empereur, & dans laquelle, après s'être plaint de la Maniere d'agir du Czar, sur-tout par rapport à la Ville d'Elbingen, il avoit dit, qu'il falloit qu'on songeât aux Moïens d'abbatre la Fierté des Moscovites. Comme le Prince Eugene arriva sur ces Entrefaites à Berlin, le Roi eut avec lui plusieurs Conférences sur les Mesures à prendre pour rétablir la Tranquilité dans le Nord.

Les Troupes Moscovites avoient tenu la Ville de Riga bloquée pendant tout l'Hiver. Dès que la Saison devint moins rude, on résolut d'assiéger cette Place dans toutes les Formes. Le Comte Stromberg fit tout son possible pour se mettre en Etat de Deffense: mais, quelque bonnes Dispositions qu'il pût faire, elles ne servirent de rien, à cause des Traitres dont il étoit environné, & qui n'exécutoient point les Ordres qu'il leur donnoit. Cela alloit même si loin, qu'à peine le Gouverneur venoit-il de donner la Parole ou de distribuer l'Ordre à la Garnison, que l'Ennemi en étoit informé (a). Les Magazins avoient

___

(a) Il y avoit dans le Camp ennemi plusieurs Suédois, que les Officiers Allemands, qui étoient au Service de Russie, avoient amenez avec eux de Pultawa. Ils leur avoient promis la Liberté; mais, en arrivant devant la Place, on les obligea d'être

Spec-

avoient été abondamment pourvus; mais, à l'Arrivée de Monſieur de Stromberg à Riga, il trouva les grands Amas, que l'on y avoit faits pendant pluſieurs Années de ſuite, étrangement diminuez. On ne manqua pas d'alléguer pluſieurs mauvaiſes Raiſons, pour juſtifier une Conduite ſi irréguliere. On prétendoit avoir été obligé de ravitailler le Fort de Dunamunde, qui, ſans cela, auroit été perdu; mais, après une exacte Recherche, on trouva que tous les Grains avoient été ven- dus à des Marchands François. Comme la Cherté étoit grande en France, on eſpéroit d'y faire un Gain conſidérable: mais, les Hollan- dois aïant enlevé les Vaiſſeaux qui tranſportoient ces Grains, il ne fut plus queſtion du Païement. Au Mois de Février un Magazin à Pou- dre, qui étoit dans la Citadelle, & ſur le Bord de la Duna, ſauta en l'Air, par un Accident imprévu. Il y avoit dans ce Magazin trois mille ſix cens Barils de Poudre, avec ſeize cens Bombes. L'Hopi- tal, qui n'en étoit par loin, fut entiérement renverſé. Il y périt au- de-là de douze cens Soldats, ſans compter ſix cens, tant Canoniers, que d'autres Gens d'Artillerie, qui perdirent la Vie dans cette Occa- ſion. Outre cela, la Muraille eut une Brêche, large de plus de vingt Piés, & le Foſſé fut tellement comblé, qu'il auroit été aiſé à la Caval- lerie de le franchir, & de pénétrer dans la Ville. Les Moſcovites pu- bliérent, que c'étoit leur Canon, qui avoit fait cette Brêche; & ils eu- rent grand Soin de faire inſérer cette Circonſtance dans les Nouvelles publiques. Cependant, il eſt très certain, que, lorſque ce Malheur arriva, les Ruſſiens n'avoient pas tiré un ſeul Coup de Canon de ce Côté-là, depuis pluſieurs Heures. On verra bientôt, que l'Intérêt par- ticulier, & la Trahiſon, contribuérent plus que tout autre choſe à ren- dre les Moſcovites Maitres de cette importante Place. Quand la prémie- re Allarme fut paſſée, & que les Eſprits ſe furent raſſurez, les Soldats & les Bourgeois s'appliquérent à réparer la Brêche, en y plantant des Paliſſades & des Chevaux de Friſe.

Les Généraux Bauer & Repnin commandoient le Siége. Le pré- mier avoit ſon Quartier à Neu-Muhlen, & l'autre à Jungfern-Hof. Monſieur de Bauer en uſoit fort civilement avec le Comte Stromberg, auquel il envoïa un Chariot plein de Gibier. Celui-ci envoïa en Echan- ge au Général Ruſſien une bonne Proviſion d'excellent Vin. Les Moſ- covites ſouffrirent à ce Siége plus de Fatigues, qu'ils n'avoient jamais ſouffert auparavant. Le Froid étoit exceſſif, les Vivres leur man- quoient, & ils étoient preſque continuellement, ou en Faction, ou en Mouvement, pour amaſſer des Proviſions, pour faire des Faſcines, & pour les tranſporter devant la Place. Le Débordement extraordinaire de la Duna les incommodoit plus que toute autre choſe. Preſque tous les Soldats eurent les Piés enflez; après quoi, ils furent attaqués d'une

Fie-

Spectateurs du Siége. Quelques-uns de Gens-là, qui ſont encore en Vie, peuvent at- teſter ce que j'avance en cet Endroit.

1710.
Février.

Fievre maligne, qui emporta, en très peu de tems, au-de-là de six mille Hommes.

Les Généraux ennemis, voïant que les Troupes diminuoient si considérablement, tinrent sur ce Sujet différens Conseils de Guerre. Quelques-uns d'entre eux étoient d'Avis, que l'on devoit lever entiérement le Siége. Ils vouloient qu'on le renvoïât jusqu'à ce que la Saison devint plus favorable ; afin, disoient-ils d'épargner les meilleures Troupes du Czar. D'autres, au contraire, insistoient sur la Nécessité de continuer le Blocus ; alléguant que le Czar ne manqueroit pas, après toutes les Représentations qui lui avoient été faites, de leur faire tenir des Vivres & de l'Artillerie, avec un Nombre suffisant de Recrues.

Mars.
L'Ennemi se fait voir à Pernau. le 5.

Les Partis ennemis battoient sans cesse la Campagne, & inondoient toute la Province. Un gros Détachement de quelques mille Cosaques & Calmouques se fit voir du côté de Pernau (a) ; d'où, après avoir passé le Bras de Mer, il se rendit dans l'Ile d'Oesel. Ces Gens trainoient avec eux des Canons de Bois, pour faire accroire qu'ils avoient de l'Artillerie : mais, comme le Lieutenant-Colonel Pol, qui commandoit à Arensbourg, avoit pris ses Précautions, ils ne purent rien faire cette fois-là. A leur Retour, le Capitaine Didricks, du Régiment de Tiefenhausen, les surprit à Salis. Cet Officier n'avoit avec lui que cinquante Chevaux. Aïant passé à la nage deux Rivieres qui étoient en son Chemin, & dont le Trajet étoit extrémement dangereux, il attaqua les Cosaques, qui ne s'attendoient pas à cette Visite, avec tant de Vigueur, qu'il en tua en moins de rien au-de-là de quatre-vingt. Leur Commandant, nommé Kotskin, Russien de Nation, & Enseigne dans le Régiment de Scheremetof, fut fait Prisonnier, & conduit à Pernau.

Marche à Wibourg.

Du côté de Retusari, le Czar avoit assemblé un certain Nombre de Troupes, les meilleures de son Armée, avec lesquelles il se proposoit de faire une puissante Diversion, aussi-tôt que l'Occasion s'en présenteroit. Pour cet Effet, dès qu'il eut appris que les Danois avoient été battus en Scanie, il résolut d'entrer en Finlande. Son Dessein étoit d'empêcher, que les Suédois ne portassent la Guerre dans les Etats du Roi de Dannemarck : il s'imaginoit, que s'ils prenoient le Parti de courir à la Deffense de la Finlande, cela donneroit aux Danois la Facilité de faire une seconde Tentative en Scanie. Après avoir fait distribuer à ces Troupes les Vivres nécessaires, il leur ordonna de se mettre en Marche, & de prendre la Route de Herjewalla, le long de la Côte. Comme la Glace étoit par-tout assez forte, ou traversa les Lacs & les Rivieres sans aucune Difficulté. De Jucho, les Moscovites marchérent à Tarfwehardie, de-là à Wekelax ; &, tout d'un coup, on les vit sur la Glace devant Wibourg. Sans s'y arrêter, ils continuérent.

le 15.
le 16. la 19.
le 20.
le 21.

(a) Ces Gens-là se faisoient remarquer par leurs Piques, au bout desquelles ils attachent de petites Enseignes. Ils nomment ces Piques des *Copées.*

1710.

Mars.

rent leur Route au travers du Païs, & allérent camper à Hätala &
Airotaipel, à trois Lieues environ des Frontieres de Finlande; &,
pour couper à ce Païs-là les Convois, ils construisirent un Fort, auquel ils travaillérent avec beaucoup d'Ardeur. Selon le Rapport de
quelques Suedois, que les Russiens avoient amenez avec eux de Pultawa, & qui vinrent rejoindre nos Troupes, l'Armée ennemie étoit
composée de quinze Régimens d'Infanterie, de quelques Régimens de
Dragons, de quatre Escadrons de Cavallerie, & de deux cens Calmouques; ce qui faisoit ensemble au-de-là de dix-huit mille Hommes. Ils
avoient avec eux quinze grosses Piéces d'Artillerie, sept Mortiers, &
quelques Piéces de Campagne. Les principaux Commandans étoient,
le Général Apraxin, & les Majors-Généraux Bruse & Birckholtz.

*La Ville
est assiegée.*

LES Ennemis, s'étant rendu devant Wibourg, commencérent aussi-
tôt à investir la Place, & à y jetter quantité de Bombes. Une Partie de la Tour du Chateau fut abatue, & le Feu prit à la Ville par
trois différentes fois. Mais, comme les Habitans avoient fait de bonnes Dispositions en cas de pareils Accidens, & que tout le Monde
s'empressoit à apporter un promt Secours, les Flammes n'eurent pas
le tems de gagner les Maisons voisines, ni de faire beaucoup de Mal.
Le Général-Major Lubecker, aïant eu Ordre de la Régence de quitter la Ville, en laissa le Commandement au Colonel Aminof, qui étoit
le plus ancien Officier de la Garnison. C'étoit un Homme fort âgé,
que ses Infirmitez obligeoient la plûpart du tems de garder le Lit. Comme, dans ces Circonstances, un pareil Commandant ne pouvoit rendre aucun Service, le Colonel Stiernstrale fut chargé de la Deffense
de la Place. La Garnison étoit forte de quatre mille Hommes. On étoit
abondamment pourvû de toutes Sortes de Munitions tant de Guerre,
que de Bouche; & l'on se disposoit à faire une vigoureuse Résistance. Les
Moscovites eurent beaucoup à souffrir du Froid, qui, dans cette Sai-
son-là, fut tellement rude, que les Rivieres étoient toutes gelées, &
qu'il y avoit au-de-là de six Pieds de Neige. Les Ennemis n'avoient
point d'autres Maisons, que celles qu'ils avoient fabriquées de Neige &
de Glace. Les Maladies leur emportérent quantité de Monde.

Avril.

AU Mois d'Avril, l'Amiral-Général Apraxin se mit en Mer avec
une Flotte considérable. Il devoit investir Wibourg par Mer, & co-
toïer la Finlande, afin d'empécher qu'on ne pût rien transporter de

*Le Czar y
arrive.*

ce Païs-là à Riga. Le Czar suivit lui-même avec les Vaisseaux de
Transport où l'on avoit embarqué, outre la grosse Artillerie & les
Munitions, quelques mille Hommes de Troupes, parmi lesquelles se
trouvoient deux Régimens d'Infanterie des Gardes de ce Prince. A
une Lieue de Wibourg, il essuïa une violente Tempéte, qui disperfa
tous ses Vaisseaux. Ils se rassemblérent pourtant au bout de quelques
Jours, sans qu'il en pérît un seul.

*Mai, &
Juin.*

D'ABORD après l'Arrivée du Czar, le Siége fut poussé avec beaucoup de Vigueur. L'Armée Moscovite étoit forte de vingt-trois mille
Hom-

Hommes. Leur Artillerie étoit de quatre-vingt Piéces de Canon & de vingt-six Mortiers. Ils jettérent tous les jours dans la Ville une Quantité terrible de Boulets rouges, qui ruinérent presque toutes les Maisons. Le Czar ne s'y arrêta pas long-tems; &, en partant pour Petersbourg, il laissa Ordre à ses Généraux de se rendre Maitres de la Place, à quel Prix que ce fût.

Les Assiégés aïant tenu au-de-là de trois Mois, & voïant qu'il n'y avoit point de Secours à attendre, prirent enfin le Parti de capituler. Une plus longue Résistance n'auroit fait que causer la Ruine totale de la Ville & des Habitans. Les Conditions, auxquelles on se rendit aux Moscovites, portoient: ,,Que la Garnison sortiroit avec Armes & Bagages, & avec les Provisions nécessaires pour sa Subsistance pendant la Route qu'elle prendroit, soit par Terre, ou par Mer. Que les Habitans & Bourgeois, tant Ecclésiastiques que Séculiers, seroient maintenus dans le libre Exercice de leur Religion. Que les Païsans auroient la Liberté de retourner à leurs Domiciles, & de cultiver les Terres comme ci-devant. Qu'il seroit permis aux Ecclésiastiques, aux Commissaires de Guerre, & à d'autres pareilles Gens de la Garnison, de la suivre: & qu'après la Signature de la Capitulation, les Troupes de Sa Majesté Czarienne pourroient occuper les Portes & la Brêche. ,,

Quand les Moscovites furent les Maitres de la Place, au lieu de laisser sortir la Garnison, ils la desarmérent, & la firent toute Prisonniere. Apraxin fit sur ce Sujet un Compliment à Monsieur de Stiernstrale: disant, qu'il savoit très bien, qu'on devoit toujours tenir sa Parole; mais que, dans ces Circonstances, il avoit Ordre d'en agir autrement. Les Raisons, qu'il en donna, furent: ,,Que, lorsqu'on avoit détaché pour Stockholm un Vaisseau Moscovite, sous les Ordres du Lieutenant Schmidt, qui avoit été chargé d'y porter des Lettres, non seulement les Suédois l'avoient saisi & fait Prisonnier de Guerre avec tout son Equipage; mais aussi, qu'un Capitaine de Vaisseau Suédois, avoit arraché les Pavillons de Sa Majesté Czarienne, & avoit arboré à la Place le Pavillon du Roi de Suede, quoi qu'on eût consenti de laisser passer librement ce Vaisseau. En second lieu, qu'on avoit arrêté, contre les Coutumes pratiquées parmi toutes les Nations civilisées, Monsieur de Chilkow, Résident de Sa Majesté Czarienne, & qu'on le gardoit encore étroitement renfermé, quoi que l'on eut accordé au Résident Suédois à Moscou la Liberté de se retirer. En troisieme lieu, qu'on avoit aussi arrêté, au commencement de la Guerre, les Marchands Sujets de Sa Majesté Czarienne, qui étoient venus en Suede en Tems de Paix pour négocier; & qu'on leur avoit confisqué leurs Effets montant à la Valeur de plusieurs certaines de mille Ecus. ,, Les Suédois n'eurent pas beaucoup de Peine, pour faire voir, que rien n'étoit plus frivole que ces Raisons. Ils repliquérent, ,,que, ni le Roi, ni le Sénat, ni l'Ami-

„ miranté, n'avoient jamais permis aux Vaiſſeaux de Guerre Moſco-
„ vites de ſe faire voir dans la Mer Baltique; mais, qu'on avoit con-
„ ſenti, que les Ruſſiens pourroient ſe ſervir de petites Barques, pour
„ porter des Lettres à la Flotte Suédoiſe. Qu'on avoit pluſieurs Exem-
„ ples, que les Moſcovites ſe ſervoient du Prétexte de porter des Let-
„ tres, ou de reconduire des Priſonniers, pour avoir Occaſion de na-
„ viguer le long des Côtes, la Sonde à la Main; &, qu'à leur Re-
„ tour, ils enlevoient tous les Batimens, dont ils pouvoient ſe ſaiſir.
„ Qu'à l'égard du ſecond Article, on y avoit ſi ſouvent répondu, que
„ Chilkow n'avoit été envoïé en Suede, qu'après que le Czar eut ré-
„ ſolu la Guerre, & qu'il étoit en pleine Marche pour ſe rendre de-
„ vant Narva; que ce Miniſtre n'avoit été chargé d'aucune autre Af-
„ faire, que de tacher d'endormir le Roi de Suede, & de l'entretenir
„ de belles Promeſſes, pendant que le Czar attaqueroit ſes Etats. Que,
„ quoique Sa Majeſté Suédoiſe eut eu Avis de différentes Cours des
„ Intentions du Czar, avant l'Arrivée même de Chilkow, Elle n'avoit
„ pourtant pas jugé à propos de ſe ſaiſir de ſa Perſonne; & qu'elle l'avoit
„ laiſſé partir pour Stockholm, où il avoit été arrêté, après qu'il n'y
„ avoit plus eu lieu de douter du Siége de Narva. Qu'il étoit faux,
„ qu'on l'eut traité rudement; mais que, comme on avoit découvert
„ qu'il entretenoit une Correſpondance illicite, & qu'il faiſoit tenir
„ en Ruſſie des Avis ſecrets, on l'avoit transféré de Stockholm à
„ Orebro, où on lui laiſſoit la Liberté d'être tous les jours avec le
„ Gouverneur de la Province; qu'il y étoit entretenu d'une Maniere
„ honorable, & qu'il y recevoit autant de Politeſſes qu'il pouvoit ſou-
„ haiter. Que, par rapport au Réſident de Suede à Moſcou, la Cho-
„ ſe étoit bien différente; que celui-ci avoit été en Ruſſie longues An-
„ nées avant que la Guerre commençât; qu'il étoit contre le Droit des
„ Gens d'arréter un Miniſtre auquel on avoit fait accroire mille belles
„ Choſes, auquel on avoit donné les Aſſurances les plus fortes qu'on
„ ne commenceroit jamais de Guerre contre la Suede. Que, non-
„ obſtant tout cela, on l'avoit arrété le même Jour que la Guerre
„ avoit été déclarée; & qu'on ne l'avoit relaché que depuis deux
„ Ans, pour ſe rendre à Radoſcowitz, où le Roi ſe trouvoit pour
„ lors, afin d'y ſolliciter ſon Echange. Que la troiſieme Raiſon n'é-
„ toit pas mieux fondée que les deux autres. Que le Czar avoit atta-
„ qué la Suede, ſans lui avoir fait aucune Déclaration de Guerre,
„ avant qu'il fût arrivé avec toute ſon Armée ſur les Frontieres de
„ l'Ingrie. Qu'ainſi, il lui ſéïoit fort mal de prétendre, qu'on laiſſât
„ partir les Marchands Moſcovites après qu'il avoit ruiné tant de mi-
„ liers de Sujets de Sa Majeſté Suédoiſe. Qu'à la vérité, il n'avoit
„ pas valu la peine d'arréter ces Gens-là; que les plus riches d'entre
„ eux, avertis à tems, s'étoient retirez, & avoient emporté avec
„ eux leurs meilleurs Effets, & que les Marchandiſes qu'ils avoient
„ laiſſées à leurs Commis n'étoient d'aucun Paix. „

TRI-

TELLES furent les Raisons qu'on allégua de Part & d'autre. Les Moscovites, par une Générosité singuliere voulurent bien laisser sortir librement les Officiers & les Soldats Suédois dangereusement blessés, & les Malades de la Garnison, de même que les Veuves & les Enfans des Officiers morts & tuez, avec tous leurs Effets, pour se retirer où bon leur sembleroit. Après que les Soldats de la Garnison eurent réparé le grand Pont, qui est entre la Ville & le Fauxbourg, on les rangea en Ordre, sous prétexte de les faire défiler vers Kupis, où étoit le Quartier du Général-Major Lubecker. Quand ils furent sous les Armes, on leur ordonna de mettre bas les Fusils, les Baïonnettes, & les Epées; après quoi, on les conduisit à la Porte de Carja, où cinq mille Moscovites les reçurent pour les conduire la Baïonnette au bout du Fusil à Petersbourg. Dès que la Garnison fut hors de la Place, on se saisit des Bourgeois, sans leur donner le tems de se reconnoitre, & on leur fit prendre la même Route, avec leurs Femmes & leurs Enfans, à l'exception des Filles qu'on retint toutes. Ce fut un triste Spectacle à voir, que ces pauvres Gens, qui quittoient leurs Maisons, trainant avec eux de petits Enfans, & quelques vieux Haillons qu'ils avoient ramassez à la hâte. Monsieur de Stiernstrale fut conduit à Moscou. Il ne resta, des anciens Habitans, dans la Ville, que quelques Misérables, qu'on ne se donna pas la Peine d'emmener. Cinq mille Païsans Moscovites y furent envoïés, pour travailler aux Fortifications.

APRE's la Reddition de Wibourg, le Colonel Armfelt marcha avec la Cavallerie à Sawolax, pour couvrir cette Province. Trois Compagnies furent envoïées à Christianstad sur le Chemin de Wibourg. Cinq autres Compagnies se jettérent dans Nyslot sur la Route de la Carélie. Elles étoient commandées par le Colonel Essen, qui venoit d'obtenir le Régiment de Sawolax, Infanterie. Ce Régiment fut remis sur pié en moins de deux Mois. On fit par-tout de nouvelles Levées; &, en peu de tems, on vint à bout de les dresser. Tandis qu'on faisoit ces Dispositions, un nouveau Malheur vint nous affliger. Lorsque les Moscovites, au nombre de six mille Hommes, marchérent à Kexholm, pour en former le Siége, la Peste commença à ravager toutes les Villes Maritimes de la Finlande. Par-là, les Suédois furent mis hors d'état de faire aucune Résistance. Les Soldats, que la Province devoit fournir, & qui étoient déjà actuellement enrollez, périrent presque tous par les Maladies contagieuses.

Armfelt marche du côté de Sawolax.

PENDANT que cela se passoit du côté de la Finlande, les Ennemis continuérent avec vigueur le Siége de Riga. Ils avoient élevé, vis-à-vis de Dunamunde, trois Forts, de distance en distance, pour empêcher que les Suédois n'y jettassent du Secours, du côté de la Mer. Quand le Velt-Maréchal Scheremetof y arriva au Mois d'Avril, il en fit élever un quatrieme, dans une petite Ile de la Duna. Il s'étoit imaginé, que, par ce Moïen-là, il viendroit à bout de couper la Communication entre

On continue le Siége de Riga.

tre Dunamunde & la Ville: mais, malgré ce Travail, plufieurs Vaiffeaux, chargés de toutes fortes de Provifions, entrérent dans Riga. A la fin, arriva le Prince Menzicof avec les Vivres & les Munitions, que les Affiégeans attendoient depuis long-tems. Animez par ce Secours, les Ennemis poufférent leurs Travaux avec beaucoup de Vivacité, dans l'efpérance que l'on feroit bien-tôt obligé de capituler.

Les Bourgeois y étoient fort difpofez; &, lorfque le Comte Stromberg y fongeoit le moins, ils lui envoïérent des Députez, pour le prier de le faire. ,,Les Mofcovites,, , difoient-ils, ,,ne vous refuferont ,, pas une Capitulation raifonnable. Vous préviendrez par-là notre Ruï- ,, ne totale. Les Ennemis ne ceffent de nous bombarder; & s'ils ,, continuent de même quelque peu de tems, nous ferons entiérement ,, abimez.,, Le Gouverneur ne voïoit que trop, qu'il ne lui étoit pas poffible de tenir long-tems. La Pefte & la Famine caufoient dans la Ville plus de Ravage, que ne faifoit le Feu de l'Ennemi. Cependant, pour infpirer du Courage aux Habitans, il loua le Zele avec lequel ils a- voient jufques-là concouru à la Deffenfe de la Place, & les pria de la maniere la plus obligeante de perfifter encore dans les mêmes Senti- mens. Qu'il jugeoit par les Difpofitions que faifoient les Mofcovites, qu'ils étoient dans l'Intention de donner un Affaut; qu'il vouloit les attendre de Pied ferme; & qu'il efpéroit de les recevoir de façon, qu'en cas qu'il fût obligé de capituler, ils lui accorderoient des Chofes

auxquelles ils ne confentiroient pas autrement. En effet, cinq Jours après, les Mofcovites donnérent l'Affaut en deux Endroits différens; & cela avec tant de Fureur, qu'ils étoient déjà au haut du Rempart: mais, les Suédois firent une fi vigoureufe Réfiftance, que les Enne- mis furent repouffez, & contraints de fe retirer avec une Perte affez confidérable. Durant cette Allarme, cinq Vaiffeaux Suédois entrérent dans la Ville, où ils apportérent quelques Rafraichiffemens pour les Habitans & la Garnifon.

Juillet.
le 1.
Le Comte
Stromberg
demande à
capituler.
Ces Provifions ne fuffifoient pas pour la Subfiftance de tant de Mon- de: les Magazins étoient prefque vuides, la Pefte augmentoit, & les Bourgeois vouloient abfolument qu'on rendît la Place. Dans cette Extrémité, le Comte Stromberg demanda à capituler. Les Otages furent donnez. Les Affiégés y envoïérent onze Députez, favoir, pour la Garnifon, les Colonels Buddenbroek & Fittinghof; de la part de la Nobleffe, les Affeffeurs Patkul & Richter; de la part du Magif- trat, le Bourguemaitre Nordeck, & le Confeiller Reuter; de la part de la Bourgeoifie, deux de leur Corps, avec un Auditeur. Il n'y en eut que trois du côté des Mofcovites, deux Colonels & un Auditeur.

Les Députez aïant donné un Ecrit, contenant les Articles de leurs Demandes, au nombre de foixante-cinq, on entra avec eux en Con- férence. Deux Jours après, les Députez furent renvoïés dans la Vil- le: le même Soir à cinq Heures, on reçut la Réponfe de Scheremetof, & la Capitulation fut fignée.

LES

LES Mofcovites prirent auffi-tôt Poffeffion de la Ville & de la Ci-
tadelle. Les Suédois fe difpoférent à en fortir, avant que les trois
Jours, qui leur avoient été accordez, fuffent expirez; mais, Scheremetof ne les en preffa en aucune maniere. Au même moment que les
Députez étoient venus le trouver, il avoit dépéché un Courier au
Czar, pour favoir fes Intentions. Aïant d'ailleurs des Liaifons dans la
Ville, il étoit très bien informé de la Diverfité de Sentimens qui y
régnoit, & dont il pouvoit faire ufage pour former toutes fortes de
Chicanes. Le 11. Juillet, on fignifia à la Garnifon Suédoife, qu'elle
eut à défiler. Elle étoit réduite à environ cinq mille Hommes, dont
il y avoit près de trois mille de malades ou de bleffés. Elle devoit
être conduite à Reval, avec fix Piéces de Canon, & de quoi tirer autant de Coups. Avant que ces Troupes fe miffent en Marche, le
Comte Stromberg fut arrété. Scheremetof lui déclara, qu'il avoit Ordre du Czar de le faire Prifonnier de Guerre, parce que le Roi de
Suede en avoit agi de même lors de l'Affaire de Narva, où il avoit fait
arréter tous les Généraux Ruffiens, malgré la Capitulation. A peine
la Garnifon fut-elle hors de la Ville, qu'elle eut Ordre de faire Halte,
pour attendre le Bagage. Un moment après, Scheremetof envoïa
dire, qu'il avoit Ordre du Czar de reclamer fix Régimens de ceux qui
fortoient, favoir celui de Wibourg, les deux de Carélie, les deux de
Nylande, & celui de la Nobleffe de Livonie. La Raifon qu'il en donna fut, que comme ces Troupes étoient toutes des Provinces conqui-
fes, Sa Majefté Czarienne ne pouvoit les confidérer, que comme des
Troupes Nationales. Elles furent donc retenues, & on leur ordonna,
fous des Peines rigoureufes, de préter au Czar le Serment de Fidélité. Il
eft aifé de juger combien le Comte Stromberg fut fenfible à toutes
ces Chofes: mais, ce qui le chagrina le plus, ce fut de voir que les
Officiers, auxquels il s'étoit principalement confié durant le Siége, entrérent de leur plein Gré, & fans la moindre Néceffité, au Service
du Czar. Il commença alors à ouvrir les Yeux, & à connoitre les
Sentimens de ceux qu'il avoit eu fous fes Ordres. Le Général-Major
Albedil, qui avoit fait la Fonction de Vice-Gouverneur, durant la
Maladie du Général Cloth, fut le prémier qui quitta le Service du
Roi de Suede. Cinq Colonels, & dix-huit Lieutenans-Colonels, fuivirent fon Exemple, & entrainérent avec eux un Ingénieur en Chef,
un Aide-de-Camp-général, dix-neuf Majors, trente-fept Capitaines,
un Drabant, quatorze Lieutenans, un Enfeigne, un Cornette, & un
Commiffaire. Tous ces Officiers étoient Livoniens, & par conféquent
nez Sujets de la Suede.

LE Velt-Maréchal Scheremetof, aïant fait faire de grands Préparatifs pour fon Entrée dans Riga, s'y rendit à Cheval, accompagné
de tous les Généraux Ruffiens. La Nobleffe & les Bourgeois allérent
au devant de lui. En entrant dans la Ville, le Magiftrat lui préfenta, fur un Carreau de Velours, deux Clefs d'Or. En même tems, on
tira

1710.

Juillet.

le 11.

La Capitu-
lation eft
violée.

le 14.
Entrée de
Scheremetof
dans Riga.

Juillet.

tira le Canon de la Forterefſe. La Noblefſe & le Clergé le reçurent à la Porte du Chateau, & le haranguérent en Allemand. Il y répondit par un Interprete, & les afſura de la Protection de Sa Majefté Czarienne, qui avoit réſolu de leur confirmer les Privileges dont ils jouïſſoient. Il ſe rendit enſuite à la Chapelle Moſcovite, pour y faire ſes Dévotions; &, pendant ce Tems-là, on fit une ſeconde Décharge de l'Artillerie. Etant allé de-là à l'Egliſe du Chateau, il aſſiſta au Sermon du Sur-Intendant Bryning, avec les Généraux Allemands & la Nobleſſe de la Province. On chanta le *Te Deum*, au Bruit d'une troiſieme Décharge de l'Artillerie: après quoi, le Velt-Maréchal, s'étant placé devant l'Autel, fit lire à haute Voix le Formulaire du Serment qu'on exigea de la Noblefſe. Il ſe rendit enſuite avec un nombreux Cortege à l'Hôtel de Ville, devant lequel on avoit élevé une Tribune, magnifiquement ornée, & où il reçut le Serment de Fidélité de la Part du Magiſtrat & des Bourgeois. On le reconduiſit après cela en grande Cérémonie au Camp devant la Place, où il donna un ſuperbe Repas, qui dura bien avant dans la Nuit. La Nobleſſe n'oublia pas d'y affiſter.

le 27.

VERS la Fin du Mois de Juillet, l'Infanterie Moſcovite ſe mit en Marche avec l'Artillerie, prenant la Route de Pernau, pour former en même tems le Siége de cette Place, & celui de la Ville de Reval.

Prife du Fort de Dunamunde.

En attendant, Scheremetof fit inveſtir le Fort de Dunamunde, devant lequel la Tranchée fut ouverte dès la Nuit ſuivante. Les Ruſſiens y élevérent auſſi pluſieurs Batteries. La Peſte avoit emporté la plûpart des Soldats de la Garniſon: &, quoiqu'elle eut été renforcée à

Août.

différentes Repriſes, du côté de la Mer, elle étoit néanmoins conſidérablement diminuée. Comme les Ennemis n'y trouvérent qu'une foible Réſiſtance, ils s'établirent ſur la Terre ferme, ce qu'on auroit pû facilement empécher. Aïant élevé un Ouvrage à l'Embouchure de la Duna, il ne fut plus poſſible aux Suédois de ſecourir la Place. Les Aſſiégés ne laiſſérent pourtant pas de ſe deffendre juſqu'au 18.

le 18.

que le Sieur Stackelberg, qui y commandoit, demanda à capituler. La Garniſon fut tranſportée à Oeſel.

Siége de Pernau.

DÈs QUE le Lieutenant-Général Bauer fut arrivé devant Pernau, il commença à en faire le Siége. Les Partis Suédois avoient fait durant l'Hiver beaucoup de Mal aux Ruſſiens: les Païſans ſur-tout s'étoient diſtingués dans ces Occaſions. Au Mois de Mai, ils avoient ſurpris, à Freytags-hof, un Détachement Moſcovite, ſur lequel ils firent Main-baſſe, après quoi ils enlevérent ſoixante-dix Chevaux, quantité de Beufs, deux cens Chariots chargés de Grains, & quelques mille Ecus en Argent comptant. Les Aſſiégés ſe deffendirent, non ſeulement avec beaucoup de Courage, mais ils firent auſſi quelques Sorties qui leur réüſſirent très bien. Sans le Mal contagieux, & la Diſette de Vivres, qui combattoient pour les Moſcovites, la Ville

le 21. Elle eſt priſe.

auroit encore pû tenir quelque Tems. Elle ſe rendit par Capitulation,

lation, le 21. Août.   La Garnifon étoit réduite à huit cens Hommes.

1710.

La Ville de Kexholm eut le même Sort.   Le Colonel Stiernfchantz fit tout fon poffible, pour deffendre le Pofte qui lui avoit été confié, quoiqu'il n'eut pour toute Garnifon, que trois à quatre cens Hommes.   Les Mofcovites jettérent, durant quinze Jours, dans la Place, une Quantité terrible de Bombes & de Pierres; ce qui obligea le Commandant de capituler.   La Garnifon devoit fortir avec Armes & Bagages, pour être conduite à Nyflot: mais, cette Capitulation ne fut pas mieux tenue, que celles de Wibourg. & de Riga.   Quand les Soldats furent fur le point de fe mettre en Marche, on leur enleva leurs Fufils, qui étoient encore en très bon Etat, & on leur en donna à la place d'autres, dont on ne pouvoit abfolument pas fe fervir.   Outre cela, on donna aux Officiers fi peu de Chevaux, qu'ils furent obligés d'abandonner la plus grande partie de leurs Effets, & de fe contenter de ce qu'ils purent emporter fur leurs Epaules.

Septembre. de même que Kexholm, V. L'APP. No. CXLII.

De toutes les Places, que le Roi de Suede poffédoit dans ces Provinces, il ne lui reftoit plus que Reval.   Les Mofcovites n'eurent pas beaucoup de Peine à s'en rendre Maitres.   La Pefte avoit exterminé la plus grande Partie de la Garnifon: &, en très peu de Tems, il étoit mort au-de-là de cinquante mille Perfonnes des Habitans de la Ville.   Le Général-Major Patkul, qui y commandoit (*a*), tomba malade durant le Siége, & mourut peu après qu'elle eut été occupée par les Mofcovites.   Quel trifte Spectacle n'offroit point cette Ville, autrefois fi floriffante, fans Deffenfe, & fans Habitans! L'Ennemi n'eut qu'à aller s'en mettre en Poffeffion.   Au Commencement de Septembre, le Général Juanitski, & le Brigadier Sothof, parurent devant la Place, avec un Corps d'Armée de quelques mille Hommes.   Ils allérent camper fur une Hauteur peu éloignée.   Le Général Bauer, étant arrivé de Pernau quinze Jours plus tard, établit fon Quartier à l'Oppofite, à une Lieue environ de la Ville.   Comme les Mofcovites entretenoient des Liaifons avec certains Officiers de la Garnifon, qui entrérent après au Service du Czar, ils furent informez réguliérement tous les Soirs de ce qui fe paffoit dans la Place.   Voïant qu'il ne lui feroit pas poffible de tenir au-de-là de quelques Jours, les Ennemis n'eurent pas befoin de tirer contre elle un feul Coup de Canon.   Le 28, elle fe rendit.   La Garnifon, & le Magiftrat, capitulérent féparément.

& Reval.

V. L'APP No. CL.

Le Baron Anckarftierna étoit arrivé, peu de jours auparavant, à la Rade de Reval, avec le Vaiffeau de Guerre qu'il commandoit, & deux Brigantins qui étoient fous les Ordres du Capitaine Helding & du Lieutenant Fegerman. Il fe faifit auffi-tôt de tous les Batimens qui étoient dans le Port, ou fur la Côte.   Aïant en Avis qu'on avoit capitulé, il em-

La Garnifon de cette Place eft tranfportée en Suede.

(*a*) Il étoit Vice-Gouverneur de la Place.

embarqua de nuit les Soldats de la Garnifon, pour les tranfporter en Suede avec leurs meilleurs Effets, & ce qu'ils avoient pû emporter à la hâte. Par cet Expédient, il fauva les Débris de quelques Régimens, & ôta aux Mofcovites les Moïens de violer la Capitulation. Quand ceux ci entrérent le Lendemain dans la Ville, ils furent fort furpris de n'y pas trouver un feul Soldat, & d'apprendre qu'Anckarftierna étoit déjà bien loin en Mer.

Octobre.
le 2.
Les Habi-
tans prê-
tent Ser-
de Fidélité
au Czar.

APRE`S que l'on eut fait les Difpofitions néceffaires pour la Récep-tion du Général Mofcovite, il fe rendit avec une nombreufe Suite à l'Hôtel de la Nobleffe, qui eft dans l'Enceinte de la Cathédrale, où il fit préter le Serment de Fidélité à ceux de ce Corps. Le Magiftrat & les Bourgeois prétérent le même Serment à l'Hôtel de Ville, & le Clergé dans la principale Eglife. La Cérémonie finit par des Feftins & des Divertiffemens. Juaniski fut fait Commandant de la Place. Il ne garda cette Charge que peu de Semaines: & à lui fuccéda le Bri-gadier Sothof, qui conferva ce Pofte durant plufieurs Années.

Les Comtes
Piper &
Rehnfchöld
font con-
duits à Pe-
tersbourg.

SUR ces Entrefaites, le Czar envoïa Ordre à Mofcou, qu'on eut à conduire, fur le champ, à Petersbourg, les deux Sénateurs Suédois Piper & Rehnfchöld. Pour que ce Voïage fe fît avec toute la Diligence poffible, on eut foin d'ordonner par-tout les Relais néceffaires. Néan-moins, ces deux Meffieurs eurent beaucoup de Fatigues à effuïer. Les Chemins étoient fort mauvais, & on fut fouvent obligé de marcher à pied, aïant de l'Eau & de la Boue jufqu'à mi-jambe. Le Paffage des Rivieres ne fe fit point fans Danger; &, au Trajet de la Nieva, les deux Prifonniers coururent rifque de fe noïer. Quoique cette Rivie-re foit extrémement rapide, on la defcendit au milieu de la Nuit, dans une petite Barque. Ils arrivérent enfin à Petersbourg, le 4. d'Oc-tobre, en affez bonne Santé. Le Comte Lewenhaupt y avoit été con-duit pareillement; & on l'entretenoit dans l'Efpérance, qu'on le laif-feroit partir pour la Suede, afin d'y folliciter fon Echange contre quel-qu'un des Généraux Ruffiens qui y étoient détenus Prifonniers.

le 4.

le 5.
Propofition
qui leur eft
faite.

LES Comtes Piper & Rehnfchöld, aïant été mené au Sénat du Czar, on leur dit, que Sa Majefté Czarienne avoit été dans l'Intention d'échanger le Général Lewenhaupt, que la Régence de Suede y avoit confenti, & que pour cet Effet on avoit relaché le Général Weide, qui fe trouvoit actuellement auprès du Vice-Amiral Suédois Wattrang, qui mouilloit avec fon Efcadre à la Hauteur de Biörkö; mais que, com-me depuis ce Tems-là le Comte Stromberg, Gouverneur-Général de Riga, avoit été fait Prifonnier de Guerre, le Czar avoit réfolu d'é-changer d'abord ce Seigneur, à caufe de fon grand Age. Après ce Compliment, on demanda à Meffieurs Piper & Rehnfchöld, s'ils vou-loient confentir que le Comte Stromberg fût échangé contre le Général Weide. Ils répondirent, que, depuis que le Czar avoit rejetté le der-nier Projet qu'on avoit dreffé pour l'Echange des Prifonniers, & qu'il avoit fait naitre tant de Difficultez fur ce Sujet, ils n'avoient point

reçu

reçu d'Ordre du Roi leur Maitre de négocier davantage un Cartel. Qu'on pouvoit s'adreſſer à cet Egard à la Régence de Suede, qui auroit peut-être des Ordres plus précis de Sa Majeſté Suédoiſe. Qu'étant Priſonniers, ils n'en pouvoient rien dire de poſitif; mais, qu'ils ne comprenoient pas, comment le Comte de Stromberg pouvoit être conſidéré comme Priſonnier de Guerre, puis qu'on lui avoit accordé dans la Capitulation la Liberté de ſe retirer où bon lui ſembleroit: au lieu que le Général Weide, auſſi bien que les autres Généraux Moſcovites, faits Priſonniers à la Journée de Narva, s'étoient rendus à Diſcrétion, avec toutes leurs Troupes; & qu'ils ne pourroient jamais montrer rien qui reſſemblât à une Capitulation. Que le Roi de Suede, par une Généroſité dont il n'y avoit que très peu d'Exemples, avoit permis à la plus grande Partie de ces Troupes, dont le Nombre excédoit huit fois celui de ſon Armée, de ſe retirer, ne retenant que quelques Généraux & Soldats, pour marquer qu'il avoit remporté la Victoire. Il n'auroit dépendu que de Sa Maj. S., ajouta le Comte Piper, d'uſer avec l'Armée Moſcovite tout autrement qu'Elle ne fit. Elle étoit toute entiere à ſa Diſcrétion, comme nous le ſommes préſentement à celle du Czar.

On donna à Piper & Rehnſchöld, pour ſe determiner, un Délai de quelques Jours. Quand ils furent menez la ſeconde fois à l'Audience, le Vice-Chancelier Schaffirof leur dit avec un Air de Contentement, qu'il avoit une bonne Nouvelle à leur annoncer, & que Sa Majeſté Czarienne avoit réſolu de leur rendre en peu de jours la Liberté, pourvû qu'ils s'engageaſſent à faire relacher, dès qu'ils ſeroient arrivez à Stockholm, le Prince de Mélite, & le Knes Dolgeruckoi, & qu'ils conſentiſſent préalablement à l'Echange du Comte Stromberg contre le Général Weide. Le Comte Piper repliqua en ces Termes: „ La Liberté nous eſt fort chere; mais, nous ne voulons pas l'obtenir „ à des Conditions qui ſont contraires à la Gloire du Roi notre Mai- „ tre. Nous ne pouvons pas donner les Mains à de pareilles Condi- „ tions; & nous eſpérons, que Sa Majeſté Czarienne ne l'éxigera „ point. Quoique nous aïons le Malheur d'être Priſonniers de Guer- „ re, nous ne ferons pourtant pour notre Liberté aucune Dé- „ marche qui ſoit indigne d'un Honnête-Homme & d'un fidele Su- „ jet.,, Cette Réponſe déplut ſi fort au Czar, qu'il leur fit dire par Schaffirof, que s'ils n'obéïſſoient point à ſes Ordres, les Soldats, qu'ils voïoient devant eux la Baïonnette au Bout du Fuſil, avoient Ordre de les conduire dans un Endroit où on ne leur donneroit pas le Tems de ſe repentir de leur Entêtement.

Dans cette Extrémité, où ils voïoient la Mort devant leurs Yeux, il n'y avoit point d'autre Parti à prendre, que celui de ſe ſoumettre à la Volonté du plus fort. Le Conſeil du Czar avoit déjà dreſſé un Projet de la Lettre que ce Prince vouloit que Piper & Rehnſchöd écriviſſent au Vice-Amiral Wattrang. Après qu'elle eut été miſe au

net,

net, les deux Sénateurs Suédois la fignérent, & y appoférent le Cachet de leurs Armes. Le Lendemain, le Comte Stromberg fut conduit avec un Yacht à la Flotte Suédoife, & l'Amiral renvoïa fans aucune Difficulté le Général Mofcovite. Stromberg, après avoir été pendant trois Semaines le Jouët de Vents & des Flots, arriva enfin à Stockholm. Quant aux Comtes Piper, Rehnfchöld, & Lewenhaupt, on ne fongea plus à les échanger. Ils demeurérent à Petersbourg jufqu'au troifieme Jour de l'Année fuivante, qu'on les transporta de nouveau à Mofcou (a).

Durant le Séjour du Czar dans la prémiere de ces deux Villes, Catherine Alexiewna, qui a occupé depuis le Trône de Ruffie, fut honorée du Titre d'Alteffe (b): & Frédéric-Guillaume, Duc de Courlande,

---

(a) L'Anonime, qui a écrit en Allemand *La Clef de la Paix de Nyftadt*, dit, pag. 333, qu'ils furent conduits plus avant dans le Païs, & jufqu'à Novogorod. Cette Ville eft fituée fur la Route de Petersbourg à Mofcou.

(b) La *Mere de* Catherine, dit Mr. de Voltaire, dans fon *Hiftoire de Charles XII*, Tome I, pag. 329, *étoit une malheureufe Paifanne du Village de Ringen en Efthonie. Jamais elle ne connut fon Pere. Elle fut baptifée fous le Nom de Marthe. Le Vicaire de la Paroiffe l'éleva par Charité jufqu'à quatorze Ans.* Dans les Remarques, qu'on a ajoutées à la Traduction Allemande de cette *Hiftoire*, il eft dit, *qu'après beaucoup de Recherches, on avoit trouvé, que le Pere de* Catherine *avoit été Foffoïeur.* Voici ce que j'ai pû découvrir fur ce Sujet, par le Moïen d'un bon Vieillard, qui a connu le Pere & la Mere de Catherine, & dont la Relation a été vérifiée fur les Lieux, par le Témoignage de différentes Perfonnes, & par les Regitres de l'Eglife. Le Pere de Catherine fe nommoit Jean Rabe. Il étoit Maréchal des Logis du Régiment d'Elfsbourg. Etant en Garnifon à Riga, il s'y maria avec une certaine Elisabeth Moritz, native de cette Ville. Quand fon Mari retourna en Suede, elle le fuivit; & elle accoucha de Catherine, en 1682, à Germunde-rid, Lieu, qui avoit été affigné à Jean Rabe pour fa Demeure, & qui eft fitué dans la Paroiffe de Toarpa, Diocefe de Scara, Gouvernement d'Elfsbourg. Après la Mort de Jean Rabe, qui arriva au Mois de Mai 1684, fa Veuve retourna à Riga, menant avec elle fa Fille Catherine, & un Fils nommé Sueno-Reinhold Rabe. La Fille fut reçue, quelque tems après, dans la Maifon des Orphelines à Riga: elle alla enfuite fervir, prémiérement dans une Auberge à Reval, & après cela chés le Sr. Gluck, Prévot des Eglifes à Marienbourg.

Un Seigneur Mofcovite, qui étoit à Stockholm en 1722, me conta la Particularité fuivante Lorfque la Paix fut conclue à Nyftad, entre la Suede & la Ruffie, le Czar demanda en badinant à Catherine ce qu'elle penfoit devenir? Qu'étant obligé de renvoïer tous les Prifonniers Suédois, & elle étant du Nombre, il n'óferoit plus la garder. La Czarine, en baifant la Main de fon Epoux, lui répondit, qu'étant fa Servante, elle devoit fuivre en tout fa Volonté: qu'elle efpéroit pourtant, qu'il ne la renverroit point, parce qu'elle n'avoit aucune Envie de le quitter. Le Czar repliqua: *Je renverrai donc tous les autres Prifonniers, & je tacherai de difpofer le Roi de Suede à vous laiffer auprès de moi.*

Durant mon Séjour à Mofcou, où j'étois Prifonnier de Guerre, j'entendis conter à plufieurs Livoniens des Circonftances fur le Sujet de la Naiffance de Catherine, qui étoient affez conformes à celles que j'ai apprifes du Vieillard dont j'ai parlé. Ils s'accordoient tous en ce Point, que fa Mere avoit été mariée quelque tems en Suede à un Bas-Officier; qu'à la Mort de fon Mari, elle étoit retournée en Efthonie ou aux Environs; & qu'elle y avoit demeuré jufqu'en 1696, ou 97, que la Famine, qui

régnoit

de, époufa la Princeffe Anne, Fille du Czar Juan (*a*). Cette Nopce 1710.
fut fuivie d'une autre des plus fingulieres, qui fe fit dans le Palais du
Prince Menzicof: le Nain du Czar fe maria avec la Naine de Catherine. On publia, par toutes les Provinces de la Domination Mofcovite, un Ordre portant, que tous les Knefes, Bojares, & Gentilshommes, qui avoient des Nains ou des Naines, euffent à les conduire à Petersbourg vers un certain Jour fixé. On en raffembla par ce
Moïen au-de-là de deux cens.

régnoit dans cette Province, l'avoit obligée de fe rendre en Livonie. Qu'elle avoit
fubfifté des Charitez qui lui avoient été faites par les Gentilshommes & par le Clergé.
Qu'étant arrivée à Marienbourg, elle avoit été logée quelques Semaines chés le Prévot
des Eglifes du Lieu, nommé GLUCK; & que celui-ci, après avoir donné quelque
chofe à la Mere pour continuer fon Chemin, avoit gardé à fon Service fa Fille CA-
THERINE.
En 1702, elle époufa à Marienbourg, un Caporal du Régiment de ce Baron Skytte, qui a été enfuite Général & Gouverneur de la Scanie. Le Dimanche au Soir,
pendant le Feftin des Noces, le nouveau Marié eut Ordre de venir joindre fon Régiment, pour marcher à l'Ennemi. Le Mardi fuivant, le Parti des Troupes de Suede,
commandé par Mr. de Schlippenbach aïant été battu par les Mofcovites, les Ennemis mirent le Feu à la Ville de Marienbourg. Le Prévot des Eglifes fut fait prifonnier avec fa Femme & fes Enfans, & cette CATHERINE. Le Velt-Maréchal Scheremetof la prit chés lui, & la garda fix Mois. Il fut obligé de la céder à Menzicof,
chés lequel elle demeura environ deux Ans. Elle entra enfuite au Service du Czar,
qui, charmé de fa Conduite, l'époufa.
Quor qu'il en foit de la Naiffance de CATHERINE, c'eft une Flatterie des plus extravagantes, que de la faire defcendre, comme font HUBNER & MELISSANTES, d'un AL-
BEDIL, & de lui donner pour prémier Mari un Lieutenant-Colonel TIESENHAUSEN. Ce
n'eft point un Vice d'être né de Parens obfcurs, & l'on feroit mal, fi on vouloit le
reprocher à perfonne: mais, d'un autre côté, on ne doit jamais donner à qui que
ce foit une Naiffance plus illuftre qu'il n'a en effet.

(*a*) C'EST la Czarine ANNE, morte le . . . . . 1740.

Fin du Douzieme Livre.

HISTOIRE

DE

CHARLES XII,

ROI DE SUEDE.

❋❋❋❋❋❋❋❋❋❋❋❋❋❋❋❋❋❋❋❋❋❋❋❋❋❋❋❋❋❋

LIVRE TREIZIEME.

1711.

Janvier.
Affaires de
Suede.

E Czar s'attiroit, par l'heureux Progrès de ses Armes, les Yeux de l'Europe entiere. Maitre de la Livonie, & aïant déjà un Pié en Finlande, sa trop grande Puissance le rendoit également redoutable à ses Amis & à ses Ennemis. En Suede, on ne songeoit qu'aux Moïens de faire une vigoureuse Résistance: & le Sénat, attentif aux Mouvemens des Ennemis, ne négligeoit rien pour les empêcher de poursuivre leurs mauvais Desseins. Charles XII, quelque éloigné qu'il fût de ses Etats, & quelques Occupations que lui donnassent ses Négociations en Turquie, ne laissoit pas de s'appliquer d'une Maniere très sérieuse à procurer à ses Sujets tout le Soulagement possible.

Le prémier Objet de ses Attentions fut de faciliter, autant que cela dépendoit de lui, la Paix avec le Dannemarck. Pour cet Effet, il déclara, non seulement qu'il étoit disposé d'entrer avec cette Puissance en Négociation, mais il envoïa même au Sénat un Plein-Pouvoir pour traiter avec Sa Majesté Danoise. Il disoit dans cet Ecrit,

le I.
Plein-Pou-
voir du Roi
de Suede
pour le Sé-
nat.

„ qu'il espéroit que les Différens, qui étoient survenus entre lui & le
„ Roi de Dannemarck, pourroient, moïennant la Bénédiction de
„ Dieu, être terminez par une Paix sûre & raisonnable; & que, de
„ son côté, il n'omettroit rien pour écarter tout ce qui pourroit em-
„ pécher un Ouvrage si important & si salutaire. Que, quoique de-
„ puis long-tems, il eût laissé la Liberté au Sénat d'agir en son Absen-
„ ce, comme il le jugeroit à propos pour le Bien & l'Avantage du
„ Roïaume, néanmoins, Sa Majesté vouloit lui donner pleine Auto-
„ rité d'entrer en Négociation avec le Roi de Dannemarck, pour
„ con-

„ conclure avec ce Prince une Paix folide & ftable, à des Conditions
„ qu'il jugeroit lui-même juftes & raifonnables. Qu'Elle promettoit,
„ Foi du Roi, qu'Elle approuveroit & ratifieroit tout ce que le Sénat
„ feroit à cet Egard, en fon Nom & par fes Ordres., La Piéce,
dont nous parlons, étoit datée de Bender le 1. Jour de l'An 1711.

A - moins de fe rendre coupable d'une Partialité trop marquée, on
ne pourra jamais révoquer en doute la Sincérité de Charles XII. Rien
ne devoit engager ce Prince à faire paroitre des Sentimens qu'il n'a-
voit pas. Les Danois lui avoient caufé beaucoup de Mal par leur Invafion; mais, n'avoient-ils pas été battus & contraints de repaffer la
Mer? D'ailleurs, la Porte venoit de déclarer la Guerre au Czar. Pour
peu que les Turcs remportaffent d'Avantages fur les Mofcovites, le
Dannemarck fe voïoit fans Appui, & alors la Suede fe trouvoit affez
en Etat de lui tenir Téte. Perfonne ne doutoit, que le Roi de Dannemarck ne fe repentît de s'être engagé trop à la légere, & qu'il ne
fouhaitât de tout fon Cœur de voir bientôt finir cette Guerre. On convenoit néanmoins, qu'il lui étoit impoffible de fortir d'Affaire avec
Honneur. Quant au Czar, il prévoïoit bien, que, quand les Suédois
n'auroient plus d'Ennemis de ce Côté-là, ils viendroient fondre fur
lui, & qu'alors il auroit fur les Bras, outre les Forces de la Suede,
celles de la Porte Ottomanne & de la Pologne. Il fit donc tout fon
poffible, pour amufer la Cour de Copenhague, en lui donnant les meilleures Paroles du Monde, & en lui faifant efpérer de gros Subfides
pour continuer la Guerre. Il lui fit les Promeffes les plus magnifiques;
& il fut la mettre dans la Néceffité, ou de pourfuivre la Guerre contre la Suede, ou de rompre avec la Ruffie, qui, en ce Cas-là, n'auroit
pas manqué de former des Prétenfions, dont le Roi de Dannemarck
auroit été terriblement embarraffé.

*le 8.
Lettre du
Roi aux
Gouver-
neurs des
Provinces.*

Le Roi de Suede n'ignoroit pas les Vûes du Czar: &, comme il
prévoïoit, que le Roi de Dannemarck n'accepteroit pas les Propofitions de Paix qu'il venoit de lui faire, il fongea à d'autres Moïens
de foulager fes Peuples. Voulant leur donner une Marque éclatante
de fa Tendreffe, & de fa Bienveillance, il ordonna, à tous les Gouverneurs de Province en Suede, de faire publier une Lettre Patente,
qu'il leur expédia à cette fin, & dans laquelle Sa Majefté difoit:
„ Que, comme Elle fe rappelloit avec beaucoup de Satisfaction, avec
„ combien de Zele & de Promtitude, fes fideles Sujets avoient mis
„ fur Pié, durant toute la Guerre, & principalement pendant les deux
„ dernieres Années, un auffi grand Nombre de Troupes, Elle vou-
„ loit, pour leur prouver combien Elle avoit à cœur leur Soulage-
„ ment, qu'on n'éxigeât point des Habitans de la Campagne, de
„ quelque Province que ce puiffe être, les Arrérages des Contributions
„ dûs à la Couronne; & que Sa Majefté aboliffoit ces Dettes. Qu'El-
„ le étoit perfuadée, que fes Sujets feroient tous leurs Efforts, pour
„ l'aider à fupporter cette Guerre; & que, pour maintenir leur an-
Kkk 2   „ cien-

Ordres du Roi concernans la Scanie,

,, cienne Réputation , ils ne se laisseroient pas vaincre par les Difficul-
,, tez qui pourroient se présenter. Qu'Elle se flattoit aussi , de parve-
,, nir enfin à une Paix sure & glorieuse; qu'Elle ne perdoit point de
,, vûe un Objet si important, & qu'Elle ne souhaitoit que de voir
,, ses Sujets contens & heureux. ,,

LE même Courier, qui apporta cet Ordre, étoit chargé d'un autre
pour l'Amirauté. Elle devoit avoir soin d'équiper au plûtôt la Flotte,
afin qu'elle pût mettre en Mer avant celle de Dannemarck. Cette Précaution étoit très nécessaire pour garantir nos Côtes. Outre cela, pour
mettre la Scanie à l'abri, pour empêcher que les Ennemis n'y fissent
une Descente, le Roi jugea à propos d'ordonner, qu'on élevât entre
Helsingbourg & Lands-Crona, tout le long de la Côte, un Retranchement, garni de Palissades. Les Païsans de ces Cantons furent emploïés à ce Travail. Sa Majesté approuva pareillement les Réparations que le Sénat avoit fait faire aux Fortifications de Christianstadt,
Place des plus importantes, & qui sert de Boullevard à ces Provinces.
On avoit formé le Dessein d'y dresser des Magazins considérables; &,
afin de pourvoir davantage à la Deffense de ce Païs-là, le Roi ordonna au Sénat de faire lever des Troupes en Hallande & en Blekingue,
au lieu que ces deux Provinces avoient jusques-là fourni leur contingent en Argent. De ces Troupes, on devoit former différens Corps,
selon qu'on jugeroit que la Chose étoit praticable. Ces nouveaux Régimens seroient mis en Garnison dans les Villes de Scanie, où l'on auroit plûtôt Occasion, qu'à la Campagne, de les dresser, & de leur faire
observer une bonne Discipline. On se flattoit, que l'Ennemi, informé de ces Dispositions, n'ôseroit former de nouvelles Entreprises contre la Scanie. Cependant, le contraire arriva, comme nous le verrons
bientôt.

*la Poméra-
nie,*

A L'ÉGARD de la Poméranie, il fut résolu, qu'on y transporteroit,
aussi-tôt que la Saison seroit favorable, les Régimens, qui, dès l'Année
passée, avoient eu Ordre de s'y rendre. Ces Troupes seroient pourvûes de Vivres pour trois Mois, & se tiendroient prêtes à marcher
au prémier Commandement de Sa Majesté, qui leur feroit savoir où
Elle vouloit les emploïer.

*la Mer Bal-
tique,*

QUANT à la Mer Baltique, le Grand-Amiral fut chargé du Soin de
faire équiper, outre l'Escadre qu'on détachoit ordinairement tous les
Ans pour la Garde des Côtes de la Finlande & de l'Ingrie, autant de
Vaisseaux qu'on jugeroit nécessaires pour tenir les Villes de Riga & de
Pernau bloquées, afin d'empêcher que l'Ennemi, Maitre de ces Pla-
ces, & de l'Ile d'Oesel, ne pût profiter du Commerce.

*& la Fin-
lande.*

POUR ce qui étoit du Czar, le Roi étoit d'Opinion, qu'il ne hazarderoit point de faire une Descente sur les Côtes de la Suede, tant que
notre Flotte seroit en état de tenir la Mer, & d'empêcher la Flotte
Moscovite, qui n'étoit pas aussi formidable que la nôtre, de se joindre à celle du Roi de Dannemarck. On avoit d'ailleurs pris de si bonnes

nes Précautions, en établissant le long des Côtes des Gardes avancées, que, quand même les Russiens trouveroient Moïen de passer avec quelques Galeres, ils n'ôseroient tenter une Descente, à cause des Troupes qui étoient dans le Voisinage, & auxquelles il seroit facile de marcher à la prémiere Allarme. Mais, la Peste & la Famine aïant fait des Ravages horribles en Finlande, il étoit à craindre, que le Czar ne s'avançât dans l'Intérieur du Païs, pour y mettre tout à Feu & à Sang, & qu'il ne pénétrât enfin jusqu'aux Frontieres de Suede. Pour l'en tenir éloigné, le Roi recommanda au Sénat de prêter une Attention toute particuliere à ce qui se passeroit de ce Côté-là, & de ne rien négliger pour la Deffense des Provinces qui étoient le plus exposées.

Sa Majesté écrivit en particulier au Comte Nieroth, qui commandoit en Chef en Finlande, pour l'exhorter à faire une vigoureuse Résistance. Connoissant le Mérite & la Capacité de ce Seigneur, Elle lui laissa le Soin d'agir dans ce Païs-là comme il jugeroit lui-même que les Circonstances le demanderoient, sur-tout depuis que la Porte Ottomanne venoit de déclarer la Guerre à la Russie. Cette Diversion, disoit Charles, obligera le Czar de retirer la plus grande Partie de ses Troupes, pour les emploïer à la Deffense de ses propres Etats.

En même tems, les Gouverneurs de la Finlande & de la Bothnie Orientale eurent Ordre de fournir à Monsieur de Nieroth tous les Secours nécessaires, & de l'aider en tout ce qui pourroit dépendre de leur Ministere. Pour faciliter davantage les Choses, le Sénat fit publier des Lettres Patentes, qui tendoient à exhorter les Habitans de la Campagne de ce Grand-Duché à s'unir ensemble, pour marcher contre l'Ennemi. On leur rappelloit leur ancienne Fidélité: & comme cette Province avoit ressenti, plus qu'aucune autre, les Incommoditez de la Guerre, on abolissoit une partie des Impôts dont elle étoit chargée, & on lui remettoit les Arrérages qu'elle devoit à la Couronne; avec Assurance, qu'à la Paix, on auroit une Attention particuliere pour ses Intérêts. La plus grande Partie des Régimens Finnois aïant péri par les Maladies contagieuses, on les remplaça par des Troupes Suédoises, qui furent transportées dans ce Païs-là, avec les Grains & les Vivres dont ils avoient besoin pour leur Subsistance. On distribua aussi des Armes aux Habitans de la Campagne: on essaïa de leur apprendre les Exercices, & on leur enjoignit d'être continuellement sur leurs Gardes, & de harceler les Ennemis par-tout où l'Occasion s'en présenteroit, afin de les mettre hors d'Etat de faire des Courses sur le Plat-Païs.

Telles furent les Dispositions générales, que Charles XII jugea nécessaires pour la Deffense de son Roïaume. Le Sénat, plus à portée que lui, & chargé du Détail & de l'Exécution de ces Arrangemens, seconda parfaitement ses Intentions. Il ne restoit donc plus qu'à attendre comment la Fortune en décideroit.

Les Danois ne vouloient rien entreprendre en Scanie, avant qu'ils fuſſent prêts à agir en pluſieurs Endroits à la fois. D'abord, ils détachérent différens Partis, qui firent des Deſcentes ſur la Côte, où ils mirent le Feu à quelques Maiſons, & à quelques Hameaux de Pécheurs. Après cela, ils eſſaïérent de bombarder la Ville Malmö, & de canoner Helſingbourg du côté de la Mer; mais, leurs Efforts furent inutiles. Un certain Nombre de Troupes ſe tenoit prêt à marcher ſous les Ordres du Comte Stenbock, & le Lieutenant-Général Skytte eut Ordre de jetter du Renfort & des Proviſions dans les Places, afin qu'elles fuſſent en Etat de faire une vigoureuſe Réſiſtance, en-cas que l'Ennemi revînt à la Charge. Du côté de la Norwegue, les Danois firent quelques Mouvemens. Au Commencement de l'Eté, Monſieur de Levendahl, qui y commandoit, détacha pluſieurs Partis, qui, après avoir paſſé la Frontiere, mirent l'Allarme parmi les Habitans de la Campagne, auxquels ils enlevérent leurs Beſtiaux & leurs meilleurs Effets. Au Mois d'Août ſuivant, il tenta une Entrepriſe bien plus conſidérable: s'étant mis en Marche de Chriſtiania, avec un gros Corps d'Infanterie & de Dragons, il s'avança en diligence vers les Frontieres de Bohus.

*Ils font une
Invaſion du
côté de Bo-
hus.*

Des-que le Général Burenſchöld, qu'on avoit chargé du Commandement des Troupes qui étoient de ce Côté-là, eut été informé au juſte des Deſſeins de l'Ennemi, il ordonna au Baron Bielke, dont le Régiment venoit de paſſer eu Revue à Swartebourg, de marcher, avec ſix Compagnies, au Pont de Wetlanda, pour y prendre Poſte, & pour avoir l'Oeil ſur le Chemin de Swineſond. Les deux autres Compagnies du même Régiment furent détachées vers Bollaren, afin d'empêcher l'Ennemi de pénétrer par le Enningedal. Deux Compagnies du Régiment de Patkul furent envoïées à Quiſtrum, pour occuper le Défilé de Sörbögd, & on laiſſa deux Compagnies pour la Garde de la Côte. On détacha pareillement quelques Compagnies du Régiment du Corps de la Reine Douäiriere, & de l'Eſcadron de Bohus. Deux Compagnies marchérent à Swartebourg, une autre à l'Endroit nommé Saltkällan, & une à Herreſta-heed.

Mr. de Burenſchöld ſe rendit lui-même à Swartebourg, accompagné des Généraux-Majors Patkul & Aſchenberg. A peine y étoit-il arrivé, qu'il reçut un Courier du Colonel Bielke, avec Avis, qu'aïant appris que l'Ennemi ſe mettoit en devoir de paſſer le Détroit de Swineſond, il y avoit détaché le Lieutenant-Colonel Weinholtz à la tête de deux cens Chevaux, afin d'obſerver les Mouvemens des Danois. Un moment après, arriva un autre Courier, avec la Nouvelle, que les Danois avoient effectivement fait le Trajet, & que le Lieutenant-Colonel Suédois, après une légere Eſcarmouche, s'étoit retiré à Wetlanda. Le Colonel Bielke fit ſavoir en même tems, que, ne ſe croïant pas aſſez fort pour tenir Tête à l'Ennemi, il avoit pris le Parti de s'approcher de Rabalsheed, après avoir mis le Feu au Pont de Wetlanda.

da. Burenſchöld, aïant envoïé Ordre aux Troupes, qui étoient en Marche pour le joindre, de s'avancer en diligence, ſe mit à la tête des Dragons & de quatre Compagnies de Cavallerie du Régiment de Bohus, dans le Deſſein de marcher à l'Ennemi: mais, aïant eu Avis, que les Danois étoient fort ſupérieurs en Troupes; que les Païſans des Environs avoient Ordre, ſous Peine de voir leurs Habitations brulées & ſaccagées, de réparer le Pont de Wetlanda; qu'un grand Nombre de Galeres & de groſſes Barques, ſoutenues par quelques Vaiſſeaux de Guerre, cotoïoient l'Armée de Terre des Danois; & qu'outre cela le Chemin de Bollare lui étoit ouvert; il changea de Sentiment, & alla camper à Dingelleheed. A peine venoit-il d'y prendre Poſte, qu'il apprit, que l'Ennemi ſe propoſoit de faire un Détour, pour aller ſe rendre Maitre du Pont de Quiſtrum. Sur cet Avis, Burenſchöld y détacha deux cens Dragons, ſous les Ordres d'un Major. Celui-ci devoit en même tems veiller à la Deffenſe du Retranchement qu'on avoit élevé près d'Udewalla.

Le Général ſuivit lui-même avec le Reſte des Troupes, laiſſant au Colonel Bielcke le Soin de deffendre le Pont de Quiſtrum. Pendant qu'on travailloit à perfectionner le Retranchement, les Suédois reçurent un Renfort de Troupes, conſiſtant en ſix Compagnies de Cavallerie, & un Bataillon & ſept Compagnies d'Infanterie. Avant que ces Troupes fuſſent arrivées au Camp, un Bourgeois d'Udewalla, aïant trouvé moïen de ſe rendre auprès du Général Danois, lui rapporta que les Suédois, n'aïant en tout que quelques Compagnies de Cavallerie & d'Infanterie, avec un ſeul Régiment de Dragons, on pourroit les attaquer avec Avantage. Lewendahl, ajoutant Foi à ce Rapport, réſolut de pourſuivre ſon Deſſein de chaſſer les Suédois de leur Retranchement; après quoi, il vouloit débarquer quelques Troupes à Fräkne, pour marcher enſuite devant Bohus. En attendant, Burenſchöld ſe préparoit à aller attaquer les Danois, à la faveur de l'Obſcurité. Dès que Lewendahl en eut été informé, par le Moïen d'un Deſerteur, il décampa un Dimanche de grand matin; de ſorte que, lorſque les Suédois, marchant en Ordre de Bataille, arrivérent peu d'heures après ſur la Bruyere de Herreſtad, où les Danois avoient campé, ils n'y trouvérent plus perſonne.

Lewendahl ſavoit à peine lui-même comment il avoit eu le Bonheur de s'échaper d'entre les Mains des Suédois; Bonheur, auquel il ne s'attendoit point. On accuſa d'abord Monſieur de Burenſchöld d'en être la Cauſe: mais, ce Général n'eut pas beaucoup de Peine à ſe juſtifier de ce Reproche. Il fit voir, qu'avant qu'il eut reçu les Détachemens qui devoient ſervir ſous lui, il avoit écrit au Général Mörner, poſté, avec un Corps de Troupes aſſez conſidérable, au-deſſus de Daal ſur les Frontieres de Norwegue, pour l'informer de la Situation où il ſe trouvoit, & pour le prier de marcher à Swineſond, afin de talonner Lewendahl dans ſa Marche à Udewalla. L'Intention de Buren-

1711.
Aoht.
le 12.

le 15.

le 18.

le 20.

Se retirent.

Burenſchöld étoit d'amuſer l'Ennemi par des Marches & des Contre-marches, pour donner le Tems à Mörner d'arriver; qu'alors les Danois ſe trouveroient entre deux Feux, & auroient bien de la Peine à ſe tirer de ce mauvais Pas: mais comme Mörner lui répondit, qu'il ne feroit point un pareil Mouvement ſans un Ordre exprès de la Ré-gence, & ſans qu'il eut une Réſolution formelle ſur certaines Repré-ſentations qu'il avoit jugé à propos de faire au Sénat, Burenſchöld ré-ſolut d'attaquer ſeul les Danois. C'étoit alors trop tard: l'Ennemi avoit déjà fait partir ſes Bagages avec le Butin qu'il avoit amaſſé; & il ne s'arréta nulle part dans ſa Retraite. Burenſchöld le pourſuivit avec toute la Diligence poſſible juſqu'à Swartebourg: mais, voïant qu'il n'avoit rien gagné, il laiſſa, dans l'Egliſe de ce Lieu, les Tentes de l'Infanterie & tout le gros Bagage, marchant après l'Ennemi avec la Cavallerie. Il le joignit en effet à Tanum, où Lewendahl fit Mine de vouloir combattre. Aïant rangé ſes Troupes, il donna le Signal de trois Coups de Canon: mais, au moment qu'on ſe diſpoſoit à entrer en Action, les Danois s'éloignérent à toute Jambe, ruïnant derriere eux tous les Ponts, à meſure qu'ils venoient de les paſſer. Deux Jours après, on eut Avis, qu'ils campoient près de Blomsholm, de ce cô-té de Swineſond, dans un Poſte très avantageux. Ils occupoient les Défilez & les Hauteurs, & avoient des deux côtez un grand Bois. Malgré cette Poſition, le Général Suédois réſolut de les attaquer; mais, comme dans le même tems les Ennemis firent une Deſcente du côté de Kragenäs, il fut obligé de renoncer à ſon Projet. Cette der-niere Entrepriſe ne réüſſit point aux Danois, qui furent repouſſez & contraints de regagner leurs Vaiſſeaux. Lewendahl profita de cet Intervalle, pour ſe retirer entiérement, ſans qu'il fût poſſible aux Sué-dois ſe vanger du Mal qu'il leur avoit fait, en pillant & en ſaccageant tous les Lieux de la Frontiere.

Transport des Troupes en Pomóra-nie.

Les Troupes, qui devoient être tranſportées en Poméranie, furent embarquées de bonne heure. Elles partirent avec un Vent favorable, & ſous l'Eſcorte de quelques Vaiſſeaux de Guerre. Le Trajet fut des plus heureux, de même que le Débarquement: mais, les Vaiſſeaux de Tranſport aïant remis en Mer pour s'en retourner, un Coup de Vent les éloigna des Vaiſſeaux de Guerre. A la Hauteur de l'Ile de Rugen, ils furent attaqués par quelques Frégattes Danoiſes, qui mi-rent le Feu à pluſieurs de ces Vaiſſeaux, chargés de toutes ſortes de Proviſions de Bouche. Les autres furent diſperſés; &!, quoiqu'ils ſe retrouvaſſent à la fin, cette Perte ne laiſſa pas de nous cauſer beau-coup d'Incommodité.

Révolte des Habitans du Kedin-gerland.

Dans le Païs de Bremen, & le Diſtrict appellé le Kedingerland, une Partie des Habitans venoit de s'attrouper, & de prendre les Armes. Ils ne faiſoient plus miſtere de leur Révolte; diſant hautement, qu'ils vouloient s'affranchir de l'Obéïſſance due à la Couronne de Suede. Le Mécontentement de ces Gens-là provenoit principalement de ce qu'on

avoit

avoit envoïé dans leur Païs des Commiſſaires, chargés d'y lever des
Milices. Ces Troupes étoient deſtinées pour la Deffenſe de la Province; mais, cet Etabliſſement étant nouveau, il ne plût point aux Habitans. Le Comte Gyllenſtierna, pour les mettre à la Raiſon , y envoïa un Détachement de Troupes de la Garniſon de Stade; mais, les
Païſans, loin de ſe laiſſer intimider, ſe mirent en Déffenſe, & tuérent
quelques Soldats. La Révolte devint générale. Quelques-uns étoient
d'Opinion, que les Mutins avoient été gagnés à force d'Argent par des
Emiſſaires de quelque Puiſſance Etrangere: d'autres, croïoient, que
les Commiſſaires n'avoient pas bien pris leurs Meſures, & qu'ils n'a-
voient pas agi avec la Douceur & la Prudence néceſſaires. D'autres
encore jugeoient, que les Habitans s'étoient formé une fauſſe Idée de
cet Etabliſſement, qu'ils s'imaginoient qu'on leveroit chés eux tant de
Soldats que le Païs ſe trouveroit en peu de tems entiérement depeuplé,
& qu'ils craignoient qu'on n'envoïât leurs Enfans dans des Païs ſi éloignés, qu'ils n'auroient plus aucune Eſpérance d'en ſortir. Ce qu'il y
a de certain, c'eſt que cette Affaire cauſa de grands Embarras.

Quand le Baron de Welling , qui ſuccéda au Comte Gyllenſtierna,
fut arrivé dans ſon Gouvernement, & qu'il eut examiné toutes les
Circonſtances de cette Affaire, il s'appliqua avec une Attention toute
particuliere à faire rentrer les Mutins dans leur Devoir. Pour cet Effet, il ordonna aux principaux d'entre eux de venir le trouver; & il
leur parla ſi bien, qu'ils commencérent à entendre Raiſon. Quelques
Jours après, il adreſſa aux Habitans une Déclaration ſignée par la Régence. Cet Ecrit, conçu en Termes extrémement ménagés, fut lû
dans toutes les Chaires du Païs. Il y rappelloit aux Habitans le Souvenir de leur ancienne Fidélité: il leur faiſoit enviſager ce qu'ils devoient à leur Souverain, & leur repréſentoit leur Crime avec les Couleurs les plus vives. Il finiſſoit, en diſant, que tous ceux, qui avoient
des Plaintes à faire, pourroient librement s'adreſſer, juſqu'au 6. Mars
incluſivement, à la Régence, & qu'il leur ſeroit fait bonne & promte Juſtice. Par ce Moïen, les Eſprits ſe calmérent, & la Levée des
Milices ſe fit, ſans que perſonne ſongeât davantage à s'y oppoſer.

Des-que les Etats-Généraux des Provinces-Unies eurent appris
qu'on ſe mettoit en Devoir d'empêcher leurs Sujets de continuer, avec
la même Liberté qu'auparavant, le Commerce de la Mer Baltique,
dont cependant le Czar leur avoit fait eſpérer de grands Avantages, ils
s'addreſſérent à Monſieur de Palmquiſt, Envoïé de Suede à la Haie,
pour obtenir, du Sénat, par ſon Moïen, qu'il fût permis à leurs
Vaiſſeaux d'entrer dans les Villes dont les Moſcovites s'étoient rendu
Maitres. La Régence, ne voulant point prendre de Réſolution à cet
Egard, promit d'en faire rapport au Roi. La Réponſe de Sa Majeſté
ne tarda pas à venir. Elle portoit en ſubſtance: ,, Que les Etats-Géné-
,, raux, n'aïant point d'autre Raiſon à alléguer, pour juſtifier leur
,, Prétenſion, que le Droit de Neutralité, ils devoient, auſſi-bien que
,, les

jour qu'il avoit fait en Suede, préfenta fur ce Sujet un Mémoire au Sénat, dont les Affemblées fe tenoient encore à Arboga. Il en écrivit en particulier au Comte Horn, Préfident de la Chancellerie. La Réponfe, que lui fit ce Seigneur fur fes deux Propofitions, ne fut pas entiérement à fon Gout, & telle qu'il l'auroit bien fouhaitée (a). C'eft précifément cette Lettre du Comte Horn, dont les Ennemis de la Suede ont fait dans la fuite tant de Bruit, & qui leur à fervi, avec d'autres Piéces de la même Nature, à décrier par toute l'Europe la Conduite du Roi & du Sénat, comme s'ils avoient rejetté une Paix honorable, qui leur avoit été offerte, & dont ils auroient pû tirer de grands Avantages, s'ils n'avoient pas mieux aimé fuivre leur Entêtement, & s'abandonner à des Projets chimériques. Tout Homme impartial, & qui fait quelle Différence il y a entre une Garantie & une Médiation, conviendra, que rien n'étoit plus raifonnable que de dire, que ces Puiffances ne pouvoient agir comme Médiatrices, à caufe de l'Obligation où Elles étoient de fatisfaire à leur Garantie. Et, en effet, fi de bonne heure elles euffent fait quelques Démarches vigoureureufes, le Dannemarck n'auroit pas recommencé la Guerre, & ainfi elles n'auroient pas eu befoin de faire des Offres de Médiation.

Réponfe du Roi de Suede au Miniftre d'Angleterre. V. l'App. No. ...

Sur ces Idées étoit fondée la Réponfe que Charles fit au Mémoire de Monfieur de Jeffereys, Miniftre de la Grande-Bretagne. Il y eft dit: "Que Sa Majefté apprenoit avec plaifir, que les Puiffances mentionnées faifoient paroitre tant de Penchant à rétablir la Paix dans le "Nord, & qu'Elle tenoit pour agréable l'Offre qu'Elles venoient de

„ que ce que les Alliés avoient fait l'Année derniere à la Haie, pour
„ la Confervation de la Tranquilité en Allemagne, ne s'étoit pas fait
„ dans le Deffein de lui nuire; mais que, comme on avoit pris cette
„ Réfolution à fon Infçu, & que la Convention pour la Neutralité
„ étoit autant préjudiciable à fes Intérêts, qu'elle étoit avantageufe
„ à fes Ennemis, Elle avoit fait déclarer par deux fois, & Elle avoit
„ déclaré Elle-même, qu'Elle ne fe croïoit nullement obligée à s'en
„ tenir à leur Convention. Qu'elle vouloit bien de nouveau leur faire
„ favoir, qu'Elle perfiftoit toujours dans le même Sentiment. Qu'à
„ l'égard des Repréfentations que la Reine de la Grande-Bretagne &
„ les Etats-Généraux des Provinces-Unies lui avoient fait faire tou-
„ chant le Commerce dans les Ports de la Mer Baltique qui étoient au
„ Pouvoir du Czar, Sa Majefté étoit d'Opinion, qu'une pareille Pré-
„ tenfion étoit contraire aux Traités de Commerce & aux Ufages re-
„ çus parmi des Nations amies & alliées. Qu'ainfi, elle efpéroit, que
„ Sa Majefté Britannique & les Etats-Généraux voudroient bien ne
„ pas infifter davantage fur cet Article. Qu'Elle fouffriroit trop de ce
„ Commerce, auquel Elle ne pourroit jamais confentir, après la Décla-
„ ration formelle qu'Elle avoit fait faire par fes Miniftres dans les Cours
„ Etrangeres, qu'Elle avoit donné Ordre à fon Amirauté d'équiper une
„ Efcadre, pour être emploïée à tenir bloqués les Ports dont l'Ennemi
„ s'étoit emparé. „ Cette Réponfe étoit datée de Bender, le 2. Mai 1711.

Je me difpenfe volontiers de rapporter tous les Mémoires qui furent
écrits pour & contre cette Affaire pendant toute une Année. Ce Détail me meneroit trop loin. Je me contente donc d'inférer ici la
Réponfe, que le Roi de Suede fit, le 6. Novembre, à un Mémoire que le même Monfieur de Jeffereys lui avoit préfenté quelques jours
auparavant. Elle portoit en Subftance: „ Que Sa Majefté avoit crû,
„ que fa Déclaration du 28. Avril, touchant la Réfolution prife de blo-
„ quer les Ports de la Mer Baltique dont le Czar s'étoit rendu Maitre
„ durant cette Guerre, auroit été capable de porter les Puiffances
„ amies & alliées de la Suede à renoncer d'Elles-mêmes à ce Com-
„ merce: mais que, comme la Reine de la Grande-Bretagne, & les
„ Etats-Généraux, avoient de nouveau fait faire des Inftances fur
„ ce Sujet, Elle vouloit bien faire favoir fes Intentions ultérieu-
„ res & ce qu'elle croïoit être en Droit de faire à cet Egard. Que
„ le Czar s'étant emparé, par le moïen de fes injuftes Armes,
„ de quelques Ports de la Baltique, il auroit été facile aux Puiffances
„ Maritimes d'empêcher une pareille Entreprife, pourvû qu'elles euf-
„ fent fait intervenir en Tems & Lieu la Garantie dont elles s'étoient
„ chargées, & à l'Exécution de laquelle elles étoient obligées, en ver-
„ tu des Traités les plus folemnels. Que ne l'aïant pas fait, elles au-
„ roient dû pour le moins, conformement aux Traités de Commer-
„ ce, & à un ancien Ufage généralement reçu, deffendre à leurs Su-
„ jets de naviguer & de faire Commerce dans les Ports, qui, bien qu'ils

*Réponfe à
un autre
Mémoire de
ce Miniftre.
V. l'App.
No. CLII.*

„ fuf-

„ fuſſent au Pouvoir de l'Ennemi, ne lui avoient point été cédés, &
„ qui pourroient aiſément rentrer ſous la Domination de leur ancien
„ Souverain. Que Sa Majeſté s'étoit flatée, que des Puiſſances, a-
„ mies & alliées de ſa Couronne auroient eu pour Elle cette Déféren-
„ ce, ſur-tout ces Villes étant bloquées, & Sa Majeſté aïant réſolu de
„ les faire reſſerrer encore davantage, ſi la Choſe étoit néceſſaire. Que,
„ pour ces Raiſons, Elle ne pouvoit que perſiſter dans ſon prémier
„ Sentiment: & qu'Elle ne permetroit pas, qu'aucun Vaiſſeau, de
„ quelque Nation qu'il puiſſe être, entrât dans ces Ports, tant
„ que la Guerre dureroit. Qu'on avoit tout lieu de croire, que, ſi
„ l'on permettoit ce Commerce, l'Ennemi non ſeulement en profite-
„ roit, pour faire venir toutes ſortes de Marchandiſes, même de cel-
„ les qui étoient de Contrebande, mais qu'il pourroit auſſi tout d'un
„ coup ſe procurer un grand Nombre de Vaiſſeaux, que le Marchand
„ avide de Gain ne ſe feroit aucune Difficulté de lui vendre. Que,
„ par-là, ſa Marine deviendroit très formidable; &, qu'après cela,
„ il lui feroit aiſé de cauſer de grands Embarras, non ſeulement à la
„ Suede, mais auſſi à d'autres Puiſſances: Que Sa Majeſté eſpéroit,
„ que la Reine de la Grande-Bretagne, & les Etats-Généraux, n'in-
„ ſiſteroient plus ſur une Affaire qui lui étoit trop préjudiciable, &
„ contraire même aux Traités & aux Uſages reçus. Que ces deux
„ Puiſſances, aïant en plus d'une Occaſion agi de même à l'égard
„ d'autres Nations, Sa Majeſté ſe perſuadoit qu'Elles ne prendroient
„ pas en mauvaiſe Part, qu'on ſuivît leur Exemple. Que rien n'étoit
„ moins ſolide, que l'Objection qu'on faiſoit, que les Ports en queſ-
„ tion n'étoient pas aſſiégés dans les Formes, mais ſeulement bloqués
„ par quelque peu de Vaiſſeaux. Que, quelque peu conſidérables
„ que puiſſent être les Forces qu'on emploïe devant une Place, dès
„ qu'elles ſont ſuffiſantes pour la tenir reſſerrée d'un côté, on ne peut
„ regarder une telle Place que comme aſſiégée dans les Formes; que
„ ſur-tout des Puiſſances amies, contre leſquelles on n'avoit pas be-
„ ſoin de ſe mettre en Deffenſe, devoient s'en tenir à cette Idée.
„ Que ſi cette Maxime n'étoit pas ſuivie, Sa Majeſté auroit lieu de
„ ſe plaindre de ce que ſes Amis ſe mettoient plus en peine de favo-
„ riſer les Intérêts des Ennemis de la Suede, que de ſoutenir la juſte
„ Cauſe d'un Ami & d'un Allié. Qu'en pareil Cas, Elle ſeroit obli-
„ gée d'emploïer la Force, pour empécher ce Commerce. Qu'à l'é-
„ gard du Vaiſſeau Anglois, pris à la Hauteur de l'Ile de Gotlande,
„ Elle en décideroit, dès qu'elle auroit reçu le Rapport du Sénat.
„ Qu'au reſte, Sa Majeſté apprenoit volontiers, que les Puiſſances
„ Maritimes vouloient s'appliquer à rétablir la Tranquillité dans le
„ Nord, en procurant à Sa Majeſté une Paix ſure & honorable. Que
„ ces Offres lui auroient été plus agréables, ſi Elle n'avoit pas appris
„ depuis peu, que les Etats-Généraux, ſans en avoir conſulté la Rei-
„ ne de la Grande-Bretagne, qui avoit toujours voulu du Bien à la
„ Sue-

„ Suede, avoient pris une Réfolution directement contraire à l'Ami-
„ tié & aux Traités qui fubfiftoient entre Sa Majefté Suédoife & la
„ République des Provinces-Unies. Que, par rapport à la Sufpen-
„ fion d'Armes, que les Puiffances Maritimes croïoient fi néceffaire
„ pour le Rétabliffement de la Paix, il étoit trop tard d'y fonger; que
„ l'on n'en tireroit même aucun Profit, depuis que les Ennemis de Sa
„ Majefté avoient fait une Irruption en Poméranie, où ils commet-
„ toient toutes fortes d'Hoftilitez, quoique cette Province fût une
„ Dépendence de l'Empire Allemand, qu'elle eut été comprife dans
„ la Garantie générale, & que la Suede n'eut rien fait contre la Neu-
„ tralité. Que les Amis & les Alliés de la Suede en demeuroient tran-
„ quiles Spectateurs, & que quelques-uns d'entre eux, loin de s'y op-
„ pofer, fortifioient l'Ennemi dans fes Deffeins. Que, quel que pût être
„ le Succès de cette Entreprife, on ne pourroit confentir à une Suf-
„ penfion d'Armes, fans que les Ennemis en tiraffent tout l'Avanta-
„ ge. Que pour parvenir au But tant defiré, il étoit abfolument né-
„ ceffaire, que les Puiffances Maritimes agiffent conformement à l'O-
„ bligation que leur impofoit la Qualité de Garants; & que c'étoit-là
„ le feul Moïen de faire avoir à Sa Majefté Suédoife une Paix fûre
„ & honorable. „

Quelques
Particuliers
obtiennent
la Permif-
fion d'aller
en Courfe.

Le même Jour qu'on dépécha cette Lettre, le Roi écrivit au Confeil de l'Amirauté, pour lui ordonner de favorifer en tout les Armateurs particuliers, qui venoient d'obtenir la Permiffion d'aller en Courfe, tant dans la Mer du Nord, que dans la Mer Baltique, contre les
Vaiffeaux deftinez pour les Ports dont les Mofcovites s'étoient rendu
Maitres. L'Intention de Sa Majefté étoit, que ces Vaiffeaux, de
quelque Nation qu'ils puffent être, & fans confidérer à qui les Marchandifes appartenoient, fuffent tenues pour bonnes Prifes, qu'on laifferoit en entier aux Armateurs, & fans qu'ils fuffent obligés d'en rien
donner à la Couronne.

Les Habitans de Gothenbourg, mieux à portée que les Habitans des
autres Villes Maritimes, furent les prémiers qui profitérent de cette Liberté. Ils firent, en peu de Semaines, des Prifes confidérables. Plufieurs Particuliers, tant à Stockholm qu'ailleurs, animez par cet heureux Succès, fuivirent l'Exemple des prémiers. Le Réfident Rumpf
fit fur ce Sujet de fortes Repréfentations au Sénat, & les Etats-Généraux déclarérent à Monfieur de Palmquift à la Haie, que fi l'on ne ré-
voquoit point la Permiffion donnée aux Armateurs, on regarderoit cette
Démarche comme une Rupture ouverte. On fe contenta de répondre
aux Hollandois, qu'il étoit directement contraire aux Traités de Paix
& de Commerce, que les Sujets de la République, fous le Prétexte de
Neutralité, apportaffent aux Ennemis du Roi de Suede des Armes,
des Munitions de Guerre, des Etoffes pour l'Habillement des Troupes,
& d'autres pareilles Marchandifes. Qu'il étoit jufte, qu'on ufât de Ré-
préfailles ; & que les Hollandois avoient les prémiers commencé la

Rupture, en empêchant, durant la Guerre avec la France, les Vaiſ-ſeaux Suédois de faire Commerce dans les Ports de ce Roïaume, quoi-que la Suede eut obſervé une exacte Neutralité, & qu'elle ne ſe fût jamais mêlée de leur Querelle.

*Etat de la
Finlande.*

En Finlande, les Affaires avoient changé de Face. Les Habitans, auſſi-bien que les Troupes, faiſoient une vigoureuſe Réſiſtance; & il ſembloit, que les dernieres Déclarations du Roi & du Sénat leur a-voient rendu leur ancienne Bravoure. Les Colonels Armfelt & Stiern-ſchantz (*a*), aïant eu Ordre du Comte Nieroth de marcher dans la Province de Sawolax, ils allérent camper aux environs de la Forte-reſſe de Nyſlot, pour être à portée d'obſerver les Mouvemens de l'En-nemi ſur la Frontiere de la Carélie, de l'empêcher de faire des Courſes ſur le Plat-Païs. Au prémier Avis qu'ils eurent, qu'un gros Parti de Coſaques étoit en Marche pour aller prendre Poſte dans une Terre de la Carélie, nommé Koitzlax, d'où il leur ſeroit facile de nous incommo-der extrêmement pour peu qu'on leur donnât le Tems de s'y établir, ils quittérent de nuit leur Camp de Sawolax & de Parkamuki, avec la plus grande Partie de la Cavallerie, & cinq cens Fantaſſins, pour aller

*Au Mois de
Février.*

déloger ces Voiſins incommodes. Les Coſaques ne faiſoient que d'arri-ver à Koitzlax, où, après s'être régalez à leur maniere, ils allérent ſe coucher tranquilement, ſans ſe douter que les Ennemis fuſſent ſi près. A peine eurent-ils fermé les yeux, que les Suédois vinrent les éveiller un peu rudement. Les Ennemis ſe ſauvérent le mieux qu'ils purent. Quelques-uns en Chemiſe, d'autres à moitié habillés, ſautérent par-deſ-ſus les Toits & les Haies, & s'enfuirent. Il n'y en eut qu'un petit Nombre, qui prirent la Réſolution de ſe deffendre, en faiſant un Feu horrible de leur Mouſqueterie au travers des Portes & des Fenêtres. Les Suédois étant venus à bout de mettre le Feu aux Maiſons, les Co-ſaques aimérent mieux périr dans les Flammes, que de ſe rendre Priſon-niers. Nos Troupes firent dans cette Occaſion un Butin conſidérable, tant en Argent, qu'en Habillemens, & en Vivres. Ils prirent un Drapeau, quatre-vingt Chevaux, & autant de Fuſils & de Carabines, que l'Ennemi leur avoit enlevez auparavant. Parmi les Priſonniers ſe trouvoient quelques Turcs, que les Coſaques avoient détenus depuis la derniere Guerre entre la Porte & le Czar, & qu'ils avoient obligés par force d'entrer au Service de la Moſcovie. On eut de ces Gens-là un Soin tout particulier; &, aïant été envoïés à Stockholm, on leur accorda la Liberté de retourner dans leur Patrie. Cette Expédition ne nous couta pas un ſeul Homme: mais, comme le Froid étoit exceſſif, notre Détachement fut obligé de s'en retourner dans ſes Quartiers dans le Sawolax. Il ne quitta pourtant la Terre de Koitzlax, qu'après l'a-voir réduite en Cendres.

EN-

(a) Il venoit d'obtenir le Régiment de Sawolax, après le Colonel Eſſen, à qui on avoit donné celui de Biornebourg.

ENVIRON trois Semaines après, on apprit que trois cens Dragons Moscovites, avec deux cens Fantassins, auxquels s'étoient joints les Cosaques échapez de la derniere Défaite, avoient pris Poste dans une autre Terre en Carélie nommé Hanokala, & qu'ils s'y étoient retranchés. Les Suédois se mirent aussi-tôt en Marche, avec deux petites Piéces de Campagne, qui furent transportées sur des Traineaux. Dès que l'Ennemi les eut apperçus, il sortit en rase Campagne. Les Suédois l'attaquérent sur le champ, le battirent, & lui tuérent sur la place cent-soixante-quinze Hommes. Parmi les Prisonniers se trouvérent un Capitaine, un Capitaine-Lieutenant, cinq Bas-Officiers, & soixante-huit Soldats. Deux cent cinquante Chevaux tombérent entre les Mains des Suédois, qui se saisirent en même tems d'une bonne Provision de Grains. Quant au grand Magazin, qui étoit en dedans du Retranchement ennemi, les Moscovites y mirent eux-mêmes le Feu. Notre Détachement demeura près de quatre Semaines à Hanokala. Les Chevaux furent distribuez en partie pour remonter la Cavallerie, & en partie pour transporter l'Artillerie.

Au Commencement du Printems, les Troupes, qui étoient sous les Ordres des Colonels Armfelt & Stiernschantz, furent renforcées par différens Détachemens tirez des Régimens Finnois, jusqu'au Nombre de deux mille Hommes. Le Comte Nieroth leur ordonna ensuite de marcher vers la Paroisse de Juski, afin de couper les Convois qu'on envoïoit de Petersbourg à Wibourg. La Chose se fit sans beaucoup de Peine. A quatre Lieues de cette derniere Ville, sur le Chemin de Petersbourg, les Moscovites avoient construit un Fort avec un Magazin, gardez par cent Soldats. On avoit jugé cette Précaution nécessaire pour la Sûreté des Voïageurs. Les deux Colonels Suédois, informez de la Situation des Lieux, détachérent le Lieutenant Fiant avec trente-quatre Hommes, pour aller déloger l'Ennemi de ce Poste. Cet Officier eut une rude Marche à faire, traversant continuellement des Bois & des Marais. Après avoir été onze Jours en Chemin, il entra enfin, le 25. Avril sans avoir été découvert, dans un grand Bois, qui n'étoit éloigné de l'Ennemi que d'environ une Lieue. Afin de pouvoir faire ses Dispositions, il envoïa à Malahof deux Païsans, qui, sous Prétexte de vendre aux Moscovites du Poisson & du Gibier, devoient reconnoitre les Forces de l'Ennemi. A leur Retour, il apprit, qu'il y avoit dans cet Endroit un Détachement de cent Hommes, sous les Ordres d'un Capitaine; que le Retranchement étoit élevé à la Hauteur d'un Homme; & que le Fossé qui régnoit autour avoit la même Profondeur. Ces Emissaires lui rapportérent aussi, que le Glacis du Retranchement étoit garni de Palissades, & que le Magazin étoit pourvû de toutes sortes de Vivres & de Munitions; que quatorze Hommes étoient en Faction; & que les autres, ne se doutant de rien, alloient se mettre au Lit. S'étant mis en Marche à Minuit, il fut bientôt devant le Fort. Une des Sentinelles, l'aïant apperçu avec son Monde, essaïa en vain de tirer

un

un Coup de Fufil. Le Moſcovite, jettant auſſitôt ſes Armes, ſe mit à courir & à crier de toutes ſes Forces. Mais, les Finnois aïant déjà pénétré juſqu'au haut du Rempart, ils tuérent à Coups de Baïonnetes les Soldats qui étoient de Garde. Les autres, plongés dans un profond Sommeil, s'éveillérent en ſurſaut: & comme ils croïoient que tout étoit déjà perdu, ils demandérent quartier. Les Finnois, inexorables ſur ce Sujet, les paſſérent tous au Fil de l'Epée. Le Butin, conſiſtant en une quinzaine de Chevaux, & en quelque Argent, fut diſtribué parmi nos Gens. Pour les Vivres, ils en prirent autant qu'ils purent emporter, & ils en chargérent leurs Chevaux. On permit auſſi aux Païſans des Environs d'en venir prendre une certaine Quantité. Le Reſte fut brulé avec les Magazins; & le Détachement s'en retourna, après avoir entiérement ruiné le Retranchement Moſcovite. Un Sergent des Ennemis fut fait Priſonnier. Nous ne perdimes qu'un Caporal, qui fut tué à la prémiere Eſcarmouche.

Ce ne furent pas les ſeuls Avantages, que les Finnois remportérent. Ils firent encore d'autres Entrepriſes, qui leur réüſſirent très bien, & le Peuple commençoit déjà à croire, qu'il n'étoit pas impoſſible de reprendre ſur les Moſcovites la Ville de Wibourg devant laquelle il y avoit huit Vaiſſeaux Suédois. La Garniſon de cette Place n'étoit pas fort conſidérable, & elle manquoit de Vivres & de Munitions. Les Partis ennemis n'ôſoient preſque plus ſe montrer, après avoir été tant de fois battus. Le Vice-Amiral Wernfeldt, qui croiſoit à la Hauteur de Petersbourg, leur avoit inſpiré tant de Crainte, qu'ils n'avoient pas le Courage de ſe faire voir ſur la Mer, ſeulement à un Quart-de-Lieue de Cronſlot. Le Comte Nieroth, pour profiter de ces Circonſtances, réſolut, à l'Entrée de l'Automne, de marcher avec toute ſon Armée à Lapſtrand (a), pour faire camper les Troupes autour de Wibourg. Elles y demeurérent en effet juſques vers Noël, que la Diſette de Vivres occaſionée par les Difficultez du Tranſport, & l'Impoſſibilité où l'on étoit d'empécher les Soldats de s'en retourner chés eux, obligérent le Général de faire prendre à ſon Armée les Quartiers d'Hiver qui lui avoient été deſtinez. Monſieur d'Armſelt, qui venoit d'être fait Général-Major, fut détaché en Carélie, avec un Corps de quinze cens Hommes, tant Infanterie, que Cavallerie, afin d'établir dans cette Province des Contributions. Outre cela, il devoit avoir Soin de ravitailler la Ville de Nyſlot; Commiſſion, dont il s'acquita avec beaucoup de Ponctualité.

*La Neutra-
lité eſt miſe
de nouveau
ſur le Tapis.* Tandis que les Suédois faiſoient Face de tous Côtez à leurs Ennemis, on ſongeoit en Allemagne à mettre de nouveau ſur le Tapis la Convention pour la Neutralité de l'Empire. On formoit toutes ſortes de Projets; mais, l'Armée, qui devoit les éxécuter, ne ſe trouvoit pas. On traça néanmoins un Camp pour ces Troupes, autour de

Kram-

(a) Cet Endroit a eu depuis le Nom de Wilmanſtrand. R.D.T.

Krampe dans la Principauté de Glogau. On fit pareillement de grands Préparatifs pour dreſſer des Magazins; mais, on ne put jamais venir à bout d'y faire les Amas néceſſaires.

DÈS-QUE Charles XII eut appris, qu'on touchoit de nouveau cette Corde, il ordonna au Sieur Neugebauer, ſon Envoïé à Conſtantinople, de déclarer aux Miniſtres des Hauts-Alliés qui y réſidoient, & particuliérement à ceux des Puiſſances Maritimes, que Sa Majeſté Suédoiſe n'étoit nullement dans l'Intention de faire en faveur de la France la moindre Démarche qui fût contraire à l'Amitié, qu'il leur avoit vouée, & qu'il s'étoit ſoigneuſement appliqué à leur conſerver. Dès le Mois de Janvier, le Sécrétaire Stiernhöök avoit reçu Ordre de faire une pareille Déclaration à la Cour de Vienne: & le Chancellier Mullern en écrivit au Sécrétaire Brunel à Berlin, afin qu'il portât à Sa Majeſté Pruſſienne les mêmes Aſſurances. Le Miniſtre d'Angleterre à Conſtantinople pria Monſieur de Neugebauer de dire au Roi ſon Maitre, que la Reine de la Grande-Bretagne avoit, pour Sa Majeſté Suédoiſe, l'Eſtime la plus parfaite, & qu'Elle avoit plus à cœur de ſe conſerver l'Amitié de ce Prince, que d'inſiſter ſur la Convention de la Neutralité, ou ſur la Marche des Troupes que les Alliés devoient fournir pour cet Objet. Le Czar, & ſes Alliés, parlérent d'une Maniere toute différente; & on ne laiſſa pas d'écouter leurs Repréſentations. L'Ambaſſadeur de Moſcovie à la Haie préſenta ſur ce Sujet un Mémoire aux Etats-Généraux, dans lequel il inſiſtoit ſur la Néceſſité de faire marcher le Corps de Troupes deſtiné pour le Maintien de la Neutralité dans l'Empire. Il y diſoit entre autres choſes, „que le „ Roi de Suede avoit par ſa Proteſtation enfreint l'Acte de Neutrali-„ té; & qu'on ſavoit de bonne Part, que le Corps de Troupes, qui „ étoit en Poméranie, ſe tenoit prêt pour faire une Irruption en Po-„ logne, ou bien en Saxe. Qu'on devoit, ſans délai, joindre aux „ Troupes de Sa Majeſté Czarienne celles qu'on étoit convenu de „ fournir pour la Neutralité, afin d'agir contre la Suede. Que ſi ce-„ la ne ſe faiſoit pas, on ne pourroit point trouver mauvais, qu'Elle en-„ trât avec ſes Alliés en Poméranie, ou du moins qu'Elle ne cherchât „ pas à les détourner de la Réſolution qu'ils venoient de prendre à cet „ Egard conjointement avec Elle. „

V. l'App. No. CLIII.

CE qui empéchoit, entre autres choſes, la Jonction des Troupes deſtinées à maintenir la Neutralité dans l'Empire, étoit le long Interregne qui ſuivit la Mort de l'Empereur Joſeph. La Diete d'Election ſe rompit en quelque façon par le Départ de quelques-uns des Miniſtres. Le Roi de Dannemarck, l'Electeur de Saxe, & le Czar de Moſcovie, voulant mettre à profit cette Conjoncture, & ne cherchant qu'un Prétexte pour renverſer la Neutralité, réſolurent de faire cette Année une Invaſion en Poméranie. Ce Deſſein ne laiſſa pourtant pas de rencontrer pluſieurs Difficultez, & on fut aſſez long-tems à concerter les Meſures & les Précautions à prendre. Le Général Craſſou avoit renforcé

Les Ennemis de la Suede prennent la Réſolution d'entrer en Poméranie.

forcé fon Corps d'Armée, par le Moïen de nouvelles Levées: les Turcs venoient de déclarer la Guerre aux Mofcovites; & Charles XII la déclara auffi au Roi Augufte, comme nous le verrons bientôt. Le Roi Scanislas écrivoit des Lettres circulaires aux Polonois, pour les porter à fecouër le Joug des Mofcovites, & à profiter du Secours qui leur étoit offert, tant par les Suédois, que par les Turcs. Il leur repréfentoit, que l'Alliance entre le Czar & le Roi Augufte leur avoit plus couté dans un An, que n'avoient fait les Suédois, pendant tout le Tems qu'ils avoient été en Pologne. Les Nouvelles, qu'on reçut des Entreprifes de Smigelski, contribuérent beaucoup à augmenter les Embarras où fe trouvoit le Roi Augufte. Cet habile Partifan, aïant continué à entretenir de grandes Liaifons en Pologne, eut affez de Courage pour y retourner. Il fe fignala d'abord par un Coup d'Eclat. Pas loin de Thorn, il enleva aux Mofcovites un grand Nombre de Chariots; &, aïant mis le Feu aux Amas qu'ils avoient faits, il fe retira avec un Butin confidérable en Poméranie.

TELLE étoit la Situation des Affaires lorfqu'on apprit, que, malgré ces Difficultez, l'Ennemi avoit formé le Deffein de faire une Irruption en Poméranie, & qu'il faifoit, pour cet Effet, de grands Préparatifs. Craffou, de fon côté, ne négligeoit rien pour fe mettre en Etat de faire une vigoureufe Réfiftance. Une Partie des Troupes Suédoifes alla camper fur le Bord de l'Oder, à quelque Diftance de Stettin. Un autre Corps, commandé par le Lieutenant-Général Dukert, fe retrancha fous le Canon de Stralfund. Le Refte de ces Troupes fut jetté dans les Villes de Stettin, de Stralfund, & de Wismar.

LE Roi de Dannemarck avoit d'abord fait paroitre quelque Penchant pour la Paix. Les Obftacles, qu'il rencontroit dans l'Exécution de fes Deffeins contre la Suede, lui faifoient faire cette Démarche. Il alla même fi loin, qu'il fit dire par une Perfonne de Confidération au Comte Welling, Gouverneur Général du Païs de Bremen, que, pourvû qu'il eut un Plein-Pouvoir de la Régence à Stockholm, Sa Majefté Danoife étoit prête à entrer avec lui en Négociation; & que, pour lui marquer combien Elle étoit fincérement difpofée à la Paix, Elle vouloit bien munir d'un Paffeport le Courier que le Général dépêcheroit à Stockholm, pour y porter cette Nouvelle. Le Comte Welling, non content de donner auffi-tôt les Mains à cette Propofition, alla lui-même à Stralfund, pour être plus à portée de dépêcher le Courier: mais,

à peine y fut-il arrivé, que la même Perfonne, dont le Roi de Dannemarck s'étoit fervi pour faire la prémiere Ouverture, lui fit favoir, que Sa Majefté Danoife venoit de changer de Sentiment. Les Promeffes du Czar, qui faifoit efpérer à ce Prince de gros Subfides, l'avoient déterminé à continuer la Guerre. D'ailleurs, il fe flattoit, qu'après la Jonction de l'Armée de Neutralité, le Jutland, & les Iles du Dannemarck, n'auroient rien à craindre de la Part des Suédois.

LE Czar lui fournit en effet une Somme de trois cens mille Ecus;
mais,

mais, comme elle n'étoit pas suffisante pour continuer long-tems la Guerre, il emprunta de l'Electeur de Hanovre huit cens mille Ecus, & lui donna en Hypotheque le Païs de Delmenhorst. Au Mois de Juillet, l'Armée Danoise se trouva prête à agir. S'étant assemblée dans le Holstein, elle vint camper dans le Voisinage de Rendsbourg. Elle étoit forte de dix-huit mille Hommes de Pied & de huit à neuf cens Chevaux. Le Général Schultze, qui la commandoit, avoit sous ses Ordres sept Lieutenants-Généraux, six Généraux-Majors, & neuf Brigadiers.

1711.
Juillet.

Le Roi de Dannemarck étant arrivé, quelques Jours après, au Camp devant Rendsbourg, fit passer en Revue tous les Régimens dont son Armée étoit composée: après quoi, elle se mit en Marche sur trois Colonnes. Comme elle avoit à traverser le Païs de Lavenbourg, le Roi de Dannemarck étoit déjà convenu avec l'Electeur de Hanovre qu'elle pourroit traverser ce Duché sans aucun Empéchement. Quant au Passage par le Meklenbourg, le Duc de ce Nom l'accorda pareillement aux Danois; &, afin que les Habitans de ces Provinces ne fussent pas exposez aux Chicanes du Soldat étranger, il fut réglé, qu'on fourniroit chaque Jour, à l'Armée Danoise, six cens Tonneaux de Bierre, neuf mille Livres de Pain, avec une certaine Quantité de Fourages. Les Danois, après avoir traversé la Ville de Möln, marchérent à Gadebusch, d'où ils firent prendre les devants à un Corps de cinq mille Hommes, destiné à bloquer la Ville de Wismar. Ces Troupes vinrent camper à la Distance d'une Demi-Lieue de la Place. Le Quartier-général fut à Meklenbourg, Village des Environs. Le Colonel Bassewitz, aiant été détaché avec un Parti de deux cens Dragons Suédois, pour aller reconnoître l'Ennemi, manqua d'être fait Prisonnier avec tout son Monde. Les Danois, au Nombre de mille Chevaux, se partagérent en deux Troupes, dans le Dessein de mettre à profit leur Supériorité pour envelloper les Suédois. Le Colonel Bassewitz ne leur en donna pas le tems: s'étant retiré en bon Ordre, il rompit derriere lui un Pont; ce qui favorisa beaucoup sa Retraite. Les Danois, qui croioient déjà le tenir, se voïant trompez dans leur Attente, retournérent à leur Camp.

Aoht.
le 19.
Les Troupes
Danoises se
mettent en
Marche.

le 14.
Wismar est
bloqué.

Pour rassurer les Habitans de la Poméranie, le Roi de Dannemarck fit publier un Manifeste, qui fut répandu par toute la Province. ,, Comme Nous sommes obligés,, ,disoit-il, ,,de pénétrer en Pomé-
,, ranie avec nôtre Armée, pour mettre par-là en Sureté nos Sujets &
,, Etats, & pour détourner l'Orage dont ils sont menacés; & qu'il est
,, néanmoins à craindre, que les Habitans de ce Duché ne viennent à
,, abandonner leurs Terres, de peur d'un Dégat général de la Part de
,, nos Troupes, ce qui ôteroit à ces dernieres le Moïen de subsister:
,, Nous avons jugé à propos d'avertir, par les présentes, tous les Habi-
,, tans de la Poméranie Suédoise en général, & chacun en particulier,

Manifeste
du Roi de
Danne-
marck.

,, que

„ que Nous avons donné de fi bons Ordres à notre Armée, qu'il ne
„ leur fera fait aucun Tort, ni en leurs Perfonnes, ni en leurs Biens;
„ mais, que chacun fera protégé & maintenu dans la paifible Poffef-
„ fion de ce qui lui appartient, & que nous fommes prêts à leur don-
„ ner pour cet effet des Sauvegardes: à condition, néanmoins, qu'à
„ notre Arrivée, les Habitans n'abandonneront point leurs Maifons
„ & leurs Terres, & ne nous cauferont aucun Domage, ni directement,
„ ni indirectement; mais, qu'ils fe foumettront volontairement à
„ Nous, obéïront à nos Ordres, Nous préteront la même Fidélité
„ qu'ils ont fait jufqu'à préfent à la Couronne de Suede, & Nous
„ païeront les Contributions ordinaires. En ce Cas, nous leur pro-
„ mettons fur notre Parole Roïale de prendre en notre Protection, eux
„ & ceux qui leur appartiennent, & de ne pas permettre qu'il leur
„ foit fait aucune Violence. Mais fi, au contraire, ils s'oppofent à
„ nos Deffeins, & ne fe foumettent pas à notre Volonté, Nous leur
„ ferons fubir, quoiqu'à notre grand Regret, ce que la Guerre entraine
„ après foi, &c. „ Ce Manifefte fut publié à Roftock le 21. Août 1711.

le 24.
*Prife de
Damgarten
par les Da-
nois,*
le 27.

le 30.

L'ARMÉE Danoife, après s'être repofée cinq Jours à Roftock, s'a-
vança à Ribnitz, d'où elle fit une Tentative fur Damgarten, pour pénétrer de-là en Poméranie. L'Ennemi commença auffi-tôt à dreffer
une Batterie, & à tirer avec tant de Succès contre le Fort le plus
avancé, que les Suédois furent contraints de l'abandonner. Les Danois,
aïant réparé le Pont que les Suédois avoient rompu en fe retirant,
toute leur Armée paffa le Reckenitz fur des Pontons, & vint camper
devant Damgarten. Elle s'affura d'abord de tous les Paffages. Anclam, Treptow, & Demmin, fe foumirent pareillement.

LES Danois avoient fait fonner fort haut les Préparatifs qu'ils faifoient, pour mettre en Mer une Flotte des plus formidables. Elle devoit être compofée de cinquante, tant Vaiffeaux de Guerre, que Frégates, qui portoient deux mille fix cens cinquante-fix Piéces de Canon. Les Equipages montoient à dix-fept mille cinq cens trente Hommes. On n'attendoit plus qu'un Vent favorable, & on fe promettoit
d'accabler de toutes parts la Suede. Au bout du Compte, cet Armement fe réduifit à très peu de chofe. On n'avoit pas tout ce qui étoit
néceffaire pour équiper tant de Vaiffeaux: on manquoit même de Matelots, & les Maladies contagieufes faifoient de grands Ravages dans
quelques Ports du Dannemarck. En moins de cinq Mois de Tems, la
Pefte enleva dans ces Villes au-de-là de vingt mille Hommes.

SELON la Convention faite entre le Roi Augufte & le Roi de Dannemarck, le prémier auroit déjà dû être prêt à agir: mais, comme il
avoit beaucoup d'autres Affaires fur les Bras, à caufe du Vicariat de
l'Empire dont il étoit chargé, il ne pût faire une plus grande Diligence. Etant allé en Pologne, au Commencement de l'Eté, il eut une
Entrevue avec le Czar à Jaroflaw, où il ne s'arrêta que quelques Jours. Il

mar-

marcha enfuite avec fon Armée vers les Frontieres de la Poméranie, pour joindre le Corps de Troupes Ruffiennes qui y étoient fous les Ordres du Général Bauer. Il continua depuis fa Marche; &, à fon Arrivée à Strelitz, il publia un Manifefte, contenant les Motifs de l'Expédition qu'il alloit entreprendre. „Il y exhortoit les Habitans de la
„ Poméranie Suédoife à demeurer chés eux, & à ne pas abandon-
„ ner leurs Terres & Maifons, à moins qu'ils ne vouluffent être traités
„ en Ennemis: il ajoutoit, qu'il ne s'avançoit pas dans l'Intention de leur
„ faire la Guerre; mais, qu'il en vouloit feulement au Corps de Trou-
„ pes Suédoifes qui étoit dans cette Province, parce que le Roi de
„ Suede avoit entiérement rejetté la Neutralité. „

Outre cet Ecrit, ce Prince en fit publier un autre plus ample, pour juftifier fon Entreprife. Il y difoit: „Que, fans la grande Con-
„ fidération qu'il avoit eue pour les Puiffances Alliées contre la Fran-
„ ce, il auroit été fort aifé, lorfque le Général Craffou fe retira en
„ 1709 en Poméranie, de l'y fuivre avec le Corps d'Armée de Sa
„ Majefté Czarienne, commandé par le Velt-Maréchal Goltz, &
„ avec les Troupes de Pologne & de Lithuanie qui étoient à portée;
„ mais, qu'à la Réquifition des Hauts-Alliés, on s'en étoit défifté.
„ Que le Czar, & République de Pologne, aïant fait propofer à ces
„ Puiffances de vouloir garantir les Provinces des Alliés du Nord con-
„ tre une Invafion de la Part des Suédois, & leur aïant fait repréfen-
„ ter, qu'il ne feroit pas jufte, après qu'on eut laiffé paffer les Troupes de
„ Craffou, qu'on s'expofât à en être infulté, on étoit enfin convenu
„ d'accepter la Neutralité; que, par-là, on avoit crû pourvoir à la Su-
„ reté de l'Empire, & à l'Affermiffement de la Caufe commune. Que
„ les Alliés du Nord avoient acquiefcé à cette Convention, dans l'Idée
„ que le Roi de Suede en feroit de même; mais, qu'ils s'étoient trom-
„ pez dans leur Attente. Que ce Prince n'avoit fait qu'amufer les
„ Hauts-Alliés par toutes fortes d'Artifices; & qu'il étoit entré avec
„ eux en Négociation, pour leur laiffer huit mille Hommes du Corps
„ des Troupes commandées par le Général Craffou, moïennant une
„ Somme de quatre cens mille Ecus. Qu'au lieu de conclure cette Né-
„ gociation, il avoit au-contraire renforcé ce Corps d'Armée par dif-
„ férens Tranfports de cinq à huit cens Hommes à la fois. Qu'outre
„ cela, il s'étoit emparé de plufieurs Vaiffeaux Danois: qu'après avoir
„ conclu une Alliance avec les Turcs, Ennemis jurez du Nom Chré-
„ tien, il étoit venu jufqu'à rejetter entiérement la Neutralité, qu'il
„ qualifioit de Convention partiale; fe réfervant la Liberté de cher-
„ cher fes Ennemis par-tout où il les trouveroit, & appellant Agref-
„ feurs tous ceux qui voudroient s'y oppofer. Qu'il paroiffoit mani-
„ feftement, que fon But étoit de perpétuer la Guerre contre les Alliés
„ du Nord, & en particulier contre la Pologne & la Saxe, comme
„ on pourroit s'en convaincre par fon Manifefte, publié à Bender le
„ 28. Janvier dernier. Que Smigelski, cet infigne Rebelle, étoit

1711.
Août.
le 20.
Son Manifefte.

Autre E-
crit publié
par ce Prin-
ce.

Mmm 3   „ rentré

„ rentré en Pologne, pour y caufer de nouveaux Troubles; & qu'a-
„ près y avoir commis toutes fortes d'Hoftilitez, il s'étoit retiré en
„ Poméranie, où on l'affiftoit ouvertement. Que comme le Roi de
„ Suede avoit agi au Mépris de la Neutralité, Sa Majefté Polonoife
„ fe trouvoit obligée de prendre les Mefures qu'Elle jugeoit les plus
„ capables, pour prévenir les pernicieux Deffeins de ce Prince.
„ Qu'auffi long-tems que duroit la Crainte d'une Invafion de la Part
„ des Suédois en Poméranie, le Commerce & le Crédit en souffroient;
„ que les Fraix pour la Subfiftance des Troupes & pour la Levée des
„ Régimens à la Solde du Cercle, devenoient infupportables; & que,
„ pendant que les Milices en Saxe étoient tenues fous les Armes, ces
„ Gens ne gagnoient rien, par où les Revenus de Sa Majefté dimi-
„ nuoient confidérablement, fans parler d'autres Pertes non moins ef-
„ fentielles. Qu'il étoit injufte que le Roi de Suede, après avoir re-
„ jetté la Neutralité, au grand Préjudice des Alliés du Nord, profitât
„ plus long-tems de la Liberté de faire tranfporter des Troupes en Po-
„ méranie; & que de leur Irruption en Pologne ou en Saxe dépen-
„ doit le Succès de la Négociation en Turquie. Que comme le Roi
„ de Suede s'étoit rendu indigne des Egards qu'on avoit eus pour lui,
„ & que la Tranquilité des Etats des Puiffances Alliés & celle de
„ l'Empire dépendoient de l'Invafion que méditoit le Corps d'Armée
„ qui étoit en Poméranie, Sa Majefté Polonoife avoit attendu avec
„ impatience que les Garants fourniroient leurs Contingens des Trou-
„ pes deftinées à agir fous fes Ordres pour le Maintien de la Neutra-
„ lité. Que comme ces Puiffances, avec la meilleure Intention du
„ Monde, n'avoient rien pû effectuer à cet Egard, & que cepen-
„ dant il étoit du Devoir de Sa Majefté de travailler à détourner les
„ Suites périlleufes qui étoient à craindre, perfonne ne pourroit trou-
„ ver mauvais, qu'Elle fe fût jointe à fes Alliés, pour tacher de reme-
„ dier aux Maux dont Elle étoit menacée. Que les Etats du Roïau-
„ me de Pologne ne vouloient plus être expofez à un Danger mani-
„ fefte; qu'il devoit avoir à cœur le Repos & la Sureté de l'Empire;
„ qu'étant Vicaire de l'Empire, & Directeur du Cercle de la Haute-
„ Saxe, il étoit dans une Obligation particuliere de ne point perdre
„ de Vûe ces Objets, d'autant qu'on favoit qu'il y avoit un nouveau
„ Traité de conclu entre la France & la Suede, & qu'on étoit informé
„ de bonne Part, que les Troupes Suédoifes en Poméranie n'attendoient,
„ pour commencer à agir, que la Nouvelle que l'Electeur de Baviere s'a-
„ vançoit vers les Provinces de l'Empire, fituées fur le Haut Rhin.
„ Qu'on pouvoit conjecturer de-là, que le Deffein des Suédois étoit
„ plûtôt d'entrer dans l'Empire qu'en Pologne. Que Sa Majefté pro-
„ teftoit, de la Maniere la plus forte, qu'Elle n'avoit en Vûe, que de
„ maintenir la Tranquilité générale en Allemagne, & qu'Elle ne vou-
„ loit en aucune façon porter Préjudice aux Entreprifes que forme-
„ roient les Puiffances Alliées contre la France. Qu'Elle fe flattoit,

„ que

„ que ces mêmes Puissances se détermineroient enfin à prêter aux Al-
„ liés du Nord le Secours stipulé, afin que les Liens d'une Union si
„ sainte fussent resserrez davantage, &c. „

CETTE Piéce ne demeura pas sans Replique. Un Particulier se donna la Peine de la réfuter d'un bout à l'autre, ce qu'il fit avec autant
de Justesse que de Solidité. La Régence de Poméranie y répondit pareillement, par une Publication, donnée à Stettin le 28. Août. C'é-
toit un Avertissement aux Habitans de la Province, de ne pas se laisser séduire par les Insinuations malicieuses des Ennemis. On les exhorte à faire une vigoureuse Résistance: on leur rappelle leurs Devoirs & leur Serment de Fidélité; & on leur ordonne de suivre ponctuellement les Réglemens publiés sur le Sujet de la Deffense du Païs.
Enfin, on leur enjoint, à tous généralement, de monter à Cheval,
pour marcher, conjointement avec les Troupes réglées, contre
l'Ennemi.

Réponse de la Régence.
V. App.
No. CLIV.

LE Roi Auguste s'étant avancé vers Gripswald, avec une Armée
d'environ vingt mille Hommes, tant Saxons que Moscovites, le Magistrat vint lui présenter les Clefs de la Ville. Auguste les remit aussi-
tôt entre les Mains du Comte Flemming, son Général en Chef, avec
Assurance au Magistrat & aux Députez de l'Université, qu'il vouloit
les prendre sous sa Protection. Il marcha ensuite devant Stralsund. Le
Général-Major Ekeblad y commandoit pour le Roi. On prétend, que
les Ennemis avoient résolu d'attaquer d'abord cette Place; mais, la
grosse Artillerie leur manquoit, & elle n'avoit pû être transportée de
Saxe en Poméranie, à cause des Chemins qui étoient devenus fort
mauvais, & que les continuelles Pluïes avoient rendus presque impraticables. L'Armée Danoise arriva le même Jour devant la Place,
& les deux Rois se virent à quatre Heures du Soir dans la Plaine qui
regne autour de la Ville. Le prémier Soin fut de trouver quelque Expédient pour faire subsister un si grand Nombre de Troupes. La plûpart des Habitans de la Campagne s'étoient jettez dans les Places fortes, & l'on avoit transporté dans l'Ile de Rugen tous les Amas de Vivres & de Fourages. Les Ennemis n'ignoroient pas, que les Troupes
Suédoises avoient fait de grandes Provisions; mais, ils n'avoient aucune Envie de les aller chercher à la Pointe de l'Epée. Ils essaïérent
donc d'en faire venir de plus loin, quoiqu'avec une Dépense extraordinaire; mais, ce qu'on reçut par cette Voïe-là ne suffisoit pas à l'Entretien de tout de Monde. Les deux Armées eurent beaucoup à souffrir, & la Disette de Vivres ne contribua pas peu à augmenter les
Incommoditez dont elles se ressentirent après une Marche fort pénible.
Les Saxons & les Danois avoient du moins l'Avantage d'être à l'abri
des Injures de l'Air. Ils campoient sous des Tentes, ou dans des Baraques: mais, les Moscovites n'avoient point d'autre Couverture que
le Ciel; &, lorsqu'ils entreprirent de faire des Trous en Terre, pour
s'y fourrer, le Fond se trouva tellement pénétré de l'Humidité, occa-
sionée

Les Saxons & les Mos-covites marchent à Gripswald, & à Stral-sund.
Septembre le 7.

Ils sont joints par les Danois.

sionée par les continuelles Pluïes, qu'il ne leur fut pas poſſible d'y durer long-tems. Aprés avoir été environ quinze Jours dans cette Situation, les Danois s'avancérent plus prés de la Ville, afin de faire tous les Préparatifs néceſſaires pour en commencer le Siége, dès que l'Artillerie ſeroit arrivée. J'ai de la peine à me perſuader, vû le peu de Diſpoſitions qui avoient été faites, qu'ils vouluſſent ſérieuſement s'attacher à cette Place. Pour une Entrepriſe de cette Nature, il auroit fallu faire venir de bonne-heure de l'Artillerie & les Munitions néceſſaires. De-là, on pourroit inférer, que d'abord l'Ennemi ne s'étoit propoſé que d'aller attaquer avec des Forces ſupérieures le Général Craſſou, qu'il croïoit pouvoir attirer à une Bataille. Ce qu'il y a de certain c'eſt que cet Officier, ſoit qu'il pénétrât le Deſſein de l'Ennemi, ou qu'il voulut ménager ſes Troupes pour une meilleure Occaſion, ſe tenoit ſur ſes Gardes, pendant que les deux Rois, avec leurs grandes Armées, ſe morfondoient devant quelques Fortereſſes dans un Païs entiérement épuiſé.

CEPENDANT, pour réparer en quelque façon le Manque d'Artillerie & de Munitions, le Roi de Dannemarck écrivit à l'Officier de ſes Troupes, qui commandoit à Roſtock, de lui en envoïer de-là, à quelque Prix que ce fût. Cet Officier s'adreſſa aux Magiſtrats, & leur demanda la Permiſſion de viſiter leur Arſenal; mais ceux-ci, ſe doutant de ſon Deſſein, la lui refuſérent ſous quelque Prétexte honnête. Là-deſſus, il voulut le faire ouvrir de Force, & prit ſon Tems pendant que tout le monde étoit à l'Egliſe; mais, à peine en eut-on Avis, que toute la Ville fut en Allarme. Les Bourgeois ſortirent en Tumulte de l'Egliſe, de même que les Bateliers, & envoïérent dire aux Magiſtrats, qui s'étoient auſſi aſſemblez à l'Hôtel de Ville, qu'ils aimeroient mieux mourir, que de laiſſer enlever leur Artillerie. Sur quoi le Magiſtrat leur aïant répondu, qu'il en prendroit Soin, on fit poſer des Sentinelles, & tendre les Chaines, aux quatre Rues qui aboutiſſoient à l'Arſenal, & l'on y mit du Canon chargé de Mitraille.

LE Roi Staniſlas, durant ce Tems-là, étoit parti de Stralſund, pour ſe rendre en Suede. Aïant débarqué à Carlscrona, il fit le reſte du Chemin juſqu'à Stockholm, par Terre. A ſon Arrivée dans cette Capitale, il alla deſcendre chés un Particulier. Le Lendemain, ſur les cinq Heures du Soir, les deux Sénateurs Horn & Ferſen allérent le prendre avec les Equipages de la Reine Douäiriere, pour le conduire au Palais Roïal, où l'on venoit de meubler pour lui quelques Appartemens. En deſcendant du Caroſſe, tous les Sénateurs furent au devant de lui, pour le mener auprès de la Reine-Mere & de la Princeſſe Roïale. Pendant le Séjour que ce Prince fit à Stockholm, il viſita l'Arſenal, le Parc de l'Artillerie, & les Magazins. Il alla auſſi faire un Tour à Drotningholm, Maiſon de Plaiſance à un Lieue de la Capitale. Il retourna enſuite en Scanie, où la Reine ſon Epouſe vint le trouver à Swaneholm. Leurs Majeſtez s'étant rendues à Chriſtianſtad, Elles

les

les y fejournérent au-de-là d'un An. Le Roi Staniflas, ne quitta cette Ville, que pour accompagner le Comte Steinbock en Poméranie, où ce dernier alla prendre le Commandement des Troupes, qui y furent tranfportées au Mois de Septembre de l'Année fuivante.

Au Mois d'Octobre, les Troupes de Saxe, fous le Commandement du Duc de Weifenfels, Général-Major au Service du Roi Augufte, attaquérent le Fort de Peinemunde. La Garnifon Suédoife, qui y étoit, ne confiftoit qu'en foixante Hommes, commandez par un Capitaine, nommé Eloffon. Les Ennemis, Maitres du Pont, firent beaucoup de Préparatifs, pour emporter le Fort à quelque Prix que ce fût. Néanmoins, avant que de commencer l'Attaque, ils offrirent au Commandant à capituler. Celui-ci, hors d'état de faire une longue Réfiftance, accepta la Capitulation : & l'on convint „ que la Garnifon fe rendroit Prifonniere de Guerre; qu'on laifferoit aux Officiers „ leurs Equipages & Effets; qu'on leur permettroit fur leur Parole, en „ cas que le Général en Chef des Troupes de Saxe y confentît, d'aller „ paffer quelque Tems chés leurs Parens; que les Soldats mettroient „ bas leurs Armes, & demeureroient Prifonniers; qu'on leur laifferoit leurs Havrefacs, à moins qu'il n'y eut des Munitions, dont le „ Duc vouloit qu'on lui fpécifiât la Quantité, afin qu'il pût s'en faifir. „ Un Capitaine, un Lieutenant, un Sergeant, & un Caporal, avec quarante-huit Soldats & cinq Canoniers, fortirent de la Place. Le Caporal, & les trois Soldats, qui avoient été envoyés au Camp, ne revinrent pas. Un des deux Officiers eut Permiffion de fe retirer chés lui. Les Munitions, que l'Ennemi trouva dans Peinemunde étoient fort peu confidérables.

CEPENDANT, les Danois firent de grands Efforts pour porter des Vivres & des Munitions en Poméranie. Il mirent en Mer une Efcadre, pour efcorter les Vaiffeaux qui transportoient dans ce Païs-là les Provifions deftinées pour les deux Armées. Vingt de ces Vaiffeaux arrivérent en bon Etat à quelque Diftance de Gripswald. Mais, la Flotte qui apportoit l'Artillerie fut batue d'une violente Tempête, qui en disperfa les Vaiffeaux. Quelques-uns arrivérent à Warnemunde près de Roftock; d'autres, après avoir gagné le Funetfund, furent obligés de retourner à Frédéricfort, & de-là à Kopenhague, pour y defapareiller. Les Vaiffeaux de Guerre allérent mouiller dans le Kögerbugt, à l'exception de quelques-uns qui tenoient la Mer, & qui fe faifoient voir à la Hauteur de l'Ile de Rugen. Ces derniers étoient commandez par le Contre-Amiral Sehftedt. La Garnifon de Wismar, voulant profiter de ce Contre-tems, fit une Sortie pendant la nuit, pour mettre le Feu aux Batimens qui avoient relaché à Warnemunde. Il n'y en eut qu'un de brulé: les autres ne furent confervez, que parce que le Feu ne pût y prendre, tant ils étoient mouillés.

LES Troupes du Roi de Dannemarck, qui tenoient la Ville de Wifmar bloquée, étoient continuellement harcelées par la Garnifon. Le Gé-

Général-Major Schultze fit quelques Sorties qui lui réüssirent affez
bien. Le 23. Septembre, s'étant avancé sur le Soir avec un petit
Détachement, & aïant pris avec lui quelques Mortiers & quelques
Piéces de Campagne, il commença tout d'un coup à tirer avec tant
de Violence contre le Camp ennemi, qu'en moins de rien tout y étoit
dans la derniere Confusion. Les Chevaux causérent un Bruit épouvantable. Aïant rompu leurs Licols, & les Brides avec lesquelles ils étoient
attachés, ils coururent à travers champ, comme des enragés. Le Desordre n'étoit pas moins grand parmi les Soldats, dont plusieurs furent tuëz, ou dangereusement blessés. Il fallut aux Ennemis une Heure & demie, avant qu'on pût venir à bout de les ranger. Les Suédois,
aïant cessé de tirer, rentrérent dans la Place.

Le Lendemain, sur l'Avis qu'on eut, que trois cens Chevaux avoient
été détachés pour couvrir les Fourageurs, & pour aller chercher les
Grains que le Païs devoit livrer, le Colonel Bassewitz eut Ordre de les
suivre, & de les attaquer. Aïant été informé quel Chemin les Ennemis avoient pris, il fit si bien, qu'il les rencontra sur le Soir, lorsqu'ils
s'en retournoient, dans un Endroit, où ils furent obligés de faire ferme. Ne voulant pas perdre les Provisions qu'ils apportoient, ils combattirent d'abord avec beaucoup de Courage; mais, en moins d'une
Demi-Heure, l'Affaire fut décidée, & les Danois prirent la Fuite. Mr.
de Bassewitz arriva durant la Nuit à Wismar, ramenant avec lui, outre le Lieutenant-Colonel qui avoit commandé le Détachement ennemi, quelques autres Prisonniers, & vingt-sept Chariots, chargés de
toutes sortes de Vivres.

Sur ces Entrefaites le Comte Wachtmeister partit de Carlscrona,
avec un Renfort de Troupes pour l'Armée qui étoit en Poméranie.
Des six mille Hommes qu'on y débarqua, une Partie entra dans Wismar: le Reste fut distribué tant à Stralsund, que dans l'Ile de Rugen.
Les Danois auroient fort souhaité de mettre en Mer avec leur Flotte;
mais, le même Vent, qui favorisoit le Retour des Vaisseaux Suédois,
empéchoit les Ennemis de sortir de leurs Ports. Les deux Roïs, voïant
qu'ils étoient trop foibles pour attaquer les Suédois postez dans l'Ile de
Rugen, & qu'ils ne pourroient, sans courir trop de Risque, continuer
le Siége de Stralsund, résolurent de changer toutes les Mesures qui
avoient été prises pour cet Effet, & de convertir le Siége en Blocus.
Aussi-tôt, on cessa de travailler: les Lignes de Circonvallation & les
Batteries furent ruinées.

La Garni-
son de Wis-
mar fait u-

A Wismar, les Ennemis remportérent un grand Avantage sur la
Garnison de cette Ville, & il ne s'en falloit pas de beaucoup que cette Place n'eut été prise. Le Général-Major Schultze, ne songeant qu'à
faire des Sorties pour incommoder les Danois, en médita une dont il
se promettoit des Merveilles, mais qui lui réüssit fort mal. Le Comte
Welling le lui avoit deffendu expressément; mais, quelque positifs que
fussent ces Ordres, il sortit durant la Nuit, avec la plus grande Partie
de

de la Garnifon, pour aller attaquer le Camp des Affiégeans. Il n'oublia pas de prendre avec lui neuf Piéces de Canon. Le Général Danois, averti d'avance, avoit détaché quelques Troupes, pour faire la Patrouille jufqu'aux Portes de la Ville. Ces trois Détachemens furent non feulement repouffez, mais les Suédois s'étant avancés vers l'Aile droite des Ennemis, ils y cauférent d'abord quelque Defordre. Dès qu'il fut jour, & que le Général Danois put voir au jufte le Deffein des Suédois, il difpofa fes Troupes en fi bon Ordre, que nos Gens, attaqués en même tems de tous Côtez, furent obligés de prendre la Fuite, après avoir perdu un grand Nombre d'Officiers & de Soldats, qui furent, ou tuëz, ou faits Prifonniers. Cette Faute retomba entiérement fur le Général-Major Schultze. Monfieur de Welling, mécontent de la Conduite de cet Officier, donna le Commandement de la Place, au Général Craffou.

PAR cet Echec, la Garnifon de Wismar étoit tellement diminuée, que fans le Renfort de Troupes dont nous avons parlé, & qui arriva peu de Jours après cette malheureufe Sortie, elle n'auroit pas été en état de faire longue Réfiftance. Les Danois s'approchérent tout près de la Place, & commencérent à la bombarder avec affez de Violence. Ils y jettérent auffi quantité de Boulets rouges, mais fans caufer beaucoup de Mal. Il n'y eut qu'une Femme & un Enfant de tuëz. On fit de la Ville un Feu très vif. Les Bourgeois, & les Païfans, munis de tous les Inftrumens néceffaires pour éteindre le Feu, travaillérent avec tant de Succès, que pas une feule Maifon ne fut brûlée. D'ailleurs, les Suédois y débarquérent un nouveau Renfort de Troupes, d'environ trois mille Hommes, qui furent détachés de Stralfund. Mr. de Rantzou, quoiqu'il eut fait fommer la Ville, comptoit affez que, malgré fes Efforts, il ne lui feroit pas poffible de s'en rendre Maitre. Les deux Rois voulant lever le Siège, il eut Ordre de faire partir fon Artillerie, & de fe retirer. Le Roi de Dannemarck, efcorté de deux Régimens de Cavallerie, fe rendit par Tremsbuttel, Oldenflo, & Flensbourg, à Koldingen, où il trouva la Reine fon Epoufe qui étoit venue à fa Rencontre. Quand fes Troupes fe mirent en Marche, les Suédois les fuivirent, harcelant fans ceffe leur Arriere-Garde, qui ne laiffa pas de fouffrir beaucoup dans cette Retraite. Les Troupes Danoifes entrérent dans les Quartiers d'Hiver qui leur avoient été préparez dans le Païs de Holftein. Elles étoient en fort mauvais Etat, & avoient extrémement fouffert. Le Colonel Baffewitz, étant forti de Wismar avec une centaine de Chevaux, pourfuivit vivement les ennemis, durant quatre Jours, fans perdre un feul Homme. A fon Retour, il ramena quelques Officiers & Soldats Danois, qu'il avoit fait Prifonniers; avec quantité de Bagage qu'il leur avoit enlevé. A une Demi-Lieue de Lubeck, ce même Colonel manqua de furprendre quelques Généraux du Roi de Dannemarck, qui étoient demeurez fans Efcorte dans un Village nommé Slucup, pour fe divertir. Ils n'eurent le tems

de

1711.
Décembre.
ne Sortie,
qui ne lui
réüffit pas.

le 16.
Bombarde-
ment de
Wifmar.

L'Ennemi
fe retire.

de se sauver, que parce que Baſſewitz fut obligé de forcer un Paſſage, qui étoit gardé par des Soldats de la Ville de Lubeck. Le Roi Auguſte s'en retourna en Saxe, ſuivi de ſes Troupes.

Telle fut la Fin de cette Campagne. Une Lettre, que le Roi de Suede adreſſa à ſes Sujets, ne contribua pas peu à ranimer leur Courage, & à les exciter à faire des Efforts redoublez pour répondre à la Confiance que leur témoignoit leur Souverain. Cet Ecrit, qui fut imprimé par Ordre de Sa Majeſté, portoit en ſubſtance: „Que, quoiqu'Elle ne ſouhaitât rien tant, que de pouvoir décharger ſes Sujets „des Subſides & autres Impoſitions qu'ils avoient été obligés de „païer durant cette Guerre, afin que chacun d'entre eux pût trouver quelque Soulagement; néanmoins, Elle ſe voïoit dans la Néceſ-„ſité de prendre de nouvelles Meſures, pour s'oppoſer d'une Manie-„re efficace aux pernicieux Deſſeins de ſes Ennemis, qui ne ceſſoient „pas de former contre Elle, & contre ſon Roïaume, les Entrepriſes „les plus dangereuſes. Que, ſans ces Efforts, toutes les Peines, & „les Dépenſes, que l'on avoit faites juſques-là, ſeroient abſolument „perdues; au lieu que, ſi Sa Majeſté trouvoit auprès de ſes Sujets de „nouvelles Reſſources, Elle ſe verroit bientôt en Etat d'obliger ſes „Ennemis à faire la Paix à des Conditions juſtes & raiſonnables. „Qu'ainſi, Elle eſpéroit que ſes fideles Sujets fourniroient de bonne-„heure tout ce qui étoit néceſſaire pour l'Exécution de ces Arrange-„mens; afin que rien ne retardât les Armemens, qu'on étoit obligé „de faire, tant par Terre, que par Mer. Que rien ne faciliteroit „davantage la Paix, que de faire voir aux Ennemis, qu'on ne man-„quoit pas de Forces à leur oppoſer, & que l'on étoit encore en Etat „d'agir avec Vigueur, &c. „ Cette Lettre étoit datée de Bender le 27. Octobre 1711.

Le Roi, quoiqu'abſent, eut un Soin tout particulier de remplir les Charges vacantes par des Perſonnes de Mérite & de Probité. Le Baron Ferſen, Lieutenant-Général, fut élevé à la Dignité de Sénateur: il devint en même tems Membre du Conſeil de Guerre, & du Committé qui avoit la Direction des Affaires concernant la Deffenſe du Roïaume. Sa Majeſté aïant accordé ſa Démiſſion au Comte Wrede, en Qualité de Préſident du Conſeil des Finances, & du *Bureau d'Etat*, le Comte Stromberg fut mis à ſa Place. Le Sénateur Welling, Gouverneur-Général de Poméranie, obtint le Titre de Comte. Le Baron Charles-Guſtave Mörner fut fait Général. Quelques Mois après, le Baron Burenſchöld le devint pareillement: & comme le Sénat l'avoit fortement recommandé au Roi, Sa Majeſté lui donna le Gouvernement de Scanie, & le Commandement de l'Armée deſtinée à agir ſur la Frontiere de Norwegue. Le Lieutenant-Général Meyerfeldt fut nommé Général de l'Infanterie. Les Généraux-Majors Taube & Duker eurent chacun un Brévet de Lieutenant-Général. On nomma Généraux-Majors, les Colonels Mellin, Armfelt, Zulich, & Stuart. Monſieur

de

de Snack, Gouverneur de l'Ile de Gotland, eut Ordre de demeurer au Conseil des Finances, pour en avoir la Direction sous le Président. Le Gouvernement de cette Ile fut donné au Baron Posse, qui étoit Colonel du Régiment des Gardes-à-Pied. Les Lieutenants-Colonels Smoll, Jäger, Dabrokowski, Furstenberg, Swanlod, Marschalk, Fersen, & Mellin, furent faits Colonels. Sa Majesté disposa aussi de plusieurs Charges Ecclésiastiques. Le Docteur Spegel, Evêque de Linkiöping, fut fait Archevêque & Vice-Chancellier de l'Université d'Upsal. Le Docteur Lang, auparavant Evêque de Reval, obtint l'Evéché de Linkiöping. Le Docteur Iser eut l'Evêché de Westeras, après le Docteur Malmberg mort à Bender, en Qualité de Prémier-Prédicateur de la Cour, & de Confesseur du Roi. Le Docteur Lund, qui avoit été Evêque de Wibourg, fut transféré à Wexiö. Le Docteur Poppelman eut l'Evéché de Gothenbourg, & Monsieur Brauner celui de Calmar. Le Docteur Esberg, Professeur en Théologie à Upsal, fut fait Sur-Intendant des Eglises de l'Ile de Gotland (a).

TANDIS que cela se passoit en Suede, Charles XII se tenoit à Bender, donnant toute son Attention aux Affaires qu'il avoit à négocier à la Cour Ottomanne. La Guerre avoit été déclarée: les Préparatifs se faisoient avec beaucoup de Vigueur; & tout paroissoit bien disposé en faveur du Monarque Suédois. Le Kam des Tartares, & son Fils Mehemet Geray, étoient entiérement dans les Intérêts de Sa Majesté. Ces deux Princes lui écrivirent au Commencement de l'Année, pour l'informer des Arrangemens qu'ils venoient de prendre pour entrer en Campagne. La Lettre de Mehemet Geray étoit conçue en ces Termes. „Très fidele, très digne, très excellent, & très gracieux Roi, „ dont l'Amitié est grande, puissent les derniers Jours de votre Vie „ être heureux, & couronnez de Félicité! Après Vous avoir fait mes „ fideles Salutations, je viens Vous demander des Nouvelles de l'Etat „ de Votre Santé. Je souhaite, très fidele, très gracieux Roi, qui „ m'honorez de votre Bienveillance, & sur la Parole duquel on peut „ compter entiérement, que vous jouïssiés d'une Santé parfaite, & de „ toutes Sortes de Prospéritez. J'ai reçu votre Lettre, dans laquelle
Vous

1711.
Décembre.

Janvier.
Affaires de
Turquie
durant cet-
te Année.

Lettre de
Mehemet
Geray.

(a) Ce fut durant cette Année, que le Major Loos, le Baron Sparre, & Monsieur de Gyllenskiep, Capitaines aux Gardes, obtinrent du Roi la Permission de faire un Voïage à Jérusalem, pour y voir le St. Sépulcre. La Curiosité étoit le seul Motif de ce Voïage, & ces Messieurs ne cherchoient qu'à s'instruire. Ils vouloient voir des Lieux qui ont été autrefois si célebres, & qu'on ne connoit aujourd'hui que par quelques Relations fort imparfaites. Le Sr. Enman, Chapelain de l'Envoïé de Suede à Constantinople, partit avec eux, par Ordre de Sa Majesté. Ce dernier s'étoit particuliérement appliqué à l'Etude des Langues Orientales, tant dans les Universitez en Suede, que pendant son Séjour à Constantinople. Il seroit à souhaiter, que les Remarques & les Observations de ces habiles Voïageurs vissent le Jour. Elles ne peuvent être que fort curieuses; &, en les publiant, on rendroit un grand Service à la République des Lettres.

„ Vous me demandez quand nous monterons à Cheval. Celui, que
„ Vous m'avez dépéché, l'a interprétée. Je vous dirai, que nous en
„ délibérons actuellement, avec le Secours du Tout-Puissant. Nous
„ comptons de monter bientôt à Cheval, & alors nous viendrons sans
„ faute vous trouver. Dieu donne au Peuple de Mahomet la Victoi-
„ re! Qu'il soit heureux, & qu'il puisse se vanger de ses Ennemis!
„ Dieu vous donne pareillement tout ce que vous pouvez desirer. „

le 12.
Lettre du
Kan.

La Lettre du Kan étoit écrite dans le même Stile: la voici. „ Très
„ puissant entre les Rois adorateurs de Jésus, Prince comblé de Bé-
„ nédictions, Protecteur des Puissans, Roi de Suede, éclatant en Cou-
„ rage & eu Bravoure, CHARLES, le plus chéri, le plus fidele, &
„ le plus puissant, de nos Amis. Je souhaite que la Fin de tes Jours
„ soit heureuse. C'est toi que je salue. Que ton Contentement dure
„ long-tems! C'est de cette Maniere, que je veux rendre publique
„ l'Amitié & la Confiance qui subsistent entre nous. Après m'être in-
„ formé de votre Santé, je vous fais savoir, qu'Elhadschi Tschante-
„ mir Murza, un des Scheri Beys, a eu Ordre de se rendre, avec
„ treize de ses Freres & leurs Troupes, du côté où est Mehemet Ge-
„ ray Sultan. C'est pour savoir comment vous vous portez, que j'ai
„ écrit & fait partir cette Lettre, remplie de Démonstration d'Ami-
„ tié. J'espere, qu'avec le Secours de Dieu, vous délibérerez avec
„ le Porteur de celle-ci, le nommé Elhadschi Murza, sur tout ce qui
„ a rapport à la Situation présente des Affaires, de quelque Nature
„ qu'elles puissent être. Nous comptons pour notre Personne de mon-
„ ter à Cheval au Commencement du Mois de *Zilhoggi*, & de nous
„ mettre en Marche avec les Cosaques qui sont du côté de l'*Osu* (a),
„ sans tomber néanmoins au *Barabas* (b), mais d'aller tout droit en
„ Moscovie. Notre Armée, qui est du côté de Kobau, est comman-
„ dée en Chef par Selam Geray Sultan. Ces Troupes ont reçu Or-
„ dre de sortir en même tems. Après avoir passé le *Nehri Tenn* (c)
„ elles prendront la Route entre *Assack* (d) & *Sergiergiez*. Nous leur
„ avons ordonné de nous joindre en Russie, après qu'elles auront fait
„ quelque Détour. Le Dieu tout-puissant & juste benisse nos Des-
„ seins, & nous donne du Bonheur dans toutes nos Entreprises. Puis-
„ sent l'Amitié & la Confiance entre nous augmenter de jour à autre.
„ Je vous prie de ne pas nous oublier. Informez-nous par vos gra-
„ cieuses Lettres de l'Etat de votre Santé. Ecrit à *Bacciseray* le 5 du
„ Mois de *Karakisch*. „

Lettre du
Grand-Vi-
zir au Roi
de Suede.
V. L'APP.
NUM. CLV.

QUAND, à la Fin de l'Année derniere, le Comte Potocki partit de
Constantinople, le Grand-Vizir le chargea d'une Lettre pour le Roi de
Suede. Cette Lettre, écrite en Termes fort polis, contenoit un Dé-
tail de la Situation des Affaires à la Cour Ottomanne. Charles y ré-
pondit lui-même, & chargea Neugebauer de rendre sa Réponse au
Grand-

(a) Le Nieper.   (b) Le Païs des Cosaques.   (c) Le Don.   (d) Asoph.

Grand-Vizir. Ce Miniftre aïant permis à l'Envoyé de Suede de venir le trouver fans aucune Cérémonie, Neugebauer s'acquita de fa Commiffion dans une Audience particuliere, qu'il eut le 10. Janvier. A cette Occafion, le Grand-Vizir lui fit la Déclaration fuivante. „Qu'il „ étoit charmé d'apprendre que Sa Majefté paroiffoit fatisfaite, & „ qu'il s'en rejouiffoit d'autant plus que la Cour Ottomanne, dans cet- „ te grande Affaire, avoit principalement eu en Vûe le glorieux Def- „ fein de reconduire furement, & d'une Maniere digne d'un grand „ Roi, jufqu'aux Frontieres de fes Etats, un Prince auffi célebre que Sa „ Majefté Suédoife. Que, cependant, la Porte Ottomanne ne croïoit „ pas qu'elle rendît par-là un Service fignalé, ni au Roi, ni à la Cou- „ ronne de Suede; mais, qu'elle fe flattoit que Sa Majefté confidére- „ roit cette Démarche comme une Marque d'Amitié, qui pourroit „ donner lieu à des Liaifons plus étroites pour l'avenir. Que le Grand- „ Seigneur étoit très bien informé, que non feulement le Roi de Sue- „ de étoit un Ami fincere, mais qu'on pouvoit même fe repofer en- „ tiérement fur fa Parole; Qualité, des plus rares parmi les Princes. „ Que Sa Majefté auroit bientôt lieu de fe convaincre de la Sincérité „ dès Intentions de la Porte Ottomanne, & de fa Conftance. Que „ les anciens Amis de la Porte, & particuliérement les Anglois, pour- „ roient lui rendre ce Témoignage, qu'elle ne le cédoit à aucune au- „ tre Puiffance, lorfqu'il s'agiffoit de donner des Marques de fon Ami- „ tié: Et que, comme les Etats du Roi de Suede, & ceux du Grand- „ Seigneur étoient fituez de façon, qu'il feroit facile aux deux Monar- „ ques de fe prêter mutuellement du Secours contre le Czar, leur En- „ nemi commun, on pouvoit raifonnablement efpérer, qu'après un fi „ heureux Commencement, & lorfqu'on auroit pris enfemble des En- „ gagemens plus étroits, on fe verroit dans un Etat à pouvoir s'oppo- „ fer avec fuccès à cet Ennemi dangereux. „

UNE Déclaration fi pofitive rendit tout le Monde attentif, & l'on fut dans une grande Impatience de voir quel feroit le Succés de la Guerre que le Grand-Seigneur venoit de déclarer au Czar. Le Sécré- taire Perman, aïant apporté à Bender une Somme confidérable d'Ar- gent, que le Colonel Funck avoit empruntée par Ordre du Roi, à quelques Negocians Anglois de Conftantinople, Sa Majefté en fit dif- tribuer une bonne Partie aux Officiers & Soldats Suédois, pour fe met- tre en Equipage. Le Lieutenant-Général Meyerfeldt qui étoit fur le point de s'en retourner en Suede, eut Ordre d'aller à Conftantinople, pour s'informer au jufte, auprès du Grand-Vizir, des Deffeins de la Porte Ottomanne, & des Difpofitions qui avoient été faites pour l'Ou- verture de la Campagne. Cet Officier fut chargé en même tems de faire certaines Repréfentations concernant les Intérêts du Roi. A fon Arri- vée dans cette Capitale, il eut une Audience particuliere du Vizir, qui, lui donna une Réponfe des plus favorables, & tous les Eclaircif- femens

1711.

Janvier.

le 18.
'Manifefte
*du Roi de
Suede publié
en Pologne.*
V. l'App.
No. CLVI.

femens qu'il pouvoit fouhaiter. Le Rapport, qu'il en fit au Roi, caufa à Sa Majefté beaucoup de Satisfaction.

CEPENDANT, Charles, voulant raffurer les Polonois, qui auroient pû s'allarmer de fa Marche à la Tête d'une Armée compofée de Turcs & Tartares, fit répandre un Manifefte, contenant en Subftance: „Que „ Sa Majefté Suédoife ne fe donneroit point de Relache, qu'Elle n'eut „ délivré la République de cette Multitude d'Ennemis qui l'innon- „ doient, & qu'Elle ne l'eut rendue à Staniflas, fon légitime Roi. „ Que, pour cet Effet, Sa Majefté étoit entrée en Engagement avec „ l'Empereur Ottoman, & le Grand-Kam des Tartares, également „ portez à rétablir la Liberté de la République. Que, pour commen- „ cer l'Exécution de ce Deffein, Elle envoïoit d'avance en Pologne „ le Palatin de Kiovie, avec un Corps de Troupes, & qu'Elle fe pro- „ pofoit de le fuivre dans peu, s'il étoit néceffaire, avec des Forces „ plus confidérables. Qu'Elle ne doutoit point, que ceux, qui étoient „ portez pour la Liberté de leur Patrie, ne fe joigniffent avec Coura- „ ge, pour la maintenir. Que, par ce Moïen, ils mériteroient le Par- „ don de tout ce qu'ils pouvoient avoir fait ci-devant contre elle, & „ contre leur Roi; mais que ceux, qui perfifteroient dans le Parti de „ leurs Ennemis, feroient regardez comme tels, & pourfuivis par la „ Force des Armes, &c.„

*Février.
Poninski fe
déclare pour
Stanißas.
Sa Lettre
adreffée à
la Nobleffe
de Pologne.*
V. l'App.
No. CLVII.

PONINSKI fut le prémier, qui fe déclara ouvertement pour le Roi Staniflas. Ce Seigneur avoit été élu Maréchal de la Confédération de Warfovie, à la place de Bronitz, devenu Partifan du Roi Augufte. Ne fe croïant pas en Sûreté en Pologne, il s'étoit retiré à Breflau. Ce fut de-là, qu'il adreffa à la Nobleffe, tant de la Pologne, que du Grand-Duché de Lithuanie, une Lettre, qui, à caufe de fa Solidité, mérite que nous en donnions le Précis. „Il leur rappelle d'abord la „ Démarche du Sr. Bronitz, que des Vûes particulieres d'Intérêt a- „ voient engagé à fe jetter dans le Parti du Roi Augufte, au Mépris „ de fon Serment, par lequel il s'étoit obligé de ne pas quitter fon „ Pofte, que la République, ne fût tranquille tant au dedans, qu'au de- „ hors. Que fon Changement ne devoit pourtant pas être capable de „ renverfer la Confédération; & que la Perte d'un Membre n'entrai- „ noit pas la Deftruction de tout le Corps. Que lui, Poninski, loin „ de fe laiffer gouverner par une vaine Ambition, & ne confultant „ que fon Zêle & la Fidélité qu'il devoit, en Qualité de Chef de la „ Confédération, au Roi Staniflas, proteftoit de la Maniere la plus „ folemnelle, non feulement contre la Défection du précédent Maré- „ chal, mais auffi contre le Retour du Roi Augufte, qui, non-obftant „ fa Renonciation, avoit avec Violence pris Poffeffion du Trône de „ Pologne. Qu'aïant attiré dans le Roïaume quantité de Troupes é- „ trangeres, on ne voïoit par-tout que des Provinces défolées, & des „ Citoïens miférables, déplorans la Perte de leurs Biens & de leur Li- „ berté.

1711.
Février.

„ berté. Qu'il proteftoit auffi contre la derniere Confédération de
„ Warſovie, qui n'avoit pour But que l'entiere Deſtruction de la Li-
„ berté Polonoiſe. Que ſes Concitoïens devoient regarder, comme
„ une Faveur particuliere de la Divinité, l'Avantage qu'ils auroient de
„ voir bientôt le Roi de Suede, qui viendroit les vanger de ce qu'ils
„ avoient ſouffert, tant de leurs Amis ſimulez, que de leurs Ennemis
„ déclarez. Qu'ils devoient ſe reſſouvenir de ce qui étoit dit dans un
„ des Articles de l'Acte de Confédération; ſavoir, que l'Amour de la
„ Patrie, & le Maintien de la Liberté, devoient tellement les unir,
„ que rien ne fût capable de les faire changer de Sentiment, pas mê-
„ me le Danger de la Mort. Qu'il falloit qu'ils euſſent bon Courage;
„ & qu'ils ne demeuraſſent pas les Bras croiſés. Qu'il s'agiſſoit de ſor-
„ tir de ce honteux Etat, de ſecoüer un Joug inſupportable, & de
„ vanger la Mort de leurs Proches. Que l'Union étoit le ſeul Moïen
„ capable de les tirer de l'Embarras. Que le Roi Staniſlas étoit leur
„ légitime Souverain, à qui ils devoient Fidélité & Obéïſſance. Que
„ plus ce Prince méritoit d'être aimé, plus il étoit expoſé aux Traits
„ de l'Envie, &c. „ Cette Lettre étoit datée de Breſlau, le 26. Février 1711.

*Lettre du
Czar au
Sultan.*

Sur ces Entrefaites, on intercepta, ſur la Frontiere, une Lettre, que
le Czar venoit d'écrire au Grand-Seigneur, & qui fut apportée à Bender. Elle étoit du 16 du Mois de Janvier, & portoit en Subſtance:
„ Que Sa Majeſté Czarienne avoit Raiſon de ſe plaindre du long Sé-
„ jour, que le Roi de Suede faiſoit ſur les Terres de la Domination
„ Ottomanne; & de ce que, par le Moïen du Palatin de Kiovie, on
„ cherchoit à porter les Moſcovites & les Polonois à ſe révolter.
„ Qu'Elle prioit le Grand-Seigneur de renvoïer inceſſamment Charles
„ XII dans ſes Etats, ſous l'Eſcorte de trois mille Tartares, & de
„ cinq mille Turcs. Que, pour cet Effet, Elle offroit un libre Paſſage
„ à ce Prince, au travers des Armées Moſcovite & Saxonne. Qu'il y
„ avoit long-tems, que Sa Majeſté Czarienne n'avoit point eu de Nou-
„ velles de ſon Ambaſſadeur; mais, qu'Elle avoit entendu dire, qu'il
„ étoit Priſonnier; que la Guerre avoit été ſolemnellement déclarée
„ dans toutes les Moſquées; qu'on formoit un Camp aux Environs de
„ Bender; & que les Tartares avoient reçu Ordre de conduire le Roi
„ de Suede à Main armée au travers de la Pologne. Que Sa Majeſté
„ avoit de la Peine à ajouter Foi à ces Bruits, & qu'Elle ſouhaitoit de
„ ſavoir ſi le Sultan étoit dans l'Intention d'obſerver la Treve prolon-
„ gée l'Année derniere, & confirmée par divers Sermens ſolemnels.
„ Que ſi Elle ne recevoit aucune Réponſe touchant l'Intention du
„ Grand-Seigneur, Elle conſidéreroit cela comme une Rupture ouverte;
„ &, qu'appellant Dieu à ſon Secours, Elle ſongeroit à ſa propre Su-
„ reté, & tacheroit de repouſſer ſes Ennemis avec l'Armée qu'Elle
„ avoit envoïée ſur la Frontiere. Que ſi, au contraire, Elle appre-
„ noit par les Lettres du Sultan, qu'il vouloit laiſſer Sa Majeſté Cza-
„ rienne

1711.
Février.

„ rienne en Repos, & obferver inviolablement la Paix; alors, tous
„ fes Ombrages cefferoient, & Elle rappelleroit les Troupes qu'Elle
„ avoit fait avancer vers les Frontieres des Etats de la Domination
„ Ottomanne. „ Il eft affez furprenant de voir le Czar tenir un pareil
Langage, & demander au Sultan s'il vouloit obferver la Paix ou
non, dans le tems qu'il avoit en main le Manifefte du Grand-Seigneur,
par lequel celui-ci lui déclaroit la Guerre dans toutes les Formes. Quant
au Silence de Tolftoi, il ne favoit que trop d'où il provenoit, & que
ce Miniftre avoit été envoïé aux fept Tours.

CEPENDANT, le Kam des Tartares fe prépara à entrer en Campagne,
dont il devoit faire l'Ouverture. Il auroit pû fe difpenfer de fe mettre en Perfonne à la Tête de fes Troupes. Une Convention faite en
1584, du Tems que les Tartares devinrent Vaffaux de la Porte, l'en
exemptoit, avec cette Reftriction, qu'il ne feroit point obligé de marcher lui-même, à moins que le Grand-Seigneur ne commandât en Perfonne fes Armées. Néanmoins, comme les Intérêts du Roi de Suede,
& les fiens propres, exigeoient fa Préfence, pour agir avec plus de
Vigueur, il voulut bien, pour cette fois-là, ne pas fe fervir de cette
Prérogative. Lorfqu'il fe mit en Marche, il n'avoit avec lui que qua-

le 12.
Le Kam des
Tavtares fe
met en
Marche;

tre mille Hommes, avec lefquels il fe rendit fur le Nieper, pour y attendre le Refte de fes Troupes, dont, felon fon Calcul, le Nombre
montoit à foixante mille Hommes. Il étoit accompagné de fon fils
Kalga Sultan, & de fes trois Freres Naradin Sultan, Tartare Jean, &
Adir Geray. Son Neveu Iflan Geray, & Monfieur de Lagerberg,
Miniftre de Suede, étoient auffi de cette Expédition. Dans les Univerfaux qu'il fit publier, il difoit: „Qu'on ne devoit pas s'allarmer de
„ fa Marche; qu'il ne venoit point en Ennemi, & qu'il n'en vouloit
„ qu'aux Mofcovites. Qu'on ne feroit rien à ceux qui n'étoient pas du
„ Parti du Czar, & qui s'abftenoient de toutes Hoftilitez contre les
„ Tartares. Qu'autant que ceux-ci feroient bien traités, autant on
„ feroit fentir à ceux, qui agiroient au contraire, les Maux dont la
„ Guerre eft ordinairement fuivie. „

du même
que fon Fils
Mehmet
Geray.

MEHMET GERAY, fecond Fils du Kam, commandoit un Corps féparé de trente mille Hommes de la Nation. Il marcha d'abord à
Bender, pour affifter aux Délibérations touchant les Opérations de
Guerre; & il fut réfolu, qu'il pénétreroit en Pologne, & en Ukraine.
Le Palatin de Kiovie, & le Général Orlich, l'accompagnoient, l'un
avec trois mille Cofaques, & l'autre avec fix mille Hommes des mêmes Troupes. Mehmet Geray publia auffi un Manifefte, où il répéta

V. L'APP.
NO.CLVIII.

à peu près ce que fon Pere avoit dit dans le fien. C'étoit l'Oppreffion, fous laquelle gémiffoit la République de Pologne, & le Refus
qu'on faifoit de fecourir le Roi Staniflas; Prince, qui étoit monté fur le
Trône par les Suffrages d'un Peuple libre, & qu'il s'agiffoit d'y maintenir. Il alléguoit les Violences commifes contre les Zaporoviens, &
les Habitans des Provinces de la petite Ruffie, que les Mofcovites
vou-

vouloient rendre Efclaves; déclarant Ennemis tous ceux qui refuferoient d'agir en faveur du Roi Staniflas, & de fe joindre au Palatin de Kiovie & au Sr. Orlich, *Hettman* des Cofaques.

IL régnoit parmi ces trois Chefs, & particuliérement entre Potocki & Orlich, une efpece de Mefintelligence. Jaloux l'un de l'autre, il étoit à craindre, qu'ils ne fe portaffent à quelque Démarche qui fût préjudiciable aux Intérêts du Roi. Ce fut pour en prévenir les Suites, que Sa Majefté jugea à propos de leur donner pour Surveillant le Colonel Zulich, chargé particuliérement de les faire agir de Concert. Quarante autres Officiers Suédois eurent Ordre d'être de cette Expédition. Les principaux d'entre ces Meffieurs étoient, le Colonel Albedil, Aide-de-Camp-général, & les Lieutenants-Colonels Bilftein, Dalheim, & Boufquet, fans compter quelques Drabans, & plufieurs Officiers aux Gardes.

Il eft accompagné de quelques Officiers Suédois.

CE Corps de Troupes, s'étant mis en Marche, pénétra fans Obftacle dans l'Ukraine. Les Villes de Braclaw & de Nemorowa fe rendirent auffi-tôt, & reçurent Garnifon. Les Tartares allérent enfuite camper entre ces deux Places, commettant toutes fortes d'Hoftilitez. Comme il leur avoit été deffendu de rien entreprendre contre les Polonois, ils eurent grand Soin au commencement d'éviter les Endroits où il y avoit des Troupes de cette Nation en Garnifon. Cela ne dura pourtant pas long-tems. Le Colonel Krafowski, aïant attaqué les Tartares du côté de Nemorowa, & les aïant chaffés de leur Quartier, ils fe mirent dans une fi furieufe Colere, que, fans refpecter davantage, ni le Manifefte, ni aucune Deffenfe, ils cherchérent à s'en vanger, attaquant indifféremment Amis & Ennemis. Aïant traverfé les Villes de Mankofska, d'Olkowitz, de Kaminiebrud, & de Botarski, qui leur ouvrirent les Portes, ils fe rendirent à Lifianka dans le Palatinat de Kiovie. Un Colonel Mofcovite commandoit dans la Place. Il fit Mine de vouloir fe deffendre: mais, voïant que l'Ennemi venoit avec de l'Infanterie, il fe retira pendant la Nuit, laiffant à la Garnifon le Soin de fe tirer d'Embarras. La Ville fe rendit auffi-tôt par Capitulation. Les Tartares, aïant fû que le Colonel avoit pris la Fuite, mirent des Gens en Campagne, qui firent fi bien qu'ils le rammenérent Prifonnier. Prefque tous les Diftricts en Ukraine fe foumirent, à l'exception de ceux de Bialacercow & de Czecrin, qui, felon toutes les Apparences, fe feroient déclarez pareillement pour les Suédois, fi les Tartares, animez comme il a été dit, n'avoient commis tant de Cruautez, & n'avoient fait Efclaves tous ceux des Habitans qui eurent le Malheur de tomber entre leurs Mains.

Expédition de ce Corps d'Armée.

PENDANT que les Tartares étoient aux Environs de Bialacercow, ils furent attaqués par un gros Détachement de l'Armée de la Couronne, commandé par les Capitaines Janski & Kalinski. Leur Entreprife n'eut pas le Succès dont ils s'étoient flattés. La plus grande Partie de leurs Troupes fut paffée au Fil de l'Epée; & de quarante-cinq Compagnies,

pagnies, il n'y eut que les deux Officiers qui fe fauvérent avec deux de leurs Valets. Parmi les Prifonniers fe trouvérent plufieurs Polonois de Diftinction, que le Comte Potocki racheta des Mains des Tartares, moïennant une bonne Somme d'Argent. Deux autres Détachemens, qui devoient fe joindre au prémier, eurent un Sort pareil. Cinquante-cinq Compagnies furent prefque entiérement défaîtes. Pour venger cette Perte, le Prince Gallezin s'avança à la Tête de quelques Régiments Mofcovites, fuivis de quelques cens Chevaux de l'Armée de la Couronne. Le Général Orlich, aïant fû attirer dans fon Parti un grand Nombre de Cofaques, & fe voïant un Corps d'Armée d'au-delà de douze mille Hommes, s'imagina que les Mofcovites, qui étoient dans Bialacercow, intimidez par la Défaite des Polonois, ne feroient pas beaucoup de Réfiftance, & qu'il lui feroit aifé de fe rendre Maitre de cette Place. Se tenant affuré de fon Fait, il réfolut de l'attaquer, malgré les Remontrances de Potocki, qui l'en déconfeilla fortement. Il y donna inutilement trois Affauts différens, en un feul Jour. Etant revenu à la Charge la nuit du 26 au 27, il fe rendit Maitre de la Ville; mais, il fut obligé d'en refortir auffi-tôt. Quant au Chateau, il étoit de toute Impoffibilité de le prendre, fans ouvrir de Tranchée, & fans faire venir du Canon, à moins que la Difette des Vivres n'obligeát avec le tems la Garnifon de capituler. Dès que les Tartares eurent eu Avis de l'Approche des Mofcovites, ils fongérent plûtôt à mettre en fureté leur Butin, qu'à combattre contre des Troupes régulieres. D'ailleurs, ne fouffrant qu'avec peine qu'on leur fît obferver une Difcipline, à laquelle ils n'étoient pas accoutumez, & qui les empéchoit fouvent d'exercer des Brigandages, ils allérent en foule demander à leur Prince, qu'il les ramenât dans leur Païs. Le jeune Sultan en parla à Potocki & à Orlich: difant, qu'à l'égard de fa Perfonne, il étoit prêt à fuivre les Ordres du Roi de Suede; mais, qu'il n'avoit pas le Pouvoir de faire demeurer fes Troupes; parce que les trois Mois, que duroit ordinairement leur Campagne d'Hiver, étoient expirez. Après beaucoup d'Allées & de Venues, il fut réfolu, que fix mille Tartares refteroient auprès de Potocki, & qu'ils marcheroient avec lui en Wolhynie du côté de Kaminiek-Podolski, d'où ils fe rendroient fur les Frontieres de Turquie. Mais, à peine ce Général eut-il fait deux ou trois Journées, que les Officiers Tartares lui mandérent que leurs Gens fe retiroient fans mot dire, & qu'il reftoit à peine deux mille Hommes, qui fe difpofoient pareillement à partir. Les Polonois de Potocki, aïant appris cette Nouvelle, commencérent à murmurer, refufant de marcher feuls contre l'Ennemi; ce qui obligea le Palatin de s'en retourner, & de finir malgré lui la Campagne. Chemin faifant, il s'avança vers un gros Bourg, nommé Byskow, où il y avoit quantité de Cofaques & de Païfans, qui s'y étoient réfugiés. Aïant détaché fes Fourageurs pour leur demander quelques Vivres, il eut pour Réponfe, que, pour des Munitions ils en avoient à fon

Ser-

Service, mais non pas des Provisions de Bouche. Là-deſſus, le Palatin aſſembla les Polonois & les Tartares & leur demanda s'ils avoient envie d'attaquer ce Bourg le Sabre à la main; que la Place étant entourée d'un Rempart garni de Paliſſades, l'Entrepriſe ne ſeroit pas ſans difficulté; mais que, s'ils s'en rendoient Maitres, elle leur ſeroit abandonnée au Pillage. Pendant que les Soldats étoient à délibérer entre eux, on envoïa une ſeconde fois à Byskou demander des Vivres, avec Promeſſe aux Habitans de les laiſſer en Repos à ce Prix-là. Les Emiſſaires n'eurent pour toute Réponſe que des Coups; ce qui détermina auſſi-tôt les Polonois & les Tartares à donner l'Aſſaut à la Place, qu'ils emportérent après deux Heures d'un Combat des plus ſanglans & des plus opiniatres. Tous ceux, qui firent quelque Réſiſtance, furent paſſez au fil de l'Epée; &, après qu'on eut pillé ce Bourg, on y mit le Feu. Quantité d'Hommes furent faits Eſclaves, avec leurs Femmes & leurs Enfans: les Tartares emmenérent avec eux tous les Beſtiaux.

Ceux d'entre les Tartares, qui étoient partis avec le jeune Sultan, ſe portérent, durant leur Marche, à tous les Excès imaginables, enlevant Hommes & Femmes ſans diſtinction, pour les vendre comme des Eſclaves. Les Polonois de l'Armée de la Couronne, aïant repris Courage, auſſi bien que les Moſcovites & les Coſaques de la Garniſon de Bialacercow, ſe mirent à la Pourſuite des Ennemis, pour les harceler. Par-là, Quantité d'Eſclaves Chrétiens recouvrérent la Liberté, ſans pourtant que cela empéchât les Tartares d'en emmener encore un grand Nombre. Etant arrivez ſur les Terres de la Domination Turque, ils s'y arretérent, pour ſe préparer à faire la Campagne d'Eté, pour laquelle ils formérent des grands Projets.

Si cette Expédition avoit auſſi bien réüſſi, qu'elle avoit été bien concertée, on auroit pû en tirer des Avantages conſidérables. Le Général Orlich avoit compté, que toute l'Ukraine ſe déclareroit pour lui; & le Palatin de Kiovie ſe flattoit de voir accourir de tous les Côtez les Polonois, mécontens des Moſcovites, dont ils étoient traités avec un Mépris inſupportable. Le Succès ne répondit point à leur Attente. Si les Projets de ces deux Chefs avoient été plus ſolides, peut-être que le Grand-Vizir n'auroit pas fait les Démarches équivoques qu'il fit peu de tems après. Ce qu'il y a de certain, c'eſt que quelque importante que fût cette Entrepriſe, elle ne contribua en rien à l'Avancement des Affaires du Roi.

Le ſecond Corps de l'Armée Tartare, commandé par Iſlan Geray, n'étoit compoſé que de Circaſſiens & de quelques mille Coſaques du Don. Ces Troupes prirent la Route d'Aſof. Dès qu'elles furent ſur les Terres des Moſcovites, elles commencérent à mettre tout à Feu & à Sang, emmenant quantité de Priſonniers. Un Détachement d'environ trente Chevaux Tartares fut aſſez hardi pour faire des Courſes juſqu'aux Portes de la Ville. Celui, qui commandoit dans la Place,

Expédition du ſecond Corps de l'Armée des Tartares.

aïant

aïant fait fortir un gros Parti pour donner la Chaffe aux Ennemis, les Tartares firent femblant de prendre la Fuite. Les Mofcovites, & les Cofaques leur compagnons, aïant donné Tête baiffée dans l'Embufcade qui leur avoit été préparée, furent totalement défaits. Les Tartares, après avoir laiffé derriere eux la Ville d'Afof, continuérent leur Marche jufqu'à Ifium, toujours en cotöiant le Don. Tous les Bourgs & les Villages des Environs furent pillés & brulez. Les Mofcovites perdirent en plufieurs Rencontres entre cinq à fix mille Hommes. Si les Tartares n'avoient pas été mécontens de la Conduite de leur Chef, ils auroient certainement pénétré plus avant; mais, voulant jouïr du Butin qu'ils avoient amaffé, ils s'en retournérent, fous prétexte que les Neiges étoient trop profondes, & qu'il étoit à craindre que le Dégel ne furvint, ce qui les empêcheroit de repaffer des Rivieres qui étoient en leur Chemin.

QUANT au troifieme Corps, qui étoit commandé par le Kam lui-même, il prit la Route du Païs habité par les Cofaques de la Domination Mofcovite. Son principal Deffein étoit de faire une Tentative fur Woronitz, pour mettre le Feu aux Chantiers & aux Vaiffeaux qu'on y conftruifoit. L'Entreprife étoit des plus importantes; & elle avoit été fi bien concertée, qu'il fembloit qu'elle ne pourroit pas manquer. Cependant, les Ennemis en furent avertis trop tôt. Un Cofaque, qui avoit été quelque tems au Service du Kam, alla découvrir aux Mofcovites toutes les Circonftances de ce Projet. Depuis le 26. Janvier jufqu'au 6. Février, le Prince Tartare ne fit que cotoyer le Nieper (a). Il avoit en fon Chemin la Forterefse de Samara; mais, ne voulant pas fe laiffer détourner de fon grand Deffein, il laiffa derriere lui cette Place, dans la Penfée qu'à fon Retour il lui feroit aifé de s'en emparer. Plus loin, il avoit la Ville de Wolna, dont les Fortifications étoient peu de chofe, mais qui auroit fort facilement pû retarder fa Marche. Au milieu de la Place, il y avoit une Hauteur fortifiée d'une maniere réguliere, avec un bon Foffé & un Rempart, garni de Paliffades & revêtu au dehors de groffes Planches de Bois de Chêne nouvellement coupées. Cette efpece de Forterefse étoit gardée par quatre-vingt Mofcovites, commandez par un Capitaine & deux Bas-Officiers. Les Cofaques aïant commencé à faire Feu fur les Ennemis, ceux-ci y répondirent de même; mais, aïant difcontinué prefque auffi-tôt, ils demandérent à parler au Commandant des Zaporoviens, pour capituler. La feule Condition, qu'ils exigérent, fut qu'on ne les fît pas Efclaves. Là-deffus, leur Officier fortit, promettant avec Serment de vouloir quitter le Parti Mofcovite, & remettre la Place au
Kam.

(a) Lorsque le Kam fut arrivé à Cairle, Ville fituée entre les Forterefses de Dogan & de Camana, il écrivit au Roi de Suede, pour lui rendre Compte de fa Marche. Sa Majefté lui répondit de Bender le 3. Février. Cette Lettre, tirée des Mémoires du Sr. Amira, fe trouve dans l'*Appendice* de cette Hiftoire.

V. L'APP.
No. CLIX.

Kam. Les Gardes de ce Prince prirent auſſi-tôt Poſſeſſion des Portes. **1711.**
Les Habitans eurent la Liberté de venir vendre leurs Denrées, qui
leur furent payées Argent comptant. Les Moſcovites aïant mis bas les **Février.**
Armes, demeurérent Priſonniers. Au bout de ſix Jours, ils furent re-
lâchés, & ils eurent la Permiſſion de ſe retirer où bon leur ſembleroit.

APRE's quelques Jours de Marche, le Kam arriva devant Nowi- **le 15.**
wodola, Place fortifiée à la Maniere du Païs, & garnie de cinq Piéces
d'Artillerie. Le Sotnick, ou Commandant, capitula auſſi-tôt, & il
fut réglé, que tous les Habitans de cette Ville, au nombre de quatre
mille cinq cens Perſonnes, ſortiroient avec tous leurs Effets & Bagages, pour-être tranſportez à Wolna dans l'Ukraine proprement ainſi
appellée. La Ville fut enſuite réduite en Cendres. Le Sotnick prit la
Fuite; mais, aïant été ratrappé, il fut paſſé au Fil de l'Epée.

LE Bourg de Stariwodola ſe rendit aux mêmes Conditions, & eut **le 19.**
auſſi le même Sort. Les Habitans, étant en Chemin pour ſe rendre à
Wolna, firent un Complot avec ceux de Nowiwodola, & ſe ſauvérent
dans les Bois & dans les Marais. La plûpart de ces miſérables tombérent entre les Mains des Tartares d'Iſlan Geray, qui étoient en Chemin pour joindre le Kam. Comme ils s'étoient faits parjures, ils furent tous faits Eſclaves.

DEUX Jours après, le Kam ſe trouva devant Meretwi, *Place en-* **le 21.**
tourée d'un Foſſé & d'un Rempart garni de Paliſſades de Bois de Che-
ne. Elle contenoit environ mille Maiſons; &, au Milieu de la Ville, il
y avoit une eſpece de Redoute fort élevée défendue par un bon Foſſé
& un Rempart beaucoup plus ſolide que le prémier. Quatre cens cinquante Coſaques Moſcovites gardoient cet Ouvrage. Ces Gens avoient,
entre leurs Armes, trois Piéces de Canon. Cinq à ſix cens Païſans,
armez de Faux, de Haches, & de gros Batons, venoient de joindre
les Moſcovites. Dès que le Kam parut, ils arborérent des Drapeaux
rouges, & commencérent à tirer de toute leur Force, pour donner le
Signal aux Habitans de courir aux Armes. Le Feu coutinua avec beaucoup de Vivacité; mais, les Tartares, & ſur-tout les Gardes du Kam,
montérent à l'Aſſaut avec une Intrépidité extraordinaire, attaquant
l'Epée à la Main tout ce qui ſe préſentoit devant eux. En moins de
rien, la Place fut emportée. Tous les Bourgs & les Villages, qui é-
toient en leur Chemin eurent un Sort pareil. Ils furent pillés, & enſuite réduits en Cendres. La Ville de Hanarowka ne fut pas mieux **le 22.**
traitée. Elle n'étoit pas autrement fortifiée que Meretwi, excepté
qu'il y avoit une Redoute beaucoup plus grande. Les Habitans & la
Garniſon, aïant arboré des Drapeaux à leur Maniere, pour marquer
qu'ils vouloient ſe deffendre, ſe mirent à faire Feu ſur les Tartares;
mais, ceux-ci jettérent auſſi-tôt leurs Habits, après quoi ils donnérent
l'Aſſaut à la Ville, dont ils ſe rendirent maitres, de même que de la Redoute, en moins d'un Quart-d'Heure. Plus de neuf cens Perſonnes
fu-

1711.

Février.

furent faites Efclaves. Les Cofaques Mofcovites ne fe fauvérent, que parce qu'ils étoient bien montez, & qu'ils trouvérent moïen de fortir par une fauffe Porte, du Côté où la Place n'étoit pas inveftie. Le lendemain, on mit le Feu à la Ville, de même qu'aux Villages voifins, dont les Habitans fans Diftinction d'Age ou de Saxe tombérent au Pouvoir du Vainqueur. Les Tartares défirent auffi plufieurs Détachemens Mofcovites, qui furent battus à platte couture. Ils travérférent enfuite un grand Defert. Cette Marche aïant duré douze Jours, ils arrivérent devant Samara.

Mars.
le 6.

Le Kam auroit bien voulu attaquer cette Fortereffe; mais, il ne lui fut pas poffible de le faire: car, dès que fes Gens eurent paffé la Riviere, qui porte le même Nom que la Ville, plus de huit mille Hommes de fes Troupes s'en retournérent en Crimée, avec leur Butin. Cependant, malgré le Feu continuel de la Garnifon, qui avoit une Artillerie des plus confidérables (*a*), & qui jettoit parmi les Ennemis quantité des Grenades & de Boulets rouges, les Zaporoviens & les Tartares firent une attaque aux Fauxbourgs qu'ils réduifirent en Cendres. Cent cinquante Batimens furent brulez. Cette Perte fit évanouïr le Projet des Mofcovites, qui s'étoient propofé d'embarquer fur ces Vaiffeaux de l'Infanterie & du Canon, qu'ils vouloient tranfporter par le Nieper en Crimée, afin de faire de-là une Invafion fur les Terres de la Domination Turque. Monfieur de Lagerberg, qui s'eft trouvé à cette Expédition, rend ce Témoignage avantageux aux Tartares, qu'ils ont montré dans toutes ces Occafions beaucoup de Courage, & une Intrépidité peu commune.

Les Tartares fe retirent chez eux.

Au Mois de Mars, il fut réfolu qu'on mettroit Fin à cette Campagne. Les Hommes & les Chevaux avoient beaucoup fouffert, tant par les Fatigues continuelles & par les longues Marches au travers des Neiges, que par la Faim & la Rigueur du Froid. D'ailleurs, au prémier Dégel, on avoit à craindre de grandes Inondations, fort ordinaires dans cette Saifon. Afin donc d'éviter toutes ces Incommoditez, le Kam s'en retourna. Sa Marche fut affez pénible; &, quoique les Tartares paffent les Rivieres avec beaucoup de Dextérité, néanmoins il eurent dans cette Occafion bien des Obftacles à furmonter avant que d'être hors d'Embarras (*b*).

SUR

(*a*) La Garnifon étoit compofée de quatre cens Mofcovites, & de fix cens Cofaques. Il y avoit dans la Place quatre-vingt-cinq Piéces de Canon.

(*b*) Les Tartares paffent les Rivieres à peu près comme les Cofaques. Il font entrer leurs Chevaux dans l'Eau, & les fuivent à la Nage, en les tenant par la Queue. Ils favent prefque tous affez bien nager; & fouvent ils traverfent les Rivieres pour aller voler des Chevaux. Les Suédois en perdirent quantité durant cette Guerre. Lorfque le Kam, ou fes Généraux, ont à paffer quelques Rivieres, fur laquelle il n'y a point de Pont, ils font attacher à la Queue de leurs Chevaux, une Piéce de Bois, fur laquelle ils fe tiennent. Pendant cette Marche, ils eurent à traverfer une Riviere des plus larges. Ne voulant pas perdre leurs Prifonniers, ils s'aviférent d'un Expédient,

qui

Sur ces Entrefaites le grand Divan à Constantinople fit aborer les Queues de Cheval, qui font les Enfeignes fous lefquelles les Turcs vont à la Guerre. On célébra en même tems un Jour folemnel de Prieres. Au bout, d'environ trois Semaines, les Queues de Cheval furent portées avec les Cérémonies ordinaires hors de la Ville; ce qui fignifie, que les Soldats doivent fe rendre au Camp, fans fonger à retourner chés eux avant que la Paix ne foit faite.

ENVIRON le même Tems, le Czar fit publier à Mofcou la Guerre contre la Porte. Ce Prince affifta lui-même à cette Cérémonie. S'étant rendu dans l'Eglife Cathédrale, accompagné de fes principaux Miniftres, & de ceux des Puiffances Etrangeres qui réfidoient auprès de lui, un Sécrétaire lut à haute Voix, devant l'Autel, la Déclaration de Guerre contre le Grand-Seigneur. Comme cette Piéce étoit fort étendue, on lui ordonna de n'en lire que la Fin; après quoi, le *Métropolitain Refanski*, qui eft le prémier Eccléfiaftique parmi les Mofcovites, alla occuper cette Place, pour prononcer un Sermon qu'il avoit compofé pour cette Solemnité. Là-deffus, il fit, conjointement avec les autres Prêtres, au Milieu de l'Eglife, le Signe de la Croix; &, pendant ce Tems-là, on chanta plufieurs Hymnes. Durant tout le Service, le Czar avoit au-deffus de fa Tête deux Drapeaux rouges. En fortant de l'Eglife, il fe mit à la Tête du Régiment des Gardes Preobrazinski, dont il étoit Colonel. Ce Régiment avoit été fous les Armes pendant la Cérémonie (a).

LE Manifefte du Czar eft, comme nous venons de le dire, d'une Longueur horrible. Les Expreffions n'y font nullement ménagées. Le Sultan y eft qualifié de Perfide & de Barbare; & Staniflas de Rebelle, & de Brouillon. On n'y parle pas autrement de Charles XII. ,,Ceux ,, qui veulent fe donner la Peine., ,dit-on, ,,de rechercher les Motifs ,, qui font agir les Turcs, verront fans peine, qu'ils n'ont pour But, ,, que d'obliger Sa Majefté Czarienne de retirer fes Troupes de Pologne, où ils fe propofent de ramener le Roi de Suede, afin de le ,, met-

Les Queues de Cheval arborées à Conftantinople. le 28. *La Guerre eft publiée à Mofcou.*

1711. Juillet. le 9.

Manifefte du Czar contre la Porte. V. APP. No. CLI.

qui leur réuffit très bien. Aïant, par le moïen de quelques Perches, fait approcher des Glaçons, que le Courant emportoit vers le Rivage, ils paffèrent au travers de la Glace un Bout d'une Corde, pendant que l'autre Bout fût porté du Côté oppofé. Sur ces Glaçons, qui étoient comme des efpéces de Ponts volants, ils mirent leurs Prifonniers. Près de foixante-dix mille Hommes paffèrent de cette Maniere, en moins d'un Jour, fans qu'il en pérît qu'un très petit Nombre.

· (a) LE même Courier, qui apporta à Bender la Nouvelle de la Déclaration de Guerre, apporta auffi celle de la Mort de Frédéric-Guillaume, Duc de Courlande. Ce Prince mourut le 21. Janvier à Kippinghof, à neuf Lieues de Petersbourg. Il n'avoit été malade que peu de Jours. Le 4. Février fuivant, fon Corps fut tranfporté à Riga, fous l'Efcorte d'un Détachement de quatre cens Bas-Officiers. On l'inhuma dans l'Eglife de Saint-Jaques. L'Auteur, qui a écrit en Allemand l'*Hiftoire de la Vie & de la Mort de Charles XII*, dit pag. 154, qu'on croïoit généralement, que le Duc de Courlande avoit été empoifonné.

„ mettre en état d'y recommencer de nouveaux Troubles. Ce Prin-
„ ce essaïera de détrôner une seconde fois le Roi légitime, & de re-
„ mettre à sa Place Stanislas. Il rendra ce beau Roïaume tributaire
„ des Turcs, & fera tomber entre les Mains des Infideles des Provin-
„ ces entieres, & les Places qui servent présentement de Boulevard con-
„ tre ces Barbares. Déjà lui, & le Palatin de Kiovie, ont fait espé-
„ rer aux Turcs, de la part de Stanislas, un Tribut annuel de trois
„ Milions de Ducats. Déjà les Troupes Suédoises, & celles de Lez-
„ cinski, qui sont en Poméranie, menacent l'Empire d'une prochai-
„ ne Invasion; &c. „ Le même Jour que ce Manifeste parut, le Czar
écrivit à l'Empereur, à la Reine de la Grande-Bretagne, & aux E-
tats-Généraux des Provinces-Unies, pour se plaindre de l'injuste Entreprise de la Porte. Il vanta son Innocence, & la Sincérité de ses
Intentions; & déclara, qu'il vouloit bien encore entrer en Accommodement, pourvû que cela se fît sous la Médiation de ces trois Puissances (a).

L 2

(a) Je trouve, dans les *Mémoires du Sr. Austra*, que la Reine a reçu, de Constantinople, une Circonstance qui mérite d'être rapportée. „ Avant que le Grand-Vizir
„ partît de la Capitale avec l'Armée, le Czar, sous Prétexte de détourner cette Guer-
„ re, fit distribuer au Ministere Turc des Sommes considérables d'Argent. Il fit
„ plus: il ordonna à Tolstoi, son Ambassadeur, de faire sous-main des Propositions
„ de Paix au Roi de Suede. Comme il étoit connu, que l'Envoïé Neugebauer haïs-
„ soit la Cour de Russie, on jugea à propos de s'ouvrir d'une Maniere indirecte au
„ Général Poniatouski. Tolstoi s'y prit fort mal, & de façon à faire connoitre, dès
„ le Commencement de cette Négociation, que son Maitre ne désiroit pas sincerement
„ la Paix. Il chargea son Jouaillier d'aller trouver le Général Polonois, & de lui dire,
„ que le Czar, souhaitant fortement la Paix, étoit disposé de rendre à la Suede tou-
„ tes les Conquêtes qu'il avoit faites sur elle, à l'exception de la seule Ville de Pe-
„ tersbourg. Que si Sa Majesté Suédoise acceptoit cette Condition, Elle pourroit aussi-
„ tôt s'en retourner dans ses Etats; qu'Elle se verroit en possession de ses Provinces,
„ sans perdre plus de Tems, ou sans être obligée de s'exposer davantage aux Ca-
„ prices de la Fortune. Que Tolstoi avoit un Pouvoir des plus amples de son Maitre,
„ de régler toutes ces Choses avec le Roi. Poniatouski répondit, qu'il ne lui étoit
„ pas possible de s'expliquer sur un Sujet de cette Importance; parce qu'il ignoroit
„ absolument les Intentions de son Roi, & qu'il n'étoit point authorisé d'entrer là-des-
„ sus en Négociation. Que si cependant, on lui laissoit le Terme de vingt Jours,
„ pour pouvoir envoïer un Courier à Bender, il en feroit Rapport à Sa Majesté:
„ qu'en attendant, il seroit nécessaire, qu'on en gardât exactement le Secret, & sur-
„ tout, qu'on n'en parlât pas à Monsieur de Neugebauer. Tout cela fut accordé. Au
„ bout du Terme stipulé, Poniatouski eut un Pouvoir pour entrer en Négociation
„ avec Tolstoi; & le Marquis des Alleurs fut invité de se trouver à leurs Conféren-
„ ces. Ce dernier avoit été quelque tems, auprès de Ragotski, en Hongrie, où on
„ l'avoit fait passer pour un Ingénieur François, & il venoit d'être nommé Ambassa-
„ deur de France à la Porte. Il avoit vû le Roi à Bender, & quoi qu'il se trouvât
„ depuis quelques Semaines à Constantinople, il n'avoit pas encore eu son Audience
„ du Grand-Seigneur. D'abord, il sembloit qu'on agit de Part & d'autre de la meil-
„ leure Foi du Monde. On convint, que les Conférences se tiendroient dans la Mai-
„ son du Sieur Barcas, Résident de Raguse. Les Négociateurs s'y rendirent durant la
„ Nuit, & masqués: mais, on ne fut pas long-tems sans s'appercevoir, que cette Af-
„ faire, pour laquelle le Czar avoit fait tant d'Instances, ne tarderoit pas à être rom-

5; pue.

Le Grand-Seigneur demeurant ferme dans la Résolution prise par le Divan, donna Ordre qu'on formât deux Corps d'Armée. Le prémier, composé de deux cent-cinquante mille Hommes, devoit marcher contre l'Armée Moscovite: l'autre, au nombre de soixante-six mille Hommes, étoit destiné pour faire le Siége d'Asof. Ce fut avec celui-ci, que le Général-Major Hard, Capitaine-Lieutenant des Drabans du Roi de Suede, eut la Permission de faire la Campagne. Il partit pour cet effet le 8. Mai, dans le Dessein de traverser la Crimée, & de s'embarquer ensuite sur la Flotte du Grand-Seigneur. Le 21. du même Mois, il arriva auprès du Cam des Tartares, dont il eut le Lendemain une Audience particuliere. A son Départ, ce Prince lui donna des Lettres de Recommandation pour les principaux Commandans de la Flotte; savoir, Ismaël Pacha, le Pacha de Rhodes, le Capitaine Pacha, & le Chef des Galeres. Mais, comme le Grand-Vizir fut peu de tems après la Paix, toute cette Expédition se réduisit à rien; & Monsieur de Hard fut obligé de s'en retourner.

A juger par les grands Préparatifs qui se faisoient contre les Moscovites, on auroit dit que le Vizir Mehmet Pacha étoit entiérement dans les Intérêts du Roi de Suede. Cependant, il s'en falloit de beaucoup, que ce Prémier-Ministre n'agît avec Sincérité; & on ne fut pas long-tems sans s'appercevoir, qu'il étoit tout-à-fait contraire à Charles XII. Il se plaignit souvent de ce que les Polonois ne se remuoient pas, & de ce que le Roi de Suede se mettoit si peu en peine d'exécuter la Promesse qu'il avoit faite d'envoler un Corps de Troupes Suédoises en Pologne, pour y faire une puissante Diversion. Par-là il arrivera, disoit-il, que tout le Poids de la Guerre retombera sur la Porte-Ottomanne.

Charles avoit fait faire sur ce Sujet des Représentations au Grand-Seigneur. Il lui avoit fait dire, qu'il ne seroit pas possible de faire venir en Pologne un Corps des Troupes Suédoises, après que le Czar, le Roi de Dannemarck, & le Roi Auguste, jaloux du long Séjour que Sa Majesté faisoit en Turquie, avoient sû par leurs Menées engager ses Amis & ses Alliés à consentir à une Neutralité, dont le But étoit de l'empêcher de travailler au Rétablissement des Affaires en Pologne. Que comme ces Princes menaçoient de faire une Irruption dans ses Etats en Allemagne, Elle seroit obligée de laisser en Poméranie le Corps

„ pne. Tolstoi s'opiniâtra à dire, que le Czar ne rendroit pas une seule Place de
„ toutes celles qu'il avoit envahies. Poniatouski, de son Côté, demeura ferme dans
„ son Sentiment, que le Roi ne vouloit entendre à rien, à moins qu'on ne lui ren-
„ dît toutes ces Conquetes, & que le Roi Stanislas ne fût maintenu sur le Trône de
„ Pologne. Il auroit été fort inutile de chercher quelque Tempérament: il n'y
„ en avoit point à attendre. Cependant, les Moscovites ne laissérent pas de faire son-
„ ner fort haut ces Avances, & de vanter par-tout les Sentimens pacifiques du Czar.
„ On laisse à juger sur quel Fondement cela se débitoit. „

1711.

Mars.

Corps de Troupes qu'Elle y avoit. Les Raisons du Roi avoient été trouvées bonnes à la Cour Ottomanne. Le Grand-Vizir lui-même trouva ces Excuses solides & légitimes, quoique dans la suite il tint un Langage différent. Disons néanmoins, que Charles XII avoit encore une autre Raison pour ne pas faire entrer en Pologne un Corps de ses Troupes. C'étoit pour se conformer au Sentiment du Kam, qui ne vouloit pas que les Suédois entrassent en Pologne, à moins que les Moscovites n'en fussent sortis. En parlant de la Conférence que le Roi de Suede eut avec le Prince Tartare, au Mois de Novembre 1710, nous avons rapporté au long le Projet que celui-ci avoit formé pour obliger le Czar à retirer ses Troupes.

On avoit quelque lieu de croire, que, si le Roi avoit été en Etat d'appuïer ses Représentations auprès du Grand-Vizir par des Raisons d'un Poids égal à celles que les Moscovites faisoient valoir sous main, ce Ministre n'y auroit pas été insensible. Quoiqu'il en soit, il faut qu'on lui rende cette Justice, qu'au dehors il se montroit d'une Politesse & d'une Honnêteté peu ordinaires, faisant de grandes Promesses de vouloir remplir fidélement les Devoirs de sa Charge. Il se piquoit sur-tout d'une grande Ponctualité. Les Préparatifs de Guerre se faisoient sous ses Yeux, ou par ses Ordres; & il vouloit, que l'Armée ne manquât de rien, & que tout fût prêt au Jour marqué.

Les Turcs se mettent en Marche, le 1. le 6.

APRE's que l'on eut formé, à une Demie-Lieue de Constantinople, une Espece de Camp, on y envoïa tous les Ouvriers destinez pour faire la Campagne. Le Lendemain, l'Aga des Janissaires y entra, à la Tête de neuf mille Hommes. Il fut suivi de huit mille Canoniers & d'un Train d'Artillerie consistant en trois cent soixante-six Piéces de Campagne, & trente-trois Mortiers. Le Grand-Vizir sortit de la Capitale à la Tête de vingt-cinq mille Hommes des meilleures Troupes qu'on avoit ramassées dans la seule Ville de Constantinople; & alla camper, en attendant que les Troupes des autres Provinces vinssent le joindre.

le 13.

le 29.

On ne tarda pas à arborer le *Flandra*, Signal ordinaire du prochain Départ de la Flotte, qui mit à la Voile le 29. Mars, dirigeant sa Course vers la Mer Noire. Cette Flotte étoit composée de dix-huit Vaisseaux de Ligne, de vingt-une Galeres, & de cent Batimens plats appellez communement des *Volites*, auxquels se joignirent un égal nombre de Galiotes, & cent-vingt Chaloupes. Les Equipages montoient à soixante-dix mille Hommes.

Le Grand-Vizir fait assurer l'Empereur, qu'on n'a pas Dessein de l'attaquer.

COMME cet Armement si considérable ne pouvoit qu'allarmer la Cour Impériale, le Grand-Vizir jugea à propos de lui faire connoitre, que ce n'étoit qu'aux Moscovites qu'on en vouloit. Pour cet Effet, il envoïa à Vienne un Seful Aga Capitschi Pacha, qui y arriva le 27. Mars, avec une Suite d'environ vingt Personnes. Ce Ministre eut le 29. son Audience publique du Prince Eugene, auquel il déclara, que l'Intention du Grand-Seigneur étoit de vivre avec Sa Majesté Impériale en bonne Intelligence, & qu'il avoit résolu de maintenir à son Egard

la

la Paix de Carlowitz. Que le Grand-Vizir prioit le Prince de donner Avis de ces Aſſurances aux Commandants des Places frontières, afin qu'ils ne priſſent pas Ombrage des Mouvemens qu'on feroit obligé de faire dans les Provinces voiſines.

Au Mois d'Avril, le Prince Eugene écrivit ſur ce Sujet au Grand-Vizir. C'étoit pour lui dire, qu'il apprenoit avec beaucoup de Satis-faction, que le Grand-Seigneur étoit réſolu de maintenir la Paix & l'Amitié qui ſubſiſtoient entre Sa Majeſté Impériale & la Porte Ot-tomane. Après avoir loué la Prudence du Prémier-Miniſtre, Son Al-teſſe l'aſſure, au Nom de l'Empereur, que de ſa Part il ne ſera rien fait de contraire au Traité de Carlowitz. „Quand nous réflechiſſons, continue-t-Elle, „aux Raiſons qui ont donné lieu à la Rupture, entre „ la Porte & le Czar, nous ſommes d'Opinion, qu'on pourroit encore „ trouver des Expédiens pour rétablir la bonne Intelligence. Sa Ma-„ jeſté Czariene, dont la Sincérité ne peut être révoquée en Doute, „ a fait de fortes Inſtances auprès de l'Empereur, afin de l'engager à „ ſe charger de la Médiation; ce que ce Prince a bien voulu promet-„ tre, quelque difficile que ſoit l'Employ de Médiateur, à Condition „ néanmoins, que la Porte Ottomane, & le Roi de Suede, donnaſſent „ leur Conſentement. Comme donc Vôtre Excellence déclare Elle-„ même, que cette Guerre n'a pas été commencée en Vûe d'étendre „ les Limites des deux Empires, & qu'il ne s'agit uniquement que de „ la Deffenſe des Frontieres, nous attendons ſur cet Article une Ré-„ ponſe de ſa Part, afin que nous puiſſions travailler à terminer ces „ Différens, moïennant une Paix ſûre & honorable. Nous ferons „ tout ce qui eſt en nôtre Pouvoir, pour porter les Choſes à un promt „ Accommodement, & nous ne doutons point, que la Reine de „ la Grande-Bretagne, & les Etats-Généraux, dont le Czar a auſſi de-„ mandé la Médiation, ne ſoient pareillement diſpoſez à concourir „ avec nous au même But. „ Cette Lettre étoit datée de Vienne, le 16. Avril 1711. Le Miniſtre Turc ne partit qu'environ ſix Semaines après; & comme, dans cet Intervalle, l'Empereur Joſeph vint à mou-rir (a), & que le Prince Eugene ſe trouvoit accablé d'Affaires l'Aga eut

1711.
Mars

Lettre du Pr. Eugene au Gr. Vi-zir.

(a) L'Empereur Joſeph mourut le 4/7 Avril 1711. La Mort de ce Prince fut no-tifiée à Charles XII, dans une Lettre de l'Impératrice-Mere, à laquelle Sa Majeſté ne répondit que le 5. Juin. Lorſque cette Réponſe arriva à Vienne, on fit des Dif-ficultez ſur ce que l'on y avoit omis certaines Formalitez. Le Roi, qui ne s'atten-doit pas à ce Compliment, fit faire ſur ce Sujet une Déclaration, à laquelle on fut obligé de ſe tenir. Les deux Lettres ſe trouvent dans le dernier volume de cette Hiſtoire. Appendice No. CLXI.

La Gouverneur-Général & la Régence des Duchés de Bremen & de Vehrden, voulant marquer combien ils prenoient de Part à l'Affliction générale, ordonnérent qu'on eut à ſonner toutes les Cloches de leurs Egliſes; & cela durant trois Semaines, tous les Jours, depuis Midi juſqu'à une Heure. Ils deffendirent pareillement à leurs

Sujets

1711.

Mars.

eut son Audience de Congé du Comte Herberstein, Vice-Président du Conseil Aulique de Guerre. Il se mit en Voïage, très content de l'Accueil gracieux qui lui avoit été fait, & des Présens dont il avoit été régalé, tant pour lui, que pour le Grand-Vizir.

Le Czar se met en Mouvement.

LE CZAR, avant que de quitter la Ville de Moscou, avoit fait de grands Préparatifs pour l'Ouverture de la Campagne. Le Prince Menzicof fut chargé du Commandement en Chef des Armées qui se trouvoient dans la Livonie, en Ingrie, en Finlande, & dans les Provinces voisines. Le Comte Gollofkin, & le Vice-Chancelier Schaffirof, partirent avec le Czar. Ce Prince, voulant faire une Augmentation considérable dans ses Troupes, avoit ordonné par tous ses Etats, que, des Habitans de la Campagne, qui étoient en Etat de servir, le quatrieme Homme fût fait Soldat, & que les Gentilshommes, qui auroient deux Valets, en fourniroient un, & ainsi à proportion. Il comptoit d'avoir par ce Moïen, en très peu de Tems, au-de-là de cent mille Hommes. Outre cela, il avoit à son Service cinq mille Calmouques; & le Prince Apaka Tagnin promit de lui en fournir encore vingt-cinq mille, pour lesquels il lui païeroit cent mille Ducats. Ce Chef des Calmouques envoïa au Czar sept de ses Fils en Otage, & s'engagea à mettre en Campagne, à ses propres Dépens, une Armée de cinquante mille Hommes des Troupes de sa Nation, & vingt-deux mille Circassiens, qui s'étoient mis sous la Protection des Moscovites. Son Dessein étoit d'aller attaquer les Tartares, & de pénétrer dans la Crimée. Il paroissoit surtout extraordinairement animé contre tout ce qui portoit le Nom de Mahométan. L'Armée, que le Czar comptoit d'opposer aux Forces du Grand-Seigneur, devoit être composée de cent-cinquante mille Hommes de Troupes réglées. Un Corps d'Armée étoit dans la Grande-Pologne, & un autre dans la Livonie. Les Troupes irrégulieres n'entroient pas en ligne de Compte. Quant à la Flotte, qui devoit agir dans la Mer Noire, elle fut équipée avec beaucoup de Promtitude; & déjà, dès le Mois de Janvier, le Vice-Amiral Cruys avoit été envoïé à Asof, avec trois cens Officiers de Marine.

le 28. L'Armée Turque se met en Marche.

VERS la Fin de Mars, le Général Poniatouski partit de Constantinople, pour se rendre au Camp des Turcs. Charles lui avoit ordonné de demeurer auprès du Grand-Vizir: il lui avoit même donné une Instruction particuliere, sur le même Sujet (a). Deux Jours après, l'Armée Turque se mit en Marche, prenant la Route du Danube & du Pruth.

Sujets de se servir d'Orgues, ou d'autres Instruments de Musique, & de faire des Réjouissances. Cette Ordonnance fut publiée le $\frac{29.\ \text{Avril}}{9.\ \text{May}}$ 1711.

(a) MR. DE BELLERIVE dit dans ses *Mémoires*, p. 48, que Poniatouski enseignoit aux Généraux Turcs la Maniere de faire camper l'Armée en bon Ordre, & de profiter de la Situation avantageuse des Lieux; mais, que le Grand-Vizir ne vouloit pas suivre les Avis de cet Officier.

Pruth. Le même Jour, Mr. de Feriol, Ambaffadeur de France, partit de Conftantinople, & le Lendemain Mr. des Alleurs eut fon Audience publique du Grand-Seigneur.

Sur ces Entrefaites, Charles eut Avis, que le Kam des Tartares, de Retour de fon Expédition, venoit d'arriver à Bacciferay, où il faifoit fa Réfidence ordinaire. Le Roi lui écrivit à cette Occafion une Lettre des plus gracieufes, à laquelle le Prince Tartare répondit avec de grandes Démonftrations d'Amitié. Mr. de Lagerberg, ne voulant pas le laiffer ignorer la Conduite que les Tartares, commandez par le Sultan Mehmet Geray, avoient tenue en Ukraine, lui rapporta différentes Particularitez fur ce Sujet, & lui repréfenta, que de pareils Defordres étoient très capables d'éloigner les Efprits ; que des Cofaques, qui avoient été bien intentionnez, plufieurs avoient changé de Sentiment; qu'il étoit à craindre, que les autres n'en fiffent de même ; & que la Caufe commune en fouffriroit confidérablement. Le Kam confidéroit trop Mr. de Lagerberg, pour fe formalifer de ces Plaintes. Il convint, qu'elles étoient juftes; mais, en même tems, il lui fit remarquer, „qu'il n'y avoit aucune Part; qu'ayant prévu „une Partie de ce qui étoit arrivé, il avoit donné les Ordres les plus „rigoureux pour le Maintien de la Difcipline. Que Mr. de Lager- „berg auroit fans doute remarqué combien il s'étoit donné de Peines „pour la faire obferver aux Troupes qui avoient fait la Campagne „fous fes Ordres; & que néanmoins il avoit été fort fouvent obligé „de fouffrir des Irrégularitez auxquelles il n'avoit pû remédier. Qu'il „ne doutoit pas, que fon Fils n'eut fait tout ce qui avoit été en fon „Pouvoir. Que, cependant, il feroit d'exactes Recherches fur la véri- „table Caufe de ces Defordres. „

L'Avis, qu'on venoit de recevoir du Départ des Tartares de Budziack, donna lieu à Lagerberg de faire de nouvelles Repréfentations. Ces Gens avoient fervi fous le jeune Sultan, & ne s'étoient retirez chés eux, que pour mettre en Sureté leur Butin. Le Kam fue prié de vouloir les faire revenir au plûtot, parceque le Tems approchoit d'entrer de nouveau en Campagne, & que fi on laiffoit une fois à ces Gens la Liberté d'agir à leur Fantaifie, ils feroient capables de fe porter à toutes fortes d'Extravagances. Le Roi écrivit fur le même Sujet au Kam, & le pria de preffer le Retour de ces Troupes. Sa Majefté difoit, „que quand les Polonois apprendroient, que l'Armée Tar- „tare étoit fi nombreufe, & que les Turcs marchoient pareillement, „ils ne manqueroient pas de fe déclarer; ce qui faciliteroit beaucoup „le grand Deffein qu'on fe propofoit. Que quant aux Infinuations „du Kam, que jufqu'à préfent aucun Polonois n'étoit venu trouver „le Palatin de Kiovie, Sa Majefté affuroit, que ce n'étoit point par „la Faute de ce Général. Que le Kam fe rappelleroit le Projet de „Potocki, qui avoit propofé de faire prendre, au Détachement com- „mandé par le Sultan Mehmet Geray, le Chemin de Kaminiek, où „une Partie de l'Armée de la Couronne étoit en Quartiers: que fi l'on „avoit

1711.
Mars

Avril.
Répréfenta-
tion de La-
gerberg au
Kam.

le 10.

V. l'App.
No. CLXX.

,, avoit fuivi cette Idée, il auroit été facile d'attirer bon Nombre de
,, ces Gens-là; mais, que le Sultan, & fes principaux Officiers, s'é-
,, toient oppofez à ce Deffein, & qu'ils avoient préféré de marcher
,, eu Ukraine. Que Sa Majefté venoit d'envoïer vers ce Prince le
,, Colonel Grothufen, afin de concerter avec lui les Opérations de la
,, Campagne, & pour l'exhorter à ne point féparer fes Troupes, avant
,, que le Tems ne fût venu de le faire. ,, Le Kam répondit à cette

le 30.

Lettre, en difant, ,, qu'il étoit bien faché de tous ces Defordres, &
,, qu'il feroit fon poffible, pour prévenir qu'il n'arrivât dans la fuite
,, rien de pareil; qu'il fe flattoit de mettre fes Gens à la Raifon; &
,, qu'après cela, les Tartares tiendroient une Conduite dont Sa Majef-
,, té auroit lieu d'être contente. ,,

*Neugebauer
part de
Conftanti-
nople,
Funck eft
fait Envoïé
à fa Place.*

MR. DE NEUGEBAUER, qui avoit réfidé à Conftantinople, en Qualité
d'Envoïé du Roi de Suede, durant tout le Tems que ce Prince avoit féjourné en Turquie, venoit d'être fait Confeiller de la Régence en Poméranie. Le Colonel Funck, du Régiment de Sudermannie, fut fait Envoïé à fa Place. Peu de Jours avant que l'Armée Turque fe mît en
Marche, le prémier eut fon Audience de Congé du Grand-Vizir, dans
le Camp hors de la Ville. Aux autres Miniftres & Officiers de la Porte, il leur dit Adieu chés eux. Son Deffein étoit de traverfer la
Tranfilvanie & l'Allemagne, pour fe rendre en Poméranie; mais, le
Roi aïant jugé à propos qu'il fît ce Voïage par Mer, il fe rendit à
Smirne, pour s'y embarquer fur un Vaiffeau Anglois.

IL feroit inutile de décrire les Marches dès deux Armées ennemies.
J'ai en main des Mémoires fort amples fur ce Sujet; mais, ils ne contiennent rien d'important. Une Chofe, qui mérite quelque Attention,
c'eft que le Grand-Vizir, contre les Maximes des Turcs, ne fit que
des Journées fort courtes. Il fit même fouvent repofer l'Armée plufieurs Jours de fuite, quoiqu'il n'ignorât pas que les Mofcovites faifoient toute la Diligence poffible pour le joindre. Quelques-uns é-
toient d'Opinion, que la Néceffité, où il fe trouvoit de donner le Tems
aux autres Troupes de s'avancer, l'empéchoit de marcher avec plus
de Diligence: d'autres croïoient remarquer, que le prémier Feu s'é-
toit rallenti, & qu'aïant conçu du Czar une toute autre Idée qu'il n'a-
voit eu d'abord, il vouloit lui laiffer le Tems de faire quelques Propofitions de Paix, dont le Vizir tireroit des Avantages perfonels, auxquels on prétendoit qu'il étoit très fenffible. Quoi qu'il en foit, il eft
certain, que le Czar répandoit l'Argent à pleines Mains, fans pourtant
que l'on pût découvrir au jufte qui étoient ceux qui en profitoient.
Son Ambaffadeur, quoique prifonnier, avoit trouvé Moïen de gagner
quelques Turcs, qui fervoient d'Entremetteurs, & qu'on voïoit prefque tous les jours entrer & fortir d'auprès d'un autre Miniftre Etranger, dont la Maifon étoit remplie de Mofcovites & de Polonois,
qu'on faifoit paffer pour des Marchands Chrétiens. Ces Emiffaires
voïoient fort fréquement les Amis du Grand-Vizir. Neugebauer fut
celui qui découvrit la Trame. Il en informa le Roi; & lui rapporta,

qu'un

Gentilhomme Polonois, qu'il avoit vû nouvellement à Conftantinople, après avoir fait certaines Découvertes par rapport aux Négociations fecretes de Sa Majefté, étoit parti fubitement pour aller trouver le Czar, auprès duquel il étoit actuellement. Le Fait fut prouvé; mais, quelques Inftances que fit Neugebauer auprès du Roi, pour le déterminer à en faire Part à fes Amis de Conftantinople, Sa Majefté ne voulut pas y confentir, fous prétexte, qu'on pourroit par-là perdre entiérement la Bonne-Volonté des Perfonnes pour lefquelles on devoit avoir quelques Ménagemens. D'ailleurs, les Turcs auroient pû croire, qu'on n'agiffoit que fur de fimples Soupçons, ou fur le Rapport peu fidele de ces Domeftiques Livoniens de l'Ambaffadeur Mofcovite, qu'on venoit de rendre à Neugebauer.

Le Grand-Seigneur ignoroit ce Manege, & étoit toujours dans les mêmes Difpofitions à l'égard du Roi de Suede. Lorfque le nouveau Miniftre de ce Prince fit fon Entrée publique dans Conftantinople, il fut reçu avec une Diftinction peu ordinaire; &, dans la premiere Audience fecrete qu'il eut du Caïmaikan, Zelebi Mehmet Pacha, ce Miniftre lui donna les Affurances les plus fortes de l'Amitié & de la Sincérité de fon Maitre. Comme Mr. de Funck trouva cette Déclaration d'une grande Importance pour le Roi, il pria le Caïmaikan de la lui donner par écrit; ce qu'il obtint (a). Elle étoit conçue en ces Termes. ,, Le Très-puiffant Empereur, notre excellent Seigneur de la vraye Croïance. Que Dieu maintienne fon Gouvernement jufqu'au dernier Jour! Sa Hauteffe m'a ordonné de Bouche de déclarer, que, comme d'abord après l'Arrivée du Roi de Suede fur les Terres de la Domination Ottomanne, Elle a reconnu ce Prince pour fon Ami, elle promet, en cas que la Paix fe faffe entre la Porte & le Czar, qu'Elle n'acceptera point d'Offres fur ce Sujet,

,, à

(a) Voici ce qui donna lieu à cette Déclaration. Sur la Lettre, que le Czar écrivit à l'Empereur Jofeph, à la Reine de la Grande-Bretagne, & aux Etats-Généraux, Mr. Jefferi, Miniftre d'Angleterre, fut chargé d'offrir à Charles XII la Médiation de ces trois Puiffances. Le Roi reçut ce Miniftre de la Maniere la plus gracieufe; & lui fit répondre: ,, Qu'il n'étoit nullement éloigné de faire la Paix avec le Czar, particuliérement fous la Médiation de ces Puiffances Amies & Alliées de fa Couronne; mais, que le Grand-Seigneur, aïant déjà en fa faveur déclaré la Guerre aux Mofcovites, avec cette Condition expreffe, que, ni Sa Majefté Suédoife, ni Sa Hauteffe, n'entreroient en aucune Négotiacion touchant la Paix, à moins qu'Elles n'y fuffent comprifes l'une & l'autre, Sa Majefté étoit obligée de s'y conformer, & d'attendre les Evénemens. ,, Le Roi fit traduire en Langue Turque, tant la Propofition du Miniftre Anglois, que la Réponfe qui lui avoit été donnée. Cette Piéce fut envoyée à Mr. de Funck, auquel Sa Majefté donna Ordre en même tems d'en faire Part à la Cour Ottomanne; afin que, s'il venoit à fe répandre quelque Bruit, touchant la Médiation, ou bien touchant la Paix, le Grand-Seigneur fût inftruit au jufte de fes Sentimens. Cet Ordre fut ponctuellement exécuté; & le Caïmaikan donna, au Nom de fon Maitre, la Déclaration dont il eft ici parlé. Cette Particularité eft tirées de Mémoires du Sr. Amira.

,, à moins que le Roi de Suede n'y soit compris. Que si ce Roi juge
,, à propos de continuer la Guerre, Sa Hautesse la continuera à ses
,, propres Dépens, jusqu'à ce que ce Prince obtienne du Czar la Su-
,, reté requise; l'Empereur étant dans la Résolution de demeurer fer-
,, me dans ce Sentiment aussi longtems que le Roi de Suede lui conser-
,, vera son Amitié (a). ,,

A la mi-Mai, l'Armée Turque décampa d'Andrinople, marchant
vers le Danube, où les Troupes d'Asie, d'Egypte, & de quelques autres
Provinces de la Domination Turque, situées en Europe, vinrent la
joindre.

Marche des Troupes Moscovites. Les Moscovites s'étoient mis en Mouvement dès le Mois de Février. Leurs Troupes, commandées par différens Généraux, tenoient
différentes Routes: &, quoiqu'ils entrassent de bonne-heure en Campagne, on fut surpris de leur voir négliger des Avantages dont ils auroient pû beaucoup profiter. Ils détachérent, de leur Avant-Garde,
quelques petits Partis, pour aller prendre Langue de la Marche des
Ennemis. Un de ces Détachemens ayant été enlevé par les Tartares,
on apprit du Colonel qui le commandoit, que le Velt-Maréchal Scheremetof avoit pris les Devants avec deux Régimens des Gardes, savoir ceux d'Ingrie & d'Astrakan, & dix Régimens de Dragons, faisant ensemble douze mille Hommes, commandez par les Généraux Janus, Weisbach, Wiedeman, & Wolkonski. Selon le Rapport de
ce même Officier, Rapport, qui se trouva faux dans la suite, le Czar
suivoit en Personne, aïant auprès de lui, outre les Gardes Préobra-
zinski & Simanofski, vingt-neuf autres Régimens, sous les Ordres des
Généraux Allard, Weide, Galietzin, & Rönne.

Le Rendez-vous général de l'Armée Moscovite étoit à Chargrad,
Ville de la Podolie, autrefois fort célèbre à cause de son Commerce,
mais aujourd'hui si peu connue, qu'à peine en reste-t-il quelque Vestige. Cette Ville, après avoir beaucoup souffert durant les longues
Guerres entre les Turcs & les Polonois, fut enfin entièrement ruinée
par les prémiers. Le Velt-Maréchal Scheremetof commandoit les
Troupes Russiennes: & le Général Allard fut le prémier qui arriva sur
le Niester, avec l'Infanterie. Il étoit accompagné du Lieutenant-Général Bruce, & du Général-Major Gunther, qui commandoient l'Artillerie. Ces derniers prirent Poste auprès d'un Château appellé Soroka.

(a) L'Auteur des *Remarques d'un Seigneur Polonois sur l'Histoire de Charles XII. par
Mr. de Voltaire,* parle, pag. 96, d'une Lettre qui paroit être la même que la Déclaration du Caïmaïkan. *Poniatouski,* dit-il, *fut extrêmement mortifié. . . . d'un autre
Contre-tems, qui vint à la suite de la même Source. Ce fut de n'avoir pas été informé
alors d'une Lettre, que le Grand-Seigneur avoit écrite au Roi, en envoïant à Bender l'Envoïé du Roi Auguste, dans laquelle Sa Hautesse promettoit à Sa Majesté, qu'Elle seroit
toujours son fidele Allié; er que si le Ciel bénissoit ses Armes, Elle ne feroit jamais la Paix
avec le Czar, à moins que les Intérêts du Roi n'y fussent également compris comme les
siens propres, erc.* R. D. E.

roka. Il furent fuivis du Général Weide, qui alla camper, à un Quart-de-Lieuë de-là, dans une belle Plaine. Les Généraux Ensberg & Repnin y arrivérent le Lendemain. Le Deſſein de Scheremetof étoit de traverſer la Tartarie de Budziack, & de s'avancer vers le Danube, afin de diſputer aux Turcs le Paſſage de ce Fleuve. Il avoit Ordre du Czar de ne point rebrouſſer Chemin, & de pouſſer toujours ſa Pointe, quelques Oppoſitions qu'il pût trouver de la Part des Tartares. Dès que Scheremetof eut paſſé le Pruth, il envoïa dans la Tartarie pluſieurs Détachemens, pour mettre tout à Feu & à Sang. Les Moſcovites vouloient intimider les Habitans de cette Province; mais, ceux-ci aïant formé en peu de Jours une Armée conſidérable, ils attaquérent non ſeulement les Ennemis avec beaucoup de Succès, mais ils les pouſſérent même juſqu'au Camp de Scheremetof, qu'ils obligérent de ſe retirer au-de-là du Pruth, où ils le harcelérent tellement, qu'aucun Moſcovite n'ôſa s'écarter tant ſoit peu du Gros de l'Armée.

Le Czar, durant ce Tems-là, étoit allé à Jariſlau, pour s'y aboucher avec le Roi Auguſte. Ce dernier y avoit aſſemblé pluſieurs Sénateurs, & autres Grands du Roïaume, auprès deſquels il faiſoit de fortes Inſtances, pour les porter à déclarer la Guerre aux Turcs. Ses Efforts, & ceux du Czar, furent inutiles. Les Polonois, prétextant la Paix de Carlowitz, s'excuſérent de rien entreprendre contre la Porte, ſoit directement, ſoit indirectement. Le Prince Ragotski, & le Comte Berezini, Chefs des Mécontens de Hongrie, ſe trouvérent préſens à cette Entrevue. Quelque éloignés qu'ils euſſent toujours été de ſe ſoumettre à l'Empereur, le Czar les prit ſous ſa Protection: il ſe donna beaucoup de Peines, pour leur procurer quelques Subſides, & un Etabliſſement en Pologne; &, à ces Conditions, ils offrirent de ſe déclarer contre le Roi de Suede. Qu'on juge maintenant, ſur quel Fondement les Ennemis de Charles XII débitérent dans toutes les Cours, que ce Prince, Ennemi ſecret de l'Empereur, ne cherchoit qu'à nuire à la Maiſon d'Autriche. Ne voit-on pas, qu'on ne ſongeoit qu'à rendre toutes ſes Démarches ſuſpectes & odieuſes? Si Charles avoit eu avec ces deux Rebelles la moindre Entrevue, combien les Nouvelliſtes d'Allemagne, de Hollande, & d'Angleterre, n'auroient-ils pas clabaudé? Un ſeul Mot auroit ſuffi pur faire avancer mille Fauſſetez, ſur leſquelles on auroit bâti autant de Raiſonnemens chimériques. Mais, quand ce Prince rejetta, par un pur Principe d'Amitié, les Offres de Ragotski, qui lui fit propoſer de ſe joindre à lui à certaines Conditions, perſonne ne voulut lui faire la Juſtice de croire, que ce fût à cauſe de ſon Amitié pour l'Empereur, qu'il refuſa d'entretenir des Liaiſons avec ce Sujet rebelle. Auſſi perſonne ne trouva rien à redire à la Conduite du Czar & du Roi Auguſte. Il ſembloit que tout leur fût permis, & qu'ils pouvoient impunément protéger des Gens qui avoient fait tant de Mal à un Prince, dont les deux Monarques étoient Amis & Alliés.

Le

——
Mai.

LE Czar alla enfin joindre fon Armée. Il étoit accompagné de Catherine, & de quelques-uns de fes Miniftres.

le 3.
Le Czar
tient Con-
feil de
Guerre.*

LE Tréfor fuivoit, fous l'Efcorte de quelque Cavallerie, commandée par le Général Rönne. Ses deux Régimens de Gardes ne quittoient pas la Perfonne du Prince. Le Lendemain de fon Arrivée, il
fit la Revûe de toute fon Infanterie. Il alla enfuite voir le Pont, que
le Général Allard avoit fait conftruire; &, après avoir examiné les
nouveaux Ouvrages de Soroka, il vifita fon Artillerie. Le Jour fuivant, il tint un grand Confeil de Guerre, auquel affiftérent, outre le
Comte Gollofkin, le Baron Schaffirof, & le Sr. Ragufinski, les Généraux Rönne, Repnin, Weide, Dolgeroukoi, Bruce, Allard, Ensberg, Often, & Brecoltz. Comme Scheremetof étoit encore dans la
Valaquie, il ne s'y trouva point. La plûpart de ces Officiers-Généraux avoient mauvaife Opinion de cette Campagne. Ils repréfentérent, qu'on n'avoit pas fongé à dreffer des Magazins, quoique l'on eut
eu plus de fix Mois pour faire des Préparatifs, & que la Difette de
Vivres feroit capable de faire périr toute l'Armée en très peu de tems.
Il arriva dans cette Occafion au Czar ce qu'on voit fi fouvent arriver
aux Princes. Pierre écouta les mauvaifes Raifons de quelques Flat-
teurs, qui, pour lui faire leur Cour, ne firent point de Difficulté d'a-
vancer, que les Troupes du Czar étoient faites à fouffrir la Faim plufieurs Jours de fuite; & qu'il feroit inutile de faire des Amas de Vivres, & de dépenfer pour cela de groffes Sommes d'Argent. Qu'en
Turquie, on trouveroit aifément Moïen de fubfifter. Que le Czar,
après avoir triomphé des Suédois, vaincroit fans Difficulté les Turcs.
Qu'il pourroit marcher droit à Bender, pour y enlever le Roi de Suede. Que tout cela lui feroit d'autant plus facile, que le Hofpodar de
Valaquie avoit fait favoir fous main, que les Turcs, qui habitoient
de l'autre côté du Pruth, avoient dreffé à Braila, fur le Danube, des
Magazins confidérables, dont on pourroit fe rendre Maitre fans beaucoup de Peines. Le Réfultat du Confeil fut, qu'on s'avanceroit en diligence contre l'Ennemi, mais toujours en cotoïant le Niefter. Par-
là, on fe flattoit d'être en même tems à portée d'avoir l'Oeil fur les
Mouvemens de l'Armée ennemie, & de procurer aux Troupes quelques Rafraichiffemens.

dar de Va-
laquie fe
déclare
pour les
Mofcovites,
& publie un
Manifefte.
V. L'APP.
No. CLXIII.*

LA Démarche, que venoit de faire le Hofpodar de Valaquie, détermina, plus que toute autre Chofe, le Czar à prendre ce Parti. Cantemir, aïant tenu Confeil avec le Patriarche de Jérufalem, & les principaux d'entre les Grecs, entra en Négociation avec le Czar, auquel
il fit favoir, qu'il étoit prêt à fe déclarer pour lui; & qu'il avoit difpofé les Habitans de la Province à prendre les Armes contre les Turcs.
C'étoit, felon lui, le Traitement barbare, qu'on leur faifoit fouffrir,
qui les portoit à cette Réfolution. Il publia même fur ce Sujet un
Manifefte, que le Chancellier, le Grand-Général, le Grand-Échan-
fon, & le Grand-Tréforier de Valaquie, fignérent conjointement avec
lui.

hi. On s'apperçut d'abord, que Cantemir avoit de toutes autres Vûes. Il s'imaginoit fermement, que le Czar n'avoit qu'à se montrer avec son Armée, pour obliger les Turcs à faire tout ce qu'il voudroit. Voulant profiter d'une Occasion si favorable, il se persuada, tout comme s'il avoit été Maitre des Evénemens, qu'il lui seroit facile de faire, de la Valaquie & de la Moldavie, un Etat libre, qui ne dépendroit que de son Hospodar, & qui, en Cas de Besoin, trouveroit du Secours auprès du Czar son Protecteur, dont d'ailleurs la Religion étoit la même que celle des Habitans de ces Provinces (a).

Le Czar ne se fit pas prier long-tems, pour donner les Mains à une Proposition, de laquelle, dans les Conjonctures présentes, il retiroit un Avantage considérable, & qui avec le tems pouvoit le conduire plus loin. Scheremetof eut Ordre de détacher le Brigadier Kropotow vers Jassi, afin d'escorter le Hospodar jusqu'au Camp Moscovite. Il fut beaucoup parlé de cette Affaire: &, dans les Nouvelles publiques, on ne pût s'empêcher de remarquer, qu'il étoit assez singulier, que le Czar eut fait avec Cantemir un pareil Marché, dans le tems qu'il avoit crié si fort contre les Liaisons que le Roi de Suede avoit entretenues avec Mazeppa; Liaisons, qui avoient été qualifiées de perfides, d'injustes, & de criminelles. Le Czar ne s'étoit pas borné-là: il avoit fait publier au Son du Tambour, par tous ses Etats, que le Chef des Cosaques étoit un Traitre & un Rebelle: il avoit demandé à la Cour Ottomanne, qu'il lui fût remis: il avoit mis sur sa Tête une Somme de dix mille Roubles: il avoit, après la Bataille de Pultawa, fait rouër & empaler tous les Prisonniers Cosaques des Gens de Mazeppa: en un mot, il avoit, en toute Occasion, fait voir contre cette Nation une Haine implacable; au lieu, que, lorsque le Hospodar de Valaquie se déclara pour lui, il fit faire dans son Camp toutes sortes de Réjouïssances, qui étoient aussi peu modérées que l'avoient été ses Plaintes contre le Roi de Suede.

Ce fut le 6. Juin, que Cantemir arriva auprès de Scheremetof, qui le reçut avec de grandes Marques de Distinction, & avec tous les Honneurs

(a) Le Sieur Amira, en parlant de la Démarche que venoit de faire le Prince Cantemir, ajoute, que Constantin Bassarabba de Brancovani, Hospodar de Moldavie, étoit prêt à suivre son Exemple; que même il entretenoit sur ce Sujet Correspondance avec le Czar; mais que, dans la suite, il changea de Sentiment. Lorsque le Czar, continue-t-il, apprit ce Changement, il se mit terriblement en Colere, avec Menace de vanger cette Perfidie, en faisant Cantemir Souverain, tant de la Moldavie, que de la Valaquie. Les Habitans de la prémiere de ces deux Provinces, aïant sû l'Intention du Czar, se raviserent pareillement: ils étoient tout-à-fait disposez à suivre le Sort de leur Hospodar, sur-tout la Noblesse; mais, aïant considéré, qu'ils pourroient s'en trouver très mal, & qu'ils couroient risque de devenir un jour ses Esclaves, ils aimérent mieux demeurer chés eux, pour conserver leur Liberté & les anciens Privileges dont ils jouïssoient. Il s'en falloit de beaucoup, que Cantemir ne fût suivi de tant de Monde, que l'étoit Mazeppa, lorsqu'il vint se rendre au Roi de Suede.

Les Grecs veulent aussi se déclarer pour lui.

neurs imaginables. Aussi-tôt que les Grecs de la Domination de la Porte eurent appris, que la Valaquie s'étoit déclarée pour le Czar, ils firent pareillement assurer ce Prince, par des Gens affidez, qu'ils étoient dans les mêmes Sentimens, & qu'ils vouloient s'attacher à lui. Les Patriarches de la Servie, de la Bulgarie, & de la Natolie, déclarèrent la même Chose; & le prièrent, en cas que la Porte fît quelques Propositions d'Accommodement, de ne pas les accepter, parce que les Turcs, qui haïssoient mortellement les Grecs, ne manqueroient pas de mettre tout en œuvre pour gagner du tems, afin de les exterminer entièrement. Toutes ces Menées ne furent pas conduites avec tant de Secret, qu'il n'en transpirât autant qu'il falloit pour ouvrir les Yeux aux Turcs. Comme ils se défient naturellement des Grecs, dont ils connoissent l'Humeur entreprenante, & portée à la Révolte, ils se mirent en Devoir de veiller de près à leur Conduite. Le Grand-Seigneur avoit eu Intention de se rendre à Andrinople, où l'on avoit fait de grands Préparatifs pour sa Reception: mais, il changea de Sentiment; ordonnant, qu'au moindre Bruit, on eut à s'assurer des Grecs. Pour plus de Sureté, on desarma insensiblement, & sous divers Prétextes, tous les Chrétiens.

La Retraite du Hospodar ne tiroit nullement à Conséquence: & si Cantemir s'applaudissoit du Parti qu'il venoit de prendre, le Peuple ne pensoit pas de même. Les Valaques, sur-tout, avoient, pour les Moscovites, je ne sais quelle Horreur secrete; au lieu qu'ils étoient fort bien avec les Turcs, dont ils étoient traités avec beaucoup de Civilité, & qui ne leur demandoient que le Tribut annuel, les laissant au reste Maitres de faire ce qu'ils jugeoient à propos. Peu de ces Gens-là suivirent leur Hospodar; & de ceux, qui l'avoient accompagné au Camp Moscovite, la plûpart s'en retournérent. Les Détachemens, que Cantemir avoit envoïés, pour amasser des Vivres, au lieu de les apporter aux Moscovites, prirent leur Route toute différente, & allérent, avec leurs Provisions, joindre l'Armée Turque.

Résolution du Kam.

A la prémiere Nouvelle, que le Kam des Tartares eut de cette Affaire, il fit dire au Roi de Suede, par le moïen de Monsieur de Lagerberg, que, si le Palatin de Kiovie vouloit venir le joindre avec ses Polonois, ou du moins avec quatre Compagnies, & tous les Cosaques qu'il avoit sous ses Ordres, soit qu'ils fussent montez ou non, il étoit résolu, dès que les Tartares seroient assemblez, de marcher contre Scheremetof, avec ce Corps d'Armée, auquel il joindroit encore trois ou quatre mille *Sendrigestes*. Qu'il espéroit de ruïner entièrement cette Partie de l'Armée ennemie: qu'après cela, il pénétreroit dans la Valaquie, pour y mettre tout à Feu & à Sang, & pour faire Main basse sur tous les Habitans de cette Province, qui venoient de se révolter pour la septieme fois. Que, de cette maniere, on pourroit remonter les Cosaques qui étoient à pied, & qu'on feroit un Butin considérable. Ce Dessein n'eut pas lieu: le Grand-Vizir le fit échouër, comme on le verra bientôt.   Sur

Sur ces Entrefaites, le Colonel Funck eut sa première Audience publique du Caïmaïkan, auprès duquel on le conduisit en Cérémonie (a). La Semaine d'après, on célébra à Constantinople trois Jours solemnels de Prieres, pour implorer la Bénédiction du Ciel sur les Armes Ottomanes dans la Guerre contre les Moscovites. Environ le même Tems, le Kam des Tartares quitta sa Capitale, pour entrer en Campagne. A son Arrivée à Perecop, il laissa le Commandement de l'Armée à son Fils Kalga Sultan; après quoi, il se rendit à Saksie sur la Danube, où, selon les derniers Avis, le Grand-Vizir faisoit Halte, pendant qu'on travailloit au Pont. Les Moscovites commençoient déjà à se ressentir de la Disette de Vivres & de Fourage. Ils firent tout leur Possible pour en tirer des Lieux voisins; mais, le Sultan Mehmet Geray, qui étoit posté aux Environs, ne leur en donna pas le Tems. De tous les Détachemens ennemis, il n'y en eut pas un qui ne fût battu. Un certain Lieutenant-Colonel Moscovite, nommé Pitz, aïant été détaché avec cinq cens Dragons, pour couvrir les Fourageurs, fut attaqué par un Gros de six à sept mille Tartares. Cinq cens autres Moscovites étant venus au Secours des prémiers, le Combat devint opiniatre; mais, enfin, après un Carnage horrible, les Tartares demeurérent Maitres du Champ de Bataille. La plûpart des Moscovites furent tuez sur la Place. Parmi les Prisonniers se trouva ce Lieutenant-Colonel Pitz, qui fut envoïé au Kam.

Mehmet Geray donna Avis au Roi de cette Expédition. Dans la *Lettre de* Lettre, qu'il lui écrivit sur ce Sujet, il étoit dit, ,,qu'un Détachement *Mehmet* ,, de ses Troupes avoit ramené un Homme, qui avoit été Prisonnier *Geray au* ,, chés les Moscovites, dont il venoit d'apprendre les Particularitez *Roi de Suede.* ,, sui

(a) La Marche, depuis la Maison jusqu'à l'Endroit où l'Envoïé s'embarqua, pour passer à Constantinople, se fit dans l'Ordre suivant. Un Chiaoux, avec douze Janissaires, ouvrirent la Marche. Ils étoient suivis du Maitre-d'Hôtel de l'Envoïé, & de douze de ses Laquais qui précédoient l'Ecuïer & les Valets-de-Chambre. Après ceux-ci venoient le Vizir Aga, & un Chiaoux. Immédiatement devant l'Envoïé marchoient ses deux Interpretes, & derriere lui deux Sécrétaires d'Ambassade, des Officiers Suédois, & les deux Chapelains. Leurs Domestiques fermoient la Marche. Ils étoient tous à pied. De l'autre Côté, se trouvoient le Chiaoux Emini, le Chiaoux Effendi, & vingt-deux autre Chiaoux, qui complimentérent l'Envoïé sur son heureuse Arrivée. La plûpart d'entre eux étant montez à Cheval, la Marche se continua à peu près dans le même Ordre qu'auparavant. Après les douze Janissaires venoient vingt Chiaoux, tous à Cheval. L'Emini & l'Effendi marchoient à côté du Vizir Aga. Au devant de la Porte du Divan étoient postez trente Janissaires, avec deux Officiers. Cent autres Janissaires formoient une Haie le long de la Cour, & des deux Côtés de l'Escalier. L'Envoïé fut d'abord conduit dans la Sale ordinaire d'Audience, d'où, après avoir attendu une Heure, il fut mené dans l'Apartement où le Grand-Vizir donnoit Audience, & où l'on avoit placé pour lui une Chaise. Quand le Caïmaïkan entra, ils se firent réciproquement de grands Complimens. L'Envoïé fut régalé de Caffé, de Sorbet, & d'Encens; après quoi, on lui distribua, de même qu'aux Officiers de sa Suite, des Caftans. Là-dessus, aïant pris Congé, il fut reconduit dans le même Ordre, & avec les mêmes Cérémonies, qu'il étoit venu.

1711.
Juin.
le 12. le 15.
le 19.

,, fuivantes. Qu'aïant été conduit au Camp ennemi, Scheremetof l'a-
,, voit fait venir devant lui, pour l'éxaminer fur l'Etat de l'Armée Ot-
,, tomane; qu'il lui avoit demandé, où fe trouvoit cette Armée; fi le
,, Kam y étoit; & où étoient les Troupes de Mehmet Geray? Que le
,, Prifonnier avoit répondu, que l'Armée Ottomane campoit près du
,, Pont conftruit fur le Danube, que le Kam étoit en Marche avec fes
,, Troupes, & que Mehmet Geray n'étoit pas loin. Que, fur ce
,, Rapport, l'Ennemi étoit décampé en grande Diligence, & qu'il
,, avoit pris Pofte près d'un Marais, entre le Pruth & le petit Boryni-
,, ze, où il campoit encore. ,,

Le Grand-Vizir, informé au jufte de la Marche du Czar, fe mit en
Mouvement avec fon Armée, & paffa le Danube à Sakfie. Le Kam
s'y étant rendu, comme on vient de le dire, ils demeurérent enfemble
pendant deux Jours. Monfieur de Poniatouski fut prié d'aller à Bender, pour inviter le Roi à fe rendre auprès du Vizir, & pour lui propofer de venir voir l'Armée Ottomane. Quelqu'un pourroit croire, que
le Roi auroit dû accepter cette Invitation; mais, Charles penfa tout
autrement. Ne voulant pas faire la moindre Démarche qui fût contraire à fon Rang & à fa Dignité, il étoit dans l'Opinion, que c'étoit
plûtôt au Vizir de le venir trouver; & qu'il ne convenoit point à une
Tête couronnée de fe mettre au Niveau avec un Officier d'un Prince Etranger. Aïant vû ailleurs des Armées auffi belles que celle des
Turcs, cette Raifon ne fut pas capable de le déterminer. Une autre
Confidération acheva de le fixer. Ce fut, qu'il ne convenoit pas, qu'il
s'expofât à paroitre parmi des Troupes, dont le Vizir ne lui laifferoit
jamais le Commandement. Cependant, ne faifant rien paroitre de ces
Sentimens, il expédia Poniatouski, qu'il chargea de dire au Grand-
Vizir, ,, que Sa Majefté le remercioit de fon Invitation; qu'Elle étoit
,, difpofée à fe rendre auprès de lui; mais, que plufieurs Confidéra-
,, tions l'en empéchoient. Que déjà le Bruit couroit, qu'à l'Approche
,, du Czar, Elle avoit abandonné Bender, pour chercher une Retraite
,, dans un certain vieux Chateau (a); que cette Circonftance étoit
,, notoirement fauffe. Que cependant le Czar s'avançoit à grands Pas,
,, & qu'il pourroit faire quelque Tentative. Que fi alors Sa Majefté
,, ne fe trouvoit pas auprès de fes Gens, l'Ennemi ne manqueroit pas
,, de divulguer, que la Peur avoit occafionné fa Retraite. Qu'au ref-
,, te, Sa Majefté avoit trop bonne Opinion de la Bravoure & de la
,, Capacité du Grand-Vizir, pour ne pas être perfuadée, qu'il termi-
,, neroit cette importante Campagne d'une maniere auffi avantageufe
,, au Grand-Seigneur & à Sa Majefté, qu'elle feroit glorieufe pour
,, lui-même (b). ,,
Le

Le Vizir
fait inviter
le Roi de
Suede de ve-
nir le trou-
ver: ce Prin-
ce ne le veut
pas.

(a) Dans le Tome CXIX. du Journal Allemand, intitulé la Renommée de l'Europe,
il eft dit, que Bender venoit d'être invefti.

(b) L'Auteur des Remarques d'un Seigneur Polonois fur l'Hiftoire de Charles XII par
Mr.

Le Czar ne fentoit que trop le Befoin que Scheremetof avoit d'être 1711.
fecouru. Ce Général perdoit prefque tous les jours quelques cent *Juillet.*
Hommes. Pour le dégager, il fut réfolu, que l'Armée marcheroit *Marches du*
en grande Diligence. Repnin eut Ordre de demeurer à Soroka, juf- *Czar.*
qu'à ce que les nouveaux Ouvrages, que les Mofcovites y faifoient
conftruire, fuffent achevez. Les Troupes, commandées par le Géné- le 6.
ral Allard, & le Baron d'Ensberg, prirent les devants pour fe rendre
auprès de Scheremetof, pofté à trois lieues au-deffous de Jaffi. Le Len- le 7.
demain, le Czar fe mit en Marche, fuivi des deux Régimens aux
Gardes & de toute l'Artillerie. Le Général Weide formoit l'Arriere-
Garde avec cette Partie de la Cavalerie, que le Général Rönne avoit
eu fous fes Ordres. Ces Troupes marchérent nuit & jour jufqu'à ce
qu'elles fuffent arrivées fur le Bord du Pruth. En traverfant le Defert
elles perdirent confidérablement de Monde, dont la plûpart moururent de Soif. La Chaleur étoit exceffive, & il ne fe trouvoit pas une
feule Goute d'Eau. Ce n'étoit-là que le Commencement des Maux
que les Mofcovites eurent à fouffrir: la Faim & la Mifere augmentérent de jour en jour.

On raifonna fort différemment fur la Marche précipitée du Czar.
Quelques-uns étoient d'Opinion, qu'il vouloit livrer Bataille: d'autres
croioient, qu'il n'avoit en Vûe que de faciliter la Retraite de Scheremetof, qui fouffroit extrêmement de la Difette de Vivres; car, outre

Mr. de Voltaire rapporte cette Circonftance un peu autrement. Je tranfcrirai ce Paffage Mot-à-Mot. ,, Le Grand-Vizir..... fit venir le Han des Tartares chés lui,
,, pour délibérer fur les Opérations de la Guerre, & pria le Comte Poniatouski de
,, faire une Courfe à Bender, pour inviter le Roi de Suede à leur grand Confeil......
,, Le Comte Poniatouski trouva à Bender le Roi de Suede réfolu de fe rendre incef-
,, famment au Camp des Turcs. Cependant, Sa Majefté, avant que de partir, fit
,, appeller fon Grand-Chancelier Mullern, & le Confeiller Feif, pour leur demander,
,, contre fa Coutume, leur Avis fur fon Deffein. Ces deux Meffieurs, d'ailleurs très
,, honnêtes-gens, foit qu'ils fuffent piqués de ce que le Comte Poniatouski, de ce qu'il
,, ne les avoit pas prévenus, foit par une Politique particuliere & réfervée aux Minif-
,, tres, foit par une Fatalité facheufe, repréfentérent au Roi, qu'il ne lui convenoit
,, point de fe préfenter parmi une Nation fi orgueilleufe, fi pleine de Fafte, & fi pré-
,, venue pour les Grandeurs extérieures, fans un Equipage proportionné à fon Rang
,, & à fa Dignité Roiale; ni de fe préfenter, comme fimple Volontaire, dans une Ar-
,, mée Etrangere. Ces Repréfentations, & mille autres Raifons, donnérent lieu aux
,, Délibérations de quelques Jours, & firent enfin changer la Réfolution du Roi. Le
,, Comte Poniatouski fut expédié avec des Excufes mal digérées, & même avec Or-
,, dre de perfuader le Grand-Vizir de fe rendre à Bender, pour y dreffer avec le Roi
,, un Plan général d'une Guerre de Durée.
    ,, Poniatouski en fut extrêmement mortifié....... A fon Retour au Camp
,, des Turcs, il fit tout ce qu'il put pour excufer fon Maitre de ce qu'il ne venoit
,, point. Mais, le Grand-Vizir, fe tournant vers le Han, lui dit, qu'il s'étoit bien
,, attendu à une telle Réponfe, & que ce fier Païen ne leur feroit jamais cet Hon-
,, neur. Dès ce moment, le Comte Poniatouski remarqua dans le Vizir beaucoup
,, de Refroidiffement envers fa Perfonne. Toutefois, ce Miniftre, &c. ,, On laiffe
au Lecteur à comparer cette Narration à celle de Mr. Nordberg. R. D. T.

Tome II.   Rrr

1711.
Juillet.

tre que la Valaquie n'eſt pas fort peuplée, les Terres n'y ſont pas aſſez fertiles, pour nourrir une Armée auſſi conſidérable que l'étoit celle
du Czar. D'ailleurs, les Tartares battoient tous les Partis qui s'effor-
çoient de paſſer, & leur enlevoient les Proviſions qu'ils venoient de
ramaſſer avec des Peines incroïables.

Quant aux Magazins de Braila, dont Cantemir avoit dit tant de
Merveilles, le Général Rönne avoit eu Ordre de s'en rendre Maitre.
Il partit en effet avec quelques Régimens de Dragons, environ quinze Jours avant que le Czar décampât. Il s'empara même de cette Place, mais à ſon grand Deſavantage. Le Vizir, ſachant qu'il n'y avoit
point à Braila de Magazin qui valût la Peine, laiſſa le Général
Moſcovite continuer ſa Marche; mais, en même tems, il détacha quelques Troupes, qui, aïant paſſé le Danube en ſept Endroits différens,
coupérent tellement la Retraite à Rönne, qu'il lui fut impoſſible de
ſe tirer de ce mauvais Pas. Il ne ſortit de-là, qu'après que la Paix eut
été conclue, & que le Czar ſe diſpoſa à retourner en Pologne.

Le Czar étant encore à quelques Lieues au-deſſous de Jaſſi, détacha
le Général Janus, avec un Corps de ſept mille Hommes de ſa meilleure Cavallerie, pour aller reconnoitre les Ennemis, & pour ſavoir
au juſte ſi les Turcs & les Tartares s'étoient joints comme le Bruit
en couroit. Le Général Moſcovite, s'étant avancé vers le Pruth, eut
Avis que le Grand-Vizir campoit à l'autre Bord, avec l'Armée Otto-
le 8. mane. Le Jour ſuivant, le Kam des Tartares ſortit, accompagné de
Monſieur de Lagerberg, pour éxaminer les Lieux où l'on pourroit
conſtruire des Ponts ſur cette Riviere. En même tems, le Général
Janus parut avec ſa Cavallerie de l'autre côté, où il demeura juſqu'à
l'Entrée de la Nuit. Un gros Parti de Turcs & de Tartares aïant paſſé la Riviere à la nage, ſuivit les Moſcovites, ſur leſquels il fit une
Centaine de Priſonniers, qui furent remenez au Camp, avec ſeize
Chariots chargés de toutes ſortes d'Armes qu'on avoit enlevez aux Ennemis. Les Tartares rapportérent auſſi quantité de Têtes, qu'ils venoient de couper aux Moſcovites tuez durant cette Eſcarmouche. Le
Lendemain à la Pointe du Jour, on s'apperçut, que la Cavallerie ennemie s'étoit éloignée d'une Demi-Lieue, ce qui fit murmurer les Turcs
& les Tartares, auxquels on avoit deffendu la Veille de paſſer la Riviere, pour aller l'attaquer, comme ils l'avoient deſiré.

Le Grand-
Vizir négli-
ge les A-
vantages
qu'il pou-
voit avoir
ſur les Moſ-
covites

Le Grand-Vizir tenoit pour ainſi dire les Moſcovites entre ſes
Mains; &, s'il l'avoit voulu, pas un ne ſeroit retourné auprès du Czar:
mais, au lieu de profiter des Avantages que lui donnoit la Témérité
des Ennemis, il fit pluſieurs Démarches, dont on eut lieu d'être fort
ſurpris. D'abord, il ordonna en ſecret, & à l'inſçû du Kam, que les
Tartares de Crimée, qui n'étoient point encore en Marche, euſſent à
demeurer chés eux, pour deffendre le Païs contre les Coſaques & les
Moſcovites, qui, ſelon lui, étoient en Chemin pour y faire une Irruption. Enſuite, il fit ſavoir au Pacha d'Oczacow, qu'en cas que

les

les Tartares, malgré fa Deffenfe, entrepriffent de fe mettre en Campagne & de paffer le Nieper, il eut à les obliger de s'en retourner. Ce fut précifément cet Ordre, qui fit évanouïr le Projet que le Kam avoit formé, d'aller attaquer Scheremetof, & de ruiner la Valaquie, comme il s'en étoit expliqué au Roi.

1711.
Juillet.

ENFIN, le Vizir fit publier dans l'Armée, que les Turcs & les Tartares, qui auroient envie de paffer la Riviere à la nage, pour attaquer les Mofcovites, pendant qu'on travailleroient aux Ponts, auroient la Liberté de le faire; que même il leur donneroit dix Piéces de Canon, que l'on pourroit facilement transporter de l'autre Côté, parce qu'un des Ponts venoit d'être achevé. Les Troupes ne demandoient pas mieux que de fignaler leur Courage. Un Détachement Turc avoit déjà paffé la Riviere à l'aide de quelques Pontons, & s'étoit pofté du même Côté où étoient les Mofcovites. Les Turcs travaillérent durant la Nuit avec tant de Diligence, que, le Lendemain, trois Ponts furent achevez. Le Pacha de Romelie, & ceux de Civas & de Diarbekir, paffèrent pendant l'après-dînée, avec quelques mille Spahis. Ceux, qui fe difpofoient à faire le Trajet à l'Entrée de la Nuit, eurent Ordre du Grand-Vizir de demeurer en deça, avec l'Artillerie.

le 9.

LE Kam, peu fatisfait du Vizir, dont la Conduite commençoit à lui être fufpecte, ne fe mit pas beaucoup en peine de cette Défenfe. Il paffa la Riviere à la nage, avec tout fon Monde, au nombre de quarante mille Hommes. Plus de dix mille Volontaires Turcs le fuivirent. Le Général Janus venoit de gagner un petit Bois. Sa Garde avancée, confiftant en mille Dragons & en deux cens Chevaux, fut attaquée avec une Impétuofité, à laquelle elle ne put réfifter. Cinq cens Hommes de ce Détachement furent paffez au Fil de l'Epée, ou faits Prifonniers. Parmi les derniers fe trouvoit le Lieutenant-Colonel, qui commandoit le Piquet. Le Brigadier Chenfof, qu'on avoit détaché avec deux mille cinq cens Chevaux, pour le foutenir, demeura tranquile Spectateur du Combat; & n'ôfa pas s'avancer. En même tems, Ali Pacha attaqua les feize Radeaux, que les Mofcovites avoient fait approcher, & fur lefquels ils avoient cinq cens Fantaffins qui furent tous tuez fur la place. Le Général Janus porta ces Nouvelles à Scheremetof, auprès duquel il redoubla fes Inftances pour l'engager à fe mettre en Marche, fans perdre un feul Moment. Il vouloit qu'il allât joindre le Czar; mais, ce Projet n'étoit pas facile à exécuter. Les Tartares, & un Gros de quelques mille Turcs, enveloppérent de tous Côtez les Troupes Mofcovites.

Les Tartares paffent le Pruth.

LE Czar commença enfin à s'appercevoir, qu'il s'étoit trop avancé. Si le Général Rönné avoit pû fortir de Braila, pour apporter des Vivres & du Fourage, la Mifere auroit été fupportable; mais, l'Ennemi avoit fi bien pris fes Mefures, qu'il fut impoffible à ce Général de fe tirer de-là. D'ailleurs, les Tartares venoient d'enlever un grand Convoi, qui venoit de la Moldavie & de la Valaquie. Quatre cens Chariots

Juillet.

Le Czar fait ruiner les Bagages de l'Armée.

riots remplis de Vivres, & quantité de Chevaux de Bât, tombérent entre leurs Mains.

Dans cette Extrémité, le Czar résolut de ruïner entiérement le Bagage de l'Armée. Les Chariots furent mis en Piéces, on brula les Tentes, on cacha sous terre les Bombes & autres grosses Munitions; en un mot, on fit toutes les Dispositions pour décamper durant la Nuit. Ce Projet n'eut pas lieu; car, Ali Pacha, comme nous venons de le dire, s'étoit emparé des Radeaux sur lesquels le Czar avoit Dessein de passer le Pruth, & qu'il avoit fait tenir prêts pour cet Effet.

la 10.

Toutefois, il commença sa Retraite à la Pointe du Jour: &, pendant qu'il marchoit à Scheremetof, le Général Janus le couvroit par derriere avec sa Cavallerie. Les Moscovites firent une espece de Quarré de toute l'Armée, pour se deffendre contre les Turcs & les Tartares; mais, ceux-ci, en faisant un Feu continuel de leur Mousqueterie, incommodérent tellement les Ennemis, qu'à peine purent-ils faire dix Pas, sans être obligés de s'arrêter. Le Dessein du Czar étoit de gagner un Village, qui n'étoit éloigné de son Camp, que d'une Demi-Lieue. Dès que les Tartares s'en furent apperçus, ils mirent le Feu à ce Village; après quoi, ils retournérent à la Charge, pour harceler l'Ennemi, qui, depuis deux Heures du Matin, jusqu'à une Heure avant le Coucher du Soleil, ne pût faire qu'environ une Demi-Lieue de Suede. Aïant été obligé de faire Halte, il eut à essuïer, durant quelques Heures, un Feu des plus vifs. Il fit ensuite un Mouvement en arriere, pour appuïer le Dos contre le Pruth, conservant toujours le Quarré qu'il avoit formé dès le Commencement. Son Infanterie avoit devant elle une espece de Retranchement, & quantité de Chevaux-de-Frise.

L'Armée Turque passe le Pruth.

Le Grand-Vizir, aïant eu Avis, que les Ennemis ne songeoient qu'à faire leur Retraite, il fut résolu qu'il décamperoit le même Matin, & qu'il passeroit le Pruth, avec toute l'Armée, soit qu'il fût jaloux des Tartares qui s'étoient si bien comportez, soit qu'il se rendît aux Instances de ses Officiers, soit enfin que quelque autre Raison secrete l'y déterminât. En peu d'Heures, l'Armée se trouva de l'autre Côté. Les Janissaires étoient à l'Aile droite, & les Spahis à la gauche. Quelques mille Hommes de ces derniers demeurérent en deça, avec un Détachement de Tartares & de Polonois, pour s'opposer aux Moscovites, en cas qu'ils entreprissent de passer la Riviere.

Escarmou- che entre les Janissaires & les Mos- covites.

Lorsque les Janissaires furent arrivez, une Heure avant le Coucher du Soleil, à la Vûe des Ennemis, ils coururent, sans attendre les Ordres, n'aïant pas même leurs Officiers à la Tête, sur les Moscovites, le Sabre à la Main. Il ne s'en falloit pas de beaucoup, que ces derniers n'eussent été enfoncez; mais, combattant en Desespérez, ils repoussérent les Janissaires jusqu'à quatre fois, & leur tuérent beaucoup de Monde. La grande Supériorité des Turcs fit qu'on ne s'apperçut pas de cette Perte; & ils auroient certainement détruit

toute

toute l'Armée ennemie, fans l'Obfcurité de la Nuit, qui les obligea
de fe retirer (*a*).

APRE'S, cette fanglante Efcarmouche, *les* Janiffaires demeurérent
dans la même Place, où ils avoient commencé à attaquer. Ils n'é-
toient éloignés du Camp ennemi, que de cent cinquante Pas. Ils travaillérent toute la Nuit à une efpece de Retranchement, bien réfolus de retourner à la Charge dès la Pointe du Jour. Les Mofcovites aïant ferré
davantage leurs Lignes, & aïant jetté devant eux des Chevaux de Frife, fe firent un Retranchement des Cadavres & des Corps morts,
qu'ils mirent enfemble dans des Monçeaux. Il régnoit dans leur Camp
une Mifere inexprimable. Les Soldats n'avoient pas mangé depuis
plufieurs Jours, & les Chevaux ne fe nourriffoient que de Feuilles &
d'Ecorces d'Arbres, dont on n'avoit pas même affez. La Puanteur,
caufée par la Quantité de Corps morts, étoit infupportable. Dans cette trifte Situation, il ne reftoit plus au Czar aucune Efpérance de pouvoir s'échaper; & ce Prince ne voïoit que trop qu'il étoit à la Veille
d'être fait Prifonnier, lui & toute fon Armée, fans que cela coûtât aux
Turcs un feul Coup de Canon.

NÉANMOINS, dès qu'il fut Jour, les Turcs firent venir cinquante
Piéces de Canon, qu'ils placérent fur la Hauteur dont l'Ennemi avoit
été délogé. L'Artillerie aïant commencé à jouër, les Mofcovites, expofez d'ailleurs au Feu de la Moufqueterie, perdirent une infinité de
Monde. Le Czar, fe voïant fur le Point d'être détruit, fe retira dans
fa Baraque, accablé de Douleur. Il défendit aux Gardes de laiffer entrer auprès de lui perfonne, fous quelque Prétexte que ce pût être.
Catherine, qui accompagnoit ce Prince dans cette Expédition, ne fachant rien de cette Défenfe, vint fe préfenter pour entrer. Les Gardes s'y oppoférent: mais, leur aïant promis avec Serment, qu'il ne leur
feroit rien fait, & qu'elle fe chargeoit feule de tout ce qui pouvoit en
réfulter, ils la laifférent entrer. Dès qu'elle eut ouvert la Porte, elle fe
jetta aux Pieds du Czar, demandant Pardon de ce que, malgré fa Déf-
fenfe, elle avoit obligé les Gardes de la laiffer entrer. Le Czar, après
l'avoir relevée, lui demanda ce qu'elle fouhaitoit. Sur quoi aïant pris
un Air gai, elle commença à lui parler. On ne fait pas les Repréfentations qu'elle lui fit (*b*): mais, felon toutes les Apparences, ce fut
elle

1711.
Juillet.

le 11.
Les Turcs
font jouër
leur Artil-
lerie.

(*a*) MR. DE LIMIERS, dans le *Tome X de fon Hiftoire de Charles XII*, dit que le
Roi fe rendit *incognito* au Camp du Grand-Vizir; qu'aïant examiné la Situation des
deux Camps, autant que l'Obfcurité pouvoit le lui permettre, il lui dit, *Donne-moi
dix Piéces, je te fais rendre en deux Heures de tems toute cette Armée, que tu prendras Prifonniere avec le Czar & fa Cour; &c.* Mr. de Limiers fe trompe: le Roi n'arriva auprès du Grand-Vizir, que deux Jours plus tard.

(*b*) ELLE fe fignala dans cette Occafion par un Courage au-deffus de fon Sexe. C'eft
ce glorieux Témoignage, que lui rend le Czar dans l'Ordonnance qu'il fit publier à
l'Occafion de fon Couronnement. Cette Piéce, qui eft fort remarquab'e, commence

Rrr 3

par

1711.

Juillet.

*Le Czar
envoie de-
mander une
Suspension
d'Armes:
sa Lettre au
Grand-Vi-
zir.*

elle qui le détermina à faire venir tous ses Généraux, pour tenir Conseil. Ils furent appellez sur le champ, & on résolut d'envoïer, au Nom de Scheremetof, vers le Grand-Vizir, un Capitaine, accompagné d'un Trompette, pour demander une Suspension d'Armes. Cet Officier aïant été enlevé par les Tartares, le Czar dépécha un Colonel, qu'il fit accompagner pareillement d'un Trompete. La Lettre, que ce Prince écrivit au Grand-Vizir, étoit concue en ces Termes.

„ Très illustre & très noble Général, mon Intention n'a jamais été de
„ donner aucun Sujet de Mécontentement au Grand-Seigneur, & j'ai
„ toujours regardé comme un Honneur tout particulier d'être son Ami
„ & son Allié. En mettant sur pied une Armée, je n'ai eu aucun Des-
„ sein, ni contre lui, ni contre les Provinces de sa Domination: je n'ai
„ songé à autre chose, qu'à mettre à l'abri les Frontieres de mes Etats.
„ Si quelqu'un lui a donné de moi une autre Impression, & si, contre
„ mon Attente, j'ai le Malheur d'avoir déplû à Sa Hautesse, dans ce
„ moment je suis prêt à réparer les Sujets de Plainte qu'Elle pourra
„ avoir contre moi. Très noble Général, je vous prie très instament
„ de m'accorder une Suspension d'Armes pour quelques Jours. Je
„ vous envoïe un Officier de mes Troupes en Otage. Je vous donne
„ ma Parole de Czar, par cette Lettre, signée de ma Main, & ca-
„ chetée du grand Sceau, que vous me trouverez très disposé à don-
„ ner sur le champ à Sa Hautesse toute la Satisfaction qu'elle pourra
„ exiger sur les principaux Griefs qui ont donné lieu à la présente
„ Guerre. Vous pouvez très noble Général, en terminant cette Guer-
„ re dans sa naissance, par une Paix éternelle, immortaliser la Gloi-
„ re de vôtre Nom, & rendre en même tems à l'Empire Ottoman un
„ Service des plus considérables. A l'égard des Conditions, je vous
„ en laisse le Maitre; me persuadant, que vôtre Générosité ne vous
„ permettra pas de me prescrire des Loix injustes, ou de former d'au-
„ tres Prétensions, que celles qui ont été exprimées dans la Déclara-
„ tion de Guerre de Sa Hautesse. Je vous conjure, très noble Gé-
„ néral, d'empécher qu'il ne soit pas répandu plus de Sang: & je vous
„ prie de faire cesser dans le moment le Feu excessif de votre Artil-
                                                                „ lerie.

par un Détail Historique par rapport à la Coutume de couronner les Impératrices. Pierre l'établit par différens Exemples, tirez de l'Histoire Grecque, &, entre autres, par ceux de Zénobie Femme de Basile, de Lupicie Epouse de Justinien, & de Marie qu'Heraclius fit couronner Impératrice. Il expose ensuite les Raisons, qui le portoient à faire le même Honneur à Catherine. *L'Impératrice, ma très chere Epouse,* dit-il, *nous a été d'un très grand Secours, non seulement dans tous les Dangers de la précédente Guerre, mais aussi dans quelques autres Expéditions, où Elle Nous a accompagné volontairement, & Nous a servi de ses Conseils, autant qu'il a été possible, non-obstant la Foiblesse de son Sexe, particuliérement à la Bataille contre les Turcs sur la Riviere de Pruth, où nôtre Armée, réduite à vingt-deux mille Hommes devoit faire Tête à deux cens mille Ennemis. Ce fut dans cette Circonstance desespérée, qu'Elle signala sur-tout son Zéle par un Courage au-dessus de son Sexe; ainsi que cela est connu de toute l'Armée, & de tout nôtre Empire.* Cette Ordonnance fut donnée à St. Petersbourg, le 15 Novembre 1723.

„ lerie. J'ai ordonné à mes Troupes de ne plus commettre d'Hostili-
„ litez. Recevez l'Otage que je viens de vous envoïer. J'invoque le
„ Tout-Puiſſant, pour qu'il répande ſur vous, très illuſtre, très no-
„ ble, & très magnifique Général, ſa divine Bénédiction, afin que
„ l'Univers entier vous rende les Honneurs qui vous ſont dûs. Don-
„ né dans notre Camp ſur le Pruth, le 11 Juillet 1711. PIERRE.

On a lieu de croire, que l'Officier Moſcovite étoit chargé de faire *Suſpenſion*
quelques Propoſitions de Bouche. Ce qu'il y a de certain, c'eſt qu'à peine *d'Armes*
eut-on fait la Lecture de cette Lettre, qu'une centaine de Chiaoux fu- *accordée.*
rent détachés, pour porter aux Turcs, qui ſe diſpoſoient à donner aux
Moſcovites leur Reſte, un Ordre, par lequel il leur étoit défendu de
plus rien entreprendre contre les Ennemis. Un troiſieme Officier Moſcovite étant arrivé, pour demander la Paix, le Grand-Vizir conſen-
tit à une Suſpenſion d'Armes, & ordonna qu'on ceſſât de tirer. Peu
après, arrivérent le Vice-Chancelier Schaffirof, & le Comte Michel
Scheremetof, Général-Major, ſuivis de quelques Chariots, remplis de
tout ce qu'on avoit pû amaſſer, dans le Camp Moſcovite, de précieux
en Pierreries, en Or, en Argent, & en Vaiſſelle (a). Ils étoient pareillement chargés de demander la Paix, & de préſenter au Vizir la
Carte blanche (b).

L 2

(a) MR. DE VOLTAIRE rapporte dans ſon *Hiſtoire de Charles XII*, Tom. I. pag. 332,
que Catherine raſſembla ſur le champ toutes ſes Pierreries, tout ce qu'Elle avoit de
plus précieux, tout ſon Argent, qu'elle en emprunta même des Officiers-Généraux, &
qu'elle compoſa de cet Amas un Préſent conſidérable qu'elle envoïa à Oſman Aga,
Lieutenant du Grand-Vizir. Le même Auteur dit pag. 333. que le Vice-Chancelier
Schaffirof vint auſſi-tôt, chargé de quelques Préſens, qu'il offrit publiquement lui-même au Grand-Vizir, aſſez conſidérables, pour lui marquer qu'on avoit Beſoin de lui,
mais trop peu, pour le corrompre. Dans le Tome II, pag. 11. Monſieur de Voltaire, en parlant du Baniſſement de ce Miniſtre, dit, que le Grand-Seigneur ne ſaiſit pas
ſon Bien à ſa Mort, parce qu'il n'étoit pas riche; *ce qui peut ſervir de Preuve*, continue-t-il, *que le Czar n'avoit point acheté de lui la Paix par des Treſors immenſes, comme
on le diſoit dans l'Europe.*

(b) L'AUTEUR des *Remarques d'un Seigneur Polonois ſur l'Hiſtoire de Charles XII par
Mr. de Voltaire* rapporte, pag. 17 & ſuivantes, quelques Particularitez ſur la Reception de Schaffirof & de Scheremetof, qui méritent de trouver Place en cet Endroit.
„ On étoit convenu, dit-il, avec le Comte Poniatouski, que ces Plénipotentiaires
„ ne ſeroient point écoutez du Vizir, & qu'on ne les meneroit pas devant lui, mais
„ qu'on les écouteroit dans la Tente du Secrétaire d'Etat, nommé Hummer Effendi.
„ Cette Tente fut dreſſée exprès. Elle ſe trouva bientôt remplie de Monde. Mais,
„ les Plénipotentiaires, au lieu d'y deſcendre, mirent pied à terre devant celle du
„ Grand-Vizir, & y furent introduits par un Capigi Bacha, qui les avoit amenez.
„ Dès qu'ils parurent, au lieu d'une Reception un peu rude, on demanda des Ta-
„ bourets, pour les faire aſſeoir; ce qui commença fort à déplaire au Comte Ponia-
„ touski. C'étoit naturellement à eux-mêmes à expoſer le Sujet de leur Miſſion; mais,
„ le Grand-Vizir les devança par un Hos geldy, c'eſt-à-dire, par un Salut fort amiable,
„ & par les faire aſſeoir. Voïant enſuite l'Interprete de Poniatouski à côté, il l'ap-
„ pella, & lui fit demander aux Plénipotentiaires, *ce qu'ils venoient faire dans les Etats
„ du Grand-Seigneur?* Ajoutant, qu'ils avoient ruiné la Moldavie, & que le Vizir vouloit

„ ne

Le Kam des Tartares, surpris de la Tranquilité qui succéda tout à coup aux grands Mouvemens qu'on faisoit il n'y avoit qu'un moment, accourut à la Tente du Grand-Vizir, pour en savoir la Cause. Entendant parler de Paix, il comprit assez, à l'Air du Grand-Vizir, & aux Discours que lui tenoient ses Créatures, de quoi il étoit question, & que le Ministre avoit déjà pris son Parti. Voulant néanmoins le faire souvenir d'avoir quelque Egard à ses Intérêts & à ceux du Roi de Suede, il lui dit, que, sachant combien le Grand-Seigneur étoit disposé à tenir les Promesses qu'il avoit faites au Roi de Suede, il ne devoit entrer en aucune Négociation avec le Czar, avant que de savoir au juste ce que ce dernier pensoit sur ce Sujet. Qu'on ne pouvoit pas douter que le Czar, dans la Situation où il se trouvoit, ne fût prêt à donner à la Porte Ottomane la Satisfaction qu'elle pourroit exiger pour elle

„ un Dédomagement, qui étoit la Restitution d'Asoph; qu'il souhaitoit la Démolition de
„ Taiganrok, & de Kamienny Zaton; & qu'il demandoit les Canons. Les Plénipotentiai-
„ res, surpris de tant de Douceur, & d'une Reception qu'ils n'avoient pas lieu d'at-
„ tendre, répondirent; qu'ils avoient vécu en Moldavie pour leur Argent; que l'Invasion
„ des Tartares dans leurs Etats, l'Hiver dernier, les avoit obligés de chercher la Vengeance;
„ que, pour conserver l'Amitié du Grand-Seigneur, le Czar rendroit Asoph, & raseroit
„ Taiganrock; mais, qu'ils avoient besoin de Kamienny Zaton, pour se couvrir des Courses
„ des Tartares. Comme ils craignoient, disoient-ils, d'oublier quelques Choses des De-
„ mandes du Vizir, il le priérent de pouvoir mettre tout par écrit. Sur quoi le Vizir
„ les envoïa dans la Tente du Sécrétaire. En sortant, ils demandérent qui étoit
„ l'Homme qui leur avoit servi d'Interprete. Aïant sû, qu'il étoit au Comte Ponia-
„ touski, ils protestérent contre, & voulurent, ou celui de la Porte, qu'i n'y étoit
„ pas, ou qu'il leur fût permis de se servir du leur. Pendant qu'ils étoient dans la
„ Tente du Sécrétaire d'Etat, Poniatouski s'étant apperçu, que *les Charettes de la Nuit*
„ avoient opéré, prit Occasion de dire au Grand-Vizir, qu'avec tous les Avantages
„ que Dieu lui avoit accordez sur les Ennemis, il étoit en état d'en exiger & obtenir
„ d'autres Conditions; qu'il avoit la plus belle Occasion de rendre toute la Moscovie
„ tributaire; d'envoïer en Présent au Grand-Seigneur la Personne du Czar; de faire
„ toute l'Armée Prisonniere; de se défaire à jamais d'un Ennemi si dangereux; de ren-
„ dre Service au Roi de Suede; & de procurer, au Grand-Seigneur son Maitre, une
„ Considération si grande parmi toutes les Nations, qu'elles rechercheroient à l'envi
„ son Amitié; qu'il oublioit honteusement la Gloire de l'Empire, & les Intérêts de
„ son Maitre; qu'il avoit deux cens mille Témoins de ses Actions, & que s'il ne se
„ trouvoit pas un seul d'entre eux qui voulût rendre Témoignage à la Vérité, lui, Ponia-
„ touski, donneroit Requêtes sur Requêtes au Grand-Seigneur, pour le mettre au Fait de
„ toutes les Actions & Procédez du Vizir. Ce Ministre, frapé & irrité de si vifs Repro-
„ ches, faits en présence de beaucoup de Monde, usa de Paroles fort outrageantes,
„ & de Menaces, envers Poniatouski, qui lui répondit sur le même Ton, & sortit.
„ Une demi-heure après, les Plénipotentiaires Moscovites rentrérent chés le Vizir, &
„ répondirent à ses Demandes à peu près la même chose qu'auparavant; ajoutant seu-
„ lement, qu'ils avoient Besoin de leurs Canons, pour se deffendre en Marche contre
„ les Suédois, qui les insulteroient sans doute, s'ils les voïoient desarmez. Alors, le
„ Grand-Vizir, comme revenant d'un profond Sommeil, dit aux Plénipotentiaires,
„ que les Turcs avoient chés eux un Hôte, qui étoit le Roi de Suede, & qu'il de-
„ mandoit pour lui le Passage libre. A quoi les Plénipotentiaires répondirent, que,
„ non seulement, ils lui accordoient le Passage, mais qu'ils étoient prêts de le porter
„ sur leurs Bras. Là-dessus, le Vizir fit une Exclamation sur la Bonté de Cœur des
„ Plénipotentiaires, &c. „ R. D. T.

elle en particulier; mais, qu'à l'égard du Roi de Suede, il pourroit être d'un autre Sentiment; que son Silence sur ce Sujet donnoit lieu de croire que cet Article rencontreroit des Difficultez: & que si l'on n'avoit pas un Soin particulier des Intérêts du Roi de Suede, le Grand-Seigneur le prendroit en fort mauvaise Part.

LE GRAND-VIZIR, n'écoutant plus de Réprésentations, fit au Kam une Réponse vraiment digne de lui, c'est-à-dire, d'un Homme qui n'entendoit, ni la Politique, ni la Guerre. *Il est contraire*, dit-il, *à la Loi de Mahomet de refuser la Paix à un Ennemi qui la demande; & si je prens le Czar Prisonnier, qui gouvernera après cela son Empire? Je n'ai pas dit*, repliqua le Kam, *que tu prendras le Czar. Je te conseille seulement de faire la Paix à des Conditions que tu sais être agréables & avantageuses au Grand-Seigneur. Si le Czar refuse d'y souscrire, il est entre tes Mains.* Le Vizir, enflé d'Orgueil, répondit d'un Air arrogant: *Je me trouve ici à la Place du Sultan. J'ai le Pouvoir de faire ce que je trouve à propos pour son Service.*

CEPENDANT, les Créatures de ce Ministre dressérent les Articles de Paix (a). Les voici, tels qu'ils furent rédigés par écrit. „ Comme „ Dieu, le Créateur & Conservateur, par un Effet de sa sage Providen-„ ce, a permis, que la victorieuse Armée des fideles Musulmans ait „ étroitement reserré le Czar de Moscovie, avec toute son Armée, „ dans le Voisinage de la Riviere de Pruth, tellement qu'il a été obli-„ gé de recourir à la Clémence & à la Miséricorde des Musulmans, & „ de demander lui-même la Paix, elle lui a été accordée sur ses Ins-„ tances; & cela, aux Conditions suivantes. I. Qu'il rendra aux Turcs „ la Forteresse d'Asof, avec son Territoire, ses Dépendances, & son „ Artillerie, dans le même Etat où étoit cette Place quand il la prit. „ II. Que la Forteresse de Taganrock, sur la Mer Noire, Kamien-„ ka, sur le Nieper, & le Fort de Samara, construit à l'Embouchure „ du Samar, là où cette Riviere se décharge dans le Nieper, seront „ entiérement démolis; que le Canon de Samara sera laissé à la Porte, „ sans que l'on puisse jamais batir d'autre Fort au même Lieu. III. Que „ le Czar ne se mélera plus des Affaires de Pologne, ni des Cosaques, „ qui jusqu'à présent ont été de sa Dépendance; encore moins de ceux „ qui jouïssent de la Protection du Kam des Tartares; mais, qu'il leur „ laissera leur ancienne Liberté, sans les inquiéter, ni directement, ni in-„ directement. IV. Que le Czar ne pourra envoïer personne, soit à Constan-„ tinople, ou à quelque autre Lieu de la Domination Ottomane, pour y „ résider en Qualité d'Ambassadeur, ou de Ministre; mais, que les „ Marchands Moscovites auront la Liberté d'aller & de venir avec „ leurs Marchandises comme ci-devant. V. Que tous les Musulmans, „ qui ont été faits Prisonniers ou Esclaves par les Moscovites, avant „ ou

(a) Voïez les *Voyages de la Motraye*, en Anglois, Vol. II. pag. 10. dans l'Appendice.

„ ou pendant cette Guerre, feront remis en Liberté. VI. Que le Roi
„ de Suede, s'étant rangé fous la Protection de la Porte, aura un li-
„ bre & fûr Paſſage pour s'en retourner, fans pouvoir en être empê-
„ ché, ou retenu en aucune maniere, par les Moſcovites; & que la
„ Paix ſe faſſe entre eux, s'ils peuvent convenir des Conditions, &
„ s'ils ſont inclinez à la faire. VII. Qu'à l'avenir, il ne ſera fait aucun
„ Tort ou Dommage par la Porte aux Moſcovites, comme pareille-
„ ment ceux-ci n'en feront point aux Sujets & Dépendants de la Por-
„ te. VIII. Quand ces Traités de Paix feront échangés de Part &
„ d'autre; & que le Czar aura donné les Otages pour l'Accompliſſe-
„ ment des Articles qu'ils contiennent; l'Armée du Czar pourra s'en
„ aller librement en ſon Païs, par le plus court Chemin, fans qu'il lui
„ ſoit fait aucun Empêchement, ni par les Turcs, ni par les Tartares.
„ IX. Qu'après que tous les Articles feront éxécutez & mis à effet,
„ nous donnerons Congé aux deux Otages qui ſe trouvent préfente-
„ ment dans l'Armée Turque, ſavoir, le Vice-Chancelier Schaffirof,
„ & le Général-Major Scheremetof, qui ont été préſens au Traité
„ comme Plénipotentiaires; & nous leur permettrons auſſi-tôt de re-
„ tourner dans leur Païs. „

PENDANT que ces Ecritures ſe faiſoient, le Vizir envoïa au Camp
ennemi une bonne Quantité de Vivres & de Fourages pour la Cour.
C'étoit pour le Czar une Marque infaillible, que l'Or Moſcovite avoit
opéré, & qu'on ne tarderoit pas de venir lui annoncer la Paix.

*Charles ar-
rive au
Camp des
Turcs.*

LE Palatin de Kiovie, le Général Poniatouski, & Monſieur de Lagerberg, avoient ſouvent tenu Conſeil entre eux pour éxaminer s'il
convenoit qu'on inſiſtât auprès du Roi, pour qu'il ſe rendît au Camp
des Turcs. En peſant les Raiſons pour & contre, la Négative l'emporta. Cela n'empêcha pourtant pas Monſieur de Lagerberg de dire
au Roi, en lui écrivant, que les Turcs & les Tartares ſouhaitoient
ardemment qu'il vint les joindre. L'Interprete Savari fut le prémier
qui informa Sa Majeſté de la Situation de l'Armée ennemie, & Monſieur de Lagerberg confirma cet Avis par une Lettre dont le Lieutenant-Colonel Bouſquet fut le Porteur (*a*). Ces différens Avis déter-
le 12.
minérent Charles à ſe rendre droit au Camp du Grand-Vizir. Il partit
de Bender, ſuivi de quelques Officiers, dont pas un ne ſavoit où ce
le 13.
Prince avoit intention d'aller. Le Lendemain, à trois Heures après midi, il ſe trouva de l'autre côté du Pruth. On ne tarda pas long-tems
à apprendre dans le Camp, qu'il y étoit. Poniatouski alla au devant
de lui; &, l'aïant joint, il l'informa de ce qui venoit de ſe paſſer;
ſavoir, que, non-obſtant les Repréſentations tant du Kam des Tartares, que de pluſieurs autres Perſonnes, le Grand-Vizir, avoit, peu
d'heu-

(*a*) L'AUTEUR des *Remarques d'un Gentilhomme Polonois &c.* dit, pag. 117. „ Que
„ le Comte Poniatouski avoit envoïé ce jour-là, de grand matin, à Bender, pour in-
„ former le Roi de Suede de ce qui ſe paſſoit. „ R. D. T.

d'heures auparavant, signé la Paix avec le Czar, qui étoit sur le point de partir.

LE Vizir envoïa deux Pachas à la Rencontre du Roi, *pour le complimenter sur son Arrivée, & pour le prier de ne pas trouver mauvais que le Vizir ne fît point venu lui-même; qu'il auroit fort souhaité de le faire; mais, que des Affaires très importantes l'en empêchoient; qu'en attendant, il offroit au Roi sa Tente, & qu'il seroit charmé que Sa Majesté voulût l'accepter.* Après que les deux Turcs eurent été renvoïés, le Roi traversa le Pont, & se rendit du côté de la Riviere où campoit l'Armée Turque. Aussi-tôt que le Vizir en eut Avis, il monta à Cheval avec toute sa Cour, pour aller au devant du Roi à un demi-quart-de-lieue du Camp. Aïant rangé ses Gens sur une Ligne, il se mit à leur Tête, pour recevoir ce Prince; mais Charles, au lieu de s'avancer vers lui, continua son Chemin, sans regarder le Vizir, parlant toujours avec Poniatouski. Aïant mis pied à terre devant la Tente du Vizir, il y entra, & se plaça sur un Sofa, à la droite, où étoit le Drapeau de Mahomet. Le Grand-Vizir le suivit, accompagné de son Chancelier, & de quelques Pachas. Le Kam de Tartares, le Général Poniatouski, & Savari, y entrérent pareillement. Le Vizir se plaça vis-à-vis du Roi. A quelque Distance de lui étoit le Kam. Tous les autres demeurérent debout.

LE Roi commença le prémier à parler; disant, *qu'il souhaîtoit que tous les Turcs sortissent de la Tente. Et pourquoi?* repliqua le Grand-Vizir. *C'est*, répondit le Roi, *que je veux te parler seul. Mais*, dit le Vizir, *ce sont tous des Gens qui savent les Secrets de Sa Hautesse. Cela se peut*, repliqua Charles; *mais, je ne veux pas qu'ils entendent ce que j'ai à te dire.* Après qu'ils furent tous sortis, il continua son Discours, disant: *Il y a ici une belle Armée d'assemblée. Dieu l'a ainsi voulu*, répondit Mehmet Baltadschi. *C'est Dommage*, dit Charles, *qu'elle n'a pas été mieux emploïée.* Le Vizir étoit de Sentiment qu'elle n'étoit plus nécessaire, depuis que l'Affaire venoit d'être terminée. Le Roi répondit: *J'apprens, que tu viens de faire la Paix, & que mes Intérêts ont été negligés, non-obstant les Promesses du Sultan, & non-obstant ta propre Parole. J'ai procuré à la Porte*, repliqua le Vizir, *tant d'Avantages, que j'ai lieu d'en être content. Tu aurois pû*, dit le Roi, *lui procurer des Avantages encore plus confidérables, & gagner mille fois plus que tu n'as fait. N'avois-tu pas entre tes Mains la Personne du Czar, & toute son Armée?* Ici, le Vizir allégua la même Raison, qu'il avoit déjà emploïé en parlant au Kam des Tartares, savoir, *qu'il étoit contraire à la Loi de Mahomet de refuser la Paix à un Ennemi qui la demande.* Il ajouta, cette belle Question. *Si j'avois fait le Czar prisonnier, qui est-ce qui gouverneroit ses Etats? Eh!* repliqua Charles XII, *ce n'étoit pas à toi à t'en mettre en Peine. Mais, crois-tu que ton Maitre en sera fort content?* Le Vizir dit, qu'aïant été chargé du Commandement de l'Armée, il étoit Maitre de faire la Paix quand il vouloit. A ces Mots, le Roi se leva, disant: *Laisse-*

moi

moi faire. Il eft encore tems, & je trouverai peut-être Moïen de redreffer mes Affaires. J'en ferai refponfable au Sultan. Cela ne te coutera pas un feul Homme; car, je fais où trouver fur le champ des Troupes prêtes à me fuivre. Non, répondit le Grand-Vizir. *Il eft trop tard, & rien ne pourra altérer la Paix que je viens de faire.* Là-deffus, voulant fe retirer à l'écart, pour délibérer avec le Kam des Tartares, dès qu'ils fortirent enfemble, le Roi les fuivit, monta à Cheval, & fe rendit à la Tente du Kam. Celui-ci arriva un moment après. Il parla au Roi en particulier, & s'en retourna tout de fuite auprès du Vizir, fans que rien tranfpirât de ce qui faifoit le Sujet de fa Miffion. Le Roi paffa la nuit dans une Tente qu'on avoit dreffée pour lui à quelque Diftance de celle du Kam. Le Lendemain à neuf Heures, il retourna à Bender.

Il régnoit parmi les Turcs un Mécontentement extraordinaire. Les Janiffaires fur-tout jettoient les hauts Cris. ,,Tout ce que nous avons ,,fouffert,, ,difoient-ils, ,,durant la précédente Guerre, qui a été auffi ,,longue que pénible, n'eft rien en comparaifon de la Maniere hon- ,,teufe dont cette Campagne vient d'être terminée. Il eft impardon- ,,nable au Grand-Vizir d'avoir accepté les Ducats & les Pierreries du ,,Czar, dans le tems qu'il auroit pû prendre ce Prince lui-même, avec ,,tout ce qu'il avoit auprès de lui. Alors, le pauvre Soldat auroit ,,eu quelque-chofe pour fa Peine.,, A cela ils ajoutoient, qu'outre que les Turcs auroient acquis beaucoup de Gloire, le Grand-Seigneur, en donnant la Loi aux Vaincus, auroit pû puiffamment fecourir ce brave Prince, qui, dans fon Malheur, étoit devenu leur Hôte; que, par-là, les Mufulmans auroient pû immortalifer leur Nom. Le Vizir, ne fachant pas de meilleur Expédient pour appaifer ces Murmures, fit publier par fes Créatures qu'il avoit dans l'Armée, que rien s'étoit fait que par Ordre du Sultan, & que Sa Hauteffe ne manqueroit pas de faire reconduire en toute Sureté le Roi de Suede, jufques fur les Frontieres de fes Etats.

Le Czar, charmé d'en être quite à fi bon Marché, fongea à profiter de la Facilité du Vizir; &, ne voulant pas perdre un feul Moment de Tems, il décampa fur le Soir, Tambour battant, & Drapeaux déploïés. Sa Cavallerie étoit prefque entiérement démontée. A peine fit-on une Lieue par Jour. Les Mofcovites, épuifés par la Faim & par la Mifere, perdirent tous les Jours au-de-là de cent Hommes. Le Pacha de Civas, & celui de Diarbekir, avoient été detachés avec un Corps de douze Mille Turcs, pour efcorter le Czar jufques fur la Frontiere. Nonobftant cette Précaution, le Kam des Tartares, qui étoit d'Intelligence avec les Officiers Turcs, détacha plufieurs Partis de fes Troupes, pour harceler les Mofcovites, auxquels on ne laiffa, pas de caufer beaucoup de Mal. Ces différentes Attaques coutérent au Czar entre fept & huit mille Hommes, qui furent, ou tuez, ou faits Prifonniers, par les Tartares.

Ll

Le Kihaja du Grand-Vizir fut envoïé à Constantinople, pour informer le Sultan de la Conclusion de la Paix. Avant qu'il y pût arriver,
on y savoit déjà tout ce qui s'étoit passé. On n'ignoroit pas, ni la
triste Situation des Moscovites, ni les Négociations du Czar: on étoit
même très bien instruit tant des Présens considérables que ce Prince
avoit été obligé de faire, que de la Teneur du Traité de Paix. Les
Amis, que le Roi de Suede avoit à la Cour, engagérent le Grand-
Seigneur à écrire au Vizir, pour lui dire, ,,que si l'on devoit ajouter
,,Foi à ce qui se publioit sur son Chapitre, il avoit fort mal fait de ne
,,pas avoir obligé le Czar, pendant qu'il le tenoit entre ses Mains,
,,de rendre au Roi de Suede tout ce qu'il lui avoit enlevé durant cet-
,,te Guerre. Qu'il eut à faire tout son Possible, pour que Sa Majesté
,,Suédoise fût comprise dans une Paix si avantageuse. Qu'il étoit
,,peut-être encore tems; que si-non il devoit sonder le Roi de Suede,
,,pour savoir s'il souhaitoit de retourner dans ses Etats. Qu'en ce
,,Cas-là, il devoit lui donner une Escorte, aussi nombreuse que ce
,,Prince la souhaiteroit lui-même, pour le conduire au travers de la
,,Pologne, où Sa Hautesse ne reconnoissoit point d'autre Roi que Sta-
,,nislas, qu'il avoit fait féliciter sur son Avénement au Trône, il y
,,avoit au-de-là de quatre Ans (*a*). Le Grand-Vizir, en commu-
quant cette Lettre au Kam, lui dit, qu'il avoit lieu de croire, que,
dès-que le Sultan auroit reçu sa Relation, il changeroit bientôt d'Avis.
Ce Prince, continua-t-il, a été mal instruit. Je lui ferai voir, qu'il doit
nous être fort indifférent quel Roi occupe le Trône de Pologne.

Le Kam étoit un Prince trop délié, pour ne pas savoir dissimuler
son Mécontentement. Il fit donc semblant de ne rien trouver à redire à la Conduite du Vizir; mais, dès qu'il fut de Retour dans sa
Tente, il envoïa chercher Monsieur de Lagerberg, à qui il dit tout
ce qui venoit de se passer; ajoutant ces propres Paroles. ,,Puisque le
,,Grand-Vizir n'a fait aucune Mention de moi dans son Traité de
,,Paix, & que depuis il a envoïé sa Relation au Grand-Seigneur,
,,sans me consulter en rien, je te dirai, que j'ai aussi envoïé un Cou-
,,rier à Constantinople, avec un Billet, où il n'y avoit que ce peu de
,,Mots : *Nous avons été quelques Jours aux Prises avec l'Ennemi. Nous*
,,*l'avons réduit à une telle Extrémité, que pas un seul Homme de toute son*
,,*Armée n'auroit pû s'échaper; mais, à la Réquisition du Czar, le Grand-*
,,*Vi-*

1711.
Juillet.
Le Grand-
Vizir fait
savoir au
Sultan, que
la Paix é-
toit faite.

le 12

(*a*) Mr. de Limiers parle de cette Lettre, dans son *Histoire de Charles XII*, Livr.
X. pag. 139. Quant aux Particularitez qu'il y ajoute, il n'en a pas été bien instruit. ,,Le
,,Colonel Funck ,, , dit-il , ,,eut Audience du Kaïmaikan, en présence du Mufti &
,,du Selictar. ,, Il se trompe: ces Gens étoient entièrement devoüez au Grand-Vizir. Il rapporte outre cela, que les Ordres du Grand-Seigneur, furent envoïés à Bender,
où le Vizir s'étoit rendu avec les deux Otages Moscovites. Ni le Vizir, ni les Otages,
ne se rendirent jamais à Bender,

1711.
Juillet.

,, *Vizir lui a donné la Paix, & lui a fait diftribuer des Vivres; & il*
,, *part d'ici bien efcorté.* „

La Kamne fut pas le feul, qui fe plaignit à la Cour de la Manière d'agir
de Mehmet Baltadfchi. A peine Charles fut-il de retour à Bender, qu'il
donna Ordre à fon Miniftre à Conftantinople de déclarer (*a*), que le Vizir,
pour fatisfaire à fon Avidité, avoit facrifié la Gloire & l'Intérêt de la
Porte Ottomane. Ainfi, le Grand-Seigneur n'ignora pas long-tems
la Conduite de celui qu'il avoit mis à la Tête de fes Armées (*b*).

Le Général Orlich a Audience du Grand-Vizir.

CEPENDANT, le Grand-Vizir retourna fur le Danube. Après qu'il y
fut arrivé, le Général Orlich, Chef des Cofaques, qui l'avoit fuivi
jufques-là, lui fit demander une Audience. Aïant été introduit auprès de lui, il le remercia de la Bonté qu'il avoit eue de ftipuler dans le
Traité de Paix, que l'Ukraine feroit rétablie dans fon ancienne Indépendance. Il lui fit voir enfuite quelles étoient au vrai les anciennes
Limites entre l'Ukraine & la Mofcovie. Il y ajouta un Détail concernant l'Etat où ce Païs s'étoit trouvé lorfqu'il s'étoit mis fous la Protection de la Ruffie. Il fit une Enumération de l'Artillerie qui s'étoit
trouvée dans les Fortereffes, & que le dernier Czar avoit fait tranfporter ailleurs. Il donna même une Spécification de tous les Habitans
qu'on avoit enlevez de l'Ukraine, & qu'on avoit obligés malgré eux,
d'aller demeurer en Ruffie. Il finit, par prier le Grand-Vizir de vouloir s'emploïer férieufement auprès du Czar, afin que l'on pût remédier promptement à ces Griefs. Mehmet Baltadfchi répondit à ce Difcours en peu de mots. Il pria le Général Cofaque d'avoir Patience, &
l'affura, que, dès que l'on en viendroit à l'Exécution de ce qui avoit
été ftipulé dans Traité, il fe fouviendroit pareillement de cet Article.

Contenance du Grand-Seigneur.

LE Grand-Seigneur, comme il a été dit, n'ignoroit pas, que le Vizir,
en faifant la Paix, avoit eu plus d'Egard à fes Intérêts particuliers, qu'aux
Raifons qui avoient donné lieu à cette Guerre. Cependant, pour ne
pas heurter de Front un Homme qui fe trouvoit à la Tête d'une puiffante Armée, & que la Raifon d'Etat vouloit qu'on ménageât, il répondit en Termes fort gracieux à la Lettre du Vizir. Les Empereurs
Turcs font toujours obligés de tenir cette Conduite: s'ils ne le font
pas, ils courent rifque d'être, ou dépofez, ou tuez; n'y aïant peut-
être point de Gouvernement où les Révoltes foient plus fréquentes
qu'en

(*a*) BELLERIVE, & LE LONG, rapportent, que Savari fut envoïé à Conftantinople,
avec une Lettre du Roi adreffée à l'Ambaffadeur de France, & que ce fut lui qui informa le Grand-Seigneur de ce qui s'étoit paffé. Ces deux Auteurs ont été mal inftruits.
Savari ne fut envoïé à Conftantinople, qu'au Mois de Septembre; & il remit lui-même au Sultan la Lettre dont il étoit chargé.

(*b*) LE SR. AMIRA rapporte dans fes Mémoires, que ce fut lui, que le Roi char-
V. L'APP. gea de traduire en langue Turque la Lettre, qu'il adreffa fur ce Sujet au Grand-
No. CLXIV. Seigneur. Elle eft du 20 Juillet, & fe trouve dans l'Appendice de cette Hiftoire.

qu'en Turquie. Avec de l'Argent, que le Vizir fait diftribuer parmi le Peuple crédule & avide, il ne lui eft pas difficile de faire trembler fon Maitre. Achmet ne le favoit que trop : &, pour donner à Ofman Aga, qui lui porta la Nouvelle de la Paix, une Marque de fa Bienveillance, il le fit de Kihaja, *Bujuk Imrebor*, c'eft-à-dire, Grand-Ecuyer. Il le renvoïa fur le champ au Grand-Vizir (*a*), pour lui porter des Préfens magnifiques, de même qu'au Kam des Tartares, & à l'Aga des Janiffaires. On fit à Conftantinople de grandes Réjouïffances, qui durérent fix Jours de fuite, pendant lefquels on fit chaque Jour trois fois une Décharge générale de l'Artillerie.

TOUTES ces Démonftrations extérieures augmentérent à un tel Point la Vanité du Vizir, qu'il en devint infupportable. Louänt fans ceffe fes hauts Faits, il fit paroître en toute Occafion une Haine implacable contre le Roi de Suede. Il ne lui étoit pas poffible de digérer ce qui s'étoit paffé pendant leur derniere Entrevue : & fon Animofité devint encore plus grande, après qu'il eut fait intercepter par les Gardes, qu'il avoit poftez fur tous les Paffages, quelques Lettres que Charles XII avoit écrites à Conftantinople, & dans lefquelles ce Prince dépeignoit Mehmet Baltadfchi, comme un Homme qui n'avoit pas feulement le Sens commun, & qui, pour quelque Argent, étoit capable de trahir le Grand-Seigneur & l'Empire. Piqué au vif de ces Reproches, il ordonna au Séraskier de Bender, fous peine de la Vie, de ne pas donner au Roi de Paffeports pour les Couriers qu'il envoïoit à Conftantinople ou à Belgrade. Par ce Moïen, il vouloit priver Charles XII de toute Correfpondance. La Garde de Janiffaires lui fut ôtée ; & on lui retrancha les Dépenfes deftinées pour l'Entretien de fa Maifon. Le Général Poniatouski, qui avoit accompagné, le Vizir pendant toute cette Expédition, eut Ordre de fortir du Camp. Il ordonna pareillement au Général-Major Hard de s'en retourner à Bender. Ces deux Officiers y arrivérent, le prémier le 25. Juillet, & le fecond le 26. Août. Le Vizir ne fe borna pas-là : il fit fignifier au Roi, que s'il ne fortoit pas de bonne-grace des Etats de la Porte Ottomanne, il fauroit affez quels Moïens mettre en Ufage pour s'en débaraffer pour toujours (*b*).

Voi-

(*a*) MR. DE LIMIERS dit, qu'Ofman Aga ne fut point renvoïé, & que le Grand-Seigneur vouloit faire connoître par-là au Grand-Vizir, que fa Conduite ne lui plaifoit point. Il fe trompe : il n'étoit pas encore tems qu'Achmet déclarât fon Mécontentement.

(*b*) MR. DE LIMIERS, en parlant de la mauvaife Volonté du Vizir envers Charles XII, ajoute, que la Raifon du Refus, que le Roi fit de partir par la Pologne, étoit qu'on avoit intercepté des Lettres qui découvroient des Liaifons fécretes entre fes Ennemis & le Kam des Tartares, & qui marquoient un Deffein formé de leur livrer Sa Majefté pour une certaine Somme d'Argent; que ces Lettres avoient été trouvées fur le Staroste Sapieha Bobrouwski, &c. Cette Trame ne fe découvrit que plus d'un An après, favoir vers la Fin de l'Année.

Voici la Lettre, qu'il lui écrivit sur le même Sujet. „ J'ai reçu la „ Lettre, que vous m'avez envoïée par le Général Poniatouski. Vous „ n'ignorez pas ce qui s'est passé entre Nous & le Czar de Moscovie: „ vous savez, qu'il a été battu, & qu'il a demandé la Paix. Dans „ cette Paix, conclue entre la Porte & lui, il a été stipulé, qu'il sor- „ tira de Pologne avec toute son Armée; afin que vous puissiés, sans „ aucun Empêchement, retourner dans votre Roïaume. Jamais il „ ne se présentera une Occasion plus favorable pour le faire, que cel- „ le qui s'offre présentement. Le Tems est commode; & la Porte a „ ordonné que vous fussiés escorté, non seulement par toute l'Armée „ Tartare, mais aussi par un Corps de Troupes Turques, qui sera „ commandé par Hasan Pacha, Gouverneur de Thessalonique, votre „ Ami, auquel vous avez fait tant de Présens. Ainsi, comme le Gé- „ néral Poniatouski s'en retourne auprès de vous, nous avons crû de- „ voir le charger de cette Lettre. S'il plait à Dieu, aussi-tôt que vous „ l'aurez reçue, & avant que cette Occasion se perde, faites en sorte „ que vous puissiés retourner dans votre Roïaume avec la victorieuse „ Armée & les Tartares qui vous accompagneront. Selon ce qui a „ été stipulé avec le Czar, on ne se contentera plus desormais d'au- „ cune Excuse frivole. Toutes les Exceptions sont inutiles. Person- „ ne ne vous empéchera de traverser la Russie ou la Pologne. Vous „ n'auriés pas même besoin d'une Escorte: mais, comme la Sublime „ Porte vous regarde comme son Hôte, on veut bien, pour vous „ faire Honneur, vous laisser cette Armée. Encore une fois, vous ne „ pourrez jamais trouver une meilleure Occasion pour retourner dans „ vôtre Roïaume. Mais, si vous avez Envie de trainer votre Départ „ en longueur, songez, je vous prie, aux Conséquences. Partez donc „ d'abord pour votre Païs. Ecrit sur le Champ de Charata. „

Charles ne fit que rire de toutes ces Bravades. Il conserva constam- ment, avec sa Grandeur d'Ame, cette Egalité d'Humeur incompara- ble. „ On ne voit „ ,dit-il, „ que Bassesses, dans la Conduite de cet Hom- „ me, qui n'est pas digne seulement de notre Ressentiment. „ Au moment que les Janissaires se retirérent, il donna Ordre qu'on fît monter la Garde aux Gens qui lui appartenoient, quoiqu'ils ne fussent en tout qu'environ mille Hommes, tant Suédois, que Polonois & Cosaques. Il ordonna pareillement, que sa Table fût servie avec plus de Profusion & de Somptuosité, qu'elle n'avoit été jusqu'alors; &, qu'outre la Ta- ble pour les Gentilshommes, on en tint une seconde pour les Officiers, & les Etrangers qui se rendroient à Bender. Quant à son Départ, il se contenta de faire dire au Vizir, que, dès qu'il lui montreroit de la Part du Grand-Seigneur un Ordre par écrit d'user de Violence, il pren- droit là-dessus ses Mesures. Il écrivit sur le champ à l'Envoïé Funck, pour lui ordonner d'informer le Sultan, par un Mémoire, de tout ce qui s'étoit passé à son Egard, & de lui demander si le Vizir agissoit par ses Ordres. Dès que ces Dépêches furent faites, le Sieur Dougal se

mit

mit en Chemin, pour les porter à Conftantinople , fans s'embaraffer , ni de Paffeport, ni des Gardes poftez fur le Paffage. Il y arriva au bout de cinq Jours , & s'acquita fort heureufement de fa Commiffion.

1711.

Juillet.
le 28.

Le Vizir, & le Kam des Tartares, aïant tenu Confeil entre eux , il fut réfolu que Muftapha Aga fe rendroit en Pologne, accompagné d'un Officier Turc. La Lettre, dont ils étoient chargés pour la République, expliquoit le Sujet de leur Miffion. Il y étoit dit, ,,que la ,, Porte Ottomanne & les Tartares, aïant, à la Réquifition de la ,, République, obligé le Czar, par la derniere Paix, de quitter entiére- ,, ment la Pologne, fans fe mêler d'avantage des Affaires de ce Roïau- ,, me, on avoit voulu en informer la République, & l'exhorter en ,, même tems à ne pas accorder dans la fuite, ni Soutien, ni Protec- ,, tion, à aucun Mofcovite en Pologne : que cela feroit contraire à la ,, Teneur du Traité, & que la Liberté des Polonois en fouffriroit con- ,, fidérablement, & plus qu'elle n'avoit fait jufqu'à préfent. Que com- ,, me le Roi de Suede fe mettroit bientôt en Chemin, pour aller join- ,, dre fon Armée, & qu'il feroit efcorté au travers de la Pologne par ,, un Corps des Turcs & des Tartares, on fe flattoit que la Républi- ,, que, en confidération de ce que ce Prince étoit leur Ami, & qu'il ,, avoit toujours fi fortement appuïé le Maintien de leur Liberté, vou- ,, droit bien lui faire, & à ceux de fa Suite, une Reception honora- ,, ble. Qu'on efperoit même, qu'Elle fe joindroit à Sa Majefté Sué- ,, doife, afin d'agir conjointement pour la Deffenfe de la Liberté & ,, le Rétabliffement de la Paix. Que le Kam regarderoit les Services ,, qu'on rendroit au Roi de Suede, comme fi on les rendoit à lui en ,, Perfonne. ,,

Lettre du Kam à la République de Pologne.
le 29.

Ce fut vers la Fin de ce Mois, que les Eaux du Niefter innondé- rent le Camp du Roi de Suede près de Bender, de même que le Lo- gement de ce Prince. Charles, dans l'Idée que l'Inondation diminueroit bientôt, ne fortit de fa Maifon que lorfqu'il y eut de l'Eau jufqu'à la Ge- nouillere: & , avant qu'il pût partir, fon Cheval en avoit jufqu'aux Sangles. Il fe retira à un demi-quart-de-lieue (*a*), près d'un Village. de la Moldavie, nommé Varnitza, où il demeura fous la Toile, pen- dant qu'il fit batir au même Endroit une Maifon de Pierres (*b*), qui étoit affez fpacieufe. Elle n'avoit qu'un Etage, compofé de deux Sa- lons, & de huit Chambres. Ce Batiment étoit couvert en Platte- forme. Ce qui parut extraordinaire à tout le Monde, ce fut que le Roi, contre fa Coutume, meubla magnifiquement cette Maifon. Quel- ques

Le Roi fe re- tire près de Varnitza.

(*a*) Mr. de Voltaire fe trompe, lorfqu'il dit que Varnitza eft à quelques Milles de Bender.

(*b*) Mr. de Limiers prétend mal-à-propos, que cette Maifon étoit de Bois, & qu'elle reffembloit en tout à celle que le Roi venoit de quitter.

ques Appartemens le furent à la Françoise, d'autres à la Turque avec
de superbes Tapis & des Soffas du plus riche Brocard d'Or.

CEPENDANT, l'Envoïé Funck ne négligea rien, pour trouver Occasion de rendre au Grand-Seigneur le Mémoire qu'il avoit Ordre de
lui présenter; mais, le Vizir aïant gagné le Moufti, le Caïmaikan, le
Reis Effendi, le Selictar Pacha, & plusieurs autres Officiers de la Porte, il ne lui fut pas possible d'en venir à bout. Il fit savoir au Roi
les Obstacles qu'il rencontroit en son Chemin: ajoutant néanmoins,
qu'il y avoit tout lieu de croire, que le Sultan ne seroit pas long-tems à
ignorer ce qui s'étoit passé; &, qu'alors, malgré les Intrigues des
Créatures du Vizir, il donneroit à Sa Majesté une Satisfaction entiere.

Août.
Le Courier
du Kam de
Retour de
Constantin:
sa Relation.

LORSQUE le Courier, que le Kam avoit dépéché à Constantinople,
fut de Retour auprès de son Maitre, qui étoit encore à l'Armée, il
lui fit un Rapport circonstancié de la Maniere dont il s'étoit acquité
de sa Commission. Après qu'il eut remis au Grand-Seigneur lui-même
la Lettre du Kam, on avoit assemblé le Divan. Le Lendemain, le
Moufti l'avoit fait venir en sa Présence, pour lui faire différentes
Questions; &, entre autres, les deux suivantes, sur lesquelles il avoit
insisté d'avantage. Prémiérement, si le Roi de Suede avoit été au
Camp des Turcs, lorsque la Paix s'étoit conclue? A quoi l'Officier
Tartare avoit répondu que non; mais, que le Roi y étoit arrivé le
Lendemain: qu'alors, les Moscovites étoient encore entourrez; que le
Roi avoit fait de fortes Représentations au Vizir; qu'il lui avoit dit,
que la Porte & ses Alliés obtiendroient du Czar toute la Satisfaction
qu'ils pourroient souhaiter, & qu'il ne devoit rien précipiter; mais,
que le même Soir, le Czar étoit décampé avec son Armée. La seconde
Question du Moufti avoit été, s'il avoit remarqué que le Kam seroit
bien aise que le Roi de Suede quittât au plûtôt les Etats de la Domination
Turque. L'Officier Tartare y avoit répondu qu'ouï: ajoutant, qu'il avoit
fort souvent entendu dire au Kam, qu'il souhaitoit de tout son Cœur, que
le Sultan agît vigoureusement en faveur de ce Prince, parcequ'il le lui
avoit promis: que le Kam aimoit le Roi de Suede; qu'il vouloit même
l'accompagner; & que, pour plus grande Sureté, il avoit représenté au
Vizir, qu'il seroit nécessaire qu'on insérât, dans le Traité de Paix, un Article concernant les Prisonniers Suédois, dont il y avoit un grand Nombre, tant à Asoph, que dans les Places voisines, pour obliger le Czar à
les renvoïer sur le champ; mais, que le Grand-Vizir n'avoit pas voulu
entendre parler de cette Affaire. L'Officier Tartare finit sa Relation par
dire, qu'il avoit appris qu'en peu de jours le Grand-Seigneur enverroit
un Ordre, tant au Vizir, qu'au Kam, de se rendre à Constantinople.

MEHEMET GERAY, charmé de ces Nouvelles, fit venir chés lui
Monsieur de Lagerberg, pour lui en faire part. „Je prevois„ „ajouta ce Prince, „que ce Grand-Vizir aura le même Sort qu'à eu Ali
„ Bacha. Je souhaite seulement, que cela puisse contribuer à l'Avan-
„ cement des Affaires de ton Maitre; car, si, au lieu d'un Homme
„ lourd

„ lourd & ſtupide, on met dans cette Place un autre plus poli & plus
„ éclairé, on ne gagne rien par-là. De quelque Caractere qu'ils ſoient,
„ ils aiment tous l'Argent à la Fureur. Tu te ſouviendras, qu'en te
„ parlant la prémiere-fois, je m'expliquai à peu près de même: à pré-
„ ſent, nous en avons l'Exemple devant nos Yeux. „

Un Jour, que le Divan ſe trouvoit aſſemblé, l'Envoïé de Suede ſaiſit cette Occaſion pour lui préſenter un Mémoire, contenant pluſieurs
Remarques ſur la Situation préſente des Affaires. Il y étoit dit, prémiérement, que la ſublime Porte avoit eu le Champ libre de faire une
Paix plus avantageuſe & plus ſolide, que n'étoit celle que le Grand-Vizir venoit de conclure; que, pour cela, il n'auroit fallu que tenir les
Moſcovites un peu plus long-tems enfermez. En ſecond lieu, qu'il
étoit abſurde, dans des Affaires d'une telle Importance, de ſe contenter d'Otages, pendant qu'on avoit entre les Mains le Chef même;
que ce n'étoit pas une Faute moins impardonnable d'avoir comblé
d'Amitiés un Ennemi qui étoit entré dans le Païs à Main armée, dans
le Tems qu'on ſe trouvoit en état de le réduire à ne jamais tenter une
pareille Entrepriſe. Troiſiemement, que, comme le Traité de Paix
devoit être ratifié par la Porte, on pourroit encore y inférer ce qui
y manquoit: ou bien, on pourroit annuller tout ce que le Vizir avoit
fait; parce que ce Miniſtre avoit entiérement oublié le Roi de Suede,
non-obſtant les Promeſſes tant de fois réïtérées de ſoutenir ſes Intérêts.
Qu'en quatrieme lieu, tout le Monde étoit obligé de convenir, que
les Avantages que la Porte retireroit de cette Paix, ne répondoient nullement aux Fraix qu'elle avoit faits durant cette Guerre, & encore
moins aux Avantages auxquels elle auroit dû naturellement s'attendre,
& qu'elle auroit facilement pû obtenir. Cinquiemement, qu'on ne pouvoit pas douter, que le Czar ne commençât de nouvelles Hoſtilitez
contre la Porte, dès qu'il ſeroit revenu de ſon prémier Etourdiſſe-
ment. En ſixieme lieu, que ſi la Porte étoit dans l'Intention d'entreprendre quelque-choſe, elle avoit une bonne Occaſion de le faire, pendant que ſon Armée étoit ſur la Frontiere, & qu'elle ſe trouvoit pour-
vue de Vivres & de Munitions, au lieu que celle des Ennemis manquoit de Proviſions, d'Armes, & de Fourages. Monſieur de Funck
finiſſoit par dire, qu'il n'eſpéroit pas, que le Deſſein de la Porte Ottomane fût de renoncer tout court à l'Amitié qu'elle avoit contrac-
tée avec la Suede; ſur-tout, leur Intelligence n'aïant pour But, que
l'Avantage & la Sûreté réciproque de leurs Etats.

Le Grand-Vizir n'étoit pas tellement dépourvû de Bon-Sens, qu'il
ne s'attendît à des Plaintes de la Part du Roi, ſoit que ce Prince s'a-
dreſſât directement au Grand-Seigneur, ſoit qu'il ſe ſervît pour cela du
Miniſtere de ſon Envoïé à la Porte (a). Il ne ſongeoit donc à autre
choſe

Mémoire de l'Envoïé de Suede préſenté au Divan.

Intrigues du Grand-Vi-zir.

(a) L'Anonime, qui a écrit en Allemand l'*Hiſtoire de la Vie & de la Mort de Charles XII,* prétend, page 198, que le Colonel Funck fut arrêté à Conſtantinople. Un
peu

1711.

Août.

chofe, qu'à trouver quelque Expédient pour prévenir que le Traité ne fût examiné trop à la Rigueur, ou même entiérement annullé. Pour venir à bout de ce Deſſein, il croïoit, qu'il ne devoit rien négliger, pour obliger par ſon Autorité Charles XII à ſortir des Etats du Grand-Seigneur; ou, que ſi cela ne réüſſiſſoit point, de le mettre du moins, en attendant, dans l'Embarras de n'avoir deſormais aucun Commerce de Lettres avec Conſtantinople. Il avoit déjà fait tout ſon Poſſible, pour empêcher ce Prince d'y envoïer des Couriers. Mais, voïant que ſes Précautions avoient été inutiles, il écrivit à quelques-unes de ſes Créatures à la Cour, pour qu'ils y repréſentaſſent, que la Préſence de l'Envoïé de Suede étoit abſolument néceſſaire au Camp. Ils durent en même tems ſignifier à Funck, qu'il eut auſſi-tôt à ſe mettre en Chemin, pour ſe rendre auprès du Vizir: qu'il y avoit une Affaire de la derniere Importance ſur le Tapis, dans laquelle on avoit beſoin de ſon Miniſtere. Funck ne laiſſoit guere paſſer de Jour, ſans inſiſter auprès de Caïmaikan ſur un Réponſe à ſa Lettre que le Roi avoit écrite au Grand-Seigneur: mais, quelques Inſtances qu'il pût faire, il n'en obtint point d'autre que celle qu'il avoit euë dès le commencement: ſavoir, que le Sultan attendoit Réponſe du Grand-Vizir, à qui il avoit envoïé Ordre de travailler avec Application au Rétabliſſement des Affaires du Roi; & qu'en attendant, Monſieur l'Envoïé pouvoit être perſuadé, que l'Empereur ne manqueroit pas de donner à Sa Majeſté Suédoiſe, toute la Satisfaction qu'elle pourroit deſirer.

Déclaration du Moufti.

A P R E s beaucoup de Délais, le Caïmaikan fit prier Monſieur de Funck de le venir trouver, ſous prétexte qu'il lui donneroit une Réponſe à la Lettre du Roi. Le Moufti porta la Parole dans cette Occaſion. Il débuta par dire, ,,que le Grand-Seigneur lui avoit ordonné, de même qu'au Caïmaikan, de faire ſavoir à l'Envoïé de Suede, que, ,, comme c'étoit une Maxime conſtante chés eux, que le Comman-,, dant en Chef des Troupes de Sa Hauteſſe eſt muni d'un Plein-Pou-,, voir pour agir comme il le juge à propos, ſa Volonté étoit, que lui ,, Funck, accompagné de peu de Perſonnes, ſe rendît auprès du Vi-,, zir, pour apprendre de lui le Réſultat des Affaires qui étoient ſur le ,, Tapis. ,, Monſieur de Funck repliqua, qu'il ne lui étoit pas permis de quitter ſon Poſte; qu'il vouloit une Réponſe par Ecrit au Mémoire du Roi; & qu'il enverroit quelque autre à ſa Place, pour conférer avec le Vizir. Le Moufti, & le Caïmaikan, prétendirent, que le Grand-Seigneur avoit nommé l'Envoïé même; & qu'ainſi il ne pourroit ſe diſpenſer de s'y rendre en Perſonne. Ils lui conſeillérent de ne pas laiſſer échaper cette Occaſion, & de ne pas s'oppoſer à la Volonté du Sultan. Que le Vizir, les Officiers qui commandoient ſous lui, & le Kam des Tartares, auroient tous un Soin extrême pour

les

peu plus bas, il dit, que le Grand-Seigneur fit ſignifier au Roi, qu'il eut à ſortir des Terres de ſa Domination. Ce ſont deux Fautes fort groſſieres.

les Intérêts du Roi ; qu'ils régleroient toutes les Affaires à sa Satisfaction ; & qu'ils prendroient de si bonnes Mesures, que le Roi pourroit, avant l'Automne, être de Retour dans ses Etats.

A FORCE de répéter ces Raisons, & plusieurs autres de la même
Nature, ils vinrent à bout de faire faire à Monsieur de Funck une
Démarche trop précipitée. Il partit, sans en avertir le Grand-Seigneur, auprès duquel néanmoins il étoit Ministre accrédité, & sans
en demander la Permission au Roi son Maître. Il est surprenant, que
cet Officier ne songeât pas à ces Circonstances. Le Moufti, & le Caïmaikan, ne pouvoient que lui être suspects, & tout concouroit à le
déterminer à ne point ajouter Foi à leurs Démonstrations. Le Sieur
Cronhiort, que le Roi lui avoit dépéché, il y avoit trois Semaines,
l'accompagna un bout de Chemin, & se rendit ensuite à Bender.
Funck fut défraïé pendant la Route ; &, à juger par la Réception
qu'on lui faisoit par-tout où il passoit, ce Voïage avoit l'Air d'une
Promenade. A son Arrivée, les belles Espérances qu'il s'étoit formées, s'évanouïrent tout d'un coup. L'importante Affaire, qu'on
avoit à lui communiquer, étoit, qu'il devoit sur le champ se rendre à Bender, pour exhorter le Roi à sortir au plûtôt des Etats du
Grand-Seigneur, afin d'éviter, par un prompt Départ, les Insultes &
les Malheurs dont il étoit menacé.

UN Capichi Pacha devoit accompaguer l'Envoïé à Bender, & remettre au Roi une Lettre que le Vizir lui écrivoit. Mehmet Baltadfchi y disoit, „ que le Seraskier de Bender, aussi-bien que Haszan Pa-
„ cha, qui devoit commander l'Escorte du Roi, lui avoient marqué,
„ que ce Prince faisoit de grandes Difficultez de traverser la Pologne,
„ & que ces Difficultez ne pouvoient être levées avant l'Hiver ; que
„ comme pendant cette Saison on ne pouvoit voïager, le Roi avoit
„ renvoïé son Départ jusqu'au Printems prochain. Qu'on laissoit à
„ considérer à ce Prince, s'il étoit honnête, qu'on fit attendre si long-
„ tems un aussi grand Nombre de Musulmans ; & s'il ne craignoit pas,
„ que des Gens, qui avoient fait pour l'Amour de lui cinquante ou
„ soixante Jounées, ne changeassent de Sentiment, & ne perdissent
„ enfin Patience ? Que, d'ailleurs, le Czar s'étoit engagé par le Trai-
„ té de Paix, à laisser au Roi de Suede la Liberté de traverser, ou
„ la Moscovie, ou la Pologne ; qu'il avoit ensuite confirmé cette Pro-
„ messe par un Ecrit, signé de sa Main, & cacheté de son Sceau ; que
„ c'étoit un ancien Usage, généralement établi parmi les Turcs & les
„ Chrétiens, de faire ces sortes d'Actes par écrit ; & qu'on ne pou-
„ voit sans Injustice refuser d'y ajouter Foi. Que, puisque le Roi
„ alléguoit tant d'Obstacles, qui s'opposoient à son Voïage par la Po-
„ logne, le Grand-Vizir, & le Kam des Tartares, avoient reçu Or-
„ dre du Grand-Seigneur de transporter Sa Majesté ailleurs. Que le
„ Prémier-Ministre de l'Empereur d'Allemagne avoit depuis long-tems
„ offert au Roi le Passage par les Païs de sa Domination ; qu'il ve-
„ noit

Impertinen-
te Lettre du
Vizir au
Roi.
V. APP.
No. CLXV.

„ noit d'en écrire encore tout nouvellement; & qu'il vouloit même
„ envoïer un Caroffe pour le Service de Sa Majefté; qu'ainfi, Elle
„ pourroit, fans imaginer de nouvelles Excufes, fe mettre auffi-tôt en
„ Route, & prendre le Chemin de Belgrade, ou de Temefwar, à
„ *Arad Cfanad* ou *Warad*, Provinces de la Dépendance de l'Empe-
„ reur. Qu'elle n'avoit qu'à choifir une de ces Routes, après quoi
„ Elle pourroit partir avec tous fes Gens; que la Porte lui avoit déjà
„ rendu d'affez grands Honneurs; qu'Elle devoit fonger à ce qu'Elle
„ faifoit, & ne pas fe fervir d'avantage de toutes fortes l'Excufes fri-
„ voles, pour demeurer plus long-tems à Bender; qu'il falloit obéïr à la
„ Volonté du Grand-Seigneur, & avoir de la Reconnoiffance pour fon
„ Affeétion & fon Amitié, fans agir direétement contre fes propres
„ Intérêts. Que cette Conduite pourroit donner lieu au Grand-Sei-
„ gneur de ne pas avoir pour le Roi de Suede les mêmes Sentimens fa-
„ vorables qu'il avoit eus jufques-là, &c. „

FUNCK fe trouvoit dans un Embarras inexprimable, fouhaitant mille
fois de pouvoir s'en retourner à Conftantinople. Il n'étoit plus tems.
Le Vizir n'étoit pas d'Humeur d'écouter fes Excufes, & comme il
avoit la Force en Main, il n'étoit pas fûr non plus de faire trop d'Inftances. Mais, à quoi Monfieur de Funck ne s'expofoit-il pas en portant ces Nouvelles au Roi fon Maitre? Plus il fongeoit aux Faux-Pas
qu'il avoit fait, en quitant fon Pofte fans Ordre, plus fon Embarras
augmentoit. Cependant, comme il étoit obligé de faire de Néceffité
Vertu, il partit, s'abandonnant entiérement à la Difcrétion de fon
Roi. Il refta trois ou quatre Jours à Bender, fans qu'il ôfât paroitre
au Quartier-général, & encore moins devant Sa Majefté; mais, enfin,
fur l'Interceffion de quelques Amis, il obtint la Permiffion de venir rendre fes Refpeéts au Roi, auquel il fit un Rapport exaét & fidele de
tout ce qui s'étoit paffé: après quoi, il eut Ordre de demeurer à Bender, pour y attendre les Intentions de Sa Majefté. Ce Prince efpéroit
toujours, que le Grand-Seigneur lui rendroit Juftice, & qu'étant informé de la Conduite du Vizir, il ne manqueroit pas de le punir, pour
avoir, au Mépris de fa Promeffe, exclus du Traité un Prince qui étoit
fon Ami & fon Allié.

OUTRE cet Artifice, le Vizir en imagina un autre, non moins indigne, qui lui réüffit auffi bien que le prémier. Le Roi avoit auprès
de lui un Interprete juré, nommé Aléxandre Amira. Un jour, le Séraskier de Bender le fit venir auprès de lui fous quelque Prétexte. On
le faifit fur le champ; &, aïant été lié & garotté, on le jetta dans
un Chariot couvert, pour être conduit, fous une forte Garde, au
Camp des Turcs fur le Danube. De-là on le mena prifonnier au Chateau de Kilburni, fitué à quelque Diftance d'Oczacow.

SUR ces Entrefaites, le Vizir reçut Ordre de fe rendre à Conftantinople. Il s'excufa d'abord fur la Néceffité où il étoit d'attendre
l'Exécution du Traité de Paix, & promit de s'y rendre, dès que cela
feroit

feroit fait : mais, il se trompa fort dans son Attente ; & les Chicanes des Moscovites, après lui avoir causé mille Chagrins, lui devinrent à la fin très funestes. Ceux, qui avoient été envoïés pour prendre Possession d'Asoph, aïant mouillé devant la Place, sommérent le Commandant de la rendre. Celui-ci, au-lieu d'obéïr, fit faire aux Turcs les Questions suivantes. „ I. Si les Députez ne savoient pas, qu'en
„ s'approchant d'une Forteresse étrangere, ils étoient dans l'Obliga-
„ tion de porter Pavillon blanc? II. Si, dans le Traité de Paix, on
„ avoit fixé un certain Jour, ou quelque autre Terme, pour la Red-
„ dition d'Asoph; & si la Place devoit être rendue d'abord, ou seule-
„ ment après quelque Tems? III. Si les Députez étoient chargés de
„ quelque Ordre touchant les Prisonniers Suédois & Polonois: que
„ s'ils ne l'étoient pas, il falloit qu'on envoïât vers le Czar, pour sa-
„ voir ses Intentions sur ce Sujet. IV. Si les Députez étoient autori-
„ sés d'achêter, pour le Grand-Seigneur, les Munitions, les Agreils,
„ & l'Artillerie, qui se trouvoient dans les Places dont on exigeoit
„ la Restitution? V. Si l'Ordre avoit été donné de rembourser à l'A-
„ miral-Général Apraxin les Sommes qu'il avoit avancées de ses pro-
„ pres Deniers, pour la Construction & l'Entretien de la plûpart des
„ nouvelles Forteresses; Sommes, qui montoient à quelques cens
„ mille Ecus? VI. Si les Députez ramenoient les Soldats Moscovites
„ que les Tartares avoient enlevez au Czar, durant sa Retraite? Que,
„ par-là, la Paix avoit été violée; mais, que le Czar sauroit assez en
„ tirer Raison, & se vanger de l'Injure qu'on lui avoit faite, en lui
„ tuant tant de Monde en Chemin. „

Les Commissaires Turcs ne s'attendoient pas à ces Questions, qu'ils traitoient de Chicanes manifestes. Cependant, ils eurent beau alléguer leurs Raisons, pour réfuter celles des Moscovites, personne ne les écouta, & ils furent obligés de s'en retourner, sans avoir rien obtenu. Le Rapport, qu'ils en firent au Vizir, jetta celui-ci dans un Embarras extrême. Quel Sujet de Triomphe pour ses Ennemis, qui avoient publié, que la Paix, qu'il avoit concluë, loin d'être avantageuse au Grand-Seigneur & au Roi de Suede, ne l'avoit été que pour lui en particulier. Quel Sujet de Joie pour ces mêmes Personnes, quand ils verroient qu'il seroit obligé de païer de sa Tête ces Avantages. Schaffirof & Scheremetof furent reserrez plus étroitement: on leur doubla la Garde ; & le Vizir leur fit signifier, que c'étoit à eux, comme Otages, de donner Ordre, au Nom de leur Maitre, que les Articles du Traité fussent éxécutez de Bonne-Foi, & sans aucun Retardement. Là-dessus, aïant assemblé les principaux Officiers de l'Armée, il leur demanda leur Sentiment sur ce qu'il y auroit à faire. „ Je ne me suis pas attendu,, disoit-il, „ aux Objections que les Moscovites viennent de me faire. Il
„ paroit que leur Intention est de me rendre malheureux; quoique, en
„ faisant cette Paix, je n'aïe absolument rien eu en Vûe que le Bien
„ & l'Avantage de la Sublime Porte. Prenons donc une Résolution

„ ca-

1711.
―――――
Août.
Reddition
d'*Asoph.*

*Embarras
du Grand-
Vizir.*

,, capable de nous tirer d'Embarras. ,, Les deux Plénipotentiaires
Moſcovites furent auſſi appellez à cette Conférence, qui ſe tint dans
la Tente du Vizir. Mehemet Baltadſchi parla beaucoup, & avec vé-
hemence. Quand on lût le Rapport des Commiſſaires, il ſe mit dans
une furieuſe Colere. Les autres Officiers Turcs ne témoignérent pas
moins d'Indignation: diſant hautement, qu'on les avoit trompez; &
qu'ils auroient mieux fait de retenir le Czar, avec toute ſon Armée,
juſqu'à ce qu'il eut ſatisfait aux Conditions du Traité. Quelques-uns
pouſſérent plus loin leurs Regrets. ,,Il auroit mieux valu,, ,diſoient-ils,
,, faire Main baſſe ſur tous les Moſcovites, que de nous voir expoſez,
,, pour l'Amour d'eux, à mille Chagrins, & même au Reſſentiment
,, du Grand-Seigneur, nôtre Maitre. ,,

SCHAFFIROF, aïant pris la Parole, dit, ,, qu'à l'égard du Comman-
,, dant d'Aſoph, on ne devoit pas trouver mauvais, qu'il eut fait
,, quelques Difficultez touchant la Reſtitution de cette Place; qu'il
,, étoit au Service d'un Prince Souverain, qui lui avoit confié cet im-
,, portant Poſte. Que, puiſque le Czar avoit lui-même fait & ratifié
,, le Traité de Paix, le Commandant devoit, de toute Néceſſité,
,, avoir un Ordre écrit de la propre Main de ce Prince.,, Les
Turcs repliquérent en demandant, ,,Si la Ratification, écrite de la
,, propre Main du Czar, n'étoit pas un Ordre aſſez preſſant? Et ſi un
,, Ordre de leur Part, comme Otages, ne ſuffiſoit pas? Que ſi le Com-
,, mandant perſiſtoit à dire, qu'il n'avoit point reçu d'Ordre du Czar,
,, il falloit, à cauſe de cela, que la Paix fût nulle, & que la Place de-
,, meurât toujours entre les Mains des Moſcovites?,, Ces Queſtions
ne furent point alors décidées. Schaffirof, continuant ſon Diſcours,
parla du Roi de Suede. ,,Comme il a été ſtipulé très expreſſément,,
,diſoit-il, ,,que ce Prince doit partir, je vous ſupplie, au Nom de
,, Dieu, & pour l'Amour que vous devez avoir pour les Intérêts de
,, la Sublime Porte, de ne rien négliger, pour que cela ſe faſſe au plû-
,, tôt poſſible. On eſt informé de bonne Part, que les Sujets de ce
,, Prince l'ont entiérement abandonné, & qu'ils ſont ſur le point de
,, mettre quelque autre ſur le Trône à ſa Place. Vous jugez aiſément,
,, Meſſieurs, qu'il ne manquera pas de ſolliciter le Grand-Seigneur
,, avec plus d'Inſtances que jamais. Comment le Czar pourra-t-il, ſur
,, ce pied-là, obtenir une Paix ſolide ; & quelle Gloire la Sublime Por-
,, te pourra-t-elle retirer d'une pareille Alliance?,, Les Turcs, qui
s'apperçurent, que Schaffirof avoit prononcé ces Paroles avec une
grande Emotion, & avec un Viſage ſur lequel on pouvoit lire l'Embarras où il ſe trouvoit, lui demandérent avec précipitation, s'il avoit
des Lettres de bonne Main, qui marquoient que le Roi de Suede avoit
été dépoſé, ou s'il étoit lui-même perſuadé de la Vérité de ce qu'il
avançoit? Il ſe diſoit, à cette Occaſion, des Injures ſi atroces & des
Calomnies ſi noires, ſur le Sujet de Charles XII, que nous avons une
juſte Horreur de les mettre ſur le Papier. Nous n'aurions même pas

rap-

rapporté le peu que nous en avons dit , s'il ne s'agiſſoit de faire **voir**, 1711.
que les Ennemis de ce Prince ſe ſervoient indifféremment de tous **les** ———
Moïens imaginables pour le noircir. Revenons à notre Conférence. *Août.*
Le Bruit, cauſé par le Diſcours de Schaffirof, étant un peu appai-
ſé, l'Aga des Janiſſaires demanda ſi l'on ne trouvoit pas à propos, **que le**
Kam des Tartares fût auſſi invité à cette Conférence? Le Vizir **ré-**
pondit que non ; & qu'il ne ſe ſoucioit pas de ce Prince. Qu'il avoit **appris,**
qu'il étoit mécontent de la Paix, plûtôt pour l'Amour du Roi de Suede,
que pour l'Amour de lui-même ; que ſi on l'invitoit à cette Conférence,
il n'y feroit que cauſer des Brouilleries & des Diſputes inutiles.

Après quelques Débats , le Vizir demanda à Schaffirof, ſi le **Czar**
avoit quelque Penchant à faire la Paix avec le Roi de Suede, & ſi **lui**
Schaffirof n'avoit point de Plein-Pouvoir ſur ce Sujet. Le Vice-**Chan-**
celier répondit , que quoiqu'il n'eut point de Plein-Pouvoir, il **vouloit**
néanmoins entrer en Négociation, & qu'il étoit ſûr que ſon Maitre **ne**
le deſavoueroit point; mais, qu'il falloit que le Roi de Suede s'**enga-**
geât au préalable à laiſſer à Sa Majeſté Czarienne les Conquêtes qu' **Elle**
avoit faites ſur lui durant la Guerre. L'Aga des Janiſſaires l'inter**rom-**
pit bruſquement, diſant: ,, Si Charles XII eſt dépoſé, comme **vous**
,, venez de le dire, il n'eſt donc plus Roi, & vous ne pourrez **rien**
,, conclure avec lui. ,, Schaffirof, confus, ne repliqua rien à cet **Ar-**
gument.

Il eſt aiſé de voir, que le Vizir ne ſe propoſoit par cette Conféren-
rence, que de jetter de la Poudre aux Yeux de la Cour Ottomane , à
laquelle il vouloit faire accroire, qu'en même tems qu'il travaillo**it pour**
ſes Intérêts, & à l'entiere Exécution du Traité, il ne négligeo**it rien**
non plus pour moïenner la Paix entre le Roi de Suede & le **Czar.**
Pouſſant à bout la Fourberie, il envoïa au Roi un Courier, **pour lui** *Le Vizir en-*
faire ſavoir, que, ſur ſes Inſtances, les Seigneurs Moſcovites, **qui é-** *voïe un*
toient demeurez en Otage avoient bien voulu ſe réſoudre d'**entamer,** *Courier au*
au Nom du Czar, des Négociations de Paix. Il le pria donc d'en**voïer** *Roi de Sue-*
au plûtôt ſes Plénipotentiaires au Camp des Turcs, qui étoit à **To-** *de.*
merowa.

Charles comprit très bien dequoi il étoit queſtion, & que **toutes**
ces Allées & ces Venues n'aboutiroient à rien. Cependant, comme **il**
avoit des Amis à la Cour, ſur leſquels il pouvoit compter, & qui **en**
effet étoient très capables de renverſer entiérement les Projets du **Vi-**
zir; & que d'ailleurs il vouloit mettre ce Miniſtre dans tout ſon **Tort;**
il ordonna au Colonel Funck de ſe rendre à l'Armée Turque. **Cet** *Le Colonel*
Officier partit vers la Fin du Mois d'Août, accompagné du Comte *Funck eſt*
Torſtenſon, Aide-de-Camp-général, du Comte Sten Arfwedſon, **& du** *envoïé au*
Sécrétaire Herman Cedercreutz. A leur Arrivée, ils furent reçus avec *Camp du*
beaucoup d'Honnetetez. On les conduiſit dans deux Tentes qui avoient *Turcs,*
été dreſſées pour eux, & où on leur donna à diner. D'abord après **le**
Repas, un Meſſager vint leur annoncer de la Part du Vizir, qu'ils au-

Tome II. V v v roient

roient auſſi-tôt Audience. Il leur fit dire en même tems, qu'ils euſſent à prendre avec eux tous leurs Papiers, & qu'ils ſe fiſſent accompagner de tous leurs Domeſtiques. Ce Compliment parut ſuſpect aux Suédois. Leur prémier Soin fut de mettre à côté leurs Papiers, & de les cacher; après quoi, ils ordonnérent à leurs Laquais de ne pas bouger. Lorſque Monſieur de Funck préſenta au Vizir la Lettre qui lui étoit adreſſée, Mehmet Baltadſchi lui demanda *de qui elle venoit?* Funck répondit, *qu'elle étoit écrite par le Chancellier de Mullern, Prémier-Miniſtre de Sa Majeſté Suédoiſe. Et pourquoi,* repliqua le Vizir, *le Roi ne l'a-t-il pas ſignée lui-même, comme le font l'Empereur d'Allemagne, le Roi de France, & d'autres Puiſſances, quand ils écrivent au Grand-Vizir?* L'Envoïé pria le Vizir *de ſe ſouvenir, que le Roi de Suede l'avoit fait pareillement, en le félicitant ſur ſon Elevation à la Dignité dont il étoit revétu; mais,* ajouta-t-il, *il ne lui eſt pas poſſible de le faire à préſent, par ce qu'on lui a enlevé ſon Interprete Amira, qui a été conduit au Camp des Turcs. Toutes les Lettres que cet Homme-là dreſſoit, le Roi les ſignoit, parce que Sa Majeſté étoit perſuadée, qu'elles étoient telles qu'Elle ſouhaitoit, & qu'il n'y manquoit rien.* Là-deſſus le Vizir demanda *s'il y avoit-là quelqu'un de la Chancellerie du Roi, préſent?* Funck répondit qu'*oui*, & en même tems le Sécrétaire Cédercreutz s'étant avancé, Mehmet Baltadſchi lui demanda avec vivacité, *s'il n'étoit pas Woinarowski, le Neveu de Mazeppa?* On eut beau dire que *non*, le Vizir vouloit abſolument qu'il le fût; ce qui ne pouvoit que faire naitre la Penſée, que ſi ce Gentilhomme avoit été préſent, le Vizir n'auroit fait aucune Difficulté de le faire arrêter, pour l'envoïer au Czar. S'étant tourné vers l'Envoïé, le Vizir lui dit, *Pourquoi ton Roi ne quitte-t-il pas les Etats du Grand-Seigneur, pour s'en retourner dans ſon propre Païs? Le Roi mon Maitre,* repartit Monſieur de Funck, *ne m'a pas dit ſes Raiſons; mais, autant que j'en ai appris, Sa Majeſté veut attendre, pour ſavoir ce que penſe le Grand-Seigneur de la Paix qui a été conclue avec le Czar; Paix, directement oppoſée à la Promeſſe, que le Sultan a faite à Sa Majeſté par écrit, de ne vouloir rien conclure, à moins qu'Elle n'y fût compriſe.* Le Vizir, pouvant à peine ſe poſſéder, dit, *que ſi le Roi ne partoit point, il le lieroit ſur un Chariot, & le transporteroit lui-même.* Funck repliqua, *que le Vizir pouvoit être perſuadé, que le Roi ne ſe laiſſeroit lier par qui que ce fût; & que ſi l'on uſoit de Violence, il repouſſeroit la Force par la Force, auſſi long-tems qu'il ſeroit en état de faire la moindre Réſiſtance.* Cette Réponſe mit le Vizir de très mauvaiſe Humeur. Il gronda, il dit des Duretez à Funck, & lui commanda, en Termes injurieux, de ſe lever & de ſortir. Au moment que Funck ſe diſpoſoit à le faire, il apperçut un Polonois, qui avoit été autrefois à ſon Service, & que Potocki venoit d'envoïer au Camp avec une Lettre pour le Vizir. Il la prit de cet Homme, & la préſenta au Vizir, lui diſant en même tems de qui elle venoit. Mehmet Baltadſchi, au lieu de l'accepter, refuſa de la recevoir, la repouſſant avec la Main.

A PEI-

A PEINE les Suédois furent-ils hors de la Tente, qu'il se virent en-tournez d'une Troupe de Janissaires, qui les conduisirent auprès du Kam des Tartares. Funck entra seul auprès de lui: les autres se ren-dirent auprès de son Fils Kalga Sultan, où ils restérent environ une Heure. Les deux Princes Tartares insistérent beaucoup sur le Départ du Roi. A les entendre parler, on auroit dit, qu'ils étoient entiére-ment dans les Idées du Grand-Vizir. Ils ne l'étoient pourtant pas, & tout s'en falloit qu'ils parlassent sérieusement. Ils aimoient le Roi, & emploïoient pour son Service tous les Amis qu'ils avoient à la Cour: mais, environnez de toutes Parts d'Espions Turcs, ils n'ôsoient point découvrir leurs véritables Sentimens, crainte de s'attirer quelque mau-vaise Affaire de la Part du Vizir. De chés le Kam, Funck & ses Compagnons furent reconduits dans leurs Tentes, où ils demeurérent quelques Jours, sous une forte Garde. Lorsque l'Armée Turque se mit en devoir de décamper, & de passer le Danube, l'Envoïé fit prier le Vizir de vouloir leur rendre la Liberté, & de permettre qu'ils pussent s'en retourner à Bender. Qu'ils étoient venus le trouver parce qu'il les en avoit priés, & qu'ils avoient cru qu'on ne les traiteroit pas en Ennemis. Qu'il étoit injuste de retenir, comme Prisonniers, des Gens envoïés de la Part d'un Prince Ami & Allié. Qu'ils avoient eu Ordre de se rendre auprès du Vizir, & nullement de suivre l'Armée Tur-que. Le même Soir, nos Suédois, à l'exception de Monsieur de Funck, furent embarqués sur une Galere, pour être transportez à Smailou, d'où ils se rendirent par terre à Bender. Funck fut traité avec assez de Distinction: il demeura néanmoins, jusques bien avant dans le Mois de Novembre, sous la Garde d'un Détachement de deux cens Hommes.

La Capichi Bacha, qui ramena nos Messieurs (a), avoit ordre de déclarer au Roi, que le Grand-Vizir aïant pris tous les Arrangemens né-cessaires, pour faire escorter Sa Majesté par la Pologne, il espéroit qu'Elle se mettroit au plûtôt en Voïage, & sans alléguer de nouvelles Difficultez, ou des Contradictions, qui ne serviroient plus de rien. A ce Compliment le Roi fit répondre, que s'il pouvoit avec sureté se rendre sur les Frontieres de ses Etats par le Chemin de Belgrade, & en traversant l'Allemagne, il n'auroit besoin, ni des Exhortations du Vizir, ni d'aucune Escorte; mais que, comme l'Interregne duroit encore dans l'Empire, & par conséquent le Vicariat du Roi Auguste, Sa

1711.

Août.

Il est arrêté avec les Of-ficiers de sa Suite.

Nouveau Message de la Part du Vizir.

(a) Ce fut un Tartare, qui donna le prémier Avis à Bender, de la Maniere dont le Colonel Funck avoit été reçu au Camp des Turcs, & qui il y avoit été arrêté avec ceux de sa Suite. On ignore si cet Homme avoit été envoïé exprès de Tome-rowa, par le Kam, pour porter cette Nouvelle au Roi, ou s'il avoit fait ce Voïage de lui-même. Le Roi eut de la Peine à ajouter Foi à ce Rapport, dont il vouloit at-tendre la Confirmation. Il n'en eut point avant que ses Aides-de-Camp arrivassent avec Mr. de Cedercreutz, qui lui firent un Détail de tout ce qui s'étoit passé.

Sa Majefté hazarderoit trop à prendre cette Route. Qu'Elle ne rifque-
roit pas moins à traverfer la Pologne avec une Efcorte fi peu nombreufe, de la maniere dont cela avoit été réglé par le Vizir. Qu'ainfi,
Elle vouloit attendre que le Grand-Seigneur fe fût expliqué fur les dernieres Propofitions qu'Elle lui avoit fait faire.

*Il continue
à chagriner
le Roi.*

MEHMET BALTADSCHI, voïant que Charles fe mocquoit de toutes fes
Menaces, imagina un autre Expédient pour le chagriner. Il fit déf-
fendre, fous de groffes Peines, de porter des Vivres au Camp du Roi
de Suede. Son Intention étoit d'affamer ce Prince, & de le réduire
par-là à la Néceffité de partir. Mais, cette Invention ne réüffit pas
mieux que les autres. Les Eaux du Niefter aïant inondé, comme
j'ai dit, le Camp du Roi près de Bender, Sa Majefté avoit été obligée de fe retirer à Warnitza. Ce fut ce Changement, qui fit échoüer
les mauvais Deffeins du Vizir. Il y avoit, à quelque Diftance de ce
Village, des Vignes, où les Turcs portérent leurs Marchandifes. On
y trouvoit, pour de l'Argent, tout ce que l'on fouhaitoit, & même en
Abondance.

*Lettre de
Potocki à la
République
de Pologne
V. L'APP.
No. CLXVI.*

TANDIS que cela fe paffoit entre le Roi de Suede & le Miniftre
Turc, le Palatin de Kiovie entreprit de porter les Polonois à profiter
de la Conjonéture, pour remettre fur le Trône le Roi Staniflas. Pour
cet Effet, il leur adreffa une Lettre, dans laquelle, après s'être jufti-
fié des mauvaifes Intentions qu'on lui avoit attribuées, il rapporte ce
qui avoit été ftipulé dans le Traité du Pruth en faveur de la République.
Il exhorte fes Concitoïens à s'unir pour le Rétabliffement du Repos &
& de la Liberté, & à ne rien négliger pour s'oppofer à ceux qui ne
cherchoient que la Deftruétion de la Patrie. Cette Lettre, écrite en
Polonois, eft datée de Bender le 27. Août 1711.

Septembre.

le 3.

SUR ces Entrefaites, les Miniftres de France & d'Angleterre à Conftantinople eurent Avis de ce qui s'étoit paffé à l'égard du Colonel
Funck; qu'il avoit été arrété avec fes Compagnons; qu'on avoit fait
fignifier au Roi de Suede, qu'il eut à partir; qu'on avoit menacé ce
Prince de le lier, & de le garotter, s'il perfiftoit dans fon Refus; qu'on
avoit défendu de porter des Vivres dans fon Camp; &, en un mot,
que le Vizir mettoit tout en œuvre, pour l'obliger à quitter les Etats du
Grand-Seigneur. Inftruits de ces Particularitez, ils réfolurent d'en don-

*le 6.
Perman &
Celfing, in-
formez de la
Conduite du
Gr. Vizir.*

ner fécrétément Avis aux deux Sécrétaires Perman & Celfing. Au
bout de quelques Jours, ces Nouvelles furent confirmées par un certain la Motraye, qui arriva dans ce Tems-là à Conftantinople. Nos
deux Suédois, allarmez au-de-là de l'Expreffion, ne favoient quel Parti
prendre. Le Vizir étoit l'Homme du Monde le plus brutal; & comme il haïffoit fortement le Roi, il étoit à craindre, qu'il ne fe portât à
quelque facheufe Extrémité, & qu'il ne s'avifât enfin de l'attaquer à
Force ouverte, comme il l'en avoit menacé de la maniere la plus im-
pertinente. De fe plaindre de lui à la Cour, cela étoit inutile; car, il
ne manquoit, ni d'Amis, ni de Créatures, qui empêcheroient l'Effet

de

de ces Plaintes. Prenoient-ils le Parti de préfenter fur ce Sujet un Mémoire au Grand-Seigneur lui-même, cet Expédient les expofoit à de grands Hazards; car, tel eft parmi les Turcs le Refpect qu'ils portent à la Perfonne du Sultan, que fi, pendant qu'il marche en Proceffion par les Rues, quelqu'un vouloit avancer droit vers lui, il feroit arrêté fur le champ, comme fufpect de quelque mauvais Deffein. D'ailleurs, quelqu'un s'avife-t-il de porter des Plaintes contre le Grand-Vizir, & qu'il n'eft pas en état de prouver d'une maniere convaincante, il eft puni de Mort, fans exception.

Ce fut à cette derniere Confidération que les Sécrétaires Suédois s'arrétérent particuliérement. Si cela arrive, difoient-ils, pendant que le Vizir eft à Conftantinople, & fous les Yeux de fon Maitre, à plus forte Raifon doit-on ménager un Homme, qui fe trouve à plus de cent Lieues de la Capitale, à la tête d'une puiffante Armée, & qui commande en Chef à plus de deux cent mille Hommes, auxquels il vient de païer leur Solde, & qu'il tâche de gagner par des Libéralitez extraordinaires, afin de leur faire oublier la Paix honteufe dont ils avoient murmuré au commencement. Une autre Circonftance ne leur donna pas moins à penfer. C'étoit que le Vizir portoit avec lui le *Sandfchagi Scherif*, ou le Drapeau de Mahomet, pour lequel les Peuples crédules & fuperftitieux ont une Vénération toute particuliere, & dont l'Abus a caufé en différens Tems de grandes Révolutions dans cet Empire. Toutes ces Réfléxions étoient de puiffans Motifs pour les détourner de l'Idée d'aller fe plaindre au Grand-Seigneur. Outre cela, ils n'avoient reçu aucune Nouvelle de la Part de leur Maitre, qui n'avoit point de Commerce de Lettres avec Conftantinople. Ils n'ôfoient pas même efpérer qu'ils en reçuffent, du moins pas affez à tems pour pouvoir détourner le Péril dont il étoit menacé. Si, d'un autre côté, il arrivoit au Roi quelque grand Malheur, leurs Démarches deviendroient inutiles: on s'en prendroit à eux; ils en feroient blâmez, non feulement en Suede, mais par le Monde entier, & leur Bonne-Volonté pafferoit pour l'Effet d'un Zele aveugle & d'une Etourderie impardonnable.

Il fut donc réfolu, qu'on fuivroit la Voie ordinaire des Repréfentations. Le Sécrétaire Perman fe chargea d'en parler au Caïmaikan. Lui aïant fait demander Audience, il fut renvoïé deux fois, fans pouvoir l'obtenir. Il revint de nouveau à la charge: on l'admit, & le Reis Effendi fe trouva préfent à la Conférence. Perman commença d'abord par dire, que le Grand-Vizir avoit voulu obliger le Roi de partir de Bender avec une Efcorte de fept mille Turcs & de cinq mille Tartares. Que ces Gens-là étoient à peine capables de fe deffendre eux-mêmes, encore moins d'efcorter ce Prince au travers du Païs ennemi. Après ce Préambule, il en vint aux Plaintes contre le Vizir: difant, qu'il avoit ôté à Sa Majefté le Capitaine des Janiffaires, avec le Détachement qui avoit eté de Garde auprès de fa Perfonne; qu'il

V v v 3

avoit

avoit fait enlever, à l'inſçu du Roi, l'Interprete Amira, qui avoit été mis dans les Fers, & conduit au Camp des Turcs; qu'il avoit fait mener Boukowski, du Fauxbourg de Bender, dans la Ville, où il étoit logé, & entretenu, comme Miniſtre public & avoué du Roi Auguſte; qu'il avoit défendu au Bacha de Bender de donner des Paſſeports aux Couriers que Sa Majeſté envoïoit à Conſtantinople & à Belgrade, & que par-là Elle ſe trouvoit privée de tout Commerce de Lettres; &, enfin, qu'il avoit fait arrêter un Polonois, dont l'Envoïé Funck s'étoit ſervi pour porter des Lettres au Roi. Le Caïmaikan répondit froidement, qu'il ne ſavoit rien de tout cela: ſur quoi Perman l'aïant prié de vouloir en parler au Grand-Seigneur, il s'en excuſa, ſous prétexte, que, comme le Sultan avoit commis au Grand-Vizir le Soin des Affaires de Suede, il ne lui étoit pas permis de le faire. Le Sécrétaire Suédois lui préſenta là-deſſus un Mémoire, écrit en Langue Turque, contenant les mêmes Griefs qu'il avoit expliqués de Bouche, & le pria de remettre ce Papier au Sultan. Le Caïmaikan refuſa de s'en charger; diſant, qu'il ne ſavoit pas lire, & que c'étoit au Reis Effendi à le recevoir. Perman le lui préſenta; mais, il avoit ſon Excuſe toute prête: *Je ne ſais, ni lire, ni écrire*, diſoit-il; *je ne veux même pas entendre faire la Lecture de cette Piéce.*

Il s'adreſſe
ſur le même
Sujet à
Mehmet
Aga.

Toutes les Inſtances étant inutiles auprès de ces deux Miniſtres, le Sécrétaire alla trouver Mehmet Aga, Kapiziler Kihajaſi du Grand-Seigneur. Il lui expoſa fort au long, non ſeulement les Entrepriſes du Vizir, mais auſſi ce qui s'étoit paſſé dans la Conférence qu'il venoit d'avoir avec le Caïmaikan & le Reis Effendi; & le pria, comme aïant toujours été fort affectionné au Service du Roi, d'en faire Rapport au Sultan. L'Aga répondit, qu'avec la meilleure Volonté du Monde, il n'ôſoit ſe charger de cette Commiſſion, parce que ſon Attachement pour les Suédois lui avoit déjà attiré un grand Nombre d'Ennemis.

Telle étoit l'Appréhenſion qu'on avoit à la Cour de ce Prémier-Miniſtre, que perſonne ne vouloit ſe charger de parler de ſa Conduite; &, quoique l'on ſût ſous Main, que le Grand-Seigneur avoit découvert, par le Moïen de ſes Emiſſaires ſecrets, pluſieurs Fauſſetez que le Vizir lui avoit mandées, on apprit néanmoins, que ce Prince n'ôſoit rien entreprendre contre cet Homme; de crainte, que, venant à s'appercevoir des Soupçons de ſon Maitre, il ne ſe portât à quelque Démarche, qui pourroit être fatale à la Perſonne du Sultan, & dont il pouvoit réſulter une Révolte générale. Cette Crainte n'étoit pas ſans fondement. Mehmet Baltadſchi commandoit une puiſſante Armée. Il étoit aimé des Officiers, & il avoit obtenu d'eux un Conſentement formel, par lequel ils approuvoient le Traité avec la Ruſſie. Osman Aga étoit de tous les Partiſans qu'il avoit à la Cour le plus puiſſant & le plus redoutable. Celui-ci alla de nuit trouver le Kaïmaikan, & lui propoſa de faire deffendre, ſous de groſſes Peines, aux Suédois,
d'al-

d'aller deformais par la Ville, afin de les empêcher de donner aux Turcs une mauvaise Impreſſion de la Conduite du Vizir.

PERMAN & Celſing, informez de ce Deſſein, réſolurent de tout hazarder, plûtôt que de ſouffrir qu'on les privât de la Liberté dont ils jouïſſoient. Le ſeul Expédient, qui leur reſtoit, étoit de s'adreſſer directement au Grand-Seigneur. Ce fut auſſi le Parti qu'ils prirent. Ils dreſſérent un Narré exact & circonſtancié de tout ce qui étoit arrivé au Roi. Ils parloient, dans ce même Ecrit, de la grande Confiance que leur Maitre avoit en la ſublime Porte, & des Marques fréquentes d'Amitié & d'Affection, que le Grand-Seigneur avoit données à Sa Majeſté Suédoiſe. Après cela, ils en venoient aux Traitemens que le Roi avoit à eſſuïer de la Part du Vizir, qui, non content de lui être contraire en toutes Occaſions, agiſſoit avec lui comme avec un Ennemi déclaré. Ils finiſſoient par proteſter, qu'ils étoient perſuadez, que cela ſe faiſoit à l'inſçû, & contre la Volonté, de Sa Hauteſſe: ajoutant, qu'ils le prioient, de vouloir donner ſes Ordres, pour que Sa Majeſté fût tirée du Péril dont Elle étoit menacée, & qu'Elle continuât à accorder à ce Prince la même Sureté dont il avoit jouï juſqu'alors dans les Etats de la Domination Ottomanne. Celſing, prêt à s'expoſer aux plus grands Dangers, s'il le falloit, ſe chargea de rendre ce Mémoire au Grand-Seigneur. Aïant pris un Habit à la Turque, il ſe gliſſa parmi les Janiſſaires rangés en haie, ſur le Paſſage qu'Achmet avoit à traverſer, pour ſe rendre à la grande Moſquée. Au moment que le Sultan paſſa devant lui, il s'avança hardiment, & lui préſenta ſon Ecrit. Un Bacha, qui marchoit à côté du Prince, prit le Mémoire: &, dans le même inſtant, Celſing, entouré de Gardes, fut conduit auprès du *Dſchellad*, c'eſt-à-dire, le Bourreau, du Grand-Seigneur. Peu après, un de ſes Gardes lui aïant demandé, qui il étoit, il répondit qu'il étoit Suédois. Surquoi on le conduiſit dans une Chambre, qui étoit au Kapiziler Kihajaſi, où on lui préſenta le Caffé. Au bout de trois quarts-d'heures, il vint un Meſſager l'avertir, qu'il eut à deſcendre dans un Endroit appellé le *Kiâske*, vis-à-vis du petit Divan, où l'Empereur s'étoit rendu, en ſortant de la Moſquée. Quand Celſing y arriva, il trouva que le Sultan en étoit déjà parti, pour aller voir le Moufti, qui étoit malade. Aïant été conduit au *Kalem*, qui eſt la Chancellerie du Chiaoux Bacha, on lui ſignifia, que, dès que le Grand-Seigneur auroit pris une Réſolution ſur ſon Mémoire, elle lui ſeroit communiquée. Là-deſſus, on lui fit différentes Queſtions, qui il étoit, où il logeoit, & comment on pourroit le trouver? Aïant ſatisfait à tout cela, on lui permit de s'en retourner chés lui, avec Ordre néanmoins de ſe tenir tranquile.

Celſing préſente au Gr. Seigneur un Mémoire contre le Vizir.

le 15.

LE même Jour que cela ſe paſſoit, le Grand-Seigneur envoïa au Vizir un Exprès, chargé de lui porter les Préſens qui lui avoient été deſtinez. Ils conſiſtoient en pluſieurs Fourrures d'un grand Prix, un Sabre garni de Diamans, & diverſes autres Choſes rares. Une Lettre

des

des plus gracieuſes accompagnoit ces Préſens. L'Ambaſſadeur de
France en avoit vû une Copie. Il en donna Avis à Perman, & lui dit,
que le Grand-Seigneur, dans cette Lettre, témoignoit être très ſatisfait de la Maniere glorieuſe dont le Vizir avoit terminé cette Guerre.
Qu'à l'égard du Roi de Suede, Achmet n'avoit dit autre choſe, ſi-
non, que comme la Néceſſité avoit obligé ce Prince de ſe réfugier
ſous les Ailes de l'Empire Ottoman, il falloit que le Vizir aviſât aux
Moïens de lui procurer quelque Satisfaction, & de faciliter ſon Retour
dans ſes Etats : ajoutant, que cela contribueroit infiniment à relever
la Gloire, tant du Sultan & de la ſublime Porte, que du Grand-Vizir
en particulier.

APRE's la Démarche, que Celſing venoit de faire, on ne doutoit
preſque plus, que les Affaires ne changeaſſent bientôt de Face ; & l'on
ſe flattoit, que le Grand-Seigneur ne ſeroit pas long-tems ſans rendre
Juſtice au Roi de Suede. Préciſement le même Jour que le Mémoire
fut rendu au Sultan, il arriva à Conſtantinople un Courier dépêché de
Bender, avec Ordre aux deux Sécrétaires d'informer exactement, &
par Ecrit, le Grand-Seigneur, de la Conduite que le Vizir tenoit à l'égard
de Sa Majeſté. Le Roi leur recommanda fortement cette Affaire ; &,
en louänt leur Zele pour ſon Service, il dit, que celui des deux qui ſe
chargeroit de rendre un pareil Ecrit en mains au Sultan, mériteroit
une Attention particuliere de la Part de ſon Maitre. Le Chancellier
de Mullern confirme ces gracieuſes Aſſurances dans une Dépêche du
1. Octobre, adreſſée aux mêmes Sécrétaires. Cette Dépêche, dont
je parle, eſt une Réponſe à celle dans laquelle Perman & Celſing rendent Compte au Roi de la Maniere dont ils s'y étoient pris pour remettre leur Mémoire au Sultan.

CEPENDANT, le Grand-Seigneur ſe trouvoit dans des Inquiétudes
mortelles, craignant également pour lui & pour le Roi de Suede. Il
s'étoit traveſti un ſoir, & s'étoit gliſſé parmi le Peuple, pour apprendre les divers Raiſonnemens qui ſe faiſoient dans la Capitale. Ce fut
avec un extrême Chagrin qu'il apprit, que tout le Monde, mécontent
de la Paix, blâmoit la Conduite du Vizir. Quelques-uns lui dirent,
que ce Miniſtre s'étoit laiſſé corrompre à force d'Argent : d'autres inſiſtérent ſur la Néceſſité de le punir d'une Maniere exemplaire. Le
Sultan parloit-il ſur ce Sujet aux principaux de ſa Cour, c'étoit un
Langage tout différent ; & il commença enfin à voir, que tous ces
Gens-là étoient Créatures du Vizir, que loin de témoigner pour les Intérêts du Roi de Suede le même Zele qu'auparavant, ils s'appliquoient
à juſtifier la Paix que le Vizir avoit concluë : comptans pour rien les
dix Millions, que la Porte avoit dépenſez pour cette Guerre, en comparaiſon de la Retroceſſion d'Aſoph, & de l'Avantage qu'on retireroit
de la Démolition de quelques Forts ; Avantages, qu'ils faiſoient ſonner ſi haut, qu'on auroit crû que de-là dépendoit le Salut de l'Empire
Ottoman. D'un autre côté, Achmet venoit-il à réfléchir ſur la Rela-

noit

...tion du Roi de Suede, & fur les Plaintes qu'il formoit contre le **Vizir**, il ne pouvoit douter un inftant de la Vérité des Faits. Enfin fes **Dou**tes difparurent entiérement, & il demeura convaincu des mauvaifes Intentions de fon Miniftre. Pour en arréter le Cours, Achmet fe trouva obligé de s'ouvrir fécrétement à quelques Perfonnes, qui lui étoient les plus affectionnées, & qui avoient un grand Parti dans le Peuple. Cela fe fit avec de grands Ménagemens. Il parla à chacun en particulier: enfuite, il fut fi bien faire, qu'il gagna le Moufti. A celui-ci il fit comprendre, que l'Honneur & le Devoir éxigeoient également, qu'il eut pour les Intérêts du Roi de Suede les Egards auxquels il s'étoit formellement engagé.

SUR ces Entrefaites, le Vizir fit fignifier au Lieutenant-Colonel **La**gerberg, qui avoit accompagné le Kam des Tartares durant cette **Cam**pagne, qu'il eut à s'en retourner à Bender, avec tous ceux de fa **Sui**te. Rien ne fut capable de faire révoquer cet Ordre, & **Lagerberg** partit le même Jour, accompagné de fes Domeftiques, & de l'**Inter**prete du Roi, nommé Savari. Le Kam fe fervit de cette **Occafion**, pour écrire au Roi une Lettre de deux ou trois Lignes, & **pour** lui dire, qu'aïant appris, que Sa Majefté étoit dans l'Intention de **Partir**, il avoit crû devoir lui repréfenter, qu'il étoit de fon Intérêt de **le** faire au plûtôt. Il lui fouhaite un heureux Voïage, & le prie de **ne** pas oublier l'Amitié qu'ils avoient liée enfemble.

AUSSI-TÔT que Lagerberg fut à quelque Diftance du **Camp** des Turcs, Savari prit les devants, & fit tant de Diligence, qu'il **arriva** le Lendemain au foir à Warnitza, auprès du Roi. Charles, ravi **de** fon Arrivée, tenoit toutes prêtes les Dépêches, qu'il avoit réfolu **d'en**voïer à Conftantinople, pour être remifes au Grand-Seigneur. **Il avoit** choifi pour cela Savari, & il ignoroit alors, que les deux Sécrétaires euffent fait la même Chofe de leur propre Mouvement. Savari **fe mit** en chemin: & comme il devoit foigneufement éviter les Gardes poftez fur les Paffages, fon Voïage fut des plus pénibles. Tantôt **il** marchoit à Cheval, tantôt à Pied. Souvent, il fuivoit le grand **Chemin**, quelquefois il étoit obligé de traverfer des Bois, & de paffer des **Mon**tagnes écartées de la Route ordinaire. Aïant furmonté toutes **ces Dif**ficultez, il arriva enfin à Conftantinople. La Crainte d'être reconnu par quelque Partifan du Vizir l'obligea de fe tenir caché jufqu'à **ce qu'il** fe fût acquité de fa Commiffion. Il n'alla voir aucun de fes anciens **A**mis, pas même les deux Sécrétaires du Roi. Il rendit la Lettre **au** Grand-Seigneur, & s'y prit à peu près de la même maniere que **Cel**fing: auffi eut-il le même Sort. Pour fe garantir enfuite contre les **At**tentats de ceux qui étoient tout dévouëz au Miniftre, & dont il **pré**voïoit bien qu'il feroit perfécuté, il retourna dans fa Retraite, & **fui**vit en cela l'Exemple de Celfing, qui avoit les mêmes Raifons de **ne** pas fe faire voir. Savari fut pendant plufieurs Jours en Ville, fans **que** Perman en apprit rien. A la Lettre du Roi étoit joint un Plan, **où**

1711.
Septembre.

*Lagerberg
eft renvoié
du Camp
des Turcs.*

*le 19.
Lettre du
Kam au
Roi.*

*le 10.
Savari eft
envoié à
Conftantinople.
le 12.*

Tome II.   X x x   *étoit*

540 HISTOIRE

1711.
Septembre.

étoit marqué exactement le Terrain que les deux Armées avoient occupé sur le Pruth, & la Position de leurs Camps. Le Grand-Seigneur,
en jettant les Yeux sur ce Plan, eut lieu de se convaincre, qu'on
n'avoit rien avancé que ce qui étoit parfaitement conforme à la
Vérité.

Seconde
Lettre du
Gr. Seigneur
au Vizir.

IL le fit voir à ses Amis, & délibéra avec eux sur ce qu'il y avoit
à faire dans cette Conjoncture. Apres quelques Discussions, il fut résolu, que le Grand-Seigneur écriroit une seconde Lettre au Vizir. Cela fut éxécuté sur le champ: Achmet, en comblant d'Eloges le Grand-
Vizir, dont il exalte la Bravoure & la Supériorité d'Esprit, félicite les
Armes Ottomanes de la Gloire qu'elles ont acquise sous un Chef d'une
si grande Expérience. Il souhaite à Mehmet Baltadschi une Vie également longue & heureuse, & lui témoigne une grande Impatience de
le voir bientôt de Retour avec l'Armée, afin de pouvoir le combler de
nouveaux Bienfaits. Il le prie de hâter sa Marche, parce que le Tems
approchoit, que les Turcs étoient accoutumez de mettre Fin à leurs
Campagnes, pour se retirer chés eux.

Le Vizir
fait assem-
bler un
grand Con-
seil de Guer-
re.

DURANT cet Intervalle, Mehmet Baltadschi ne fit que songer aux
Moïens qu'il pourroit emploïer, pour faire voir, qu'on l'accusoit injustement d'être le seul de toute l'Armée, qui fût contraire au Roi de
Suede. Dans cette Idée, il fit assembler un grand Conseil de Guerre,
composé de tous les Vizirs & de tous les Bachas, dont le Nombre
montoit à plus de cent Personnes. Mehmet porta lui-même la Parole; disant, que comme le Grand-Seigneur avoit promis au Roi de Suede de le faire reconduire dans ses Etats, il étoit juste que cela se fît;
mais, que ce Prince n'étoit nullement content de l'Escorte qu'on vouloit lui donner, & qu'il faisoit tant par ses Délais, que l'Exécution de
la Paix, qui venoit d'être concluë, en étoit empéchée. Qu'ainsi, il
vouloit savoir d'eux, s'ils n'étoient pas d'Avis, que le Roi étoit obligé
de s'en contenter, & qu'on pourroit le contraindre de partir: sur-tout,
parce qu'il étoit expressément dit dans le Traité, qu'il traverseroit en
toute Sureté la Pologne; & que, d'ailleurs, ni ce Prince, ni aucun de
ses Gens, ni les Troupes de son Escorte, n'avoient rien à craindre
de la Part du Czar? Les Opinions furent partagées sur cette Question;
mais, l'Affirmative l'emporta par une grande Pluralité. Là-dessus, on
fit venir les deux Otages Moscovites, avec lesquels ce Jeu avoit été
concerté d'avance. A peine leur eut-on parlé du Départ de Charles,
qu'ils offrirent de donner un Ecrit signé de leurs Mains, par lequel ils
assureroient ce Prince, qu'il pourroit en toute Sureté traverser la Pologne, & même la Russie, s'il le jugeoit à propos. Ils vouloient même s'engager à lui procurer, durant le Voïage, des Relais, des Rafraichissemens, & généralement tout ce qui lui seroit nécessaire.

Le Résultat
en est com-
muniqué à
Funck.

C'ÉTOIT-LA justement ce que souhaitoit le Grand-Vizir, & il ne perdit pas un Mot de ce Discours. Aussi-tôt que les Moscovites se furent
retirez, il fit appeller l'Envoïé de Suede, auquel il demanda, si le Caïmaikan

maïkan à Conftantinople ne lui avoit pas fignifié, qu'il devoit fe rendre à l'Armée Turque, pour recevoir, de lui Grand-Vizir, la Réponfe aux Sollicitations qu'il avoit faites à la Cour, touchant le Roi fon Maitre? Funck repliqua qu'oui. ,,Eh bien,, ,continua le Vizir, ,, voici donc la Réponfe que j'ai à te donner. Le Grand-Confeil, que ,, tu vois affemblé, a délibéré fur cette Affaire, & il a été réfolu, ,, prémiérement, que ton Roi fera obligé de quitter auffi-tôt les Etats ,, de la Domination Ottomane. En fecond lieu, on lui laiffera la Liberté ,, berté de prendre fon Chemin, ou par la Ruffie, ou par Belgrade ,, & Temefwar. En troifieme lieu, on lui dira, que, lequel de ces ,, deux Chemins qu'il prenne, on ne lui donnera qu'une Efcorte de ,, mille Hommes. Si, au contraire, il aime mieux traverfer la Pologne, ,, gne, alors, pas un feul Turc ne marchera avec lui; parce que nous, ,, ne voulons pas nous attirer à dos plus d'Ennemis. En dernier lieu, ,, nous nous engageons, tous tant que nous fommes, à lui procurer ,, des Polonois les mêmes Affurances, que les Plénipotentiaires Mofcovites ,, covites offrent de lui donner fur le champ. Nous ferons mêmes ,, Garants, que tout cela s'éxécutera ponctuellement & de bonne-foi. ,, foi. ,,

FUNCK ne fut nullement embarraffé de répondre à ce Difcours. ,,Il ,, remercia le Confeil de la Peine qu'il avoit prife de s'affembler, ,, pour délibérer fur les Affaires du Roi fon Maitre: ajoutant, qu'il ,, étoit perfuadé, qu'ils n'avoient, tous tant qu'ils étoient, ni d'autres ,, tres Vûes, ni d'autres Intentions, que celles qui tendoient à l'Avantage ,, tage de Sa Majefté. Que, cependant, il leur laiffoit à confidérer, ,, fi les deux Mofcovites, qui étoient demeurez en Otage pour un ,, Traité dont pas un feul Article n'avoit été éxécuté, étoient en état ,, de s'engager à quelque-chofe de plus; & fi l'on pouvoit prétendre, ,, que le Roi, fuppofé même que les Mofcovites fuffent entiérement ,, libres, dût, fur les Affurances de ces Gens-là, expofer fa Perfonne ,, à un Danger inévitable. Qu'on jugeroit bien, qu'il ne feroit pas ,, fûr pour ce Prince de faire quelques peu de Lieues fur les Terres ,, de fon Ennemi, à plus forte Raifon de traverfer une grande Partie ,, de fes vaftes Etats. Qu'ainfi, le Confeil ne devoit pas trouver mauvais, ,, vais, qu'il lui dît franchement, que le Roi ne pouvoit que defapprouver ,, prouver fon Réfultat: d'autant, que Sa Majefté fe flattoit toujours, ,, que le Grand-Seigneur, conformément à fa Promeffe, lui fourniroit ,, une Efcorte, avec laquelle Elle pourroit en toute Sureté rejoindre ,, dre fes Troupes. Que, d'ailleurs, on devoit fe fouvenir, que le ,, Caïmaïkan avoit depuis déclaré, au Nom de fon Maitre, & par ,, fon Ordre exprès, que la Porte Ottomane ne feroit jamais la ,, Paix avec le Czar, à quelques Conditions que ce fût, à moins ,, que le Roi de Suede n'y fût compris. ,, Le Grand-Vizir, aïant gardé quelques Momens un profond Silence, répondit enfin en ces Termes. ,,Je t'ai dit l'Avis du Confeil. Si ton Roi veut vivre en ,, bon-

1711.
Septembre.

„ bonne Amitié avec la Porte, il faut qu'il fe regle là-deffus. S'il
„ perfifte dans fon Refus, il pourroit fort bien arriver, que nos Sol-
„ dats fe portaffent à quelque facheufe Extrémité, foit en vous paf-
„ fant tous au Fil de l'Epée, ou en vous faifant Efclaves. Du moins
„ il leur fera aifé de vous chaffer au-de-là de nos Frontieres ; après
„ quoi, ils vous laifferont aller où vous voudrez. „ Avec cette Réponfe Monfieur de Funck fut conduit auprès du Chiaoux Bacha, où
il étoit comme dans une honnête Prifon. Il obtint néanmoins la Permiffion de dépécher un Courier à Bender, pour informer le Roi de
ce qui venoit de fe paffer.

*Seconde im-
pertinente
Lettre du
Gr. Vizir
au Roi de
Suede.*
V. L'APP.
No.CLXVII.

LE Vizir profita de cette Occafion, pour faire partir en même tems
un Capichi Bacha, qu'il chargea de rendre à Sa Majefté une Lettre,
dont voici la Subftance. „Qu'il lui avoit déjà fait notifier les derniers
„ Ordes qu'il avoit reçus du Grand-Seigneur, & qui portoient qu'il de-
„ voit le renvoïer au plûtôt dans fes Etats. Qu'il falloit donc fe réfou-
„ dre à choifir un des Chemins qu'il lui avoit propofez, & qu'il de-
„ voit quitter Bender en trois Jours. Que Haffan Bacha l'efcorteroit
„ avec un Détachement de Turcs. Que s'il vouloit paffer par la Po-
„ logne, on ne s'y oppoferoit pas: que s'il choififfoit une autre Rou-
„ te, il pourroit prendre celle de Belgrade, parce que le Miniftre Al-
„ lemand avoit promis, qu'il trouveroit dans ces Provinces toute la Su-
„ reté qu'il pourroit defirer. Qu'il falloit abfolument qu'il quittât fans
„ Délai les Etats de la Porte Ottomane. Que s'il prenoit le Chemin
„ de Belgrade, les Ordres avoient été donnez pour qu'on lui fournît
„ des Vivres & toutes les Commoditez imaginables. Qu'on ne rece-
„ vroit plus, ni Excufes, ni Faux-Fuïans, parce que les Ordres du
„ Grand-Seigneur étoient trop précis. Qu'après toutes les Politeffes,
„ & les Marques d'Affection, qu'il avoit reçues de la Sublime Porte, la
„ Reconnoiffance vouloit qu'il obéït à ce qu'Elle exigeoit de lui Que
„ s'il ne partoit pas, on l'obligeroit de fe rendre à l'Armée: qu'alors
„ on lui feroit voir ce qu'on auroit à faire avec lui. Que s'il s'arrê-
„ toit au-de-là des trois Jours marqués, il auroit lieu de s'en repen-
„ tir, &c. „

LES Dépêches de Funck étoient d'un Détail infini. Il n'oublia pas
la moindre Circonftance de tout ce qui lui étoit arrivé, & il finit par
dire, qu'il n'y avoit plus rien à efpérer de la Part des Turcs. Tous
ceux, à qui le Roi fit voir cette Lettre, s'imaginérent que Charles feroit auffi-tôt les Préparatifs néceffaires pour fon Départ, afin d'éviter
les malheureufes Suites qui pourroient réfulter de l'Acharnement du
Vizir. Ils fe trompoient. Le Roi, confervant toujours la même Tranquilité, ne fit pas la moindre Démarche dont on auroit pû induire qu'il
méditoit quelque chofe de pareil. Au contraire, il fembloit, que toute
cette Affaire ne le regardoit en rien.

*le 26.
Le Gr. Vi-
zir change*

LE Jour après la Tenue du Confeil, le Grand-Vizir fit prier le Colonel Funck de fe rendre auprès de lui. Il le reçut fort poliment, &
lui

lui dit, qu'il ne devoit pas trouver mauvais qu'on lui eut fait paſſer la nuit chés le Chiaoux Bacha ; que ce n'avoit nullement été en vûe de l'arrêter ; mais, qu'il avoit été obligé d'agir ainſi, afin de faire voir au Conſeil, qu'il étoit réſolu de ſuivre ponctuellement ſon Avis. Il le pria enſuite de vouloir à l'avenir demeurer auprès du Kihaja, où il jouïroit d'une entiere Liberté, & qui lui rendroit tous les Honneurs dûs à ſon Rang. Il ajouta, qu'il avoit ordonné à cet Officier d'avoir une Attention particuliere de lui fournir tout ce dont il auroit beſoin. Monſieur de Funck fut fort ſurpris de ces Démonſtrations, auxquelles il ne s'attendoit pas. Il fut long-tems à ſonger d'où pouvoit provenir un Changement ſi ſubit. A la fin, il apprit, que, peu d'Heures avant ſon Entretien avec le Vizir, celui-ci avoit reçu une Lettre du Grand-Seigneur & nommement celle dont j'ai parlé un peu plus haut, & qui étoit la ſeconde qu'il lui avoit écrite. De-là, l'Envoïé conclut, que le Vizir vouloit renouër avec le Roi de Suede, afin de ſe rendre agréable à ſon Maitre, & de le porter à approuver la Paix qu'il venoit de conclure.

LE 27, l'Aga des Janiſſaires décampa avec les Troupes qu'il avoit ſous ſes Ordres. Il fut ſuivi, le Lendemain, par le Grand-Vizir. La Marche ſe fit de Sakſie, juſqu'à une Ville nommée Babada. Le Kam des Tartares étoit de la Partie. Pendant que l'Armée ſe repoſoit en cet Endroit, Funck préſenta un Mémoire, dans lequel il expoſoit fort au long les Cruautez & les Horreurs commiſes par les Moſcovites, lors de leur Retour dans le Païs des Zaporoviens, qui habitoient le long du Nieper. Une infinité de ces Gens-là avoient été paſſez au Fil de l'Epée ; & l'on avoit pillé leurs Biens, & ravagé leurs Terres, ſous prétexte, que, dans le Traité de Paix, il n'étoit fait aucune Mention de cette Eſpece de Coſaques. Le Vizir fut fort allarmé de cette Nouvelle, & il commença à croire, que le Czar n'avoit nulle Envie de tenir ce à quoi il s'étoit engagé par le Traité du Pruth. Il fit venir ſur le champ les deux Otages Moſcovites, auxquels il reprocha avec beaucoup de Vivacité, la Mauvaiſe-Foi, qui paroiſſoit dans toutes les Actions de leur Maitre. Schaffirof & Scheremetof firent tout leur Poſſible pour l'appaiſer. Ils lui donnérent les meilleures Paroles du Monde ; diſant, qu'ils ne s'étoient attendu à rien moins qu'à ce Deſordre ; que cela ne s'étoit pas fait par Ordre du Czar ; qu'il ne pouvoit pas même ſavoir que rien de pareil fût arrivé, parce qu'il avoit auſſi-tôt quitté ſon Armée. Qu'à l'égard du Traité de Paix, le Vizir devoit être perſuadé, que, dès que le Czar auroit quelques Momens à lui, il ne manqueroit pas de ſatisfaire entiérement la Porte Ottomane ſur ſes Prétenſions.

LE Vizir fit appeller une ſeconde fois l'Envoïé de Suede, qui fut comblé de Politeſſes, & d'Honnetetez. Si Funck avoit été ſurpris de la prémiere Réception, il le fut bien davantage lorſqu'il entendit dire à Mehmet Baltadſchi, qu'il avoit donné Ordre au Séraskier de

Ber-

Bender, qu'on rendît au Roi le *Taïn*, où l'Argent deſtiné pour l'Entretien de ſa Maiſon, qui lui avoit été ôté. Le Vizir ajouta, qu'on ne
devoit pas être ſurpris de ce que cette Somme avoit été retranchée
pendant quelque Tems: que cela s'étoit fait pour pluſieurs Raiſons importantes, qu'il lui diroit une autre fois. Ce ne fut pas tout. Mehmet,
pour faire voir juſqu'où il étoit Ami du Roi, dit, qu'il venoit de recevoir de Belgrade des Nouvelles, qui lui apprenoient, que la Suede
ſe trouvoit en bon Etat; qu'elle avoit une Armée formidable ſur pied;
& que les Ennemis de Sa Majeſté Suédoiſe craignoient autant ſon Retour, qu'il étoit fortement deſiré par ſes Sujets. Il finit ſon Diſcours,
en faiſant de grandes Proteſtations d'Amitié. „La Sublime Porte„ „ce
furent ſes propres Expreſſions, „conſidere votre Roi, comme ſon
„ meilleur Ami, & un Hôte qui lui eſt cher. Auſſi long-tems que Sa
„ Majeſté jugera à propos de demeurer chés nous, le Grand-Seigneur
„ ſe fera un Plaiſir de lui donner une Retraite dans ſes Etats. „

Octobre.
le 8.
Déclaration
de quelques
Seigneurs
Polonois au
Gr. Vizir.

FUNCK, & le Vizir, devinrent inſenſiblement bons Amis. Le prémier étoit conſidéré plus qu'il ne l'avoit jamais été: ſouvent même,
Mehmet le conſultoit ſur les Affaires. Durant cet Intervalle, il arriva au Camp un Polonois, qui ſe diſoit envoïé de la Part de quelques
Seigneurs & Grands du Roïaume, pour faire ſavoir au Vizir, l'Impatience extrême où étoient ces Meſſieurs de voir bientôt arriver le Roi
de Suede en Pologne. Cet Emiſſaire inſinua, que ſes Maitres ſeroient
ravis que Charles ſe trouvât en état de les aider à les protéger contre
les Moſcovites, dont ils vouloient ſecouër le Joug; qu'ils étoient prêts
à aller au devant de lui preſqu'à moitié Chemin; qu'après s'être joints
à ce Prince, ils agiroient, non ſeulement de concert avec lui, mais qu'ils
ſacrifieroient même, pour ſes Intérêts, & pour ceux de leur Patrie,
leurs Vies & leurs Biens.

APRE̓S que Mehmet Baltadſchi eut examiné cette Affaire, il envoïa
dire à Monſieur de Funck, qu'il devoit venir le trouver ſur le champ,
parce qu'il avoit à lui communiquer quelque-choſe de fort important.
Funck y alla, & le Vizir lui conta tout ce que le Polonois avoit dit.
Il fit valoir les Offres de cet Homme: ajoutant, que, comme cette
Occaſion ſe préſentoit ſi fort à propos, il falloit qu'on en fît Uſage, ſans
perdre de Tems. Que pour lui, en ſon particulier, il étoit réſolu d'appuïer ce Projet; qu'il renverroit d'abord cet Emiſſaire, pour tâcher
d'engager les Seigneurs Polonois à donner à la Porte un Ecrit, par
lequel ils déclareroient, qu'ils ne deſapprouvoient pas, que le Roi de
Suede entrât en Pologne avec un Corps de Troupes, compoſé de
Turcs & de Tartares. Qu'en attendant, Sa Majeſté Suédoiſe pourroit s'avancer vers les Frontieres de Pologne, ou demeurer à Bender,
ſi Elle le jugeoit à propos, juſqu'à ce que l'on eut reçu la Déclaration
des Seigneurs en queſtion. Qu'il donneroit ſes Ordres, pour que les
Turcs, qui étoient aux environs de Bender, de même que les Tarta-
rés du Budziack, fuſſent prêts à partir au prémier Commandement de
Sa

Sa Majesté. Que de plus, il disposeroit le Grand-Seigneur à se charger du Païement des Dettes que le Roi avoit contractées à Constantinople, durant son Séjour en Turquie: qu'il feroit même remettre à Sa
Majesté, dès qu'Elle partiroit, trois cens Bourses, ou cent cinquante
mille Ecus, pour son Usage particulier, & pour l'Entretien de ses
Gens. Que, par dessus cette Somme, les Troupes de son Escorte seroient païées & entretenues aux Dépens de la Porte.

CEPENDANT, l'Armée Turque continua sa Marche. Comme elle ne
fit que de petites Journées, elle n'arriva à Andrinople, que le 20.
Octobre. Les Troupes des Provinces éloignées avoient déjà été con-
gédiées, & s'en étoient retournées chés elles; de sorte que l'Armée
n'étoit composée, que de celles qui sont d'ordinaire aux Environs de
la Capitale, & sous les Yeux de la Cour. Les Janissaires, les Dzebezies,
& les Topsies, avec une Partie des Spahis, campérent hors de la Ville, & le Vizir eut soin de leur faire païer la Solde qui leur étoit dûe.
L'Envoïé Funck fut logé dans la Ville, où il jouït d'une entiere
Liberté.

LE Kam des Tartares, & le Palatin de Kiovie, quittérent tous
deux l'Armée à Andrinople. Le dernier se rendit droit à Constantinople, où néanmoins il ne se communiqua que fort peu, uniquement occupé de se mettre au fait des Dispositions où se trouvoit la Cour. Le
Kam s'arréta à une Lieuë & demie de la Capitale, dans un Château,
où il avoit coutume de loger, toutes les fois que les Affaires l'obligeoient de faire un Voïage en Cour. On publia d'abord, que le Grand-
Seigneur n'étoit pas content de la Conduite de ce Prince, & qu'il lui
vouloit du Mal de ce qu'il avoit tardé si long-tems à se rendre auprès
de lui; mais, ce Bruit se dissipa bientôt. Achmet, sous prétexte de
faire une Promenade hors de la Ville, alla le voir, & demeura auprès
de lui deux Jours. Ils eurent ensemble de longues Conférences, dont
il ne transpira rien, mais qui, selon toutes les Apparences, rouloient
sur la Campagne, & sur les Changemens que l'on vit arriver peu de
tems après.

IL y avoit déjà du tems, qu'on n'avoit point eu de Nouvelles du
Roi de Suede; soit que Sa Majesté eut deffendu, de ne plus écrire;
ou, ce qui est plus vraisemblable, que ses Lettres eussent été intercep-
tées. Cependant, il parvint à Monsieur de Funck une Dépêche du
Chancellier de Mullern, qui mérite que nous en parlions. Ce Ministre
lui mandoit, „que le Séraskier de Bender avoit donné à entendre,
„que l'on fourniroit, comme ci-devant, une Somme d'Argent pour
„l'Entretien de la Table & de la Maison du Roi; mais, que cette
„Somme seroit un peu diminuée. Que, là-dessus, Sa Majesté avoit fait
„dire, qu'Elle ne l'accepteroit pas; que cela ne se faisoit nullement à
„cause de cette Diminution; mais, parce qu'elle lui avoit été entié-
„rement retranchée. Qu'Elle ordonnoit au Sr. Funck, de déclarer
„au Vizir, dès que l'Occasion s'en présenteroit, que Sa Majesté ne
„de-

,, demandoit point d'Argent pour l'Entretien de sa Maison, & qu'El-
,, le espéroit d'être en état de fournir Elle-même à ces Dépenses.
,, Qu'au moins Elle ne permettroit pas à ses Gens de rien accepter,
,, avant qu'Elle fût informée au juste de qui venoit cet Argent; sa-
,, voir, du Grand-Seigneur, ou du Vizir? Qui des deux avoit ordon-
,, né que le Taïn lui fût ôté, & pourquoi on le lui rendoit? Qu'en ou-
,, tre, il devoit dire expressément au Vizir, que Sa Majesté se croïoit
,, si fort au-dessus de lui, que ce seroit se deshonorer, que de dé-
,, pendre le moins du Monde d'un Ministre, dont le Maitre vivoit avec
,, Sa Majesté dans une parfaite Intelligence. ,,

Chagrin
que le Vizir
a à essuer
de la Part
des Mosco-
vites.

le 31.
Novembre.
le 4.

Le Grand-Vizir se trouvoit déjà dans de grands Embarras; & si
cette Lettre étoit arrivée plûtôt, elle auroit sans doute augmenté le
Chagrin dont il étoit dévoré. D'abord, il reçut l'agréable Nouvelle,
que les Moscovites avoient fait démolir les Forteresses de Zamara &
de Camienka. Un si bon Commencement faisoit croire à Mehmet
Baltadschi, que les autres Articles du Traité seroient éxécutez avec la
même Ponctualité. Un Caftan de Soïe, & cent Ecus en espece, furent
la Récompense du Courier. La Joie ne fut pas de longue Durée.
Deux Moscovites, envoïés de la Part du Commandant d'Asof, lui
annoncérent, qu'on n'étoit nullement disposé à rendre cette Place.
Que le Czar, y aïant un grand Nombre de Canons, & quantité de Munitions, & n'étant pas possible de transporter ailleurs tout ce Train
avant l'Hiver, le Commandant étoit d'Opinion, qu'on devoit laisser
tout cela jusqu'au Printems: qu'alors, il remettroit la Place aux Turcs,
à moins que les Conjonctures ne vinssent à changer. Qu'en attendant,
il feroit entrer dans un des Fauxbourgs, ou des Ouvrages extérieurs,
le Bacha qui étoit venu prendre Possession de la Place. Cette Déclaration mit le Vizir de si mauvaise Humeur, que, durant plusieurs Jours,
on ne pût tirer de lui aucune bonne Parole. Il ne sentoit que trop, que
ce seroit-là un nouveau Sujet de Triomphe pour ses Ennemis. En
renvoïant les Moscovites, il fit partir en même tems un Courier, qui
étoit chargé de rendre, tant au Commandant de la Place, qu'à l'Officier Turc, des Lettres de sa Part, où il les pressoit, de la Maniere la
plus forte, d'éxécuter sans délai le prémier & le principal Article du
Traité.

Les Plaintes des Habitans de la Moldavie ne lui causérent pas moins
de Chagrin. Il lui firent savoir, que les Moscovites n'étoient éloignés
de leurs Frontieres, que d'environ vingt Milles; qu'ils disoient hautement, qu'ils ne se mettoient pas en peine d'observer le dernier Traité: & qu'ils éxigeoient des Vivres de la Moldavie, pour tout l'Hiver,
sous prétexte, que le Hospodar, & les principaux Seigneurs de la
Province, s'étant mis sous la Protection du Czar, il étoit juste qu'on fournît à leur Entretien. Il suppliérent le Vizir de les garantir contre ces Insultes, & de les faire jouïr, comme ci-devant,
de la Protection de la Porte, dont ils ne s'étoient pas rendus indignes,

1711.
Novembre.
le 9.

ghes, par ce qu'ils n'avoient eu aucune Part à la Révolte de leur Hospodar.

UN Kapiziler Kihajaſi, que le Sultan envoïa au Camp, pour préſenter au Vizir un Caftan, & une Peliſſe doublée de Zibelines, comme une Marque de ſa Bienveillance, rendit à Mehmet Baltadſchi ſa bonne Humeur. Outre un Compliment des plus gracieux, que cet Officier ui fit au Nom de ſon Maitre, il lui apporta un Ordre de hâter ſon Retour à Conſtantinople, & de faire marcher l'Armée dans l'Ordre ſuivant. Le 10, les Topzies & les Dzebezies décamperoient: ils ſe-oient ſuivis le 11 par les Janiſſaires. Le Vizir partiroit le 13 avec Reſte des Troupes. Mehmet Baltadſchi étoit bien éloigné de penſer, que ſa Perte étoit réſolue. Fier des Attentions que ſon Maitre avoit pour lui, il ſe croïoit ſi bien dans ſon Eſprit, qu'il ſe prépara à aller recevoir de ſes Mains de nouvelles Graces, qu'il s'imaginoit être dues à ſon Mérite ſingulier, & à ſa grande Capacité dans le Métier des Armes. Dans cette Idée, il renvoïa le Kihajaſi, & le chargea de faire ſes très-humbles Remercimens au Grand-Seigneur, & de lui dire, qu'il n'avoit marché ſi lentement, que parce qu'il avoit voulu lui-même être le Porteur de deux agréables Nouvelles, ſavoir de celles de la Reddition d'Aſof, & de la Réſolution favorable que prendroient les Grands de Pologne à l'égard du Roi de Suede. Que les Couriers, qu'il avoit depéchés pour cet effet, n'étoient pas encore de Retour, mais qu'on les attendoit à tout moment.

le 10.
*Mehmet
Baltadſchi
eſt dépoſé,
conduit en
Priſon, &
dépouillé de
ſes Biens.*

LE Lendemain, le Boſtandſchi Bacha vint lui rendre Viſite, & l'invita à diner pour le même Jour, & à prendre chés lui le Bain. Le Vizir aïant accepté la Partie, le Bacha s'en retourna, comme pour donner des Ordres pour ſa Reception. Quelques Heures après, Mehmet Baltaldſchi s'y rendit avec ſa Suite ordinaire; mais, à peine fut-il entré dans la Maiſon, que le Boſtandſchi vint au devant de lui, avec un Viſage ſur lequel étoit peint le Compliment qu'il alloit lui faire. Aïant élevé ſa Voix, pour être entendu des Aſſiſtans, il dit, qu'il avoit Ordre du très-puiſſant Empereur, ſon Maitre, de déclarer, que comme Mehmet Baltadſchi avoit agi comme Traitre; qu'il n'avoit point reſpecté l'Amitié qu'il y avoit entre la Porte & le Roi de Suede; qu'il s'étoit écarté des Ordres qu'il avoit eus pour veiller aux Intérêts de ce Prince; qu'il s'étoit laiſſé corrompre par l'Ennemi, à force d'Argent; qu'il avoit fait une Paix honteuſe à la Puiſſance des Ottomans; & qu'il 'avoit pas obéï à la Volonté du Grand-Seigneur, qui l'avoit rappellé epuis long-tems à Conſtantinople; il avoit encouru la Diſgrace de Sa Hauteſſe. Le Grand-Sceau, Marque ordinaire du Viziriat, fut ôté à Mehmet Baltadſchi, & donné ſur le champ à Juſſuf Bacha, Aga des aniſſaires, préſent à cette Scene (a).

TEL

(a) LE Sr. LA MOTTRAIE a tort de dire, que Mehmet Baltadſchi, étant de Retour Andrinople avec l'Armée, demanda ſa Démiſſion au Grand-Seigneur, à cauſe de ſon grand

Tel fut le Sort de cet Homme, qui, en moins de rien, tomba du plus haut Dégré de Gloire, dans l'Obscurité & une Prison honteuse: car, à peine le Bostandschi eut-il prononcé ces Paroles foudroïantes, que Mehmet Baltadschi fut entouré de Gardes apostez exprès pour l'arrêter, & qui ne le traitérent pas autrement, que s'ils n'avoient jamais su qu'il avoit été revêtu de la prémiere Dignité de l'Etat. Les Habitans de la Ville, ignorant la véritable Cause de cette Révolution, furent extrémement surpris de ce Changement, sur-tout, parce que le Bruit couroit, que le Vizir seroit reçu dans la Capitale avec des Honneurs extraordinaires: mais, aïant su en même tems, que le Moufti, le Caïmaikan, & d'autres de ses Créatures, avoient porté le Grand-Seigneur à faire cette Démarche, pour le punir des Faussetez qu'il avoit avancées, en vûe de les tromper, la Pitié se changea en Indignation. L'Argent, que Mehmet Baltadschi avoit amassé, & ses Pierreries, furent portées au Trésor du Grand-Seigneur. Les Janissaires pillérent sa Maison à Constantinople. Sa Chancellerie fut scellée: &, lorsque dans la suite on procéda à l'Examen de ses Papiers, on trouva, non seulement toutes les Lettres du Czar & les Réponses qu'il y avoit faites, par où l'on découvrit tout le Manege de la Paix du Pruth, & les Artifices qu'il se proposoit de mettre en usage pour perdre le Roi de Suede, mais aussi plusieurs Dépêches de Charles XII, & de l'Envoïé Funck, qu'il avoit fait intercepter par ses Gens. Par-là, on eut lieu de se convaincre, que, dans tout ce qu'il avoit fait pour chagriner le Roi, il avoit suivi les Conseils qui lui avoient été suggérez par les Moscovites. Parmi ses Papiers se trouvoit une Lettre de son Prédécesseur Ali Bacha, dans laquelle il lui mandoit la triste Situation où il se trouvoit, le priant très instament d'adoucir du moins ses Maux, en le vangeant de ses Ennemis. Tous ceux, qui avoient été ses plus intimes, & qu'on soupçonnoit avoir été gagnés par l'Argent Moscovite, furent punis. Osman Aga, & Omir Mectubet, l'un son Kihaja, & l'autre son Sécrétaire, perdirent la Vie. On leur trancha la Tête devant le Serail: les Corps furent laissés trois Jours dans la Rue, & ensuite jettez dans la Riviere. Le même Jour, on coupa la tête à six Bachas de l'Asie. On attacha à chacune de ces Têtes un Billet, sur lequel étoit écrit, qu'elle étoit d'un Homme coupable des plus grands Crimes; après quoi, on les jetta toutes ensemble par-dessus la Muraille. Mehmet Baltadschi fut conduit à Mitilen, sous une forte Garde. S'il ne fut pas aussitôt

grand Age; lui recommandant Jussuf Bacha, alors Janissaire-Aga, pour son Successeur au Viziriat, & qu'il choisit volontairement Lemnos pour Retraite. Voïez ses *Remarques Historiques & Critiques sur l'Histoire de Charles XII*. Ce que j'en dis vient de Source.

L'Auteur des *Remarques d'un Seigneur Polonois*, dit page 146, que le Grand-Seigneur donna Ordre de faire arrêter Mehmet Baltadschi par le Janissaire-Aga. R. D. T.

tôt mis à mort, c'est qu'on vouloit le laisser vivre, jusqu'à ce qu'on eut saisi toutes ses Richesses, qu'il tenoit cachées en différens Endroits. Il mourut peu de tems après, de Chagrin, & de Misere.

LE nouveau Grand-Vizir Juſſuf Bacha (a) partit d'Andrinople au Jour marqué, avec le Reſte de l'Armée. Il fut dix-ſept Jours en Chemin, & n'arriva que le prémier Décembre à Conſtantinople.

LE Lendemain, le Kam des Tartares eut ſon Audience publique du Grand-Seigneur, avec des Cérémonies extraordinaires. On remarqua entre autres, comme quelque-choſe de fort ſingulier, qu'en entrant dans le Serail, il fut reçu à la Porte par le Grand-Vizir, & reconduit de même. Il eut avec le Sultan un Entretien particulier, qui dura au-de-là de deux Heures; après quoi, Achmet lui fit donner une Robbe de Velours rouge doublée de Zibelines noires, un Bonnet de la même Etoffe, deux *Surbates* avec un Carquois & des Flêches, & un Sabre richement garni.

IMMÉDIATEMENT après, le nouveau Vizir fut mis en Poſſeſſion de ſa Dignité. On croïoit au commencement, qu'il ne garderoit pas cette Place, & qu'elle ſeroit donnée à quelque autre. Le Roi, & tous ceux qui étoient de ſes Amis, le ſouhaitoient fortement; mais, il n'y eut pas moïen de faire changer cette Réſolution. Il fit avertir les Ambaſſadeurs & les Miniſtres Etrangers des Jours qu'il leur donneroit Audience. L'Envoïé Funck, allant le voir à ſon Tour, fut reçu avec de certaines Diſtinctions & des Egards, par leſquels il vouloit lui marquer, qu'il étoit particuliérement de ſes Amis (b). Après les prémiers Complimens, il le prit en particulier, & le pria d'écrire au Roi, pour perſuader à Sa Majeſté, quand elle écriroit au Grand-Seigneur, de ne faire aucune Mention des Choſes paſſées, & de ne parler, ni des Moſcovites, ni de la Paix conclue avec eux, ni de rien de pareil. Il ajouta, que tout cela ne feroit qu'animer davantage le Sultan, qui avoit déjà l'Eſprit fort aigri; qu'étant pleinement inſtruit des Sentimens & de

(a) MR. DE VOLTAIRE dit, Tome II, pag. 11, que Juſſuf Bacha étoit né Moſcovite, & qu'il fut long-tems Valet dans le Sérail. L'Auteur des *Remarques d'un Seigneur Polonois &c.* dit au contraire, qu'il étoit Georgien; qu'un Janiſſaire l'acheta pour trente Ecus; qu'il fut élevé parmi cette Milice, & qu'il fut ſi heureux, qu'il parvint au Poſte de Janiſſaire-Aga, & enfin au Viziriat. R. D. T.

(b) JUSſUF Bacha ne fit point à Mr. de Poniatouski une Reception ſi agréable. Voici qu'en dit pag. 148 l'Auteur des *Remarques* que je viens de citer. ,,Auſſi-tôt que ,, Poniatouski fut arrivé à Conſtantinople, il ſe préſenta au nouveau Vizir, qui avoit ,, été ſon Confident, & à qui il n'avoit rien caché de ſes Connoiſſances dans le Serail, ,, & de toutes ſes Intrigues les plus ſecretes......ṭ. Mais, au lieu de recevoir le ,, Compliment du Comte Poniatouski ſur ſon Avénement au Viziriat, il le regarda ,, avec Colere, & lui dit avec Emportement: *Païen, je ſais toutes tes Intrigues paſ-* ,, *ſées. Je t'avertis, qu'à la prémiere, que je découvrirai que tu voudras tramer, je te ſe-* ,, *rai attacher une Pierre au Con, & te ferai jetter dans la Mer.* ,, R. D. T.

de la Volonté de fon Maitre, il affuroit Sa Majefté, qu'il ne néglige-roit rien pour lui faire obtenir la Satisfaction qu'Elle defiroit.

On fut quelque tems, fans pouvoir démêler au jufte quelles étoient en cela les Vûes du Grand-Vizir. On avoit tout lieu de croire, qu'aïant devant lui l'Exemple de fon Prédéceffeur, il tiendroit une Conduite toute oppofée à celle de Mehmet Baltadfchi. D'un autre côté, on pouvoit avec raifon foupçonner fa Sincérité: car, comment vouloit-il faire valoir auprès de fon Maitre les Intérêts du Roi de Suede, avec cette Attention dont il fe vantoit tant, s'il ne lui rappelloit point tout le Paffé? La Suite fit voir, qu'il n'étoit nullement des Amis de Char-les XII, & qu'il ne cherchoit, en confeillant au Roi & à fon Miniftre de garder Silence, qu'à gagner du Tems pour établir fon Crédit. Quand il auroit gagné les principaux de la Cour, fon Deffein étoit de faire intervenir les Miniftres de quelques Puiffances Etrangeres, En-nemis fecrets du Monarque Suédois, afin de mettre le Grand-Seigneur dans la Néceffité de ne fuivre que les Confeils qu'il lui fuggéreroit.

A-peine eut-il commencé à travailler fur ce Plan, que le Grand-Seigneur penfa le renverfer entièrement, en nommant des Commiffai-res, auxquels il ordonna d'examiner à fond le Traité du Pruth, de fai-re des Recherches fur la Maniere dont ce Traité avoit été fait, & d'avifer jufqu'où on étoit obligé de s'y conformer ou non. Les deux Otages Mofcovites jouïffoient dans leur Maifon d'une entiere Liberté: cependant, pour la Forme, on leur avoit donné une Garde de deux Compagnies de Janiffaires. Auffi-tôt que les Commiffaires fe mirent

en devoir de procéder à l'Examen dont ils étoient chargés, les Minif-tres d'Angleterre & de Hollande vinrent offrir la Médiation des Puif-fances Maritimes, pour terminer les Différens entre la Porte & le Czar de Mofcovie. Ce qu'il y a de fingulier, c'eft que le Miniftre de la Grande-Bretagne n'avoit point eu d'Ordre fur ce Sujet de fa Cour, comme le Parlement le déclara expreffément quelque tems après, lorf-que le Comte Gyllenbourg, Miniftre de Suede à Londres, fit là-deffus des Repréfentations.

La Démarche de ces deux Miniftres donna lieu aux Commiffaires de faire appeller à leur Conférence les Plénipotentiaires Mofcovites. Les Découvertes, que l'on avoit faites, en examinant les Papiers du dernier Vizir, obligérent les Turcs à tenir un Langage, auquel Schaffirof & Scheremetof n'étoient point accoutumez. Ils leur dirent fans façon, que les Lettres & les Billets, que l'on avoit trouvez, prouvoient clairement leurs Intrigues & leurs Menées fecretes avec Mehmet Baltadfchi, & qu'ils n'avoient cherché qu'à tromper le Grand-Seigneur. Ils leur reproché-

rent leurs indignes Artifices, pour faire exclure le Roi de Suede du Traité; ,,dans le tems,, ,difoient-ils, ,,que cette Guerre n'avoit ,, été entreprife, que pour favorifer l'entier Rétabliffement de ce ,, Prince, & pour obliger le Czar à ne rien entreprendre au Préjudice ,, de la Porte Ottomane.,, Ils ajoutérent, ,,que la Paix, qui leur avoit ,, été

„ été accordée, faifoit Honte à l'Empire Ottoman; que le feul Article
„ du Traité, qui fembloit promettre à la Porte quelque Avantage, étoit
„ celui de la Reftitution d'Afof; mais, que les Difficultez, que ren-
„ controit l'Exécution de ce Point, prouvoient manifeftement, non
„ feulement les mauvaifes Intentions du Czar, mais auffi fon Eloignement
„ à fatisfaire aux Promeffes qu'il avoit faites.,,

Après ce Difcours, on leur remit un Ecrit, contenant les Articles fuivans, fur lefquels on vouloit qu'ils s'expliquaffent promtement.
„ I. Le Czar retirera fes Troupes de Pologne; & cela, dans l'Efpa-
„ ce d'un Mois. Les Troupes de ce Prince, qui fe trouvent en Pruf-
„ fe, ou dans les Provinces voifines, en fortiront au Mois d'Avril pro-
„ chain, avec Promeffe de n'y plus retourner durant cette Guerre;
„ d'autant que le Czar s'eft engagé à ne plus fe méler du tout des Af-
„ faires de Pologne, fous quelque Titre ou Prétexte que ce puiffe être.
„ II. Le Roi de Suede aura pleine Liberté de retourner dans fes Etats,
„ en tel Tems, par les Chemins, & avec autant de Troupes, qu'il le
„ jugera à propos lui-même. Si, à cette Occafion-là, le Czar entre
„ avec fes Troupes en Pologne, ce fera violer la Paix, & la Porte
„ fera obligée de s'y oppofer de toutes fes Forces. III. Les Cofaques
„ appellez *Bataskes & Pottates*, demeureront fous la Protection de la
„ Porte Ottomane; & le Czar ne pourra rien entreprendre contre eux,
„ non plus que contre ceux de cette Nation qui dépendent de la Po-
„ logne, ou du Kam Dewlet Geray, & ceux qu'on nomme commu-
„ nement Zaporoviens. La Fortereffe de Taganrok fera démolie fur
„ le champ. On rendra pareillement la Ville d'Afoph, fans imagi-
„ ner des Subterfuges & des Prétextes pour éluder l'Exécution de
„ cet Article.,,

Les Mofcovites ne s'attendoient point à ces Propofitions; & la Maniere, dont elles furent faites, les furprenoit extrémement. D'abord,
ils s'imaginoient, qu'on leur feroit effuïer un Traitement bien rude;
mais, lorfqu'ils virent qu'on les laiffoit retourner tranquillement chés
eux, ils reprirent Courage. Les Turcs leur recommandérent feulement
de s'expliquer fans Délai, & de faire enforte que le Grand-Seigneur
eut lieu d'être content de leur Réponfe.

Le Lendemain, Schaffirof & Scheremetof parurent devant les Commiffaires, auxquels ils dirent, qu'ils étoient charmez de voir rétablie
la bonne Intelligence entre la Mofcovie & la Porte Ottomane: ajoutant, qu'ils ne doutoient plus, que la Paix ne fût autant que faite, &
qu'ils ne trouvaffent leurs Voifins dans de bonnes Difpofitions à cet
égard. Que rien ne contribueroit davantage à affermir la Paix, que
fi le Grand-Seigneur acceptoit les Articles qu'ils avoient Ordre de lui
préfenter au Nom du Czar leur Maitre.

L'Ecrit en queftion portoit ce qui fuit. „ I. Pour faire que la
„ Paix, conclue entre le Czar & la Porte, foit exécutée, & qu'elle
„ puiffe durer long-tems, il eft abfolument néceffaire, que le Grand-

„ Seigneur faffe partir au plûtôt le Roi de Suede de Turquie ; car,
„ quoique le Czar ait réfolu, fans s'arrêter à cette Condition, d'éxé-
„ cuter ponctuellement les Articles ftipulez dans le Traité, on ne doit
„ pas néanmoins être furpris de ce qu'il cherche à fe précautionner
„ contre un Ennemi juré, qui, auffi long-tems qu'il fera fur les Lieux,
„ ne ceffera point de former des Intrigues & de fufciter de nouveaux
„ Troubles. II. Quant à l'Ukraine & aux Cofaques, c'eft un Objet de
„ fi petite Importance, que cet Article pourra être accordé fans au-
„ cune Difficulté. Nous nous conformons, à cet Egard, à la Volonté
„ de la Porte Ottomane. III. Si le Roi de Suede, après être retourné
„ dans fes Etats par l'Allemagne, venoit enfuite à rentrer en Pologne
„ à Main armée, la Porte ne trouvera pas mauvais, que le Czar y
„ rentre pareillement avec une Armée, pour s'oppofer à fes Ennemis
„ par-tout où il les rencontrera. „

On s'affembla plufieurs fois, pour conférer fur ces Articles. Les
Débats furent des plus vifs : on fe dit même des Duretez de Part & d'autre ;
les deux Partis ne voulant abfolument rien rabattre de leurs Prétenfions. Les Turcs auroient peut-être été les prémiers à céder, fi le
Grand-Seigneur, ferme dans fon Sentiment, ne leur eut fait dire fous
main, qu'ils devoient perfifter dans leur prémier Avis. L'Affaire fut

*Le Divan
prend la
Réfolution
de déclarer
de nouveau
la Guerre
au Czar.*

portée au Divan, où il fut réfolu, que, puifque le Czar refufoit de
rendre Afoph, de démolir les Fortifications de Taganrock, & de faire
fortir toutes fes Troupes de Pologne, avant que le Roi de Suede n'ait
quitté les Etats du Grand-Seigneur, la Porte ne pouvoit confidérer ces
Démarches, que comme une Violation manifefte du Traité de Paix,
non-obftant les Raifons qu'on alléguoit au contraire, & qui n'étoient
rien moins que bien fondées. Qu'ainfi, l'Expédient le plus fûr étoit,
qu'au Printems prochain, la Guerre fût renouvellée contre le Czar de
Mofcovie, & qu'en attendant on fournît au Roi de Suede un certain
Nombre de Troupes, afin qu'il pût s'en retourner dans fes Etats, &
faire au plûtôt des Difpofitions néceffaires pour fon Départ.

En Conféquence de cette Réfolution, le Grand-Seigneur fit expédier des Lettres circulaires pour affembler l'Armée. „ Après „, difoit
Sultan Achmet dans ces Lettres, „ que la Paix fut conclue l'An de
„ l'Hegire 1112. entre ma Porte, dont la Grandeur foit éternelle, &
„ le Czar de Mofcovie, & qu'elle fut renouvellée l'an 1121. Le Czar
„ a violé le Traité de Paix par des Entreprifes qui ont fait connoitre
„ fes mauvaifes Intentions contre ma Sublime Porte, & les Terres
„ Ottomanes. Aidé de la Grace de Dieu, je fis marcher l'Armée
„ victorieufe que j'avois mife fur pied cette Année contre les Mof-
„ covites ; &, après qu'elle les eut réduit à l'Etroit fur les Frontie-
„ res de Moldavie, on conclut la Paix aux Conditions, que le Czar
„ remettroit à ma Sublime Porte la Fortereffe d'Afoph, avec toutes
„ fes Dépendances, dans le même Etat qu'elle étoit quand elle fut
„ prife ; qu'il raferoit entiérement la Fortereffe de Taganrock ; & qu'il
                                                              „ ne

„ ne se méleroit plus des Affaires de Pologne. On convint encore de
„ quelques Articles, & l'on donna de Part & d'autre des Actes,
„ auxquels on devoit se conformer. Néanmoins, le Czar, aïant tenu
„ un Procédé tout-à-fait contraire aux Articles de Paix dont nous som-
„ mes convenus, j'ai consulté, dans une Assemblée, tous les Vizirs,
„ Docteurs, Gens-de-Loi, tous ceux qui craignent Dieu, & autres
„ Personnes qui entrent au Conseil; & tous aïant répondu d'un com-
„ mun Accord, qu'il étoit nécessaire de faire la Guerre au Moscovite,
„ pour s'opposer à sa Méchanceté & aux Maux qu'il pourroit faire;
„ Nous avons arrêté, que Notre Majesté Impériale, soutenue par le
„ Secours du Ciel, marcheroit en Personne, sous d'heureux Auspices,
„ le Printems prochain, avec toutes les Troupes de la Romélie, de
„ la Natolie, & des autres Endroits de notre Domination, pour Nous
„ opposer aux Maux dont le Czar menace les Terres Ottomanes. Et
„ comme il est nécessaire d'aller contre cet Infidele avec une Armée
„ plus nombreuse, & des Préparatifs plus considérables que ceux de
„ l'Année passée; Vous ......, Gouverneur de ...., vous avez
„ aussi Ordre de joindre mon Camp Impérial à la Plaine de Issaktze,
„ au Commencement de Mai, avec votre Maison, qui sera compo-
„ sée de Cavaliers d'Elite & robustes. Ainsi, aussi-tôt que mon no-
„ ble Commandement vous sera parvenu, vous aurez soin de lever des
„ Troupes & de préparer des Armes; & vous ferez tout votre Possi-
„ ble, pour vous mettre en Marche avec ce Nombre de Cavaliers
„ d'Elite & robustes, qui composeront votre Maison, dans un Tems
„ que vous puissés joindre, au Commencement de Mai, mon Camp
„ Impérial. Si vous ne vous y rendez pas, dans le Terme porté par
„ mes Ordres, on n'écoutera, ni vos Réponses, ni vos Excuses; &
„ vous encourrez certainement l'Indignation de votre Empereur.
„ Mais, si vous avez à cœur votre Conservation, vous agirez confor-
„ mement à ce qui est marqué ci-dessus, avec toute la Diligence pos-
„ sible. Et sur ce, mon Impérial Commandement est émané avec
„ mon *Hatecherif*, afin que vous vous donniés garde de vous servir de
„ cette Occasion pour inquiéter dans votre Route les Habitans, en
„ prenant d'eux, contre la Justice, des Provisions & autres Choses
„ sans païer; afin que vous ne manquiés point par Paresse, ou Négligen-
„ ce, à vous rendre au Lieu ordonné, dans le Tems marqué; & afin que
„ vous n'y alliés pas avec moins de Troupes qu'il ne vous est ordon-
„ né.„ Ecrit au milieu de la Lune de Zilkadi, l'An 1123 (*a*).

Le Kam des Tartares porta ces Nouvelles à Bender, où il s'arrêta
quelques Jours, à son Retour de Constantinople. Après avoir eu avec
le Roi quelques Conférences, il partit pour la Crimée. Immédiatement après son Départ, arriva le Palatin de Kiovie, à qui le Grand-
Seigneur avoit permis de mettre ses Troupes en Quartiers d'Hiver dans

dans

*Le Kam ar-
rive à Ben-
der, & a-
près lui Po-
tocki.*

(*a*) C'est-à-dire le 10 Décembre 1711.

dans la Moldavie, à moins que le Roi n'aimât mieux les garder auprès de lui.　Les Habitans de cette Province avoient supplié le Grand-
Seigneur de les exemter de cette Charge, sous prétexte qu'ils n'a-
voient eu aucune Part au Crime de leur Hospodar; mais, cette Demande leur avoit été refusée de la Maniere la plus hautaine.　Ce fut
aussi du Comte Potocki, qu'on apprit, que la Cour avoit envoïé Ordre au Séraskier de Bender de faire distribuer dans les Villes & Provinces voisines les Amas de Vivres & les autres Provisions, que le
Vizir Mehmet Baltadschi avoit fait faire pour le Voïage du Roi.

TELLE fut la situation des Affaires à la Cour Ottomane, à la Fin
de l'Année 1711.　De nouveaux Acteurs parurent sur la Scene; & les
Apparences devinrent plus favorables que jamais pour le Roi de Suede.　Ce n'est pas à nous à déterminer jusqu'où s'étendoient les Vûes
des Turcs sur le Profit ou le Desavantage qu'ils avoient à attendre
de leurs Liaisons avec ce Prince.　Les Artifices du nouveau Grand-Vizir, & ses Intrigues, se développérent bientôt.　Dans le Tems même, qu'il ne paroissoit occupé uniquement qu'à concilier ensemble
les Intérêts de son Maitre avec ceux du Roi de Suede, & qu'il sembloit n'avoir pour But dans toutes ses Actions, que la Satisfaction mutuelle de ces deux Princes, il ne cherchoit réellement qu'à les desunir,
en marchant sur les Traces de son Prédécesseur.　Jussuf Bacha avoit
eu sa bonne Part de l'Argent Moscovite, lors du Traité de Pruth, aussi
bien que le Mousti, le Reis Effendi, & les principaux d'entre les Vizirs & les Bachas.　Mehmet Baltadschi étant éloigné, & hors de Portée de leur causer de l'Embarras, ils convirent entre eux de pousser
leur Pointe.　Au commencement, ils criérent tous d'une Voix à la
Guerre.　Ce n'étoit qu'un Jeu: car, leur véritable Dessein étoit d'a-
muser le Roi durant l'Hiver, de lui donner de belles Espérances, &
de fortifier en attendant leur Parti; bien résolus, quand l'Affaire
seroit proposée dans le Grand-Divan, de disposer tellement les Choses, que la Paix seroit confirmée, & qu'on les laisseroit jouïr tranquilement de l'Argent qu'ils avoient acquis à cette Occasion.　Ils n'aimoient pas le Roi: ce Prince ne leur avoit jamais rien donné; & comme ils le connoissoient d'Humeur à ne le pas faire, ils vouloient lui
en marquer leur Ressentiment de la Maniere la plus sensible.

DANS le Livre suivant, on verra l'Ambassadeur de Hollande jouër,
dans tout cela, un Rolle assez singulier.

*Juillet.
Fausses
Nouvelles
que le Czar
fait repan-
dre.*

SI quelqu'un avoit lieu d'être content, c'étoit assurement le Czar.
Il s'étoit tiré avec un Bonheur inconcevable, & contre toutes les Apparences, du Pas le plus dangereux, où il se fut jamais trouvé.　Quoique
l'Affaire du Pruth lui eut couté, outre une Infinité de Monde, &
encore plus d'Argent, plusieurs Villes & Forteresses, ses Amis
& ses Partisans s'appliquérent avec un Soin extrême à dépein-
dre, tout ce qui s'étoit passé dans cette Rencontre, des Couleurs
les plus brillantes. „A en croire les Lettres de l'Armée Moscovi-

„ te,

„ te, qui fe montroient à Caminiek, à Lemberg, à Warfovie, en
„ Livonie, & en Ruffie, le Czar avoit été, durant trois Jours, aux
„ Prifes avec les Turcs. Ces derniers avoient été totalement dé-
„ faits en Bataille rangée; vingt-cinq mille Hommes étoient demeu-
„ rez fur la Place; on avoit fait huit mille Prifonniers, parmi lef-
„ quels fe trouvoient plufieurs Bachas de Diftinction; & on leur
„ avoit enlevé plufieurs Piéces de Canon; qu'après avoir perdu la
„ Bataille, le Grand-Vizir avoit envoïé demander la Paix, que le
„ Czar avoit bien voulu lui accorder, parce qu'il prévoïoit, que
„ quand les Turcs auroient eu le Tems de fe renforcer par de nou-
„ velles Troupes, il ne lui feroit pas poffible de pénétrer plus en
„ avant, & que d'ailleurs il n'y auroit pas beaucoup à gagner par
„ cette Guerre. „ Les Couriers, qu'on dépécha vers le Roi Augufte, le Grand-Général de la Couronne, & le Prince Ragotski,
avoient débité les mêmes Nouvelles dans tous les Lieux par où ils
paffoient.

CEPENDANT, comme, après quelque Tems, il n'y eut plus
Moïen de déguifer la Vérité, on publia, „que le Czar, habile Poli-
„ tique, & d'une Prudence confommée, avoit, par cette Paix per-
„ pétuelle, affuré fa propre Sureté & celle de la Pologne. Qu'il en
„ étoit fort content, parce que cela ne lui avoit couté que quel-
„ ques petits Forts, affez inutiles, fituez fur les Frontieres; qu'il
„ avoit même été charmé de faire revenir de la Mer Noire fa
„ Flotte, qui lui avoit couté un Argent infini. Que ces Dépenfes
„ feroient mieux emploïées deformais pour l'Entretien d'un Corps
„ confidérable de Troupes réglées, qui le rendroient plus formida-
„ ble aux Ennemis qu'il avoit d'un autre Côté. „

LE Roi de Suede n'étoit nullement épargné dans ces Relations.
On mandoit fur fon Sujet, „que, dès qu'il avoit appris, que le
„ Czar s'avançoit avec une Armée fi confidérable, il s'étoit retiré
„ à quelques Lieues de Bender, de crainte que cette Place ne fût
„ affiégée. Qu'après cela, il s'étoit rendu à l'Armée Turque, &
„ qu'à l'Affaire du Pruth, il en avoit commandé l'Aile droite. „
Tout le Monde fait, que, de ces Nouvelles, il n'y a pas un Mot
de vrai. Il feroit inutile maintenant de fe donner la Peine de les
réfuter: & fi nous en avons parlé, ce n'a été que pour en faire fentir

_____

(a) L'ANONIME, qui a écrit en Allemand le Livre intitulé *Réflexions fur les
juftes Caufes,* &c. s'exprime en ces Termes, pag. 105: „Comme le Czar étoit un
„ Monarque auffi prudent, qu'il étoit grand & habile Général, il ne jugea pas à pro-
„ pos d'expofer toute fa Fortune au Hazard. Confidérant d'ailleurs, que fon Armée
„ manquoit de Vivres, & de Fourage, il fit faire à l'Ennemi des Propofitions de
„ Paix. Les Turcs aïant déjà éprouvé de quoi les Troupes de Sa Majefté Czarien-
„ ne, pleines de Bravoure & de Courage, étoient capables, acceptèrent cette Propo-
„ fition avec Joie, &c. „

tir le Ridicule; afin, que ceux, à qui de pareilles Relations tombent entre les Mains, sachent à quoi s'en tenir.

Le Czar, se voïant délivré des Mains des Turcs, quitta le Pruth, repassa le Niester, & alla camper près d'une petite Ville, nommée Mohilow. Son Armée, comme il a été dit, n'étoit composée que d'Infanterie, sa Cavallerie étant presque entiérement abimée. Elle fut partagée en deux Corps, dont l'un alla à Kiovie, & l'autre en Wolhinie. Celui-ci fut distribué à Ostroga, Dubna, Mildrysina, & Polona; de maniere qu'il pouvoit toujours être à portée de s'opposer au Passage du Roi de Suede, en cas que ce Prince ne fût escorté que d'un petit Nombre de Troupes. Le Général Rönne, aïant eu la Liberté de se retirer de Braila avec ses Dragons (*a*), passa le Niester à Zwonia, & se rendit à Brody, pour ne pas s'éloigner du Reste des Troupes. Le Palatinat de Russie fut obligé de fournir les Vivres & autres Choses nécessaires. Le Palatin s'en plaignit vivement au Général Dolgeruckoi, qui commandoit en l'Absence du Rönne; mais, il ne lui fut pas possible d'en tirer Raison. Le Moscovite lui répondit, „ qu'il étoit bien vrai, que le Czar avoit promis de faire sortir ses „ Troupes de Pologne; mais, avec cette Restriction, qu'il avoit gar„ dée par devers lui, que ni le Roi Auguste, ni la République, n'eus„ sent plus besoin de sa Protection. Que le Cas n'étant pas tel, il „ étoit absolument nécessaire, que les Troupes y demeurassent; & que „ le Palatin entendoit aussi peu ses propres Intérêts, que plusieurs au„ tres de ses Concitoïens. Qu'à l'égard des Vivres, il seroit à sou„ haiter, que la Manne tombât du Ciel, comme du Tems des Israë„ lites; mais, que cela n'étant pas, & les Moscovites n'aïant pas „ appris à se nourrir de l'Air, il se trouvoit obligé de leur faire „ avoir des Vivres, sans se mettre en peine qui les fournissoit. „

La République ne tarda pas d'être informée de la Conduite des Moscovites, qui s'attirérent de plus en plus la Haine & l'Indignation des Polonois. Les Partisans du Roi Stanislas étoient en grand Nombre; mais, ils n'osoient rien entreprendre, tant qu'Auguste étoit soutenu par les Forces du Czar. Ceux, qui tenoient pour Auguste, étoient ravis, que, par ce Moïen, il se conservât sur le Trone; mais, cela ne diminuoit pas leurs Craintes & leurs Inquiétudes. Ils comprenoient fort bien, que les Moscovites, ne faisant pas Mine seulement de vouloir sortir de Pologne, malgré les fortes Instances du Primat (*b*), tant auprès d'Auguste, qu'auprès du Czar, & non-obstant les pressantes Sollicitations des Palatinats, le Roi de Suede ne se donneroit point de Relâche, qu'il ne fût entré dans le Roïaume, à la tête d'une Armée composée de Turcs & de Tartares. Ils se représentoient

(*a*) Voïez ci-dessus page 498.

(*b*) C'étoit Schembeck, Primat de la Création du Roi Auguste.

toient les Maux dont cette Entreprise seroit suivie: ils voïoient déjà toutes les Provinces en Feu, les Terres désolées, les Familles ruïnées, & la Patrie plongée dans un Abime, d'où peut-être elle ne sortiroit jamais.

Le Czar suivit son Armée jusqu'à Jassi, où il se reposa quelques Jours, pour prendre des Rafraichissemens, dont il avoit un Besoin extrême. Il se rendit ensuite, accompagné de quelques cent Personnes, à Caminiek, où il fut reçu au Bruit de l'Artillerie de la Forteresse. Après avoir visité les Fortifications, l'Arsenal, & les Magazins, il fut traité à diner par le Général Rap, Commandant de la Place. Il partit de-là pour Zolkiow, Ville appartenante au Prince Constantin Sobieski. Il s'arréta ensuite à Jareslaw, jusqu'à ce que l'on eut préparé pour son Service quelques Batimens, avec lesquels il descendit la Vistule, pour se rendre à Warsovie. Il ne demeura dans cette derniere Ville, que deux Jours, continuant son Voïage par Eau jusqu'à Thorn, sous l'Escorte d'un gros Détachement de Grenadiers. Comme ses Gens avoient avec eux des Selles & tout ce qui étoit nécessaire pour monter aussi-tôt à Cheval, il fit enlever aux Bourgeois, dès qu'il eut mis pied à terre, au-de-là de trois cens Chevaux, qu'il fit distribuer à ses Soldats.

Le Bruit couroit, qu'il se rendroit à Elbingen, & de-là en Poméranie, pour y avoir une Entrevue avec Auguste & le Roi de Dannemarck; mais, peu après, on eut Avis, qu'il avoit passé par Dresde & Freyberg, & qu'il se trouvoit à Carlsbad où il prenoit les Bains.

Ce fut de cet Endroit, qu'il envoïa Ordre au Brigadier Balk, Commandant d'Elbingen, de signifier aux Bourgeois de cette Ville, qu'ils eussent à lui fournir au plûtôt cinquante Manteaux de Dragons, & à faire construire pour son Usage deux Frégates, ou autres Batimens legers. Le Magistrat eut beau représenter, que les Habitans, épuisés par de grosses Contributions, se trouvoient dans l'Impossibilité de fournir à cette Dépense, à moins qu'on ne se dépouillât tout nuds. Ces Clameurs ne furent point écoutées; il falloit qu'on obéit.

Le Czar, après avoir pris les Bains, se rendit à Dresde, & de-là à Torgau, où il assista au Mariage de son Fils, le Czarewitz, qui épousa la Princesse Charlotte-Christine-Sophie de Wolffembutel. Le Czar avoit lui-même ordonné que ces Noces fussent célébrées sans Pompe & sans Cérémonies, sous prétexte qu'il étoit en Voïage, & dans un Lieu étranger; promettant néanmoins, qu'il feroit recevoir sa Bru, dans la Capitale de ses Etats, avec toute la Magnificence & les Honneurs dûs à son Rang. De Torgau, il se rendit à Elbingen, & de-là par Mer à Königsberg. Le même Jour qu'il y arriva, le Paquebot ordinaire de Stockholm en étoit parti. Les deux Batimens se rencontrérent sur le *Frische-haf.* Dès que le Czar eut reconnu les Suédois, il ordonna qu'on fit les Dispositions nécessaires, soit pour attaquer, soit pour se deffendre vigoureusement. Il étoit lui-même avec

la

1711.

Novembre.

la Lunette d'Aproche à la main, pendant qu'on se préparoit au Combat; mais, voïant que notre Paquebot étoit garni de Canon, & qu'il continuoit tranquilement sa Route, il ne jugea pas à propos de l'attaquer. Lorsqu'il mit pied à terre à Königsberg, le Prince de Holstein, qui en étoit *Stattbalter*, alla au devant de lui. Les Bourgeois étoient sous les Armes, & formoient une Haie des deux Côtez de la Rue par laquelle il passa; & comme le Roi de Prusse avoit expressément ordonné, qu'on lui rendît les mêmes Honneurs que si Sa Majesté étoit Elle-même présente, on n'épargna rien pour lui donner de superbes Fêtes & des Régals magnifiques. Le Dimanche suivant, il se rendit par Eau à Schaken, où l'on avoit préparé d'autres Batimens, qui le transportérent à Memel. En partant de cette Ville, il alla par Terre à Riga.

le 12.

Fin du Treizieme Livre.

HISTOIRE

DE

CHARLES XII,

ROI DE SUEDE.

❋❋❋❋❋❋❋❋❋❋❋❋❋❋❋❋❋❋❋❋❋❋❋❋❋❋❋❋❋❋

LIVRE QUATORZIEME.

A Suede, au lieu de commencer à respirer, voïoit augmenter ses Embarras. Les Moscovites s'étoient rendus Maitres de plusieurs Provinces considérables, comme de l'Esthonie, de l'Ingrie, & de la Carélie. Ils avoient même porté leurs Armes dans la Poméranie, où ils étoient entrez en même tems que les Danois & les Saxons, pour y établir le Théatre d'une nouvelle Guerre. L'Argent, que le Czar avoit distribué aux Turcs, le rendoit, pour ainsi dire, Maitre absolu de leurs Volontez: tout se régloit dans leurs Conseils à sa Fantaisie. Les Amis de la Suede, insensibles à ses Maux, la négligeoient, ou refusoient de la secourir. Dans ces tristes Conjonctures, & au milieu des plus grands Dangers, il ne lui restoit d'autre Ressource, que celle qu'elle tireroit de son propre Sein. La Régence, également zélée pour le Service du Roi, & infatigable au Travail, s'appliquoit, avec une Attention extraordinaire, à remédier aux Maux dont le Roïaume étoit affligé. Elle eut sur-tout un Soin particulier de mettre les Provinces en Etat de Deffense, de faire lever de nouvelles Troupes, de renforcer les vieux Corps, en un mot, d'avoir prête une bonne Armée, qui fût capable d'inspirer du Respect aux Ennemis, & de feconder les Intentions du Roi, en cas qu'il vint à bout de ses Desseins à la Cour Ottomane.

Vers la Fin de l'Année précédente, la France étoit entrée en Négociation avec l'Angleterre, pour une Paix particuliere. Comme, malgré les Oppositions de l'Empereur, la Cour de Londres y étoit entiérement disposée, on se flattoit, que les autres Alliés suivroient bientôt

Janvier: Situation où se trouvoit la Suede.

La Paix entre la France & l'Angleterre semble favorable.

1712.
Janvier.

fon Exemple; & déjà la Ville d'Utrecht venoit d'être nommée pour le Lieu deſtiné au Congrès. Cet Evénement réveilla l'Attention & l'Eſpérance de la Suede. En effet, on n'étoit pas mal-fondé à croire, que, dès que nos Alliés auroient fait la Paix, ils s'appliqueroient ſérieuſement à appaiſer les Troubles du Nord: du moins, ils n'auroient plus de Prétexte ſpécieux à alléguer, pour s'en diſpenſer; particuliérement le Roi de Pruſſe & l'Electeur de Hanovre, dont les Troupes venoient d'être rappellées de l'Armée de l'Empire. Une Conſidération des plus importantes donna lieu à de grandes Diſcuſſions. Il s'agiſſoit, parmi nos Politiques, de déterminer, s'il étoit plus de l'Intérêt de la Suede de prendre pour Médiateurs ceux qui en ſecret étoient ſes Ennemis, que de s'expoſer à voir ces mêmes Puiſſances ſe déclarer ouvertement contre Elle, & contre les juſtes Deſſeins de ſon Roi. Cette Réflexion fit évanouïr les Eſpérances qu'on s'étoit formées par rapport à une Paix générale: & la Réponſe obſcure & douteuſe, que quelques-uns des Membres des Etats-Généraux donnérent ſur ce Sujet à Monſieur de Palmquiſt, lorſque ce Miniſtre leur en fit la Propoſition, quoiqu'en ſon Nom particulier, fit aſſez voir à quoi on devoit s'attendre.

Comment le Miniſtre d'Angleterre s'en expliqua.

L'ANGLETERRE ne penſoit pas autrement à cet Egard. On eut lieu de s'en convaincre, auſſi-tôt que Mylord Briſtol fut arrivé à Utrecht. ,,Si la Paix de Weſtphalie,, diſoit-il, ,,eſt miſe ſur le Tapis, le ,,Roi Auguſte eſt en Droit de prétendre, pour l'Electorat de Saxe, la ,,même Sureté que la Suede exige pour la Poméranie. C'étoit-là pré- ,,ciſement ce que vouloient les Puiſſances qui avoient agi de concert ,,avec Auguſte dans l'Affaire de la Neutralité.,, D'autres, qui ne ſe piquoient pas de moins de Lumieres, étoient d'Opinion, que ces Prétenſions étoient d'une Nature bien différente, & que les Provinces, que la Suede poſſédoit en Allemagne, devoient, comme Membres de l'Empire, jouïr de ſa Protection, ſans aucun Acte particulier de Neutralité, & même préférablement à l'Electorat de Saxe. Ils alléguoient pour Raiſons, que le Roi Auguſte s'étoit ſervi des Forces de cet Electorat, pour tomber ſur la Livonie; qu'il avoit commencé une Guerre offenſive hors des Terres de l'Empire; & qu'il continuoit actuellement la Guerre avec les Forces de ſes Etats Héréditaires: au lieu que le Roi de Suede, dans ſa Guerre défenſive, n'avoit point emploïé les Forces de la Poméranie, ni celles du Duché de Bremen; & qu'on ne prouveroit jamais, qu'il lui fût venu dans l'Eſprit de faire de ces deux Provinces une Invaſion en Saxe. Qu'ainſi, il étoit injuſte, que ces Provinces fuſſent expoſées aux Dangers de la Guerre, & qu'on permît aux Ennemis, qui étoient ligués contre la Suede, d'y commettre des Hoſtilitez.

Propoſition dont Mr. Rumpf étoit chargé.

MR. RUMPF, qui réſidoit à Stockholm de la Part des Etats-Généraux, étoit chargé, non ſeulement de ſes Maitres, mais auſſi de l'Empereur & de la Reine de la Grande-Bretagne, de faire quelques Ouvertures générales pour le Rétabliſſement de la Tranquilité dans le
Nord.

Nord. Il s'adreſſa pour cet Effet au Sénat. Sa Commiſſion ne pouvoit qu'être fort agréable, & on s'en promettoit déjà un bon Succès. Mais, lorſqu'il en vint au Fait, il ne fut queſtion d'autre choſe, que d'offrir les bons Offices de ces Puiſſances. On lui répondit, qu'il ſeroit à ſouhaiter, avant toute choſe, que ces Puiſſances vouluſſent, comme Garants du Traité de Traventhal, emploïer en ce Sens leurs bons Offices, & obliger le Roi de Dannemarck à ſe déſiſter de ſon Entrepriſe. Qu'après cela, leur Médiation ſeroit d'autant plus efficace, & qu'il leur ſeroit facile de diſſiper entiérement l'Ombrage que leur donnoient les Troubles dont l'Empire ſembloit menacé. Toute cette Négociation ſe termina-là; & il fut réſolu, que l'on feroit Rapport de cette Réponſe.

CHARLES, Roi d'Eſpagne, aïant été élu Empereur à la place de ſon Frere Joſeph, le Sr. Hielmborg, Réſident de Suede à Francfort, ſaiſit cette Occaſion, pour informer le nouveau Chef de l'Empire de la Conduite qu'on tenoit à l'égard de ſon Maitre. Il auroit fort ſouhaité de rendre le Mémoire, qu'il avoit dreſſé pour cet Effet, à l'Empereur même: mais, comme certaines Conſidérations ne le permettoient pas, il ſe contenta de le préſenter au Comte Zinzendorf, Chancellier de la Cour, & au Baron de Taſton, Prémier-Miniſtre de l'Electeur de Treve. On fait néanmoins, que ce Mémoire fut lû à Sa Majeſté Impériale: on le trouve même imprimé parmi d'autres Actes publics. En voici la Subſtance. ,, Que Sa Majeſté Suédoiſe, depuis ſon Avénement au ,, Trône, avoit fait voir à l'Univers entier le Déſir extrême qu'Elle ,, avoit de maintenir la Paix. Que, dans cet Eſprit, Elle avoit à ,, grands Fraix envoïé des Ambaſſadeurs en Ruſſie, pour renouveller ,, avec le Czar les anciens Traités, & pour confirmer la Paix perpé- ,, tuelle. Qu'Elle en avoit agi de même à l'égard du Roi Auguſte; ,, & que ce Prince avoit à ſon tour envoïé un Miniſtre en Suede, ,, pour cimenter l'Amitié & la bonne Harmonie entre les deux Mai- ,, ſons. Que, dès que le Feu de la Guerre avoit commencé à ſe ,, manifeſter entre le Roi de Dannemarck & le Duc de Holſtein, le ,, prémier Soin de Sa Majeſté avoit été de l'éteindre, moïennant le Se- ,, cours de l'Empereur & des Puiſſances Maritimes. Qu'Elle y avoit ,, réüſſi, comme on pouvoit le voir par le Traité de Traventhal. Que, ,, ſe repoſant là-deſſus, Elle avoit crû la Guerre finie; mais que, dans ,, le même Tems, le Czar avoit fait une Invaſion en Ingrie, pendant ,, que le Roi Auguſte étoit tombé ſur la Livonie. Que ces deux Prin- ,, ces s'étoient flattez, l'un d'emporter Narva, & l'autre Riga, avant ,, qu'on pût recevoir en Suede la moindre Nouvelle de leur Irruption. ,, Qu'avec l'Aſſiſtance de Dieu, Sa Majeſté avoit renverſé leurs Pro- ,, jets; & qu'enfin Elle avoit obligé Auguſte, par le Traité d'Alt- ,, Ranſtadt, de renoncer à la Couronne de Pologne. Que ce Traité ,, avoit été garanti par l'Empereur, auſſi bien que par les Puiſſances ,, Maritimes. Que, non-obſtant cette Garantie, dès que Sa Majeſté

,, eut

„ eut quitté la Saxe, pour fe rendre en Ukraine, afin d'éloigner les
„ Armes Mofcovites de Frontieres de fes Etats, le Roi de Danne-
„ marck avoit attaqué la Scanie, & le Roi Augufte étoit rentré en
„ Pologne ; & qu'enfuite ils s'étoient joints aux Mofcovites, pour tom-
„ ber tous enfemble fur la Poméranie. Que fi l'on confidéroit ce qui
„ étoit arrivé dans le Duché de Meklenbourg, & dans la Pruffe, où
„ les Mofcovites venoient de s'établir, il n'étoit pas difficile de pré-
„ voir les Dangers dont l'Empire étoit menacé. Que, non-obftant que
„ le Roi de Dannemarck eut déclaré dans fon Manifefte, qu'il n'en-
„ treprendroit rien contre les Provinces du Roi de Suede en Allema-
„ gne, il avoit néanmoins fait enlever plufieurs Vaiffeaux qui appar-
„ tenoient aux Habitans de Bremen, fous prétexte que Sa Majefté Sué-
„ doife avoit rejetté la Neutralité conclue à la Haie. Que cette Rai-
„ fon n'étoit rien moins que folide. Qu'après que l'Empereur, & les
„ autres Alliés, avoient, en vertu des Traités de Weftphalie, de Tra-
„ venthal, & d'Alt-Ranftadt, garanti les Etats de la Suede en Alle-
„ magne, de la même Maniere qu'ils l'avoient fait à l'égard des autres
„ Provinces de l'Empire, il n'étoit pas permis au Dannemarck de rien
„ entreprendre contre ces Etats. Que le Roi n'aïant pas agi contre la
„ Neutralité, comme tout le Monde étoit obligé d'en convenir, il
„ s'enfuivoit, que Sa Majefté avoit été en Droit de protefter d'a-
„ vance contre cet Acte, qui facilitoit au Roi de Dannemarck, & à
„ l'Electeur de Saxe, les Moïens d'affembler des Troupes, de lever
„ des Gens de Mer, de remonter leur Cavallerie, & de préparer
„ leur Train d'Artillerie, par-tout où ils le jugeoient à propos, pour
„ s'en fervir enfuite contre la Suede; au lieu qu'il lioit les Mains à
„ Sa Majefté Suédoife, & qu'il l'empéchoit d'emploïer, contre les
„ Mofcovites, les Troupes qu'Elle avoit en Poméranie. Qu'outre ce-
„ la, on avoit compris le Jutland parmi les Provinces qui devoient
„ jouïr de la Neutralité, en même tems que l'on en donnoit l'Exclu-
„ fion à la Scanie: que, cependant, ni l'une ni l'autre de ces deux Pro-
„ vinces ne dépendoient en rien de l'Empire. Que les Ennemis avoient
„ Tort d'avancer, qu'ils n'étoient entrez en Poméranie, qu'afin d'em-
„ pécher que les Suédois ne fiffent de-là une Irruption en Saxe. Que
„ jamais pareil Ordre n'avoit été donné; & que ce n'étoit qu'un Pré-
„ texte, que les Ennemis de Sa Majefté avoient imaginé pour colo-
„ rer leur injufte Entreprife. Que ce que l'on débitoit, touchant les
„ Deffeins de ce Prince à la Porte, n'étoit pas mieux fondé, non plus
„ que les Liaifons qu'on lui attribuoit avec les Mécontens de Hon-
„ grie, & les Mouvemens qu'il fe donnoit pour fufciter, par le Moïen
„ des Turcs, de nouveaux Troubles dans l'Empire. Que perfonne
„ ne prouveroit, que Sa Majefté fe fût déclarée pour les Mécontens,
„ ou qu'Elle eut formé la moindre Entreprife au Préjudice de l'Empi-
„ re. Qu'au contraire, dès que la Porte eut déclaré la Guerre au
„ Czar, Sa Majefté avoit porté le Grand-Seigneur à envoïer à Vien-
„ ne

„ ne un Officier, pour aſſurer l'Empereur de ſon Amitié & de ſon
„ Penchant à vivre en Paix avec lui. Qu'on devoit ne rien trouver
„ à redire aux Mouvemens que le Roi de Suede ſe donnoit à la Cour
„ Ottomanne; que, dès le Commencement, il n'avoit eu en cela d'au-
„ tre But, que d'obliger le Czar de partager ſes Forces, ſur-tout ce
„ Prince, devenu Maitre de la Livonie, aïant dit hautement, qu'il
„ iroit l'Hiver prochain mettre le Feu à la Capitale de la Suede. Que,
„ dans cette Conjonĉture, Sa Majeſté n'avoit point eu d'autre Parti
„ à prendre, que de ſaiſir la prémiere Occaſion qui ſe preſentoit pour
„ ſa Défenſe. Que la Nature meme nous autoriſe, dans une preſſan-
„ te Néceſſité, à nous défendre par toutes ſortes de Moïens. Que
„ Sa Majeſté n'avoit pas eu Beſoin de faire ſur ce Sujet beaucoup
„ d'Inſtances auprès des Turcs; & que la Crainte de la trop grande
„ Puiſſance du Czar les avoit déterminez à lui faire la Guerre. Que
„ comme il paroiſſoit clairement, que Sa Majeſté Suédoiſe avoit ſin-
„ cérement deſiré la Paix, & qu'Elle n'avoit jamais ſongé à rien en-
„ treprendre au préjudice des Hauts-Alliés, Elle ſe flattoit, que la
„ Cour Impériale & ſes Allies auroient à cœur, préférablement à tou-
„ tes Choſes, le Rétabliſſement de la Tranquilité dans l'Empire; d'au-
„ tant que la Guerre, qu'on venoit d'allumer en Poméranie, pourroit
„ cauſer un Embraſement général par toute l'Allemagne, ſi on n'obli-
„ geoit pas le Roi de Danemarck de ſortir au plûtôt de cette Pro-
„ vince. Que Sa Majeſté ne doutoit pas, que l'Empereur n'eut égard
„ à ſes juſtes Repréſentations; parce que les Alliés avoient juſques-là
„ prétexté, qu'ils ne pourroient remédier à ces Griefs tant que l'Em-
„ pire ſe trouveroit ſans Chef. „

Le Duc de Meklembourg s'étoit déjà plaint à la Cour Impériale des
Violences que les Alliés du Nord avoient commiſes dans ſes Etats. Comme dans la ſuite ils en vinrent à des Hoſtilitez ouvertes, à meſure que
le Nombre de leurs Troupes s'augmentoit dans ces Quartiers, le Duc
fit de nouvelles Inſtances, ſollicitant fortement l'Empereur à prendre en main ſa Deffenſe, & à interpoſer dans cette Affaire ſon
Autorité.

Ce ne fut pas contre les Alliés ſeuls, que ce Prince porta des Plaintes: il demanda pareillement Réparation du Tort qu'il avoit à ſouffrir
de la Garniſon Suédoiſe de Wiſmar, qui tiroit du Meklembourg une
bonne Quantité de Vivres & de Fourages, qu'elle faiſoit entrer dans
la Place. Un autre Grief contre les Suédois étoit, qu'ils arrétoient
ſouvent les Chariots de Poſte, dont ils faiſoient la Viſite, enlevant
tous les Effets qui appartenoient aux Puiſſances Ennemies. Le Duc,
aïant embraſſé la Neutralité, ne vouloit favoriſer aucun des Princes
qui ſe faiſoient la Guerre. Il ſe plaignoit de tous également; quoique,
dans le fond, il fut très perſuadé, qu'il n'auroit jamais à eſſuïer, de
la Part des Suédois, la centieme Partie des Violences, que les Saxons,
les Moſcovites, & les Danois, commettoient tous les jours ſur ſes

Tome II. Aaa a Ter-

Terres. D'ailleurs, il pouvoit avec raiſon eſpérer, qu'à la fin de la Guerre il obtiendroit de ſa Majeſté Suédoiſe quelque Dédomagement; au lieu qu'il prévoïoit bien, que jamais il n'auroit rien des autres Puiſſances.

On n'eut pas plus d'Egard aux Mémoires du Duc, qu'à ceux que le Roi faiſoit préſenter par ſes Miniſtres: &, quelque preſſantes que fuſſent ces Sollicitations, on ne put jamais tirer d'autre Réponſe de la Cour de Vienne, ſi-non, *que Sa Majeſté Impériale avoit réſolu de faire porter cette Affaire à l'Aſſemblée des Etats de l'Empire, pour qu'elle en délibérât.* Avant que cette Réſolution eut été priſe, qu'on eut commencé les Délibérations, & que l'Affaire eut été décidée, il ſe paſſa un Tems conſidérable, pendant lequel les Ennemis avoient les Mains libres pour agir comme ils le jugeoient à propos. Il leur auroit été facile, ſans craindre la moindre Oppoſition de la Part des Etats de l'Empire, de ruïner plus d'une fois, & la Poméranie, & le Meklembourg; mais, par bonheur, leurs Forces ne furent pas à beaucoup près auſſi formidables, que leurs Intentions étoient pernicieuſes.

La Cour Impériale avoit ſes Raiſons pour négliger la Suede, & pour ſe mettre ſi peu en peine du Salut de ce Roïaume. Outre le Prétexte d'avoir ſur les Bras une Guerre des plus longues & des plus onéreuſes, elle en alléguoit d'autres tout auſſi peu ſolides. Tantôt c'étoit, parce que Sa Majeſté Suédoiſe avoit manqué à ſon Devoir, par rapport à l'Inveſtiture & aux Contingens qu'Elle étoit obligée de fournir. En d'autres Occaſions, on lui reprochoit, qu'Elle avoit rejetté avec hauteur l'Acte de Neutralité. Cela ſe diſoit en public: mais, dans le particulier, les Miniſtres tenoient un autre Langage; inſinuant, comme par maniere de Converſation, que l'Empire riſqueroit trop, en voulant ſecourir la Suede. Qu'on étoit perſuadé, que, dès que Charles auroit ſur pié une Armée compoſée de Turcs & de Troupes de ſa Nation, il tomberoit auſſi-tôt ſur l'Electorat de Saxe, afin d'obliger le Roi Auguſte de deſcendre une ſeconde fois du Trône; ce qui ne pouvoit, en tout Sens, qu'être très préjudiciable aux Intérêts de Sa Majeſté Impériale. Qu'enſuite, il ne manqueroit pas, tant par de grandes Exactions, que par les Enrollemens qu'il feroit, non ſeulement en Pologne, mais auſſi en Siléſie & dans les Provinces voiſines, de ſe mettre dans un Etat à devenir formidable à l'Empereur même, & à tout l'Empire. Que, quand même il n'agiroit pas directement en faveur de la France & de Philippe V, il étoit à craindre, qu'il ne fît valoir d'une maniere rude & inſupportable le Droit que lui donnoit le Traité de Weſtphalie de prendre en main la Deffenſe de la Religion Proteſtante en Allemagne. Que ſous ce Prétexte, & ſous celui de veiller au Maintien des Priviléges des Princes Proteſtans, il ſeroit capable de ſe rendre ſi puiſſant, qu'on le conſidéreroit comme un ſecond Chef de l'Empire.

Telle étoit la Situation générale des Affaires. On fit, en attendant,

dant, en Suede, comme je viens de le dire, de grands Préparatifs, tant par Terre que par Mer, pour la Campagne prochaine. Le Sénat, & le Committé chargé des Affaires Militaires, travailloient sans relache à pourvoir aux Besoins les plus preßans; &, pour se bien deffendre, ils n'épargnoient, ni Peines, ni Argent. Les Sujets, encouragés par la Confiance que leur témoignoit leur Souverain, & dont il s'étoit expliqué avec tant de Bonté, dans la Lettre qu'il leur avoit adreßée à la Fin de l'Année précédente (*a*), faisoient des Efforts incroïables. Les Taxes & les Impositions se païoient avec une grande Ponctualité. Quantité de Particuliers firent, de leur propre Mouvement, des Avances considérables à la Couronne. Avouons néanmoins, qu'il se trouvoit plusieurs Personnes, qui se plaignoient hautement, de ce que les Païemens & les Préparatifs trainoient plus long-tems qu'on n'avoit d'abord crû.

1718.
Janvier.
Préparatifs qui se font en Suede.

Le Retranchement, auquel on travailloit, par Ordre du Roi, en Scanie, entre Helsingbourg & Landscrona, fut bientôt en très bon Etat. Le Quartier-Maître-général Lejonsparre, & le Lieutenant-Colonel Meyer, avoient la Direction de ces Travaux. Les Troupes, qui cantonnoient dans la Province, étoient continuellement en mouvement. C'étoient la plûpart de nouvelles Levées, de jeunes Gens pleins de Courage & de bonne Volonté, mais qui avoient besoin d'être dreßés & disciplinez. Le Lieutenant-Général Burenschöld se donnoit à cet égard beaucoup de Peines. Il les exerçoit lui-même; & souvent, pour les accoutumer à ne pas craindre les Ennemis, il leur faisoit faire des Marches & des Contremarches, comme pour attaquer les Danois. Quoique ces Mouvemens n'aboutißent d'ordinaire, qu'à aßembler, dans un certain Lieu marqué, une ou plusieurs Compagnies d'un même Régiment, on remarquoit néanmoins jusqu'où alloit l'Ardeur du Soldat. Jamais il ne paroißoit plus mal-satisfait, que quand il falloit qu'il s'en retournât dans son Quartier, tant il bruloit d'Impatience d'en venir aux Mains.

En Scanie.

On ne prenoit pas moins de Précautions, pour mettre à l'abri les Frontieres du Côté de la Norwegue, & pour empêcher les Danois d'y faire des Progrès, en cas qu'il tentaßent, comme l'Année précédente, de pénétrer de ce Côté-là en Suede. Les Troupes régulieres, qu'on tenoit sur cette Frontiere, avoient Ordre de s'aßembler au prémier Commandement; & les Païsans de la Dalie, aïant déclaré qu'ils vouloient eux-mêmes se mettre en Campagne pour deffendre leur Province, on forma un certain Nombre de Compagnies, dont le Lieutenant-Colonel Brinck fut le Chef. On leur donna des Officiers; &, en peu de Tems, ils furent aßez bien disciplinez. Ce Projet venoit du Général Burenschöld; & le Roi y donna son Approbation par une Lettre écrite de Bender le 13. Mars. Sa Majesté, pour témoigner au Peuple de cette

Sur les Frontieres de Norwegue.

(*a*) Voïez ci-deßus page 468.

Aaa a 2

cette Province, combien elle étoit satisfaite de sa bonne Volonté, le déchargea entiérement des Tailles, & diminua en sa faveur les Droits ordinaires qui se levent sur les Habitans de la Campagne. Outre cette Milice, on forma, tant en Dalie & en Wermlande, que dans quelques autres Cantons, remplis, comme ces deux Provinces, de Montagnes & de Défilez, plusieurs Compagnies franches, dont on prétentendoit tirer le même Avantage que donnoient aux Danois les Miliciens de Norwegue appellez *Feuer-Röhrer*. Pour former ces Compagnies, on tira de chaque *Régiment levé*, qui se trouvoit sur la Frontiere, soixante Hommes, qu'on remplaça aussi-tôt par des Milices. Le Lieutenant-Colonel de Burguer obtint le Commandement de ces Troupes.

A l'égard de la Marine. LA Flotte, qui devoit agir dans la Mer Baltique, avoit Ordre de sortir de ses Ports, dès que le Tems le permettroit. Elle devoit croiser sur les Côtes de Poméranie, & favoriser le Transport qu'on méditoit de faire. Cette Expédition traina néanmoins jusques vers la fin de l'Automne. Ceux, qui en avoient la Direction, alléguérent pour Excuses, qu'on n'auroit si-tôt rien à craindre de la Flotte Danoise, qui se trouvoit en très mauvais Etat. Que, selon l'Aveu même des Ennemis, sept de leurs meilleurs Vaisseaux, savoir trois du prémier, & quatre du second Rang, avoient tant souffert au Mois de Novembre dernier, qu'ils étoient presque entiérement hors d'état de servir. Qu'ainsi, les Danois ne pourroient mettre en Mer tout au plus que quelques Frégates. Que, d'ailleurs, ils manquoient de Matelots, dont la Peste avoit enlevé un Nombre considérable. Ces Raisons ne furent pas trouvées bonnes; &, en effet, moins le Danemarck étoit en Etat d'armer par Mer, & plus on auroit dû presser le Transport destiné pour secourir les Places de la Poméranie, plus même ce Transport devenoit facile. De-là il s'ensuit, qu'il faut que quelque Raison sécrete ait fait trainer cette Expédition. Ce n'est pas à nous à rien déterminer sur ce Sujet.

L'ESCADRE destinée pour la Finlande entra de bonne heure en Mer. Elle fit son possible, pour tenir la Flotte Russienne bloquée, & pour empécher les Moscovites d'avoir quelque Communication par Mer avec les Places de la Finlande dont ils s'étoient emparez.

L'ESCADRE de Gothenbourg fut aussi prête au Tems marqué. Celle-ci étoit principalement destinée pour couper la Communication entre le Danemarck & la Norwegue, & pour croiser sur les Vaisseaux marchands Danois, qui navigueroient dans ces Mers. Elle étoit commandée par le Comte Lewenhaupt, Contre-Amiral. Le Sénat, en le chargeant de cette Expédition, lui donna un Brévet de Vice-Amiral; Charge, dans laquelle il fut confirmé par le Roi, dès le Mois de Février.

Février. Ce qui se passa en Poméranie. LES Ennemis, après avoir abandonné leurs Entreprises sur Stralsund & Wismar, s'emparérent de différens Postes aux environs de ces
deux

deux Places. Ils ne purent pourtant pas empêcher les Suédois d'y entrer & d'en fortir affez librement, non-obftant que les Mofcovites euffent reçu un Renfort de quelques mille Hommes commandé par le Général Bawer. Le Lieutenant-Général Dukert, aïant fait venir de l'Ile de Rugen quelques mille Chevaux, marcha à Damgarten, où il furprit les fix cens Danois, qui gardoient ce Pofte, & qui furent mis en Fuite. Il détacha enfuite le Capitaine Stenflycht avec cent Hommes, pour faire une Tentative fur Riebnitz. Cet Officier fe mit en Marche durant la nuit; paffa fur la Glace, & s'empara auffi-tôt des Portes de la Ville. Cinquante Cavaliers Danois, qui étoient dans la Place, furent faits Prifonniers.

Vers le même Tems, le Lieutenant-Colonel Altenbourg fut détaché de Stettin avec quatre cens Hommes, tant Cavallerie qu'Infanterie, pour enlever un Parti Saxon de cent Hommes, pofté dans un Village à quelque Diftance de la Place. Mais, comme l'Ennemi avoit été averti du Deffein des Suédois, & qu'il étoit fur fes Gardes, Altenbourg fut obligé de fe retirer. Il y eut entre les deux Détachemens une petite Efcarmouche; & quelques Soldats demeurérent de Part & d'autre fur la Place. Le Capitaine Vitinghof fortit de Wifmar, avec cent cinquante Chevaux, pour aller reconnoitre les Ennemis dans le Meklembourg & fur les Frontieres de Poméranie. Il marcha fans aucun Empéchement jufqu'à Demmin & Treptow, où il rencontra enfin un Parti Danois, qu'il fe difpofa d'attaquer fur le champ. L'Ennemi ne lui en donna pas le Tems: aïant tourné Bride, il prit la Fuite, à fauve-qui-peut. Vitinghof ramena avec lui quarante & un Prifonniers, parmi lefquels fe trouvoient quatre Lieutenants.

Mars.
Deffeins du
Roi de Da-
nemarck fur
les Duchés
de Bremen
& de Ver-
den.

Sur ces Entrefaites, on eut Avis, que le Roi de Danemarck, dans le dernier Confeil de Guerre tenu à Coldingen, avoit donné à connoitre, qu'il méditoit quelque Deffein fur le Duché de Bremen & la Ville de Stade; fans doute dans l'efpérance de faire revivre les Troubles qu'on avoit eu tant de Peine à affoupir l'Année derniere. Auffi-tôt que le Comte Welling en eut Avis, il envoïa le Lieutenant-Général Craffou à la Cour de Hanovre, pour y faire des Repréfentations fur ce Sujet. Il le chargea en même tems de prier l'Electeur d'interpofer fon Autorité, & d'empêcher les Danois de faire une Irruption dans ce Duché. On étoit encore bien éloigné de penfer, que l'Electeur, & le Roi de Danemarck, agiffoient de Concert, & que le prémier eût déjà fixé fes Vûes fur ce Païs-là, qu'il trouvoit merveilleufement à fa Bienféance. Quand même on auroit eu à cet égard quelque léger Soupçon, les Affurances qu'on tira de l'Electeur devoient naturellement le faire évanouïr. Ce Prince promit, de la Maniere la plus pofitive, *que les Ennemis ne traverferoient pas fes Etats, ni ne pafferoient l'Elbe; qu'il feroit garder exactement tous les Paffages par fes propres Troupes: ajoutant, qu'il avoit déjà défendu tout Commerce avec le Holftein, à caufe de la Pefte*

dont

dont cette Province étoit affligée. Il alla même fi loin, qu'avec le Confentement du Comte Wellingk, & de la Régence de Bremen, il s'engagea, par un Acte formel, à veiller à la Sûreté des Duchés de Bremen & de Verden, & à conferver ces deux Provinces au Roi de Suede. Il y envoïa quelques Troupes, & mit Garnifon dans Otters-
berg, afin d'éloigner de fes Frontieres, autant qu'il feroit poffible, le
Feu de la Guerre.

Toutes ces Promeffes & ces Démonftrations d'Amitié n'étoient que
pures Grimaces. Dès que la Saifon permit aux Danois de paffer l'Elbe, ils envoïérent quelques Partis de l'autre Côté, où ils pillérent plufieurs Villages, auxquels ils mirent le Feu. Cela fe faifoit à la vûe
des Troupes Hanovriennes, qui auroient pû très facilement s'y oppofer, pourvû qu'elles euffent eu Ordre de le faire. A la fin, les
Suédois firent avancer fur l'Elbe quelques Batimens armez. Maitres
de la Riviere, ils obligérent les Danois de fe retirer avec Perte.

Le Commerce de la Ville de Hambourg fouffroit extrémement de
ces Hoftilitez. On murmuroit dans toute l'Allemagne de l'Entreprife
du Roi de Danemarck, dans la crainte, que, par-là, les Troubles,
qui agitoient le Nord, ne vinffent à s'étendre dans l'Intérieur de l'Empire. Pour juftifier fa Conduite, ce Prince fit publier un Ecrit, contenant les Sujets de Plainte qu'il prétendoit avoir contre les Suédois.
Ses Griefs étoient: „I. Que le Capitaine Anckarftierna s'étoit emparé,
„ l'Année précédente, fur l'Elbe, de quatre Vaiffeaux Danois, venant
„ de Norwegue. II. Qu'il avoit maltraité les Equipages de ces Vaif-
„ feaux; qu'il avoit obligé les Maitres des Batimens en queftion de fe
„ rançonner pour la Somme de 26400. Florins; & qu'il avoit retenu
„ deux Otages pour le Païement de cette Somme. III. Que ce Païe-
„ ment ne s'étoit pas encore fait, pàrce qu'on avoit efpéré que la Ré-
„ gence de Stade defapprouveroit la Conduite du Capitaine Anckar-
„ ftierna, & le chatieroit, pour avoir violé la Neutralité de l'Elbe.
„ IV. Que, tout au contraire, les Otages, qu'il avoit enlevez, é-
„ toient maltraités en tant de Manieres, qu'à la fin il faudroit païer
„ la Somme pour laquelle ils étoient engagés. V. Que la Régence de
„ Stade n'avoit fait aucune Démarche, pour s'oppofer à ces
„ Violences. VI. Qu'on avoit Avis, qu'Anckarftierna armoit de
„ nouveau à Gothenbourg, & qu'il fe propofoit de retourner fur l'El-
„ be, pour y excercer fon dangereux Métier. En dernier lieu, Sa
„ Majefté Danoife déclare, qu'Elle étoit réfolue de fuivre l'Exemple
„ des Suédois, & de fe dédomager à fon Tour fur leurs Sujets, Vaif-
„ feaux, & Marchandifes.„

Pour répondre à ces Griefs, il ne falloit, ni beaucoup de Tems, ni
des Raifons fort recherchées. La Vérité pure & fimple fuffifoit pour
cela. Les Suédois foutenoient: „I. Que la Régence des Duchés de
„ Bremen & de Verden, durant toute cette Guerre, n'avoit donné au
„ Roi de Danemarck aucun Sujet de Plainte touchant le Commerce
„ &

„ & la Navigation de l'Elbe. Que le Capitaine Anckarſtierna te-
„ noit ſa Commiſſion de l'Amirauté de Suede; & qu'il ne dépendoit
„ point de la Régence de ces deux Duchés. Que les quatre Vaiſ-
„ ſeaux en queſtion n'avoient pas été pris ſur l'Elbe, mais en pleine
„ Mer, comme les propres Matelots, qui avoient été ſur ces Vaiſ-
„ ſeaux, pourroient l'atteſter. II. Que la Régence ignoroit de quelle
„ Maniere Anckarſtierna avoit traité les Otages; mais, qu'elle avoit
„ tout lieu de croire, qu'il les auroit traités conformement aux Uſa-
„ ges de la Guerre, & mieux que n'avoient fait les Danois, lorſqu'en
„ dernier lieu ils avoient paſſé l'Elbe, pour tomber ſur de pauvres
„ Gens qui ne s'attendoient à aucune Hoſtilité. III. Que la Régence
„ n'avoit jamais approuvé le Fait du Capitaine Anckarſtierna; qu'au
„ contraire, elle avoit déclaré n'y avoir eu aucune Part. Qu'on ne
„ pouvoit prétendre d'elle, qu'elle auroit dû contraindre un Officier,
„ qui ne dépendoit d'elle en rien, à remettre en Liberté les Otages
„ qu'il avoit pris, en vertu d'une Commiſſion de ſes Maitres, & qu'il
„ ſoutenoit avoir pris à juſte Titre. IV. Que ſi la Somme d'Argent,
„ dont il étoit queſtion, avoit été païée à la Régence, ou ſi on lui
„ avoit remis les Otages, alors le Roi de Danemarck auroit eu un
„ Prétexte ſpécieux pour lui en demander Satisfaction. V. Que ce
„ n'étoit pas l'Affaire de la Régence de ſe mettre en peine ſi cette
„ Somme avoit été païée à Anckarſtierna, ou à quelque autre. Que
„ tout ce que l'on pouvoit exiger d'elle ſe réduiſoit à lui demander,
„ qu'elle deffendît à ceux qui étoient ſous ſon Obéïſſance de faire de
„ pareilles Entrepriſes. Qu'elle avoit fait plus que cela; & que, pour
„ prévenir tous les Démélez qui pourroient ſurvenir, elle avoit for-
„ mellement refuſé au Capitaine Anckarſtierna l'Entrée de ſes Ports,
„ s'il y venoit avec des Priſes qu'il auroit faites en pleine Mer. Que
„ cette Réſolution, inſérée dans les Actes, avoit été priſe le 3 Juin
„ de l'Année derniere, par conſéquent avant le Fait ſur lequel le Roi
„ de Danemarck fondoit ſes Griefs. VI. Que la Régence ignoroit ſi
„ Anckarſtierna, ou quelque autre, armoit à Gothenbourg; & que
„ cela ne la regardoit pas. VII. Que tout ce que Sa Majeſté Danoiſe
„ alléguoit, touchant les prétendues Violences des Suédois, n'étoit
„ que de mauvais Prétextes pour juſtifier ſa Rupture. „

Les Hoſtilitez continuérent encore quelque tems de Part & d'autre,
& l'on n'entendoit de tous Côtez que des Plaintes ſur la Ruïne du
Commerce. Cette Affaire ſembloit enfin vouloir prendre un Train
plus favorable. Le Lieutenant-Général Craſſou, Suédois, & le Général Scholten, Danois, tinrent ſur ce Sujet quelques Conférences à
Hambourg. Ils convinrent, que les Hoſtilitez ceſſeroient pour un
certain Tems, pendant lequel on traiteroit d'une Neutralité définiti-
ve, par la Médiation de l'Angleterre & de la Hollande. Meſſieurs
Storre & Palmquiſt, Miniſtres de Suede à Ratisbonne & à la Haie,
préſentérent, pour le même Effet, des Mémoires, dans leſquels ils
in-

On tache en vain d'accomme- der cette Affaire.

1712.
Avril.
V. App.
Num.
CLXVIII.

insistoient fortement sur le Maintien de la Paix de Westphalie, & sur la Conservation de la Tranquilité dans l'Empire. Là-dessus, les Ministres de Hollande, qui résidoient à Copenhague & à Hambourg, eurent Ordre de faire sur ce Sujet des Représentations à Sa Majesté Danoise, conjointement avec ceux de l'Empereur, de la Reine de la Grande-Bretagne, de l'Electeur de Hanovre, & de quelques autres Princes. La plûpart de ces Messieurs se rendirent à Itzehoë, où le Roi se trouvoit pour lors. Ils firent tout leur Possible, pour le porter à ne plus troubler la Neutralité de l'Elbe, & à se désister de son Dessein sur le Duché de Bremen. Leurs Efforts furent inutiles; car, depuis que ce Prince eut eu Avis que la Paix du Pruth avoit été prolongée pour vingt-cinq Ans, il devint tellement intraitable, qu'il croïoit, que rien ne l'empécheroit desormais de faire, à l'Aide de ses Alliés, la Conquête de la Poméranie.

*Rescripts
circulaires
de l'Empereur.*
V. L'App.
No. CLXIX
& CLXX.

L'EMPEREUR, pour montrer combien il avoit à cœur le Maintien de la Justice, fit expédier, durant ce Tems-là, un Rescript circulaire, adressé à quelques Electeurs, Princes, & Etats de l'Empire, touchant les Griefs du Duc de Meklembourg-Schwerin. Il est parlé dans cet Ecrit des Troubles du Nord, & des fatales Conséquences qui pouvoient en résulter pour toute l'Allemagne, si on négligeoit plus long-tems de s'y opposer. Sa Majesté Impériale prie les Princes & Etats respectifs de songer murement à cette Affaire, sur laquelle Elle leur demande leurs Conseils. Le Rescript adressé à l'Electeur de Hanovre étoit conçu en Termes plus pressans. L'Empereur vouloit, qu'il concertât avec le Roi de Prusse, & le Duc de Braunsweig, les Moïens d'écarter du Cercle de la Basse-Saxe le Feu de la Guerre qui s'étoit allumé dans son Voisinage. Il lui recommandoit particuliérement les Intérêts, tant du Duc de Meklembourg, que des Villes de Lubeck & de Hambourg.

Mai.

le 24.

Le Czar avoit dans la Poméranie un Corps de vingt mille Hommes, commandé par le Prince Menzicof & les Généraux Galetzin, Repnin, & Bawer. On ne doutoit plus, que leur Dessein ne fût de faire le Siege de Stettin. Vers la Fin du Mois de Mai, Menzicof sortit avec cinq cens Chevaux, pour reconnoitre les Environs de la Place: &, pour ne pas retourner sans avoir rien fait, il fit mettre le Feu à deux Moulins-à-Vent proches de la Ville. Les différens Détachemens, que les Ennemis avoient à Anclam, Demin, Gripswald, Tribsées & Rostock, montoient ensemble, selon leur propre Calcul, à seize mille Hommes. L'Armée Danoise, qui étoit sur le point de sortir de ses Quartiers d'Hiver dans le Holstein, étoit composée de vingt-quatre mille Hommes, dont il y avoit un Tiers de Cavallerie. Tous ces Corps joints ensemble devoient former une Armée de soixante mille Combattans, dont une Partie entreroit dans le Duché de Bremen, pendant que le Reste seroit emploïé aux Siéges de Stettin, de Stralsund, & de Wismar.

A

A L'ÉGARD de la Ville de Stettin, il se répandit, dans ce Tems-là, un Bruit, auquel le Magistrat & les Bourgeois furent tous sensibles. On publioit, que le Peuple étoit sur le point de se révolter, & de se souftraire à la Domination de la Couronne en Suede. Je laisse volontiers à d'autres à décider, si ce Bruit provenoit des Ennemis déclarez de la Suede, ou si quelque Ennemi caché se plaisoit à le répandre. On fait par expérience, que souvent un Mot laché, comme par hazard, au milieu des Ennemis, a produit un Effet beaucoup plus grand qu'on n'avoit d'abord pensé. C'est un Stratageme trop connu, & dont l'Histoire nous fournit plus d'un Exemple. Tout honnête-Homme a en horreur ce qui s'appelle Mutinerie ou Révolte: mais, ôsera-t-on garantir, que, parmi le Peuple d'une grande Ville, il ne se trouve quelque Tête échauffée, qui, pour des Vûes particulieres, ne se porte à une pareille Entreprise, & qui ne tâche par ses Insinuations d'inspirer à d'autres les mêmes Sentimens? Les Habitans de Stettin, voulant se justifier d'une Accusation si noire, firent inférer, dans les Nouvelles publiques, une Protestation des plus fortes de leur Zele & de leur Fidélité pour leur légitime Maitre. Ils y disoient: „Que „ comme le Magistrat & les Bourgeois avoient appris, avec autant „ d'Indignation que de Déplaisir, qu'on publioit dans les Païs Etran- „ gers, qu'ils étoient dans l'Intention de se mettre sous la Protection „ de quelque autre Souverain, auquel ils vouloient rendre les Clefs „ de leur Ville, ils avoient jugé à propos de déclarer ouvertement, „ & à la Face de l'Univers, que rien n'étoit plus faux que ce Bruit; „ & que celui, qui avoit le prémier divulgué une pareille Fausseté, „ qui ne tendoit qu'à les décrier comme des Sujets sans Honneur & „ sans Probité, & à attirer sur leur Ville le Blame de tous les Hon- „ nêtes-Gens, étoit un vrai Menteur & Calomniateur. Qu'ils se „ noient persuadez, que jamais aucun Prince, qui aimoit la Justice & „ la Probité, & qui avoit des Principes de Christianisme, n'auroit son- „ gé à leur demander une Chose contraire à leur Honneur & à leur „ Probité. Qu'aussi, rien ne seroit capable de les détourner de leur „ Devoir; & que, malgré tout ce qui pourroit leur arriver, ils vou- „ loient demeurer fideles au Roi de Suede, leur gracieux Souverain, „ pour le Service duquel ils étoient prêts à sacrifier jusqu'à la dernie- „ re Goute de leur Sang. Que, moïennant la Grace de Dieu, ils es- „ péroient de conserver la bonne Réputation que leurs Ancêtres s'é- „ toient acquise par leur Zele & leur Attachement pour leur Prince. „ Que généralement tous les Habitans étoient animez du même Es- „ prit; & que, si l'on pouvoit découvrir l'Auteur de cette grossiere „ Calomnie, on rendroit par-là un important Service à la Ville. Que „ non seulement le Nom du Délateur seroit tenu secret, mais qu'on „ lui donneroit même une Récompense de deux cens Ducats en „ Or, &c.,,

LES Desseins du Roi de Danemarck n'étoient pas encore bien con-

1712.

Mai.

le 9.
V. L'APP.
No. CLXXI.

le 29.
*Dessein des
Ennemis
sur Stral-
sund.*

Juin.
le 17.

le 18.
*Ils sont re-
poussez.*

connus: on en raisonnoit fort différemment. Quelques-uns croïoient, qu'il marcheroit avec toutes ses Forces à Wismar: d'autres étoient dans l'Opinion, qu'il entreroit aussi-tôt dans le Duché de Bremen. Ceux-ci se fondoient sur ce que le Roi Auguste venoit de demander à la Ville de Hambourg le Passage sur son Territoire, pour la grosse Artillerie, à laquelle on faisoit descendre l'Elbe depuis Dresde, & qui étoit destinée pour le Service de Sa Majesté Danoise. Elle consistoit en trente-six Piéces de Canon & dix-huit Mortiers, sans compter les Haubitzes. Si l'on avoit été dans l'Intention d'en faire usage au Siége de Wismar, on auroit pû la débarquer, à Boitzenbourg, à Demitz, ou à Lavenbourg: mais, comme on la faisoit passer devant tous ces Endroits, il paroissoit clairement, qu'elle étoit destinée pour l'Expédition de Bremen.

Les Troupes Danoises, qui étoient restées durant l'Hiver devant Stralsund, avec les Saxons & les Moscovites, sortirent enfin des Lignes, pour marcher à Rostock. Après avoir été renforcées par la Garnison de cette Place, elles se rendirent devant Wismar. Elles rentrérent dans le même Camp, qu'elles avoient occupé l'Année derniere, & le Blocus recommença. Il ne fut pourtant pas si exactement formé, qu'il ne sortît tous les jours de la Place quelques Détachemens, qui faisoient des Courses dans le Voisinage. A la place des Danois, on envoïa devant Stralsund quatre Régimens d'Infanterie des Troupes de Saxe, & quelques mille Moscovites. Un Renfort si considérable sembloit annoncer quelque grand Dessein. En effet, dès que les Ennemis eurent fait leurs Préparatifs, ils tentérent, avec un gros Détachement de leurs meilleures Troupes, de s'emparer de l'Ouvrage extérieur, qui est devant la Porte appellée *Francken-Thor*, où il y avoit le Régiment de Dragons de Strömfelt, avec trois Régimens d'Infanterie. Ils sortirent le soir fort tard de leur Camp, avec cinq mille Chevaux, quatre Régimens à pied, & quelques Piéces de Campagne. Le Lendemain matin, on les vit en différens Endroits autour de la Ville. Leurs Troupes étoient commandées par les Généraux Allard & Bauditz, & les Majors-Généraux Pflug, Lutzelbourg, & Buck.

Le Lieutenant-Général Ducker s'étant mis à la tête des Dragons, alla, avec ce seul Régiment, attaquer les Ennemis. Il les chargea avec assez de Vigueur, en attendant que l'Infanterie, & la Cavallerie, qui étoient de l'autre Côté de la Ville, fussent arrivées. Les Saxons & les Moscovites furent repoussez & dispersés. Leur Infanterie entra dans un Bois, prenant la Route de Grim: la Cavallerie se retira à Eldena. Les Suédois n'avoient en tout que quinze cens Chevaux, qui répandirent tellement l'Allarme parmi les Ennemis, que leurs Escadrons ne se crurent en Sureté, qu'après être rentrez dans leurs Lignes. L'Epouvante fut même si grande, comme on l'apprit dans la suite par les Deserteurs, que toutes leurs Troupes s'avancérent pour aller au Secours de
ce

ce Détachement ; & que déja quelques Généraux, & autres Officiers, faifoient tenir prêts leurs Chariots de Bagage. Il eft certain, que fi la Cavallerie Suédoife avoit pû arriver plûtôt, & obliger l'Ennemi à combattre, cette Affaire auroit pû devenir décifive. Mais comme, à caufe du Fourage, on avoit été obligé de difperfer les Chevaux de côté & d'autre, il falloit du tems pour les raffembler. Les notres ne perdirent dans cette Occafion, que deux Hommes & autant de Chevaux. Du Côté des Ennemis, le Général Allard eut trois Bleffures, & il y eut encore d'autres Généraux de bleffés. Un Colonel fut enterré à Bargshof, près d'Anclam, où l'on tranfporta tous les Soldats bleffés. Les Habitans favoient en gros, qu'il y en avoit beaucoup; mais, ils n'en purent jamais découvrir au jufte le Nombre.

ENFIN, au Mois de Juillet, l'Armée Danoife, forte de douze mille Hommes, entra dans le Duché de Bremen. Pendant que le Roi étoit encore à Itzehoë, il fit publier un Manifefte, contenant les Motifs de cette Expédition. Ils étoient en Subftance: ,,Que le Roi de ,, Suede avoit refufé, d'une Maniere même injurieufe, d'acquiefcer à ,, la Neutralité projettée à la Haie, & acceptée par les Alliés du Nord: ,, que ce ne pouvoit être, qu'en Vûe de porter la Guerre dans les ,, Etats de Sa Majefté Danoife, fituez en Allemagne: que, durant la ,, derniere Campagne en Poméranie, les Peuples du Duché de Bre- ,, men avoient fait un Tort confidérable aux Danois, & qu'ils avoient ,, troublé leur Commerce fur l'Elbe. Que, pour Réparation de ces ,, Griefs, Sa Majefté Danoife avoit réfolu de marcher avec fon Armée ,, dans ce Duché & dans celui de Verden, voulant y prendre les Peu- ,, ples fous fa Protection Roïale. Qu'Elle les fommoit d'entrer fous ,, fon Obéïffance, de lui prêter Serment de Fidélité, de lui païer les ,, mêmes Droits & Contributions qu'ils païoient à la Suede; leur dé- ,, fendant d'abandonner leurs Maifons, & de faire aucun Dégât de ,, leurs Denrées, en vûe d'empêcher fon Armée de fubfifter, fous Peine ,, d'être traités, eux & leurs Biens, avec toute la Sévérité permife par ,, les Loix de la Guerre, &c.,,

LE Comte Wellingk, & la Régence de Bremen, ne laifférent pas cet Ecrit fans Réponfe. Ils y difoient: ,,Que, quoique l'on eut ap- ,, pris depuis long-tems, que le Roi de Danemarck méditoit une In- ,, vafion dans les Duchés de Bremen & de Verden, on avoit cru néan- ,, moins, que Sa Majefté Danoife feroit quelque Réfléxion fur les ,, Remontrances, qui lui avoient été faites à cet Egard, tant par l'Em- ,, pereur, que par les Princes Directeurs du Cercle de la Baffe Saxe ,, & particuliérement par fon Alteffe Electorale de Brunswig-Lune- ,, bourg; & qu'Elle fe rendroit aux preffantes Inftances des Puiffances ,, Maritimes, qui fouhaitoient que le Feu de la Guerre, allumé dans ,, le Nort, ne s'étendît pas au-delà de l'Elbe: mais, qu'on avoit ,, vû, par le Manifefte, donné à Itzehoë, que Sa Majefté Danoife, ,, loin d'avoir Egard aux Repréfentations de toutes ces Puiffances, fe

Juillet.
Invafion
des Danois
dans le Du-
ché de Bre-
men. Mani-
fefte de Sa
Majefté
Danoife.
le 11.

,, dif-

,, difpofoit à envahir les Provinces du Roi de Suede, fituées dans le
,, Cercle du Bas-Rhin & de la Weftphalie, & de porter au-de-là de
,, l'Elbe, outre le Feu & la Défolation, la Pefte qui régnoit dans le
,, Holftein. Que les Raifons, que Sa Majefté Danoife alléguoit pour
,, juftifier fon Entreprife, n'étoient rien moins que folides; & qu'el-
,, les méritoient d'autant moins d'être réfutées, que le Public étoit très
,, bien inftruit de quel Côté fe trouvoient la Vérité & la Juftice. Que
,, la Régence jugeoit à propos néanmoins d'exhorter les Etats &
,, Peuples de ces Duchés à demeurer fideles à leur Souverain, à ne
,, point prêter l'Oreille aux Infinuations des Danois & à leurs trom-
,, peufes Flatteries, & à fe mettre devant les Yeux l'Exemple recent
,, des Habitans de la Poméranie, maltraités en tant de Manieres, &
,, ruinez fans Reffource. Que la Régence, au Nom de Sa Majefté
,, Suédoife, leur ordonnoit de s'oppofer avec Vigueur aux Entreprifes
,, de l'Ennemi. Que fi, contre toute Attente, fon Invafion étoit fui-
,, vie du Succès dont il fe flattoit, tous les Habitans fans exception au-
,, roient à abandonner leurs Maifons & Demeures, & à ne fournir
,, aux Danois, ni Vivres, ni Contributions, fous Peine aux Contre-
,, venans d'être punis de Mort, & d'être dépouillés de tous leurs Pri-
,, vileges, &c.,,

Deux Jours plus tard, le Comte Wellingk, voulant ufer de Repré-
failles, mit le Holftein Danois fous Contribution; avec Ordre aux Habitans de païer, depuis le Commencement d'Août, & enfuite réguliérement tous les Mois, foit à la Chambre de Finances à Stade, ou
au Commiffaire de Sa Majefté Suédoife qui réfidoit à Hambourg, les
mêmes Droits & Impofitions qu'ils païoient au Roi de Danemarck.
Le Comte menaçoit ces Peuples, en Cas de Refus, d'Exécution Militaire, de la même Maniere que les Danois venoient d'en donner
l'Exemple. Les Danois fe mocquérent hautement de cet Ordre. Wifmar étant bloquée, ils ne crurent pas, que les Suédois fuffent en Etat
de fe faire païer. Ils fe trompérent : on envoïa, comme nous le verrons bientôt, des Troupes, pour lever les Contributions & l'Ordonnance de Monfieur de Wellingk ne demeura pas fans Effet.

Venons à l'Expédition des Danois. Leurs Troupes s'affemblérent
de l'autre Côté de l'Elbe, une bonne Partie à Gluckftad, & une autre à Blankenäs. Dans ces deux Endroits fe trouvoient raffemblez
quantité de Batimens de Tranfport de toute Grandeur. Quelques
Vaiffeaux armez croifoient fur l'Elbe. Le Comte Wellingk le favoit
affez : il en fut informé de plufieurs Endroits, & particuliérement par
le Lieutenant-Colonel Löwen. Il auroit été facile de tirer des Troupes de Wifmar & de la Poméranie, pour renforcer à tems la Garnifon de Stade. Cela étoit très néceffaire; car, il n'y avoit prefque
que des Miliciens dans la Place. On pouvoit même inonder le Païs
aux Environs; ce qui auroit rendu le Siege, fi-non impoffible, du
moins très difficile. Mais, toutes ces Précautions furent négligées.

On

On comptoit trop fur les Affurances de la Cour de Hanovre, qui, fut les dernieres Inftances du Comte Wellingk, s'étoit engagée à renforcer la Garnifon de Stade par un Détachement des Troupes du Cercle ; avec Promeffe, que fi les Danois commettoient des Hoftilitez dans le Duché de Bremen, tous les Princes du Cercle de la Baffe-Saxe feroient marcher des Troupes au Secours des Suédois. Une Déclaration fi pofitive fut caufe, que Wellingk demeura conftamment dans la Penfée, que les Danois n'oferoient traverfer l'Elbe.

1712.
Juillet.

CEPENDANT, pour ne pas refter fans rien faire du'tout, on détacha, de la Garnifon de Stade (*a*), quelques cens Hommes vers Akeland de l'autre Côté de la Ville, vis-à-vis de Blankenäs, fous les Ordres du Lieutenant-Général Craffou. Le Capitaine Sefterflet fut détaché avec cent Hommes dans le Kedingerland, à l'oppofite de Gluckftad. C'étoit aux environs de Blankenäs, que les Vaiffeaux Danois, armez en Guerre, fe montroient davantage. Ils tirérent même quelques Volées de Canon, tant fur les Troupes de Craffou, que fur un petit Batiment Suédois qui étoit à l'Ancre fur la Côte de Bremen.

LA Veille du Jour fixe pour la Defcente, on s'apperçut clairement, par les Mouvemens que faifoient les Danois à Gluckftadt, que la prémiere Attaque fe feroit de ce Côté-là, & dans le Kedingerland. Auffi-tôt, Monfieur de Löwen eut Ordre de s'y rendre, avec cent Fantaffins, & une quinzaine de Dragons, & de fe joindre au Détachement de Sefterflet, d'obferver ce que faifoient les Ennemis, & d'en donner Avis heure par heure au Comte Wellingk. Löwen, étant arrivé à la Pointe du Jour, fe pofta de façon, qu'il pouvoit voir diftinctement tout ce qui fortoit de Gluckftadt. Peu après le Lever du Soleil, les Batimens Danois fe rangérent, & le Signal aïant été donné, ils mirent tous enfemble à la Voile. Comme l'Elbe eft fort large dans cet Endroit, ils dirigérent leur Courfe droit vers la Côte de Bremen, faifant mine de vouloir, avec les plus petits de leurs Batimens, paffer entre la Terre ferme & les Bancs de Sable qu'il y a dans cette Riviere. Mais, dès que Löwen eut tiré quelques Coups de Canon, de deux vieilles Piéces de Fer qu'il avoit auprès de lui, ils fe tinrent au milieu de l'Elbe, montant la Riviere avec un Vent très favorable. La Defcente fe fit à environ deux Lieues de Stade. Les Troupes, au nombre de quelques mille Hommes, étoient commandées par le Général Hohendorf. Elles fe rangérent fur le Rivage, fous le Canon de leurs Vaiffeaux.

le 20.

LES Païfans avoient eu Ordre de prendre les Armes : mais, pas un feul Homme ne fe trouva au Rendez-vous. Au contraire, ils étoient tellement animez contre les Suédois, que trois mille d'entre eux, munis de toutes fortes d'Armes, allérent attaquer le Colonel Schwerin qui venoit de quitter le Bailliage de Neuhaufen fur la petite Riviere d'Of-

Mutinerie des Païfans.

(*a*) ELLE étoit forte en tout de deux mille trois cens Hommes.

d'Often, où il avoit été détaché avec cent-cinquante Dragons. Ils auroient certainement joué à cet Officier un fort mauvais Tour: si, par
Bonheur, il n'avoit eu auprès de lui deux petites Piéces de Campagne
chargées à Cartouches, dont il fit faire un Feu continuel sur les Païsans.
Il s'ouvrit un Passage l'Epée à la Main: quantité de ces Gens furent
tuez ou blessés, & le Reste aïant pris la Fuite, Schwerin continua sa
Marche vers Stade, sans avoir perdu un seul Homme.

MONSIEUR de Löwen, aïant fait savoir au Comte Wellingk, que
l'Ennemi approchoit, ordonna à Sesterflet de se rendre, avec le dernier Détachement, fatigué de la Marche qu'il avoit faite durant la
nuit, à Pest, & de-là à Stade. Pour lui, il se mit à la tête de l'autre Troupe, marchant le long du Rivage, pour observer de plus près
les Mouvemens des Ennemis. Il essaïa de rompre quelques Ecluses;
mais, non seulement les Danois, mais aussi les Païsans des Environs,
le talonnérent si vivement, qu'il ne pût venir à bout d'en ruiner que
deux.

AUSSI-TÔT qu'il fut arrivé à Stade, il fit Rapport lui-même de tout
ce qui venoit de se passer. Là-dessus, le Comte Wellingk, & le Général Crassou, jugérent à propos de partir, laissant le Commandement de
la Place au Général-Major Stackelberg.

LES Danois allérent d'abord camper à Boxtehude; mais, dans la
suite, ils s'approchérent plus près de la Ville. Le Roi de Danemarck
choisit pour son Quartier-général le Chateau d'Agathebourg, à une Demi-Lieue de Stade. Il n'attendoit plus pour en entreprendre le Siege, que l'Arrivée de l'Artillerie Saxonne, qui se trouvoit encore à
Altena.

*le 21.
Quelques
Détache-
mens Sué-
dois rempor-
tent des A-
vantages
sur l'Enne-
mi.*

DURANT ces Entrefaites, le Colonel Bassewitz sortit de Wismar avec
deux cent-cinquante Chevaux, & alla dans le Holstein Danois, où il
exigea quatre mille Ecus de Contribution de la Ville d'Oldeslo. Comme les Habitans ne pouvoient fournir sur le champ cette Somme, il
se contenta de la moitié: après quoi, aïant rencontré le Sieur de Leu-
then, Conseiller Privé de Sa Majesté Danoise, il lui enleva sa Vais-
selle d'Argent, ses Bijoux, & une bonne Somme en Argent comptant. Les Danois, avertis de sa Marche, croïoient le pouvoir arréter
à son Retour; mais Bassewitz, qui connoissoit le Païs mieux que l'Ennemi, prit si bien ses Mesures, que, sans avoir perdu un seul Homme, il rentra dans Wismar avec son Détachement entier, & tout son
Butin.

LE Baron de Wilward ne fut pas moins heureux dans son Expédition. Etant sorti de Stettin avec cinq cens Fantassins & quatre-vingt-
dix Dragons, il s'embarqua de nuit pour faire une Descente à Cosbrug.
A la Pointe du Jour, il apprit d'un Païsan, qu'à quelque Distance de-
là, l'Ennemi avoit une Garde avancée de quelques Chevaux, & que
plus loin il se trouvoit dans un Village un Détachement de cinquante
Maitres. Quant à la Garde avancée, il ne fut pas difficile de la couper

per & de l'enlever. Le Détachement de Cavallerie favoit déjà, que les Suédois avoient débarqué; mais, il ne pouvoit s'imaginer, qu'ils euffent avec eux des Chevaux. Les Ennemis furent enveloppez, & faits Prifonniers, avec quatre Charpentiers, quelques Valets d'Officiers, & plufieurs Soldats François de la Garnifon de Wollin, fans que cela nous coutât un feul Coup de Piftolet. Le Colonel Wilward marcha enfuite devant le Fort, & fomma le Commandant de fe rendre. Celui-ci aïant fait répondre, qu'il vouloit fe deffendre jufqu'à l'Extrémité, les Suédois préparèrent les Fafcines, dans le Deffein de monter le Lendemain à l'Affaut. A la feconde Sommation, le Commandant fe rendit Prifonnier de Guerre avec fa Garnifon, forte de cinquante-deux Hommes, qui furent envoïés à Stettin, avec le Canon dont on venoit de s'emparer. Les Suédois commencérent à rafer les Ouvrages de Fortification; mais, comme il falloit pour cela beaucoup de Tems, & qu'ils craignoient que l'Ennemi ne marchât à eux pour les combattre, ils s'en retournérent fort contens d'avoir remporté cet Avantage.

1712.
Juillet.

Un Succès fi heureux ranima le Courage de la Garnifon de Stettin. D'ailleurs, elle venoit de recevoir quelques Rafraichiffemens, qu'on lui avoit envoïés de Suede. Le Vice-Amiral Danois, qui croifoit fur cette Côte, avoit eu Avis, que plufieurs Vaiffeaux Suédois étoient en Chemin pour s'y rendre. Il fit tout fon Poffible, pour les joindre; mais, il les manqua de quarante-huit Heures. Ce Deffein n'aïant pas réüffi, il fit Voile vers l'Ifle de Rugen, où le Chef d'Efcadre Hencke étoit à l'Ancre avec quelques Frégattes. On en vint à l'Abordage: le Combat dura fept Heures. Hencke fut bleffé, & fon Vaiffeau percé deux fois; mais, à la fin, l'Ennemi fe retira, fans ôfer fe vanter d'avoir eu le moindre Avantage.

La Guerre ne fe faifoit pas moins avec la Plume qu'avec les Armes. Au Commencement d'Août, Monfieur de Bofe, Miniftre de Saxe à Ratisbonne, préfenta aux États de l'Empire un Mémoire contre les Suédois, rempli de Duretez & d'Accufations également fauffes & odieufes. Dès que l'Envoïé de Suede en eut Avis, il y répondit par un autre Mémoire des plus amples, dans lequel, ,,après s'être plaint ,, de ce que fon Mémoire du 14. Mai n'avoit été lû dans l'Affemblée ,, que le 11. Juin, il difoit, que déjà dès le 4. du même Mois, le Roi ,, Augufte avoit envoïé Ordre de Carlsbad au Sieur de Bofe, d'y faire ,, une Réponfe. Que les Raifons alléguées par ce Miniftre étoient ,, fi peu folides, qu'elles ne méritoient pas d'être férieufement réfu-,, tées; que le Public ne penfoit pas autrement. Que, cependant, pour ,, ne pas donner par fon Silence quelque Sujet de Triomphe à l'En-,, nemi, il vouloit, conformément aux Ordres qui lui avoient été ,, donnez, faire fur cet Ecrit quelques Réfléxions. Qu'à l'égard des ,, Proteftations du Roi Augufte, que ni lui, ni fes Alliés, n'avoient ,, jamais été dans l'Intention de troubler la Tranquilité de l'Empire,

,, on

Août.
Second Mémoire du Miniftre de Suede à Ratisbonne.

„ on avoit des Preuves du Contraire; & qu'on n'avoit qu'à se rappel-
„ ler ce qui s'étoit passé, tant en Poméranie que dans quelques autres
„ Provinces de l'Allemagne. Que, par conséquent, la Garantie mu-
„ tuelle, stipulée par le Traité de Westphalie, contre les Perturba-
„ teurs de la Paix publique, devoit avoir lieu. Que Sa Majesté Sué-
„ doise étoit sans contredit en Droit de reclamer la Garantie de l'Em-
„ pire, & nullement ses Ennemis. Que tout le Monde savoit qui
„ étoient les Agresseurs, & qu'ainsi Sa Majesté Suédoise avoit pû avec
„ justice faire une Invasion de Pologne en Saxe, sans causer aucun
„ Préjudice à l'Empire, comme cela seroit arrivée, si Elle avoit fait
„ cette Irruption de ses Provinces en Allemagne. Qu'au contraire, le
„ Roi Auguste, & ses Alliés, avoient allumé la Guerre dans l'Empire
„ même. Que, par-là, ils avoient encouru les Peines portées contre les
„ Perturbateurs du Repos public par les Constitutions de l'Empire. Que le
„ Fait étoit d'autant plus grave, que le Trône Impérial se trouvoit dans
„ ce Tems-là vacant, & que le Roi Auguste auroit dû faire un meil-
„ leur Usage du Pouvoir qu'il avoit en Main, en Qualité de Vicaire.
„ Que rien n'étoit plus injuste, que le Reproche, qu'on faisoit à Sa
„ Majesté Suédoise, d'avoir refusé d'acquiescer à la Neutralité; qu'on
„ avoit déjà fait voir, que rien n'étoit plus partial que cet Acte; &
„ que Sa Majesté s'étoit amplement justifiée sur ce Sujet. Que le Re-
„ fus de ce Prince prouvoit particuliérement combien il se reposoit sur
„ la Justice & l'Equanimité Impériale & des Etats de l'Empire, en ce
„ qu'il préféroit la Garantie de la Paix de Westphalie, à un Acte de
„ Neutralité, qui n'étoit fondé, ni sur les Loix de l'Empire, ni sur
„ cette Paix. Que cette seule Considération renversoit tous les Argu-
„ mens que les Ennemis vouloient tirer du Refus de Sa Majesté Sué-
„ doise; & qu'il étoit injuste de vouloir comprendre, dans la Neutra-
„ lité, des Provinces, qui ne dépendoient en rien de l'Empire. Que,
„ par-là, toutes les Provinces de Sa Majesté Suédoise se trouveroient
„ également exposées, & que ses Troupes ne manqueroient pas de
„ fondre entiérement & de se consumer. Que, pour ces Raisons, Sa
„ Majesté Suédoise ne doutoit pas, qu'enfin l'Empereur & l'Empire
„ ne renonçassent à cette Neutralité, en réfléchissant à l'Attention
„ toute particuliere qu'Elle avoit eue de ménager les Intérêts de l'Em-
„ pire, dans un Tems où elle auroit pû avec Avantage tenir une Con-
„ duite bien différente. Qu'il n'étoit pas vrai, comme le prétendoit
„ le Roi Auguste, que cette Irruption eut été faite avec le Consente-
„ ment & l'Approbation des Hauts-Alliés. Que bien que les Etats-
„ Généraux des Provinces-Unies eussent consenti, dans la Convention
„ du 14. Août de l'Année derniere, que le Roi Auguste, qui rappel-
„ loit ses Troupes des Païs-Bas, pût en retirer quelques Bataillons, &
„ qu'on le dispensât d'envoïer des Recruës, sous prétexte qu'il avoit
„ besoin de ses Gens, pour les emploïer contre le Général Crassou;
„ l'Intention de Leurs Hautes Puissances n'avoit jamais été, qu'on portât

„ le

„ le Flambeau de la Guèrre dans les Etats & Provinces de Sa Ma-
„ jesté Suédoise; encore moins, que le Roi Auguste attirât, pour la
„ même Fin, dans l'Empire, tant de Troupes Etrangeres, qui juf-
„ ques-là n'y avoient jamais parû, & qu'il donnât le Commandement
„ de son Armée à un Général Moscovite, pour y agir à sa Fantaisie,
„ pour ruiner la Poméranie, & pour commettre toutes Sortes de Vio-
„ lences dans les Etats des Princes voisins. Que la Cour de Saxe étoit
„ aussi peu en état de prouver, que quelque autre des Hauts-Alliés eût
„ confenti à cette Rupture: que l'on savoit du moins, que, ni l'Em-
„ pereur, ni le Roi de Prusse, ni l'Electeur de Hanovre, n'avoient eu
„ pour lui cette Condefcendence. Que la Reine de la Grande-Bretagne
„ avoit hautement desapprouvé cette Conduite; & que les Etats de l'Em-
„ pire, qui s'intéressoient pour le Bien public, s'en étoient expliqués de
„ même. Que ces Etats faisoient tous leurs Efforts, pour rétablir la
„ Tranquilité en Allemagne, depuis qu'ils avoient vû, par le Dé-
„ cret de la Commission Impériale du 11 Juin dernier, quelles étoient
„ les Conféquences auxquelles on devoit naturellement s'attendre après
„ de pareilles Entreprises. Que la Générofité, dont la Cour de Saxe
„ se vantoit tant dans son Mémoire, ne lui faisoit pas trop d'Hon-
„ neur, non plus qu'à ses Alliés; que les Peuples du Duché de Me-
„ klenbourg ne s'en ressentoient que trop, par les cruelles Exactions
„ qu'on y faisoit encore tous les Jours. Que le Duc de Meklenbourg
„ rendroit lui-même Témoignage, que ce que les Suédois étoient ve-
„ nu chercher dans son Païs, pour la Subsistance de Wismar, & dont
„ la Valeur montoit à vingt-cinq mille Ecus, étoit exactement païé;
„ au lieu que les Danois, qui y avoient levé quelques cens mille
„ Ecus, n'en avoient pas remboursé un Sol. Que Sa Majesté Suédoi-
„ se s'étoit expliquée sur ce Sujet au Roi de Prusse, à l'Electeur de
„ Hanovre, & au Duc de Braunsweig-Wolfenbuttel; & qu'Elle étoit
„ prête, en cas que la Chose fût nécessaire, de le faire à l'Empereur
„ & à l'Empire. Qu'ainsi, on esperoit de l'Equité de l'Assemblée
„ des Etats de l'Empire, qu'Elle envisageroit cette Affaire de façon
„ que les Perturbateurs de la Tranquilité publique fussent punis con-
„ formement aux Constitutions; qu'ils fussent déclarez Ennemis de
„ l'Empire; & qu'on laissât jouïr le Roi de Suede de la Garantie géné-
„ rale de l'Empire dont il étoit Membre, & qu'il étoit en Droit de ré-
„ clamer en vertu de la Paix de Westphalie. ,,

CEPENDANT l'Artillerie Saxonne, qui descendoit l'Elbe, arriva au
Camp Danois. Pour la transporter devant la Place, on employa des
Chevaux de Cavallerie; tant Sa Majesté Danoife étoit attentive à ménager les Païfans occupez à la Récolte. Aussi ne manquérent-ils pas
de se louër beaucoup de cette Conduite, & de s'attacher plus fortement que jamais aux Ennemis. Ce fut la Nuit du 11 au 12 d'Août,
que la Tranchée fut ouverte devant Stade, & poussée ensuite avec
beaucoup de Vigueur. Le Général-Major Stackelberg avoit fait de

1712.
Août.

bonnes Difpofitions dans la Place; & il ne négligeoit rien pour fe deffendre jufqu'à l'Extrémité; aïant fous fes Ordres des Officiers, auxquels il ne manquoit, ni Bravoure, ni Expérience. Tels étoient les Colonels Schwerin & Wangelin, & les Lieutenants-Colonels Offen, Wrangel, Gyntersberg, & Frefe. Le Lieutenant-Colonel Löwen commandoit les Ingénieurs. La Garnifon ne manquoit, ni de Vivres, ni de Munitions. Outre les Troupes Suédoifes, le Comte Wellingk avoit de bonne-foi fait entrer dans la Ville, un Détachement des Troupes du Cercle, compofé de Pruffiens, de Hanovriens, & de Lunebourgeois, commandez par le Colonel Schweder. C'étoit juftement ce Renfort, fur lequel on avoit tant compté, & qui faifoit croire, que, tant que ces Troupes feroient dans Stade, les Danois n'ôferoient l'infulter.

On ne fut pas long-tems fans voir, qu'on s'étoit trompé: car, à peine l'Ennemi eut-il commencé de travailler aux Lignes de Circonvallation, que ces Troupes fe retirérent fans autre Formalité. Les Miliciens, & fur-tout les Dragons de Schwerin, nouvellement levez, defertérent en foule, en préfence même de leurs Officiers. Cela n'empécha pourtant pas, qu'on ne prît toutes les Mefures imaginables pour faire une vigoureufe Réfiftance. On éleva, à une bonne Diftance de la Ville, un Fort, qui avoit à gauche la petite Riviere de Schwinger, & à droite des Eclufes, qu'on rompit deux ou trois Jours après. Monfieur de Löwen alla, avec foixante-dix Fantaffins, & quelques Dragons, déloger un Major Danois, pofté fur la Chauffée, vis-à-vis de ce Fort: & comme ce Pofte fut trouvé d'une très grande Importance, on y détacha le Lieutenant-Colonel Frefe avec un Renfort de cent vingt Hommes. Gynterberg & Löwen entreprirent de percer la Digue, & de rompre l'Eclufe: mais, à peine en eurent-ils fait un Commencement, qu'un gros Détachement de Grenadiers Danois, & de Soldats aux Gardes, vint les attaquer. A la prémiere Décharge que firent les Ennemis, les Miliciens, Gens la plûpart mal difciplinez, prirent la Fuite. La Confternation étoit fi grande parmi eux, qu'ils firent Feu fur leurs propres Camarades, dont il y en eut beaucoup de bleffés. Frefe rentra dans la Place: Gyntersberg, Löwen, & un Capitaine du même Nom, furent faits Prifonniers.

Cet Echec ne fut rien en comparaifon des Troubles dont la Ville étoit agitée. Il y régnoit, depuis l'Année précédente, un Efprit de Révolte, & un Mécontentement général. Les Habitans, quoique le Siege n'eut duré que quelques Jours, jettérent les hauts Cris, voulant à toute force qu'on fe rendît; fous prétexte, que l'Ennemi aïant jetté dans la Ville une fi grande quantité de Bombes, par où plufieurs Maifons avoient été bouleverfées & réduites en Cendres, ils n'étoient plus en état d'y réfifter. Stackelberg fut donc obligé de capituler, & de fe rendre Prifonnier de Guerre avec fa Garnifon, qui montoit encore à huit cens Hommes. Voici les Articles de cette Capitulation. „I. Que „ le

le 27.
La Ville fe
rend.

„ le Commandant Suédois remettroit à Sa Majesté Danoise la Ville
„ de Stade, avec l'Ouvrage-à-Cornes; & que la Garnison, & tous
„ ceux qui en dépendoient, de quelque Nom & de quelque Qualité
„ qu'ils pussent être, seroient faits Prisonniers de Guerre. II. Que
„ comme le Fort de Schwinger, ou de Brushus, étoit une Dépendan-
„ ce de le Place, le Commandant promettoit, sur sa Parole d'Hon-
„ neur, qu'il ordonneroit de bonne-foi, au Capitaine qui y comman-
„ doit, de se rendre aux mêmes Conditions. III. Que, dès que la
„ Ville & le Fort auroient été rendus, Sa Majesté Danoise ordonne-
„ roit dans quel Lieu la Garnison seroit conduite, pour y demeurer
„ Prisonniere. IV. Que le Commandant donneroit de bonne-foi, au
„ Commissaire Danois, une Liste exacte, tant de la Garnison, que de
„ l'Artillerie, des Vivres, & des Munitions, qui se trouvoient dans
„ la Place: qu'il découvriroit aussi les Mines, en cas qu'il y en eut.
„ V. Qu'on remettroit pareillement à Sa Majesté Danoise les Archi-
„ ves & les Papiers, tant de la Chancellerie, que de la Régence de
„ Stade. VI. Que si les Officiers de la Garnison devoient quelque-
„ chose aux Bourgeois, ils les païeroient avant que de sortir de la Pla-
„ ce, soit en Argent comptant, ou en bonnes Obligations. VII.
„ Qu'on laisseroit aux Officiers de l'Etat-Major leurs Epées, & qu'ils
„ pourroient prendre avec eux leurs Equipages & leurs Meubles: que
„ le même Avantage seroit accordé aux Officiers Civils. VIII. Que
„ les Meubles & les Equipages, qui appartenoient au Comte Wel-
„ lingk, lui seroient rendus, dès qu'il les demanderoit. IX. Que tou-
„ te la Garnison demeureroit Prisonniere de Guerre entre les Mains
„ des Danois, jusqu'à ce que l'on fût convenu de son Echange; &
„ qu'on ne la rendroit à aucune autre Puissance, sous quelque Pré-
„ texte que ce pût être. X. Que si quelque Officier de la Garnison
„ vouloit, sur sa Parole, s'en retourner chés lui, il auroit la Liberté
„ de présenter sur ce Sujet un Mémoire à Sa Majesté Danoise, qui
„ en décideroit. XI. Qu'en cas que la Garnison fût obligée de faire
„ la Quarantaine, on lui enseigneroit l'Endroit où elle se tiendroit; &
„ que, durant ce Tems-là, il seroit fourni aux Officiers du Foura-
„ ge pour leurs Chevaux. „ Cette Capitulation, donnée à Stade
le 27. Août / 7. Sept. 1712, étoit signée par le Général von Scholten, & le Général-Major Stackelberg.

Tandis que cela se passoit en Allemagne, on faisoit en Suede de
grands Préparatifs, pour envoïer en Poméranie un Renfort considérable de Troupes. Le Comte Stenbock pressoit extrémement l'Equipement de la Flotte, & le Départ de ce Transport, dont le Roi lui
avoit confié le Commandement, par un Ordre donné à Bender le 3 Février. Il eut, pour cet Effet, plusieurs Conférences, tant avec la Noblesse, qu'avec les Bourgeois de Stockholm. Il harangua les prémiers
dans leur Hôtel, & les autres dans la Maison de Ville, & les exhor-

Le Comte Stenbock presse le Départ du Transport destiné pour la Poméranie.

ta,

1712.

Août.

ta, par un Difcours·fort pathétique , à contribuér, chacun felon·fon
Pouvoir, au Befoin général. Après leur avoir repréfenté les triftes
Conjonctures où fe trouvoit la Suede, il leur rappella leur Zele & leur
Fidélité envers le Roi; Vertus, par lefquelles la Nation s'étoit toujours
diftinguée. Il finit en difant, que les Sommes, qu'ils fourniroient, feroient emploïées au Bien & à l'Avantage de la Patrie. Il ne s'en tint
point-là. Voulant profiter de la Bonne-Volonté de fes Concitoïens, il
fit publier & afficher un Placard, qui mérite d'être inféré ici en entier.
,, Il fera fuffifamment connu à un chacun, que, depuis peu de Tems,
,, j'ai repréfenté, fur les Inftances du Sénat, à tous les fideles Sujets
,, de Sa Majefté, tant à l'Hôtel de la Nobleffe, qu'à la Maifon de
,, Ville de cette Capitale, la Néceffité qu'il y a qu'on mette fans délai
,, la Flotte en Mer, & que le Tranfport des Troupes fe faffe au plû-
,, tôt. J'ai fait voir de quelle Conféquence eft cet Armement, & que,
,, pour le faire avec promtitude, les Sénateurs, qui fe trouvent pré-
,, fens à Stockholm, ont jugé à propos de négocier à un Intérêt rai-
,, fonnable, & fous leur propre Signature, les Sommes néceffaires
,, pour cet Effet; & cela, fur les Revenus les plus clairs du Roi &
,, de la Couronne, pour l'Année fuivante 1713. Je ne puis que loüer,
,, & tout Homme raifonnable fera de même, le Zêle que les fideles Sujets
,, de Sa Majefté font paroître pour fon Service, & la Difpofition où ils
,, font de vouloir affifter le Roi de leurs Biens & de leurs Vies. Com-
,, me la louable Bourgeoifie de cette Ville a déjà donné des Preuves
,, effectives de fa Fidélité envers le Roi, & de fon Amour pour la Pa-
,, trie; en faifant à Sa Majefté des Avances confidérables, Conduite
,, des plus louables, & qui leur méritera la gracieufe Reconnoiffance
,, de leur Souverain; je ne doute pas, que la Nobleffe, & d'autres
,, Perfonnes de Qualité, ne fuivent cet Exemple, de même que les
,, Directeurs de la *Compagnie du Goudron*, les Propriétaires des Forges
,, de Fer, les Facteurs & Manufacturiers établis à Stockholm, &
,, qu'ils n'aïent déjà déterminé entre eux les Sommes qu'ils font dans
,, l'Intention de fournir, aux Conditions marquées pour l'Exécution
,, d'un Deffein fi important. Pour cet Effet, ces Meffieurs font priés
,, de fe rendre à l'Hôtel de la Nobleffe, Samedi prochain 19, & le
,, Lundi fuivant. Je m'y trouverai, depuis huit Heures du Matin juf-
,, qu'au Soir, pour écouter les Propofitions qui me feront.faites, &
,, pour donner à un chacun les dûes Suretez pour fes Avances. Je
,, m'oblige en outre, de la Maniere la plus forte, de recommander
,, auprès du Roi, mon très gracieux Maitre, que j'efpere de voir bien-
,, tôt, tous mes Concitoïens, de quelque Rang ou de quelque Qualité
,, qu'ils puiffent être, de faire connoitre à Sa Majefté leur Zele & leur
,, Fidélité pour fon Service; & cela, avec toute la Sincérité & la Bon-
,, ne-Foi dont je fuis capable. Fait à Stockholm ce 18 Juillet 1712.
,, *Signé* MAGNUS STENBOCK. ,,

le 23.   ,, LES Mouvemens, que fe donnoit ce Général, ne furent point in-
fruc-

fructueux. Au bout d'un Mois, le Transport se trouva prêt. La Flotte partit de Carlscrona le 23. d'Août. Le Lendemain, elle vit, à la Hauteur de Bornholm, à la gauche, la Flotte Danoise, composée de vingt-deux Voiles, dont il y avoit quatorze grands Vaisseaux de Guerre, & huit Frégattes, commandées par deux Amiraux, deux Vice-Amiraux, & autant de Chefs-d'Escadre. Au prémier Avis que les Danois eurent de notre Approche, ils firent Mine de vouloir combattre; mais, un moment après, ils changérent leur Manœuvre, & se retirérent. Nous leur donnâmes la Chasse à pleines Voiles durant toute la Journée, sans qu'il nous fût possible de les atteindre. Vers le Soir, quatre ou cinq de nos meilleurs Voiliers se trouvérent si près de la Flotte ennemie, qu'on commença de Part & d'autre à se lacher quelques Bordées, mais sans Effet; parce que les Danois continuérent toujours leur Route devant l'Ile de Möön vers le Kögerbugt. L'Obscurité de la Nuit obligea les Suédois de demeurer à l'Ancre sous l'Ile de Möön. Nous n'eumes, d'autre Avantage ce Jour-là, que de prendre deux Vaisseaux ennemis. L'un étoit un Vaisseau d'Hôpital, sur lequel il y avoit un Lieutenant avec quarante Hommes, & qui fut pris par le Capitaine Charles Wachtmeister, en présence même de l'Amiral Danois Ritz. L'autre Vaisseau, dont s'empara le Capitaine Spalding, commandant la Frégatte *le Pelican*, étoit une Galiote, qui portoit les Provisions & les Rafraichissemens pour les Amiraux ennemis. Le Jour suivant, nous levames l'Ancre, & fimes Voile vers le Kögerbugt; mais, les Danois s'en étoient déjà retirez, & se tenoient à l'Ancre sous Dragö, & sous Copenhague. L'Amiral-Général Wachtmeister retourna dans la Mer Baltique, pour couvrir le Transport qui étoit sur le point de partir de Carlshamn. Jusques-là, le Velt-Maréchal Stenbock s'étoit tenu sur la Flotte: il la quitta, pour se rendre dans l'Ile de Rugen; persuadé que l'Ennemi, après avoir été obligé de rentrer dans ses Ports, seroit hors d'état de troubler le Transport des Suédois. L'Evénement ne justifia par cette Idée, comme nous le verrons bientôt. Le Capitaine Printz, Commandant la Frégate l'*Aigle blanc*, aïant été détaché par le Comte Wachtmeister, rencontra, sous l'Ile de Möön, le Capitaine Danois Rosenholm, qui montoit une Frégate de vingt-huit Piéces de Canon, & de cent-vingt Hommes d'Equipage. Elle venoit de sortir d'un Combat qu'elle avoit eue avec la Frégate Suédoise *le Phenix*, commandée par le Capitaine Fistulator, avec Perte de trois Morts & de sept Blessés. Printz, après lui avoir donné la Chasse pendant deux Heures & demie, l'atteignit, & la maltraita si fort, qu'aïant été mise hors de Combat, elle fut coulée à fond. Le Capitaine, avec quatre-vingt Hommes d'Equipage, furent sauvez & faits Prisonniers.

CEPENDANT, les Ennemis songérent à reprendre, avec plus de Vigueur, le Siege de Stralsund, & à se jetter en même tems sur l'Ile de Rugen. Un Renfort de douze mille Hommes, tant Saxons que Moscovites, fut envoïé devant la Place, avec un Train considérable d'Artille-

tille-

1712.
Août.
Il amene du Secours en Poméranie.
le 24.

le 25.

le 29.

Septembre.
le 1.
Reprise du Siege de Stralsund
le 2.

tillerie, & quantité de Mortiers, qui nous préfageoient un Bombardement des plus violens. Le Roi Augufte & le Czar, accompagnés de leurs Favoris Menzicof & Fleming, allérent eux-mêmes reconnoître le Retranchement des Suédois, & les Endroits propres pour faire la Defcente qu'ils méditoient. Leur Entreprife devoit être éxécutée avant que le Secours arrivât de Suede: & ils fe flattoient, qu'étant Maitres de Rugen, la Ville de Stralfund ne manqueroit pas de tomber entre leurs Mains. On ramaffa un grand Nombre de Radeaux, & de toutes fortes de Batiments propres au Tranfport; on éleva plufieurs Batteries fur le Bord de la Mer; & l'on commença en effet à tirer avec Violence fur l'Efcadre du Sieur Hencke, qui mouilloit en cet Endroit.

le 5. Celui-ci, plus à portée de faire jouër fon Canon avec fuccès, écarta en peu de tems les Travailleurs, & les obligea

le 6. à rentrer avec précipitation dans leurs Lignes. Le Lendemain, une Tempête des plus violentes mit notre Chef d'Efcadre dans la Néceffité de lever l'Ancre, & de gagner la haute Mer. Auffi-tôt les Danois, fe glorifiant d'avoir remporté la Victoire, débitérent par-tout, qu'ils avoient chaffé l'Efcadre de Hencke, & que rien n'empécheroit deformais les Alliés de faire la Conquête de l'Ile de Rugen. Le Roi Augufte & le Czar en laifférent le Soin aux Danois, qui fe préparérent à l'attaquer du Côté de Zudern.

*Les Danois
tentent inu-
tilement de
faire une
Defcente
dans l'Ile
de Rugen.*

le 9.

LE même Jour que la Defcente devoit fe faire, les deux Princes Alliés fe dispoférent d'attaquer le Retranchement devant Stralfund. Ces Entreprifes réüffirent également mal: &, quelque grands Préparatifs que les Danois euffent faits, le Succès & l'Exécution ne répondirent point à leur Attente. Leurs Batimens de Tranfport, au Nombre de vingt-huit, voguérent durant trois Heüres à l'Avanture. Ils firent, tant de leurs Frégates, que de quelques Brigantins & des Prames qu'ils avoient, un Feu violent. On tira au-de-là de mille Coups de Canon: ils jettérent une cinquantaine de Bombes, & firent même trois Décharges de leur Moufqueterie, mais avec fi peu d'Effet, qu'il n'y eut que trois Cavaliers de bleffés, & deux Chevaux de tuez. Pas un feul Homme des Ennemis n'ôfa mettre pied à terre: &, auffi-tôt que nous fimes Mine de faire jouër notre Artillerie, les Danois coupérent leurs Cables & fe retirérent en grande Confufion, fans rien tenter davantage.

*le 14.
Arrivée du
Tranfport
en Pomérа-
nie.*

CINQ Jours après, la plus grande Partie de nos Vaiffeaux de Tranfport arrivérent heureufement à Wittau. On débarqua auffi-tôt les Troupes, qui montoient à environ dix mille Hommes. Celles, qui avoient été détachées de Stralfund, rentrérent dans la Ville, pour faire Place aux autres. Le Roi Stanifllas, aïant paffé la Mer en même tems, fe rendit droit à Stralfund, où il fut reçu au Bruit de l'Artillerie de la Place, & complimenté par les Généraux & autres Perfonnes de Diftinction. Il fut fuivi, le Lendemain, par le Comte Stenbock, qui laiffa le Commandement des Troupes au Lieutenant-Général Taube,

avec

avec Ordre aux Commissaires de débarquer sans délai les Grains & les autres Provisions apportées de Suede.

1712.
Septembre.
le 18.
Quelques
Vaisseaux
de trans-
port brulez.

PENDANT que les Vaisseaux furent déchargés, nôtre Flotte alla mouiller à quelques Milles de Rugen, au Nord-Est. Les Danois se gardérent bien de laisser échaper une Occasion si favorable. Aïant la Mer libre, du Côté opposé, ils détachérent le 18. Septembre, vers le soir, un Brigantin avec quelques Chaloupes, pour mettre le Feu à nos Vaisseaux de Transport. Cette Entreprise ne réüsit que trop bien. Le Vent favorisoit les Ennemis. En un instant, vingt de ces Vaisseaux se trouvérent tout en Feu, sans que, du Côté de Terre, on pût leur apporter aucun Secours. Les autres n'auroient pas manqué d'avoir le même Sort, s'ils n'avoient pas d'abord coupé leurs Cables, pour prendre le Large.

LE Comte Stenbock fut au Desespoir de ce Contretems, qui causa quelque Brouillerie entre lui & le Grand-Amiral. Après toutes les Peines que le Velt-Maréchal avoit prises pour ce Transport, il ne pouvoit se consoler de voir ses grandes Espérances si étrangement déconcertées. Cependant, il falloit qu'il fît de Nécessité Vertu, le Mal étant sans Remede. Quelques Personnes sont dans l'Opinion, que ce Coup fatal est la principale Source de tous les Malheurs qui arrivérent dans la suite à l'Armée de Stenbock ; & ce Jugement est fondé sur ce que les autres Transports, qu'on tenoit prêts, ne pouvant suivre le prémier, les Troupes furent hors d'Etat de faire Tête à l'Ennemi, & d'aller au devant du Roi à moitié Chemin, comme cela avoit été résolu. Quoiqu'il en soit, il est certain, que les Habitans de Rugen s'en ressentirent extrémement, étant obligés de fournir à l'Armée tout ce dont elle avoit besoin pour sa Subsistance. Disons néanmoins à la Louänge de ces Peuples, qu'ils y contribuérent de bon Cœur, & avec la meilleure Volonté du Monde.

LORSQUE Charles reçut ces Nouvelles à Bender, il ne put s'empécher d'en témoigner son extrême Déplaisir. Il avoit crû, que le Transport se feroit au Commencement du Printems, & qu'alors la Flotte seroit prête à agir aussi-bien que l'Armée de Terre. Ses Desseins exigeoient beaucoup de Diligence. Il fut trompé dans son Attente. On avoit laissé passer la belle Saison. Les Ennemis, avantageusement postez, avoient sû profiter de nos Lenteurs : &, quoique Stenbock fût heureusement arrivé avec son Monde, il étoit néanmoins fort mal à son Aise, par un Contretems, dont on ne savoit que penser, & qui pouvoit être envisagé de différentes Manierès. Dans cette Conjoncture, il n'y avoit rien à faire, que de donner de nouveaux Ordres, afin que les Préparatifs pour la Campagne prochaine se fissent en diligence. Ces Ordres furent adressés au Comte Gustave Cronhielm, qui se trouvoit dans ce Tems-là à Carlscrona pour d'autres Affaires. En lui envoïant son Instruction, Charles lui commandoit, „d'avoir un „Soin tout particulier de l'Equipement de la Flotte, de lever un „Nom-

Octobre.

le 26.
Ordre du
Roi de Suede
au Comte
Cronhielm

„ Nombre fuffifant de Gens-de-Mer, & de faire tenir prêts certain
„ Régimens deftinez pour le fecond Tranfport.   Il lui ordonnoit en
„ outre de faire de bons Amas de Vivres, & de fournir aux Troupes
„ les Sommes qui leur étoient néceffaires, & généralement de ne rien
„ négliger pour que tout fût prêt à l'Ouverture de la Campagne; Sa
„ Majefté lui laiffant pour cet Effet un Pouvoir des plus amples, &
„ voulant qu'il expédiât tels Ordres, & qu'il prît telles Mefures, qu'il
„ jugeroit les plus utiles pour le Service du Roi & de la Patrie, fans
„ être obligé, quand il fe rencontreroit quelque Difficulté, d'en écrire
„ à Sa Majefté, & d'attendre fa Réponfe, ce qui confumeroit inuti-
„ lement un Tems confidérable.„

*La France
donne des
Subfides à
la Suede.*

Jusques-là, on n'avoit pas fongé à s'adreffer à la France, pour en
obtenir du Secours, ou, pour mieux dire, on n'avoit pas jugé à propos de le faire.   Cette Puiffance avoit eu fur les Bras une Guerre également longue & ruineufe: fes Finances étoient épuifées; &, par
conféquent, elle fe trouvoit hors d'Etat de nous prêter aucune Affiftance.   D'ailleurs, ce n'étoit nullement notre Intérêt d'entamer avec
elle des Négociations, qu'on prévoïoit aifément ne devoir aboutir à
rien.   Cela n'auroit fait qu'exciter contre elle, auffi bien que contre
nous, la Jaloufie de fes Ennemis.   Mais, dès que l'on fut en Suede,
que la Paix alloit être conclue entre la France & l'Angleterre, on
changea d'Idée, & l'on réfolut de profiter de cette Circonftance.   On
porta le Lieutenant-Général Sparre à fe rendre à Paris (a), pour y folliciter une Somme d'Argent, par maniere de Subfides.   Sa Négociation eut tout le Succès dont on s'étoit flatté.   La Cour de Verfailles fit
remettre à Hambourg deux cens mille Ecus, fans exiger de nous pour
cette Somme, ni Hypotheque, ni aucune autre Sûreté.   Cet Argent
fut compté à Monfieur de Wellingk.   Il devoit être emploïé pour le
Païement de l'Armée de Stenbock, & pour la Défenfe de nos Forte-
reffes en Allemagne.

*Lignes des
Ennemis.*

Les Ennemis continuérent en Poméranie à travailler à leurs Lignes, qui s'étendoient depuis Gripswald jufqu'à Tribfees & Damgarten, c'eft-à-dire, au-de-là de fix Lieues.   Leur Deffein étoit, non
feulement de fe mettre à couvert de toute Infulte, mais auffi d'enfermer les Suédois.   Ils favoient affez de quoi le Comte Stenbock étoit
capable; & comme ils venoient d'apprendre de quelques Prifonniers,
qu'il avoit fait diftribuer aux Troupes des Vivres pour quinze Jours, ils
ne doutoient plus qu'il ne méditât quelque importante Entreprife.

*Stenbock fe
met en
Marche.
le 19.
le 20.*

Le Général Suédois ne leur donna pas le Tems d'achever leurs Travaux.   Le 10 Octobre, il tint un grand Confeil de Guerre, auquel il
fit appeller tous les Généraux & Colonels de l'Armée.   Le 19, l'Armée fut tranfportée de Rugen à Stralfund, & le Lendemain il prit Congé de la Garnifon & des Bourgeois, qui étoient fous les Armes, les
                                                              remer-

(a) Le Baron Sparre, allant en France, paffa à Londres.

remerciant de leur Fidélité, & les exhortant à bien faire leur Devoir s'ils étoient attaqués.

LA-DESSUS, il envoïa un Officier au Duc de Meklembourg, pour le prier d'accorder à l'Armée Suédoise le Passage au travers de ses Etats, sur le même Pié qu'il l'avoit accordé ci-devant aux Danois. Le Duc étoit Suédois d'Inclination, & auroit fort souhaité de nous être utile en toutes Façons : mais, le Voisinage de trois formidables Armées l'obligea de tenir un Langage bien différent de ses véritables Pensées. Dès que Stenbock eut appris, que le Passage lui avoit été refusé, il fit publier un Manifeste, dans lequel il réïtéra sa prémiere Demande, avec Promesse de ne point être à charge aux Peuples de ce Duché, de faire observer, par tous les Endroits où il passeroit, une Discipline exacte, & de faire punir sévérement les Soldats qui commettroient le moindre Desordre.

LA Marche se fit dans l'Ordre suivant. L'Avant-Garde, composée de la Cavallerie de Brémen, des Dragons de Marderfelt, & de Strömfelt, suivis de six Piéces de Canon, étoit commandée par le Lieutenant-Géneral Duckert, qui avoit Ordre de marcher en diligence du Côté de Damgarten, d'y prendre Poste, & d'y jetter un Pont sur la Reckenitz. Duckert demeura cette Nuit-là à Redbars, d'où il détacha l'Aide-de-Camp-général Loppeno, avec deux cens Chevaux, pour observer les Mouvemens de l'Ennemi. Le Lieutenant-Géneral Taube conduisoit la Cavallerie de West-Gothie, le Régiment d'Aschenberg, celui de Cavallerie de Poméranie, & celui d'Infanterie d'Ekeblad. Il étoit suivi du Velt-Maréchal Stenbock, accompagné du Roi Stanislas, qui avoient auprès d'eux l'Artillerie & toute l'Infanterie. Le Général-Major Patkul commandoit l'Arriere-Garde.

LA Marche jusqu'à Damgarten fut extrémement pénible ; les Pluïes continuelles aïant rendu les Chemins presque impraticables. Quatre Régimens de Cavallerie Saxonne, & quatre mille Fantassins, commandez par le Prince de Saxe-Weissenfels, se tenoient à l'Opposite, pour nous disputer le Passage ; mais, Dukert, Ekeblad, & Mellin, s'en mirent si peu en peine, qu'en présence même des Ennemis, ils firent rétablir le Pont, qui avoit été presque entiérement brulé. Le Velt-Maréchal prit son Quartier à Plumendorf, à un quart-de-lieue de Damgarten, où il résolut de passer la Reckenitz, à l'aide de ses Pontons. Ce Passage étoit extrémement difficile, à cause d'un Marais, qui s'étendoit plus d'un quart-de-lieue de Chemin, & où les Habitans avouoient n'avoir jamais vû passer, ni aucun Homme, ni le moindre Bétail, pendant même les plus grandes Secheresses. On franchit ce Marais, à l'aide d'un certain Nombre de Planches, que les Soldats portoient avec eux, pour servir de Ponts aux endroits les plus profonds.

CE Passage se fit de la Maniere suivante. Duckert fit défiler, sur le Pont près de Damgarten, les Dragons de Strömfelt & de Marderfelt, la Cavallerie de West-Gothie & de Bremen, & l'Infanterie d'Ekeblad,

de

1712.

Octobre.
Demande le Passage au travers du Meklembourg. Son Manifeste. V. L'App. No. CLXXII.

le 25.

le 23. Passe la Reckenitz.

de Schultz, & d'Elfsbourg, avec fix Piéces de Canon. Le Comte Stenbock, & le Lieutenant-Général Taube, pafférent la Rekenitz à Plumendorf, avec toute l'Infanterie, fuivie de huit Piéces de Canon. Le Lieutenant-Colonel Schlippenbach, & le Major Lewenhaupt, con- duifoient l'Avant-Garde, compofée de quatre cens Hommes. Le Co- lonel Horn, & le Major Modée, étoient auprès des Soldats qui por- toient les Planches. Patkul fe trouvoit à la tête des Régimens de Su- dermanie, de Dalékarlie, & de Dalie. Le Comte de la Gardie com- mandoit l'Infanterie d'Oft-Gothie, de Weftmannie, de Helfingie, & de Wermlande. Le Lieutenant-Colonel Cronftedt conduifoit l'Artille- rie. Le Colonel Rofe, & le Lieutenant-Colonel Gröning, formoient l'Arriere-Garde. Le Général-Major Schommer étoit de Jour.

L'ENNEMI paffoit & repaffoit de l'autre Côté de la Riviere, faifant à tout moment des Tentatives fur nos Travailleurs, & fur les Gens qui jettoient les Pontons, & qui difpofoient les Planches pour notre Paffage. Mais, à peine nos Dragons eurent-ils fait quelques Déchar- ges de leur Moufqueterie, & notre Artillerie eut elle commencé à ti- rer, que l Ennemi fe retira entiérement avec Perte de quatre-vingt- dix Hommes, & de Quantité de Chevaux qu'on lui tua.

AUSSI-TÔT que notre Armée eut paffé la Rekenitz, on eut Avis que le Prince de Saxe-Weiffenfels s'étoit retiré avec deux Régimens, à quelques Lieues au-de-là de Roftock. Il y avoit dans cette Place quel- ques cens Pruffiens *des Troupes de la Neutralité.* Les Danois s'étoient poftez à Sultz, derriere un Marais, aïant au dos la petite Ville de Tribfees.

SUR l'Avis qu'eut le Velt-Maréchal, que ces derniers avoient quitté tout-à-fait la Ville de Roftock, il y envoïa le Colonel Baffewitz avec cinq cens Hommes, & le Commiffaire de Guerre Falcker, pour de- mander au Magiftrat le Paffage par cette Place. Lorfqu'on fut à Rof- tock, que les Suédois s'approchoient, on leur ferma les Portes, & on leva les Ponts. Le Lieutenant-Colonel Effen, au Service de Meklem- bourg, fut envoïé au devant de Baffewitz, pour favoir de lui ce qu'il fouhaitoit du Magiftrat, dont il eut pour Réponfe, qu'on le laifferoit entrer avec le Commiffaire de Guerre, mais qu'on ne vouloit pas qu'ils fe fiffent accompagner de leurs Domeftiques, encore moins d'au- cuns Soldats. On leur demanda en même tems, fi les Suédois s'enga- geroient, en cas qu'on leur accordât le Paffage, à païer Argent comp- tant tout ce dont ils auroient befoin. Baffewitz aïant fait répondre au Magiftrats, que le Velt-Maréchal prétendoit être reçu aux mêmes Con- ditions qu'on avoit reçu les Danois, l'Accord fe rompit; & les Sué- dois qui venoient d'être renforcés par de nouvelles Troupes, furent diftribuez dans les Villages aux Environs. Baffewitz étant allé recon- noitre la Place, & aïant vû que tous les Bateaux avoient été tirez fur le Rivage oppofé, imagina un Expédient pour fe rendre Maitre de ces Batteaux, qui lui réüffit affez bien. Il fit prendre durant la nuit

quel-

quelques Huches, auxquelles on attacha de chaque côté une Botte de Paille, & dans chacune defquelles il fit paffer à l'autre Bord deux Hommes, pour détacher les Batteaux, & pour les lui amener. En aïant autant qu'il lui falloit, il fit le Trajet fans aucune Oppofition, & avec tant de Secret, que perfonne ne favoit qu'il étoit dans la Ville. Il y entra par un Jardin; &, fur le champ, il fit ouvrir une des Portes, pour laiffer entrer le Refte des Troupes, & les huit Piéces de Canon qu'il avoit avec lui. On convint avec le Magiftrat, que les Suédois feroient mis en Quartiers auprès des Bourgeois; mais, afin que la Ville ne fût pas trop foulée, on en retira une partie de ces Troupes. Quinze cens Hommes y furent laiffés, fous les Ordres du Général-Major Schommer.

LA-DESSUS, le Comte Stenbock fit publier une Déclaration, contenant les Articles dont il étoit convenu avec le Magiftrat, & les Bourgeois. Les principaux de ces Articles étoient en fubftance: ,,Que la ,, Garnifon, compofée en partie de Troupes de Pruffe & de Meklem- ,, bourg, fortiroit avec Armes & Bagages, & avec tous les Honneurs ,, de la Guerre. Que la Moitié de la Garnifon auroit fes Quartiers en- ,, tre Roftock & Schwan; & que l'autre Moitié marcheroit à Butzou. ,, Qu'un Inventaire feroit dreffé des Munitions & de l'Artillerie qui ,, fe trouvoient dans la Place, auxquelles on ne toucheroit point. Que ,, la Supériorité Territoriale, tant pour l'Eccléfiaftique que pour le Po- ,, litique, feroit laiffée en entier au Duc; & que la Ville jouïroit plei- ,, nement de fes Droits, Privileges, & Immunitez, de même que du ,, Commerce, tant par Terre, que par Mer: bien entendu, entant ,, que ce Commerce n'intéreffoit point les Sujets des Puiffances qui ,, étoient en Guerre avec Sa Majefté Suédoife. Que la Ville, le Ma- ,, giftrat, & l'Univerfité, avec tous ceux qui en dépendoient, jouï- ,, roient de la Protection de Sa Majefté; & que les Clefs des Portes ,, demeureroient entre les Mains du Commandant Suédois. Que les ,, Malades de l'Armée feroient tranfportez dans les Hopitaux de la ,, Ville; & qu'on régleroit avec le Magiftrat ce qu'il feroit obligé de ,, fournir pour la Subfiftance de la Garnifon. Qu'au Départ de l'Ar- ,, mée Suédoife, les Clefs de la Ville feroient rendues, ou au Magif- ,, trat, ou aux Commiffaires que le Duc nommeroit pour cet Effet. ,, Cette Capitulation étoit datée à Roftock, le ?!. Novembre 1712.

L'ARMÉE Suédoife campoit entre Roftock & Butzow. Le Quartier-général du Comte Stenbock étoit à Schwan, où logeoit auffi le Roi Staniflas. Les Saxons & les Mofcovites tiroient vers Guftrow, qu'ils furprirent par le Moïen d'un grand Nombre de Chariots, fur lefquels on avoit caché des Soldats, qui fe rendirent d'abord Maitres de la Porte, & enfuite de la Ville, où ces Chariots entrérent facilement, fous prétexte qu'on y devoit charger des Provifions, comme on avoit accoutumé fort fouvent d'y en venir prendre, ce qui étoit même arrivé la Veille. Les Ennemis, Maitres de ce Pofte, avoient de-

1712.
Octobre.

Déclaration du Comte Stenbock. V. l'App. Num. CLXXXIX.

Surprife de Guftrow.

*Lettre du
Velt-Maré-
chal Flem-
ming au
Comte
Stenbock.*

vant eux deux Rivieres, savoir, la Rechenitz & la Nebel. Le Roi Auguste se tenoit à une Lieue & demie de Gustrow, sur une Terre appellée Rossewitz. Le Prince Menzicof avoit son Quartier à Wadau.

Il y avoit environ trois Semaines, que le Comte Stenbock avoit reçu du Velt-Maréchal Flemming une Lettre, qui lui fut apportée par
un Trompette, & dans laquelle le Général Saxon lui disoit, ,, qu'il
,, souhaitoit fortement de renouër avec lui l'ancienne Amitié qui avoit
,, été entre eux. Qu'il se flattoit, qu'ils étoient tous deux en état de
,, moïenner un Accommodement entre leurs Maitres respectifs ; &
,, que, pour lui en particulier, il pouvoit dire au Comte, en Confi-
,, dence, & comme à son Ami, que le Roi Auguste ne desiroit rien
,, tant que de faire la Paix avec Charles XII. Que son Maitre étoit
,, disposé à rendre à Sa Majesté Suédoise tous les Services dont il étoit
,, capable, pourvû qu'Elle, de son côté, voulût lui faire des Proposi-
,, tions raisonnables, & telles qu'on pourroit en espérer un bon Succès.
,, Que pour un Commencement, & afin que cette Négociation pût
,, être conduite avec tout le Secret possible, on pourroit envoïer les
,, Auditeurs-Généraux des deux Armées dans un Lieu tiers, sous pré-
,, texte de traiter ensemble d'un Cartel pour l'Echange des Pri-
,, sonniers. ,,

La Démarche, que Flemming venoit de faire, parut fort suspecte au
Comte Stenbock. Il connoissoit trop bien le Velt-Maréchal ; &, sachant de quoi il étoit capable, il comprit d'abord, que ces Ouvertures
ne se faisoient, qu'afin de gagner du Tems, pendant lequel on vouloit
perfectionner les Lignes auxquelles on travailloit encore, & faire venir du Holstein l'Armée Danoise, qui s'étoit mise en Mouvement. Cependant, pour ne pas lui donner à connoitre, qu'il avoit pénétré son
Dessein, il lui répondit, par le même Trompette, qu'il feroit partir
sur le champ le Sieur Sylvin, qui faisoit la Fonction d'Auditeur-Général, pour Brandshagen, qui étoit le Lieu marqué pour les Conférences. L'Auditeur Saxon Creil s'y étant rendu pareillement, le Cartel se
fit sans beaucoup de Difficultez. En même tems, Stenbock envoïa
une autre Personne vers Flemming, pour savoir ce que celui-ci avoit
à proposer, avec Ordre néanmoins de ne s'engager à rien avant que
d'avoir fait Rapport & de savoir les Intentions de ses Supérieurs.

Des-que le Comte eut communiqué ces Circonstances au Roi Stanislas, ce Prince prit une Résolution aussi généreuse que digne d'Admiration. Aïant fait appeller les Généraux Suédois, il leur fit la Déclaration suivante, que j'insere ici, Mot pour Mot, copiée sur l'Original François, que j'ai entre les Mains. Messieurs, Depuis notre der-
,, niere Conférence, où nous avons délibéré comment attaquer nos
,, Ennemis, Vous saurez, que le Passage, qui nous restoit le plus aisé
,, à nous conduire dans le Païs de Meklembourg, se trouve présente-
,, ment occupé par les Troupes Saxonnes, &, comme on croit, les
,, Danoises. Ainsi, comme vous savez les Forces des Ennemis aussi
,, bien

„ bien que la nôtre, qui va toujours en diminuant, j'ai voulu favoir
„ vos Sentimens, jufqu'où vous croïez que Nous fommes en Etat de
„ pourfuivre nos Deffeins, qui confiftent à venir à bout de trois Puif-
„ fances alliées contre Nous, & de retirer par nos Armes victorieu-
„ fes la Perfonne de Sa Majefté le Roi de Suede. Vous réfléchirez,
„ s'il vous plait, qu'il n'y a point de Secours à efpérer de la Suede,
„ vous pouvant affurer comme un Témoin vif, qu'en partie l'Im-
„ poffibilité eft un grand Obftacle en Suede à Nous foutenir; &, dans
„ des Affaires qui fe trouvent encore praticables, la Maniere, qu'on
„ a dans ce Païs-là de trainer, les rend inutiles, pendant que Notre
„ Situation ne fouffre aucun Délai. D'ailleurs, Nous fommes infor-
„ mez, avec Monfieur le Comte Stenbock, que les Puiffances les plus
„ capables de Nous affifter font tellement prévenues pour le Roi Au-
„ gufte, que les Engagemens, qu'on a avec ce Prince par rapport
„ aux Affaires de Pologne, les empêchent de fonger à Nous. Vous
„ réfléchirez, s'il vous plait, Meffieurs, que fi, dont Dieu nous gar-
„ de, nous avons quelque Malheur, ne fut-il que par la feule Impoffi-
„ bilité de pouvoir venir aux Mains avec les Ennemis, & manquant
„ de Subfiftance, pour refter oififs, dans quel évident Danger ne fe-
„ roit expofée alors, la Perfonne, la Couronne, & le Roïaume du
„ Roi, en rifquant évidemment les dernieres Forces de la Suede. C'eft
„ dans cette Situation, que je vous prie de me dire, s'il n'eft pas de la
„ derniere Néceffité de détacher un de nos Ennemis de leur Ligue? En
„ quoi on pourroit trouver quelque Expédient. Je fais que vous êtes
„ de braves Gens, & que ce n'eft pas la première fois que vous allez
„ tirer l'Epée pour la Caufe commune. Tout ce que vous me pou-
„ vez promettre, & dont je fuis très perfuadé, c'eft de répandre la
„ derniere Goute de votre Sang, dans lequel je crains de voir en mê-
„ me tems noïer la Perfonne du Roi avec tout fon Roïaume. Quant
„ à moi, qui ai fervi jufqu'ici d'Inftrument à la Gloire des Armes de
„ la Suede, je ne prétens pas être le Sujet funefte de leur Perte. Je
„ me déclare de facrifier, ma Couronne, & mes propres Intérêts,
„ à la Confervation de la Perfonne facrée du Roi, ne voïant pas
„ humainement d'autre Moïen pour le retirer de l'Endroit où il fe
„ trouve. „

Répon's des Généraux.

Les Généraux, après avoir remercié le Roi, de la maniere la plus
refpectueufe, de la Confiance qu'il leur témoignoit dans une Affaire
également délicate & importante, repliquérent en ces Termes: „ Qu'il
„ étoit certain, que, quand on réfléchiffoit fur la malheureufe Ca-
„ taftrophe qui eft arrivée à notre Tranfport; fur le peu d'Efpérance
„ de recevoir le fecond, & d'être foutenu de la Suede; fur les Ma-
„ gazins brulez, & fur le peu de Vivres qui refte: quand on fon-
„ geoit, que, quand même nous pourrions percer dans le Païs de
„ Meklembourg, en rabattant la Perte des Troupes, que nous ferons
„ obligés de faire en attaquant l'Ennemi, joint aux Maladies qui s'aug-

„ mentent tous les Jours dans l'Armée, laquelle se trouve, de cette
„ maniere, hors de Combat, comme sacrifiée, & à la Discrétion des
„ Ennemis, qui nous sont sur le Dos. Enfin, l'Ennemi si supérieur,
„ en nous entourant de tous Côtez, & nous ôtant la Subsistance, pour-
„ ra venir fort facilement à bout du reste.   Non-obstant toutes ces
„ Adversitez & Traverses, les Généraux, d'une Obéïssance aveugle,
„ sont prêts de sacrifier la derniere Goute de leur Sang, pour rame-
„ ner, par l'Aide de Dieu, Sa Majesté le Roi leur Maitre en Sureté,
„ & pour la Satisfaction de Vôtre Majesté; aïant imprimé dans leurs
„ Seins, comme un Evangile, cette Obéïssance, par laquelle le Roi
„ leur Maitre a toujours distingué celui, qui, en bien combatant, a
„ fait son Devoir, n'en eut-il pas ramené un seul Homme. Mais com-
„ me, en cette Rencontre, il s'agit d'un Sacrifice que Vôtre Majesté
„ veut faire de ses propres Intérêts, pour l'Amour & le Salut de la
„ Suede, & pour retirer le Roi notre Maitre de la Turquie, les Gé-
„ néraux supplient Vôtre Majesté d'y bien réfléchir, & d'être per-
„ suadée, que si jamais Vôtre Majesté voit jour de parvenir au But,
„ auquel Vôtre Majesté & Sa Majesté le Roi de Suede aspirent, ils
„ risqueront tout au Monde, & feront voir par leur Sang, qu'ils pré-
„ ferent la Gloire de Sa Majesté le Roi leur Maitre, & la Satisfaction
„ de Vôtre Majesté, à leur Vie même.   Mais, pour dire, que, sans
„ un Miracle du Ciel, ils paroissent humainement voir une heureuse
„ Fin à la Guerre, & aux Propos que nous avons, ils n'ôsent point
„ l'assûrer, en considérant la Force de nôtre Armée, la Supériorité
„ des Ennemis, & le Tems qu'il faut pour domter ce Torrent, les
„ Marais & Défilez qu'il y a à forcer, qui ne laissent pas de nous
„ fournir de Obstacles, & une Perte continuelle de Combattans; sans
„ faire mention de l'Incertitude où sont exposées les Armes. Ils sup-
„ plient Vôtre Majesté très humblement, qu'avec le Sacrifice qu'Elle
„ fait de sa propre Personne, Elle daigne aussi soutenir auprès de Sa
„ Majesté le Roi leur Maitre le Dessein qu'Elle prend, & l'Avis qu'ils
„ sont obligés de donner ici à ses Ordres. „

LA-DESSUS, le Roi de Pologne prit la Parole, disant: „Que, quoi-
„ que l'Affaire dépendît de sa propre Résolution, Sa Majesté a pour-
„ tant voulu, avant que de l'éxécuter, le faire connoitre à Messieurs
„ les Généraux, pour qu'il soit notoire, qu'il n'y a, ni Couronne, ni
„ aucun Intérêt au Monde, qui la retient, où il s'agit de sauver la Per-
„ sonne du Roi & son Roïaume. Sa Majesté déclare ainsi, qu'Elle va met-
„ tre la Main à l'Affaire, & profiter de la bonne Disposition du Roi Au-
„ guste à cette Fin.   Si l'Affaire réüssit, Sa Majesté s'estimera fort
„ heureuse de contribuer par son Sacrifice à l'heureuse Délivrance du
„ Roi: si-non, Elle a grande Confiance en Dieu, que son Equanimi-
„ té attirera la Bénédiction du Ciel sur les Armes du Roi de Suede. „
Cette Conférence aïant été rédigée par écrit dans les propres Termes qu'on vient de rapporter, le Roi Stanislas signa cette Piece, & y
                                                                  fit

fit appofer le Sceau de fes Armes. Son Sécrétaire de Cabinet, G. de Biber, la contre-figna par Ordre de Sa Majefté. Après quoi, les Généraux ajoutérent ce qui fuit: ,,Par rapport aux Propofitions & à ,, la Déclaration qu'il a plû au Roi de Pologne de nous faire, nous ,, ne pouvons nous difpenfer de foufcrire en bien de Devotion, que la ,, Générofité & le fenfible Intérêt, que Sa Majefté prend au Salut de ,, Sa Majefté le Roi notre Maitre & de tout le Roïaume de Suede, ne ,, foit par les Circonftances de notre Situation préfente, conforme aux ,, Raifons & aux Obftacles qui paroiffent felon toutes Apparences nous ,, rencontrer. Non-obftant lefquels, nous fommes à tout moment ,, prêts d'expirer dans une aveugle Obéïffance au Service de Sa Ma-,, jefté, comme il plaira au bon Dieu. ,,

(marginal note: 1712. Octobre. Cet Ecrit figné par le Roi & par les Généraux.)

M. Stenbock.

G. A. Taube.	Charles Gustave Duckert.
Aschenberg.	G. Reinhold Patkul.
Marschalck.	Cl. Ekeblad.
J B. Schommer.	Charles Mellin.
Fr. Mevius.	

Le Comte Stenbock prévoïoit affez, que Charles XII, tant qu'il feroit en état de mettre un feul Homme en Campagne ne donneroit pas les Mains à ce Projet, qui étoit non feulement contraire au Traité d'Alt-Ranftad, par lequel le Roi Augufte avoit renoncé au Trône de Pologne, mais qui rendoit même inutile la Promeffe du Grand-Seigneur, de ne faire la Paix qu'avec le Confentement de a SMajefté Suédoife. Cette Promeffe étoit le feul Titre fur lequel Charles fe fondoit, en demandant la Dépofition du dernier Vizir: il n'avoit point d'autre Prétenfion à alléguer, pour faire caffer le Traité de Pruth, & pour porter les Turcs à prendre les Armes contre le Czar & le Roi Augufte. D'ailleurs, la Porte avoit déclaré expreffément, qu'Elle ne reconnoiffoit pour Roi de Pologne, que Staniflas, & qu'Elle ne confidéroit Augufte que comme Electeur de Saxe. Cependant, comme le Roi Staniflas demeura ferme dans la Réfolution qu'il venoit de prendre, Stenbock fut obligé, bon gré, mal gré, de continuer la Négociation qu'il avoit entamée avec Flemming.

Pour cet Effet, il lui dépêcha une feconde fois le Colonel Baffewitz, auquel il donna une Inftruction des plus amples, qui contenoit, non feulement les Propofitions qu'il devoit faire, mais auffi la Réponfe aux Objections, que Stenbock prévoïoit que le Général Saxon lui oppoferoit. Comme cette Piéce mérite une Attention particuliere j'ai crû devoir la rapporter en entier.

(marginal note: Novembre. le 1.)

,, En prémier lieu, il faudra que le Roi Augufte, dès à préfent, s'o-,, blige à joindre fes Troupes à l'Armée Suédoife, commandée par ,, le Velt-Maréchal Stenbock, afin d'agir conjointement, & avec des ,, For-

(marginal note: Le Colonel Baffewitz envoié au C. Flemming.)

„ Forces réünies, contre les Moſcovites. Si l'on vous diſoit, qu'une
„ pareille Démarche eſt indigne de ce Prince, vous répondrez, que,
„ ſans parler de beaucoup d'autres Exemples, le Duc de Savoie ve-
„ noit tout nouvellement de faire la même Choſe.   Quand le Roi Au-
„ guſte aura paſſé de notre Côté, il diſposera le Czar à faire la Paix
„ avec la Suede, à des Conditions raiſonnables, dont la prémiere ſe-
„ ra, qu'il rendra à la Suede les Conquêtes qu'il a faites ſur elle. Si
„ le Czar refuſe d'y donner les Mains, le Roi Auguſte ne pourra
„ s'empécher de lui déclarer, qu'aïant fait la Paix avec la Suede, il
„ étoit obligé, pour le Rétabliſſement de la Tranquilité dans l'Empi-
„ re, & pour la Conſervation & la Sureté de la Pologne, de prendre
„ avec Sa Majeſté Suédoiſe des Meſures pour cette Fin, & de ſe ſé-
„ parer entiérement du Parti Moſcovite; ce que le Roi Auguſte pour-
„ ra effeçtuer ſans aucun Obſtacle, étant aſſuré de ſa Paix avec la
„ Suede.   En ſecond lieu, le Roi Auguſte s'obligera, à engager la
„ République de Pologne à faciliter, avant toutes choſes, le Retour de
„ Sa Majeſté Suédoiſe de Turquie, afin que ce Prince puiſſe ſe rendre
„ ſurement, ou dans ſes Etats, ou à ſon Armée. Qu'enſuite, la République
„ ſe joigne à la Suede, pour faire la Guerre au Czar, afin de l'obliger
„ de rendre à la prémiere les Provinces conquiſes ſur Elle, & de fai-
„ re avec Elle une Paix durable. Comme il ſe pourroit, qu'on vous
„ objeçtât, qu'il ſeroit d'autant plus difficile d'engager la République
„ dans une pareille Guerre, qu'elle n'avoit jamais voulu ſe méler de la
„ Querelle des Suédois, vous repliquerez, que les Polonois ſont extré-
„ mement mécontens des Moſcovites; que, par ce Moïen, la Répu-
„ blique ſecouera le Joug des Ruſſiens; qu'elle ſera délivrée en mê-
„ me tems de la Crainte qu'elle a des Turcs; enfin, qu'elle ne pourra
„ jamais donner une Preuve plus éclatante de ſa Reconnoiſſance en-
„ vers la Suede, qu'en rompant ouvertement avec le Czar.   En troi-
„ ſieme lieu, le Roi Auguſte s'engagera à faire tout ſon Poſſible, pour
„ porter le Roi de Danemarck à faire la Paix avec la Suede, con-
„ formement au Traité conclu entre les deux Couronnes à Traventh-
„ hal; & cela, comme ſi ce Traité n'avoit jamais été rompu. Si l'on
„ vous diſoit, que cela n'eſt pas au Pouvoir du Roi Auguſte, vous
„ inſinuerez, qu'il pourroit y obliger le Roi de Danemarck, de la mê-
„ me Maniere qu'il a été dit ci-deſſus du Czar. En quatrieme lieu,
„ le Roi Auguſte fera tous ſes Efforts, pour diſpoſer la République
„ à céder, par un Conſentement unanime, au Roi de Suede, la
„ Courlande, & la Livonie Polonoiſe. A l'égard de cet Article, ſi
„ l'on vous objeçtoit, que la République n'écouteroit jamais une pareil-
„ le Propoſition, vous pcuvez repréſenter, que le Czar s'étant empa-
„ ré de ces Provinces, & les poſſédant ſous le Titre de Conquêtes, il
„ n'eſt point apparent qu'il les rende à la République. Qu'ainſi, on
„ ne les demande pas à la République, mais aux Moſcovites. Que,
„ d'ailleurs, il n'eſt que trop connu, que la Livonie Polonoiſe n'eſt
                                                                „ d'au-

„ d'aucune Utilité à la République; & que celle-ci doit être bien aife, 1712.
„ en cédant cette Province, de s'aſſurer la Poſſeſſion tranquile du reſ-
„ te de ſes Etats. En cinquieme lieu, le Roi Auguſte s'obligera à *Novembre.*
„ faire déclarer le Roi Staniſlas, par une Conſtitution formelle du
„ Roïaume, Succeſſeur à la Couronne de Pologne; & il portera tou-
„ tes les Puiſſances à garantir à ce Prince, en cas qu'il lui ſurvive,
„ qu'il ſera lui ſeul reconnu Roi de Pologne. Ici on pourroit alléguer,
„ que cet Article eſt directement contraire aux Statuts & aux ancien-
„ nes Conſtitutions. A cela vous repliquerez, que les Conſtitutions
„ du Roïaume ne tendent, à cet Egard, qu'à retenir un Roi, actuelle-
„ ment régnant, de ne pas déclarer pour Succeſſeur quelqu'un de ſes
„ Deſcendans, ce qui ſeroit directement contraire à la Nature même
„ des Loix de la Pologne: mais, que le Cas eſt ici bien différent;
„ qu'il y a deux Prétendans à la Couronne ; & qu'on ſouhaite ſeule-
„ ment, que le Roi Staniſlas, qui a non ſeulement été légitimement élu
„ & couronné, mais même ſolemnellement reconnu Roi par toutes
„ les Puiſſances, après l'Abdication d'Auguſte, conſerve ſon Droit à
„ la Couronne, après la Mort de l'Electeur. En ſixieme lieu, le Roi
„ Auguſte promettra, que tous les Biens appartenans au Roi Staniſlas
„ lui ſeront rendus; que, pour le dédomager en quelque façon, il lui
„ cédera les deux Staroſties dans la Grande Pologne, ſavoir Vyzcie
„ avec Pila & Mezeritz, moïennant un Equivalent qu'il donnera à
„ ceux qui en ſont actuellement en Poſſeſſion. Qu'en outre, il diſpo-
„ ſera la République à rendre héréditaires, en faveur du Roi Staniſlas,
„ non ſeulement ces deux Staroſties, mais auſſi celles d'Odalkow &
„ de Novodwor, dont ce Prince a déjà été en Poſſeſſion. Si on vous
„ dit là-deſſus, que cela dépend de la République, vous pouvez répon-
„ dre, que pluſieurs Exemples prouvent, que de pareils Avantages,
„ & même de plus grands encore, ont été accordez par la Républi-
„ que à des Particuliers, pour quelques importans Services rendus à
„ la Patrie. En ſeptieme lieu, le Roi Auguſte s'obligera à païer au
„ Roi Staniſlas, ſa Vie durant, une Penſion annuelle de deux cens
„ mille Ecus, ſoit en Argent comptant, ou en Terres hors de la Po-
„ logne du Rapport de cette Somme, ſous la Garantie de Sa Majeſté
„ Impériale & du Roi de Pruſſe. En dernier lieu, le Roi Auguſte
„ promettra de remettre, dès à préſent, les Adhérans du Roi Sta-
„ niſlas en pleine Poſſeſſion, tant de leurs Biens, que de leurs Char-
„ ges, avec entiere Sureté pour leurs Perſonnes. Au reſte, Mon-
„ ſieur le Colonel Baſſewitz pourra proteſter, qu'en Conſcience il ne
„ m'a pas été poſſible de trouver de Conditions plus juſtes, plus
„ équitables, & plus faciles à être miſes en Exécution, que celles ci-
„ deſſus. Et comme les Conjonctures ſont telles, que le moindre Dé-
„ lai nous ſeroit préjudiciable, il dépendra entiérement du Velt-Maré-
„ chal Comte Flemming, de me procurer au plûtôt la Ratification du
„ Roi Auguſte ſur tous ces Articles: le Roi Staniſlas étant prêt à ſi-

Tome II. E e e e „ gner

„ gner les Conditions fuivantes ; favoir, qu'il renonce, dans la meil-
„ leure Forme, à toutes fes Prétenfions fur la Couronne de Pologne,
„ de quelque Nature qu'elles puiffent être ; & qu'il ne veut avoir au-
„ cune Part au Gouvernement de ce Roïaume, durant la Vie du Roi
„ Augufte. Ce Prince s'obligera en outre, de la Maniere la plus forte,
„ de procurer, fur-tout ce que deffus, l'Approbation de Sa Majefté
„ Suédoife, & fa Ratification; avec Promeffe de ne jamais donner Oc-
„ cafion aux moindres Troubles dans la République, ni de contreve-
„ nir au préfent Traité, fous quelque Prétexte que ce puiffe être. Si,
„ contre toute Attente, Monfieur le Colonel s'appercevoit, que les
„ Ennemis ne font pas fincérement portez à accepter cet Accommo-
„ dement, il doit rapporter l'Ecrit qui lui a été donné, fans même
„ en laiffer une Copie. En ce Cas-là, il protestera contre tout ce qui
„ fe fera paffé, comme ne devant caufer dans la Suite aucun Préjudi-
„ ce, ni au Roi Staniflas, ni à Sa Majefté Suédoife, qui ne font plus
„ tenues à rien, &c. „

*Le Lieute-
nant-Géné-
ral Taube,
eft envoié à
Berlin.
le 6.*

Pour faciliter d'avantage cette Négociation, on jugea à propos de
s'adreffer à la Cour de Berlin. Le Lieutenant-Général Taube fe chargea de cette Commiffion, charmé de trouver ce Prétexte pour quitter
l'Armée, où il avoit le Chagrin de voir, que le Général Duckert avoit
plus de Part que lui à la Confiance du Velt-Maréchal.

Quoique le Comte Stenbock, comme je l'ai déjà fait remarquer,
eut de puiffantes Raifons de fe défier des Ouvertures qui lui avoient
été faites par Monfieur de Flemming, néanmoins il dut en avoir de
plus fortes encore, pour entrer fi avant dans cette Négociation. Ce
n'étoit certainement pas fur les Inftances du Roi Staniflas, quelque
preffantes qu'elles fuffent. Il paroit, au contraire, qu'étant pleinement inftruit des Deffeins de Flemming, & voïant à quel Point ils
pouvoient lui être nuifibles, il vouloit tourner contre ce Miniftre le
même Artifice dont celui-ci fe fervoit, afin de pouvoir attendre l'Arrivée d'un fecond Transport de Suede, qui le mettroit en Etat d'attaquer avec Succès l'Armée des Alliés.

Quoiqu'il en foit, les deux Généraux, Amis en apparence, entretenoient enfemble une étroite Liaifon. Ils s'écrivoient prefque
tous les Jours, fous différens Prétextes. Tantôt il s'agiffoit d'un E-
claircifftement touchant le Projet de Paix, tantôt de l'Echange des Prifonniers. Enfin, on vint à propofer une Sufpenfion d'Armes, qui fut
réglée, fans beaucoup de Difficulté, aux Conditions fuivantes.

„ Que les Hoftilitez cefferoient pour quinze Jours. Que les deux Ar-
„ mées fe tiendroient chacune dans fon Diftrict. Que les Détachemens,
„ munis de Paffeports de leurs Généraux, pafferoient librement; mais,
„ que les Maraudeurs & autres, qui n'avoient point de Paffeports,
„ feroient arrêtez. Que les Couriers ordinaires auroient pareillement
„ des Paffeports, de même que les Marchands. Que s'il fe paffoit
„ quelque-chofe contre cette Convention, deux Généraux, un du Cô-
„ té

„ té des Suédois, & un autre de la Part des Alliés, régleroient entre
„ eux ce Différent; & que l'Armistice seroit d'abord publié dans les
„ deux Armées. „

CE ne fut pas tout. La Confiance alla si loin, que le Velt-Maréchal Stenbock, & le Comte Mellin, ne firent aucune Difficulté de se rendre au Camp des Saxons, sur un simple Passeport de Monsieur de Flemming. Avant leur Départ, le Conseil de Guerre fut assemblé, pour délibérer sur ce Voïage, qui fut jugé utile & nécessaire. Le Roi Stanislas signa la Résolution prise à cet Égard. Les Généraux, Colonels, & Lieutenants-Colonels, présens à ce Conseil, imitérent son Exemple *(a)*.

STENBOCK & Mellin furent reçus dans le Camp ennemi avec de grandes Marques de Distinction: on leur rendit tous les Honneurs dûs à leur Rang. Le Roi-Auguste, & le Prince de Saxe-Weissenfels, s'y trouvoient déjà. Menzicof s'y rendit pareillement. Pendant le Repas, tout alloit le mieux du Monde, on étoit parfaitement d'accord: mais, dans les Conférences particulieres entre les deux Velt-Maréchaux, on ne put convenir de rien. Auguste n'avoit point d'Eloignement pour la Paix: le Roi de Danemarck pensoit à peu près de même; & tous les deux paroissoient contens des Ouvertures du Roi de Prusse: mais, aucun de ces Princes ne pouvoit se déterminer, ni sur les Conditions à proposer, ni sur les Moïens capables d'applanir les Difficultez qui se présentoient dans cette Négociation. Tous étoient également mécontens du Czar: aucun ne vouloit être tenu au Traité d'Alt-Ranstadt. „ Les deux Armées „ , disoit-on, „ sont si près l'une
„ de l'autre, que, selon toutes les Apparences, elles en viendront
„ aux Mains, à moins que le Comte Stenbock ne consente à prolonger
„ l'Armistice pour trois Mois. „ Risque-t-on une Bataille, le Sort décidera des Mesures à prendre. Si, au contraire, la Suspension d'Armes est prolongée, on aura le Loisir de profiter des Conjonctures, &. d'attendre le Succès des Négociations en Turquie. Le meilleur Parti sera de ne se déclarer, ni pour, ni contre, & de laisser le Soin à la Fortune d'en décider, pour se ranger ensuite du Côté du plus fort.

LA Prolongation de l'Armistice s'accordoit merveilleusement bien avec la Résolution que le Roi Stanislas venoit de prendre; mais, il n'y eut jamais Moïen d'y disposer le Comte Stenbock. Ce fut ce qui engagea le Roi de Pologne à faire un Voïage à Bender, afin d'informer lui-même Charles XII, de la Situation des Affaires du Nord, dont il étoit mieux en Etat que personne de lui donner une juste Idée.

PEN-

(a) CETTE Résolution fut signée par le Comte Stenbock, & Messieurs Dukert, Aschenberg, Patkul, Marschalk, Ekeblad, Schommer, Mellin, de la Gardie, Marderfelt, Stromfelt, Jäger, Ferlen, Schwanlod, F. C. Marschalck, Horn, Fakkenberg, Rosen, Frölich, Schlippenbach, Palmfelt, Cronstedt, Stierncrantz, Lille, & Bassewitz.

PENDANT que cet Accommodement fe négocioit, Augufte envoïa le Sieur des Broffes, Officier dans fes Troupes, au Roi de Danemarck, pour le preffer d'entrer avec fon Armée dans le Duché de Meklembourg, foit pour s'y joindre aux Saxons & aux Mofcovites, ou pour fe pofter de façon que l'Armée de Stenbock fe trouvât comme entre deux Feux. Cette Miffion fit tant, que les Troupes Danoifes eurent Ordre de quitter les Environs de Hambourg, dont elles venoient d'extorquer une Somme confidérable d'Argent. Elles ne firent d'abord que de fort petites Marches. L'Infanterie fut mife en Quartiers aux environs d'Ottenfen, d'Utterfen, de Pinneberg, & d'Olsbourg: la Cavallerie marcha à Segeberg & à Oldefloë.

Le Roi de Danemarck protefte contre l'Armiftice.

STENBOCK fe tenoit la plûpart du tems à Wismar. On débitoit par-tout, que, ne fe voïant pas en Etat de faire Tête aux Forces fupérieures des Alliés, il avoit propofé au Roi de Danemarck une Sufpenfion d'Armes. Ce Bruit étoit abfolument faux. Stenbock ne propofa jamais rien de pareil à aucun des Alliés. Au contraire, ce fut Augufte, qui le porta à confentir à un Armiftice, comme je viens de le dire. Il eft vrai néanmoins, que le Roi de Danemarck, peu content de cette Démarche, déclara à fes Alliés, que, pour lui en fon particulier, il ne confentiroit pas à une Sufpenfion d'Armes, à moins que les Suédois ne le laiffaffent en Poffeffion des Conquêtes qu'il venoit de faire fur eux. Les Danois tinrent dans la fuite à Oldefloë quelques Confeils de Guerre, pour délibérer fur la Maniere d'attaquer le Comte Stenbock, & de pouffer la Guerre avec vigueur. Les Nouvelles, qu'on recevoit de toutes Parts, nous annonçoient une partie des Deffeins de Sa Majefté Danoife; favoir, ,,qu'Elle avoit tenu à Oldefloë plu-
,,fieurs Conférences fecretes, dont il n'avoit tranfpiré que les Particularitez fuivantes. Que Sa Majefté avoit confié le Commandement
,,en Chef de fon Armée au Général Scholtze, & qu'Elle avoit fait favoir à fes Alliés, qu'Elle ne confentiroit pas qu'on accordât aux
,,Suédois un plus long Terme pour l'Armiftice. Qu'en cas qu'on ne
,,fe fût déjà trop engagé envers Monfieur de Stenbock, on devoit
,,l'attaquer avec vigueur; & qu'après avoir ruiné fon Armée, il feroit facile aux Alliés de marcher avec leurs Forces devant les Places dont on pourroit aifément s'emparer. Que les Suédois, fiers
,,d'avoir fur pied une Armée de dix-huit mille Hommes, fondoient làdeffus toutes leurs Efpérances; qu'ainfi, il falloit, fans perdre du
,,Tems inutilement, les priver même de cette Reffource. Que le
,,Czar avoit auffi-tôt donné les Mains à ce Projet, qu'il avoit trouvé
,,très bien entendu; & que le Roi de Pologne avoit répondu, qu'il
,,avoit bien approuvé l'Armiftice; mais, que cela ne s'étoit fait, qu'afin de donner le Tems à l'Armée de Sa Majefté Danoife de s'avancer vers le Meklembourg, & de fe joindre aux Troupes des Alliés,
,,pour marcher enfuite contre l'Ennemi (*a*).   LA-
,,

(*a*) CELA fe trouva même dans les Nouvelles publiques de Hambourg.

LA-DESSUS, les Danois commencérent les Hostilitez, sous prétexte, que, n'aïant pas consenti à l'Armistice, ils n'étoient pas tenus à l'obferver. Ils entrérent dans le Meklembourg, où ils enlevérent les Partis Suédois, envoïés, sur la bonne-foi de la Suspension d'Armes, pour amener des Vivres, & pour escorter des Grains achetez à Lubeck. Ils prirent Poste à Gadebusch, & firent par leurs Partis tout le Mal qu'ils purent à l'Armée Suédoise. Ce mauvais Exemple ne put néanmoins engager le Comte Stenbock à les imiter. Esclave de sa Parole, il attendit le dernier Jour de l'Armistice, avant que de rien entreprendre (*a*).

ALORS, étant décampé de Schwan, il fit rompre tous les Ponts fur la Warna, & sous Rostok, pour mieux couvrir la Queue & le Flanc de son Armée: puis, traverfant en diligence quantité de Marais, de Chemins creux, & de Défilez, il fit une Marche forcée vers l'Armée Danoise. Au bout de quatre Jours, il se trouva à un grand Défilé nommé Ullenkrog. Comme on crut que les Danois le disputeroient, le Colonel Comte Lewenhaupt fut commandé avec trois cens Chevaux, pour soutenir l'Avant-Garde, composée des Dragons de Strömfelt & de Marschalk. Le Major Taube suivit avec deux cens Pionniers. Ensuite, le Lieutenant-Colonel Böhnen avec cinq cens Grenadiers; le Lieutenant-Colonel Cronstedt avec huit Piéces de Campagne, soutenu par le Général-Major Schommer, avec trois Bataillons Allemands, sous les Ordres des Colonels Jäger & Schwanlod. Le Reste de l'Armée suivit en cinq Colonnes, favoir, deux de Cavalerie, deux d'Infanterie, aïant l'Artillerie & le Bagage au milieu. Mais, comme le Lieutenant-Général Dukert, qui étoit à la Tête de l'Avant-Garde, fit favoir, que les Ennemis s'étoient retirez avec précipitation, on pressa la Marche, & l'on avança encore une Demi-Lieue jusques fous Grotenbritz & Lutkenbritz, où la Nuit furvenue obligea l'Armée de faire Halte. Les Soldats pafférent la Nuit fous les Armes.

LE Lendemain, à l'Aube du Jour, le Colonel Baffewitz fut détaché avec deux cens Chevaux, pour reconnoitre la Situation de l'Armée ennemie. Aïant trouvé une Garde avancée des Ennemis, qui se retira à son Approche, il vint lui-même faire Rapport, qu'ils étoient postez fur une Hauteur, derriere un Marais, aïant à la Gauche la Riviere de Gadebusch, & un gros Bois à la Droite. Là-deffus, le Velt-Maréchal monta à Cheval, pour aller lui-même reconnoitre le Terrain. Il se trouva tel, qu'il n'y avoit pas Moïen d'en approcher, ni par la Droite, ni par la Gauche, mais feulement vers le Centre, par une Ouverture
d'en-

(*a*) D. F., Auteur de l'*Histoire de la Vie & des Actions de Frédéric-Auguste, &c.* en Allemand, prétend, pag. 661, que ce fut le Comte Stenbock, qui rompit l'Armistice. Il forme de longs Raifonnemens, pour prouver le Fait; mais, il se tire fort mal d'Affaire.

d'environ mille Pas, par où il falloit déboucher devant l'Armée Ennemie, toute rangée en Bataille. Ainſi, le Maréchal, aïant fait avan-
cèr douze Piéces de Canon, qui commencérent à jouër ſur le Midi, &
l'Armée avançant auſſi toujours, fit la Diſpoſition ſuivante pour l'Attaque.

PRÉMIÉREMENT marchoient le Lieutenant-Colonel Cronſtedt & le Major Stiernhof de l'Artillerie, avec trente Piéces de Canon, qui, ſuivant
une nouvelle Méthode inventée par le prémier, avançoient, aïant toujours la Bouche tournée en avant, & pouvoient être rechargées avec
beaucoup de Viteſſe. Ils étoient ſoutenus d'un Bataillon du Régiment
d'Ekeblad, ſous le Commandement du Colonel Jäger. Six Bataillons
ſuivoient ſous la Conduite des Généraux-Majors Schommer & de la
Gardie, aïant à droite & à gauche les Généraux-Majors Patkul & E-
keblad. Ces Troupes étoient compoſées d'un ſecond Bataillon d'E-
keblad, commandé par le Major Uſedom ; d'un autre du Régiment
de Schultz ſous le Colonel Schwanlod ; de deux du Régiment de Neri-
cie & de Wermland, ſous le Colonel Adlerfelt, & le Major Starenflycht ; de deux Bataillons de Weſtmanland, ſous le Colonel Falckenberg, le Lieutenant-Colonel Gröning, & le Major Brunjohan. Six
autres Bataillons ſuivoient ; ſavoir, à la Droite, deux du Régiment
d'Elfsbourgs-lähn, ſous le Lieutenant-Colonel Comte Liſie & le Major
Spalding ; & un du Régiment d'Oſtro-Gothie, ſous le Major Modée.
A la Gauche étoient deux Bataillons du Régiment de Dahl, ſous le
Colonel Palmfelt, le Lieutenant-Colonel Mentzer, & le Major Didron ;
& un Bataillon de Dalécarlie, ſous le Major Leyonhufwud. Pour
couvrir les Flancs vers le Bois, & auſſi vers la Cavallerie de l'Aile
gauche de l'Ennemi, on forma une Colonne ſur chacune ; ſavoir, à la
Droite, une du Régiment de Sudermannie, ſous le Colonel Schlippen-
bach & le Major Eſſen, avec un Bataillon d'Oſtro-Gothie, ſous le
Lieutenant-Colonel Stierncrantz ; & à la Gauche, une autre d'un Bataillon de Dalécarlie, ſous le Lieutenant-Colonel Fuchs ; & de deux
Bataillons de Helſingie, ſous le Colonel Horn, & le Lieutenant-Colonel Böhnen. La Cavallerie, à la Droite, ſous le Général-Major
Marſchalck & le Comte Mellin, étoit compoſée des Dragons de Strömfelt, conduits par le Colonel de ce Nom, & par les Majors Brehmer
& Waldau. Auprès de ce Régiment ſe trouvoient le Colonel Löwen-
ſtern, & les Lieutenants-Colonels Plate & Bouſquet, en qualité de Volontaires. Les autres Régimens de cette Aile étoient, celui de Weſ-
tro-Gothie, ſous le Colonel Wolfrath, le Colonel Frölich, le Lieutenant-Colonel Köhler, & le Major Lagercrantz ; celui de Bremen,
ſous le Colonel Ferſen, le Lieutenant-Colonel Tettenborn, & le Major Kula ; & celui de Baſſewitz, Dragons, commandé par le Colonel
de ce Nom, & le Lieutenant-Colonel Reichel. A la Gauche, ſous le
Commandement des Généraux-Majors Aſchenberg & Marderfelt,
étoient les Dragons de Marſchalck, conduits par le Colonel de ce
Nom,

Nom, par le Lieutenant-Colonel Comte Lewenhaupt, & par le Major Bildt; le Régiment du Comte Afchenberg, commandé par le Lieutenant-Colonel Ferfen, & le Major Meyerhielm; la Cavallerie de Poméranie fous le Colonel Rofe, le Lieutenant-Colonel Brunner, & le Major Weichel; les Dragons de Marderfelt, fous le Lieutenant-Colonel Offenbufch, & le Major Harang.

LA Difpofition ainfi faite, & le Mot, *Avec l'Aide de Dieu,* étant donné, l'Armée commença à marcher. L'Artillerie fit des Décharges réïtérées, avec beaucoup de vitefle. Au Commencement, les Apparences ne furent rien moins que favorables pour les Suédois. Leur Infanterie, auffi bien que leur Cavallerie, en defcendant de la Hauteur, avoient à effuïer tout le Feu des Ennemis: puis, aïant traverfé un Défilé fort difficile, nos Troupes furent obligées de monter fur une autre Hauteur, avant qu'elles puffent fe ranger & former leur Attaque. Cependant, elles ne laiffèrent pas d'avancer avec une Promtitude furprenante, malgré le Feu continuel de l'Artillerie Danoife, qui donnoit au milieu des Rangs des Suédois, extrémement ferrez à caufe du Terrain. Ils marchérent aux Ennemis, le Fufil fur l'Epaule, fans s'arréter, jufqu'à dix ou quinze Pas de leur Front, où, après avoir effuïé leur Décharge, ils firent la leur fi à propos, qu'ils ne perdirent prefque pas un feul Coup. L'Infanterie Danoife fe battit avec une Bravoure incroïable. Rien n'eft égal à l'Opiniatreté que les deux Partis firent paroitre dans cette Occafion, & qui alla fi loin, que notre Cavallerie étant tombée avec force fur les Danois, elle culbuta à diverfes Reprifes, & les Ennemis, & les nôtres, qui étoient aux Prifes avec eux. On voïoit même des Officiers s'acharner perfonnellement l'un contre l'autre, jufqu'à tomber tous deux à terre percés de Coups. La Cavallerie Danoife, qui avoit été jointe, une Heure avant la Bataille, par celle de Saxe, commandée par le Velt-Maréchal Flemming, fe défendit, non feulement avec beaucoup de Courage, mais fit même de grands Efforts pour rompre notre Infanterie; en quoi pourtant elle ne réüffit pas, aïant toujours été vigoureufement repouffée & renvoïée avec Perte.

APRÈS deux Heures d'un Combat également fanglant & opiniatre, les Danois furent obligés de prendre la Fuite. Ils furent pourfuivis l'Epée dans les Reins, pendant plus d'une Demi-Lieue, jufqu'au Village de Radegaft; & il n'y eut que l'Obfcurité de la Nuit qui obligea l'Armée Suédoife de s'arréter. Les Ennemis avoient en tout vingt Bataillons, dont il y avoit deux de Saxons, & foixante & dix-neuf Efcadrons, favoir quarante-fept de Danois, & trente-deux de Saxons. Les Suédois n'avoient que dix-neuf Bataillons & cinquante-huit Efcadrons, dont il faut déduire les Malades, les Traineurs, & ceux qui gardoient le Bagage. Toute l'Artillerie ennemie demeura aux Suédois. Quant au Bagage des Danois qui fe trouva dans leur Camp, ce n'étoit que peu de chofe; la plus grande Partie en aïant été tranfportée ailleurs,

Les Danois & les Saxons font battus.

1712.

Décembre.

leurs, avant la Bataille. Le Général-Major Mörner, du côté des Ennemis, fut fait Prifonnier, avec deux Colonels, deux Lieutenants-Colonels, quantité d'Officiers fubalternes, & environ quatre mille Soldats. Ils eurent trois Généraux, & au-de-là de deux mille Hommes, tuez fur la Place: leurs Bleffés montoient à peu près au même Nombre. Entre les Bleffés de Diftinction du côté des Suédois, il y eut le Lieutenant-Général Duckert, les Colonels Horn & Palmfelt, & le Lieutenant-Colonel Fuchs. Nous n'eumes en tout qu'un peu plus de cent Hommes de tuez, & environ trois cens de bleffés.

Les Moscovites, éloignés de Gadebufch de trois Lieues, étoient en pleine Marche pour charger l'Armée Suédoife en Queue. Dès qu'ils apprirent le Succès de la Bataille, & que les Danois & les Saxons venoient d'être battus, ils rebrouffèrent Chemin, tellement faifis de Crainte, qu'ils rompirent après eux tous les Ponts, & fe retirèrent avec précipitation en Poméranie.

Le Comte Stenbock, aïant fait tranfporter à Wismar les Prifonniers avec les Trophées, donna Permiffion au Général Mörner, auffi bien qu'aux deux Colonels & Lieutenants-Colonels Danois, de s'en retourner chés eux fur leur Parole. Là-deffus, il indiqua un Jour folemnel d'Actions de Graces, pour la Victoire qu'il venoit de remporter (*a*).

Lettre de Charles XII toucbant l'Armiftice.

La Nouvelle de cette Victoire n'étoit pas venue à Bender, lorfque Charles XII, peu content de l'Armiftice auquel fes Généraux avoient donné les Mains, adreffa fur ce Sujet au Comte Stenbock la Lettre fuivante. „Charles, par la Grace de Dieu, &c. à notre fidele Con-
„feiller, &c. Nous venons de recevoir, dans ce moment, vôtre
„Lettre, & celle du Lieutenant-Général Duckert, qui nous ont été
„apportées par le Major de la Valle, & dont, contre toute Attente,
„nous apprenons, qu'au Départ de celui-ci vous étiés fur le Point de
„conclure avec les Ennemis une Sufpenfion d'Armes. Nous n'avons
„jamais pû penfer, que, fans notre Ordre, vous aïés ôfé entreprendre
„une Chofe auffi inouïe que celle-là; favoir, de faire un Armiftice
„fans nôtre Volonté, & encore moins d'entrer dans la moindre Né-
„gociation avec les Ennemis: n'étant pas permis à aucun Général, ni
„à aucun Confeil de Guerre, d'entreprendre rien de pareil, ni de né-
„gocier fans notre Plein-Pouvoir fpécial. Comme la Démarche, que
„vous venez de faire, eft directement oppofée à nos Intérêts, Nous
„ne pouvons que la defapprouver, en vous ordonnant, fur le Ser-
„ment de Fidélité que vous nous avez prêté, & pour fatisfaire à
„l'Obéïffance que vous nous devez, que, dès que cette Lettre vous
„fera parvenue, vous aïés à rompre l'Armiftice, fans aucune Confi-
„dération, & fans vous attacher à la moindre Chofe à laquelle vous
„aurez pû vous obliger fans notre Ordre, & qu'en outre vous cher-
chiés

(*a*) Il y eut ce Jour-là deux Sermons. Les Textes, fur lefquels on prêcha, étoient pris de Jérémie XI. ɤ. 18. 19. 20. & du Pfeaume IX. ɤ. 2. 3. 4. 5.

chiés auſſi-tôt l'Occaſion de déloger les Ennemis. *Nous eſpérons,* que vous ferez tous vos Efforts, pour réparer la Faute *que vous avez* commiſe en cette Occaſion, & que vous ne manquerez pas de Nous donner des Preuves que vous êtes prêts à vous conformer en tout à Nos Ordres. Nous voulons bien, pour cette fois-ci, ne pas vous faire rendre Compte de ce qui a été fait; ſachant très bien, que cela n'eſt pas arrivé par mauvaiſe Volonté, mais ſeulement par un Conſeil inconſidéré: pourvû, qu'à l'avenir, vous riſquiés plûtôt le tout pour le tout, que de vous laiſſer ſéduire par des Mal-intentionnez; & qu'il ne vous arrive jamais de rien entreprendre, qui puiſſe être contraire à Nos Ordres & à Nos Deſſeins. Sur quoi Nous prions Dieu, qu'il vous ait, &c. Donné à Bender, le 17. Décembre 1712."

"LES Suites de la Bataille de Gadebuſch furent l'Entrée du Comte Stenbock dans le Holſtein, & l'Incendie d'Altena. Les Danois avoient dreſſé dans cette Ville un Magazin très conſidérable: on y faiſoit même le Pain & la Bierre, tant pour les Saxons, que pour les Moſcovites. Sur l'Avis qu'en eut le Velt-Maréchal Stenbock, il détacha le Colonel Baſſewitz avec quelques cens Hommes, pour enlever aux Ennemis leurs Proviſions, ou pour ruiner leur Magazin. A ſon Approche, les Habitans prirent la Fuite, emportant avec eux ce qu'ils pouvoient d'Effets. Les Hambourgeois leur refuſérent d'abord l'Entrée de leur Ville, de peur du Mal contagieux, qui régnoit en ces Quartiers-là: mais, dans la ſuite, les Portes leur furent ouvertes; &, de tous ceux qui s'y étoient ſauvez, il ne périt que quelque peu de Perſonnes (*a*). On croit que, s'il avoit été poſſible de ſe ſaiſir des Effets qui appartenoient aux Ennemis, ſans cauſer la Ruine totale de la Ville, le Comte Stenbock auroit accepté une Somme d'Argent pour Rançon: mais, comme il n'y avoit point de Voitures, & que le Tems ne permettoit pas d'en faire venir, on fut obligé de détruire le tout enſemble. Au milieu de la Nuit, les Suédois mirent le Feu, prémiérement à l'Hôtel de Ville, & après cela à tous les Coins des Rues. Altena fut bientôt réduit en Cendres: il ne reſta, de tous les Edifices publics, que le Temple Luthérien, & celui des Réformez, avec environ une centaine de Maiſons particulieres. Du-

(*a*) MR. DE VOLTAIRE rapporte, dans les prémieres Editions de ſon *Hiſtoire de Charles XII,* qu'on diſoit, que les Hambourgeois avoient donné ſécrétement une Somme conſidérable d'Argent au Comte Stenbock, pour l'engager à exterminer Altena. Cela a été corrigé dans la derniere Edition de ſon Livre. Il a même écrit ſur ce Sujet une *Lettre,* qui ſe trouve parmi ſes *Lettres Philoſophiques,* imprimées à Roüen en 1734, & dans laquelle il déclare, qu'aïant examiné ce Bruit, il l'avoit trouvé plein de Fauſſeté.

Les Lettres, que les Comtes Stenbock & Wellingk écrivirent ſur l'Incendie d'Altena, & celles du Velt-Maréchal Flemming & du Général Scholten, ſur le même Sujet, ſe trouvent dans les *Mémoires de* LAMBERTY, Tome VIII, pag. 291, & ſuivans. Il eſt ſurprenant, que Monſieur Nordberg ne diſe rien de ces Lettres. R. D. T.

DURANT cette Année dont nous rapportons les Evénemens, il ne
se passa en Finlande rien de fort remarquable. Le Comte Nieroth,
qui avoit commandé dans cette Province l'Espace d'environ dix-huit
Mois, mourut le 25. Janvier, dans son Quartier de Gislom, après
une Maladie de treize Jours. Ce Général étoit le plus honnête Homme du Monde. Son Age avancé, & les grandes Fatigues qu'il avoit
eües pendant tout le Tems de sa Vie, le rendirent, sur la Fin de ses
Jours, sujet à beaucoup d'Infirmitez.

APRE's sa Mort, le Lieutenant-Général Lybecker se chargea du Commandement en Chef de l'Armée en Finlande. Le Roi le confirma
quelque tems après dans cette Charge; ordonnant au Sénat de laisser à
ce Général le Soin de deffendre cette Province. Au Mois de Mars, Lybecker assembla ses Troupes, & détacha plusieurs Partis, tant pour
donner la Chasse aux Ennemis qui pilloient le Plat-Païs, que pour savoir au juste s'ils persistoient dans le Dessein de tenter l'Entreprise
dont ils nous avoient menacés durant tout l'Hiver. Il s'agissoit de fai-

re une Invasion en Finlande. Les Troupes, que l'Ennemi destinoit à cette
Expédition, arrivérent par Pelotons à Petersbourg, d'où elles se rendirent
à Retusari: &, afin que le Secret en fût mieux gardé, on avoit déjà, avant
Noël, fait deffendre tout Commerce avec les Païsans de l'Ingrie, auxquels
jusques-là on avoit permis de vendre leurs Denrées à Petersbourg, & de
venir y faire leurs Provisions. Au prémier Avis que Lybecker en eut,
il marcha avec son Armée à Högfors, où il se retrancha sur le Kymene. Aïant appris ensuite, que l'Ennemi étoit en pleine Marche, il
assembla tous les Chefs des Régimens, pour délibérer avec eux sur les
Mesures à prendre pour la Deffense du Païs. A peine le Conseil de
Guerre se fut-il tenu, que le Major Anderssen, du Régiment de la
Bothnie Orientale, qui avoit assisté lui-même à ce Conseil, deserta, &
se rendit aux Ennemis, auxquels il découvrit, non seulement le Nombre de nos Troupes, mais aussi tout le Fort & le Foible de nos Arrangemens. A l'Approche des Moscovites, Lybecker quitta le Poste de
Högfors; &, aïant abandonné son Retranchement de Suttula sur le
Kymene, il marcha à Hirfwekoski, où il se retrancha de nouveau sur
la Riviere qui porte le même Nom. Le Colonel Essen fut laissé avec
un petit Détachement à Abberfors.

IL s'en falloit de beaucoup, que la Retraite de Lybecker ne fût généralement approuvée. On prétendoit, que, vû la Situation avantageuse du Terrain, & le Retranchement sur le Kymene, il auroit été fort
en état de disputer à l'Ennemi le Passage de cette Riviere: & on vouloit, que, du moins en se retirant, il eut ruiné ses Retranchemens, &
ne les eut pas laissés aux Moscovites, pour s'y fortifier. A cela on
répondoit, qu'il avoit sagement fait, en quittant le Kymene; qu'il lui
avoit été impossible d'empêcher les Ennemis de passer une Riviere, qui
a plus de six lieues de Longueur, & qu'ils auroient pû traverser en
plusieurs Endroits, avant qu'on eût eû le Tems d'y marcher avec des

Trou-

Troupes pour s'y oppofer. A ces Raifons, on ajouta cette autre, qu'en marchant à Hirfwekoski, il étoit plus à portée de deffendre ce paffage; & que cette Riviere n'étant pas auffi longue que l'autre, il lui feroit plus facile de tenir les Troupes enfemble.

Pour obferver les Mouvemens des Ennemis, il détacha le Général-Major Armfelt, avec trois cens Chevaux, & deux cens Fantaffins. Celui-ci, aïant rencontré l'Avant-Garde Mofcovite, compofée de fix cens Dragons, il la culbuta fans peine: mais, comme l'Armée ennemie, forte de vingt mille Hommes, n'étoit pas fort éloignée, il ne jugea pas à propos de pourfuivre les Fuïards. Il ramena avec lui au Camp quatorze Prifonniers.

Aussi-tôt que les Ruffiens furent arrivez à Hirfwekoski, ils commencérent à travailler à leurs Lignes, vis-à-vis du Retranchement de Lybecker, & à élever des Batteries, dont ils tirérent fans difcontinuer. Leur Moufqueterie n'incommodoit pas moins nos Travailleurs durant la Nuit. Lybecker, ne fe croïant pas affez fort, pour pouvoir réfifter au Feu de l'Artillerie ennemie, jugea à propos de quitter auffi ce Pofte, & de s'avancer plus loin dans le Païs, dans le Deffein de chercher une Plaine, où il pourroit attendre les Mofcovites, pour leur livrer Bataille. Pour cet effet, il ordonna au Colonel Effen de fe retirer d'Abberfors, après avoir fait créver les Canons qu'il avoit avec lui, & qui ne pouvoient être tranfportez. Au bout de cinq ou fix Jours, les Ennemis s'en retournérent par le même Chemin qu'ils étoient venus. Ce fut principalement le Manque de Fourage, qui les y obligea; le Général Suédois, à fa Retraite de Högfors, aïant fait mettre le Feu à tous les Amas qu'il avoit trouvé fur la Route. Lorfqu'on fut, que les Mofcovites avoient pris la Route de Wibourg, on détacha quelques Troupes, pour garder nos Avenues: le Refte de notre Armée eut la Permiffion de s'en retourner, chaque Régiment dans fa Province. Vers la Fin de l'Année, les Colonels Stiernfchantz & Danielfon, poftez avec leurs Régimens en Sawolax, entrérent dans la Carélie, & marchérent jufqu'à Kexholm, avec quelques cens Hommes, tant Cavallerie qu'Infanterie. Comme les Mofcovites campoient dans leurs Baraques, de ce côté-ci de la Riviere qui eft extrémement rapide, il ne fut pas difficile de leur couper la Retraite. Ils perdirent dans cette Occafion beaucoup de Monde. Outre les tuez, plus de cinquante fe noïérent dans le Courant. Le Détachement Suédois ramena plufieurs Prifonniers, & au-de-là de deux cens Chevaux.

La Promotion, que le Roi fit en 1712, étoit affez nombreufe. Sa Majefté créa deux nouveaux Sénateurs, favoir Monfieur de Reenftierna, Gouverneur de Fahlun, & Monfieur Teffin, Maréchal de la Cour. Ils eurent Place tous deux dans le Département des Affaires de Juftice. Le Sénateur Comte Ferfen fut fait Grand-Maitre de l'Artillerie, à la place du Baron Siöblad, mort en 1710. Le Général-Mörner obtint le Gouvernement de Gothenbourg & de la Province de Bohus, à la place du Baron Eric Siöblad, qui fe trouvoit fur les bras un facheux Procès. Le Général-Major Ornftedt, & le Baron Eric Sparre, furent faits Lieutenants-Généraux, le prémier dans la Cavallerie, & le fecond dans l'Infanterie. Les Colonels Mevius, Köhler, & Albedil, eurent chacun un Brévet de Général-Major. Le Gouvernement de Scaraborg fut donné à Monfieur de Cederhielm. On créa Colonels Meffieurs Koskul, Wolfrath, Krufenftierna, Sten Arfwedfon, Stal de Holftein, Torftenfon, Dougal, Wallenftierna, Albedil, Silfwerhielm, de la Barre, Rutenfchöld, Cojet, Sedtz, Fock, Törnflycht, Oxenftierna, Cronftierna, Sparre, Haftfehr, Ferfen, Ros, Trautvetter, & Maidel. Meffieurs Wattrang, & Claude Sparre, furent faits Amiraux. L'Amiral Charles Anckarftierna aïant demandé fa Démiffion, obtint le Caractere d'Amiral-Général-Lieutenant.

Il eft tems que nous retournions fur nos Pas, pour voir ce qui fe paffa, durant le Cours de cette Année, en Turquie, où nous avons laiffé Charles XII. Ce Prince, comme je l'ai dit à la Fin du Livre précédent, fondoit de grandes Efpérances fur la Réfolution, que le Divan venoit de prendre, de déclarer de nouveau la Guerre au Czar. Le Grand-Vizir Juffuf Pacha paroiffoit extérieurement fort attaché aux Intérêts de Charles. Ce Prince, infiftoit principalement fur deux Chofes: favoir, que le Grand-Seigneur, comme il fe lui avoit promis, lui avançât une Somme d'Argent pour païer fes Dettes; &, en fecond lieu, qu'il lui donnât une Efcorte fuffifante pour le reconduire, par la Pologne, dans fes Etats. Le Sultan, en fon particulier, étoit fort difpofé à accorder au Roi ces Demandes. Juffuf Pacha faifoit femblant d'être du même Sentiment; mais, dans le fond, il avoit de tout autres Vûes. On difoit de lui affez ouvertement, qu'il n'étoit rien moins qu'Ennemi de l'Argent Mofcovite. On favoit d'ailleurs, qu'il fe laiffoit continuellement obféder par Meffieurs Sutton & Colyear, Ambaffadeurs d'Angleterre & de Hollande, Partifans déclarez du Czar, dont ils ménageoient fortement les Intérêts (a). La Conduite de ces
deux

Conduite
des Minif-
tres d'An-
gleterre &
de Hollan-
de à Conf-
tantinople.

(a) Cela eft affez connu. On n'a qu'à jetter les Yeux fur le Livre, que le Sécrétaire Hollandois Theyls a fait imprimer à Leide en 1722, fous le Titre de *Mémoires pour fervir à l'Hiftoire de Charles XII*; & l'on verra, que ce Livre ne contient prefque autre chofe, qu'un Détail des Intrigues qu'on tramoit contre le Roi de Suede.

Le même Theyls fut envoïé en 1712. au Czar, auprès duquel il s'arrêta quelque Tems. Il retourna enfuite à Conftantinople. L'Envoïé de Suede Palmquift, en donna Avis au Confeil de la Chancellerie, dans fa Dépêche du $\frac{30 \text{ Octobre}}{9 \text{ Novemb.}}$; ajoutant, qu'il avoit parlé de ce Voïage au Confeiller-Penfionnaire, qui lui avoit dit, qu'il n'en favoit rien, & encore moins ce qui faifoit le Sujet de la Miffion de Theyls: fur quoi Palmquift avoit repliqué, que la Conduite de Mr. de Colyear étoit d'autant plus repréhenfible, qu'il agiffoit de fa propre Tête; que le Roi aïant déjà fait porter des Plaintes contre ce Miniftre, on auroit dû lui ordonner d'agir avec moins de Partialité; que comme il ne changeoit pas de Conduite, c'étoit une Marque, qu'elle étoit autorifée par fes Maitres; que les Démarches de l'Ambaffadeur feroient mifes fur le Compte des Etats-Généraux, &c.

deux Miniſtres ne fut nullement approuvée. Pluſieurs *même de leurs* **propres** Compatriotes blamérent hautement une Partialité ſi marquée, & ſi préjudiciable aux Intérêts, tant de la Reine de la *Grande-Bretagne*, que des Etats-Généraux, qui par-là deviendroient entiérement inhabiles à emploïer leur Médiation, dont les Suédois ne voudroient jamais entendre parler. Pour ménager à l'Angleterre & à la *Hollande* la Confiance du Roi de Suede, il auroit fallu, que les Miniſtres de ces deux Puiſſances euſſent cherché à moïenner la Paix entre ce *Prince* & le *Czar* ; & cela, dans le Tems que celui-ci ſe reſſentoit encore de la derniere Campagne, dont le mauvais Succès, auſſi bien que la *Crainte* d'avoir de nouveau ſur les Bras toutes les Forces des Turcs, étoient des Raiſons aſſez fortes pour l'engager à accepter des Conditions *juſtes* & raiſonnables. Cette Paix une fois faite, celle entre la *Moſcovie* & la Porte ſe feroit faite d'elle-même : ou, du moins, ils auroient dû travailler en même tems à l'une auſſi bien qu'à l'autre. Mais, au *lieu* de cela, ils agiſſoient comme les Moſcovites le jugeoient à propos, ou comme on les inſtruiſoit ſur ce Sujet. Ils ſavoient merveilleuſement bien ſe prévaloir de l'Invaſion des Alliés du Nord dans la *Poméranie*, & ils n'appuïoient pas moins ſur la Lettre que Siniawski (*a*) *venoit* d'écrire au Grand-Seigneur, & dans laquelle il lui diſoit, *qu'en cas que l'on donnât au Roi de Suede une Eſcorte plus nombreuſe que celle que le Grand-Vizir Mehmet Baltadſchi lui avoit accordée, ſavoir de mille Turcs & de cinq cens Tartares, tous les Polonois généralement monteroient à Cheval, & prendroient les Armes.* Néanmoins, comme Juſſuf Pacha n'avoit pas encore un Parti aſſez puiſſant, pour ôſer inſpirer à ſon *Maitre* des Idées différentes, il diſſimula quelques Tems. Son *Deſſein* étoit de trainer les Affaires en Longueur, de nourrir le Roi de *Suede* de des plus belles Eſpérances, & de le tenir en Humeur, en lui *fourniſſant* avec exactitude ce dont il avoit beſoin pour ſa Subſiſtance.

Pour mieux diſſimuler encore, le Vizir fit enſorte, que le *Sieur* Thalman, Réſident de l'Empereur, fût appellé en préſence du *Sultan*, qui lui fit rendre une Lettre, dans laquelle la Porte déclaroit à Sa Majeſté Impériale les Raiſons qu'Elle avoit d'entrer de nouveau *en* Guerre contre la Ruſſie. A ces Raiſons on ajoutoit de fortes *Aſſurances*, & de grandes Proteſtations, qu'en mettant ſur pied une *Armée* ſi nombreuſe, on n'avoit abſolument rien en vûe qui pût préjudic*ier* aux Intérêts de la Cour de Vienne ; mais, que le Grand-Seigneur, pour ſatisfaire à ſa Promeſſe, vouloit faire reconduire en ſureté le Roi *de* Suede juſques ſur les Frontieres de ſes Etats.

L'Envoïé Funck, aïant appris, que le Czar venoit de demander à la Cour Ottomane, qu'elle reçut favorablement l'Ambaſſade que le *Roi* Auguſte avoit réſolu d'envoïer au Grand-Seigneur, pour des Affaires de la derniere Importance, alla ſur le champ trouver le Grand-Vizir.

_____

(*a*) Grand-Général, de la Création du Roi Auguſte.

Janvier.
le 9.
Mémoire de
Funck au
Gr. Vizir.

zír, pour tâcher de le détourner d'y donner les Mains. Il lui préſenta en même tems un Mémoire, contenant les Raiſons qui devoient engager la Porte à ne pas recevoir cette Ambaſſade. Il lui remontra, ,, que cela ſeroit également contraire, & à l'Intérêt, & à l'Honneur, de la Porte Ottomane; parce que le Roi Auguſte étoit trop
,, étroitement lié avec le Czar, Ennemi de la Porte; qu'on avoit déjà
,, refuſé de recevoir Bonkowski; & que le Grand-Seigneur avoit ex-
,, preſſément déclaré, qu'il ne reconnoiſſoit Auguſte, que comme E-
,, lecteur de Saxe, & nullement comme Roi de Pologne. Que com-
,, me ce Prince emploïoit la Force pour ſe maintenir ſur le Trône,
,, par l'Aſſiſtance du Czar, & contre le Gré de la République, cette
,, Ambaſſade, ſi elle étoit reçue, cauſeroit infailliblement parmi les
,, Polonois bien intentionnez, & parmi les Partiſans du Roi Staniſlas,
,, autant de Confuſion, qu'elle rempliroit leurs Eſprits de Crainte;
,, ſur-tout, parce qu'ils s'attendoient à un promt Secours de la Por-
,, te. ,, Funck recommanda fortement cette Affaire à Juſſuf Bacha;
perſuadé, diſoit-il, que, pourvû que le Vizir voulût emploïer ſon Autorité, & faire ſur ce Sujet des Repréſentations convenables, on ne
manqueroit pas de ſuivre ſes Idées, & de prendre à cet Egard une
Réſolution favorable.

Réponſe du
Gr. Vizir.

Juſſuf Pacha fit à Funck de grands Complimens: diſant, qu'il étoit
charmé de voir que le Roi vouloit bien l'honorer de ſa Confiance;
qu'il étoit auſſi fort ſenſible à celle que l'Envoïé lui témoignoit; & qu'il
profiteroit de cette Occaſion, comme de la prémiere qui ſe préſentoit, de rendre Service à Sa Majeſté, pour lui marquer combien il
étoit Ami de ce Prince, & quelle Eſtime il faiſoit de Monſieur Funck.
Il ajouta encore, que rien au monde ne lui ſeroit plus agréable, que
de pouvoir ſe conſerver la Confiance d'un Roi, qui s'étoit immortaliſé
par ſes grandes Actions; & qu'il eſpéroit de donner bientôt des Preuves réelles du grand Attachement qu'il avoit pour les Intérêts de Sa
Majeſté.

Déclara-
tion du mê-
me.

Au-bout de quelques Jours, aïant fait appeller Monſieur Funck,
il lui dit avec un Air riant: ,, Que, pour le convaincre combien il
,, avoit à cœur les Intérêts du Roi, il vouloit l'informer de ce qu'il
,, avoit fait en faveur de Sa Majeſté. Que les Ordres étoient expé-
,, diés de rendre au Roi le *Taïn*, qui lui avoit été ôté par le dernier
,, Vizir, & de le lui rendre ſur le même Pié qu'il l'avoit eu dès le com-
,, mencement; ſavoir, autant en Fourage, en Vivres, en Vin, en
,, Epiceries, &c. Que de pareils Ordres avoient été donnez en fa-
,, veur des Comtes Potocki & Tarlo, auſſi bien qu'en faveur des Co-
,, ſaques Zaporoviens, qui étoient ſous le Commandement du Général
,, Koſcovie. Qu'à l'égard de l'Argent, que le Roi avoit fait demander,
,, il aſſuroit Sa Majeſté, qu'Elle ne ſortiroit pas les Mains vuides des
,, Etats du Grand-Seigneur. Que le Sultan avoit réſolu, depuis long-
,, tems, de fournir au Roi, ſans aucune Difficulté, les Sommes dont
,, Sa

"Sa Majesté Suédoise auroit besoin, non seulement pour paier ses
"Dettes, mais aussi pour se mettre en bon Equipage, & pour faire
"tout son Voïage. Que les Ministres d'Angleterre & de Hollande
"avoient offert leur Médiation entre la Porte & le Czar; mais, que
"le Grand-Seigneur l'avoit refusée tout court, tant pour accomplir
"ses Promesses, que pour montrer au Roi, qu'il se fioit entiérement
"à la Parole, que Sa Majesté lui avoit donnée, de n'entrer en au-
"cune Négociation avec leur Ennemi commun, sans un Consente-
"ment mutuel, & qu'ils n'eussent obtenu tous deux la Satisfaction
"qu'ils desiroient. Que l'Ambassade du Roi Auguste, qui étoit en
"Chemin, ne seroit pas reçue. Que le Grand-Seigneur ne tenoit au-
"cun Compte de ce que Siniawski lui avoit fait dire; & que Sa Hau-
"tesse persistoit dans la Résolution d'emploïer la Force, pour con-
"traindre le Czar à accomplir le Traité du Pruth, à retirer ses Trou-
"pes de Pologne, & à laisser les Cosaques jouïr tranquilement de leur
"Liberté. Qu'enfin, le Roi de Suede auroit une Escorte suffisante
"pour le reconduire surement, & avec Dignité, dans ses Etats." Le
"Vizir pria Monsieur Funck de faire Rapport de cette Déclaration au
Roi son Maitre.

Quelque positives que fussent ces Assurances, elles ne firent pourtant aucune Impression sur l'Esprit de Charles XII. On ne fut pas peu
surpris de voir, lorsqu'il reçut ces Nouvelles à Bender, que, non seulement il y parut peu sensible, mais qu'il persista même dans l'Idée
qu'il avoit eue de Jussuf Bacha dès son Avénement au Viziriat; savoir,
qu'il n'y avoit point de Fond à faire sur lui. Il n'est pas aisé de déterminer d'où venoit cette grande Défiance; si c'étoit à cause que Jussuf Pacha avoit été Créature du précédent Vizir, ou que Sa Majesté
avoit des Avis particuliers, qui lui faisoient voir clair dans les Desseins
cachés de ce Ministre. Quoiqu'il en soit, dans la Réponse qu'Elle
fit à Funck, elle s'expliqua ouvertement sur ce Sujet: lui faisant voir
d'une manière démonstrative, que, ni Elle, ni le Grand-Seigneur,
ne devoient s'attendre, de la Part de ce Vizir, à rien qui fût d'un vé-
ritablement honnête Homme. Sa Majesté ajouta, que Jussuf Pacha,
jouänt le même Rolle que ses Prédécesseurs avoient joué, il ne manqueroit pas d'avoir le même Sort qu'eux.

Ce fut dans ces Conjonctures, que l'Ambassadeur d'Angleterre à
Constantinople, non content de travailler en secret contre le Roi de
Suede, se déclara ouvertement contre ce Prince, & contre ses Amis
& ses Serviteurs. Piqué de ce que la Cour Ottomane n'avoit pas répondu à ses Avances & à ses Offres de Médiation comme il le souhaitoit, il s'en prit à Funck & à Poniatowski, dont il évita la Présence avec une Affectation trop marquée. Cela ne lui paroissant pas
assez, il envoïa, avec beaucoup d'Eclat, prier Monsieur de Poniatowski
de le dispenser à l'avenir de ses Visites, qu'il n'étoit plus d'Humeur,
ni d'accepter, ni de rendre.

*Haine de
l'Ambassa-
deur d'An-
gleterre con-
tre les Sué-
dois.*

Vhis:

Vers le même Tems, la Mort enleva au Vizir un de ses meilleurs Amis & Protecteurs. C'est du Mufti Ali Effendi, que je veux parler; le même, qui, à la Recommandation de Numan Kouperly, parvint à cette éminente Dignité. Les Funérailles de ce Chef de la Religion se firent en grande Pompe dans la Mosquée de Sultan Mehmet, où son Corps fut porté. Le Grand-Vizir, les Pachas, le Janissaire-Aga, & généralement tous les principaux Officiers de la Cour, assistèrent au Convoi & au *Namas*, c'est-à-dire à la Priere usitée en pareille Occasion: après quoi, le Corps fut transporté à Ejup, pour y être inhumé.

Le Lendemain, un nommé Evesadi fut nommé Mufti. Il l'avoit déjà été une fois. Il passoit pour honnête Homme, & étoit fort estimé du Grand-Seigneur. Le Vizir Ali Bacha, qui haïssoit Evesadi, parce qu'il n'avoit pas voulu entrer dans ses Intrigues, & dans certains Complots, l'avoit fait déposer.

Jusques-là, le Czar ne s'étoit encore déterminé à rien, quoi qu'il jugeât assez qu'il falloit qu'il se résolût au plûtôt, ou à accomplir le Traité de Pruth, ou à se préparer de nouveau à la Guerre contre les Turcs. Ses Amis & ses Alliés faisoient tout au monde pour le porter à la Paix: la Conquête de la Poméranie leur tenoit à cœur; & ils avoient besoin pour cela, & des Troupes, & de l'Argent, du Czar. Les Ministres Etrangers à Constantinople, Partisans déclarez de ce Prince, ne l'exhortoient pas moins à donner quelque Satisfaction aux Turcs. Une des Raisons, sur lesquelles ils insistérent davantage, fut que, comme on le vit dans la suite par leur Lettres qui se trouvoient parmi les Papiers de Schaffirof, il valoit infiniment mieux rendre Asoph, que de se mettre au Hazard de perdre aussi les autres Conquêtes. Le Czar se laissa donc persuader: non seulement il rendit cette Forteresse, mais il fit aussi en même tems raser les autres Places dont il étoit fait mention dans le Traité de Paix.

Lorsque la Nouvelle en arriva à Constantinople, les Amis du Czar en témoignérent une Joie extraordinaire. Le Grand-Vizir sur-tout pouvoit à peine se contenir, qu'il n'éclatât, tant il trouvoit cette Circonstance favorable à ses Desseins. Après cet Obstacle levé, il se crut Maitre des Affaires. La Porte n'avoit plus aucune Raison valable, pour rompre de nouveau avec le Czar. La plûpart des Membres du Divan seroient infailliblement pour le Vizir; ce qui ne contribueroit pas peu à faire changer d'Idée au Grand-Seigneur. Quant au Roi de Suede, Jussuf Pacha se flattoit d'en être bientôt débarassé, & qu'il l'obligeroit, non seulement à partir, mais aussi à se contenter de telle Escorte qu'on jugeroit à propos de lui fournir. Pour mettre tout cela en train, le Grand-Vizir, plein d'Artifices & de Dissimulation, conseilla fortement à son Maitre d'assembler le Divan; sans pourtant lui faire remarquer le moins du monde, qu'il étoit d'un Sentiment différent du sien, & qu'il ne lui donnoit ce Conseil, que parce qu'il savoit d'avance, que le Divan opineroit pour la Paix.

LA Tenue du Divan fut donc résolue. Il s'assembla chés le Grand-Vizir. On y appella le Mufti, le Seliċtar Bacha, le Capitan-Bacha, Osman Bacha, le Janissaire Aga, le Kulkihaja, l'Urumeli Kasiaskier, & l'Anatoli Kasiaskier. Le prémier Mudderis de la Mosquée du Sultan Mehmet, & le plus ancien Scheik de la Mosquée de S. Sophie, assistérent pareillement, avec le Seliċtar Aga, le Topsi Bacha, le Tebechi Bacha, & le Bujuk Imrehor. Le dernier, étant entiérement dévoué au Grand-Seigneur, avoit Ordre de lui faire un fidele Rapport de tout ce qui se passeroit dans cette Assemblée. La Question, qu'Achmet proposa au Divan, étoit conçue en ces Termes: *Si Sa Hautesse pouvoit, avec Justice, commencer une nouvelle Guerre contre le Czar, puis que celui-ci avoit rendu Asof, sans néanmoins qu'il se fût déclaré définitivement sur les autres Articles, auxquels il s'étoit obligé dans le Traité de Paix?* Il s'en fallut de beaucoup que tous les Membres, dont cette Assemblée étoit composée, ne fussent d'un même Sentiment. Quelques-uns d'entre eux soutinrent fort & ferme, que le Grand-Seigneur étoit Maitre d'agir en ce Cas-là comme il le jugeroit à propos lui-même; & cela, parce que le Czar ne se mettant pas en peine de tenir sa Parole, c'étoit lui, qui donnoit Lieu à la Rupture, & non pas le Grand-Seigneur. D'autres étoient d'Opinion, que la Porte n'avoit nul Besoin de se méler des Affaires de la Pologne & de l'Ukraine, non plus que de celles du Roi de Suede; qu'il suffisoit, que les Moscovites eussent rendu Asoph; & qu'ainsi il seroit très injuste, qu'on recommençât la Guerre. Le Sentiment de ceux-ci prévalut: la Pluralité l'emporta; &, sur le champ, cette Résolution fut communiquée au Grand-Seigneur.

FUNCK, durant ce Tems-là, ne demeura pas tranquile. Dès le Lendemain, il fit demander au Vizir une Audience particuliere, laquelle lui fut accordée. La Substance du Discours qu'il tint au Ministre Turc se rapporte à ceci: „Que comme le Roi son Maitre avoit „appris, que les Ambassadeurs d'Angleterre & de Hollande conti-„nuoient toujours à tenir le même Langage que tenoient les Otages „Moscovites, quoique que le Vizir eût refusé la Médiation de ces „Ambassadeurs, Sa Majesté souhaitoit qu'on lui dît nettement, si „l'on étoit sincérement porté, ou non, à attaquer le Czar?„ Cette Question ne pouvoit qu'embarasser le Vizir. Ne sachant comment y répondre, il crut se tirer d'Affaire par ses Protestations ordinaires d'Amitié. Mais, pressé par Funck, il le pria d'avoir Patience; que, dans trois Jours, les Ambassadeurs des Puissances Maritimes, & les Ministres Russiens, lui rendroient Réponse sur trois Questions qu'il leur avoit faites. Savoir, prémiérement, si le Czar étoit dans l'Intention de faire sortir ses Troupes de Pologne? En second lieu, s'il vouloit laisser à l'Ukraine son ancienne Liberté? Et, enfin, s'il ne mettroit point d'Obstacle au Retour du Roi de Suede, lorsque ce Prince traverseroit la Pologne?

IL n'étoit rien moins que difficile de prévoir la Réponse qu'on feroit à ces Queſtions. Les Ambaſſadeurs repliquérent, que, tant qu'on n'accepteroit pas leur Médiation, ils ne pourroient s'expliquer ſur rien. Les Miniſtres du Czar promirent d'écrire à leur Maitre; perſuadez, à ce qu'ils diſoient, qu'aïant déjà commencé à accomplir le Traité, il ne demeureroit pas en ſi beau Chemin, ni ne feroit aucune Difficulté de ſouſcrire aux autres Conditions.

*le 22.
Le Grand-
Seigneur de
mande
quelques
Eclairciſſe-
mens à Po-
niatouski.*

CES Incidens firent naitre de nouvelles Incertitudes très facheuſes. Le Grand-Seigneur ſeul demeura ferme dans la Réſolution de déclarer de nouveau la Guerre au Czar: mais, comme il n'avoit qu'une Idée fort confuſe des Affaires générales, dont on ne s'étoit jamais mis en peine de l'inſtruire, il ne ſavoit comment répondre aux Objections que le Vizir lui faiſoit, auſſi bien que le Divan, dont les Raiſonnemens n'étoient pas de ſon Gout. Pour avoir les Eclairciſſemens qu'il deſiroit, il lui vint à l'Eſprit de s'adreſſer à Poniatouski. Il lui envoïa, en grand ſecret, ſon Seliĉtar, qu'il chargea de dire, qu'aïant en ce Général une Confiance toute particuliere, il le prioit de lui donner une Réponſe ſincere ſur les Queſtions ſuivantes, & de lui dire ingénûment ce qu'il penſoit ſur cette Matiere. Voici quelles étoient ces Queſtions. „ I. Pourquoi le Czar avoit commencé la Guerre contre la „ Suede? II. Quelles Raiſons le Czar pouvoit avoir de refuſer au „ Roi de Suede de traverſer la Pologne? III. Pourquoi l'Angleterre „ & la Hollande s'intéreſſoient ſi fortement en faveur du Czar? IV. „ Quel Avantage en reviendroit à la Porte, de ne pas entrer en Né- „ gociation avec le Roi Auguſte? V. Si la Porte pouvoit ſe promet- „ tre de voir la Paix ſolidement établie, depuis que le Czar avoit „ rendu Aſoph, & qu'il avoit fait démolir les autres Forteresſes? VI. „ S'il étoit néceſſaire que le Grand-Seigneur commandât ſon Armée en „ Perſonne? VII. Si les autres Puiſſances de l'Europe ne ſe remue- „ roient pas, en cas que la Porte commençât la Guerre? VIII. Quel „ Préjudice le Roi Auguſte pourroit cauſer à la Porte, par ſes Intri- „ gues? IX. Si le Roi de Suede n'avoit pas refuſé de faire la Paix „ avec le Czar, à moins que la Porte n'y fut compriſe? „

PONIATOUSKI comprit très bien l'Importance de ces Queſtions, qui exigeoient une Réponſe des plus ſinceres. En effet, on avoit tout lieu de croire, que, dès que le Grand-Seigneur ſeroit une fois bien inſtruit de la véritable Situation des Choſes, il ne manqueroit pas de ſe déclarer en faveur de la bonne Cauſe, pour laquelle il étoit naturellement porté. Poniatouski, né Polonois, n'étoit pas ſi bien au fait des Affaires de Suede, qu'il n'eut beſoin à cet Egard des Lumieres d'autrui. Il ſut ſe procurer celles qui lui manquoient; &, en peu de Jours, il remit au même Seliĉtar, par lequel le Sultan lui avoit envoïé ſon Ecrit, la Réponſe aux Queſtions dont je viens de parler. Cette Réponſe étant trop étendue, pour être rapportée en entier, je me contenterai d'en donner ici le Précis. Quant à la prémiere Queſtion, il di-

disoit, „que le Czar avoit hérité de ses Ancêtres un Désir extrême 1712.
„ de former quelque Etablissement sur la Mer Baltique. Que, dès
„ qu'il avoit commencé à régner, il s'étoit mis à voïager dans les Païs ——
„ Etrangers, & qu'en Hollande il s'étoit particuliérement appliqué à *Réponse de*
„ la Marine, & à l'Art de construire des Vaisseaux. Que, pour met- *Poniatouski*
„ tre à Profit ses Connoissances, il avoit formé une Ligue avec les *aux Ques-*
„ Rois de Danemarck & de Pologne, pour tomber tous ensemble, *tions du*
„ dans un même Tems, sur la Suede; & que cela s'étoit fait dans le *Grand-Sei-*
„ Tems même, que le Czar & le Roi Auguste venoient de renouvel- *gneur.*
„ ler avec Sa Majesté Suédoise les anciens Traités & la Paix perpé-
„ tuelle conclue entre ces Couronnes. Qu'après avoir fait la Paix avec
„ le Danemarck, Charles XII avoit remporté à Narva une Victoire
„ éclatante sur les Moscovites. Qu'en suite, il avoit tourné ses Ar-
„ mes contre Auguste. Que, pendant qu'il avoit poursuivi celui-ci
„ en Pologne, le Czar s'étoit emparé de Narva; & que, devenu
„ Maitre de ce Port, il y avoit fait conduire Quantité de Vaisseaux,
„ qu'il avoit achetez en Angleterre, & en Hollande. Qu'outre cela,
„ il en avoit fait construire lui-même un grand Nombre à Petersbourg,
„ Ville qu'il venoit de fonder; & que, par ce Moïen, il étoit venu à
„ bout d'avoir en Mer une Flotte assez considérable. „ A la seconde
Question Poniatouski répondoit, „qu'il y avoit près de trois Ans „ que
„ les Troupes Moscovites vivoient à Discrétion en Pologne; & que,
„ par leur mauvaise Conduite, le Czar s'étoit attiré la Haine de toute
„ cette Nation: que, par conséquent, il n'y avoit personne, qu'il
„ eût tant Raison de craindre, que le Roi de Suede. Qu'aussitôt que
„ ce Prince se montreroit en Pologne, quand même il s'y rendroit
„ tout seul, la plûpart des Polonois se joindroient à lui; d'autant
„ qu'il ne prétendoit faire sur eux aucune Conquête, comme c'étoit-là
„ apparement ce que le Czar avoit en vûe. Que les Suédois aimoient
„ tellement leur Roi, que tous ceux d'entre eux, qui étoient en état de
„ porter les Armes, marcheroient au devant de leur Maitre: que le
„ Czar ne l'ignoroit pas; & que, non-obstant les Instances qu'il faisoit,
„ pour qu'on renvoïât au plûtôt le Roi de Suede, ce n'étoit-là nulle-
„ ment ce qu'il souhaitoit. Que plus ce Prince demeureroit en Tur-
„ quie, plus le Czar avec ses Alliés trouveroient de Facilité à ruiner
„ les Provinces de Sa Majesté Suédoise, & moins Elle seroit en état
„ de secourir la Porte. „ Qu'à l'égard de la troisieme Question, „ il
„ étoit connu, que les Anglois & les Hollandois tiroient un Profit des
„ plus considérables de leur Commerce en Moscovie, qu'ils avoient fait
„ jusques-là par Archangel. Que si ce Commerce étoit transporté à
„ Petersbourg, ou dans les Ports de la Livonie dont le Czar s'étoit
„ emparé, supposé qu'on les lui laissât, cela ne pourroit qu'accom-
„ moder les Anglois & les Hollandois, en même tems que cela aug-
„ menteroit le Revenu du Czar. Que ce Prince avoit un grand Com-
„ merce avec la Chine, par le Moïen des Caravanes; & que, pour

„ atti-

1712.
Février.

„ attirer ce même Commerce, avec celui de Perfe, à Petersbourg, il
„ avoit commencé à travailler à un Canal depuis le Wolga, qui fe
„ décharge dans la Mer Cafpienne, jufqu'au Ladoga, qui tombe dans
„ la Mer auprès de Petersbourg. Qu'il avoit promis aux Anglois &
„ aux Hollandois de très grands Avantages pour leur Commerce,
„ pourvû qu'ils l'aidaffent à conferver toutes fes Conquêtes. ,, Qu'en
quatrieme lieu, ,, il étoit de l'Honneur de la Porte de ne pas entrer
„ en aucune Négociation avec le Roi Augufte, & de demeurer ferme
„ dans les Sentimens où Elle avoit été, lorfque, par une Ambaffade
„ folemnelle, Elle avoit reconnu Staniflas pour légitime Roi de Polo-
„ gne. Qu'outre cela, cette Conduite feroit très avantageufe à la
„ Porte; que, quoique la République de Pologne fût préfentement
„ opprimée, elle ne le feroit pas toujours; qu'elle entretiendroit un
„ bon Voifinage & une étroite Amitié avec la Cour Ottomanne; &
„ que les deux Etats, unis par le Moïen d'une Alliance Défenfive, fe-
„ roient toujours à portée de s'oppofer aux Entreprifes que le Czar
„ pourroit former de ce Côté-là. ,, En cinquieme lieu, ,, qu'on fe
„ trompoit fort, fi l'on croïoit, que le Czar laiffât jamais les Muful-
„ mans en Poffeffion tranquile d'Afof. Que déjà Pierre affectoit de
„ prendre le Titre d'Empereur d'Orient. Que fi on le laiffoit pour-
„ fuivre fes Deffeins du Côté du Nord, & qu'après cela il pût avoir
„ la Paix pendant deux ou trois Ans, il feroit des Progrès fi rapides,
„ qu'on fe repentiroit de ne pas s'être oppofé dès le commencement
„ à fes Entreprifes. Qu'alors, il feroit trop tard de le faire; & que,
„ ni la Suede, ni la Pologne, ne fe trouveroient en Etat de faire en
„ faveur de la Porte la moindre Diverfion. ,, En fixieme lieu, ,, que
„ Sa Hauteffe devoit être perfuadée, après l'Affaire du Pruth, qu'il
„ étoit abfolument néceffaire, qu'Elle fe mît à la Tête de fes Trou-
„ pes: que fi, dans ce Tems-là, Elle fe fut trouvée dans l'Armée, ou
„ dans quelque Province voifine, on n'auroit certainement pas ôfé,
„ par Principe d'une honteufe Avarice, vendre à fi bas Prix la Gloire
„ des Armes Ottomannes, & renoncer aux grands Avantages qu'on
„ étoit fur le point d'acquerir. ,, Que, quant à la feptieme Queftion,
„ on avoit tout lieu de croire, que l'Empereur d'Allemagne, qui
„ étoit à portée de tenter quelque chofe contre la Porte, ne feroit
„ rien pour le Czar: qu'il devoit naturellement être mécontent de ce
„ que ce Prince affectoit de prendre le Titre d'Empereur; & qu'il n'é-
„ toit nullement de l'Intérêt du prémier de feconder l'autre dans fes
„ Vûes d'Aggrandiffement. Que, d'ailleurs, l'Empire d'Allemagne
„ étoit en Guerre contre la France, qui déjà lui tailloit affez de Be-
„ fogne, & qui l'occuperoit encore plus, fi l'Angleterre abandonnoit
„ fes Alliés pour faire fa Paix particuliere. Que fi la Porte faifoit dé-
„ clarer, comme Elle l'avoit fait l'Année paffée, tant à la Cour de
„ Vienne, qu'à la République de Venife, les Raifons qui l'enga-
„ geoient à renouveller la Guerre, & à reconduire en fureté le Roi
„ de

„ de Suede, sur les Frontieres de ses Etats, ce qui ne pourroit se fai-
„ re, tant que les Troupes Moscovites resteroient en *Pologne*, on
„ pourroit être sûr, que ces Puissances se contenteroient de cette
„ Déclaration, & ne songeroient seulement pas à rien entreprendre
„ contre la Porte; d'autant que cela les engageroit à de grandes Dé-
„ penses, & qu'elles ne voudroient pas s'exposer à l'Incertitude des
„ Evénemens.,, A la huitieme Question Poniatouski répondoit,
„ qu'il auroit fort souhaité, qu'on eût chargé quelque autre que lui,
„ qui étoit Gentilhomme Polonois, d'en dire son Sentiment. Que
„ ceux, qui avoient eu quelque-chose à négocier avec le Roi *Augus-*
„ te, le faisoient passer pour un Prince, sur la Parole duquel il n'y
„ avoit pas le moindre Fonds à faire, & dont les Protestations, quel-
„ ques fortes qu'elles pussent être, ne signifioient rien du tout. Que,
„ présentement, on disoit de lui, que, s'il restoit sur le Trône de
„ Pologne, la Porte auroit en lui un Voisin inquiet & turbulent, dont
„ les trop grandes Liaisons avec le Czar étoient extrémement dange-
„ reuses. Qu'on avoit déja vû, qu'il étoit très facile aux Moscovi tes
„ de porter, à force d'Argent, les Peuples de la Valaquie & de la
„ Moldavie à se révolter. Qu'au prémier Mouvement que le Czar feroit,
„ comme il n'y manqueroit pas, tant pour reprendre Asof, & les au-
„ tres Places, que pour faire de nouvelles Conquêtes, *Auguste* en-
„ treroit dans les Etats de la Porte Ottomane, du côté de *Caminieck;*
„ & qu'alors les deux Provinces, dont on vient de parler, leur se-
„ roient d'une très grande Utilité, tant pour les Convois, que pour la
„ Facilité qu'ils auroient de se joindre. Que quand cela arriveroit, ils
„ trouveroient Moïen de gagner d'autres Princes voisins, & de les
„ porter à inquiéter ailleurs la Porte Ottomane; au lieu que, si le Roi
„ Stanislas gardoit la Couronne de Pologne, on pouvoit être assuré,
„ que, loin de rompre avec le Grand-Seigneur, il auroit une Atten-
„ tion toute particuliere à se conserver son Amitié, afin de tenir les
„ Moscovites en bride, & de les empêcher de faire les Maitres en
„ Pologne.,, Touchant la derniere Question du Grand-Seigneur,
„ Poniatouski disoit, „qu'il pouvoit assurer Sa Hautesse, que plusieurs
„ Puissances avoient offert à Charles XII de ménager un Accommo-
„ dement entre lui & le Czar, pourvû que Sa Majesté Suédoise eut
„ voulu, à son Arrivée à Bender, s'abstenir de toute Négociation
„ avec la Porte, ou même dans la suite renoncer aux Propositions
„ qui lui avoient été faites: mais, qu'apparement Elle avoit trouvé
„ dans ces Propositions trop de Partialité; qu'étant capable de sacri-
„ fier tout au monde, plûtôt que d'agir contre ses Engagemens, Elle
„ avoit rejetté toutes ces Offres, & qu'Elle n'entendroit à aucune
„ Proposition à moins qu'on ne donnât à la Porte la Satisfaction qui
„ lui étoit due. Que les Ambassadeurs d'Angleterre & de Hollande,
„ qui résidoient à Constantinople, étoient eux-mêmes Témoins de
„ la Vérité du Fait. Qu'en attendant, lui Poniatouski avoit voulu

„ join-

1712.

Février.

,, joindre à cet Ecrit un Extrait de la Réponfe que Sa Majefté Sué-
,, doife avoit fait délivrer, le 2 Mai de l'Année derniere, à l'Ambaf-
,, fadeur de la Grande-Bretagne, & qu'il fuppofoit avoir été commu-
,, niqué à fa Hauteffe par l'Envoïé de Suede. &c. (*a*). ,,

le 24.
Mémoire de
Funck pré-
fenté au
Gr. Vizir.

PENDANT que Poniatouski travailloit à l'Ecrit dont je parle, Monfieur de Funck remit au Grand-Vizir le Mémoire fuivant. ,, On eft
,, très bien informé,, , difoit-il, ,, des Raifons, qui ont porté les Mof-
,, covites à rendre Afof; & que cela s'eft fait à la Perfuafion du Roi
,, Augufte. On fait auffi de bonne Part, que lui & le Czar font con-
,, venus entre eux de joindre enfemble leurs Forces, pour reprendre,
,, non feulement cette Place, mais auffi toutes celles que ce dernier
,, a été obligé de céder à la fublime Porte. Ces deux Princes fe flat-
,, tent de venir aifément à bout du Roi de Suede : &, pour éviter la
,, Guerre avec la Porte, ils ont mieux aimé céder Afof, que de s'op-
,, pofer à avoir en même Tems fur les Bras deux puiffans Ennemis.
,, Le Roi mon Maitre croit devoir avertir la Porte de bien prendre
,, garde à Elle dans ces Circonftances, & de bien confidérer, que le
,, *Naalkiran* (*b*) étant un Voifin des plus dangereux, il eft néceffaire
,, qu'Elle prenne tellement fes Mefures, qu'Elle puiffe obtenir une
,, Paix folide & durable. Sa Majefté ne fait que penfer de la Déclara-
,, tion de Guerre contre les Mofcovites, faite l'Eté dernier. Elle
,, fouhaiteroit fort de favoir, fi l'on eft réfolu de s'en tenir à cette
,, Déclaration, ou de la révoquer; afin qu'Elle puiffe prendre là-def-
,, fus fes Mefures, fuppofé qu'Elle fût obligée d'agir feulement avec
,, fes propres Forces. J'ai des Lettres de Poméranie, qui marquent,
,, que l'Ennemi a quitté cette Province, & que notre Armée eft en
,, Etat d'attaquer celle des Alliés. Les Suédois defirant fortement le
,, Retour du Roi leur Maitre, je me fens obligé de faire reffouvenir
,, la Porte de l'Escorte fi fouvent promife. Il feroit donc néceffaire,
,, qu'on affemblât au plûtôt les Troupes deftinées pour cet Effet; afin
,, que Sa Majefté puiffe être reconduite fans Délai dans fes Etats.
,, S'il arrivoit que la Guerre entre la Porte & la Mofcovie n'eut pas
,, lieu, il nous importe beaucoup de le favoir à tems. En ce Cas-là,
,, nous ferons obligés de prendre feuls nos Arrangemens; & nous ta-
,, cherons, avec l'Aide de Dieu, de nous oppofer, avec toute la Vi-
,, gueur dont nous fommes capables, aux injuftes Entreprifes de
,, nos Ennemis. ,,

L'ECRIT, que Poniatouski avoit fait préfenter au Sultan, en Re-
pon-

(*a*) Voïez ci-deffus page 450.

(*b*) C'eft ainfi que les Turcs appelloient le Roi Augufte. Le Mot de *Naalkiran*
fignifie proprement un *Rompeur de Fers-à-Cheval*; & ce Nom lui étoit refté, à caufe
de fa Force extraordinaire, & de la Facilité qu'il avoit de rompre, avec les Mains, un
Fer-à-Cheval.

ponſe à ſes Queſtions, avoit ouvert les Yeux à Achmet: ſes Doutes commencérent à ſe diſſiper. Mais, ne ſe fiant pas encore entiérement à ſes Lumieres, il voulut ſavoir ce que l'Ambaſſadeur de France penſoit ſur le même Sujet. Pour cet Effet, il ordonna au Boſtandſchi Bacha, d'aller trouver Monſieur des Alleurs, de s'ouvrir à lui, & de lui demander ſon Avis ſur les Propoſitions ſuivantes; ſavoir: „S'il étoit „ néceſſaire, que le Grand-Seigneur allât lui-même commander ſon „ Armée? Si le Roi de Suede devoit être eſcorté au travers de la Po- „ logne, par un Corps de Troupes Turques? Et, enfin, ſi le Roi „ Staniſlas devoit être maintenu ſur le Trône de Pologne?„ La Réponſe, que l'Ambaſſadeur fit à ces Queſtions, ne ſe trouve plus. Elle fut jettée au Feu, lorſque Monſieur de Funck, comme je le dirai bientôt, fut obligé de bruler la plus grande Partie de ſes Papiers. On ſait neanmoins en général, que Monſieur des Alleurs avoit répondu d'une maniere affirmative ſur ces trois Articles, & qu'il avoit appuïé ſon Avis ſur des Raiſons très ſolides. C'eſt ainſi qu'en parlent des Témoins encore vivans, pour avoir été emploïés dans cette Affaire, & pour l'avoir entendu dire plus d'une fois à Monſieur de Funck.

DE's que Poniatouski eut informé le Roi de ce qui venoit de ſe paſſer à Conſtantinople, Sa Majeſté jugea à propos d'en donner Avis, tant au Kam des Tartares, qu'au Seraskier de Bender, & de leur faire ſavoir, „que le Czar quoiqu'il eut été obligé de rendre Aſof, ne „ manqueroit pas de le reprendre, dès que l'Occaſion s'en préſenteroit. „ Qu'on ne devoit jamais conſentir à ce que l'Ukraine fût laiſſée ſous „ la Domination des Moſcovites; parce que cette Province, habitée „ par un Peuple libre, ſerviroit de Boulevard aux Tartares, Vaſſaux „ de l'Empire Ottoman. Que le Czar ne manqueroit pas de ſuſciter „ de mauvaiſes Affaires à la Porte, par le Moïen de la Moldavie & de „ la Valaquie. Qu'il n'y avoit pas de Fonds à faire ſur les Promeſſes „ & ſur les Engagemens du Roi Auguſte, au lieu qu'on pouvoit ſe „ fier entiérement ſur le Roi Staniſlas, Prince juſte & équitable, aimé „ de tous les Polonois qui avoient à cœur le Maintien de leur Liber- „ té, & la Conſervation du glorieux Titre de Deffenſeurs de la Ré- „ publique. „

CES Repréſentations furent écoutées. Le Kam, auſſi-bien que le Séraskier, en avertirent les Amis qu'ils avoient à la Cour; & ceux-ci ne négligérent rien pour les faire gouter à d'autres. Mais comme, après la derniere Campagne, les Turcs en général ne demandoient plus la Guerre avec tant de Chaleur, le Vizir profita de cette Diſpoſition des Eſprits, pour parvenir à ſes Fins. Plein d'Intrigues, les Suédois le trouvoient toujours en leur Chemin, tant Juſſuf Bacha avoit ſû ſe faire de Créatures. Déjà, il s'étoit attaché les Odziaques, & par-là il commença à ſe rendre redoutable, même au Grand-Seigneur.

CEPENDANT, Charles faiſoit mine de ne douter nullement, qu'on ne recom-

1712.
le 9.
Mars.
Queſtion
que le
Seigneur
fait faire
à l'Amb
adeur de
France.

Repréſentations du Roi au Kam des Tartares.

Courſes de Grudzinski.

commençât la Guerre contre les Moſcovites. Faiſant ſemblant de ſe repoſer entiérement à cet Egard ſur les Promeſſes du Vizir, il ordonna au Staroſte Grudzinski de pénétrer en Pologne, pour y attirer à lui des Partiſans, & pour y agir en faveur de Sa Majeſté. Grudzinski ſe mit en Chemin au Commencement de Mars: il entra dans la Podolie, où il fit pluſieurs Courſes. Mais, comme il ne ſe ſentoit pas aſſez fort pour y tenter quelque Entrepriſe d'Eclat, capable de le mettre en Réputation, il s'en retourna, avec quelques Priſonniers des Troupes de Kalinowski, & quelque Butin qu'il leur avoit enlevé. Il ſortit pour la ſeconde fois, au Mois de Mai. En partant de Sniatin, ſur la Frontiere de Valaquie, il avoit ſous ſes Ordres ſoixante Dragons du Régiment d'Urbanowitz, cinquante autres Dragons des Troupes de Kiowski, trois mille Coſaques, & deux mille Polonois avec ſeize Officiers, qui lui furent envoïés par le Prince Wieſniewiski.

A son Arrivée à Sanakow, il publia un Manifeſte, portant en Subſtance: „Qu'il étoit entré en Pologne, par Ordre du Roi Staniſ-
„las, du Roi de Suede, & du Grand-Général Potocki, nullement
„pour y cauſer du Mal à ſes Concitoïens, mais pour tâcher d'y réta-
„blir la Paix & la Tranquilité, dont la Patrie avoit plus Beſoin que
„jamais. Que les deux Rois, en traitant avec la Porte Ottomane,
„avoient eu une Attention toute particuliere de délivrer la Pologne
„de la Tirannie & des Véxations des Moſcovites, en obligeant le
„Czar à promettre ſolemnellement de faire inceſſament ſortir ſes Trou-
„pes du Roïaume. Que telle étoit l'Amitié du Roi de Suede pour la
„République, que, quoiqu'il eut à ſa Diſpoſition une nombreuſe Eſ-
„corte, compoſée de Turcs & de Tartares, il avoit mieux aimé,
„pour ne pas cauſer d'Embarras, faire prendre les Devants au Staroſ-
„te pour préſſentir les Diſpoſitions de Polonois. Que ſi lui, Grud-
„zinski, étoit favorablemeut reçu, Sa Majeſté ne viendroit qu'avec
„une petite Suite. Qu'il ne prétendoit aucunes Contributions, mais
„ſeulement les Proviſions néceſſaires pour la Subſiſtance de ſes Trou-
„pes. Que les Polonois ne recevroient aucun Dommage, ni en leurs
„Perſonnes, ni en leurs Biens; & qu'il offroit de donner des Sau-
„vegardes à tous ceux qui en demanderoient. Qu'il proteſtoit, de
„la maniere la plus forte, qu'il ne démandoit d'autre Récompenſe
„pour les Soins & les Mouvemens qu'il ſe donnoit, afin de procurer
„quelque Avantage à ſa Patrie, que l'Amitié & l'Affection de ſes
„Concitoïens. Qu'il étoit chargé d'aſſurer la Nobleſſe des bonnes
„Intentions & de l'Amitié du Grand-Général de la Couronne. Que
„ce Seigneur en tiendroit Compte à tous ceux qui ſe joindroient à lui
„pour le Soutien de la bonne Cauſe. Que lui Staroſte avoit réſolu
„d'agir défenſivement; que ſi, cependant, on venoit l'attaquer, il
„ſe deffendroit de Maniere à faire repentir ceux qui entreprendroient
„de l'inſulter. Que le Roi de Suede ne manquoit pas d'avoir l'Oeuil
„là-deſſus, &c. „

APRE´S

APRÈS être arrivé à Kalifch, il détacha un certain Sagorski, qui, aïant rencontré, à quelque Diftance de Pisdry, le Régiment Mofcovite de Gordon, l'attaqua fur le champ. Les Ruffiens firent Mine de vouloir fe deffendre; mais, les Polonois ne leur en donnérent pas le Tems. Le Colonel Gordon, & le Major Rofe, furent faits Prifonniers. On prit, avec tout le Bagage de ce Régiment, cinq Caroffes remplis de Femmes d'Officiers. Le Colonel Loudon eut le Bonheur de fe fauver avec cinq Soldats: les autres furent tous paffez au Fil de l'Epée. Le Colonel Rofochatski, détaché d'un autre Côté, ne fut pas moins heureux dans fon Expédition. Auffi-tôt que ces deux Officiers furent de Retour, Urbanowitz fortit avec environ mille Polonois & quelques Dragons. Les Mofcovites avoient formé à Schwerin, au-de-là de Pofnanie, un Magazin, qui étoit gardé par trois cens Hommes de leurs Troupes. A l'Approche des Polonois, les Ruffes, poftez à la Barriere & dans les Rues, fe difpofoient à faire une vigoureufe Réfiftance; ce qui obligea Urbanowitz de mettre le Feu à la Ville. Les Mofcovites en étant fortis, dans le Deffein de fe retirer au-de-là de la Warta, les Polonois leur tombérent fur le Corps. Ceux des Ennemis, qui manquérent un des Ponts qu'ils avoient fur cette Riviere, furent tous tuez. Les autres fe fauvérent par la Fuite; mais, les Cofaques & les Polonois les talonnérent, & les pourfuivirent jufques fur le Territoire de Brandebourg.

URBANOWITZ, aïant pris Pofte entre Thorn & Pofnanie, envoïa un Capitaine Valaque à Grudzinski, pour favoir de lui ce qu'il avoit à ordonner. Le Starofte ne manquoit pas de Courage: on l'accufa néanmoins de ne pas avoir pris dans cette Expédition de bonnes Mefures, & les Précautions qu'il auroit dû prendre. On prétendoit, qu'il avoit négligé de pratiquer des Intelligences; & que, s'avançant toujours, il n'avoit pas fongé à fe ménager une bonne Retraite. Grudzinski, pour fe juftifier, difoit, que le Malheur, qui étoit arrivé, ne provenoit que de ce que les Seigneurs Polonois, fes Amis, qui avoient promis de l'affifter, l'avoient laiffé manquer de tout Secours, foit qu'ils l'euffent fait par Crainte, ou par Poltronnerie. Voici ce que c'étoit. Le Général Bauer, aïant ramaffé quelques Troupes, qu'il tira de la Grande-Pologne, auxquelles fe joignit un Détachement de la Couronne, il vint fondre tout d'un coup fur Grudzinski, dont les Troupes furent diffipées. Une Partie demeura fur le Champ de Bataille: d'autres furent faits Prifonniers, & quantité prirent Parti parmi les Ennemis. Grudzinski lui-même eut toutes les Peines du Monde à fe fauver avec quelques cens Hommes, avec lefquels il gagna la Siléfie.

DES-QUE le Grand-Vizir fut que Grudzinski étoit entré en Pologne, il en fit des Reproches à l'Envoïé Funck; difant, que le Roi avoit fort mal fait d'y envoïer ce Starofte; parce que cela pourroit donner lieu à une Rupture entre la Porte & la Pologne, avec laquelle néan-

Ses Troupes font diffipées.

Le Vizir n'approuve pas l'Expédition de Grudzinski.

néanmoins le Grand-Seigneur vouloit vivre en bonne Intelligence. Sur le Rapport, que Funck en fit au Roi, Sa Majesté répondit, ,,que ,, comme Elle s'attendoit, à tout moment, à voir les Turcs se mettre ,, en Campagne, pour marcher contre les Moscovites, Elle avoit ,, crû, qu'il étoit de son Intérêt de faire prendre les Devants à ce Dé- ,, tachement. Qu'en cela, son Dessein avoit été, non seulement de ,, faire du Mal aux Ennemis, mais d'ouvrir en même tems les Yeux ,, aux Polonois, & de les porter à se déclarer pour le Roi Stanislas, ,, qui avoit été légitimement élu & couronné, auquel ils avoient prêté ,, Serment de Fidélité, & qu'ils étoient obligés de maintenir; parce ,, que le Roi Auguste avoit solemnellement renoncé à l'Obéïssance ,, qu'ils lui devoient en Qualité de Sujets. ,, Il est très certain, & je suis en état de le prouver par des Lettres écrites par nos Ennemis, qu'aussi-tôt que les Polonois eurent Avis de l'Approche de Grudzinski, ils crurent fort & ferme, que le Roi étoit lui-même de la Partie. Dans cette Idée, plusieurs d'entre eux se disposoient déjà à l'aller joindre; Résolution, à la quelle ils renoncérent, dès qu'ils surent, que le Roi ne s'y trouvoit pas, & que Grudzinski ne se conduisoit point avec la Prudence & la Circonspection nécessaires pour faire réüssir une Ex- pédition si importante.

*Avril.
Renouvelle-
ment de la
Paix du
Pruth.
le 5. le 10.*

CEPENDANT, le Grand-Vizir avoit tant fait par ses Intrigues, que le Sultan fut obligé, malgré lui, de se conformer à l'Avis du Divan, dont il a été parlé ci-dessus. La Paix du Pruth fut renouvellée pour vingt- cinq Ans. On régala les Otages Moscovites de quelques Caftans de Soie. Tolstoi, qu'on fit sortir des sept Tours peu de jours après, eut un pareil Présent. Le Kam des Tartares, & le Séraskier de Bender, eurent Ordre de faire les Préparatifs nécessaires pour le Départ du Roi, auquel on avoit résolu de donner une Escorte de dix mille Turcs, & de quelques mille Tartares.

LE Traité, tel qu'il fut publié par les Ministres de Russie, & par ceux d'Angléterre & de Hollande, portoit en Substance: ,, I. Que le Czar ,, seroit obligé de retirer toutes ses Troupes de Pologne, dans le Ter- ,, me de trois Mois, sans pouvoir retourner dans ce Roïaume, sous ,, quelque Prétexte que ce pût être, à moins que le Roi de Suede, ,, après avoir été reconduit en son Païs, ne vint se joindre aux Polo- ,, nois, pour attaquer conjointement la Moscovie. II. Que Sa Ma- ,, jesté Czarienne demeureroit en Possession de Kiovie & de l'Ukrai- ,, ne, avec ses anciennes Limites: mais, qu'Elle ne se méleroit en ,, aucune maniere des Cosaques, qui habitent en deça du Borysthene, ,, hors du Territoire de Kiow, ni de l'Ile jointe à ce Côté-ci de cet- ,, te Riviere; & qu'on établiroit de bons Ordres, pour prévenir tou- ,, te sorte d'Invasions de la Part des Cosaques & des Tartares. III. Qu'il ,, ne seroit pas permis, à l'avenir, de Part ni d'autre, de bâtir au- ,, cune nouvelle Forteresse, entre les deux Places Frontieres d'Asoph ,, & Cirkasky; mais, que le Grand-Seigneur pourroit, s'il le jugeoit à

,, pro-

„ propos, faire rebatir la **Forterefle de Cimoli**, qui eft vis-à-vis d'A-
„ foph. IV. Qu'étant ftipulé dans les Articles de Paix conclus en
„ Moldavie, que la Ville d'Afoph feroit rendue dans le même Etat
„ qu'elle étoit lorfque le Czar la prit, & que comme il y avoit alors
„ dans cette Place foixante Piéces de Canon de Bronze qu'on n'y trou-
„ voit pas préfentement, Sa Majefté Czarienne feroit tenue de ren-
„ dre ces foixante Piéces de Canon, ou d'en payer la Valeur ; après
„ quoi, on rendroit auffi aux Mofcovites les Canons de Fer qu'ils
„ avoient laiffés dans cette Place. V. Qu'il ne feroit permis, de Part
„ ni d'autre, de bâtir aucuns Forts à l'Endroit où étoient Kamenka &
„ Samara, qui étoient actuellement démolis. VI. Que la Paix dure-
„ roit pendant vingt-cinq Années confécutives, à compter du Jour
„ de la Signature, & qu'elle pourroit être prolongée avant l'Expira-
„ tion de ce Terme. Qu'après la Ratification de la Paix, le Czar
„ enverroit un Ambaffadeur à Conftantinople, pour faire l'Echange de
„ ce Traité. Qu'à l'égard du Roi de Suede, on déclaroit, que la
„ Porte avoit réfolu de le faire reconduire fous l'Efcorte de quelques
„ mille Spahis, fans ftipuler, pour cela, ni Tems, ni Route. Qu'on
„ régleroit à l'amiable, avec le Roi & la République de Pologne, tout
„ ce qui concernoit la Marche de Sa Majefté Suédoife, au travers de
„ ce Roïaume. Qu'on ordonneroit aux Officiers, qui commande-
„ roient fon Efcorte, d'obferver par-tout une bonne Difcipline ; &
„ qu'il leur feroit enjoint de ne caufer aux Peuples de Pologne le
„ moindre Domage, de païer comptant les Vivres & autres Chofes
„ néceffaires, tant pour le Roi, & ceux de fa Suite, que pour les
„ Troupes Turques, fur lefquelles, à leur Retour, on devoit veiller
„ très particuliérement, afin qu'il n'arrivât point de Defordre. Que
„ les Miniftres d'Angleterre & de Hollande reçevroient Copie de l'Or-
„ dre, que la Porte expédieroit au Chef de fes Troupes, chargé de
„ reconduire le Roi de Suede, &c. „

Le Grand-Seigneur ne fut pas content de cet Accommodement, *Lettre du*
dont il falloit néanmoins qu'il fît Part au Roi de Suede. Pour cet Ef- *Grand-Sei-*
fet, Sultan Achmet lui écrivit en ces Termes. „ Très glorieux entre *gneur au*
„ les grands Princes Adorateurs de Jéfus, Elu entre les Chrétiens qui *Roi de Sue-*
„ gouvernent, Protecteur de la Juftice dans les Républiques de la *de.*
„ Chrétienté, Eclatant en Majefté & en Puiffance, Poffeffeur de l'Hon- *V. l'App.*
„ neur & de la Gloire, notre Ami, CHARLES, Roi de Suede, dont *Num.*
„ Dieu couronne les Entreprifes de Bonheur, & pour lequel il appla- *clxxiv.*
„ niffe le Chemin qui conduit à la Vérité & au Salut! Quand cette
„ Lettre, ornée de notre Sceau Impérial, Vous fera parvenue, Vous
„ faurez que, quoique Nous Nous fuffions très férieufement propofé
„ de faire de nouveau la Guerre, durant cette Année heureufe, aux
„ Mofcovites: néanmoins, le Czar, aïant rendu à Notre fublime Em-
„ pire, comme il y étoit obligé par le dernier Traité de Paix, la
„ Forterefle d'Afoph; aïant démoli le Fort de Taganrock; & fes

" Plénipotentiaires, qui nous reſtent pour Otages, aïant cherché par
" la Médiation des Ambaſſadeurs d'Angleterre & de Hollande, an-
" ciens Amis de Notre Empire, à cultiver avec Nous une Paix conſ-
" tante, Nous la lui avons accordée à certaines Conditions, & donné
" à ſes Plénipotentiaires Notre Ratification, après avoir reçu la ſienne
" de leurs Mains. Quant à Votre Départ, pour Vous rendre par la
" Pologne, que Vous traverſerez en Ami, dans Vos Provinces, Nous
" en avons écrit au très heureux & très honorable Seigneur Dewlet
" Geray, Gouverneur & Kam de Crimée, dont Dieu perpétue la
" Magnificence. Nous avons donné, ſur le même Sujet, Nos Ordres
" à Notre vénérable Conſeiller, & Directeur de l'Univers, le Vizir
" Iſmaël Pacha, Séraskier de Bender, dont Dieu augmente le Luſtre.
" Nous leur avons recommandé fortement cette Affaire, dont Nous
" leur laiſſons entiérement le Soin. Auſſi-tôt donc, que le très noble
" Achmet, ci-devant Chiaoux Bacha, un de Nos Grands que Dieu
" conſerve, ſera arrivé auprès de Vous, qu'il Vous aura préſenté cet-
" te Lettre pleine d'Humanité, & que Vous ſerez inſtruit de la Vérité
" de Nos Intentions, Vous êtes prié de Vous préparer à partir, pour
" Vous rendre dans Vos Provinces, & de tenir tout prêt pour Vous
" mettre en Chemin au Tems marqué. Dès que Nos Troupes, deſ-
" tinées pour Vous accompagner, ſeront arrivées à Bender, Nous
" aurons Soin de Vous faire fournir tout ce qui ſera néceſſaire pour
" Votre Voïage; &, à Votre Départ, Nous Vous enverrons l'Ar-
" gent dont Vous aurez Beſoin pendant la Route. Comme Nous vou-
" lons entretenir la Paix avec les Polonois, Nos Voiſins, & Amis de
" Notre Empire, & qu'il ne leur ſoit fait aucun Tort ou Dommage, à
" Votre Paſſage par la Pologne, Nous Vous recommandons inſtament
" d'y donner toute Votre Attention, afin que, ni Vos Suédois, ni
" mes Gens, qui ſe trouvent auprès de Vous n'y commettent aucun
" Deſordre, ni ne faſſent aucune Action, qui tende directement ou
" indirectement à violer la Paix & l'Amitié qui ſubſiſtent entre Nous
" & les Polonois. Vous conſerverez par-là Notre Amitié, dont Nous
" Vous avons donné de fréquentes Marques, & dont Nous eſpérons
" de Vous donner de nouvelles Preuves auſſi ſouvent qu'il s'en préſen-
" tera des Occaſions. Heureux ſoient ceux qui obéïſſent à la Grace Di-
" vine! Donné à Conſtantinople, dans les derniers Jours de la Lune
" Bejuleuuel, l'An de l'Hégire 1124. "

Mai.
*Artifice du
Gr. Vizir.
Funck en eſt
fort allar-
mé.*

Quoique le Vizir eut tout lieu d'être content du Succès de ſes Intrigues, il n'étoit pas néanmoins entiérement hors d'Inquiétude. Craignant, que le Roi ne fît faire par Funck de nouvelles Repréſentations au Grand-Seigneur, il imagina un Expédient, capable d'empêcher que le Miniſtre de Suede ne pût approcher de la Perſonne du
Sultan. Pour cet Effet, il ordonna à un *Kara Kuluzet*, d'aller, au Nom
de ſon Odziack, trouver le Chiaoux des Janiſſaires qui étoit auprès de
Funck, pour lui dire, que la Cour venoit d'ordonner, qu'on ôtât à
                                                                      l'En-

1712.

Mai.

l'Envoïé sa Garde ordinaire, qui seroit remplacée par un *Oda* entier. Cette Nouvelle causa à Monsieur de Funck une Fraïeur extrême. S'imaginant, qu'on en vouloit à sa Personne, & à ses Papiers, & que le Grand-Vizir avoit découvert quelque-chose de la Correspondance secrete entre le Roi & le Sultan, il prit la Résolution de jetter au Feu la plus grande Partie de ses Papiers, avec toutes les Lettres qu'il avoit reçues de Charles XII depuis que Jussuf Bacha étoit parvenu au Viziriat. Funck ne fut pas long-tems sans voir, qu'il avoit pris l'Allarme trop légérement : il se repentit depuis mille fois de n'avoir pas écouté le Conseil de ceux qui avoient fait tout au monde pour le détourner de cette étrange Résolution.

1424.
Lettre
d'Achmet
Aga, au
Grand-Seigneur.

Sur ces Entrefaites, l'Aga, que le Sultan avoit envoïé à Bender pour y porter la Lettre dont nous venons de parler, dépécha un Courier à son Maitre, pour l'informer du Succés de sa Mission. Il lui marqua, que le 12 Mai, il avoit eu son Audience du Roi de Suede qui lui avoit fait un Accueil des plus gracieux, & dont il ne savoit assez se louër. Après avoir détaillé les Entretiens qu'il avoit eus avec ce Prince, dont la grande Franchise l'avoit charmé, il rendoit Compte du Nombre des Troupes que Sa Majesté avoit auprès d'Elle. Selon ce Calcul, il se trouvoit à Bender, outre les Officiers de la Maison du Roi, & ceux de la Chancellerie, treize cens soixante-cinq Suédois, quatre mille Polonois, & autant de Cosaques. Venant ensuite à parler du Départ du Roi, il dit, que Sa Majesté lui avoit répondu, avec un Air gai, qu'Elle étoit dans l'Intention de se mettre en Chemin au plûtôt, pourvû qu'on lui fournît une Escorte suffisante, & douze cens Bourses.

le 25.
Préparatifs
pour le Départ du Roi.

Cette Lettre aïant été portée au Grand-Vizir, celui-ci assembla sur le champ chés lui le Divan, où il fut résolu, qu'on enverroit, dès le Lendemain, de nouveaux Ordres à la Milice de la Romélie, de marcher sans délai à Bender, où Elle recevroit des Ordres ultérieurs du Kam des Tartares, & du Séraskier Ismaël Bacha. On fit en même tems acheter quatre cens Chevaux, & quantité de Chameaux pour les Equipages du Roi. On prépara aussi quelques cens Chariots destinez pour le Transport des Vivres.

Juin.
Le Général
Goltz arrive à Constantinople.

Au milieu de ces Préparatifs, il arriva un Incident imprévu, qui changea de nouveau la Face des Affaires. Ce fut l'Arrivée du Général Goltz à Constantinople. Cet Officier avoit été envoïé par le Roi Auguste à Vienne, d'où il apporta au Grand-Vizir une Lettre, dans laquelle l'Empereur, à l'Instigation d'Auguste, déconseilloit fortement à la Porte de faire escorter le Roi de Suede, par la Pologne, avec un Corps de Troupes Turques. Comme pour cela il falloit qu'on mît en œuvre de nouvelles Intrigues, on ne songeoit plus à presser le Départ de Charles. Heureusement, on reçut, dans cette Conjoncture, la Réponse que ce Prince venoit de faire à la Lettre du Sultan Achmet. Cette Réponse étoit écrite en Suédois & en Latin : &, afin que le

Grand-

1712.

Mai.

*le 26.
Réponse du
Roi de Sue-
de à la Let-
tre du Sul-
tan.*

Grand-Seigneur n'eut pas befoin de la lire à l'Aide d'un Interprete, on avoit eu Soin d'y ajouter une Traduction Turque. Elle étoit conçue en ces Termes.

,, CHARLES, par la Grace de Dieu, &c. Nous Vous fouhaitons
,, du Tout-Puiffant toute forte de Bonheur & de Profpérité. Puif-
,, fent les derniers Jours de Votre Vie être heureux! Achmet-Aga,
,, ci-devant Chiaoux Bacha, un des Principaux de Votre Cour, Nous
,, a dûment remis entre les Mains Votre obligeante Lettre, écrite
,, dans les derniers Jours du Mois d'Avril paffé. Nous y avons vû
,, entre autres, que, quoique Vous Vous fuffiés propofé de faire de
,, nouveau, durant cette Année, la Guerre aux Mofcovites, Vous
,, Vous êtes néanmoins déterminé dans la fuite, tant fur les Inftances
,, des Otages Mofcovites, que moïennant la Médiation des Ambaf-
,, fadeurs d'Angleterre & de Hollande, à renouveller à certaines
,, Conditions la Paix avec le Czar, après que celui-ci Vous avoit rendu
,, la Ville d'Afoph, & qu'il avoit fait démolir le Fort de Taganrock.
,, Nous avons appris par la même Lettre, que Vous avez réfolu de
,, Nous fournir une Efcorte honorable & fuffifante pour Nous re-
,, conduire dans Nos Etats, & que Vous avez donné Ordre, qu'on
,, faffe les Préparatifs néceffaires pour Notre Voïage. Ces Affurances
,, n'ont pû que Nous être très agréables: & Nous attendons avec im-
,, patience, tant l'Efcorte que Vous venez de Nous promettre, que
,, les autres Chofes dont Nous aurons Befoin pour Notre Voïage; afin
,, que Nous ne foïons pas obligés de Nous arréter ici plus long-tems.
,, Nous fouhaitons, du meilleur de Nôtre Cœur, que la Paix, que
,, Vous venez de conclure, foit auffi avantageufe à la Porte Ottoma-
,, ne, qu'elle doit naturellement l'être, fi elle répond à la Victoire
,, éclatante que Vous avez remportée fur les Ennemis. Cependant,
,, Nous ne pouvons Nous empécher de Vous dire, que Nous aurions
,, fort fouhaité, que le Grand-Vizir eut permis à Notre Miniftre, ré-
,, fident à Conftantinople, d'affifter aux Négociations de cette Paix.
,, Alors, il auroit pû veiller de près à Nos Intérêts· il auroit rappellé
,, le Souvenir de la Promeffe, que Vous Nous fites le dernier de Mai
,, de l'Année paffée, par Votre Caïmaikan; favoir, que la Guerre
,, contre les Mofcovites, aïant pour But Notre Intérêt commun, on
,, ne feroit point la Paix avec le Czar, à moins que Nous n'y fuffions
,, compris. Il auroit auffi fait valoir la Déclaration que Nous fimes,
,, lorfque l'Empereur, avec l'Angleterre & la Hollande, Nous offri-
,, rent leur Médiation, pour moïenner la Paix entre Nous & le Czar;
,, Déclaration, qui portoit expreffément, que Nous n'entendrions à
,, aucun Accommodement, à moins que la Porte n'y fût comprife,
,, comme Nous eumes Soin dans ce Tems-là de Vous en donner des
,, Affurances. Pleins de Reconnoiffance, Nous répondrons, par une
,, Amitié conftante, aux Marques que Vous Nous avez données de
,, Votre Penchant à Nous obliger, durant tout le Tems que Nous

,, avons

„ avons été en Turquie. Et, quoique, dès Notre Arrivée, Nous
„ aïons fait déclarer, tant par le dernier Séraskier de Bender, que
„ par Nos Miniſtres, réſidans à Votre Cour, que Nous ne deſirions
„ rien tant, que d'être reconduit avec une bonne Eſcorte, laquelle
„ Vous Nous aviés promiſe, ſur les Frontieres de nos États, afin
„ d'empécher Nos Ennemis de pouſſer plus loin contre Nous leurs
„ dangereuſes Entrepriſes; néanmoins, les Ordres de Votre Hauteſſe
„ n'ont pas juſqu'à préſent été éxécutez. Au contraire, Nous avons
„ été obligés, ſous différens Prétextes, & à Notre grand Dommage,
„ de Nous arréter en Turquie au-de-là de trois Ans, pour attendre
„ l'Eſcorte qu'on Nous avoit fait eſpérer. Nous Nous flattons, com-
„ me Vous venez de Nous en aſſurer Vous-même, que Vos Inten-
„ tions ſeront ponctuellement ſuivies. Cependant, juſqu'à préſent
„ Nous ne voïons pas, qu'on ſe ſoit mis en Peine le moins du monde
„ de faire les Préparatifs néceſſaires pour Notre Départ. Nous ſou-
„ haitons donc, qu'on Nous faſſe tenir au plûtôt les Sommes d'Ar-
„ gent, que Nous avons demandé à emprunter, & que les Ordres
„ ſoient donnez pour que l'Eſcorte ſoit compoſée d'un Nombre ſuffi-
„ ſant de Troupes. Cela ſera d'autant plus néceſſaire, qu'elles auront
„ à ſurmonter de grands Obſtacles, que Nous rencontrerons en Notre
„ Chemin, tant de la Part du Roi Auguſte, que de celle des Troupes
„ du Czar, qui ſont encore en Pologne. Outre cela, il faudra qu'on
„ ordonne aux Troupes de Notre Eſcorte de Nous conduire juſques
„ ſur les Frontieres de Notre Roïaume, de la Maniere que Nous
„ Nous en ſommes amplement expliqués, tant avec le très illuſtre Kam
„ des Tartares, qu'avec le Vizir & Séraskier de Bender, & le très
„ honorable Achmet Aga; ſur-tout, n'y aïant point de Fonds à faire ſur
„ les ſimples Promeſſes du Roi Auguſte, du Czar, & de leurs Adhé-
„ rans, quelques Proteſtations qu'ils puiſſent faire de ne commettre
„ contre Nous aucune Hoſtilité. La Conduite, que le Czar tient ac-
„ tuellement, fait aſſez voir, qu'il ne ſonge à rien moins qu'à accom-
„ plir les Articles du dernier Traité. Sans parler du Dégât, que les
„ Moſcovites ont cauſé dans cette Partie de l'Ukraine, qui eſt de ce
„ Côté-ci du Boryſthene, & qui dépend de la Pologne, il n'eſt que trop
„ connu, que, non ſeulement leurs Troupes occupent encore la Hau-
„ te-Pologne & la Pruſſe, mais que le Czar y en fait marcher de nou-
„ velles, pour être enſuite emploïées en Poméranie. Votre Hauteſſe
„ eſt trop éclairée, pour ne pas voir, que ce ſeroit trop hazarder,
„ tant pour Notre Perſonne & pour Nos Gens, que pour les Turcs
„ mêmes, que de traverſer un Païs encore inondé d'un ſi grand Nom-
„ bre de Troupes ennemies, à moins que l'Eſcorte ne ſoit aſſez forte
„ pour repouſſer vigoureuſement ceux qui ôſeroient l'attaquer. Si les
„ Moſcovites, comme ils ont commencé à le faire, au lieu de ſe re-
„ tirer entiérement de Pologne & de repaſſer leurs Frontieres, Nous
„ ferment l'Entrée de Nos États, afin de faire plus facilement la Con-
„ quête:

„ quête de nos Provinces en Allemagne, la Rupture entre la Porte
„ & le Czar fera inévitable: car, au Retour, il faudra abfolument
„ que les Mofcovites repaffent par les Provinces de la Domination de
„ la République de Pologne; &, alors, ils ne manqueront pas d'y
„ commettre toutes fortes de nouvelles Hoftilitez. Ainfi, comme il
„ Nous a été dit, que la Porte s'eft réfervé la Facilité de pouvoir faire
„ inférer dans le dernier Traité quelques Articles, foit pour expliquer
„ les autres, foit pour mieux affermir la Paix, dès qu'un Ambaffa-
„ deur Mofcovite fera arrivé à Conftantinople; & que, d'ailleurs,
„ Nous fommes perfuadez, que Votre Hauteffe ne fouffrira pas, qu'il
„ foit rien fait par les Ruffes contre Notre Perfonne ou contre Nos
„ Etats; Nous efpérons, qu'à cette Occafion-là, Elle voudra bien
„ obliger le Czar, de la Maniere la plus forte, à rappeller auffi-tôt
„ toutes les Troupes qu'il a, tant en Pologne, qu'en Poméranie,
„ avec celles qui font en Chemin pour s'y rendre; à ne point com-
„ mettre d'Hoftilitez contre la Pologne; & à ne pas éluder fi manifef-
„ tement le Sens du dernier Traité. Nous avons appris avec une
„ très grande Satisfaction, que Vous êtes dans la ferme Réfolution
„ de tenir exactement le Traité de Carlowitz. Cette Réfolution fe
„ trouve entiérement conforme à Nos Sentimens, & au But que Nous
„ Nous fommes propofé dès le commencement; favoir, de chercher
„ à maintenir les Droits & la Liberté de la République de Pologne con-
„ tre les injuftes Entreprifes du Roi Augufte & du Czar. Pour cet
„ Effet, Nous avons toujours entretenu une bonne Amitié, & une
„ Correfpondance fort étroite, tant avec la République en général,
„ qu'avec le Roi Staniflas en particulier. Ce Prince étant légitime
„ Roi de Pologne, il eft également de l'Intérêt de la Porte, & de la
„ Suede, de le conferver fur le Trône, & de fe charger de la Défen-
„ fe de fon Roïaume: car, fi on laiffe prendre au Czar en Pologne
„ cette Autorité qu'il affecte, il ne manquera pas de s'en fervir, pour
„ recommencer dans peu des Hoftilitez contre la Porte, quoique pré-
„ fentement il ait Soin de cacher fes mauvaifes Intentions. Ce qui fe
„ fait, pour la Confervation du Roi Augufte, fe fait dans les mêmes
„ Vûes. Ce Prince eft trop étroitement lié avec le Czar: leurs In-
„ térêts font inféparables: ils ne forment, pour ainfi dire, qu'un
„ Corps & une Ame; &, par conféquent, le Czar eft autant Maitre en
„ Pologne, que s'il y dominoit feul. Pour peu que Vôtre Hauteffe
„ fe donne la Peine de réfléchir à ces Circonftances, Nous Nous flat-
„ tons, qu'Elle voudra bien ne pas recevoir l'Ambaffadeur du Roi
„ Augufte, qu'on dit être en Chemin pour fe rendre à Conftantinople:
„ d'autant que Votre Hauteffe fit déclarer, l'Année derniere, par le
„ Grand-Vizir Mehmet Baltadfchi, au Séraskier de Bender Kara
„ Mehmet Bafcha, qu'il étoit contraire à l'Honneur de la Sublime
„ Porte de recevoir un Ambaffadeur de la Part d'un Prince, qui avoit
„ folemnellement renoncé à la Couronne de Pologne; ou d'entrer

„ avec

„ avec lui en Négociation, depuis qu'au Mépris de son Serment il
„ cherchoit, par toutes sortes de Moïens violens, à remonter sur le
„ Trône. Nous sommes persuadez, que, faisant Attention à Nos
„ Représentations, la Porte ne manquera pas d'y trouver avec le tems
„ son Intérêt, & un Avantage considérable. Au reste, Nous Vous
„ prions d'être bien assurez de Notre Penchant sincere à entretenir
„ avec Vous cette Amitié constante, & cette Confiance mutuelle,
„ qui ont subsisté si long-tems entre les deux Empires, &c.,

1712.
Mai.

AUSSI-TÔT que Funck eut reçu cette Lettre, il alla trouver le Grand-
Vizir, pour le prier de lui procurer une Audience particuliere du Sultan. Jussuf Pacha, piqué de ce que le Roi avoit écrit directement au
Grand-Seigneur, & non pas à lui, chargea Funck de grosses Injures,
& lui dit tout ce qu'il put imaginer de plus offensant, à quoi l'Envoïé ne répondit pas un Mot; si-non, qu'apparement le Roi n'avoit
pas écrit au Vizir, parce que celui-ci ne lui avoit pas notifié son
Avénement au Viziriat. Le Résultat de cette étrange Conférence fut,
que le Reis Effendi feroit rapport au Sultan de la Demande de Funck,
qui obtint Audience le Mardi suivant, prémier de Juillet. Il y fut conduit avec les Cérémonies accoutumées. Achmet lui fit un Accueil des
plus gracieux: &, au lieu que le Grand-Seigneur, lorsqu'il donne Audience, ne se fait voir qu'en Profil, il se tourna cette fois-là entiérement du Côté où se tenoit l'Envoïé, qu'il regarda avec un Air de Bonté, qui paroissoit à Funck de bon Augure.

Brusquerie du Grand-Vizir.

*Juillet.
le I.
Funck a
Audience
du Sultan.*

CEPENDANT, il étoit survenu un nouvel Embarras. La Porte avoit
envoïé en Pologne, comme il a été remarqué ci-dessus, un Aga Turc,
avec un Murza Tartare, chargés de s'informer si les Moscovites
avoient quitté la Pologne, ou s'ils se mettoient en Devoir d'évacuer ce
Roïaume au Terme marqué, qui alloit bientôt expirer. Ces deux
Emissaires devoient en même tems sonder le Grand-Général Siniawski,
pour savoir ce que celui-ci pensoit à l'égard du Retour du Roi de
Suede par la Pologne. Tels étoient en apparence les Objets de cette
Mission, sous laquelle néanmoins étoit caché un Mistere d'une toute
autre Conséquence, & capable de déranger entiérement les Desseins
du Roi de Suede. Les deux Emissaires avoient Ordre du Vizir de reconnoitre, au Nom du Grand-Seigneur, sans que celui-ci en eut la
moindre Connoissance, le Roi Auguste pour légitime Roi de Pologne,
& Siniauski pour véritable Grand-Général de la Couronne. Après la
prémiere Audience, Siniawski renvoïa Soliman Aga, avec une Lettre
à Jussuf Bacha, dans laquelle il refusoit tout court de laisser passer le
Roi de Suede au travers de Pologne; ajoutant, que comme la République avoit résolu d'envoïer des Ambassadeurs à Constantinople, il
avoit jugé à propos de retenir le Murza Abdula, afin d'y conduire
ces Ambassadeurs.

*Objets de la
Mission de
deux Emis-
saires Turcs
en Pologne.*

CE fut le Retour de Soliman, qui donna lieu à ces fréquentes Conférences entre les principaux Officiers de la Cour. Funck fut prié de

*le 10.
le 15.*

venir trouver le Grand-Vizir, dont cette fois-là il fut reçu avec beaucoup de Politeſſe. Il eſt fort probable, que Juſſuf Bacha avoit un
grand Soin de cacher au Sultan Achmet, que les Moſcovites étoient
encore en Pologne: auſſi ſe garda-t-il bien d'en rien dire, dans cette
Conférence, à l'Envoïé de Suede. Il lui annonça ſeulement, qu'il
avoit Ordre de ſon Maitre de lui déclarer, que Sa Majeſté Suédoiſe
ne pourroit partir de Bender, avant que les Ambaſſadeurs Polonois
fuſſent arrivez; parce qu'on vouloit régler avec eux tout ce qui concernoit le Voïage de ce Prince, & prendre les Précautions néceſſaires pour qu'on n'eut point de Rupture à craindre de la Part des Polonois, & que Charles pût traverſer ce Roïaume avec une entiere Sûreté. Funck le remercia beaucoup de ſes Attentions. Cependant, il
lui fit remarquer, que la meilleure Saiſon venant à ſe paſſer, le Voïage de Sa Majeſté en deviendroit beaucoup plus incommode; au lieu
que, ſi Elle partoit d'abord, Elle pourroit encore cette Année-là
commencer à agir contre les Alliés. A cette Raiſon l'Envoïé en ajouta une autre; ſavoir, qu'il étoit aiſé de juger, que des Ambaſſadeurs,
qui venoient de la Part des Adhérans d'Auguſte, ne conſentiroient jamais à ce que le Roi de Suede fût reconduit dans ſes Etats par la Pologne. Juſſuf Bacha rompit la Converſation en diſant, qu'il n'étoit
pas le Maitre de rien changer à cette Réſolution, & qu'il ſeroit néceſſaire que l'Envoïé en écrivît ſur le champ à Bender.

QUINZE Jours après, on aſſembla le Divan, auquel aſſiſtérent, outre
le Vizir & Soliman Bacha, le Mufti, & tous les Odziaks. La Queſtion ſuivante y fut miſe ſur le Tapis: „Quelles Meſures on devoit
„ prendre à l'égard du Roi de Suede, & comment faciliter ſon Voïa-
„ ge, après que Siniawski venoit de déclarer, que, ni le Roi Auguſ-
„ te, ni la République, ne ſouffriroient pas, que Charles paſſât par
„ la Pologne?„ La Queſtion étoit des plus embaraſſantes. Il n'y eut
plus Moïen de diſſimuler; & Juſſuf Bacha fut obligé d'avouër, que les
Moſcovites n'avoient pas encore quitté la Pologne. Après beaucoup
de Conteſtations, il fut réſolu, qu'on y enverroit de nouveau un
Aga, pour demander à la République une Réponſe déciſive.

QUOIQUE, dans tout cela, le Grand-Vizir tint extérieurement une
Contenance des plus fieres, & ſe vantât de ſavoir donner aux Affaires
le Tour qu'il vouloit, on remarqua néanmoins, en l'éxaminant de près,
qu'il n'étoit rien moins que ce qu'il ſouhaitoit de paroitre. On ſut
même de très bonne Part, qu'il s'en étoit ouvert à quelques-uns de ſes
meilleurs Amis, & qu'il avoit toutes les Peines du Monde à digérer,
que le Grand-Seigneur eut donné Audience à l'Envoïé de Suede, dès
que celui-ci l'avoit demandée. En effet, c'étoit quelque-choſe de bien
rare; car, aucun des Miniſtres Etrangers, qui réſident à cette Cour,
n'eſt admis à voir le Prince, qu'à ſon Arrivée, & à ſon Départ.

LE Vizir eut encore à eſſuïer un nouveau Chagrin, auquel il ne fut
pas moins ſenſible. Préciſement dans ce Tems-là, Monſieur de Funck
fit

fit tomber entre les Mains du Grand-Seigneur un Mémoire, dans lequel il étoit dit: „Que Sa Majesté Suédoise ne pouvoit jamais s'imagi-
„ner, que sa Hautesse eut consenti à certaines Démarches de son Vi-
„zir, ni qu'Elle eut voulu, que cette Partie de l'Ukraine, qui, en
„vertu des anciens Traités, appartenoit à la Pologne, fût cédée au
„Czar, comme cela s'étoit fait dans le dernier Traité entre la Porte
„& la Moscovie. Que de-là il s'ensuivroit, que tôt ou tard la Por-
„te auroit sur les Bras une rude Guerre, tant avec la Pologne, qu'a-
„vec les Puissances garantes du Traité de Carlowitz. Que, de la
„maniere dont le Vizir s'y prenoit pour faire sortir les Moscovites de
„Pologne, & du peu de Mouvement qu'il se donnoit à cet Egard, on
„ne pouvoit conclure autre chose, si-non qu'il falloit que lui & le
„Czar fussent d'Intelligence. Qu'on laissoit à Sa Hautesse à juger de
„quelle Conséquence étoit cette Liaison. Que Sa Majesté souhaitoit,
„que le Grand-Seigneur lui répondit sur sa derniere Lettre; & qu'Elle
„étoit persuadée, que Sa Hautesse pensoit tout autrement au sujet de
„son Voïage, que le Vizir s'en étoit expliqué envers l'Envoïé de Sue-
„de qui résidoit à Constantinople.„

Ce Mémoire avoit été envoïé de Bender, quoiqu'il ne fût pas signé
du Roi lui-même. Funck auroit fort souhaité de rendre un Ecrit de
cette Importance en Mains propres au Sultan. Mais, venant à considérer, qu'il avoit eu tout nouvellement Audience du Grand-Seigneur,
& que cela lui avoit attiré de la Part du Vizir mille Impertinences,
auxquelles il n'avoit aucune Envie de s'exposer de nouveau, il n'osa
rien tenter de pareil. Il fut donc obligé d'imaginer un autre Expédient, & de s'adresser pour cet Effet à son Portier, qu'il engagea,
tant par de bonnes Paroles, qu'à force d'Argent, à se charger de cette Commission. Aïant été instruit de la Maniere dont il devoit s'y prendre, le Sécrétaire Perman l'accompagna dans l'Endroit où le Grand-
Seigneur devoit passer. Achmet étoit allé ce Jour-là à la Mosquée
Jengi Giami. Au Moment qu'il sortit de la Mosquée, le Portier de
Funck s'avança hardiment, & lui présenta son Papier. Achmet fit
signe à un Officier qui marchoit à son Côté de prendre cet Ecrit. Le
Portier fut conduit en Prison, d'où il sortit néanmoins au bout de quelques Heures.

Le Sultan, après avoir lû ce Memoire, ordonna le Lendemain, à
son Salachor, Achmet Bey, qui étoit pour lors *Kutzink Imrebor,* de
se rendre à Bender, pour s'informer auprès du Kam des Tartares &
du Séraskier Ismael Bacha, si les Moscovites étoient encore en Pologne; &, en Cas qu'il ne pût rien savoir d'eux par ce Moïen-là, de
faire lui-même un Voïage dans ce Roïaume, dont il devoit parcourir
les Provinces jusques vers les Frontieres de la Silésie & de la Prusse,
afin de voir s'il étoit vrai que les Armes du Czar y fussent encore.

A cette Occasion, on eut une nouvelle Preuve de la mauvaise
Volonté du Grand-Vizir & de ses Desseins pernicieux. Au moment
qu'Ach.

1712.
Juillet.
Mémoire que Funck fit remettre au Grand-Seigneur.

Aoht.
le 1.

le 2.

Mauvaise Volonté du Gr. Vizir.

1712.

Août.

qu'Achmet Bey alloit partir, Juſſuf Bacha le fit appeller, pour lui donner des Inſtructions. Il lui dit de ne pas trop ſe fier, ni au Kam, ni
au Séraskier, Amis intimes du Roi de Suede, & Ennemis jurez des
Moſcovites, dont ils diſoient toute ſorte de Mal, afin d'engager la
Porte à faire de nouveau la Guerre au Czar. Qu'ainſi, il feroit beaucoup mieux de ne pas s'arréter long-tems à Bender, & d'aller ſur le
champ trouver le Général Siniawski & le Palatin de Beltz, qui lui di-
roient, pour le ſavoir de ſource, que les Moſcovites avoient quitté entiérement la Pologne. Juſſuf Bacha, non content d'avoir imaginé cet
Expédient, entreprit auſſi de ſe vanger du Tort que lui avoit cauſé
le dernier Mémoire que Funck avoit fait préſenter au Grand-Seigneur.
La Garde de Janiſſaires, que l'Envoïé avoit eue juſques-là, lui fut

le 12.   ôtée. Un Aga vint le remplacer avec un nouveau Détachement.
Après cela, aïant ſû, qui étoient le Chiaoux & le Vizir Aga, qui
avoient été préſens lorſque ce Mémoire avoit été rendu, il les fit conduire en Priſon, & les fit mettre dans les Fers, pour n'avoir pas
empéché le Portier de préſenter ſon Papier au Sultan.

Mauvaiſe
Foi d'Ach-
met Bey.

CEPENDANT, Achmet Bey étoit arrivé à Bender. En partant pour la
Pologne, le Kam jugea à propos de l'y faire accompagner par un
Murza Tartare. Ce Prince engagea auſſi le Roi de Suede à faire partir en même tems deux Gentilshommes, ſavoir l'Aide-de-Camp-général
Sten Arfwedſon, & le Sécrétaire Klinkouſtröm (a), qui ſavoient, l'un
la Langue Turque, & l'autre la Polonoiſe. Durant le Voïage, Achmet Bey ne parloit que de ſa Fidélité & de ſon Attachement pour les
Intérêts du Roi de Suede: il ſe vantoit des Bonnes-Graces de ſon Maître, qui, diſoit-il, l'avoit chargé de cette importante Commiſſion,
parce qu'il ſavoit, que ſon Salachor étoit un honnête Homme, &
ſur-tout d'un Deſintéreſſement à toute Epreuve. Que s'il trouvoit un
ſeul Moſcovite en Pologne, il porteroit le Grand-Seigneur à recommencer la Guerre; qu'il vouloit, au Nom de ſon Maitre, reconnoître Staniſlas pour légitime Roi, & le Palatin de Kiovie pour Grand-
Général. Qu'en paſſant à Kaminieck, il diroit ſi bien la Vérité au
Réſident Moſcovite, qu'il le feroit pâlir de Fraïeur; & qu'il n'auroit
jamais aucune Conférence avec qui que ce fût, à moins que les Suédois
ne s'y trouvaſſent. Achmet Bey étoit un grand Fourbe, & le plus
déterminé Menteur qu'on pût trouver. Suivant ponctuellement les Ordres du Grand-Vizir, ſon Voïage n'aboutit qu'à aller trouver Siniauwski. Là, aïant remarqué, que quelques Mouchoirs de Soie,
qu'il diſtribuoit à tort & à travers, lui attiroient des Préſens infiniment plus conſidérables, il commença à tenir un Langage tout différent de celui qu'il avoit tenu dans le Voïage. Il déclara hautement,
que le Grand-Seigneur reconnoiſſoit Auguſte pour ſeul & légitime Roi
de

(a) MONSIEUR DE VOLTAIRE ſe trompe en diſant, dans ſon *Hiſtoire de Charles XII.*
Tom. II, pag 18, qu'ils étoient tous deux Sécrétaires.

de Pologne, & Siniawski pour Grand-Général de la Couronne. Il conseilla même à Comentouski, Palatin de Mafovie, préfent à ces Conférences, de fe rendre au plûtôt à Conftantinople; ajoutant, que jamais le Sultan Achmet ne commenceroit la Guerre contre le Czar, pour l'Amour du Roi de Suede; que, d'ailleurs, il étoit fort indifférent, que les Mofcovites demeuraffent quelques Mois de plus en Pologne; & qu'on ne prendroit pas garde de fi près au Terme ftipulé dans le Traité.

Ce Manege, quelque Soin qu'eut Achmet Bey d'éloigner les Suédois des Conférences qu'il avoit avec les Polonois, fut découvert par Sten Arfwedfon. Celui-ci, informé de tout ce qui s'étoit paffé, s'en ouvrit au Murza Tartare, qui étoit un très honnête Homme, & fort zélé pour les Intérêts de Charles. Le Murza en fit des Reproches à Achmet Bey, qu'il ménagea fi peu, qu'en préfence même de Siniawski, il lui contredit ouvertement, pour faire voir que rien n'étoit plus préjudiciable à la Pologne, que l'Alliance du Czar, dont Elle avoit déjà reffenti les mauvais Effets, & qui ne manqueroit pas de produire avec le tems des Suites encore plus funeftes. Achmet Bey traita tout cela de Bagatelles, auxquelles il ne falloit pas qu'on fît la moindre Attention; parce que, difoit-il, le Murza ne favoit rien dire autre chofe, que ce qui lui étoit fuggéré par les deux Suédois. Là-deffus, Siniawski, feignant d'avoir eu Avis d'autre Part, que les Emiffaires Turcs avoient à leur fuite deux Suédois, fit demander à Achmet Bey & au Murza fi cela étoit vrai? Le prémier répondit, qu'effectivement il avoit auprès de lui deux Suédois; mais, que c'étoient des Efclaves dont le Kam des Tartares lui avoit fait Préfent. Le Murza, au contraire, repliqua, que les Suédois, qui les accompagnoient, loin d'être Efclaves, avoient été envoïés en Pologne par Ordre de leur Roi; que cela s'étoit fait avec le Confentement du Grand-Seigneur & du Kam; & qu'il ne confeilloit pas à qui que ce fût de toucher le moins du monde à ces deux Perfonnes.

Après quelques autres Intrigues, Achmet Bey dépécha le Boftandfchi Hadfchi Aga, qui étoit auffi de ce Voïage, à Conftantinople pour rendre Compte au Vizir du Succès de cette Expédition. Le Hadfchi Aga n'ignoroit rien de ce qui s'étoit paffé entre le Grand-Seigneur & le Roi de Suede. Le Sultan Achmet s'étoit fervi de lui, lors de l'Affaire du Pruth: & il lui avoit fait fuivre alors l'Armée, pour être à portée de veiller à la Conduite du Vizir Mehmet Baltadfchi, à la Dépofition duquel, auffi-bien qu'à la Punition de fes Adhérans, il avoit beaucoup contribué par fes Rapports. Durant ce Voïage, il avoit marqué beaucoup d'Attachement pour les Suédois, auxquels même il avoit fait plufieurs Confidences importantes. Sten Arfwedfon & Klinkouftröm fe fervirent de cette Occafion, pour informer le Roi leur Maitre de tout ce qui s'étoit paffé: ils lui firent un ample Détail des Intrigues d'Achmet Bey, & le fupplièrent d'en faire Part à fon

1712.

Août.

Envoïé à la Porte, afin que celui-ci fût inftruit de la Vérité des Chofes, fuppofé qu'on voulût en impofer au Grand-Seigneur. Le Hadfchi
Aga, en préfentant au Grand-Vizir la Relation d'Achmet Bey, ne diffimula rien de la véritable Situation des Affaires en Pologne: il l'avertit, que les Suédois en avoient rendu exactement Compte à leur Maitre; & le pria de bien prendre garde à lui, & de ne rien croire fur ce
Sujet qui ne fût conforme à la Vérité, dont Achmet Bey s'étoit fouvent écarté. La Franchife du Hadfchi Aga n'étoit nullement du Gout
de Juffuf Bacha: elle fit tant néanmoins, que le Vizir n'ôfa fe déclarer ouvertement, ni pour, ni contre.

Dans quels
Endroits les
Troupes
Mofcovites
fe tenoient
en Pologne.

COMME rien n'étoit plus important, que de favoir où fe tenoient les
Troupes du Czar en Pologne, on ne négligea rien pour en être informé
au jufte. Voici ce que l'on apprit fur ce Sujet. Le Général Repnin,
qui avoit Ordre de pénétrer en Poméranie, étoit pofté fur les Frontieres du Brandebourg. Le Général Bauer occupoit la Siradie, où il
commettoit toutes fortes de Violences, particuliérement contre la
Nobleffe. Repnin le Fils fe tenoit à Minsk. Les Villes d'Elbingen & de Thorn avoient Garnifon Mofcovite. Le Général Rönne
commandoit les Troupes de la même Nation qui étoient aux environs
de Kiow. En un mot, toutes les Provinces étoient inondées de Troupes ennemies: &, quoique cela fût directement contraire au dernier
Traité, le Czar ne s'en mit aucunement en peine, fe contentant de
ratifier ce Traité, & d'aller toujours fon Train.

Le Prince
Lapuchin
eft envoïé à
Conftanti-
nople.

POUR porter fa Ratification à Conftantinople, il choifit fon Beau-
Frere le Prince Lapuchin (*a*), qui avoit été difgracié depuis tout le
Tems que fa Sœur la Czarine Ottokefa avoit été jettée dans un Cloitre.
Cet Ambaffadeur fe faifoit accompagner d'un grand Nombre de Cha-
riots bien chargés. Dès qu'il eut mis le Pied fur le Territoire des
Turcs, on envoïa au devant de lui une Efcorte de trois cens Hom-
mes. Dans tous les Endroits où il paffoit la Nuit, il diftribuoit de
beaux Préfens, particuliérement aux Gens de Guerre. A quelque

le 13.

Diftance de la Capitale, il fut reçu par deux Officiers de Diftinction,
à la tête de dix Chiaoux, & de quarante Janiffaires, qui le conduifirent à la Maifon où Schaffirof étoit logé. Pour fe rendre agréable
aux Turcs, & pour éblouïr la Cour, Lapuchin eut grand Soin de répandre par tout, que le Czar venoit de tirer d'Elbingen la Garnifon
Mofcovite qui y étoit, laquelle devoit être remplacée par deux Régimens Saxons. Cela n'étoit vrai qu'en partie: car, le Czar, loin d'é-
vacuër entiérement cette Place s'en étoit réfervé le Commandement,
auffi-bien que la Difpofition des Magazins; bien entendu, qu'il lui feroit libre d'y jetter des Troupes, toutes les fois qu'il le jugeroit à
pro-

(*a*) LE LONG, dans fon *Hiftoire de Charles XII*, écrite en Hollandois, dit, Tom. V,
pag 508, que ce fut le Baron Schaffirof, que le Czar chargea de cette Commiffion.
C'eft une Erreur: Schaffirof avoit été au-de-la d'un An en Otage à Conftantinople.

propos. Les Moſcovites devoient auſſi ſortir de Thorn, où on ſeroit entrer à leur Place un Régiment des Troupes du Roi Auguſte.

COMME les Vues du Grand-Vizir n'aboutiſſoient, qu'à traîner en
longueur les Affaires du Roi, pendant que les Alliés du Nord s'empa-
reroient de la Poméranie, il ne ſe hata nullement de donner Audience
à Lapuchin. Lorſqu'enfin celui-ci fut conduit devant Juſſuf Bacha, il ſe
fit accompagner de Schaffirof, chargé de remettre entre les Mains du
Vizir la Ratification. L'Ambaſſadeur Moſcovite fit une longue Harangue, où il parla de la Meſintelligence qui avoit été entre les deux
Cours, & à la quelle la Paix venoit heureuſement de mettre Fin. Il
exalta en Termes recherchés les Sentimens pacifiques du Czar ſon
Maitre, qui, ſelon lui, faiſoit un Cas tout particulier de l'Amitié de la
Porte; Amitié, qu'il cultiveroit dans la ſuite avec un Soin extrême. La
Concluſion de ce Diſcours fut, que comme le Czar venoit de donner à Schaf-
firof, & à Scheremetof, le Caractere d'Ambaſſadeurs, on ſouhaitoit que le
Grand-Seigneur, en les reconnoiſſant pour tels, les déchargeât des
Obligations où ils avoient été juſqu'à préſent en Qualité d'Otages. Les
Moſcovites, dont la Mauvaiſe-Foi ſautoit aux Yeux, inſiſtérent beaucoup ſur cet Article, ſous prétexte que la Paix étant ratifiée, ils n'é-
toient tenus à rien de plus. Le Sultan Achmet n'étoit pas de ce Sen-
timent-là. Lorſque la Choſe lui fut propoſée, il refuſa tout court, comme le Kihaja du Vizir le dit lui-même à Funck, d'y donner les Mains;
ajoutant, qu'il ne pouvoit, ni recevoir la Ratification du Czar, ni donner la ſienne, encore moins relacher les Otages, avant que le Czar
eut ſatisfait à tous les Articles du Traité.

CE Compliment ne plut pas du tout, ni au Vizir, ni aux Moſcovites. Ils en appréhendoient des Suites deſagréables; en quoi ils ne ſe
trompoient pas. La Fermeté, que le Sultan Achmet faiſoit paroitre
dans cette Occaſion, provenoit principalement des Lumieres qu'il
avoit acquiſes, depuis qu'on avoit eu Soin de le mettre au Fait des Af-
aires; & ſur-tout, depuis que le Mufti lui avoit préſenté un *Fetva*,
dans lequel un des plus célebres d'entre les Gens-de-Loi, qui avoit
été conſulté ſur ce Sujet, étoit d'Avis, que, ſans s'écarter le moins du
monde de la Juſtice & de l'Equité, la Porte pouvoit rompre de nouveau avec le Czar, ſuppoſé qu'il fût avéré, que les Moſcovites n'euſſent pas quitté la Pologne au Terme marqué, & à plus forte Raiſon s'ils
y étoient encore.

POUR ſe mettre bien dans l'Eſprit de ſon Maitre, & pour lui ôter tout
Soupçon, le Grand-Vizir donna pluſieurs Feſtins des plus ſuperbes, &
où il régala, avec autant de Magnificence, que de Profuſion, le Sultan & les principaux Officiers de la Cour. On calcula, que chaque
Repas, dans ce Gout-là, lui coutoit au-de-là de cent Bourſes, c'eſt-à-
dire, cinquante mille Ecus. Achmet paroiſſoit s'y plaire: du moins
on le croïoit content. Un jour aſſiſtant à un de ces Repas, & quelqu'un de la Cabale de Juſſuf Pacha aïant vanté en ſa préſence la Douceur

1712.
Août.

Il a Au-
dience du
Grand-
Vizir.
le 28.

Fermeté du
Sultan.

Septembre

ceur de la Paix, & la Gloire des Armes Ottomanes, Achmet répondit avec vivacité, ,,que la Paix n'étoit pas encore si bien affermie
,, qu'on le pensoit; qu'il voïoit clairement, que les infideles Mosco-
,, vites, & leurs Adhérans, ne cherchoient qu'à le tromper; qu'Achmet
,, Aga étoit de Retour de Bender; & que celui-ci, en lui rendant
,, Comte du Sujet de sa Mission, lui avoit dit, que pas une seule Com-
,, pagnie des Troupes Moscovites n'étoit sortie de la Pologne. ,,

le 16.
Discours de
Jussuf Pa-
cha aux O-
tages Mos-
covites.

LE Grand-Vizir, ne pouvant s'en dispenser, fit appeller les deux
Otages Moscovites, pour leur laver la Tête de la belle maniere.   ,,Il
,, leur demanda ce qu'ils pensoient de l'Empire Ottoman, ou quelles
,, Idées ils avoient d'eux-mêmes, pour traiter ainsi en Bagatelles les Trai-
,, tés les plus solemnels, tout comme s'ils n'avoient point à faire à une
,, Nation respectable? Que lors de leur mauvaise Situation sur le Pruth,
,, on avoit eu Pitié d'eux, & on n'avoit rien exigé de leur Maitre qui
,, ne fût juste & équitable aux Yeux de l'Univers entier.   Que quoi-
,, qu'il y eut acquiescé alors, il n'avoit cherché depuis qu'à se tirer de
,, ses Engagemens par toutes sortes de Mensonges & de Tromperies.
,, Que, d'abord, il avoit trainé au-de-là de six Mois, avant que de
,, rendre Asof, ce qui avoit obligé le Grand-Seigneur à se résoudre
,, une seconde fois à la Guerre; Résolution, dont le Czar n'avoit pas
,, été peu embarassé. Qu'ensuite, pour appaiser Sa Hautesse, le Czar
,, s'étoit engagé, dans le dernier Traité, à retirer toutes ses Troupes
,, de Pologne, & cela dans trois Mois de Tems.   Qu'on savoit pré-
,, sentement, que cela ne s'étoit pas fait, & qu'il n'y avoit aucune
,, Apparence que la Chose se fît, comme le Sultan venoit de l'appren-
,, dre d'Achmet Aga, qui étoit de Retour de son Voïage. ,,   Les deux
Moscovites, pour se tirer de cette desagréable Conférence, s'épuisérent
en Protestations de Sincérité & de Reconnoissance.   Schaffirof sur-tout
dit, qu'il conserveroit éternellement le Souvenir des Bontez qu'il avoit
reçues de la sublime Porte, depuis tout le Tems qu'il avoit eu l'Honneur d'être connu d'Elle; qu'il en avoit toujours rendu fidélement
Compte à son Maitre; & qu'il ne doutoit nullement, que l'Armée
Moscovite ne fût sortie de Pologne.   Que ce qu'Achmet Aga disoit au
contraire, il l'avoit appris à Bender du Roi de Suede & de ses Adhérans, qui divulguoient à dessein ces Bruits.

DE's que l'Envoïé de Suede eut appris ce qui s'étoit passé dans cette Conférence, il dressa un Mémoire, dans lequel il représenta, en
peu de Mots, la véritable Situation des Affaires. Il y rappelloit au
Sultan le Souvenir de ses Promesses si souvent réïtérées: &, en parlant
du Besoin extrême qu'avoit Charles XII d'être promtement secouru, il
disoit, sans entrer néanmoins dans aucun Détail, qu'il falloit absolument, qu'il y eut des Personnes qui travaillassent en secret à détourner
le Grand-Seigneur de ses généreux Desseins; parce que jusqu'à présent
ils n'avoient été suivis d'aucun Effet. Un Garde de Cuisine de l'Envoïé prit sur lui de remettre ce Mémoire entre les Mains du Sultan. Il
le

le fit au moment qu'Achmet fortoit de la Mofquée à Ejup. Les Sieurs Celfing & Benoit *(a)* en furent Témoins. Le Garde eut le Sort ordinaire en pareille Occafion: il fut arrêté & relaché prefque en même Tems, & on lui dit de venir le Lendemain prendre la Réponfe chés le Kapiziler Kihajafi du Grand-Seigneur.

Comme cet Officier étoit entiérement dévoué au Vizir, il l'informa fur le champ de la Réponfe qu'Achmet venoit de faire au Mémoire de Funck. Juffuf Bacha, en apprenant cette Nouvelle, commença à craindre pour lui. Cependant, pour n'en rien faire paroitre à l'Envoïé, il ordonna au Vizir Aga, qui étoit de Garde auprès de Funck, de demander à ce Miniftre, comme de lui-même, pourquoi il préfentoit fes Mémoires au Sultan lui-même, & non pas au Grand-Vizir, comme cela fe pratiquoit par les autres Miniftres Etrangers? Funck repliqua, ,, qu'il y avoit une grande Différence entre Mémoire &
,, Mémoire. Que les autres Miniftres Etrangers, & particuliérement
,, ceux d'Angleterre & de Hollande, n'avoient à traiter que des Af-
,, faires de Commerce; au lieu que lui, il étoit chargé d'une Négo-
,, ciation d'une toute autre Importance, qui avoit pour Objet la Vie
,, d'un grand Roi, & le Salut de fon Roïaume. Qu'il avoit d'abord
,, eu beaucoup de Confiance en la Droiture du Grand-Vizir; mais,
,, qu'aïant vû, qu'il s'étoit mis fort peu en peine des Intérêts du Roi,
,, Sa Majefté lui avoit ordonné de s'adreffer directement au Sultan.
,, Qu'ainfi, il ne pouvoit fe difpenfer de fuivre la Volonté de fon Mai-
,, tre.,, Sur le Rapport que l'Aga fit de cette Converfation, le Vizir lui recommanda d'avoir pour Monfieur de Funck tous les Egards poffibles, & de l'affurer très pofitivement, que, non feulement on renverroit le Roi bientôt, mais qu'on le renverroit très content. Qu'en attendant, Monfieur l'Envoïé feroit favorablement écouté, toutes & quantes fois qu'il jugeroit à propos de s'adreffer au Vizir.

Jussuf Pacha, en donnant des Affurances fi pofitives du prochain Départ du Roi, avoit en Vûe un nouveau Projet fur lequel il comptoit beaucoup. Voici ce que c'étoit. Aïant fait venir auprès de lui l'Ambaffadeur de France, il lui demanda, fi fa Cour feroit d'Humeur de fournir à la Porte, moïennant une Somme d'Argent, quelques Vaiffeaux pour reconduire le Roi de Suede dans fes Etats? ,, Comme le
,, Paffage de ce Prince par la Pologne,, ,ajouta-t-il, ,, rencontre tant
,, de Difficultez, je crois que le meilleur Expédient fera de le faire
,, partir par Mer. Aux Vaiffeaux François, la Porte joindra quel-
,, ques-uns des fiens.,, Monfieur des Alleurs, furpris de cette Propofition, répondit, que la Chofe lui paroiffoit abfolument impoffible. Pour en convaincre le Vizir, il lui en allégua plufieurs Raifons, & entre autres, que la Saifon étoit déjà trop avancée, & qu'il lui falloit du Tems pour en écrire à fa Cour, afin d'être inftruit des Intentions du

1718.
Septembre.
le 19.

le 16.

Propofition du Grand-Vizir à l'Ambaffadeur de France.
le 28.

(a) La Sieur Benoit étoit fécrétaire du Palatin Potocki.

du Roi fon Maitre à cet Egard. Il lui fit comprendre, que la France n'avoit pas d'abord prêts autant de Vaiſſeaux qu'il falloit pour cette Expédition, qui demandoit pour le moins une Eſcadre de trente à quarante Vaiſſeaux, afin de ne rien avoir à craindre de la Part des Anglois & des Hollandois, Ennemis de la France, & dont on devoit néceſſairement ranger les Côtes. Enfin, il lui fit remarquer, que l'Equipement de cette Eſcadre demandoit beaucoup de Tems & de grandes Dépenſes; & qu'il ſeroit inutile de penſer à ce Projet, tant qu'on ne ſavoit pas bien préciſement, ſi le Roi de Suede étoit dans l'Intention, ou non, de faire le Voïage par Mer.

Il fait la même Propoſition à l'Envoïé de Suede.

QUELQUE ſolide que fût ce Raiſonnement, le Vizir ne perſiſta pas moins dans ſes Idées, dont il fit part à l'Envoïé de Suede, dans une Conférence qu'ils eurent enſemble. Funck ne négligea rien pour détourner ce Projet. En priant Juſſuf Pacha de conſidérer, qu'il y avoit déjà trois Ans que Charles attendoit l'Effet des Promeſſes du Grand-Seigneur, il lui dit, que ſi ce Prince eût été d'Humeur de s'écarter le moins du Monde de ſes Engagemens avec la Porte, il auroit pû, il y avoit long-tems, trouver ailleurs du Secours. Qu'il ne manquoit pas d'Amis; mais que, comme il avoit pour Maxime de tenir inviolablement ſa Parole, il avoit mieux aimé renoncer à ſon Intérêt particulier, dans l'Eſpérance de profiter des Promeſſes que la Porte lui avoit faites, afin d'agir conjointement avec Elle, contre les Moſcovites leurs Ennemis communs. Que c'étoit en vain, qu'il s'étoit flatté d'obtenir d'Elle quelque Aſſiſtance, à cauſe de tant d'Incidens qu'on avoit fait naitre. Que déjà le Vizir Ali Bacha, dans ſon Tems, avoit offert au Roi de le faire reconduire par Mer, dans ſes Etats; mais, que Sa Majeſté n'avoit pas voulu en entendre parler: & cela, pour pluſieurs bonnes Raiſons, dont juſqu'à préſent on n'avoit pas jugé à propos de faire connoitre les plus importantes; ſavoir, que ce même Ali Bacha, & Mehmet Baltadſchi, qui avoient tous les deux été Grand-Vizirs durant le Séjour de Charles en Turquie, avoient eu le Deſſein de faire tomber la Perſonne ſacrée du Roi entre les Mains de ſes plus grands Ennemis. Juſſuf Bacha n'étoit pas tellement Maitre de lui-même, qu'on ne remarquât à ce Diſcours quelque Changement ſur ſon Viſage. ,,Les deux Vizirs,, diſoit-il, ,,ont été punis de leur Perfi-
,, die.,, Là finit cette Conférence.

*Octobre.
Achmet Bey de Retour de Pologne.
le 24.*

PLUSIEURS Semaines ſe paſſérent dans l'Inaction, & ſans qu'on entendît parler de rien. Le Retour du Salachor, Achmet Bey, reveilla les Eſprits. Cet Emiſſaire, en paſſant à Bender, avoit fort bien remarqué, que, non ſeulement le Roi étoit parfaitement bien inſtruit de ſes Menées en Pologne, mais qu'il en avoit même prévenu ſon Miniſtre à Conſtantinople. Voïant donc, qu'il paſſeroit fort mal ſon Tems, s'il ne prenoit pas le Parti de dire la Vérité, il réſolut de ne rien diſſimuler de tout ce qui étoit venu à ſa Connoiſſance, touchant les Affaires en Pologne. Le Grand-Vizir fit tout au monde, pour le porter

ter à faire un Rapport conforme à ſes Vûes; mais, ni les Promeſſes
de Juſſuf Pacha, ni ſes Menaces, ne furent capables d'ébranler Achmet Bey, que la Peur rendoit honnête Homme. En faiſant ſon Rapport, il dit, que, par-tout où il avoit été en Pologne, il avoit trouvé
des Troupes Moſcovites; & que là, où il n'avoit pû aller lui-même, il
s'en étoit informé auprès de Gens dignes de Foi, qui lui avoient confirmé la même Choſe. Qu'il avoit appris en différens Endroits, que
la plûpart des Seigneurs Polonois étoient aſſez diſpoſez à laiſſer paſſer
le Roi de Suede par la Pologne; à condition néanmoins que l'Eſcorte
de ce Prince ne fût pas trop nombreuſe, & qu'on n'y commît aucune
Violence. Que les Suédois, qui étoient en Poméranie, avoient reçu
un Renfort conſidérable de Troupes; & qu'en Pologne, on s'attendoit
de moment à autre à recevoir la Nouvelle d'une Bataille. Qu'on débitoit même, que les Suédois, d'abord après leur Arrivée, avoient attaqué les Moſcovites, & que ceux-ci avoient été battus: que, cependant, cela n'étoit pas encore tout-à-fait ſûr. A ces Circonſtances, il
eſt très probable, qu'Achmet Bey en ajouta d'autres en particulier.
On a même quelque lieu de croire, qu'il découvrit au Grand-Seigneur
une Partie des Intrigues du Vizir.

QUOIQU'IL EN SOIT, les Ordres furent expédiés ſur le champ d'aſſembler le Divan. Ses Délibérations furent tenues extrémement ſecretes; &, quelques Mouvemens que l'on ſe donnât, il n'y eut pas
Moïen de rien découvrir de ce qui s'y étoit paſſé. La Suite fit voir,
que là s'étoient préparez les Changemens qui arrivérent peu après, &
qui donnérent aux Affaires une Face toute nouvelle.

D'ABORD, on commença par reſerrer fort étroitement les deux Otages Moſcovites. Leur Maiſon fut inveſtie par quelques Compagnies
de Soldats. On les priva de tout Commerce, & l'on deffendit ſous
de groſſes Peines de laiſſer entrer ou ſortir chés eux perſonne, ſoit
Turc, ſoit Etranger.

LE Lendemain, le Chiaoux Bacha, Mehmet Aga, que le Sultan
avoit dépêché vers le Kam des Tartares, arriva à Conſtantinople. On
diſoit ouvertement, que le Grand-Vizir avoit obligé l'Aga, à force
d'Argent, de dire qu'il n'y avoit plus de Moſcovites en Pologne; &
que, pour lui faire tenir ce Langage, il lui avoit promis de ſe charger de tout ce qui pourroit lui en arriver. Il n'eſt pas aiſé de dire ſi
cela étoit vrai ou non. Dès qu'on ſût à la Cour, que Mehmet étoit
de Retour, le Sultan demanda quelles Nouvelles il apportoit? „Rien
„ de fort important,„ „repliqua le Vizir, „excepté que les Moſcovites
„ ont quitté entiérement la Pologne.„ Le Grand-Seigneur ſavoit
trop bien ce qui en étoit, pour s'en laiſſer impoſer. Pour cet Effet,
il ordonna qu'on aſſemblât auſſi-tôt le Divan, afin d'apprendre de la Bouche même de l'Aga ce qu'il avoit à annoncer. Celui-ci, jugeant bien
qu'on ne ſe fioit pas au Vizir, & qu'il falloit qu'on eut découvert ſes
Intrigues, n'ôſa déguiſer la Vérité. Le Divan lui aïant demandé ſi
les

les Mofcovites n'avoient pas encore évacué la Pologne, il répondit
en tremblant, que non, & que le Kam avoit plufieurs Lettres, dans
lefquelles on lui marquoit, que ces Troupes y commettoient toutes fortes de Violences & de Defordres.

Le Kam, fe défiant de la Sincérité de l'Aga, avoit dépêché à Conftantinople le même Murza, qui avoit accompagné Achmet Bey en
Pologne, afin de rendre au Sultan un Compte exaɛt de l'Etat des Affaires dans ce Roïaume. Le Sultan fit venir cet Homme dans le Divan, & lui demanda tout haut ce qu'il avoit à rapporter touchant la
Pologne? „Je n'ai rien à ajouter,, ,repliqua le Murza, „à ce que j'en
„ai dit dans l'Ecrit que j'ai fait préfenter fur ce Sujet il y a deux
„Jours.,, Là-deffus, le Grand-Seigneur fe fit apporter cet Ecrit, &
en même tems on fit entrer Mehmet Aga. Le Reis Effendi fut chargé de faire la Leɛture de l'Ecrit en queftion. A chaque Article, Achmet, fe tournant du Côté où étoit le Grand-Vizir, lui demanda s'il y
trouvoit quelque-chofe à redire? Juffuf Bacha, baiffant les Yeux,
garda un profond Silence. La Leɛture étant finie, le Sultan demanda
qui étoit cet Ambaffadeur qui étoit venu de Pologne? „Il fe nomme
„Comentouski,, ,repliqua le généreux Murza. „Le Roi Augufte
„l'a créé Palatin de Mafovie, afin de lui donner plus de Crédit &
„d'Autorité. Il a été dépêché par le Czar, le Roi Augufte, & Siniaws-
„ki, le Kihaja des Mofcovites. On lui a donné cent quatre-vingt
„Bourfes, tant pour faire fon Voïage, que pour chercher à donner
„à fes Affaires une bonne Couleur. Les principaux Seigneurs ont
„quitté la Pologne, où il n'y en a plus que quelques-uns, qui ont été en-
„tiérement ruinez par les Mofcovites, & qui ne favent où donner de
„la Tête. Plufieurs. pour éviter les Perfécutions des Ruffiens, fe
„tiennent cachés. Quelques-uns fe font retirez auprès du Roi de
„Suede à Bender. D'autres cherchent un Azile en Allemagne, en
„Hongrie, ou ailleurs. Ceux qui, à l'exemple de Comentouski, fe
„font érigés en Chefs, & prétendent compofer la République,
„ont dépêché l'Ambaffadeur.,, Sur cela, le Sultan Achmet aïant demandé ce que le Kam penfoit fur ce Sujet, & de quel Avis il étoit
lui Murza, celui-ci répondit, „que, puifque Sa Hauteffe lui permet-
„toit de s'expliquer librement, il vouloit, au rifque de perdre la Vie
„s'il ne difoit pas la Vérité, ne rien déguifer de ce qu'il favoit. Le
„Kam,, ,continua-t-il, „ne demande à Votre Hauteffe, ni Argent,
„ni Chariots, ni Vivres: il ne fouhaite que la Guerre. Lui, auffi bien
„que les Tartarez, font très difpofez à vous fervir, fi vous voulez
„bien agréer leurs fideles Services, & pourvû qu'ils puiffent être
„affurez qu'on le penfe férieufement. Le Kam voudroit bien, qu'on
„privât les Mofcovites, qui font ici en Otage, de toute Communica-
„tion avec ceux de leur Nation; car, fans cela, ils ne cefferont pas
„de tramer tous les jours de nouvelles Intrigues. Le Menfonge, bien
„loin d'être compté parmi eux pour un Vice, eft réputé chés ces
„In-

„ Infideles une grande Vertu. Ils ſavent ſi peu ce que c'eſt que la
„ Honte, qu'ils n'en ont pas même une Idée.„   A ces Mots, Achmet, ſe tournant vers le Divan, demanda ce qu'il en penſoit ? S'il
falloit encore agir imprudemment, ſi l'on devoit ſe fier davantage à ces
Fourbes, & recevoir leur Ambaſſadeur ? Le Divan répondit tout haut,
que non. Après cela, Achmet adreſſa la Parole au Mufti, pour ſavoir s'il vouloit lui donner ſa Bénédiction pour la Guerre contre ces
Infideles ? Le Mufti, informé au vrai de la Situation des Affaires , &
voïant que le Grand-Seigneur étoit entiérement porté pour la Guerre,
repliqua qu'oui, & qu'il lui donneroit ſon *Fetva.* Sur quoi le Sultan
aïant demandé au Murza ce qu'il penſoit du Départ du Roi de Suede,
Schack Scherin répondit, que ſi Sa Hauteſſe le vouloit ainſi, les Tartares étoient prêts de porter ce Prince ſur leurs Mains, & de le reconduire, avec toute la Sureté imaginable, dans ſes Etats. „ Que ſou-
„ haite-t-il donc préſentement ?„ , continua le Grand-Seigneur. „ Il ne
„ demande„ , repliqua le Murza, „ que l'Amitié de Votre Hauteſſe,
„ de pouvoir au plûtôt ſe mettre en Voïage, & que, pour païer les
„ Dettes qu'il a contractées pendant les trois Ans & demi qu'il a été
„ en Turquie, Votre Hauteſſe lui faſſe fournir douze cens Bourſes,
„ afin de pouvoir quitter ce Païs-ci avec Honneur. Pourquoi , dit
le Grand-Seigneur, „ a-t-il contracté tant de Dettes ? Ne lui a-t-on
„ pas donné ce qui lui a été aſſigné pour ſa Subſiſtance ? Le *Tain* , répondit le Murza, „ n'eſt pas ſuffiſant pour l'Entretien de tous ſes Gens.
„ D'ailleurs, il a des Troupes qu'il eſt obligé de païer lui-même„ ,
Achmet promit de donner Ordre, qu'on envoïât au Roi mille Bourſes, qui, avec les deux cens Bourſes qu'on lui avoit déjà envoïées ,
faiſoient la Somme que Sa Majeſté demandoit. Quelques-uns des Membres du Divan repréſentérent au Sultan, qu'il ne falloit pas qu'on envoïât à Charles au-de-là de quatre cens Bourſes. Ces Repréſentations
ne furent point écoutées, & Achmet impoſa Silence à ceux qui y inſiſtérent davantage. „ Quel Prince eſt-ce donc que le Roi de Suede ?„
demanda Achmet. „ C'eſt un Prince„ , repartit le Murza, „ qui ,
„ Eſclave de ſa Parole, aimeroit mieux mourir ſur la place, que de
„ s'en écarter le moins du Monde. Votre Hauteſſe„ , continua-t-il ,
„ a deux grands Ennemis, qui ſont les Moſcovites & les Allemands.
„ Si le Roi de Suede eſt renvoïé content & d'une Maniere honorable
„ chés lui, la Porte Ottomane ſe trouvera ſi bien de l'Amitié de ce
„ Prince, qu'Elle ne ſe repentira jamais de l'avoir obligé. Le bon
„ Dieu a fait naitre, pour les Muſulmans, trois Occaſions favorables.
„ La prémiere ſe préſentoit avant la Bataille de Pultawa. Si alors on
„ s'étoit joint au Roi de Suede, il y a long-tems qu'on n'entendroit
„ plus parler de Moſcovites. La ſeconde Occaſion s'eſt préſentée
„ lors de l'Affaire du Pruth : celle-là a été négligée. La troiſieme ſe
„ préſente aujourd'hui. Si on la laiſſe échapper, les Moſcovites ſe
„ rendront cet Hiver entiérement Maitres de la Pologne, d'où il leur

„ fera facile de s'emparer de la Valaquie, de la Moldavie, & du
„ Budziack; après quoi, devenus Efclaves des Mofcovites, nous ne
„ fommes plus en Etat de rendre à Votre Hautesse le moindre Servi-
„ ce. „ Le Sultan, en se tournant vers le Divan, déclara, qu'il vouloit faire la Guerre au Czar, & qu'il vouloit se mettre lui-même à la
Tête de ses Armées. Il ordonna en même tems, qu'on commençât
aussi-tôt à faire les Prieres publiques, usitées en pareilles Occafions.
Le Divan, peu content de cette Réfolution, pria le Sultan Achmet
de permettre qu'il pût en délibérer en particulier, afin que chacun des
Membres eut la Liberté de dire son Sentiment, comme ils l'enten-
doient. A cela le Grand-Seigneur répondit, qu'il leur avoit donné au-
de-là d'une Année pour délibérer; que cela fuffifoit; & que le Divan
étant affemblé, chacun d'entre eux pouvoit dire librement son Avis. Il
ordonna donc de faire sur le champ la Priere accoutumée: mais,
voïant qu'on tardoit trop à sa fantaifie, il commença lui-même cette
Priere; &, lors, tous d'une Voix imitérent son Exemple. La Priere
finie, Achmet ordonna, qu'on expédiât d'abord l'Ordre circulaire
pour affembler les Troupes, & pour les faire défiler vers les Frontieres. Il faut avoüer, que, dans cette Occafion, le Sultan parla en
Maitre, & en Maitre qui vouloit être obéï. Il fut même prendre de
loin ses Mefures: & si, dans la suite, il avoit continué d'agir avec la
même Fermeté, il n'auroit pas peu allarmé l'Europe entiere.

le 31.
Les Otages
Mofcovites
font con-
duits en
Prifon.

ENFIN, les Mofcovites virent fondre sur eux l'Orage dont ils avoient
été long-tems menacés. Schaffirof & Scheremetof furent transférez aux
fept Tours. Tolftoi, & Lapuchin, avec tous leurs Domeftiques eurent le même Sort. Pour cette fois-là, la Chofe paroiffoit bien autrement férieufe, que lorfque la précédente fois la Guerre fut déclarée
contre le Czar. Le Grand-Seigneur avoit ouvert les Yeux sur la Conduite que ce Prince tenoit à son Egard. Il voïoit, auffi bien que le
Divan, que le Czar se mocquoit de lui ouvertement, & que les Emiffaires Mofcovites, pleins d'Intrigues, ne cherchoient qu'à le dupper,
en corrompant quelques-uns de ses Miniftres à force de Préfens. Le
même Jour qu'on arrêta les Otages, on dépêcha un Aga vers Andrinople, pour fignifier à Comentouski, Palatin de Mazovie, & Ambaffadeur de la République de Pologne, ou, pour mieux dire, des Partifans du Roi Augufte, d'y demeurer jufqu'à nouvel Ordre. Le Géné-
néral Goltz, qui, depuis quelques Mois, se trouvoit à Conftantinople,
pour y veiller aux Intérêts du Roi Augufte, fut auffi arrêté, & conduit à Andrinople, avec un Détachement commandé par un Kapitfchi
Bacha.

Novembre.
le 1.
Le Gr. Vizir
Juffuf Ba-
cha eft dé-
pofé, & So

LE prémier de Novembre, le Sultan fit dire au Grand-Vizir de se rendre à la Cour. Juffuf Bacha demeura plus de trois Heures seul avec Achmet, qui lui reprocha, avec une grande Vivacité, l'Indignité de sa Conduite. En fortant d'auprès du Grand-Seigneur, Juffuf Bacha, entouré de
Gardes, fut mené sur une Galere, qui le transporta à Metelino. On lui fignifia,

fia, qu'afin d'éviter un Traitement plus rude, il eut à déclarer exactement tous ſes Effets, & dans quels Lieux il les tenoit cachés. On n'a pas ſû s'il le fit ou non: mais, ce qu'il y a de ſûr, c'eſt qu'environ ſix Mois après avoir été envoïé en Exil, il fut étranglé, après avoir eu ſes Biens confiſqués (*a*). Juſſuf Bacha n'avoit gardé l'important Poſte de Grand-Vizir, que pendant un An, moins neuf Jours. Après lui, Soliman Nuſſangi Bacha fut élevé à cette éminente Dignité.

Comme la Chûte du Prémier-Miniſtre à la Cour Ottomanne eſt ordinairement ſuivie de celle de ſes Créatures, ſoit que réellement ils aïent eu quelque Part à ſon Crime, ou qu'on les ſoupçonne ſeulement d'y avoir trempé, la même Choſe arriva dans cette Occaſion. Le Kapiziler Kihajaſi fut dépoſé, & l'on mit à ſa Place Salachor Achmet Bey, le même qui avoit été envoïé par le Grand-Seigneur en Pologne. Le Chiaoux Bacha eut une Charge moins importante que celle dont il avoit été revêtu auparavant; & Achmet Aga, le même dont nous avons parlé ci-deſſus, fut mis à ſa Place.

Toute cette Révolution marque aſſez, que le Grand-Seigneur ne manquoit pas de bonne Volonté, & qu'il prenoit fortement à cœur les Intérêts du Roi. Les Principaux de la Cour d'Achmet ne penſoient pas de même. Voïant, que les Vizirs étoient dépoſez l'un après l'autre, loin d'en imputer la Faute à ces Gens-là eux-mêmes, & de conſidérer, que leur Avarice & leur Mauvaiſe-Foi étoient la véritable Cauſe de leur Perte, ils s'en prenoient au Roi, qu'ils regardoient comme le ſeul Auteur de tous les Changemens arrivez dans leur Miniſtere, depuis ſon Arrivée en Turquie. Comme ils le haïſſoient déjà en ſecret, il ne falloit plus que fort peu de choſe, pour les animer encore d'avantage contre lui. La facheuſe Affaire, qui arriva à Bender au commencement de l'Année ſuivante, ne fut que la Suite de cette Diſpoſition où ſe trouvoient la plûpart des Eſprits (*b*).

CR—

(*a*) Voici comment l'Auteur des *Remarques d'un Seigneur Polonois*, &c. parle de la Dépoſition de Juſſuf Bacha. „Le Grand-Seigneur,, „dit-il pag. 152, „après avoir „ ſouffert cette Comédie pendant dix Mois, prit enfin la Réſolution de déclarer „ Guerre pour la ſeconde fois, & ordonna au Vizir de faire mener en Priſon les Plé-„ mpotentiaires Moſcovites, montez ſur des Anes. Mais, le Vizir, pour ne point „ expoſer ſes Amis à une ſi honteuſe Cavalcade, leur fit donner ſes Chevaux. Le „ Grand-Seigneur ſaiſit le Prétexte de cette Deſobéïſſance pour punir le Vizir; & le „ fit étrangler le même Soir; aïant fait, quelques Mois auparavant, couper la Tête „ publiquement devant le Serail au Kihaja, qu'il avoit fait mettre en Priſon, & à „ Humner Effendi, ce Sécrétaire d'Etat ..... qui avoit eu Part au Traité du „ Pruth, &c.,, R. D. T.

(*b*) De Limiers, La Loze, & le Chevalier R .... dans ſon *Hiſtoire abrégée de Charles XII*, font Mention d'un Traité, qu'ils prétendent avoir été conclu dans ce Tems-ï, entre les Rois de Suede & de France. Le Voici tel qu'il ſe trouve dans les *Mémoires de Lamberty*, Tom. VII, pag. 608. „1. Sa Majeſté Très-Chrétienne pro-„ met d'employer tout ſon Pouvoir à la Porte Ottomanne, pour l'engager à rompre „ de nouveau avec le Czar de Moſcovie, & à embraſſer les Intérêts de Sa Majeſté
„ Sué-

1712.

Novembre.

Le Sultan envoïe de l'Argent au Roi.

CEPENDANT, quelque mécontens que fuſſent les Turcs, ils n'ôſérent en rien faire paroitre au dehors, ni s'oppoſer, en aucune façon, à la Volonté du Grand-Seigneur. Ce Prince, uniquement occupé des Affaires du Roi, cherchoit toutes ſortes de Moïens pour en faciliter le Départ. Charles aïant demandé, depuis dix-huit Mois, à emprunter une Somme d'Argent, pour païer ſes Dettes, Achmet ordonna qu'on prît du Tréſor neuf cens Bourſes, pour être remiſes entre les Mains de l'Envoïé Funck, auquel il fit dire en même tems, que ſi, en tranſportant cet Argent à Bender, il avoit beſoin d'une Eſcorte, il y en avoit une à ſes Ordres. Le Sécrétaire Celſing, qui avoit eu Avis d'avance de ſe

,, Suédoiſe. Pour cet Effet, les Ordres en ſeront amplement donnez & expédiés aux
,, Miniſtres de Sa Majeſté Très-Chrétienne à la dite Porte, & particuliérement au
,, Sieur des Alleurs. On y fera auſſi tenir & débourſer les Sommes néceſſaires pour
,, cela ; le tout aux Dépens de Sa Majeſté Très-Chrétienne. II. Sa Majeſté Suédoiſe
,, ſera tenue pour Garand de la Parole du Roi Staniſlas & des Sénateurs de ſon Parti ;
,, ſavoir, que, lorſqu'il ſera rétabli dans ſon Roïaume, on cédera à la Porte Otto-
,, manne la Ville & le Chateau de Caminiek, & toute cette Partie de la Podolie qui
,, en dépend, du côté du Midi, que la Porte a conquiſe & poſſédée avant la Paix de
,, Carlowitz ; & cela, à perpétuïté, ſans pouvoir jamais être reclamée, pour quelque
,, Raiſon ou Prétexte que les Evénemens des Affaires puiſſent ſuggérer. III. Surquoi,
,, d'un autre côté, la Porte Ottomanne ſera obligée & engagée à forcer le Czar de
,, Moſcovie à reſtituer à la République de Pologne le Palatinat, la Principauté, la
,, Ville, & le Chateau de Kiovie, avec ſes Dépendances, & toutes les Places à la
,, droite du Boryſthene, qui ont ci-devant appartenu à la République de Pologne. IV.
,, La dite Porte Ottomanne obligera le Czar de Moſcovie à ne plus ſe mêler, en aucu-
,, ne Maniere, des Affaires de la Pologne, & de celles des Coſaques de l'Ukraine,
,, qui doivent reſter dans leur ancienne & entiere Liberté. V. Sa Majeſté Très-
,, Chrétienne fera donner un million de Livres, à la Requiſition de Sa Majeſté Sué-
,, doiſe, pour les Adhérans du Roi Staniſlas en Pologne : & le Sieur de Beſenwal à
,, Dantzig les fera païer & débourſer en deux Termes, dont le ſecond ſera un Mois
,, après le prémier. VI. En cas que la Paix d'Allemagne ne ſoit pas conclue cette An-
,, née, (à la quelle pourtant Sa Majeſté Très-Chrétienne, malgré ſes grands Avanta-
,, ges, a bien voulu donner les Mains, pour le Bien commun de la Chrétienté, ſe-
,, lon les très juſtes & équitables Diſpoſitions de la Reine de la Grande-Bretagne.)
,, Sa Majeſté Suédoiſe ſera tenue, après avoir joint & ramaſſé ſes Troupes, & réta-
,, bli les Affaires en Poméranie, d'entrer dans la Siléſie & la Miſnie, ſelon le prémier
,, Accord, réïteré & confirmé à Bender le 17 Octobre 1710. VII. En Echange, Sa
,, Majeſté Très-Chrétienne promet & s'oblige de faire païer à Sa Majeſté Suédoiſe,
,, ponctuellement tous les Mois, cent mille Ecus Argent de France, à compter du
,, prémier Jour que Sa Majeſté Suédoiſe entrera avec ſon Armée dans les ſuſdits Païs,
,, juſqu'à celui qu'Elle en ſortira, ou que la Paix ſe fera. ,, Ce Traité n'eſt qu'une
pure Invention des Ennemis de la Suede, comme l'Auteur du *Mercure du Nord* l'a
très bien remarqué. Du moins, dans la Chancellerie du Roi, il ne ſe trouve pas le
moindre Veſtige d'un pareil Traité. Dans le Traité conclu à Warſovie, avec la République, Charles XII s'étoit engagé à ne jamais conſentir au moindre Démembrement des Etats de Pologne. Eſt-il probable, qu'après cela, il ſe ſoit oublié au point
de promettre aux Turcs une Partie de ce Roïaume. Ce que dit l'Auteur Allemand
de la *Vie de Frédéric-Auguſte* n'eſt pas mieux fondé : Voici ſes propres Paroles, qui ſe
réfutent d'elles mêmes. ,, Lorſque les Turcs, dans ce Tems-là, déclarérent la Guerre
,, à la Pologne & à la Ruſſie, le Roi Staniſlas s'engagea à païer à la Porte un Tribut
,, annuel, & à lui céder en Propriété toute l'Ukraine. Le Roi de Suede demeura Ga-
,, rant de ce Traité, &c. ,,

se tenir prêt à partir en pareil cas, fut chargé de cette Commiſſion. Il étoit accompagné de Mehmet Aga, que le Grand-Seigneur dépéchoit vers le Kam des Tartares, avec des Lettres & des Préſens, afin d'encourager davantage ce Prince, & de se l'attacher entiérement.

La Lettre, que le Sultan Achmet écrivit à cette Occaſion, à Dewlet Geray, mérite une Attention toute particuliere; d'autant qu'elle n'a jamais été rendu publique. Le Roi fut le seul qui en eut une Copie, & Celſing la traduiſit en Latin. Elle portoit en Subſtance: „Que, „ quoique, dans le dernier Traité de Paix, on fût convenu avec les „ Otages Moſcovites, que le Czar retireroit dans trois Mois toutes „ ses Troupes de la Pologne, & que deſormais elles ne pourroient „ plus entrer dans ce Roïaume, sous quelque Prétexte que ce fût, „ ni empécher le Retour du Roi de Suede dans ses Etats; le Grand- „ Seigneur avoit appris néanmoins de différens Endroits, que, non „ ſeulement les Moſcovites étoient demeurez en Pologne au-de-là du „ Terme marqué, mais qu'ils étoient même entrez en Poméranie, où „ ils aſſiégeoient une certaine Place, & qu'ils occupoient toutes les Ave- „ nues par où le Roi de Suede devoit paſſer. Qu'outre cela, Sa Haù- „ teſſe avoit appris, que les Moſcovites, à leur Retour de la Poméra- „ nie, ſeroient obligés de paſſer de nouveau par la Pologne, & que „ le Czar faiſoit continuellemeut défiler des Troupes vers ce Roïaume. „ Qu'une pareille Conduite faiſoit aſſez voir, qu'il ne cherchoit qu'à „ rompre la Paix, & que ses Otages n'avoient eu d'autre Deſſein, „ que de tromper Sa Hauteſſe. Que, dans ces Conjonctures, le ci- „ devant Chiaoux Bacha Mehmet, lui avoit fait un fidele Rapport de la „ Situation des Affaires de Pologne; qu'Elle en avoit auſſi receuilli „ pluſieurs Particularitez de la Lettre que le Kam lui avoit écrite ſur „ le même Sujet; & qu'elle avoit été informée au juſte de ce que „ l'Ambaſſadeur, que le Roi Auguſte, d'Intelligence avec le Czar, „ lui avoit dépéché, avoit à propoſer. Que ces deux Princes ne cher- „ choient qu'à subjuguer d'abord la Pologne, afin de tomber enſuite „ ſur les Provinces de la Domination Ottomane. Qu'il étoit de la „ derniere Importance, que le Roi de Suede, & les Seigneurs Polo- „ nois qu'il avoit auprès de lui, fuſſent renvoïés encore durant l'Hi- „ ver, avec une bonne Armée, commandée par un Homme de Tê- „ te; afin d'aſſiſter ceux qui se mettroient ſous la Protection de la „ Porte, tant pour maintenir leur Liberté, que pour ſecouër le Joug „ des Moſcovites, auxquels juſqu'à préſent ils avoient été attachés, „ & dont ils ſouhaitoient de se ſéparer. Que, par ce Moïen-là, le „ Roi de Suede pourroit en peu de Tems avoir ſur pied des Forces „ suffiſantes pour chaſſer les Moſcovites de ses Etats. Que le Kam „ lui aïant offert de conduire toute cette Affaire, Sa Hauteſſe y avoit „ donné ſon Conſentement. Qu'Elle avoit auſſi fait aſſembler les Vi- „ zirs, Gens de Loi, & autres Perſonnes qu'on a de coutume d'ap-

„ peller à ces fortes de Conseils: que le Divan avoit fort approuvé la
„ Pensée du Kam, & qu'il étoit convaincu, que si une fois les Mof-
„ covites devenoient Maitres de la Pologne, leur trop grande Puissan-
„ sance deviendroit fatale à l'Empire Ottoman. Qu'ainsi, pour déli-
„ vrer les Polonois, anciens Amis de la Porte, du Joug des Mosco-
„ vites, & pour chasser ceux-ci entiérement de la Pologne, il avoit
„ été résolu, en vertu de la Loi de Mahomet, d'assembler, à l'En-
„ trée du Printems prochain, les Troupes de la Romelie, avec la Ca-
„ vallerie, les Janissaires, l'Artillerie, & généralement tout ce qui
„ étoit nécessaire pour une pareille Expédition. Que Sa Hautesse vou-
„ loit faire la Campagne en Personne. Que l'Ambassadeur Polonois du
„ Roi Auguste avoit eu Ordre de demeurer à Andrinople: que l'autre
„ Emissaire de ce Prince y avoit aussi été conduit; & que les Otages
„ Moscovites, aussi bien que le dernier Ambassadeur que le Czar lui
„ avoit envoïé, avoient été menez aux sept Tours. Que comme, se-
„ lon le Projet du Kam, tout étoit prêt pour le Départ du Roi, Sa
„ Hautesse lui recommandoit fortement cette Affaire, qui avoit besoin
„ d'être ménagée avec Prudence. Qu'Elle avoit dépéché Mehmet
„ Aga, pour lui porter quelques Présens, savoir une Pelice de Zibeli-
„ nes, une autre blanche, un Bonnet avec ses ornemens, une Ten-
„ te, un Sabre garni de Diamans, trente-trois mille Ecus pour un
„ Carquois, soixante mille Ecus pour lever des *Segbanes*, & enfin
„ quatre mille cinq cens Ecus destinez pour Galgan Sultan. Que Sa
„ Hautesse, outre les huit cens Bourses, qu'Elle avoit prêtée aupara-
„ vant au Roi de Suede, & dont Sa Majesté lui avoit donné son
„ Reçu, lui avoit fait fournir, pendant cette Année, cent Bourses,
„ puis encore cent Bourses, qui étoient à Bender, présentement neuf
„ cens Bourses, faisant ensemble onze cens Bourses, dont le Kam &
„ Ismael Bacha se feroient donner le Reçu. Que le Roi, aïant reçu
„ l'Argent qu'il souhaitoit, n'avoit plus aucune Raison de trainer son
„ Départ en Longueur. Que le Séraskier Ismaël Bacha, chargé d'ef-
„ corter ce Prince, faisoit bien de laisser à sa Place à Bender Musta-
„ pha Bacha: qu'il pouvoit prendre avec lui autant d'Officiers qu'il
„ souhaitoit; & que, s'il jugeoit à propos qu'on envoïât plus de
„ Troupes à Bender auprès de Mustapha, on lui en fourniroit. Que
„ le Kam & le Séraskier conviendroient entre eux, s'il étoit néces-
„ saire ou non qu'on laissât dans cette Place un Détachement de Tar-
„ tares, sous les Ordres d'un Sultan ou de quelque Murza. Que Sa
„ Hautesse espéroit, qu'ils se mettroient bientôt en Voïage, pour re-
„ conduire le Roi de Suede, par la Pologne, dans ses Etats. Qu'Elle
„ leur souhaitoit, dans cette Expédition, tout le Bonheur & le Succès
„ imaginables, &c.„

Mehmet Aga étoit chargé en même tems d'une Lettre pour le Roi,
auquel le Sultan Achmet écrivit en ces Termes. „Quand cette Let-
„ tre Impériale Vous sera parvenue, soïés persuadé de la Vérité de
„ Nos

„ Nos Intentions qui y font contenues ; à favoir , que, quoique Nous
„ euffions fait faire pour Votre Départ, afin que Vous puiffiés retour-
„ ner par la Pologne dans Vos Etats, tous les Préparatifs néceffaires,
„ foit en ordonnant aux Troupes de fe tenir prêtes, foit en pour-
„ voïant à Vos Befoins ; cependant , Vous avez été obligé de différer
„ Votre Voïage, tant à caufe des Viciffitudes ordinaires de la Fortu-
„ ne, que pour les Raifons fecretes à Nous connues. Depuis, le
„ très honorable, très excellent, & très illuftre Kam de Crimée Nous
„ a fait favoir, par une Lettre pleine de Marques de fon Obéïffan-
„ ce, que la plupart des Grands de Pologne , s'étant déclarez en Vo-
„ tre Faveur, & Votre Armée étant arrivée en Poméranie, pour en
„ chaffer les Mofcovites , il étoit d'Avis, que Vous feriés bien de
„ Vous mettre en Voïage pendant que l'Hiver duroit encore, efcorté
„ d'un Corps de Troupes confidérable fous les Ordres d'un des Vi-
„ zirs de Notre Empire. Le Séraskier de Bender , Ifmaël Bacha,
„ Nous a écrit dans le même Sens. Pour cet Effet, Nous avons or-
„ donné par Notre Lettre Impériale, tant au très illuftre Kam de Cri-
„ mée, qu'au Séraskier de Bender, de Vous reconduire durant cet
„ Hiver , avec une bonne Armée, par la Pologne, dans Vos Provin-
„ ces. C'eft pour Vous donner une Preuve de notre Amitié, que
„ Nous avons cru devoir Vous écrire cette Lettre, qui Vous fera ren-
„ due par le noble Mahomed, ci-devant Chiaoux Bacha. Lorfqu'il
„ fera arrivé auprès de Vous, Nous efpérons , que, felon l'Avis du
„ Kam & du Séraskier, Vous Vous mettrez auffi-tôt en Voïage, &
„ qu'avec l'Aide de Dieu Vous traverferez cet Hiver la Pologne, fans
„ aucun Obftacle, pour Vous rendre furement dans Vos Etats ; ce
„ qu'il fera aifé de faire, à moins que Vous ne laiffiés paffer cette Oc-
„ cafion fi favorable. Comme les Mofcovites n'ont pas fatisfait à
„ l'Article du dernier Traité, qui portoit, qu'ils évacueroient entié-
„ rement la Pologne, dans un certain Tems limité, Nous avons jugé,
„ qu'il étoit jufte de leur déclarer la Guerre, laquelle commencera au
„ Printems prochain. Encore une fois , Nous efpérons, que Vous
„ profiterez de cette Occafion, & que Vous Vous mettrez au plûtôt
„ en Voïage ; afin que Vous puiffiés arriver chés Vous content & en
„ bonne Santé, & afin que Votre Retardement ne donne pas à Vos
„ Ennemis le Tems de fe renforcer. Fait à Conftantinople, au milieu
„ de la Lune de Sceval , l'An de l'Hegire 1124. „

CHARLES répondit fur le champ à cette Lettre. Sa Réponfe, écrite
en Latin, portoit en Subftance : „ Que Sa Majefté fouhaitoit au Grand-
„ Seigneur toute forte de Bonheur & de Profpérité dans fon Expédi-
„ tion contre les Mofcovites. Qu'Elle le remercioit beaucoup de fon
„ Attention, & de la Bonté qu'il avoit eue d'ordonner au Kam & au
„ Séraskier, qu'Elle fût reconduite pendant l'Hiver dans fes Etats.
„ Qu'Elle fe préparoit à partir le plûtôt que cela fe pourroit. Qu'Elle n'at-

Réponfe du Roi. V. L'APP. NUM. CLXXVI.

„ ten-

1712.
Novembre.

,, tendoit plus que l'Argent qu'Elle avoit demandé à emprunter; &
,, dont Elle avoit chargé l'Envoïé Funck de faire la Proposition.
,, Qu'au reste, Sa Majesté garderoit toujours le Souvenir des Mar-
,, ques d'Amitié que Sa Hautesse lui avoit données durant son Sé-
,, jour en Turquie, & qu'Elle lui souhaitoit beaucoup de Santé & un
,, Bonheur non interrompu. ,,

le 10.
La Guerre est déclarée contre les Moscovites.

Le Jour après que la Guerre eut été résolue, on arbora, tant dans
le Sérail, qu'au *Pacha-Kapusi*, & chés tous les Odziacks, les Queues
de Cheval, Signal ordinaire de la Guerre. Après quoi, le Grand-Seigneur envoïa Ordre à tous les Pachas de la Natolie & de la Romélie de se rendre, avec des Troupes d'Elite, composées d'Hommes robustes & bien armez, aux environs d'Andrinople pour le 21. Mars
prochain, Sa Hautesse étant résolue de faire la Campagne en Personne.

Quelques Officiers Turcs, déposez.
le 11.

Le Sultan Achmet, aïant appris sous main, que quelques-uns de
ses Généraux n'étoient pas des plus habiles, ni des mieux intention-
nez, il entreprit de faire parmi eux une Réforme. Le Janissaire Aga,
Zelibi-Mehmet Pascha, fut déposé; & Cara Mustapha Aga mis à sa
Place. Ce dernier avoit déjà été une fois Janissaire-Aga; mais, en
1711, le Grand-Vizir Mehmet Baltadschi l'avoit dépouillé de cette
Charge, pour le punir de ce qu'il ne vouloit pas donner les Mains à ses
Projets. Le Grand-Seigneur mécontent du Topsi Bacha, Gebichiler Ba-

le 14.

cha, les dépouilla tous deux, dans un même Jour, de leurs Emplois: &, afin
d'ôter à ces Officiers les Moïens de cabaler parmi les Janissaires, qui
sont d'ordinaire les prémiers à se révolter, trente-deux Compagnies
de ces Troupes eurent Ordre de sortir de Constantinople, sous Prétexte de prendre les Devans, afin de préparer les Quartiers, & d'avoir

le 15.

Soin des Vivres, pour que tout fût prêt, lorsque le Sultan suivroit avec
sa Cour & les principaux Officiers de la Porte, dont il vouloit être accompagné dans cette Expédition.

le 26.
La Cour se rend à Andrinople.

Après que l'on eut fait à Constantinople les Dispositions nécessaires pour le Voïage de la Cour, la Sultane-Mere (*a*) & les Princesses
fu-

(*a*) A l'égard de la Sultane-Mere, je crois qu'il ne sera pas hors de propos de placer ici une Remarque, qui me paroit assez essentielle. Quelques Auteurs, en parlant
de ce qui s'est passé en Turquie, durant le Séjour de Charles XII dans ce Païs-là, at-
tribuent à cette Princesse des Choses auxquelles peut-être elle n'a jamais eu la moindre Part. Ils prétendent, que, non seulement il ne se faisoit rien à la Cour,
sans son Conseil, & qu'elle avoit la principale Direction des Affaires, mais que c'étoit
elle en particulier, qui, en prenant hautement dans le Serail le Parti du Roi de
Suede, inspiroit au Sultan Achmet les Sentimens que ce Prince faisoit paroitre pour
Sa Majesté Suédoise. Il y en a même qui disent, qu'elle passa par-dessus les Loix
austeres du Serail, jusqu'à écrire de sa Main plusieurs Lettres à un Officier Suédois
chargé des Affaires du Roi à la Cour Ottomane. C'est sur ce Pié-là qu'en parlent,
Mr. DE VOLTAIRE dans son *Histoire de Charles XII*, Tom I, pag. 279; le Sieur PAUL
LUCAS dans son *Voiage de Turquie* pag. 149; & Mr. DE LIMIERS dans son *Histoire de Suede*,
Tom. V, pag. 266. Je ne disconviens pas, qu'il ne se trouve encore aujoud'hui des
Per-

furent les prémieres à quitter la Capitale. Elles fe rendirent d'abord à Ejup, & de-là le Lendemain à Dant Pafcha, où le Grand-Seigneur, accompagné d'une Suite très nombreufe, arriva le même Jour. De cet Endroit, l'Ordre fut expédié à l'Envoïé Funck de fuivre inceffament la Cour, & de fe rendre au Camp de Sa Hauteffe devant Andrinople. Comme on lui faifoit efpérer en même tems, qu'il feroit la Campagne à la fuite du Sultan, il fit là-deffus fes Préparatifs; après quoi, il partit

1712.
Novembre.
le 27.
le 28.
Décembre.
Funck y va auffi.
le 3. le 13.

Perfonnes, qui affirment, qu'étant avec le Roi à Bender, cela s'étoit débité généralement parmi les Suédois. Je fais d'ailleurs de très bonne Part, que cet Officier a tiré du Roi de Sommes très confidérables, fous Prétexte d'un Commerce de Lettres fi important & fi utile, & que l'on à même vû quantité de ces Billets, écrits, à ce qu'on prétendoit, de la propre Main de la Sultane. Il faut donc, qu'il y ait en quelque Négociation fecrete qui fut entamée entre elle & cet Officier: car, parmi les Billets, me dit-on, il y en avoit quelques-uns qui contenoient des Promeffes, dont en effet on a vu l'Accompliffement. Cependant, bien des Gens révoquent en doute la Réalité de ce Commerce. Je fuis bien éloigné de faire du Tort à la Réputation d'un honnête Homme: mais, comme il eft du Devoir d'un Hiftorien de difcerner le Vrai du Faux, j'ai crû qu'il valoit la Peine de confulter fur ce Sujet certaines Perfonnes, qui connoiffent à fond la Cour Ottomanne, afin de favoir, fi une pareille Intrigue a pû être tramée dans le Sérail, ou non. Voici ce qu'on m'a répondu. L'Art d'écrire n'eft pas en Turquie auffi commun qu'il l'eft chés nous. Bien loin que les Turcs enfeignent à écrire à leurs Femmes, il eft affez rare de trouver parmi eux un Homme qui le fâche. Un Turc, qui fait écrire, eft confidéré comme un Homme extraordinaire. MR. DE VOLTAIRE a raifon de dire, qu'on écrit moins à Conftantinople en toute une Année, qu'à Paris en un feul Jour. Suppofons néanmoins, que la Sultane-Mere ait eu une meilleure Education que n'ont d'ordinaire les Femmes Turques, & qu'entre autres chofes on lui ait enfeigné à écrire, ne fait-on pas quelles font les Loix du Sérail? Les Femmes du Grand-Seigneur, fes Soeurs, les Princeffes du Sang, & généralement toutes les Femmes de la Cour, font continuellement enfermées dans le *Harem*, ou l'Intérieur du Sérail, où il eft abfolument impoffible qu'aucun Homme puiffe pénétrer, foit Turc, foit Juif, ou Chrétien. Elles ne font pas autrement à confidérer, que comme des Prifonnieres, gardées par des Eunuques noirs. De hautes Murailles, plufieurs Portes bien barricadées, de fortes Gardes placées tout autour de ce Batiment, préfentent à ceux, qui voudroient noüer quelque Intrigue dans ce Lieu fatal, des Difficultez infurmontables. Comment y faire paffer un Billet au milieu de tant de Surveillans, & comment recevoir Réponfe? La Sultane-Mere pouvoit-elle écrire, fans être obfervée par les autres Femmes, & par les Eunuques? La Curiofité, qu'eut le Sécrétaire d'un certain Miniftre Etranger, de lorgner avec une Lunette-d'Approche, les Femmes du Sultan qui avoient eu Permiffion de fe divertir dans le Jardin du Serrail, Chofe qui n'arrive que fort rarement, lui couta la Vie. Un Turc alla, par Ordre du Grand-Seigneur, lui plonger le Poignard dans le Sein. Cet Exemple étoit tout récent, lorfque les Suédois arrivèrent en Turquie. De tout cela on peut conclure, que ce Commerce n'a été qu'une Chimere, & que l'Officier a été le premier trompé par quelque Maitre-Fourbe, capable de tout faire pour de l'Argent.

MR. DE VOLTAIRE dit dans fon *Hiftoire de Charles XII*, Tom. I, pag. 280, que plufieurs de ces Lettres étoient entre les Mains du Comte Poniatouski, au tems que Monfieur de Voltaire écrivoit fon Hiftoire; & que Monfieur de Poniatouski même lui avoit promis de les lui envoïer. Il auroit été à fouhaiter, que le *Seigneur Polonois*, Auteur des *Remarques fur l'Hiftoire de Charles XII*, qui connoit fi bien le Comte Poniatouski, eut dit quelque-chofe fur ce Sujet dans fes *Remarques*. Il eft furprenant, qu'à cet Egard, il ait gardé un fi profond Silence. R. D. T.

1712.

Décembre.

le 4.
Mémoire
du Comte
Crispin.

tit le trois de Decembre. Il voïagea fort commodément; deforte qu'il n'arriva à Andrinople, que le treize du même Mois (*a*).

Tout y étoit aflés tranquile: les Suédois & les Turcs vivoient enfemble en bonne Intelligence, & paroiffoient les meilleurs Amis du Monde. Le Comte Crifpin y arriva prefque en même Tems. Il étoit Député de la part des Seigneurs Polonois Partifans du Roi Staniflas. Etant à l'Audience auprès du Grand-Vizir, il faifit cette Occafion, pour lui préfenter un Mémoire touchant les Affaires de Pologne, dans lequel il difoit, „que les Polonois bien intentionnez, gémiffant fous la „cruelle Oppreffion des Mofcovites, avoient appris avec une Joie „extrême la Nouvelle qui s'étoit répandue depuis peu, que la Porte „Ottomane avoit de nouveau déclaré la Guerre au Czar, & que „le Grand-Seigneur vouloit faire reconduire le Roi de Suede dans „fes Etats par la Pologne. Que néanmoins, il feroit fort à fouhai- „ter, que Sa Hauteffe fît publier au plûtôt des Univerfaux, pour „notifier à la République de Pologne, que, dans cette Expédition, „la Porte n'avoit d'autre But, que celui de faire reconduire le Roi „de Suede dans fes Etats, comme Elle s'y étoit engagée envers ce „Prince. Qu'on pourroit y ajouter, que tout le Monde étant inf- „truit de la Perfidie du Czar, & de fes Contraventions manifeftes au „Traité du Pruth, on ne devoit nullement trouver étrange qu'on „cherchât à l'obliger par la Force, & en prenant contre lui les Ar- „mes, d'accomplir fes Promeffes; & que c'étoit l'unique Moïen d'af- „furer la Liberté de la Pologne, & de délivrer ce Roïaume du Joug „des Mofcovites. Que fi, dans les Univerfaux, le Grand-Seigneur „déclaroit, qu'il demeuroit ferme dans la Réfolution de ne recon- „noitre pour légitime Roi de Pologne, que Staniflas, cela produiroit „un très bon Effet, & ne contribueroit pas peu à faire réüffir les „Deffeins qu'on méditoit. „

Cependant, Charles fe difpofoit tout-de-bon à partir. Il y avoit déjà trois Semaines, qu'il avoit eu des Avis certains, que la Guerre venoit d'être déclarée de nouveau au Czar. Le Séraskier de Bender lui avoit annoncé cette Nouvelle en Cérémonie. Accompagné d'un nombreux Cortege, il étoit venu, au Son des Inftrumens de Mufique, féliciter le Roi de l'heureux Succès de fes Négociations à la Porte. L'Argent deftiné pour le Voïage du Roi, étant arrivé en même tems que la Lettre dans laquelle le Grand-Seigneur recommandoit au Kam d'avoir un Soin particulier du Retour de Sa Majefté, il fem- bloit que rien ne devoit plus arréter ce Prince en Turquie. De nou-

(*a*) Le Sieur le Long, qui a écrit en Hollandois l'*Hiftoire de Charles XII*, dit, Tome V, pag. 512, que Monfieur Funck venoit de fortir des fept Tours, où il avoit été détenu Prifonnier. Il fe trompe, ou s'eft laiffé tromper par d'autres. Funck ne fut jamais aux fept Tours. Le même Auteur fait, pag. 535, une nouvelle Faute, en di- fant que Funck fut conduit pour la feconde fois en Prifon.

nouveaux Incidens dérangérent ſes Projets, & lui donnérent de nouveaux Embarras.

L'ANNÉE étoit prête à expirer: il ne manquoit plus pour cela que quelque peu de Jours; & pas un ſeul Homme des Troupes, dont l'Eſcorte devoit être compoſée, n'étoit arrivé à Bender. Funck avoit mandé plus d'une fois au Roi, que toute la Milice de la Romelie avoit Ordre de l'aller joindre : &, dans l'Ordre Circulaire, que la Cour Ottomane venoit de publier pour aſſembler les Troupes, il étoit dit, que cette même Milice devoit ſe trouver au Mois de Mars prochain au Camp Impérial dans la Plaine d'Andrinople. Cette Contradiction fit naitre dans l'Eſprit du Roi divers Soupçons, non pas contre le Grand-Seigneur, dont la Bonne-Volonté lui étoit trop connue, mais contre ceux qui étoient chargés de faire les Diſpoſitions néceſſaires pour le Voïage de Sa Majeſté. Ce ne fut pas tout. Quand on en vint à examiner de plus près les Comptes des Dépenſes faites, & à calculer ce qui étoit encore dû à divers Particuliers, on trouva, que les douze cens Bourſes, que le Roi venoit de recevoir, ne ſuffiſoient pas pour païer & habiller les Troupes, & pour fournir aux Frais du Voïage de Sa Majeſté. Il y avoit plus de dix-huit Mois, que le Roi attendoit cet Emprunt de la Cour ; &, pendant ce Tems-là, on avoit été obligé de négocier quelques Sommes d'Argent à un Intérêt exorbitant. On ſe vit donc tout de nouveau dans la Néceſſité de demander à emprunter au Grand-Seigneur une nouvelle Somme d'Argent.

CHARLES en fit lui-même la Propoſition au Kam des Tartares, à qui cela ne plaiſoit pas du tout, au point même qu'il ne laiſſa paſſer aucune Occaſion d'en témoigner hautement ſon Déplaiſir. „Le Roi, diſoit-il, „a de l'Argent aſſez, & plus qu'il ne lui en faut, pour ſon „Voïage. S'il en demande davantage, cela ne ſe fait que parce „qu'il veut remplir les Mains des Polonois, afin de les porter à com- „mencer de nouveaux Troubles : Projet, auquel je ne peux conſen- „tir : parce que mes Ordres portent de paſſer en Ami par la Polo- „gne.„ Ces Diſcours ne manquérent pas d'être redits au Roi : & ce fut-là la prémière Origine de la Brouillerie entre Charles & le Kam ; Brouillerie, qui éclata peu après, & qui dégénéra en Inimitié ouverte.

CE ne fut pas néanmoins cette Affaire ſeule, qui indiſpoſa Sa Majeſté contre le Prince Tartare. Certaines Découvertes, bien autrement importantes, que Charles venoit de faire depuis peu, mais dont il ne s'étoit encore ouvert à perſonne, lui inſpirérent pour le Kam autant de Haine, qu'il avoit eu autrefois pour lui d'Amitié. A voir la Maniere d'agir de Devlet Geray, on n'auroit jamais cru qu'il fût capable de tenter rien contre le Roi, auquel il paroiſſoit particuliérement attaché. Tous les Ans, il venoit camper à quelques Lieues de Bender, afin d'être à portée d'aſſiſter le Roi de ſes Conſeils, où il montroit conſtamment beaucoup de Zele pour les Intérêts de Sa Majeſté. Le Grand-

Grand-Seigneur le combloit de Préfens, pour l'attacher encore davantage à Charles XII, & pour le récompenfer des Peines qu'il prenoit
pour ce Prince. Il avoit devant fes Yeux des Exemples recens de
plufieurs Perfonnes, qui, pour avoir cabalé contre le Roi, s'étoient
attiré toutes fortes de Malheurs. Malgré tout cela, Devlet Geray
s'oublia au point de donner dans les Projets de quelques Efprits re-
muans, qui, trouvant en lui quelque Indifpofition contre le Roi, ne
négligèrent rien pour l'animer davantage contre Sa Majefté.

Le Starofte Bobrowski, de la Maifon de Sapieha, conduifoit la Trame (*a*). Cet Homme, Partifan déclaré du Roi Staniflas, s'étoit retiré, avec quelques autres, de ce Païs-là, à Bender, où il follicitoit
fans ceffe le Roi Charles de s'intéreffer en fa faveur, afin qu'il fût
nommé Grand-Général de la Lithuanie. Staniflas, aïant déjà donné
cette Charge à Wiesnowiski, Charles ne voulut point la demander
pour un autre. Quand enfuite l'Argent commença à manquer, &
que les Finances du Roi ne permettoient pas qu'on en fournît au Starofte autant qu'il en fouhaitoit, il fit le Mécontent. Ses Allures le
rendirent fufpect. On fut, qu'il penfoit à fe reconcilier avec le Roi
Augufte, afin de parvenir, par ce Moïen-là, à la Poffeffion des Terres que la Maifon de Sapieha poffédoit en Lithuanie, & dont, fans
cela, il n'avoit aucune Efpérance de rien toucher.

Sa Conduite ne pouvoit que déplaire au Roi de Suede, Protecteur
de la Maifon de Sapieha, & fon Bienfaiteur particulier. Charles lui
faifoit froide Mine. Mais, Bobrowski, Homme hardi & arrogant,
ne fe laiffoit pas fi aifément déconcerter, & ne fe montroit pas pour cela moins affidûment à la Cour. Comme il entretenoit fécrétement un
grand Commerce de Lettres avec fes Amis en Pologne, & qu'il leur
vantoit fans ceffe fon Crédit auprès du Kam, il fut prié de chercher
à détacher le Prince Tartare du Parti de la Suede, pour lui faire embraffer celui du Roi Augufte. On lui fit efpérer mille Avantages, plus
grands les uns les autres, s'il pouvoit engager le Kam à livrer Charles aux Saxons, en le reconduifant en Pologne. L'Argent ne lui manquoit point. On prétend même, que, pour faire réüffir cet indigne
Projet, on avoit dépenfé quelques cens mille Ecus. Siniawski étoit
l'Entremetteur dans cette Affaire. Il dépécha à Conftantinople un
Capitaine Polonois, fous prétexte de porter quelques Dépêches à
Comentouski. Le Général Poniatouski ne fut pas long-tems fans apprendre,

(*a*) L'Anonyme qui a écrit en Allemand l'*Hiftoire de la Vie & de la Mort de Charles XII*, & Mr. de Voltaire, difent, que le Général Flemming, Miniftre & Favori du
Roi Augufte, entretenoit une Correfpondance fecrete avec le Kam & le Séraskier de
Bender, & qu'un Gentilhomme François, nommé La-Mare, Colonel au Service de
Saxe, avoit fait plus d'un Voïage de Bender à Drefde. L'Auteur Allemand ajoute,
que l'on a fouvent entendu dire, dans ce Tems-là, au Roi Augufte, ces propres Paroles : *Je tiens mon Ours attaché à Bender.*

prendre, que cet Homme étoit arrivé; mais, quelques Mouvemens qu'il se donnât, il ne peut jamais découvrir ce que cet Officier avoit à négocier. Il sut seulement, qu'il alloit souvent, entre chien & loup, voir le Grand-Vizir, & qu'il avoit avec lui de longues Conférences, dont il sortoit toujours fort content. Poniatouski, en informant le Roi de ces Particularitez, promit de veiller de près aux Allures de cet Homme-là, afin de savoir au juste quand il partiroit: parce qu'on le disoit chargé de Lettres pour le Kam de Tartarie; ce qui l'obligeoit, à son Retour, de prendre son Chemin par Bender.

Quelques Jours après, Poniatouski donna Avis, que le Capitaine en question venoit de partir de Constantinople. On s'informa tous les Jours des Polonois qui étoient à Bender, si un tel Homme y étoit arrivé. Après quelques Recherches faites en grand secret, on sut qu'effectivement il y étoit, & que, dès son Arrivée, il avoit rendu Visite au Séraskier & au Staroste Bobrowski. Le Lendemain au soir, on sut, que les Domestiques du Capitaine venoient de prendre les devants avec son Equipage, qu'ils étoient accompagnés de huit Soldats Turcs, & d'une dizaine de Tartares, commandez par un Murza, chargé de les escorter par la Moldavie jusques sur les Frontieres de la Pologne; mais, que le Capitaine lui-même demeureroit encore quelques jours à Bender. La même nuit, le Roi fit enlever cet Officier, par quelques Dragons qui le conduisirent à Warnitza. Les mesures furent si bien prises pour cela, que, ni le Séraskier, ni aucun Turc, n'en sut rien: ils s'imaginérent au contraire, que le Capitaine étoit parti en même tems que ses Domestiques. Celui-ci, se voïant prisonnier entre les mains des Suédois, perdit d'abord la Tramontane. Lorsque le Roi lui fit demander où il avoit les Dépêches dont il étoit chargé, il affecta d'être fort tranquile sur ce Sujet; disant, qu'il avoit eu soin de les mettre en bonnes Mains, d'où on ne les tireroit pas. Mais, à peine eut-on commencé à le menacer de Moïens plus efficaces, pour tirer de lui la Vérité, qu'il changea de Langage, & se mit à écrire une Lettre à son Sécrétaire, pour lui ordonner de retourner incessament sur ses pas, & de prendre avec lui les Papiers les plus importants, parce qu'on venoit d'apprendre, que les Suédois avoient détaché quelques Troupes pour l'enlever sur les Frontieres.

Le Lendemain, le Roi aïant fait appeller dans son Cabinet l'Aide-de-Camp général Dougal, Sa Majesté lui ordonna de se préparer à partir pour une Expédition secrete. Elle lui dit en même tems de choisir lui-même quelques Officiers, Gens de Main, dont il se feroit accompagner. Les Ordres touchant cette Expédition, écrits de la propre Main du Roi, lui furent remis cachetez, pour n'être ouverts qu'à trois Lieues de Bender. En moins d'une Heure, vingt Officiers se trouvérent à Cheval, prêts à accompagner l'Aide-de-Camp (a).

Ils

(a) Ces Officiers étoient tous des Gens de Distinction. Voici les Noms de la plû-part

Ils étoient tous bien armez, habillés à la Tartare, avec des Bonnets &
des Manteaux, comme ceux de cette Nation ont coutume de les porter (*a*). A huit Heures du Soir, ils se mirent en Marche; prenant
le grand Chemin, qui conduit à Jassi, Capitale de la Moldavie, située
à vingt Lieues de Bender.

A TROIS Lieues de cette Ville, ils trouvérent un Cabaret, où ils
entrérent pour ouvrir l'Ordre qui leur avoit été donné cacheté. Ils
virent alors, qu'il s'agissoit d'enlever, à quelque Prix que ce fût, le Sécrétaire Polonois, & de lui ôter ses Lettres, adressées au Roi Auguste
& au Général Siniawski. Dans le Paquet, qui contenoit l'Ordre du
Roi, étoit enfermée la Lettre du Capitaine Polonois à son Sécrétaire.
Là-dessus, étant remontez à Cheval, nos Suédois rencontrérent en
Chemin un Mendiant, dont ils apprirent, que, la Veille, quelques
Turcs & Polonois étoient arrivez à un Village, à une Lieue plus
loin; que ces Gens-là avoient avec eux plusieurs Chevaux de Main;
& qu'ils prenoient la Route de la Pologne. Ces Indices tirérent les
Suédois d'Embarras; car, ils avoient devant eux deux Chemins, dont
l'un conduisoit à Jassi, & l'autre à Soroka. Pour savoir au juste de
combien de Soldats l'Escorte étoit composée, & de quelle maniere on
pouvoit les approcher, ils firent prendre les devants à un Suédois, qui, contre-faisant le Juif Polonois, qui avoit traversé la Pologne, chargé de Lettres du Roi Stanislas pour le Roi de Suede, &
qui étoit tout propre pour une pareille Commission. Il fut suivi du
Capitaine Hierta, qui savoit parfaitement la langue Tartare. Cet Officier portoit un Bonnet, dont le Kam avoit tout nouvellement fait
Présent à l'Aide-de-Camp-général Sten Arfwedson.

PENDANT que Hierta & son Campagnon s'acheminérent vers le Village ou étoient les Polonois, les autres Suédois demeurérent à Onisca.
Hierta arriva un peu après minuit. Il alla descendre droit chés le Murza, Seigneur de ce Village, & qui avoit à son Service quelque peu
de Troupes. Lui aïant demandé s'il y avoit-là un Gentilhomme Polonois, il eut pour Réponse, qu'ouï. Le Murza demandant à son tour
à Hierta ce qu'il lui vouloit, celui-ci lui dit, d'aller avec lui trouver
le Polonois. J'ai des Ordres, continua-t-il, tant pour lui, que pour
toi, & pour le Murza qui commande son Escorte. Mais, allons-y,
sans faire aucun Bruit. Le Sécrétaire dormoit d'un profond Sommeil.
Après

---

part de ces Messieurs. Outre l'Aide-de-Camp-général Dougal, il y avoit le Lieutenant-
Colonel Billstein, les Comtes Torstenson & Posse, Messieurs Adlerfelt & Hierta, Capitaines aux Gardes, le Comte Thuro Bielcke, le Baron Ribbing, Messieurs de Te-
genschöld, Wallenstierna, & Coskul, Caporaus des Drabans, avec les Drabans Roos,
Dougal, Smitterloo, &c.

(*a*) LES Manteaux des Tartares, appellez *Burck* en leur Langue, sont faits d'un Feu-
tre fort épais. On les jette par-dessus la Tête & les attache par devant avec une Cou-
roie, de maniere qu'on peut les tourner du Côté d'où le Vent vient.

Après qu'on l'eut éveillé, on fit fortir de la Chambre tous fes Gens.
Alors, Hierta, aïant pris la Parole, dit au Murza, Seigneur du Lieu:
„ Le Kam t'ordonne de monter à Cheval, à la Pointe du Jour, avec
„ les Troupes, & d'aller reconnoître vers les Frontieres de Pologne,
„ s'il eſt vrai, comme cela ſe publie, que trois cens Suédois ont été
„ détachés d'Orehow, pour enlever ce Gentilhomme, & pour lui ôter
„ ſes Lettres. Toi„ ,continua Hierta, en parlant à l'autre Murza
qui commandoit l'Eſcorte, „tu dois demeurer ici juſqu'à ce que le
„ prémier ſoit de Retour, pour ſavoir de lui ſi tu peux en ſureté paſ-
„ ſer la Frontiere. Demain au ſoir, celui-là pourra être de Retour.
„ Quant à toi„ ajouta-t-il, ſe tournant vers le Sécrétaire, „l'Ordre
„ du Kam porte, que tu retournes avec moi juſqu'à Oniſca; car, il
„ ſe pourroit bien, que les Suédois vinſſent encore cette nuit nous
„ ſurprendre.„ Le Murza du Lieu, & le Sécrétaire, furent charmez de cet Avis donné ſi à propos; mais, l'autre Tartare y trouva
beaucoup à redire. *Le Kam*, dit-il, *m'a promis une bonne Récompenſe, ſi
je reconduis ſurement ce Gentilhomme; & je m'acquiterai de ma Commiſſion.
Il faut abſolument, qu'il reſte avec moi. Comment peux tu prétendre, qu'il
doit s'en retourner? As-tu pour cela un Ordre par écrit? Si tu és un Murza*, repartit Hierta, en lui montrant ſon Bonnet, *tu dois connoître cette
Marque.* Le Tartare, reconnoiſſant le Bonnet qu'il avoit vû porter
au Kam, n'eut plus rien à objecter. *Je vois*, dit-il, *que tu és un bon-
nête-Homme.*

Pour ne rien donner à ſoupçonner, Hierta ſe mit pendant une demi-heure à fumer du Tabac. Après quoi, il monta à Cheval avec
le Sécrétaire, & deux Turcs qui l'accompagnérent. Etant arrivez à
Oniſca, où étoient les autres Suédois, Hierta leva le Maſque. Les
Turcs voulurent d'abord faire de la Réſiſtance; mais, voïant que la
Choſe alloit devenir ſérieuſe, & que les Suédois ne leur feroient pas
quartier, ils ſe rendirent. Le Comte Poſſe, profitant du Trouble où
il voïoit le Sécrétaire, s'avança ſur lui l'Epée à la Main, & lui demanda où étoient ſes Lettres. Celui-ci les lui donna ſur le Champ. Il en
avoit deux Paquets, dont l'un étoit enveloppé dans une Etoffe rouge
& or, & l'autre dans une autre Morçeau d'Etoffe jaune & argent.
Dès que le Comte eut ces Paquets entre ſes Mains, lui & Dougal ſe
mirent à courir à Bride abbatue, pour regagner Bender, où ils arrivérent à cinq Heures du matin. Le Sécrétaire Polonois, & ſes deux
Turcs, eurent la Liberté de s'en retourner joindre leur Compagnie.

Le Roi ouvrit lui-même ces Dépêches, dont perſonne ne ſut jamais le Contenu que lui ſeul, & celui qui lui ſervit d'Interprete dans
cette Occaſion. Ce qu'il y a de certain, c'eſt que, depuis ce Jour-là,
le Roi ne pouvoit plus cacher la Défiance qu'il avoit du Kam. On
prétendit, mais je ne ſaurois dire ſur quel Fondement, que le Projet
avoit été formé de livrer le Roi de Suede aux Troupes Saxones &
Polonoiſes. Que le Kam feroit partir le Roi de Suede, & l'accom-

pagne-

pagneroit avec fes Troupes. Que, dès qu'il auroit paffé les Frontieres, les Tartares s'éclipferoient les uns après les autres. Qu'après cela, dès que le Roi Augufte paroitroit avec fes Troupes, le Kam fe retireroit pareillement, & planteroit-là le Roi, fous prétexte que les Tartares feroient trop foibles pour faire aucune Réfiftance, & que d'ailleurs le Kam avoit Ordre de ne pas commettre des Hoftilitez contre la République (a).

Le Kam fe déclare ouvertement contre le Roi.

LE Kam ne fut pas long-tems à ignorer ce qui s'étoit paffé. Il s'imagina bien, que ce ne pouvoient être que les Suédois, qui lui euffent joué ce Tour-là. Mais, quelques Mouvemens qu'il fe donnât pour le favoir au jufte, il n'en put rien découvrir. L'Expédition s'étoit faite avec tant de Secret, & en fi grande Diligence, qu'il ne lui paroiffoit pas vraifemblable, que cette Affaire eut pû être concertée & exécutée dans une feule Nuit. Il diffimula donc fon Chagrin: &, infiftant toujours fur l'Ordre que le Grand-Seigneur lui avoit envoïé de hâter le Départ du Roi, il envoïa publiquement à deux différentes Reprifes fignifier à Sa Majefté, qu'Elle eut à quitter les Terres de la Domination Ottomane. Un troifieme Emiffaire apporta de fa Part à Charles une Lettre des plus infolentes, où il lui difoit, que s'il ne fe mettoit pas auffi-tôt en Voïage, de bon Gré, il l'y obligeroit par la Force. Les Tartares perdirent le Refpect au point de dire hautement au Roi, que, _s'il ne partoit pas, ils le jetteroient, lui, fa Maifon, & tout ce qu'il y avoit, dans le Niefter._

Lettre du Roi au Kam. V. App. Num. CLXXVII.

C'ÉTOIT pouffer trop loin l'Infolence. Jufques-là, Charles s'étoit modéré; il avoit répondu aux Sommations du Kam, tant de Bouche que par Ecrit, avec de grands Ménagemens: mais, à la derniere Lettre de Devlet Geray, il perdit Patience; &, voulant lui dire une fois pour toutes ce qu'il penfoit fur fon Sujet, il lui écrivit une Lettre portant en Subftance: ,,Que, de la Réponfe que le Kam avoit faite à fa
,, précédente Lettre, il devoit juger, que cette Lettre ne lui avoit
,, pas été fidélement interprétée, & qu'on avoit mal compris fa Penfée touchant la Sureté requife pour fon Voïage par la Pologne.
,, Qu'ainfi, Sa Majefté ne pouvoit que fe plaindre de la Maniere
,, brufque & peu refpectueufe avec laquelle il lui avoit fait fignifier de
,, quitter auffi-tôt, & fans que l'on ait fait pour cela les Préparatifs
,, néceffaires, les Terres du Grand-Seigneur, & de fe mettre en Voïage.

(a) CETTE Relation eft exactement conforme à la Vérité. Plufieurs Perfonnes, qui ont eu Part elles-mêmes à cet Evénement, font encore aujourd'hui pleines de Vie. Lorfqu'en 1710 le Miniftre de Suede à Vienne conta ces Particularitez au Prince Eugene, auquel il fit en même tems un Détail de l'_Affaire de Bender_, ce Prince eut d'abord de la Peine à y ajouter Foi: mais, le Prince Lubomirski, propre Beau-Frere de Siniawski, préfent à cette Converfation, le tira de fes Doutes, en l'affurant, que rien n'étoit plus vrai que ce que le Miniftre Suédois difoit fur ce Sujet. Voïez les _Mémoires de_ LAMBERTY, Tome VIII, pag. 319.

„ ge. Qu'après les Marques, que le Sultan lui avoit donn ées de fon
„ Amitié, Elle étoit perfuadée, que fon Intention n'étoit pas de la
„ chaffer de fes Terres, mais de la faire reconduire chés Elle fure-
„ ment, & d'une maniere honorable. Que telle étant la Volonté du
„ Grand-Seigneur, Sa Majefté en attendoit l'Accompliffement. Que
„ perfonne ne devoit exiger d'Elle ce qui n'étoit pas dans fon Pouvoir;
„ ni croire, qu'en parlant de fes Befoins, elle eût voulu en impofer à
„ qui que ce fût. Que cela étoit également indigne de fon Caractere,
„ & contraire à la Gloire du Monarque Ottoman. Que fi le Kam ne
„ vouloit pas avoir Soin de ce qui étoit néceffaire pour fon Voïage, on
„ devoit du moins laiffer à Sa Majefté le Tems de faire venir de fes
„ Etats, par le Moïen de fon Armée, ce dont elle croïoit avoir be-
„ foin pour cet Effet. Que ce feroit agir contre les Principes de la
„ Religion & de la Loi Divine, de chaffer un Etranger hors du Païs,
„ fans lui donner le Tems de faire les Préparatifs néceffaires pour fon
„ Voïage. Qu'il étoit injufte de la traiter ainfi, & de vouloir l'obli-
„ ger à partir dans l'Etat où Elle étoit; Elle, que la Porte avoit re-
„ çue comme fon Hôte, & qui en avoit toujours été regardée fur ce pied-
„ là avec Diftinction. Que, certainement, le Grand-Seigneur n'a-
„ voit pas vû la derniere Lettre que Sa Majefté lui avoit écrite; &
„ qu'il étoit à préfumer, que cette Lettre auroit été quelque part in-
„ terceptée. Que, tant que le Kam perfifteroit dans fon Deffein d'em-
„ ploïer la Force pour faire fortir Sa Majefté des Etats du Grand-Sei-
„ gneur, il donneroit lieu de croire, qu'il ne cherchoit qu'à la faire tom-
„ ber entre les Mains de fes Ennemis; ce qui lui feroit mille fois plus in-
„ fupportable que la Force ouverte dont elle étoit menacée, & dont
„ Elle fe perfuadoit que le Sultan ne favoit abfolument rien. Qu'en
„ attendant, Sa Majefté fe prépareroit à le bien recevoir, en cas qu'il
„ ôfât tenter quelque-chofe contre Elle.„

IL eft à remarquer, que, dans un Tems, où pas un feul Homme
des Troupes qui devoient efcorter le Roi n'étoit arrivé à Bender, le
Kam faifoit les plus fortes Inftances auprès de Sa Majefté pour l'obliger à partir. On voit néanmoins par la Lettre que le Grand-Seigneur
écrivit peu après à Charles XII, & dont nous parlerons bientôt, que
le Kam avoit fait accroire au prémier tout le contraire, & qu'il lui
avoit mandé que ces Troupes étoient déjà affemblées aux Environs de
Bender. De-là on doit conclure, que Devlet Geray ne cherchoit, qu'un
Prétexte pour fe mettre en Voïage avec fes propres Gens, afin de
difpofer feul de la Perfonne du Roi, pour agir enfuite avec lui à fa Fantaifie: car, fans cela, comment auroit-il pû dire au Comte Tarlo,
comme il le faifoit, que l'Expédition, dont il fe chargeoit en efcortant
le Roi, l'expofoit à des grands Hazards; & que fi les Polonois lui refufoient le Paffage par leurs Provinces, il n'ôferoit emploïer la Force
pour les obliger à lui laiffer continuer fon Chemin fans Empêchement?

LA

La Lettre du Grand-Seigneur, dont je viens de parler, étoit conçue en ces Termes: „Très puissant, &c. Auffi-tôt que cette Lettre,
„ ornée de Notre Sçeau Impérial, Vous fera parvenue, Vous faurez,
„ qu'il y a déjà long-tems, que Nous avons ordonné, qu'on affemblât
„ des Troupes, & qu'on fît les autres Préparatifs néceffaires pour
„ Votre Voïage, & que Nous avons chargé de ce Soin-là le Kam de
„ Crimée Devlet Geray, & le Séraskier de Bender Ifmael Bacha,
„ comme Nous Vous en avons donné Avis dans la Lettre qui vous a
„ été rendue par Muhamed, un des Officiers de Notre Cour (*a*). En
„ conformité de ces Ordres, il nous a été mandé, que le Kam, auffi
„ bien que le Séraskier, tiennent leurs Troupes prêtes, avec les au-
„ tres Chofes néceffaires ; & que l'Armée Tartare deftinée à Vous
„ efcorter s'affemble dans la Plaine aux environs de Bender, n'atten-
„ dant plus que Votre Départ. Vous devez donc Vous mettre en
„ Chemin durant l'Hiver ; car, fi les Soldats étoient obligés de camper
„ pendant cette Saifon, ils s'attireroient toutes fortes de Maladies,
„ & leur Nombre diminueroit en peu confidérablement. D'ailleurs,
„ il faut que ces Troupes faffent grande Diligence, afin d'être de Re-
„ tour avant le Printems, & même avant que les Rivieres commen-
„ cent à charier, pour que Nous puiffions Nous en fervir autre part. Dès-
„ que le très-honorable Calil, Capichi Bacha de Notre Cour, aura eu
„ l'Honneur de Vous rendre cette Lettre, Vous êtes prié de décam-
„ per de Bender, & de Vous mettre auffi-tôt en Voïage, afin de ne
„ pas laiffer paffer cette Saifon, qui exige que Vous faffiés grande
„ Diligence. Partez donc d'abord, felon l'Avis du Kam & d'Ifmaël
„ Bacha, en prenant Votre Route par la Pologne, afin que Vous ne
„ perdiés pas le Tems inutilement. Dieu foit Votre Conducteur, &
„ Vous ramene en bonne Santé dans vos Etats. Donné dans Notre
„ Camp, près d'Andrinople, le prémier de la Lune Zilheggi, l'An
„ 1124. „

Charles répondit fur le champ à cette Lettre. Sa Réponfe fut envoïée à Andrinople, où l'Envoïé Funck la préfenta au Sultan lui-même. Le Miniftre Suédois lui fit, à cette Occafion, le Difcours fuivant. „Très-puiffant, très-gracieux, Empereur des Mufulmans,
„ toujours victorieux. En m'approchant du Trône de Votre Majef-
„ té, j'ai Ordre du Roi de Suede, mon très-gracieux Souverain, de
„ la faluer de fa Part, en donnant à Votre Majefté de nouveaux Té-
„ moignages de fa parfaite Amitié, & de lui rendre cette Lettre qui
„ fert de Réponfe à celle que Vous lui avez écrite en dernier lieu.
„ Le Roi mon Maitre confervera à jamais le Souvenir des fréquentes
„ Marques d'Amitié que Votre Majefté lui a données pendant fon
„ Séjour en Turquie. Il eft prêt à partir de Bender, pour retourner
„ dans fes Etats, dès que l'on aura préparé toute Chofe pour fon
„ Voïage

(*a*) Voïez ci-deffus pages 611 & 612.

„ Voïage, conformement aux Ordres de Vôtre Majefté, & auffi-tôt
„ qu'il faura Vos Intentions touchant la Propofition que j'ai été char-
„ gé de faire à Votre Majefté, & dont je ne doute pas qu'Elle ne
„ foit déjà inftruite par fon Excellence le Grand-Vizir Soliman Ba-
„ cha, auquel j'ai fait des Ouvertures fur ce Sujet. La Lettre du
„ Roi mon Maitre exprimera mieux que je ne faurois faire les Senti-
„ mens où il eft à cet Égard.„

CETTE Lettre, datée du 29 Décembre, portoit en Subftance: „Que
„ Sa Majefté Suédoife avoit vû, par la Lettre de Sa Hauteffe, qui
„ lui avoit été rendue par Calil Capichi Bacha, qu'on lui avoit man-
„ dé, que les Troupes Turques & Tartares, qui devoient accompa-
„ gner Sa Majefté par la Pologne, étoient déjà arrivées à Bender.
„ Qu'Elle remercioit le Grand-Seigneur de fes Attentions, & de ce
„ qu'il avoit ordonné qu'Elle fût reconduite furement & d'une manie-
„ re honorable dans fes Etats par la Pologne. Qu'Elle profiteroit de
„ cette Bonté, auffi-tôt qu'on auroit fait les Préparatifs néceffaires
„ pour fon Voïage, & qu'elle étoit du même Sentiment que Sa Hau-
„ teffe, favoir, qu'il n'y avoit point de Tems à perdre pour fon Dé-
„ part. Que, cependant, Elle ne pouvoit diffimuler, qu'il n'y avoit
„ point encore de Troupes qui fuffent affemblées aux environs de Ben-
„ der, quoique le Kam eut promis que cela fe feroit inceffament.
„ Que Sa Majefté, à fon Arrivée en Turquie, n'avoit jamais penfé
„ d'y faire un fi long Séjour; qu'au contraire, Elle avoit voulu s'en
„ retourner d'abord, pendant qu'Elle avoit encore auprès d'Elle bon-
„ ne Somme en Or & en Argent, fuffifante pour faire ce Voïage.
„ Que tout cet Argent aïant été dépenfé, Elle avoit demandé à em-
„ prunter à Sa Hauteffe douze cent bourfes, dont elle venoit de re-
„ cevoir onze cens. Que comme cette Affaire avoit trainé au-de-là
„ d'un An & demi, & que Sa Majefté avoit environ dix mille Hom-
„ mes à entretenir, Elle avoit été obligée de prendre ailleurs de l'Ar-
„ gent à un Intérêt exorbitant. Que fouvent, pour vingt Ecus, &
„ encore moins, elle avoit été obligée de donner un Billet de cent
„ Ecus. Qu'ainfi, les onze cens Bourfes ne fuffiroient pas pour païer
„ fes Dettes avec les gros Intérêts, & fournir aux Fraix du Voïage.
„ Que, pour ces Raifons, Sa Majefté avoit ordonné à fon Envoïé de
„ demander encore mille Bourfes, & les cens Bourfes du prémier Em-
„ prunt, qui ne lui avoient pas été païées. Qu'Elle efpéroit de Sa
„ Hauteffe une Réponfe favorable, &c.„

*Lettre du
Roi au Sul-
ran Ach-
met.*
V. L'APP.
Num.
CLXXVIII.

TELLE fut la Situation des Affaires en Turquie pendant la troifieme Année que Charles y féjourna. Les Apparences lui étoient devenues de nouveau favorables: en un Inftant, elles le furent moins que
jamais. Une nouvelle Révolution fe préparoit: l'Orage étoit prêt à
éclater; mais, au milieu des plus grands Revers de la Fortune, Charles ne perdit rien de fa Fermeté ni de fa Grandeur d'Ame. Ceux qui
prétendent, que la Propofition touchant le dernier Emprunt attira au
Roi

Roi l'Indignation du Grand-Seigneur, & donna lieu à la fatale Scene qui se passa peu après à Bender, se trompent fort (*a*). Comme ils ignorent diverses Circonstances importantes de cette Affaire, ils raisonnent sur de fausses Suppositions, sur-tout lorsqu'ils font Charles lui-même Auteur de cet Evénement. Quoique j'aïe suffisamment developpé les Causes secretes d'une Révolution si subite (*b*), j'ajouterai néanmoins, en parlant de l'Affaire de Bender, plusieurs Particularitez, qui ne laisseront plus au Lecteur aucun Doute sur ce Sujet.

Etat des Suédois Prisonniers en Russie.

AVANT que de finir ce Livre, il me reste à parler du Czar, de ses Entreprises, & de la Conduite de ses Troupes dans les différents Païs où elles étoient emploïées. Déjà depuis trois Ans, les Suédois, faits prisonniers à la Journée de Pultawa, languissoient dans la Captivité. Au Commencement, ils eurent extrémement à souffrir du Peuple Moscovite, dont ils étoient maltraités en mille Manieres. Il étoit difficile de dire laquelle des deux Troupes étoit la plus malheureuse, celle qui avoit accompagné le Roi en Turquie, ou l'autre qui se trouvoit dans les Fers des Moscovites. Ceux-ci ne regardoient les Suédois, que comme des Païens, & des Impurs. Si l'on touchoit le moindre de leurs Meubles, ou de leurs Utenciles, ils le jettoient, le tenant pour immonde. Si un Soldat Suédois venoit à mourir dans la Maison d'un Moscovite, le Corps mort se jettoit par la Fenêtre, afin que la Porte ne fût pas souillée. Le Comte Piper s'en plaignit fortement. Il présenta sur ce Sujet deux Mémoires, l'un au Sénateur Nikitowitz Stresnof, & l'autre au Gouverneur-Général Gagarin. Celui-ci, quoiqu'il fût naturellement doux, civil, & honnête, eut aussi peu d'Egard aux justes Plaintes du Comte, que l'autre. Ses continuelles Occupations ne lui permettoient pas de songer aux Besoins des Prisonniers. Un troisieme Mémoire sur le même Sujet, que le Sécrétaire Ditmer remit au Czar lui-même, procura aux Suédois quelque Soulagement. Non seulement les deux Seigneurs, dont je viens de parler, furent jettez dans un Cul-de-basse-Fosse, pour quarante huit Heures, pour avoir refusé, contre l'Equité naturelle, d'écouter les Plaintes des Prisonniers, & de leur rendre Justice; mais aussi, le Czar fit afficher, à tous les Coins des Rues, une Ordonnance, par laquelle il défendoit, sous de severes Peines, aux Moscovites, de maltraiter en aucune Maniere les Suédois, soit de [Parole, ou autrement; leur enjoignant, en cas que les Suédois n'en agissent pas bien, d'en porter des Plaintes aux Juges, qui leur rendroient exactement Justice.

DEPUIS ce Jour-là, les Prisonniers furent assez à leur Aise. Ceux, qui avoient quelque Bien d'eux-mêmes, s'entretenoient à leurs propres Dépens.

(*a*) C'EST ainsi que raisonne MR. DE VOLTAIRE dans son *Histoire de Charles XII,* Tom. I, pag. 29 & suivantes.

(*b*) Voïez ci-dessus pages 639. & suiv.

Dépens. D'autres, qui savoient quelque Métier, se mettoient sous la Protection de quelques Bojars, en qualité de Valets-de-Chambre, de Perruquiers, de Peintres, de Menuisiers, de Serruriers, de Cordonniers, ou autrement. Il y en avoit, qui travailloient dans la Fonderie du Czar, ou dans les Magazins des Marchands Etrangers, qui s'en rendoient caution. En un mot, ceux, qui se trouvoient à Moscou, étoient passablement bien. Avec le tems, les Moscovites & les Suédois, aïant appris à se bien connoitre, on n'entendit plus de Plaintes, ni de Part, ni d'autre.

Un triste Spectacle s'offroit tous les jours à nos Yeux. C'étoit de voir les Soldats Moscovites vendre publiquement aux Marchés des Femmes & des Enfans, qu'ils venoient d'enlever en Finlande; Mal, auquel il n'y avoit point de Remede. Le Sort de ces Misérables, qu'on vendoit ainsi dans la Capitale, étoit encore supportable, en comparaison du rude Esclavage où gémissoient ceux qu'on vendoit aux Turcs & aux Tartares. Non seulement le Nombre en étoit beaucoup plus grand, mais il ne leur restoit aucune Espérance de recouvrer jamais la Liberté.

Au Commencement de l'Année 1712, les Prisonniers Suédois à Moscou jouïssoient tranquillement de la Permission qu'on leur avoit accordée de se voir réciproquement. Il ne se passoit guere de Jour, que les Comtes Piper, Rehnschöld, Lewenhaupt, les autres Généraux, ne fussent ensemble. Au moment qu'on s'y attendoit le moins, l'Ordre fut donné, à huit Heures du soir, de les tirer de leurs Maisons, pour les transporter ailleurs dans un Lieu de Sureté. Ces Messieurs eurent beau représenter, que leur Age avancé, leurs Infirmitez, & le Froid excessif, ne leur permettoient pas de se mettre en Voïage durant la Nuit. Ils eurent beau demander, qu'on ne les fit partir que le Lendedemain matin. Rien ne fut capable d'attendrir les Moscovites. Tout ce qu'ils purent obtenir ce fut une Heure de Tems, pour faire leurs Préparatifs. On leur donna à chacun une Garde, composée d'un Officier, & de quarante Soldats, qui avoient chacun de quoi tirer vingt-quatre Coups. Ce Soir-là, les Prisonniers ne furent conduits que jusqu'aux Fauxbourgs. On leur fit passer la Nuit dans quelques misérables Chaumines, où l'on enferma ensemble les Maitres & les Valets. Le Lendemain, ils furent transportez chacun dans l'Endroit, qui lui avoit été destiné, pour sa Prison, & où ils demeurerent environ trois Semaines; après quoi, on les ramena dans la Capitale. On ne laissa à chacun de ces Messieurs, que trois de leurs Domestiques: les autres furent envoïés pendant ce Tems-là en Sibérie, où la plûpart d'entre eux demeurérent, jusqu'à ce que la Paix fut conclue.

Cette Maniere de procéder si singuliere donna lieu à divers Raisonnemens. Lorsqu'à leur Retour, les Comtes Piper & Rehnschöld furent conduits devant le Sénat, pour entendre la Résolution du Czar touchant leur Rappel, ils demandérent ce que signifioit cet étrange

Voïage qu'on leur avoit fait faire ? Les Moſcovites répondirent en Termes généraux, que les Princes n'étoient pas toujours d'une égale Humeur; qu'on avoit appris, que les Généraux Moſcovites, priſonniers à Stockholm, avoient été traités de la même Maniere. D'autres ajoutérent, que le Czar avoit eu pour cela ſes Raiſons, dont il n'étoit pas obligé de rendre Compte à perſonne. Les Suédois, curieux de ſavoir quelles pouvoient être ces Raiſons, apprirent quelque tems après, & cet Avis leur vint de la propre Chancellerie du Czar à Petersbourg, que ce Prince aïant été diner quelque part, un Conteur de Nouvelles, pour lui faire ſa Cour, lui avoit dit, que les Seigneurs Suédois, priſonniers à Moſcou, entretenoient Correſpondance avec le Roi à Bender. Que, là-deſſus, le Czar s'étoit mis en Colere, & avoit fait partir un Courier pour Moſcou, avec un Ordre au Sénat de faire Main-baſſe ſur tous les Suédois qui y étoient, tant grands que petits. Que Menzicof, connoiſſant l'Humeur de ſon Maitre, n'avoit ôſé s'y oppoſer : mais, qu'il avoit auſſi fait partir un Courier, par lequel il avoit mandé au Sénat de ne pas mettre en Exécution l'Ordre du Czar, donné dans la prémiere Chaleur, mais de conduire les Officiers Suédois dans quelque Lieu de Sûreté, où l'on pourroit toujours les mettre à mort, en cas que le Czar, après y avoir mieux réfléchi, perſiſtât dans ſa Réſolution. Quoiqu'il en ſoit de cet Avis, il eſt certain, qu'il arriva à Moſcou, au Jour marqué, ſavoir le Mercredi 17 Janvier, un Courier du Czar, à huit Heures du matin. Le Sénat fut aſſemblé une Heure après; &, à dix Heures, arriva un Courier de Menzicof. Avant que la Garniſon eut pris les Armes, qu'on lui eut diſtribué les Munitions néceſſaires, & qu'on eut fait défiler les différens Détachemens, chacun vers le Poſte qui lui avoit été indiqué, il faiſoit déjà Nuit.

Au Retour de ce Voïage, les Généraux Suédois furent logés chés certaines Bojars, qui devoient leur fournir le Logement & le Bois, & les faire ſervir par leurs Domeſtiques. Cela ne dura que quelques Semaines; après quoi, ils furent obligés d'aller loger tous enſemble dans la Maiſon que le Comte Piper avoit louée pour lui; Maiſon aſſez ſpacieuſe, & où ils étoient très commodément.

Les Nouvelles publiques nous annoncérent le Mariage du Czar & de Catherine Alexiewna. Il l'épouſa le 12 Mars 1712. Au Mois de Mai ſuivant, le Feu fit de terribles Ravages à Moſcou (a). L'Incendie commença hors de l'Enceinte de la Ville. Les Flammes, après avoir gagné les Maiſons voiſines, ſe communiquérent au-de-là des Murailles. Selon le Calcul des Ruſſiens, quarante mille Maiſons, parmi leſquelles il y en avoit quelques-unes de fort belles, & même pluſieurs

magni-

(a) L'Auteur du Journal Allemand, intitulé *La Renommée de l'Europe*, prétend, Part. 123. pag. 995, que ce furent les Suédois, qui cauſérent cet Incendie. C'eſt une Calomnie des plus groſſieres.

magnifiques Palais, furent réduites en Cendres, en moins de trente-six 1712.
Heures de Tems. Le Magazin d'Artillerie du Czar eut le même Sort. _____
C'étoit un grand Batiment quarré, bâti de Briques, & plein alors de *Mars.*
Poudre, de Grenades, & d'autres Munitions. Sa Situation, au milieu de quelques misérables Huttes, l'exposoit à de continuels Dangers:
&, quoiqu'il fût gardé jour & nuit par un Détachement de Soldats,
personne ne se mettoit en peine d'avoir Soin du Toit, où il manquoit
je ne sais combien de Tuiles. Par ces Ouvertures, le Feu pénétra: il
sauta en l'Air à dix Heures du Soir, avec un Fracas épouvantable,
& avec tant de Violence, que le Lendemain on n'en trouva plus une
Pierre sur l'autre.

Les Ambassadeurs de Perse, qui arrivérent à Moscou, au Mois *Ambassa-*
d'Octobre de la même Année, excitérent la Curiosité du Public. On *deurs de*
s'attendoit, à cette Occasion, à voir étaler une grande Magnificen- *Perse à*
ce: mais, comme l'Entrée des Ambassadeurs ne se fit qu'entre chien *Moscou.*
& loup, on eut de la peine à bien distinguer les Objets. Des Présens
qu'ils avoient apportez, on ne montra que cinq jeunes Lions, avec un
Éléphant monté par un Indien. L'Objet de la Mission des Ambassadeurs étoit un Secret impénétrable. On parloit beaucoup d'une Alliance entre les deux Empires, au Préjudice de celui de la Porte Ottomanne; mais, ce n'étoient-là que de simples Conjectures que la
Suite du Tems ne justifia point.

En Pologne, les Moscovites commettoient toutes sortes d'Hostilitez. *Conduite*
Ils avoient quelques Troupes à Nimirow, qui, avant que de quitter *des Troupes*
cet Endroit, y mirent le Feu, aussi bien qu'au Chateau. Un certain *Russiennes*
Colonel Russe, nommé Iseblow, forma le Dessein de chasser de la Vil- *en Pologne,*
le de Chicanowa une Compagnie de Polonois qu'il y avoit. Ceux — ci *&*
s'étant mis en Deffense, les Moscovites mirent le Feu aux Quartiers
des Polonois. Les Flammes gagnérent le Chateau, où étoient les Archives. Il fut réduit en Cendres, avec la plus grande Partie de la Ville. La
Ville de Dantzig n'eut pas moins à souffrir de leurs Véxations. Elle
païoit tous les Jours aux Moscovites huit cens soixante-trois Couronnes, en Argent: &, bien que la Reine de la Grande-Bretagne & les
Etats-Généraux des Provinces-Unies ne cessassent de faire sur ce Sujet
de fortes Représentations, les Moscovites s'en mettoient si peu en peine, que leur Général exigea du Magistrat, au-de-là des Contributions
ordinaires, une Somme de quatre-cens-mille Ecus en espece; avec menace, en cas de Refus, d'en venir à un Bombardement. Ces Menaces n'étoient pas vaines; car, il y avoit déjà pour cet Effet, à
Elbingen, cent-vingt-cinq Traineaux pleins de Bombes. Le Magistrat de Dantzig résolut d'abord de faire entrer dans les Fauxbourgs
un Corps de deux mille Hommes de Troupes Prussiennes: mais, après
y avoir mieux réfléchi, il renonça à ce Projet, comme pouvant
avoir des Suites desagréables. Les Habitans de cette Ville souhaitoient ardemment de voir le Roi de Suede bientôt de Retour en Po-

1712.

Mars.
en Pomé-
ranie.

logne; fe flattant, qu'à fon Approche, ils feroient délivrez de ces Hôtes fi incommodes.

La Poméranie, en Proie aux Mofcovites, n'offroit à la Vûe que de triftes Marques de leur Barbarie, dont la Régence de ce Duché fit imprimer le Détail avec les Preuves. Non feulement ils pilloient les Bourgs, les Villages, & les Terres; mais, ils y mettoient même le Feu, & les bruloient au point, qu'à peine en reftoit-il quelques légers Veftiges que ces Endroits euffent jamais été habitez. Dans les Eglifes, ils abbatoient les Chaires, & renverfoient les Autels. Le Temple de Krekow leur fervoit d'Ecurie. Ils ouvroient les Tombeaux, dépouilloient les Morts de leurs Linceuls, faifant mille Singeries avec ces Corps, qu'ils jettoient enfuite pele-mêle. Quantité de Femmes & de Filles furent violées, même en préfence de leurs Maris & de leurs Parens. Un de leurs Amufemens ordinaires étoit de tuer, à Coups de Fufil, les petits Enfans, ou de les fouëtter jufqu'à la Mort. Les Princes de l'Empire, voifins de cette malheureufe Province, regardoient ces Horreurs d'un Oeuil tranquile, & ne fe remuoient pas.

Le Czar
veut être
aggrégé aux
Membres de
l'Empire.

Le Czar, plein de vaftes Projets, en avoit formé un dont il fe promettoit de grands Avantages. Il fit offrir à l'Empereur un Corps de trente mille Hommes de Troupes Auxiliaires, pour être emploïées contre la France. Il vouloit lui-même entretenir ces Troupes pendant un certain Tems; ,,content, qu'en fervant l'Empire, elles fuffent bien difciplinées & éxercées dans le Métier de la Guerre.,, Le Miniftre Ruffien à Vienne, en faifant cette Propofition, ajouta, que fon Maitre, devenu Allié de l'Empereur, par le Mariage de fon Fils avec la Belle-Sœur de Sa Majefté Impériale, étoit bien aife de lui donner cette Marque de fa parfaite Amitié, dont il fe croiroit amplement récompenfé, fi ce Monarque, & les autres Princes d'Allemagne, vouloient lui accorder le Privilege d'être aggrégé aux Membres de l'Empire; & que, pour cet Effet, il tiendroit la Livonie en Fief de l'Empire. Ces Offres, quelques Mouvemens, que le Prince Eugene fe donnât pour les faire gouter à la Cour Impériale, furent hautement rejettées (*a*); tant parce que la Livonie, dont à la vérité le Czar s'étoit emparé les Armes à la Main, ne lui avoit pas été cédée par aucun Traité-formel, ou par une Renonciation folemnelle de la part du Roi de Suede, que parce qu'il fembloit, qu'il étoit plûtôt de l'Intéret de la Pologne d'avoir pour Voifins les Suédois, que de fouffrir que les Mofcovites fuffent feuls en poffeffion de toutes les Provinces frontieres. On trouvoit, d'ailleurs, qu'il feroit plus préjudiciable qu'avantageux à l'Empire, que la Livonie en fût renduë dépendante.

(*a*) Cela eft tiré d'une Dépêche de Monfieur de Palmquift, Envoïé de Suede à la Haye, adreffée au Confeil de la Chancellerie, en date du $\frac{30 \text{ Octobre}}{9 \text{ Novemb.}}$ 1712.

te. En effet, à la moindre Brouillerie qui feroit furvenue en Pologne, les Princes d'Allemagne auroient été obligés d'être bien fur
leurs Gardes, & de fe méler de ces Querelles, fur-tout, le Czar étant
affez puiffant pour donner la Loi aux Etats les plus confidérables.

L'Offre de ce Prince, & fa Demande, donnérent lieu à de nouveaux Raifonnemens. Trouvant de trop grands Obftacles pour rétablir l'ancienne Monarchie Grecque, comme il s'en étoit flatté, lorfque les Turcs lui avoient déclaré la première fois la Guerre, & voïant
qu'il ne viendroit pas à bout d'établir fa Réfidence à Conftantinople
& de fubjuger une Partie de l'Afie, il tourna fes Vûes d'un autre Côté, cherchant à avoir un Pié fixe en Allemagne (a). Tel fut le Plan,
que Pierre s'étoit formé, & qu'il fuivit conftamment, comme on le verra dans la Suite de cette Hiftoire.

(a) On peut confulter fur ce fujet l'*Hiftoire de Charles XII*, par Mr. DE LIMIERS,
Tom. V, pag. 471.

Fin du Livre XIV, & du fecond Tome.

TABLE
CHRONOLOGIQUE,
OU
RÉCAPITULATION
DES PRINCIPAUX
EVÉNEMENS
COMPRIS DANS CE
SECOND VOLUME.

****

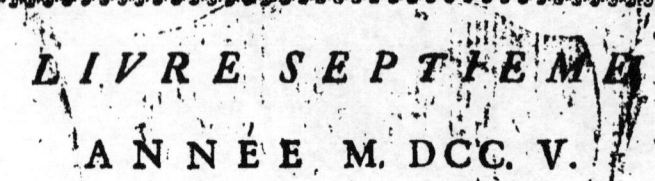

LIVRE SEPTIEME.
ANNÉE M. DCC. V.

Ex-

TABLE CHRONOLOGIQUE DE CETTE HISTOIRE.

TABLE CHRONOLOGIQUE.

DE CETTE HISTOIRE.

TABLE CHRONOLOGIQUE

LIVRE HUITIEME.

ANNÉE M. DCC. VI.

STA-

DE CETTE HISTOIRE.

Ooooo2   Le

TABLE CHRONOLOGIQUE

Dé-

Au-

TABLE CHRONOLOGIQUE

LIVRE NEUVIEME.

ANNÉES M. DCC. VII. & M. DCCVIII.

M. DCC. VII.

Pai-

DE CETTE HISTOIRE.

Mé-

DE CETTE HISTOIRE.

Tome II.   Pppp   Général.

Cou-

DE CETTE HISTOIRE.

Se

TABLE CHRONOLOGIQUE

LIVRE DIXIEME.

ANNÉE M. DCC. IX.

JANVIER ——— JUIN.

Me-

DE CETTE HISTOIRE.

TABLE CHRONOLOGIQUE

Plain-

DE CETTE HISTOIRE.

LIVRE ONZIEME.

ANNÉE M. DCC. IX.

JUILLET ——— DÉCEMBRE.

TABLE CHRONOLOGIQUE

Brouil-

DE CETTE HISTOIRE.

TABLE CHRONOLOGIQUE

LIVRE DOUZIEME.

ANNÉE M. DCC. X.

DE CETTE HISTOIRE.

Qqqq 3

Dis.

TABLE CHRONOLOGIQUE

Le

LIVRE TREIZIEME.

ANNÉE M. DCC. XI.

Expé-

DE CETTE HISTOIRE.

La

TABLE CHRONOLOGIQUE

Nou-

DE CETTE HISTOIRE.

Com.

TABLE CHRONOLOGIQUE

LIVRE QUATORZIEME.

ANNÉE M. DCC. XII.

Les

DE CETTE HISTOIRE.

Let-

TABLE CHRONOLOGIQUE

DE CETTE HISTOIRE

TABLE CHRONOLOGIQUE

Les.

DE CETTE HISTOIRE.

F I N.

Lightning Source UK Ltd.
Milton Keynes UK
UKHW050639150421
382040UK00008B/575